2011
昭通年鉴
ZHAOTONG YEARBOOK

昭 通 市 人 民 政 府 主办
昭通市年鉴编辑委员会 编

德宏民族出版社

图书在版编目（CIP）数据

昭通年鉴. 2011 /昭通市年鉴编辑委员会编 -- 潞西 :德宏民族出版社, 2011.11

ISBN 978-7-80750-586-0

Ⅰ. ①昭… Ⅱ. ①昭… Ⅲ. ①昭通市—2011—年鉴 Ⅳ. ①Z527.43

中国版本图书馆CIP数据核字(2011)第237177号

书　　名	昭通年鉴（2011）		
作　　者	昭通市年鉴编辑委员会　编		
出版・发行	德宏民族出版社	责任编辑	方　萍
社　　址	潞西市勇罕街 1 号	责任校对	银传秀
邮　　编	678400	封面设计	聂顺荣
电　　话	0692-2124877　2112886	制　　版	云南佳信达印务有限公司
网　　址	www.dmpress.cn	印　　刷	深圳市佳信达印务有限公司
开　　本	大16	版　　次	2011年11月第1版
印　　张	30	印　　次	2011年11月第1次
字　　数	1130千	印　　数	1-2000
书　　号	ISBN 978-7-80750-586-0/Z・172	定　　价	220.00元

云南省昭通市年鉴编辑委员会

地址：昭通市昭阳区崇义街30号市政府院内　邮码：657000

顾　　问	刘建华
主　　任	杨桂红
副 主 任	吕大康　聂顺荣
委　　员	朱大庆　刘昌华　尹朝禹　王崇明　童成清　戴永康 杜泽民　张明先　马才国

昭通年鉴编辑部

编辑部电话：（0870）2124847

主　　编	聂顺荣
副 主 编	马才国
编　　辑	聂顺荣　马才国　刘宗伯　邵聪彪　刘　萍　陈　芳
审　　稿	聂顺荣　王文福　马才国　刘宗伯　邵聪彪
彩页编辑校对	邵聪彪
英文目录翻译	孔靖桃
校　　对	聂顺荣　马才国　刘宗伯　邵聪彪　刘　萍　陈　芳

《昭通年鉴》供稿人员名单

（按稿件刊用顺序排）

市及市直单位

夜礼斌	刘建华	杨　坤	邵聪彪	刘　萍	张宝云	陈朝栋	宋恩骑	刘静宇
邓成慧	杨　永	郭云花	彭明川	殷国煜	陈　俊	熊　瑜	王　剑	张瑜丹
倪宝坤	夏　燏	邓正勇	申时永	张云婷	聂吉素	方世华	吴绍煜	左　学
吴道文	王兴勇	徐孝荣	周　强	范红鸿	邓卫鹏	赵银刚	谢　钰	赵庆益
邱仕贵	雷光亮	王　鑫	付　余	吴　敏	许臣刚	徐　斌	范孝林	辛永燊
刘光玺	马春梅	耿代刚	潘安宁	耿　敏	周诚宣	胡官蓉	龚尚东	王兴武
宁立华	吴会仙	杨春华	高世清	陈　庆	李克武	张仁侠	邓成勇	杨　毅
肖发玉	陈学敏	张云辉	黄合昌	曹阜金	胡　娟	李云飞	宋维泉	易正春
郭世兵	杨应焦	曾祥钦	杨丽萍	龚为灿	刘思云	段玲莉	张永瑞	李　坪
李章和	李荣幸	王高云	刘荆志	马　兰	陈　冬	郑　云	朱前林	黄天桥
吴　涛	陈本贵	周训明	李学敏					

昭通驻军和直管单位

沈古才	粟赞飞	熊　斌	李　章	陈平秀	田荣林	尚　文	史普俊	李　洁
蔡　韬	伍绍煜	袁　燊	戴明洪	何　伟	张泽汇	刘平荣	田　勇	曾　炜
王　春	王　娟	安　燕	辛　玲	马　旭	唐耀久	王　敏	冯　皎	李林燕
曾厅余	李兴焱							

各县区

陈　林	王长海	晏　权	田朝华	李俊峰	张孝和	吴　珊	谭纪芳	刘仁健
任晓宇	祝吉琼	范德彬	王　俊	杨　丽	吴春龙	游　玺	周元珠	何承荣

新闻图片供稿人员

张　捷　杨德明　王文福　刘宗伯　糜祖奎

编辑说明

一、《昭通年鉴》2011年卷是中共昭通市委、市人民政府决定，市人民政府主管并由市年鉴编辑委员会编辑、德宏民族出版社出版发行的撤地设市以来的第十卷综合性年鉴。本卷为大16开本。

二、《昭通年鉴》是昭通市综合性地方资料工具书，自1986年起，每年编印一卷，旨在逐年记载昭通市及所辖县区改革开放与现代化建设的历史进程，记载昭通经济与社会的基本面貌和发展状况，为宣传昭通、研究昭通和发展昭通服务。

三、《昭通年鉴》采用分类编辑法编辑，由栏目（一级目，如政治、经济）、类目（二级目，如经济目下的农业、工业、交通）、分目（三级目，如交通目下的公路建设、公路养护）和条目（记述内容的实体，标题以黑体字加【 】）组成。

本卷设特载、专文、概况、年内要事、政治、法制、军事、经济、科教文卫、社会、人物、区县概览12个栏目及附录，下设58个类目105个分目，收录了2079个条目与统计资料。卷首有反映市县区年内重要时事与经济文化社会活动的要闻彩页19码99张照片，力求展现在读者面前的本鉴图文并茂。

四、《昭通年鉴》的内容按年鉴编辑部的组稿计划和撰稿要求，由各有关部门、单位和县区指定专人负责撰写并经主管领导审核报送，资料翔实，事实与数据具有相当的准确性和权威性。

五、《昭通年鉴》配备双重检索系统，书前刊有中文细目和英文要目，书后备有主题分析索引，为读者查找相关内容提供了方便。

六、《昭通年鉴》2011年卷的编辑出版，得到各县区、市属各级领导机关、各企事业单位和省属驻昭单位、驻昭军事机关及德宏民族出版社、深圳市佳信达印务有限公司的关心与支持，在此一并致谢。昭通市年鉴编辑委员会殷切希望各位读者提出改进意见，使《昭通年鉴》办得更好。

上级领导在昭通

2011年6月8～10日，全国政协副主席王志珍率由全国政协常委、著名专家学者组成的调研团到昭通考察调研。图为：6月9日下午，考察团成员听取昭通市各项工作情况汇报

（本版照片由张捷摄）

在昭通期间，王志珍（前排中）在昭阳区北闸镇生物多样性粮食作物规格化栽培示范样板现场考察调研

6月9日上午，王志珍在鲁甸县小寨乡考察调研

6月9日晚，王志珍考察调研昭通旧城改造

上级领导在昭通

2011年2月25～28日，民政部部长李立国到昭阳、盐津、威信、水富等县区考察调研农村“五保”供养、街道社区建设、灾区恢复重建、革命老区建设等工作。图为：李立国等听取云南省和昭通市民政工作汇报

2月25日，李立国(左一)在昭阳区中心敬老院与老人们亲切交谈

（本版照片由张捷摄）

2月25日，李立国在昭阳区西街社区看望社区干部，了解社区建设

2月26日，李立国在盐津县中和镇敬老院为老人们送去慰问金

2月27日，李立国在威信县“扎西会议”会址参观

2月28日，李立国、副省长曹建方（右三）在水富县中心敬老院看望、慰问老人

上级领导在昭通

2011年1月10～11日，省委书记白恩培(左前一)，省委常委、省委秘书长杨应楠，副省长刘平以及省直相关部门负责人一行到昭通看望受灾群众、慰问敬老院里供养老人。图为：白恩培在巧家县蒙姑乡新塘村看望群众

白恩培一行观看新塘村群众总结上墙的《卫生文明规范》

（本版照片由张捷摄）

白恩培一行在蒙姑乡新塘村农家文化大院调研民生

白恩培一行在巧家县中心敬老院看望慰问“五保”老人，并向中心敬老院的老人们送去春节慰问金

白恩培在金塘乡双河村青岗坝的巧家县中心敬老院看望慰问“五保”老人

白恩培在巧家县农村与群众拉家常

上级领导在昭通

2011年3月25日，省委、省政府在昭通召开全省春耕生产工作现场会议，学习推广昭通粮食生产工作经验，部署全省粮食生产和农业农村各项工作

（本版照片由张捷摄）

会议期间，省委副书记李纪恒（前排右二）等领导参观现场了解粮食增产措施

省委副书记李纪恒、副省长孔垂柱（右三）等参观现场

参观现场科技措施展示

上级领导在昭通

2011年5月6～8日，省委常委、省委组织部部长辛桂梓（前左二）到水富、盐津、大关、昭阳、鲁甸5县区，就特殊党费援建项目、深入推进创先争优活动、开展向杨善洲同志学习活动、村级组织活动场所建设等工作进行调研。图为：在水富县两碗乡新滩村调研

辛桂梓在大关县吉利镇调研

（本版照片由张捷摄）

辛桂梓在鲁甸县桃源乡鸭子塘村调研

辛桂梓在昭阳区凤凰镇龙山寨社区调研

辛桂梓在昭阳中心城调研旧城改造

辛桂梓在盐津县第二中学特殊党费援建项目点调研

上级领导在昭通

2011年4月13~16日，省委常委、副省长李江（前左二）到昭通市调研。图为：到昭通市农业局检查指导工作

李江到市人事和劳动保障局检查市直部门公共绩效考核系统

2011年2月19日，省委、省政府检查考评组第六实地检查考评组对昭通市2010年经济社会发展主要工作进行集中综合检查考评。图为：市委召开省委、省政府对昭通集中检查考核综合汇报及测评会

与会人员投测评票

（本版照片由张捷摄）

重大活动

2010年12月14～16日，第三届中国贫困地区可持续发展战略论坛在昭通举行。北京大学光华管理学院名誉院长、教授、北京大学贫困地区发展研究院院长、全国政协常委、全国政协经济委员会副主任、中国民主同盟中央委员会名誉副主席厉以宁，省人大常委会常务副主任晏友琼，省政府副省长孔垂柱及论坛赞助方安特优集团公司代表、戴姆勒公司亚太区总监周研等出席论坛开幕式

（本版照片由张捷摄）

12月14日，与会代表参观昭阳中心城旧城改造和望海公园

12月15日，与会代表到鲁甸县小寨乡“整村推进”扶贫开发现场进行调研

12月15日，与会代表来到鲁甸县桃源乡鸭子塘自然村扶贫开发现场进行调研

厉以宁为昭通题词

重大活动

2010年10月30日，昭通文学艺术家创作中心落成典礼举行

原省人大常委会副主任、省文联名誉主席梁公卿，中国文联副主席丹增，中国作协书记处书记张胜友，市委书记夜礼斌等领导参观昭通市文学艺术家创作中心

（本版照片由张捷摄）

梁公卿为“昭通市文学艺术家创作中心”授印

夜礼斌为昭通市文学艺术家创作中心题词

与会领导和嘉宾参观昭通市文学艺术成果展

夜礼斌为鲁迅文学奖获得者昭通籍作家夏天敏（上）、雷平阳（下）颁发证书和奖金

重要会议

市委书记夜礼斌代表市委常委会作报告

2010年8月21日，中共昭通市委二届十一次全体（扩大）会议召开

（本版照片由张捷摄）

市委副书记、代市长刘建华就《中共昭通市委关于制定昭通市国民经济和社会发展第十二个五年规划建议》（草案）向全会作说明

2011年2月13～14日，中共昭通市委二届十二次全体（扩大）会议召开

重要会议

2010年12月17日下午，市委召开全市领导干部大会

（本版照片由张捷摄）

省委组织部巡视员、省委组织部副部长、省人力资源和社会保障厅副厅长刘蔚萍宣布省委对昭通市政府主要领导职务调整变动的决定

市委书记夜礼斌主持会议并作讲话

市委副书记刘建华在会上作了讲话

重要会议

2011年3月17～21日，市二届人大七次会议召开

（本版照片由张捷摄）

3月21日上午，市二届人大七次会议举行第三次全体会议，张纪华当选市人大常委会主任。图为：主席团常务主席、会议执行主席夜礼斌为张纪华颁发当选证书

3月21日上午，市二届人大七次会议举行第三次全体会议，刘建华当选市长。图为：主席团常务主席、会议执行主席夜礼斌为刘建华颁发当选证书

市人大代表分组讨论

重要会议

2011年3月16～20日，政协昭通市第二届委员会第六次会议召开

市政协主席熊启怀作常委会工作报告

（本版照片由张捷摄）

市政府工作报告专题协商会

市四套班子领导看望政协委员

表彰优秀提案、提案承办和综合协调先进单位、先进提案工作者

市政协委员分组审议大会报告

重要会议

2010年8月19日，市委理论中心学习组集体调研昭阳区工业园区入园企业

2010年8月19日，市委理论中心学习组集体调研昭阳区靖安乡生物多样性样板

2010年8月19日，市委理论中心学习组集体调研鲁甸县大水塘烤烟生产中后期管理

2010年8月19日，市委理论中心学习组集体调研鲁甸小寨乡小集镇建设

2010年8月20日，市委理论中心学习组进行第二次集中学习

（本版照片由张捷摄）

重要会议

2010年9月25～26日，昆明、曲靖、玉溪、保山、普洱、临沧、丽江、昭通8市政协文史工作第九次联系会议在昭通召开

与会人员参观考察昭阳中心城旧城改造

与会人员参观考察龙氏家祠

（本版照片由张捷摄）

重要会议

2011年2月14日，全市党风廉政建设工作大会召开

2011年2月15日，市第二届纪律检查委员会第六次全体会议召开

2010年4月28日，全市第三届劳动模范和先进工作者表彰大会召开，来自全市不同行业的12名劳动模范、18名先进工作者受到表彰。市四套班子领导与劳动模范和先进工作者合影留念

（本版照片由张捷摄）

2011年5月23～24日，著名教育家魏书生和冯恩洪在昭通市体育馆举行现代教育新视野专家报告会

2011年6月15日，昭通市纪念建党90周年书法、美术、摄影作品展览在昭阳区元宝山公园开幕

彝族火把节

2010年8月4日晚，昭通首届彝族火把狂欢试运节举行

市委书记夜礼斌、市长王敏正、市政协主席熊启怀共同为试运节点燃篝火

（本版照片由张捷摄）

“六祖光辉”文艺表演

昭阳中心城市建设

清官亭

南顺城街

陡街

彝族六祖分支文化广场

西街

望海公园

海楼路

（本版照片由杨德明摄）

昭阳中心城市建设

青年路

改造后的北正街

北部新区

辕门口牌坊

昭阳大道街心花园

辕门口雕塑

罗炳辉广场昭通名人石刻

（本版照片由杨德明摄）

地方志工作

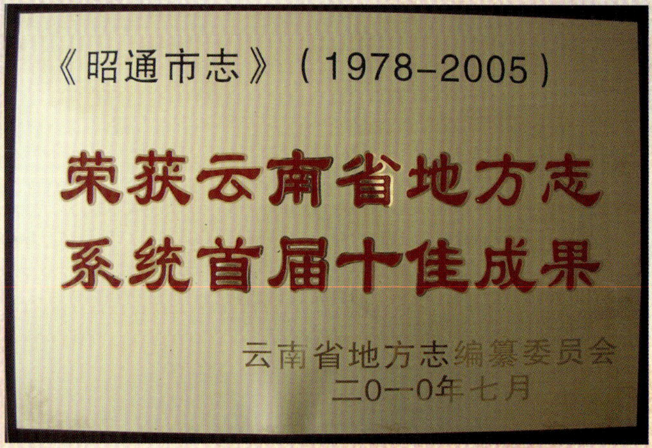

2010年7月，《昭通市志》（1978~2005）获云南省地方志系统十佳成果奖
（刘宗伯　摄）

2010年9月15~16日，全省地方志系统贯彻《云南省地方志工作规定》暨二轮修志工作经验交流会在水富县召开
（糜祖奎　摄）

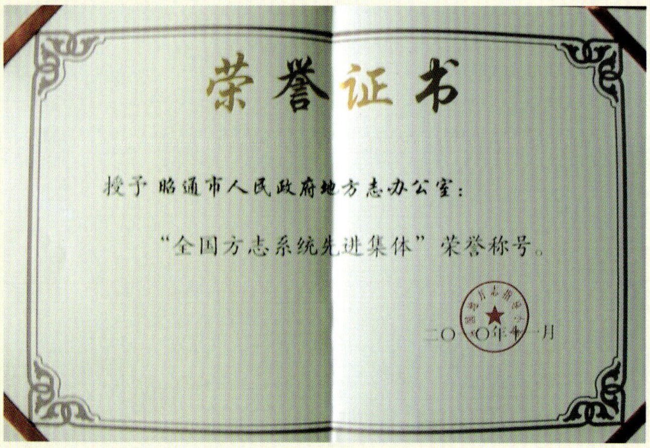

2010年11月，昭通市地方志办公室获全国先进集体奖
（刘宗伯　摄）

2010年3月，《昭通市志》（1978~2005）出版发行
（刘宗伯　摄）

2010年7月26~27日，《绥江县志》（1978~2005）评审会召开
（王文福　摄）

2010年10月20~21日《永善县志》（1978~2005）评议会召开
（王文福　摄）

2011年3月23~24日，《彝良县志》（1978~2005）评议会召开
（王文福　摄）

目　录

特　载

专　文

概　况

年内要事

政　治

中共昭通市委工作

青少年工作

妇联工作

工商联工作

法 制

政法工作

公 安

检 察

审 判

司法行政

军　事

中国人民解放军昭通军分区

中国人民武装警察部队昭通市支队

中国人民武装警察部队昭通市消防支队

人民防空

经　济

农　业

林 业

水 利

交 通

工 业

电　力

煤　炭

安全生产监督管理

邮政　电信

邮　政

电　信

经济管理

经济综合管理

计划管理

投资服务

审 计

统 计

工商行政管理

国家税务

地方税务

质量技术监督

国土资源管理

食品药品监督管理

住房公积金管理

科教文卫

科学技术

自然科学

气 象

防震减灾

水 文

社会科学

教 育

教育管理

群众文艺活动

文艺创作

文博工作

新闻出版

广播电视

档 案

体 育

体育管理

群众体育

竞技体育

老年体育

卫 生

卫生管理

卫生监督

疾病预防控制

医疗康复

社 会

扶贫开发

人口与计划生育

民族·宗教

民 族

先进模范人物

区县概览

附 录

Contents

General survey of district and counties

(Translator: Kong Jingtao)

特　　载

责任编辑：聂顺荣

继往开来　再接再厉
把富民强市跨越发展的宏伟事业不断推向前进

——在中共昭通市委二届十二次全体（扩大）会议上的报告

（2011年2月13日）

中共昭通市委书记　夜礼斌

同志们：

这次会议的主要任务是：认真学习贯彻党的十七大、十七届五中全会、中央经济工作会议和省委八届十次全会精神，深入贯彻落实科学发展观，回顾总结"十一五"全市经济社会发展取得的成就和经验，全面分析当前和今后一个时期面临的形势任务，明确"十二五"全市经济社会发展的目标任务和重大举措，安排部署2011年的各项工作，审议《中共昭通市委关于制定昭通市国民经济和社会发展第十二个五年规划的建议（草案）》，动员全市广大干部和各族群众，进一步解放思想、开拓进取，把富民强市跨越发展的宏伟事业不断推向前进。

下面，我受市委常委会委托，向全委会作工作报告。

一、开拓进取、团结奋进，"十一五"经济社会发展成就辉煌

"十一五"时期，是昭通发展进程中极不平凡、极不寻常的五年。面对国际金融危机、盐津"7·22"地震及"5·12"特大地震灾害、2008年百年不遇的特大冰雪灾害、2010年特大旱灾等一系列严峻考验，在省委、省政府的正确领导下，市委常委会坚持以科学发展观为指导，紧密结合昭通市情，不断完善发展思路、强化发展举措、夯实发展基础，真抓实干、务实进取，全市经济社会呈现出速度快、效益好、活力强、后劲足的良好发展态势，圆满完成了"十一五"规划确定的各项目标任务。

——过去的五年，是经济发展连续跃上新台阶的五年。全市生产总值和人均生产总值均实现翻番，2010年，生产总值达379.6亿元，五年年均增长12.7%，超规划目标1.5个百分点；人均生产总值达7 075元，超规划目标1 705元。固定资产投资完成356.1亿元，比上年增长41.4%，五年累计完成量突破1 000亿元，是"十五"时期的4.4倍，超规划目标400亿元以上。地方财政一般预算收入完成25.6亿元，是2005年的3倍，五年年均增长24.7%，超规划目标14.5个百分点。城镇居民人均可支配收入达12 295元，五年年均增长10.2%，超规划目标2.2个百分点；农民人均纯收入达2 768元，五年年均增长16.3%，超规划目标6.3个百分点。

——过去的五年，是重点产业培育呈现新亮点的五年。农业基础地位进一步夯实，科技推广力度不断加大，粮食连年增产，特别是2010年遭遇百年不遇的特大旱灾，仍然实现了粮食增产7.1%的目标；2010年，农林牧渔业总产值达115.6亿元，是2005年的1.4倍。新型工业化进程明显加快，工业经济速效双增，2010年，工业总产值、工业增加值分别达263.4亿元、132.6亿元，分别是2005年的2.4倍和2.1倍，年均增长

19.1%和16%。

——过去的五年，是基础设施建设取得新成效的五年。水麻高速公路建成通车，8条通县二级公路全面启动并快速推进，通乡油路、通达工程加快实施，水富港扩建工程完工投入使用。昭阳中心城市建设取得重大突破，精品特色小集镇建设掀起新高潮，城镇化率由2005年的17.2%提高到2010年的21%。水利工程建设力度不断加大，耕地有效灌溉保证率由2005年的26%提高到2010年的33.7%。城网改造全面完成，农网改造加快实施，一批超高压输变电工程竣工投入使用，农村无电地区人口大幅减少。基本实现了移动通讯信号在公路沿线和行政村范围内的全覆盖。

——过去的五年，是改革开放实现新突破的五年。各项改革全面推进。政府机构改革继续深化，农村综合改革顺利推进，集体林权制度主体改革全面完成，投融资体制改革取得实效，粮食流通、广电、电力等领域改革向前推进。对外开放水平显著提升。一方面，积极向上级反映昭通困难，争取上级和外部支持的力度进一步加大，2008年以来的三年累计争取上级各类资金281亿元，相当于改革开放以来至2007年的总和。另一方面，坚持"引进来"、"走出去"，积极推进"省企入昭"，引进省投、云冶等9大集团进入昭通投资开发，仅2008年以来的三年累计到位市外资金就达259亿元，相当于改革开放以来至2007年的引资总和。

——过去的五年，是生态文明建设取得新进展的五年。"七彩云南·昭通保护行动"、"全民节能·昭通在行动"深入开展，天然林保护、退耕还林、防护林建设、石漠化治理、水土流失综合治理等生态建设工程继续实施，长江上游生态屏障建设成效明显，森林覆盖率由2005年的26.7%提高到2010年的32.6%。大力推进工业领域的资源节约和综合利用，关停了53户"五小"企业，万元GDP能耗下降15%。

——过去的五年，是民生保障水平实现新提高的五年。各级各类教育全面发展，教育教学水平明显提高，"普九"人口覆盖率由2007年的48.9%提高到2010年的100%，顺利通过国检。城镇登记失业率控制在4.5%以内，五年累计新增城镇就业人员10.11万人，帮助受金融危机影响的48万返乡农民工全部实现再就业。新型农村合作医疗参合率由2005年的7%提高到2010年的96%，城镇居民医疗保险制度顺利启动。新型农村养老保险试点面不断拓宽，"五保"老人集中供养率大幅提高，残疾人事业得到全面发展。城镇廉租住房、农村保障性安居工程建设步伐加快。10.6万城镇居民和48.07万农村人口纳入最低生活保障。社会主义核心价值体系深入开展，文化建设"百千万工程"扎实推进，群众性精神文明创建活动卓有成效，人民群众的精神文化生活更加丰富。人口和计划生育工作力度加大，计划生育率由2005年的70.5%提高到2010年的86%。"百千万帮扶工程"扎实开展，累计解决和巩固48.2万贫困人口的温饱问题。

——过去的五年，是民主政治建设取得新进步的五年。人大及其常委会的职能和政协的作用显著增强，新时期爱国统一战线不断巩固壮大，工、青、妇等群团组织依法参与社会管理和公共服务的作用充分发挥。基层自治组织建设不断加强。少数民族地区经济社会发展取得长足进步，宗教事务管理水平明显提升。先进平安创建活动继续深化，人民群众安全感进一步增强。全市各县区组建了常驻民兵应急分队，应急处突能力明显提升。党政领导干部大接访、大下访活动形成常态，一大批事关群众切身利益的热点、难点问题得到妥善解决。

——过去的五年，是党建工作有新举措的五年。先进性教育、深入学习实践科学发展观活动圆满完成，"个人形象一面旗、工作热情一团火、谋事布局一盘棋"三个一主题实践活动扎实开展，"三级联创"活动和"云岭先锋"工程继续深化。创先争优活动全面推开，全市上下形成了比学赶超、争当先进的良好氛围。制度建设成效显著，巡视工作、科学评价考核、内部沟通等一系列党建制度相继出台实施。党风廉政建设责任制全面落实，反腐败工作取得明显成效。

2010年，市委常委会认真贯彻执行《党政领导干部选拔任用工作条例》、干部选拔任用工作四项监督制度和有关制度规定，切实加大整顿用人不正之风的宣传督查力度，营造风清气正的选人用人环境。按照德才兼备、以德为先的用人标准，提拔使用处级干部40名，平级调整交流处级干部77名，完成了市政府机构改革后52个部门领导干部的任命工作。积极稳妥推进干部人事制度改革，加大竞争性选拔干部力度，市直机关中层干部全面推行竞争上岗，在全市各县区统一组织开展了公开选拔99名科级领导干部工作。注重干部基层实践锻炼，探索建立来自基层的干部培养选拔机制，制定了《昭通市市直机关公开选调公务员实施细则》、《昭通市选派市直机关年轻干部到基层挂职(工作)锻炼的规定》，面向基层公开选调11名干部充实市直机关，选派18名干部到乡镇锻炼，从优秀村(社区)党组织书记中选拔了14名干部担任乡镇(街道办事处)副职。扩大干部选拔任用民主范围，认真抓好《市委全委会民主提名县处级党政正职领导干部初始人选暂行办法》的落实，由市委全委会对6个县区政府正职人选进行初始提名，并进行差额推荐、差额考察、差额酝酿。高度重视并选拔年轻干部、女干部、少数民族干部和党外干部充实各级领导班子，有效改善了全市干部队伍结构，特别是坚持连续三年定向考录少数民族公务员122人，扩大了少数民族干部来源。从全国组织工作满意度调查结果看，去年我市组织工作满意度和选人用人公信度有了明显提高。加强制度化建设和干部监督管理工作，制定了《关于贯彻落实〈2009～2013年全国党政领导班子建设规划纲要〉的实施意见》、《关于贯彻落实中央〈2010～2020年深化干部人事制度改革规划纲要〉的实施意见》和《关于进一步从严管理干部的实施意见》，明确了我市领导班子建设和深化干部人事制度改革的目标任务、办法措施及有关要求，严格教育培训、严格监督管理、严格惩戒问责、严格管理责任，切实加强对干部的监督和管理。

"十一五"时期取得的这些成绩，是省委、省政府坚强领导、正确决策的结果，是历届领导班子开拓进取、不懈奋斗的结果，是全市各族干部群众苦拼实干、奋勇争先的结果。成绩来之不易，经验弥足珍贵。一是始终坚持深化对"三个并存"基本市情的认识，制定并坚定不移地贯彻落实体现全市人民富民强市跨越发展强烈愿望的"12346"的发展思路。通过近三年来全市经济社会又好又快发展的实践证明，这一思路完全符合科学发展观要求，完全符合昭通具体实际，是昭通努力与全国、全省同步实现小康社会宏伟目标的正确选择。二是始终坚持解放思想、转变观念，积极寻求和争取各级各部门和社会各界的广泛支持，借助外力变内向型发展为外向型发展，努力使昭通人民共享改革发展成果。三是始终坚持以人为本的执政理念，把保障和改善民生作为一切工作的出发点和落脚点，不断提高人民群众的生产生活水平，不断增强人民群众的幸福感。四是始终坚持符合自身实际的发展方式，坚持扩大投资不松劲，坚持工业主导地位不偏向。五是始终坚持打牢基础不动摇，针对基础设施"瓶颈"制约十分突出的现状，全面掀起加快基础设施建设的热潮，为跨越发展奠定了坚实基础。六是始终坚持同心同德、凝心聚力，充分发挥各套班子和各级各部门的作用，全力调动广大干部群众的积极性、创造性，形成全市上下万众一心、齐心协力全面建设小康社会的强大合力。这些经验，是我们继往开来、再创辉煌的宝贵精神财富，要坚持不懈、始终不渝地坚持和发扬，并在实践中不断丰富和完善。

二、抢抓机遇、把握关键，科学编制"十二五"发展规划

"十二五"时期，是加快转变发展方式的攻坚期，也是推进昭通富民强市跨越发展的黄金期，更是全面建设小康社会的关键期。深刻认识、准确把握国内外形势新变化新特点，科学制定"十二五"规划，对于推进我市改革开放和现代化建设，实现科学、和谐、跨越发展，具有十分重要的意义。当前，我市面临千载难逢的重大发展机遇。一是在新一轮西部大开发战略中，国家已将乌蒙山区列入重点扶持区域之一，为我市加快发展迎来了难得的重大机遇；二是在我省实施建设中国面向西南开放的重要"桥头堡"战略中，昭通独特的区位优势，为推进双向大通道建设提供了广阔空间；三是随着成渝经济区、长三角经济带的加快建设，区域经济加快发展和区域间合作不断加强，为我市推进跨越发展创造了良好的发展条件；四是昭通丰富的矿产、生物、人力资源以及即将建成投产的两大水电站、两个火电厂，日益改善的交通基础设施，为大力发展能源产业、新型载能产业、生物产业、承接东部产业转移创造了良好条件。五是广大党员干部贯彻落实科学发展观的能力不断增强，各族群众盼发展的愿望更加强烈、促发展的信心更加坚定，为加快发展提供了强大的精神动力。

但是，也要清醒地意识到，制约我市加快发展的困难和问题仍然突出：经济总量小、人均水平低，支柱产业单一，农业产业化、新型工业化滞后；交通、城镇、水利等基础设施依然薄弱，发展的后劲急待增强；城乡二元结构突出，农民增收基础不牢固，扶贫攻坚任务繁重；公共财政能力弱，社会保障体系不健全；社会事业发展欠账大，民生急待改善；人口素质和劳动者技能有待提高，人力资本的效益未能充分发挥；特别是"十二五"时期，随着我市大开发大建设的快速推进，既面临难得的发展机遇，也是各种矛盾和困难交织的时期，将面临各种可以预见和难以预见的风险和挑战，统筹改革、发展、稳定的任务将更加繁重；少数党员干部的作风、能力、执行力有待提高，与科学发展观的要求和面临的形势、任务还有一定差距。这些问题，务必引起高度重视，采取切实有力的措施，认真加以解决。

我市"十二五"时期的发展定位是：建设四基地一屏障一走廊（411），即立足云南、大开北门、融入成渝经济区、挺进长江经济带，充分发挥连接多区域的重要通道、交流桥梁和合作平台作用，实现对内、对外的双向开放，以开放合作促进开发建设和生态保护，努力把我市建设成为中国西部重要的能源产业基地、新型载能产业基地、生物产业基地、产业转移承接基地、长江上游生态屏障和中国面向西南开放桥头堡的双向大走廊（中国内地通往南亚东南亚以及云南通往成渝经济区、长江经济带和中国内地的大走廊），成为西部大开发的特色区域和开放度高、辐射力强、经济繁荣、社会和谐、生态良好的新兴增长极。

我市"十二五"时期的发展思路是：坚持实施"12346"的发展思路，即坚持科学和谐发展这一主题，抓住转变发展方式和转换体制机制两个关键，打牢交通通讯、水利设施、城镇建设三个基础，实施工业强市、科教兴市、依法治市和可持续发展四大战略，着力发展烟草、能源、煤化工、矿冶建材、农特产品加工、文化旅游六大产业，着力推进实体经济与虚拟经济、山区经济与水域经济、内源型经济与外源型经济、城镇经济与乡村经济联动发展，加快乌蒙山区、革命老区脱贫步伐，突出大交通、大工业、大物流、大旅游、大扶贫和城市大建设重点，融入成渝经济区、挺进长江经济带，全力推进昭通经济社会跨越式、赶超式发展。

我市“十二五”时期的战略布局是：围绕提升产业竞争力和可持续发展能力，打破行政区划界限，优化区域经济布局，引导生产要素向重点区域聚集，培育能够有效促进经济增长的经济区，实现产业集聚、人口集中和经济集聚，形成一圈一轴一带一片区一门户“五个一”的生产力布局，即以昭鲁一体化为重点的昭鲁彝大一小时经济圈；以昆水公路和内昆铁路为依托的昭水发展轴；沿金沙江热区资源经济带；镇雄、威信特色经济片区；把水富县城建设成为云南参与长三角和长江经济带合作的重要门户城市。

我市“十二五”时期发展的主要预期目标是：到2015年，地区生产总值年均增长17%以上，争取突破1 000亿元；财政总收入年均增长20%，突破150亿元，地方财政一般预算收入年均增长20%，突破50亿元；固定资产投资年均增长30%，争取5年累计完成5 000亿元以上；社会消费品零售总额年均增长20%以上，达300亿元；城镇居民人均可支配收入年均增长10%以上，达2万元以上；农村居民人均纯收入年均增长12%以上，达5 000元以上；人口自然增长率控制在6.5‰以内；城镇化率达35%以上。

三、立足当前、着眼长远，扎扎实实做好开局之年的各项工作

今年是“十二五”开局之年和建党90周年，做好今年的工作对今后五年乃至十年的发展关系重大。我市今年工作的总体要求是：全面贯彻党的十七大、十七届三中、四中、五中全会、中央经济工作会议以及省委八届十次全会精神，深入贯彻落实科学发展观，紧紧围绕富民强市跨越发展目标，强基础、快发展，调结构、上水平，惠民生、促和谐，努力保持经济平稳较快发展，促进社会和谐稳定，为“十二五”发展开好头、起好步。

今年经济社会发展的主要预期目标建议为：生产总值增长13.5%以上，全社会固定资产投资增长25%以上，地方财政一般预算收入增长15%，城镇居民人均可支配收入增长10%，农民人均纯收入增长12%，城镇登记失业率控制在4.4%以内，人口自然增长率控制在7.9‰以内，全面完成省下达的单位生产总值能耗下降指标。

（一）着眼于增加农民收入，扎实抓好“三农”工作。坚持把解决“三农”问题作为全市工作的重中之重，深入贯彻中央农村工作会议、省委农村工作会议精神，加大支农惠农力度，加快形成城乡一体化发展新格局。按照“原料基地上规模，龙头企业上水平”的要求，将昭鲁坝子水改旱、旱改林作为农业产业结构调整的重大举措，努力扩大苹果、天麻、花椒等优势产业基地规模，引进和培育一批成长性能好、带动能力强的龙头企业。加大农业科技推广力度，确保实现粮食总产量增长5%的目标。大力推进中低产田、中低产林改造工程，不断提高土地产出率。加强农村劳动力技能培训，继续推进“百万劳务输出工程”。按照推进城乡经济社会一体化的要求，不断提升新农村示范创建水平。继续实施好整村推进、产业扶贫、易地开发、“百千万帮扶工程”等扶贫项目，解决和巩固10万农村贫困人口的温饱问题。

（二）着眼于提升发展实力，扎实抓好工业经济发展。坚持走新型工业化发展道路，紧紧围绕新型能源产业、新型载能产业、新型生物产业、承接东部沿海地区产业转移四个产业上狠下功夫，坚定不移地推进“工业强市”战略。全力做好金沙江水电开发援建工作，加快镇雄、威信火电项目建设进程，推进中小水电开发，积极开展风电开发前期工作，努力建成门类齐全的新型能源产业。大力发展建筑建材、冶金、化工产业，加快一批水泥、铅锌等在建重大项目建设进度，推动昭阳区褐煤、煤化工项目尽快开工建设，形成新的经济增量。加快工业园区建设步伐，推进工业园区向现代化、专业化、特色化、规模化方向发展。全力抓好中小项目建设，开通中小企业发展的便捷通道，着力解决好环评、用地、核准、融资等方面存在的问题，大力发展中小工业企业。

（三）着眼于增强发展后劲，扎实抓好基础设施建设。坚持扩大投资规模和优化投资结构并举，不断夯实发展基础。采取更加扎实有力的措施，确保8条二级公路在今年6月底前建成通车，加快推进昭通至麻柳湾高速公路前期工作，尽快实现昆水全线高速化，抓好镇雄至牛场、彝良至牛街两条二级公路前期工作，力争启动镇雄至贵州毕节、四川凉山至昭阳区至贵州六盘水高速公路建设；加快通乡油路建设，力争今年上半年实现全市乡乡通油路的目标；扎实做好成贵铁路过境路段援建工作；积极推进昭通机场迁建前期工作。抓住中央和省大兴水利建设的机遇，以农村人畜饮水安全、农田水利配套、城镇用水供给为重点，加快推进昭鲁大型灌区建设，抓好在建骨干水源工程建设，争取新开工建设一批“五小”水利工程，全面提高耕地有效灌溉保证率。抓住国家实施新一轮农村电网改造升级工程的机遇，扎实推进农村电网改造步伐，不断改善农村电网结构，降低农村居民用电价格。

（四）着眼于推进城乡一体化进程，扎实抓好城镇建设。坚持把城镇建设作为改善民生、转移人口、提升形象和加快经济发展方式转变的重要抓手，推进城镇化快速健康发展。建立完善“政府主导、市场运作、企业参与”的机制，吸引外来资本、社会资金、民间力量参与城镇开发建设，按照强化一个中心，即加快推进昭阳中心城市建设和昭鲁一体化进程，改变两大片区（昭鲁坝子片区和镇雄、威信片区）面貌，发挥好三个窗口（昭阳中心城市、镇雄县城、水富县城）

作用，建设好其他8个县城，打造好11个特色乡镇和40个重点集镇建设，力争通过“十二五”前三年努力，将全市城市化率由2010年的21%提高到30%以上，新增城镇人口60万人以上。

（五）着眼于增强发展内生动力，扎实抓好改革开放。坚持以改革促发展、以开放增活力，形成推进跨越发展的强大动力。稳步推进政府机构改革，推动政府职能向创造良好环境、提供优质高效的公共服务转变；继续推进教育、文化、卫生等社会领域改革；着力深化投融资体制改革，搭建银政、银企投融资平台；深化农村综合改革，推进集体林权制度配套改革，激发农村经济发展活力。积极推进对内对外开放，提高外向型经济发展水平。抓住新一轮产业转移的机遇，扎实推进“省企入昭”，引进国内外行业龙头企业和战略投资者，引进高新技术产业和产业链高端项目，推动我市传统产业转型升级。切实抓好引资签约项目的督促和跟踪服务，进一步提高项目履约率和资金到位率。

（六）着眼于增强可持续发展能力，扎实抓好生态文明建设。坚持生态立市、环境优先，强化生态文明观念，自觉把保护环境、建设生态文明贯穿到经济社会发展的方方面面。深入实施“七彩云南·昭通保护行动”、“森林云南·昭通行动”，继续推进重点防护林、天然林保护等工程建设，积极争取逐步把25度以上的陡坡耕地退耕还林，继续加大水土流失治理力度，扎实抓好饮用水源保护和水污染防治，推动长江上游生态屏障建设取得实效。抓好农村面源污染治理，逐步改善农村环境质量。紧密结合经济结构调整，大力发展绿色经济、循环经济、低碳经济，进一步淘汰落后产能，切实抓好企业清洁生产、节能降耗和资源综合利用，不断提高能源综合利用率。

（七）着眼于保障人民群众共享发展成果，扎实抓好以改善民生为重点的社会建设。坚持以人为本，不断改善民生，确保人民群众共享改革发展成果。坚持教育优先发展，巩固提高“两基”水平，突出抓好学前教育、高中阶段教育，认真做好师专专升本筹备工作；积极发展民族教育、职业教育、特殊教育；深化办学体制改革，大力支持民办教育。认真落实更加积极的就业政策，努力提供更多的就业机会和就业岗位。继续巩固提高“新农合”、城镇居民医保覆盖面，加快建立覆盖城乡居民的公共卫生服务体系、医疗服务体系和医疗保障体系。扎实抓好新型农村养老保险试点工作，进一步加快残疾人事业发展。加大城镇廉租住房、农村保障性安居工程建设力度，力争今年底前全部消除农村茅草房。加快建设社会保障体系，努力实现“应保尽保”。继续采取有力措施，提高人口计划生育率，逐步实现人口和计划生育工作的常态化。

（八）着眼于满足群众精神文化需求，扎实抓好文化建设。坚持社会主义先进文化前进方向，努力促进社会主义文化大发展大繁荣。认真组织好庆祝中国共产党成立90周年纪念活动，大力唱响共产党好、社会主义好、改革开放好、伟大祖国好的时代主旋律。全面完成市博物馆建设，继续实施好文化建设“百千万工程”，加快推进“两馆一站”、村文化活动室、农家书屋等文化惠民工程，不断丰富人民群众的精神文化生活。加大对“昭通作家群”的扶持力度，推出更多思想性艺术性观赏性相统一的精品力作。推进文化和旅游相融合，加快旅游基础设施建设，大力发展峡谷风光旅游、古镇旅游、红色旅游、人文景观旅游，带动第三产业快速发展。

（九）着眼于凝聚发展合力，扎实抓好民主政治建设。坚持凝聚各方力量、集中各方智慧、增进各方共识，充分调动全市人民共同推进昭通跨越发展的积极性和主动性。积极支持人大及其常委会依法履行职能，实施有效的工作监督和法律监督；积极支持人民政协组织开展政治协商、民主监督、参政议政；全力支持工、青、妇组织按照各自章程开展工作，更好地发挥桥梁和纽带作用。进一步加强新时期爱国统一战线工作，全面贯彻党的民族宗教政策。强化基层群众自治制度建设，充分发挥基层自治组织在引导基层群众自我教育、自我服务、自我管理、自我监督的作用。

（十）着眼于促进社会和谐，扎实抓好平安昭通建设。坚持“稳定压倒一切”的思想不放松，在抓好发展第一要务的同时，切实履行稳定第一责任，全力确保社会和谐稳定。认真落实维稳责任制，加强社会矛盾预防、预警、化解工作，认真开展对影响稳定的突出问题进行全面排查，在重大决策、重要政策、重大改革措施、重大工程建设项目和与社会公共秩序相关的重大活动等重大事项在制定出台、组织实施或审批审核前，要开展社会稳定风险评估。不断健全完善人民群众诉求表达机制和社会矛盾调处机制，扎实推进“三联系两深入”和领导干部接访、下访制度，重视做好移民搬迁、城市拆迁等社会矛盾突出领域的稳定工作。不断提升“平安昭通”建设水平，健全社会治安防控体系，严厉打击各种违法犯罪活动，打好禁毒防艾人民战争，严密防范境内外敌对势力渗透破坏活动，确保社会政治和谐稳定。扎实抓好安全生产工作，全面加强防灾减灾体系建设，加大重点区域地质灾害治理力度，切实保障人民群众的生命财产安全。加强国防后备力量和民兵应急队伍建设，不断提高遂行安保任务和应对突发事件的能力。

四、夯实基层基础、抓住党建根本，为推动富民强市跨越发展提供坚强组织保证

全市各级党组织和广大党员干部要以开展“创先争优”活动为契机，以改革创新精神全面加强党的思想、组织、作风、制度和反腐倡廉建设，充分发挥基层党组织的战斗堡垒作用、基层党员干部的骨干带头作用和全体党员的先锋模范作用，凝聚起推动昭通科学、和谐、跨越发展的强大力量，为实现富民强市新跨越提供坚强的政治和组织保证。

（一）切实加强思想政治建设，坚定正确的理想信念。坚定不移地用中国特色社会主义理论体系和党在社会主义初级阶段的基本路线、基本纲领、基本经验武装头脑，加强理想信念教育，提高各级领导干部推动科学发展的能力和水平。加强形势政策教育，准确认识和判断国际国内发展形势，准确把握市情、县区情、乡镇情，制定完善符合本地区本部门的发展思路和工作措施。坚持学以致用、用以促学，使各级领导干部的思想观念、思维理念和行为方式更加适应发展要求，善于创造性地贯彻落实好中央、省委的决策部署，努力在推动科学发展、促进社会和谐上取得新成效。

（二）切实加强干部队伍建设，圆满完成各级党委换届工作。今年是市、县、乡镇（办）三级党委集中换届年，各级党委要高度重视换届工作，确保换届工作风清气正。要以谋划和推动科学发展、选好配强领导班子为重点，坚持干部队伍“四化”方针和德才兼备、以德为先的用人标准，进一步优化领导班子结构，大力选拔政治上靠得住、工作上有本事、人民群众信得过的优秀干部，努力把各级领导班子建设成为坚决贯彻党的理论和路线方针政策、善于领导科学发展的坚强领导集体。要把严肃组织人事纪律作为换届工作中的一项重要任务来抓，严明纪律、警示在前，全程监督、综合治理，惩防并举、严格问责，用铁的纪律保证换届工作顺利进行。

（三）切实加强基层组织建设，充分发挥战斗堡垒作用。认真落实党委抓基层党组织建设的责任制，不断创新党组织设置方式，在新社会组织和新经济组织中不断扩大党的工作和党组织覆盖面。全面推进基层党务公开，切实增强基层党组织的活力。深入扎实开展好创先争优活动，切实把基层党组织建设成为推动科学发展、促进社会和谐、服务人民群众的坚强战斗堡垒，使全市广大党员展现出更加昂扬的精神风貌、焕发出更加旺盛的创造热情。

（四）切实加强群众工作，密切党同人民群众的血肉联系。始终牢固树立全心全意为人民服务的根本宗旨，增强群众观念、关心群众疾苦、真情为群众服务。各级领导干部要经常深入基层、深入群众，了解人民群众的所思所想所盼，从人民群众最现实、最直接、最关心的利益入手，帮助群众办好事、解难事、做实事。要深入研究和把握新形势下群众工作的新特点新要求，不断创新工作方法，努力提高做好新时期群众工作的能力和水平。

（五）切实加强作风建设，大力弘扬新风正气。大力弘扬求真务实的优良作风，全面加强思想作风、学风、工作作风、领导作风和生活作风建设，真正形成领导在一线服务、干部在一线工作、决策在一线落实、问题在一线解决、科学发展观在一线实践的生动局面。大力弘扬艰苦奋斗的优良作风，坚持勤俭办一切事业，坚决抵制享乐主义和奢靡之风，永葆共产党人的政治本色。各级领导干部要进一步树立“无功也是过”的责任感、“一万年太久、只争朝夕”的紧迫感和“争当推进昭通跨越发展的排头兵”的使命感，努力形成比学赶帮、奋勇争先、不甘落后的良好氛围，在推进昭通跨越发展的生动实践中建功立业。

（六）切实加强反腐倡廉建设，营造风清气正的良好环境。全面落实党风廉政建设责任制，坚持“标本兼治、综合治理、惩防并举、注重预防”的方针不动摇。继续保持查办案件的高压态势，强化纪检监察、公检法等相关职能部门的协调配合，既要严惩滥用职权、贪污贿赂、失职渎职等腐败行为，又要严查诬告诽谤、诋毁中伤他人的行为，净化党风和社会风气，保护和调动好各级干部干事创业的积极性。在案件查办中，要坚持“一要坚决，二要慎重，务必搞准”的工作要求，注重政治效果、法律效果、社会效果的有机结合。

同志们，新的航程已经开启。我们一定要紧密地团结在以胡锦涛同志为总书记的党中央周围，高举中国特色社会主义伟大旗帜，坚持以邓小平理论和“三个代表”重要思想为指导，深入贯彻落实科学发展观，承前启后、继往开来，努力把富民强市跨越发展的宏伟事业不断推向前进，以更加优异的成绩向中国共产党 90 华诞献礼！

政府工作报告

——2011年3月17日在昭通市第二届人民代表大会第七次会议上

代理市长　刘建华

各位代表，各位同志：

现在，我代表市人民政府，向大会报告政府工作。请各位代表连同《昭通市国民经济和社会发展第十二个五年规划纲要（草案）》一并审议，并请市政协委员和其他列席同志提出意见。

一、"十一五"时期经济社会发展的主要回顾

过去的五年，是昭通发展进程中历经艰辛而又成就卓著、突破困局而又奋起直追的五年。五年来，面对破坏严重的地震、极端恶劣的冰雪、百年不遇的干旱以及冲击巨大的金融危机等一系列严峻挑战和复杂考验，在省委、省政府和市委的坚强领导下，市政府坚持以科学发展观为指导，紧紧依靠全市各族人民，迎难而上抓机遇，埋头苦干求实效，经济社会保持持续较快发展的良好态势，谱写了昭通富民强市跨越发展的历史新篇。

五年来，我们坚持发展第一要务，砥砺奋进，锐意进取，经济综合实力跃上了新的台阶。全市生产总值由2005年的170.9亿元增加到2010年的379.6亿元，年均增长12.5%。人均生产总值从3 367元增加到7 075元，年均增长11.2%。地方财政一般预算收入从8.5亿元增加到25.6亿元，年均增长24.7%。地方财政一般预算支出从37.2亿元增加到146.6亿元，年均增长31.6%，累计达458亿元。全社会固定资产投资从93.4亿元增加到356.1亿元，年均增长30.7%，累计突破1 000亿元大关、达1 077亿元，相当于"十五"的4.4倍。社会消费品零售总额年均增长15.3%，达到105.7亿元，增加54亿元。城镇居民人均可支配收入年均增长10.2%，达到12 295元，增加4 726元。农村居民人均纯收入年均增长16.3%，达到2 768元，增加1 468元。

五年来，我们坚持转变发展方式，把握关键，突出重点，经济结构调整迈出了新的步伐。农业基础地位不断夯实，农业增加值达到74.1亿元，年均增长5.4%。粮食生产连年丰收，产量达到176万吨。农业优势产业加快发展，畜牧业、马铃薯、苹果、天麻、蚕茧产值年均分别增长8.6%、5%、13.4%、10.8%、8.2%。新型工业化进程提速，工业投资增长迅猛，工业增加值年均增长16%，达到132.6亿元，是2005年的2.1倍。烟草、能源、化工、矿冶、建材产业健康发展，在规模以上工业增加值中的比重提高到95.2%。第三产业增势强劲，增加值年均增长11.8%，达到130.7亿元。文化旅游产业蓬勃发展，累计接待游客1 882万人次，实现总收入58.3亿元，年均分别增长24.5%和34.3%。房地产业稳健发展，累计投资57.3亿元，年均增长44.7%。经济结构逐步优化，三次产业比重由25∶36.9∶38.1调整为19.5∶46.1∶34.4。

五年来，我们坚持改善发展条件，抢抓机遇，攻坚克难，基础设施建设实现了新的突破。紧紧抓住扩大内需等机遇，着力缓解基础设施的瓶颈制约。水富至麻柳湾高速公路建成通车，新增和改建高等级公路774千米、通乡油路1 771千米、通达工程7 220千米，124个乡镇通油路，1 225个建制村实现通达。水富港扩建工程投入运行。扎实抓好水利建设，新建水库10座，完成"五小"水利工程近10万件，除险加固病险水库24座，新增和恢复库容7 956万立方米、有效灌溉面积2.87万公顷，水利有效灌溉保证率提高了7.7个百分点。加快推进电力建设，金沙江水电开发援建工作扎实开展，500千伏永丰变电站、2座220千伏变电站和8座110千伏变电站相继投用，电网建设累计投资45.4亿元，解决了8万户农村无电人口的通电问题。市政设施建设力度加大，城镇发展加速推进，城镇化率从17.2%提高到21%。教育、文体、卫生、计生、民政、移民等基础建设投入大幅增加，一大批重点项目相继开工或建成投入使用。

五年来，我们坚持深化改革开放，解放思想，开拓创新，建设发展环境得到了新的改善。农村综合改革深入推进，30个乡镇撤并工作圆满完成，集体林权制度主体改革顺利结束，减轻农民负担、增强农村发展活力的长效机制进一步健全。投融资体制改革取得重大突破，组建了开投公司、交投公司、城投公司，累计融资103亿元。国有企业改革成效明显，138户企业改制任务全面完成。财税管理体制改革和金融改革稳步推进，部门预算管理和国库集中支付制度改革实现全覆盖，富滇银行落户昭通。教育、文化、卫生等领域的改革有序推进，事业单位全面实行绩效工资制度。以打造“今日昭通效率”为着力点，行政管理改革逐步深化，经济社会发展环境显著改善，行政审批事项精简至79项。加大“走出去、引进来”力度，举办了一系列招商活动，一大批企业纷纷入驻昭通，全方位、多层次、宽领域的开放格局初步形成，累计协议引资1 317.8亿元，到位市外资金314.8亿元，分别是“十五”的3.9倍和6.7倍。

五年来，我们坚持以人为本理念，统筹兼顾，协调推进，社会事业发展开创了新的局面。累计投入教育专款44.98亿元，是“十五”的6.9倍，办学条件大为改善。义务教育取得历史性进步，顺利实现“两基”目标。高中阶段教育持续发展，在校生增至9.5万名。高等教育逐年提升，师专新校区一期工程建成投入使用。人均受教育年限提高到7年。医疗卫生服务体系不断完善，实施医疗建设项目1 120个，千人拥有病床数提高到1.91张。新型农村合作医疗全面推开，参合率提高到96%，累计减免资金15.2亿元。重大传染病和地方病防治力度加大，突发公共卫生事件得到妥善处置。科技工作扎实推进，产学研合作机制不断创新，科技对经济增长的贡献率超过38%。文艺创作和文化惠民工程取得丰硕成果，乡乡有文化站目标基本实现，广播电视综合覆盖率提高了14个百分点。全民健身活动广泛开展，竞技体育成效明显，成功承办了全省第八届少数民族运动会。强势推进人口计生工作，人口自然增长率降至8.16‰，人口过快增长势头初步扭转。注重生态建设和环境保护，节能减排任务全面完成，森林覆盖率提高到32.6%。残疾人事业持续发展。妇女儿童、红十字会、方志编纂、外事侨务、老龄、气象、人防、档案等事业全面进步。

五年来，我们坚持解决民生问题，创造条件，积极作为，人民生活水平得到了新的提高。认真落实促进创业、带动就业政策，新增城镇就业岗位10.6万个，城镇登记失业率控制在4.4%以内。加强社会保障体系建设，社会保险参保人数增至116.7万人，是2005年的4.2倍。扩大城乡低保覆盖面，稳步提高保障标准，累计发放保障金15.4亿元，受益人口增至58.7万人。抓好自然灾害应急处置和恢复重建，累计发放生活救助金2.3亿元，投入民房恢复重建资金3.1亿元，完成恢复重建5.7万户。新建农村敬老院14所，五保老人集中供养率从不足0.9%提高到16%。加快保障性住房建设，累计实施廉租住房建设99.7万平方米、农村保障性安居工程9.9万户。市直机关事业单位住房货币化补贴启动实施，职工住房公积金缴存比例普遍提高到10%以上。整合资金11.4亿元，建设新农村示范点2 576个。改造茅草房9.8万户，巩固和解决了48.2万贫困人口温饱问题。高度重视溪洛渡、向家坝水电站移民的合理诉求，移民搬迁安置稳步推进。

五年来，我们坚持提高施政水平，转变职能，依法行政，民主法制建设取得了新的进步。自觉接受市人大及其常委会法律监督、工作监督和市政协民主监督，人大代表建议和政协提案办理质量明显提高。“五五”普法和“三五”依法治市通过省级验收。治安防控网络逐步健全，“平安昭通”创建成效明显，社会更加和谐稳定。努力解决群众反映的突出问题，有效化解了一批信访积案。切实加强安全监管，深入排查治理安全隐患，安全生产形势稳定好转。加强民族团结进步教育，扶持少数民族发展取得新成效。注重做好宗教工作，依法管理宗教事务水平不断提高。率先在全省推行政府公共绩效考核管理，法治政府、责任政府、阳光政府、效能政府建设扎实有效，政府执行力、公信力和勤政、廉政形象进一步提升。

各位代表！在“十一五”的收官之年，我们全面落实省政府昭通专题工作会议精神，直面困难不退缩，勇往直前不动摇，真抓实干不懈怠，一心一意加快经济社会发展，取得了可喜的成绩，圆满完成了市二届人大六次会议确定的目标任务。2010年工作主要呈现出七个方面的特点：

（一）经济保持较快增长。认真贯彻国家宏观调控政策，全力以赴推动经济平稳较快发展，主要经济指标保持强劲增长势头，为“十一五”发展划上了圆满句号。全市生产总值增长14.2%，超目标3.2个百分点，创造了“十一五”期间的最高增幅。第一、二、三产业发展经受住了时局考验，实现了持续稳健攀升，增幅分别达到4.9%、19.9%和12.7%。地方财政一般预算收入和支出再创历史新高，分别增长23.2%和31.5%。全社会固定资产投资达到356.1亿元，增长41.4%，比既定目标高16.4个百分点。金融机构存款余额520.4亿元、贷款余额286.3亿元，分别比年初增长34.7%和34.2%，年度新增贷款73亿元。

（二）基础设施不断改善。积极争取上级支持，努力扩大融资规模，基础设施建设快步推进。争取项目资金56.2亿元，其他渠道融资43.1亿元，为各项建设提供了资金保障。8条二级公路建设加快推进，完成投资53亿元，其中镇威、凤威公路提前通车；实施通乡油路工程473千米、通达工程1 900千米、客运站点建设15个。水富铜锣坝、镇雄林口水库枢纽工程完工，彝良双河等重点水利项目加快建设，“五小”水利工程实施力度加大，解决了50.1万农村人口饮水安全问题。镇雄、威信500千伏送电工程加紧建设，220千伏水富输变电等工程投入运行，电网升级改造步伐加快。城镇基础建设不断加强，完成投资37.9亿元。中心城市重点项目实施力度加大，二环路和南通道基本贯通；绥江新县城建设有序展开，其他县城建设稳步推进，一批精品特色集镇和重点集镇相继建成。

（三）农村发展态势良好。不断强化“三农”工作，落实惠农补贴5.7亿元，新建农村沼气池4.9万口，实施中低产田地改造1.97万公顷。大力发展现代农业，创建粮食科技示范样板31.2万公顷、万亩高产示范片96个，完成烟叶生产设施建设1 280件，收购烤烟5 560万千克，畜牧业占农业总产值比重上升至48.3%。加快农业产业化进程，新增涉农企业10户，实现农产品加工产值25.6亿元。加大扶贫开发投入，整乡推进试点和片区开发稳步进行，743个整村推进项目有序实施，成功举办了第三届中国贫困地区可持续发展战略论坛。农村人力资源开发效益明显，培训农村劳动力12.8万人次，其中11个夜校点培训3.4万人次，累计输出农村劳动力123.5万人，实现务工纯收入71.5亿元，占农民人均纯收入比重提高到50.1%。

（四）骨干产业持续壮大。坚定不移地实施工业强市战略，工业增加值增长19.5%。镇雄、威信煤电项目分别完成投资14亿元和17.1亿元，水富、巧家、镇雄水泥生产项目顺利投产，鲁甸年产20万吨轻钙、云天化年产26万吨甲醇等项目加快建设，昭阳年产10万吨电解锌和褐煤化工等项目筹建进程加快，卷烟、原煤、电石等主要工业产品产量持续增长。工业结构逐步优化，非烟工业增加值比重达到73%。金沙江水电开发进展顺利，中小水电新增装机31万千瓦。工业园区建设扎实推进，建成标准厂房17万平方米，入园企业103户，实现工业增加值27.3亿元、增长74%。水富大峡谷温泉二期工程完工，昭阳大山包、大关黄连河等景区景点建设完成投资1.31亿元，文化旅游的品牌效应逐步显现。物流园区、专业市场建设取得积极进展，城乡消费需求持续扩大。

（五）招商引资成果丰硕。制定和落实鼓励外来投资优惠政策，投资环境建设不断加强，招商引资工作向纵深迈进。举办昭通资源深圳推介会、昭通苹果上海推介会等会展，开展昆明昭通商会回乡创业座谈、深圳企业家昭通投资考察等活动，先后与云南工投集团、云南煤化工集团、广东佛山玩具协会等企业和行业协会签订了战略合作协议，云南龙威集团、星耀集团等一大批企业成功落户昭通，昆钢大关水泥生产、省耕塘片区开发等一批项目开工建设或即将启动。签订招商项目96个，协议引资446亿元；到位市外资金125.7亿元，增长47%。积极加强与毕节、凉山、宜宾等周边地区的合作交流，在交通建设、产业发展等方面达成了协作共识，区域合作取得了积极成果。

（六）民生保障明显加强。“两基”顺利通过国检，完成中小学校舍安全工程58.9万平方米。新型农村合作医疗减免资金比全面实施之初的2007年净增4.35亿元，完成防氟改炉改灶17.5万户，免费为4000名贫困白内障患者实施了复明手术。1.48万个自然村广播电视村村通直播卫星覆盖工程全部完成，市第二届少数民族传统体育运动会成功举办。计划生育率提高了7.3个百分点，达到86%。第六次全国人口普查扎实推进。安全生产形势持续好转，生产安全事故起数、死亡人数分别下降19.5%和38.3%。巧家、水富、威信新型农村养老保险试点顺利开展。城镇居民基本医疗保险实现市级统筹和异地联网，覆盖面扩大到21.3万人。兑付各类社会保险资金6.98亿元，发放最低生活保障金5.74亿元、临时救助金3751万元。启动廉租住房建设36万平方米，建成1 418套。争取和落实救灾资金3.5亿元，积极主动地打赢了一场又一场应急抢险、抗灾救灾的硬仗。科技、文体、治安防控、生态建设、环境保护等工作取得了明显成效。

（七）政府建设深入推进。坚持问政于民、问计于民，实施重大决策听证100项、重要事项公示822项、重点工作通报2 269项，政府决策民主化、科学化水平进一步提高。围绕转变职能、提升效能，政府机构改革有序推进。进一步下放中心城市建设管理权限，有效解决了关系不顺、职责交叉等问题。加强政府公共绩效考核管理运行监督，绩效考核管理机制不断完善。强化政府系统廉政建设，工程项目、土地利用、矿产开发等重点领域廉政监察不断加强，违纪案件查处力度进一步加大，处分违纪人员324人，问责干部118人。

各位代表！“十一五”取得的成绩来之不易，积累的经验弥足珍贵。五年的实践充分表明，加快发展始终是全市各级各部门的第一要务，必须坚定不移贯彻落实科学发展观，抓紧抓好第一要务，全力推进又好又快发展，奋力实现新的跨越；必须坚定不移转变发展方式，抓紧抓好骨干产业培育，促进经济结构的调整优化，不断增强持续发展内生动力；必须坚定不移实施投资拉动战略，抓紧抓好重点项目建设，着力改善发展环境，全面夯实发展基础；必须坚定不移注重社会事业建设，抓紧抓好民生保障，切实解决关系群众切身利益的问题，致力让各族人民共享改革发展成果；必须坚定不移解放思想，抓紧抓好机制体制创新，坚持用改革的办法促进开放，用开放的举措推动发展；必须坚定不移保持求真务实的作风，抓紧抓好工作落实，用发展的实际行动鼓舞士气，用发展的丰硕成果凝聚民心。

“十一五”时期的五年，是全市经济发展最快、社会进步最大、民生改善最好、群众得到实惠最多的五年。通过五年的艰苦努力，历史悠久的昭通大地发生了深刻而又巨大的变化，勤劳智慧的昭通人民迈出了全面建设小康社会的坚实步伐。这是省委、省政府和市委坚强领导的结果，是全市广大干部群众团结拼搏的结果。在此，我代表市政府，向全市各族人民致以崇高的敬意！向人大代表、政协委员，向民主党派、工商联、无党派人士，向驻昭解放军、武警官兵和各界朋友致以衷心的感谢！

在看到成绩的同时，我们也清醒地认识到，昭通属于欠发达地区的现状尚未根本改变，发展差距仍然十分明显，发展中还面临着不少困难和问题。主要表现为：经济总量偏小、人均水平较低，农业产业化、新型工业化、城镇化和教育现代化进程缓慢，发展不够、发展不充分、发展质量不高始终是昭通最主要的问题；基础设施十分薄弱，交通网络不完善、公路等级较低，农业水利化程度不高、工程性缺水严重，城镇化水平不高、辐射带动能力不强，基础设施的瓶颈制约相当明显；人口、资源、环境协调发展存在诸多矛盾，节能减排任务艰巨，环境压力增大，生态建设任务艰巨，可持续发展面临严峻考验；社会事业发展不够充分，影响和谐稳定的因素依然不少，改善民生任重道远；政府自身建设存在差距，服务发展的能力和水平有待进一步提高，作风需要进一步转变。对于这些困难和问题，我们将高度重视，采取有力措施，逐步加以解决，促进政府工作的不断改进。

二、"十二五"时期经济社会发展的主要任务

今后五年，是昭通加快转变发展方式的攻坚期、推进富民强市新跨越的黄金期和全面建设小康社会的关键期。在新的历史时期，昭通的发展将迎来难得机遇，同时也面临诸多挑战，总体上机遇大于挑战、希望大于困难。国家坚持实施扩大内需战略，启动实施新一轮西部大开发，并把乌蒙山区列为重点扶持区域之一，为昭通从根本上改善基础条件、加快发展步伐、缩小发展差距提供了有力支撑；云南实施"桥头堡"建设，陆续制定一系列前瞻性、突破性的优惠政策，为昭通充分发挥比较优势、推进双向大走廊建设提供了有利条件；国际国内经济格局深入调整，战略性新兴产业加快发展，为昭通承接发达地区产业转移、建立现代产业体系提供了重要契机。机遇稍纵即逝，发展时不我待。我们一定要抓住各种机遇，坚定信心、振奋精神，顺势而谋、趁势而上，努力实现经济社会又好又快发展。

根据党的十七届五中全会、省委八届十次全会、市委二届十二次全会精神及《中共昭通市委关于制定昭通市国民经济和社会发展第十二个五年规划的建议》，我们组织编制了《昭通市国民经济和社会发展第十二个五年规划纲要（草案）》，进一步勾划了发展蓝图，细化了发展目标，明确了发展重点和工作任务。

《纲要》提出，我市"十二五"时期的发展定位是建设"四基地一屏障一走廊"。即努力把我市建设成为中国西部重要的能源产业基地、新型载能产业基地、生物产业基地、产业转移承接基地、长江上游生态屏障和中国面向西南开放桥头堡的双向大走廊（中国内地通往南亚东南亚以及云南通往成渝经济区、长江经济带和中国内地的大走廊），成为西部大开发的特色区域和开放度高、辐射力强、经济繁荣、社会和谐、生态良好的新兴增长极。

《纲要》提出，我市"十二五"时期要继续坚持"12346"的发展思路。即坚持科学和谐发展这一主题，抓住转变发展方式和转换体制机制两个关键，打牢交通通讯、水利设施、城镇建设三个基础，实施工业强市、科教兴市、依法治市和可持续发展四大战略，着力发展烟草、能源、煤化工、矿冶建材加工、农特产品加工、文化旅游六大产业，着力推进实体经济与虚拟经济、山区经济与水域经济、内源型经济与外源型经济、城镇经济与乡村经济联动发展，加快乌蒙山区、革命老区脱贫步伐，突出大交通、大工业、大物流、大旅游、大扶贫和城市大建设重点，融入成渝经济区、挺进长江经济带，全力推进昭通经济社会跨越式、赶超式发展。

《纲要》提出，我市"十二五"时期要努力形成"一圈一轴一带一片区一门户"的生产力布局。即以昭鲁一体化为重点的昭鲁彝大一小时经济圈，以昆水公路和内昆铁路为依托的昭水发展轴，沿金沙江热区资源经济带，镇雄、威信特色经济片区，把水富县城建设成为云南参与长三角和长江经济带合作的重要门户城市。

《纲要》提出，我市"十二五"时期的主要预期目标是：到2015年，全市生产总值年均增长17%以上，力争突破1 000亿元；全社会固定资产投资年均增长30%，力争累计完成5 000亿元以上；地方财政一般预算收入年均增长20%，突破50亿元；社会消费品零售总额年均增长20%以上，达300亿元；城镇居民人均可支配收入年均增长10%以上，达2万元以上；农民人均纯收入年均增长12%以上，达5 000元以上；城镇化率达35%以上；人口自然增长率控制在6.5‰以内；城镇登记失业率控制在4.5%以内；全面完成省下达的单位生产总值能耗下降任务。

在"十二五"经济社会发展进程中，必须认真抓好六项重点工作：

（一）千方百计扩大投资，夯实经济社会发展基础。

昭通正处于加快开发建设的重要历史阶段，投资依然是加快发展的重要推动力。我们要始终把投资摆在突出位置，积极推动一批事关全局、事关长远的重大项目建设，保持投资的强劲增长，推动发展条件的不断改善，促进发展能力的持续增强。

按照优化结构、提高效益的原则，把投资重点放在基础设施领域。围绕构建现代交通运输体系，加快公路建设，力争通车里程超过2万千米，等级公路比例达到60%以上；配合抓好铁路项目建设，推动昭通机场迁建，提升水富港航运能力，加快形成有效衔接、立体支撑、广泛辐射的综合交通网络。抓住国家加快水利发展的机遇，制订实施“振兴水利”行动计划，集中推进一批骨干水源工程和“五小水利”项目，新增库容4亿立方米，年供水能力突破14亿立方米。加大骨干电网建设力度，提高重点区域和重点行业电力保障能力；全面完成农村电网改造任务，农村户表覆盖率要达到95%以上，基本实现城乡同网同价。

坚持多渠道挖掘增量、多元化扩大总量，进一步增强投资活力，确保投资保持科学持续增长。加强协调争取，努力使一批重大项目进入国家和省的计划盘子，力争上级安排的项目资金逐年明显增长。高度重视项目前期工作，积极探索财政投入与市场化运作相结合的前期经费保障机制，不断提高项目可行性水平。规范政府性投融资平台管理，逐步增强融资能力。鼓励和引导民间资本进入基础设施、公益事业等领域。

（二）大力推进产业发展，促进经济结构调整优化。

加快推进产业发展，既是调整经济结构、转变发展方式的必然要求，也是增强内生动力、提高综合实力的根本途径。我们要以坚定的信心和扎实的举措，立足实际，依托资源，积极培育和构建特色明显、优势突出、支撑强劲的产业体系。

坚定不移推进农业产业化。坚持走突出优势创特色、点面结合扩规模、依靠科技促发展、拓展市场增效益的路子，转变农业发展方式，加快农业产业化进程。大力调整农业内部结构，力争到“十二五”末，农牧副之间的比例达到30∶40∶30，粮经种植比例达到40∶60。抓好农业产业基地建设，以建设现代农业示范园区为切入点，提高农业8大优势产业的规模化、标准化、品牌化水平。积极扶持农业龙头企业，发展农产品加工，推动农产品转化增值，逐步形成集约高效的农业产业体系。提高农业产业组织化程度，培育组建专业合作组织超过700个。通过努力，使第一产业产值超过150亿元，农产品加工产值突破100亿元，年销售收入上亿元的重点涉农企业增至10家以上。

坚定不移推进新型工业化。坚持走工业强市的路子，壮大主导产业，培育新兴产业，优化产业结构，增强核心竞争力，促进工业提质增效，确保工业增加值年均增长24%以上。扩大工业投资规模，力促一批符合产业政策、关联度高、带动性强、支撑力大的骨干项目启动建设。巩固提高烟草及其关联产业。大力支援金沙江水电开发，做大做强能源产业，形成以水电为主、火电为辅和煤炭、新能源加快发展的多元化能源产业格局。切实推进电矿结合，突出打造煤化工、硫磷化工和矿冶建材产业，提升新型载能产业发展水平。把壮大主导产业与培育新兴产业有机结合起来，积极发展节能环保、装备制造、新材料等战略性新兴产业。积极抓好产业转移承接，优化工业布局，加快工业园区建设，推动工业项目向园区集中。扶持中小企业和非公经济成长壮大，使非公经济增加值占生产总值比重提高到43%以上。

加快发展以文化旅游、金融、物流为重点的现代服务业。把加快发展现代服务业作为产业优化升级和扩大消费需求的战略重点，全面提升发展的层次和水平，力争服务业增加值占生产总值比重超过32%。整合自然景观和历史文化资源，加大景点景区开发和服务体系建设力度，推进管理体制和运行机制创新，逐步把文化旅游产业培育为经济发展新的增长点。积极争取股份制商业银行、外资银行和政策性银行、非银行类金融机构到昭通设立分支机构，促进金融租赁、票据融资等金融业务发展，积极培育和扶持地方企业上市融资，增强金融支持经济社会发展的能力。积极培育物流企业，加快建材、农特产品等大型专业物流市场建设，推动交通运输、仓储配送、流通加工、信息网络等现代物流业快速发展，促进服务业迈上新台阶。

（三）加大城乡统筹力度，推动区域协调持续发展。

统筹城乡发展是改变昭通落后面貌的必由之路。我们要坚持城市带动农村、农村推动城市的思路，完善城市功能、增强农村活力，逐步打破城乡二元结构，建立以城带乡、以工促农、城乡互动的长效机制，努力推动城乡一体化发展。

加大强农惠农力度，增加农村公共投入，增强农村自我积累和加快发展能力。坚持规划引领、连片打造、重点示范，深入推进新农村建设。强化农业科技支撑，实施粮食丰产计划，确保粮食产量稳中有增，切实保障粮食安全。坚持就地就近转移、返乡创业、异地输出并举，提高农村人力资源开发水平，稳定转移农村劳动力达到145万人以上，务工纯收入要达到126亿元以上。坚持开发式扶贫与保障式扶贫相结合，因地制宜，分类指导，每年巩固和解决10万以上贫困人口温饱问题。

把加快城镇化进程作为统筹城乡发展的重要抓手，逐步形成功能完善、特色鲜明、协调互补的城镇体系，到“十二五”末城镇生产总值比重要达到80%以上，城镇化率达到35%以上。全面提升中心城市形象和品位，到“十二五”末建成区面积要达到50平方千米，人口规模超过50万人。切实加快镇雄、水富2个次中心城市和其他8个县城、重点集镇建设，不断增强城镇辐射带动能力。建立职责明确、高效规范的管理机制，努力提高城镇经营管理水平。启动实施农民宅基地、承包地置换试点改革，推动城镇与农村统筹协调发展。

（四）切实加强民生保障，大力推进和谐社会建设。

我们要始终把造福全市人民作为一切工作的出发点和落脚点，全面落实惠民之策，全力办好利民之事，认真解决事关各族人民切身利益的问题，让广大群众更加充分地共享改革发展成果、更加奋发地共创幸福美好生活。

加强社会事业建设，推动社会繁荣进步，努力满足群众基本公共服务需求。坚持人才兴市，优先发展教育，提高“两基”水平，抓好学前教育和高中阶段教育，使幼儿入园率、高中毛入学率均达60%以上，全面推进职业教育、特殊教育、民族教育和高等教育，人均受教育年限提高到9年。加强公共卫生服务体系建设，加快医疗卫生事业发展，为群众提供优质的基本医疗保障。抓好科研合作、技术应用和人才培养，强化科技创新基地和服务平台建设，认真实施科技项目，提高科研成果转化率，切实解决农村学科技难的问题。积极繁荣文艺创作，大力发展文化体育、广播影视事业，不断丰富人民群众精神文化生活。重视发展其他各项社会事业。

着力加强社会保障体系建设，推动民生改善向更大范围、更高水平迈进。认真落实积极的就业政策，坚持以创业促进就业，多渠道开发就业岗位。加快建立基本完善的社会保障体系，实现农村基本养老保险全覆盖，社会保险参保达到560万人。完善以城乡低保为基础、专项救助相配套、临时救助为补充的社会救助体系，积极发展福利慈善事业。推进残疾人社会保障和服务体系建设。规范房地产一、二级市场管理，抓好廉租保底、公租解困、农村危改、抗震安居等项目实施，力争建成城镇保障性住房105万平方米，完成农村保障性安居工程5万户，促进住房货币化补贴全面实施。注重增强群众防灾减灾意识，推进应急救援体系建设，提高自然灾害和突发事件应急处置能力。切实加强社会治安、信访接待、安全生产、食品药品、社区建设等各项社会管理，努力创造更加和谐安宁的社会环境。

（五）强化生态文明建设，不断增强可持续发展能力。

生态建设事关发展全局、事关长远未来。我们要强化生态立市、环境优先的观念，正确把握经济建设与人口、资源、环境的关系，深入实施“七彩云南·昭通保护行动”，坚持在保护中开发，在开发中保护，致力推动资源节约型、环境友好型社会建设，努力实现经济效益与社会效益、生态效益相统一。

按照以控为主、控导结合的思路，保持人口计生工作的强劲态势，降低人口生育水平，减轻生态环境承载压力。强化人口计生基层服务能力建设，抓好“一放二扎”等硬性措施落实，注重流动人口计划生育管理，力争计划生育率达到95%以上。完善利益导向机制，加强计划生育村民自治，促进群众生育观念不断转变，努力提高人口计生工作水平。

积极推行总量控制、双向调节、差别管理的资源开发利用模式，促进资源节约高效利用。加大土地整理复垦力度，合理新增建设用地规模，确保土地总量动态平衡。坚持资产化管理资源，依法加强优势资源集中管理和开发。着力实施资源深加工和综合利用，力争矿产资源采选回收率上升到85%。建立资源型企业可持续发展准备金、地质灾害防治保证金制度。强化水资源管理和有偿使用，提高水资源集约利用水平。

依托天然林保护、退耕还林、农村能源建设和生物多样性保护4大工程，大力实施“森林云南·昭通行动”。围绕构建生态屏障，治理水土流失3 000平方千米，完成营造林26万公顷，确保森林覆盖率达到35%。加强渔洞水库、昭阳大山包等重点区域环境保护工作。积极发展低碳经济和循环经济，抓好重点领域节能减排，坚决淘汰高污染、高排放、低效益的落后产能。加大水污染、大气污染和农村面源污染防治力度，力争城镇生活垃圾无害化处理率和生活污水处理率均达70%以上。

（六）坚定不移推进改革，全面提高对外开放水平。

我们要以敢于突破常规、敢于承担责任的胆识和气魄，观念上先人一步、办法上高人一筹、动作上快人一拍，坚定不移推进改革，毫不动摇扩大开放，不断为经济社会发展注入强大活力。

着眼于破除制约发展的体制机制障碍，稳步务实地推进重要领域和关键环节改革，积极有效化解各类深层次矛盾和问题。深化农村综合改革，加快解决农村的土地流转、服务体系建设等发展难题。加大殡葬改革力度。积极推进医疗卫生、教育文化等社会事业改革。稳妥推进资源性产品价格改革，逐步建立反映市场供求关系、资源稀缺程度、环境损害成本的资源价格形成机制。深化财税体制改革，完善公共财政体系。加大行政管理体制改革，积极探索开展行政审批集中统一办理工作，推动政府职能进一步向提供优质高效服务、创造良好发展环境转变。

创新合作机制，搭建合作平台，大力发展开放型、外源型经济。充分发挥连接长江经济带、成渝经济区、攀西六盘水地区的优势，深入推进区域发展协作，积极扩大与长三角、泛珠三角、泛北部湾等区域的交流，进一步拓展互利共赢空间。以能源、化工、制造、新型载能和生物资源开发等产业为重点，突出抓好招商引资，注重引进高新技术产业和产业链高端项目。积极采用直接投资、经营权转让、以商招商等多种形式，进一步扩大招商引资规模，力争利用市外资金累计突破1 000亿元。

三、2011年经济社会发展的主要安排

2011年，是实施“十二五”规划的开局之年。全面抓好今年的各项工作，意义十分重大。我们要始终保持奋发进取、争创一流的精神状态，奋力拼搏，真抓实干，确保既定目标圆满实现，努力为“十二五”发展开好头、起好步。

根据“十二五”目标任务和当前发展态势，2011年全市经济社会发展的主要预期目标是：生产总值增长13.5%以上，全社会固定资产投资增长25%以上，地方财政一般预算收入增长15%以上，社会消费品零售总额增长20%以上，居民消费价格总水平涨幅控制在3.5%以内，城镇居民人均可支配收入增长10%以上，农村居民人均纯收入增长12%以上，城镇登记失业率控制在4.4%以内，人口自然增长率控制在7.9‰以内，完成省下达的单位生产总值能耗下降任务。

今年要重点抓好10个方面的工作：

（一）加强农业农村工作。

坚持把"三农"工作摆在更加突出的位置，农业增加值要完成79亿元，粮食产量达到185万吨，千方百计促进农民增收。注重改善农业农村发展条件，改造中低产田地1.77万公顷，完成60个自然村村容村貌整治，启动建设600个新农村示范点。加快推进农业结构优化，使农牧副之间的比例调整为40∶50∶10，粮经种植比例调整为55∶45，玉米、马铃薯生物多样性科技标准化种植覆盖率达95%以上。实施粮食单产提升工程，加强特色优势农产业基地建设，力争启动2个现代农业示范园区建设，努力使马铃薯、苹果、蔬菜、天麻、蚕桑、魔芋、竹子、核桃种植规模达到34万公顷，畜牧业产值增长15%以上，完成烤烟收购5 000万千克。大力推进农业产业化发展，新增规模以上涉农企业15家、专业合作组织50个，使农产品加工规模达到40万吨，销售收入超过27亿元。深入开发农村人力资源，培训农村劳动力10万人次，累计转移输出125万人，实现务工纯收入80亿元。扎实抓好片区开发、整乡推进等扶贫项目，实施700个自然村整村推进工程，巩固和解决10万贫困人口温饱问题。

（二）推进基础设施建设。

千方百计抢工期、抓进度、保质量，确保在建二级公路按期完工并顺利锁定债务。实施900千米油路、通达工程、行政村公路硬化和10个农村客运站建设。加快昭麻高速公路和彝良至牛街、镇雄至牛场二级公路前期工作。抓好成贵铁路昭通段征地拆迁和援建工作，协调加快攀昭毕遵铁路和隆黄铁路前期工作进度，争取启动渝昆铁路前期工作，认真抓好昭通机场迁建前期工作。继续强化水利普查工作，抓紧推进10件骨干水源工程建设，启动巧家小海子水库建设，力争鲁甸月亮湾水库开工，完成9座小（一）型病险水库除险加固任务，加大昭鲁大型灌区工程实施力度，推进永善云荞水库等灌区配套建设，实施4万件"五小水利"工程，新增有效灌溉面积9 000公顷，解决52万农村人口和21万农村学生饮水安全问题。加快500千伏甘顶输变电和镇雄、威信500千伏送电工程建设，推动城网、农网优化升级，基本解决无电人口通电问题。全力以赴抓好中心城市新区开发、旧城改造、古城恢复，积极推进城市管理机制创新，完成昭鲁城市走廊工程任务，加快昭鲁一体化进程，提升县城发展水平，打造11个特色乡镇和40个重点集镇，力争城镇基础设施投资不低于20亿元，新增建成区面积不少于10平方千米。

（三）抓好工业项目建设。

创新工业发展举措，扩大工业经济规模，工业增加值要完成167亿元，增长22%。加强工业经济运行服务，促进烟草、矿冶、建材等行业持续稳步发展。做好金沙江水电开发援建工作，确保溪洛渡、向家坝水电站建设和白鹤滩水电站筹建顺利进行。抓好中小水电开发，新增装机14万千瓦。力促镇雄和威信煤电一期、云天化年产26万吨甲醇等项目尽快投产，加快得云水泥、华新水泥等在建项目实施进度，推动昭阳电解锌、玩具加工基地等具备条件的项目按期开工，争取新增重大工业项目投资150亿元。抓好工业园区基础设施、标准厂房和管理信息平台建设，加大引企入园步伐，确保新增入园企业30户，园区工业产值突破85亿元。着力扶持中小企业和非公经济快速发展，力争非公经济增加值增长18%。

（四）加快第三产业发展。

大力提升传统服务业，积极培育现代服务业，第三产业增加值要突破150亿元，增长12%。改善金融生态环境，强化金融体系建设，积极引进银行、保险、证券等金融机构设立分支机构。引导和鼓励金融机构开发针对性、实用性金融产品，确保新增贷款80亿元，力争达到100亿元。抓好大关黄连河、昭阳大山包和威信红色旅游等景区景点建设，着力打造沿昆水公路文化旅游精品线路，接待游客650万人次，实现旅游总收入22.5亿元。积极发展信息、咨询、物业、家政和养老等新兴服务业。加快昭阳、镇雄、水富等物流园区和物流市场建设，推进水富港申报国家一类口岸和综合保税区各项工作。加强农村流通网络建设，继续实施"万村千乡市场工程"。认真落实扩大消费政策，积极改善消费环境，促进消费需求持续稳定增长。

（五）推动社会事业进步。

认真实施中小学标准化建设，完成中小学危房改造任务，巩固"两基"成果。加强学校规范管理，提高教育教学质量。完成市幼儿园迁建和20所乡镇幼儿园建设。大力发展高中教育，加快发展职业教育，推进市民族中学迁建和市职教中心建设。完成师专新校区二期工程，确保实现"专升本"目标。加强科技项目实施管理，提高科技成果转化效益。抓好医疗卫生项目实施，完成市中医院迁建，强化新型农村合作医疗资金监管，推进医疗卫生体系建设。完成市博物馆建设，实施300户农家书屋、700个行政村文化信息资源共享工程，加快广播电视村村通工程进度。积极开展群众性精神文明创建活动。全面贯彻党的民族政策，抓好民族乡建设，注重发挥宗教团体的桥梁纽带作用。推进老龄、残疾人、妇女儿童、统计调查、方志修编、档案管理、气象水文、外事侨务、社会科学、红十字会、邮政通信等事业发展。

（六）拓展对外开放领域。

坚持改革促开放、开放促开发、开发促发展，深入推进各项改革，加快形成有利于改善环境、增强活力、加快发展的体制机制。抓好农村小型水利工程管理体制改革和集体林权制度配套改革。加大“一事一议”财政奖补实施力度，深化财政预算管理改革，积极争取上级财政转移支付政策倾斜。推进医药卫生体制改革。完成政府机构改革任务。发挥地缘优势，加强与川、滇、黔毗邻地区沟通协作。积极组团参加昆交会、珠洽会等会展活动，进一步加强对外宣传和推介，加大引企入昭力度，努力吸引更多的企业投资昭通，积极争取更多的项目落户昭通。全面优化招商引资环境，强化招商项目跟踪问效，着力提高项目履约率和资金到位率，力争到位市外资金150亿元。

（七）提高民生保障水平。

全面落实鼓励创业、促进就业政策，广开就业门路，新增城镇就业岗位2.2万个，扶持5 000人实现自主创业。认真总结新型农村养老保险试点经验，争取增加2个县列入试点。扩大社会保险覆盖面，力争参保达到150万人。积极推行城镇居民大病补充医疗保险，切实提高住院报销比例和支付限额。完善城乡低保制度，力争符合条件的困难家庭应保尽保，农村低保人口达到49万人以上。加强低保资金监管，注重提高资金使用效益。抓好保障性住房建设，新建廉租住房6 300套、公租住房6 200套，实施农村保障性安居工程1.5万户。强化自然灾害监测预警，增强灾害应急处置能力。高度重视物价问题，加大价格监测和执法力度。坚持质量兴市，推进标准化工作，提高质量安全保障水平。

（八）维护社会和谐稳定。

高度重视移民工作，加快移民安置房和迁复建工程建设进度，依法解决移民群众合理诉求，努力保障移民稳定。以“搬得出、稳得住、逐步能致富”为目标，大力抓好以产业培育为重点的移民经济建设，扶持移民群众发展致富，用发展来促进移民稳定。创新社会治安综合治理机制，着力解决群众反映强烈的“两抢一盗”等突出治安问题，不断增强“平安昭通”创建的实效。健全重大决策事项风险评估制度，推进社会稳定风险评估能力建设。深入落实信访责任制，拓宽社情民意表达渠道，依法维护正常的信访秩序，妥善解决群众反映的热点难点问题。认真做好人民调解、行政调解、司法调解工作，切实排查化解社会矛盾纠纷，努力从源头上减少不稳定因素。深化交通、煤矿、消防、非煤矿山等重点领域安全生产专项整治，坚决防止重特大安全事故发生，严肃查处事故瞒报行为，确保安全生产形势持续稳定好转。

（九）抓好生态环境建设。

高度重视人口问题，坚持高位推动与重心下移相结合，深入落实人口计生工作措施，计划生育率要达到90%。认真实施绿化造林、天然林保护等工程，完成营造林6.9万公顷，改造中低产林0.67万公顷。落实草原生态保护补助奖励机制，实施水土流失治理480平方千米、土地石漠化治理1万公顷，完成土地开发整理0.46万公顷。加强自然保护区和重点生态区建设管理，抓好生物多样性保护。大力开展饮用水源保护和重点流域水污染防治工作，启动治理中心城市利济河、瓦窑河。健全矿政管理机制，组建市级矿业开发投资公司，推动矿产资源规范、集约、高效开发利用。加强环保执法，有效控制污染排放，提高节能减排实效。支持企业开展节能、节水、节材和资源综合利用技术改造，努力降低资源和能源消耗。

（十）注重政府自身建设。

围绕务实、创新、和谐、廉洁的要求，深化政府自身建设，不断提升政府依法行政水平。自觉接受市人大、市政协监督，严格执行市人大各项决定和决议，认真办理人大代表建议和政协委员提案，广泛听取民主党派、工商联和无党派人士意见建议。启动实施“六五”普法和“四五”依法治市，深入推进民主法制建设。积极支持工、青、妇等人民团体发挥职能作用。完善法治政府、责任政府、阳光政府、效能政府制度体系和落实机制，抓好政务服务中心和公共资源交易中心建设，促进政府依法高效履行职能。完善政府公共绩效考核管理，加强政务督查，提高工作效率，强化行政问责，以良好的政风推动工作落实。深化政府系统廉政建设，提高执法监察、廉政监察、效能监察和审计监督实效，严肃查处违纪案件，努力建设人民满意的政府。

各位代表！驻昭部队是保卫国家的坚强柱石，是昭通经济社会建设的重要力量，在我市改革发展稳定中发挥了重要作用。我们要进一步做好拥军优属、国防动员、民兵预备役工作，积极支持驻昭部队搞好现代化建设，不断巩固军政军民团结。

各位代表！新蓝图汇聚新力量，新起点孕育新希望。让我们在中共昭通市委的坚强领导下，高举中国特色社会主义伟大旗帜，坚持以邓小平理论和“三个代表”重要思想为指导，深入贯彻落实科学发展观，继往开来、锐意进取，同心同德、阔步前进，为推进昭通科学发展、跨越发展、和谐发展而努力奋斗！

（本栏目审稿：刘宗伯　校对：聂顺荣）

专　文

责任编辑：聂顺荣

突出重点　统筹兼顾

谱写绥江经济社会发展新篇章

绥江县位于云南省东北角金沙江下游南岸，东经 103°47′～104°16′，北纬 28°21′～28°40′之间。县境东连水富县，南靠盐津县，西与永善县接壤，北隔金沙江与四川省屏山县和雷波县相望。全县国土面积 761 平方千米。境内地势南高北低，海拔悬殊，罗汉坪大堡顶最高海拔 2 054 米，和平三湾沟最低海拔 280 米。2010 年末，全县有中城、南岸、新滩、会仪、板栗 4 镇 1 乡，32 个村，3 个社区，785 个村民小组，112 个居民小组。"十一五"期间，绥江县委、县政府带领全县 16 万各族人民群众，围绕"绿色经济强县、湖滨生态旅游县、文明幸福小康县"建设总体目标，同心同德、锐意进取、开拓创新，战胜了"5·12"地震、雨雪冰凌、特大干旱等自然灾害，全县社会和谐稳定，人民安居乐业，圆满完成了各项主要目标任务，精心绘制了"十二五"蓝图，为更好更快建设绥江奠定了基础。

"十一五"工作回顾

"十一五"期间，是绥江县极为特殊、富有重大转折意义的 5 年，是抢抓发展机遇、移民和城镇迁建工作取得新突破的 5 年，是统筹兼顾、加速发展的 5 年，是关注民生、促进公平的 5 年，是改革开放、发展活力增强的 5 年，是推进民主法制，共创和谐的 5 年。5 年来，绥江经济社会发展实现了新的跨越，迈上新的台阶。

基本指标完成情况。全县生产总值实现翻番，2010 年生产总值 12.05 亿元，5 年年均增长 18.2%，完成"十一五"规划的 102.5%；人均生产总值 7 259 元，超全市人均水平 184 元。固定资产投资完成 17.01 亿元，5 年年均增长 89.7%；累计完成 41 亿元，是"十五"期间的 9.82 倍，圆满完成目标任务。项目库储备项目 296 个，总投资 150 亿元；累计争取上级资金 30 622.27 万元。争取上级以工代赈资金 1 902 万元。相继实施了水利、交通等 11 个项目的建设，已完工 8 个。争取上级下达易地扶贫项目 3 个，累计下达资金 569 万元。目前已全工 2 个，其余项目已开工建设。地方财政一般预算收入完成 8 896 万元，年均增长 41%，完成"十一五"规划的 115.3%；是 2005 年的 5.6 倍，城镇居民人均可支配收入 12 735 元，5 年年均增长 10.4%，超规划目标 2.4 个百分点；农民人均纯收入 2 911 元，5 年年均增长 16.4%，超规划目标 911 元。实现社会消费品零售总额 3.38 亿元，年均增长 26.8%，完成"十一五"规划的 100.9%；单位生产总值能耗较"十五"末降低 4%。一、二、三产业比为 19:39:42，产业结构趋于合理。

抓好"三农"工作，切实减轻农民负担。"十一五"期间，绥江县紧紧围绕农民增收这个核心，以稳粮、强畜、大力发展水果、蔬菜、魔芋等特色农业中心为目标，城乡统筹协调发展，4 大基地建设规模壮大，农产品区域布局更趋优化，农业和农村现代化建设迈开步伐，劳动力转移培训进展顺利，农业服务体系更加完善，农业投入普遍增加，农民收入持速增长，呈现出农业升温，农民生产积极性高涨，农村经济形势看好的喜人局面。2010年全县农业总产值实现38 310万元，比2005年的17 725万元增加20 585万元，增长116.14%，年均增长23.23%，比上年增长13%；其中种植业实现产值12 690万元，比2005年的6 784万元增加5 906万元，增长87.06%；畜牧业实现产值19 510万元，比2005年的8 962万元增加10 548万元，增长117.7%；渔业实现产值660万元，比2005年的275万元增加385万元，增长140%；林业实现产值4 100万元，比2005年的1 704万元增加2 396万元，增长140.61%；农林牧渔服务业实现产值1 350万元。培育特色产业，实现农业生产基地规模化。2010年蔬菜种植5 666.67公顷，其中冬早蔬菜1 666.67公顷（含开发区）、夏季蔬菜3 000公顷、秋蔬菜1 000公顷、冷凉蔬菜666.67公顷，年产量34 000吨，冬季农业开发连续8年位居全市第三。全县水果种植已初具规模，由2005年的853.33公顷增至2 644.4公顷，增长209.38%，年均增长41.88%，位居全市第二；挂果面积1 873.33公顷，产量9 200吨。2010年肉蛋奶总产量16 500吨，比2005年增长62.09%；生猪出栏126 000头，比2005年的103 770头增加22 230头，增长21.43%，年均增长4.29%。2010年魔芋种植1 680公顷，产量10 600吨；蚕桑面积374.53公顷，蚕茧产量41吨，蚕农收入90万元，户均收入1 850元。粮食种植突出优质玉米、优质水稻等。2010年全县粮食总产量40 100吨，比2005年的34 351吨增加5749吨，增长16.74%，年均增长3.35%，比上年增长1.75%。其中，小春粮食产量7289吨、大春粮食产量31781吨，晚秋粮食产量1030吨。以优化农产品区域布局为突破口，实现优势农产品区域化。按照《绥江优势农产品区域布局规划》，重点培育6种优势农产品。蔬菜突出黄瓜、南瓜、番茄、辣椒等茄果类蔬菜，冬早大棚蔬菜基地建设，规划实施面积666.67公顷，建成5个千亩蔬菜连片区、3个千亩大棚规模片。规划实施种植水果面积3333.33公顷，种植水果2640公顷，分布在全县5个乡镇，石龙油桃、李子带初具规模。建成万头生猪养殖场1个，养殖小区6个。

扶持龙头企业，实现农产品初加工。全县形成与优势农产品产业带相适应的加工布局。绥江县芝友魔芋责任有限公司、绥江县中村茶厂等4户农产品加工企业，年产值3170万元。

加大投入力度，实现农业基础设施现代化。圆满完成了中央财政支持现代农业蔬菜项目，中低产田地改造正在按照规划实施，“十一五”期间，以治水改土为中心，山、水、田、林、路综合治理，着力改善农业生态环境，增强耕地抗御自然灾害能力，提高土地综合生产水平，建设高稳产农田400公顷，实现坡改梯、中低改506.67公顷，其中坡改梯200公顷，中低产田改造306.67公顷。以治水改土为中心，培肥地力，工程、农艺措施综合治理，夯实了农业发展基础，完成每公顷产6000千克以上高稳产农田566.67公顷，基本农田建设493.33公顷。

开展农技培训，实现科技示范园区化。“十一五”期间，培训农民47万人次，发放科技资料6万余份，农民科技素质和劳动水平进一步增强。科技示范推广以示范园区为载体，重点建设3个优势农产品标准化科技示范园区。依托农业、大沙、南岸无公害蔬菜基地打造“绿色科技园区”——无公害蔬菜及观光农业示范区，中央财政支持的现代农业蔬菜项目250万元基本完成，南岸现代农业科技示范园和石龙天宝山科技示范园在建，中村富源养殖专业合作社和石龙天宝山专业合作社为带动农民增收起到了积极推动作用。

提升农产品市场竞争力，实现农业生产标准化。加快建立农产品质量标准化体系、安全检测体系和执法监督体系，把更多的优质农产品推向市场。截至2010年，全县无公害农产品认证面积6666.67公顷，有机食品、绿色食品认证上实现大的突破，石龙天宝山李子获绿色食品认证。制定蔬菜、水果、畜牧、魔芋等产业标准化生产规程。加强“数字乡村”工程建设和农业信息工作，积极服务“三农”，实现农业增效，农民增收，为农村社会稳定奠定坚实基础。全县有38个正常运转的农民专业合作经济组织，其中在工商部门注册登记的农民专业合作社29个，6个农民专业合作经济组织被定为省级示范试点。

抓好村容村貌整治工程建设。“十一五”期间，绥江县实施了10个村容村貌整治工程项目，项目村1070户受益，受益人口4583人，投入资金217.81万元，其中省级资金100万元，市级资金15万元，县级资金48.25万元，农民自筹23.05万元，农民筹劳折资31.51万元。完成村内道路硬化13600米，新建、维修水池5081立方米，铺设人饮管道34000米、住房改造24024平方米，改厨、改厕5275平方米，排污沟处理118立方米。农村能源建设大幅度增加，节能减排成效显现。争取到国债资金近1000万元，户用沼气建设快速发展，已建设7667口（其中国债建设4667口），在建2600口（其中国债建设2000口），建设村级沼气服务网点4个，在建10个村级沼气服务网点。

林业生产稳步推进，成效显著。编制《绥江县竹产业发展规划》，提出“一个中心、四大通道、七大竹溪、八十里湖岸、四十万亩竹海”的竹基地建设构想。截至2010年，全县竹基地2.33万公顷，5年净增6666.67公顷。严格兑现退耕还林补助政策，对已实施的3666.67公顷退耕还林，兑现补助8348.62万元，农民在项目实施中获得了直接经济收入。

贯彻落实“谁造林谁所有,谁经营谁受益”的政策,全县每年义务植树40万株。全县有林地面积4.71万公顷,活立木蓄积量322万立方米,分别比“九五”时期增长28.4%和114%,森林覆盖率63.77%,比“九五”时期提高15.48个百分点。农村能源建设和节能技术的推广应用步伐加快,在全县农村32个自然村中推广应用沼气池1758口,受益农户1758户,增加了农民经济收入,改善了农村环境,有效保护了森林面积333.33公顷。基本完成了全县深化集体林权制度主体改革任务。全县应纳入林改范围的集体林地3.56万公顷(其中向家坝电站建设淹没区集体林地700公顷经请示市林改办同意不参与林改)。已勘界确权3.49万公顷,林地确权率100%;确权到户28566户,涉及11.79万人,确权到户率99.95%。

水利建设呈现良好态势。“十一五”期间,全县完成水利投资10527.43万元(不含农村水电和大江大河投入),是“十五”期间2351.07万元的447.77%,其中各级政府财政投入8741.47万元,群众筹资895.40万元,民营投入878.95万元,其他渠道投入11.61万元,累计投劳649.65万工日。完成新修、维修、除险加固水利工程5866件,完成土石方354.08万立方米,新增灌溉面积1056.67公顷,改善灌溉面积1184公顷,新增旱涝保收面积563.33公顷,改造中低产田200公顷,治理水土流失面积21.4平方千米,解决农村饮水困难人口5.18万人,是“十五”期间解困3.46万人的1.5倍。重点骨干工程建设主要完成了凤顶山水库、凤凰桥水库和观音岩水库除险加固改造。中型蓄水工程罗汉坪水库成功截流。农村小型水利管理体制改革进入验收阶段。

水土保持生态环境明显好转。“十一五”期间,全县治理水土流失面积29.2平方千米(“长治”工程项目完成治理面积29.04平方千米),完成投资644万元。治理区水土流失面积减少,流失强度降低,生态环境明显改善,促进治理区脱贫致富,有效地推动了社会主义新农村建设工作。水利设施建设在基础水源工程方面取得较大突破。将新滩镇观音岩塘坝扩建成小(二)型水库,新增蓄水3.12万立方米;罗汉坪中型水库正式开工建设,水库设计灌溉面积2420.27公顷,设计供水量1510万立方米;投入除险加固资金200多万元,完成中城镇凤凰桥小(二)型水库除险加固,将水库恢复和达到初始设计效益,工程外观形象得到提升。峰顶山水库除险加固初步设计报告通过;农村饮水安全成效巨大,新建农村饮水安全工程948件,其中新建管引390件、水窖558件,投入资金1369万元。到2010年底,全县有100508人农村人口达到饮水安全或基本安全,占农村总人口72.1%,其中集中式供水受益人口32800人,占饮水安全或基本安全人口的32.6%。

工业经济迈出新步伐。2010年工业总产值实现5.96亿元,工业增加值实现2.65亿元,分别是“十五”末的3.68倍和3.37倍。工业总产值、工业增加值分别为5.96亿元、2.65亿元,是2005年的3.68倍、3.37倍,年均增长22.7%、22.9%。坚持“工业强县”战略,立足煤炭、石灰石、页岩、竹子等优势,全面落实工业“三年倍增“计划,2006年工业总产值实现20461万元,首次超过农业总产值,初步形成了煤炭、建材、电力和造纸4大骨干工业。加大煤矿技改和资源整合力度,全县保留矿井21对,2010年原煤产量114万吨,煤炭统征实现3500万元。完成中城镇永顺页岩砖厂2400万块砖产能、鸿辉工贸有限责任公司2400万块砖产能、新滩矿产品经销站3万吨石灰石产能,新滩扶贫石灰厂3万吨石灰石产能的落后产能淘汰。启动和开展日产2000立方米的混凝土搅拌站项目、槽湾纸厂片区工业园区详细规划、10万吨竹浆纸一体化项目、昭通云龙酒业2万吨生态白酒项目。日产2000吨新型干洁旋窑水泥迁建技改项目正常生产,为全县移民工程建设在建材供给保障方面起到积极作用。

电力设施明显加强,为经济建设提供保障。“十一五”期间,绥江电网投资1.73亿元。一批批电网工程竣工投运,为绥江经济社会发展提供了强大电力保障。完成110千伏绥江变电站1座;35千伏变电站及城区开关站6座,全县5个乡镇28个村594个村民小组19484户实施了农网改造;对1个乡镇3个行政村47个村民小组1564户实施了无电人口通电工程。新建及改造10千伏线路356.9千米;新建及改造400伏/220伏线路1300.46千米;新安装变压器355台,改造户表19484户,解决无电户1564户。全县户表改造覆盖率45%,户通电率达95.4%,顺利实现了城乡同网同价。到2010年,有水力发电站8座,发电量约为0.23亿千瓦时。输电线路总长483.26千米。2010年售电量1.2亿度。

交通网络建设步伐加快。“十一五”期间,先后开工建设并投入使用通乡油路工程1条42千米、通达工程7条111.3千米、保通改建工程项目1条7.1千米、县内自筹工程项目3条23.2千米,并开展了云川金沙江大桥等项目前期工作。绥串油路改造全面完工;绥水公路按二级标准建设,已完成投资16.68亿元;新建、改建公路396千米,公路总里程从2005年的399千米增加到2010年的620千米。

新农村建设成绩斐然。坚持“规划先行、合理布局、重点打造、典型示范”的原则,整合力量、加大投入,强化措施、扎实工作,新农村建设取得明显成效,形成了全县经济快速发展、社会和谐稳定、群众安居乐业的良好局面。按照“兴竹、稳粮、强畜、发展果蔬”的产业发展思路,不断夯实农业基础,着力调整产业结构，以竹为主导，粮、畜、果、蔬4轮驱动的农业优势产业格局初步形成。充分整合农业、林业、水利、扶贫、发改、建设、交通等部门项目和资金，集中实施了农村公路通达工程、农村电网改造工程、广播电视"村村通"等一批重点工程项目，农田水利、道路、电网、通信设施日益健全，公共服务能力进一步增强。坚持"多予、少取、放活"的方针，全面落实党在农村的各项强农惠农政策，有效减轻农民负担。坚持"硬件、软件"两手抓，从村民要求最迫切、受益最直接、见效最快捷的居住条件入手，扎实抓好危旧房改造和村容村貌整治，130个新农村示范点完成新建住房5741户，房屋改造1615户，房屋外墙特色处理961户，实施五改四建6576户，改善群众生产生活。建立健全村规民约、民主决策、一事一议、村务财务公开、民主管理等制度，用制度约束、规范村民行为，形成了村民自我管理、自我服务的长效机制。积极开展"创先争优"活动，在新农村建设的主战场考验干部作风，在项目建设一线检验干部的能力和水平，农村基层党组织的战斗力、凝聚力、号召力不断加强。

移民工作有序推进，城镇迁建速度加快。按照"支援电站建设，依托电站发展，争创全省一流"的要求，全面落实"全党动员、全民参与，党委统一领导，政府全面负责，县乡村三级联动，分级负责"的移民工作方针，用好用活"政策移民、亲情移民、和谐移民"3件法宝，努力推进移民工作。正确处理规划与建设、质量与进度、现实需要与未来发展的"三个关系"。搭建好各级党委、政府与移民群众之间的沟通平台，建立健全"老干部主导、助理员参与、覆盖全县"的移民权益维护工作网络，构筑移民权益的维护平台，构筑机关单位及干部职工与移民群众之间的帮扶平台。做到在任何时候、任何情况下，都与移民群众同呼吸、共命运、心连心。至2010年，移民迁复建工程完工34个，在建48个，完成迁建房15.69万平方米，完成移民工程投资32亿元。水库淹没区、县城集镇新址占地区移民指标复核调查全面完成。围堰10年一遇洪水淹没影响区、县城集镇新址占地区2334户9579人平稳过渡，启动移民身份界定工作。太平料场施工区53户245人安置完毕，转入后期扶持。

扶贫工作举步艰难，任重而道远。"十一五"期间，全县扶贫项目资金投入3852.8万元，实施整村推进项目点152个（其中市级点10个），完成投资2903.51万元，其中省级和市级补助2255万元、群众自筹648.51万元。基础设施类项目实施农户住房改造414户、实施改厨改厕742户，修建乡村公路70.4千米、路面硬化141.6千米、修建涵洞1个、建人行桥1座，建引水渠26.3千米、建塘坝1件蓄水2000立方米、建水池26件蓄水3650立方米，建水窖84件蓄水1223立方米、安装人饮管引93.5千米；经济建设类项目完成种竹2762.2公顷、种植经济林果971.13公顷，饲养牛82头、饲养种猪874头；科技培训完成278期35140人次。整村推进扶贫项目覆盖全县5个乡镇32个村288个组，受益13175户54377人。

产业结构调整步伐加快。2005年省政府把绥江县确立为全省扶贫到户贷款改革试点县，全县累计发放小额扶贫到户贷款9700万元，财政累计贴息485万元。32个行政村、767个村民小组的获贷农户12464户（次），资金用于发展农村种植业和养殖业。

异地扶贫效果良好。完成转移安置305户1300人，安置点涉及全县5个乡镇12个自然村12个安置点。投入项目资金650万元，其中省级财政专项资金补助500万元，地方政府债券资金补助150万元。实施项目涉及安居工程、基本农田建设、人畜饮水工程、通路工程、通电工程、生态能源建设、科技培训等项目。共建安居房305套，建筑面积2.44万平方米，搬迁安置农户305户；完成架设0.4千伏输电线22.34千米，50千伏安变压器安装2台，30千伏安变压器安装1台，入户设备305套；完成新建卫生路17750米，面积1.78万平方米，新修乡村公路3条9.66千米；人饮工程项目解决328户1496人、1592头大牲畜的饮水困难，完成管道安装39.6千米（PE管），取水池12口30立方米，蓄水池12口620立方米，小水窖20件、蓄水800立方米，进户配件305套；完成基本农田改造86.67公顷，建设引水渠15件、长29245米，增加有效灌溉农田面积253.33公顷；新建节柴灶305眼；各安置点以不同的形式完成培训搬迁农户实用技术30期2000人次，增强了项目区群众脱贫致富的技能。

社会扶贫扎实有序。深入开展以"百千万帮扶工程"为载体的社会帮扶工作，营造全社会关注扶贫、参与扶贫的工作局面。省、市、县三级参与结对挂钩帮扶的部门85个，其中省级挂钩单位有3个，市级挂钩单位有3个，县级挂钩部门79个（含5个乡镇）。县级挂钩干部职工2342名，其中县处级干部34名、科级干部582名、一般干部职工1716名，结对挂钩帮扶贫困农户2946户、8838人，其中党员结对挂钩帮扶贫困农户1219户、3657人；全县共建立扶贫基金会79个，投入扶贫帮扶资金1344.3万元，其中省、市挂钩部门投入帮扶资金492.6万元，帮助挂钩村修建村组公路12千米、硬化人行驿道3.3千米，新建村级集贸市场1个、希望小学2所、幼儿园1所。县级挂钩部门、企业和社会团体投入帮扶资金851.7万元，其中造竹2000公顷、种植水果133.33公顷、种植核桃等干果100余公顷，维修、新修塘坝、沟渠500余件。

政治稳定，社会和谐、人民生活安居乐业。围绕"推动移民迁建，促进科学发展、全力改善民生、构建和谐绥江"目标，积极开展"个人形象一面旗、工作热情一团火、谋事布局一盘棋”主题实践活动，广大党员、干部群众受到了一次深刻的科学发展观教育，科学发展的信心更加坚定。“移民先锋工程”顺利实施，“移民工作队临时党支部”等基层经验推广有力，基层党组织建设不断加强，村组干部待遇切实提高，基层党组织和党员干部的战斗堡垒和模范带头作用明显增强。“特殊党费”村级活动场所援建项目基本结束。党风廉政建设责任制落实到位，党员、干部尤其是领导干部的教育和管理切实加强，违纪违法案件逐年下降，党员干部队伍进一步纯洁，党群干群关系进一步密切。

全心关注民生，以提高人民生活水平为己任。“十一五”期间，累计解决2万贫困人口的温饱问题，全面推行城镇居民基本医疗保险，妥善解决了原绥江烟厂、复烤厂职工养老保险问题。“新农合”累计减免资金2783万元，新增城镇就业3400人，失业率控制在4.5%以内。完成民房恢复重建2718户，实施农村民房改造2451户。稳步推进廉租房建设，发放住房租赁补贴958.2万元。县中心敬老院竣工投入使用，累计发放城乡低保金6077万元。强化社会治安治理，人民群众安全感满意率逐年增长，治安防控体系、应急处突体系建设逐步完善。2010年，绥江县获“省级平安县”称号。

统筹协调，社会事业长足发展。“十一五”期间，全县教育教学质量不断提升，办学条件不断改善，高中教育的瓶颈作用被突破，中高考成绩名列全市前茅，职高、普高招生比例在全市率先实现1:1，“两基”顺利通过国家检查验收。教育经费逐年加大投入，化解“普九”欠账1497万元，完成学校危房改造、校安工程、移民学校建设7.86万平方米，“两免一补”政策全面落实，7601名学生享受生活补助499万元。公益基础设施明显改善，医疗救治能力有所提升。积极应对、联防联控，无甲型H1N1流感疫情病例报告，传染病发病率进一步下降，农村孕产妇住院分娩基本实现全免费。以控制违法生育为核心，计划生育率88.34%，人口自然增长率控制在6‰以内。完成广播电视“村村通”工程建设3860户，“2131工程”全面普及，基本保障农村广大人民群众每月看上一次电影。34个村级活动场所投入使用，组建了金江艺术团，以县城“金江之夜大家唱”为代表的民间艺术形式载体不断涌现，活跃了城乡人民的娱乐生活。开设绥江武警中队、财政等流动读书点，并在全市率先实现农家书屋行政村全覆盖。完成文化部“万村书屋”工程，建立农家书屋服务站。完成全县旅游发展总体规划和罗汉坪大峡谷苗族风情园修建详细规划，组织开展首届绥江十大名菜评选活动，有力促进餐饮业发展，传统绥江、靖江饭店、福照园等餐饮投资均超过200万元，新县城投资1500万元的三星级宾馆启动建设。

至2010年末，全县32个村仍属国家级贫困村。自2000年绥江卷烟厂政策性关闭后，全县几乎没有工业，农业结构单一，财政收支矛盾尖锐。向家坝水电站淹没绥江县县城及4个集镇所在地、15个行政村所在地，淹没土地面积3400公顷，工程建设需移民5.4万余人，其中农村移民7336户23003人，给扶贫工作带来了机遇和挑战。受停建令限制，基础建设资金匮乏、产业发展资金匮乏，农民增收难度大，偏远贫困群众的生存条件仍然恶劣，实施扶贫开发任务依然很重，贫困群众脱贫难度大。

“十二五”发展规划

“十二五”规划期间，是绥江县全面完成移民搬迁任务的攻坚期，是加快转变经济发展方式、统筹解决6万移民和10万农民发展问题的关键时期，更是推动绥江经济社会赶超式发展、全面建设小康社会的关键期。按照“把绥江打造成为集冶金、建材、生物资源加工、旅游文化产业为一体的低碳生态园林城市”要求，全县生产总值年均增长18%以上，地方财政一般预算收入年均增长20%以上，社会消费品零售总额年均增长25%以上，城镇居民人均可支配收入年均增长10%以上，农民人均纯收入年均增长12%以上，人口自然增长率控制在6‰以内，城镇化水平超过30%。全县上下牢牢把握向家坝电站建设、云南“桥头堡建设”和中央明确将乌蒙山区作为扶贫开发重点“三大机遇”，团结一心、激流勇进，直面挑战、克难攻坚，全力推动全县经济社会赶超式发展，努力夺取“十二五”各项工作的胜利。

(一)脚踏实地关注民生。

依托电站建设，夯实发展基础。牢固树立抓移民就是抓发展的理念不动摇，完成移民搬迁安置，夯实发展基础，提升公共服务水平。向家坝水电站的开发建设，全县交通、电力、通讯、广播电视等专业设施的复建工程项目总投资额超百亿元，可继续发挥投资拉动经济发展的巨大作用；绥江融入长江上游经济带、成渝经济圈、昆水经济走廊步伐将加快，特别是国家已经批准的成渝城乡统筹实验区，必将有力地拉动绥江县经济发展，绥江经济社会迎来了一个崭新的发展时期。

完成移民搬迁安置。围绕电站建设目标和移民安置需要，坚持“规划一张图、审批一支笔、建设一盘棋”的原则，2012年5月前实现“确保机关单位搬迁基本满足办公需要，确保移民搬迁基本满足安置需要”要求，完成县城和3个集镇的迁建。着力破解移民工程快速推进的各种制约因素，加强工程监管，优化建设环境，确保工程质量和进度。深入贯彻落实农村移民安置政策，完善集中安置点基础设施建设，抢抓产业培植，全方位、高质量完成移民搬迁安置任务。创新移民工作机制，落实移民挂钩帮户制度，严肃工作纪律，严格奖惩制度，众志成城、齐心协力把移民工作抓紧、抓好、抓出成效。坚持前期补偿补助与后期扶持相结合，建立完善库区移民、生态保护与建设的长效补偿机制，确保移民"搬得出、稳得住、逐步能发展"。

强化基础设施建设。以城镇基础设施建设为重点，全面抓好城镇路网、电网和城市"两污"处理等配套基础设施建设，基本完备新城集镇功能。把交通基础设施建设放在首位，完成县城跨金沙江大桥建设；加快南岸—团结倒梨子、双河—牛路口、县城—茶叶坳、黄坪—雷家坪和南岸—和平、团结—会仪6条公路建设，力争构建起"四纵两横"的公路路网；完成绥江港、黄龙溪货运、县城客运等港口码头建设，形成货运物流黄金水道。以农田水利设施建设为基础，强化"五小"水利建设，完成罗汉坪水库、关村水库等重点项目，新增有效灌溉面积2666.67公顷以上，基本解决农村人饮安全；完成4000公顷中低产田地改造。以电力基础设施建设为突破口，全力争取向家坝电站直供电，完成新滩110千伏变电站，会仪、南岸、关口、团结4个35千伏变电站建设；继续实施好城乡电网建设，户表改造覆盖率95%以上，实现城乡同网同价。

健全公共服务体系。坚持以民生为本，健全公共服务体系，让全县人民共享发展成果。发展学前教育，巩固义务教育，普及高中教育，做强职业教育，进一步改善办学条件，提高教育教学质量，着力打造"绥江一中"教育品牌。完善疾病控制、妇幼保健、医疗救治、卫生监督4大服务体系，提高重点传染病预防控制和突发公共卫生事件处置能力；稳定"新农合"参合率、扩大城镇居民医保覆盖面，着力解决群众看病难、看病贵的问题。加大农村剩余劳动力和移民再就业培训力度，力争移民户均1人从事二、三产业。扩大养老、医疗、失业、失地、生育等社会保险覆盖面，建设一批廉租房，让广大群众老有所养、病有所医、住有所居。强化人口计生转型转向，狠抓流动人口管理。深入实施"文化惠民工程"，切实解决农村群众收听广播难、收看电视难等问题。强化民居抗震设防管理，确保达到7度设防标准，提高防震减灾能力。

紧扣发展主题，加快"三化"进程。做大经济总量、转变发展方式，加快以竹产业为重点的农业产业化、以园区建设为重点的新型工业化、以新城镇建设为重点的特色城镇化发展，拓展未来发展空间。打造湖滨生态低碳园林城。充分利用好全县丰富的历史、人文、自然资源，彰显绥江高峡峰涌、平湖景秀、移步成景、观光揽胜的神奇魅力，展现青山绿水交相辉映、人文自然相得益彰的生态旅游园林城风采，以生态良好、环境优美、经济活跃、人文和谐的崭新形象吸引投资、聚集人气。以县城为中心、4个乡镇集镇为次中心，以绥水路和绥串路为延伸，形成功能齐全、独具魅力的新城镇群，完成华峰山、观斗山、磨刀溪景观规划并启动建设。坚持"建设与管理并重"的原则，保护和扩大新城集镇建设成果，着力打造"湖滨宜居城"这张名片。加快城乡一体化建设，扩大城市容量，将全县城镇化率提高到30%以上。按照新县城水景和绿地规划，利用好冲沟，美化好道路，城市绿化率40%以上。主动融入"中国西部千里大峡谷"旅游链，打造向家坝库区精品旅游品牌，繁荣集观光、休闲、度假于一体的旅游业，带动餐饮、物流、运输等第三产业快速发展。

调优农业产业结构。以现代农业为目标，以农业科技为动力，以规模化经营为基础，坚持走精品农业、高效农业、生态农业的路子，做大竹产业、做强畜牧业、做优果蔬业，加快农村经济发展，农业总产值年均增长5%以上。加大农业科技推广力度，推行测土配方施肥，提高粮食单产，确保粮食安全。巩固发展2.67万公顷竹基地，发展竹编、竹烙画等工艺产品，延伸产业链。巩固发展生猪养殖，大力支持特色养殖，积极发展林下养殖和水产养殖，"十二五"末畜牧业产值2.48亿元。结合淹没区产业后靠移植，着力打造好2个万亩果园和2个千亩蔬菜基地，促进农业产业规模化发展、标准化生产、专业化经营。树立品牌意识，努力把绥江建设成为"半边红李子"之乡。坚持以产业开发为中心、村容整治为重点，整合各类涉农资金，集中打造沿湖、沿路、沿集镇新农村示范长廊。

做大工业经济总量。以园区建设为依托，以结构转型为主线，以项目推进为重点，以招商引资为动力，重点打造冶金、建材、农产品精深加工等产业。"十二五"末工业增加值17亿元，年均增长25%以上。围绕移民就业，加快工业园区建设步伐，力争列入市级工业园区。优化投资发展环境，引进一批科技含量高、经济效益好、环境污染小、人力资源得到充分发挥的工业企业入园发展。完成重点企业迁建技改，实现产业结构优化升级，增强市场竞争力，推动县域经济增长。加快煤炭矿井改(扩)建，提升单井产能，促进煤炭工业健康有序发展，力争"十二五"末原煤产量150万吨。大力发展绿色、循环、低碳经济，进一步淘汰落后产能，抓好节能降耗和资源综合利用，切实增强可持续发展能力。

维护社会稳定，构建和谐绥江。坚持从群众最关心、最直接、最现实的问题出发，千方百计维护群众合法权益，确保社会和谐稳定。坚持依法治县。认真贯彻国务院依法行政实施纲要，推进政府工作法制化，健全依法行政的各项制度，完善科学民主决策机制和行政监督机制，积极预防和坚决惩治腐败，建设人民满意的政府。强化综治维稳。以开展平安创建活动为主线，以执法为民为核心，完善打、防、管、控一体化的社会治安长效管理机制，持续保持严打高压态势，集中整治治安突出问题，不断增强人民群众安全感。完善人民调解、行政调解、司法调解三位一体的矛盾纠纷调解体系，努力化解各类社会矛盾。强化刑释解教人员和社区矫正对象的管理。加强和改进新形势下的信访工作，完善领导接访、领导包案、入户下访和责任追究长效机制，畅通信访渠道，引导群众通过正当途径反映合理诉求。

（二）按图索骥，规划发展。

一个中心。以新县城为中心，打造以人为本，以水为主，依山建城，集旅游、休闲、度假、疗养为一体的中国最佳宜居湖滨生态园林城市。以建设完善发达的水陆交通网络为契机，充分发挥绥江地处以攀西六盘水的腹心地带和集水陆交通便捷于一体的优势，借助沿江二级公路和沿江港口、码头建设的聚集、辐射和带动作用，把新县城建设成为向家坝库区中心城市，辐射带动全库区协调发展。新县城位于绥江中城镇境内五福堂，规划总面积为5.06平方千米，规划人口为6万人，承担全县大多数移民安置的任务，城市经济必须保持持续快速增长，才能真正起到向家坝库区中心城市的带动辐射作用。县城周边必须控制发展空间以备后续发展，东边华锋山区域约2平方千米、西边观斗山区域约1.2平方千米、南面磨刀溪片区约3平方千米，这三个片区在“十二五”期间限制二产业发展，作为县城后备发展空间或县城周边景区建设。

二条经济发展轴。一是沿江经济发展轴，以绥水二级路、库区港航设施为主线，串联起沿江4个城镇、4片移民再就业工业园区、4个农业综合开发功能区，再辅以金江竹廊，形成一个集特色城镇、现代农业、新型工业、生态休闲为一体的带状经济聚集区，成为支撑县域经济发展的主轴。二是绥串经济发展轴，以绥串公路和绥水二级公路绥南段为主线，串联3个城镇、两片移民再就业工业园区、3个农业综合开发功能区和一个林下种养业聚集区，再辅以沿水系的翠竹长廊，形成一个集特色城镇、新型工业、生态休闲、特色种养业为一体的产业聚集走廊，形成县域经济发展的辅助轴。

一个特色小集镇群体。以新县城为中心，以3个迁建集镇和板栗乡集镇为次中心，以9个独立搬迁村委会、移民集中安置点建设和打造县城后花园（双河特色餐饮、娱乐区）为契机，以新农村建设总体规划为主线，整合各种渠道的政策性投资，结合产业结构调整、新的发展布局，高起点规划不同建筑风貌的小集镇群体，基本形成新县城为中心，以会仪、新滩、南岸、板栗为次中心，以9个独立搬迁村委会、移民集中安置点和县城后花园为卫星小集镇的特色城镇发展格局。4个乡镇集镇建筑风貌定位：南岸镇充分发掘土司文化，结合杆栏式民俗建筑风格，以彝族建筑文化为基调，打造特色小城镇；板栗乡以云贵高原民居文化为基调，结合苗族民居风格风貌，打造全市重点小集镇；新滩镇充分发掘碉楼民居建筑文化，结合滇中建筑风格风貌，打造特色小城镇；会仪镇建筑风貌定位采用具有川南民居特点的建筑风格风貌。完善4个乡镇集镇城镇功能配套建设，提升城镇品味。

打造二条精品旅游线，使新县城成为两条线路的重要结点。一是沿向家坝水库湖面形成的金沙江文化旅游精品线。形成“重庆—宜宾—水富—绥江—永善—巧家—虎跳峡”旅游线。一是“昆明—昭通—豆沙关—罗汉坪—绥江—乐山—峨眉—成都”旅游线。两条线路串联历史文化名城、名山大川，对接两省一市旅游，在绥江新县城交汇，有利于打造集高峡平湖、长湖竹海、重岩叠嶂、奇险通幽、湖滨生态园林城、森林峡谷、宗教文化为一体的绥江旅游品牌。以骨干公路为主线，交通网络为纽带，把绥江旅游资源与川、滇、渝景区风景名胜有机结合，使绥江成为二条精品旅游线上的重要结点。对县内景区、景点进行科学统筹规划，形成“一个中心，六大片区，九种产品，一个湖面，两种风情，六条溪流，九大项目”的总体发展格局。

四片移民再就业工业园区。按照“靠近资源、循环经济、保护环境、以工哺农、方便物流、集约化发展”的原则，所有工业项目应按功能划分全部入驻移民再就业工业园区。移民再就业工业园区由4个片区组成，各片区又由不同产业园组成。南岸片区分布在东起南岸新集镇，西止南岸金沙江大桥，位于海拔400～600米之间，面积约为2平方千米，功能定位是集制造业、矿产品加工及储运为一体的产业园区；中城片区分布在中城镇大沙村，东起梁村，西止犇溪口，位于海拔400～600米，面积约2.2平方千米，功能定位是以竹资源、农副产品、生物资源等深加工业和酿酒业为主的产业园区，园区内规划20公顷科技孵化园；槽湾片区位于会仪镇黄坪村，东起五马石，西止磨盘山，海拔在425米至600米，面积约3.03平方千米，功能定位是造纸、轻纺、建材、制造业为主的产业园区；箭头山片区位于会仪镇和平村，东起会仪新集镇，西止会仪溪，海拔在500～700米，面积约2.39平方千米，以建材、制造业为主的产业园区。

五个农业综合开发功能区。发挥沿江沿路交通优势，以线串点，以点带面布局沿江果菜区，建设优质果蔬基地3333.33公顷、茶叶基地666.67公顷、金江白魔芋基地1666.67公顷及特色养殖基地，形成绥江沿江专业水果、蔬菜生产经济带。南岸片区以南岸村、胜利村为主，沿绥水线在海拔381～600米呈带状规划建设333.33公顷优质果蔬基地，在团结村、南岸村、互助村规划建设蚕桑基地666.67公顷；中城片区以农业村、大沙村为核心区规划建设新县城菜篮子基地，规划面积133.33公顷，以大沙村、胜利村、农业村为主，沿犇溪流域规划建设水果基地666.67公顷；新滩片区，以石龙茶炉、天宝山片区为核心区，规划建设万亩优质水果基地；会仪片区以和平村、会仪村、黄坪村为核心区，规划建设优质果蔬基地，规划面积666.67公顷；板栗片区沿绥串公路以双河、板栗、清水、桂花4村公路沿线规划建设，以干果为主、名贵中药材和茶叶为辅的农业综合开发功能区，规划面积为666.67公顷，依托板栗乡优势的林地资源，辅以林区公路建设，重点规划发展6666.67公顷特色林下种植业、养殖业，形成全县特色林下种养业聚集群。其他区域零星果蔬基地建设666.67公顷。茶叶基地建设主要分布在中村、绍廷、铜厂等区域，面积533.33公顷；会仪村峰顶山片区约133.33公顷。以中城铜厂村，板栗乡板栗村、双河村和会仪镇三渡村为核心区，规划建设金沙江白魔芋基地1666.67公顷。以会仪溪、黄坪溪、新滩溪、大汶溪、小汶溪5条小溪形成的库汊为主规划发展特色水产养殖基地666.67公顷。

历史赋予重任，人民寄予重托。通过“十二五”规划的实施，在绥江县委的坚强领导下，全县人民以“团结自强，求索创新”的绥江精神，进一步凝心聚力，求真务实，砥砺奋进，开拓创新，一定能建成一个美好、和谐的新绥江。

（绥江县志办 杨 坤）

加快非公经济大发展
促进富民强市新跨越

——昭通非公有制经济60年发展成果及展望

昭通区位优势独特。位于云南省东北部，扼川、滇、黔3省咽喉要道。西北与四川省凉山州、宜宾地区隔江相望，东面与贵州省毕节地区接壤，南面与本省曲靖市毗邻。素有“鸡鸣三省，锁钥南滇”、“咽喉西蜀”之誉，是中国“南方丝绸之路”的要冲和重要的经济文化交汇地，是云南连接长江经济带的重要门户和对外开放的主要接点。在1482千米的区界中，与本省长仅124千米，与贵州省界长364千米，与四川省界长994千米。从昭通市至昆明、攀枝花、贵阳、成都、重庆、西昌均相距500千米左右，地处祖国大西南的腹心和“攀西六盘水”开发区的中心位置，总面积22423平方千米，犹如一颗镶嵌在乌蒙山上的璀璨明珠。

昭通资源丰富。全市西南高、东北低，属典型的高原山地构造地形，平均海拔1685米。气候多样，属亚热带、暖温带共存的高原季风型立体气候，年平均气温6～21℃，年平均降雨量660～1230毫米。典型的立体气候和复杂的地形地貌，造就了昭通自然资源富集，被誉为资源“金三角”。水能资源富甲全滇，蕴藏量2382万千瓦，境内金沙江下游规划建设溪洛渡、向家坝、白鹤滩3座巨型电站，其中溪洛渡、向家坝电站在建中。已知矿藏资源33种，探明储量22种，煤、硫储量居全省首位，其中煤炭储量209亿吨，占全省储量的36.6%，昭通坝子褐煤储量80.7亿吨，为全国第二大褐煤田；硫铁矿为全国五大矿区之一；有色金属为云南三大基地之一，素有“白银之乡”的美誉。生物资源种类繁多，有中国南方最大的优质苹果基地，以小草坝天麻为代表的昭通天麻是经国家批准的原产地域保护产品，杜仲、厚朴、半夏等中药材驰名省内外。

昭通自古商贾云集，商贸繁荣。清末民初，这里曾诞生过西南工商金融巨子，著名的工商企业家、实业家李耀庭等。1950年3月，昭通解放，个体、私营等非公经济发展进入了新的发展时期，并随着国家经济制度的变化，不断产生、发展、消亡。直到1978年党的十一届三中全会以后，党的工作中心转移到经济建设上来，非公经济历经了从允许存在到得到认可、从“作为公有制经济的必要的、有益的补充”到“社会主义市场经济的重要组成部分”、从“以公有制为主体，多种所有制经济共同发展”的基本经济制度的确立到“两个毫不动摇”（必须毫不动摇地巩固和发展公有制经济，必须毫不动摇地鼓励、支持非公有制经济发展）、“两个平等”（法律上的“平等”保护和经济上得“平等”竞争）的提出等发展阶段。随着国家改革开放的不断深入和社会主义市场经济体制的不断完善，昭通非公经济从无到有，从小到大，从弱到强，为全市经济社会发展、富民强市做出了极为重要贡献。

一、改革开放以前的非公经济发展情况

抗日战争时期，十几个省的商人到昭通经营，商业市场兴盛，昭通素有“小昆明”之称，组成有盐业、纱布、百货、山货、药材、杂货、油店、茶酒、银行、行商、经纪行、客马店等13个同业公会，建有

江西会馆、广东会馆等。解放战争时期，外省的大部分商人迁回原籍，加之国民党政府的货币贬值，通货膨胀，致使商号倒闭，市场日趋衰落。

1950年3月，昭通解放，人民欢心鼓舞。当年，昭通全专区有工业资本家1户，商业资本家22户，从事饮食业的8513户，从事手工业的3076户，从事其他服务行业的1683户。随后，外省商人来昭通经营的日渐增多，私营商业恢复到872户，手工业1200户。在人民政府领导下，将昭通县旧的商会与同业公会合并，选举产生了工商联筹备委员会。各县亦通过工商业代表会，选举产生了工商业联合会。1951年1月，在昭通县进行私商的工商登记试点工作，其后，各县分3批进行登记，仅昭通县就有坐商823户。1952年2～8月，在工商界开展“五反”运动，1953年11月，国家实行粮食、油脂统购统销；1954年9月，国家实行棉布统购统销，禁止私商经营。

1956年1月，中共昭通地委成立对资本主义工商业实行社会主义改造的5人小组，设立了办公室，各县也相继成立了领导机构和办事机构，开展了对工商业的资本主义改造。“文化大革命”中，有“围剿资本主义”和“割资本主义尾巴”的极左做法。个体工商户和私营企业受到排斥和挤压，私营企业逐渐消失。

二、改革开放以来的非公经济发展情况

改革开放以后，随着社会主义市场经济体制的逐步建立，昭通非公有制经济从无到有、从小到大，得到了长足发展。特别是党的十六大、十七大以来，市委、市政府切实践行“三个代表”重要思想，贯彻落实科学发展观，把发展作为执政兴市的第一要务，依托本地资源，加强政策引导，改善投资环境，有力地推动全市非公有制经济持续快速健康发展。30多年改革和发展的实践已证明，非公经济已经成为社会主义市场经济的重要组成部分，国民经济发展的重要支撑力量，经济体制改革的重要推动力量，提供就业机会实现社会稳定的重要依靠力量，在满足人民群众多样化的物质和文化生活等方面发挥了重要作用。

全市非公经济发展主要经历了三个阶段：

第一阶段：从1978年到1992年党的十四大，个体私营经济实现了从无到有、从少到多的发展历程。党的十一届三中全会重新确定了解放思想实事求是的思想路线，党和国家的工作重心向经济建设转移，条块分割的经济格局开始打破，地区间的经济交往日益增多，个体私营经济逐步恢复。这一时期，对非公有制经济的认识还停留在“必要的、有益的补充”上，个体私营经济发育不全，量少质差，对推动经济社会发展的促进作用没有显现。1979年，全区有个体户799户，从业人员875人，注册资金9万元。1979年后，一些经营得较好的个体工商户，从追求更高的经济利益出发，扩大经营范围、经营场地、添置设备、增加人力物力投入，出现经营大户，雇用工人，成为私营企业。1988年，全区有私营企业66户，从业人员1157人，注册资金191万元。此时有人担心私营企业的发展冲击国有企业，比例超过国有企业，产生了姓“社”姓“资”的争论。党委、政府采取慎重态度，提出“看一看”的方针，既不禁止、限制，也不宣传。1991年，全区私营企业下降到5户。贯彻中共中央1991年7月6日批转中央统战部《关于工商联工作若干问题的请示》，这份请示中指出：对现在的私营企业不应和过去的工商业者简单类比和等同，更不要像50年代那样对他们进行社会主义改造，而是对他们采取团结、帮助、教育、引导的方针，要求他们“爱国、敬业、守法”，之后私营企业停止了下滑。

第二阶段，从党的十四大到十六大，非公经济进入发展的“黄金期”。小平同志南巡讲话平息了“姓资”“姓社”的争论，极大地推动了全党上下思想的大开放，非公经济迅速发展，成为区域经济快速发展的重要支持力量。1992年，昭通行署批转地区工商局《关于大力发展个体、私营经济的意见》。1993年，昭通行署又发出《关于进一步发展个体、私营经济的若干规定》，规定了25条保护和发展个体、私营经济的措施。其中规定，除涉及国家安全、国家垄断和人民健康的行业和品种，以及国家明令禁止私人开办的其他企业外，其他生产性和非生产性行业都允许个体工商户、私营企业生产经营。1994年，全区私营企业有104户，注册资金接近2千万元，从业人员近7万人。1998年，昭通地委、行署作出《关于加快发展个体私营经济的决定》，规定了44条保护和发展的措施。提出“不限发展速度、不限经营规模、不限发展比例、不限发展数量、不限经营方式、不限经营范围（除国家明令禁止、限制经营的行业和商品外）和放心、放胆、放手发展个体私营经济的方针”，其中规定：“对兼并和收购国有集体中小企业的个体私营企业，5年内免征所得税”；“私营企业当年吸纳国有集体下岗职工超过本企业从业人员总数20%，并签订2年以上劳动合同的，免征所得税3年，吸纳下岗职工超过本企业从业人员数50%以上的，免征所得税5年”；“私有资本在我区投资兴办企业，固定资产投资在10万元以上，经营2年以上或2年内累计纳税2万元以上，并在当地购置有固定住房的，凭当地工商行政管理、房产和税务部门出具的有关证明文件，可向当地公安机关申请办理城镇户口，并免征城市建设配套费”；“国家机关公务员经批准辞职从事个体私营经济的，自辞职之日起，3年内享受同级公务员待遇；自营业之日起，享有优惠政策”；“3个以上具有法人资格的私营企业，注册资金达到1000万元人民币的准予办理集团公司注册登记”。此外，还在土地使用、贷款等方面作了优惠规定。行署还召集私企代表参加的座谈会，以推动个体私营经济的发展。1998年，行署强调“把个体私营经济作为我区最具活力的经济增长点，着力培育，狠抓发展”，全区私营企业发展到369户。2002年底，全市个体工商户达到45091户，从业人员96299人，注册资金26852万元，私营企业506户，从业人数15326人，注册资金38621万元。

第三阶段，2003年至今，非公经济发展迎来了难得的战略“机遇期”。2003年，党的“十六大”指出“大力发展和积极引导非公有制经济”。2003年，市政府印发市委政法委、市监察局、市工商局、市国税局、市地税局、市国土局、市建设局等7个部门《关于支持非公有制经济发展和扩大利用外资若干意见》的通知，7个部门分别出台了不同的支持和保护意见，将个体工商户、私营企业、合资企业和外来独资企业，统称为“非公有制经济”，简称非公经济。2003年，私营企业发展到737户，2004年超过千户（1018户），2005年达到1451户。2002~2005年，市委、市政府进一步深化国有企业改革，从根本上转换企业经营机制，终止国有企业性质和国有企业职工身份。非公企业积极参与国企改制，全市有138户企业通过兼并、竞价、出让等方式变为私营企业。2005年2月，国务院下发了《关于鼓励、支持和引导个体私营等非公经济发展的若干意见》（非公经济36条）。2007年，党的十七大提出“坚持和完善公有制为主体、多种所有制经济共同发展的基本经济制度”，“坚持平等保护物权，形成多种所有制经济平等竞争，相互促进的格局。”截至2010年年底，全市非公经济组织达76630户，其中个体工商户71759户，私营企业4871户，注册资金142.2亿元（个体工商户22.5亿元，私营企业119.7亿元），从业人员期末为22.5万人，上缴税金15.1亿元；实现增加值149.07亿元，占全市GDP比重39.3%；全市非公经济实现社会商品零售额83亿元，占社会商品零售总额106亿元的比重为78.3%；商品进出口总额1405万美元，增长40.8%（出口450万美元，主要由昭通宏联实业有限公司等非公经济企业完成）。

三、非公经济对地方经济社会发展作出的贡献

改革开放以来，全市非公经济快速发展，已成为全市经济持续快速增长的主要力量之一，表现在以下方面：

（一）非公经济作为地方经济社会发展的重要承担者，为全市经济增长提供了有效保证和持续活力，做出了6大贡献：

1. 对经济增长的贡献。2010年非公增加值实现149.07亿元，同比增加27.17亿元，增长22.2%，占全市GDP比重39.3%。

2. 对就业的贡献。全市2010年非公经济组织从业人员期末为22.5万人，增长17.8%，其中：私营企业9.2万人，增长24.3%。

3. 对财政收入的贡献。2010年非公经济上缴税金15.1亿元，同比增加3.6亿元，增长31.3%。主要是私营企业、港澳台投资企业、外商投资企业和个体经营增速加快。

4. 对繁荣市场、消除短缺经济的贡献。全市非公社会商品零售额2010年实现83亿元，同比增长23.9%，占社会商品零售总额106亿元的78.3%。

5. 对出口的贡献。2010年，全市完成进出口总额450万美元，基中昭通宏联实业有限公司出口257万美元，占57.1%。

6. 对社会发展和稳定做出了贡献。非公经济积极参与社会公益事业、扶贫济困等，据不完全统计，捐赠资金累计超过2亿元。

（二）非公经济发展呈现出数量加速扩张和质量渐进提升的良好态势

1. 非公经济总量快速增加。1979年，个体工商户仅为799户，1992年达到26505户，2002年达到46091户，2007年达到52892户，2010年达到71759户。私营企业1987年仅有66户，2007年达到2286户，2010年达到4871户。

2. 经济规模不断扩大。1979年，有个体工商户799户，875人，到1985年增加到29607户，41670人，注册资金3279万元。1993年，个体工商户突破3万户，达33876户，从业人数5万余人，注册资金7616万元。1995年，个体工商户超过5万户，达55196户，从业人数首次超过10万人，注册资金接近2亿元，达19088万元。2010年，个体工商户达到71759户，从业人员达12.3万人，注册资金22.5亿元。私营企业，1987年前无。1988年有66户，从业人数157人，注册资金191万元；1994年104户，注册资金1967万元。1997年超过200户（212户），注册资金6286万元；1999年396户，注册资金2亿元以上（22999万元）。2007年，全市私营企业注册资金552326万元，户均241.6万元，其中100万元以下的占65.8%。2010年，私营企业达到4871户，注册资金119.7亿元。

3. 在行业分布上由主要集中于传统的商业服务业和建筑建材业向基础设施、文化产业及农业等多个经济领域扩展。在国民经济中的二、三产业中的19个行业门类中，全市私营企业在多个行业中均有分布。

四、非公经济发展的经验总结及展望

非公经济发展历程可以用“狭缝中生根，春风里成长，新世纪壮大”来概括。新中国成立后不久，政府对个体私营经济进行社会主义改造，之后实行高度集中的计划经济体制，个体私营经济消亡。党的十一届三中全会以后，党和政府实行改革开放政策，个体私营经济再次产生，外资企业在中国出现，但因国家经济体制的不确定而发展缓慢。1992年，邓小平南巡讲话，停止了“姓社”“姓资”的争论,个体私营等非公经济得到快速发展,直到党的十五大,非公经济被纳入了“公有制为主体,多种所有制经济共同发展”的基本经济制度内。新世纪新阶段,党和政府进一步深化了对非公经济的认识,提出“两个毫不动摇”、“两个平等”,非公经济在经济社会发展中的地位更加突出。

通过回顾非公经济的发展历程,可以得出以下经验。

(一)党的领导是非公经济发展的根本保证。中国共产党是我国的执政党,是我国经济制度的制定者和实施者,党的经济政策方针决定非公经济的产生、发展、壮大和消亡。高度集中的计划经济制度消除了非公经济的存在空间,实行改革开放让非公经济重获新生,国家基本经济制度和社会主义市场经济制度的建立,为非公经济发展壮大提供了最坚实的制度保证,“两个毫不动摇”、“两个平等”的提出更加突出了非公经济的重要性,也为非公经济进一步发展提供了无限广阔的空间。

(二)基本经济制度和市场制度是非公经济存在和发展的法制保证。以公有制为主体,多种所有制经济共同发展的基本经济制度的确立,把非公经济纳入国家的基本经济制度内。党的十四大确立了社会主义市场经济制度的总体目标,明确了非公经济作为社会主义市场经济的有益补充。党的十五大把非公经济提升为社会主义市场经济的重要组成部分。新世纪,以“毫不动摇地巩固和发展公有制经济,毫不动摇地鼓励、支持和引导非公有制经济发展”为主要内容的“两个毫不动摇”和以“平等保护物权,平等竞争”为主要内容的“两个平等”的提出,更加表明了大力发展和积极引导非公经济,是党和政府坚实不移的方针政策。

(三)非公经济是地方经济发展的生力军。改革开放的实践和地方经济发展经验证明,越是经济发达的地区,非公经济所占比重越大,地方经济越有活力的地区,非公经济作用就越突出。全市从改革开放后,非公经济从无到有,从小到大,从弱到强,对地方经济社会发展的作用日益明显和突出。就2010年,全市非公经济上缴税金15.1亿元,实现增加值149.07亿元,占全市GDP比重39.3%,实现社会商品零售额83亿元,占社会商品零售总额106亿元的比重为78.3%,商品进出口总额达1405万美元,其中绝大多数由非公经济完成。

(四)非公经济是改革开放的重要力量。改革开放后,国有垄断经济体制被打破,非公经济快速发展,为社会创造了大量商品,物资短缺的时代一去不复返,物资供应日渐充足、甚至部分过剩,大大丰富了人民群众的物质生活。非公经济已从较为单一的物品制造、商贸流通领域向高新技术、旅游文化、矿产采选冶炼、教育医疗等多个经济领域扩展,至今除烟草、电力、电信、金融、石油等国有垄断行业外,绝大多数行业都有非公经济成分,其中不少行业中非公经济已占据主导地位。单一的经济结构正在向多元结构转化,在国民经济体系中,非公经济正与国有经济融合补充,共同发展壮大。

(五)非公经济具有强大的生命力,市场生存能力较强。创富是人之本能,在非公经济组织中体现特别突出。非公经济是在国家政策范围内,由人民群众自筹资金、自主经营、自负盈亏的经济形式,国家没有特殊的政策照顾,政府没有一分钱的投入,经营中甚至还面对着不少不平等政策环境和不公平竞争,但非公经济始终不断向前发展,日渐壮大,显示出了强大的市场生命力。

(六)非公经济是实现共同富裕的重要途径。自从允许一部分地区、一部分人先富起来的政策实施后,非公经济人士积极参与改革开放,放心、放胆、放手创业创富,不但为社会创造了大量的财富,自身实现了富裕,还带动一大批人致富。非公经济现已是吸纳社会就业的主渠道,是民生问题的主要解决者。广大非公经济人士致富思源,富而思进,积极参与抗灾救灾、扶贫助困、捐资助学等社会公益事业。据不完全统计,全市非公经济累计向社会捐赠超过2亿元,是社会公益事业最重要的参与者。

昭通解放60年来,尤其是改革开放30多年来,非公经济得到了长足的发展,取得让世人瞩目的成绩,为地方经济社会的发展作出了积极贡献,但与发达地区相比,仍然存在较大差距,仍存在诸多不足。

(一)思想观念仍然存在差距。创业意识上,求富求变的欲望与全省发达地区及周边地区差距较大,与东部沿海发达地区相比差距更大,满足于打打工、“小富即安”、养“家”糊口。“全民创业、家庭创业、自主创业”的创业意识不强,政府职能部门中仍不同程度地存在“疑私”、“怕私”、“防私”的观念。一些人办理个体、私营企业事务远不如像办理国有企业事务那样理直气壮、坦然从容,而是冷淡消极、缩手缩脚。

(二)市场准入限制多,政策不平等。一些行业和领域在准入政策上虽无公开限制,但实际进入条件则限制颇多,主要是对进入资格设置过高门槛。这种“名义开放、实际限制”的“玻璃门”现象,看着是敞开的,实际是进不去的,一进就碰壁。

(三)融资渠道窄、贷款困难。由于企业创业融资渠道狭窄,特别是无法获得与国有企业同样的银行贷款条件,融资难是限制非公有制中小企业发展的最致命的因素。另一方面,中小企业也严重缺乏与资本市场沟通的能力,公司债券和外部股权融资极少,这里既有中小企业主不愿放松对企业控制权的原因,但更重要的是中小企业缺乏对资本市场的了解,不能有效地从资本市场上直接融资。

(四)企业实际税费较重。许多部

门对非公企业的收费项目太多，不少企业反映各种名目的收费实际上是已经超过正式税收。

（五）企业权益不时遭受侵犯。非公有制企业合法权益遭受侵犯的案例日益增多，一些企业家的名誉权和人身安全受到侵害时，人们反映冷漠。一些行政执法部门对个体户、小企业滥施罚款的现象时常发生。

（六）非公企业经营者的素质亟待提高。相当一部分经营者素质不高，企业法人治理结构不完善，管理制度不健全，部分企业缺乏诚信，帐目不实，偷漏税款，制假售假，成为市场秩序混乱的一个重要根源。

（七）社会服务体系尚未建立。大量非公中小企业特别需要的创业辅导、企业诊断、技术支持、员工培训等政府服务和社会服务，或是基本没有，或是处于起步阶段，相当部分中小企业深感创业难、经营难、有了问题解决难，处于无助地位。

（八）政府管理体制不顺。政府部门对非公有制经济多头管理，各自为政，在一些地方，部门、机构之间在非公有制经济事项上是涉及利益时大家抢手，遇到问题时大家都回避，承担责任时大家都推诿。

（九）行政审批事项过多，程序繁琐，效率低下。有的部门责任意识差，服务意识不强，衙门习气太重，“吃、拿、卡、要、拖”的行为屡禁不止，使发展非公经济的相关政策无法落实到位，影响了昭通发展环境，也损害了昭通对外开放的形象。

对非公经济未来发展的展望

随着党和政府对非公经济的重视和支持，社会主义市场经济体制建设的不断完善，非公经济的发展环境将进一步得到优化、会变得更加良好，“玻璃门”将不断被打破，更多的经济行业领域将向非公经济开放，在市场中受歧视的现象将日渐减少，政策保护更加平等，公平竞争更加突出。非公经济经过30多年的发展，已在资金、技术、人才、管理等多个方面获得了相当的积累，在部分领域已成为行业发展龙头或地方经济发展支柱，为未来的发展打下了坚实的基础，相信在以后的发展中，非公经济必将取得更加辉煌的成绩，必将为昭通富民强市新跨越作出新的更大的贡献。

（市工商联）

（本栏目审稿：王文福　校对：聂顺荣）

概　　况

责任编辑：聂顺荣

2010 年昭通市经济社会发展概况

地理位置和行政区划　全市位于云南省东北部，地处云、贵、川 3 省结合部，与云南曲靖、四川宜宾、贵州毕节接壤、是云南的“北大门”，是出滇入川的要冲，地处昆明、成都、贵阳、重庆 4 大中心城市辐射的交汇地带。东南宽 241 千米，南北长 234 千米，总面积 2.23 万平方千米，境内最低海拔 267 米，最高海拔 4040 米。市政府驻地昭阳区，距省会昆明 344 千米。全市辖昭阳区和鲁甸、巧家、盐津、大关、永善、绥江、镇雄、彝良、威信、水富 10 县，共 54 个镇、86 个乡、3 个城区办事处，下设 1178 个村委会，96 个居委会。

民族和人口　年末全市户籍人口 574.24 万人，有 27 种民族，其中以回、彝、苗为主的少数民族人口 58.24 万人。人口自然增长率 8.16‰。

经济综述　2010 年，全市生产总值 379.62 亿元，比上年增长 14.2%。其中第一产业增加值 74.11 亿元，增长 4.9%；第二产业增加值 174.82 亿元，增长 19.9%（其中工业增加值 132.63 亿元，增长 19.5%）；第三产业增加值 130.7 亿元，增长 12.7%。按常住人口计算人均 GDP7075 元，增长 13.2%。三次产业比例为 19.5∶46.1∶34.4。非公有制经济所占比重稳步上升，非公经济增加值 149.07 亿元，增长 14.7%，比重由上年的 38.1% 上升为 39.3%。全年单位 GDP 能耗下降 5.84%。能源消费总量 428.36 万吨标准煤，比上年增长 7.53%。

农　业　全年完成农业总产值 115.62 亿元，同比增长 5.4%。其中种植业产值 53.21，增长 2.7%，林业产值 3.57 亿元，下降 10.5%；畜牧业产值 55.87 亿元，增长 9.2%，渔业产值 0.41 亿元，增长 17.6%；农业服务业产值 2.56 亿元，下降 0.9%.

全年粮食总产量 175.94 万吨，比上年增长 7.1%；肉类总产量 39.37 万吨，增长 10.6%；禽蛋产量 1.91 万吨，增长 13.8%；水产品产量 13502 吨，增长 20.1%。

全年实施中低产田地改造 19.67 万公顷，新建农村沼气池 4.9 万口，大力发展现代农业，创建粮食科技示范样板 31.2 万公顷，实施基地烟田建设 4333.33 公顷。治理水土流失面积 4.93 万公顷，新增农田有效灌溉面积 0.98 万公顷。解决饮水安全达标人数 374.88 万人，“五小”水利工程实施力度加大，解决了 50.1 万农村人口饮水安全问题，全市水利化程度为 33%。年末拥有农业机械总动力 130717 万瓦特，比上年增长 29.6%。实施新农村示范点建设 605 个，投入村容村貌整治资金 1159 万元。巩固和解决了 11.5 万贫困人口温饱问题。

工业和建筑业　全年全社会完成现价工业总产值 263.44 亿元，比上年增长 19.7%。实现工业增加值 132.63 亿元，增长 19.5%。其中：规模以上工业总产值 205.07 亿元，增长 16.8%；规模以下工业中，轻工业总产值 61.43%，增长 14%，重工业总产值 143.63 亿元，增长 18%。全市规模以上工业实现主营业务收入 192.15 亿元，增长 22.8%；实现利税 57.63 亿元，增长 3.6%，其中利润 14.36 亿元，下降 5.1%。

全年全社会建筑业完成增加值 42.19 亿元，比上年增长 20.9%。年末资质以上建筑企业 157 户，增加 14 户，实现建筑业总产值 59.39 亿元，增长 65.4%。

固定资产投资　全年完成全社会固定资产投资 356.13 亿元，比上年增长 41.4%，其中城镇投资 304.19，增长 52.1%。全年完成基础实施投资 243.17% 亿元，增长 61%，占全社会固定资产投资的比重 68.28%。地方项目完成投资 292.08%，增长 47%，占全社会固定资产投资的比重 82%。全市第一产业投资额11.24亿元，增长0.5%；第二产业投资额183.46亿元，增长35.6%；第三产业投资额161.42亿元，增长57.8%。从主要行业看，交通运输、仓储和邮政业，房地产业，水利环境和公共设施管理业3大行业投资增长较快，分别增长210%、58.24%、35.94%，3大行业投资拉动全社会投资增长23.69个百分点，对全社会投资增长贡献率57.24%。工业实现投资额183.46亿元，增长34.4%。

全年房地产开发投资完成17.43亿元，比上年增长18.5%；商品房屋销售面积49.27万平方米，下降58.02%，房屋销售额下降48.23%。

商 贸 全年实现社会消费品零售总额105.67亿元，比上年增长20.3%。城乡消费基本同步增长，农村市场转旺。县以上城镇实现零售额72.74亿元，增长18.7%，市场份额68.8%；非公有制经济实现社会消费品零售额83.19亿元，增长23.3%，市场份额78.7%。零售业实现零售额90.24亿元，增长20.2%. 住宿和餐饮业实现零售额12.51亿元，增长45.3%。

全年签约及实施国内经济合作项目96个，新签约及实施项目协议总投资446亿元，实际到位资金126亿元，比上年增长46.8%。国际贸易进出口总额1405万美元，增长40.8%，其中出口额955万美元，增长1.6倍。

全年累计接待海内外旅游者591.3万人次，增长24.4%，其中海外旅游者792人次。旅游业综合收入20.06亿元，比上年增长33.86%。

财税金融 全年财政总收入完成71.26亿元，比上年增长28.3%。其中一般预算收入完成25.62亿元，增长23.2%，一般预算支出完成146.6亿元，增长31.5%。国税收入48.75亿元，增长30.7%，地税收入19.68%，增长23.9%。

年末全市金融机构人民币存款余额520.35亿元，比年初增长34.7%。其中城乡居民储蓄存款余额234.75亿元，增长25.5%。金融机构人民币贷款余额286.34%亿元，增长34.2%。金融机构现金收入777.94亿元，增长17%；累计现金支出803.8亿元，增长17.2%；货币净投放25.86亿元。

物价 全年居民消费价格总指数103%。分类别看食品价格上涨7.4%，其中粮食类价格上涨14.4%。农业生产资料价格指数100.2%，商品零售价格指数103.5%。

教育卫生文化 全市年末有普通高等学校1所，在校学生5943人，比上年增长7.1%；普通中等专业学校在校学生9522人，增长23.1%；职业中学在校学生18648人，增长17.3%；普通中学在校学生37.11万人，增长2.97%；小学在校学生71.95万人，下降3.5%。“两基”通过国检，农村办学条件进一步改善。小学儿童入学率99.48%；初中毛入学率99.06%；高中毛入学率33.94%。

全年扫除文盲1.17万人。累计争取和投入各类教育专款14.26亿元，比上年增长7.2%。新建校舍31.7万平方米、排除中小学危房45.1万平方米，完成中小学校安全工程58.9万平方米。新增教师2363人。高考上线率比上年提高14.15个百分点，职业教育招生规模增加15.25%。

年末全市共有公共图书馆12个，文化馆12个。电视综合人口覆盖率93.72%。广播综合人口覆盖率91.5%。报刊、杂志以及图书出版的发行量不断增加。

年末全市共有医疗卫生机构451个，实有病床10969张，比上年增长21.7%；卫生专业技术人员7959人，增长12.97%。

社会保障和劳动就业 全市各种社会保险参保人数116.67万人，比上年增长61%。城乡救助体系逐步完善，城镇居民基本医疗保险实现市级统筹和异地联网，覆盖面扩大到21.3万人。参加新型农村合作医疗农民483.3万人，参合率96%。全市资助五保对象、农村低保对象及重点优抚对象参加新农合52.58人，兑付各类社会保险资金6.98亿元，发放最低社会保障资金5.27亿元、临时救助资金8700万元。启动廉租住房建设36万平方米，建成1418套。

年末全市从业人员297.45万人，其中第一产业199.88万人、第二产业28.07万人、第三产业69.5万人。城镇累计新增就业2.01万人，下岗失业人员再就业4710人，特殊困难群体就业3227人，城镇登记失业率4.4%。累计转移农村富余劳动力123.5万人。

人民生活 全市在岗职工年平均工资28796元，比上年增长7.8%。城镇居民人均可支配收入12295元，增长10.2%；人均生活消费支出8369元，增长9.6%。农民人均纯收入2768元，增长13.2%；农民人均生活消费支出2314元，增长13%。城镇人均住房建筑面积30.65平方米，农村人均住房居住面积23.92平方米；城镇居民家庭恩格尔系数44.3%，农村居民家庭恩格尔系数56.1%。

（据昭通市2010年度统计公报整理）

（市志办 邵聪彪）

（本栏目审稿：刘宗伯 校对：聂顺荣）

年内要事

责任编辑：聂顺荣

2010 年 1～12 月大事要事

1 月

1 日，市政府印发《昭通市煤炭价格调节基金征收管理办法》和《昭通市煤炭企业行政事业性规费统一征收管理办法》，2 个《办法》规定，全市开征煤炭价格调节基金，并同时统一征收涉煤规费。

月初，中科院教授朱炳泉、金正跃与巧家县共同开展"巧家堂琅山老铅厂矿冶遗址与三星堆青铜器物矿料来源之间关系"科考课题。8 月，朱炳泉、金正跃到巧家开展矿渣深部取样科考活动，所取样本将被带到广州地球化学研究所和中国科技大学进行科学测定。

4 日，省委、省政府集中检查考核昭通市动员暨综合汇报会在昭通召开。5～11 日，集中检查考核组赴水富、盐津、昭阳、鲁甸 4 县区、市直有关部门进行检查考评。

7 日，全市地震灾害紧急救援队举行成立大会，市长王敏正出席并讲话。

8 日，昭巧、岔彝二级公路融资建设合同签字仪式举行，市长王敏正出席并讲话。

同日，市长王敏正率市直相关部门及县区负责人一行到曲靖市会泽县商谈牛栏江水电开发有关事宜。9～10 日，王敏正与会泽县主要领导洽谈牛栏江水电开发事宜后，到巧家县开展调研并实地察看十里坪工业园区、金塘中心敬老院、白鹤滩水电站坝址建设等情况。

13 日，昭通驰宏有限公司 10 万吨/年锌冶炼项目举行签约仪式。

14 日，市委二届十次全体（扩大）会议召开。全会强调，以改革创新精神，全面加强和改进党的建设，是做好全年工作，实现富民强市跨越发展的根本保证。

15 日，云南电网公司在昭通举行昭通电网规划建设答谢会暨 500 千伏永（丰）甘（顶）输电线路及镇雄电厂 500 千伏送电工程建设启动会。

20～26 日，市长王敏正在参加省十一届人大三次会议期间，就昭通市调整中小学区域布局、促进教育事业发展等问题接受云南电视台采访；向省交通运输厅汇报全市交通建设有关事宜；参加云南人民广播电台《百姓与社会》直播节目，就昭通深化行政审批改革工作接受该栏目和《都市时报》记者采访；与博锋高校后勤服务集团商谈民办高校建设事宜。

23 日，全省州市级在昆明第一家商会——昆明市工商联昭通商会、昭通市工商联昆明商会在昆明举行成立庆典。市委书记夜礼斌为昭通商会会长郑宣明授牌；市长王敏正为昭通市工商联昆明商会授牌、授印；昆明市市长张祖林为昆明市工商联昭通商会授牌、授印。

同月，昭阳区被农业部评为 2009 年全国粮食生产 300 个先进县之一。

2 月

6 日，昭阳区政府与省工业投资控股集团 15 万吨/年炭质还原剂项目签约仪式在昭通举行，市长王敏正出席并讲话。

7 日，2010 年昭通首次举办的春节联欢晚会在新落成的市广电中心举行。联欢晚会上，市长王敏正票选宣布揭晓的昭通"十大名片"（罗炳辉、龙云、大山包国家公园、扎西会议会址、豆沙关·五尺道、黄连河风景区、中国西部千里大峡谷、溪洛渡水电站、昭通苹果、昭通天麻）。

24 日，市委党校迁建专题办公会召开，市长王敏正出席并实地察看市一中、市民中情况；主持召开市一中高中教育发展暨市民族中学搬迁专题办公会议。

28 日，省抗大旱、保民生、促春耕第二督办组组长周云一行到昭通检查指导工作。

同月，在最高人民检察院召开的 4 年一度"双先"表彰会上，巧家县检察院被记“全国检察系统集体一等功”。

3月

1日，市长王敏正在北京出席“情系七彩云南·欢迎央企入滇迎春座谈会”。

2日，王敏正在北京与新世纪荷华公司就投资昭通中心城市交通建设事宜进行洽谈；出席中央国家机关企事业单位定点扶贫云南工作座谈会。

3日，43师进驻昭通60周年座谈会举行，副市长张绍雄参加并讲话。

同日，市委、市政府决定，授予昭阳区委610办等20个单位为“先进平安基层单位”称号；授予鲁甸县公安局茨院派出所等10个单位为“十佳政法先进基层单位”称号；授予昭阳区检察院副检察长锁江涛等10人为“十佳群众工作先进个人”称号；授予鲁甸县委书记江先奎等10人“十佳党管政法好书记”称号。

8日，昭通天麻产业开发签字仪式在昭通举行，副市长邬永飞出席并讲话。

9日，市强制隔离戒毒所和市特殊关爱中心挂牌。

9～11日，美国卡特中心代表团到盐津县观摩考察村级组织换届选举工作。

14～16，在安徽省黄山举行的2010年全国竞走大奖赛暨世界杯选拔赛上，由市体育学校选拔、培养、输送到国家队、省队的昭通籍运动员李磊、牛文斌及徐阳获2枚金牌、1枚银牌。

18日，《昭通市志》(1978～2005)出版发行会议举行。为全省第二轮第二家公开出版发行的州市级志书。

19日，市长王敏正在昆明出席昭通市城市总体规划人口与用地规模及大纲评审会；到东方航空云南分公司协调昭通至昆明航班有关事宜。

25～29日，政协昭通市二届五次会议召开。会议审议通过了《关于政协昭通市第二届委员会第四次会议关于提案审查情况的报告》、《政协昭通市第二届委员会第五次会议决议》。

26日，昭阳区检察院办案人员在调查、初查一起涉嫌受贿举报线索时，将区教育局教育科科长魏静玲带到区检察院了解情况后，发生魏静玲在区检察院的办公区非正常死亡事件。事件发生后，市成立“3·26”事件联合调查组，责成区检察院积极配合有关部门进行调查，妥善处理有关善后事宜。4月7日，省检察院检察长王田海等一行到昭通调查指导昭阳区检察院“3·26”事件有关情况的查处，4月12日，警方认定魏静玲系自杀身亡。同时，分别对事故责任人给予相应处分。

26～27日，受省委学习实践办统一安排，云南电视台、《党的生活》杂志社、云南网等新闻媒体采访团一行在省社科联副主席、省委学习实践办宣传组副组长靳昆萍的带领下到水富县集中实地采访深入学习实践科学发展观活动涌现出的先进典型事迹。

26～30日，市二届人大六次会议召开。市长王敏正在工作报告中向市人大代表承诺办好10件惠民实事：1. 实施中心城市建设快速推进工程，加快北部新区开发进度，打通南通道，形成二环路；2. 加快廉租住房建设，新启动实施36万平方米以上；3. 抓好中小学校舍安全工程建设，确保完成30万平方米建设任务；4. 实施农村人饮安全工程，解决50万农村人口饮水安全问题；5. 完成14785个自然村直播卫星覆盖工程建设，实现广播电视综合覆盖率提高到95%以上；6. 启动市直机关事业单位在职干部职工住房货币化补贴审核发放工作；7. 抓好燃煤型地方性氟中毒防治，实施防氟改炉改灶17.5万户；8. 确保城镇居民基本医疗保险覆盖面扩大到19万人以上，最高支付限额提高到2.3万元，并实行门诊统筹；9. 建设农村务工人员夜校培训点11个，培训农村劳动力3.3万人；10. 免费为2000名贫困白内障患者实施复明手术。大会选举张登亮为市人大常委会主任。

27～28日，市委书记夜礼斌率市委常委、常务副市长张纪华一行赴三峡集团公司协调加大对昭通支持的相关事宜。

同月，威信县获省委、省政府授予的“全省先进平安县”称号。

同月，昭阳区永丰镇三甲村被国家评为“全国民主法治示范村”，6月30日，三甲村党总支书记黄训奎作为到北京出席全国争先创优会议代表，在北京怀仁堂受到总书记胡锦涛等党和国家领导人的接见。

4月

1～5日，全国著名画家、国家一级美术师祝焘、文化部中国画研究院创作室主任袁艺等5名著名画家应邀到威信县开展以表现当地历史文化、民族风情和自然风光及人文景观为主的“红色经典——水墨扎西”采风创作活动。

8～9日，副市长胡月星到贵州省毕节地区黔西县参加重庆经济协作区第十五次市长论坛，并发表题为《加强区域合作，努力提升区域经济协作能力》的演讲。

16日，永善绥江水富移民工作会议召开，市长王敏正出席并讲话。

17日，全国人大常委、法制委员会副主任、民盟中央副主席李重庵，省政协副主席、民盟省委主委倪慧芳，民盟中央委员、温州医学院附属眼视光医院执行院长王勤美、副院长陈浩等专家组一行到昭通举行民盟“明眸工程”云南行暨“爱心温州、善行天下”活动第一站活动签字仪式。民盟中央“明眸工程”课题承担部门——温州医学院附属眼视光医院与市中医院正式签署合作共建协议，从资金和技术等方面对昭通市的眼疾患者提供帮助。市内和贵州省毕节地区部分贫困白内障患者前来接受复明治疗。

20日，由国家博物馆、四川考古院、中央电视台联合发起、为期15天的“五尺道、石门道、盐道”考古探险考察团一行10余人，结束在昭通境内历时4天的探险考察后，在昭通与昭通知名文史专家召开座谈会。市长王敏正出席座谈会并讲话。

22~25日，省委副书记李纪恒到昭阳、大关、盐津、永善、绥江、水富6县区调研抗旱保春耕、村级组织建设、企业党建、集镇建设、移民安置、劳务输出、农业产业发展、工业发展等工作，并出席在水富县召开的昭通市工作座谈会。

23日，中国人民解放军总政治部直工部少将张仁峰、省军区副政委杜国胜、省民政厅副厅长李国材一行赴巧家县受旱灾区慰问捐款。

24日，环保部环评中心负责人及专家一行到昭通调研驰宏公司10万吨电解锌项目环评工作。

28日，盐津县在全市县区中率先成立应急救援大队。

同月，加快昭(阳)鲁(甸)一体化进程的昭鲁快捷通道建设开工。

5月

6日，全省职称专家工作座谈会在盐津县豆沙镇召开。

同日18时10分许，昭通市高等级公路收费员铁飞燕(昭阳区人，女，回族)利用公休假陪父亲到四川绵阳旅游，遇上四川绵阳南山大桥施工钢架倒塌，在钢架上作业的5名工人落入安昌河里。铁飞燕见状，果断跳入河中，在帮助4名落水工人成功自救后，又3次潜入水中救起最后1名溺水工人，并将已重度昏迷的工人救醒后便悄然离开现场。四川、云南2省的有关媒体进行了深入报道，国内数十家新闻媒体进行了转载刊播。云南省委书记白恩培作出“铁飞燕同志的先进事迹应很好宣传”批示，团省委授予她“云南省优秀共青团员”称号，云南省高速公路投资公司授予她“见义勇为优秀员工”称号，市政府授予她“昭通市见义勇为先进个人”称号，并给予2万元奖金。6月19日，市长王敏正为铁飞燕颁发“昭通道德模范”荣誉证书，并号召全市人民向铁飞燕学习。8月8日，市委、市政府授予铁飞燕“90后好榜样”称号。

9日，省委副书记李纪恒、省人大常委会副主任杨建甲、副省长孔垂柱、省政协副主席王学智一行视察昭阳区永丰镇三甲村劳务输出基地、华曦牧业集团有限公司生态鸡养殖基地和鲁甸县小寨乡整乡推进现场。

同日，全省扶贫开发工作昭通现场会召开。省委副书记李纪恒、省人大常委会副主任杨建甲、副省长孔垂柱、省政协副主席王学智等出席会议。会议期间，与会人员参观了昭阳区三甲村劳务输出基地、华曦生态鸡养殖基地和鲁甸县小寨乡整乡推进现场。

10日，省红十字会医院、市第一人民医院昭通惠东眼科医院举行揭牌仪式，市长王敏正、省卫生厅厅长陈觉民出席并讲话。

10~12日，省政府昭通专题会议前期调研组一行赴昭通调研汇报会举行。市委常委、常务副市长张纪华向调研组一行汇报昭通经济社会发展情况，并陪同调研组一行到彝良县开展调研。

17日，市政府、国家开发银行云南省分行在昭通举行工作座谈会，市长王敏正出席座谈会并就项目建设情况和贷款等问题与省分行领导交换意见。

25~26日，四川省宜宾市革命老区促进会在在昭通考察、学习和交流促进革命老区经济社会发展工作经验，共商推进革命老区加快发展大计。

25~29日，在中国天诺慈善基金会的大力支持下，由中国狮子协会成员、著名眼科专家吕玉建主刀的省医疗专家组一行8人到镇雄县为412名贫困白内障患者成功实施小切口晶体植入复明手术。

26日，亚洲马铃薯生产技术培训班昭通考察交流会议在昭通举行，市长王敏正出席交流会议并致辞。

同日，市长王敏正会见美国古生物研究专家江妮娜、杰·凯利教授和中国古生物研究专家童浩文、吉学平教授，就昭通古生物化石群发掘、研究等方面工作交换意见。

27日，市长王敏正通过昭通新闻网开展“阳光政府”暨网民在线交流活动，认真解答网民关心的热点难点问题；就打造阳光政府、提升“今日昭通效率”等问题接受人民网、云南日报、云南经济日报、云南信息报、昭通日报、昭通电视台、昭通广播电台等媒体采访。

28日，市政府召开《中国西部千里大峡谷》电视专题片审查会议，听取文学艺术界人士的意见和建议。

29日，省党外知识分子联谊会、省留学人员联谊会一届三次会议在昭通召开，省留学人员联谊会副会长、市长王敏正出席并致辞。30日，由省旅游局、市政府和全省党外知识分子联谊会、全省留学人员联谊会主办的“中国西部千里大峡谷旅游发展论坛”在在昭通举行。来自国内外的专家、学者、部分省党外知识分子和留学人员以及旅游界人士为昭通的文化旅游和经济社会发展出谋划策。王敏正作题为《深度揭秘“中国西部千里大峡谷”之美》的主题演讲，就打造和提升“中国西部千里大峡谷”有关问题与中外专家进行讨论。

28~29日，全省农民工重点工作推进会在昭通召开。会议要求加强“20世纪80年代后、90年代后出生人员”的培训和转移就业，着力打造具有本土特色的农民工品牌，加快农民工服务中心的建设步伐，切实做好农民工艾滋病的预防和宣传教育工作，并针对新生代农民工出现的“用工荒”等突出问题，进一步加强调查研究，疏导解决。会议期间，与会人员到昭阳区永丰镇三甲村就相关问题进行调研。

同日,省工业经济联合会2010年通联工作会在水富召开。与会人员参观考察了云天化股份有限公司、向家坝水电站和宜宾五粮液酒厂。

31日,省委常委、省委统战部部长黄毅到鲁甸县铁家湾清真寺、小冲清真寺调研,看望慰问鲁甸县民族宗教界人士和伊斯兰协会代表。

6月

3日,云南中烟工业公司红塔集团昭通卷烟厂技术改造项目专家论证会召开。

4日,全市首家最大规模典当行——云南新源典当有限责任公司昭通分公司正式开业。

5~6日,在第十八届中国昆明进出口商品交易会开幕式上,市长王敏正一行实地察看昭通展厅情况,并对参展工作提出要求;会见云南省浙江商会会长吴建国,就浙商入驻昭通投资发展等问题交换意见。

9~10日,中组部原部长张全景,省委常委、省委组织部部长辛桂梓,省人大常委会原常务副主任牛绍尧,省委组织部常务副部长张百如一行到威信县扎西会议会址、庄子上会议会址调研。

11日,市长王敏正一行向副省长曹建方汇报移民、民政等相关工作;王敏正为昆明昭通商会作题为《国家宏观调控与企业发展》课题讲座。

19日,省耕塘公园建设专题办公会召开,市长王敏正对加快推进省耕塘公园建设提出要求。23日,市政府与省投资控股集团、上海现代咨询公司举行座谈会,就省耕塘公园建设的有关情况交换意见。

23日,市委、市政府为昆明昭通商会80多名企业家开展回乡创业考察活动举行座谈会,王敏正代表市委、市政府向企业家们郑重承诺:积极打造优惠政策平台,为回乡创业企业提供最优惠的政策支持;努力创建优质服务平台,为回乡创业提供优质高效的服务;积极营造良好的舆论引导平台,不仅在经济上给回乡投资创业的企业家实惠,还要在政治上给地位、事业上给荣誉;多方构筑亲情融通平台,以亲情、乡情、友情为纽带,以血缘、业缘、地缘为基础,拓宽与昭通籍在外人员的交流渠道,广泛构筑起创业互动和乡情融通的桥梁。云南威鑫投资集团有限公司、云南龙威企业集团等企业与昭阳工业园区管委会、昭阳区旧圃镇等就省耕塘五星级酒店建设、昭阳工业园区生物资源产业开发、庄稼汉家具厂建设、昭阳工业园区基础设施建设、机动车检测中心及驾驶员考试中心建设、昭阳区旧圃镇文化特色集镇建设项目建设举行协议签约仪式,协议投资26.6亿元。

同日,市委、市政府举行第二届昭通青年创业市长奖颁奖晚会,王灿、王龙平、刘业品、刘树强、李邦军、李青根、段正廷、赵德祥、徐英、黄枰钢获第二届昭通青年创业市长奖。

25日,《中共云南省委办公厅、省人民政府办公厅关于印发〈昭通市人民政府机构改革方案〉的通知》出台,9月13日,市政府依法将市政府机构调整设置情况报市人大常委会备案。市政府设置工作部门32个、部门管理机构2个、其他机构1个。

29日,云、贵、川3省25县(市、区)政协区域经济发展论坛第二次会议在镇雄县举行,来自昭通市政协主席熊启怀,宜宾市政协副主席郑耀银,镇雄县委书记冯学兰等及云、贵、川3省25县(市、区)政协领导应邀出席本次论坛。

同日,昭通百越服装有限公司开业庆典仪式举行,公司是2009年11月经市委、市政府招商,由广东省高州市百越服装公司在昭阳区工业园区前期投资1000余万元兴建的全市第一家服装企业。

30日上午11时许,威信县扎西镇沟头发生煤矿煤与瓦斯突出安全生产事故,造成9名矿工死亡。事故发生后,省长秦光荣,省委常委、常务副省长罗正富,副省长和段琪分别作出指示,要求妥善处置好善后事宜,迅速查明事故原因,查处事故责任人,总结教训,采取有效措施,严防此类事故再次发生。沟头煤矿相关责任人矿长周玉洪、防突副矿长李金美、安全整改排水系统工程负责人白志云被公安机关依法刑事拘留。

7月

3日,由省农业厅、市政府和昭阳区政府联合主办的万人劳务现场招聘会在市体育馆广场举行,省农业厅副厅长孙海清,市委常委、昭阳区委书记马吉林,市人大常委会副主任张华贵,副市长邬永飞,市政协副主席赵洪乖等出席招聘会。参加招聘会的55家企业,提供工作岗位13980个,涉及制衣、制鞋、电子、玩具、食品加工、装饰、服务等多个行业。其中,市外有浙江、广东、福建、江苏、山东、河北6省41家企业提供12624个岗位,市内14家企业提供1356个岗位。昭阳区和鲁甸、巧家、大关、镇雄等县的人员参加应聘。经过用工企业与劳务人员双向选择,2254名农民工与企业签订用工合同。

同日,红塔集团昭通卷烟厂举行"希望之火"传递及点火仪式,并召开昭通卷烟厂建厂40周年纪念大会。

5日,市长王敏正应邀出席北京理工大学2010年毕业典礼暨学位授予仪式并作讲演,并与北京大学国家发展研究院院长、中国经济研究中心主任、教授周其仁座谈。

7~8日,市长王敏正应邀出席在浙江省杭州市举行的2010年浙商(省外)最佳投资城市颁奖仪式,并代表市政府领取"2010年浙商(省外)最佳投资城市”奖。

13日凌晨4时许，巧家县小河镇因暴雨引发特大泥石流灾害，造成19人死亡，26人失踪，43人受伤，1200余人受灾，183间房屋和80间店铺门面被冲毁，40辆车（32辆摩托和8辆轿车、货车）被冲走。灾害发生后，市长王敏正率副市长成联远、王宇和市特大自然灾害应急指挥部成员单位负责人赶赴灾害现场，组织开展应急救援工作。省委书记白恩培、省长秦光荣作出批示和要求，省委副书记李纪恒、副省长曹建方率省直相关部门负责人及专家赶往灾区指导抢险救灾，并向灾区调拨救灾物资。13日深夜，市委、市政府在巧家县小河镇召开小河镇“7・13”特大洪涝泥石流灾害抢险救灾应急指挥部会议，对抢险救灾、灾民安置、恢复重建等工作进一步做出部署。14日下午，国家防汛抗旱总指挥部长江水利委员会副主任魏山忠率专家组一行抵达巧家县小河镇，实地察看灾情，指导抢险救灾工作。19日，市委书记夜礼斌率市委常委、市委秘书长田勇，副市长成联远以及市直相关部门负责人赶赴灾区了解灾情，看望慰问干部群众，指导抗洪救灾和恢复重建工作。8月18日，中央《深入开展创先争优活动简报》（第225期）刊发《洪峰浪尖党旗红——云南省巧家县各级党组织和广大党员在抗洪救灾最前沿创先争优》。21日，中央政治局委员、中央书记处书记、中组部部长李源潮和省委组织部部长辛桂梓分别在简报和《批示抄清》上作批示，称赞巧家县小河镇抗洪抢险中创先争优的感人事迹。

20日至8月11日，国家林业局退耕还林工程重点稽查验收工作组一行到全市11县区，对2002年实施的退耕地还生态林面积和2005年实施的退耕地还经济林面积进行核查验收。经核查，除绥江县绥水公路建设征占用退耕地还林面积属未保存面积外（2011年待查），其余退耕地还林到期面积保存率、保存合格率、工程管理率、建档率、退耕还林管护率等指标均达到国家规定的要求。

25日，市地方志办公室和《昭通市志》（1978～2005）分获“全省地方志系统十佳集体”称号、“全省地方志系统首届十佳成果”奖。

26日，市政府召开由市交通局和省交通规划设计研究院共同编制的《昭通市综合交通运输“十二五”规划》研讨会。规划提出，昭通到“十二五”末综合交通建设初步形成区域公路、铁路、民航、水运4种交通运输方式协调发展，并与周边路网有效衔接的滇东北交通中心枢纽。

27日，云南东源镇雄煤业有限公司长岭煤矿开始终采试运行，成为全省本土大中型煤炭企业率先进行综采综掘。煤矿计划投资1.62亿元，已累计完成投资2.54亿元，是计划投资的156.79%。

同日，市委书记夜礼斌，市长王敏正率市委常委、常务副市长张纪华出席在鲁甸县举办的滇东北城市群建设及产业发展论坛，国际著名经济大师郎咸平、清华大学经济外交研究中心研究员刘东、云南大学经济学院博士生导师徐光远应邀参加论坛并作专题讲座。王敏正在论坛上作题为《实践昭通“民生资本论”，建设千里大峡谷城市群》的演讲。

28日，在鲁甸县举办的“魅力鲁甸・腾飞昊龙”文艺晚会上，云南昊龙实业集团向省民族文化发展基金会昊龙基金捐款600万元、向鲁甸文化发展基金会捐款200万元。

同日，市涉法涉诉联合接访服务中心举行正式挂牌成立仪式，为全省首家涉法涉诉联合接访服务中心。

30日，市见义勇为促进会举行成立大会。会上，全市135个企业、单位和个人现场捐款439.37万元作为市见义勇为基金。

同日，在省委、省政府召开的全省抗旱救灾工作总结表彰大会上，水富县向家坝镇党委被表彰为全省100个“共产党员抗旱先锋行动”先进基层党组织。

30～31日，市长王敏正一行出席在四川省攀枝花市举行的川、滇、黔10地州市合作与发展峰会，来自攀枝花、凉山、宜宾、昆明、大理、丽江、昭通、楚雄、六盘水、毕节的政府领导本着“平等协商、真诚合作、携手发展、互惠共赢”的原则，共同构建错位发展、相互协调、优势互补、互利共赢的区域经济合作机制。王敏正在峰会上作题为《构筑西部产业建设高地，推动区域经济大发展》演讲。峰会讨论通过了《川滇黔10市地州合作与发展峰会章程》，并共同签署了《川滇黔10市地州合作与发展峰会框架协议》。

8月

2～4日，全省16城市（区）政协工作研讨会第二十四次年会在昭通举行，来自昆明市、昭阳区、大理市、开远市、个旧市、红塔区、安宁市、麒麟区、宣威市、瑞丽市、楚雄市等16城市（区）政协领导出席会议。参加座谈会的全体人员还参观了昭阳区龙氏宗祠，并到昭阳区大山包实地调研。

2～8日，在红河州举行的全省第四届残疾人职业技能竞赛中，彝良县何国泽获服装裁剪类第二名。

3日，省长秦光荣率省委常委、副省长李江，省人大常委会副主任晏友琼，副省长孔垂柱、刘平、顾朝曦，省政协副主席曾华，省政府秘书长丁绍祥以及省直有关部门负责人在市委书记夜礼斌、市长王敏正等陪同下到昭阳工业园区进行视察，并到市医院、鲁甸县文屏镇马鹿沟生物多样性高产示范样板、鲁甸县现代烟草农业暨昭鲁大型灌区项目点、昭鲁快捷通道建设工地等处进行实地调研。

同日，全市中小学生田径运动会在市体育场开赛，来自市直和11县区学校的200余名运动员参赛。比赛分小学组、中学乙组、中学甲组3个组别，设短跑、中长跑、跨栏、跳高、跳远、投掷等10余个比赛项目。

4日，省政府在昭通召开专题工作会议，省长秦光荣，省委常委、常务副省长罗正富，省委常委、副省长李江，省人大常委会常务副主任晏友琼，副省长孔垂柱、刘平、顾朝曦，省政协副主席曾华出席会议并分别讲话。秦光荣作题为《抓生态，育产业，强基础，重扶贫，促进昭通加快发展和谐发展持续发展》讲话。会议为昭通市“十二五”规划、能源产业发展、建设用地、资源收费、扶贫开发等方面给予政策扶持和加大倾斜力度，会议安排4.24亿元扶持或补助资金，用于全力推进昭通经济、社会、民生发展。

4日，全市2011年首届火把狂欢节2010年试运节在昭阳区葡萄井彝族六祖祭祖广场举行。市委书记夜礼斌宣布试运节开幕，并与市长王敏正、市政协主席熊启怀共同为试运节点燃火把。西南民族大学副校长沙马拉毅，市委常委、常务副市长张纪华，市委常委、市委组织部部长李勇，市委常委、副市长何刚，市委常委、市纪委书记周业勇，市委常委、市委政法委书记张朝德，市委常委、市委秘书长田勇，市委常委、昭阳区委书记马吉林，市委常委、市委宣传部部长陆琴雯，市委常委、市委统战部部长余扬举，市人大常委会副主任连卫民，副市长王宇，市政协副主席陈奇、陈麟、普安银、李志平等出席试运节。火把狂欢节试运节分“祭祖表演”、“彝族赛装表演”、“文艺表演”、“望海楼之光”、“六祖光辉”等，表现出抗战时期彝族同胞与其他民族一起奋起抗争、不怕牺牲的大无畏民族精神和彝族悠久的历史及灿烂的文化。

同月，在中国科协公布的“2011～2015年度全国科普示范县创建单位名单”中，水富县榜上有名，成为全市唯一的全国科普示范县创建单位。

同月，在第五届中国青少年艺术节云南赛区总决赛上，大关县选派的少儿群舞《骑手风采》、独唱《小巴郎，童年的太阳》同获金奖，并将代表省参加全国总决赛。

6～11日，水利部稽查特派员李崇兴一行到昭通对昭鲁大型灌区续建配套与节水改灶项目工程进行全面督查。稽察组一行肯定了昭通强势推进水利设施建设的成绩，向相关部门提出指导性意见，稽察后形成相关报告报省和国家相关部门，以进一步研究如何支持昭通水利建设。

10～11日，省教育督导团“两基”复查组对镇雄县“两基”工作进行复查后，一致同意镇雄县“两基”工作省级复查通过，并对“迎国检”工作提出明确要求。

10～12日，省人大常委会组织省人大代表和省直相关部门负责人组成联合调查组，对昭通市政府执行《云南省昭通渔洞水库保护条例》、《云南省昭通大山包黑颈鹤国家级自然保护区条例》贯彻实施情况进行执法检查。

11日，爱国将领龙云的女儿、82岁高龄的龙国璧带领她的11位儿孙、女婿从美国波士顿来到昭通，察看由政府出巨资修葺一新的龙氏家祠。

12日，省政府治污项目建设专项第四督查组一行对威信、水富、绥江、永善、昭阳和鲁甸等县区的城镇治污设施建设工作进行督查后，在市政府召开的汇报会上，省督查组一行指出，市委、市政府要进一步加强领导，提高认识，加大督促检查及问责力度，采取超常规措施，集中精力和资金，全面加快项目建设，按时按质按量完成各项目标任务。

13～15日，在海南省三亚举行的由“联合国亚太城市发展研究中心、中国城市建设发展促进会、中国品牌管理协会、商务时报”等单位联合主办的第六届中国城市品牌大会暨颁奖盛典上，昭通市入选“中国最具特色魅力城市”、“中国最佳绿色生态城市”，市长王敏正获“中国城市建设优秀市长”称号，并作为获奖单位应邀出席大会和颁奖盛典。

17～21日，省人大常委会立法调研组一行到昭通消防支队、水富县、绥江县和向家坝水电站、溪洛渡水电站、云天化集团公司进行消防立法调研。

18～19日，宜宾市移民考察团一行到昭通考察移民工作。通过实地考察绥江县的移民搬迁工作后，在考察团与昭通市政府召开的座谈交流会上，达成2市及相关县区建立健全定期交流协作机制，共同促进区域经济又好又快发展。

18～26日，在文山州举行的全省第十三届运动会上，昭通代表团在田径、射击、自行车、游泳、拳击、柔道、摔跤、举重、网球、皮划艇、射箭、乒乓球、武术项目比赛中，获金牌50枚、银牌27枚、铜牌26枚。金牌总数列全省州市第四名，团体总分第五名。

19～21日，中国西部千里大峡谷昭通作家采风团一行12人到大关县考察旅游文化资源，进行文学采风活动。

19～22日，国际红十字会与红新月会国际联合会项目官员杰雅、张琳（女）和中国红十字总会训练中心项目官员杨玮枋、詹立民及救护处项目官员刘书君一行，到水富县考察以社区为本的健康和救济项目（简称CBHFA项目）实施的前期工作。

21日，市委二届十一次全体（扩大）会议召开。市委书记夜礼斌作题为《凝心聚力，务实进取，奋力谱写富民强市跨越发展的壮丽篇章》工作报告，市长王敏正就全市下半年经济社会发展作了安排部署。

25日，全市首辆工作高度32米的多功能登高平台消防车正式落户市消防支队特勤中队。多功能登高平台消防车投资240万元，具有国际先进水平，广泛应用于城市、工厂、矿山、高层建筑等场所的救援与灭火，填补了昭通消防史上无多功能登高平台消防车空白。

26日，市政府与国投中鲁果汁股份有限公司举行座谈会，就昭通苹果等农产品加工工作进行商讨，共同寻求全市农业产业化、品牌化发展大计。

27～31日，在福建省福州市举行的第六届泛珠三角区域合作与发展论坛暨经贸洽谈会上，昭通代表团推出的昭阳区天泽佳缘家具产业园投资建设、鲁甸县城市管道天然气工程、盐津县年产1万吨优质白酒、镇雄县硫铁矿焙烧渣开发4个项目签约金额7.8亿元。

29日8时53分，巧家县大寨镇好口村大田坝发生4.8级地震，造成13人受伤，122间房屋倒塌，7232间房屋受损，4头大牲畜死亡，412个地窖、196口沼气池等水利设施受损。省委常委、常务副省长罗正富，副省长曹建方对抗震救灾工作作出批示。

30日，中央电视台七套节目（农业频道）《农经栏目组》记者一行3人到昭通进行为期3天的采访。采访记者对朱提苦荞生物科技有限公司的苦荞有机系列产品进行报道。

同月，在奥林匹克国际青少年儿童书画大赛中，威信县选送的儿童国画作品1幅获金奖，6幅获银奖，12幅获铜奖。

同月，在河南省安阳市举行的全国传统武术比赛中，代表省队参赛的绥江县运动员钟贵清获男子中老年组剑术金牌和男子老年组八卦掌铜牌。

同月，在北京举行的"第五届中国青少年艺术节——全国总决赛"上，昭通选手参加声乐、器乐、舞蹈、演讲、主持、朗诵类比赛，其中选手余一获民族舞金奖，陈博涵获声乐金奖；另有选手获银奖3个，铜奖3个。

同月，昭通师专200名昭通籍农村学生（父母均为农民）、拥有城市户口但家庭享受城市最低生活保障的少数民族贫困学生每人获1000元一次性资助。

9月

2日，昭通恒邦百货有限责任公司、威信县四海电器商行、盐津县盐井小学获2009年度"全省价格诚信单位"称号。

3日，省强农惠农资金专项清查工作组一行到昭通，对"2007～2009年度各级财政预算安排用于"三农"的资金使用管理情况进行检查。

7～10日，市委书记夜礼斌率市直相关部门负责人一行到镇雄县中屯、乌峰、塘房、林口、以勒、坡头、母享、场坝等乡镇围绕"人口大县怎样才能从经济小县成为经济强县"、"怎样改变贫困山区群众的生产生活"、"产业结构如何调整"、"开展创先争优活动如何让群众得实惠"进行调研。

9日，全市第一个新生儿重症监护室——市妇幼保健院新生儿重症监护室成立。

10日，市浙江商会成立。29日，全市第一家新社会组织党支部——浙江商会党支部举行成立仪式。

同日，昭通市与贵州省毕节地区达成2011年内开工建设镇雄县至毕节市、昭阳区至威宁县2条省级高速公路，用两年半时间建成通车协议。

同日，全市启动麻疹疫苗强化免疫接种活动，对出生8个月到6岁的儿童免费接种麻疹疫苗。强化免疫应接种本地户籍儿童和外地户籍儿童。至11月23日结束，全市453798名（外地户籍9769名）儿童安全接种了麻疹疫苗，接种率95%以上。

10～12日，广东省云南商会深圳企业家考察团一行到昭阳区工业园区、昭阳中心城市，大关县黄连河，盐津县豆沙古镇，水富县向家坝水电站，绥江县湖滨生态旅游城市，永善县溪洛渡水电站等进行投资项目考察。

11日，在西双版纳州景洪市召开的全省旅游发展大会上，昭通市获2009年度全省旅游经济指标目标责任制考核一等奖，水富西部大峡谷温泉生态园二期建设、龙氏家祠休闲度假区分别被评为2009年度州市完成旅游重大项目推进目标任务奖。

12日，全省供销合作社首届千社千品及农特产品展销会在昆明开展。昭通6家农产品专业合作社和1家水果协会（市苹果协会）组织15个大类39个系列产品参展。

13日，省政府发展生物产业办一行5人到昭阳、鲁甸、威信3县区调研后，围绕以天麻为代表的中药材产业项目的技术研发，以苹果、竹笋等为主的健康食品工业开发和以单宁酸为代表的生物化工产业开发提出了具体意见和建议。

14日，市政府召开"国家百万贫困白内障患者复明工程——云南亮睛行动"昭通项目全面实施启动会议。项目为期3年，由卫生部、财政部、中国残联、香港亮睛工程慈善基金合作实施。24～27日，巧家县为112名贫困白内障患者成功实施手术；10月2～4日，大关县组织125名患者在市第一人民医院实施手术。省政府下达昭通2010年手术任务4000例。

同日，"云岭先锋，争先创优"——优秀共产党员事迹巡回报告会在昭通举行，市级机关、各人民团体、各企事业单位代表近500人参加报告会。报告团成员分别对维护民族团结的好干部龚曲此里（云南省迪庆军分区原副司令员），舍小家顾大家、10年如一日地把党的声音传到千家万户的郑垧靖（云南省保山市龙陵县平达乡党委原宣传委员），心系群众的普发兴（云南省大理州祥云县下庄镇下庄村党支部原书记），22年如一日辛勤耕耘在侦查监督一线的杨竹芳（昆明市西山区检察院侦查监督科副科长），用生命诠释了对纪检监察事业无限热爱和对党无限忠诚的刀会祥（云南普洱市景谷县纪委原常委、案审室主任）5名优秀共产党员事迹作报告。

15日，全市首家小额贷款公司——鲁甸县理世小额信贷有限责任公司成立。公司注册资本2500万元，主要面向中小企业、种养业户和个体经营者开展小额信贷业务。

中旬,由国务院扶贫办在贵州召开的石漠化地区种草养畜产业化扶贫试点工作会议上,巧家县科技扶贫种草养畜经验作为全国唯一县级单位在会上作交流发言。

15~17日,全省地方志系统学习贯彻《云南省地方志工作规定》暨第二轮修志工作经验交流会议在水富县召开。副市长韩梅出席会议并讲话。

15~18日,在广州举办的第七届中国国际中小企业博览会暨中澳中小企业博览会上,昭通市以生物制药、食品加工行业有特色代表性的云南永孜堂制药有限公司、昭阳区明飞旅游食品厂、云南永善天山食品有限公司、镇雄县叶茂开发有限责任公司参会参展。

16~19日,市、区公安机关联合,仅用11小时破获1起绑架儿童案。16日8时20分,市公安局昭阳分局接到辖区居民赵某报称:其11岁的儿子被人绑架,并向其索要赎金60万元。市公安局成立"9·16"专案组,并从市、区公安机关抽调200余名警力参与侦破工作。于当晚19时20分在昭阳区旧圃镇将袁某某等4名绑匪全部抓获,人质获安全解救。

17日,市委书记夜礼斌率市委常委、昭阳区区委书记马吉林,副市长成联远及市直相关部门负责人到昭阳区、鲁甸县视察、调研,对烤烟生产和收购进行指导。

同日,中国西部千里大峡谷暨云南昭通苹果推介会在上海南京路步行街世纪广场举行,原云南省主席龙云之子、香港大学教授龙绳德,原云南省主席卢汉的后裔卢国光,罗炳辉将军的夫人、老红军张明秀及儿子、教育心理学家罗兴安,全国著名老艺术家、罗炳辉饰演者杨在葆,著名探险家、首次穿越撒哈拉沙漠的昭通荣誉市民金飞豹、费宣,上海工商界、专家学者应邀出席。推介会上,运到上海的115吨昭通苹果销售一空,销售额230万元,并签订了3500吨的苹果销售协议,金额7000万元。1篮装有12个昭通顶级SOD抗衰老苹果以13000元的天价被上海1企业管理老总竞价买走。

17~19日,省第九次城市卫生检查团第一团分8个专业组,采取听汇报、查资料、实地抽查、走访群众等方式,对昭通市爱卫组织管理、单位和居民区卫生、公共场所卫生、疾病预防与控制等11项创建卫生城市工作内容进行检查。检查团建议,昭通在巩固省甲级城市的基础上,应结合城市规模不断扩大,城市化进程不断加快的现状,进一步加强创卫工作的组织领导,努力争创国家卫生城市。

19~25日,在福建省福州市举行的全国第五届特殊奥林匹克运动会比赛上,水富县总工会职工、智力残疾运动员雷智麟代表云南队参赛,获200米自由泳、50米蛙泳、4×50米自由泳接力赛3枚金牌,4×50米混合接力赛银牌1枚,50米蝶泳赛铜牌1枚。获中国残联和国家体育总局联合授予的"2006~2010年全国优秀特奥运动员"称号。

20~21日,世华智业集团、世华大爱基金、郑州韵泽吕氏美业有限公司负责人一行到巧家县"7·13"洪涝泥石流和"8·29"地震灾区开展献爱心活动。现场为272名小学生发放价值2.3万元的"爱心包裹",为灾区捐献价值100万元的秋冬服装。

21日,巧家县堂琅财富中心举行全国品牌商家考察团招商发布会。来自昆明、昭通、四川宁南等地的100余户商家到巧家县考察。堂琅财富中心总投资6000万元,占地7400余平方米,总建筑面积2万余平方米。

24~25日,由国家林业局湿地保护管理中心、世界自然基金会(WWF)和湖北省林业局主办,以"以提高湿地与生物多样性的保护和气候变化适应"为主题的长江湿地网络第四届年会在湖北省武汉市召开,对近十年来在长江流域湿地保护管理工作中作出突出贡献先进集体和个人进行表彰。大山包黑颈鹤国家级自然保护区管理局获"长江湿地保护与管理先进集体"称号;大山包保护区管理局局长钟兴耀获"长江湿地保护与管理先进个人"称号。

25日,市人口计生委、市人口计生协会、昭阳区人口计生局联合在望海公园广场举办纪念《中共中央关于控制我国人口增长问题致全体共产党员、共青团员的公开信》发表30周年系列活动启动仪式。仪式上,开展寻找人口和计划生育"001号独生子女证"、寻找从事人口和计生工作最长(最早)人物等系列活动;对最早参加计生工作的朱祥林颁发了荣誉证书、对4户较早领取《独生子女光荣证》的家庭颁发了独生子女光荣户奖牌。

同日,水富县社会工作协会在全市率先正式挂牌成立。中国社会工作协会副秘书长南燕应邀参加成立大会并作讲话。

同日,在河北省承德市举行的"2010中国·承德第三届国际摄影艺术大展"上,从美国、英国、俄罗斯、印度、西班牙、蒙古等17国和国内30余个省市摄影家的2万余幅(组)作品中,经评选并公示后的248幅(组)展出。《昭通日报》记者张捷拍摄的人文作品《期盼》、《雨中情》入选参展。

同日,昆明陆军学院教授、省演讲学会会长李志勤到大关县黄连河作《演讲改变人生》文化论坛专题讲座。

25~26日,昆明、曲靖、玉溪、宝山、临沧、丽江、普洱、昭通8市政协文史工作第九次联席会议在昭通召开,会议邀请楚雄、大理、怒江、西双版纳4州政协分管文史工作的领导、文史委及办公室负责人参加。

27日,市政府在昭阳区召开昭通中心城市建设项目现场会。市长王敏正在现场会上强调,年内昭通中心城市要增加3平方千米以上，城市基础设施建设力争完成固定资产投资10亿元以上。

同日，省政府“两基”工作督查组在副组长曾继贤、何开喜的带领下，到昭通督查“两基”迎国检工作。督查组一行在听取市政府领导和教育主管部门负责人汇报后，详细询问相关情况，对相关工作进行指导。10月19～20日，国家、省“两基”国检预检组在镇雄城镇、乡镇、村级部分中小学就“两基”工作进行检查，《云南教育》、《中国教育报》分别以《历史跨越新篇章》、《为了滇东北高原的腾飞》为题，对昭通的“两基”攻坚进行报道。20日下午，在镇雄县召开预检反馈会，国家教育督导团办公室副主任周坚、省教育厅副厅长王建颖、副市长韩梅出席会议。10月21日，市委召开第48次常委会专题对“两基”迎国检作研究部署。10月26日上午，市委、市政府召开“两基”迎国检工作汇报会，总结全市“两基”工作取得的成效和经验，深入分析“两基”迎国检工作存在的困难和问题，要求各级进一步统一思想，提高认识，强化责任，加大力度整改，抓实各项工作，确保全市“两基”迎国检工作顺利通过国家检查验收。

同日，市政府就昭（阳）巧（家）、彝（良）岔（河）二级公路建设问题与参建方重庆建工集团总经理陈晓一行紧紧围绕如何确保2011年6月30日前通车进行座谈，副市长邬永飞及市直相关部门负责人参加座谈。昭（阳）巧（家）二级公路起于昭阳南通道，止于巧家金塘，全长132千米，概算投资21.92亿元；彝岔二级公路起于彝良县角奎镇，止于大关县岔河，全长40.48千米，工程概算投资9.7亿元。

28～29日，全市举行首届乌蒙消防铁军大比武，来自11县区消防大队的70余名选手参加比赛。彝良县消防大队、绥江县消防大队、镇雄县消防大队分获前三名。

同月，由市直相关部门、昭阳区和水富县工业园区管委会、部分民营企业负责人组成的昭通招商考察团先后赴浙江省台州市、广东省深圳市和东莞市开展招商引资项目推介和学习考察、签约活动。达成16个项目、总投资30.03亿元的合作意向。

同月，昭通科技人员历经18年培育的“永善青椒1号”良种花椒正式通过省林业厅认定，并注册登记为省园艺植物新品种。

同月，在中科院昆明动物研究所研究人员与昭通大山包国家级自然保护区管理局开展的联合考察中，科考人员首次观察到中国特有的暗色鸦雀。暗色鸦雀属全球濒危物种。

同月，全市首个商业联合工会组织——水富县兴化路社区团结路商业联合工会成立。

同月，省工信委公布全省首批省级成长型中小企业单位，昭通永孜堂制药厂、水富县三乘酒业、巧家县长江丝绸、镇雄县华业及昊龙集团所属兴熠冶炼等25户企业入围全省第一批500户省级成长型中小企业行列，并将享受到相应的政策待遇和扶持服务。

10月

1～3日，“中国·豆沙关第三届美食节”活动在盐津县豆沙镇举行。活动分美食一条街、书画作品展、民族民间文艺表演、马帮巡游古镇、篝火晚会5个部分。

9日，市委、市政府领导与云南煤化工集团有限公司领导座谈，商讨“十二五”期间云南煤化工集团在昭通产业发展规划。云南煤化工集团有限公司计划“十二五”期间，在昭通完成投资178亿元，项目涉及35亿元的煤炭资源整合与开发建设，50亿元的清洁能源产业发展以及约93亿元的煤制烯烃产业发展。

10日，市委书记夜礼斌率市委常委、副市长何刚，市政协副主席普安银及市直相关部门负责人到巧家县调研经济社会发展情况。

10～12日，由民间和社团组织推动的昭通、宜宾、毕节3地市摄影家协会首届摄影作品联展在昭通展出，展出摄影作品120幅（每个地市40幅）。

10～15日，受省人大常委会委托，市人大常委会组织在昭通的的省人大代表对昭阳、鲁甸、镇雄、彝良、威信、大关5县区的扶贫开发和少数民族地区经济社会发展情况进行调研。

12日，省税务学会“优化纳税服务加强信息化管理的研究”课题研讨会在昭通举行，省国税局、地税局和昆明、楚雄、玉溪、普洱、西双版纳、怒江、迪庆、大理等州市的税务学会负责人近百人参会。

同日，省委宣传部、省政府新闻办公室组织《中国日报》、中新社、《文汇报》、《大公报》、《云南日报》、云南电视台、云南人民广播电台、新浪网云南频道等中央、省级主流媒体20余家30余名记者在昭通进行为期10天的采访宣传。

14～15日，市委、市政府召开全市小集镇建设现场会，总结近年来全市小集镇建设工作经验，部署当前和今后一个时期小集镇建设任务。会上，市委书记夜礼斌强调，要通过“十二五”头3年的努力，高标准建成11个特色集镇和40个重点集镇，预期实现的昭阳中心城市扩建20平方千米，全市新增城市人口60万，力争全市城镇化率提高至30%以上。

15日，昭阳区政府与云南星耀集团实业有限公司正式签署昭通中心城市省耕塘片区项目开发建设协议，星耀集团投资60余亿元开发建设省耕塘片区。市委书记夜礼斌等市级领导出席签约仪式。省耕塘片区项目位于北部新区，规划占地面积270.53公顷。项目分为森林水体主体公园和非市政建设商业开发两部分，其中开放式水体主体公园占地不少于73.33公顷，水体公园及基础设施建设预计投资4.5亿元，公园周边拟进行商业开发并建符合五星级标准酒店1座。

16～20日，在湖北省十堰市举行的第四届世界传统武术节比赛上，绥江县武术协会会长、72岁的钟贵清代表中国武术协会代表队（中国队）参赛，他演练的百步游龙八卦掌、百步游龙八卦剑2个项目分获金牌。

18日凌晨5时许，盐津县豆沙镇发生4.6级地震，造成10个乡镇6096户24669人受灾。灾害发生后，省长秦光荣，省委常委、常务副省长罗正富，副省长曹建方分别作出批示，要求省地震局和昭通市认真核查灾情，加强监测，做好抗震救灾工作。

同日，全省财政系统第二届“财政杯”篮球运动会第一赛区赛事在昭通举行。来自昭通、昆明、曲靖、玉溪、文山5州市财政系统的运动员参加。

19日，昭通籍作家雷平阳的诗集《云南记》获第五届鲁迅文学奖，成为继夏天敏后，第二位获鲁迅文学奖的昭通作家。

21日，威信县煤电一体化项目2×60万千瓦新建工程获国家发改委核准，项目概算静态投资60亿元，动态投资65亿元。

22～24日，以辽宁省委原副书记王唯众为组长的中央扩大内需促进经济增长政策落实暨工程建设领域突出问题专项治理第十八检查组一行到昭通检查指导工作，检查组从履行项目审批和建设程序、项目建设管理、资金落实与管理、质量安全等方面重点检查了永孜堂天麻醒脑胶囊生产线扩建项目、2009年第二批中央投资昭通张蝴棉蚕丝150吨蚕茧产品开发技改项目、2010年中央投资昭通市特殊教育项目。

22～28日，在浙江省杭州市举行的全国射击总决赛上，昭通市体育中学运动员李天燕代表云南队参赛，获女子气手枪金牌。

23日，在2010“灵山杯”环太湖（中国无锡）国际公路自行车赛上，昭通籍选手杨静代表云南队参赛，获环太湖188.2千米赛亚金。

23～26日，全市第二届民族运动会召开，运动会分竞技项目和表演项目两大类，开展秋千、射弩、武术、摔跤、吹枪、高脚竞速、蹴球7个大项目78个小项竞赛。11县区代表队700余名运动员和裁判员、教练员、工作人员共1500余人参加。运动会决出竞赛项目金牌、银牌、铜牌各78枚；表演项目一等奖10个、二等奖12个、三等奖10个；11个代表团获组织奖。昭阳区代表团以42枚金牌、24枚银牌、16枚铜牌、团体总分731.5分位居榜首。

23日至11月3日，由中国观赏石协会、中国收藏家协会、水富县委、县政府主办，中国收藏家协会赏石收藏委员会、省观赏石协会、水富县向家坝奇石协会、水富县枫叶对外贸易有限公司承办，水富县城建房地产开发经营有限公司协办的首届中国（水富）国际金沙江赏石文化旅游博览会在水富县举办，来自韩国、泰国、马来西亚、越南、缅甸和中国台湾、北京、上海、内蒙、山东、江苏、湖北、宁夏、广东、广西、安徽、河南、四川、重庆、贵州、云南等20多个省区市的450余家奇石商及部分国际国内奇石友人参加，展出2万余件奇石精品，全国人大常委会民族委员会主任委员马启智宣布首届中国（水富）国际金沙江赏石文化旅游博览会开幕，中国收藏家协会会长闫振堂，著名表演艺术家蓝天野，市委常委、市委秘书长田勇，副市长韩梅等参加了开幕式。“石博会”期间，奇石交易成交额1000余万元。

24日上午7时许，昭阳区工商局在区公安分局和茅台酒厂打假办的配合下，在北闸通往彝良县的公路上截获从昭通火车站装运的10件120瓶，价值10余万元的假冒茅台酒（已鉴定确认）。假冒茅台酒是徐某某从贵阳托运到昭通，由收货人提货，准备运往彝良县销售。

25日，全市改革强制隔离戒毒工作会议召开，副市长、市公安局局长王宇主持会议并讲话，会上通报全市有登记在册吸毒人员6200余名，现有吸毒人员2600余名。会议决定，自11月1日起，全市公安机关强制隔离戒毒所和中转站停止接收吸毒人员，公安机关原决定强制隔离戒毒的吸毒人员基础信息采录完备后，由公安机关办案部门直接投送司法行政部门强制隔离戒毒所和中转站。

26日晚，全省首部农民摄制数字电影《香火》首发式在巧家县电影院举行。《香火》由巧家县的农民自筹资金、自编、自导、自演、自拍的数字电影。影片以巧家县山区农村生活为背景，以新农村建设和群众生育观念为创作素材，演绎了一个因受封建思想束缚而发生的荒唐故事。

同日，全省第二批新型农村社会养老保险试点工作会议在昆明市嵩明县召开。会议决定，年内新增21个“新农保”试点县，水富、威信2县被列其中。实施“新农保”，将实现从土地养老、子女养老向社会养老转变。

26～27日，全市中小企业经营管理者素质培训班举办，全省知名经济学专家、云大经济学教授徐光远等省市专家学者为此次企业经营管理者素质提升培训授课，来自各县区经贸局、工业园区负责人以及昭通烟厂、侨通包装印刷有限公司、昭通供电局等30多家重点监测工业企业和重点能耗考核企业负责人参加培训。

26～30日，由市商务局、昭阳区政府主办，昭通市建强实业有限公司承办的以“开放的昭通、发展的昭通、和谐的昭通、文化的昭通”为主题的2010年昭通商品交易会暨昭通市综合批发大市场开业庆典在昭通城北部新区朱提大道与昭通大道交汇处举行。展销会设有1300个展位，涵盖了家用电器、五金交电、服装鞋类、家纺用品、日用百货、农特产品、汽车及县区特展馆等。

26～28日，省煤矿安全第三督查组到大关、昭阳2县区部分煤矿检查指导煤矿安全生产及贯彻落实煤矿领导带班下井制度工作。

29日，全国政协委员、农工党中央组织部部长肖燕军一行到昭通调研人口与计划生育工作。

10月30日，昭通文学艺术家创作中心落成典礼及文学艺术暨文学艺术创作座谈会举行，中国文联副主席丹增，中国作协书记处书记张胜友，中国作协主席张笑天，省人大常委会原副主任、省文联名誉主席梁公卿，省人大常委会副主任李春林，省文联专职副主席麻卫军，市四套班子领导及来自全国各地的部分知名作家，市、县区文联主席参加典礼。

同日，全省2010年晋升副县处级领导职务资格基本知识考试开考，全市1969人参考。参考对象为全省党政群团机关、法检机关及参照公务员法管理单位已进行过人员登记的在职正科级公务员或参公管理人员。考试合格者有效期限为2年。全省统一规定，从2010年10月开始，没有通过考试的人员，不得晋升副县处级领导职务。

同月，鲁甸县政府与云南云联科技发展有限公司签订小寨乡铜铁资源开发协议，由云联科技发展有限公司投资3000余万元对小寨乡梨园村境内的铜铁矿资源进行风险探矿、前期准备和选厂建设等。

31日，云、贵、川3省11地州市广电系统广播影视媒体合作与发展协作会在昭通召开，来自宜宾、泸州、攀枝花、凉山、毕节、六盘水、昆明、玉溪、红河、昭通广电系统负责人参会。会议表决通过了省州市广播影视媒体纵向与横向合作备忘录和云贵川3省11地州市广播影视媒体合作与发展第一次会议决议。与会地州市广电局局长、电台台长、电视台台长分别签订了合作战略框架协议。

同月，水富县与四川省宜宾市江安县博友天然气有限公司农村集镇管道民用天然气建设项目签约，项目由江安县博友天然气有限公司单方投资2000万元进行建设。

同月，威信县公安局获省公安厅授予的“全省公安机关执法示范单位”称号。

同月，全市改善投资环境暨外来投资企业投诉中心挂牌，凡在昭通投资的企业，若遇到需要投诉的问题，可及时向投诉中心投诉，投诉电话:2123116。

11月

2日13时30分左右，昭阳区GZ40线南通道建设施工现场发生多辆车被烧毁打砸、多人受伤的事件。3日下午，昭阳区就“11·02”施工现场事件举行通报称，9月27日上午，凤凰镇母鹿社区第六居民小组1社员和供料方现场负责人因纠纷发生斗殴，导致南通道施工受阻。当天下午，母鹿社区约40余名群众到现场阻碍施工车辆进场施工。9月28日下午，母鹿社区第六、第七居民小组部分群众到南通道施工现场阻碍施工。9月30日，以凤凰社区第三居民小组为主的部分群众也加入到阻碍施工的人员中。10月29日，区委、区政府召开了昭鲁快捷通道、南通道施工受阻情况新闻通报会后，部分群众对施工有了更多的正确认识，但仍有极少数群众在组织煽动者的威逼利诱下继续坚持活动在施工现场，导致无法施工。11月1日，区委、区政府再次召开专题办公会议，进一步分析事态，部署下步工作，并对构成违法犯罪的组织煽动者提出最后的投案自首期限。2日13时30分左右，昭阳区相关部门领导指挥工作人员进入施工现场准备维持秩序，进行复工。现场已聚集凤凰办事处凤凰社区第三居民小组50余人及围观群众200余人，正准备做群众工作时，30余人手持锄头、镰刀、钉耙等农具开始追打工作人员，并打砸、焚烧现场车辆2辆。事件造成20余人不同程度受伤，其中留院观察治疗15人(工作人员10人，群众5人)，未出现伤重致死现象。在组织撤离的过程中，参与打砸烧的闹事人员又烧毁车辆11辆，不同程度损毁车辆18辆。在被烧毁的车辆中，有区检察院2000型“桑塔纳”警车1辆，其余12辆为机关公务微型车。事件发生后，市成立了工作组处置“11·02”事件。11月8日上午，昭鲁快捷通道昭阳段二工区施工恢复建设，昭阳区永丰镇新民办事处9社400余名村民自发组织到场庆祝工程复工。

同日，鲁甸县公安局文屏派出所社区民警马兴旺获全省第二届“百姓最喜爱的十大人民警察奖”称号，水富县公安局云富派出所所长李国圣获全省第二届“百姓最喜爱的十大人民警察奖提名奖”称号。

4～5日，市委书记夜礼斌率副市长成联远，市政协副主席普安银以及市直有关部门负责人到威信县罗布、旧城、庙沟、麟凤、双河、水田等乡镇就小集镇建设、农业产业结构调整、整乡推进、林业产业发展、农家文化大院建设、民生问题等进行调研。

9日，昭通市和四川省宜宾市第五次流动人口计划生育管理工作(简称“流管”)区域协作会在宜宾市长宁县召开，来自2市毗邻县区的80余名计生干部参加了会议。会议就近6年来2市在毗邻县区流动人口协作管理机制、信息交流机制等方面所取得的成绩和经验进行了交流。会上，2市计生委负责人就“流管”区域协作工作情况进行了认真总结，并通过了第五次协作会议的《协作纪要》。

10日，省委创先争优活动交叉检查组到昭通检查创先争优活动开展情况，检查组一行在实地调研的基础上，听取了市委领导对全市争先创优工作开展情况的汇报后，希望昭通各级领导继续保持艰苦奋斗的作风，扎实努力，促进争先创优活动的开展更加有特色、有活力。

13日，全市首届“十大光彩之星”评选揭晓，云南昊龙实业集团有限责任公司董事长、总经理马永升，云南伊力寅吾投资有限责任公司董事长章英启，云南侨通包装印刷有限责任公司董事长许经振，镇雄县板桥水泥厂厂长常茂，盐津县云宏化工有限责任公司董事长周道红，镇雄县房地产开发有限公司董事长吴富筠，镇雄县集英建筑建材有限责任公司董事长、总经理沈承昆，威信县龙汤坝煤矿矿长曹骞，云南大中盐津县发电有限公司董事长林建华，镇雄县黎明化工冶炼有限责任公司董事长罗明才10人榜上有名。

同日，全市第二届非公有制经济人士优秀中国特色社会主义事业建设者评选揭晓，云南昊龙实业集团有限责任公司董事长、总经理马永升，云南侨通包装印刷有限责任公司副董事长、总经理周劲，昭通市宏联实业有限责任公司董事长、总经理李大宏，盐津县华力发电有限责任公司董事长、总经理章英启，盐津县云宏化工有限责任公司董事长周道红，镇雄县集英建筑建材有限责任公司董事长、总经理沈承昆，昭通市泰斗房地产开发经营有限责任公司总经理邓启平，昭通新百货大楼有限公司董事长朱钊法，云南理世实业有限责任公司总经理李斌，巧家县奥鑫资源再生利用有限责任公司总经理骆玉明，云南明磊实业有限责任公司董事长、总经理魏明磊，永善县天山食品有限责任公司总经理杨绍福，水富县红星木材加工厂厂长祝艳萍13人榜上有名。

14～15日，市长王敏正率副市长邬永飞、市政协副主席郎学秾及市直相关部门负责人一行到昭（阳）巧（家）二级公路建设现场调研。王敏正强调要确保明年6月30日前完成建设任务并锁定债务。

15日，共青团昭通市驻昆明工作委员会举行成立揭牌仪式。成为全省第一家州、市级共青团驻昆明工作委员会。市委常委、市委组织部部长李勇，共青团云南省委副书记陆平出席仪式并为驻昆工作委员会揭牌。昭通驻昆明团工委委员及团员青年代表40余人参加仪式。

15～17日，中国红十字基金会项目部及省红十字会负责人一行到昭通对红十字会系统援建昭通2008年雪灾和“5·12”地震后社会各界捐赠的爱心善款1620万元用于恢复重建彝良、绥江、永善、水富4县的486户民房、3所学校、8个卫生院和28个村卫生室灾后重建项目进展情况进行考察。

16日，在全市旅游发展推进会上，市长王敏正强调，要千方百计做足、做大、做好、做精昭通旅游这篇大文章，努力推动昭通旅游实现赶超式发展。

16～23日，在普洱市举行的第九届少数民族传统体育运动会上，昭通代表队参加射弩、吹枪、蹴球、高脚竞速、板鞋竞速、龙舟、摔跤、武术、秋千9个竞赛项目和5个表演项目的比赛，获金牌7枚、银牌6枚、铜牌11枚，居金牌榜第六名和奖牌榜第七名。

17日，省政府、省民委、省体育局在普洱市召开的全省少数民族传统体育表彰会上，昭通市民宗局、市文体局、市体育运动学校分获“全省少数民族传统体育先进集体”称号；市民宗局局长童成清、市文体局副局长保卫东、王裕吉分获“全省少数民族传统体育先进个人”称号。

同日，根据昭通作家曾令云长篇小说《李家花园》改编的大型历史题材电视剧《汇通天下》签约仪式暨鲁甸推介新闻发布会在昆明举行，鲁甸县政府与天尊影视正式签订创作拍摄协议。电视剧主人公李耀廷是鲁甸县人，清末民初巨商、西南工商金融巨擘和银行家。

11月18日上午，在广州举行的第十六届亚洲运动会自行车女子山地越野赛上，昭通籍运动员史庆兰获1枚银牌。

19日，市纪检监察学会成立，并召开第一次会员代表大会。

22日，市委、市政府在深圳市举行对外经济合作项目推介活动，昭通根据自身的资源优势和产业优势，结合珠三角地区资源能源短缺、资金实力雄厚的特点，重点推介项目100个，总投资300亿元，涉及文化、生物资源、轻工、物流、化工、建材、制造、人力资源培训等领域。市长王敏正，市委常委、副市长何刚，市委常委、市委统战部部长，市政协副主席、市工商联主席李志平，镇雄县委书记冯学兰，省政府驻深圳办事处主任、广东云南商会名誉会长张佩英，深圳市政府副秘书长高国辉，广东云南昭通商会筹备组组长朱啓科等参加签约仪式。王敏正代表市政府与40余家粤商、港商、台商签约项目30余个，合同引资131.2亿元。

22～23日，市长王敏正率市党政代表团赴广东省深圳市考察，学习深圳市转型升级、高新技术产业园区建设、文化产业发展、城市建设及规划等方面的先进做法和成功经验。

23～24日，市委书记夜礼斌率副市长成联远及市直有关部门负责人一行到绥江、大关2县重点就产业发展、移民安置、特殊党费项目建设、小集镇建设等工作进行调研。

25日，市委书记夜礼斌率市委常委、常务副市长张纪华，市委常委、市委秘书长田勇，市委常委、昭阳区委书记马吉林及市直相关部门负责人一行在昭阳区，重点就城镇建设情况进行调研，并现场解决存在困难和问题。夜礼斌强调更高层次低定位昭阳中心城市建设，将原来的“中等生态城市”重新定位为“生态大城市”，面积从原来的50平方千米扩大到100平方千米。要着力打造以昭阳城、鲁甸县城为2中心，以旧圃、龙泉、凤凰、永丰、茨院5集镇为次中心的“北斗七星城镇”（地图上7个城镇布局呈北斗七星状）。

同日至12月4日，在昆明举行的全省职工乒乓球运动会上，昭通代表团获男子团体比赛第二名，女子单打第二名。

同月，中国林科院资源昆虫所五倍子课题组对盐津县牛寨乡新华村的高产角倍林进行现场测定，平均每公顷盐肤木倍林产商品倍1197千克，刷新了湖南省湘西州1994年每公顷盐肤木倍林产商品倍532.5千克的全国纪录。重庆、四川、湖南等地先后派技术员到盐津县实地考察和购买倍种。

同月，水富县获国家教育部授予的“全国阳光体育先进县”称号。

同月，世行贷款昭阳中心城市环境建设项目正式启动实施，项目包括昭阳区北部片区供水厂、污水处理厂及配套管网工程、老城区河道整治3个子项目。总投资8.6亿元，其中世行贷款6000万美元（合人民币4.1亿元），国内配套4.5亿元，贷款期限25年（含8年宽限期），执行浮动利率。

12 月

1日，全市农田水利建设和中低产田地改造现场会召开，各县区分管领导，市、县区相关部门负责人参加了会议。昭阳、鲁甸、彝良、大关、永善和水富6县区负责人分别作了大会交流发言。市委副书记、市人大常委会主任张登亮，市人大常委会副主任张华贵，市政府副市长邬永飞，市政协副主席赵洪乖等出席会议。会上，张登亮要求各县要确保把每个农田水利工程都建设为“德政工程、安全工程、民心工程、廉洁工程、样板工程”。副市长邬永飞强调，各县区必须围绕实现“十二五”倍增翻番目标来思考和安排整个工作，夯基蓄势、加快发展。

1～2日，市委2010年理论中心学习组举行《划清“四个重大界限”学习读本》（划清马克思主义同反马克思主义的界限；划清社会主义公有制为主体、多种所有制经济共同发展的基本经济制度同私有化和单一公有制的界限；划清中国特色社会主义民主同西方资本主义民主的界限；划清社会主义思想文化同封建主义、资本主义腐朽思想文化的界限）集中学习。12月2日，受市委邀请，省委党校教授欧黎明为参学人员及市直部门任副处实职以上领导干部作划清“四个重大界限”专题讲座。

2～6日，省委、省政府平安县考评验收组一行到绥江、盐津、鲁甸3县基层公检法司局（所）、乡镇社（区）及企业学校平安创建点，检查平安创建工作。

3日凌晨1时许，市公安局特警支队发起“闪电行动”，一举摧毁昭阳中心城“钻石”广场内1聚众赌博团伙，抓获涉赌人员52名，收缴违法赌资30余万元。

同日22时30分53秒，巧家县白鹤滩、药山镇、大寨镇交界处一带发生1次4.3级地震，震源深度9千米，巧家县城有强烈震感。22时32分20秒，在其交界处再次发生1次2.4级余震。

同日，原中共“边纵”在昭通老同志联谊会成立15周年庆典及文艺演出举行，市委副书记、市人大常委会主任张登亮，市委常委、市委组织部部长李勇，市委常委、昭通军分区政委张亮及市直相关部门负责人参加会议。

4～6日，中央电视台综合频道《身边的感动》栏目组记者一行到巧家县专题采访“树保姆”付红树的事迹。52岁的付红树，是巧家县白鹤滩镇杨家湾村樟木箐村民小组农民。他自1992年当上护林员以来，甘做默默无闻的“树保姆”，全力保护被植物界称为“大熊猫”的世界濒危珍稀植物——巧家五针白皮松。现已成功育苗并移栽成活1585株，其中34株在全世界仅巧家独有的原生珍稀五针白皮松树更是枝繁叶茂、绿树成阴。在“2010年红云红河昆明好人”评选主题活动中，付红树获“昆明抗旱好人”称号。并在中央电视台《新闻30分》、《新闻联播》、《身边的感动》栏目播出了付红树的事迹。

5日，据大山包保护区管理局工作人员监测统计，到大山包黑颈鹤国家级自然保护区越冬的黑颈鹤为1002只。

6日，应南美洲阿根廷阿尔特布朗市政府的邀请，市长王敏正率市直有关部门和巧家县委领导一行，赴阿尔特布朗市与市长费尔南多·斯里维斯特先生及其市政府组成人员会面。双方就缔结友好城市，加强文化交流，开展资源开发、产业培育等经济领域和社会保障、卫生、生态环保建设等社会事业领域合作，进行磋商和恳谈，并签署了昭通市与阿尔特布朗市缔结友好城市备忘录。在共谋发展，加强交流与合作等诸多方面达成了一致的框架性意见。开创了昭通市加强国际合作的先河，也是阿尔特布朗市在国际合作领域的里程碑。

同日，市委政法委在昆明市召开昭通市“平安建设”媒体座谈会，邀请新华社云南分社、《云南日报》、云南电视台、《昭通日报》等中央、省、市级17家新闻单位负责人及记者近40人参加座谈，共同为昭通平安建设建言献策。

8日，牛栏江黄桷树水电站工程截流仪式举行。工程由云南昊龙实业集团独资开发，为牛栏江梯级水电站开发中最大水电站，水库正常蓄水位770米，库容4046万立方米，年均发电12.24亿千瓦时，总投资22亿元。

8～9日，市委、市政府与省工业投资控股集团有限责任公司（简称省工投集团）、云南煤化工集团有限公司（简称云南煤化集团）在昭通分别举行会谈，共商昭通褐煤开发利用和省工投集团在昭阳区建设年产15万吨炭质还原剂项目相关事宜。市委常委、副市长何刚主持会议，市委常委、市委秘书长田勇，市委常委、昭阳区委书记马吉林，省工投集团董事长龚立东、云南煤化集团总经理和军出席会议。

10日，昭通天麻研究所及种子站与韩国茂朱天麻乡土产业事业团及大韩民国茂朱天麻栽培协会签订合作协议，双方将在栽培技术及产品开发实现全面合作。拉开昭通天麻迈向国际市场的帷幕。

同日，以“立足岗位展风采，建功立业促发展”为主题的全市首届职工技能大赛开幕。竞赛设电工、电焊工、钢筋工、砌筑工、中式烹调、餐厅服务、计算机操作7个工种，分理论考试和实际操作两部分。参赛选手182名，来自全市各行各业。赛后，对7个工种获第一名的7人授予“全市首届职工技能大赛状元”称号；对获第二名、第三名的14人授予“全市首届职工技能大赛职业技术能手”称号。

同日，市县科技部门组织云南中骏生物科技有限公司、昭通市月中桂食品有限公司、昭通市永孜堂药业公司、昭通市善人堂药业公司、彝良县农特产品公司、彝良县梅征树果园、巧家奥鑫资源再生利用公司、鲁甸县鑫辉农特产品开发公司等企业代表参加在昆明举行的沪—滇科技成果对接洽谈会暨项目推介交流会。

11日，市委、市政府召开彝良县牛街古镇建设专题办公会。市委书记夜礼斌强调，要把牛街古镇打造成雄踞白水江边，辐射镇（雄）、彝（良）、盐（津）、大（关），具有浓郁古文化特色，集江面、水体、古道、廊桥、两岸古朴建筑景观、生态农特产业为一体，人口逾万，别具一格的中心古镇。牛街古镇2008年被省政府命名为“历史文化名镇”，2010年省政府批复了《牛街历史文化名镇规划方案》。古镇打造分为核心区、一般区和拓展区，面积5.9平方千米，包括基础工程建设、古迹打造、风貌改造、拆除重建、新区开发等部分。会议要求，2011年6月底前牛街古镇建设初具规模，力争用2年的时间把牛街古镇推入市场，使牛街古镇成为中国西部千里大峡谷历史文化名镇旅游核心区和昭通具有历史久远、文化厚重、风格独特的旅游休闲之地。

15日，全市村庄规划工作会议召开，会议确定全市村庄规划工作的总体目标是：从现在起到2012年底，3年内完成全市15120个村庄（行政村1201个，自然村13919个）的规划编制工作，其中2010年完成1512个（行政村121个，自然村1391个），2011和2012年各完成6804个（行政村540个，自然村6264个）。

15～16日，第三届中国贫困地区可持续发展战略论坛在昭通举行。论坛由北京大学贫困地区发展研究院、省政府办公厅主办，昭通市委、市政府、省政府研究室、省扶贫办承办。著名经济学家厉以宁、省人大常委会常务副主任晏友琼、副省长孔垂柱及全国政协经济委员会、中央统战部、国家有关部委、高等院校、科研院所、企业界、社会团体等方面的嘉宾，省直相关部门负责人、专家学者和16个州市扶贫部门负责人140余人参加论坛。论坛闭幕式上，全体参加论坛代表以热烈的掌声通过《昭通宣言》。《昭通宣言》是这次论坛的最高成果，呼吁突破新的区划限制，整体规划，深入开展中国贫困地区扶贫工作，促进中国贫困地区可持续发展。建议将乌蒙山片区建成“中国终结贫困试验区”。提出中国贫困地区可持续发展要完善扶贫开发机制，加大城乡统筹力度，进一步改善民生，以基础设施建设为重点等保障措施。其中建议将昭通镇雄、彝良、威信县列入国家级革命老区进行整体建设。

16日，市政府召开农业农村经济发展情况汇报会，副省长孔垂柱率省直相关部门负责人一行参加汇报会。在听取副市长郧永飞就全市农业农村经济发展的专题汇报后，孔垂柱强调，要根据昭通贫困人口多、贫困程度深这一实际情况，加大扶贫攻坚的力度、重点解决特困群体的贫困问题；要把加大贫困地区的支持力度和加快城市建设的发展有机的结合起来，把改善户籍制度、推进农村改革和改善民生结合起来。全市上下各级各部门要适应形势、把握现状、寻找结合，实现新形势下农业农村工作的跨越。

同日，北京大学光华管理学院名誉院长、教授、博士生导师，北京大学贫困地区发展研究院院长、全国政协常委、全国政协经济委员会副主任、中国民主同盟中央委员会名誉副主席，著名经济学家厉以宁，在参观龙氏家祠时作“戍边卫国抗日，功劳自在人心”题词。17日上午，厉以宁为昭通作“乌蒙豪气今犹在，不信青山不聚财”题词。

23日，市政府召开推进会，全面总结2008年5月1日《中华人民共和国政府信息公开条例》正式施行以来，全市政府信息公开工作取得的成绩，表彰政府信息公开工作先进集体，安排下步工作。全市在全省统一的政府信息公开门户网站上接入918个部门，按时按要求编制和发布了《政府信息公开指南》和《目录》。截至11月底，全市各级各部门发布信息117370条，名列全省州市之首。有6个部门被省政府授予“云南省政府信息公开基层先进典型”称号。市委常委、副市长何刚出席会议并讲话。

24日，市委、市政府举行电影《包裹》新闻发布会暨开机仪式，中国扶贫基金会高级顾问焦万曼、项目推广官员崔建民，云南陆军预备役步兵师政委、云南省军区政治部副主任孟庆龄，市委常委、市委宣传部部长陆琴雯，市委常委、昭通军分区政委张亮，副市长胡月星等参加仪式。电影《包裹》来源于真实的故事：2006年底，大关县乡村教师毛利辉在网上发表名为《学生“走光”，我哭了》的帖子，讲述大关县黄荆村吉利镇瓦房小学的学生穿着灌入雪水的破旧鞋子、脚冻僵后只能蜷缩在教室角落里的真实状态。2007年引发了一场轰动全国，被海内外众多媒体广泛关注的“爱心包裹”行动。成千上万个饱含爱心的包裹从全国各地涌向这所山村小学，温暖着数百个贫困山区的家庭和孩子。“爱心包裹”成为中央电视台“春暖2007

·中国十件大事”之一、“希望工程进入网络时代的标志性事件”之一。

25日，全市首届社会科学学术年会暨跨越发展专题论坛举行。论坛围绕“富民强市新跨越发展”主题，从加快全市经济社会发展、推进科学发展研究出发，结合全市规划蓝图和经济社会发展实际，研究和解答经济社会发展过程中的理论问题和现实问题，为党委和政府的决策出谋划策。论坛收到论文120余篇，其中《昭通实现富民强市新跨越的战略机遇与挑战》、《新时期昭通农村基础教育发展中存在的问题及对策》等33篇论文获大会表彰，在论坛举行的论文报告会上，8位获奖论文作者作了演讲。市委常委、市委宣传部长陆琴雯，副市长胡月星，市政协副主席张毅敏出席论坛。

26日，鲁甸县昊龙小额贷款有限公司举行成立挂牌仪式，公司注册资金1亿元，主要为鲁甸县各类中小企业贷款、管理财务提供服务，促进全县工商业发展。成立仪式上，公司还与首批贷款户签订了贷款合同。副市长成联远，市政协副主席、市工商联主席李志平出席挂牌仪式。

同日，市委召开第50次常委会议，重点研究部署2011年及“十二五”期间“三农”工作等。会议提出全市“十二五”期间要按照“12346”发展思路，到“十二五”末，实现农业总产值250亿元，其中畜牧业120亿元，种植业100亿元，林业30亿元。2011年是“十二五”开局之年，粮食要实现增产5%的目标。

27～28日，市委理论学习中心组进行第四次集中学习，主题是贯彻十七届五中全会、中央经济工作会、省委八届十次全会精神，总结全市“十一五”工作，分析新的形势和任务，谋划“十二五”发展，重点就2011年经济工作进行部署。市委书记夜礼斌强调，“十二五”期间，全市要以科学发展为主题，以转变经济发展方式、调整产业结构为主线，坚持“12346”发展思路，抓住各种机遇，立足昭通实际，按照建设四基地、一屏障、一走廊的“411”科学定位，即建设中国西部重要的能源产业基地、新型载能产业基地、生物产业基地、产业转移承接基地、长江上游生态屏障、中国面向西南开放桥头堡的双向大走廊，科学布局，抓好落实各项工作。按照定位，要加大投资力度，投资累计要达到5000亿元，进一步加快交通、水利等基础建设，前3年昆水公路要全部实现高速化。通过5年的努力，国民生产总值突破1000亿元；城镇化率达30%以上；农村居民人均收入达4500元以上。市委副书记刘建华作了《充分发挥财政和金融的调控作用，促进昭通经济社会又好又快发展》的讲话。市委副书记、市委组织部部长李勇，市政协主席熊启怀，市委常委、常务副市长张纪华，市委常委、副市长何刚，市委常委、昭阳区委书记马吉林，副市长邬永飞，镇雄县委书记冯学兰等分别作了发言。

29日，王敏正因工作调动，辞去市长职务。市委副书记刘建华任代理市长。

同日，省委宣讲团到昭通作贯彻学习党的十七届五中全会精神报告会，省委党校、省行政学院教授欧黎明为全市300余名领导干部作报告。

同日，大关县举行纪念罗占云诞辰100周年座谈会暨《战将罗占云》首发式。市政协主席熊启怀，市委常委、市委秘书长田勇，市委常委、统战部长余扬举，昭通军分区司令员张志华，罗占云将军家属及罗氏家庭代表，省党史研究室和市、县相关部门领导参加座谈会。

31日，市委、市政府在昭阳中心城辕门口广场、罗炳辉广场举行“新五年·新希望——活力昭通”迎新年活动。市委副书记、代市长刘建华向全市人民发表新年致辞。

同日，市委、市政府召开财税金融座谈会，向辛勤奋斗在财税金融战线上的全体干部职工致以新年问候，回顾“十一五”财税金融工作，部署2011年财税金融工作。市委书记夜礼斌，市委副书记、代市长刘建华，市人大常委会党组书记张纪华，市委常委、副市长何刚，市委常委、市委秘书长田勇，市政协副主席普安银出席座谈会。

同月，香港苗圃行动援建项目检查组一行到水富县太平乡盐井小学，对援建教学综合楼进行现场检查、了解设计方案和施工进度。综合楼于2010年9月24日动工，建筑面积876.06平方米，总造价105万元，香港“苗圃基金会”捐资48万元，县政府配套57万元。

同月，镇雄县革命老区建设促进会会长王必兴获“全国革命老区建设先进个人”称号，并出席在北京举行的中国革命老区建设促进会成立20周年大会。

同月，由中国文学艺术基金会、影响力人物杂志社等联合在北京举行的“影响中国·第十一届中国时代新闻人物颁奖典礼”上，昭通作家付泽刚获“中国文学艺术杰出成就奖”。

同月，盐津县中央财政现代农业发展肉牛产业项目启动实施，项目涉及2个乡镇3个行政村200余户养殖户，总投资500万元，发展肉牛3000余头，建牛圈2.4万平方米。

年底，全市11县区“两基”工作达标。

年底，绥江县重点发展的水竹、苦竹、罗汉竹为主的竹产业，已有竹资源面积2.33万公顷，人均有竹1400平方米，农民人均有竹1666.67平方米，居全省之首。

年内，市政府在全省州市中首家建立公共政府绩效管理考核系统。

年内，全市公安机关共破获各类毒品犯罪案件269起（其中省级毒品目标案件2起），缴获各类毒品74572克，抓获毒品犯罪嫌疑人362名，逮捕217名。破案数、缴毒数、抓获数、逮捕数比上年分别上升31%、39%、32%、19%。强制戒毒、社区戒毒、社区康复人员2471名。

全市无毒乡镇92个，占乡镇数64%。

年内，国家“863”核心课题——地氟病和氟骨症的源头与解决办法探究，在昭通市经过5年研究获得重大突破。昭阳、镇雄、威信、大关等县区200多万人口因长期食用粘土伴煤燃烘烤烧的携氟介质——玉米、辣椒等食物而罹患地氟病和氟骨症，严重影响劳动力质量，是昭通贫困的一大原因。针对这种情况，目前一种经济实用的（粘土）固硫、固氟、固砷技术进入中试阶段，将有效解决地氟病和氟骨症。

（**辑录** 刘 萍）

（本栏目审稿：刘宗伯 校对：聂顺荣）

政　　治

责任编辑：马才国

中共昭通市委工作

综合工作

【概述】 2010年，在省委、省政府的正确领导下，中共昭通市委团结带领全市广大干部群众，深入贯彻落实科学发展观，按照省委八届八次、九次全会部署，紧紧围绕市委二届七次全会确定的"12346"发展思路和富民强市跨越发展目标任务，努力克服后金融危机和百年不遇严重旱灾影响，振奋精神、抢抓机遇，奋力拼搏、锐意进取，扎实推进科学发展、努力转变发展方式、继续深化改革开放、着力保障改善民生、全力维护社会稳定、切实加强党的建设，圆满完成年度目标及"十一五"规划各项目标任务，为实施"十二五"规划奠定了坚实基础。

坚持发展第一要务，全市经济继续保持平稳较快发展。市委紧紧扭住经济建设这个中心，始终坚持科学发展这一主题，牢牢把握转变经济发展方式这条主线，积极推进农业产业化、新型工业化和服务业现代化进程，有效应对国际金融危机严重冲击，夺取了抗大旱保民生抓春耕促发展的决定性胜利，实现经济平稳较快发展。全市实现生产总值379.62亿元，增长14.2%；全社会固定资产投资完成356.13亿元，增长41.4%；地方财政一般预算收入完成25.6亿元，增长23.2%；社会消费品零售总额完成105.67亿元，增长20.3%；城镇居民人均可支配收入12295元，农民人均纯收入2768元，分别增长10.2%和13.2%。农业大灾之年喜获丰收。面对严重干旱灾害，坚持主动应对、积极而为，按照"稳定面积、依靠科技、主攻单产、提高总产"的思路，切实抓好水改旱、林下种植、畜牧产业、经济作物栽培和夏秋生产等工作，农业产业结构不断优化。采取良田、良制、良种、良法，因地制宜推广高产栽培技术，层层创建粮食高产样板30.82万公顷，同比增长46.8%，粮食总产量175.94万吨，同比增长7.1%。加大农田水利基础设施建设力度，加快推进重点水源工程、病险水库除险加固、五小水利工程建设，全力推进中低产田地改造，1.97万公顷"望天田"变"增收田"。现代农业加快推进，以"公司+基地+农户"模式，积极扶持、壮大龙头企业，苹果、天麻等农业优势产业加快发展。完成农林牧渔服务业现价总产值115.62亿元，同比增长5.4%。新型工业化迈出新步伐。坚持实行市级领导包县区、挂钩联系重点企业制度，定期分析研究全市重点工作和经济运行情况，及时协调解决存在的突出问题。烟草加工业不断调整优化，实现产值48.09亿元，增长14.5%；单箱产值同比提高728元。能源、有色金属、化工、矿冶建材和农特产品加工等行业整体实力明显提升。重点项目建设步伐加快，昊龙集团巧家日产2000吨水泥熟料、镇雄三和日产2000吨水泥熟料、永孜堂天麻醒脑胶囊扩建项目、大关明磊年产2亿只环保快餐盒、长岭年产60万吨煤矿、昊龙集团10万吨硫化锌碚烧等一批重点项目相继建成投产，镇雄煤电联营和威信煤电一体化等项目进展顺利，褐煤深加工、电解锌、白酒等一批重点项目前期工作有序推进，支援溪洛渡、向家坝水电站建设扎实有力。工业园区基础设施和标准厂房建设进度加快，"引企入园"的水平不断提高，入园企业达105户。加大中小企业服务扶持力度，一批涉农龙头企业和非公企业进一步发展壮大。全市完成工业总产值263.44亿元，同比增长19.7%。服务业加快发展。紧紧围绕加快旅游产业发展、带动群众增收致富的思路，积极推进大山包、黄连河、大峡谷温泉等景区改造升级，扎西会议会址等景区基础设施不断完善，多元化投融资体制逐步形成。全市接待海内外游客591.29万人次，实现旅游综合收入20.06亿元，同比分别增长 24.4% 和 33.9%。现代物流、金融、信息产业和面向民生的商贸、房地产、社区服务、餐饮酒店和公共文化等服务业蓬勃发展,消费对经济增长的拉动作用逐步增强。

坚持不懈抓好基础设施建设,经济社会发展后劲进一步增强。按照"统筹规划、合理布局、量力而行、适度超前"的原则,紧紧抓住国家实施扩大内需的重大政策机遇,集中力量抓好一批事关全市经济发展全局的重大基础设施建设项目,突出解决交通、水利、电力等瓶颈制约,加快推进城镇化进程。昭巧、水绥、柿凤、昭彝、彝岔、镇凤、凤威、镇威等8条二级公路建设进展顺利,其中凤威、镇威公路建成通车;水富港改扩建工程全面竣工并投入使用;农村公路、乡镇汽车客运站点等交通基础设施建设同步推进。全市交通固定资产投资 61.98 亿元。全面加强重点水源工程、病险水库除险加固工程和农村饮水安全工程建设,加快发展"五小"水利工程,水富铜锣坝、绥江罗汉坪、彝良双河3座中型水库工程和大关翠屏山、彝良仙马2座小(一)型水库工程建设进展顺利,永丰、跳墩河、大水沟3座中型水库除险加固工程竣工验收。全市完成水利投资 15 亿元,实现新增灌溉面积 0.9 万公顷,解决了 50.1 万人的饮水安全问题。扎实推进电网建设,全年完成城网投资 0.27 亿元、农网投资 3.39 亿元、主网投资 5.43 亿元。昭通中心城市古城保护、老城建设、新区开发同步推进,城市基础设施条件进一步改善,辐射带动功能进一步增强,城市面貌大为改观;昭阳、镇雄、水富3个县城窗口示范作用逐步显现,绥江县城整体搬迁工作进展顺利,其他县城和重点集镇建设成效显著;全市城镇化水平明显提高,城市化率达 21%。同时,电力、通讯、广电、网络等基础设施建设投入力度不断加大,昭通广电中心建成投入使用,20户以上通电村实现广播电视村村通,所有自然村和高等级公路、铁路沿线实现手机信号全覆盖,人民群众生产生活条件日益改善。

坚持以人为本,保障和改善民生工作力度进一步加大。始终把落实党的惠民政策作为大事来抓,把保障和改善民生作为实事来办,把保护群众利益作为广大党员干部的自觉行动。优先发展教育事业,保障人民群众学有所教。扎实推进"两基"攻坚,"两基"工作顺利通过国检。积极筹资 4.2 亿元加快实施中小学校舍"危改工程",教学基础设施不断改善。加大教育资源整合力度,撤并收缩校点 347 个,中小学校点布局进一步优化。强化师资队伍建设,教育教学质量不断提高,高考上线率达 93.23%。加快推进昭通师专基础设施建设,扎实抓好职业技术教育,教育事业全面协调发展。着力实施"百万劳务输出工程",保障人民群众劳有所得。把劳务输出作为大旱之年增加农民收入的重要战略举措,围绕"三个三分之一"人口转移目标,广泛开辟市场,强化技能培训,扶持中小企业发展,搞好就业服务。全市累计转移输出农村劳动力 123.46 万人,同比增长 9.4%;实现务工纯收入 71.46 亿元,增长 18.3%。加快推进社会保障体系建设,保障人民群众老有所养。城乡低保覆盖面不断扩大,10.6 万城镇人口和 48.07 万农村人口被纳入最低生活保障。新型农村养老保险制度和城镇居民养老补贴制度不断完善,全市集中供养"五保"老人 3400 人,集中供养率 23%,多方筹集资金分别为 80 岁和 100 岁以上老人发放高龄补助和长寿补助。努力建立多层次住房保障体系,保障人民群众住有所居。积极推进城市廉租房建设,大力实施农村民居地震安全工程和危房改造工程,认真组织实施扶贫安居工程,全年完成廉租房建设 1418 套 7.09 万平方米、农村危房改造工程 1.16 万户、民居地震安全工程 2 万户、扶贫安居工程 5243 户,城乡困难群众居住条件明显改善。大力推进卫生事业发展,保障人民群众病有所医。扎实做好新型农村合作医疗和城镇居民基本医疗保险工作,全市"新农合"参合率、城镇居民基本医疗保险覆盖率分别为 96.03% 和 97%。加大医疗卫生基础设施建设、医技人员培训和卫生监督执法力度,积极推进医药体制改革,努力为群众提供方便、价廉、安全的医疗卫生服务。切实保持计划生育高压态势,严控人口过快增长。坚持高位推动,狠抓"一放二扎"、医学监护、奖优免补等措施落实,加强流动人口计划生育管理,切实加强计生管理服务队伍及服务网络建设,严格控制违法生育,人口计划生育率 86%。不断加大扶贫开发工作力度,贫困群众生活质量逐步提高。第三届中国贫困地区可持续发展战略论坛和全省扶贫开发工作现场会在昭举办,为昭通扶贫开发带来了新的机遇。深入实施"百千万帮扶工程",扶贫开发力度进一步加大,全年落实就位扶贫资金 2.19 亿元,整乡整村推进、片区开发、产业扶贫、劳动力培训转移等重点扶贫工作顺利推进。全力抓好抗灾救灾工作,切实保障灾区群众生产生活。全市投入支农抗旱资金 26.54 亿元,抗旱设备 6.3 万台(套),送水车辆 3.23 万辆,解决了 160 万人饮水困难。巧家县小河镇"7·13"泥石流特大自然灾害抢险救灾工作扎实有效,灾区群众得到妥善安置,恢复重建工作全面展开。

坚持稳定第一责任,安定和谐的社会局面进一步巩固。牢固树立发展是硬道理、稳定是硬任务,发展是第一要务、稳定是第一责任,发展是政绩、稳定也是政绩的理念。强化社会矛盾化解,建立健全市、县、乡、村四级调处网络和行政、司法、综治、民调联动体系,各级领导深入基层,深入一线,带头开展"大排查、大化解、大联调"活动,努力将矛盾纠纷化解在基层、解决在当地、处置在萌芽状态,特别是妥善解决了移民维稳问题,为溪洛渡、向家坝水电站等重大工程建设和昭鲁一体化建设创造了良好环境。强化社会管理创新,突出重点地区排查整治、特殊人群服务管理,抓好社会大面治安防控和校园周边环境整治,严厉打击“两抢一盗”违法犯罪活动,人民群众的安全感进一步增强。强化公正廉洁执法,在全市开展公正廉洁执法教育、培训活动,认真开展案件评查活动,政法队伍综合素质和办案能力明显提升。深入开展食品药品安全专项整治和安全生产治理整顿,严格落实安全工作目标管理责任制和责任追究制,有效预防和遏制重特大安全事故和食品药品安全事故的发生。

坚持深化改革开放,发展活力和动力进一步增强。全面启动市、县区政府机构改革,合理配置和调节部分职能。着力打造“今日昭通效率”,行政审批事项由320项精简为79项。农村综合改革继续深化,集体林权制度主体改革全面完成,各项配套改革有序推进。新一轮国有企业改革任务顺利完成,行政管理、投融资、财政、教育、卫生体制改革进一步深入,发展活力进一步增强。积极引进大型企业进入昭通投资开发,组团参加昆交会、泛珠洽谈会等各种商品交易会,成功举办中国西部千里大峡谷暨昭通苹果上海推介会、昭通商品交易会等活动,昭通知名度不断提高,投资环境日益改善,招商引资成效显著。全市新签约项目96个,协议引资446.2亿元,实际到位资金125.5亿元,同比增长46.8%;对外贸易发展势头良好,全年实现进出口总额1900万美元,增长90.4%。

坚持“三个文明”协调发展,民主政治和精神文明建设进一步加强。坚持和完善人民代表大会制度、中国共产党领导的多党合作和政治协商制度,人大法律监督、工作监督的职能作用进一步发挥,政协政治协商、民主监督、参政议政的作用进一步增强。统一战线工作不断加强,工会、共青团、妇联等人民团体联系和服务作用得到充分发挥,基层民主政治建设有序推进。全面贯彻落实党的民族和宗教政策,民族地区经济发展步伐加快,宗教领域保持和谐稳定。深入实施百场演出进百乡、千场演出进千村、万场演出进万个自然村的“百千万工程”,扎实推进“农家文化大院”建设,极大地丰富了广大农民的精神文化生活。文学艺术、体育事业呈现繁荣发展新格局,市博物馆主体工程即将完成,昭通文学艺术创作中心正式落成使用,昭通作家群创作队伍不断壮大,文艺创作成果丰硕。认真组织第二届昭通少数民族传统体育运动会等文体活动,群众性精神文明创建活动蓬勃开展。

坚持可持续发展,环境保护与生态建设力度进一步加大。全面实施“七彩云南昭通保护行动”,环境阳光、生态保护、绿色创建等七大行动深入开展。继续推进城市环境综合整治基础性工作,城市形象不断提升。不断加大环境基础设施建设力度,城市污水集中处理、垃圾无害化处理工程建设稳步推进。着力抓好生态修复和生态建设,“长治”、“天保”、退耕还林、水土流失综合治理等生态重点工程建设扎实推进,巧家石漠化试点综合治理加快实施,大山包国家湿地得到有效保护。着力发展低碳经济和循环经济,全市生态环境趋于好转,资源利用率不断提高,可持续发展能力不断增强。

坚持加强和改进党的建设,各级党组织的执政能力和领导水平进一步提高。着力推进学习型党组织建设。充分发挥市委中心组学习的示范引领作用,注重发挥各级党校阵地作用和农村党员干部现代远程教育优势,创新市校联合教育培训机制,扎实抓好干部教育培训工作。全市举办各级各类党员干部培训班1000余场次,培训党员干部11.31万人次,其中市级培训1100人次。深入开展中国特色社会主义理论体系和社会主义核心价值体系的学习教育,广泛开展宣传学习优秀基层党组织书记普发兴、巧家县小河镇灾区纪委书记黄通富、支部书记黄汉先等先进典型活动,党员干部的宗旨意识、执政意识、大局意识和责任意识切实增强。进一步深化干部人事制度改革。严格执行《干部选拔任用工作条例》和《干部选拔任用四项监督制度》,制定出台《中共昭通市委全委会民主推荐提名县处级党政正职领导干部初始人选暂行办法》等党政领导干部德才评价考察和选拔任用实施办法,以及干部选拔任用公开提名、责任提名等制度,实行党委讨论决定重要干部差额票决制。进一步完善领导干部公开选拔、竞争上岗制度和培养机制,在全市各县区统一开展公开选拔99名乡科级领导干部工作,选派18名市直机关年轻干部到基层挂职锻炼。积极开展“提高选人用人公信度示范”创建工作,深入治理选人用人上的不正之风,选人用人公信度、透明度和满意度明显提高,营造风清气正的用人环境。以政府机构改革为契机,对市直部门和部分县区党政领导班子进行调整,各级领导班子结构进一步优化。高度重视市、县、乡党委换届工作,按照中央和省委的部署,县区、乡镇党委领导班子换届各项准备工作有序开展。全面加强基层党组织建设。不断巩固和扩大深入学习实践科学发展观活动成果,认真组织开展创先争优活动,在抗旱救灾、重点工程建设、移民搬迁等急难险重任务中大力推进“一线工作法”,开展“亮牌服务”、“授旗评星”、业务练兵、劳动竞赛、科技创新等主题实践活动,形成在创中干、在争中比的良好氛围,涌现出巧家县小河镇泥石流灾区先进基层党组织等一批先进典型。圆满完成村“两委”班子换届工作,配齐配强村“两委”班子,基层党组织的战斗堡垒作用进一步发挥。全面完成173个村级组织活动场所和102个中央“特殊党费”项目建设任务,村、社区干部待遇及社会保障得到提高和落实。采取“单独建、联建、挂靠建”等方式,不断提高“两新”组织党建工作覆盖率；坚持党员发展十六字方针，做好党员发展工作，实现消除“党员空白村民小组”目标。深入推进党风廉政建设。认真贯彻落实党风廉政建设责任制，着力健全完善“党委统一领导、党政齐抓共管、纪委组织协调、部门各负其责、依靠群众支持和参与”的领导体制和工作机制，坚持政治效果、法律效果、社会效果相结合和教育、制度、监督、查处、保护并重以及“一要坚决，二要慎重，务必搞准”的原则，整合各方力量，着力强化从源头上预防腐败。以纠风治乱为抓手，重点针对强农惠农政策落实、农村集体资产管理、救灾救济资金使用、教育收费、医药购销和医疗服务中的不正之风开展专项治理，维护人民群众的根本利益。加大对腐败案件和诬告诽谤案件的查处打击力度，认真开展工程领域突出问题和商业贿赂专项治理，党风廉政建设和反腐败斗争取得新成效。全市纪检监察机关立案查处违纪违法案件263件，查结259件，给予党政纪处分373人；为166名受举报失实的党员干部澄清了事实；对执行党风廉政建设责任制不力及违反有关规定的30名领导干部进行责任追究，有力地营造风清气正的干事创业环境。

【夜礼斌到基层调研】 1月7～9日，市委书记夜礼斌到彝良县调研罗炳辉将军故居修缮工程进展情况，到海子乡大田村调研农业产业结构调整，到荞山乡调研双河水库建设情况，并看望慰问当地农村贫困户和老党员。

1月10日，夜礼斌到挂钩联系点昭阳区旧圃镇小寨、杨家湾调研。

2月1日，夜礼斌到挂钩联系点昭阳区旧圃镇调研村“两委”换届工作和小集镇建设。

2月2～4日，夜礼斌到彝良县云南驰宏锌锗股份有限公司、云南天力煤化有限公司，永善县溪洛渡电站看望慰问企业干部职工，并慰问两县城乡低保户、贫困党员和城镇廉租房住户。

2月5～6日，夜礼斌到水富县慰问向家坝电站、云天化集团干部员工。

2月9日，夜礼斌到昭阳区看望原昭通地区人大工委主任蒋鼎文、昭通作家曾令云和夏天敏；并到汽车客运站看望返乡农民工，检查春节期间交通运输情况，到农贸市场、超市调研春节期间群众生活物资供应情况。

2月18日，夜礼斌在国道213线昭通至大关凌子口路段，对因路面结冰造成大量车辆、人员滞留的情况，进行部署并亲自指挥保通工作，组织人员对滞留人员特别是老弱妇幼进行救助慰问，保证当晚12时前疏通被堵车辆和人员。

2月19日，夜礼斌到鲁甸县小寨乡调研小集镇建设。

7月19日，夜礼斌到巧家县小河镇检查指导抗灾救灾和灾后恢复重建工作，并慰问灾民、看望抗灾救灾人员。

7月29日，夜礼斌到昭阳区调研集镇建设、彝族六祖文化广场、城市廉租房、中心敬老院、市博物馆以及省级昭阳工业园区建设情况。

8月5日，夜礼斌到鲁甸县调研江底小集镇和鸭子塘工业园区建设。

8月9～10日，夜礼斌到绥江县调研移民工作及新县城迁建工作。

8月11～12日，夜礼斌到水富县调研移民工作及新农村建设。

8月16日，夜礼斌到鲁甸县龙树乡、水磨镇调研小集镇建设和水磨镇中心学校建设情况。

9月7～9日，夜礼斌到镇雄县调研小集镇、公路交通建设和民房改造，并看望慰问当地百岁老人。

9月10日，夜礼斌到镇雄县场坝镇中学看望慰问该校教师。

9月12～14日，夜礼斌陪同三峡集团公司董事长曹广晶及总经理陈飞到永善县、巧家县调研移民工作。

9月17日，夜礼斌陪同安徽省烟草公司总经理、烟草专卖局局长闫武在昭通调研烤烟生产、收购和红塔集团昭通卷烟厂的生产工作。

9月18日，夜礼斌到永善县溪洛渡水电站调研。

10月9日，夜礼斌到鲁甸县龙头山镇、乐红乡调研。

10月10～12日，夜礼斌到巧家县白鹤滩镇、老店镇、药山镇、中寨乡、金塘乡调研，并慰问当地百岁老人。

11月3日，夜礼斌在水富县召开大峡谷温泉旅游资源深度开发暨水富港散货码头建设座谈会、铜锣坝旅游资源开发座谈会。

11月4～6日，夜礼斌在威信县调研，并看望当地百岁老人。

11月22日，夜礼斌陪同迪庆州党政代表团在水富县考察。

11月23～24日，夜礼斌在绥江县调研罗汉坪水库和特殊党费援建工程项目建设情况。

11月24日，夜礼斌出席大关县吉利镇小集镇建设现场会并作讲话。

11月25日，夜礼斌调研昭鲁快捷通道、南通道、二环路以及旧圃镇小集镇建设情况。在昭阳区同区四套班子领导座谈。

11月26日，夜礼斌出席昭鲁快捷通道两侧民房建设专题会并作讲话。

11月29日，夜礼斌出席昭阳区“11·02”事件善后处理专题工作会议，传达省委常委、省委政法委书记、省公安厅厅长孟苏铁指示精神，提出做好下步工作的具体要求。

【市委全会】 1月14日，市委召开第二届委员会第十次全体会议。全会认为，2009年，面对“保增长、保民生、保稳定”的艰巨任务，在党中央、国务院和省委、省政府的坚强领导下，市委常委会团结带领全市各级党组织和各族干部群众，紧扣科学发展这一主题，积极应对国际金融危机的冲击，抢抓机遇、克难攻坚、务实进取，继续保持了经济平稳较快增长、民生进一步改善、社会更加和谐稳定、党的建设全面加强的良好局面，为推进富民强市跨越发展奠定了坚实基础。全会指出,2010年是全面完成"十一五"规划的最后一年,也是深入贯彻落实市委二届七次全会精神的重要一年。做好2010年的工作,对于维护改革发展稳定大局,推动全市经济社会又好又快发展,实现富民强市新跨越,具有十分重要的意义。必须深入贯彻落实科学发展观,紧紧围绕富民强市跨越发展目标,增投资、扩消费、转方式、调结构、重民生、建和谐、快发展、上水平,进一步坚定信心、抢抓机遇,开拓进取、扎实工作,全面完成"十一五"规划的各项目标任务,努力推动全市经济平稳较快发展和促进社会和谐稳定。全会要求,要始终坚持把"三农"工作作为全市工作的重中之重,全面落实好各项强农惠农政策,全力做好"三农"工作,不断巩固农业的基础地位,确保农民人均纯收入增长10%以上;要全面实施好"工业发展3年倍增计划和8年翻两番规划",以资源为依托、市场为导向、工业园区为龙头,形成"政府主导、产业集中、经济循环、资源综合利用、政策倾斜"的经济增长极,力增工业经济实现15%以上的增长目标;要紧紧抓住国家继续实施积极的财政政策和适度宽松的货币政策的重大机遇,加大资金筹措力度,加快建设一批事关全局和长远发展的重大基础设施项目,进一步夯实发展基础;全力改善民生,努力构建和谐昭通;全力深化改革开放,不断增强发展活力;全力加强环境保护,推进人与自然和谐发展;全力推动文化建设,促进文化大发展大繁荣;全力推进民主政治建设,进一步凝聚发展合力;全力维护社会稳定,努力构建平安昭通;全力做好"十二五"规划编制,绘制富民强市跨越发展的宏伟蓝图;要创新机制、转变作风,全面加强和改进党的建设,为实现富民强市跨越发展提供坚强的组织保证。

8月21日,市委召开第二届委员会第十一次全体会议。全会认为,2010年以来,在省委、省政府的正确领导下,市委常委会团结带领全市各级党组织和各族干部群众,坚持以科学发展观统领经济社会发展全局,坚持贯彻党中央、国务院,省委、省政府的一系列决策部署,认真落实市委二届十次全会精神,抢抓机遇、开拓进取,全面推进经济、政治、文化、社会以及生态文明建设和党的建设,全市经济社会继续呈现良好发展的态势。1~6月,全市实现生产总值141.27亿元,同比增长16.1%,增幅比全国高5个百分点,比全省高2.3个百分点。2010年上半年工作紧扣发展第一要务,经济建设成效明显;着力改善民生,社会建设全面进步;紧扣时代脉搏,文化建设蓬勃发展;紧扣持续发展,生态文明建设取得实效;紧扣和谐稳定,民主法制建设稳步推进。全会指出,2010年是全面完成"十一五"规划、顺利启动"十二五"规划承上启下的关键之年。面对国家深入实施西部大开发战略、建设中国面向西南开放的桥头堡,特别是中央明确将乌蒙山区作为扶贫开发重点的重大发展机遇,必须有所作为,必须在新一轮西部大开发和"桥头堡"建设中争取主动、赢得先机、谋求跨越。全市各级干部群众必须牢固树立强烈的责任意识和危机意识,以时不待我、只争朝夕的拼搏精神,进一步解放思想、抢抓机遇、扎实工作,努力将发展的步伐迈得更快、更大、更加坚实,全面完成年初确定的各项目标任务,为"十二五"规划开好头、起好步奠定坚实基础。全会要求,全市上下要以知难而进的责任感,只争朝夕的紧迫感,不进则退的危机感,锲而不舍地抓好10个方面的工作:一是着力抓好"三农"工作,全面夯实农业发展基础。要全面落实各项强农惠农政策,扎实推进社会主义新农村建设,改变农村落后的生产生活面貌。二是扎实推进"工业强市"战略,全面加快新型工业化进程。要加快工业结构调整步伐,推动烟草、能源、煤化工、矿冶建材产业优化升级。三是全力抓好重点项目建设,不断强化交通、水利、电力、城镇基础设施建设,全面增强发展后劲。四是全力改善民生,全面构建和谐昭通。要继续抓好建设创新型云南行动计划昭通实施意见的贯彻落实,不断提高自主创新能力,充分发挥科技在经济社会发展中的支撑和引领作用。继续抓好教育、卫生、五保老人供养、农村低保、农村新型合作医疗、城市廉租房、农村危房改造、农村民居地震安全工程建设、计划生育等工作。五是深化改革开放,全面增强发展活力。要坚持积极稳妥、稳步推进的原则,着力构建充满活力、富有效率、务实管用、有利于科学发展的体制机制。六是加强环境保护,全面推进生态文明建设。要牢固树立生态立市、环境优先的发展理念,强化生态文明价值观,自觉把保护环境、优化生态贯穿到经济社会发展的方方面面。七是加快文化建设步伐,全面推动文化旅游事业发展。八是凝聚发展活力,全面加快民主政治建设进程。九是要不断适应新形势新发展的变化,切实维护社会稳定,全面推进"平安昭通"建设。十是要准确研判"十二五"时期昭通市面临的新形势、新任务、新特点,认真分析推进跨越发展的战略机遇、有利条件和制约因素,绘就跨越发展的宏伟蓝图,全面加快"十二五"规划编制工作。全会强调,全面推进昭通富民强市跨越发展,关键在党,责任在各级党组织和领导干部。要深入开展创先争优活动,建设奋发有为的各级领导班子,增强基层党组织的凝聚力和战斗力,弘扬求真务实的工作作风,深入扎实推进反腐倡廉建设。要以开展创先争优活动为契机,切实按照科学发展观的要求,着力锻造一批干事创业、善于推动科学发展的基层党组织和党员干部队伍,为全市经济社会又好又快发展提供坚强的组织保障。

【表彰集体林权制度改革工作先进】 1月14日,市委、市政府决定授予巧家县等4个县全市深化集体林权制度主体改革工作先进县、市委宣传部等68个单位全市深化集体林权制度主体改革工作先进集体、朱云广等500人全市深化集体林权制度主体改革工作先进个人称号。

【调整市委理论学习中心组组成人员】 1月20日，市委决定对理论学习中心组组成人员进行调整。组长：夜礼斌；副组长：张登亮、陆琴雯；成员：王敏正、陈林章、熊启怀、张纪华、何刚、李勇、周业勇、张朝德、田勇、马吉林、余扬举、郇永飞、韩梅、张绍雄、胡月星。学习秘书：王阳、铁云峰、朱大庆、李云山。

【常委会议纪要】 2月1日，市委书记夜礼斌主持召开二届市委第三十九次常委会议。会议传达中央和省委农村工作会议精神，讨论研究贯彻落实意见；听取《关于进一步加强民族工作促进民族团结加快少数民族和民族地区科学发展的决定》的起草和昭通市民族工作会议暨第五次民族团结进步表彰大会的筹备情况汇报；听取2010年春节慰问活动筹备情况的汇报；研究干部人事工作。

2月21日，夜礼斌主持召开二届市委第四十次常委会议。会议听取职业教育资源整合工作和干部教育培训工作情况汇报；传达中央纪委十七届五次全会和省纪委八届五次全会精神，研究讨论全市当前和今后一段时期的党风廉政建设和反腐败工作；传达全省组织部部长会议精神，讨论研究贯彻意见；传达2010年全省宣传思想文化工作会议精神，研究讨论贯彻意见；传达全省统战工作会议精神，研究讨论贯彻意见；传达全国、全省政法工作电视电话会议精神，研究讨论贯彻意见。

3月20日，受市委书记夜礼斌委托，市委副书记、市长王敏正主持召开市委第四十一次常委会议。会议听取《政府工作报告》、《昭通市2009年地方财政预算执行情况和2010年地方财政预算草案报告》、《昭通市2009年国民经济和社会发展计划执行情况与2010年国民经济和社会发展计划草案报告》的起草情况汇报；听取市二届人大六次会议筹备情况汇报；听取市政协二届五次会议筹备情况汇报；听取"两会"期间文艺活动筹备情况汇报。

4月27日，受市委书记夜礼斌委托，市委副书记张登亮主持召开市委第四十二次常委会议。研究干部人事工作。

5月10日，受市委书记夜礼斌委托，市委副书记、市长王敏正主持召开市委第四十三次常委会议。会议传达全省水利建设工作会议精神，研究讨论贯彻意见；听取市2009年度全市推进惩防体系建设检查和落实党风廉政建设责任制考核奖惩意见的情况汇报；听取《中共昭通市委常委会2010年工作要点》和《中共昭通市委常委会2010年议题计划》起草情况汇报；听取昭通市检察机关办案安全工作整改情况汇报；听取2009年度县处级干部年度考核情况汇报；传达全省干部人事制度改革工作座谈会、全省干部监督工作座谈会暨提高组织工作满意度研讨班会议精神；听取在全市党的基层组织和党员中深入开展创先争优活动有关情况汇报；研究干部人事工作。

6月4日，受市委书记夜礼斌委托，市委副书记、市长王敏正主持召开市委第四十四次常委会议。会议听取市侨联、民盟昭通市委换届工作筹备情况汇报；听取全市信访工作情况汇报；听取全市安全生产工作情况汇报；听取抗灾救灾捐款情况汇报；传达学习中央办公厅《党政领导干部选拔任用工作责任追究办法(试行)》，中央组织部《党政领导干部选拔任用工作有关事项报告办法(试行)》、《地方党委常委会向全委会报告干部选拔任用工作并接受民主评议办法(试行)》、《市县党委书记履行干部选拔任用工作职责离任检查办法(试行)》，听取《市直单位处级非领导职务正常晋升和管理办法》、《昭通市市直机关公开选调公务员实施细则》、《选派市直机关年轻干部到基层(工作)锻炼的规定》以及《党代表提议提案制度(试行)》、《党代表视察调研制度(试行)》、《党代表联系制度(试行)》、《重大情况通报制度(试行)》、《党代表列席市委全委会和常委会制度(试行)》、《重大决策征询党代表意见制度(试行)》起草情况汇报；传达学习中央办公厅、国务院办公厅《关于领导干部报告个人有关事项的规定》、《关于对配偶子女均已移居国(境)外的国家工作人员加强管理的暂行规定》，研究讨论贯彻意见；通报省政府溪洛渡和向家坝水电站库区移民工作现场办公会、省政府昭通专题工作会筹备情况，通报南温泉片区和省耕塘生态公园开发建设情况；研究干部人事工作。

6月24日，受市委书记夜礼斌委托，市委副书记、市长王敏正主持召开市委第四十五次常委会议。会议听取全市2010年1~5月经济运行情况和下半年工作重点汇报；听取中央、省防范和处理邪教工作会议精神及全市贯彻意见情况汇报；听取"五五"普法和"三五"依法治市规划实施的情况汇报；听取全市人口和计划生育工作情况汇报；听取农村人力资源开发工作情况汇报；听取全市科技工作及贯彻落实实施建设创新型云南行动计划情况汇报。

8月18日，夜礼斌主持召开市委第四十六次常委会议。会议听取省政府昭通专题工作会议情况汇报；听取市委二届十一次全会、市委理论中心组学习筹备情况汇报；听取金沙江水电开发移民工作情况汇报；听取国民经济和社会发展第十二个五年规划编制工作情况汇报；听取昭通市人民政府机构改革有关情况及下步工作建议的汇报；听取全市交通建设推进情况的汇报；听取昭通市新型工业化发展情况汇报；研究纪检监察工作。

9月12日，夜礼斌主持召开市委第四十七次常委会议。会议听取昭通首届彝族文化节暨2011年大型招商引资洽谈会筹备情况汇报;听取省政府昭通专题工作会议相关资金分配初步方案汇报;听取市委党校迁建工作情况汇报;研究干部人事工作。

10月21日,夜礼斌主持召开市委第四十八次常委会议。会议传达省委人大工作会议精神和省委政协工作会议精神,研究讨论学习贯彻意见;听取全市清理党政一把手助理及副秘书长、选拔非公务员身份人员担任公务员科级职务的情况汇报;听取全市"两基"迎国检工作情况汇报;听取外宣工作情况汇报;研究干部人事工作。

11月29日,夜礼斌主持召开二届市委第四十九次常委会议。会议传达党的十七届五中全会精神;传达省委省政府农业产业化和农业龙头企业集体调研座谈会精神,研究讨论学习贯彻意见;听取昭通市第三届人民代表大会代表名额分配和选举方案的情况汇报,听取市政协换届筹备工作情况汇报;听取对全市农村最低生活保障工作调研的情况汇报;传达全国人防工作会议精神,研究讨论贯彻意见;听取互联网信息管理工作情况汇报。

12月26日,夜礼斌主持召开市委第五十次常委会议。会议听取市贯彻落实省委加快推进农业产业化暨加快扶持农业龙头企业集体调研座谈会精神和全市农业产业化工作情况汇报;传达中央《2010~2020年深化干部人事制度改革规划纲要》等3个文件精神,以及全省换届工作座谈会议和全省人才工作会议精神,研究讨论贯彻落实意见;听取开展中国共产党成立90周年庆祝活动的情况汇报;传达全省党史工作会议精神,研究讨论贯彻意见;研究纪检监察工作。

【成立非公有制经济组织工作委员会和新社会组织工作委员会】 2月8日,市委决定成立中共昭通市委非公有制经济组织工作委员会和中共昭通市委新社会组织工作委员会。市委非公有制经济组织工作委员会具体负责市直非公有制经济组织党的建设工作,市委新社会组织工作委员会具体负责市直新社会组织党的建设工作。在市工商联加挂市委非公有制经济组织工作委员会牌子,由工商联党组书记兼任工委书记,日常工作由工商联负责;在市民政局加挂市委新社会组织工作委员会牌子,工委书记兼任市民政局副局长,日常工作由民政局相关科室承担。

【表彰民族团结进步模范】 2月22日,市委、市政府决定授予昭阳区青岗岭回族彝族乡政府等40个单位昭通市民族团结进步模范集体称号,授予龙兴勇等120人昭通市民族团结进步模范个人称号。

【市委专题会议】 2月24日,市委召开专题办公会议,研究市委党校迁建工作。同日,市委书记夜礼斌主持召开市一中高中教育发展暨市民族中学迁建专题会议。

2月25日,市委召开专题办公会议,研究全市宣传文化队伍建设工作。

3月5日,市委就美国卡特中心代表团到盐津县考察观摩村委会换届选举事宜进行专题研究。

3月24日,市委书记夜礼斌在昭阳区旧圃镇主持召开会议,专题研究部署昭阳区旧圃镇中心集镇建设的相关工作。

3月25日,市委召开专题会议,审查市委党校新校区修建性详规。

7月19日,市委、市政府在巧家县小河镇政府召开会议,专题研究小河镇"7·13"特大洪涝泥石流灾害抢险救灾暨恢复重建工作。决定小河镇"7·13"特大洪涝泥石流灾害抢险应急工作于7月19日宣告基本结束,从7月20日起,正式转入恢复重建阶段。

7月29日,市委召开办公会议,专题研究中国昭通首届彝族文化节暨2011年大型招商引资洽谈会筹备工作。

8月25日,市委、市政府和长江三峡集团公司召开协调会商会议,专题就金沙江水电开发移民工作有关重大问题进行协调会商,双方就移民工作有关重大问题进行协调会商,达成初步共识。

9月5日,市委、市政府在水富县召开支持伊力集团发展载能产业座谈会。

9月8日,市委书记夜礼斌主持召开华电镇雄电厂建设座谈会。

9月8日,市委、市政府与省公路局在镇雄县召开镇威二级公路建设座谈会。会议听取镇威二级公路建设指挥部关于前期施工情况的工作汇报,专题研究推进镇威二级公路建设的有关问题。

9月8日,市委书记夜礼斌在镇雄县以勒镇召开座谈会,专题研究以勒集镇建设规划工作。

9月29日,市委、市政府召开会议,专题就市博物馆外立面建筑装饰设计方案进行讨论审查。

9月29日,市委、市政府召开专题会议,研究部署溪洛渡水电站永善县围堰区移民安置工作。

10月11日,市委、市政府与三峡集团公司召开协调会,就溪洛渡、向家坝水电站移民工作有关具体问题进行协调会商。

10月14~15日,市委、市政府召开全市小集镇建设现场会。

10月19日,市委、市政府召开华电镇雄二期工程项目推进工作协调会。

10月24日,市委、市政府在大关县吉利镇召开小集镇建设现场办公会。

11月1日,市委、市政府召开办公会议,专题研究昭鲁一体化建设工作。

11月1日、11月6日,市委、市政府召开会议,专题就昭通市政府驻京办事处扩建的有关事宜进行研究。

11月3日,市委、市政府在水富县召开水富港散货码头建设暨西部大峡谷旅游资源深度开发座谈会。

11月5日,市委、市政府在威信县庙沟乡召开小集镇建设专题座谈会,研究推进庙沟乡重点小集镇建设工作。

11月29日,市委、市政府召开昭阳

区"11·02"群体性事件涉案违法人员打击处理工作办公会,专题贯彻落实省委常委、省委政法委书记孟苏铁等省委、省政府领导同志指示精神,对昭阳区"11·02"群体性事件处置工作进行总结,对涉案违法人员打击处理工作进行研究和安排部署。

12月8日,市委、市政府与云南工投集团召开推进昭通工业发展座谈会。

12月9日,市委、市政府与云南煤化集团召开昭阳褐煤开发座谈会。

12月11日,市委、市政府召开办公会议,专题就彝良县牛街古镇建设进行研究。

12月11日,市委、市政府与宜宾天原集团召开座谈会,专题研究宜宾天原集团彝良炭素项目推进工作。

12月13日,市委、市政府召开会议,专题就昭通市政府驻京办事处扩建的有关事宜进行研究。

12月23日,市委、市政府召开专题会议,研究加快推进昭阳区褐煤开发相关事宜。

【表彰先进平安基层单位等】 3月3日,市委、市政府决定授予昭阳区委610办等20个单位先进平安基层单位称号,授予鲁甸县公安局茨院派出所等10个基层政法单位十佳政法先进基层单位称号,授予锁江涛等10名政法干警十佳群众工作先进个人称号,授予江先奎等10名党委(党支部)领导十佳党管政法好书记称号。

【调整充实民族宗教工作领导小组成员】 3月15日,市委决定调整充实市委民族宗教工作领导小组。组长:张登亮;副组长:余扬举、韩梅、童成清。成员由相关部门负责人组成。

【成立党校迁建工作领导小组】 3月24日,市委决定成立市委党校迁建工作领导小组。组长:张登亮;副组长:李勇、马吉林。成员由相关部门负责人组成。

【李纪恒到昭通调研】 4月23~25日,省委副书记李纪恒率省直有关部门负责人一行到昭通,着重就抗大旱保民生促春耕、农村劳动力转移就业培训和经济社会发展等问题进行调研。

【劳动模范和先进工作者表彰大会】 4月28日,市委、市政府召开第三届劳动模范和先进工作者表彰大会,对来自全市不同部门、不同行业的12名劳动模范、18名先进工作者进行表彰。

【调整对台工作领导小组和文明宗教活动场所评选工作领导小组成员】 5月6日,市委决定调整市委对台工作领导小组和市委文明宗教活动场所评选工作领导小组成员。市委对台工作领导小组组长余扬举,成员由相关部门负责人组成。市委文明宗教活动场所评选工作领导小组组长余扬举,副组长冯理银、吕大康,成员由相关部门负责人组成。

【成立统一战线工作领导小组】 5月6日,市委决定成立市委统一战线工作领导小组。组长:张登亮;副组长:余扬举、连卫民、韩梅、陈麟。成员由相关部门负责人组成。

【全省扶贫开发工作现场会】 5月9日,省委、省政府在昭通市召开全省扶贫开发工作现场会。省委副书记李纪恒、省人大常委会副主任杨建甲、副省长孔垂柱、省政协副主席王学智等出席会议。会议指出,昭通扶贫开发工作抓得紧、抓得实、成效显著,主要有四个方面的特点:资源整合力度大;产业化扶贫措施实;农村劳动力转移就业效果好;"大扶贫"工作格局初步形成。会议强调,做好2010年的扶贫开发工作,要强化识别机制,瞄准和锁定扶贫对象,提高扶贫开发水平,确保扶贫效益真正体现在贫困农户身上。第一,要认真搞好调查摸底,掌握全省贫困人口总数和分布状况;第二,要认真搞好农村低保和扶贫开发两项制度的有效衔接试点工作;第三,要努力瞄准贫困对象实行帮扶;第四,要加强对贫困人口的监测,为新一轮扶贫开发规划的制定和实施做好准备。会议还强调,"一体两翼"战略是全省扶贫开发工作的重要抓手,要创新举措,坚持不懈地加以推进,全力抓好落实。一要突出抓好产业化扶贫,"统筹安排,抓大不放小";二要围绕"六项"建设任务,整合资金、集中力量,突出抓好扶贫开发整村推进和整乡推进试点;三要按照省委、省政府的要求,把农村劳动力转移输出作为大旱之年提高农民收入的战略举措,突出抓紧抓好农村劳动力转移培训。会议要求,各级各有关部门要按照"省负总责、州市统筹、县抓落实、规划到村、扶贫到户"的要求,健全完善组织领导机制;要坚持"政府主导、社会参与、自力更生、开发扶贫"的方针,健全完善扶贫开发投入正常增长机制;要健全完善扶贫工作考核奖惩机制;要健全完善全社会参与扶贫机制。

【张保安到昭通调研】 5月10日,省民委副巡视员张保安率省社科院国家社科基金散居民族经济社会发展课题专家组一行,到昭通专题就散居民族经济社会发展情况进行调研。

【何泽华到昭通调研】 5月12日,国家烟草专卖局副局长何泽华率中国烟叶公司、云南烟草公司、云南中烟工业公司、云南烟草专卖局负责人一行到昭通考察指导烤烟生产和销售工作。

【深入开展创先争优活动】 5月17日,市委决定成立中共昭通市委深入开展创先争优活动领导小组。组长:张登亮;副组长:李勇、陆琴雯。成员由相关部门负责人组成。

5月20日,全市在党的基层组织和党员中深入开展创先争优活动动员视频会议召开,会议对全市创先争优活动进行全面动员部署。市委副书记、市人大常委会主任、市开展创先争优活动领导小组组长张登亮作讲话。会议由市委常委、市委组织部部长、创先争优活动领导小组副组长李勇主持,市委常委、市委宣传部部长、市开展创先争优活动领导小组副组长陆琴雯出席会议。

5月21日,市委提出在全市党的基

层组织和党员中深入开展创先争优活动的实施意见。要求各级党组织、党员干部要以邓小平理论和“三个代表”重要思想为指导，认真贯彻落实党的十七大和十七届三中、四中全会精神，以及省委八届七次、八次全委会和市委二届七次、十次全委会精神，以深入学习实践科学发展观为主题，坚持从昭通实际出发，围绕富民强市跨越发展目标和“12346”工作思路，以创建基层党组织、建设先进县区为重要抓手，统筹推进党的建设其他经常性工作，充分发挥基层党组织的战斗堡垒作用和共产党员的先锋模范作用，努力实现“推动科学发展、构建和谐昭通、服务人民群众、加强基层组织”的总体目标。

11月18日，全市深入开展创先争优活动推进会在盐津县召开。会议认真贯彻落实党的十七届五中全会和中央、省委、市委关于开展创先争优活动的一系列决策部署精神，总结交流活动进展情况，查找分析存在问题，研究谋划下步工作，进一步推进全市创先争优活动开展。市委副书记、市人大常委会主任张登亮，市委常委、市委组织部部长李勇，市委常委、市委宣传部部长陆琴雯，市委新农村建设领导小组副组长、昭阳区委副书记、新农村工作队总队长施静春出席会议。各县区、市直单位负责人参加会议。

【调整充实惩治和预防腐败体系建设工作领导小组成员】 5月17日，市委决定调整充实惩治和预防腐败体系建设工作领导小组。组长：夜礼斌；副组长：王敏正、张登亮、周业勇、冯德。成员由相关部门负责人组成。

【成立水利建设工作领导小组】 5月21日，市委、市政府决定成立水利建设工作领导小组。组长：王敏正；副组长：张登亮、邬永飞。成员由相关部门负责人组成。

【亚洲马铃薯专家到昭通考察】 5月26日，来自亚洲马铃薯生产技术培训班的老挝、泰国、越南、缅甸、菲律宾、印度尼西亚的专家在农业部、省农业厅、云南师范大学和中国南方5省区领导和专家的陪同下，对昭通马铃薯大田生产和脱毒种薯生产技术进行考察研究。

【全省党外知识分子联谊会和留学人员联谊会理事会议】 5月29日，云南省党外知识分子联谊会和云南省留学人员联谊会一届三次理事会在昭通召开，会议总结两个联谊会成立以来取得的工作成绩，部署2010年及今后一段时期的工作。省委常委、省委统战部部长、云南省党外知识分子联谊会和云南省留学人员联谊会名誉会长黄毅出席会议并讲话。

【黄毅到昭通调研】 5月30日至6月1日，省委常委、省委统战部部长黄毅一行在市委副书记、市长王敏正等陪同下到到昭阳区、鲁甸县对民族宗教、民营企业发展、敬老院建设、光彩事业发展等工作进行调研。

【昭通被评为浙商最佳投资城市】 6月7日，昭通被评为全国“2010年省外浙商最佳投资城市”。

【张全景到昭通调研】 6月10日，中组部原部长张全景在省委常委、省委组织部部长辛桂梓，省人大常委会原常务副主任牛绍尧，省委组织部常务副部长张百如，市委副书记、市长王敏正，市委副书记、市人大常委会主任张登亮，市委常委、市委组织部部长李勇等陪同下，到威信县调研扎西会议会址。

【调整普法依法治市工作领导小组成员】 7月13日，市委决定调整市委普法依法治市工作领导小组组成人员。组长：张登亮；副组长：张朝德、陆琴雯、陈绍余、王宇、陈麟。成员由相关部门负责人组成。

【表彰新农村建设工作队优秀个人和先进派出单位】 6月23日，市委、市政府决定授予戈正明等106人昭通市第三批新农村建设优秀指导员、邓天奎等10人昭通市第三批新农村建设工作队优秀队长、云南省药监局等36个单位昭通市第三批新农村建设工作队及指导员工作先进派出单位称号。

【水富港扩建竣工开港】 6月25日，全省最大港口、水运基础设施投资最大建设项目、第一个集装箱港口、万里长江第一港——水富港扩建工程竣工并开港。王敏正、熊启怀、张朝德、戚斌、邬永飞、王德忠、刘杰等出席开港仪式。

【国家教育督导团到昭通督导“两基”工作】 7月7日，国家督学、江西省教育学学会会长、江西省教育厅原副厅长王占铭，国家督学、广西壮族自治区教育厅原副厅长车芳仁在杨嘉华、郭玉鉴等陪同下，到昭通就“两基”迎国检过程进行全面督查指导。

【“7·13”特大洪涝泥石流灾害】 7月13日，巧家小河镇特大洪涝泥石流灾害发生后，中央、省高度重视。民政部启动国家四级救灾应急响应。省委书记白恩培，省委副书记、省长秦光荣，省委常委、常务副省长罗正富，副省长孔垂柱、刘平相继作出重要指示批示，要求昭通市、巧家县迅速作出安排部署，派出应急工作组赶赴受灾一线组织抢险救灾；全力搜救失踪人员，及时救治伤员，并妥善转移安置受灾群众。受白恩培、秦光荣委托，省委副书记李纪恒、副省长曹建方率省直相关部门负责人赴灾区指导抢险救灾。市委、市政府立即启动《昭通市重特大自然灾害抢险救灾应急预案》，全力组织开展抢险救灾应急工作。王敏正、何刚、张朝德、成联远、王宇、普安银等率市特大自然灾害抢险救灾应急指挥部成员单位负责人和市武警、消防官兵以及矿山救护队600余人到现场组织指挥抢险救灾。

【李全茂到昭通察看灾情指导救灾】 7月14日，民政部救灾专员李全茂在王敏正、何刚、成联远等陪同下到巧家县小河镇察看灾情，看望慰问受灾群众，指导救灾。

【秦光荣到昭通调研】 8月3日，省委副书记、省长秦光荣率省委常委、副省长李江，省人大常委会副主任晏友琼，副省长孔垂柱、刘平、顾朝曦，省政协副主席曾华，省政府秘书长丁绍祥以及省直有关部门负责人，在市委书记夜礼斌，市委副书记、市长王敏正等陪同下，到昭阳区、鲁甸县调研经济社会发展情况。

【省政府昭通专题工作会议】 8月4日，省政府在昭通召开专题工作会议，进一步帮助昭通理清发展思路，解决事关全局的重大问题。省委副书记、省长秦光荣，省委常委、常务副省长罗正富，省委常委、副省长李江，省人大常委会常务副主任晏友琼，副省长孔垂柱、刘平、顾朝曦，省政协副主席曾华出席会议。

【昭通首届火把狂欢试运节】 8月4日晚，昭通市举行2011年首届火把狂欢节2010年试运节，市委书记夜礼斌宣布试运节开幕，并与市委副书记、市长王敏正和市政协主席熊启怀为试运节点燃火把。

【李崇兴到昭通调研】 8月6日，水利部稽察办特派员李崇兴带领稽察组一行，到昭通对正在实施的昭鲁大型灌区续建配套与节水改造项目工程进行稽察。

【授予铁飞燕“90后的好榜样”称号】
8月17日，市委、市政府决定授予铁飞燕“90后的好榜样”称号。

【国际红十字会官员到昭通调研】 8月19日，红十字会与红新月会国际联合会项目官员杰雅先生、张琳女士，中国红十字总会训练中心项目官员杨玮枋、詹立民及救护处项目官员刘书君等一行，到昭通市水富县对以社区为本的健康和急救项目（简称CBHFA项目）实施前期调研。

【成立改善投资环境暨外来投资企业投诉工作领导组】 9月20日，市委、市政府决定成立昭通市改善投资环境暨外来投资企业投诉工作领导组。组长：张登亮；副组长：周业勇、冯德、刘远清。成员由相关部门负责人组成。

【出台促进残疾人事业发展实施意见】
10月8日，市委、市政府出台促进残疾人事业发展的实施意见。要求促进残疾人事业发展，必须以邓小平理论和“三个代表”重要思想为指导，深入贯彻落实科学发展观，紧紧围绕全面建设小康社会奋斗目标，着眼于解决残疾人最关心、最直接、最现实的利益问题，坚持政府主导、社会参与，国家扶持、市场推动，统筹兼顾、分类指导，立足基层、面向群众，完善促进残疾人事业发展的法规和政策措施，健全残疾人社会保障制度，加快残疾人服务体系建设，营造残疾人平等参与的社会环境，缩小残疾人生活状况与社会平均水平的差距，实现残疾人事业与经济社会协调发展，努力使残疾人同全市人民一道向着小康社会迈进。

【中央检查组到昭通检查指导工作】
10月22日，以辽宁省委原副书记王唯众为组长的中央扩大内需促进经济增长政策落实暨工程建设领域突出问题专项治理第十八检查组莅临昭通市检查指导工作。

【成立学习型党组织建设领导小组】
10月26日，市委决定成立建设学习型党组织工作领导小组。组长：陆琴雯；副组长：王阳、季顺江、朱大庆。成员由相关部门负责人组成。

【调整科技教育工作领导小组成员】
11月12日，市委、市政府决定调整市科技教育工作领导小组成员。组长：王敏正；副组长：张纪华、陆琴雯、韩梅。成员由相关部门负责人组成。

【杨岳到昭通调研】 11月15日，国家民政部民间组织管理局副局长杨岳率相关基金会负责人一行到盐津县调研敬老院和小集镇建设。

【傅阳到昭通调研】 11月17日，中国红十字基金会项目部副部长傅阳及省红十字会考察人员对红十字会系统援建昭通灾后重建项目进展情况进行考察。

【调整学术技术带头人工作领导组和专家评审委员会】 11月21日，市委、市政府决定调整市学术技术带头人工作领导组和专家评审委员会成员。一、市学术技术带头人工作领导组。组长：张登亮；副组长：张纪华、李勇、陆琴雯。成员由相关部门负责人组成。二、专家评审委员会。主任：张登亮；副主任：张纪华。委员由相关专家组成。

【调整充实昭鲁一体化工作领导小组成员】 11月27日，市委、市政府决定调整充实昭鲁一体化工作领导小组。组长：夜礼斌；常务副组长：王敏正、张登亮；副组长：张纪华、何刚、张朝德、田勇、马吉林、戚斌、邬永飞、赵洪乖。成员由相关部门负责人组成。

【表彰第二届非公有制经济人士优秀中国特色社会主义事业建设者和首届十大“光彩之星”】 12月7日，市委、市政府决定授予马永升等13名在昭通建设和发展中作出重要贡献的非公有制经济代表人士“昭通市第二届非公有制经济人士优秀中国特色社会主义事业建设者”称号；授予章英启等10名为光彩事业作出突出贡献的非公有制经济代表人士“昭通市首届‘光彩之星’”荣誉称号。

【中国贫困地区可持续发展战略论坛】
12月15～17日，第三届中国贫困地区可持续发展战略论坛在昭通举办。北京大学光华管理学院名誉院长、北京大学贫困地区发展研究院院长、全国政协常委、全国政协经济委员会副主任、中国民主同盟中央委员会名誉副主席厉以宁教授，北京大学校务委员会副主任张国有，北京大学贫困地区发展研究院学术委员会主席朱善利，北京大学贫困地区发展研究院常务副院长雷明，北京大学贫困地区发展研究院副院长王咏梅，中央统战部办公厅副主任申占华，省人大常委会常务副主任晏友琼，省政府副省长孔垂柱，市委书记夜礼斌，市委副书记、市长王敏正，省扶贫办主任王智，论坛赞助方安特优集团公司代表、戴姆勒公司亚太区总监周研出席论坛开幕式。论坛通过了关于中国贫困地区可持续发展的《昭通宣言》。呼吁突破新的区划限制,整体规划,深入开展中国贫困地区扶贫工作,促进中国贫困地区可持续发展。建议将乌蒙山片区建成"中国终结贫困试验区"。提出中国贫困地区可持续发展要完善扶贫开发机制,加大城乡统筹力度,进一步改善民生,以基础设施建设为重点等保障措施。其中建议将昭通镇雄、彝良、威信县列入国家级革命老区进行整体建设。

(市委办 张宝云)

市委办工作

【工作概况】 2010年,市委办公室在市委的正确领导下,认真贯彻落实党的十七大和市委二届十次、十一次全会精神,深入学习贯彻科学发展观,认真开展"创先争优"活动,着力提高办公室办文、办会、办事能力,充分发挥参谋助手、管理服务、综合协调、督促检查和后勤保障职能,较好地完成市委交给的各项工作任务,保证了市委机关的高效运转和各项决策的顺利实施,为推动昭通富民强市跨越发展做出了积极贡献。一、深入开展"创先争优"活动,办公室党的建设全面加强。市委办公室机关党委始终高度重视党的建设。6月,按照市委的统一安排部署,办公室及时启动"创先争优"活动,成立市委办公室"创先争优"工作领导小组,由市委副秘书长、市委办公室主任、市委办公室机关党委书记王阳任组长,切实加强对办公室"创先争优"活动的领导、组织、统筹和协调;制定《中共昭通市委办公室关于开展"创先争优"活动实施方案》,认真开展"五好五带头"、"评星授旗"等主题实践活动,办公室"创先争优"工作扎实有效,有力地推动了办公室工作水平和服务能力的提升,牢固树立了办公室良好形象。继续强化办公室机关作风建设,充实完善办公室机关作风建设领导小组成员,健全完善办公室机关作风建设各项规章制度。全面加强办公室党风廉政建设,认真贯彻党风廉政建设责任制,领导班子对加强办公室党风廉政建设进行专题研究,对办公室党风廉政建设工作进行全面安排部署,以召开办公室全体干部职工大会形式认真学习贯彻《中国共产党党员领导干部廉洁从政若干准则》和廉洁自律各项规定。市委办公室开展"学习型机关"创建活动,着力建立健全办公室学习制度,采取开展自学、集中学和邀请专家讲学、领导干部在线学习等有效形式,全面系统学习中国特色社会主义理论体系、党的知识、党的理论和党史、党章,学习中央、省、市重要文件、重要会议精神,领导干部宗旨意识进一步强化,理想信念进一步坚定,贯彻落实党的基本路线、方针、政策的能力进一步提高,服务全市科学和谐跨越发展的能力切实增强。二、全面强化各项业务建设,办公室服务能力和水平明显提升。办公室紧紧围绕市委工作中心,牢牢抓住工作重点、难点,着力改进工作中的薄弱环节,超前谋划,主动服务,各项业务工作开展更加扎实有效。(一)办文办会质量进一步提高。坚持"准确、高效、保密、规范"的原则,严格按照文件拟稿、审核、签发、登记、打印、校对、印制、分发等程序,严格把关、提高效率,办理各类文件2000余件,制发市委及市委办公室各类公文300余件,切实保障了市委各项决策部署的有效落实。严格控制会议规模,提高会议质量,先后高质量地承办市委二届十次、十一次全会、市委农村工作会议、省政府昭通专题工作会议、第三届中国贫困地区可持续发展战略论坛等一系列会议70余次,受到各级领导和与会人员的肯定。(二)督查工作水平进一步提高。办公室紧紧围绕市委中心工作,不断创新督查方法,强化调查研究,加大督查力度,推动全市经济社会发展各项目标的顺利实现。一是紧扣中心抓督查。依据市委、市政府对全市各项重点工作的细化、分解方案,制定督查工作计划和工作要点,跟踪问效进展情况;每季度对市委常委会、市委专题会议决策进行一次跟踪督查,检查决策部署的落实情况。二是突出重点抓督查。突出阶段性工作、重大事项和重点项目建设,组织力量深入一线督促检查,特别是针对全市8条二级公路建设,多次组织专项督查组到一线开展督促检查,有力地推动工程顺利实施。三是快立快办抓督查。紧紧围绕市委领导批示的主要问题,紧紧围绕市委领导关心、人民群众关注的热点、难点问题,督查到底,务求实效,确保领导批示、交办事项件件问绩效,事事有落实。共发出《督查通知》18期,形成《督查情况》15期,编发《调查与研究》33期,上报《督查专报》26期。(三)信息服务水平进一步提高。市委办始终把信息工作作为反映昭通经济社会发展成就、关注昭通经济社会发展热点的重要抓手,紧紧围绕外界关注、领导关心、群众关切的热点、难点问题收集信息,站在事关全局的高度精选信息,提供全方位、多角度的信息服务。一是拓宽视野,把捕捉信息的视觉放在党和国家的大政方针和产业政策上,延伸到搜集发达地区的先进经验上,覆盖到县域经济发展、社会稳定、群众生活上,主动挖掘有价值、有深度的信息,增强信息工作的针对性。二是健全机制,建立和完善信息报送制度和考评制度,构建上下贯通、纵横交织、传递快捷的信息网络。三是注重信息的深度挖掘和提炼加工,客观反映全市各项工作的情况,以更好地扩大宣传、营造环境、争取支持。年内,市委办向中央办公厅、省委办公厅上报信息1378条,采用信息249条,上报数、采用数均名列全省州市前列,编发《昭通信息》42期、《信息专报》66期、《重要信息摘编》10期。(四)后勤保障服务水平进一步提高。始终做到超前谋划,精心策划,扎实做好后勤服务工作。一是认真负责扎实搞好接待服务工作。本着俭朴大方、热情周到的原则,精心组织协调，周密统筹安排，全力做好各级领导到昭调研的接待工作，提高后勤接待水平，保障领导到昭调研活动的正常开展，努力实现上级领导和本级领导满意。精心做好各类大型活动的后勤保障和省内外党政代表团、经贸代表团到昭考察接待工作，展示昭通良好的对外开放形象和热情周到的服务。二是注重质量扎实抓好基础设施建设。根据市委统一部署，完成市纪委、市委组织部综合楼和市委政法委办公楼的组织建设工作，市委机关办公条件和办公环境显著改善。三是统筹安排优化办公室办公条件。先后对督查室和综合科、秘书科、秘书一科、秘书三科、信息科、文印室等科室办公室进行调整和装修，并新购和更换一批办公设备，办公室工作条件进一步改善。（五）办公室干部队伍建设进一步强化。办公室始终高度重视干部队伍的思想政治和作风建设，通过抓学习、抓培训、抓管理，从工作作风、工作纪律、精神面貌、办事效率等方面入手，引导职工牢固树立“办公室无小事”和“机关工作一盘棋”的思想，改进工作方式方法，不断提高业务技能。妥善处理使用与培养的关系，做到选人上严格把关，用人上大胆信任，培养上循序渐进，严格把好进、用、出关口，促进办公室队伍整体素质的稳步提高和活力的不断增强。在人才选拔上，先后从县区选调6人到办公室顶岗学习，正式调入7名优秀年轻干部充实到办公室秘书科、信息科、保卫科等科室和督查室工作，面向全市公开选调6名科级以下工作人员充实到办公室工作；在人才使用上，根据工作需要，先后对秘书科、秘书四科等科室负责人进行调整，并提拔4名正科级干部和2名副科级干部；在人才培养上，切实加强对干部的培养力度，向市委推荐并提拔3名正处级干部和1名副处级干部，选派1名年轻干部到省委办公厅顶岗学习，安排2名干部到基层挂职锻炼。

（市委办　张宝云）

纪检监察

【监督检查效果明显】 2010年，全市纪检监察机关会同有关部门严肃清理未批即用的违法用地行为，加强对工程建设、资金使用全过程的监督检查。加强对各县区、各有关部门在稳定商品房价格、加快保障性住房建设进度等方面工作的监督检查。加强对换届选举全过程的监督检查。围绕扩大内需促进经济增长政策措施的贯彻落实、工程建设领域突出问题专项治理等工作开展巡回督查，集中排查投资规模在500万元以上的项目790个，发现问题176个，已督促整改纠正125个，整改纠正率高于全省平均水平12个百分点。

【宣传教育措施有力】 2010年，全市组织党风廉政专题培训871场次，32471人参加培训（其中处级及其以上领导干部888人）。在《昭通日报》进行专版集中宣传。在重要节日向领导干部发送廉政短信和廉洁自律公开信。开通全市纪检监察工作手机快讯平台，出版以廉政题材为主要内容的中篇小说集和《漫画廉政准则》。

【加强领导干部廉洁自律工作】 2010年，认真执行“三谈两述一报告”等有关规定，各级纪委负责人同下级党政主要负责人谈话7449人次、任前廉政谈话991人次、诫勉谈话175人次、述职述廉3437人次，6391名领导干部报告了个人有关事项。组织对年内新提拔的44名县处级党员领导干部签订廉政承诺书。查处党政领导干部违反规定为配偶、子女及其他特定关系人在就业、投资入股、经商办企业等方面谋取不正当利益的乡科级领导干部3人；查处违反规定收送现金、有价证券、支付凭证的行为10人，涉及金额86.6万元。查处纠正违规超编制、超标准配备使用小汽车5辆。

【查办违纪违法案件】 2010年，全市纪检监察机关共初查核实违纪线索323件，立案263件，查结259件，处分违纪人员324人（其中县处级干部3人、乡科级干部89人），给予党纪处分261人（其中撤销党内职务5人、留党察看26人、开除党籍149人）、政纪处分112人（其中撤职12人、开除公职41人）、受党政纪双重处分49人；移送司法机关7人；挽回经济损失353.44万元。初查核实诬告诽谤类违纪线索20件，查结8件，处理8人，及时为166名受到诬告、诽谤和失实举报的党员干部澄清事实。

【纠正损害群众利益不正之风】 2010年，开展涉农资金管理使用情况专项检查11次，涉及强农惠农项目18项，查处涉农资金案件32件，纠正和整改违规资金2344.56万元。查处乱收费、乱罚款、乱摊派等各类损害农民利益案件6件，责任追究4人。查处教育违规收费案件8件，党政纪处分和其他处理4人，涉及违规资金56.35万元。开展医疗购销和医疗服务专项检查12次，查处挤占、截留、挪用和骗取医药卫生体制改革资金问题4个，涉及金额67万元；查处医疗购销和医疗服务中的不正之风问题4个，党政纪处分和其他处理4人。开展食品药品市场专项检查11次，查处和纠正违纪违规问题20个，涉及金额67.49万元，16名责任人受到党纪政纪处分或其他处理；查处食品药品安全问题189个，涉及金额165.78万元，受党纪政纪处分或其他处理14人。制定完善治理公路“三乱”联席会议制度，采用“明查”和“暗访”等方式开展专项检查14次，查处公路“三乱”案件6件，处理违规执法人员19人。配合有关部门开展安全生产隐患排查整治，督促落实矿长带班下井制度，参与调查处理一次死亡3人以上安全生产责任事故12起，10名责任人员受到党纪政纪处分。

【源头治理腐败力度加大】 2010年，进一步加大源头治理腐败力度。协助市政府法制部门推进行政审批制度改革，昭通成为全国审批事项最少的地级市。配合组织人事部门推进干部管理考核评价体制改革，一批符合科学发展观要求的干部人事制度相继出台。支持市直有关部门推进司法、财税、投资、金融和国有资产管理体制改革。牵头组织开展社会团体、国有及国有控股企业“小金库”专项治理工作。督促有关部门严格按照制度规范管理非税收入，查处违反规范津贴补贴工作有关政策规定行为的单位2个，涉及金额149.13万元，4名责任人受到处理。对全市使用国债资金、扶贫资金、救灾资金、财政资金建设的、计划投资在50万元以上（含50万元）的依法公开或邀请招标的建设工程，实行招标备案和《廉政合同》管理，办理招投标前期备案88份、后期备案42份，办理廉政合同13份。督促各级各部门扎实推进责任政府、阳光政府、效能政府建设，依照有关规定对118名干部（其中处级干部7人、乡科级干部57人）进行问责；公开各类政府信息22166条，开通96128政务查询专线，各级各部门共接听咨询来电28903个；全市504个行政机关查找廉政风险点2689个，确定关键岗位1577个、重点环节1801个，制定监督防范措施3825条，作出行政行为监督承诺1127个，3693名工作人员作出监督承诺。

【增强廉政教育渗透力】 2010年，市纪委强化廉政教育，增强廉政教育渗透力。举行新任领导干部岗前集中廉政培训，定期开展领导干部廉政考试，使新任领导干部掌握廉洁自律相关知识，切实筑牢拒腐防变的思想防线。加大廉政文艺作品创作力度，创作一部廉政题材的中篇小说集，定期开展廉政文艺节目汇演，充分发挥廉政文化的导向作用、渗透作用、凝聚作用和约束作用。在全省率先建立廉政教育基地3个，市县先后建立警示教育基地12个，适时组织乡科级以上领导干部进行正反教育。在建立领导干部廉政短信平台后，又率先建立纪检监察工作短信平台，及时开通《昭通纪检监察网》，不断巩固扩大廉政宣传教育阵地，助推廉政教育活动深入开展。大力实施廉政文化“六进”工程，市县广泛开展“五个二”创建活动（即2个机关、2个学校、2个企业、2个村委会、2个社区），努力营造“廉荣贪耻”的社会氛围。

【破解拖欠农民工工资难题】 2010年，市纪委切实采取措施破解拖欠农民工工资问题。凡是建设部门审批的工程建设项目，必须按工程总投资的3%预存农民工工资保障金，方能批准开工。在报纸、网络等媒体公布24小时投诉举报电话，为劳动者和用人单位提供咨询、投诉服务。年内，先后责令北京第三建筑公司、昆明十四冶公司将140余万元工资支付给160多名农民工。重点对招用农民工较多的加工制造、建筑施工、餐饮服务等劳动密集型企业、个体工商户等遵守相关法律法规情况进行检查。

【惩治和预防腐败体系建设】 2010年，惩治和预防腐败体系建设扎实推进。一是市委常委会议专题听取了推进惩治和预防腐败体系建设工作情况汇报。二是调整充实了由市委书记任组长的市委惩治和预防腐败体系建设工作领导小组，下设办公室在市纪委负责日常工作。三是召开全市推进惩治和预防腐败体系建设工作视频会议，对下步工作提出明确要求。四是在全市选择彝良县、威信县、盐津县豆沙镇和水富县两碗乡花坛村作为惩治和预防腐败体系建设工作点。

【廉政责任落实】 年初，市委、市政府主要领导与11县区、67个市直部门签订了2010年度党风廉政建设责任书。工作中，坚持年度考核与半年检查、季度抽查、平时督查有机结合，强化日常工作督导和责任追究。年底，对全市11县区和69个市直部门开展惩防体系建设检查和党风廉政建设责任制考核，并严格按照检查考核方案兑现奖惩，对贯彻执行党风廉政建设责任制不力及违反有关规定的15件30名领导干部（其中2名县处级干部）进行责任追究。

【市纪委二届五次全会】 2月22～23日，市纪委第二届第五次全体会议召开。出席会议的市纪委委员33人，列席150人。市纪委常务委员会主持会议。全会认真总结2009年党风廉政建设和反腐败工作，部署2010年任务。市委书记夜礼斌出席会议并作讲话。市委常委、市纪委书记周业勇代表市纪委常委会作工作报告。市委常委及市人大常委会、市政府、市政协党员领导出席会议。有关方面的负责人参加会议。

【踊跃为灾区捐款】 3月1日，市纪委监察局机关召开抗旱救灾动员大会暨捐款仪式，通报全省旱灾的严峻形势，传达市委、市政府的指示精神，号召机关干部职工以实际行动支援灾区。全体干部职工纷纷慷慨解囊，为灾区群众捐款8700元。

【和正兴到昭通检查工作】 3月16～19日，省纪委常委、省监察厅副厅长和正兴到水富、威信检查指导工作，并就纠风工作提出要求：一是必须增强责任感和使命感。二是必须突出工作重点。以确保强农惠农资金落实为重点，切实减轻农民负担；以清理涉企乱收费和各种乱摊派为重点，切实减轻企业负担；以清理规范检查考核活动为重点，切实减轻基层组织负担。三是必须敢于创新。进一步深化教育、卫生、“四项资金”、公路“三乱”等专项治理，创新工作方式，把专项治理从事后查处向源头治理转变；把政风行风建设从以开展活动为主向纠建并举转变；把民主评议政风行风从以规模为主向规范运作转变。四是必须做到以廉为本。以贯彻落实廉政准则为契机，廉洁从政，做到守得住根本，防止理想信念动摇；用得好权利，防止权利滥用；经得住诱惑，防止腐化堕落；保得住小节，防止因小失大。

【党风廉政建设和反腐败工作任务分解】 4月初，市委办公室、市政府办公室印发《昭通市2010年党风廉政建设和反腐败工作主要任务分解方案》，将2010年的工作任务分解为6个方面44项具体内容，分解到50个市直单位（部门）和11县区委、政府，明确了主办单位和协办单位。

【开展学习贯彻《廉政准则》征文活动】 4月1日至6月30日，市纪委监察局联合《昭通日报》社以学习贯彻《廉政准则》为契机，面向全市各级党组织和广大党员干部，开展"从严治党，廉洁从政"主题征文活动。市纪委监察局发出通知要求各级纪检监察机关认真组织，并安排6000元对预设的27名获奖作品进行表彰奖励；《昭通日报》刊发征文启事，并刊发获奖的优秀作品。

【抗旱救灾资金物资监管】 3～5月，市纪委加强抗旱救灾资金、物资监管。市县乡各级成立抗旱救灾资金物资管理使用领导小组，为救灾资金物资管理使用提供了坚强的组织保证。实行市、县、乡领导、部门挂钩联系制度，层层落实责任，确保抗旱救灾资金、物资按时发放到位。对救灾资金、物资的发放坚持"公开、公平、公正"的原则，实行专款专用、封闭运行，坚决杜绝挤占、挪用、贪污等现象发生。各相关部门各司其职，各负其责，密切配合，强化救灾款物使用情况的监督检查，确保救灾资金的安全有效运行。对救灾款物的管理使用情况进行跟踪问效，对因工作不负责任，指导不到位，管理不规范，给群众造成损失的单位和个人，严格责任追究。全市投入抗旱救灾资金21459万元，临时解决9316个自然村134.23万人的干旱缺水困难。

【纪检监察工作手机快讯平台开通】 7月1日，市委常委、市纪委书记周业勇通过全市纪检监察工作手机快讯平台发出第一条短信，向全市800余名纪检监察干部致以亲切的慰问和节日的祝福。全市纪检监察工作手机快讯平台开通，在全省纪检监察系统尚属首创。手机快讯平台由市纪委监察局主办，面向全市纪检监察干部适时发送，旨在迅速传达上级新政，交流各地经验，推动全市纪检监察工作，促进反腐倡廉建设。

【监督"7·13"抢险救灾工作】 巧家县小河镇"7·13"特大自然灾害发生后，市纪委监察局当日派出工作组赶赴受灾现场，积极参与抢险救灾，加强对救灾工作的现场监督检查。重点督促有关部门和指挥部各组认真履行职责，党员干部严守纪律，积极投身抗洪抢险，不畏艰难，不怕疲劳，迎难而上，确保抢险救灾工作扎实推进；督促有关部门强化对救灾物资的科学管理使用，在灾区街道设立举报电话、举报信箱，全程参与监督救灾物资发放，做到公开、公平、公正。

中共中央政治局常委、中央纪委书记贺国强同志对巧家县小河镇纪委书记黄通富等基层纪检监察干部在抗洪救灾工作中的先进事迹作出重要批示，要求"大力宣传、表彰和学习"。市委常委、市纪委书记周业勇高度重视，于9月10日召开常委会议传达学习，并对贯彻落实贺国强书记重要批示精神作出指示。

【明察暗访四项制度实施情况】 7月19～23日，市纪委监察局组织特邀监察员，分成4个检查组，采取拨打"96128"专线电话、暗访工作作风、明查痕迹资料、查看政府信息公开、走访群众等方式，对50个市直部门及昭阳区、鲁甸县贯彻落实责任政府、阳光政府、效能政府3个四项制度的情况进行专项检查，并对检查情况作出通报。针对少数部门和单位在贯彻责任政府四项制度方面存在有禁不止的现象、在落实阳光政府四项制度方面还有差距、在实施效能政府四项制度方面重视不够和推进不力的情况，要求各级各部门进一步加强领导、明确任务、落实责任，强化监督检查和责任追究，确保责任政府、阳光政府、效能政府各项制度落到实处。

【加强改善投资环境暨外来投资企业投诉工作】 10月中旬，市委、市政府成立改善投资环境暨外来投资企业投诉工作领导组，下设办公室在市纪委监察局。市政府印发《昭通市鼓励外来投资若干规定》，决定在市监察局设立外来投资企业投诉中心，负责受理外来投资企业的各类投诉，明确要求在接到企业投诉后的5个工作日内转交有关部门办理完毕，并及时将结果回复投诉人。

【市纪检监察学会第一次代表大会】 11月19日，市纪检监察学会成立并召开第一次会员代表大会。省纪检监察学会会长段金堂，市委常委、市纪委书记周业勇，市政府副市长冯德出席会议。会议听取《昭通市纪检监察学会筹备工作报告》和《昭通市纪检监察学会第一届理事会人事安排建议方案的说明》；审议通过《昭通市纪检监察学会章程（草案）》，选举产生第一届理事会理事、常务理事和会长、副会长、秘书长，决定副秘书长，聘请名誉会长。

（市纪委　陈朝栋）

组织工作

【村"两委"换届】 2010年，全市1177个村党组织、1176个村民委员会选举产生新一届"两委"班子。班子中交叉任职2408人，其中书记、主任"一肩挑"845人。村党（总）支部委员中，连选连任的书记906人、副书记298人、委员2782人。村委会成员中连选连任2989人，占村委会成员的52%。

【消除"党员空白村民小组"】 2010年末，自2009年将消除"党员空白村民小组"列入党建工作责任制内容，落实农村党员发展工作责任制，共发展农村党员10453人，消除"党员空白村民小组"2015个，圆满完成消除"党员空白村民小组"目标。

【党员素质提升工程】 2010年，共举办乡村两级培训班1000余场次，培训农村党员干部10万余人次。加强农村现代远程教育终端站点布局，制定现代远程教育管理制度，完善"四簿一册"，转码、包装上传远程平台节目14000分钟。村

“两委”换届结束后,各县区委党校分期分批对新一届村支部书记、副书记及主任、副主任进行轮训。

【村级组织活动场所建设】 2010年,完成全市173个村级组织活动场所建设任务。同时,投资规模为1亿元的“特殊党费”项目建设全部竣工,项目修建102个村级组织活动场所。

【农民服务站建设】 2010年,投入资金589.73余万元,建乡镇农民服务站140个、村农民服务代办点1177个;指定代办人员22773人,其中乡级1090人、村级2561人、村民小组19122人;代办事项107102件,其中乡级31956件、村级33228件、村民小组41918件。

【基层党建工作机制建设】 2010年,全面推行“四议两公开”工作法,解决大量涉及村组建设规划、土地征用补偿、民政救助、公益事业费用等农村发展事项,仅农村“一事一议”工程实施项目2000余个,完成投资3亿元,其中农民投资投劳1亿元。严格实行村务、财务、党务公开,群众对村级事务的知情权、参与权、选择权和监督权进一步扩大。严格实行公开承诺制,有效促进村干部作风转变。牵头建立了以乡镇管理为主的乡镇上划站所管理办法,进一步理顺乡镇与上划站所的关系。落实县区委书记抓党建工作责任制度,出台党建工作责任制考核细则。12月底,组织17个考核组分赴各县区和市直单位对党建责任制落实情况进行集中检查。

【党建工作探索和创新】 2010年,对党建工作进行极积的探索和创新。新设立非公经济组织党工委和新社会组织党工委。采取选派党建工作指导员等方式加强非公经济组织和新社会组织党建工作,基本实现党的组织和工作“全覆盖”。按时完成昭通承担的全省组织工作重点课题《提高组织工作满意度对策问题研究报告》和《扩大党的工作和组织覆盖面问题研究报告》。社区党建“共驻共建”机制在探索中开展。市委组织部新设立组织二科以加强指导。对城市社区党建工作进行专题调研,撰写完成《昭通市社区党建工作调研报告》。

【干部教育培训】 2010年,在市委党校、市社会主义学校举办乡科级领导干部进修班1期60人、少数民族公务员培训班1期81人、第八期中青年干部培训班50人、妇女干部培训班1期43人、党外干部培训班1期50人。全年调训干部322人次,其中厅局级领导干部16人次、县处级领导干部90人次、乡科级领导干部71人次,145名干部参加云南农村干部学院培训。加强“市校合作”,联合市发改委、市财政局、市工信委、市农业局和市林业局等单位共同拟定《昭通市2010年度市校联合培训计划》,先后组织3批130余名干部到国家行政学院、清华大学、南开大学分别就领导干部执行力、财政经济知识、工业经济管理等进行专题培训;邀请知名专家、学者到昭举办专题讲座20多场次。组织全市1969名正科级干部参加全省统一的副县处级职务晋升资格基本知识考试,合格率90%以上。组织全市957名处级以上领导干部参加在线学习,参学率97%,学习平均分50.47分,在全省31家单位中均列第8名,其中684名学员完成规定的40学分学习任务。年内,市级培训各级各类干部1100人次,县区培训12000多人次。

【落实干部选拔任用四项监督制度】 2010年,以开展一次主题宣传、一次电视访谈、一次集中学习、一次知识竞赛和一次网络征文“五个一”活动为载体,报纸、电视、广播、党建网、手机短信五大媒体有效联动,开展“干部选拔任用政策法规集中宣传月”活动。组织全市18556名干部群众参加全省的干部选拔任用工作法规知识抽奖答题竞赛活动。11县区和市直各单位派出18支代表队参加全市干部选拔任用工作法规知识竞赛活动。组织盐津、鲁甸、市中级法院等党委(党组)书记开展选人用人工作专题电视访谈,录制节目14期。编印《干部监督工作文件汇编》发放到所有县处级以上领导干部、组织(人事)干部和乡镇党政主要负责人,为处级以上领导干部配发《选拔任用工作四项监督制度(单行本)》850册。开展“选人用人大家谈”活动,征集到选人用人文章60余篇,在昭通党建网刊载27篇。

【治理拉票行为和买官卖官问题专项整治】 2010年,进一步完善民主推荐、干部考察预告和任前公示制度,将有无拉票行为列入干部考察预告、任前公示内容,在民主推荐领导干部时同步开展拉票行为情况民意调查。将整治买官卖官有关文件材料印发到市委管理的县处级领导干部和县区委管理的科级领导干部。认真受理和集中排查群众举报,对2008年5月以来受理存查的信访举报进行全面梳理,上报《买官卖官问题线索登记表》、《买官卖官问题处理情况登记表》。

【完善干部人事制度改革配套制度】 2010年,制定《关于市直单位处级非领导职务正常晋升和管理办法》、《关于进一步从严管理干部的实施意见》、《关于贯彻落实〈2009~2013年全国党政领导班子建设规划纲要〉的实施意见》、《关于贯彻落实中央〈2010~2020年深化干部人事制度改革规划纲要〉的实施意见》等系统改革配套意见。

【县区委书记用人行为任中(离任)检查】 2010年,为有效规范和监督“一把手”用人行为,市委组织部配合省委组织部检查组对绥江、威信、水富3县任期满3年以上的县委书记用人行为进行任中检查。组织2个检查组对巧家、永善2县县委书记用人行为进行离任检查。

【提高选人用人公信度示范单位创建】 2010年,出台《关于开展提高选人用人公信度“示范县”、“示范单位”创建活动的实施意见》。持续开展盐津、大关2县“深入整治用人上不正之风示范县”创建工作,并更名为“提高选人用人公信度示范县”;同时新申报鲁甸、威信2县经省委组织部审定为“提高选人用人公信度示范县”。新确定30个市直“提高选人用人公信度示范单位”。

【竞争性选拔干部】 2010年,全市公开选拔科级领导干部113名,其中副科级领导干部99名,首次公开选拔优秀村(社区)14名党组织书记担任副乡镇长。在市直机关全面推行竞争上岗工作,全年批准19个单位中层干部竞争上岗方案,审核办理科级干部职务任免24个71人。出台《昭通市市直机关公开选调公务员实施细则》,指导协助市直4个单位开展公开选调工作,选调干部14人。

【从基层一线培养选拔干部】 2010年,在干部选拔任用工作中,严格执行具有基层领导经历和基层工作经历的条件。对市直机关没有基层领导经历和基层工作经历的干部,采取下派挂职(工作)的方式进行补课。出台《关于选派市直机关年轻干部到基层挂职(工作)锻炼的规定》,从市直机关首批选派18名年轻干部到基层挂职(工作)。

【干部选拔任用和调整】 2010年,认真执行《中共昭通市委全委会民主推荐提名县处级党政正职领导干部初始人选暂行办法》,由市委全委会民主推荐产生9名县区长人选,经差额考察确定使用6名。完成168名干部的调整工作,其中提拔使用40名、平级调整128名。完成市政府机构改革后的部门领导干部调整配备和重新任命。按照干部试用期制度规定,完成24名试用期满干部的考核、考察和正式任命等工作。

【干部综合管理】 2010年,执行党员领导干部诫勉谈话和函询等监督制度。配合省委组织部对11个县区委书记开展专题谈心谈话活动。严格执行党政领导干部报告个人有关事项等制度。有效搭建“12380”举报系统平台,在全市基本形成信访、电话、互联网“三位一体”的举报系统。做好领导干部出国(境)审批工作,全年审查因公出国(境)28件,其中处级干部50人、科级干部5人;审查特定岗位国家工作人员因私出国(境)80人,收回保管的因私证照221本,因本人遗失等原因注销26本。委托市审计局对县区和市直10名领导干部进行经济责任审计。

【人才工作取得新进展】 2010年,草拟《昭通市中长期人才发展规划(2010~2020年)》和《〈关于昭通市中长期人才发展规划(2010~2020年)〉编制情况的说明》。按时完成省委联系专家的推荐上报。拟发《关于推荐市委联系专家的通知》和《市委联系专家管理服务暂行办法》。借助《中国人事报》、《云南日报》、《云南经济日报》、《云南组工信息》、《云南人才工作》、《昭通日报》等做好人才工作的宣传。协调组织侨通、华新、宏联等5家企业8人参加昆明市委组织部邀请出席的“2010昆明论坛——后危机时代的企业发展”。

【干部档案管理】 2010年,健全完善干部档案管理制度,规范整理干部信息档案。先后投入资金6万余元用于档案室的装修改造和设备配置。自9月起,利用省委组织部《干部人事档案管理系统》软件,启动干部人事档案目录录入工作。至年底,全市具备干部档案信息管理条件的39个单位中,达标10个,其中达国家一级标准1个。

【党代表联络工作】 2010年,各县区、市直党(工)委相继成立党代表联络服务机构或明确相应联络服务机构,出台《党代表视察调研制度(试行)》、《党代表联系制度(试行)》等6项制度。初步建立起市党代表联系普通党员和困难群众等制度。积极组织党代表列席市委九次、十次全委会议;在部分基层、一线市党代表中征求对市委全委会报告的意见、建议;对市委的重大决策、重大情况通过简报等方式向市党代表进行通报。市党代表桥梁纽带、参政议政、民主监督等方面的作用逐步得到发挥。

【选聘大学生村官】 2010年,全市拟选聘242名高校毕业生到村任职,有670名大学生报名参加选聘。经笔试、考察、考核、体检、公示等程序,因公务员考试和事业单位招录考试的时间与选聘时间接近,每一个阶段都出现自愿放弃的现象。截至年底,实际招录217名。

【组织工作群众满意度提升】 2010年,全市组织部门紧紧围绕实现昭通跨越发展的奋斗目标和改革发展稳定大局,突出重点,整体推进,团结拼搏,狠抓落实,全市组织工作在改革中发展,在创新中提高,取得明显成效。据省委组织部反馈的2010年全国组织工作满意度民意调查各州市四项指标结果显示,对昭通组织工作的总体评价为75.9分,较2009年分值上升2.64分;对组工干部的评价为75.32分,较2009年分值上升1.22分;对干部选拔任用工作的评价为76.35分,较2009年全省排名上升6位,分值上升5.44分;对防止和纠正用人不正之风工作的评价为74.6分,较2009年全省排名上升2位,分值上升4.6分。

【共产党员抗旱先锋行动】 3~5月,在抗旱救灾中,在全市基层党组织和广大党员中开展“共产党员抗旱先锋行动”,419个党组织、4万多名党员为灾区捐款1600多万元。

【“大组工网”建设】 5月,启动“大组工网”建设,投入25万元建设经费,采取部分点方式接入,严格按照保密规定实施。至7月,完成昭通分担的“大组工网”建设任务。

【创先争优活动】 5月20日,启动全市创先争优活动。年内,在各级党员领导干部中建立1170个创先争优活动联系点,分别召开县区委书记汇报会和盐津现场推进会,组建7个创先争优活动督查工作组进行定期督查。全市8800多个党组织、12.4万名党员向党组织和社会作出公开承诺,承诺事项31.6万件;组织开展“争做乌蒙先锋推动跨越发展”主题实践活动和“进千家门、暖万人心”主题活动；机关党员、干部下基层8.8万人次，为群众办实事、好事5.25万件；有1.2万名党员被评为“五星级”优秀共产党员，600余个基层党组织被授予“流动红旗”。出台《基层党建示范点建设标准》，通过建立领导责任机制、创建保障机制、考核评价机制和培育推广机制，在11县区开展基层党组织建设先进县区创建工作。以重点打造7个省级基层党建工作示范点和30个市级基层党建工作示范点为龙头，在504个不同类型的基层党组织中开展基层党建工作示范点创建工作。全市1万余名党组织书记、760多名县处级以上党员领导干部深入活动开展单位，听取活动情况汇报，对10900个基层党组织、15.1万名党员进行点评，开展活动点评4.6万次。

（**市委组织部** 宋恩骑）

宣传工作

【抗旱救灾宣传报道】 2009年10月至2010年5月，昭通市遭遇60年一遇的旱灾。为切实加强宣传报道，引领全市各族干部群众鼓舞士气、振奋精神，做好抗旱救灾工作，市委宣传部召集市级新闻单位的领导进行专门研究，成立抗旱救灾宣传报道工作领导组，于2010年3月1日拟发《关于进一步做好抗大旱保民生促春耕宣传工作的通知》，对抗旱救灾宣传重点、宣传方式提出明确要求。市级3家新闻媒体推出“抗大旱、保民生、促春耕”专栏、专题。联系体育馆广场和大市场的电子屏幕进行全天不间断播放抗旱救灾公益广告，在全市广大干部群众中树立起抗旱救灾的意识、信心和决心。

【“昭通古象化石群”前期宣传】 1月，经过长时间筹备和多方努力，邀请新华社、中新社等主流媒体组成采访团采访昭通古象化石群（网络搜索10700条）。召开“昭通古象化石群”新闻发布会。认真组织昭通古生物化石群第二次挖掘宣传报道，邀请中央电视台《探索发现》、《走近科学》栏目组到昭通开展古生物化石群专题片的前期拍摄工作，制作完成昭通古生物化石群纪录片《巨骨迷雾》，并在中央电视台科教频道黄金时段播出，引起国内外广泛关注。

【全市宣传思想文化工作会】 3月17日，市委召开全市宣传思想文化工作会议，深入学习贯彻党的十七届四中全会、全国宣传部长会议、全省宣传思想文化工作会议和市委二届十次全会精神，回顾总结2009年全市宣传思想文化工作，分析当前形势，安排部署2010年任务。表彰2009年度全市宣传思想暨精神文明建设责任制先进县区。市委副书记张登亮到会并作讲话，市委常委、宣传部部长陆琴雯部署相关工作，市政府副市长韩梅主持会议。

【未成年人思想道德建设】 3月18日，全市未成年人思想道德建设经验交流会召开。市委常委、市委秘书长田勇，市人大常委会副主任张华贵，副市长韩梅出席会议。田勇要求各级各部门要不断强化理想信念、革命传统、道德品质和基本素质教育，引导未成年人树立正确的理想信念和价值取向；要以营造良好的社会文化环境为基础，抓好青少年健康上网、文明上网的“绿色工程”、“精品工程”和“净化工程”，保护和促进未成年人健康成长；要以强化学校、家庭、社会“三位一体”建设为着力点，以农村和特殊群体未成年人为突破口，形成齐抓共管的良好格局，整体推进全市未成年人思想道德建设。会议还表彰了获全省未成年人思想道德建设的先进集体和个人。

5～7月，积极组织参加“云南省‘做一个有道德的人’”主题班会评选活动。经过初赛，推荐昭通一中凤池分校和鲁甸县一小2个学校主题班会上报，参加全省决赛，昭通一中凤池分校获二等奖，鲁甸县一小获三等奖。

6月，把全省首届“云南美德少年”评选活动作为推进昭通市未成年人思想道德建设的一次重要契机，积极组织广大中小学生参加活动。推选过程中，全市各中专、中小学校充分利用主题班会等载体宣传候选人先进事迹，使美德少年标准扎根学生心中，使美德少年荣誉成为学生追赶的目标。经过层层推荐、评选，全市评出6名候选人推荐上报，其中4人获首届“云南美德少年”称号、2人获首届“云南美德少年”提名奖。

【“农家文化大院”建设】 4月，实施“农家文化大院”建设工程。“农家文化大院”定位为以农户为依托，以农村文艺人才为骨干，以农家大院为场所，以文化为主题，以服务为宗旨的一项村级文化建设工程；是以政府为引导，以农民为主体，集文艺演出、图书阅览、科普培训、信息查询、体育活动、农村党建、人口大院等为一体的多功能综合性活动场所。在规划布局上，把满足农民群众日益增长的精神文化需求作为实施千户“农家文化大院”建设工程的根本点，立足于方便群众、服务群众，把“农家文化大院”示范点建设在人口相对集中的自然村的农户院坝。在选点布局上做到“五个优先”，即优先考虑革命老区、优先考虑少数民族地区、优先考虑边远贫困地区、优先考虑文化基础设施落后地区、优先考虑信教群众集中地区。将通过3～5年的努力，完成“千户农家文化大院”工程，实现全市200人以上自然村全覆盖。“农家文化大院”建设和运行管理要求达到“5143”的标准，即硬件建设“五个一”：一院（一个环境整洁优美、能够开展经常性文化娱乐活动的水泥硬化院坝）；一墙（一面设计精美、内容丰富、贴近群众的文化墙）；一栏（一个更新及时的宣传栏）；一室（一个综合文化室，把村规民约和相关规章制度装框上墙，有藏书1000册以上，能常年开展借阅活动）；一具（一套能满足日常活动开展需要的影音设备、表演器材和健身设施）。

软件建设“四个有”：有一个群众自发的组织管理机构，负责对“农家文化大院”各项活动的开展进行组织和管理；有一支15人以上具有地方特色的文艺演出队伍，每月在本院开展文艺演出活动至少1次；有1名以上具有一定文化程度政策宣讲员，适时开展农村各项政策的宣讲；各相关部门到文化大院开展惠农政策讲座、各类实用技术培训、法律知识普及等宣教活动不少于6次；有一套结合本院实际的管理制度和运行机制。目标管理“三提升”：通过开展“农家文化大院”建设，努力提升基层文化建设和服务的水平，保障农民群众的基本文化权益；努力提升发展乡村文化产业的水平，每年实现一定的创收；努力提升用社会主义先进文化占领农村思想文化阵地的水平，促进经济发展与社会文明进步。

【铁飞燕先进事迹宣传】 5月6日，昭通市回族女青年铁飞燕在四川省绵阳市安昌河中勇救落水者的英雄事迹经媒体宣传报道后，引起全社会的强烈反响。铁飞燕用自己的行动诠释了80、90后青少年的人生价值观。为表彰铁飞燕的模范事迹，市文明委授予铁飞燕“昭通道德模范”称号，并号召全市广大干部群众以及在昭工作、生活、学习的各界人士向铁飞燕学习。云南省委书记白恩培批示：“铁飞燕的事迹应很好宣传。”全国妇联、交通运输部、云南省委、省政府、绵阳市政府分别授予铁飞燕全国三八红旗手、全国交通运输行业文明职工标兵、云岭楷模、全省见义勇为先进分子、绵阳市荣誉市民等称号，并获“中国网事·感动2010”年度十大网络人物。市委宣传部等部门在全市组织铁飞燕先进事迹巡回报告会，市、县区主要新闻媒体对铁飞燕先进事迹进行大量宣传报道，全市各地各部门掀起学习道德模范的热潮。

【做好市长与网民互动工作】 5月，完成市长王敏正做客昭通新闻网与网民互动交流活动各项工作。5月20日，昭通新闻网开辟“我有问题问市长”网络对话平台，广大网友通过平台向市长提问和建议。5月27日下午15:30至17:00，王敏正做客昭通新闻网，就干部群众关心关注的问题与网友在线交流。事后，把网络上市长未能及时回答的2390条问题梳理分流，逐一回答，昭通新闻网“王敏正网络问政”当天点击访问量17万次。

【新闻系列职称评审】 5～7月，全市新闻系列初级职称评审委员会和新闻系列中级职称评审委员会分别开展评审活动。通过评审，全市9人获新闻系列初级技术职称、12人获新闻系列中级技术职称。分别推荐3人和1人到省高评委申报副高级技术职称和正高级技术职称，其中2人获副高级技术职称、1人获新闻系列正高级技术职称。

【组织好昆交会宣传报道】 6月4～10日，组织由市委宣传部和市直各新闻媒体的有关领导、采访记者、工作人员组成的宣传组赴昆明对昆交会昭通团的参会活动及取得的成果进行宣传报道。昆交会举办期间，昭通市在昆举行“西部千里大峡谷”昆明推介会，宣传组专门邀请部分中央、省市新闻媒体记者参加推介会。

【人口普查工作宣传】 6～10月，为做好第六次全国人口普查工作的宣传，市委宣传部抽出专人到人口普查办参与日常工作，与市人普办联合制订印发《昭通市人口普查宣传月宣传活动方案》和《昭通市人口普查倒计时60天新闻宣传方案》，召开新闻媒体工作会议，对人口普查的宣传报道工作作了安排部署，为全市人口普查工作营造良好氛围。

【民族团结宣传活动】 6～12月，开展民族团结宣传活动。6月8日，在《昭通日报》上刊载《云南民族团结知识竞赛》题目及答题卡，本次活动收到答题卡2万余份，全部送到省委宣传部参加全省统一抽奖。6月10日，由市委、市政府主办，市委宣传部、市民委、市文体局、市总工会、共青团昭通市委、市妇联承办的“昭通市民族团结宣传周”活动正式启动，市委、市人大常委会、市政府、市政协的相关领导出席启动仪式。部分机关干部职工、少数民族贤达及苗族学会、彝族学会、回族学会等民间组织应邀参加启动仪式。6月10～17日，举办民族团结成就展和书画展，以图片展示、史料及数字对比等方式讲述全市各民族在新中国成立以来，老百姓生活的巨大转变，讲述党中央及省委对昭通市经济社会发展的关心与支持，唱响全市各民族间“共同团结奋斗，共同繁荣发展”主旋律。吸引广大市民踊跃参观，并纷纷留言谈感受、谈认识、谈期望。

【禁毒宣传】 6月25日，市委宣传部协同相关部门在昭通师专礼堂举行“云南省万名大学生志愿者暑期禁毒宣传‘六进’活动”启动仪式，为各志愿者分队举行授旗仪式，并分发宣传资料。6月26日，在体育馆广场举行“6·26”禁毒宣传及“防艾”宣传活动。活动内容包括展出展版、发放宣传资料、展示毒品实物，市强制戒毒所还组织学员进行文艺表演等。组织一批禁毒“防艾”新闻稿件参加全省禁毒防艾好新闻评奖活动，1件作品获全省三等奖。

【全力做好民心工程】 6～12月，全力做好中央文明办、教育部、文化部等赠送的500台电脑分配工作，并举行捐赠仪式，将其中60%分配到偏远的农村中小学校、40%分配给基层社区的文化站，缓解了部分偏远山区中小学校和乡镇、社区文化站缺乏电脑的问题，丰富了群众精神文化生活，满足了中小学生的绿色上网需求。9月，确定14名大学生和40名高中生为“西部开发助学工程”资助对象。

【宣传思想文化系统学习郑垧靖先进事迹】 7～12月，全市宣传思想文化系统掀起学习郑垧靖、争做郑垧靖的热潮。市委宣传部转发《关于开展向郑垧靖同志学习活动的决定》，制定《“学郑垧靖做心系百姓的宣传干部”主题实践活动实施方案》,拟发《关于印发 <“学郑垧靖做心系百姓的宣传干部”主题实践活动实施方案 >的通知》,要求各级党委宣传部门和宣传文化系统结合各自实际,采取多种形式,率先垂范,带头深入学习郑垧靖的先进事迹和崇高精神,引导广大宣传思想文化工作者争做郑垧靖式的好党员、好干部,努力创造无愧于党、无愧于人民的一流业绩。

【昭通新闻奖评审】 8~10月,市委宣传部成立昭通新闻奖评审领导组,组织评选出市级3家新闻媒体2009年度昭通新闻奖获奖作品112件,其中一等奖24件、二等奖37件、三等奖51件。

【公民道德宣传日系列活动】 9月20日,组织开展公民道德建设系列活动,使“爱国守法、明礼诚信、团结友善、勤俭自强、敬业奉献”公民基本道德规范和“八荣八耻”社会主义荣辱观更加深入人心,成为规范公民行为的道德准则。广大公民积极实践公民道德、自觉践行“八荣八耻”,努力提高自身素质。

【开展“县区长霹雳行动”宣传活动】 10月12~22日,市委宣传部组建采访团深入各相关县区对煤矿安全进行连续性报道,全面展示各县区在市委、市政府领导下,采取切实可行措施,严控各类事故发生所取得的成效,为煤矿安全监管工作营造良好氛围。

【昭通文学艺术家创作中心落成】 10月30日,举行昭通文学艺术家创作中心落成典礼。省人大常委会原副主任、省文联名誉主席梁公卿,省人大常委会副主任李春林,中国文联副主席丹增,中国作协书记处书记张胜友,中国作协主席团委员张笑天,省文联专职副主席麻卫军,市委书记夜礼斌,市政协主席熊启怀,市委常委、常务副市长张纪华,市委常委、市委秘书长田勇,市委常委、昭阳区委书记马吉林,市委常委、市委宣传部部长陆琴雯,市人大常委会副主任赵卫,副市长韩梅等出席典礼。周梅森、刘庆邦、何申、乔叶、庞天舒等来自全国各地的知名作家及市、县区文联主席参加典礼。梁公卿为昭通市文学艺术家创作中心授印,夜礼斌作讲话,张纪华致欢迎词,韩梅主持落成典礼。创作中心占地面积约4700余平方米,总投资1000余万元,是集住宿、休闲、创作室为一体的创作基地。

【宣传十七届五中全会精神】 11月3日,市委宣传部拟发《关于做好学习贯彻十七届五中全会精神宣传报道工作的通知》。12月20日,拟发《关于印发 <昭通市回顾“十一五”、展望“十二五”主题宣传报道活动方案 >的通知》。市级3家新闻媒体根据要求,开辟专题、专栏专版,深入解读全会通过的《中共中央关于制定国民经济和社会发展第十二个五年规划的建议》;突出宣传“十一五”取得的成就和创造的经验,着力宣传“十二五”的总体目标、主要任务及重大战略部署。

【电影《包裹》在昭开机拍摄】 12月24日,根据昭通青年作家沈洋同名小说改编的本土电影《包裹》举行新闻发布会暨开机仪式。《包裹》由云南民族电影制片厂编辑、国家二级摄影师姚建云和云南省作家协会会员、昭通青年作家沈洋编剧,青年导演王辉乐执导。省教育厅、市委宣传部、昭阳区、大关县及云南金洋影视文化传媒公司联合摄制。主要在昭阳区大山包、大关县玉碗镇等地拍摄。新闻发布会举行“温暖昭通——爱心包裹”捐赠仪式,中国扶贫基金会高级顾问焦万曼向大关县玉碗镇中心小学和昭阳区大山包中心小学的学生代表捐赠“爱心包裹”。红塔集团昭通卷烟厂,昭通统战系统、共青团昭通市委、市档案局、武警昭通支队、中国移动昭通分公司、市中心血站,昭阳区一中、三中、四小等捐赠资金近30万元,电影制片方负责人罗嘉勇接受捐赠。

【创先争优宣传】 2010年,在创先争优活动宣传工作中,对各基层党组织创先争优活动及舆论宣传工作进行指导。有组织地深入基层采访收集信息,把笔头和镜头对准创先争优活动的主阵地。对巧家小河镇抗洪救灾、各级基层党组织及先进个人的典型事迹进行集中宣传报道,推出巧家小河镇纪委书记黄通富、女支书黄汉先、老支书黄得府等一批先进典型。组建巧家小河镇抗洪救灾先进事迹报告团,在各县区开展巡回演讲,巧家县组织报告团进入乡村展开巡回报告。先后3次组织中央、省、市新闻媒体对昭通抗旱救灾、抗洪救灾和创先争优活动进行集中宣传报道,新华社刊发通讯《洪水滔滔党旗红》,真实报道了昭通各级基层党组织和广大共产党员在抢险救灾中的先进典型事迹。在市级3家媒体开辟“创先争优展风采”、“创先进党组织、争当优秀共产党员”、“党组织书记畅谈创先争优”等专版和专栏。全年编发信息110期,其中13篇被省委创先争优活动简报采用,《洪峰浪尖党旗红——巧家县各级党组织和广大共产党员在抗洪救灾最前沿创先争优》被中央简报采用。

【突出示范抓理论学习研究】 2010年,明确提出全市各级党委(党组)中心组和领导干部理论学习重点,进行4次集中学习。邀请省委党校教授欧黎明就划清“四个重大界限”作专题讲解,市直370余名副处级以上领导干部参加学习。同时,市委宣传部还从部机关做起,带头开展创建“学习型机关”活动,确定16个学习专题,采取职工自学与邀请领导、专家、学者举行专题讲座相结合的形式,每周举办1次讲座。邀请中国社科院、云南大学、云南师范大学的专家学者到昭通调研,召开昭通历史文化研究座谈会。邀请省社科院的专家就《昭通基督教现状与和谐社会构建研究》、《中国共产党的民族政策在云南民族散居地区的实践——对昭通市民族散杂居实证研究》2个课题深入7个县15个乡镇28个行政村50个村民小组和市直8个相关单位进行调查研究。

【精神文明创建活动】 2010年，申报、考评8个市级文明行业。全市有5个单位接受省文明风景旅游区考评组的检查考评。评选命名16个宗教场所为第三批市级“文明宗教场所”，复查通过第一、二批“文明宗教场所”39个。

【文学艺术蓬勃发展】 2010年，昭通文学艺术蓬勃发展。昭通文学艺术家创作中心落成。在昭通人民广播电台创办“朱提书苑”栏目，在《昭通日报·鹤都晚刊》开辟《乌蒙风·佳作》专栏，创建昭通文艺网和昭通作家群的博客。出版发行《昭通作家精品集》5卷，全面展示昭通作家近半个世纪来所取得的文学成就。昭通作家群创作作品分别在《中国作家》《诗刊》《北京文学》《四川文学》等刊物发表，部分优秀作品被《小说月报》《诗选刊》等选载。昭通籍作家雷平阳获第五届鲁迅文学奖。促进昭通作家把文学作品转化为影视业，夏天敏的中篇小说《下山去充电》被北京电影制片厂看中，买断改编权；与全国著名剧作家张笑天签署《扎西大转折》剧本写作协议；与北京响巢国际有限公司、云南电影制片厂合作筹拍30集电视连续剧《龙云》（暂名）；曾令云长篇小说《李家花园》将拍摄为30集电视连续剧《汇通天下》；巧家县农民拍出全省第一部农民数字电影《香火》。创作队伍得以壮大，不断涌现出文学新人，加入省作协的作家不断增多。民间文学社团活跃，新创办了一批民间文学报刊。傅刘昌水彩画作品《宏村系列》入选“2010收藏最美徽州——第四届全国体育大会水彩画邀请展”，锁英油画作品《玩偶》参加中央美术学院《收获》展览并获优秀奖。开办“西南书画网”，张荣炯在中国书画家协会主办的篆书展中获提名奖。在全国首届个体和私营书法展览中，云南5人入围，其中昭通4人，1人获二等奖、3人获优秀奖。在第二十三届全国摄影艺术展览中，张捷的《风雪小买卖》、邱锋的《西凉山》、石声明的《留守老人》入选；王兴建的《故乡》在中国原生态国际摄影大展中获优秀奖并入围纽约摄影学会第三十八届国际沙龙摄影展，个人风光摄影作品展《第二自然》参展第十届平遥国际摄影展国内重点展。廖天云小品《事件正在调查中》、蒋仲文大型话剧《记忆，奥斯维新》分获省政府文学艺术奖小品类二等奖、戏剧类三等奖。歌曲《苹果红了》，作为昭通苹果暨中国西部千里大峡谷上海推介会的形象宣传歌曲。刘永忠出版发行《刘永忠音乐作品集》，杨莉和李伟出版发行音乐专辑《大美昭通》。韩平华、张黎分获全国乡村歌手大赛云南选拔赛民族唱法三等奖和原生态唱法优秀歌手奖。少儿舞蹈《感动操场》获云南省花儿朵朵向太阳比赛一等奖并到北京演出；彝族诗画组舞《六祖光辉》，舞蹈《跳老虎》、《健身操》、《拽铃》获全省第九届民族运动会演出一等奖。市文化艺术剧院编创的彝族舞蹈《甩铃》获文化部全国舞蹈“群星奖”。

【对外宣传】 2010年，协调中央电视台、云南电视台记者到鲁甸、巧家等县就抗大旱、保民生、促春耕进行采访，并在央视和云南电视台播出。配合中央电视台总编室编导许镜清一行到彝良县采风。协调云南电视台、云南人民广播电台、云南经济日报、都市时报联合开展深化行政审批制度改革、提升今日昭通效率专题宣传，昭通对外形象和影响力进一步提升。邀请新华社云南分社对威信、镇雄、彝良革命老区建设情况进行调研，采写专题内参。精心策划完成全省扶贫开发昭通现场会相关宣传报道工作，认真组织协调省扶贫工作新闻采访团、省产业建设新闻采访团，中央、省级、港澳媒体采访团到昭通集中采访工作；组织媒体，圆满完成首次“市长网上在线访谈活动”和“中国西部千里大峡谷论坛”相关对外宣传工作及市委、市政府“昭通苹果上海推介会”宣传工作。组织云南省党外知识分子联谊会、云南省留学人员联谊会第三次会议暨“服务社会——昭通行”活动采访报道工作。组织策划全省昭通专题会议“加快能源建设，推进昭通工业化、城镇化发展”的对外宣传。在深圳商报上策划出版题为《昭通——资源富集的投资热土》特刊，推介昭通，宣传昭通。完成中央、港澳驻滇和省级媒体到昭开展支持昭通加快经济社会发展步伐采访活动的各项工作。协调新华社采访报道昭通农家文化大院建设。认真组织昭通古生物化石群第二次挖掘宣传报道。协调中央、省级媒体宣传报道“抗冰救灾”情况，为争取中央、省级各部门的支持做出积极贡献。成功应对卡塔尔半岛电视台记者到永善县采访的事件。及时介入昭阳区检察院“3·26”办案安全责任事故的媒体应对，并召开安全责任事故新闻发布会，及时发布信息，澄清事实，接受社会监督和媒体调查。昭阳区一施工现场发生多辆车被烧毁打砸、多人受伤的“11·02”事件，市委宣传部及时介入，通过召开新闻发布会等多种措施和方法，舆论在短时间内得到控制。召集市公安局、信息产业办、新闻出版局、市广电局、市电信运营商（电信、移动、联通）等相关单位，传达省“互联网工作座谈会”精神，安排部署昭通市互联网站登记备案等工作。

【文化建设“百千万工程”】 2010年，大力实施文化建设“百千万工程”，即市级“百场演出进百乡”、县区“千场演出进村寨”、乡镇“万场演出进自然村”，同时全市实施“千户文化大院”进农家、“万场电影进村寨”等文化系列工程。截至年底，全市各乡镇组建业余文艺演出队伍200支（含农家文化大院文艺宣传队），开展演出活动1万余场，观众295万余人次。

【挂钩扶贫】 2010年，市委常委、市委宣传部部长陆琴雯先后4次带领工作人员，到挂钩村开展调查研究，帮助、指导挂钩村推动计划生育、新农村建设、春耕生产等各项工作全面完成。帮助酒房村解决抗旱救灾和春耕生产经费10000元,干部职工为结对帮扶对象捐款6400元,送去棉被32床,干部职工个人捐款建立帮扶基金1.37万元。协调妇联解决资金4.5万元建30口“母亲水窖”,帮助新街乡部分群众解决吃水难问题;帮助解决“农家文化大院”建设资金10万元。协调市烟办解决资金3万元为鲁甸县小寨乡实施文化信息工程。

(市委宣传部　刘静宇)

统战工作

【慰问各界人士】 1月14~16日,市委常委、市委统战部部长余扬举,市人大常委会副主任张华贵,市政协副主席、市工商联主席李志平等带领统战、民族、宗教部门负责人到市级民主党派机关、民族、宗教团体和昭阳区、鲁甸县的主要宗教活动场所、民营企业慰问各族各界人士。

【各界人士迎春座谈会】 2月4日,市委统战部召开各族各界人士迎春座谈会,市级各民主党派、有关团体负责人和民族、宗教、非公经济、台侨界代表人士100余人参加座谈会。市长王敏正出席会议并向各界人士通报经济社会发展情况,市委常委、市委统战部部长余扬举主持座谈会。

【统战工作会议】 2月26日,全市统战工作会议召开,各县区委副书记、统战部长、统战部办公室主任、民宗局长、工商联主席和市直有关部门、市级各民主党派、有关团体负责人参加会议,市委副书记张登亮作讲话,市委常委、市委统战部部长余扬举作工作报告。会议传达贯彻全省统战部长会议和市委二届十次全会精神,总结2009年的统战工作,全面部署2010年的统战工作任务,对2009年统战工作目标管理考核和信息调研工作考核先进单位和个人进行表彰。

【组织非公经济人士捐款抗旱救灾】 3月1日,市委统战部、市工商联举行非公有制经济人士抗旱救灾捐资仪式,30多位非公经济人士慷慨解囊,共募集抗旱资金560万元。期间,市委统战部组织市直统战系统干部职工参与抗旱救灾,捐资7850元。

【开展宗教工作专题调研】 3月,市委统战部组织调研组到全市11县区的重点民族乡村、主要宗教活动场所开展宗教工作专题调研,形成调研报告,《昭通市宗教工作调查报告》获省委常委、省委统战部部长黄毅批示。

【余扬举到市直统战系统调研】 4月1~3日,市委常委、市委统战部部长余扬举一行到市民宗局、工商联、社会主义学校和民主党派机关进行工作调研,听取各单位、各党派的工作汇报,帮助解决工作中存在的困难和问题,对统一战线发挥职能、突出重点、凸显特色、奋发有为提出意见和要求。

【民盟中央在昭实施“明眸工程”】 4月17日,民盟中央社会服务部组织温州医学院附属眼视光医院医疗专家组到昭通实施“明眸工程”,市中医院与温州医学院附属眼视光医院签订“明眸工程”合作共建协议。民盟中央副主席李重庵,民盟云南省委主委倪慧芳,市政协主席熊启怀,市委常委、市委统战部部长余扬举等出席签字仪式。

【余扬举到基层调研】 4月,市委常委、市委统战部部长余扬举,市政协副主席、市工商联主席李志平先后到镇雄、彝良、威信、大关、盐津、永善等县调研,听取县乡党委对统一战线工作的汇报,深入民族村寨、民营企业、宗教活动场所视察,与基层干部、民营企业家、民族宗教人士座谈,对加强党对统战工作的领导、建立完善大统战工作机制、支持少数民族地区加快发展、促进宗教关系和谐、大力发展非公有制经济、重视党外代表人士教育培养、加强基层统战组织建设、提高统战工作保障能力等提出指导意见。

【余扬举率团赴楚雄等地考察】 5月,市委常委、市委统战部部长余扬举,市政协副主席、市工商联主席李志平率市商务局、市投资服务中心相关负责人到楚雄、昆明考察学习招商引资工作。

【岩庄到昭调研】 5月15日,省委台湾工作办公室、省政府台湾事务办公室主任岩庄在市委常委、市委统战部部长余扬举、市委统战部常务副部长刘昌华等陪同下,到昭通市巧家、盐津等地调研,走访慰问台胞台属,对发展昭台经贸合作、维护台商合法权益进行指导。

【台盟省委领导到昭调研】 5月18~21日,台盟云南省委主委、省台联会长郑凡一行到昭通调研,市委常委、市委统战部部长余扬举与调研组座谈,市委统战部副部长曹内彬陪同调研组到昭阳、大关等地走访慰问台胞台属,开展工作调研。

【省“两个联谊会”到昭开展社会服务】 5月29~30日,省党外知识分子联谊会和省留学人员联谊会到昭通市开展“服务社会——昭通行”活动,全省知名学者和专家在昭举办“中国西部千里大峡谷旅游发展论坛”和加快昭通经济社会发展的3个专题讲座。“两个联谊会”捐资60万元支持大关县翠华镇中心小学修建教学楼和设立奖学金。

【市委批转加强基层统战组织建设意见等】 5月,市委统战部在深入调研基础上,向市委上报《关于加强基层统战组织建设的意见》、《民族宗教工作联席会议制度》、《关于进一步做好聘任统战特约人员的意见》,市委办批转下发了这3个意见、制度。

【组团参加全省宗教界体育运动会】 6月,市委统战部组织宗教界人士到大理参加由省委统战部、省宗教事务局主办的全省首届宗教界体育运动会,昭通代表团获传统体育道德风尚奖,共有10个团体项目、56个个人项目获奖。

【王敏正为昆明昭通商会企业家作讲座】 6月11日,市委副书记、市长王敏正到昆出席上海浦发行与昭通商会信贷战略合作签字仪式,并为昆明昭通商会企业家作《宏观调控与企业发展》的专题讲座，昆明昭通商会101家会员企业近千人到场聆听讲座。市委常委、市委统战部部长余扬举主持讲座，市政协副主席、市工商联主席李志平参加听讲座。

【昆明昭通商人回乡开展创业考察】 6月23～25日，昆明昭通商会80多名企业家到昭开展回乡创业考察活动，重点到昭阳区、盐津县、水富县等地考察，与地方政府在农特产业发展、文化旅游开发、城镇化建设等方面签订7个合作项目，协议引资80多亿元。市委、市政府组织召开昆明昭通商会回乡考察座谈会，市长王敏正等接见回乡考察的企业家。

【省第八届“卧尔兹”演讲比赛在鲁甸举行】 7月3～6日，云南省伊斯兰教第八届“卧尔兹”演讲比赛在鲁甸县文屏清真寺举行。中国伊斯兰教协会副会长、省政协副主席、省伊斯兰教协会会长马开贤，省宗教局及市县统战、宗教工作部门的领导出席，鲁甸县84所清真寺的阿訇、管委会主任和回族群众近2000人观看演讲比赛。

【向各界人士通报经济社会发展情况】 7月30日，市委统战部组织召开各族各界人士情况通报会，市委常委、市委统战部部长余扬举向各族各界人士通报全市上半年经济社会发展情况和下半年工作重点，并就统一战线围绕中心、服务大局提出意见。各族各界代表人士和市直统战系统干部共100余人参加会议。

【组团参加“第五届海峡两岸台北旅展”】 8月13～16日，市委副书记、市长王敏正，市委常委、市委统战部部长余扬举率昭通市重点旅游县区和市直相关部门负责人组团赴台参加在台北举办的“第五届海峡两岸台北旅展”。在台参展期间，昭通市代表团举办了“中国西部千里大峡谷”新闻发布会，并向台湾商界推介昭通的优势资源。

【统一战线演讲比赛】 8月18日，由市委统战部主办、市宏联实业有限责任公司协办的昭通市“宏联杯”统一战线促发展、建和谐演讲比赛在市委小礼堂举行决赛，各县区委统战部、各民主党派、各有关团体组队参加比赛，市委常委、市委统战部部长余扬举在颁奖仪式上讲话，镇雄县委统战部选送选手王勇获一等奖。

【省台办领导到昭作形势报告】 7月23日，市委统战部邀请省委台湾工作办公室、省政府台湾事务办公室副主任周越明到昭作《两岸关系形势报告》，全市民主党派成员、党外干部、港澳台侨黄埔代表人士、宗教教职人员培训班学员和市直统战系统干部100多人参加报告会，市委统战部副部长曹内彬主持报告会。

【余扬举率团赴沿海地区考察】 8月，市委常委、市委统战部部长余扬举，市政协副主席、市工商联主席李志平率领市直相关部门、昭阳和水富工业园区管委会、部分民营企业负责人，先后赴浙江省台州市、广东省深圳市和东莞市开展招商引资项目推介和学习考察活动。活动期间，考察组听取各地的经验介绍，进行项目推介，达成16个项目的投资合作意向，意向引资30多亿元。

【开展非公有制经济人士综合评价工作】 8月，市委办印发《昭通市开展非公有制经济代表人士综合评价工作的实施方案》，随即在全市开展非公有制经济代表人士评价工作，评价内容主要包括遵守国家环保产业政策、实现产值、上缴税收、社会贡献等。

【向各界人士通报市委二届十一次全会精神】 9月3日，市委统战部召开会议向各族各界人士通报中共昭通市委二届十一次全体（扩大）会议精神，市委常委、市委统战部部长余扬举向各族各界人士通报情况，要求统战系统要发挥优势、凸显特色，为冲刺“十一五”、科学谋划“十二五”做出贡献。

【创建民主党派社会服务基地】 9月10日，昭通市民主党派社会服务基地在大关县寿山乡举行挂牌仪式。社会服务基地实行民革昭通市委、民盟昭通市委、民建昭通市委、民进昭通市委、农工党昭通市委、致公党昭通小组、九三学社昭通市委筹备组与寿山乡7个村结对，重点从产业培植、文化支教、科技扶贫等方面进行帮扶。市委常委、市委统战部长余扬举，市政协副主席、民盟昭通市委主委张毅敏，大关县委书记赵海仙等出席挂牌仪式并讲话。

【广东省云南商会企业家到昭考察】 9月10～12日，应市委、市政府的邀请，广东省云南商会深圳企业家考察团到昭通市昭阳、盐津、水富进行投资考察。市委常委、市委统战部部长余扬举，市政协副主席、市工商联主席李志平，市政府秘书长肖本敏陪同考察。考察期间，考察团一行实地考察昭阳工业园区、昭阳北部新区、盐津豆沙古镇、向家坝水电站。

【举办加强和改进工商联工作座谈会】 11月15日，为认真贯彻全国加强和改进工商联工作电视电话会议精神，市委统战部、市工商联组织召开加强和改进工商联工作座谈会，市政协副主席、市工商联主席李志平，市委统战部常务副部长刘昌华，市工商联党组书记晏登武，市委统战部副部长曹内彬出席座谈会并讲话，各县区委统战部长，各县区工商联主席、党组书记参加会议。

【云师大教授为统战干部成员作讲座】 11月20日，市委统战部、民革昭通市委邀请民革云南省委常委、云师大教授李广良到昭举办“社会主义核心价值体系学与行”讲座，市直统战系统干部成员100多人聆听讲座。

【统战干部成员教育培训】 2010年，市委统战部积极贯彻大规模培训干部，大幅度提高干部队伍素质的方针，将统一战线干部成员的教育培训作为重要的工作任务来抓，先后牵头举办党外科级干部、民主党派成员、民族宗教人士、港澳台侨黄埔人士等10个培训班，共计培训700多人次。

【统战系统招商成效显著】 2010年，市委统战部将招商引资作为统战工作围绕中心、服务大局的品牌工程进行打造，在统战工作目标管理责任制中对招商引资实行重点考核，发挥统一战线优势积极搭建党派招商、社团招商、以商招商、以情招商、政商合作招商平台，全市统战系统参与招商协议引资200多亿元，到位资金40多亿元。

（**市委统战部** 邓成慧 杨 永）

政策研究

【调查研究】 2010年，市委政策研究室充分发挥党委、政府"左右手"的作用，围绕市委、市政府主要领导的工作思路，突出重点，超前谋划，深入基层、深入群众调查研究，形成一批有份量的调研成果，多方位为市委、市政府提供决策依据。配合编制"十二五"规划，开展"十二五"统筹城乡发展重大课题研究，形成《昭通市"十二五"统筹城乡发展重大课题研究报告》以及《县城中心集镇在统筹城乡发展中发挥引领作用课题研究报告》。结合新时期全市农业农村工作实际，组织3个调研组，到11县区就农民工返乡创业、社会主义新农村建设、粮食增产增收、农业项目储备、特色生物资源产业等课题开展综合调研并形成《昭通市2009年"三农"工作调研报告》、《昭通市农民工返乡创业调研报告》、《昭通市社会主义新农村工作情况报告》、《昭通市粮食增产增收调研报告》、《昭通市农业项目储备调研报告》、《做强做大天麻产业的思考》、《发展壮大苹果产业的思考》等调研报告。从市直相关部门抽调人员组成调研组，到相关县区就和谐社区建设开展调研，由市委政研室撰写《昭通市和谐社区建设与管理调研报告》。市委政研室负责人带领督查调研组一行深入大关县督查调研，形成《关于对大关县抗大旱保民生促春耕工作的督查调研报告》。市委政研室牵头，组织了市民政局、相关县政研室和乡镇领导，对山东省青岛市城阳区城阳街道怀念堂、惜富街道凤凰山怀念堂以及浙江省丽水市遂昌县金竹镇、湖山镇骨灰公墓、安息堂等地考察，形成农村殡葬文明建设工作考察报告，针对昭通市农村殡葬文明建设工作现状，提出对策建议。

同时，积极主动做好文稿起草工作。起草市政府与三峡集团公司的谈判方案，进一步摸清移民工作现状，找准存在的主要问题，客观提出解决途径。起草《中共昭通市委昭通市人民政府关于认真贯彻云发〔2010〕2号文件的意见》，客观总结2009年"三农"工作成绩，认真分析存在问题，提出2010年工作目标和措施。

【新农村建设】 2010年，全市新农村建设取得可喜成绩。示范点建设取得新成效。紧紧围绕中央新农村建设"二十字"方针，坚持"因地制宜、分类指导，连片打造、重点示范"原则，切实抓住"创建生活新环境、培植增收新产业、培育造就新农民、构建农村新经济组织、建立村民自治和民主管理新机制"5个重点，示范点建设呈现出基础设施明显加强、农村环境明显改变、群众素质明显提高、农民收入明显增加、基层民主政治建设水平明显提升、党群干群关系明显融洽的良好发展局面。全市累计实施627个新农村示范点，其中省级重点建设村190个、省级村容村貌整治点73个、市级示范点13个、县级示范点94个、乡级示范点257个。一批"布局合理、设施配套、产业发展、环境整洁、村貌优美、治安良好、民族特色浓郁、展现田园风光、融合现代文明"的新村庄正在形成，全市项目建设区的村庄逐步成为一道靓丽的风景线。农村面貌焕然一新。累计完成危旧房改造5271户，改造房屋80.8万平方米，室内硬化15.4万平方米，公共及院坝硬化、绿化10.8万平方米，户间道路硬化19.1万平方米，厨房改造2.8万平方米，畜厩改造5万平方米；完成人饮及旱浇池4360.4立方米，排水沟4.66万米；维修、改造通电线路3000米；改造、维修村组公路55.93千米；新建节能灶1.03万眼，初步实现农民"喝干净水、走平坦路、用节能灶，达到道路硬化、村庄绿化美化"的目标。产业培植取得显著效果。累计完成特色蔬菜等种植业1533公顷，完成以核桃为主的林产业1647公顷，以养殖生态土鸡、肉兔、生猪等为主的养殖业4.8万头（只），一些优势产业片区、产业带正在形成。农民素质不断提高。新建、改建文化活动场所4637平方米，搭建了文化活动平台；累计组织培训新型农民6880人次。农民组织化程度逐步提高。各地依托区域产业优势，相继成立天麻、花椒、核桃、种兔、肉鹅、生猪等产业协会或专业合作组织79个，带领5049户群众致富。村民自治和民主管理新机制进一步完善。进一步建立完善理事会管理机制、公示公告机制、村民利益保障机制，村民自治和民主管理逐步规范化。投入力度不断加大。各级各类示范点共投入建设资金36847万元，其中：省级财政投入3580万元，市级财政投入550万元，县级财政投入2321万元，整合各类资金11633万元，农民投劳折资6073万元，农民直接投入11891万元，其他投入799万元。

【打造精品《昭通经济与社会》】 2010年，市委政研室着眼于提高办刊质量，强化办刊的宗旨意识、精品意识和时效意识，进一步优化栏目设置和编辑排版工作，着力将《昭通经济与社会》打造成特色鲜明的精品。按照"紧扣中心、唱响主题、特色鲜明"的要求，紧扣中心工作和市委、市政府重大工作部署，强化实施编前策划，突出《昭通经济与社会》的政策导向性，以刊物为阵地加强与基层的联系，加强与各大中城市的联系，有效扩大社会影响力，提高昭通知名度。年内，《昭通经济与社会》出刊12期。8月，《昭通经济与社会》在"全国城市党刊研究会第十九届年会"上被评为优秀党刊;9月,在全国城市宣传刊物研究会第二十一届年会上,获全国城市优秀宣传刊物称号;11月,在省新闻出版局组织的刊物评比中,《昭通经济与社会》获"云南省优秀连续性内部出版物金奖",2名编辑人员获"优秀编辑金奖"称号。

【挂钩扶贫】 2010年,市委政研室挂钩扶贫工作成效明显。先后安排4位处级领导和6位科级及以下干部深入到扶贫点开展调研,与乡村干部分析研究村情,帮助乡村理清发展思路,制订村庄建设规划和产业发展规划。举办种植业和养殖业培训2次,200人受益。为以古镇争取到3个省级重点村建设指标,共投入省级资金45万元。其中,黑塘村争取到1个省级重点村建设指标,省级投入资金15万元。面对百年一遇干旱,为扶贫挂钩点筹集到抗旱救灾资金10万元。全村外出务工人员450余人,新增打工经济50万元左右。共结对帮扶18户,捐款3000元。

（**市委政研室**　郭云花）

老干部工作

【离退休干部基本情况】 2010年底,全市有离休干部537人。其中:市直244人,县区293人;行政机关319人,事业单位100人,企业118人;抗日战争时期参加革命工作27人,解放战争时期参加革命工510人;享受副厅级以上待遇15人,副厅级单项待遇18人,正处级待遇31人,副处级待遇256人,科级待遇130人,其他待遇87人;70~79岁144人,80岁以上393人,平均年龄83岁。有离休干部遗属298人。全市有退休干部21715人,其中机关7221人、事业11627人、企业2867人。纳入市委老干部局管理的副厅级以上退休干部40人,其中正厅级13人、副厅级27人;副厅级以上退休干部遗属8人。纳入市委老干部局管理的服务对象有883人。全市有专(兼)职老干部工作人员304人,其中专职老干部工作人员112人、兼职老干部工作人员192人。

【老干部工作明显加强】 2010年,市委、市政府高度重视老干部工作,始终把老干部工作摆在重要位置,进一步加强对老干部工作的领导和支持,全市老干部工作领导到位,重视到位,关心到位,支持到位。市委书记夜礼斌,市委副书记、市长刘建华,市委副书记李勇等市级领导经常过问老干部工作,带头联系和走访慰问老干部,帮助老干部解决各种困难和问题。2月,市委常委会专题研究老干部工作,夜礼斌在市委常委会上提出进一步理顺老干部管理工作的新要求。全市各级各部门更加重视老干部工作,进一步建立健全老干部工作领导小组,主动听取老干部工作情况汇报,不断完善老干部服务管理体制,为老干部工作创造了良好环境。全市各级组织、老干、人事、财政、卫生等部门密切配合,齐抓共管,互联互动协调解决老干部工作中遇到的困难和问题,真情实意为老干部解难事、做实事、办好事,为做好新形势下的老干部工作奠定了良好基础。

【老干部政治待遇】 2010年,全市各级各部门坚持从政治上关心老干部,坚持完善"八项制度",切实抓好"两项建设",老干部政治待遇落实成效明显。以深入开展创先争优活动为契机,及时动员广大离退休干部,强化科学理论武装,努力把全市离退休干部的思想认识统一到中央和省、市委对形势的判断和各项工作部署上来,把力量汇聚到推动科学发展、促进社会和谐上来,让老干部始终保持政治坚定、思想常新、理想永存。坚持和完善阅读文件、情况通报、走访慰问、参观考察、在职领导联系同级老干部等八项制度,切实加强与老同志之间的交流与沟通,及时了解离退休干部的思想动态,增进相互之间的理解和支持。全市各级老干部工作部门举办12期老干部读书班,培训老干部700多人次;组织老干部外出参观考察,累计1200多人次;市委老干部局代表市委、市政府组织开展对省外易地安置老干部及遗属走访慰问活动,送去党和政府的温暖和问候。春节、敬老节期间,各级各部门采取多种形式对离退休干部和特困老干部遗属进行看望慰问,发放慰问金80多万元。各级党委(党组)深入贯彻落实省委组织部、省委老干部局《关于进一步加强和改进离退休干部党支部建设工作的实施意见》精神,将离退休干部党支部建设纳入党建工作目标责任制考核,同研究、同部署、同检查、同考核,全市老干部党支部设置更加合理,制度更加规范,活动更加丰富,凝聚力进一步增强。坚持将市直老干部社团的活动经费纳入财政预算,竭力为老干部发挥作用创造良好的条件和环境,各级老干部社团积极组织离退休干部开展活动,充分发挥离退休干部在全市经济建设、政治建设、文化建设、社会建设和党的建设中的辅助作用、传授作用和示范作用,为构建和谐昭通做出新贡献。

【老干部生活待遇】 2010年,市县区党委、政府坚持"宜宽不宜严、就高不就低"的原则,不断健全完善"三个机制",确保老干部生活待遇全面落实。做到离休费、专项经费按时足额发放,医药费按规定实报实销,财政长效支持机制建立健全,全市离休干部的离休金发放率、医药费参统率、专项经费兑现率均继续保持100%,老干部老有所养、老有所医得到有效保障,确保老干部队伍的思想稳定。做到企业离休干部的事情有人管、工作有机构负责、所需经费有保障的要求,为年高体弱多病的企业老干部学习、就医、保健提供更加优质的服务,彻底解决企业离休干部的后顾之忧。昭阳区启动离退休干部的住房补贴兑现工作,其余10个县正在拟定方案、筹措资金,积极准备启动。市、县区老干工作部门精心组织开展离退休干部健康体检。各级老干部门进一步建立健全特困老干部和困难遗属帮扶解困机制,落实解困帮扶资金,定期不定期地对困难群体实行分类帮扶解困,发放解困金20多万元。

【老干部活动阵地建设】 2010年,昭通市始终把推进老干部活动学习阵地建设作为重点工作抓。各级老干部活动中心积极创新活动载体,拓宽活动领域,提高服务水平,活动环境更趋优化,活动内容更趋丰富,共组织老干部节庆演出及联欢活动120余场;举办各种比赛200余场次,举办书画、摄影展20余次,老干部参加活动3万余人次。深入开展老年大学、老干部党校规范化建设创建活动,在省级大力支持的基础上,多方筹资加大投入,改善办学条件,规范学校管理,扩大社会效益,较好地满足老干部日益增长的精神文化需求。全市12所老年大学开办20多个专业、50多个班级,在校学员1300多人。市直和县区老干部党校,培训离退休干部党员200多名。各级干休所坚持软硬件建设并重、管理与服务并举,完善服务设施,强化服务质量,认真细致地为老干部搞好服务,取得较好成绩。

【退休干部服务管理】 2010年,全市各级党委、政府进一步加强退休干部的服务管理工作。市委第四十次常委会明确提出"由市委组织部牵头,老干部局和老龄委负责的原则,进一步理顺老干部管理工作,将退休处级老干部纳入老干局管理范围"。永善、水富2县出台《关于进一步加强全县机关事业单位退休干部管理工作的意见》,为全市做好退休干部管理工作创新了思路,作了有益的探索。同时,积极探索利用社区资源做好离退休干部服务工作的新路子。成立"四就近"试点工作领导小组,明确构建老干部"原单位为主,社区服务为辅"的管理服务体系,以及"四就近"服务的工作目标,选取昭阳区崇文社区作为试点社区,指导、帮助试点社区开展老干部服务需求调查,建立"四就近"服务台账,拨出资金为试点社区建立老干部活动室、阅览室,配备活动桌椅器材、订阅报刊杂志等,使更多的离退休干部就近得到关心照顾,学习活动和服务需要得到实现。

(**市委老干部局** 彭明川)

信访工作

【市委市政府重视信访工作】 2010年,市委、市政府坚持以群众工作统揽信访工作,认真贯彻落实中央和省委、省政府关于信访工作的一系列决策部署,先后出台《关于进一步加强和改进信访工作的意见》、《关于开展基层信访年活动的意见》、《关于印发信访工作制度和办法的通知》、《关于贯彻落实中共中央、国务院和省委、省政府进一步加强新时期信访工作文件的意见》、《昭通市深入开展领导干部下访的意见》、《昭通市开展县区委书记大接访和党政领导干部大下访活动实施方案》、《关于落实重要信访案件处理责任的通知》、《关于印发解决全市原参加修建洛泽河电站铁道兵工程兵退伍军人生活困难问题实施办法的通知》等文件。市委常委会议、市政府常务会议4次研究信访稳定工作。市委、市政府主要领导多次在重要会议上部署信访工作,要求全市各级党委、政府要完善落实信访联席会议制度、党政领导干部接待群众来访制度和矛盾纠纷排查化解制度,着力解决群众反映诉求。针对重大、疑难信访问题,包案下访,督促解决。市委、市政府分管领导和其他领导多次深入信访工作热点、难点第一线,了解信访工作开展情况,掌握信访动态,接待群众来访,协调解决疑难信访问题;多次带领市信访局、市移民局和有关县区委政府领导到国家信访局和省信访局汇报信访稳定工作。各县区委、政府和市直部门党政领导不推诿、不畏难、不回避,认真接待群众来访,着力化解信访突出问题,真正形成了领导带头、责任明确、上下协调、左右配合、各负其责、齐抓共管的信访工作新格局。年内,全市共受理群众来信来访19605件次,其中来信6247件、来访13358件41390人次(集体访1201件25216人次)。市信访局受理群众来信来访件6648件次,其中来信2948件、来访3700件14633人次(集体访513件10527人次)。

【领导干部大接访大下访】 2010年,市委、市政府主要领导率先垂范,亲自阅批群众来信、接待群众来访、督促信访问题解决。市委书记夜礼斌阅批群众来信427件,市长王敏正阅批群众来信405件。市级领导接待群众305起2593人次,市、县区党委、政府领导共接待群众上访1926起21840人次。

【领导包案处理重要信访案件】 2009年市委第35次常委会议决定由市委、市政府主要领带带头包案处理的261件重要信访案件,截至2010年12月,息访息诉221件。市委常委、常务副市长何刚指导督促处理解决全市企业改制、城市拆迁遗留问题。8月,市委办、市政府办下发《关于印发解决全市原参加修建洛泽河电站铁道兵工程兵退伍军人生活困难问题实施办法的通知》,成立由市委常委、市委统战部部长余扬举任组长的领导组开展工作,组织兑现原参加修建洛泽河电站铁道兵工程兵退伍军人生活困难补助。市委、市政府认真做好集体上访和群体性事件的预防和处置工作。市委书记夜礼斌,市长王敏正,市人大常委会主任张纪华,市委常委、纪委书记周业勇,市委常委、市委政法委书记张朝德,副市长张绍雄、成联远和副市长、公安局局长王宇等深入国家重点工程溪洛渡电站一线,与移民群众座谈,听取移民群众反映问题,尽力帮助解决实际困难。

【认真办理人民网及网上信访】 2010年,市信访局认真贯彻落实中央和省委、省政府领导关于做好网上信访工作及人民网网民致信省委书记白恩培、省长秦光荣留言办理的重要指示精神,切实按照市委、市政府领导的要求,认真开展人民网及网上信访工作办理。共受理网上信访事项640件。到规定时限，案件均全部办结、办结率100%。

【矛盾纠纷排查化解】 2010年，按照市委、市政府的统一部署，市委信访联席会议办公室和市信访局多次下发通知，认真组织开展矛盾纠纷排查化解工作，着力构建矛盾纠纷排查化解长效机制。紧紧盯住重点时期、重点领域、重点地区、重点群体、重点人员，通过采取领导包案等方式，创新建立人民调解、司法调解、行政调解、信访调解"四调联动"的矛盾排查调处机制，共排查化解重大矛盾纠纷20420件，有效处理和解决了一大批影响社会和谐稳定的突出矛盾纠纷。全年未发生影响社会稳定、造成严重后果的集体上访和群体性事件。

【信访机构和干部队伍建设】 2010年，市委、市政府切实加强信访机构和干部队伍建设。全市各乡镇都设立信访接待室，配备专兼职信访干部。市委、市政府把解决特殊疑难信访问题配套专项资金50万元纳入财政预算。各级党委、政府高度重视，市、县区信访局的办公场所和接访场所都有明显改善。省信访局帮助市、县信访部门解决改善接待场所、购车经费100万元，市信访局配有汽车2辆，11县区信访局已解决工作用车。把信访部门作为培养锻炼干部的重要基地，选拔优秀后备干部到信访部门锻炼。昭阳区把2010年公开选拔的4名副科级干部安排在区信访局锻炼。威信县委、县政府出台《关于新任副科级领导干部到重难点工作岗位进行锻炼的意见》，安排新提拔的副科级干部到县信访局锻炼。

（市信访局 殷国煜 陈 俊）

市直党建

【思想建设】 2010年，中共昭通市直工委主要从几个方面抓好思想建设工作。一是注重学习内容。重点学习党的十七届四中、五中全会精神，中央、省党建工作会议精神，市委二届十次全会精神和新修改的《中国共产党党和国家机关基层组织条例》等。二是创新学习方式。市直党组织制订学习制度，单位科室负责人结合业务工作作中心专题发言，党员干部轮流发言。三是深入基层调研。市直工委领导深入市工商、国税、建设等20多个部门党组织督促指导党建工作，并在《人民网》、《云南机关党建网》等媒体发表文章（信息）64篇（条）。《立求"四个坚持"，提高选人用人公信度》、《科学解读年轻化，提高干部积极性》等调研文章被《昭通经济与社会》刊载。

【组织建设】 2010年，市直工委从7个方面抓好组织建设工作。一是开展党建责任制考核工作。1月11～20日，组织6个考核组对2009年度市直单位党建工作责任制情况进行考核，并确定奖励等次：一等奖10名，二等奖36名，三等奖37名。二是加强市直党团组织建设。督促任期届满的15个党组织进行换届，新成立党委3个、党总支2个、党支部5个；调整充实7名团委委员，5个团组织书记和班子成员。三是抓好入党积极分子和团干部培训工作。举办3期入党积极分子培训班，培训160多名入党积极分子；举办团干部培训班5期，300余名团干部、团员青年参加培训。四是认真抓好党团员发展工作。审批新党员266人，审批86名符合条件的预备党员为正式党员。接转组织关系329人（次）。发展新团员326人，通过"推优"入党青年35名。五是率先推行"公推直选"试点工作。10月，市直工委机关党支部率先在市直单位党组织中实行"公推直选"试点工作，市委组织部党总支和市农业局党总支所属党支部相继开展"公推直选"试点工作。六是发挥先锋模范作用。针对昭通市遭受的特大旱灾，市直工委组织市直各党组织和广大共产党员带头积极捐款。3月21日，召开市直机关党的工作会议和"共产党员抗旱先锋行动"动员大会。市委副书记张登亮，市委常委、市委组织部部长李勇，市委常委、市委秘书长、市直工委书记田勇出席会议并作讲话；市直工委常务副书记宋福照作工作报告。80个市直党组织4724名党员捐款162.85万元，18个党组织集体捐款13.26万元，其中捐款1000元及以上的党员424人、捐款10000元及以上的党组织8个。市直工委推荐的市粮食局党总支和市教育局党委书记王树跃获全省"共产党员抗旱先锋行动"先进集体和先进个人称号。七是认真开展"创先争优"活动。市直工委立足典型引领，在基层党组织中建立联系点12个，组织开展"创先争优"授旗评星活动。组织放映电影《村官普发兴》5场次，观看人数5000多人（次），撰写体会文章40多篇。5月24日，市直工委召开深入开展创先争优活动动员大会，市直工委常务副书记宋福照作动员讲话。"七·一"建党节前，市直工委向市直各单位党组织发出通知，要求机关党组织围绕"创先争优"这一主题，开展形式多样的纪念活动。11月30日，市直单位党组织"创先争优"授旗评星活动启动，授予市委办、市政府办、市委组织部、市中医院等20个单位创先争优流动红旗。

【作风建设】 2010年，市直工委从4个方面抓好作风建设。一是成立机关作风建设领导小组及办公室。二是制定内部管理规章制度10章128条，强化单位科室内务管理，签订《安全责任书》。三是工委积极开展精神文明创建活动，现已创建为市级文明单位，并将精神文明建设纳入《市直"五好"党建目标管理责任制》管理。四是结合"六型"机关创建，在干部职工中开展职业道德、家庭美德、社会公德教育。

【党风廉政建设】 2010年，市直工委从4个方面抓好党风廉政建设工作。一是大力开展党风党纪和反腐倡廉教育，筑牢干部职工思想道德防线。二是深入推进《实施纲要》和《廉政准则》的贯彻落实,党组织与党员签订责任书、立下廉政状。三是接待人员来访10余人次,处理来信10多件;先后为市直4个单位报送的5名党员办理推荐评选表彰、提拔使用和外出学习考察前的审核手续。四是办理3个违法党员的党纪处分和1名违反党章规定党员的党内除名手续。

【看望慰问特困党员】 2010年春节来临之际,市委常委、市委秘书长、市直工委书记田勇率领市直工委负责人一行,分别到市粮食局所属困难企业和市疾控中心等看望慰问部分特困党员,送去慰问金2万余元。

（市直工委　熊　瑜）

昭通市人大常委会工作

【扶贫工作调研】 1月下旬,市人大常委会副主任罗惠安、皮永宏,分别带队到彝良县角奎镇、两河乡、洛泽河镇,大关县木杆镇,深入农户家中看望慰问结对帮扶户和贫困群众,了解整村推进、核桃种植、农网改造、人畜饮水、通达工程等扶贫项目的实施以及"特殊党费"援建项目的村级活动场所建设情况。

【调研基层教育卫生工作情况】 1月28日,市人大常委会副主任赵卫到永善县莲峰镇六井村就扶贫开发和基层教育、卫生等工作进行调研。认真听取镇、村工作汇报,实地察看将于3月动工改建的六井村寄宿制小学的校址。

【《昭通市人大志》出版】 2月,市人大常委会历时一年多编纂的《昭通市人大志》出版发行。该书分7章,共10余万字,全面、系统、客观地记录了昭通人大组建机构、健全制度、完善职能、不断发展的历程。详实记述了昭通从建立人大联络组到设立地区人大工作委员会,再到撤地设市成立市人大常委会3个阶段的历史和各县区人大自建国以来的重要历史进程和史实,全面反映昭通人大为昭通经济社会发展、民主法制建设所做出的艰辛努力与突出贡献。

【组织代表视察昭通中心城市规划建设情况】 3月1日,以市人大常委会主任陈林章任组长,副主任罗惠安任副组长,副主任连卫民、戚斌、陈绍余、赵卫、张华贵、皮永宏,秘书长赵康及部分市二届人大代表组成的视察组,在市委常委、副市长何刚,市委常委、昭阳区委书记马吉林及各相关部门和昭阳区相关领导陪同下,对昭通中心城市规划执行情况、北部新区基础设施建设完成情况、旧城改造(古城恢复)完成情况、南片区基础设施建设完成情况、房地产开发情况、亮化工程(穿衣戴帽)实施情况进行持证视察。视察组一行沿朱提大道、昭通大道、西街步行街、陡街、辕门口、云兴街、怀远街、望海楼、海楼路视察了新区规划、市政基础设施建设、综合批发大市场、新区16号居民安置点、工业园区建设、旧城改造、望海文化公园和南片区基础设施建设。通过视察,视察组认为,中心城市规划建设工作有序推进,各项建设成效凸显,城市形象有所提升。对下步工作,视察组提出建议:规划工作要依法、有序推进,尽快完善总规修编,做好功能性详规,抓紧制订完善昭通中心城市规划管理规定;突出重点,抓住关键,找准推进城镇化的重点和关键,创新思路,研究政策和办法,积极推进中心城市建设;强化管理,进一步增强规划意识、质量意识,坚决制止和纠正违法违规行为,创造性开展工作;解决好民生问题,中心城市建设工作要以群众是否得到实惠、权益是否得到保障、生活水平和生活质量是否得到提高、群众是否高兴和满意为出发点,解决好征地拆迁、生存与发展等民生问题;加大预防职务犯罪工作力度,从制度上严把土地出让关、工程招标关、房屋建设容积率关、资金管理关等,实行阳光作业;加大宣传教育力度,不断提高市民素质。

【市二届人大常委会会议】 3月5日,市二届人大常委会举行第二十六次会议。市人大常委会主任陈林章主持会议。会议听取关于《昭通市第二届人民代表大会第六次会议主席团和秘书长名单(草案)》的说明、《昭通市第二届人民代表大会常务委员会代表资格审查委员会关于个别代表的代表资格的报告》、关于《昭通市第二届人民代表大会常务委员会工作报告(讨论稿)》的说明,审议了人事事项。经过审议和表决,会议通过《昭通市第二届人民代表大会第六次会议议程(草案)》、《昭通市第二届人民代表大会第六次会议主席团和秘书长名单(草案)》、《昭通市第二届人民代表大会第六次会议列席人员名单》、《昭通市第二届人民代表大会常务委员会代表资格审查委员会关于个别代表的代表资格的报告》和《昭通市人民代表大会常务委员会关于确认许可对市二届人大代表应德华采取强制措施的决定》。会议任免市政府、市中级法院和市检察院8人的职务。

5月18日,市二届人大常委会举行第二十七次会议。市人大常委会主任张登亮主持会议。会议听取市委普法依法治市办公室主任、市司法局局长马绍明受市政府委托作的《关于"五五"普法和"三五"依法治市规划落实情况的报告》、市民族事务委员会主任童成清受市政府委托作的《关于贯彻实施〈云南省民族乡工作条例〉情况的报告》、市人大常委会城建环资工委主任姜英凯作的《关于视察昭通中心城市规划建设工作情况的报告》。会议审议了人事事项。经过审议和表决,会议通过了市长王敏正及市中级法院院长陈昌提请任免的人员16人。

6月30日,市二届人大常委会举行第二十八次会议。张登亮主持会议。会议听取市政府《关于2006年以来经市人大常委会决定的市人民政府贷款管理使用及还款情况的报告》、《昭通市中小学校舍安全工程建设情况的报告》,市人大常委会农业工作委员会《关于市二届人大六次会议主席团交付研究的代表提出的议案研究意见的报告》。

9月13日,市二届人大常委会举行第二十九次会议。张登亮主持会议。会议听取和审议市政府《关于昭通市2010年上半年国民经济和社会发展计划执行情况的报告》、《关于昭通市2010年1~6月地方财政预算执行情况的报告》、《关于"十一五"期间节能减排工作情况的报告》、《关于全市农村集体林权制度改革和下一步工作安排情况的报告》,《关于视察全市在建的二级公路建设情况的报告》;会议还听取市政府《关于〈昭通市人民政府机构改革方案〉的说明》,审议了人事事项。经过审议和表决,会议通过市长王敏正、市中级法院院长陈昌和市检察院检察长刘远清提请任免的人员12人。

11月11日,市二届人大常委会举行第三十次会议。张登亮主持会议。会议听取市政府《关于昭通市2009年地方财政决算情况的报告》、市人大财政经济委员会《关于昭通市2009年市本级财政决算审查结果的报告》、市政府《关于2009年度昭通市本级预算执行和其他财政收支情况的审计工作报告》、市政府《关于昭通市2010年市本级财政预算调整方案的报告》、市人大财政经济委员会《关于昭通市2010年市本级财政预算调整方案审查结果的报告》、市政府《关于全市"十一五"以来农业农村基础设施建设和农业产业化发展情况的报告》、市人大常委会执法检查组《关于检查〈中华人民共和国禁毒法〉实施情况的报告》,审议了人事事项。经过审议和表决,会议通过市人大常委会《关于批准昭通市2009年市本级财政决算的决议》、《关于批准昭通市2010年市本级财政预算调整方案的决议》,市长王敏正提请任命的人员1人。会议议程结束后,市人大常委会副主任连卫民传达省委人大工作会议精神。张登亮主任就贯彻落实会议精神作了强调。

12月29日,市二届人大常委会举行第三十一次会议。市人大常委会副主任连卫民主持会议。会议听取和审议市政府《关于办理昭通市二届人大一次会议以来代表建议、批评和意见情况的报告》、《关于昭通融资平台和信用体系建设情况的报告》,听取市人大常委会检查组《关于对市二届人大六次会议代表建议、批评和意见办理工作检查情况的报告》,补选云南省第十一届人民代表大会代表,审议了人事事项。经过审议和表决,会议通过市长王敏正提请任免职务人员5人;通过《关于接受张登亮辞去市人大常委会主任职务的决定》和《关于接受王敏正辞去市政府市长职务的决定》;会议还通过关于推选市人大常委会代理主任的名单和关于决定市政府代理市长的名单。经过补选,刘建华、张纪华当选为云南省第十一届人民代表大会代表。会上,市委书记夜礼斌作了讲话。

【迎新春书画座谈会】 3月6日,市人大常委会举行迎新春书画座谈会。市人大常委会副主任赵卫,市人大常委会办公室主任张绍明、教科文卫工委主任乔建民出席会议,邀请市文体局局长李华章、市书画院院长陈孝宁、市书协主席胡仁人、市美协主席姜明祥及昭通书画界张正华、谢崇昆、吕世平、李宪章、李荣羲等参加。会上,书画家们畅所欲言,对进一步发展昭通的书画艺术,从培养新人、增进交流、扩大影响等方面提出意见和建议。

【检查指导人大代表工作】 3月12日,市人大常委会副主任皮永宏到永善县检查指导人大代表工作,详细了解代表小组活动情况。皮永宏指出要抓好培训,抓好载体,抓出活力,抓出亮点。

7月13~15日,市人大常委会副主任皮永宏一行到彝良县检查指导县乡人大代表工作开展情况。其间,听取县人大常委会和部分乡镇人大主席团有关工作情况汇报,实地察看奎香、树林创建人大代表之家和代表小组工作开展情况。

【市二届人大六次会议】 3月26~30日,昭通市第二届人民代表大会第六次会议在昭通举行,共407名代表出席会议。不是市二届人大代表的市政府组成人员,昭通市出席第十一届全国人民代表大会代表及省第十一届人民代表大会代表,市委、市纪委及市委有关部、委、办、局负责人,市人大常委会调研员、副调研员、委室副主任,市政府副巡视员,昭通师专党委书记,市政府有关部门、直属机构、办事机构和中央、省属驻昭单位负责人,县人大常委会副主任、县政府县长,昭通武警支队、消防支队领导,市中级法院副院长,市检察院副检察长,市人民团体负责人,市二届人大六次会议筹备组相关负责人共148人列席会议。会议审查批准了市政府工作报告,昭通市2009年国民经济和社会发展计划执行情况与2010年国民经济和社会发展计划草案的报告、2010年国民经济和社会发展计划,昭通市2009年地方财政预算执行情况和2010年地方财政预算草案的报告、2010年市级财政预算,昭通市人大常委会工作报告,昭通市中级法院工作报告,昭通市检察院工作报告。会议选举出昭通市第二届人民代表大会常务委员主任张登亮、昭通市检察院检察长刘远清。会议收到10名以上代表联名提出的议案11件，经过大会秘书处研究和审查，认为鲁甸县代表团雷选忠等20名代表提出的《建议市人大加大对〈渔洞水库保护条例〉执法监督力度》的议案属于本级人大及其常委会职权范围内的工作，建议作为议案处理，但不列入本次代表大会会议议程，待本次代表大会会议闭会后，交市人大常委会农业工作委员会研究，提出意见，提请市人大常委会会议审议，并将审议结果及时答复提出议案的代表，并向下一次代表大会作出书面报告。其余10件议案均属于市政府职责范围的事情，按有关规定，改作建议、批评和意见，连同大会期间收到的代表提出的建议、批评和意见57件，待大会闭会后，由市人大常委会工作机构交由有关机关或组织研究处理，并负责答复代表。

【调研"五五"普法和"三五"依法治市规划落实情况】 4月上旬，市人大常委会调研组在市委普法办和市司法局宣教科有关人员陪同下，到市劳动和社会保障局、市第一人民医院、市交通运输集团公司和威信、大关2县，对"五五"普法和"三五"依法治市规划落实情况进行调研，提出下步工作建议。

【调研中小学校舍安全工程建设情况】 5月8日至6月4日，由市人大常委会副主任赵卫、皮永宏带队，组织部分市人大常委会委员，组成2个调研组，在市发改委、市财政局、市教育局、市建设局等单位负责人陪同下，对全市中小学校舍安全工程建设情况进行调研。调研组先后到鲁甸、彝良、巧家、盐津、大关、威信、镇雄、永善、昭阳等9个县区的35个乡镇、办事处对105个项目实施学校开展调研。水富、绥江2县向市人大常委会书面报告本县调研情况。针对调研中发现的困难和问题，调研组建议：坚持不懈，抓工程质量和工程进度；加强配合，进一步完善相关基础工作；科学规划，进一步做好学校规划布局；强化管理，确保学校师生安全；严格监督，保证工程资金和资产有效运行；克服困难，积极筹措资金，确保工程顺利进行；加大农村中小学校舍建设力度，努力构建和谐教育；积极向上争取，解决后续问题。

【市人大法制工作会议】 6月20日，市人大法制工作会议在大关县召开。会议由市人大常委会法工委主任曾树银主持，市中级法院民三庭庭长马晗对7月1日即将执行的《中华人民共和国侵权责任法》进行详细讲解。市人大常委会副主任陈绍余，市人大常委会法工委负责人，各县区人大常委会联系法工委的副主任及法工委相关人员参加会议。

【调研节能减排工作情况】 6月21日至7月7日，市人大常委会组织以常委会副主任张华贵为组长的调研组，先后到绥江、水富、威信、大关、盐津等县调研节能减排工作情况。通过走访企业，实地查看在建工程、运行工程、关停企业，召开不同形式座谈会、汇报会后，调研组一行对全市"十一五"期间节能减排工作存在的主要问题，提出6点建议。

【省人大常委会调研组在昭调研】 7月12～15日，省人大常委会委员、农业工作委员会主任阿扎率领省人大农村劳动力转移调研组到昭通市对农村劳动力培训转移情况进行调研。调研组在听取市政府领导关于农村人力资源开发工作情况汇报后，到昭阳区、鲁甸县部分乡镇及职业中学进行调研。调研组充分肯定了近年来昭通市在劳动力培训转移服务等方面取得的成绩，并就进一步做好下步工作提出建议。市人大常委会副主任张华贵，市人大及其常委会相关委室负责人陪同调研。

【帮助小河灾区恢复重建】 7月20日，市人大常委会副主任张华贵带领市建设局、水利局、林业局、环保局、旅游局、扶贫办、移民局、供销社、烟办及省水文局昭通分局、渔洞水库管理局、昭阳区卫生局等部门负责人及相关人员前往小河灾区看望慰问灾民，帮助灾区恢复重建。各部门当场向灾区群众捐款共34万元，张华贵代表市人大常委会机关捐款5万元。

【调研农村集体林权制度改革工作进展情况】 8月3～15日，市人大常委会组织以常委会副主任张华贵为组长的调研组，赴昭阳、鲁甸、彝良、大关、盐津、水富6个县区的14个乡镇28个行政村，调研农村集体林权制度改革工作进展情况。调研组同县区林改领导组成员及林改办人员座谈，查阅相关县区的林改档案资料，查看乡、村、林区、农户林权证发放情况及林产业发展情况，召集村组干部、县乡人大代表、信用社主任、当地林管员及专业合作社、林农代表参加的座谈会22次。经过调研，向市政府提出8条建议。

【人大代表小组经验交流会】 8月13～14日，市人大代表小组活动经验交流会在永善县召开。会议通过各县区人大常委会及部分代表小组开展代表活动的经验交流，认真研究探讨新形势下开展代表小组活动的有效途径和方法，为进一步推进代表小组活动的经常化、规范化、制度化，进一步增强人大代表小组活动的实效，拓展思路，总结经验。市人大常委会副主任皮永宏主持会议，市委副书记、市人大常委会主任张登亮作讲话。会议组织参会人员集中参观永善县桧溪镇强胜村、细沙乡人大代表之家建设。市人大常委会选联工委主任及相关人员，各县区人大常委会联系选联工委的副主任、选联工委主任，部分市二届人大代表小组长和永善县有关领导参加会议。

【省人大常委会执法检查组在昭开展执法检查】 8月10～12日，省人大常委会常务副主任晏友琼率省人大常委会执法检查组到昭联合市人大常委会对市政府贯彻实施《云南省昭通渔洞水库保护条例》和《云南省昭通大山包黑颈鹤国家级自然保护区条例》情况进行执法检查。省、市人大常委会执法检查组在市委、市政府及相关部门负责人陪同下，到渔洞水库主体库区和大山包黑颈鹤国家级自然保护区，检查库区水资源保护和黑颈鹤自然保护区建设情况，听取市政府关于贯彻实施“两个条例”情况的汇报。晏友琼指出，完善保护规划对贯彻落实两个条例至关重要，一定要按照条例的规定，把具体的保护措施纳入“十二五”规划编制，按照国家公园的标准，完善大山包黑颈鹤国家级自然保护区各项规划。同时考虑渔洞水库的功能特点，处理好保护与开发的关系，着力提高水库水质，加强生态治理力度，引导群众调整产业结构，发展经济林木。要严格执行“两个条例”的各项规定，加大工作力度，加快工作进度。部分省人大代表应邀参加执法检查，省水利厅等有关厅局负责人陪同检查。

【开展禁毒法执法检查】 9月20～30日，市人大常委会执法检查组到昭阳区、鲁甸县、盐津县和市强制戒毒所、市强制隔离戒毒所开展禁毒执法检查。检查组听取市、县区政府和市中级法院、市检察院的情况汇报，走访部分乡镇、基层派出所和社区居委会，召开禁毒委成员单位及相关部门负责人座谈会，重点检查禁毒工作机制建立和机构人员经费保障情况、禁毒工作宣传教育情况、政法部门对毒品犯罪的打击处理情况、禁吸及戒毒工作的措施和取得的成效，重点是强制戒毒和社区戒毒情况。

【调研农业农村基础设施建设情况】 10月9～18日，在市人大常委会副主任张华贵带领下，市人大常委会2个调研组分别到巧家、永善、盐津、彝良、威信、镇雄6县27个乡镇42个行政村调研农业农村基础设施建设和农业产业化发展情况。调研组现场了解种养专业村组和涉农龙头企业生产发展及营销情况，到农户家里了解生产生活和居住环境情况，听取各县政府的工作情况报告后对下步工作提出建议。

【驻昭部分省人大代表视察少数民族地区经济发展情况】 10月10～15日，受省人大常委会的委托，市人大常委会组织驻昭的部分省人大代表围绕建设“绿色经济强省、民族文化大省和面向西南开放桥头堡”的战略部署，并为代表出席省十一届人大四次会议做准备，到高寒贫困、少数民族集居和杂居地区对扶贫开发和少数民族地区经济社会发展情况进行集中视察。针对视察中发现的扶贫项目资金量小，项目实施难度较大；革命老区发展滞后；对散杂居少数民族的扶持力度较小，发展不平衡；产业发展瓶颈制约突出，农民增收不稳定等问题。视察组建议：积极争取省级支持，完善扶贫项目的实施办法，提高扶贫项目资金标准；积级争取对镇、彝、威革命老区发展的扶持政策；争取省人大常委会的支持，制订散杂居少数民族工作条例，促进民族地区经济社会的快速发展；进一步加大产业结构调整力度，为农民稳定增收找准出路；进一步加大对少数民族干部的培养力度。

【检查代表建议办理情况】 11月22～24日，市人大常委会组织由常委会副主任皮永宏、秘书长赵康分别任组长的2个检查组，对市发改委、教育局、水利局、住房和城乡规划建设局、农业局、财政局、卫生局、交通运输局办理代表建议的情况进行重点检查。市二届人大六次会议以来，代表提出议案1件、建议74件，其中72件建议交由市政府的23个部门承办。通过检查，72件建议均已在规定的时限内办理答复代表，办复率100%。所提问题已经解决或基本解决的42件，占58.33%；所提问题正在解决或部分解决的19件，占26.39%；所提问题因条件限制或其他原因需在以后逐步解决的11件，占15.28%。

【代表工作】 2010年，坚持代表工作各项制度，围绕增强代表履职意识、提高代表履职能力、充分发挥代表作用，不断加强代表工作。认真坚持常委会组成人员联系市人大代表、向代表通报重大事项、代表持证视察、代表建议督办和代表议案处理办法等有关制度，不断推动代表工作制度化、规范化。紧紧围绕全市经济社会发展的突出问题和人民群众关心、关注的热点难点问题，组织代表对昭通中心城市规划建设管理工作情况和全市在建的二级公路建设情况进行视察，促进城市建设管理和二级公路建设有关问题的解决。积极组织代表外出学习考察，开阔视野，增长见识，提高素质。加强对代表在闭会期间活动的指导，召开全市人大代表小组活动经验交流会，代表小组活动场所基本实现全覆盖。坚持邀请代表参加执法检查、调研、列席常委会会议等，扩大代表对常委会活动的参与，不断为代表依法行使职权创造条件，代表依法履职、依法监督的水平不断提高。市人大常委会始终坚持走访、座谈、信函等联系方式，向代表通报常委会工作情况，听取代表对常委会工作的意见，为代表订阅人大类报刊杂志、寄送资料，确保代表知情知政渠道畅通。代表活动经费逐步提高，代表履职经费得到有效保障。认真办理代表议案、建议。按照突出重点、规范程序、落实责任、解决问题的要求，及时落实议案、建议办理部门，提出办理要求。

【挂钩扶贫】 2010年，市人大常委会领导情系挂钩村——盐津县河口村。常委会机关到挂钩扶贫点55人次（其中厅级4人次、处级35人次、科及以下16人次）真情帮扶，常委会领导多次听取工作组、新农村建设指导员和村两委的汇报，安排部署全年帮扶工作，协调项目和资金，全程过问落实开展的情况。通过有效实施帮扶计划，全村经济总收入比2009年增长8%，农民人均纯收入增长10.6%，农民人均有粮增长8%，人口自然增长率控制在12‰以内，有效促进了河口村经济社会各项事业的发展。常委会机关直接投入资金4万元，协调落实项目资金200余万元，分别实施红庙子易地扶贫项目，修缮学校1所，修缮公路9.8千米，建设沼气池50口，建设村活动场所1个，危房改造100户，加固房屋31户，种植经济林66.67公顷、玉米高产样板80公顷，资助学生20人次，举办农业实用技术培训3期400人次，劳务输出850人次。通过推广玉米定向移栽、种植樱桃、种植用材竹等措施，全村经济总收入1571.7万元，农民人均纯收入2300元，全村人均有粮445.6千克。

【信访工作】 2010年，市人大常委会始终把信访工作放在人大监督工作的重要位置，成立信访工作领导小组，加强对人大信访工作的领导，坚持重要信访事项交办等人大信访工作制度，认真办理群众来信，热情接待群众来访，积极疏导情绪，努力化解矛盾，切实做好交办、催办工作，促进有关问题的逐步解决，维护人民群众合法权益，为社会和谐稳定做出了积极努力。全年接待群众来访364人次，收到并转交办群众来信400件，其中常委会领导批示群众来信19件。

（市人大常委会办公室　王　剑）

昭通市人民政府工作

决定　意见　通知

【明确薛桂强工作分工】 2月5日，市政府决定，由市政府副秘书长、办公室主任薛桂强代理市政府秘书长职务，负责处理市政府日常工作，协助市长联系社会稳定、信访等工作，负责政府新闻发布、档案工作。分管市政府办公室、市政府新闻办公室、市政府驻外办事机构、市档案局。联系市委办公室、市人大常委会办公室、市政协办公室、市纪委办公室、市国家保密局。

【解聘和聘任住房公积金管委会部分委员】 2月22日，市政府决定解聘和聘任市第二届住房公积金管理委员会部分委员。解聘：李春香、胡波、张雄、杨富学、杨永剑。聘任：陶毅、杨家伟、李忠海、李沅勇、王兴宝。

【推进城镇和国有工矿棚户区改造工作】 3月4日，市政府将《云南省人民政府关于推进城镇和国有工矿棚户区改造工作的实施意见》转发各县区人民政府、市直各委办局。结合昭通实际，提出如下意见，要求一并认真贯彻执行：高度重视，认真组织，加快推进棚户区改造工作；认真调查研究，编制好棚户区改造规划；加强领导，明确责任，落实政策措施。

【环西路改造等项目建设贷款还贷主体决定】 3月8日，市政府决定：原市国有资产经营有限公司贷款8105万元，用于昭阳区环西路、火车站连接线（站前广场）、机场路工程建设。为减轻区财政支出压力，市财政已支付3个项目2009年以前的贷款利息，并归还本金1220万元，截至2009年12月31日，贷款余额6885万元，其中环西路2159万元、火车站连接线（站前广场）1700万元、机场路3026万元，由昭阳区政府负责还本付息，并从1月1日起，按期支付本金和利息。市开发投资有限公司与昭阳区签订贷款合同，完善相关手续，加强资金管理，不得挪用还本付息资金，确保按期还本付息。

【水富港扩建工程建设贷款还贷主体决定】 3月8日，市政府决定：由市交通建设投资开发有限公司贷款10000万元，用于水富港扩建工程建设。所贷贷款由水富县政府负责还本付息，并从1月1日起，按期支付本金和利息。市交通建设投资开发有限公司与水富县签订贷款合同，完善相关手续，加强资金管理，不得挪用还本付息资金，确保按期还本付息。

【昭彝公路建设贷款还贷主体决定】 3月8日，市政府决定：原市国有资产经营有限公司贷款1916万元，用于昭彝公路工程建设。为减轻彝良县财政支出压力，市财政已支付2009年以前利息，并归还本金227.1万元，截至2009年12月31日，贷款余额为1688.9万元，由彝良县政府负责还本付息，并从1月1日起，按期支付本金和利息。市开发投资有限公司与彝良县签订贷款合同，完善相关手续，加强资金管理，不得挪用还本付息资金，确保按期还本付息。

【重点煤电企业煤炭价格调节基金及煤炭资源补偿费征收】 3月27日，市政府就全市煤炭价格调节基金及煤炭资源补偿费征收管理有关事项发出通知。征管办法：市政府委托市交通建设投资开发有限责任公司代征煤炭价格调节基金及煤炭资源补偿费，实行按月申报征收，并实行专户储存。工作要求：加强领导；强化宣传；严格征管。执行时间：自本通知发文之日起执行。

【现代烟草农业建设】 6月1日，市政府就进一步抓好现代烟草农业建设有关工作发出通知。认真做好基本烟田建设规划、烟叶生产基础设施建设总体规划和2011年度烟叶生产基础设施建设实施方案编制工作；实施昭通特色烟叶品牌战略；大力推进烟叶生产基础设施建设；努力推进烟叶生产组织方式转变；建立稳定的烟叶营销渠道。

【调整市交投公司法定代表人】 6月3日，市政府决定市交通建设投资开发有限责任公司法定代表人调整为李升翔。

【调整市国资公司和市开投公司法定代表人】 6月3日，市政府决定市国有资产经营公司和市开发投资有限责任公司的法定代表人，均调整为罗荣旭。

【抓好秋冬农业生产意见】 6月10日，市政府提出2010年秋冬农业生产工作意见。一、充分认识抓好秋冬农业生产的重要意义。二、指导思想和目标任务。晚秋生产：全市晚秋作物计划播种面积11.67万公顷，其中粮豆4.8万公顷、蔬菜4.2万公顷、绿肥2.67万公顷。小春生产：小春粮豆计划播种面积10万公顷（小麦6.47万公顷、蚕豆1.27万公顷、杂粮2.26万公顷），预计产量12万吨；小春油菜3.67万公顷，预计产量5.5万吨。冬季农业开发：计划实施冬季农业开发6万公顷，其中蔬菜2.87万公顷、马铃薯2.13万公顷、玉米0.47万公顷、种草0.33万公顷、大豆0.2万公顷，总产量计划80万吨以上，总产值达到8.5亿元以上，比上年增加1亿元以上，农民人均增收12元以上。三、突出工作重点，促进秋冬农业生产再上新台阶。四、保障措施。加强组织领导；明确责任，强化考核；搞好服务，保障生产发展；典型引路，加大宣传。

【昭通师专老校区资产划转】 6月25日，市政府决定将昭通师专老校区的资产划给市开发投资公司，由市开发投资公司处置，以此筹集昭通师专新校区建设项目第二期工程所需的建设资金。要求市国土资源局尽快办理土地所有权证变更的各项手续。

【调整红塔集团昭通原料基地烟叶收购工作领导组】 7月19日，市政府调整红塔集团昭通原料基地烟叶收购工作领导组。组长：邬永飞；副组长：粟勋、陈守荣、于明、王勇。成员由相关部门负责人组成。领导组负责红塔集团原料基地烟叶收购工作的组织、协调、指导、督查等工作，及时处理收购工作中出现的问题，确保收购工作顺利完成。领导组下设办公室在市烟草产业办公室，负责处理日常工作。

【调整烤烟收购工作领导组】 7月19日，市政府调整市烤烟收购工作领导组。组长：王敏正；副组长：张纪华、邬永飞、王宇。成员由相关部门负责人组成。领导组下设办公室在市烟草产业办。领导组下设3个协调督查组。烤烟收购协调组（含质量仲裁）。组长：邬永飞；副组长：粟勋、陈守荣、付修廷。烤烟收购执纪执法组。组长：王宇；副组长：李怀祥、吴化友、于明。烟草公司系统内部管理督查组。组长：于明；副组长：周宏、付修廷、徐保华。

【拨付昭彝和柿凤二级公路建设项目贷款本息】 7月22日，市政府就昭彝二级公路、柿凤二级公路建设项目贷款本息拨付有关事项发出通知。昭彝二级公路建设贷款余额43732万元（本金30000万元、利息13732万元），分别由昭阳区承担23063万元（本金15840万元、利息7223万元）、彝良县承担20669万元（本金14160万元、利息6509万元），从2010年1月1日起按期支付本金和利息。柿凤二级公路建设贷款余额72291万元（本金50000万元、利息22291万元），分别由盐津县承担26819万元（本金18550万元、利息8269万元）、彝良县承担23784万元（本金16450万元、利息7334万元）、镇雄县承担10844万元（本金7500万元、利息3344万元）、威信县承担10844万元（本金7500万元、利息3344万元），从2010年1月1日起按期支付本金和利息。各有关县区按照与市交通建设投资开发有限责任公司签订的转借款合同，于每年3月、6月、9月、12月5日前，将应归还的本息按时划拨到市交通建设投资开发有限责任公司，由市交通建设投资开发有限责任公司向银行结清应还本息。

【成立现代林业建设工作领导小组】 7月29日，市政府成立现代林业建设工作领导小组。组长：王敏正；副组长：邬永飞。成员由相关部门负责人组成。领导小组办公室设在市林业局，具体负责日常事务。

【农村小型水利工程管理体制改革工作方案】 8月12日，市政府将《昭通市农村小型水利工程管理体制改革工作方案》印发各县区政府、市直各委办局，要求认真贯彻执行。

【威信沟头煤矿“6·30”煤与瓦斯突出事故处理】 8月25日，按照省煤矿安全监察局对威信县沟头煤矿“6·30”较大煤与瓦斯突出事故调查处理的有关要求，市政府就有关事项发出通知。一、威信县政府要按照省煤矿安全监察局的批复意见，建议司法机关依法追究白志云、李金美、杨旭、周玉洪的刑事责任，依法对陈学云、刘志然进行调查处理。按有关法律、纪律规定，对谢仕波、刘跃聪、丁开研给予相应的政纪处分，对李陆松给予解聘。二、省煤矿安全监察局昭通监察分局要按照省煤矿安全监察局的批复意见，依据有关法律、法规的规定对沟头煤矿和相关责任人实施行政处罚。三、各发证机关要按照省煤矿安全监察局的批复意见，吊销周玉洪持有的《煤矿矿长资格证》和《煤炭生产经营单位主要负责人安全资格证》。周玉洪5年内不得担任任何煤矿矿长。四、由威信县政府责令并督促该煤矿停产整顿。五、责令威信县政府向市政府写出书面检查；责令威信县煤炭工业局向县政府写出书面检查；责令扎西镇政府向县政府写出书面检查；责令威信县政府常务副县长王维强向县政府写出书面检查；责令扎西镇政府镇长张永向县政府写出书面检查。六、威信县政府和市直有关单位要按照各自职能职责，认真抓好云南煤矿安全监察局批复文件要求的其他事宜的落实。七、威信县政府要深刻吸取事故教训，举一反三，按照事故调查报告提出的防范措施认真进行整改，切实抓好全县范围内煤矿安全隐患排查整治工作，进一步加强煤矿安全管理。市直有关单位要按照各自职能职责，认真落实煤矿安全生产工作的一系列文件要求，切实加强煤矿安全监管，确保安全生产。八、威信县要将相关贯彻落实情况及时报市政府。市监察局要将事故调查处理意见的执行情况收集汇总后报市政府。

【成立昭鲁大型灌区管理局】 9月1日，市政府成立昭通市昭鲁大型灌区管理局，并就有关事项发出通知。

【清缴问题乳粉通告】 9月8日，市政府就问题乳粉清缴有关事项发出通告。一、全市范围内所有生产、经营单位和个人不得使用、销售、藏匿2008年的问题乳粉，以及2008年9月14日之前生产的未经检验三聚氰胺的乳粉。二、任何持有上述问题乳粉的单位和个人，应立即上缴当地相关部门。生产加工环节上缴质监部门，流通环节上缴工商部门，餐饮消费环节上缴卫生部门。收缴部门应造册登记，交由市食品安全委员会办公室负责集中统一销毁。凡在2010年9月30日前主动上缴的，可免于行政处罚；逾期拒不上缴的，一经发现，将依照相关法律、法规予以严处。三、希望广大人民群众和生产、经营者积极向质监部门、工商行政管理部门和卫生行政部门投诉、举报藏匿、销售、使用上述问题乳粉的行为。对举报一经查实者，将按相关规定给予奖励。

【成立黑石路水库前期工作协调领导组】 9月25日，市政府成立黑石路水库前期工作协调领导组。组长：邬永飞；副组长：粟勋、尹贵友。成员由相关部门负责人组成。领导组办公室设在市水利局，负责日常事务处理。

【成立凤威二级公路建设管理处】 11月5日，市政府成立凤翥至威信县城二级公路建设管理处，代表市政府履行凤翥至威信县城二级公路建设业主职责，负责该路段建设管理、债务锁定等工作。

【做好2011年烟叶生产工作】 12月9日，市政府就做好2011年烤烟生产和烟叶生产基础设施建设相关工作发出通知。一、烤烟生产。（一）目标任务。1. 收购计划。2011年全市计划收购烤烟4850万千克，其中昭阳区1150万千克、鲁甸县8250万千克、巧家375万千克、镇雄1400万千克、彝良500万千克、威信250万千克、大关250万千克、永善100万千克。2. 等级结构。除出口备货烟叶外，全市上中等烟比例90%以上，其中上等烟比例45%～50%。3. 收购综合等级合格率。全市80%以上，其中上等烟比例75%以上。（二）主要政策。1. 投入政策。收购计划在500万千克以上的县区，县区政府投入不低于2010年烤烟税收的50%；收购计划在500万千克以下的县区，县区政府投入不低于2010年烤烟税收的80%。2011年市政府优质烤烟生产示范样板经费继续用于扶持和推进烟叶生产组织方式创新，总面积1333.33公顷，每个县区集中在1～2个乡镇的2～4个村完成，有红塔集团原料基地单元的一律安排在基地内实施。继续建立和完善自然灾害补偿机制，降低烟农种烟风险。2. 奖励政策。市政府分别与各县区政府、市烟草公司签订目标责任状，并对各责任主体进行考核，根据考核任务目标完成情况兑现奖惩。（三）主要措施。1. 科技措施。2. 管理措施。3. 加强工业原料基地建设。4. 推进现代烟草农业建设。二、烟叶生产基础设施建设。（一）目标任务。建设项目共计1867件（昭阳区76件、鲁甸县386件、镇雄县178件、彝良县696件、大关县185件、永善县346件），其中烟水工程123件（水池107件、管网9件、沟渠5条、提灌站2座）、机耕路6条、密集烤房265座、烘烤工场1个、烟草农用机械1427台（通用设备1288台、专用设备139台）、育苗大棚45个。总投入不少于15145.11万元，其中烟草行业补贴资金11550.9万元、政府整合项目投入3114.42万元、烟农投入479.79万元。（二）政策保障。（三）工作职责。（四）考核奖惩。

【加快推进全市二级公路建设】 12月10日，按照“苦战一百天，确保路基全面成型”阶段性目标和2011年6月30日全市二级公路完建并锁定债务目标圆满实现的要求，市政府就相关事宜发出通知。进一步增强加快推进全市8条二级公路建设的责任感、紧迫感和危机感；倒排工期，加大投入，加快进度；抓住重点、强势推进，均衡发展；加强监管、确保质量、注重安全；密切配合、通力协作、合力推进。

【调整交投公司董事会组成人员】 12月30日，市政府对市交通建设投资开发有限责任公司董事会组成人员进行调整。董事长：邬永飞；副董事长：张永前。董事会成员由相关部门和县区政府领导组成。

【调整柿凤路建设有限公司领导班子组成人员】 12月31日，市政府调整柿凤公路建设有限公司领导班子组成人员。总经理：余廷华；副总经理兼总工程师：王国丛；副总经理：徐怀忠、杨大春。

【明确昭彝二级公路项目法人】 12月31日，市政府决定由昭彝二级彝岔公路建设工程管理处作为昭彝二级公路（辖红路至徐家营、徐家营至蚂蟥沟、蚂蟥沟至吴家桥“三改二”工程、吴家桥至红石岩、彝良县城至岔河）工程建设项目法人，履行昭彝二级公路建设管理职能。

批　　复

【水绥二级公路建设征地拆迁批复】 1月21日，市政府批复《昭通市水绥二级公路建设管理处关于本项目建设征地拆迁工作有关问题的请示》：同意对381米高程以下的施工便道、弃土场、制梁场、搅拌站等临时工程及设施涉及的土地和房屋拆迁安置采用以下办法和标准进行补偿。所需土地按临时租用地办理。鉴于水绥二级公路建设工期为18个月，所需土地先租用2年。水田、园地和旱地每公顷每年22500元，林地每公顷每年

15000 元，未用地每公顷每年 6000 元。房屋拆迁搬家费和过渡费。搬家费每户 300 元，过渡费每户每月 300 元，鉴于向家坝水电站将于 2012 年蓄水，先行支付 24 个月，以 3 年为限。

【对鲁甸县未利用地开发为耕地批复】

1 月 22 日，市政府批复《鲁甸县人民政府关于鲁甸县茨院—桃源土地开发项目区未利用地开发为耕地的请示》：同意在茨院—桃源土地开发项目区开发未利用地 67.4 公顷。

【对永善县荒草地开发利用批复】 1 月 22 日，市政府批复《永善县人民政府关于开发永善县大兴镇大兴村荒草地的请示》：同意开发大兴镇大兴村荒草地 70.12 公顷。

【对昭阳区荒草地开发利用批复】 1 月 22 日，市政府批复《昭阳区人民政府关于开发洒渔乡白鹤村荒草地的请示》：同意开发洒渔乡白鹤村荒草地 180.04 公顷。批复《昭阳区人民政府关于开发田坝乡二坪村荒草地的请示》：同意开发田坝乡二坪村荒草地 96.41 公顷。批复《昭阳区人民政府关于开发大寨子乡铁池未利用土地的请示》：同意开发大寨子乡铁池未利用土地 113.73 公顷。批复《昭阳区人民政府关于开发守望乡葫芦坪村荒草地的请示》：同意开发守望乡葫芦坪村荒草地 182.52 公顷。

9 月 9 日，市政府批复《昭阳区人民政府关于开发旧圃镇后海村荒草地的请示》：同意按规划设计一次性开发旧圃镇后海村荒草地 134.26 公顷。批复《昭阳区人民政府关于开发乐居乡仁和村荒草地的请示》：同意按规划设计一次性开发乐居乡仁和村荒草地 89.36 公顷。批复《昭阳区人民政府关于开发布嘎乡布嘎村荒草地的请示》：同意按规划设计一次性开发布嘎乡布嘎村荒草地 67.33 公顷。批复《昭阳区人民政府关于开发苏甲乡桂花箐和井底村荒草地的请示》：同意按规划设计一次性开发苏甲乡桂花箐和井底村荒草地 297.54 公顷。批复《昭阳区人民政府关于开发苏家院乡和乐居乡荒草地的请示》：同意按规划设计一次性开发苏家院乡和乐居乡荒草地 137.97 公顷。批复《昭阳区人民政府关于开发苏甲乡桂花箐和布兴村荒草地的请示》：同意按规划设计一次性开发苏甲乡桂花箐和布兴村荒草地 294.89 公顷。

【对彝良县未利用地开发为耕地批复】

1 月 22 日，市政府批复《彝良县人民政府关于请求批准将彝良县荞山乡土地开发（补充耕地）项目区内未利用地开发为耕地的请示》：同意在荞山乡土地开发项目区开发未利用地 82.77 公顷。

【对巧家县未利用地开发为耕地批复】

1 月 29 日，市政府批复《巧家县人民政府转报药山镇小村土地开发项目中未利用地开发为耕地的请示》：同意在药山镇小村土地开发项目中开发未利用地 119.32 公顷。批复《巧家县人民政府转报大寨镇海口村土地开发项目中未利用地开发为耕地的请示》：同意在大寨镇海口村土地开发项目中开发未利用地 64.8 公顷。批复《巧家县人民政府转报炉房乡鸡噜村土地开发项目中未利用地开发为耕地的请示》：同意在炉房乡鸡噜村土地开发项目中开发未利用地 101.04 公顷。

【对镇雄县未利用地开发为耕地批复】

1 月 29 日，市政府批复《镇雄县人民政府关于恳请批准镇雄县黑树镇土地开发市级投资项目立项的请示》：同意在黑树镇土地开发项目中开发未利用地 224.36 公顷。批复《镇雄县人民政府关于恳请批准镇雄县坡头镇土地开发市级投资项目立项的请示》：同意在坡头镇土地开发项目中开发未利用地 258.34 公顷。

【对绥江县荒草地开发利用批复】 2 月 8 日，市政府批复《绥江县人民政府关于开发新滩镇石龙村天宝山及会仪镇黄坪村五指山荒草地的请示》：同意开发新滩镇石龙村天宝山及会仪镇黄坪村五指山荒草地 64.64 公顷。

【成立云南昭通大众股份有限监理公司】 2 月 10 日，市政府批复《昭通市交通局关于成立云南昭通大众股份有限监理公司的请示》：同意成立云南昭通大众股份有限监理公司；市交通局要严格按照相关法律法规及时开展好注册申报工作，并加强行业监管。

【成立供销社社有资产管理中心】 2 月 21 日，市政府批复《昭通市供销社关于成立社有资产管理中心的请示》：同意市供销社成立社有资产管理中心，行使本级社有资产出资人代表职能，指导和监督县区供销社对社有资产的管理；社有资产的收益，主要用于企业、合作经济组织发展和社有企业职工的社会保障。

【昭巧二级公路建设征地补偿标准】 3 月 5 日，市政府批复《昭通市昭巧公路建设管理处关于昭巧二级公路征地拆迁标准的请示》：同意昭巧二级公路建设征地标准按照《云南省征地统一年产值标准和征地区片综合地价补偿标准》（试行）执行。市级按平均统一年产值核算到各县区，各县区按照统一补偿标准测算后重新制订补偿标准兑现，如有不足，从《昭通市二级公路建设征地拆迁安置实施意见》所规定的不可预见费中列支，仍然不足的，由各县区自行筹补。不可预见费及工作经费按原《实施意见》规定计提。各县区政府要严格按照统一年产值的补偿标准足额兑现到被征地农户，严禁截留、挪用二级公路建设征地补偿资金。

【优秀残疾人运动员就业或生活保障】

3 月 11 日，市政府批复市残疾人联合会《关于请求解决我市 6 名优秀残疾人运动员就业或生活保障问题的请示》：建议由水富县政府解决雷智麟、邱启坤就业问题，由永善县政府解决凌育兰就业问题，3 人均解决为合同制工人。陈大梅、付永清、杨超 3 名残疾程度较重的优秀运动员，建议分别由昭阳、巧家、永善 3 县区政府解决 3 人“农转非”问题，纳入城镇低保对象;3人的医疗、养老、失业、生育等保险的个人出资部分,分别由当地民政部门帮助缴纳,单位出资部分分别由3县区政府用残疾人就业保障金解决或财政承担。

【向家坝电站库区绥江县围堰移民特殊措施实施细则】 3月12日,市政府批复《绥江县人民政府关于请求审批向家坝水电站云南库区绥江县围堰移民特殊措施实施细则(10~20年一遇)的请示》:原则同意《向家坝水电站云南库区绥江县围堰移民特殊措施实施细则(10~20年一遇)》。

【挂牌督办重大火灾隐患单位】 3月24日,市政府批复《关于对重大火灾隐患单位提请政府挂牌督办的请示》:同意对市邮政局实施挂牌督办。请市公安局按照公安部和省有关要求认真组织实施,并采取有力措施确保挂牌整改期间的消防安全。

9月30日,市政府批复《关于对昭通市邮政局重大火灾隐患销案的请示》:同意对昭通市邮政局重大火灾隐患挂牌整治予以销案;请市公安局依法加强对昭通市邮政局日常消防安全的监督管理,加强跟踪问效,帮助建立健全长效机制,严防火灾事故的发生。

【聘任第三届市政府督学】 3月31日,市政府批复《昭通市人民政府教育督导室关于推荐昭通市第三届市级督学的请示》:同意聘任市政府教育督导室、市教育局所报45人为第三届昭通市人民政府督学和特聘督学。

【市开投公司房地产开发战略合作相关问题】 4月1日,市政府批复《昭通市开发投资有限公司关于房地产开发战略合作相关问题的请示》:同意市开发投资有限公司和湖北省工业建筑总承包集团第三建筑工程公司在昭通组建房地产开发公司。新组建的房地产开发公司注册资本为3000万元,市开发投资有限公司出资人民币1200万元入股,股份比例为40%,湖北省工业建筑总承包集团第三建筑工程公司出资人民币1800万元入股,股份比例为60%。

【向家坝电站库区永善县移民安置实施细则】 4月2日,市政府批复《永善县人民政府关于请求审批〈向家坝水电站云南库区永善县移民安置实施细则〉的请示》:原则同意《向家坝水电站云南库区永善县移民安置实施细则》。

【新建市养老福利中心】 4月13日,市政府批复《昭通市民政局关于新建昭通市养老福利中心及并安排配套资金的请示》:同意新建市养老福利中心。地方配套资金500万元,由市财政安排解决。

【地方食用植物油储备】 4月13日,市政府批复《关于落实下达地方食用植物油储备的请示》:6月30日前,巧家、大关、永善、绥江、水富5县食用植物油储备必须达到5万千克以上规模。食用植物油储备相关费用由各县财政承担。

【市国有资产经营公司发行公司债券】 4月15日,市政府批复《昭通市国有资产经营有限公司关于申请发行公司债券的请示》:同意市国有资产经营有限公司于2010年申请发行7亿元公司债券,债券期限为7年,募集资金全部用于柿凤路、昭彝路工程等项目。市政府每年安排财政资金对公司予以补贴,作为政府支付的城市基础建设项目的建设资金或成本补偿,该款项优先用于本期债券的还本付息。2010~2011年,每年拨付金额不低于0.9亿元;2012~2014年,每年拨付金额不低于1.2亿元;2015~2017年,每年拨付金额不低于1.5亿元。

【水富县土地利用总体规划局部调整】 4月26日,市政府批复《水富县人民政府关于局部调整水富县第五中学恢复重建项目涉及两碗乡土地利用总体规划的请示》:同意实施调整后的《水富县两碗乡土地利用总体规划》。

【永善县土地利用总体规划局部调整】 4月26日,市政府批复《永善县人民政府关于请求批准实施调整后的黄华镇土地利用总体规划的请示》:同意实施调整后的《永善县黄华镇土地利用总体规划》。批复《永善县人民政府关于请求批准实施调整后莲峰镇土地利用总体规划的请示》:同意实施调整后的《永善县莲峰镇土地利用总体规划》。

【更新中心城市土地分类定级与基准地价成果】 5月5日,市政府批复《昭通市国土资源局关于昭通中心城市土地分类定级与基准地价更新成果公布实施的请示》:经市政府第三十八次常务会议研究通过,同意更新昭通中心城市土地分类定级与基准地价成果,并由市国土资源局组织公布实施。

【成立昭通交通运输集团有限责任公司】 5月10日,市政府批复《云南昭通交通运输集团公司关于成立昭通交通运输集团有限责任公司的请示》:同意将公司改制为国有独资有限责任公司,名称为昭通交通运输集团有限责任公司。

【威信县城市总体规划修编】 5月10日,市政府批复《威信县人民政府关于批准实施威信县城总体规划修编的请示》:原则同意《威信县城总体规划修编(2008~2025)》

【市公安局侦查技术大楼建设】 5月14日,市政府批复《昭通市公安局昭通市开发投资公司关于昭通市公安局侦查技术大楼建设有关问题的请示》:同意由市开发投资公司按照立项要求及施工图设计标准,对昭通市公安局侦查技术大楼实施代建。同意将原昭通地区中级法院办公大楼(现由市公安局实际使用)的所有权划归市公安局。同意将昭阳区怀远街45号市公安局办公场所公用部分土地(含原昭通地区中级法院办公大楼)和昭阳区建设北路124号市看守所(含干训班)土地性质调整为商住用地,由市公安局、市开发投资公司共同聘请中介机构进行现值评估后,公开拍卖或有偿划拨给市开发投资公司处置,拍卖和处置资金全部用于市公安局侦查技术大楼建设。同意市公安局在项目开工后即将现有的700万元建设资金划拨市开发投资公司。同意将市财政安排市公安局侦查技术大楼的建设资金1000万元，划拨市开发投资公司用于市公安局侦查技术大楼建设。市公安局侦查技术大楼建设总投资5000万元。工程完工后，对划拨的资金、处置的资产资金和建设资金一并进行找补结算。

【公益林规模和布局】 6月1日，市政府批复《昭通市林业局关于进一步复核昭通市公益林规模和布局的请示》：同意市国家级公益林维持40.16万公顷面积不变。同意对彝良、永善、水富、威信4县的地方公益林作相应调整和调减，省级公益林调减7195.81公顷（国有687.27公顷、集体498.27公顷、个人6008.27公顷），县级公益林调减15759.33公顷。其中：彝良县县级公益林调减15759.33公顷，永善县省级公益林调整4190.27公顷，水富县省级公益林调出2323.07公顷，威信县省级公益林调减4870.73公顷。

【渔洞水库资产等划转方案】 6月4日，市政府批复《昭通市财政局昭通市国有资产监督管理局昭通渔洞水库管理局昭通市开发投资有限公司关于渔洞水库资产、债务、收益划转方案的请示》：原则同意关于渔洞水库资产、债务、收益等划转方案。由市财政局牵头，市开投公司和渔洞水库管理局积极配合按照相关规定尽快办理完毕资产划转及手续，并建立和完善相关账务。

【永善县顺河梯级电站开发】 7月13日，市政府批复《永善县人民政府关于请求同意顺河流域水电开发不再实行公开竞拍的请示》：同意永善县顺河流域梯级电站开发不再实行公开竞拍。请将电站开发权授予法人实体，实行项目建设法人责任制，并明确开发计划、开发时限，按照市场机制运作，由企业自负盈亏开发。同意按照市中小水电开发权拍卖方案，以底价每千瓦120元、合计78万元，将顺河流域三级电站总装机6500千瓦的开发权转让给溪洛渡电站移民组建的公司。

【选点开展风能发电测风工作】 8月5日，市政府批复《昭通市交通建设投资开发有限责任公司关于在鲁甸选点开展风能发电测风工作的请示》：同意市交通建设投资开发有限责任公司在鲁甸县选点开展风能发电开发的前期测风等工作。

【“两站”库区移民人口界定实施细则】 8月11日，市政府批复《永善县人民政府关于请求审批永善县“两站”库区移民人口界定实施细则的请示》：原则同意《永善县“两站”库区移民人口界定实施细则》，可作为溪洛渡、向家坝两座水电站永善库区移民人口认定的依据。批复《昭阳区人民政府关于请求审定〈金沙江溪洛渡水电站昭阳区移民人口界定实施细则〉的请示》：原则同意《金沙江溪洛渡水电站昭阳区移民人口界定实施细则》，可作为昭阳库区移民人口认定的依据。批复《鲁甸县人民政府关于金沙江溪洛渡水电站鲁甸库区移民人口界定实施细则的请示》：原则同意《金沙江溪洛渡水电站鲁甸库区移民人口界定实施细则》，可作为鲁甸库区移民人口认定的依据。

【巧家县城市总体规划】 8月12日，市政府批复《巧家县人民政府关于批准实施巧家县城市总体规划的请示》：原则同意《巧家县城市总体规划（2008～2030）》。

【开发昭通中心城市南部物流园区5号地块】 8月20日，市政府批复《关于请求将南通道片区5号、6号地块定向出让给昭通交通运输集团公司的请示》和《关于将南门客运站融入物流中心建设的请示》：同意由昭通交通运输集团公司开发昭通中心城市南部物流园区5号地块（面积约4.22公顷），并建设昭通中心城市南部一级枢纽客运站及配套设施。上述地块土地应依法参加挂牌取得。有关项目建设应符合昭通中心城市规划，并按程序申报相关手续。

【盐津红碧村与国有小草坝林场林权争议问题】 9月3日，市政府批复《盐津县人民政府关于请求协调解决庙坝乡红碧村与小草坝林场林权争议问题的请示》：对庙坝乡红碧村群众在朝天马自然保护区擅自砍设林地分界线事件，盐津县政府要高度重视，依法依规及时严肃查处，杜绝滥砍滥伐情况再次发生，切实维护国家生态安全。盐津县庙坝乡红碧村与小草坝林场纠纷问题，由市司法局牵头继续对存在争议区域进行调处。为维护林区稳定，增加群众收入，对盐津县庙坝乡红碧村与小草坝林场交界争议区域内笋山开放，允许当地群众进山打笋。由盐津县政府责成庙坝乡政府和县直相关部门，会同小草坝林场、小草坝林区派出所共同维护好笋山、林区经营收购秩序，保护合法经营，取缔无证经营，坚决打击非法经营，对压价和哄抬竹笋收购价格由此引起混乱的要依法严肃处理，维护林区社会稳定。

【县区中低产林改造总体规划】 9月17日，市政府批复《昭阳区人民政府关于上报昭阳区中低产林改造总体规划的请示》、《鲁甸县人民政府关于上报鲁甸县中低产林改造总体规划的请示》、《巧家县人民政府关于评审巧家县中低产林总体规划的请示》、《镇雄县人民政府关于上报审批云南省镇雄县中低产林改造总体规划的请示》、《彝良县人民政府关于彝良县中低产林改造总体规划请示》、《威信县人民政府关于审批威信县中低产林改造总体规划的请示》、《盐津县人民政府关于上报〈盐津县中低产林改造总体规划〉的请示》、《大关县人民政府关于审批大关县中低产林改造总体规划的请示》、《永善县人民政府关于报请审批永善县中低产林改造总体规划的请示》、《绥江县人民政府关于请求审批绥江县中低产林改造总体规划的请示》和《水富县人民政府关于上报中低产林改造总体规划的报告》：原则同意各县区政府“中低产林标准的界定”和“中低产林改造总体规划”，请严格按照中低产林改造总体规划评审会议后修改完善的中低产林改造总体规划，认真组织实施，确保中低产林改造的效果和质量。

【蚂吴二级公路采用 BOT 模式建设】 9 月 27 日，市政府批复《昭彝二级彝岔公路建设工程管理处关于请求昭通至彝良二级公路（蚂蟥沟至吴家桥段）工程项目采用 BOT 模式招标建设的请示》：同意昭通至彝良二级公路（蚂蟥沟至吴家桥段）工程项目采用 BOT 模式招标建设。

【牛栏江天花板水电站下闸蓄水】 9 月 27 日，市政府批复《云南滇能牛栏江水电开发有限公司关于天花板水电站下闸蓄水的请示》：同意天花板电站按相关程序下闸蓄水。

【市国资经营公司转借债务划转】 9 月 30 日，市政府批复《昭通市国有资产经营有限公司关于划转公司转借债务的请示》：同意将原转借给各县区政府及行政单位的债务 33708.4 万元划转给相关县区有关公司。

【市开投公司转借债务划转】 9 月 30 日，市政府批复《昭通市开发投资有限责任公司关于划转公司转借债务的请示》：同意将原转借给各县区政府的债务 5261.17 万元划转给各县区有关公司。

【划转市交投公司转借债务】 9 月 30 日，市政府批复《昭通市交通建设投资开发有限责任公司关于划转交投公司转借债务的请示》：同意将原转借给昭阳区政府的昭彝公路建设债务 15840 万元划转给昭阳区国有资产经营有限公司；同意将原转借给镇雄县政府的柿凤公路建设债务 7500 万元划转给镇雄县公路建设开发有限责任公司；同意将原转借给彝良县政府的柿凤公路建设债务 16450 万元划转给彝良县国有资产经营有限责任公司；同意将原转借给彝良县政府的昭彝公路建设债务 14160 万元划转给彝良县国有资产经营有限责任公司；同意将原转借给威信县政府的柿凤公路建设债务 7500 万元划转给威信县高等级公路建设开发有限责任公司；同意将原转借给盐津县政府的柿凤公路建设债务 18550 万元划转给盐津县国有资产经营有限公司；同意将原转借给水富县政府的水富港扩建债务 10000 万元划转给水富县国有资产经营有限公司。

【8 条二级公路沿线加油站一体化开发经营规划】 9 月 30 日，市政府批复《昭通市商务局关于昭通市在建 8 条二级公路沿线服务区建加油站一体化开发经营发展规划的请示》：原则同意《昭通市在建 8 条二级公路沿线服务区建加油站一体化开发经营发展规划》。由市交通建设投资开发有限责任公司负责按照“统一规划，分步实施”的原则，组织实施。

【田坝大桥施工监测与控制项目合同】 10 月 18 日，市政府批复《昭通市昭巧公路建设管理处关于与重庆交通大学签订昭巧二级公路田坝大桥施工监测与控制合同的请示》：同意根据市场询价情况，由重庆交通大学承担昭巧二级公路田坝大桥的施工监测与控制项目的技术开发和服务。

【昭通师专新校区二期工程建设方案】 10 月 18 日，市政府批复市开发投资有限责任公司《关于上报昭通师专新校区二期工程建设项目实施方案的请示》：同意市开发投资有限责任公司退出在云南居美乐房地产开发有限责任公司 40% 的股权。鉴于昭通师专新校区二期工程建设项目时间紧、任务重、资金需求大、项目融资难，市开发投资有限责任公司目前不具备独立承担能力的实际，原则同意《昭通师专新校区二期工程建设项目实施方案》。

【新建红塔集团西南西北营销业务配套用房】 10 月 29 日，市政府批复《关于新建红塔集团西南西北营销业务配套用房的请示》：市政府同意并支持红塔集团在昭通卷烟厂所在地昭阳区新建西南西北营销业务配套用房。项目建设相关手续请按程序办理。

【全市农村小型水利工程管理体制改革听证】 11 月 16 日，市政府批复《昭通市水利局关于举行昭通市农村小型水利工程管理体制改革听证的请示》：同意召开昭通市农村小型水利工程管理体制改革听证会。由市水利局按照程序组织召开听证会。

【冷水河流域规划】 11 月 22 日，市政府批复《昭通市冷水河流域规划报告》：原则同意《昭通市冷水河流域规划》。同意冷水河流域规划以兴建水利工程为主，规划总投资 12.54 亿元，其中水库工程投资 11.5 亿元、堤防工程投资 0.94 亿元、农村人饮安全投资 0.1 亿元。同意规划兴建 3 座中型和 1 座小（一）型水库，分别是营盘、岔河、黑石罗和金瓜水库。同意规划冷水河河道治理长度 19.7 千米，分别为冷水河茂林集镇段 12.7 千米、冷水河箐口塘段 7 千米。

【改建水富港相关附属设施】 11 月 22 日，市政府批复《水富县人民政府关于改建水富港相关附属设施的请示》：同意水富港港区绿化带退后 2 米用于临江侧人行道扩宽。同意水富港 1 号、2 号门岗相应向港区方向移动，并旋转门岗边缘与道路轴线平行，门岗迁建费由水富县政府承担。

【全市农业发展十二五规划听证】 12 月 6 日，市政府批复《昭通市农业局关于举行昭通市农业发展“十二五”规划听证会的请示》：同意召开昭通市农业发展“十二五”规划听证会。由市农业局按照程序组织召开听证会。

【昭阳区土地利用总体规划局部调整】 12 月 6 日，市政府批复《昭阳区人民政府关于局部调整北闸镇土地利用总体规划的请示》：同意实施调整后的《昭阳区北闸镇土地利用总体规划》。批复《昭阳区人民政府关于局部调整小龙洞乡土地利用总体规划的请示》：同意实施调整后的《昭阳区小龙洞乡土地利用总体规划》。批复《昭阳区人民政府关于局部调整洒渔乡土地利用总体规划的请示》：同意实施调整后的《昭阳区洒渔乡土地利用总体规划》。

【全市农村人力资源开发十二五规划听证】 12月7日，市政府批复《昭通市农村人力资源开发办公室关于举行〈昭通市农村人力资源开发"十二五"规划（草案）〉听证会的请示》：同意召开全市农村人力资源开发"十二五"规划（草案）听证会。由市农村人力资源开发办公室按照程序组织召开听证会。

【全市二级公路建设预防职务犯罪工作考评办法】 12月8日，市政府批复《昭通市二级公路建设预防职务犯罪工作考评办法》：原则同意《昭通市二级公路建设预防职务犯罪工作考评办法》。

【柿凤公路牛街隧道出口柿火公路平交道口方案】 12月8日，市政府批复《昭通市柿凤公路建设有限公司关于柿凤公路牛街隧道出口柿火公路平交道口方案的请示》：同意柿凤公路牛街隧道出口柿火公路平交道口采用第二方案，即沿老路处牛街新桥处靠河道修建挡墙至原河滩防汛挡墙处，下穿白水江2号大桥，经JKO＋385.386至桥坎煤矿处。

【昭鲁大型灌区续建配套与节水改造】

12月16日，市政府批复《昭通市昭鲁大型灌区管理局关于昭鲁大型灌区续建配套与节水改造2009年实施项目有关问题的请示》：同意将15万元列入财务决算，作为昭鲁大型灌区续建配套与节水改造2009年实施项目下阶段的验收工作经费。同意将小寨支渠32＋000至渠末前期工作经费74.06万元列入昭鲁大型灌区续建配套与节水改造2009年实施项目概算中支付。

【组建昭投矿业投资有限责任公司】

12月16日，市政府批复《昭通市开发投资有限公司关于上报昭通市昭投矿业投资有限责任公司组建方案的请示》：同意由昭通市开发投资有限公司与云南雄能地质矿业有限公司共同出资组建市昭投矿业投资有限责任公司。注册资本3000万元，市开发投资有限责任公司出资1530万元，占51%，云南雄能地质矿业有限公司出资1470万元，占49%。公司按照市政府授权，负责对原市煤炭资源勘探工作联合管理委员会职能结束后所持矿权进行市场化经营和管理；负责市辖区内未登记矿权的相关矿产资源勘探权申报；根据全市相关产业发展规划，开展矿产资源勘查、矿产品加工及贸易，为全市矿业发展提供技术支持和服务。公司按《公司法》规定设立董事会、监事会、经理层，实行董事会领导下的总经理负责制。

【巧家县机关事业单位职工住房货币化补贴】 12月17日，市政府批复《巧家县人民政府关于请求批准巧家县机关事业单位职工住房货币化补贴支付办法（暂行）的请示》：同意巧家县实施《巧家县机关事业单位职工住房货币化补贴支付办法（暂行）》。

【市红十字会备灾救灾中心资产处置】

12月17日，市政府批复《昭通市红十字会关于请求自行依法公开处置资产的请示》：同意由市红十字会按照行政事业单位国有资产处置的有关规定及程序，对位于昭阳区环城北路117号的市备灾救灾中心进行公开处置。

请示　报告

【三峡库区及其上游水污染防治规划实施情况自查报告】 1月8日，市政府将实施《三峡库区及其上游水污染防治规划（修订本）》（以下简称《规划》）自查的情况，向省环境保护厅报告。一、《规划》实施情况。（一）《规划》基本情况。2008年下发实施的《三峡库区及其上游水污染防治规划（修订本）》，对昭通市列入原规划建设的项目调整为11个，即威信、镇雄、彝良、巧家、水富、绥江、永善、鲁甸8个县的城市（镇）污水处理厂、绥江县城市生活垃圾处理场、昭通市生猪定点屠宰厂废水治理项目和云南云天化股份有限公司废水治理项目。（二）《规划》实施工作进展和成效。1.威信县城市生活污水处理厂及配套管网工程。2008年8月，工程正式启动建设，完成"三通一平"、厂区征地和9975米污水管道安装，正在开展厂区主体工程建设。2.水富县城市生活污水处理厂及配套管网工程。2009年启动建设，已铺设管网25.2千米，厂区主体工程动工建设，完成投资4500万元。3.永善县城市生活污水处理厂及配套管网工程。与云南华天环保科技公司签订BOT项目建设合作协议，进行项目施工图设计。4.鲁甸县城市生活污水处理厂及配套管网工程。管网建设完成项目招标，厂区建设与云南省水务公司签订BOT协议，已经开工建设。5.绥江县城市生活污水处理厂及配套管网工程。正进行初步设计等工作。6.镇雄县城市生活污水处理厂及配套管网工程。正在开展前期工作。7.巧家县城市生活污水处理厂及配套管网工程。项目可研报告及环评报告编制完毕，环评报告正提请专家审核。8.彝良县城市生活污水处理厂及配套管网工程。委托科研单位开展项目可行性研究报告的编写和相关前期工作。9.绥江县城市生活垃圾处理工程。垃圾场主体工程完成，机械设备配置到位并投入试运营。10.昭通市生猪定点屠宰厂废水治理项目。2006年10月，市环保局组织工程竣工环保验收，已投入使用。污染物排放均达到《肉类加工工业水污染物排放标准》（GB13457－922）二级标准限值要求，2007年经环保部核查认定减排化学需氧量211吨。11.云南云天化股份有限公司废水治理项目。云南云天化股份有限公司共投资1.1亿元建设环保治理装置及综合利用设施，实现尿素解析液零排放、合成氨工艺冷凝液零排放；自筹资金近1700万元实施有机废水处理装置改扩建工程，其净水达到并优于《污水综合排放标准》(GB8978－1996)一级标准。12. 除上述11个项目外,还建成并投入试运行列入国家《三峡库区及其上游水污染防治规划(2001年)》的威信、镇雄、大关、巧家、水富、绥江6个县垃圾处理工程。(三)考核工作的组织领导和自查结果。(四)主要存在问题和下步工作打算。二、考核断面水质综合达标自查情况。三、项目完成率自查情况。四、其他相关工作开展情况。

【"两基"复查年审情况报告】 1月12日,市政府就2009年"两基"复查年审工作情况,向省政府报告。一、基本情况。二、主要做法。三、"两基"巩固提高指标完成情况。(一)普及和扫盲程度。适龄儿童、少年入学率:7～12周岁适龄儿童667387人,入学率99.12%,与上年持平;13～15周岁适龄少年310469人,初中阶段毛入学率97.48%,比上年提高0.94个百分点。在校学生年辍学率:上学年小学辍学6479人,辍学率0.85%,比上年下降0.33个百分点;初中辍学7352人,辍学率2.54%,比上年下降0.95个百分点。残疾儿童、少年入学率:7～15周岁残疾儿童、少年3440人,入学率83.14%,比上年提高0.75个百分点。15周岁人口初等教育完成率:15周岁人口102803人,完成率98.93%,比上年提高0.46个百分点。17周岁人口初级中等教育完成率:17周岁人口102864人,完成率85.07%,比上年提高3.87个百分点。青壮年非文盲率:青壮年人口总数2985304人,非文盲率99.24%,比上年提高0.64个百分点。近3年脱盲人员复盲率:2007年脱盲17005人,复盲率1.32%;2008年脱盲18293人,复盲率0.74%;2009年脱盲14136人,复盲率0.95%。(二)教师校长。教师学历和取得专业合格证书的合格率:小学专任教师30273人,合格率97.52%;初中专任教师14033人,合格率97.68%。新补充教师学历合格率:2007～2009年补充小学教师5768人,学历合格率100%;补充初中教师3757人,学历合格率99.8%。校长任职条件合格率:完小校长1816人,合格率100%;中学校长203人,合格率100%。校长岗位培训合格率:中小学校长岗位培训合格率均为100%。(三)教育质量。按国家和省的课程计划开齐课程、开足课时:完小1816所,合格率99%;中学203所,合格率100%。在校学生品德操行综合评定合格率:中小学合格率均为100%。毕业班学生毕业率:上学年小学毕业班学生120329人,毕业率98.66%;初中毕业班学生85269人,毕业率99.39%。毕业班学生体育合格率:上学年小学毕业班体育合格率97.5%,初中毕业班体育合格率98.6%。初中毕业班学生全科合格率:2009年初中毕业生全科合格73594人,合格率86.84%。年校级体育运动会举办率:2009年小学校级体育运动会举办率65.6%,初中校级体育运动会举办率80.2%。(四)办学条件。生均占地面积达标率:完小1816所,达标率80.5%,生均占地10.11平方米;中学203所,达标率63.7%,生均占地13.7平方米。生均校舍建筑面积达标率:完小1816所,达标率70.6%,生均校舍面积3.22平方米;中学203所,达标率26.3%,生均校舍面积5.19平方米。教学用房达标率:小学达标率90.5%,中学达标率88.4%。"六配套"合格率:小学合格率91.5%,中学合格率96.5%。危房率(按新标准统计):小学危房面积1847413平方米,危房率76.81%;中学危房面积796156平方米,危房率42.58%。课桌椅配备率:中小学课桌椅配备率均为100%。图书达标率:小学达标率90.2%,生均6.43册;中学达标率52.4%,生均7.5册。教学仪器达标率:完小1816所,达标率50.8%;中学203所,达标率60.1%。文体器材达标率:小学达标率82.6%,中学达标率80.5%。劳动(劳技)课设施配备率:小学配备率83.2%,中学配备率82.5%。实验教学普及率:小学实验教学普及率48.5%,中学实验教学普及率58.6%。信息技术课设备配备率:完小1816所,配备率2.42%;中学203所,配备率98.5%。(五)教育经费。财政对教育的拨款:2006年、2007年、2008年财政对教育预算内拨款增长比例分别是40.1%、17.15%、21.65%。年生均教育事业费:2006年、2007年、2008年年生均教育事业费小学分别是966元、1163.9元、1395.9元,中学分别是1227.4元、1495元、2055.1元。财政拨发的年生均公用经费:2006年、2007年、2008年财政拨发的年生均公用经费小学分别是171.4元、199.7元、368.6元,中学分别是270.3元、292.5元、515.6元。城市教育费附加:2006年、2007年、2008年城市教育费附加分别是1995万元、2888.8万元、4990.6万元。多渠道筹措义务教育资金,开展勤工俭学:2006年、2007年、2008年分别筹措义务教育资金287.9万元、534.3万元、1582.6万元;中小学勤工俭学基本正常开展。教职工工资:全市农村中小学人事管理、教师编制、工资管理等收归县区统一管理,教职工工资基本做到按时足额发放。四、存在的困难和问题。校舍和设施设备不足;历史欠债大;教师数量不足;教育发展不平衡,优质教育资源少;"控辍保学"任务艰巨。五、下步工作打算。

【溪洛渡电站专用公路建设用地请示】

中国长江三峡集团公司建设的金沙江溪洛渡水电站对外交通专用公路建设项目需占用永善县桧溪镇、细沙乡和盐津县普洱镇集体土地60.51公顷。1月22日,市政府恳请省政府批准将农用地51.41公顷转为建设用地,并将集体土地60.15公顷征为国有,会同国有土地0.36公顷,合计60.51公顷土地作为溪洛渡水电站对外交通专用公路建设用地。

【解决财政困难请示】 1月23日,市政府恳请省政府帮助解决财政困难补助6000万元。

【落实市人大常委会有关审议意见情况报告】 1月28日，市政府将落实市人大会常委会《关于转交<中华人民共和国村民委员会组织法执法检查报告和常委会组成人员审议意见>的通知》情况，向市人大常委会报告：进一步加大对《村民委员会组织法》的宣传力度；理顺关系，健全机制；认真贯彻落实村务公开和民主管理制度；重视村级干部队伍建设，并加强监督管理；积极探索发展壮大村集体经济的新路子。

3月3日，市政府就研究处理《关于转交昭通市人大常委会组成人员对〈昭通市人民政府关于扶贫开发工作情况的报告〉审议意见的通知》情况，向市人大常委会报告。一、加强领导，落实责任，确保扶贫开发工作有序开展。二、突出重点，强化措施，着力抓好扶贫开发各项工作。（一）着力加强整村推进和整乡推进项目建设。（二）着力开展好产业扶贫项目建设。（三）着力实施消除茅草房项目建设。（四）着力开展易地开发扶贫项目建设。（五）着力开展好信贷扶贫工作。（六）着力加快革命老区建设步伐。（七）着力实施好“百千万帮扶工程”。三、科学规划，狠抓落实，促进扶贫开发工作顺利推进。（一）切实抓好2010年扶贫开发工作。（二）科学谋划好“十二五”扶贫开发工作。

9月10日，市政府就《昭通市人大常委会组成人员对<昭通市人民政府关于“五五”普法和“三五”依法治市规划落实情况的报告>的审议意见的通知》处理情况，向市人大常委会报告。一、进一步提高对普法和依法治理工作重要性认识。二、进一步创新普法方式，努力增强普法工作实效性和针对性。三、关于依法治理工作的重点问题。四、加强领导，保障普法依法治理工作有效开展。

9月10日，市政府就市人大城建环资工委《关于视察昭通中心城市规划建设工作情况的报告》和市人大常委会《关于转交<关于视察昭通中心城市规划建设工作情况的报告>和常委会组成人员审议意见的通知》落实情况，向市人大常委会报告。一、快速推进昭通市城市总体规划编制进程。二、全面推进昭通中心城市规划实施和建设工作。三、切实推进昭通中心城市北部新区建设。四、加快安置点建设进度。五、加大城市管理力度。

11月9日，市政府就落实《昭通市人大常委会关于转交昭通市人大常委会组成人员对昭通市人民政府关于2006年以来经市人大常委会决定的市人民政府贷款管理使用及还款情况的报告的审议意见的通知》情况，向市人大常委会报告。一、严格按照项目使用贷款。（一）项目使用贷款情况。（二）项目贷款资金管理情况。二、建立健全贷款偿还机制。三、切实防范贷款债务风险。

11月10日，市政府就落实《关于转交市人大常委会组成人员对<昭通市中小学校舍安全工程情况报告>的审议意见的通知》情况，向市人大常委会报告。一、加强领导，进一步形成工作合力。二、坚持标准，进一步加强校安工程质量管理。三、严格监督，进一步保障校安工程资金安全和资产的有效运行。四、强化措施，进一步抓好校安工程建设进度。五、精心组织，进一步抓好农村学校布局调整。六、狠抓落实，进一步完善校安工程档案资料和规范学校管理。七、创新思路，进一步调整和完善规划。八、加大力度，积极争取上级支持解决后续问题。

12月17日，市政府就整改落实《昭通市人大常委会关于转交〈关于视察全市在建二级公路建设情况的报告〉和常委会组成人员审议意见的通知》情况，向市人大常委会报告。一、贯彻视察报告的情况。二、落实视察报告建议情况。（一）关于工程进度不平衡问题。（二）关于设计不尽科学问题。（三）关于资金到位率低的问题。（四）关于超概算严重问题。（五）关于部分单位认识不到位，重视不够问题。三、下步工作打算。为确保2011年6月30日前完建并锁定债务，市政府将要求全市各级各相关部门和各二级公路参建“四方”着力抓好以下重点工作：提高认识，坚定信心，全力攻坚；倒排工期，加大投入，加快进度；抓住重点，强势推进，均衡发展；加强监管，确保质量，注重安全；密切配合，通力协作，全力支持。

12月28日，市政府就市人大常委会《关于转交昭通市人大常委会组成人员对〈关于昭通市2010年1～6月地方财政预算执行情况的报告〉的审议意见的通知》落实情况，向市人大常委会报告。一、发展壮大市级财源，努力增加市级收入。二、认真研究“十二五”财政体制，均衡县区间财力差距。

12月28日，市政府就融资平台和信用体系建设情况向市人大常委会报告。一、贯彻落实科学发展观，加强融资平台建设。（一）积极搭建政府融资平台。市政府于1996年10月批准成立市国有资产经营有限公司，注册资本1.05亿元，出资人为市国有资产监督管理局。公司下设市开发投资有限公司（2008年8月成立）、市交通建设投资开发有限公司（2008年8月成立）、市城市建设投资开发有限公司（2006年8月成立）3个子公司。（二）加大融资力度。（三）大力支持公益性建设。（四）规范资金管理。（五）筹备发行公司债券。（六）防范债务风险。（七）推进民间融资体系建设。（八）存在的问题。（九）下步工作打算。二、加快信用体系建设步伐，改善全市信用环境。建立完善信用档案，充分利用金融政策，切实为企业发展、为农民解困注入资金。尽快制订《昭通市社会信用体系建设实施方案》、《关于推进农村信用体系建设的意见》，形成社会信用体系的基本框架和运行机制。

12月29日，市政府就落实《关于转交昭通市人大常委会组成人员对<昭通

市“十一五”期间节能减排工作情况的报告 > 的审议意见的通知》情况，向市人大常委会报告。一、提高认识，进一步安排部署节能减排工作。二、突出重点，全力确保“十一五”工作目标任务完成。三、切实加强“两污”设施建设和管理。四、强制淘汰落后生产力，加快产业结构调整。五、探索使用清洁能源，大力整治环境。六、完善工作思路，建立长效工作机制。

【追认罗龙海等为革命烈士请示】 经审查，罗龙海、吴清顺、黄华先、胡殿英、李庆贤、黄福先、陈兴顺、曾老二、文明斌、童德明、田炮匠、文明大、李廷珍、王正文、周一戎等符合批烈条件。2月2日，市政府分别报请省政府追认为革命烈士。

【边远民族地区特困群体情况报告】 2月9日，市政府就全市边远民族地区特困群体基本情况的调查、统计、汇总有关情况，向省委民族工作领导小组办公室报告。一、基本情况。（一）全市散居民族基本情况。全市辖1区10县，143个乡镇、办事处，1178个行政村。其中民族乡19个，民族村126个，少数民族人口占30%以上的民族村民小组有2480个。2008年末，全市总人口549.52万人。其中：少数民族23种54.73万人，占全市总人口的10%，回族、苗族、彝族为主体少数民族，回族人口18.03万人、苗族人口17.68万人、彝族人口17.44万人。全市农民人均纯收入2116元。19个民族乡农民人均纯收入1636元，126个民族村农民人均纯收入1314元。（二）农民人均纯收入1000元以下自然村基本情况。边远民族地区特困群体调研工作共涉及全市11县区117个乡镇、578个村委会、2943个自然村，235941户989817人，其中少数民族群众212813人。2943个自然村中，农民人均纯收入818元，享受底保64972人，人均粮食产量285千克，人均耕地0.1公顷，文盲率11.9%，有2827个自然村通电、2609个自然村通电话，2261个自然村有安全饮水，2093个自然村能接收广播电视，需要拆除重建46212户，需加固改造52790户，扶持后可就地发展89069户，需易地搬迁7374户。578个村委会中，通公路的541个，有完小的527个，有村卫生室的523个，有村文化室的113个。二、贫困现状及扶持情况。（一）贫困现状。1. 经济收入单一。在所调研的村委会和自然村中，规模以上产业发展项目为0，传统种植仍占主导地位。2009年，人均纯收入1000元以下的特困群众989817人，其中少数民族群众212813人，占调查总人数的21.5%，占全市54.7万少数民族总人口的39%。2. 人居条件恶劣。此次调研235941户，需要拆除重建46212户，占总户数的19.6%；需加固改造52790户，占总户数的22.4%；需易地搬迁7374户，占总户数的3.1%。3. 基础设施薄弱。所调研的少数民族大多居住在高二半山区和高寒山区，受自然条件恶劣、基础设施薄弱等因素影响，578个村委会中，还有37个未通公路，已通的村委会大多晴通雨阻。2934个自然村中，还有673个未有安全饮水，325个自然村未通电话。（二）扶持情况。1. 认真贯彻落实党的民族政策。2. 加大对少数民族和民族地区的扶持力度。3. 培育新经济增长点。三、存在困难及原因。（一）民族地区经济发展缓慢，地区间、民族间发展不平衡。1. 少数民族地区与其他地区间差距拉大。2. 民族地区间差距拉大。3. 民族间发展差距拉大。（二）人居条件恶劣，自然灾害频繁，基础设施难以从根本上得到解决。（三）民族基础教育发展缓慢。1. 民族基础教育薄弱。2. 少数民族适龄儿童入学情况堪忧。3. 边远单小代课教师多，能双语教学的教师少。（四）民族地区各项社会事业发展滞后。（五）基层政权建设弱化。四、对策及建议。（一）首先解决“有房可住”。（二）加强基础设施建设。（三）拓宽致富门路。

【全市土地利用总体规划大纲和各类用地布局图审查意见报告】 2月10日，市政府特向省国土资源厅提出全市土地利用总体规划大纲编制和土地利用总体规划编制中各类用地的布局图审查意见。一、原则同意全市土地利用总体规划大纲。土地利用战略目标实施可行。全市2006～2020年建设用地总规划67700公顷，耕地保有量和基本农田保护面积611000公顷和484000公顷，补充耕地义务量8000公顷，园地48000公顷，林地1002920公顷，牧草地116500公顷。二、原则同意基本农田调整分布图。至2020年，全市划定基本农田面积484000公顷，按照“基本农田面积不减少，质量有提高，布局总体稳定”的原则，在市、县、乡三级土地利用总体规划中合理划定基本农田保护区，调出的基本农田严格按照20%以内的比例调整，确保了调整后的基本农田面积不低于上级规划下达的指标。三、原则同意各类建设用地布局图。至2020年，全市新增建设用地控制指标为12096公顷，其中昭阳区1469公顷、鲁甸县1000公顷、巧家县1533公顷、盐津县667公顷、大关县667公顷、永善县1533公顷、绥江县1533公顷、水富县1200公顷、镇雄县1067公顷、彝良县667公顷、威信县760公顷。四、原则同意各类用地布局图。至2020年，全市新增建设用地控制指标12096公顷，新增建设用地占用耕地控制在8000公顷，耕地保有量611000公顷，基本农田保护面积484000公顷，土地整理复垦开发补充耕地8000公顷，园地48000公顷，林地1002920公顷，牧草地116500公顷。

【解决大中型水库移民后期扶持项目资金请示】 2月20日，市政府恳请省政府帮助解决全市大中型水库移民后期扶持项目资金2000万元。

【解决职教园区建设资金请示】 2月26日，市政府恳请省政府帮助解决昭通市职教园区第一期建设资金1亿元,以确保昭通市职教园区如期开工建设,早日投入使用。

【耕地保护责任目标履行情况报告】 3月15日,市政府就2009年度耕地保护责任目标履行自查情况,向省政府报告。一、耕地保有量变化情况。省国土资源厅下达给昭通市2010年的耕地保有量57.64万公顷,全市2009年耕地保有量62.8万公顷,高于省国土资源厅下达的耕地保有量数据,实现耕地保有量不低于目标值。二、基本农田面积变化情况。2009年,全市基本农田保护面积48.4万公顷,与省政府下达的基本农田保护面积持平。三、非农建设占用耕地计划执行情况。全市2009年度上报省国土资源厅批准农用地转用及土地征收项目12宗(批次用地6宗,独立选址用地6宗),涉及新增建设用地300.06公顷(其中占昭通市指标的165.09公顷),占用农用地224.71公顷(其中占昭通市指标的162.63公顷),耕地137.96公顷(其中占昭通市指标的121.72公顷)。省国土资源厅下达昭通市2009年度新增建设用地指标290公顷,占用农用地指标220公顷,占用耕地指标120公顷,新增建设用地和项目占用农用地指标均未超省国土资源厅下达的指标,耕地超出部分经省国土资源厅同意占用省国土资源厅的机动指标。四、补充耕地计划完成情况。2009年省国土资源厅下达给昭通市土地开发整理复垦补充耕地指标240公顷,其中土地开发110公顷、土地整理(含复垦)130公顷。全市2009年完工16个土地开发整理项目。其中:土地开发项目7个,新增耕地面积511.92公顷;土地整理(含复垦)项目9个,新增耕地面积456.67公顷。所有项目完成初验,待省国土资源厅正式验收。五、耕地占补平衡落实情况。所有项目均实现占补平衡。六、耕地保护目标责任制落实情况。市政府与各县区政府签订《昭通市耕地保护目标责任书》,印发《昭通市县区人民政府耕地保护责任目标考核办法》,明确各县区政府耕地保护的责任。

【永善县城镇建设用地请示】 永善县2010年度第一批城镇建设用地,需征收永善县溪洛渡镇17个村民小组集体土地23.87公顷,其中农用地22.51公顷(耕地22.44公顷、坑塘水面0.07公顷)、集体建设用地1.36公顷。3月16日,市政府请求省政府将农用地22.51公顷转为建设用地,并与集体土地1.36公顷共计23.87公顷土地征收为国有,作为永善县2010年度第一批城镇建设用地。

【隆黄铁路镇雄县境内设站点请示】 国家计划启动隆昌至黄桶铁路建设,为有效解决镇雄县交通瓶颈制约带来了新的契机。3月21日,市政府恳请省政府帮助协调,在镇雄县赤水源镇布丈或螳螂、塘房镇或泼机镇分别设立火车站。

【扩大内需政策措施情况及效果专项审计问题整改情况报告】 3月30日,市政府就中央扩大内需促进经济平稳较快发展有关政策措施情况及效果专项审计调查发现问题整改情况,向省发展和改革委员会报告。一、扩内需项目基本情况。截至2009年12月31日,省发改委先后下达昭通市4批扩大内需中央投资项目477个,计划投资251277.87万元(含投资计划直接下达电网公司的电力基础设施建设项目),其中中央投资106640.82万元、省级配套20040.95万元、市县配套49054.5万元、其他投资75541.6万元。截至2009年12月30日,全市4批扩大内需项目全部开工建设(其中,大关县甘河电站建设项目上报省发改委调整)。截至2010年2月28日,完成投资20.57亿元,占计划投资82%,其中第一批廉租房建设、天然林保护、农村饮水安全、农村沼气池建设、片区开发、"长治"工程、部分农村电网改造工程、乡镇综合文化站、农村基层计划生育服务体系建设等217个项目已竣工。二、针对各级审计检查发现的问题,已全部进行整改。及时落实配套资金;及时督促项目尽快开工;及时规范资金项目管理。

9月15日,市政府就扩大内需中央投资项目实施情况,再次向省发改委报告。截至2010年8月30日,全市前4批扩大内需项目477个,全部开工建设,开工率100%,完成投资241153万元。其中:第一批扩大内需项目153个年度投资计划部分全部完工;第二批扩大内需项目78个,农村饮水安全、农村沼气池建设、水土流失综合治理工程、农村电网改造工程、乡镇卫生院、部分廉租住房建设等71个项目竣工;第三批扩大内需项目114个,农村饮水安全、农村电网改造工程、部分乡镇卫生院、动物防疫体系建设等77个项目竣工;第四批扩大内需项目132个,基层计划生育服务体系建设、乡镇综合文化站、社区服务中心建设、部分天然林工程、易地扶贫等109个项目竣工。未完工项目主体完成,进入施工扫尾阶段。2010年上半年省发改委下达昭通市中央投资项目88个,截至8月30日,开工49个,开工率56%。

10月15日,市政府就扩大内需中央投资项目督促检查问题整改情况,向省发改委报告。

【设立水富国家一类口岸请示】 3月31日,市政府请求省政府口岸办将水富纳入全省"十二五"口岸建设规划,上报国家列入国家一类口岸建设规划,并尽快批准建设水富国家一类口岸。

【立项建设胡家山水库请示】 3月,省国土资源厅对胡家山水库建设的地灾评估及矿产压覆作出书面批复。4月6日,市政府恳请省政府将镇雄县胡家山水库列入2010年计划开工项目建设,切实改善项目灌区群众生产生活条件。

【立项建设太华水库请示】 4月6日,市政府恳请省政府将大关县太华水库列入全省100件重点骨干水源工程项目建设。

【整改落实省审计厅审计决定报告】 4月10日，市政府就《云南省审计厅关于昭通市人民政府2008年度财政决算的审计决定》整改落实情况，向省审计厅报告。一、关于"挪用专项资金用于建盖办公楼、增加公司经营资金"的整改落实情况。市政府提出严格按照审计决定整改落实的要求，责成并督促市财政局、市安监局、镇雄县政府严格执行审计决定，将资金归还原渠道。二、关于"彝良县虚开发票，套取省补土地开发整理项目资金"的整改落实情况。责成彝良县政府严格按照审计决定整改落实。三、关于"自定收费项目，收取煤炭价格调节基金"的整改落实情况。2009年12月下发《昭通市煤炭价格调节基金征收管理办法》和《昭通市煤炭生产企业行政事业性规费统一征收管理办法》，对煤炭生产企业收取的煤炭价格调节基金和规费种类、收取标准进行规范。四、关于"财政资金清理不及时，大量资金沉淀闲置，影响财政资金管理效率和使用效益"的整改落实情况。市政府责成市财政局对往来款项进行认真清理。待清理结束后全部转入有关收支账。五、关于"国有资产经营公司未分配利润7500万元应缴财政部分，未收缴纳入预算管理"的整改落实情况。市政府责成市财政局会同相关部门开展调研，力争尽快出台全市国有企业及国有独资公司向财政上缴利润的规定，对国有资本收益进行规范管理。

【增加抗旱救灾地下找水深井指标请示】 4月28日，为进一步缓解旱情，解决人民群众饮水困难，市政府请求省政府增加昭通市抗旱救灾地下找水深井指标10个。

【巧家等4县增加副县长职数请示】 5月7日，市政府恳请省机构编制委员会为巧家、永善、绥江、水富4个县各增加1名副县长职数。

【隆黄铁路昭通段列入省铁路建设重点项目计划请示】 5月7日，市政府请求省政府将隆黄铁路昭通段纳入全省铁路建设重点项目计划。同时，在资金筹措上参照其他部省合作项目，由省铁路投资公司作为云南省唯一的出资方代表，按照省内现有模式分摊解决资本金和征地拆迁资金筹措。昭通市将确保按时完成应承担的资金筹措任务，积极配合做好项目前期工作和全力以赴抓好征地拆迁，力争隆黄铁路尽早开工建设。

【镇雄茶山煤矿瓦斯爆炸事故责任追究情况报告】 2009年5月15日，镇雄县茶山煤矿发生死亡10人、受伤3人的重大瓦斯爆炸事故。5月10日，市政府就贯彻执行《国家煤矿安全监察局关于云南省昭通市镇雄县茶山煤矿有限公司茶山煤矿"5·15"重大瓦斯爆炸事故调查处理意见的批复》和省政府要求的情况，向省煤矿安全监察局报告。一、有关责任人的处理情况。1. 陈钊，茶山煤矿瓦斯检查员兼安全员，判处有期徒刑4年。2. 孔祥云，茶山煤矿安全副矿长，判处有期徒刑3年。3. 胡先明，茶山煤矿矿长，判处有期徒刑4年。4. 程顺兵，茶山煤矿有限责任公司经理，判处有期徒刑3年零6个月。5. 杨守全，茶山煤矿有限责任公司股东，判处有期徒刑3年缓期4年执行。6. 吴景刚，茶山煤矿有限责任公司股东，判处有期徒刑3年缓期5年执行。7. 余在文，镇雄县五德煤管所驻茶山煤矿安监员，免予刑事处罚。8. 潘定平，镇雄县煤炭工业局原党组书记、局长，判刑11年。9. 周松林，茶山煤矿总工程师，罚款5万元。10. 付伟伟，茶山煤矿机电副矿长，罚款5万元。11. 席德光，镇雄县五德镇煤管所所长，行政记大过处分。12. 杜云，镇雄县五德镇国土所所长，行政警告处分。13. 李其凭，镇雄县五德镇政府副镇长，行政降一级处分。14. 李庚，镇雄县五德镇政府镇长，行政记过处分。15. 胡从坤，镇雄县煤炭工业局生产股长，撤销镇雄县煤炭工业局生产技术股股长职务处分。16. 肖国华，镇雄县煤炭工业局安全股长，行政记大过处分。17. 任晓明，镇雄县煤炭工业局副局长，行政记大过处分。18. 马绍强，镇雄县煤炭工业局副局长，行政记过处分。19. 廖军，镇雄县煤炭工业局副局长，行政警告处分。20. 成刚，镇雄县政府副县长，通报批评并行政问责。其他处分正在处理中。二、镇雄县煤炭工业局已向镇雄县政府写出书面检查。三、镇雄县国土资源局已分别向镇雄县政府和昭通市国土资源局写出书面检查。四、镇雄县政府、市煤炭工业局和镇雄县政府县长张进已分别向市政府写出书面检查。五、市政府已向省政府写出书面检查。六、茶山煤矿关闭及落实防范措施的情况。依法对茶山煤矿予以关闭。七、昭通市落实相关整改意见加强煤矿安全生产工作采取的措施。

【使用省级返还矿产资源有偿使用费和探矿权采矿权价款请示】 5月10日，市政府恳请省政府同意昭通市在2007年、2008年省级返还市本级的矿产资源有偿使用费和探矿权、采矿权价款5778万元中，列支3000万元用于建设全市安全生产应急救援中心和矿业权交易中心，其中包括市煤矿瓦斯远程监控中心、矿山安全培训中心，以完善煤矿和矿山安全生产基础条件，提高安全管理水平，健全矿业权交易市场，推动全市矿产业快速健康发展。

【大关县城镇建设用地请示】 2010年度大关县第一批城镇建设用地，需征收翠华镇、天星镇、寿山乡集体土地24.63公顷，其中农用地23.51公顷（全属耕地）、集体建设用地0.63公顷、未利用地0.49公顷。5月19日，市政府恳请省政府批准将农用地23.51公顷和未利用地0.49公顷转为建设用地，并将集体土地24.63公顷征为国有。

【昭阳区城市建设用地请示】 2010年昭阳区度第一批城市建设用地需征收凤凰办事处、太平办事处、龙泉办事处集体土地37.07公顷，其中农用地34.7公顷

(耕地31.96公顷、园地2.47公顷、坑塘水面0.27公顷)、集体建设用地2.37公顷。5月19日,市政府恳请省政府批准将上述农用地34.7公顷征收为建设用地,并连同2.37公顷集体建设用地征收为国有,作为2010年度第一批次城市建设用地。

昭阳区2010年度第二批城市建设用地需征收凤凰办事处、太平办事处、龙泉办事处集体土地41.19公顷,其中农用地37.89公顷(耕地35公顷、园地2.7公顷、水域及水利设施0.19公顷)、集体建设用地3.3公顷。7月26日,市政府恳请省政府批准将上述农用地37.89公顷征收为建设用地,并连同3.3公顷集体建设用地征收为国有,作为2010年度第二批次城市建设用地。

昭阳区2010年度第三批城市建设用地拟征收太平办事处、龙泉办事处、凤凰办事处集体土地41.83公顷,其中农用地36.05公顷(耕地34.58公顷、园地0.38公顷、其他农用地1.09公顷)、集体建设用地5.78公顷。10月26日,市政府恳请省政府审查批准将上述农用地36.05公顷转为建设用地,并连同5.78公顷集体建设用地征收为国有,作为2010年度第三批城市建设用地。

昭阳区2010年度第四批城市建设用地拟征收太平办事处、北闸镇集体土地52.61公顷,其中农用地43.74公顷(耕地34.72公顷、园地8.22公顷、其他农用地0.8公顷)、农村集体建设用地8.87公顷。10月26日,市政府恳请省政府审查批准将上述农用地43.74公顷转为建设用地,并连同8.87公顷集体建设用地征收为国有,作为2010年度第四批城市建设用地。

昭阳区2010年度第五批城市建设用地拟征收太平办事处、北闸镇集体土地59.5公顷,其中农用地52.12公顷(耕地34.96公顷、园地15.5公顷、其他农用地1.66公顷)、农村集体建设用地7.38公顷。10月26日,市政府恳请省政府审查批准将上述农用地52.12公顷转为建设用地,并连同7.38公顷集体建设用地征收为国有,作为2010年度第五批城市建设用地。

昭阳区2010年度第六批城市建设用地拟征收龙泉办事处、凤凰办事处、永丰镇、旧圃镇集体土地39.84公顷,其中农用地36.93公顷(耕地34.97公顷、园地1.1公顷、其他农用地0.86公顷)、农村集体建设用地2.91公顷。10月26日,市政府恳请省政府审查批准将上述农用地36.93公顷转为建设用地,并连同2.91公顷集体建设用地征收为国有,作为2010年度第六批城市建设用地。

昭阳区2010年度第七批城市建设用地拟征收太平办事处、凤凰办事处集体土地40.6公顷,其中农用地39.12公顷(耕地33.87公顷、园地3.99公顷、其他农用地1.26公顷)、集体建设用地1.48公顷。10月26日,市政府恳请省政府审查批准将上述申请农用地39.12公顷转为建设用地,与集体建设用地1.48公顷,共计40.6公顷土地征收为国有,作为2010年度第七批城市建设用地。

昭阳区2010年度第八批城市建设用地拟征收太平办事处、龙泉办事处集体土地44.23公顷,其中农用地37.69公顷(耕地33.61公顷、园地2.19公顷、其他农用地1.89公顷)、集体建设用地6.54公顷。10月26日,市政府恳请省政府审查批准将上述农用地37.69公顷转为建设用地,与集体建设用地6.54公顷,共计44.23公顷土地征收为国有,作为2010年度第八批城市建设用地。

【小发路煤矿矿井整合技改规模变更请示】 5月24日,市政府请求省煤炭资源整合工作领导小组审查批准小发路煤矿矿井整合技改规模由9万吨/年变更为45万吨/年。

【威信县教育工作督导评估复查报告】

5月13～15日,市政府组成督导复查评估组,对威信县政府教育工作进行全面复查评估。5月28日,市政府就复查评估情况,向省政府报告。一、复查评估基本情况。二、取得的主要成绩和经验。三、存在问题和困难。四、下步工作建议。五、总体评价。市政府认为,威信县教育工作基本达到教育先进县标准,同意报省政府评估认定。

【绥江县教育工作督导评估复查报告】

5月16～18日,市政府组成督导复查评估组,对绥江县政府教育工作进行全面复查评估。5月28日,市政府就复查评估情况,向省政府报告。一、复查评估基本情况。二、取得的成绩和经验。三、存在问题和困难。四、下步工作建议。五、总体评价。市政府认为,绥江县基本达到教育先进县标准,同意报省政府评估认定。

【镇雄县两基巩固提高复查报告】 5月11～13日,市政府组成复查组,对镇雄县“两基”巩固提高工作进行复查。5月28日,市政府将复查情况向省政府报告。一、“两基”薄弱环节整改情况。二、巩固提高“两基”成果的主要做法。三、下步工作建议。四、“两基”巩固提高工作复查意见。市政府认为,镇雄县“两基”各项指标基本达到省的复查年审标准,同意报省政府复查认定。

【处置两碗集镇特大地质灾害请示】

水富县两碗集镇是水富县两碗乡政府所在地。集镇长1.3千米,宽约0.2千米,面积0.26平方千米,有居民275户1167人,辖乡级站所单位12家。2004年以来,该区域先后发生多次岩体崩塌、滑坡和泥石流。2004年6月28日凌晨2时,原水富县五中学生宿舍楼后岩发生山体滑坡,滑坡前缘直抵盐水公路,造成两碗信用社围墙及1民房被砸穿,使原水富县五中围墙垮塌27米,滑坡体毁坏耕地0.16公顷,涉灾户数6户17人,无人员伤亡;2005年7月8日14时30分突发滑坡,阻断交通,砸伤群众2人,砸坏车辆2辆,损坏民房2户14间,摧毁民房4户22间,未造成人员伤亡。2010年5月

10日7时10分、5月11日17时15分、5月19日16时40分,3次危岩垮塌190余立方米,造成庄稼受损0.13公顷,竹木受损0.33公顷,房屋受损1间(农户家中的铁水盆和铁锅砸坏),无人员伤亡。2010年5月18日、5月23日,经省地质勘测院专家组和滇东北地质灾害应急专家组现场勘测为特大型地质灾害,再次提出两碗集镇整体搬迁或部分搬迁的处置建议。6月10日,市政府请求省政府专题研究立项两碗集镇整体搬迁项目,并帮助解决部分搬迁资金5000万元。另外帮助解决危岩排危和监测经费200万元。

【水富县城镇建设用地请示】 水富县2010年度第一批城镇建设用地,需征收水富县向家坝镇集体土地55.55公顷,其中农用地50.06公顷(耕地31.58公顷、园地4.03公顷、林地13.15公顷、其他农用地1.3公顷)、建设用地5.49公顷。7月3日,市政府恳请省政府批准将农用地50.06公顷转为建设用地,与集体建设用地5.49公顷,共计55.55公顷土地征收为国有,作为2010年度第一批城镇建设用地。

【旺立达公司高密度增温还原剂项目建设用地请示】 彝良县旺立达公司30万吨/年高密度增温还原剂项目占用土地33.91公顷,其中农用地29.01公顷(耕地25.24公顷、园地3.16公顷、林地0.4公顷、其他农用地0.21公顷)、建设用地1.71公顷、未利用地3.19公顷。7月3日,市政府恳请省政府同意昭通市委托省国土资源厅补充该项目所占用耕地25.24公顷,实现占补平衡。

彝良县30万吨/年高密度增温还原剂建设项目选址于彝良县角奎镇发界村。总用地面积28.69公顷,其中农用地25.43公顷、建设用地1.46公顷、未利用地1.8公顷。12月14日,市政府请求省政府批准上述农用地转用,并征收为国有。

【彝良县城镇建设用地请示】 彝良县2010年度第一批城镇建设用地,拟占用土地17.56公顷,其中农用地15.83公顷(耕地5.82公顷、其他农用地9.95公顷)、建设用地0.73公顷、未利用地1公顷。7月3日,市政府恳请省政府同意昭通市委托省国土资源厅补充耕地5.88公顷,实现占补平衡。

【森林防火目标管理责任状执行情况报告】 7月3日,市政府就2010年度森林防火目标管理责任状执行情况,向省政府报告。一、森林防火责任状执行情况。(一)林火控制指标执行情况。省下达昭通市森林火灾总次数不超过58次,有林地受害森林面积不超过466公顷,森林受害率低于1‰。6月15日防火期结束,全市发生森林火灾10次,其中一般森林火灾2起、较大森林火灾8起,占省下达控制指标17.2%,受害森林面积43公顷,占省下达控制指标9.2%,受害率0.07‰,森林火灾查处率90%。省级通报昭通市的卫星热点11个,经过认真核查均不是林火。(二)林火管理指标执行情况。二、存在困难和问题。三、2010年森林防火目标管理责任状执行情况的综合评价。综合11县区、市直林场林火控制指标的完成情况和林火管理的组织实施情况,对照《云南省森林防火目标管理责任状考核办法》和《云南省森林防火目标管理责任状考核评分表》进行评定,昭通市执行《2010年森林防火目标管理责任状》情况的自检自查为优秀。四、下步工作打算。

【变更镇雄县石笼箱煤矿整合技改规模请示】 7月9日,市政府恳请省煤炭资源整合工作领导小组审查批准镇雄县石笼箱煤矿整合技改规模由15万吨/年变更为21万吨/年。

【解决金沙江下游水电开发中重大问题报告】 7月12日,市政府就金沙江下游水电开发需上级协调解决的问题,向金沙江下游水电移民工作协调领导小组报告。一、对现行大中型水利水电工程移民安置政策进行适度调整。建议对现行大中型水利水电工程移民安置政策进行适度调整,以适应移民安置需要,确保工程建设顺利推进和库区稳定。二、研究建立金沙江水电开发“三个长效补偿机制”。一是请求建立符合金沙江流域实际、与市场经济相适应的库区移民长效补偿机制,确保库区移民长治久安和社会稳定。二是请求建立国家统一规划、多渠道投入的库区生态环境建设与保护的长效补偿机制,切实保护库区生态环境。三是请求建立国家扶持、政企互动的库区经济社会发展长效拉动机制,促进流域经济全面、健康发展。三、研究制定金沙江下游梯级电站建成后税收征管及分配办法。四、将昭通市列为全国电力直供试点市。恳请将昭通列为全国直供电试点市,把金沙江下游溪洛渡、向家坝和白鹤滩水电站建成后枯水季节预留云南5%的电量以及除5%电量以外的部分电量以直供形式在昭通就地转化,以加快昭通经济社会发展步伐。五、对可研究补偿补助标准和相关管理费率进行调整。一是请求调整提高可研补偿标准。二是请求调整提高规划设计费及移民机构实施管理费费率。对移民工程项目规划设计费按照国家相关取费标准的规定上限执行,由原1.2%上调至3%,移民机构实施管理费由3.5%上调至4%。

【向家坝电站工程建设征地和移民安置有关问题整改情况报告】 7月12日,市政府就省政府办公厅批转的《审计署关于金沙江向家坝水电站工程建设征地和移民安置有关问题的审计移送处理书》整改情况,向云南省审计厅报告。一、关于库区移民安置进度缓慢的问题。(一)关于移民安置实施规划编制进展缓慢,阶段性任务未如期完成的问题。(二)关于移民安置工程建设缓慢的问题。二、关于移民资金计划管理工作薄弱、监管不到位的问题。(一)关于移民资金使用计划缺乏有效控制，省、市、县各级移民机构层层闲置移民资金的问题。（二）关于将专项补偿资金1600万元补偿给其他单位的问题。（三）关于绥江县移民开发局未经三峡公司和中南院批准，拨付浙浦水泥公司迁建补偿资金4000万元，超可研拨付677.88万元的问题。（四）关于挪用移民安置专项资金2738.87万元的问题。三、关于未经审批变更部分移民工程方案的问题。（一）关于水富县看守所超概算760.95万元的问题。（二）关于水富县公安干警楼的问题。（三）关于坝尾槽南、北片区调整的问题。（四）关于围堰移民过渡房安置地点变更的问题。四、关于部分项目建设管理混乱的问题。（一）关于绥江县部分项目建设管理混乱的问题。（二）关于水富县部分项目建设管理混乱的问题。五、关于建设用地未批先用的问题。（一）关于部分移民安置点土地未批先用的问题。（二）关于地方政府违规将原移民安置点土地变更为企业用地的问题。（三）关于水富县财政局违规占用移民资金1446.98万元的问题。（四）关于水富县安置后的移民生活后续发展比较困难的问题。

【解决严重自然灾害救灾资金请示】 5月入汛后，全市11个县区相继发生风雹、洪涝、滑坡、泥石流等自然灾害，给灾区群众的生命财产和生产生活造成严重损失和影响。全市受灾人口180.68万人，因灾死亡21人、失踪28人，紧急转移安置2203人，饮水困难人口2.2万人；农作物受灾面积4.71万公顷，成灾2.3万公顷，绝收0.59万公顷；因灾损坏房屋5969户14924间，其中倒塌705户1761间。直接经济损失5.75亿元，其中农业直接经济损失4.29亿元。7月14日，市政府恳请民政部帮助解决救灾资金10000万元。

【出具隆黄铁路地方投资部分承诺函请示】 7月16日，市政府恳请省政府出具隆昌至黄桶铁路叙永至织金段地方投资部分承诺函，帮助昭通市尽快争取隆昌至黄桶铁路叙永至织金段途径威信县、镇雄县路线方案顺利通过审查。

【上半年经济体制改革工作总结报告】

7月20日，市政府就上半年经济体制改革工作情况，向省发展和改革委员会汇报。一、全市2010年上半年改革工作进展情况。（一）围绕转方式、调结构，深化国企、财税、价格和投资体制等方面改革。1. 稳步推进全市国有企业改革，继续推动非公经济和中小企业发展。2. 继续推进财税体制改革。3. 投融资体制改革稳步推进。4. 深化价格体制改革。5. 推进资源管理体制改革。6. 加快招商引资力度。（二）围绕保民生、促和谐，大力推进教育等公共服务均等化的体制改革。1. 深化农村综合改革。2. 全面推进集体林权制度改革。3. 推进医疗卫生体制改革。4. 稳步推进文化体制改革。5. 深化教育体制改革。6. 继续推进科技体制改革。7. 加快就业制度改革。8. 继续完善社会保障体系。（三）围绕转变职能、加强服务，加快推进行政管理体制改革。结合效能政府四项制度实施，继续深化法治政府、责任政府、阳光政府四项制度。二、经济体制改革中遇到的主要问题和困难。（一）经济发展水平相对滞后。（二）改革工作进度不尽人意。（三）政府职能转变未完全到位。（四）非公有制经济发展不足。（五）改革工作中部门职能发挥不够。（六）体制、配套政策和规章有待进一步完善。三、进一步推进体制改革的建议。（一）坚持科学发展，强化改革意识。（二）加强工作指导，强化监督管理。（三）强化协调配合，完善规章制度。（四）完善工作机制，提高人员素质。

【拟关闭煤矿名单报告】 7月21日，市政府就2010年度38个拟关闭煤矿名单上报省煤炭资源整合工作领导小组。镇雄县12个：塘边煤矿、九源煤矿、胡家地煤矿、垮山丫口煤矿、罗汉关煤矿、新兴煤矿、开生煤矿、何鑫煤矿、林沟煤矿、还路煤矿、大水吸煤矿、石门坎煤矿。威信县7个：富华煤矿、红粟地煤矿、龙汤坝煤矿、水井坎煤矿、楠木桥煤矿、岩上煤矿、青树子煤矿。昭阳区8个：淤沙坪子煤矿、黄家厂沟煤矿三号井、渝昭煤矿、中厂煤矿、富源煤矿、黄竹林煤矿、富民煤矿一号井、马贵闸褐煤厂（市、区两级同意关闭昭阳区马贵闸褐煤厂，保留昭阳区后海褐煤厂）。盐津县4个：丰源煤矿、胜利煤矿、庙咀煤矿一号井、竹林煤矿。绥江县4个：中村宏光煤矿、新滩银厂大田石煤厂、三渡煤矿一号井、三渡煤矿石煤厂（市县两级同意关闭绥江县三渡煤矿石煤厂，保留镇雄县鑫源煤矿。市、县变更请示文件已上报省煤炭资源整合工作领导小组）。彝良县3个：七里沟联户煤矿、茶山煤矿、文毓佑煤矿。

8月7日，市政府将昭阳区零星资源限期开采露天褐煤矿由后海褐煤厂变更为马贵闸褐煤厂，上报省煤炭资源整合工作领导小组审批。

【大关县列入省级农业综合开发县请示】 7月26日，市政府恳请省政府将大关县列入省级农业综合开发县。

【变更向家坝电站水富施工区移民生产安置模式请示】 8月6日，市政府将《水富县人民政府关于变更向家坝水电站水富施工区移民安置模式的请示》转报省政府，恳请批准水富施工区移民由农业生产安置变更为城镇安置模式。

【变更绥江县太平料场施工区移民安置方式请示】 8月6日，市政府将《绥江县人民政府关于请求变更太平料场施工区移民安置方式的请示》转报省政府，恳请批准将太平料场施工区移民安置方式由规划的集中农业安置变更为分散农业安置，并同意取消黑竹林集中安置点。

【请求省政府致函成都军区支持昭通机场迁建请示】 8月19日，市政府恳请省政府就昭通机场迁建要求致函成都军区，并协调成都军区同意开展昭通机场迁建前期工作。

【威信列为新农保扩面试点县请示】 8月20日，市政府恳请省政府新农保工作领导小组办公室将威信县列为新型农村社会养老保险扩面试点县。

【增加水富为新农保扩面试点县请示】 8月25日，市政府恳请省政府新农保试点工作领导小组办公室增加水富县为新型农村社会养老保险扩面试点县。

【固定资产投资工作自查报告】 9月9日，市政府就2010年固定资产投资工作自查情况，向省政府督查室报告。一、固定资产投资情况。在重大项目的带动下，全市固定资产投资呈现持续较快增长的良好态势。（一）全市投资运行的总体情况。1～7月，全市完成固定资产投资171.4亿元，比上年同期增长46.85%。其中：城镇投资142.25亿元，同比增长45.92%；农村投资20.1亿元，同比增长54.03%；房地产投资9.04亿元，同比增长46.3%。投资运行的主要特点：一是投资增速始终保持高位运行。二是重点行业支撑作用明显。三是县区地方投资实现高速增长。（二）省级"三个一百"重点项目进展情况。1～7月，全市省级"三个一百"重点项目完成投资46亿元，其中10个在建重点项目完成投资40.9亿元、5个新开工重点项目完成投资5.1亿元。重点在建项目进展顺利。（三）全年投资目标预测。（四）存在的主要困难和问题。二、采取的措施和主要做法。三、下步工作打算。

【云南华电镇雄电厂建设用地请示】 云南华电镇雄发电有限公司作为2×60万千瓦机组，需占用镇雄县塘房镇、泼机镇土地69.69公顷，其中集体农用地58.74公顷（耕地55.63公顷）、建设用地2.29公顷（国有建设用地0.08公顷、集体建设用地2.21公顷）、未利用地8.66公顷（国有未利用地1.85公顷、集体未利用地6.81公顷）。9月27日，市政府恳请省政府将集体农用地58.74公顷转为建设用地，与集体建设用地2.21公顷和集体未利用地6.81公顷，计67.76公顷征收为国有，会同国有土地1.93公顷，合计69.69公顷以划拨方式提供给云南华电镇雄发电有限公司作为电厂建设用地，并转报国土资源部。

【攀遵铁路镇雄境内设站点请示】 10月28日，市政府恳请省政府帮助协调攀枝花至遵义铁路昭通到毕节段途经镇雄县境内并设置站点。

【融资平台公司债务清理核实情况报告】 11月8日，市政府就融资平台公司债务的清理和统计工作情况，向省政府报告。一、工作组织实施情况。二、清理核实情况。据清理核实，全市共计19家融资平台公司，其中市本级3家、县区级16家。截至6月30日，全市19家融资平台公司共有债务余额393069.3万元，其中公益性项目债务余额373405.2万元、非公益性项目19664.1万元。市级3家融资平台公司债务余额73457.3万元，全部为公益性项目债务余额；县级融资平台公司债务余额319612万元，其中公益性项目债务余额299947.9万元、非公益性项目债务余额19664.1万元。（二）融资平台公司分类情况。全市19家融资平台公司，其中一类融资平台公司1家、二类融资平台公司2家、三类融资平台公司1家、四类融资平台公司15家。三、存在问题及下步工作重点。

【帮助解决冬春灾民生活救助资金请示】 11月17日，市政府恳请省政府帮助解决冬春灾民生活救助资金9500万元。

【增加城市低保指标请示】 11月17日，市政府恳请省政府为昭阳区增加60000人的城市低保指标，以便更好地解决失地群众的生活困难，确保昭通中心城市建设和各项重点工程顺利推进。

【经济社会发展和主要工作情况报告】 11月25日，市政府就经济社会发展和主要工作情况，向省政府办公厅报告。一、"十一五"时期经济社会发展情况。（一）经济实力迈上新台阶。（二）结构调整取得新进步。（三）基础建设取得新成就。（四）社会发展迈出新步伐。（五）人民生活达到新水平。（六）改革开放取得新突破。（七）生态建设取得新进展。二、2010年主要工作情况。（一）固定资产投资大幅增长。（二）农业农村经济稳步发展。（三）新型工业化步伐明显加快。（四）第三产业发展活力不断增强。（五）社会事业建设持续加强。（六）民生保障力度不断加大。（七）招商引资工作成效显著。（八）政府自身建设深入推进。三、2011年经济社会发展目标任务。全市生产总值增长13.5%以上，全社会固定资产投资增长20%，地方财政一般预算收入增长15%，居民消费价格总指数控制在103.5左右，社会消费品零售总额增长20%，城镇居民家庭人均可支配收入增长10%，农村居民家庭人均纯收入增长11.1%，城镇登记失业率控制在4.4%以内，人口自然增长率控制在8.1‰以内。实现上述目标任务，重点抓好以下8个方面的工作：（一）大力发展现代农业，加快农村经济发展。（二）加强基础设施建设，夯实经济社会发展基础。（三）加快重点项目建设，推动工业经济提质增效。（四）强化城镇集聚功能，加快推进城镇化进程。（五）促进消费结构升级，加快发展现代服务业。（六）深化各项改革，进一步提高开放水平。（七）着力提高民生保障水平，推进社会事业协调发展。（八）深化平安创建，努力构建"和谐昭通"。四、对"十二五"期间省政府工作的意见和建议。（一）加强区域统筹，进一步强化交通水利等基础设施建设。（二）制定扶持政策，进一步加快推进昭通城镇化进程。（三）加强扶持引导，进一步加快特色产业培育和发展。（四）出台针对性举措，进一步加大扶贫开发力度。（五）重视地区差异，进一步加快社会公共事业发展。（六）加大倾斜力度，进一步强化保障政策。

【固定资产投资工作自查报告】 12月

3日，市政府就固定资产投资工作自查情况，向省审计厅报告。一、固定资产投资工作情况。1～10月，全市完成全社会固定资产投资274亿元，比上年同期增长38.39%，完成年度责任目标计划的86.78%。其中：城镇投资完成231.94亿元，同比增长41.79%；农村投资完成29.7亿元，同比增长32.85%；房地产投资完成12.36亿元，同比增长2.48%。二、采取的主要措施。三、下步工作打算。

【土地利用总体规划请示】 12月3日，市政府将《昭通市土地利用总体规划（2006～2020）》编制成果上报省政府，请求审查并颁布实施。同日，市政府将昭通市各县区土地利用总体规划（2006～2020）编制成果上报省政府，请求审查并颁布实施。

【确认乌峰镇"2·15"意外事故为非生产性安全事故请示】 2月15日18时30分，镇雄县乌峰镇陈坝屯村长子岭村民小组7名5～11岁小孩进入废弃洞玩耍，造成6名小孩窒息死亡，1名小孩受伤的意外事故。12月7日，市政府请求省安委办确认为非生产性安全事故，并在统计数据中扣除相应死亡人数。

【取消昭阳区大龙洞集中式饮用水源地请示】 12月10日，市政府请求省政府批准取消大龙洞饮用水水源地，箐门水厂水源由渔洞水库补给。

【开办镇雄县鹿角煤矿请示】 12月13日，根据镇雄县政府请示和市煤炭资源整合领导组意见，市政府请求省煤炭资源整合工作领导小组办公室批准开办镇雄县鹿角煤矿，关闭原镇雄县大地坎煤矿。

【确认巧家"9·5"道路交通事故为非生产性事故请示】 9月5日7时6分，巧家县大巧线K129+620M处，发生一起死亡6人的较大道路交通事故。12月13日，市政府请求省安委办将该起事故确认为非生产性道路交通事故，并在昭通市生产性事故总数中扣除巧家县"9·5"较大道路交通事故死亡人数。

【确认大关"6·19"道路交通事故为非生产性事故请示】 6月19日20时50分，大关县关高线K1+500M处，发生一起死亡4人、重伤2人的较大道路交通事故。12月13日，市政府请求省安委办将该起事故确认为非生产性道路交通事故，并在昭通市生产性事故总数中扣除大关县"6·19"较大道路交通事故死亡人数。

【治理大关县城特大型滑坡隐患请示】

受地质灾害严重危害的大关县城处于古老崩滑松散堆积体上，海拔710～1350米，规划区面积8平方千米，人口4万余人。大关县制订了《大关县县城滑坡应急预案》，在县城及周边安装了监测仪器12台，落实专人进行24小时监测；同时，投入资金180万元，正在进行滑坡治理可行性研究报告招投标工作。12月13日，市政府请求省政府立项治理大关县城特大型滑坡隐患。

【镇雄县城镇建设用地请示】 镇雄县2010年度第一批城镇建设用地，需征用乌峰镇集体土地69.55公顷，其中农用地62.44公顷（耕地33.82公顷、园地26.67公顷、其他农用地1.94公顷）、集体建设用地7.11公顷。12月28日，市政府请求省政府批准将农用地62.44公顷转为建设用地，与集体建设用地7.11公顷，共计69.55公顷土地征收为国有，作为镇雄县2010年度第一批次城镇建设用地。

【关闭钟鸣煤矿开办开元煤矿请示】 12月29日，市政府请求省煤炭资源整合工作领导小组同意关闭彝良县钟鸣煤矿，将其办矿指标作为镇雄县开元煤矿办矿指标，新建镇雄县开元煤矿。

会议纪要

【昭通师专新校区建设专题办公会议】

1月8日，市政府召开昭通师专新校区建设专题办公会议。市委常委、市政府副市长何刚，副市长韩梅，昭通师专党委书记万鸣、校长陈季林出席会议。韩梅主持会议。会议决定：1. 昭通师专新校区的一期后续工程11.1万平方米由市开投公司代建，要确保2011年6月前完成建设任务。昭通师专负责与原合作建设方了结相关手续。2. 为筹集建设资金，昭通师专老校区（即师专南校区和北校区）由市开投公司负责处置，师专负责将土地所有权证变更到市开发投资公司名下。3. 市政府决定在2010年度安排1500万元财政资金投入昭通师专新校区一期后续工程建设。4. 2010～2025年，昭通师专负责每年筹集不少于1500万元资金，除偿还现已完成工程的建设资金和利息外，其余部分用于后续工程建设。

【深化医药卫生体制改革领导小组会议】 1月11日，副市长、市深化医药卫生体制改革领导小组常务副组长韩梅主持召开市医改领导小组会议，市委常委、常务副市长、市医改领导小组组长张纪华出席会议。会议决定：一、同意增补市经委、市审计局、市统计局、市残联为市深化医药卫生体制改革领导小组成员单位。二、申报市编委研究在市发改委增设1名科级职数和增加1名专职工作人员。三、同意启用昭通市医药卫生体制改革领导小组及领导小组办公室印章。四、市财政局自2010年起，每年在预算中为市医改办安排一定的工作经费。五、《昭通市深化医药卫生体制改革领导小组办公室机构设置工作职责和组成人员》以市医改领导小组文件下发执行。

【市政府常务会议】 1月31日，市长王敏正主持召开市政府第三十七次常务会议，市委常委、常务副市长张纪华，市委常委何刚，副市长邬永飞、张绍雄、冯德出席会议。会议研究市职教园区招商引资和市直部门目标管理考核工作。一、关于市职教园区招商引资工作。会议决定：市政府要出台相关优惠政策引进民间资金、教育集团、高职院校等到昭通市合作建设职教园区或独资举办高职院校；职教园区建设按照一次规划分期实施的原则，第一期40公顷，采用BOT模式建设；立即着手职教园区相关前期工作；具体工作由韩梅副市长牵头负责，相关部门积极做好有关工作，争取2010年6月左右开工建设，2011年底以前投入使用；尽快形成书面意见，报市委常委会议讨论决定。二、关于市直部门目标管理考核工作。会议决定：鉴于2009年度的项目和资金争取工作成效显著，各部门都作出了极大努力，原则同意在有项目和资金争取的部门中，增加3个优秀名额；市红十字会列入党群部门考核；考核结果公示期结束后，考核领导小组办公室及时汇总情况后印发，并按规定兑现奖励。

2月27日，市长王敏正主持召开市政府第三十八次常务会议，市委常委、常务副市长张纪华，市委常委、副市长何刚，副市长韩梅、张绍雄、胡月星出席会议。一、关于2010年市政府工作报告（送审稿）。会议原则同意2010年《政府工作报告》（送审稿）。二、关于市安康实业有限责任公司成立有关问题。会议决定：市强制戒毒所继续按现行模式进行运营，在与其他企业合作开发康复劳动生产项目时，可以在土地、税收等方面给予企业一定的政策优惠；对于市强制戒毒所开发康复劳动生产项目所获得的收益，继续实行宽松的政策，允许其用于发展生产，促进康复劳动的可持续发展；市强制戒毒所要继续学习全国各地在强制戒毒、康复方面的先进经验。三、关于更新实施昭通中心城市土地分类定级与基准地价。会议原则同意更新昭通中心城市土地分类定级与基准地价。四、关于昭通师专新校区建设项目有关问题。会议决定：昭通师专新校区建设工程分三期进行，即已完工的7.18万平方米建设项目及附属工程为第一期工程，市开发投资有限公司代建的图文大楼、综合教学楼等9个单体共11.89万平方米及附属工程为第二期工程，剩余约17.8万平方米建筑及附属工程为第三期工程；昭通师专新校区建设项目第一期工程完工后，昭通师专要及时与信和公司了结合作关系；立即启动昭通师专教师小区建设，对6.67公顷建设用地实行挂牌出让，以团购的方式解决教职工住房问题；关于昭通师专新校区已征37.33公顷土地中缺口的12公顷土地问题，由何刚会同韩梅尽快协调相关部门解决，规划设计新校区体育运动场馆项目；将昭通师专老校区的资产划给市开发投资公司，由市开发投资公司通过拍卖或开发用于抵押贷款等方式，尽快筹集昭通师专新校区建设项目第二期工程所需的建设资金，由韩梅负责落实。五、关于2010年市本级财政预算方案。会议原则同意2010年市本级财政预算方案。

3月24日，市长王敏正主持召开市政府第三十九次常务会议，市委常委、常务副市长张纪华，副市长邬永飞、韩梅、冯德、胡月星出席会议。一、关于全市抗大旱保民生促春耕工作。会议决定：由韩梅商邬永飞，尽快提出全市抗旱救灾募捐资金分配方案，确保广大干部群众捐助的救灾款用到最急需的地方去；由市发改委安排昭阳黑石路水库前期工作经费300万元，由市水务投资有限公司牵头，加速启动黑石路水库建设；由市森林防火指挥部对全市森林火险情况进行再次排查，对防火责任不落实、防火措施不得力等失职、渎职行为进行紧急通报，严肃问责相关责任人员；由市森林防火指挥部下发关于做好清明节期间森林防火工作的通知，明确责任，提出要求，落实措施。二、关于隆黄铁路叙永至织金段前期工作。会议决定：市政府支持镇雄、威信积极争取隆黄铁路叙永至织金段项目，路线走向及站点的设置要尽量有利于镇雄、威信经济社会发展；积极争取省政府对此条铁路的投入；原则上先由镇雄、威信承担地方投入部分，市政府根据财力给予适当补助，力促该项目早日启动建设。三、关于推进标准化工作。会议决定：由冯德牵头并出席，适时召开全市推进标准化工作会议，对全市推进标准化工作进行安排部署；由冯德牵头，建立推进标准化工作联席会议制度；在市级财力允许的情况下，对推进标准化工作给予适当的经费支持。四、关于市直部门2010年项目资金争取及重大项目推进考核任务。会议原则同意《昭通市人民政府关于下达市直部门2010年项目资金争取及重大项目推进考核任务的通知》（送审稿）。

4月28日，市长王敏正主持召开市政府第四十次常务会议，市委常委、常务副市长张纪华，市委常委、副市长何刚，副市长邬永飞、冯德、胡月星出席会议。一、关于第六次全国人口普查工作。会议要求：要查准人口总量；要查清人口结构；要查实人口迁移流动状况；要抓好普查资料的开发应用；要加强经费管理；要形成工作合力。二、关于昭投大关黄连河旅游开发有限公司股权转让有关问题。会议决定：以1980万元的价格将昭投大关黄连河旅游开发有限公司90%的股权转让给云南东联盟电缆有限公司控股经营；股权转让款全部用于大山包国家公园的基础设施建设。

5月31日，市长王敏正主持召开市政府第四十一次常务会议，市委常委、常务副市长张纪华，市委常委何刚，副市长韩梅、冯德、成联远出席会议。一、关于《昭通市风能开发利用管理办法（暂行）》。会议决定，由市发改委牵头，气象部门配合，进一步查清全市风能资源状况，为合理开发风能资源提供科学依据。会议原则同意《昭通市风能资源开发利用管理办法（暂行）》。二、关于水富县两碗乡集镇特大地质灾害处置。会议决定：由何刚牵头，成联远配合，以水富县为主，迅速细化两碗乡集镇危岩垮塌处置工作方案，并切实抓好工作落实，保障群众生命财产安全；由成联远牵头，尽快制订两碗乡集镇群众搬迁临时过渡期间生活补助方案；从矿产资源有偿使用费中再划拨250万元，作为两碗乡集镇危岩排危治理经费。三、关于全市安全生产工作。会议决定：结合安全生产基层监管力量不足的实际，由各县区具体研究，充实基层监管力量，人员报酬由各县区自行承担；积极向上级有关部门协调市安全生产应急救援中心建设有关事宜，确保工程建设顺利推进；市级财政安排110万元，用于兑现煤矿重点基础工作和2008年煤炭资源整合工作奖励；市级财政安排105万元，用于2009年煤炭资源整合工作和2010年煤矿安全生产责任制奖励；由市煤炭工业局及时制订关于"煤矿安全县区长霹雳行动"工作方案，报何刚审核后送王敏正签发实施，进一步巩固"煤矿安全市长霹雳行动"的成果。关于交通民警和高速公路管理部门内设机构优化设置的问题，由市交警支队向市编委专题请示。四、关于校园安全管理。会议决定：市级学校安全保卫人员和经费由市级财政负责，其余由各县区自行负责；市教育局增设"学校安全管理科"，增加编制1个，向市编委专题请示。

6月24日，市长王敏正主持召开市政府第四十二次常务会议，市委常委、常务副市长张纪华，市委常委、副市长何刚，副市长邬永飞、冯德、成联远、王宇、胡月星出席会议。一、关于核电项目前期准备工作。会议决定：关于全市核电产业发展问题，提交市委第四十六次常委会议研究；由市发改委牵头，负责做好全市核电产业发展相关工作。二、关于昭通机场迁建前期工作。会议决定：由张纪华牵头，向省政府汇报昭通机场迁建项目，争取以省政府名义向国家民航总局、国家发改委、空军总参部等汇报，力争将昭通机场迁建项目列入国家民航"十二五"发展规划；由市财政局牵头，市发改委参与，提出机场迁建项目前期工作费用清单，报市政府审批。三、关于《昭通市鼓励外来投资的若干规定》。会议原则同意《昭通市鼓励外来投资的若干规定》。四、关于供销系统职工基本养老保险问题。会议决定：严格按照国家和省的有关政策办事，认真做好供销系统企业职工基本养老保险工作；对供销系统企业历年欠缴的基本养老保险费，用省级专项补助资金给予补助，不足部分由各县区自行解决；按照"分级负责、属地管理"的原则，各县区政府是解决本辖区供销企业职工基本养老保险问题的责任主体；由市劳动和社会保障局、市财政局、市供销社联合下发关于全市供销系统企业职工参加企业职工基本养老保险有关问题的文件，进一步明确供销系统企业职工参加养老保险的政策；由邬永飞牵头，冯德配合，召开关于全市供销系统企业职工参加企业职工基本养老保险工作的专题会议，对相关工作作出安排部署，重点要强调供销系统的资产处置问题，确保供销系统资产处置公开、公平、公正；对市农资公司和市农贸公司35名内退职工的管理和资金缺口问题，由市企业改革领导组研究提出意见。五、关于禁毒工作。会议决定：由市财政划拨2008年禁毒经费缺口资金441080元；2009年的禁毒经费缺口资金在市公安局专项工作经费中列支；从2011年起，禁毒经费纳入市级财政预算；根据工作需要，由市公安局聘用禁毒公开查缉辅警，相关费用由市公安局自行解决。

7月29日，受市长王敏正委托，市委常委、常务副市长张纪华主持召开市政府第四十三次常务会议，副市长邬永飞、冯德、成联远、王宇、胡月星出席会议。一、关于昭通市"十二五"规划基本思路中的重大问题。会议要求：市规划编制领导组办公室要结合会议提出的意见和建议，进一步修改完善昭通市"十二五"规划基本思路中的重大问题，及时提交市委常委会研究；进一步做好市"十二五"规划前期研究工作，尽快完成市级重大课题研究、市直部门规划和重点专项规划初稿；根据中央和省委的有关精神，及时代市委起草对全市"十二五"规划的建议；抓紧做好全市"十二五"规划纲要编制等相关工作。二、关于市政府机构改革工作。会议原则同意《昭通市人民政府机构改革实施意见（送审稿）》。三、关于全市公共卫生与基层医疗卫生事业单位实施绩效工资工作。会议决定：核定公共卫生与基层医疗卫生事业单位人员绩效工资总量和标准，按照全市义务教育学校人员实施绩效工资后的水平来确定；科学划分区域，执行相应标准，市直单位、昭阳区、水富县执行绩效工资平均水平1410元的标准，鲁甸等9个县执行绩效工资平均水平1300元的标准；公共卫生与基层医疗卫生事业单位管理人员按当地义务教育学校同职务人员的标准执行，工勤人员按当地义务教育学校同等级工勤人员的标准执行，专业技术人员按当地义务教育学校同职务（职称）人员的标准执行；除国家和省补助资金外，市直单位自筹资金部分由市级财政解决，县区所需自筹资金部分由县区财政解决。四、关于中心城市房地产开发普通商品住房销售价格有关问题。会议要求：要落实好国务院相关文件精神，认真执行《昭通市人民政府关于切实做好遏制房价过快上涨稳定住房价格工作的实施意见》；由市建设局牵头，对中心城市房地产开发普通商品住房销售价格有关问题进行调研，研究稳定住房价格的根本性措施，为制订出台有关房价政策提供科学依据。五、关于水富县政府违规审批开发温泉项目致使国家重点工程增加移民补偿成本的审计调查报告处理建议。会议同意水富县对国家审计署和省审计厅调查处理意见的整改结果，要求市政府办公室及时整理水富县整改情况和会议意见，形成专题报告送张纪华、冯德、成联远审阅后，报王敏正审签，以市政府文件上报省政府。六、关于上半年全市社会治安工作。会议要求：进一步落实社会治安综合治理责任，健全防控体系；进一步加大打击力度，维护社会稳定；进一步加大社会治安管理力度，促进社会和谐；进一步加强公安队伍建设，树立良好形象；进一步完善公安体制建设，提高执法效率。

8月25日，市长王敏正主持召开市政府第四十四次常务会议，市委常委、副市长何刚，副市长韩梅、王宇、胡月星出席会议。一、关于促进残疾人事业发展的实施意见。会议原则同意《关于进一步促进残疾人事业发展的实施意见》。二、关于加强农村公共文化服务体系建设的实施意见。会议原则同意《关于加强农村公共文化服务体系建设的实施意见》。三、关于市属企业国有资本收益收取管理暂行办法。会议原则同意《昭通市市属企业国有资本收益收取管理暂行办法》。四、关于“两基”工作迎接国家检查的准备工作。会议决定：在9月中旬召开由县区政府主要领导参加的全市“两基”迎国检工作推进会，在9月底组织市检查组对11个县区的“两基”迎国检工作进行模拟验收，确保“两基”工作顺利通过国家复查；由韩梅牵头，尽快下发关于进一步加强学校管理的通知；从现在起到“两基”工作接受国家检查时止，每隔半个月宣传1所先进学校典型，分别于8月底和9月底各曝光1所“两基”迎国检准备工作做得差的学校。

9月28日，市长王敏正主持召开市政府第四十五次常务会议，副市长韩梅、成联远、王宇、胡月星出席会议。一、关于市城镇职工基本医疗保险市级统筹工作。会议决定：市城镇职工基本医疗保险市级统筹实行统一缴费基数政策，缴费比例按8+2%征缴；划入个人账户分别为45岁及以下、46岁至退休当月、退休之后3个时段，划入比例分别为1%、1.5%、4.5%；市级统筹调剂金按2009年参保人数每人600元，从各县区结余资金中筹集；同意解决市城镇职工基本医疗保险市级统筹工作启动经费20万元；市城镇职工基本医疗保险市级统筹系统使用及维护成本，相关项目要采取招标方式，由市财政局提出意见后报市政府审定；市级统筹后医保卡更换费用由参保人自行承担，所收取的医保卡更换资金全部上缴省人力资源社会保障厅社会保障卡制作中心；关于医保中心领导职数、职能设置和编制问题，向市编委专题书面请示。二、关于市第二届少数民族传统体育运动会相关事宜。会议决定：市第二届少数民族传统体育运动会举办时间为2010年10月中下旬，会期7天，具体时间和相关事项由市民族运动会组委会确定；市第二届少数民族传统体育运动会开幕式和闭幕式的地点定在市体育馆；邀请出席开幕式和闭幕式的嘉宾，主要有市委、市人大常委会、市政府、市政协主要领导和分管联系领导，离休和厅级退休少数民族干部代表，市直各部门主要负责人，部分赞助企业代表和群众代表。三、关于市政府公共绩效管理考核工作。会议要求：要进一步强化组织领导；要进一步强化宣传培训；要进一步强化监督检查。

10月27日，受市长王敏正委托，市委常委、常务副市长张纪华主持召开市政府第四十六次常务会议，市委常委、副市长何刚，副市长韩梅、冯德、胡月星出席会议。一、关于全市住房公积金管理工作。会议决定：关于成立市住房公积金管理委员会办公室问题，由市住房城乡规划建设局、市住房公积金管理中心会同市编办再作研究，可以考虑作为市住房城乡规划建设局内设机构，专题向市编委书面请示；关于市住房公积金管理中心请求提高级别、增加编制、选拔管理人才问题，与市编办进行研究后，专题向市编委书面请示；同意市住房公积金管理中心用自身储备的发展基金解决各县区住房公积金管理机构办公用房问题；同意从2011年1月1日起，市直单位住房公积金个人缴存比例从10%提高到12%，各县区参照执行、逐年到位。二、关于“煤矿安全县区长霹雳行动”。会议要求：要逐矿落实生产矿井的日常监管措施；要全面落实“煤矿安全县区长霹雳行动”整改意见；要扎实推进煤矿安全相关工作；要认真贯彻落实《关于进一步加强企业安全生产工作的通知》要求；要进一步严格事故责任追究。三、关于全市空白乡镇邮政局所补点建设工作。会议决定：对除镇雄县以外的16个空白乡镇邮政局所，市级财政补助建设资金10万元/个，不足部分由县区政府自筹解决；成立全市空白乡镇邮政局所补建工作领导小组，由何刚任组长，负责协调、指导、检查全市空白乡镇邮政局所补建相关工作。

11月20日，市长王敏正主持召开市政府第四十七次常务会议，市委常委、常务副市长张纪华，市委常委、副市长何刚，副市长郇永飞、韩梅、冯德、成联远出席会议。一、关于“十二五”规划编制工作。会议要求：深入落实上级有关决策部署，突出以科学发展为主题，以加快转变经济发展方式为主线，确保“十二五”规划更具科学性和系统性；广泛征求各方意见，确保“十二五”规划更具前瞻性和指导性；做好相关衔接，确保“十二五”规划更具现实性和可操作性；把握时限要求；结合国家把乌蒙山片区作为新一轮西部大开发的重点区域之一，编制好扶贫开发规划，努力争取国家进一步加大对昭通市的帮扶力度。二、关于全市村庄规划工作。会议决定：由何刚牵头，及时召开全市村庄规划工作会议，对有关工作进行安排部署；2010年解决村庄规划编制及培训费用152万元；2011年和2012年各安排村庄规划编制补助680.4万元，列入市级年度财政预算。三、关于《昭通市人民政府关于实施质量兴市战略的意见》。会议决定：市政府成立以王敏正任组长、冯德任副组长、相关部门主要负责人为成员的市实施质量兴市战略工作领导小组；设立

"市人民政府质量管理奖",对在质量兴市战略中做出突出贡献的单位和企业进行表彰;12月中上旬召开全市实施质量兴市和标准化战略工作会议,对相关工作进行安排部署;质量兴市和标准化工作日常经费,专题向市政府书面请示,列入市级财政预算。四、关于农村居民最低生活保障工作。会议决定:基层民政队伍建设问题,按照市委第三十八次常委会要求,尽快落实到位;市民政局低保工作人员配备问题,由市民政局向市编委专题书面请示;市本级城乡社会救助工作经费的问题,由市民政局向市政府专题书面请示。五、关于铁路建设前期工作。会议决定:近期召开全市铁路建设前期工作会议;铁路项目建设资金筹措方式主要根据部省会商纪要而定;由张纪华牵头,研究制订关于昭通铁路枢纽站规划;进一步加强汇报衔接,争取攀枝花至昭通至毕节至遵义铁路经过镇雄县,努力促成4条铁路早日动工建设;市铁路建设领导组办公室和市民航机场建设领导组办公室,按正科级机构向市编委书面专题请示,同时按程序上报请求提高机构级别;市铁路建设领导组办公室和市民航机场建设领导组办公室工作经费,书面向市政府专题请示,纳入2011年市级财政预算。六、关于全市消防安全工作。会议决定:关于消防部队装备建设经费问题,由市消防支队书面向市政府专题请示。

【褐煤精深加工及资源循环利用项目建设座谈会议】 2月23日,市政府与曲靖众一精细化工股份有限公司在市政府第一会议室召开昭通500万吨/年褐煤精深加工及资源循环利用项目座谈会。会议由市政府代理秘书长、办公室主任薛桂强主持。市长王敏正,曲靖众一精细化工股份有限公司董事长罗国林等出席会议。省发改委环资处处长袁千禾、副处长王为民应邀出席会议。会议决定:一、同意曲靖众一精细化工股份有限公司参与昭通褐煤资源开发,在昭阳区建设昭通500万吨/年褐煤精深加工及资源循环利用项目。项目由在昭阳区注册的独立法人实施(2010年3月底前完成注册)。二、市政府成立专门工作领导小组,协调项目建设过程的相关事项。王敏正挂钩联系该项目。项目推进过程中具体问题由市委常委、市政府副市长何刚协助市长协调解决,确保项目建设按时、顺利进行。三、昭阳区继续加强与企业对接,尽快拟订招商引资协议文本,签订项目合作协议。四、根据项目生产,由昭阳区、市国土局、市煤炭工业局配合项目业主,为项目整合配置一个褐煤矿权,原则上所配置的资源在扩能、扩界后可开采储量满足项目50年的生产需要。五、众一精细化工股份有限公司要成立项目筹备领导机构,切实加快项目前期筹建工作步伐,力争项目在2010年8月底前开工建设。

【市第六次全国人口普查领导小组会议】 5月7日,市政府召开第六次全国人口普查领导小组会议。市委常委、常务副市长、市人口普查领导小组组长张纪华出席会议并作讲话,市政府副秘书长、市人口普查领导小组副组长童世新主持会议。会议决定:一、原则同意《昭通市第六次全国人口普查领导小组成员单位职责分工和工作方式》、《昭通市第六次全国人口普查目标责任书》、《昭通市第六次全国人口普查目标责任考核办法》、《昭通市第六次全国人口普查督查工作制度》、《昭通市第六次全国人口普查问责办法》,由领导小组办公室根据会议提出的意见作进一步修改完善后下发。二、适时召开全市第六次全国人口普查工作会议,与各县区政府签订人口普查目标责任书。三、同意从市委宣传部、市公安局、市计生委、市教育局、市民政局、市劳动和社会保障局各抽调1名业务骨干,脱产到普查办公室上班,工作时间从2010年5月到2011年3月。领导小组各成员单位要确定1名科级干部为人口普查联络员。四、由市财政局负责督促县区财政局尽快落实人口普查经费,保障普查工作的基本需要。五、同意在5月下旬对各县区人口普查机构、人员、办公地点、经费落实等工作开展督查。六、同意在今年10月和11月2个月内,暂停人口与计划生育方面的检查和考核。

【土地收储委员会全体会议】 5月10日,市长、市土地收储委员会主任王敏正主持召开市土地收储委员会全体会议。市委常委、常务副市长、市土地收储委员会副主任张纪华,市委常委、副市长、市土地收储委员会副主任何刚,市委常委、昭阳区委书记、市土地收储委员会副主任马吉林出席会议。会议决定:一、关于怡林公司用地(北部新区"昭储09-10号"国有储备土地)相关事宜。系历史遗留问题,会议原则同意土地储备交易中心汇报的解决方案:在尊重历史,结合现实的基础上,土地以挂牌的方式进行公开处置;按照当前国家法律法规的规定和全市土地供应的现实,土地处置在高于基准地价和评估价的基础上不低于645万元/公顷进行挂牌;要求竞得土地的公司,必须按照相关规定按期签订土地出让合同,缴纳土地出让金,限定开工日期,尽快进行开发,如果不按规定开发,市政府将收回土地另行处置。同时,上述3条必须在符合相关法律法规的前提下,认真组织开展。二、关于会务中心配套用地相关事宜。原则同意昭阳区政府的建议:同意在朱提大道与登云路交叉口东北侧,选择土地作为建设会务中心配套开发用地,该地块编号为昭新H01-01号,面积13公顷,用地性质为住宅用地,评估价为616.95万元/公顷,采取公开挂牌的方式出让,挂牌底价不低于645万元/公顷。该地块在出让的同时,土地获得方须向昭阳区政府指定的银行账户注入会务中心建设履约保证金5000万元。三、关于贯彻国土资源部加强房地产用地供应和监管有关文件精神。《昭通市人民政府关于加强房地产用地供应和监管有关问题的实施意见》（讨论稿）切合昭通实际，原则同意通过。

【鼓励创业贷免扶补领导组会议】 5月11日，副市长冯德主持召开昭通市鼓励创业“贷免扶补”工作领导组会议，研究推进鼓励创业“贷免扶补”工作。会议要求：高度重视鼓励创业“贷免扶补”工作，进一步加大推进力度；巩固成果，拓宽领域，扩大总量，提高质量，全面完成今年的工作任务；规范操作流程，强化跟踪服务；将鼓励创业与推动产业发展相结合，提升昭通创业活动的整体水平；进一步研究后续扶持政策，完善后续扶持体系；充分发挥领导组办公室作用，加强部门之间的协调配合；树立典型，强化宣传。

【市禁毒委员会全体会议】 6月10日，副市长、市禁毒委员会主任王宇主持召开市禁毒委员会全体会议。会议要求：各级各部门要各司其职、各负其责，广泛发动社会各方力量，深入推进全市禁毒工作有序向前发展。一是继续保持对毒品犯罪的严打高压态势；二是深入推进禁吸戒毒工作；三是全面加强禁毒宣传教育，努力提高人民群众拒毒、防毒的能力，最大限度遏制新吸毒人员的滋生。

【市消防安全委员会全体会议】 6月10日，副市长、市消防安全委员会主任王宇主持召开市消防安全委员会全体会议。会议要求：全市各级各部门要进一步重视消防安全工作，认真落实消防安全责任制。各相关部门要围绕各自的职能职责，切实履行好对本部门、本系统、本行业、本地区的消防安全管理责任，同时也要加强合作，密切配合，形成合力，努力构建消防安全各部门齐抓共管的格局，要通过各方的共同努力，从源头上减少火灾事故的发生。要加强指导培训，强力推进社会单位检查消除火灾隐患能力、扑救初起火灾能力、组织疏散逃生能力和消防宣传教育能力等“四个能力”建设，年内全市所有人员密集场所“四个能力”建设必须达标。全面推进“乡乡、村村有消防队”工程，年内完成昭阳区北闸镇、鲁甸县桃源乡、巧家县药山镇、镇雄县泼机镇、彝良县牛街镇、大关县天星镇等6个全国重点集镇政府专职消防队的建设。要坚持有隐患必整治、有违法必查处的原则，全面开展火灾隐患排查整治，有效控制住火灾事故的发生，特别是要杜绝重特大火灾事故和群死群伤恶性火灾事故的发生。要通过严厉的执法行动，努力形成整治火灾隐患的高压态势，确保全市消防安全形势的进一步好转。要认真开展消防安全的宣传教育，落实好《社会消防安全教育培训规定》，将消防安全知识纳入干部职工培训内容，积极推动消防知识进社区、进学校活动。要着力加强消防队伍建设，全面加强使命教育和作风纪律教育，深入开展专业技能训练和战术研究，努力提高灭火能力和应急救援能力。

【昭通机场周边环境整治专题办公会议】 6月13日，受副市长邬永飞委托，市政府副秘书长粟勋主持召开昭通机场周边环境整治专题办公会议，研究昭通机场周边环境整治工作。会议决定：一、按照属地管理原则，由昭阳区政府负责组织昭阳区公安分局、国土局、建设局、经贸局、安监局和相关乡镇组成昭通机场周边环境专项整治行动工作组，负责对昭通机场周边环境开展专项整治，突出解决好昭通机场周边村民取土、机场外围砖瓦厂堆土超高、机场外围5米范围内树木超高、机场东西两侧群众通行、机场南近台村民无理阻挠埋线施工、机场周围群众养殖鸽子等严重影响机场安全有序运营的隐患问题。二、昭通机场和市直有关部门要积极配合昭阳区开展好机场周边环境安全隐患排查摸底工作。三、昭阳区政府要定期或不定期地开展昭通机场周边环境整治专项行动，确保昭通机场安全有序运营。四、此次昭通机场周边环境专项整治行动情况于2010年7月30日前报副市长邬永飞。

【昭巧二级公路昭鲁段建设协调会议】

7月2日，副市长邬永飞主持召开昭巧二级公路昭阳—鲁甸段建设协调会议。会议决定：一、关于昭鲁快捷通道实施主体。进一步明确由昭阳区政府、鲁甸县政府按照属地管理原则分别履行业主职责，负责工程质量、工期、安全、环保、水保、廉政建设等主体责任。鉴于昭巧二级公路的建设模式，分别由昭巧二级公路建设管理处、重庆建工集团有限责任公司及时向昭阳区、鲁甸县出具委托书。二、关于昭鲁快捷通道建设资金。同意昭阳区、鲁甸县根据实际情况对施工图设计进行必要的优化，昭巧二级公路建设管理处只承担省有关部门对昭巧二级公路昭鲁快捷通道段施工图设计概算资金，所增加的工程量、费用按照属地实施原则分别由昭阳区、鲁甸县负责承担。施工资料按工程实际报昭巧二级公路建设管理处，昭巧二级公路建设管理处按所承担费用划拨资金。三、关于昭鲁快捷通道监理问题。同意昭阳区将云南陆通建设监理咨询有限公司作为昭鲁快捷通道昭阳段工程的监理单位，增加的工作量，由昭阳区与云南陆通建设监理咨询有限公司洽谈解决。同意昭鲁快捷通道鲁甸段其中一幅及河道治理由鲁甸县按照相关法规公开招标选定监理单位，费用由鲁甸县承担。四、关于昭鲁快捷通道资本金问题。昭鲁快捷通道资本金分别由昭阳区、鲁甸县筹集，并及时汇入市交投公司账户，以便与金融部门衔接贷款，昭巧二级公路管理处按工程建设进度拨付建设资金。

【市政府四项制度联席会议】 7月8日，副市长冯德主持召开四项制度联席会议。会议要求，在下步的实施推进工作中，重点要做好5个方面的工作：进一步提高实施四项制度工作重要性的认识；进一步明确四项制度的组织机构和职责；进一步加强实施四项制度工作的指导和督促检查；进一步加大宣传力度；统筹兼顾，全面完成全年的各项任务。

【大山包景区开发建设专题会议】 7月15日，副市长韩梅主持召开大山包景区开发建设专题会议。会议决定：一、由市国土局牵头，就景区土地征用存在的问题进行研究，及时提出解决方案，指导昭阳区、鲁甸县完成征地任务，确保建设顺利进行。二、市发改委按特事特办原则，尽快批复条件成熟的项目。三、市环保局指导、帮助相关部门做好项目的环评工作。四、市开发投资公司督促设计单位加快进度，确保项目按计划开工建设。五、市交通局负责落实的1000万元景区公路建设资金到位后，交由市开投公司统一实施。六、大山包黑颈鹤国家级自然保护区管理局严格按照国家关于黑颈鹤保护的相关条例规定，做好保护工作。七、市旅游局尽快草拟大山包景区管理办法，报市政府审定；加快在建项目建设进度，抓好破损设施修复和维护工作；加大宣传推介力度，强化管理，完善服务，遏制全市游客下降势头。八、景区设施改造选址要注意避风避雷，确保游客安全。选址时，市气象局派专家指导。九、昭阳区政府要尽快落实1920万元的入股金；实施好大山包国家公园范围内的农村危房改造，新建和改造民居要统一风格、突出当地特色、与当地环境协调、美观实用。十、昭通供电局和昭通电信公司要积极配合大山包国家公园景区建设，要支持实施好规划区内主要景观区电缆电线入地改造项目。十一、大山包旅游景区开发建设管理领导组办公室要加大对会议议定事项的督查工作，确保各项工作落到实处。

【加快推进褐煤开发专题会议】 7月30日，市委、市政府召开专题会议，研究加快推进昭阳区褐煤开发相关事宜。会议由市委常委、副市长何刚主持。市委书记夜礼斌，市委常委、昭阳区委书记马吉林出席会议。会议决定：一、同意将马贵闸褐煤厂关闭，置换保留后海褐煤厂。二、同意将红泥褐煤矿配置给省工投集团，将后海褐煤矿配置给曲靖众一精细化工股份公司，作为2个项目资源保证。三、待大型煤化工项目进入后，由省煤化工集团、省工投集团、曲靖众一股份公司、昭阳工业投资开发经营有限公司合作组建配煤公司，确保各化工企业用煤需求。

【职教园区建设专题会议】 8月20日，市政府召开市职教园区建设会议，研究职教园区BOT项目建设推进工作。市委副书记、市长王敏正，市委常委、副市长何刚，副市长韩梅，市政协副主席、市财政局局长普安银出席会议。会议由韩梅主持。会议决定：一、市职教园区建设所需45.33公顷土地，由市国土局牵头，市国土局和昭阳区共同负责，立即启动征地程序，2010年10月底前完成20公顷土地的征用手续，2011年3月底前完成25.33公顷土地的征用手续。二、坚持谁中标、谁开发的原则，为BOT方提供20公顷土地作商住开发。20公顷土地共分两块，一块位于北部新区朱提大道西侧与箐门四纵交叉处，另一块也在北部新区选择。三、市职教园区建设项目造价按云南省工程造价“2003年定额”计算。四、市发改委要抓紧研究、及时批复建设项目的可研报告。市教育局要按照总投资5.38亿元，其中征地费用1.36亿元的投资构成及时调整可研报告中的相关内容。五、市财校、市农校、市卫校3个校区现有土地、房产，按1.5亿元的价格由市土地储备中心立即启动收储程序收储。六、还款利率控制在按金融部门当年同期贷款基准利率上浮2%以内浮动，逐年计算，并作为招投标的竞标条件。七、市职教园区工程建设工期为18个月，按时完不成建设任务，超1天罚款10万元；鼓励提前完成建设任务，不设置奖励条款。

【两碗乡集镇迁建工作现场办公会议】 8月23日，市委常委、副市长何刚，副市长成联远带领市直有关部门负责人到水富县两碗乡花坛村青坪栈，对两碗乡集镇迁建新址进行实地查看，召开水富县两碗乡集镇迁建工作现场办公会议。会议决定：一、省政府昭通专题办公会议专项资金中安排资金2000万元，加上原已下拨的450万元应急治理剩余资金，用于新集镇的公共基础设施建设和民居迁建补助等。二、275户1167名群众民房建设资金筹措的问题，各部门要优先立项安排给水富县，市发改委要安排国债资金易地搬迁项目，市扶贫办要将1167人纳入易地搬迁对象、安排易地搬迁和整村推进扶贫项目，市民政局要安排民房恢复重建资金，市建设局每户给予1万元的农村危房改造资金。三、同意迁建用地按照救灾抢险用地实行先用后批，市国土局负责落实先行用地并帮助完善有关手续。四、市国土局在新集镇安排400万元的土地整理项目，以有效补充耕地。五、市供电局在新集镇提前实施规划建设35千伏变电站，解决集镇内用电问题。六、通信、移动等部门要给予大力支持，确保集镇通信畅通。

【扩充交投公司经营性资产会议】 9月6日，副市长郐永飞主持召开会议，专题研究扩充市交通建设投资开发有限责任公司经营性资产的相关事宜。会议决定：一、将市公安局和市林业局在鲁甸县茨院乡板板房村范围内的国有土地以账面资产形式划拨为市交通建设投资开发有限责任公司经营性资产。二、市公安局和市林业局在该地块土地的使用权不变，由市交通建设投资开发有限责任公司分别和市公安局、市林业局签订土地使用协议予以约定。三、为使该宗土地资产增值，由市国土资源局向省国土资源厅申报将土地利用现状变更为国有建设用地，并由市交通建设投资开发有限责任公司请相关中介机构对该宗土地进行评估，评估后由市国资局办理相关划转手续。四、将昭巧二级公路K11+400路段旁的4公顷多低洼田无偿划拨给市交通建设投资开发有限责任公司建设昭巧二级公路交通后勤保障服务区。

【土地利用总体规划市级成果论证会

议】　9月13日，市政府召开《昭通市土地利用总体规划(2006～2020年)》市级成果(以下简称《规划成果》)论证会。市委常委、副市长何刚出席会议。会议要求：市国土资源局及相关成员单位要进一步统一思想，充分认识土地利用总体规划修编工作的重要性，强化合作，共同努力，进一步修改完善《规划成果》，确保《规划成果》的质量，提高《规划成果》的科学性和可操作性。

【国有小草坝林场林权纠纷专题办公会议】　9月25日，市委、市政府召开办公会议，专题研究国有小草坝林场与盐津县庙坝乡红碧村林权纠纷，市委常委、市委政法委书记张朝德，副市长郧永飞出席会议并作讲话。会议决定：一、关于社会维稳工作。市直有关单位和盐津县委、县政府要继续高度重视国有小草坝林场与庙坝乡红碧村林权纠纷，坚持依靠群众、坚持市县两级现场办公会形成的"四条工作措施"，靠前指挥，狠抓落实，继续做好当地的社会稳定工作。二、关于林权纠纷处置。由市林业局督促国有小草坝林场解除2006年、2007年国有小草坝林场与李龙堂等签订的承包经营协议中涉及棺山坪周边约81.73公顷林地和白汉鸡梁子至石板沟公路沿线以下100米范围内28.4公顷林地的承包经营权。由盐津县政府组织有关部门对庙坝乡红碧村村民对棺山坪周边约81.73公顷林地和白汉鸡梁子至石板沟公路沿线以下100米范围内28.4公顷林地持证情况进行核实，根据村民持证情况，划定盐津县庙坝乡红碧村与国有小草坝林场的界限，将村民持证范围内的竹资源交由6个村民小组集体经营管理。三、关于滥砍滥伐森林资源问题。对破坏森林资源的严重违法犯罪行为，态度要坚决，固定证据要快，既要积极而为，又要把握好执法时机。四、形成3个报告。盐津县委、县政府要根据本次会议精神，尽快摸底排查，形成林权纠纷当地社会稳定风险评估报告报送市委、市政府和市委政法委。对破坏森林资源的严重违法犯罪行为，市、县森林公安局要进一步依法搞好调查取证工作，尽快锁定嫌疑人，形成专题报告报送市委、市人民政府和市委政法委。由市监察局牵头，市检察院和市林业局等部门配合，针对国有小草坝林场与李龙堂等签订的承包协议进行调查，形成专题报告报送市委、市政府和市委政法委。

【节能减排工作领导小组会议】　9月26日，市政府召开昭通市节能减排工作领导小组会议。市委常委、副市长、市节能减排工作领导小组常务副组长何刚出席会议。会议决定，为抓住"十一五"最后3个月时间的节能减排工作，确保全市节能减排目标任务的完成，下步工作中，要认真抓好以下工作：进一步提高认识，坚定不移地落实好上级关于节能减排工作的各项方针政策；进一步明确任务，采取切实有力的措施全力确保"十一五"节能减排目标任务的实现。

【改革强制隔离戒毒工作会议】　10月25日，副市长王宇主持召开改革强制隔离戒毒工作专题会议。会议决定：严格按照省委、省政府于2010年10月15日召开的全省改革强制隔离戒毒工作专题会议要求，做好公安机关强制隔离戒毒职能交由司法行政部门承担的移交工作，自2010年11月1日起，全市公安机关强制隔离戒毒所和中转站停止接收吸毒人员，公安机关决定强制隔离戒毒的吸毒人员，基础信息采录完备后，由公安机关办案部门直接投送司法行政部门强制隔离戒毒所和中转站。

【稳定物价保障煤电油运供给专题会议】　11月23日，市政府召开专题会议，研究部署稳定物价保障煤电油运供给工作。市委常委、常务副市长张纪华出席会议并讲话。会议要求，全市各级各部门要按照"立足当前、着眼长远，综合施策、重点治理，保障民生、稳定预期"的原则要求，切实采取有效措施，进一步做好稳定物价保障煤电油运供给工作，保证市场供应和价格平稳运行，切实保障群众基本生活。一要抓好认识。二要抓好生产。三要抓好调运。四要抓好建设。五要抓好调控。六要抓好监管。七要抓好宣传。

【文化广电工作专题会议】　11月23日，副市长韩梅主持召开文化、广电工作专题会议。市委常委、市委宣传部部长陆琴雯出席会议并讲话。一、关于全市电影行政管理职能划转工作。会议强调：1. 各县区委、县区政府要高度重视，加强领导，精心组织，周密安排，确保调整划转工作顺利进行。2. 将市、县区文化部门承担的电影发行放映管理、市场准入、农村和社区等电影公共服务、农村电影放映工程的实施、指导基层电影队伍等职责，统一归口并入市、县区广电部门；将市、县区文化部门所属国有电影企事业单位成建制统一划转到市、县区广电部门；将市、县区文化部门与电影工作相关的机构编制、经费、设施、设备等统一划转到市、县区广电部门。3. 各地各有关部门要切实做到调整划转工作与日常工作两不误、两促进，确保农村电影放映工作顺利实施。4. 市级电影行政管理职能划转工作要明确和突出五个方面的重点。将市文体新闻出版局管理的"2131"电影放映管理站的编制、经费、设施、设备等统一划转市广电局管理；将市文体新闻出版局管理的原电影公司、电影院离退休职工全部划转市广电局管理；改革中的遗留问题，由市广电局牵头，市文体新闻出版局配合，共同负责处理；市广电局要协助市开发投资有限责任公司做好原电影公司土地资产的开发工作；市编办、市文体新闻出版局、市广电局要相互沟通、密切配合，做好相关工作，加快进度，确保全市划转工作在2010年12月底完成。二、关于加快推进文化市场综合执法改革工作。会议强调：1. 调整归并文化(文物)、广播电视、新闻出版(版权)等部门行政执法职能和机构，建立条块结合，统一高效的文化市场综合执法机构。2. 选好配强领导班子，加强有关行政执法人员的集中统一培训，不断提高执法能力和水平，使执法队伍尽快胜任综合执法工作的需要。3. 把文化市场行政执法机构所需经费列入同级财政预算，建立综合执法运行保障机制。

【理顺柿凤公路建设公司体制办公会议】 12月30日，市二级公路建设领导组副组长、副市长邬永飞主持召开关于理顺昭通市柿凤公路建设有限公司体制的专题办公会议。会议决定：一、由市交通建设投资开发有限责任公司收购中国五矿二十三冶建设集团有限公司的市柿凤公路建设有限公司股权，市柿凤公路建设有限公司作为市交通建设投资开发有限公司全资子公司予以保留，继续代表市政府作为柿凤二级公路项目法人，履行项目管理职能。二、市柿凤公路建设有限公司执行董事由昭通市交通建设投资开发有限责任公司派出。由市交通建设投资开发有限责任公司总经理助理余廷华任市柿凤公路建设有限公司总经理，由市公路测设队队长王国丛任市柿凤公路建设有限公司副总经理兼总工程师。三、原市柿凤公路建设有限公司办公地点保留，主要用于财务管理及资料保管等；市柿凤公路建设有限公司总工办、总经办、合约处、安全环保处、工程处等2办3处进驻盐津县柿子镇开展建设管理工作。四、原市柿凤公路建设有限公司管理的昭彝（徐家营至蚂蟥沟段）二级公路交由彝岔二级公路管理处管理。五、由市工商局负责指导市柿凤公路建设有限公司完善相关体制变更手续；由市政府行文照会中国五矿二十三冶建设集团有限公司，告知公司体制变更的相关事宜。

表彰奖励

【表彰农技推广成果暨农业工作先进个人】 2月9日，市政府决定对2009年度60项农业技术推广成果暨100名农业工作先进个人予以表彰。

【表彰奖励见义勇为先进个人】 3月1日，市政府决定，授予张朝科（镇雄县大湾镇玉田村村民）、熊艳（镇雄县大湾镇玉田村村民）、张达均（绥江县新滩镇石龙村村民）、王文才（建设银行昭通市分行海楼路分理处职员）、石林强（盐津县盐井镇老街居民）昭通市见义勇为先进个人称号；颁发张朝科、熊艳、张达均奖金各4万元，王文才奖金3万元，石林强奖金1万元。同时，对2005年见义勇为牺牲的陈家才（镇雄县乌峰镇小河村村民）家属给予慰问金3万元。

【表彰档案工作先进集体和个人】 3月18日，市政府决定，授予市审计局等35个单位全市档案工作先进集体称号，吴文华等50人全市档案工作先进个人称号。

【表彰奖励见义勇为先进个人铁飞燕】 5月6日18时10分左右，四川绵阳南山大桥施工钢架突然倒塌，正在钢架上作业的5名工人全部掉进安昌河里。利用公休假陪父亲在绵阳旅游的铁飞燕不顾个人安危，跳入河中，在帮助4名落水工人成功自救后，又3次潜入水中救起最后1名溺水工人，将已经重度昏迷的工人救醒后便悄悄离开了现场。铁飞燕绵阳救人的感人事迹发生后，四川、云南两省的有关媒体进行深入报道，国内数十家媒体进行了转载刊播，引起强烈反响。云南省委书记白恩培作出重要批示："铁飞燕同志的先进事迹应很好宣传。"共青团云南省委授予她云南省优秀共青团员称号，云南省高速公路投资公司授予她见义勇为优秀员工称号。7月28日，市政府研究决定，授予铁飞燕昭通市见义勇为先进个人称号，并奖励奖金2万元。

【表彰奖励消防工作先进集体及个人】 7月13日，巧家县小河镇发生特大泥石流灾害。昭通市消防支队和巧家、鲁甸2县政府专职消防队立即集结队伍迅速赶赴灾区，积极开展抢险救援、搜寻失踪人员、抢救群众财产及现场清理等工作，奋战在抢险救灾工作第一线，为抢险救灾工作做出了积极贡献。8月26日，市政府决定为巧家县政府专职消防队记集体三等功一次；对巧家县政府专职消防队队员刘铭、付荣奎、王昌毅、曹立东、李玉勇，鲁甸县政府专职消防队队员周华、夏文正、宋晓东和市消防支队宣教中心李朝文等9名先进个人予以表彰奖励。

（市政府办　张瑜丹）

政协昭通市委员会工作

【市政协举行迎新春茶话会】 1月14日，市政协在昭通宾馆举行2010年迎新春茶话会。市委书记夜礼斌，市委副书记、市长王敏正，市人大常委会主任陈林章等出席茶话会。市级其他领导和参加中共昭通市委二届十次全体（扩大）会议的人员，在昭省政协委员、市政协常委，市级各民主党派、工商联主要领导和各族各界人士、在昭离退休老同志代表出席茶话会。市政协主席熊启怀主持茶话会。王敏正代表市委、市人大常委会、市政府、市政协，向全市各级各部门和各民主党派、工商联、人民团体、各族各界人士，致以节日的祝福！向为昭通发展做出贡献的广大工人、农民、知识分子、驻昭官兵、公安干警和干部职工，表示衷心的感谢！熊启怀指出，过去的一年，全体政协委员和市政协参加单位团结协作、共同奋斗，围绕中心、服务大局，认真履行政治协商、民主监督、参政议政职能，为保持全市经济平稳较快发展和社会稳定做出积极努力。

【年内主席会议】 1月18日，市政协召开二届三十三次主席会议。市政协副主席陈奇主持会议。市政协主席熊启怀，副主席郎学稌、陈麟、普安银、李志平、赵洪乖、张毅敏，秘书长范方华出席会议。会议听取市政协秘书长范方华对二届五次会议筹备情况汇报；会议研究确定市政协二届十九次常委会议召开时间及议程（草案）；会议审议《政协昭通市第二届委员会常务委员会第十九次会议议程（草案）》；审议通过《政协昭通市第二届委员会常务委员会第十九次会议日程（草案）》、《政协昭通市第二届委员会常务委员会工作报告（草案）》、《政协昭通市第二届委员会常务委员会关于提案工作情况的报告（草案）》、《关于召开政协昭通市第二届委员会第五次会议的决定（草案）》、《政协昭通市第二届委员会第五次会议议程（草案）》、《政协昭通市第二届委员会第五次会议日程（草案）》、《〈政协昭通市第二届委员会常务委员会工作报告〉报告人名单（草案）》、《〈政协昭通市第二届委员会常务委员会关于提案工作情况的报告〉报告人名单（草案）》、《政协昭通市第二届员会第五次会议秘书长、副秘书长名单（草案）》、《政协昭通市第二届委员会第五次会议大会执行主席和主持人名单（草案）》、《政协昭通市第二届委员会第五次会议列席人员范围（草案）》、《政协昭通市第二届委员会第五次会议主席台开闭幕式就座人员范围（草案）》、《关于授权主席会议审议政协昭通市第二届委员会常务委员会第十九次会议未尽事宜的决定（草案）》；审议通过各专门委员会、办公室2009年工作总结和2010年工作要点（书面）；审定二届四次会议以来优秀提案、提案承办先进单位和先进提案工作者评选方案；会议还研究讨论了市政协二届五次会议其他有关事宜。

3月15日，市政协召开二届三十四次主席会议。市政协主席熊启怀，副主席陈奇、郎学稌、陈麟、李志平、赵洪乖，秘书长范方华出席会议。市政协副秘书长及各委室主任、副主任列席会议。会议研究市政协二届五次全会未尽事宜。

8月5日，市政协召开二届三十五次主席会议。市政协主席熊启怀，副主席陈奇、郎学稌、陈麟、张毅敏，秘书长范方华出席会议。市政协副秘书长及办公室主任、副主任列席会议。会议研究市政协二届二十一次常委会议有关事宜，审议通过《云南省八市政协文史工作第九次联系会议方案》及其他事项。

【李志平到水富太平村慰问困难群众】 1月25日，市政协副主席李志平到水富县挂勾扶贫点慰问联系帮扶困难户。李志平每到一户都详细了解困难户的生产、生活情况，并向每户送去了棉被2床、棉衣2件、大米2袋、油1桶、慰问金200元。慰问期间，李志平还到太平乡盐井村安置点和坤达牧业公司调研。

【年内常委会议】 1月28～29日，市政协二届十九次常委会议召开。副主席陈奇主持会议，副主席陈麟、郎学稌、李志平、赵洪乖、张毅敏，秘书长范方华出席会议，各县区政协主席列席会议。会议听取市政府领导通报2009年全市经济运行情况和2010年全市经济工作重点、中共昭通市委办公室通报党群政法系统办理市政协二届四次会议以来提案工作情况、市政府办公室通报政府系统办理市政协二届四次会议以来提案工作情况，审议《政协昭通市第二届委员会常务委员会工作报告（草案）》、《政协昭通市第二届委员会常务委员会关于提案工作情况的报告（草案）》、《政协昭通市第二届委员会第五次会议议程（草案）》，审议通过《关于召开政协昭通市第二届委员会第五次会议的决定（草案）》、《政协昭通市第二届委员会第五次会议日程（草案）》、《政协昭通市第二届委员会常务委员会工作报告报告人名单（草案）》、《政协昭通市第二届委员会常务委员会关于提案工作情况的报告报告人名单（草案）》、《政协昭通市第二届委员会第五次会议秘书长、副秘书长名单（草案）》、《政协昭通市第二届委员会第五次会议大会执行主席和主持人名单（草案）》、《政协昭通市第二届委员会第五次会议列席人员范围（草案）》、《政协昭通市第二届委员会第五次会议主席台开闭幕式就座人员范围（草案）》、《关于授权主席会议审议政协昭通市第二届委员会常务委员会第十九次会议未尽事宜的决定（草案）》。会议还审议各专门委员会、办公室2009年工作总结和2010年工作要点。

3月28日，市政协二届二十次常委会议召开。市政协主席熊启怀主持会议，副主席陈奇、陈麟、郎学稌、普安银、李志平、赵洪乖、张毅敏，秘书长范方华出席会议，各县区政协主席列席会议。会议听取大会秘书处关于政协昭通市第二届委员会第五次会议综合情况的报告、《政协昭通市第二届委员会提案委员会关于二届五次会议提案审查情况报告》的说明，审议《政协昭通市第二届委员会第五次会议决议（草案）》、《政协昭通市第二届委员会第五次会议关于政协昭通市第二届委员会常务委员会工作报告的决议（草案）》、《政协昭通市第二届委员会第五次会议关于政协昭通市第二届委员会常务委员会提案工作情况报告的决议（草案）》。

8月23日，市政协二届二十一次常委会议召开。市政协主席熊启怀主持会议，副主席陈奇、郎学稌、赵洪乖、张毅敏及秘书长范方华出席会议，副市长韩梅应邀出席会议。韩梅代表市政府通报全市上半年经济社会发展情况。市政协7位常委结合自己工作实际和调研情况，围绕推进全市经济社会发展提出意见和建议。市级有关部门领导听取意见和建议。陈奇传达中共昭通市委二届十一次全会精神。市直有关部门负责人、市政协各委室副主任、各县区政协主席或副主席列席会议。

10月28～29日，市政协二届二十二次常委会议召开。会议分别由陈奇、陈麟主持，副主席陈奇、陈麟、郎学秾、李志平、赵洪乖、张毅敏及秘书长范方华出席会议，会议主要专题学习贯彻中共云南省委政协工作会议精神。各县区政协主席列席会议。

【熊启怀到挂钩扶贫点送温暖】 1月30日，市政协主席熊启怀到市政协挂钩点巧家县老店镇红土村看望慰问基层干部群众。熊启怀与60余户村民亲切座谈，详细询问村民们的生产生活情况，鼓励他们奋发图强、自力更生，搞好来年春耕生产，继续发展养殖业，追求富裕生活。熊启怀一行为村民发放大米、食用油、化肥等生产生活物资，并祝福大家春节愉快。熊启怀还实地察看老店镇红土村石漠化治理工作开展情况，并就下步工作提出意见和建议。

【陈麟为新农村建设挂钩点发展出谋划策】 2月1～2日，市政协副主席陈麟到市政协新农村建设挂钩点——绥江县板栗乡官田村，与县、乡、村领导干部和群众共商新农村建设发展之策。在县政府、县政协及相关部门领导陪同下，陈麟到官田村详细了解该村新农村建设发展情况及目前存在的问题，并提出建议。陈麟还到会议镇和平村的凌明雄、何志光、凌家雄3户结对帮扶困难户家中，了解情况，帮助解决生产生活中的一些困难和问题，为3户结对帮扶困难户送去棉被、防寒服、慰问金，让他们过一个平安、幸福、愉快的节日。

【张毅敏看望慰问挂钩扶贫户】 2月2日，市政协副主席张毅敏一行到昭阳区北闸镇箐门放羊冲自然村，看望慰问挂钩扶贫户，并与村干部、贫困户促膝而谈，详细了解农村发展、扶贫开发等相关情况，和他们一起想办法、出主意。张毅敏还联系昭通天麻种殖专家，为他们种植天麻提供技术支持。最后他为3户挂钩扶贫户送上了节日的祝福和大米、食用油、300元慰问金。

【李志平到镇雄威信开展春节走访慰问活动】 2月2～4日，市政协副主席李志平一行到镇雄、威信2县，看望慰问重点工程建设单位及部分下岗职工和困难群众，并送上慰问品、慰问金，给他们送去新春美好的祝福。在火电厂建设施工现场，李志平一行认真了解、查看厂区建设等情况，并走进正在忙碌的工人中间，向他们表达新春的慰问。李志平一行还到下岗职工和困难群众家中进行慰问。家住乌峰镇新街大堰塘的岳顶增是化肥厂下岗职工，下岗前因患脑梗塞，失去语言功能，身体麻木，生活十分艰难。在岳顶增家中，李志平一行亲切地询问他的生活和治疗情况。在困难群众王福全家里，李志平一行详细了解他的家庭生活和身体状况，亲切地与他拉家常。

【市政协机关举行抗旱救灾捐款仪式】 2月24日，市政协机关举行抗旱救灾捐款仪式。市政协主席熊启怀，在昭的副主席出席捐款仪式。市政协秘书长范方华在捐款仪式上通报全市旱灾的基本情况。熊启怀作动员讲话。干部职工踊跃捐款，当场收到捐款6900元。

【熊启怀等到鲁甸查看旱情】 3月4日，市政协主席熊启怀，市委常委、市委宣传部部长陆琴雯，市政协副主席赵洪乖一行，到鲁甸县水磨、小寨等乡镇了解旱情和群众生产生活情况，鼓励群众积极采取有效措施抗灾自救，确保大灾之年人畜饮水安全。水磨镇营地村酒房沟八角树湾子陡峭的山坡上有一个蓄水池，是酒房沟村民唯一的饮用水水源。90多户群众每天靠挑、背、驮到这个蓄水池取水。由于旱灾，池水已快枯竭，水质很差，取出来的水必须过滤后才可以饮用。村民说，除了到这里取水以外，只能用摩托车、农用车等交通工具到七八千米外的地方取水，但没有交通工具的老人和孩子只能在这里取水。熊启怀等叮嘱乡亲们一定要注意饮用水安全，水窖里运来的水要烧开才能饮用，强调在水源奇缺的情况下，各级各部门要积极采取措施保饮水安全，组织车辆运水送水，保证群众有水喝。在听取县委、县政府领导对全县的抗旱救灾下一步工作打算的介绍后，熊启怀说，各级各部门要统一思想，提高认识，密切关注旱情，树立抗大旱夺丰收的信心和决心，切实贯彻落实好省、市抗灾保春耕指示精神，通过各种农业科技措施，小春损失大春补，打好这场抗大旱、保民生、促春耕的攻坚战。

【熊启怀到永善调研抗旱救灾工作】 3月11～13日，市政协主席熊启怀到永善县调研抗旱救灾工作。调研中，熊启怀要求基层党员干部在老百姓最困难的时候，要以老百姓之心为心，与老百姓紧紧站在一起。熊启怀先后到伍寨、码口、大兴、黄华、务基等乡镇抗旱救灾一线，实地查看灾情，看望在码口乡为解决雪金村16个村民小组1884人生产生活用水正与当地老百姓一道抢修烟水工程管道线的县、乡、村党员干部和群众。

【二届五次全会】 3月25～28日，政协昭通市第二届委员会第五次全会召开。会议审议通过市政协二届五次会议议程（草案），听取熊启怀代表政协昭通市第二届委员会常务委员会向大会作的《常务委员会工作报告》、陈麟受第二届委员会常务委员会委托向大会作的《提案工作报告》，表彰了政协昭通市第二届委员会第四次会议优秀提案、先进提案工作者、提案承办和综合协调先进单位，以举手表决的方式通过《关于政协昭通市第二届委员会第五次会议提案审查情况的报告》和《政协昭通市第二届委员会第五次会议决议》。会议应到委员373人，实到356人。

【陈麟一行到绥江县挂钩联系点调研】 4月7～8日，市政协副主席陈麟率市直有关部门负责人到到绥江县板栗乡官田自然村调研。陈麟一行实地查看了绥串公路沿线产业资源布局情况，随后在板栗乡官田自然村挂钩联系点与县乡村干部及当地群众座谈，详细了解挂钩联系点建设推进情况。座谈会上，乡村干部汇报了近年来各项工作的完成情况。陈麟充分肯定了挂钩联系点工作中所取得的成绩，并提出意见、建议。针对该村当前存在的主要问题和当地干部群众最想办的事情，随行的市直有关部门负责人当场表态，负责解决乡村公路建设、村文化设施建设、扶贫开发项目落实等问题。

【陈奇到盐津县调研抗旱保春耕工作】 4月10～11日，市政协副主席陈奇率市直相关部门负责人到盐津县盐井镇桃子村和高桥村调研抗旱保春耕工作。陈奇一行先后到盐井镇桃子村和高桥村察看旱灾情况和春耕春播进行情况，并听取县、镇及有关部门领导的情况汇报，对盐津县抗旱救灾保春耕工作表示满意。在桃子村，了解群众生产生活存在的困难后，陈奇一行表示，将协调资金帮助困难群众改善住房、修建湾子村民小组过山溪的桥；协调小额信贷帮助部分群众解决春耕所需的化肥、籽种、地膜等困难。陈奇要求村委要确保救灾资金用到实处，切实解决群众生产生活困难，要认真设计施工，保证修桥工程质量。

【李志平到水富调研抗旱工作】 4月11～12日，市政协副主席李志平一行到水富县调研抗大旱、保民生、抓春耕、促发展工作。11日，李志平听取水富县领导关于抗旱救灾工作开展情况、存在问题及下步工作打算的专题汇报。12日，李志平一行到挂钩联系点慰问困难群众、召开座谈会，并实地查看春耕生产情况。李志平对水富县抗大旱、保民生、抓春耕、促发展工作给予充分肯定，并对下步工作提出要求。随后，李志平赶往挂钩扶贫对象陈登海家看望慰问。

【熊启怀到鲁甸指导抗旱救灾工作】 4月12～13日，市政协主席熊启怀到鲁甸县水磨、梭山、江底等乡镇，指导抗旱救灾工作。12日，熊启怀到鲁甸县水磨镇拖麻村、梭山乡挖水村等高二半山区，了解抗旱救灾工作和老百姓生产生活情况。在拖麻村，得知该村由于上年马铃薯减产，已有30%的农户缺粮后，熊启怀立即协调市红十字会，调运3吨大米来救济困难群众。在挖水村，村支书谈到，全村14个村民小组都已严重缺水，种下去的马铃薯已有三分之一因干旱而烂种。熊启怀马上拨电话，与当地党委、政府和水利部门联系，协调引水的相关工作。

13日，熊启怀与市委常委、市委宣传部部长陆琴雯、市政协副主席赵洪乖一行到江底乡察看旱情。看到在群众饮水困难、农作物枯黄枯死、春耕生产开展艰难的情况下，江底乡党委、政府正全力以赴组织干部群众采取有效措施积极抗击旱灾时，熊启怀充分肯定了江底乡的抗旱工作。在随后召开的会议上，观看鲁甸抗旱工作电视短片、听取抗旱工作情况汇报后，熊启怀指出，在金融危机还没有完全消除、旱灾肆虐的关键时期，鲁甸县干部群众上下团结一心、奋力工作，努力推动工业经济快速增长，民生不断改善，城镇化水平跨越提升，使鲁甸经济社会各项工作保持了又好又快的良好发展态势。

【省政协调研组到昭通调研提案工作】 4月13～18日，省政协常委、提案委员会主任郭文龙，在市政协副主席陈麟等陪同下，到盐津、水富、绥江、永善等县，就提案工作开展情况进行调研。调研组一行在听取市、县政协领导及提案委负责人汇报后，郭文龙对昭通市、县政协提案工作给予充分肯定，并紧紧围绕调研课题就下步工作提出要求。

【熊启怀到大关上高桥调研】 4月15日，市政协主席熊启怀到大关县上高桥乡了解社情民意，就上高桥乡如何按照科学发展观的要求，推动农村发展、农民增收、农业增效展开调研。上高桥回族彝族苗族乡是全市唯一的3种少数民族杂居的民族乡，辖6个村民委员会153个村民小组，居住着汉、回、彝、苗四种民族共4416户18256人，少数民族占全乡总人口的32.3%。熊启怀与该乡干部群众座谈，听取经济社会发展情况、春耕生产情况的汇报。

【市政协机关领导到巧家慰问受灾困难群众】 4月20日，市政协机关领导到巧家县包谷垴乡和老店镇红土村慰问遭受旱灾困难群众，将省红十字会捐赠的10吨大米分发到困难群众手中。在挂钩扶贫点红土村，市政协机关领导与困难群众座谈，了解受灾情况和生产生活情况。为抗旱救灾出主意，想办法。

【市政协提案交办会】 4月21日，市人大建议、市政协提案交办会召开。市委常委、市政府常务副市长张纪华出席会议并作讲话，市委常委、市委秘书长田勇主持会议并讲话。市直相关部门负责人和工作人员参加会议。

【省政协提案办理座谈会在昭通召开】 4月21日，省政协十届三次会议第270号提案办理座谈会在昭通召开，省铁路投资有限公司就关于将隆黄铁路昭通段建设工程纳入全省重大交通建设项目并给予资金支持的提案与省政协委员面对面座谈。省铁投公司副总经理陶鹰、项目部经理普红祥，省政协常委、市政协主席熊启怀，市人大常委会副主任赵卫，市政协副主席陈奇、张毅敏及秘书长范方华出席会议，会议由市政府副秘书长童世新主持。省铁路投资有限公司有关领导对提案办理情况作了详细的答复与说明。在昭省政协委员和市直有关部门负责人参加会议，纷纷表示支持此提案，并针对各自工作对提案的有效办理提出建议。

【省政协调研组到镇雄调研】 5月27日,省政协常委、省政协民族和宗教事务委员会主任郭秀文一行,在市政协副主席陈麟等陪同下,到镇雄县就“云南省民族地区十二五经济社会发展思路”课题进行调研。省政协调研组在县级有关领导陪同下,到林口乡娃飞村走访慰问困难群众,实地察看了解少数民族地区群众生产生活、经济社会发展、农业结构调整等情况。县政府领导向调研组汇报民族工作情况,就民族地区经济社会发展问题提出探讨性意见、建议。省政协调研组对镇雄县各级党委、政府务实勤奋、勇于开拓创新、大力改善民族地区贫困面貌给予充分肯定。

【熊启怀到镇雄调研殡葬改革工作】 6月8日,市政协主席熊启怀一行到镇雄县调研殡葬改革工作。在听取县委、县政府领导就殡葬改革工作专题汇报后,熊启怀要求,镇雄县要认真研究认识、规划、投入、执法、宣传、监督6个方面问题,切实推进殡葬改革工作。熊启怀一行还到县殡仪馆拆除建项目地,查看殡仪馆现状,了解项目规划设计等情况。

【赵洪乖到镇雄督查镇凤二级公路建设】 6月22日,市政协副主席赵洪乖在市直有关部门负责人陪同下,到镇雄县督查镇凤二级公路建设情况。赵洪乖一行先后到镇凤二级公路各合同标段建设工地现场,通过实地查看、查阅资料、听取情况介绍等形式,详细了解工程的施工环境、工程质量、建设进度等有关情况。

【熊启怀到巧家调研中小学教师队伍建设与管理】 6月22日,市政协主席熊启怀、副主席张毅敏一行到巧家县调研教师队伍建设与管理。熊启怀一行先后到巧家县大寨中学和巧家县第一中学,询问教师的生活状况,详细了解学校的教学质量,并听取巧家县委、县政府领导的教育工作汇报。

【郎学稌到昭阳区督导昭鲁城市走廊建设工作】 6月22日,市政协副主席、市二级公路建设第二督导组组长郎学稌一行到昭阳区,督导昭鲁城市走廊工程昭阳段建设工作。听取工作汇报后,郎学稌强调,昭鲁城市走廊昭阳段建设工程艰巨、工期紧迫,要在2011年6月30日前按时按质完工并锁定债务,参建各方要采取超常规的管理和施工组织措施。

【云贵川25县政协区域经济发展论坛】 6月29日,云贵川25县(市、区)政协区域经济发展论坛第二次会议在镇雄县召开。昭通市政协主席熊启怀、宜宾市政协副主席郑耀银及云贵川25县(市、区)政协主席(副主席)等应邀出席本次论坛。论坛由镇雄县政协主办,以大力招商引资、加速区域经济发展为主题,运用组织、制度和资源,推动区域经济协调发展,凸显区域整体优势,实现加强学习研讨、增进相互了解、沟通彼此友谊、扩大交流合作、推进发展共赢目标。会上,高县、大方、永善、富顺、叙永5个县政协领导作了交流发言。论坛最后通过《云贵川25县(市、区)政协区域经济发展论坛第二次会议纪要》。

【李志平到水富扶贫点调研】 7月初,市政协副主席李志平到水富县太平乡进行调研,为贫困、受灾群众和扶贫对象送去10吨大米。

【熊启怀到巧家看望慰问小河灾区干部群众】 7月17日,市政协主席熊启怀、副主席郎学稌到巧家县小河镇灾区,看望慰问受灾群众和救援人员,指导灾后重建工作,并向灾区捐赠105床棉被和2吨大米。熊启怀一行仔细查看村民房屋受损情况和受灾群众临时安置点,了解抢险救援情况和受灾群众永久性安置点选址、征地、项目规划等情况,要求相关负责人要组织有关专家做好受灾群众永久性安置点测量和评估等相关工作,同时要让受灾群众能饮到安全、放心的饮用水。在实地查看灾情,听取巧家县委、县政府关于救灾进展情况汇报后,熊启怀充分肯定巧家抗洪救灾工作各级反应迅速、组织周密、指挥得当、措施有力,并对进一步做好救灾工作提出要求。

【云南省8市政协文史工作第九次联系会议在昭召开】 9月25~26日,昆明、曲靖、玉溪、保山、普洱、临沧、丽江、昭通8市政协文史工作第九次联系会议在昭阳召开。省政协文史委主任傅仕敏、副主任蒲元华,市政协主席熊启怀,市委常委、市委秘书长田勇,市政协副主席陈麟、普安银、李志平、张毅敏出席会议。市政协副主席陈奇主持会议。傅仕敏在会上充分肯定近年来8市政协文史工作所取得的成绩,深刻阐述文化的定义和内涵,对新形势下文史工作者如何肩负好特殊使命与发挥好文史工作的独特作用提出要求。熊启怀在会上发表讲话。会议重点围绕“如何拓展文史工作为现实服务的途径,积极为地方经济建设和社会发展提供强大助推力”这一主题,进行广泛的探讨和交流。田勇代表昭通市四套班子致欢迎辞,对会议的召开表示祝贺,并向与会人员介绍了昭通市情和经济社会发展情况。昭通、曲靖、普洱3市政协领导就政协文史工作情况进行经验交流。会议期间,与会人员参观考察了昭阳老城区改造、龙氏家祠、豆沙古镇。会议商定,云南省八市政协文史工作第十次联系会议于2011年在曲靖召开,由曲靖市政协承办。

【张毅敏到昭阳区乐居乡调研】 10月11日,市政协副主席、民盟昭通市委主委张毅敏到昭阳区乐居乡中心校和乐居一中就如何提升农村教育质量及对策开展调研。张毅敏认真听取乡中心校、乐居一中校长介绍近年来全乡的教育发展情况及存在的问题,2位校领导汇报认为办好农村教育和提高农村教育质量是全市教育工作中的重心,也是缓解城市教育教学压力的根本保证。长期以来因各种因素的制约,农村教育严重滞后,导致大量的农村学生涌入市内中小学求学,既给城区中小学增加了压力,又增加了学生家长的教育成本。因此,市政府及教育行政部门科学决策,加大投入,合理制定教师流动政策，是提升农村中小学教育质量的关键。农村中小学存在教师流动大、师资严重缺编、教学设施简陋、教师住房不足等问题。听取情况介绍和意见后，张毅敏、充分肯定乐居乡中小学教育成绩，对乐居乡教育行政管理予以赞赏。

【市政协调研全市提案办理工作】 10月20日至11月15日，市政协由提案委牵头组织相关部门负责人，在市政协副主席陈麟等带领下，先后到全市11县区，采取召开座谈会听取各县区政府及提案承办单位办理提案工作情况汇报、查阅办理提案档案资料等方式进行调研，对全市各县区提案办理工作开展情况及存在的困难和问题作全面的了解。调研组一行对各县区提案办理工作给予充分肯定，并指出，各县区提案办理工作效果好，呈现出5个亮点：党委、政府高度重视，认识到位，加强领导，及时召开会议安排部署办理工作；建章立制，提案办理工作规范有序；承办部门认真抓落实，加强面商工作，办理落实效果好；创新办理方法，确保工作实效；注重宣传，提高政协委员参政议政的热情。

（市政协　倪宝坤）

民主党派工作

民革昭通市委工作

【社会服务】 1月24日，民革昭通市委参加市委统战部组织的市直统战系统成员单位到大关县寿山乡益珠村开展访贫问苦送温暖活动。7月4～6日，民革中央和国务院扶贫办在北京举办“全国扶贫协作优势产业推介暨招商引资洽谈活动民革定点联系县专场”。镇雄县签订意向性投资协议3个，协议总资金68.6亿元，分别是：与博策盟盛（北京）投资项目有限公司签订2×60万千瓦煤矸石发电厂建设项目，投资48亿元；年产煤层气7千万标态立方米瓦斯清洁能源建设项目，投资20亿元；莱恩创科（北京）国际商贸有限公司竹笋加工项目，投资0.6亿元。民革昭通市委积极向民革中央报告昭通贫困情况，希望借此机会向外推介昭通的优势产业。同时，按照市长王敏正的批示要求，由民革昭通市委、昭通市投资服务中心联系、对接镇雄县上报相关资料，参加专场活动。

9月10日，中共昭通市委统战部牵头组织市直统战系统到大关县寿山乡举办统一战线文化科技卫生下乡活动。民革昭通市委主委康戈权、副主委文敏参加活动。民革昭通市委向贫困学生送发价值3000元的书籍、书包；牵头举办中小学教学经验讲座，组织知名教师与寿山乡中学、中心校教师交流教学经验。

【组织建设】 3月17日，民革昭通市委为原民革昭通支部副主委、现市黄埔同学会副会长陈万钟90寿诞祝寿，体现了民革组织对老同志的尊敬和关心。7月21～23日，民革昭通市委组织18名民革党员参加在市委党校举办的民主党派成员培训班。8月3～7日，民革昭通市委组织3名新党员到省社会主义学院参加为期5天的培训。11月2～3日，民革昭通市直一支部在民革中央召开的民革全国先进基层组织、基层工作先进个人表彰大会上，获民革全国先进基层组织称号。

【重要会议】 4月11日，民革昭通市委召开一届七次全（扩大）会，市委委员及各支部主委、委员参加会议。会议学习中共昭通市委二届十次全会精神，传达学习民革省委十届五次全会精神，听取、审议并通过2009年工作报告，通过民一届七次全会决议。会议向各支部下发《民革昭通市委机关公文管理办法》、《民革昭通市委员会文书档案管理办法》、《探视慰问党员制度》、《民革昭通市委员会参政议政工作奖励办法》等规章制度。

9月12日，民革昭通市委召开主委办公（扩大）会议，主委康戈权，副主委王徽、文敏，中共昭通市委统战部副调研员王开瑞出席会议；市委委员，各支部主委、副主委、支委委员，民革党员中的市、县区人大代表、政协委员参加会议。会议传达民革省委十届七次全会及中共昭通市委二届十一次全会精神，研究部署民革昭通市委下阶段工作，要求各支部继续开展好学习践行社会主义核心价值体系学习活动。

12月15日，民革昭通市委召开全委会议，研究《民革昭通市第一届委员会换届工作筹备方案》。副主委王徽主持会议。

【学习、践行社会主义核心价值体系活动】 4月12日，民革昭通市委召开主委办公会议，研究开展学习和践行社会主义核心价值体系活动，制订活动方案，成立领导机构，推动全市民革党员深入开展学习践行活动。成立由主委康戈权任组长、市委委员任成员的领导组，下设办公室，副主委文敏兼任办公室主任。8月8日，组织全体党员以及新发展党员参观龙氏家祠和昭通烈士陵园。9月24日，民革昭通市委举行学习和践行社会主义核心价值体系交流会，交流前期学习活动经验。11月20日，民革昭通市委邀请民革省委“社会主义核心价值体系学与行”宣讲团一行到昭通宣讲。经与中共昭通市委统战部协商，将宣讲活动提升为昭通民主党派暨市直统战系统成员单位举办讲座。宣讲团由民革省委副主委李瑾带队，成员有民革中央理论学习委委员、民革省委常委、云师大哲学政法学院副院长、教授李广良，民革中央理论学习委委员、民革省委常委、民革省委宣传处处长韩芸。

【卢国梅回乡探访】　7月7～10日，民革昭通市委接待、协调民革原中央委员卢汉之女卢国梅女士一行回昭通探访。卢国梅女士一行参观卢家祠堂、龙氏家祠、陡街、云兴街、盐津豆沙古镇，赴永善了解溪洛渡电站的建设进展。

【民革省委调研组到昭调研】　9月26～30日，民革省委参政委副主任、云南民族大学教授蔡正发率民革省委调研组到昭通调研辛亥革命历史遗迹保护现状。民革昭通市委积极向市委统战部汇报情况，联系相关单位，邀请有关人士配合民革省委调研。26日，调研组与市文馆所、市方志办、市委党史研究室、昭阳区文联等相关单位负责人座谈。随后，调研组一行先后考察昭阳区、彝良县和巧家县的辛亥革命遗迹、遗物，并与有关单位进行座谈，收集相关史料。

【李瑾到昭通调研】　10月28～30日，民革省委副主委李瑾、副巡视员蔡杰到昭通调研。29日，召开民革昭通市委领导班子成员座谈会，启动民革昭通市委的换届工作。中共昭通市委统战部副调研员王开瑞出席座谈会。民革昭通市委主委康戈权，副主委王徽、文敏，市委委员、各支部主委，民革党员中的市、县区人大代表、政协委员参加会议。

【参政议政】　2010年，在省政协、市人大、市县区政协会上，民革昭通市委共提交建议、提案62件，其中市政协提案47件（集体提案6件）。内容涉及“三农”问题、产业结构调整、市政综合管理、城镇环境治理、基层医疗卫生、民营医院发展、殡葬改革、职业教育、体育工作、旅游事业等多方面。《关于加快优化产业结构，推动我市新型工业化发展的提案》、《进一步加强综合治理，维护社会治安稳定的建议》被评为市政协二届五次会议重点提案。民革党员卢明谦在市政协界别联组会上作的《注重基层医疗机构发展切实解决群众就医困难》发言得到高度重视。

8月8日，民革昭通市委召开课题调研工作会议，研究前期课题调研进展情况并就下步调研工作做出安排部署。市委主委康戈权、副主委文敏出席会议。昭阳区总支及各支部主委、副主委、支委委员参加会议。10月，民革昭通市委完成8篇调研报告，其中上报了联合调研课题《关于用先进文化占领贫困山区文化阵地的调研》、理论重点调研课题《民革践行社会主义核心价值体系的意义和途径》。

（民革昭通市委　夏　斓）

民盟昭通市委工作

【组织建设】　1月18日，民盟昭通市委召开市委扩大会议，主委周天忠主持会议，副主委张毅敏、杨勇、王华、左家翃参加会议，市委委员、各支部负责人及担任市政协委员的盟员参加会议。会议要求各支部及市政协委员在“两会”召开前，充分开展调研，关注民生，提出有价值、质量高的提案。会议还总结2009年工作，提出2011年工作要求。同日，民盟昭通市委召开春节团拜会，周天忠主持会议，全体盟员参加会议，中共昭通市委统战部副部长刘昌华作了讲话。张毅敏向全体盟员就2009年工作进行总结。

8月，有8位盟员被评为全省优秀盟员，民盟昭通市烟草系统支部被评为全省先进基层支部受到民盟省委的表彰，有1位盟员被评为全省信息政务先进工作者，受到省政府的表彰。

9月14日，民盟昭通市委召开二届主委第一次办公会议，主委张毅敏主持会议，副主委杨勇、王华、左家翃、吕燕玲参加会议。会议对领导班子进行了分工。会议讨论通过主委、副主委、常务委员和办公室工作制度，规定每3个月召开1次主委办公会议，半年召开1次常务委员会议，每年1月前召开1次全体委员会议或扩大会议。会议还就办公室工作作了总体安排和部署，并使事务性工作常态化。同时，为了加强基层组织建设，会议强调各支部要按照《盟章》收取盟费，从每年市委的工作经费中划拨一定资金支持基层组织建设，各支部要定期召集盟员活动，组织学习，提高盟员的政治素质和参政能力，加强与盟员的联系。

10月中旬，民盟云南省委第一届青年盟员大会在昆明召开，熊毅、常业莎代表昭通市青年盟员出席代表大会。

11月27日，民盟昭通市委召开会议，对2010年度提出申请加入民盟的9位同志的申请进行审批，同意9位同志的申请。至此，民盟昭通市委盟员总数为301人，80%是本科以上学历。301位盟员中，正高（教授）职称23人、副高职称123人、中级职称70人。

【参政议政】　3月下旬，在市“两会”召开期间，民盟昭通市委担任人大代表和政协委员的盟员向大会提交建议、提案19件，其中集体提案6件，个人建议、提案13件。集体提案《关于解决我市失地农民生计问题的建议》被列为全市重点提案，被选入省政协报2010年地方精品提案。5～7月，民盟昭通市委参加市教育局、市卫生局、市环保局、市交通局、昭阳区政府等单位和部门的提案面商会议，就民盟昭通市委提出的提案进行面商，受理单位和部门对民盟等提案给予充分肯定和赞赏，就提案办理工作提出具体实施办法。

7～11月，民盟昭通市委按照中共昭通市委统战部的安排部署，积极组织部分盟员开展调研活动，完成《如何提升昭通市农村中小学教育教学质量及对策》、《昭通市非公有制经济现状及发展战略思考》、《关于发展我市县域经济的思考》等调研报告。张毅敏一行分别到昭阳、盐津、镇雄、威信、水富、巧家等县区开展调研。

至12月底，民盟昭通市委有在职的副厅级领导2人、正处级领导1人、副处级领导2人、科级干部15人；有在职全国人大代表1人、省人大代表1人、省政协委员1人、市人大代表1人、市政协委员22人、县区人大代表2人、县区政协委员9人。

年内，先后有4位盟员担任市检察院的特邀监督员、市中级法院的人民陪审员、市教育督导员。

【社会服务】 春季，昭通遭受罕见的旱灾，在民盟省委主委倪慧芳及社会工作部的大力支持和帮助下，盟市委筹集到3.6万元资金，为昭阳区北闸镇箐门村官家坡(19)组村民解决人畜饮水困难，该工程于10月1日竣工并通过有关部门验收；筹资5万元帮助镇雄县乌峰镇五谷村4300多名村民解决人畜饮水工程缺口资金。

4月14～16日，全国人大法制工作委员会副主任、民盟中央副主席李重庵率领浙江眼科专家到昭通开展“明眸工程”，在昭通市中医院开展首例角膜移植手术，促成浙江温州眼视科医院和昭通市中医院签订长期合作协议，省政协副主席、民盟省委主委、省检察院副检察长倪慧芳陪同李重庵一行。

7月13日，民盟昭通市委、昭通市中医院、昭通基督教会到昭阳区苏甲乡筛选白内障患者，进一步深化开展“明眸工程”活动。7月中旬，民盟昭通市委组织医院支部盟员再次到大山包乡开展扶贫义诊活动，为200多名山区群众免费进行X光、阴道镜、心电图、常规化验等检查、诊断，免费发放药品价值3100余元。活动得到市第一人民医院的大力支持，受到大山包乡党委政府和山区群众的高度赞誉。9月10日，在市委统战部的安排部署下，民盟昭通市委积极到大关县寿山乡开展“三下乡”活动，购买医药用品2000余元和农工党昭通市委联合开展扶贫义诊活动；向该乡元坪小学捐赠3000余元图书，主委张毅敏与元坪村领导就如何发展该村农村经济进行座谈。

【宣传工作】 2010年，民盟昭通市委积极做好宣传工作，扩大昭通民盟组织的影响，先后在《云南盟讯》、《昭通日报》、昭通市电视台和电台、《鹤都晚报》、《昭通统一战线》和市政协网站刊登信息、新闻报道20余篇。师专、市医院等支部先后在国家和省部级刊物上发表学术论文40篇；烟草系统支部盟员出版短篇小说集《燃烧的向日葵》。师专支部盟员任继敏的专著《幼儿文学创作与欣赏》由高等教育出版社出版，该书被列入高等院校学前教育专业规划教材。

有2位盟员参加省政协组织的书画、摄影展，并获三等奖。

【李重庵与昭通部分盟员座谈】 4月15日，民盟中央副主席李重庵、民盟省委主委倪慧芳与昭通部分盟员座谈。座谈会上，李重庵听取昭通市委主委周天忠的工作汇报，对昭通民盟市委的工作予以充分肯定，作出重要指示，提出新的期望。倪慧芳就民盟昭通市委的换届工作作出总体部署并提出具体要求。中共昭通市委常委、统战部部长余扬举参加座谈会，并作讲话。民盟省委办公室副主任马荣惠、社会工作部副部长陈燕参加座谈会。

【民盟昭通市第二次代表大会】 7月5日，民盟昭通市第二次代表大会胜利召开，民盟省委副主委廖鸿志，盟省委组织部部长李贞贞、副部长张春燕到会指导工作，中共昭通市委常委、市委组织部部长李勇致贺词，昭通市人大常委会副主任、民建昭通市委主委赵卫代表昭通市兄弟民主党派、工商联和黄埔同学会对大会的召开表示祝贺。市政协主席熊启怀、副市长成联远、昭阳区政协主席龙位等参加会议，民盟曲靖市委、民盟大理州委、民盟玉溪市委、民盟文山州委、民盟楚雄州总支和中共镇雄县委统战部应邀来人参加会议，中共云南省委统战部、民盟昆明市委和西双版纳州委分别向大会发来贺电。大会听取周天忠代表一届委员会作的工作报告，选举产生民盟昭通市第二届委员会领导班子，张毅敏、李志平、杨勇、王华、左家翃、吕燕玲、王文和、王锦、李文静、李天荣、熊毅、程碧景、吕德林、雷贤惠、李永江、丁长芬、毛守星、肖云菊、周世碧、马凯、马国强当选二届委员会委员。同日，民盟昭通市委召开二届一次全委会，选举产生主任委员、副主任委员和市常务委员会委员。主任委员：张毅敏；副主任委员：杨勇、王华、左家翃、吕燕玲；常务委员会委员：张毅敏、杨勇、王华、左家翃、吕燕玲、李志平、王文和、王锦、李文静、李天荣、熊毅、程碧景。会议提出了干部队伍建设的主要任务。

（民盟昭通市委　王文和）

民建昭通市委工作

【参政议政】 3月2日，民建昭通市委召开提案工作会议，确定集体提案内容。3月8日，副主委胡建普，会员郎焱培、邓正勇、廖绍权参加市政协二届五次大会发言征求意见会。3月24～29日，市政协二届五次会议召开，民建市委共提出各类建议、提案15件，其中集体提案11件、个人提案4件。《关于进一步提升昭阳中心城市公共事业发展水平的建议》被列为主席重点督办提案。《关于进一步整合支农资金，促进新农村建设的建议》被表彰为二届四次会议期间优秀提案。5月14日，民建昭通市委召开参政议政工作会议，专职副主委胡建普到会并讲话。6月9日，副主委胡建普、会员邓正勇与市发改委进行市政协142号提案面商。6月22日，副主委胡建普、会员邓正勇、王刚、刘莉玲参加市发改委提案面商会。6月25日，胡建普、邓正勇参加昭阳区建设局139号提案面商会，对区建设局的提案办理表示满意。该提案被列为市政协重点提案。6月29日，胡建普、邓正勇参加市教育局130号提案面商会。7月7日，胡建普、邓正勇参加市建设局提案面商会。7月14日，胡建普、邓正勇参加市劳动和社会保障局提案面商会。7月30日，组织民建昭通市委委员、支部班子成员参加市委统战部组织的情况通报会。

8月18日，副主委胡建普、会员邓正勇被昭通市政府聘为2010年政府政风行风评议员，参加全市政风行风评议工作。9月1日，胡建普、邓正勇参加全市政风行风评议工作第四组动员大会，胡建普在大会上讲话。9月14日，对市司法局、市档案局开展行风评议工作。9月15日，对市安监局、市审计局开展行风评议工作。9月16日，对市公安局、市住房公积金中心开展行风评议工作。

【社会活动】 1月30日，市人大常委会副主任、民建昭通市委主委赵卫率领副主委沙剑轲、胡建普，到永善县莲峰镇调研挂钩联系的六井村经济发展、文化教育卫生、新农村建设、扶贫等工作，并走访慰问帮扶的困难群众，送去棉衣棉被及慰问金，送去党和政府的温暖和关爱。1月，民建昭通市委机关干部到大关县寿山乡益珠村开展帮扶济困活动。4～5月，民建昭通市委积极响应党委和政府的号召，在抗旱救灾中主动承担社会责任，在会员中进行倡议，全市会员通过各种渠道向灾区捐款捐物，积极支持灾区群众抗旱救灾，捐赠现金26100元，为灾区献一份爱心。

5月17～19日，民建昭通市委赴重庆开展昭通招商引资项目推介会。在重庆市南岸区委会议中心召开昭通招商引资项目推介会，共有18家重庆民建会员企业参与推介会。发放《昭通投资指南》宣传画册。民建昭通市委与有意向到昭通进行项目前期考察的12位重庆会员企业家签订《民建昭通市委重庆招商引资项目推介会后续服务承诺协定书》。

5月26日，会员申正勇同市老年科协的专家前往大山包进行专门调查，撰写题为《大山包耕地遭不明强悍杂草侵袭》的新闻稿，发表在《昭通日报》、“昭通新闻网”等媒体上。引起有关方面和专家的高度重视，中国农业科学院农业环境与可持续发展研究所副研究员付卫东于6月4日到昭通，会同省、市、县区农业部门先后到昭阳区大山包、永善县茂林等地实地考察，首次在国内采集到标本。

10月9日，市人大常委会副主任、民建昭通市委主委赵卫在市委统战部常务副部长刘昌华，民建昭通市委副主委胡建普和永善县人大常委会副主任朱润康陪同下，到永善县莲峰镇六井小学视察新校区建设情况，并代表民建昭通市委向六井小学新校区建设捐助资金30万元。

9月10日，为进一步规范和开展好社会服务工作，打造民建社会服务品牌，树立民建良好形象，民建昭通市委在大关县寿山乡益珠村建立社会服务基地，对口支援新农村建设，为确保社会服务工作具有延续性和长效性，将社会服务基地建设周期定为5年。

10月15日，民建会员企业，昭通京顺园港式火锅店总经理马丽芳带领企业员工20多人，到昭阳区中心敬老院开展献爱心捐赠活动，给敬老院的老人和孤残儿童送去了价值近4000元大米、面条和食用菜油。民建昭通市委副主委胡建普，阳阳区政协副主席、区工商联主席陈瑛出席捐赠仪式。

【会务动态】 1月5日，民建昭通市委召开主委会议，副主委胡建普汇报2009年工作情况，研究召开市委全委扩大会议相关议程。同日，民建昭通市委一届六次全委扩大会议隆重召开，市人大常委会副主任、民建昭通市委主委赵卫主持。专职副主委胡建普代表民建市委向全委会通报2009年工作，对2010年“两会”期间提案工作及相关工作进行安排部署。赵卫对2009年工作给予充分肯定，对2010年工作提出要求。2月3日，民建昭通市委召开主委会议，研究2010年春节团拜会相关工作。3月10日，民建昭通市委召开办公会议，研究2010年工作；6月11日，召开办公会议，研究下半年工作。

7月9日，民建昭通市委召开办公会议，主委赵卫专题听取支部换届工作筹备情况汇报。7月29日，赵卫参加中共昭通市委统战部部务会议，向中共昭通市委汇报民建市委工作情况。

10月11日，民建昭通市委召开一届七次全委会，副主委胡建普主持会议，市委统战部常务副部长刘昌华出席会议并作讲话。会上，民建昭通市委领导班子成员对学习社会主义核心价值体系作交流发言，胡建普代表民建市委向全委会通报2010年前三季度工作情况和下步工作安排，市委委员对民建市委办公室主任竞争上岗进行民主推荐。市委统战部常务副部长刘昌华对民建昭通市委2010年工作给予充分肯定，并对民建市委下步工作提出要求。

12月17日，民建昭通市委召开纪念中国民主建国会成立65周年大会。民建省委副主委王宏，民建省委副主委、云南鸿翔药业董事长兼总经理阮鸿献，中共昭通市委常委、统战部部长余扬举，市人大常委会副主任陈绍余，市人大常委会副主任、民建昭通市委主委赵卫，市政协副主席陈奇，市级各民主党派代表以及全市民建会员出席大会。大会由民建昭通市委副主委胡建普主持。王宏、赵卫作讲话。余扬举在讲话中，充分肯定民建昭通市委为昭通经济建设做出的贡献，并对今后工作提出要求。大会对20名优秀会员进行表彰，全市民建会员积极响应民建云南省委向全省会员发出的参与捐建“云南民建林”活动，会员们踊跃捐款，共计捐款19050元。

【组织建设】 6月28日，民建昭通市委召开主委扩大会议，研究市委支部换届工作。7月5日，老年支部召开大会，民主推荐老年支部第二委员会支委班子人选。7月26日，主委赵卫同申请入会的积极分子进行座谈。8月19日，老年支部完成换届工作，胡家瑞当选老年支部第二届委员会主任，税其芳、任孝华当选委员。10月12日，市直一支部成立，王刚当选支部第一届委员会主任，申正勇当选副主任，艾利华、范荣会当选委员。10月14日，民建昭通市直二支部成立，刘乐万当选支部第一届委员会主任，廖绍权当选副主任，晚金昌当选委员。10月26日，昭阳区直支部完成换届工作，汪中森当选昭阳区直支部第二届委员会主任，马鑫当选副主任，李春、王磅、陈毓鸿当选委员。11月2日，民建昭通市工商二支部成立，丁旭斌当选支部第一届委员会主任，李明当选副主任，邹立萍、周敏当选委员。11月4日，民建昭通市工商一支部成立，马丽芳当选支部第一届委员会主任，王霖当选副主任，朱钊法、李文东当选委员。

年内，全年共发展会员11名，平均年龄37.5岁，其中大专以上学历10人、具有中高级职称4人、公务员科级干部2人。年末，全市民建会员人数147人，与2006年成立市委时相比，大专以上学历占57.8%、中高级职称占33.3%，分别提高17.4个百分点、10.7个百分点；平均年龄45.8岁，下降2.2岁。

【民建组织及会员获奖】 3月市政协会议上，会员吉永贵被授予昭通市政协优秀提案承办先进个人称号。3月15日，在昭通市统战工作会议上，民建昭通市委被表彰为全市统战系统信息工作二等奖。6月16日，在第二届“昭通青年创业市长奖”评选活动中，民建会员王龙平获昭通青年创业市长奖称号。7月24日，会员杨启斌代表民建昭通市委参加民建省委举办的演讲比赛，获优秀奖。9月29日，副主委韩建、胡建普参加省政协和民建省委联合举办的书画摄影展，韩建的摄影作品《村之晨》获二等奖、《牧归》获三等奖。12月29日，民建昭通市工商支部被民建省委表彰为优秀支部，会员邓正勇、申正勇、朱钊法、郎焱培被表彰为优秀会员。

年内，会员朱钊法被表彰为“昭通市第二届优秀中国特色社会主义事业建设者”。

【重庆民建会员企业家到昭考察】 10月22日，重庆民建会员企业家一行13人到昭通考察招商引资项目。考察团一行在市政协副主席李志平、市委统战部副部长曹内彬和民建昭通市委副主委胡建普陪同下，参观昭阳工业园区，听取昭通城市建设规划介绍，考察昭阳古城建设，与昭通市领导及相关部门进行座谈。座谈会上，中共昭通市委常委、市委统战部部长余扬举作了发言，向大家介绍昭通的基本情况和招商引资工作情况。各位企业家与昭通市达成意向投资金额2亿多元，项目涉及到农业开发、社会公益事业、机电制造等。

【民建省委领导到昭通调研】 12月18日，民建省委副主委王宏，民建省委副主委、云南鸿翔药业董事长兼总经理阮鸿献，民建省委副巡视员崔民主一行到昭通调研，与民建昭通市委委员、各支部班子以及部分会员企业代表进行座谈，中共昭通市委统战部常务副部长刘昌华出席座谈会。市人大常委会副主任、民建昭通市委主委赵卫向王宏一行汇报了民建在昭通成立以来的组织建设及发展情况，会员代表对民建的工作充分发表意见和建议。听取昭通市委的工作情况汇报后，阮鸿献充分肯定了民建昭通市委工作所取得的成绩，并结合自身企业发展例举了大量实例，要求会员企业家要加强自身建设，积极履行职责，担当社会责任，为社会多做贡献。刘昌华充分肯定了民建昭通市委的工作，要求民建市委继续在抓学习、抓团结、抓宣传上下功夫，切实做好民建工作。王宏在听取各位的发言后，对民建昭通市委以后工作提出要求：要积极争取中共昭通市委统战部的领导；要切实抓好自身建设；发挥优势，积极参政议政；社会服务工作方面要有特色。

（民建昭通市委　邓正勇）

民进昭通市委工作

【民进昭通市委成立】 1月17日，中国民主促进会昭通市第一次会员大会召开，省政协副主席、民进省委主委罗黎辉，省政协副秘书长、民进省委专职副主委阎堃，省委统战部党派处处长王曦宁，市政协主席熊启怀，中共昭通市委常委、市委统战部部长余扬举，市人大常委会副主任赵卫等出席会议；民进昆明市委、红河州委、楚雄州委、玉溪市委、大理州委、曲靖市委负责人，昭通市各民主党派、市直各委办局负责人应邀参加大会。大会由民进昭通市委筹备组副组长申时永主持，大会审议通过市政协副主席赵洪乖代表筹备组作的民进昭通市委筹备工作报告；按照法定程序选举产生民进昭通市第一届委员会委员、常委、主委和副主委，马向红、马梅、王琼、邓晓燕、申时永、成忠龙、刘志美、杨友萍、余大志、陈琴、张孟晗、张翼忠、范敏、罗宇凌、赵洪乖、袁大伟、高超英、黄万云、黄彩群当选为委员，马向红、邓晓燕、申时永、杨友萍、陈琴、张翼忠、罗宇凌、赵洪乖、袁大伟当选常委，赵洪乖当选主委，申时永当选专职副主委。曲靖市政协副主席、民进曲靖市委主委夏传宣代表各兄弟州市民进致贺词。受省委统战部副部长童凤华委托，王曦宁代表省委统战部向大会致贺词。阎堃代表民进省委祝贺大会胜利召开，高度肯定民进昭通市地方组织自1994年成立支部以来取得的成绩。余扬举代表中共昭通市委、市人大常委会、市政府、市政协四套班子向大会致贺。

【组织建设】 2月8日，民进昭通市委召开一届二次全会，传达学习中共昭通市委二届十次全会、民进省委六届四次全会精神，总结2009年工作，安排部署2010年工作。4月27日，民进昭通市委召开常委会，讨论通过成立市直各基层支部方案。7月20～23日，民进昭通市委组织18名新会员参加市委统战部举办的民主党派成员培训班学习。8月10～15日，选派8名骨干会员参加民进省委举办的骨干会员培训班学习。10月12～16日，专职副主委申时永参加民进省委举办的地方组织副主委、秘书长培训班学习。9月4日，召开市直农业支部成立大会，选举产生市直农业支部第一届委员会委员，杨友萍当选支部主任，陈琴、成忠龙当选支部副主任，刘福红当选组织委员，许翀当选宣传委员。9月12日，召开昭阳区支部成立大会，选举产生昭阳区支部第一届委员会委员，刘志美当选支部主任，黄万云、朱翠华当选支部副主任，程玲当选组织委员，孔令红当选宣传委员。11月6日，召开市直医卫支部成立大会，选举产生市直医卫支部第一届委员会委员，袁大伟当选支部主任，范敏、殷福杨当选支部副主任，沈卫东当选组织委员，朱仁萍当选宣传委员。11月7日，召开市直综合支部成立大会，选举产生市直综合支部第一届委员会委员，张翼忠当选支部主任，黄彩群、邹长斌当选支部副主任，高超英当选组织委员，姜梅当选宣传委员。11月11日，召开市直水利支部成立大会，选举产生市直水利支部第一届委员会委员，罗宇凌当选支部主任，鲜光伟、李绅东当选支部副主任，龙华当选组织委员，刘恩俊当选宣传委员。年内，民进市委按照民进中央和民进省委要求，认真组织开展"创建民进全国先进地方组织、先进基层组织活动"，把"两个创建"活动作为年度工作的重点。在11月民进中央总结表彰会上，民进昭通市委市直农业支部被表彰为民进全国先进基层组织。年内，民进市委共发展会员16名。

【参政议政】 3月12日，主委赵洪乖参加鲁甸龙树片区抗旱救灾、春耕生产现场会，并对该片区抗旱救灾、春耕生产、产业调整、生态建设提出建议。4月8日，赵洪乖陪同市长王敏正、中共昭通市委副书记张登亮到鲁甸新街乡调研渔洞水库径流区生态环境治理情况，并提出山上绿起来、泥砂拦起来、河流以生态治理为主、险堤险段辅以工程措施、低洼冷浸田恢复为湿地、净化集镇污水等建议，受到中共昭通市委、市政府重视和采纳。年内，组织农业、水利等界别的4名骨干会员先后5次到鲁甸县江底、新街、龙头山、小寨等乡镇就农业基础设施建设、农业产业发展及农村文化建设进行调研，撰写《对发展农村文艺宣传队的思考》、《关于进一步加强农田水利基础设施建设的建议》等调研文章，被《昭通经济与社会》2010年第6期采用。年内，赵洪乖对重点工程柿凤、镇凤2条在建二级公路进行每月1次的督导。专职副主委申时永被市政府纠风办聘任为政风行风评议员，对市旅游局、煤炭工业局、移民局、人力资源开发办等4个部门进行政风行风评议，提出意见、建议20余条。民进市委常委张翼忠被市检察院聘任为特约检察员，3次参加市检察院组织的相关活动。

3月，在市"两会"期间，民进市委共向大会提交12件集体提案，占全部43件集体提案的28%，与会民进会员还向大会提交4件个人提案，均被会议审查立案，其中集体提案《关于进一步加强农田水利基础设施建设的建议》被列为主席督办的重点提案。在市政协会上，市委上年的集体提案《关于做好我市返乡农民工培训和创业帮扶的建议》继省政协评为全省最具影响力的10件地州市提案之一后，又被表彰为优秀提案。

【社会服务】 3月13日，赵洪乖带领民进会员到鲁甸县新街乡指导蔬菜病虫害防治。2～4月，民进昭通市委积极响应会省委的倡议和中共昭通市委的部署，参与统战部捐款1000元，并号召广大会员积极参与抗旱救灾，全体会员共捐款24100元，会员罗宇凌个人捐款2000元。4月8日，民进市委支持鲁甸县新街冷凉片区5000元资金开展农作物新品种试验示范。4月9日，赵洪乖带领水利局、妇联领导到鲁甸县江底乡指导抗旱工作，并协调解决抗旱急需项目5个，资金55万元。6月，民进市委支持鲁甸县农机大户5万元资金首次引进大型玉米收割机。下半年，引进昆明鲜农园生物科技开发有限公司在鲁甸县新街乡投资发展中药材产业，先期投资30万元完成当归、桔梗等中药材育苗2公顷，2011年可移栽大田133.3公顷。9月10日，参与昭通市2010年统一战线"三下乡"活动暨民主党派社会服务基地成立挂牌仪式。在"三下乡"活动中，赵洪乖向大关县寿山乡柑子村授予"民进昭通市委社会服务联系点"牌匾，同时还向柑子村小学捐赠价值3000元共210册小学生课外读物和30个书包。

【信息宣传】 2010年，全年共向民进中央报送信息3条，被采用3条，实现向民进中央报送和采用信息零的突破；向民进省委、市政协、中共昭通市委统战部分别报送信息20条，被采用40余条次，其中民进省委采用12条。

（民进昭通市委 申时永）

农工党昭通市委工作

【组织建设求巩固】 2月，农工党昭通市委召开一届二次全会。会议学习传达中共昭通市委二届九次全会精神，贯彻落实农工党省委常委扩大会议精神，研究通过农工党昭通市委2010年工作要点，讨论如何加快组织建设，讨论批准2名新党员。会议还将原来筹备时期的8个党小组调整为9个，并改为党支部。

市委严格按照省委组织工作的有关要求，加强制度建设。健全和完善了联系基层、公文处理、考勤考核等多项制度，使党务工作规范化、制度化。

开展丰富多彩的组织生活活动。年初，举办新春茶话会，100多名党员与参会嘉宾欢聚一堂，现场还举行舞蹈和歌唱表演。组织党员开展庆祝“三八”节、护士节、教师节、重阳节和迎新春活动，通过丰富多彩的形式，加强党员之间的交流和联系。

深入开展农工党建党80周年系列活动，切实增强对中国特色社会主义制度优越性的认识。以纪念农工党建党80周年为契机，积极参加《风雨同舟共谋发展》纪念画册的编辑工作、省委知识竞赛和中共昭通市委统战部主办的“宏联杯”演讲比赛等活动，强化党史宣传教育，继承、发扬农工党优良传统。6月，组织110名党员开展知识竞赛活动，共印制110份《纪念中国农工民主党建党80周年知识竞赛试题》，并将试题答题卡报送农工党省委。11月，昭通师专农工党党员冯珺参加农工党省委举办的“践行社会主义核心价值体系演讲比赛”，获三等奖。

年内，市委充分发动党员向农工党云南省委及昭通市各类刊物投稿11篇。

【切实履行参政议政职能】 3月，在市“两会”期间，农工党昭通市委充分发挥基层组织和广大党员的作用，收集大量建议，使调研课题的准确性和提案的质量得到保证。党员中有2名市人大代表、8名市政协委员，他们为昭通经济社会的发展积极建言献策，向“两会”提交4件建议和6件提案。省人大代表宋万永所提的《关于加强城市饮用水安全保障》的建议得到中共云南省委、省政府的高度重视，并列为2010年全省重点建议，由省建设厅、省财政厅、省环保厅、省水利厅和省发改委等5部门联合办理。市政协常委饶忠明代表农工党在2009年市政协会上提交的《关于加强医德医风建设》的提案获市政协优秀提案表彰。

【理论学习】 4月，农工民主党省委转发中央《关于认真学习贯彻中国农工党第十四届中央常务委员会第八次会议精神的通知》，农工党昭通市委高度重视，采取多种形式组织学习，并就学习内容向党员提出要求。根据形势需要积极开展结合当前形势的学习活动。先后向各基层组织下发文件，组织全体党员学习十一届全国人大三次会议、全国政协十一届三次会议精神，学习桑国卫主席在中国农工民主党第十四届中央常委委员会第八次会议上的讲话和农工党省委主委陈勋儒在农工党省委五届四次全委（扩大）会议上的讲话精神。将践行社会主义核心价值体系活动与树立爱党爱国、民主团结思想和履行参政议政、民主监督、社会服务职能融为一体，使社会主义核心价值体系深入人心，打牢多党合作的共同政治思想基础，激发党员履职热情，发挥参政党作用。

【开创社会服务工作新局面】 5月，为大关县寿山乡甘海村捐资10万余元修建彝族文化活动室，为当地100多名群众免费义诊，免费发放3000多元的常用药品。6月29日，农工党昭通市委了解到盐津县落雁乡天星村村委会，因资金困难无法配置办公设备，积极联系社会爱心人事向贫困地区奉献爱心，帮助筹集价值20000余元的办公用品。农工党昭通市委委员饶忠明组织中医专家一行9人，将办公用品送往落雁乡天星村村委会。随后又前往盐津县中和镇敬老院进行义诊，义诊当地群众200余人次，并捐赠价值2000余元的药品。

10月，组织农工党昭通市委委员10余人赴华东5市考察沿海发达地区民主党派工作，学习先进地区经验，参观农工党全国一届干部会议会址，拜谒农工党创始人邓演达先生塑像。

年内，农工党昭通市委积极协调温州医学院附属眼视光医院，在昭通共同举办“小切口白内障技术推广及角膜病诊疗进展”国家级继续医学教育项目学习班，对来自山东、湖南、贵州、四川及云南省内6个州市、市直及市内11县区医院的100多名眼科医生进行免费培训。积极配合民盟中央引进“明眸工程”扶贫工程，并于4月17日在昭通市签订合作意向书，“明眸工程”将帮助昭通市开展防盲治盲工作。

（农工党昭通市委）

群 团 工 作

工会工作

【开展建功立业活动】 2010年，市总工会组织全市各级工会开展“当好主力军、建功‘十一五’、和谐奔小康”系列竞赛活动和各具特色的经济技术创新活动。成功举办昭通市首届职工职业技能大赛。通过层层选拔推荐，全市182名职工参加竞赛。大赛产生7个工种的技术状元7名、技术能手14名和一批先进集体。开展形式多样的职工劳动竞赛。市总工会在继续组织开展小发明、小创造等“五小”竞赛活动、“安康杯”安全生产知识竞赛活动的同时，会同相关部门组织开展节能减排百题知识竞赛，全市394个单位2.21万名职工参加比赛，并发放环保宣传袋1万余个。全市各级工会结合实际，积极组织开展丰富有益的劳动竞赛活动。水富云天化工会组织开展职工全员劳动竞赛；昭通侨通公司、盐津中大集团公司等工会以"挖潜增效、提质提效、节能减排"为主要内容，组织开展劳动竞赛活动。认真做好推先创优和劳模表彰工作。推荐周益群、夏天敏参加全国劳模和先进工作者评选表彰，分获全国劳动模范、全国先进工作者称号；推荐大关县明磊实业有限公司获云南省五一劳动奖状称号，2人获云南省五一劳动奖章；推荐昭阳区粮油购销储备有限责任公司等15家企业获云南省劳动关系和谐企业称号；在市总工会的积极筹划下，市委、市政府召开昭通市第三届劳动模范和先进工作者表彰大会，授予郎平勇等12人昭通市劳动模范称号、赵家和等18人昭通市先进工作者称号。同时，市总工会表彰和谐职工家庭56户；与市卫生局、市科协联合评选表彰昭通市十佳护士长、昭通市十佳护士和7名昭通市优秀护理工作者。

【维权帮扶力度加大】 2010年，各级工会组织广泛开展各类维权帮扶活动。困难职工送温暖活动和经常性帮扶工作不断深入。各级工会组织积极筹措帮扶资金(物资)196.42万元，开展元旦、春节"送温暖"活动，慰问困难企业231户，慰问困难职工、农民工5199人；慰问各级劳模和先进工作者89人，发放慰问金13.8万元。开展"金秋助学"活动发放助学金47.15万元，资助困难职工和困难农民工子女704人圆了"大学梦"；开展经常性帮扶活动，发放帮扶资金75.75万元，帮扶慰问困难劳模、困难职工813人；组织开展百万职工抗旱献爱心活动，共收到职工捐款70.48万元，重点帮助5个县区基层学校、农户解决饮水困难，受益师生、群众2万余人。职工医疗互助等工作有效开展。全市第六期职工医疗互助活动共向8515名患病住院职工补助医疗互助金664万余元，有效减轻患病职工的经济负担。在缴费标准调整的情况下，组织参加全省第七期职工医疗互助活动人数突破12万人；上缴医疗互助金991.72万元，同比增长70.32%。各级工会组织认真落实省政府"贷免扶补"扶持政策，组织1011名下岗职工或农民工参加职业技能培训，帮助181名创业者贷款905万元，直接带动610人实现就业或再就业。职工维权工作健康发展。市总工会发挥县区帮扶中心联系基层职工的优势，分级建立信访工作应急机制和信息快速报告制度，有效开展职工信访接待和维权、维稳工作。市、县工会共接待来信来访192件，其中市总工会17件。来信来访处理率100%，结案率94%。永善、水富等县跨省维权工作有声有色，威信县农民工"一站式"服务深受好评；全市工会配合追讨农民工工资396万元；市总工会牵头组织开展全市粉尘与高毒物品危害专项检查，参与各类安全生产事故调查5起；组织400名职工到省内外进行健康疗休养。通过参与昭通人民广播电台《大家说法》节目，加强职工维权法律法规和工会维权工作相关知识的宣传；积极促成市县人大对《劳动合同法》、《工会法》等法律法规贯彻落实情况进行检查。"四位一体"帮扶中心建设加快推进。市总工会出台《昭通市总工会关于加强困难职工帮扶中心"四位一体"规范化建设的意见》，采取以奖代补方式，加快建设步伐。有7个县区申报"AAA"级"四位一体"帮扶中心。

【弘扬社会主义先进文化】 2010年，各级工会发挥工会"大学校"作用，持续深入开展各类宣传教育和文化体育活动。开展"劳动者风采宣传月"活动。市、县区工会加强与宣传部门联系，在5月集中组织开展"劳动者风采宣传月"活动，集中、深入宣传各级劳动模范和先进工作者的先进事迹，在全市弘扬"爱岗敬业、争创一流，艰苦奋斗、勇于创新，淡泊名利、甘于奉献"的劳模精神。进行法律法规知识的宣传教育。积极与相关部门联动配合，通过广场文化宣传，深入建筑工地、企业、农村采取发放资料、发出倡议书、张贴标语等形式开展禁毒防艾、节能减排、职工维权等知识的宣传教育活动。市、县区工会还结合创先争优活动开展系列宣传活动，开办宣传专栏23期、媒体宣传48次、张贴标语17条；市总工会机关还开展廉政文化"六个一"活动，有力推动创先争优活动的有效开展。开展丰富有益的文化体育活动。市总工会成功举办全市第五届职工冬泳运动会，330多人参加比赛；组织全省首届职工"独唱、独奏、独舞"大赛昭通选拔赛，选拔13名优秀职工参加7月23～28日的全省比赛，获1银5铜的好成绩；组织职工乒乓球代表队参加11月28日至12月4日在昆明举行的全省职工乒乓球大赛，获男团第二名、女团第六名和女单第二名、混双第六名，州市排名第二；联合举办市直单位"天翼杯"羽毛球邀请赛，23支队400余名职工参加比赛。加强职工文化宣传和教育培训。认真抓好"职工书屋"示范点建设，全年共建"职工书屋"示范点23个；邀请云南大学马列学院院长、经济学院博士生导师任新民教授为市直单位工会干部和职工300余人，作"抢抓机遇促转变服务发展有作为"大讨论专题讲座，并推荐省交通职业技术学院心理学专家于芳教授到镇雄县、市直单位作讲座；组织200多名基层工会干部参加全国、全省各类教育培训。

【工会组织建设全面加强】 2010年，市总工会全面加强基层工会组织建设。积极争取市委领导的重视和支持，市委办下发《关于加强乡镇(街道)工会规范化建设的意见》，市总工会制定下发《昭通市乡镇(街道)工会达标考核试行办法》，并以"广普查、深组建、全覆盖"百日集中行动和实施"双措并举、二次覆盖"试点工作为依托，全面加强机关、企业、事业单位工会组织规范化建设，不断增强工会组织凝聚力和影响力。年末，全市工会组织1746个，会员17.12万人，基层工会涵盖法人单位3163个。其中：新建工会组织涵盖法人单位302个，增长9.5%；净增会员23061人，增长13.5%。

【工会经费收缴】 2010年，全市委托地税部门代收2%工会经费与2009年同比增长26.6%，市总工会本级实现拨缴经费收入473.31万元，同比增长45.33%，市总工会财务工作获全总表彰。11月30日，市地税机关代收工会经费和建会筹备金工作领导小组召开总结表彰会议，表彰先进单位40个、先进个人59名。市总工会组织全市工会"小金库"治理和"清产核资"工作，清理规范工会资产6731.01万元。市总工会经审委先后对中央、省、市三级专项帮扶资金、抗旱救灾资金、医助资金进行专项审计，对巧家、绥江、水富、大关4个县总工会2009年度的财务收支进行就地审计；绥江县组织开展对下审计工作，确保工会经费管理安全规范有效。

【王敏正看望慰问省部级劳模陈省洪】 1月10日，市长王敏正，市政府秘书长余扬举在巧家县委书记田荣屏，县长方宗辉，县人大常委会副主任、县总工会主席吕吉平等陪同下慰问巧家县省部级困难劳模陈省洪。王敏正充分肯定和赞扬劳模对社会经济发展做出的卓越贡献，要求各级各部门要关心、关注劳模的生活情况，及时帮助他们解决相关困难，同时还向困难劳模送去了慰问金。

【杨建军到昭通"送温暖"】 1月19～23日，省总工会副主席杨建军一行4人，到昭通市昭阳、永善、大关等县区，看望慰问全国劳模代表、困难职工家庭和市、县区工会干部及溪洛渡电站工会干部。杨建军还传达了1月13日省委副书记李纪恒在听取省总工会工作汇报后对全省工会工作提出的5点要求和省总工会2010年"134561"的工作思路。

【李勇、周业勇慰问省部级劳模】 2月2日，由市委常委、市委组织部部长李勇带队，市人大常委会副主任、市总工会主席连卫民等为成员的第一慰问组；由市委常委、市纪委书记周业勇带队，市政协副主席陈奇，市总工会常务副主席晏祥莉等为成员的第二慰问组；分别到3名离退休或在职在岗省部级劳模家里开展春节慰问，为他们送去新春祝福和慰问金。

【市总工会二届四次全委会】 2月4日，昭通市总工会二届四次全委(扩大)会议召开。市委常委、市委组织部部长李勇，市人大常委会副主任、市总工会主席连卫民，市总工会常务副主席晏祥莉等出席会议，市总工会二届委员会委员、经费审查委员会委员、女职工委员会委员，各县区总工会不是"三委"委员的主席、常务副主席和市直各基层工会主席180余人参加会议。会议总结2009年工作，部署2010年的各项工作任务，与各县区总工会签订2010年工会工作目标责任书，表彰2009年度县区工会工作目标责任制考核先进单位。还审议通过有关人事事项，增补工会委员会委员2名、补选市总工会第二届委员会常委1名。

【连卫民到大关开展抗旱救灾活动】 3月23日，市人大常委会副主任、市总工会主席连卫民率市总工会常务副主席晏祥莉赴大关县视察旱灾灾情，并安排专项资金20万元帮助寿山乡中学和天星镇寨子村完小1159名师生解决饮水困难。

【晏祥莉到重灾乡村送水送抗旱资金】 3月24日，市总工会常务副主席晏祥莉一行为鲁甸县江底乡箐脚村送去"百万职工抗旱献爱心活动"捐款5万元，帮助上箐脚自然村修建压力池及购买PVC水管，解决105户380余人的饮水难问题。3月25日，在昭阳区消防支队支持下，晏祥莉带领市、区两级工会干部，为干旱特别严重的昭阳区北闸镇海子村送去8吨饮用水，送去市区两级工会筹集的10万元职工捐款。

【蔡益祥到挂钩扶贫点帮扶】 3月25～26日，市总工会副主席蔡益祥率办公室、财务部负责人和7名机关工作人员到挂钩扶贫点——镇雄县牛场镇诸宗村，开展抗大旱促春耕工作，向诸宗村河边等6个村民小组送去抗旱资金5万元，向25户结对帮扶农户送去价值4500元的化肥和2500元的籽种款，帮助解决饮水和春耕生产困难。

【杨文学到昭通调研】 4月13～21日，省总工会副主席杨文学率领省总政研室主任罗秋华、省总组织部副部长王留德一行，分别在市总工会常务副主席晏祥莉、副主席田廷琥陪同下到巧家、盐津、彝良、镇雄、威信5县，调研城镇特困职工住房困难情况、基层工会作用发挥情况及职工医疗互助活动情况。

【王正钢到威信调研】 5月11日，省总工会法律保障部副部长王正钢到威信县调研"贷免扶补"工作开展情况。王正钢一行到威信县鼓励创业"贷免扶补"初选项目——永盛黄牛养殖专业合作社、浙江毛东水晶厂威信加工点等地详细了解工作开展情况，并对2009年威信县总工会"贷免扶补"项目——"衣之纯"服装经营部和农民工服务站进行检查和指导，对下步"贷免扶补"工作的开展提出要求。

【李晋云看望慰问"7·13"泥石流灾害受灾职工】 7月15日，省总工会副主席李晋云一行4人到巧家县小河镇看望慰问"7·13"特大洪涝泥石流灾害受灾职工。李晋云一行在市政府副市长成联远，巧家县委书记、县长方宗辉等陪同下，深入受灾现场查看、了解灾情、听取灾情汇报、慰问受灾职工群众。

【省总工会经审组到昭通审计】 8月5～9日，省总工会经审组组长董燕一行3人到昭通市开展审计工作。审计组在对市总工会2009年度财务收支、资产、负债、净资产、有关财务工作、2010年抗旱救灾资金使用情况进行审计后，对市总工会财务工作在强化内部管理、规范工作运行、提高人员素质等方面取得的成绩给予充分肯定，对审计中发现的问题和不足提出整改建议和意见。

【工会组织工作推进会议】　8月24～25日，全市工会组织工作推进会在盐津县豆沙镇召开。市总工会常务副主席晏祥莉、副主席蔡益祥、盐津县四套班子相关领导出席会议。全市各县区总工会常务副主席、分管组织的副主席和相关乡镇（街道）工会主席共70余人参加会议。会议组织与会代表参观、学习水富县两碗乡总工会，盐津县中和镇联合工会、石坝子村民小组工会和艾田（社区）工会的建设发展情况。会议交流昭阳区总工会、盐津县中和镇工会联合会、水富县两碗乡总工会工作经验，传达贯彻全省乡镇（街道）工会工作推进会和市总工会二届四次全会精神，总结全市工会组织建设工作取得的成效，对今后3年全市工会组织建设工作特别是乡镇（街道）工会建设工作进行安排部署，提出全市乡镇（街道）工会建设2010年达标20%、2011年达标50%、2012年达标30%的目标。

【冠鸿拍卖公司向诸宗村献爱心】　9月26日，“诸宗村爱心助学捐赠仪式”在镇雄县牛场镇诸宗村小学举行。市总工会常务副主席晏祥莉，镇雄县人大常委会副主任、县总工会主席曾维雄，县政府副县长成刚，昭通市冠鸿拍卖公司董事长孔飞及镇雄县教育局等部门相关领导出席捐赠仪式。成刚代表县政府讲话，晏祥莉代表市总工会向诸宗村发放1.84万元困难农民工子女助学金，孔飞代表公司捐赠10万元资金和部分体育用品。

【昭通市首届职工职业技能大赛】　12月10～12日，由昭通市职工经济技术创新工程领导小组主办，市总工会、市人力资源和社会保障局承办的以“立足岗位展风采，建功立业促发展”为主题的昭通市首届职工职业技能大赛在昭通职业技术学校举行。市委常委、市委组织部部长李勇，市委常委、市委政法委书记张朝德，市人大常委会副主任、市总工会主席连卫民，市政府副市长冯德，市政协副主席陈奇、郎学秾，昭通市职工经济技术创新工程领导小组成员单位领导分别参加开、闭幕式，相关领导作了讲话，并为获奖选手颁奖。来自11县区、市直单位的22支代表队182名职工参加比赛，其中工程师8人、高级工28人、中级工27人、初级工23人。竞赛设电工、电焊工、钢筋工、砌筑工、中式烹调、餐厅服务、计算机操作7个工种，分理论考试和实际操作两部分。经过3天的比赛和经竞赛考评组严格考核、综合评分，各工种竞赛成绩前6名的42名选手和团体总分前三名的代表队受到表彰奖励。获第一名的选手被授予“昭通市首届职工职业技能大赛状元”称号，获第二、三名的选手被授予“昭通市首届职工职业技能大赛技术能手”称号。

【吴以平到昭通考核指导工会工作】　12月22～23日，省总工会组织部部长吴以平一行3人，到昭通市申报全省工会工作先进县单位——永善县总工会考核检查工作，同时对市总工会2010年重点工作目标责任书落实情况进行检查。12月22日，在听取市总工会常务副主席晏祥莉汇报后，吴以平充分肯定昭通市总工会工作，并向参会人员介绍省总工会初步确定的2011年“12345”工作思路。12月23日，吴以平一行到永善县细沙乡总工会、天山食品有限责任公司工会、县法院工会、溪洛渡城区药业联合工会，检查考核申报单位的基层工会工作，听取县人大常委会副主任、县总工会主席杨荻的工作汇报。吴以平要求县总工会对村级工会如何发挥作用进行积极探索和认真总结，为省总指导面上工作提供参考。

（市总工会）

青少年工作

【村级团组织换届】　1～4月，全市1178个村民委员会中，1173个选举产生新一届村级团总支部委员会，选出村团总支部委员4581人，选出村团总支部书记1171人。新一届村团总支部委员中：妇女1145人，占总数的25%，有20人担任村团总支书记；少数民族748人，占总数的16%，有120人担任团总支书记；大学生村官271人，占总数的6%，74人担任团总支书记，90人担任副书记；大专以上文化357人，高中（中专）文化1066人，初中文化2579人，小学文化579人；30岁（含30岁）以下2884人，30～35岁（含35岁）981人，35～38岁716人，平均年龄31岁；1516人进入村“两委”班子。

【团市委二届四次全会】　3月6日，共青团昭通市委二届四次全体（扩大）会议召开。团市委第二届委员会委员，各县区团委负责人以及市属单位、中央、省驻昭单位团组织、市直单位团组织负责人共88人参加会议。中共昭通市委常委、市委组织部部长李勇出席开幕式并讲话。通过本次会议卸职后，共青团昭通市委第二届委员会委员由30名减少到24名。

【受上级表彰先进】　3月31日，昭通市“海星行动”志愿者协会、昭通黑颈鹤保护志愿者协会被团省委、省志愿者协会评为“2009年度云南省优秀志愿服务团队”；团市委被评为“来当志愿者，一起节水嘎！”——云南抗旱救灾网络公益活动优秀组织。4月29日，昭通农校吴孟被团省委评为优秀共青团员，卫校团委张翔、大关团县委高峰、巧家团县委周黾、彝良团县委钟运晟、威信二中团委杨仲林、昭阳区凤霞路社区团委陈礼学被评为优秀团干部，水富团县委、镇雄团县委、绥江县新滩镇团委、盐津团县委被评为五四红旗团委，大关县玉碗镇老街村白岩脚团支部、鲁甸县理世实业有限责任公司团支部、武警昭通市支队盐津县中队团支部、彝良县国税局团支部、永善县检察院团支部、昭通市工商局团支部被评为五四红旗团支部。5月17日，大关县发展和改革局、绥江县财政局国库股、中国移动通信集团云南有限公司彝良分公司团支部被团省委授予"2009年度云南省青年文明号"称号，水富县医院门诊注射室、鲁甸县理世实业有限公司、盐津县移动通信分公司被继续认定为青年文明号。

【团员青年抗旱救灾】 3～4月，各级团组织组建共青团送水突击队、青年抗旱先锋队、青年志愿者服务队等抗旱救灾队伍3650人投入救灾工作，为灾区群众、学校师生送水286次820吨；到重灾区，通过打井、挖坑、建塘、修坝、装罐蓄水等形式，帮助旱区增加抗旱水源；号召团员青年从小事做起，为边远山区群众"提一桶水、保一株苗"，尽最大努力减少死苗绝收面积；组织机关单位团员、青年商会会员和青年志愿者，开展送水、送资金、送物资、送技术、送医药"五送"活动，为抗旱救灾贡献力量。团市委机关党员共筹集抗旱特别捐款5750元，发动团员青年缴纳特殊团费155003元，募集社会捐款捐物折合资金171580元，积极动员广大青年开展团省委组织的手机短信捐款1元钱活动。组织开展城乡团组织结对抗旱心连心活动，与旱情严重的村组结成对子，采取有效措施进行帮扶，共渡难关。组织开展"来当志愿者、一起节水嘎"网络抗旱行动，昭通板块网络抗旱点击31万次。5月4日，各级团组织统一开展"我们一起抗大旱"主题团日活动，进一步组织深入农村、深入重旱区帮助困难群众送水促春耕。五四期间，按照团中央、团省委的部署，开展"关爱农民工子女行动"和"青春彩云南、团旗耀云岭"主题活动，通过各种形式走进农村、关爱农民、服务农业。全市各级团组织积极帮助旱区青年广开自救门路，发展多种经营，与人力资源部门合作，培训青年2500人，有序输出2000人外出务工。采取与市水利局联合实施项目的方式实施希望水窖工程，水利部门配套资金，实施1500口希望水窖，加上镇雄团县委单列实施150口希望水窖，全市建成1650口水窖。

【饶南湖到昭通调研】 5月5～8日，共青团云南省委书记饶南湖到绥江、威信、镇雄3县对青年抗旱救灾、团的基层组织建设和基层工作、鼓励创业贷免扶补小额贷款等工作进行调研，并看望慰问团员青年和青年志愿者。

【关爱农民工子女志愿服务行动】 "六一"节前夕，团市委在昭阳区旧圃镇三棵树小学开展主题为"有爱就有家"的关爱农民工子女志愿服务行动。该活动由润苗助学、牵手互动、亲情交流3个内容组成。团市委向旧圃镇中心校捐赠2.5万元的"润苗助学金"及价值2000元的体育用品，向三棵树小学30名贫困留守孩子发放每人500元的"润苗助学金"。来自昭阳区第三小学的20名小志愿者与三棵树小学的留守孩子开展"手拉手"结对子活动，城乡学生互换自己制作的小礼物，一起共话未来，分享"同在一片蓝天"。师专志愿者带领100余名留守学生在学校操场上进行分组牵手互动活动，全体学生共同参与讲故事、猜谜语、诗歌朗诵、歌舞表演、互动游戏等活动。

【第二届青年创业市长奖】 6月23日晚，第二届昭通青年创业市长奖颁奖典礼在昭通市广电中心举行。市委副书记、市长王敏正，市委副书记、市人大常委会主任张登亮，市委常委、常务副市长张纪华，市委常委、市委秘书长田勇，副市长冯德，市政协副主席陈麟、李志平，市政府秘书长肖本敏出席颁奖晚会。王灿、王龙平、刘业品、刘树强、李邦军、李青根、段正廷、赵德祥、徐英、黄枰钢获第二届昭通青年创业市长奖，孔飞、王敏、王太平、石廷贵、肖天喜、杨瑞文、季美玲、胡正秀、曹寅、黄志伟获第二届昭通青年创业市长奖提名奖。市委副书记、市长王敏正发表讲话并代表市委、市政府向获第二届昭通青年创业市长奖及提名奖的20位优秀青年表示热烈祝贺。

【少先队市第二次代表大会】 10月12～14日，中国少年先锋队昭通市第二次代表大会在昭通会堂召开。来自11县区和市直相关单位的175名代表出席会议，其中少先队员代表130名、少先队工作者代表40名、特邀代表5名。会议选举产生少先队昭通市第二届工作委员会，选举王刚为主任，陈艳、吴敏为副主任。市委副书记、市人大常委会主任张登亮，市人大常委会副主任陈绍余，市政府副市长邬永飞，市政协副主席张毅敏出席大会开幕式。会议表彰昭阳区第三小学少先队中队长徐芊芊等20名昭通市四好少年、昭阳区第一小学大队辅导员狄琴等12名昭通市优秀少先队辅导员和昭阳区第三小学校长徐伟等11名昭通市关爱少先队好领导。

【共青团昭通市驻昆工作委员会成立】 11月15日，共青团昭通市驻昆明工作委员会举行揭牌仪式，云南省第一家州市级共青团驻昆明工作委员会成立。驻昆团工委将通过帮助务工青年在驻地就业创业或返乡创业，组织务工青年参与驻地经济、文化和社会活动，让务工青年更好地融入昆明、扎根昆明、服务昆明，为建设昆明，为家乡发展作贡献。巧家、镇雄、彝良、威信县团委也先后成立驻昆团工委。

【温暖昭通——爱心包裹行动】 12月24日，团市委启动"温暖昭通——爱心包裹"行动。短短6天时间就募集到社会各界价值近30万元的上千个包含新棉被、新衣裤、新鞋袜等爱心包裹。包裹被送往昭阳区大山包乡、大关县玉碗镇等边远贫困山区的中小学生手中，帮助他们抵御寒冷。活动将持续到2011年2月底。

【促进青年创业就业】 2010年，团市委在努力回收2009年贷款基础上，提升扶持效果，全面完成年内鼓励创业贷免扶补工作任务。全市共开展创业培训35761人次，发放鼓励创业贷免扶补小额贷款1005人5005万元，吸纳2895人就业。建立见习基地21个，提供见习岗位583个，聘请创业导师85人。

【非公有制企业和新社会组织团建】截至12月6日，全市新建团组织452家，其中非公企业399家、新社会组织40家、国有企业13家，团员总数6361人，覆盖35岁以下青年16640人，占省下达任务数400家的113%，超额完成建团任务。

【希望工程】　截至2010年11月，全市累计筹集资金1.3亿元人民币，修建希望学校近300所，资助贫困大、中、小学生13万人次，培训贫困山区骨干教师3550人次，筹集资金和建校总量占全国希望工程的2%左右，占全省20%左右。其中2010年筹集资金1203.3万元，资助学生4707人，新建学校17所，积极改善贫困地区办学条件和帮助贫困青少年完成学业。举办"香港苗圃在昭通十周年"庆典活动，进一步巩固合作，促进发展。

【援助患先天性心脏病贫困青少年】截至2010年末，共筹集资金190余万元、争取手术医院减免费用260余万元，成功治愈患先天性心脏病贫困青少年183人，为患者家庭减轻经济负担450余万元。

（团市委　张云婷）

妇联工作

【庆祝"三八"妇女节100周年活动】"三八"妇女节期间，市妇联举办一系列庆祝活动。召开市直处级女领导干部联谊会，加强与女领导干部沟通联系。举行云南省妇女创业先进典型巡回演讲报告会。来自全省的5位妇女创业先进典型代表应邀在昭通会堂分别作了精彩纷呈的报告。举办"三八"国际劳动妇女节100周年纪念大会暨"铿锵丽人行"大型文艺演出。市委常委、市委组织部部长李勇作讲话，市四套班子领导亲临会场。大会对各条战线涌现出来的业绩显著、贡献突出的妇女先进集体和先进个人进行表彰。与市总工会、市卫生局在市妇幼保健院举办关爱妇女健康座谈会。各级妇联在"三八"节期间因地制宜地开展各具特色的活动，共开展表彰会4场、座谈会6场、文艺演出4场、慰问活动2次、募捐活动2次、专题讲座2场、演讲比赛1场、文体活动1次、参观学习1次、家庭红歌比赛1场、革命传统教育1次、游行活动1次。

【第二期科级妇女干部培训班】　6月17～21日，市妇联协同市委党校举办全市第二期科级妇女干部培训班，邀请李朝清、卢巧等教授、专家对43名来自各县区及市直部门40岁以下实职科级女干部作中国特色社会主义理论体系、社交与礼仪等内容的专题讲座。市委副书记、市长王敏正，市委常委、常务副市长张纪华，副市长胡月星为学员讲授昭通经济发展、妇女运动与发展、党政干部心理调试等方面内容。

【看望慰问小河镇泥石流受灾群众】　7月13日巧家县小河镇发生特大泥石流灾害后，市妇联领导第一时间赶赴现场，慰问当地受灾群众，从工作经费中挤出2万元支援救助受灾妇女儿童，并及时向省妇联汇报，争取到5万元救助款。

【教育培训】　2010年，全市各级妇联组织协同相关部门，根据不同地区、不同妇女群体的特点及需求，因地制宜地开展各类培训。一是开展实用技术培训。围绕"农业主导产业，致力于现代农业新知识、新品种、新技术的培训，引导妇女发展高效、生态、外向型农业"原则，举办多种实用技术培训783期，培训妇女24770人次。培训农村女能手、女经纪人、女科技致富带头人2100人次；培养科技致富带头人、科技示范户、"双学双比"女能手364名。市妇联选送33名农村"双学双比"女能人、女科技致富带头人参加省农村妇女"先进女能手"种植、养殖骨干培训班培训；组织7个县区妇联主席、负责核桃种植技术培训人员和核桃种植基地负责人22人参加省妇联举办的农村妇女发展核桃产业工作培训；大关县妇联建立妇女长期培训机制，举办农村科技实用技术培训班22期、培训1120人。二是开展妇女创业就业技能培训。各级妇联配合有关部门共举办城镇下岗失业人员转岗技能培训班10期，培训658人，转移农村劳动力230人。三是开展岗位女性综合素质培训。下半年，市妇联组织7名女村官赴北京培训考察，组织9名女村官到省工青妇干校培训。各级妇联邀请专家、学者对县、乡、村妇女干部开展多方位的素质培训，举办培训班9期，培训1360人。永善县妇联邀请昆明理工大学教授郑益生作"情商与素质"专题讲座，500余名妇女干部聆听讲座。

【促创业带就业】　2010年，市妇联积极主动做好鼓励创业"贷免扶补"小额贷款工作，以创业带动就业。加大对已实施的鼓励创业"贷免扶补"工作的跟踪管理力度，确保还贷率在98%以上，使妇联系统成为全市还贷率最高的承办单位。积极向省妇联争取"贷免扶补"指标230名，并全部完成指标任务，发放贷款1149万元。在"贷免扶补"项目实施过程中涌现出大批女性致富带头人，永善县徐英是自主创业成功的典范。徐英作为演讲嘉宾参加过全省优秀女性创业巡回演讲活动；成功登陆中央电视台《致富经》栏目；进入CCTV首届三农"致富榜样"推介活动全国10强，受邀到北京参加颁奖盛典。

【组织动员妇女参与新农村建设】2010年，各级妇联深化"双学双比"活动，团结带领广大妇女为新农村建设做贡献。动员妇女和家庭开展房前屋后环境卫生整治，推广普及家庭礼仪、生活礼仪，促成尊老爱幼、邻里和睦的社会风尚。全市表彰“双学双比”女能手90名、“双学双比”先进工作者6名、“五好文明家庭”111户、“好婆婆”9名、“好妈妈”10名、“好丈夫”9名、“好儿媳”10名。开展“低碳家庭·时尚生活”主题活动。通过张贴画报、发放宣传资料、创办板报、发放环保袋、组织征文活动、知识竞赛等形式，在广大妇女和家庭中宣传和普及低碳知识，提倡从身边小事做起，身体力行节能减排。开展“岗村联动共建新农村”活动。全市表彰“巾帼建功”先进个人4个、“巾帼文明示范岗”2个、“巾帼建功标兵”106名、“巾帼创业标兵”29名。开展“妇女之家”创建活动。12月底前实现全市1284个村、社区“妇女之家”全覆盖。市妇联对20个申报市级优秀“妇女之家”单位进行检查验收，并授牌，分别奖励1000元。

【帮助城乡妇女脱贫致富】 2010年，各级妇联积极争取项目资金240.9万元，实施种植、养殖、基础设施建设等项目，帮助城乡妇女增收致富。实施中国妇女发展基金会“母亲水窖·饮水安全”项目154.7万元，覆盖大关县寿山乡中坪村、天星镇寨子村2个村委会。实施挪威欣康咨询公司项目资金26.2万元，在鲁甸县江底乡箐脚村、新街乡转山包村建水窖133口、沼气池25口。实施省妇联“促进妇女发展循环金”项目20万元，涉及昭阳区及巧家、盐津、镇雄、彝良4县，扶持项目有猪、牛、羊养殖业，辣椒、桃、李、梨种植业，民营幼儿教育，手工剪纸等。水富县妇联在实施抗旱“母亲水池”项目时，向省妇联、中国长江三峡集团公司和水利部门争取支持资金25万元。永善县妇联争取到“母亲沼气”项目资金15万元。

【完善维权工作机制】 2010年，市妇联不断健全信访、人民陪审员、法律援助、执纪执法监督员、维权联席会议等维权制度，建立领导接待日制度，开通“12338”妇女维权公益服务热线电话。全市各级妇联接到来信41件，已处理40件；接待来访356件，已处理351件，办结率98.5%。市妇联受理来信2件、来访9件、来电咨询44人次，均给予答复和办理。各级妇联积极配合公安部门解救被拐妇女儿童，协调有关部门做好被拐妇女儿童的安置和救助工作。4月，昭阳区妇联协同昭阳区公安局等部门赶赴浙江、安徽解救被拐卖少女3人；鲁甸县妇联协同公安部门到彝良县洛旺乡，解救出4名被拐卖的幼女，抓获2名犯罪嫌疑人。对被解救回原籍的妇女儿童，妇联干部热心开导，亲情关怀，为其重新融入社会开始新生活创造良好环境。

【预防和制止家庭暴力】 2010年，为将预防和制止家庭暴力落到实处，市妇联与市综治办、市法院、市检察院、市公安局、市司法局等部门联合下发《昭通市预防和制止家庭暴力的意见》，明确各部门的目标责任，为维护妇女合法权益提供有力保障。市妇联积极争取资金，举办5次反家庭暴力骨干培训会议，培训156人次，为建立昭通反家暴网络体系奠定坚实基础。11月25日，由市妇联组织，市直相关部门参加，在昭阳区体育馆广场举行以“反对家庭暴力，构建和谐家庭”为主题的大型宣传咨询活动。悬挂横幅、标语10条，展出展板1块，发放“反家暴、促和谐”倡议书2000份、反家庭暴力日历画4000多张、反家庭暴力指南小册子等宣传册4200份，接受现场咨询36人次，2000多群众参与活动。

【维权普法宣传】 2010年，各级妇联在三八妇女节、“6·26”、“10·26”、“12·1”等主题活动日开展形式各样的法律、禁毒宣传活动，发放《平安家庭倡议书》、《云南省实施〈中华人民共和国妇女权益保障法〉办法》、《女职工劳动保护条例》、《农民工维权手册》、《禁毒法》和《防艾卡通故事》等各种宣传资料137640份，展出挂图873张，悬挂标语1009幅，举办演讲知识竞赛4场，开展禁毒宣传182场次、文艺演出34场次，为1040余名妇女同胞作现场法律咨询。同时，各级妇联在“6·26”期间通过各种形式组织收看禁毒宣传片《致命的红豆》，共组织8300场次，656725名妇女观看。

【“平安家庭”创建】 2010年，全市建立健全“平安家庭”创建工作的领导机制，制定下发《昭通市进一步深化“平安家庭”创建活动的意见》，表彰“平安家庭”示范户103户、和谐家庭12户、廉政文化进家庭示范户16户，推荐1个“平安家庭”示范县、9个“平安家庭”示范社区、38个“平安家庭”示范户参与云南省命名活动。永善县妇联立足家庭，示范带动，开展以防拐卖、防盗窃、防抢劫、防隐患、无毒品、无赌博、无暴力、无犯罪为目标的“四防四无”的“平安家庭”创建活动，激发妇女和家庭成员的主体意识和参与热情。

【关爱妇女健康活动】 2010年，全市积极开展妇女“两癌”普查工作，认真做好单亲家庭、特殊家庭、“两癌”患者家庭的调查统计工作。昭阳区是省确定的农村妇女“两癌”普查8个县区之一，区妇联协同区卫生等部门普查农村妇女28500人，完成省级下达的检查任务，得到省级专家组的肯定。盐津县妇联启动实施农村妇女健康行动“两癌”普查工作，联合县妇幼保健院为2个乡镇200余名35~59岁的农村妇女免费进行宫颈癌、乳腺癌和生殖道感染检查。

【关爱儿童活动】 2010年，市妇联帮助高雅等3名贫困少数民族女生进入昆明女子中学春蕾高中班学习，帮助17名贫困小学生和3名高中生争取到省妇联和美国科技教育协会援助，解决入学难问题；市妇联争取项目支持，计划用5年的时间在昭阳区青岗岭示范小学和鲁甸县茨院乡中心校开展留守儿童关爱活动。年内，组织2个学校的校长和20名骨干教师到昆明参加“快乐教学教师培训”；

到昭阳区青岗岭示范小学开展1期夏令营活动，参加活动师生80多名；到2个学校与孩子们开展3次关爱留守儿童互动活动。仅在“六一”国际儿童节期间，全市各级各部门慰问艾滋病致孤儿童、白血病儿童、心脏病儿童、留守儿童、贫困单亲家庭儿童和孤残儿童1400名，发放慰问金10万余元。争取到中国儿童少年基金会支持，为旱区孩子送去5万瓶600毫升矿泉水。

【“两个规划”目标落实】 2010年，是实施《昭通市妇女发展规划(2001～2010年)》和《昭通市儿童发展规划(2001～2010年)》的最后一年，为确保“两个规划”目标落到实处，妇儿工委办公室充分发挥牵头协调作用，全面推动“两个规划”实施。5月21日，组织召开全市妇女儿童工作会议，市委副书记、市长王敏正到会并讲话，会议进一步明确工作责任和目标任务。市政府办公室行文调整市妇女儿童工作委员会，加强对妇儿工委的领导，增强各级党委、政府和妇儿工委成员单位作好妇女儿童工作的责任感和使命感。全市各级妇儿工委办公室积极协调、配合各职能部门，针对孕产妇死亡率、婚前医学检查率等达标难度较大的重点难点指标，找差距，查不足，加大对“两规”贯彻实施的力度，确保各项指标终期监测评估全面达标。

【家庭教育工作】 2010年，市妇联进一步深化“双合格”等宣传教育实践活动，广泛普及家庭教育知识，促进未成年人健康成长。与市文明办、市教育局、市直工委密切配合在全市建立省级家庭教育指导中心2所，留守流动儿童、流动人口子女示范家长学校15所，示范家长学校23所。建立市级家庭教育示范县3个，留守流动儿童、流动人口子女示范家长学校52所，家庭教育指导站19个，示范家长学校52所。利用家长学校开展家庭教育知识培训45场次，培训学生和家长5万余人次。

【挂钩帮扶工作】 2010年，市妇联到挂钩扶贫点鲁甸县江底乡箐脚村开展抗大旱、促春耕工作，购买1万元农用物资发放给农户，并组织干部职工捐款7400元支援灾区。积极协调，为扶贫点多方争取“母亲水窖”等建设项目17个，意向投资265.2万元，到位资金220.8万元。

【推动女性进村“两委”】 2010年，为切实推进全市基层妇女参选参政，提高村“两委”中女性比例和妇女参与村民自治水平，市妇联对妇女进村“两委”进行广泛调研、宣传，向市委、市政府汇报争取出台换届政策措施。市委、市政府在制订下发《关于认真做好昭通市村级党组织和第四届村民委员会换届选举工作的通知》中，对女性进村“两委”工作进行政策规定。通过选举，全市1177个行政村，配备女委员的行政村964个，占总数的81.9%，比上届增长66.87%；村(社区)“两委”中有女委员1574人，占委员总数的18.8%；村(社区)“两委”中女性正职151人，占正职总数的11.8%；换届后村(社区)党组织书记或村委会主任或副主任(兼文书)中有女性的村369个，占总数的29%；选举产生村(社区)妇女主任(妇联主席)1253人，有1028人是村(社区)“两委”委员，其中具有大专以上学历的54人，占总数的5.3%。

(**市妇联** 聂吉素)

工商联工作

【思想建设】 2010年，市工商联认真组织学习胡锦涛总书记在全国政协会议民建、工商联联组会议上“三个更加有作为”的讲话精神；推荐一批优秀的非公有制经济代表人士受省、市表彰。市工商联副主席、云南昊龙集团董事长马永升、云南伊力寅吾投资有限公司董事长章英启获省第二届“光彩之星”称号，刘业品、李青根、赵德祥、段正廷、黄枰钢获市第二届青年创业市长奖。承办了市委、市政府组织开展的第二届优秀中国特色社会主义事业建设者和首届十大“光彩之星”评选表彰活动；争取市委成立非公有制经济组织党工委，划转4个支部101名党员，召开3次全市非公有制经济组织党建工作座谈会，举办1期非公有制企业党组织负责人培训班；在机关开展创先争优活动，并指导全市非公有制经济党组织深入开展创先争优活动。

【组织建设】 2010年，在昆明组建昆明昭通商会，是全省16州市在昆明成立的第一家异地商会组织；市委批准成立昭通市总商会；组织筹备昭通市文化产业和天麻产业2个市级行业商会组织，成立7个乡镇商会、2个县区行业商会。下发《关于做好2010年会员发展工作的通知》，指导各县区会员发展工作。截至年末，全市工商联会员4972个，其中企业会员851个。会员总数比上年增加599个，增长13.69%，其中企业会员比上年增加85个，增长11.1%。

【参政议政和调查研究】 2010年，成立市工商联参政议政委员会，组织撰写8件提案，其中《关于制定出台加快昭通非公有制经济发展的政策措施的建议》被政协昭通市二届五次会议列为1号提案。《关于加大公交车扒窃行为打击力度的建议》促成昭阳区公安分局专门成立公交派出所。撰写《关于昭通市民营企业参与新农村建设的调研报告》、《贷免扶补的调查与思考》、《2009年昭通市民营经济发展报告》等调研文章。

【维权服务】 2010年，维权服务中心切实维护会员企业的合法权益。帮助7户会员企业成功维权，挽回经济损失100余万元，减免维权费用1万余元；协助昆明昭通商会与浦发银行昆明分行签订《金融服务战略合作协议》，争取浦发银行10个亿的授信额度；组织昆明昭通商会会员80余人回乡兴业考察，签订合作项目7个，协议引资86.6亿元，并促成昆明星耀集团投资60亿元开发省耕塘片区；多次赴浙江台州、广东深圳和东莞开展招商引资前期工作，并参加由市委、市政府组织的赴台州、深圳和东莞项目推介考察活动，与台州、东莞工商联建立友好商会；建立驻会领导定点联系服务重点非公有制企业制度；协助做好市政府到深圳开展招商引资推介活动的前期工作，成功举办项目推介会，签订项目30个，协议引资131.2亿元；组织非公有制经济人士学习“新36条”，举办《宏观调控与企业发展》、《有志有为有明天》2场专题讲座，举办企业初级法律顾问和非公有制经济组织党务工作者2期培训班。

【贷免扶补工作】 2010年，完成720个“贷免扶补”工作任务，发放贷款3600万元；按要求建立健全“1＋3”工作台账，做好跟踪服务；建立导师库12个，配备导师253人，为720个创业者配备导师；组织召开“贷免扶补”工作推进会议和全市工商联2010年鼓励创业“贷免扶补”工作会议。

【光彩事业】 2010年，组织非公有制经济人士参加抗旱救灾募捐活动，募集抗旱资金564.17万元（其中昊龙集团捐款500万元）；与昭阳区民政局、西街商业中心共同举办“情系玉树，大爱无疆”大型赈灾义卖活动，募集善款5万余元；协助市委政法委组织非公有制经济人士向见义勇为基金捐款160.5万元；从工作经费中挤出23000元，参加见义勇为基金募集、爱心包裹和特殊教育学校助残日活动；从光促会经费中列支7万元，资助镇雄贫困农户1户和巧家小河洪灾救灾；召开市光促会一届二次常务理事会议，审议通过《光促会工作规则》、《光促会会费管理办法》、《光彩事业项目管理办法》、《光促会基金管理办法》，光彩事业工作更加制度化、规范化、程序化。

（**市工商联**　方世华）

（本栏目审稿：聂顺荣　校对：马才国）

法　　制

责任编辑：刘　萍

政　法　工　作

【政法外宣形式多样】 1月20日，市委政法委举行政法新闻宣传互动会。市直政法各部门就2009年重点工作宣传报道经验和2010年宣传报道思路进行交流沟通。部分省级驻昭新闻单位和《昭通日报》等媒体就如何进一步做好政法新闻的宣传报道进行指导。市委常委、市政法委书记张朝德代表市委政法委、市直政法各部门，对省级驻昭新闻单位及全市各媒体给予政法战线的支持和帮助表示感谢。

9月1日，市委政法委召集市直法检公司、武警、消防和市直新闻媒体有关负责同志，召开全市政法宣传工作座谈会，贯彻周永康同志考察《法制日报》时关于政法宣传工作重要讲话精神，共商加强和改进政法宣传工作的良策，准确把握新闻传播规律和政法工作规律，做好新形势下政法宣传工作。省委政法委宣传处处长李绍才、市委宣传部副部长李歧出席会议，市委政法委常务副书记周维彬主持会议。

11月1日，市政法委对昭通政法网进行全新改版，覆盖昭通市县两级政法委机关的"昭通政法网群"正式建成并上线运行。全新改版的"昭通政法网群"由市委政法委主办，11县区政法委协办，网群由主站（域名 http://www.ztzfw.gov.cn）和全市11县区政法网等12个网站构成，是全省首个市级的政法网群。改版后的昭通政务网为进一步加强全市政法工作的网络宣传工作，有效地构建了全市政法系统大宣传格局。

12月6日，市委政法委牵头组织，在昆明召开昭通市"平安建设"媒体座谈会。会议邀请来自新华社云南分社、法制日报云南分社、云南日报、云南经济日报、云南法制报、云南电视台、云南人民广播电台、昭通日报、昭通电视台、昭通人民广播电台等中央、省、市级17家新闻单位负责人及记者近40人参加座谈。省委政法委副书记齐海田出席会议并讲话，市委常委、市委政法委书记张朝德通报全市近年来经济社会发展及平安建设情况，省综治办常务副主任胡吉安、省稳定办常务副主任赖玉华应邀出席会议，市委宣传部，市直政法部门相关负责人参加会议。会议由省委政法委宣传处处长李绍才主持。

【涉法涉诉重信重访积案化解】 1月28日，昭通市集中清理执行积案活动总结表彰会在昭通宾馆举行。市委常委、政法委书记、市集中清理执行积案活动领导小组组长张朝德，市人大常委会副主任、市集中清理执行积案活动领导小组副组长陈绍余，市中级法院院长、市集中清理执行积案活动领导小组副组长陈昌出席会议，11县区政法委书记、民政局长、法院院长和执行局长、市中级法院部分执行干警参加会议。

1月19日，市委政法委常务副书记周维彬带领市烟草公司有关领导到盐津检查指导盐津县烟草系统分流安置人员困难补助金兑现工作。认真贯彻落实市委、市政府疑难信访案件专题办公会议精神，全力做好全市烟草商业系统分流安置人员信访问题。

3月11日，市委常委、政法委书记张朝德带领市中级法院院长陈昌、市中级法院党组书记刘远清、市公安局常务副局长王宇、市司法局局长马绍明和市信访局局长肖建昭，以及昭阳区政法系统的相关领导，在市中级法院大厅开展"开门大接访"活动，共接待化解余凤英等15名当事人反映的11起上访案件。

7月27日，昭通市涉法涉诉联合接访服务中心举行揭牌仪式，出席仪式的有市委常委、市委政法委书记张朝德，省委政法委执法监督室副主任绍强。参加仪式的有市直政法部门主要领导及分管涉法涉诉工作的领导、纪委书记或纪检组组长，市政府办、市第五纪工委、市信访局、市民政局领导，驻中心的全体干警。

8月6日，市委政法委组织市级政法各部门开展涉法涉诉信访大接访活动。活动要求由市级政法部门处级以上领导干部轮流到中心进行接访1周工作，并由市委政法委派驻中心人员建立领导接访工作档案。第一周由市公安局派人到中心开展接访活动；第二周由市中级法院派人到中心开展接访活动；第三周由市检察院派人到中心开展接访活动；第四周由市司法局派人到中心开展接访活动，以此循环进行。

12月15日，市委政法委组织召开全市涉法涉诉信访工作电视电话会议，就贯彻落实全省涉法涉诉信访工作电视电话会议精神及做好下步工作进行安排。市委常委、市委政法委书记张朝德，市中级法院院长陈昌，市中级法院检察长刘远清出席会议。会议由市委政法委副书记李怀祥主持，市直政法各部门副处以上领导干部在昭通主会场参会，各县区政法系统在分会场收看收听会场实况。

【联防护路保障铁路运行安全】 2月3日，市铁路护路联防办与昭阳区路地共同就昭通火车站春运安全工作进行研究落实。在听取昭阳区护路办、昭通火车站和车站派出所春运安全工作情况汇报和共同对春运形势认真分析的基础上，市护路办要求要落实“五个统筹”、强化属地管理，形成路地联动工作的长效机制，齐抓共管落实春运安全工作。

3月18日，召开全市铁路护路联防工作会议。市委政法委副书记、市铁路护路联防领导小组副组长李怀祥代表市铁路护路联防领导小组作报告，全面总结2009年全市铁路护路联防工作，分析研判形势，部署2010年全市铁路护路联防工作任务。

【弘扬见义勇为精神】 2月5日，市委政法委常务副书记周维彬、副书记马卫东、市综治办主任肖波等领导对全国见义勇为先进刘远芬烈士亲属进行慰问。2月9日，对赵声彦、邹发泽、肖德勇、王文才等见义勇为先进个人及家庭进行慰问，带去省综治维稳委、见义勇为基金会和市综治维稳委的慰问信和春节慰问金。其余市级未亲临慰问的人员已由各县区有关领导代省、市综治维稳委和见义勇为基金会发送慰问信和慰问金，部分县区还组织对未被省市慰问的受表彰见义勇为人员进行慰问，全市共发放慰问金近2万元。

5月25日，市委政法委副书记马卫东、综治办主任肖波等一行代表市委政法委到铁飞燕家中，看望慰问在四川绵阳勇救落水人员的见义勇为少女铁飞燕，送去2000元慰问金。

6月20日，市委常委、市委政法委书记张朝德深入昭阳区青岗岭乡，看望慰问见义勇为女青年铁飞燕。张朝德代表政法系统和即将成立的昭通市见义勇为促进会向铁飞燕颁发5000元奖金。鼓励铁飞燕克服困难，持之以恒，保持英雄本色，爱岗敬业，继续奉献社会。

7月26日，由市委政法委、市委宣传部、市综治维稳委共同发起成立昭通市见义勇为促进会第一次会员代表大会暨企业家代表座谈会召开。大会通报昭通市见义勇为促进会筹备工作情况，宣读市民政局同意成立见义勇为促进会批文，表决通过《昭通市见义勇为促进会章程》、选举产生昭通市见义勇为促进会理事、常务理事；选举张朝德为昭通市见义勇为促进会会长；任命市委政法委副书记马卫东为秘书长。昊龙公司、中国五矿二十三冶建筑集团、云天化股份有限公司、侨通公司、重庆建筑工业集团等企业家代表参加会议，并现场踊跃认捐均不低于20万元。

7月30日，市委、市政府举行昭通市见义勇为促进会成立大会，135个企业、单位和个人现场慷慨解囊，踊跃捐款4393720元作为见义勇为基金。

【指导抗旱救灾工作】 3月3日，市委常委、政法委书记张朝德率领法、检、公、司等相关部门领导深入昭阳区守望乡检查指导抗旱救灾工作，并看望慰问战斗在抗旱救灾一线的消防部队官兵。

3月22日，市委政法委召开在家干部职工会议，及时传达贯彻市委组织部3月21日召开的关于在全市党员中开展“党员抗旱先锋行动”的会议精神，并按照每位党员捐款1个月的基本工资的要求，共计捐款2万余元为灾区群众解决生产和生活用水困难。

【召开重要政法工作会议】 3月4日，在市委礼堂召开全市政法工作会议，贯彻落实党的十七届四中全会，全国、全省政法工作电视电话会议和市委二届十次全会精神，总结2009年全市政法工作，部署2010年工作任务，兑现2009年度综治维稳目标责任制奖励，表彰“见义勇为先进个人”、“十佳党管政法好书记”、“十佳群众工作先进个人”、“先进平安基层单位”。市委副书记张登亮代表市委讲话，市委常委、政法委书记张朝德做工作报告。市委副秘书长田勇主持会议并作会议小结。市委常委、常务副市长张纪华，市委常委、组织部部长李勇，市人大副主任陈绍余，市政协副主席陈麟，市中级法院院长陈昌，市检察院检察长刘远清等领导出席会议；市政法委委员，市综治委委员，市级政法部门副处级以上领导干部，各县区政法委书记、法、检、公、司四长及政法委办公室、综治办、维稳办主任，受表彰的见义勇为先进个人代表、“三十佳”代表及“先进平安基层单位”代表共450余人参加会议。张朝德要求各地各部门紧紧围绕“深入推进社会矛盾化解、社会管理创新、公正廉洁执法”三项重点，结合实际，狠抓落实，具体要做到突出“五个加强”：突出加强矛盾纠纷排查化解、突出加强打、防、治、创综合治理、突出加强综治维稳基层基础建设、突出加强政法综治维稳机制制度建设、突出加强政法队伍建设；抓好“九大工程”：抓好干警素质提升工程、抓好文化育警工程、抓好评先创优工程、抓好忠诚教育工程、抓好舆情应对工程、抓好成果总结工程、抓好应急处突演练工程、抓好整治服务工程、抓好见义勇为光大工程。进一步推动全市政法工作再创新佳绩、再上新水平，为昭通富民强市跨越发展提供更加有力的法治保障。

4月21日，市区相关部门就市民文明安全素质提升活动相关问题进行专门研究，市综治办主任肖波通报活动总体思路，市文明办主任李歧就如何结合文明创建活动开展好市民素质活动提出具体要求，市委政法委书记李怀祥就活动进行动员部署，市区各相关部门就开展好活动结合实际提出很好的意见和建议。

4月23日，召开全市社会治安综合治理维护稳定委员会第五次全体会议，贯彻落实市委第40次常委会议和全市政法工作会议精神，研究部署全市综治维稳重点工作。市委政法委常务副书记、市综治维稳委副主任周维彬通报全市一季度稳定情况；市委政法委副书记李怀祥通报全市治安重点排查整治工作情况和挂牌重点；市委常委、市委政法委书记、市综治维稳委主任张朝德围绕三项重点工作和市委常委会议要求，就2010年全市综治维稳重点工作作具体的部署。市人大常委会副主任、市综治维稳委副主任陈绍余主持会议并作小结。市综治维稳委委员，市综治维稳委各专门工作领导小组办公室负责人80余人参加会议。

5月11日，市委政法委召开全体委员会议，市委政法委委员、市直政法各部门常务副职、各相关专门工作领导组办公室负责人30余人参加会议，专题研究涉法涉诉清积活动、涉法涉诉服务中心建设、打黑除恶及校园周边秩序治理等工作。会议听取百案评查活动、冬季严打行动、打黑除恶行动等工作情况汇报，认真分析总结存在问题，委员们对相关工作提出意见和建议。

9月6～15日，市政府派出由市公安局、市教育局、市文体局、市卫生局、市食药监局、市司法局、市工商局、市建设局、市交通局、市交警支队、市公安消防支队等部门组成的6个检查组，对全市学校及周边治安综合治理工作进行全面检查。认真贯彻落实国家和省、市有关会议精神，切实做好全市校园安全工作，确保广大师生的生命财产安全。

9月26日，市综治维稳委召开专题汇报会，研究推进社会治安重点整治、闲散青少年教育帮助和社会管理创新等专项重点工作。市维稳办、市公安局、市文体局、市司法局、市教育局、市建设局、市民政局、团市委、市妇联等挂牌整治和重点任务牵头责任部门分别就社会治安重点整治和社会闲散青少年帮教工作落实情况做汇报。市委政法委常务副书记周维彬，市委政法委副书记、市综治维稳委副主任李怀祥对前段工作进行评价，就下步工作提出要求。

10月15日，市委政法委召开第二次全体委员会议，会议听取全市1～9月三项重点工作、政法宣传工作、涉法涉诉工作、治安混乱地区重点排查整治工作和打黑除恶工作等情况汇报，讨论通过《昭通市重大社会安全事件应急处理处置工作机制》和《关于建立全市综治维稳工作巡视员制度的意见》。市委常委、市委政法委书记张朝德、市人大副主任陈绍余、市政协副主席陈麟出席会议，市委政法委副书记、市委政法委委员、市级政法各部门常务副职和市委政法委机关各科室负责人参加会议。

12月1日，全市政法综治维稳工作座谈会在盐津县豆沙关召开，会议全面分析当前维稳工作形势，研究部署年底前的各项工作任务，并谋划2011年全市政法工作思路。市委常委、市政法委书记张朝德，市政府副市长王宇出席会议。市委政法委副书记马卫东、李怀祥、盐津县委书记李疆，市委办、市法院、市中级法院、市司法局、市信访局及各县区政法系统相关负责人参加会议。

【多举措加强队伍建设】　4月13日，市委政法委出台《预防和监督干警违纪违法“十二项制度”》，即建立各级政法机关基层党组织“三会一课”制度、队伍建设形势分析季度联席会议制度、干警定期教育培训制度、重大事项和违纪违法情况报告制度、全家庭走访制度、谈话诫勉制度、社会各界评议制度、群众举报制度、办案监督制度、执法执纪检查制度、领导责任追究制度、教育警示制度。用制度规范干警行为和提高各级领导班子带兵管人的能力，进一步提高全市政法队伍建设整体水平。

5月21日，制定出台《昭通市委政法委员会议事规则》，对市委政法委员会议事的原则和形式、议事内容和决策程序、决议的实施和监督保障作详细规定。政法委员会议事会原则上每月召开1次。在讨论决策中严格遵循民主讨论、少数服从多数、形成集体意见决议、无条件落实决议、政法委办公室负责督促催办的决策落实制度，确保决议得到及时有效贯彻落实。

7月5日，市委政法委、纪律检查委员会、组织部、监察局、人事局五部门联合下发《昭通市政法干警“十个严禁”规定》，即：严禁接受案件当事人及其委托人的请客送礼；严禁利用职务违规干预案件办理，或者说情办事、泄露案件机密；严禁参与经营娱乐场所，或为非法经营活动提供保护；严禁有警不接、刑讯逼供，打骂体罚罪犯、犯罪嫌疑人和当事人；严禁在企业入股或兼职取酬，占用企业交通、通讯工具，或以任何名义侵占企业财务，利用职权插手经济纠纷；严禁工作期间饮酒，严禁酒后驾车；严禁在委托评估、拍卖、鉴定等活动中徇私舞弊；严禁违反规定拉赞助、罚款和收费，截留挪用罚没财物、赃款赃物以及收取的保证金、执行费和扣押的财物；严禁非警务活动滥用警车；严禁参与各种形式的有违社会公德的不健康活动。进一步加强新形势下政法队伍建设，促进公正廉洁执法，树立政法队伍良好形象。

7月23日，全市政法队伍建设暨执法能力建设座谈会在威信县召开。会议全面总结2010年以来全市政法队伍建设工作，对下步政法队伍建设作安排。市委常委、市委政法委书记张朝德出席会议并讲话。副市长、市公安局局长王宇主持会议，市政协副主席陈麟、市中级法院检察长刘远清出席会议，全市政法系统150余名处级以上领导干部参加会议。

9月29日，由市委政法委主办、市文联协办、市文化馆承办的全市政法系统首届“政法杯”书法美术摄影展在昭通市文化馆开展。市委副书记、市长王敏正，市委常委、政法委书记张朝德，市政协副主席陈麟，副市长韩梅，市中级法院院长陈昌，市中级法院检察长刘远清，市委政法委副书记马卫东出席开展仪式并剪彩。出席开展仪式的还有市直法检公司、武警、消防、昭通监狱部分干警和市直综治委成员单位代表。市委常委、政法委书记张朝德致辞，市委政法委常务副书记周维彬主持开展仪式。本次书法美术摄影展共收到全市政法系统干部和离退休人员创作的作品288件，其中书法158件、美术25件、摄影105件，经邀请有关专家评审出入展作品58件，其中一、二、三等奖共28件，优秀奖30件。

【教育培训有新招】 5月12日，市政法委在武警支队礼堂举办昭通市政法系统《廉洁司法与和谐人生》专题讲座，云南省委第四巡视组组长、原昆明市中级法院院长、曾在法院工作近30年、先后荣获“全国模范法官”、“全国三八红旗手”、“中国杰出女性”、“云南省劳动模范”等荣誉称号的杨玉兰主讲。杨玉兰围绕公正、廉洁、为民的执法理念，结合大量真实的案例和详实的资料从反腐倡廉的紧迫性、前车之鉴的警示、警钟长鸣的思考三个方面深刻阐释只有廉洁司法才可能拥有和谐人生的道理。市级政法各部门共500余名政法干警聆听讲座。

7月1日，市委政法委党员干部、武警昭通支队驻营区全体党员在支队办公楼前广场举行党员重温入党誓词暨新党员宣誓活动，纪念建党89周年。市委常委、政法委书记张朝德在活动上讲话，武警支队长黄国祥主持宣誓活动。建党节期间，市委政法委还与武警昭通支队联合组织开展打靶演练、篮球比赛和党务知识竞赛等联谊活动共庆党的生日。

7月22日，市委政法委组织全市政法系统处级以上干部150余人在威信县开展以“忠诚于党、忠诚于人民、忠诚于事业”为核心的忠诚教育主题实践活动，重走长征路、重温入党誓词、重受爱国主义教育。在扎西红军烈士纪念碑前，身着红军服的领导干部们重温入党誓词，再次感悟中国共产党的光辉历程。随后大家实地参观扎西会议会址、庄子上会议会址及花房子会议会址等革命纪念地。市委常委、市委政法委书记张朝德、市政协副主席陈麟、市中级法院检察长刘远清等政法部门主要领导参加活动。

8月27日，昭通市政法委邀请昆明理工大学法学院副院长、著名思想教育专家郑益生教授为政法队伍作《心理调适与健康》专题讲座。市委常委、市委政法委书记张朝德、市中级法院院长陈昌、市政法委常务副书记周维彬、受邀的市委组织部、市纪委监察局部分领导干部和500多名政法干警现场聆听讲座。

【昭通市多家单位和个人受省政府表彰奖励】 5月20日，在全省综治维稳工作暨表彰电视电话会议上，昭通市被省委省政府表彰为2009年度综治维稳工作先进州市，继2008年起昭通市连续第二次进入全省先进州市行列。另外，昭通市见义勇为英雄肖德勇、张达均、张朝科、熊艳、王文才受到省政府的表彰和重奖，威信县、彝良县被评为全省平安先进县。

11月3日，由省委宣传部、省委政法委、省公安厅联合主办的云南省第二届“百姓最喜爱的十大人民警察”评选活动结果揭晓，昭通市推荐上报鲁甸县公安局文屏派出所民警马兴旺获此殊荣。水富县公安局云富派出所所长李国圣获云南省第二届“百姓最喜爱的十大人民警察奖提名奖”。

【昭通、德宏开展政法工作经验交流】 8月11日，德宏州政法委副书记王奇带领德宏州各县市政法委书记、综治维稳办主任等一行13人，到昭通考察交流重大事项社会稳定风险评估工作，双方就此召开昭通、德宏社会稳定风险评估工作交流会。会议由昭通市委政法委常务副书记周维彬主持，昭通市市委常委、政法委书记张朝德到会并讲话。昭通市委政法委副书记李怀祥、德宏州政法委副书记王奇相继在会上作交流发言。

【召开“三项重点”工作现场推进会】 11月30日，全市政法系统“三项重点工作”现场推进会在盐津县召开。市委常委、市委政法委书记张朝德，市政府副市长王宇出席会议并讲话。市委政法委、市直政法各部门、市综治委成员单位和各县区政法委、综治办、法院、检察院、公安局、司法局、信访局主要负责人，盐津县党委、人大、政府、政协领导以及各乡镇党委书记共计200余人参加会议。与会人员现场参观学习了盐津县盐井镇老街社区戒毒康复室、盐津县公安局“天网工程”指挥中心及盐津县普洱镇派出所的工作情况。昭阳、鲁甸、盐津等县区就社会矛盾化解、社会管理创新、公正廉洁执法“三项重点”工作进行交流发言。

【民主生活会提出2011年政法工作思路】 12月19日，市委政法委召开政法委机关民主生活会，结合全国政法工作会议部署要求，认真分析、总结、查找存在问题，研究、谋划2011年全市政法工作，努力为十二五全市经济社会发展开好局、起好步营造良好环境。会议提出2011年全市政法工作“1234578”的初步思路。即：围绕“一条主线”，做到“两个跟进”，实现“三个突破”，完善“四项制度”，突出“五个重点”，推进“七大举措”，实施“九大工程”。会议还对近期将组织开展落实的全市政法事业“十二五”发展规划制定、一次高质量的政法系统中心组集中学习、预防和处置群体性事件“回头看”活动、“我为昭通政法建言献策”金点子评比表彰活动、全市见义勇为促进会理事座谈会、“冬季铁拳行动”总结表彰、春节慰问活动等八项工作进行具体部署。

（**市委政法委办公室**　吴绍煜）

公　安

【维护社会政治稳定】　2010年，市公安局树立公共危机管理理念，全力维护全市社会政治稳定。加强情报信息，提升发现能力。按照“增强主动性，掌握主动权，打好主动仗”的要求，充分运用传统手段和现代技术手段，努力获取深层次、内幕性、行动性情报信息，共收集上报各类情报信息3850余条，同比上升145.6%。建立“热点问题”和矛盾纠纷滚动排查机制，共排查矛盾纠纷2983起，化解2356起，排查“社会热点”347起。开展反邪斗争，提升打击能力。树立主动进攻意识，深化专案侦察，强化重点人控制，全力推进反邪斗争，有效维护社会政治稳定。创新危机管理，提升处置能力。树立危机管理意识，以快速反应能力、专业队伍建设、应急反应机制、应急处突装备建设为重点，努力提升应对、处置公共危机的能力和水平，成功处置昭阳区“11·2”群体性事件，有效应对永善县“11·5”敏感时期，受到党委、政府的肯定。加强保卫警卫，提升控制能力。完成第三届中国贫困地区可持续发展战略论坛、省政府昭通专题工作会议、“魅力鲁甸·腾飞昊龙”等各类大型安全保卫(警卫)活动47次。

【治安防控工作】　2010年，市公安局进一步加强治安防控工作。突出防控工作基础地位，努力增强人民群众安全感。推进城区派出所调整设置，打破行政区划束缚，本着细化作战单元、缩小作战半径、推进警务前移、服务警务实战的原则，积极稳妥地推进昭阳、镇雄、盐津、大关、水富等县区城区派出所调整设置，努力提升派出所掌控辖区治安的能力。继续推进治安点哨卡控面，在11县区城区主要街道、治安复杂路段设置治安岗亭56个，治安哨点124个，出城卡口47个，配备警力173名和协勤员406名。整合巡特警、派出所和民兵力量，推行“以巡代值、以巡代防”勤务模式，努力做到近距离防控违法犯罪、零距离服务人民群众。推进机关实战化改革，打破行政管辖层级，努力推进市、县区局机关实战化转型，逐步建立完善局机关警力服务所在辖区社会治安管理工作机制，进一步发挥机关警力在治安打防管控中的效能。加强城市技防设施建设，努力推进城市报警与视频监控系统建设，已建成城市报警监控探头743个，同比上升145.2%，出城卡口视频抓拍机动车辆信息系统前端设备86套。全面推进群防群治工作，按照引导行业自管、推动单位自防、促进居民联治的思路，建立群防组织16230个63750人，组织开展“四防”安全检查3895次，提供各类线索2486条，抓获违法人员767名，协破刑事案件345起。

【加强信息化建设】　2010年，市公安局进一步加大公安信息化建设。强推基础信息采集应用，努力实现信息工作基础化。完成公安二、三、四级网络扩容，公安网络带宽大幅增加。市公安局信息中心改造完成，信息存储和数据运行能力大幅提升。完成“警务通”系统建设和应用终端发放，为随时随地查询比对信息创造条件。完成警综平台、110接处警系统、软视频会议系统、防火墙和桌面终端安全管理等应用系统建设，公安信息应用系统更趋完善。按照“基础工作信息化，信息工作基础化”的要求，召开全市公安机关信息采集工作电视电话会议，组织开展全市公安机关信息采集大会战，全力推进基础信息采集录入。共采集各类犯罪信息44655条，检验录入数据库前科人员DNA信息4095条，采集上报指纹129973份，发布布控信息14528条，上传旅客住宿登记信息4639464条，登记暂住人口275347人。通过信息化手段，发布预警情报信息28773条，协助破获各类案件2349起(其中利用刑侦综合信息系统破获案件2104起，利用指纹信息破获案件185起，利用DNA信息破获案件26起，利用现场勘验信息系统破获案件34起)，抓获上网在逃人员883名，同比分别上升86.9%、21.2%。制定下发《昭通市公安机关信息化应用工作规定》，提出“六个必查”、“七项必录”、“八类必采”，进一步规范信息采集、录入、查询、比对和应用。强化信息考核的杠杆作用，对信息化建设考核排名末位的县区公安局实行“一票否决”。

【进一步加强执法规范化建设】　2010年，市公安局紧紧抓住执法主体素质提升这个关键，以《公安机关执法细则》和执法办案卷宗考评为主要内容，开展执法培训35期，培训民警8809人次。围绕“四个明确”、“四个严格”，制定出台

《劳动教养审批工作规范》、《收容教养审批工作规范》、《行政案件法律审核工作规定》、《刑事案件法律审核工作规定》等制度规范。编印紧贴昭通市执法实践和执法需要，集公安执法办案标准、环节、流程于一体的全市《公安执法办案手册》。把创建培育执法示范单位作为推动公安业务工作和队伍建设发展进步的重要举措，采取专题研究、重点帮助、派驻执法服务队等形式，集中开展执法示范单位创建工作。年底，2个县公安局、2个基层所队被评选为全省公安机关执法示范单位，在全市公安机关选树14个一线所队为"全市公安机关执法示范单位"。通过示范创建，以点带面、典型引导、整体推进的作用得到进一步发挥。建立重大案件会商、法制部门提前介入、遂行作战机制，实行刑事、行政、交通、信访案件卷宗季度考评、季度通报制度。开办《执法质量评析专刊》，对常见执法问题进行规范，对典型案例进行剖析，将执法质量考评与日常执法预警指导、问题矫治等有机结合，推动执法规范化建设。主动商请检察机关加强监督，与市中级法院建立刑事案件存在问题定期通报、案件审查情况随案通报、疑难案件集体会商等互动机制。启动执法业绩档案建设，建立民警执法档案2336份。开展案件审核，共审核各类案件12667件次，同比上升14.5%。组建执法服务队深入基层一线开展现场执法服务11场，举办执法讲座12次，接受执法咨询500余次，检查执法台账及各类案件200卷。参与重大案件办理352起，办理行政复议案件18起。全市公安机关处理来信来访932件，同比少227件，下降19.6%。开展集中清理涉法涉诉信访积案活动，成功化解并停访息诉上级交办的涉法涉诉信访案件83件。全年，全市公安机关无国家赔偿案件，刑事案件不捕率同比下降3.5个百分点，不诉率降至1.2%，在全省执法规范化建设考评中，昭通获第六名，为历史最好成绩。

【打击刑事犯罪立案1万余起】 2010年，全市立各类刑事案件10741起，同比多3109起，上升40.7%；破5741起，同比多935起，上升19.5%；抓获作案成员3280名，同比多420名，上升14.7%。刑事打击效能明显提升。重拳打击涉黑涉恶犯罪。坚持"打早打小、露头就打"的方针，努力提高发现能力和打击能力。共排查、梳理涉黑涉恶线索14条，已办结涉黑涉恶案件5起，在侦涉黑涉恶案件10起，抓获犯罪嫌疑人132名，破获刑事案件285起，在侦案件数、抓获数、破案数同比分别上升150.0%、131.6%、307.1%。全力开展"命案侦破"。认真落实命案侦防工作责任制，充分运用各种侦查手段，全力开展命案攻坚。共立命案82起，同比少18起，下降18%。破79起，现行命案破案率96.3%，现行命案破案率同比上升了6.34个百分点；命案致死89人，同比少11人，下降11%；昭阳、鲁甸、盐津、永善、绥江、彝良、威信7县区命案全破，水富未发命案。严厉打击"两抢一盗"犯罪。制发《昭通市公安机关防范和打击"两抢"犯罪工作责任制》，成立打击"两抢一盗"特别行动队，严厉打击"两抢一盗"犯罪，努力增强群众安全感。共立"两抢一盗"案件7603起，同比多3035起，上升66.4%；破3295起，同比多716起，上升27.8%。其中立抢劫案件736起，同比多90起，上升13.8%，破444起，同比多2起，上升0.5%；立盗窃案件6631起，同比多2932起，上升79.3%，破2697起，同比多633起，上升27.5%；立抢夺案件236起，同比多13起，上升5.8%，破154起，同比多81起，上升111.0%。

【禁毒工作取得成果】 2010年，全市破获各类毒品犯罪案件282起，缴获各类毒品77340克(其中海洛因29521克、冰毒47779克、鸦片40克)，抓获毒品犯罪嫌疑人382名，逮捕223名，分别完成市禁毒委下达任务数的1.9倍、3.5倍、2.9倍、1.6倍，同比分别上升26.5%、37.8%、28.6%、16.1%。全面收戒吸毒人员，共收戒吸毒人员2545名(其中强制隔离戒毒1315名，社区戒毒207名，社区康复1023名)，超额完成省政府下达的1700名收戒任务，社会面基本无漏管失控吸毒人员。

【破获经济案件125起】 2010年，市公安局紧紧围绕公安部、省厅组织开展的打击假币09行动、打击整治发票违法犯罪专项行动和打击传销百日联合执法行动3个专项行动，全面开展各项工作。共立经济犯罪案件141起，破125起，抓获犯罪嫌疑人106名，挽回经济损失1968.1万元，同比分别上升23.7%、17.9%、6.0%、324.4%。

【创新社会管理】 2010年，市公安局出台《昭通市公安机关服务经济社会发展十条举措》，努力提升服务经济社会发展的水平。紧紧围绕"人、屋、网、组织"等社会基本要素，创新社会管理机制，努力破解社会管理难题。积极查处治安案件。认真落实治安案件如实立案的要求，共受理治安案件9157起，同比多337起，查处9084起，同比多317起，查处率为99.2%。查处违法人员10088名，同比少924名，下降8.4%。强化人口管理服务。以户口整顿为契机，认真开展常住人口人像采集和信息纠错工作，努力确保常住人口信息准确、鲜活。以出租房和旅店业管理为支撑，深入开展信息采集会战，努力实现管理全覆盖，提升流动人口信息化管理水平。创新外国人口管理，出台急事急办、延时服务、节假日轮值、签证到期提醒等便民利民措施，共受理审批全市公民出国境申请6935份，登记管理境外人员664人次，常住外国人9名，遣返"三非"外国人9名。强化组织、行业管理。全面开展社会组织调查，掌握经民政部门登记的社会组织694个，在昭境外非政府组织54个。按照"划定底线、听证公示、一校一组、一校一策、责任到人、长期管控”的要求，建立落实校园安全防范“十条措施”和“五个机制”，积极推进校园治安管理常态化。针对重点工程项目多、爆炸物品使用量大的实际，从库房选址、安防投入、人员培训、材料申报、审核审批和安全监管等环节入手，全力服务重点工程建设。强化虚拟社会管理。完成网吧管理系统升级，全市网吧均实现二代证刷卡上网，网吧视频监控系统接入管理后台数达100%。对全市网站、论坛等交互式栏目，QQ群等即时通讯群组和“推客”等新型社交网站进行清理，列管网上重点人员的全部落实管控措施。加强互联网基础数据建设，录入个人上网用户数据105836条，固定IP708条。

【道路交通管理事故下降18.3%】 2010年，市公安局交警支队深入开展道路交通安全隐患大排查大整治、文明交通行动计划、道路交通安全夺标竞赛等活动，从严整治严重交通违法行为，集中整治城区道路交通秩序，狠抓道路交通事故如实统计，全力保障道路交通安全。共发生道路交通事故1318起，同比少296起，下降18.3%；致死58人，同比少47人，下降44.8%；受伤468人，同比少219人，下降31.9%；财产损失357.4万元，同比少141.5万元，下降28.4%。

【消防安全管理有实效】 2010年，市公安局消防支队组织开展冬春旱季防火攻坚行动、“抗大旱、迎世博、除隐患、保平安”消防安全专项行动、火灾隐患整治“乌蒙春雷”行动、建筑消防设施、校园及周边环境专项行动，积极推进消防工作社会化进程，努力构筑社会消防安全“防火墙”工程，大力加强灭火救援队伍和实战能力建设，全力整治火灾隐患。全市发生火灾事故32起，同比下降39.6%；致死4人，同比下降50%；无人员受伤；直接财产损失77.8万元，同比下降21.3%。

【纪律作风建设进一步加强】 2010年，市公安局以贯彻执行公安部《纪律条令》为主线，组织开展“查思想、查执法、查纪律、查作风”和“坚决执行警纪警规、强化纪律作风教育”整顿活动、整治执法过程中涉案人员非正常死亡问题、警车和涉案车辆专项治理等专项整治行动，全面落实纪检监察干部派驻和直管工作，积极推进县级公安机关纪检监察部门建设。全年共开展集体廉政谈话、任前谈话等480余人次，开展述职述廉42人次，进行诫勉谈话20人次，开展警容风纪明查暗访680次，发现问题并督促整改35个(次)。全市公安机关共发生(发现)民警违法违纪案件5起，涉及民警6人，同比分别下降75%和82.9%。

【公共关系建设】 2010年，印发《昭通市公安局党委关于进一步加强公安新闻宣传工作的决定》，共播出《昭通警方》52期，刊发《警方报道》52期，在中央电视台、《人民公安报》等省级以上媒体刊(播)新闻报道1158部(幅、条)。成立昭通市公安局警官俱乐部，建立文艺排演、体育运动基地，组建艺术、文学、体育等5个团队。昭通市公安局警官艺术团组建以来，先后深入11县区进行巡回演出。成立昭通市公安局警察公共关系顾问团，建立健全新闻发言人制度和舆情引导机制，坚持向人大、政协和群众汇报工作制度。组织全市公安民警、武警、消防官兵积极投入抗旱救灾和抗洪抢险救灾，受到各级领导和广大人民群众的充分肯定和好评。

【从优待警工作】 2010年，市公安局党委公开承诺关心关爱民警的10件实事，除2项仍在积极协调落实外，其余已全部落实。修改完善《昭通市公安机关表彰奖励实施办法》，树立工作中涌现出来的先进典型，共有79个集体和131个民警受到县级以上表彰。认真落实民警年休假、体检制度，积极开展民警优抚工作。积极做好执法勤务机构人民警察警员职务套改和加班补贴发放工作。

【服务经济社会发展10条举措】 2010年，市公安局结合全市公安工作实际，制定《服务经济社会发展10条举措》。1. 实行企业“首错不罚”。治安、交警、消防、出入境管理、禁毒、网监和派出所等部门，对企业在经营过程中初次出现的轻微违法行为坚持教育为主、不予处罚。除法律、法规有具体规定外，对企业发生情节较轻的违法行为坚持教育为主、处罚为辅。2. 外地车辆“首违不处”。外地车辆到昭旅游、探访、投资或检查指导工作等，发生轻微交通违法行为的，实行“首违不处”；发生严重交通违法行为的，先行登记车辆、驾驶员信息，并经违法行为人签字确认后，简化相关程序，当场处理或随后处理，不扣车、不扣证。重点企业生产运输车辆和重点工程施工车辆发生轻微交通违法行为的，实行“轻微不罚”，只教育，不处罚、不扣车。对在交通高峰时段和路段发生的轻微交通违法行为，不予处罚。3. 消防管理“首查不罚”。消防部门对重点建设工程防火审核提前介入、主动参与，实施超前服务，在施工前提出具体要求，避免事后监督造成浪费和形成隐患。对建设规模大、周期长的项目，实行分项分段审批和验收，并在项目过程中上门服务，提供消防技术咨询，解决消防疑难问题。对已建成的重点企业实行“首查不罚”，帮助和指导落实整改。4. 涉外、出入境事务特事特办、急事急办。企业单位涉外事务实行特事特办、随需随办。对急需出国(境)奔丧、探望危重病人、求学、前往国入境签证有效期即将届满等特殊情况，出入境管理部门实行急事急办，县区公安局在1个工作日内完成受理，市公安局在1个工作日内完成审批并联系省公安厅在3日内制发证件。5. 大力推行“一站式办公”。办理户口、身份证、车辆证照、出入境手续，以及办理有关危爆物品管理、举办大型活动等证件，手续材料齐全的，原则上实行“一站式办公”，一个窗口受理，一次办结。对符合政策规定、手续不全的审批事项，一次性告知必需手续，限时二次办结。对金融机构申请新（改）建二、三级风险等级营业场所的，简化前置施工审批环节，申请材料齐全并经审核合格后，即核发《准予施工通知书》，在施工过程中切实加强现场督促指导。6. 跨省迁移户口、办理"二代证"、机动车注册登记、机动车转移登记异地办理。实行省内居民户口网上迁移，迁入地公安派出所在办理本省范围内居民迁移手续时，不再要求群众出具原籍《户口证明》，即可办理。对本市需申（换）领二代证或临时身份证的公民，均可直接到市公安局窗口办理。对在外务工不便回原籍办理二代证的公民，通过电子邮箱、QQ 号等传送照片至其所在辖区派出所，由其直系亲属到派出所即可办理。外地（州）及外省的机动车所有人可凭暂住证或相关证明在昭交警部门办理机动车注册登记业务。7. 严格控制、严禁多头检查、重复检查、对重点企业突击检查。具有执法检查职能的市、县区公安机关治安、交警、消防等警种（部门）或派出所对同一企业、同一项目的执法检查，应由县级以上公安机关统一组织或明确一个部门牵头组织进行检查，不得多头重复检查。严禁对同一企业同一事项重复检查，严禁短时间内对同一企业进行多次检查，严禁对重点企业进行突击检查。8. 积极推行当天延时服务制和周末轮值服务制。治安、交警、消防、出入境管理部门和派出所等窗口部门，视当天工作量适当延长办公时间，做到当天的事情当天办结，不让群众空跑。交警支队车管所及各县区交警大队车管所每周星期六、星期日轮值服务，为群众办理驾驶证换证、提交身体证明等驾管业务，年内实现每周星期六、星期日为群众办理机动车检验业务。城区、县城派出所或综合办理窗口，实行周末轮值制，为群众办理户政、出入境业务。9. 为重点企业、重点项目、大宗业务和特殊群体提供预约服务和上门服务。交警、消防、治安、出入境管理等窗口部门及时对外公布网上预约、电话预约等方式，对省、市、县确定的重点企业和重点工程项目，老弱病残等确有特殊情况的群众，有大宗业务、行动不便和有突出贡献的单位和个人，提前告知办理相关业务所需提交的全部材料和办理程序，并预约时间、地点，一次办结。对省、市、县确定的重点企业和重点工程项目，主动上门办理户籍、消防、车管和出入境管理业务。对未建机动车检测站的县，由交警支队根据需要派出流动检测车进行上门服务。对大型企业、成建制工地等雇佣流动人口量大的单位，实行先用工后办证，主动上门办理户籍业务服务。10. 对企业生产经营过程中发生的违法犯罪行为依法慎用强制措施。依法慎用限制企业法定代表人人身自由的强制措施，慎用对涉案企业账户和财产的冻结、查封和扣押措施。确需采取以上措施的，应报县区公安局局长审批，并快查快结，处理结果一般不予舆论曝光。对发展经济过程中由于缺乏经验或不明政策，致使国家或公共利益受到损害，情节显著轻微危害不大的，可依法从轻或免予处罚。对重点企业的法人代表涉嫌一般经济犯罪，采取取保候审、监视居住不致发生社会危险性的，原则上可不采取羁押强制措施。

【掀"两车"专项治理工作高潮】 2010 年，全市公安机关多措并举，迅速掀起警车和涉案车辆违规问题专项治理工作高潮，"两车"专项治理工作取得初步成效。年内，市公安局成立"两车"专项治理工作领导组，并组织对全市 11 县区公安机关、156 个基层科所队室、200 余名民警进行督察。专项治理工作开展以来，市县公安机关整改问题 1388 个，全市规范涉案车辆保管场所 24 各，补办警车号牌 3 副，强制收回外借警车 5 辆、警车号牌 87 副，集中喷涂警车尾号和车顶放大号 523 辆，查处非法悬挂警报器的社会车辆 559 辆，报废不合格警车 31 辆，变更为地方牌 44 辆，处置扣押涉案车辆 597 辆，查处私自喷涂警车外观制式行为 15 起。年底，专项治理工作通过公安部验收。

【省级领导到昭通检查指导工作】 2 月 1～2 日，省公安厅党委委员、纪委书记杨建萍在市公安局党委书记、常务副局长王宇，副局长李平和党委委员、纪委书记王鸿及政治部、纪委相关人员陪同下深入昭通看望慰问因公牺牲民警家属和患重病民警。同时，听取市公安局和鲁甸县公安局 2009 年党风廉政建设和反腐败工作情况汇报，对昭通市公安机关如何结合实际开展好党风廉政建设和反腐败工作作出指示。

5 月 11～12 日，省公安厅交警总队总队长陈新钢一行到昭通盐津县、威信县实地检查交通安全隐患大排查大整治工作，并对继续深入扎实开展好道路交通安全隐患大排查大整治工作作出重要指示。

7 月 13 日晚，从昆明赴巧家县"7・13"特大洪涝泥石流灾害现场指挥抢险救灾的副书记李纪恒、副省长曹建方等领导代表省委、省政府看望慰问参加巧家"7・13"抢险救灾的全体公安民警、武警、消防官兵。

8 月 3 日，借参加省政府昭通专题办公会之机，省公安厅党委副书记、副厅长罗石文在市政府副市长、市公安局局长王宇，市公安局副局长刘俊等领导的陪同下，到鲁甸县公安局视察工作。视察期间，罗石文等领导还看望慰问公安民警。

【王敏正看望慰问公安民警及武警消防官兵】 2 月 25 日下午，全市抗旱救灾及森林防火现场会在鲁甸县小寨乡赵家海召开。市政府王敏正市长在视察鲁甸县小寨乡抗旱减灾工作时，详细了解小寨乡旱情和抗旱工作开展情况，并亲切看望慰问在现场参与抗旱工作的公安民警及武警消防官兵。同时，对抗旱救灾工作作出重要的指示。

【市、县区公安机关完成省政府昭通专

题工作会议安全保卫任务】 8月3～4日，省政府昭通专题工作会议在昭通市昭阳区和鲁甸县召开。省委副书记、省长秦光荣，省委常委、常务副省长罗正富，省委常委、副省长李江，省人大常委会副主任晏友琼，副省长孔垂柱、刘平、顾朝曦，省政协副主席曾华，省政府秘书长丁绍祥出席会议。40余家省直单位领导及昭通市、县区领导100余人参加会议。市公安局党委高度重视会议安全保卫工作，精心组织、周密部署，从市局直属部门共抽调600余名公安民警、武警、消防官兵投入安保工作，完成会议安全保卫工作。

【省厅监管总队到昭通开展看守所等级评定工作】 10月25日至11月3日，按照公安部、省公安厅的统一部署，省公安厅监管总队总队长欧阳率领省厅2010年度看守所等级评定考核第一组人员，深入昭通市看守所、巧家县看守所、永善县看守所、水富县看守所、盐津县看守所检查考核二级看守所等级评定工作。检查组严格按照二级看守所考核标准进行评分。通过评分，昭通市接受考核的5个看守所全部达到二级看守所考核分值。

（昭通市公安局　左　学）

检　　察

【20个集体受市以上表彰】 2010年，全市检察机关共有20个集体、9名个人受到市级以上表彰，其中彝良县检察院被高检院评为全国先进基层检察院，3个县级检察院控申举报接待室被评为全国检察机关文明接待室，威信县检察院反渎局被高检院表彰为先进集体，市中级人民法院及7个县级检察院被命名为省级文明单位，水富县检察院被评为省级优秀青少年维权岗，重点调研课题《检察机关参与社区矫正中的法律监督问题》被省检察院评为二等奖。

【受理批捕案件1900余件】 2010年，全市检察机关全年共受理提请审查逮捕案件1927件3225人，同比分别上升2.6%和4%；上期积存1件1人；经审查，批准逮捕1665件2721人，同比分别上升3.1%和6.7%；；不批准逮捕225件425人，同比分别下降7%和11.6%；提请单位撤回40件70人，期末未办结8件10人。在批准逮捕的2721人中，昭阳区院、威信、永善、巧家、盐津、水富、绥江县院、市院依次各批捕625人、220人、189人、200人、142人、84人、71人、74人，同比分别上升12.2%、84.9%、33.3%、1%、23.5%、12%、16.4%、45.1%；彝良县院批捕212人，同比持平；镇雄、鲁甸、大关县院分别批捕700人、142人、64人，同比分别下降6.4%、27.6%、17.9%。在不批准逮捕的425人中，昭阳区院、威信、彝良县院、市院、巧家、绥江县院分别不批准逮捕123人、66人、34人、29人、13人、9人，同比分别上升18.3%、37.5%、41.7%、222.2%、44.4%、50%；盐津县院不批捕17人，同比持平；镇雄、永善、水富、鲁甸、大关县院分别不批捕71人、31人、17人、11人、4人，同比分别下降52.7%、32.6%、50%、50%、50%。共受理移送审查起诉案件2089件3370人，同比分别上升10%、18.2%；上期积存82件163人，退查重报899件1831人；审查后提起公诉1827件2920人，同比分别上升9.9%和18.6%；退回补充侦查955件1926人，移送单位撤回48件86人，移送其他检察院177件322人；作出不起诉决定27件49人，同比分别上升92.9%和113%；期末未办结217件428人。在提起公诉的2920名被告人中，昭阳区院、市院、威信、彝良、鲁甸、永善、绥江、水富、大关县院分别提起公诉632人、328人、214人、212人、161人、170人、107人、96人、74人，同比分别上升35.6%、75.4%、50.7%、14%、15%、20.6%、30.5%、14.3%、7.2%；镇雄、巧家、盐津县院分别提起公诉639人、160人、127人，同比分别下降3.5%、2.4%、9.3%。在不起诉的49人中，昭阳区院不起诉11人，市院公诉处、威信县院各不起诉9人，巧家县院不起诉7人，盐津县院不起诉4人，永善县院不起诉3人，水富、大关县院各不起诉2人，鲁甸、镇雄、彝良县院各不起诉1人。

全年，全市检察机关重点加强六个方面的工作。一是深入开展“打黑除恶”专项斗争，依法从快办理涉黑案件3件40人。二是严厉打击严重暴力犯罪和“两抢一盗”等多发性侵财犯罪，批捕故意杀人、故意伤害、强奸等严重暴力犯罪嫌疑人585人，起诉575人；批捕抢劫、抢夺、盗窃犯罪嫌疑人992人，起诉1037人。三是深入开展禁毒人民战争，批捕毒品犯罪嫌疑人256人，起诉280人。四是积极参与整顿和规范市场经济秩序工作，批捕非法经营、强迫交易、生产销售假冒伪劣商品等破坏市场经济秩序的犯罪嫌疑人48人，起诉45人；强化对烟草支柱产业的保护，批捕“涉烟”犯罪嫌疑人12人，起诉26人。五是围绕服务和保障民生，批捕拐卖妇女儿童、敲诈勒索等侵犯弱势群体合法权益的犯罪嫌疑人80人，起诉68人；支持弱势群体提起民事行政诉讼56件。六是进一步完善对轻微刑事案件从宽处理的工作机制，依法不批捕无逮捕必要的犯罪嫌疑人106人，不起诉情节轻微的犯罪嫌疑人26人，提出从轻、减轻处罚的量刑意见197件。

【查办职务犯罪工作健康发展】 2010年，全市检察机关初查贪污贿赂案件线索99件，立案92件94人；侦查终结88件90人，移送起诉87件89人；起诉83件88人；判决92件96人；追缴赃款赃物计1054.59万元。其中，贪污案30件31人，贿赂案52件52人，挪用公款案10件11人；大案79件，查办县处级国家工作人员2人，科级国家工作人员23人。彝良县院立案11件，巧家、镇雄县院各立案10件，昭阳区院、威信县院各立案9件，盐津、永善、鲁甸县院各立案8件，大关县院立案7件，绥江县院立案5件，市院反贪局立案4件，水富县院立案3件。共受理、初查渎职侵权案件线索32件；立案26件28人，查办科级国家工作人员2人；侦查终结、移送起诉25件27人；起诉23件25人，判决20件20人。立办案件中，滥用职权案7件7人，玩忽职守案18件18人，侵犯公民权利案1件3人；重特大案件9件。彝良县院立案4件，镇雄、威信、永善、巧家县院各立案3件，昭阳区院、大关、盐津县院各立案2件，市院反渎局、鲁甸、绥江、水富县院各立案1件。

全年，市检察院党组在抓组织、抓督促上狠下功夫，先后7次启动侦查一体化办案机制，组织办案力量督促指导县级院突破案件，两级院坚持检察长亲自抓，主管副检察长具体抓，其他党组成员协助抓，相关部门积极配合的“三抓一配合”办案措施，使两级院反贪部门克服畏难情绪，查办力度不断加强，立案人数上升1.1%。更加注重查办案件“力度、质量、效果、效率、安全”五要素的有机统一。进一步加大办案力度，集中力量查办贪污贿赂大案79件、渎职侵权重特大案件9件，窝案、串案44件；反贪、反渎均无立案空白。继续巩固办案质量，保持撤案率、无罪率为零。进一步增强办案效果，围绕经济平稳较快发展大局，查办商业贿赂犯罪案件52件；积极投入工程建设领域突出问题专项治理工作，查办工程建设领域职务犯罪案件27件；及时介入重大安全事故调查，查办矿山安全领域职务犯罪案件16件；围绕人民群众最关心、最直接、最现实的问题，查办征地拆迁过程中的职务犯罪案件14件、涉农职务犯罪案件9件、救灾及扶贫中的职务犯罪案件7件。进一步提高办案效率，侦查终结贪污贿赂案件88件，起诉83件；侦查终结渎职侵权案件25件，起诉23件；推动法院判决贪污贿赂案件92件（积存案24件），渎职侵权案件20件，办案效率保持在较高水平上。高度重视办案安全，认真总结吸取“3·26”办案安全责任事故的深刻教训，深入开展了为期1个月的办案安全整改活动，在取得成效的基础上狠抓办案安全的长效机制建设，办案安全意识进一步增强。认真落实人民监督员和特约检察员制度，人民监督员监督评议“三类”案件6件，“五种情形”案件31件。

【职务犯罪预防工作深入推进】 2010年，市检察院进一步强化职务犯罪预防职能，把预防职务犯罪作为促进社会管理创新的有力举措，促进惩治和预防腐败体系建设。深入贯彻落实高检院《人民检察院预防职务犯罪工作规则（试行）》和省检察院《关于结合执法办案开展预防职务犯罪工作的规定（试行）》，进一步更新预防观念、改进预防措施、规范预防行为、突出预防实效。围绕溪洛渡、向家坝电站、8条二级公路等重大工程建设及征地拆迁、涉农资金管理使用、群众反映强烈的问题和查办的典型职务犯罪案件等立项开展预防94件，撰写预防调研报告91份，其中《关于我市公路建设领域征地拆迁环节职务犯罪案件情况的调查报告》被高检院转发全国检察机关借鉴，《我市2006年至2009年涉农职务犯罪案件情况调查报告》和《全市二级公路建设预防职务犯罪工作情况调查报告》引起市委、市政府领导重视并批示落实，87份引起县区党委、政府领导重视并批示落实；开展预防警示宣传教育321场次、预防咨询392次、行贿档案查询2127次，对22个单位或个人开展检察约谈工作。

全年，全市检察机关立足昭通实际，重点开展二级公路建设预防职务犯罪工作。市中级人民法院与市交通局联发《关于在昭通市二级公路建设中共同开展预防职务犯罪工作的实施意见》，深入绥水公路管理处、绥水公路管理处绥江分处、昭巧公路管理处、柿凤公司等地进行调研，起草《昭通市二级公路建设预防职务犯罪工作考评办法》，报请市政府对二级公路建设职务犯罪预防工作进行量化考评。强化预防调查，促进各项预防业务工作的健康发展。通过对群众反映强烈的问题开展预防调查，从中发现职务犯罪案件线索。结合执法办案，对所立办案件进行汇总、比较，针对案件中反映出来的问题立项开展类案预防调查，提出预防建议，为党委、政府工作大局服务。加强预防职务犯罪工作规范化建设，制定昭通市检察机关《立项预防分级管理实施方案》、《重点工程预防三级预警机制实施方案》和《集中开展“预防工程建设领域职务犯罪推进社会管理创新”专项预防工作实施方案》等制度，预防工作规范化建设深入推进。加大宣传力度，积极推进行贿犯罪档案查询工作。印发《关于在全市开展行贿犯罪档案查询工作的通知》，有力地促进工作的开展。

【诉讼监督力度加大】 2010年，全市检察机关受理公安机关应当立案而不立案案件线索117件；要求公安机关说明不立案理由108件；公安机关主动立案88件，通知立案9件，已执行8件；监督自侦部门立案28件。其中彝良县院39件，鲁甸县院14件，镇雄、威信、永善县院各10件，昭阳区院9件，盐津、大关县院各7件，巧家县院6件，绥江、水富县院各5件，市院2件。监督撤案55件，其中彝良县院10件，威信、永善县院各8件，镇雄、盐津县院各7件，鲁甸县院6件，昭阳区院、巧家县院各3件，大关、水富、绥江县院各1件。监督撤案60件。其中，彝良县院10件，威信、永善县院各9件，镇雄、盐津县院各7件，昭阳区院、鲁甸县院各6件，巧家县院3件，大关、绥江、水富县院各1件。

注意纠正应当移送而未移送审查逮捕及审查起诉的漏犯。共纠正漏捕42人，其中鲁甸县院8人，昭阳区院7人，巧家、威信县院各6人，盐津县院5人，镇雄、彝良县院各3人，绥江县院2人，大关、永善县院各1人。纠正漏诉52人，其中鲁甸县院纠正9人，威信县院纠正8人，镇雄、绥江县院各纠正7人，永善县院纠正6人，水富县院纠正4人，彝良、大关县院各纠正3人，市院公诉处、盐津县院各纠正2人，巧家县院纠正1人。

高度重视证据不足案件的监督。对已批准逮捕，但证据尚需进一步完善的案件向提请单位发出要求提供法庭审判证据意见书562件次；对证据不足不批准逮捕的136件案件发出补查通知；介入重特大案件侦查活动156件次；对起诉条件欠缺的案件严格适用退查程序，退回补充侦查955件1926人。

进一步强化对诉讼违法情形的监督。监督纠正侦查违法情形182件次，纠正审判违法情形17件次。五是依法履行公诉职责，共出庭支持公诉1390件次，同比上升4.4%；建议适用简易程序320件；法院判决1659件2534人，2534人均作有罪判决；提出刑事抗诉13件，法院已改判或发回重审12件。

认真履行民事审判和行政诉讼监督职责，共受理民事、经济和行政申诉案件213件，同比上升18.3%，决定立案审查126件；建议提请抗诉44件，同比下降8.3%，其中昭阳区院12件，彝良县院8件，镇雄县院7件，盐津县院5件，鲁甸县院4件，威信县院3件，大关、永善县院各2件，水富县院1件；提请抗诉36件，同比下降18.1%，其中，市院民行处31件，昭阳区院2件，彝良、鲁甸、威信县院各1件；市院提出抗诉2件；发出再审检察建议14件，被采纳11件，提出抗诉案件获改判2件，发回重审1件；支持起诉56件。

加强刑罚执行监督。纠正监管违法情形95次；审查提请减刑案件993件、裁定减刑案件992件，纠正不当提请减刑5件；检查各类法律文书11239份，开展监管场所安全大检查367次，及时消除不安全隐患101起；依法开展社区矫正法律监督工作，及时监督纠正脱管、漏管违法情形19件次；对全市12个看守所联合开展专项稽查，针对存在的问题提出了8个方面29条整改意见，促进了监管场所依法、文明、科学管理。

控申检察监督共受理、审查处理控告申诉案件1502件，同比上升22.2%。其中，首次控告713件，同比上升5.2%；首次申诉575件，同比上升68.1%；受理、审查处理首次举报线索345件，同比上升65.9%；检察长接待来访群众327人，批办案件200件，已办结177件。复查刑事申诉案件37件，办结36件，维持原决定27件，改变原决定9件。认真开展检察技术鉴定工作。共受理技术鉴定案件3件，办结3件，出具证据材料3份。

【办案质量多项比率居全省先进行列】 2010年，市检察院深入推行审查逮捕每案必讯和侦查、批捕、起诉一体化防范及检察环节执法办案风险评估预警机制，质量保障体系更加健全。要求提供法庭审判证据意见书562件，决定退回补充侦查955件。不批捕证据不足案件136件271人，不起诉15件15人；不批捕不构成犯罪案件23件48人，不起诉5件5人。撤诉率、无罪判决率、撤抗率、破坏市场经济秩序犯罪案件相对不起诉率继续保持为零，刑事提抗率为7.8‰，抗诉意见采纳率继续保持100%，职务犯罪案件不起诉率为2.59%，普通刑事案件相对不起诉率为0.91%，案件质量继续巩固，多项比率居全省先进行列，有效防止因执法过错或失误引发新的社会矛盾，诱发新的涉检信访。

【社会治安综合治理协调发展】 2010年，市检察院以市综治维稳委《2010年度昭通市综治维稳工作要点》为指导，按照《2010年创建“市级最平安中心城市”活动维护稳定社会治安综合治理驻昭阳各单位目标管理责任书》的要求，认真落实好社会治安综合治理、维护稳定及平安创建的各项措施，积极参与构建平安和谐新昭阳和创建“市级最平安中心城市”活动，各项工作稳步推进，协调发展。进一步树牢“稳定压倒一切”的意识，把综治维稳及平安创建工作与三项重点工作有机结合起来，制定下发《2010年全市检察机关社会治安综合治理及平安创建工作安排意见》、《2010年度创建“市级最平安中心城市”活动维护稳定社会治安综合治理工作方案》和《2010年度创建“市级最平安中心城市”活动维护稳定社会治安综合治理工作措施》，签订《2010年度创建“市级最平安中心城市”活动维护稳定社会治安综合治理目标管理责任书》，把创建“市级最平安中心城市”活动维护稳定社会治安综合治理责任落到实处。认真抓好《昭通市人民检察院矛盾纠纷排查化解及信访工作制度》的落实，坚持每月排查一次矛盾纠纷及不稳定因素，加强对来信来访人员的矛盾纠纷排查及化解工作，及时上报相关报表，认真落实重大情况报告制度，及时用《昭通检情专报》上报重要情况8次。认真落实单位内部治安保卫条例，由院法警支队具体负责单位的安全保卫工作，实行单位安全保卫工作保安化，安装了视频监控设备，严格执行来访登记制度，切实加强对本单位干部职工的普法宣教工作,保证本单位干部职工遵纪守法、文明执法。按照市综治维稳委《昭通市社会治安重点地区排查整治工作实施方案》的要求,积极配合开展各项专项整治工作,支持配合综治维稳部门整治各类突出问题,工作取得了明显成效。积极投入抗旱救灾、维护校园及周边治安秩序、移民工作等综治维稳热点、难点问题的处置;加强对扶贫联系点的帮扶,市中级人民法院挂钩帮扶的镇雄县罗坎镇花园大桥竣工;加强对禁毒联系点的工作指导。密切关注昭通农民工返乡就业问题,留守儿童、被害人及老、弱、病、残等弱势群体合法权益的保护,与团组织、公安、法院及社区、村社、学校形成信息共享的联系机制,在案结事了、息诉罢访过程中有效化解了社会矛盾。深入推进预防青少年犯罪工作,坚持未成年人犯罪案件分案办理制度,强化教育、感化和挽救,建立青少年维权点15个,对111名未成年犯进行回访帮教,不批捕未成年犯罪嫌疑人49人,不起诉5人。积极协调有关部门救助生活确有困难的刑事被害人11人,发放救助金11.2万元。积极参与社区矫正及刑释解教人员安置帮教工作,重点调研课题《检察机关参与社区矫正中的法律监督问题》被省检察院评为二等奖。按照开展平安中心城市创建和单位职工文明安全素质提升活动的要求,认真开展综治宣传月活动,制定宣传工作方案,积极参与宣传月活动启动仪式及各职能部门牵头的宣传活动,自行组织开展主题为"强化法律监督促进和谐稳定"的宣传日活动和"依靠群众、反腐倡廉、服务大局"的举报宣传周活动。上报检察工作简报98期。

【检察工作机制进一步改革】 2010年,市检察院制定《关于深入推进三项重点工作主要任务分工方案》,自觉树立起以三项重点工作为统领的执法理念,找准结合点,确保三项重点工作落到实处。制定昭通市人民检察院《关于进一步加强与市人大代表联系工作的意见》,健全接受人大代表监督的工作机制。深入推进检察长列席同级法院审判委员会和量刑纳入法庭审理程序两项改革试点工作,两级院检察长列席审判委员会讨论案件41件,共提出量刑建议336件,法院审结307件,采纳262件,采纳率85%。积极稳妥推进职务犯罪案件审查逮捕权上提一级改革,市院审查各县区院提请审查逮捕案件23件26人,经审查,决定逮捕19件22人,不捕4件4人。

【队伍建设进一步加强】 2010年,市检察院进一步加强队伍建设。一是加强领导班子建设。坚持民主集中制原则,强化"治检先治长"理念,严格执行诫勉谈话、述职述廉、重大事项报告制度,两级检察院领导班子的凝聚力、执行力和战斗力不断增强。二是加强队伍专业化建设。先后组织300余人参加新任领导班子成员及检委会专职委员研修班、处级干部在线学习、处科级领导干部素能培训、晋升高级检察官培训等各类学习和培训;开办103人参加的两个法律本科学历教学班;组织62名干警参加司法考试,36人通过,同比上升5.9%,通过率为58.1%,同比上升6.6个百分点,高出全省检察系统通过率16.7个百分点,通过A证人数19人,同比上升26.7%。三是大力开展创先争优活动。以云南省检察系统英模事迹(昭通)报告会为契机,以创先争优活动为载体,切实加强创先争优示范单位建设,推动创先争优活动不断向前发展。四是执法规范化建设深入推进。以深入开展主题实践活动、"两反"专项教育活动为载体,深入查找执法观念、执法行为、执法作风、执法纪律等方面存在的不足和问题,进一步健全业务工作规范、质量保障规范、办案安全规范,建立健全执法业绩档案制度,对执法职能部门和在执法工作岗位上工作的检察人员建立执法业绩档案,进一步强化了执法责任。加强检察职业道德教育,使检察职业道德不断深入人心,内化为职业操守。深入开展为期一个月的办案安全整改活动,在取得成效的基础上,狠抓办案安全的长效机制建设;大力推行检务督察、执法业绩档案和执法过错责任追究制度,执法规范化建设取得新成效。五是纪律作风建设全面加强。认真组织学习《检察官职业行为基本规范(试行)》和《党员领导干部廉洁从政若干准则》,以"反特权思想、反霸道作风"专项教育活动为载体,坚持党风廉政建设、办案安全、纪律作风建设与检察业务建设同研究、同部署、同落实、同检查、同奖惩,严肃处理"3·26"办案安全责任事故的责任人。

(**市检察院**　吴道文)

审　　判

【审判工作概述】 2010年,全市两级法院受理各类案件14484件(含旧存630件),比2009年同期下降1.07%。收案中一审案件9978件,二审案件1211件,再审案件51件,申诉申请再审129件,执行2408件,减刑707件。一审收案中刑事2058件,同比上升3.47%,民事7823件,同比上升5.89%,行政97件,同比上升5.43%。二审收案中刑事218

件,同比下降20.70%,民事945件,同比上升0.64%,行政48件,同比下降17.24%。再审收案中刑事9件,同比持平,民事34件,同比下降72.10%,行政8件,同比上升166.67%。审执结各类案件13925件,同比下降0.61%。结案率96.14%,同比增加0.44个百分点。其中,刑事一审结案2019件,同比上升2.38%,结案率98.10%,同比减少1.05个百分点;二审217件,下降20.51%,结案率99.54%,同比增加0.27个百分点;再审结案9件,同比持平。民商事一审结案7590件,上升5.43%,结案率97.02%,同比减少0.42个百分点;二审878件,上升4.03%,结案率92.91%,同比增加3.03个百分点;再审结案33件,同比下降72.7%,结案率97.06%,同比减少2.12个百分点。行政一审结案95件,上升4.40%,结案率97.94%,同比减少0.97个百分点;二审48件,下降17.24%,结案率100%,同比持平;再审8件,比上年同期增加5件,上升166.67%。申诉、申请再审结案129件,上升98.46%,结案率100%,同比持平。执行结案2192件,下降21.26%,执结率91.03%,同比增加1.48个百分点。减刑结案707件,上升19.03%,结案率100%。截止12月底尚有各类未结案559件,同比下降11.27%。全市两级法院处理来信来访7592件(人)次。其中,告诉信访3138件(人)次;申诉、申请信访362件(人)次;执行846件(人)次;其他信访1749件(人)次;非诉信访1497件(人)次。减缓免诉讼费1307件95.98万元,确保经济确有困难的当事人打得起官司。全年市中级法院受理各类案件2456件(含旧存138件),同比上升4.02%,审执结2335件,同比上升5.04%,结案率95.07%。

【上级领导视察法院工作】 1月12日,省政法委政治部主任陶福荣、昭通市政法委副书记马卫东等一行领导在鲁甸县政法委书记马武荣的陪同下对鲁甸县法院诉讼调处中心进行视察。

3月8日,省高级法院党组成员、执行局局长杨照民一行,到昭通市中级法院检查指导法院执行清积工作。

5月9~13日,省高级人民法院机关党委书记赵利军在昭通市委政法委、昭通市中级人民法院有关领导的陪同下,到彝良、水富、鲁甸县法院检查指导党建工作。

6月22日,省高级法院副院长赵健生率省法院安全保卫工作组一行到昭通市中级法院检查法院安全保卫工作,市中级法院召开有在家院领导及立案、信访、行装、法警队等部门负责人、县区法院院长、办公室主任、法警大队队长参加的安全保卫工作座谈会,汇报昭通两级法院安全保卫工作情况。赵副院长一行在昭期间,对大关县法院的安全保卫及办案安全防范工作进行暗访。

9月27日,云南省高级法院杨为栋副院长一行3人到昭通中院、昭阳区法院、鲁甸县法院视察“三项重点”工作落实践行情况。

12月6日,云南省高级法院杨为栋副院长到昭通市中级法院听取涉诉信访积案清理化解工作的专题汇报,并就昭通中院如何更好化解涉诉信访积案提出指导意见。杨副院长还到鲁甸县法院听取工作汇报,看望基层法官干警。

【重要会议】 1月28日,昭通市集中清理执行积案活动总结表彰会在昭通宾馆举行。市委常委、市委政法委书记、市集中清理执行积案活动领导小组组长张朝德,市人大常委会副主任、市集中清理执行积案活动领导小组副组长陈绍余,市中院党组书记、院长、市集中清理执行积案活动领导小组副组长陈昌,市政府秘书长王应斌,市民政局局长何升灿出席会议。市中院中层以上领导干部,11县区政法委书记、民政局局长、法院院长和执行局局长、市中院部分执行干警参加会议。会议由市委政法委副书记马卫东主持,张朝德书记作重要讲话。到2009年8月底,两级法院共完成4047件积案的执行任务,“清积”工作得到同级党委政府和上级法院的充分肯定。会议对清积工作中涌现出的先进集体和个人进行表彰奖励,彝良县法院执行局局长左永生代表先进集体作“清积”工作经验交流发言。

1月28日下午,昭通市中级法院召开全市法院院长会议,全面总结2009年两级法院各项工作的亮点和不足,部署2010年工作,并对在2009年各项工作中取得优异成绩和做出突出贡献的先进集体和个人进行表彰。昭通中院中层以上领导干部、11县区法院院长以及受表彰的先进集体和个人代表参加会议。

3月5日下午,昭通市中级法院、市妇联召开法院系统“巾帼文明示范岗”和“巾帼建功标兵”表彰大会,对全市两级法院7个“巾帼文明示范岗”和16名“巾帼建功标兵”予以表彰。中共昭通市委市政法委书记张朝德,副书记马卫东,市妇联主席陶天蓉,市工会常务副主席晏祥莉,市中级人民法院院长陈昌,常务副院长、市女法官协会会长卯时俊,副院长周映枢出席表彰大会。市中院全体女法官以及11县区法院部分女法官参加表彰大会。会议由院长陈昌主持。张朝德、陶天蓉、陈昌在会上讲话,副院长卯时俊对2008年以来全市法院系统开展“巾帼文明示范岗”和“巾帼建功标兵”争创活动以及女法官协会工作情况作总结汇报。

5月19~21日,云南省高级法院在昭通市水富县召开云南省法院系统调研工作暨调研业务培训会。最高人民法院研究室副主任胡伟新、云南省高级人民法院常务副院长郑蜀饶、副院长王树良、中共水富县委书记郎学超等领导出席会议。省法院研究室、办公室、装备处、新闻办,各地州市中级法院院长或分管调研工作的副院长、研究室主任、司法统计员,昭通市各县区法院分管调研工作的院长、研究室主任或办公室主任100余人参加会议。会议由省高院研究室主任王琼芬主持，郎学超书记向会议致欢迎辞。胡伟兴、郑蜀饶、王树良作重要讲话。会议深入学习贯彻第六次全国法院调研工作会议精神，总结近年来全省法院调研工作经验，分析存在的问题，研究加强和改进调研工作的方法措施，对2010年及今后一个时期的调研工作提出具体要求。对调研工作中取得突出成绩的昭通市中级人民法院、曲靖市中级人民法院等先进集体和一批先进个人进行表彰奖励，对参会的调研、司法统计人员进行相关业务培训。被表彰为全国法院调研工作先进集体的昭通市中级人民法院、曲靖市中级人民法院在会议上做交流发言。

【廉政建设工作】 2月8日下午，昭通市中级人民院"开门纳谏"，召开廉政监督员座谈会，来自社会各界的15名廉政监督员参加座谈，对2009年法院廉政建设工作给予积极评价。

4月6日下午，昭通市中级人民法院召开廉政监察员座谈会，党组成员、副院长周映枢，党组成员、纪检组长陈正勤和来自本院各庭局队的13名廉政监察员参加会议。

5月12日，中共云南省委第四巡视组组长（原昆明市中级人民法院院长）杨玉兰在昭通市武警支队礼堂为全市政法机关干警作题为《廉洁司法与和谐人生》专题反腐倡廉讲座，各县区法院院长、纪检组长及监察室主任到会聆听报告。随后杨组长一行又到水富、永善等地考察，并给永善县法院的法官干警作专题讲座。

6月28日上午，昭通市中级法院全体干警在机关党委书记肖贵平带领下，进行集体廉政宣誓活动，誓做一名清正廉洁的法院干警。

【争先创优出成果】 3月4日，全市政法工作会议上，水富县法院、中院民三庭被市委政府表彰为"十佳政法先进基层单位"。

4月28日，市中级法院召开全市法院先进集体、先进个人代表座谈会。2006～2009年，全市法院一批集体和个人受到最高法院、全国总工会、全国妇联、共青团中央、中共云南省委、省人民政府、中共云南省委政法委、云南省高级人民法院、云南省司法厅、云南省妇联、中共昭通市委、市人民政府表彰奖励。分别为受国家级表彰集体4个，个人24人（次）；受省级表彰集体25个，个人66人（次）。其中，市中院有9个集体、12人（次）受市级以上党委政府和部门表彰。

【受理刑事案件2266件】 2010年，受理刑事案件2266件，其中一审新收2041件（中级法院239件），二审216件，再审9件。一审结案2019件（中级法院204件），当年判决发生法律效力1682件2549人，同比分别上升10.88%、13.09%。对74人免予刑事处罚，占2.90%。在给予刑事处罚的2475名犯罪分子中，判处5年以上有期徒刑、无期徒刑至死刑的罪犯621人，占生效判决人数的24.36%，同比增加1.38个百分点；判处不满5年有期徒刑1295人，上升8.82%；拘役77人，上升13.24%；三年以下有期徒刑、拘役缓刑459人，上升15.33%；管制16人，上升100%；单处罚金7人，下降56.25%。并处附加刑罚金1273人，上升8.06%；其他127人，上升118.97%。共同犯罪案件继续上升，达347件1045人，分别上升13.40%、10.35%。几类主要案件类型中，除贪污贿赂、渎职案件下降外，其余案件均呈上升势头，危害公共安全案件收结案分别同比上升8.62%、9.25%；破坏社会主义市场经济秩序案件收结案分别上升14.63%、12.20%；侵犯财产案件收结案分别上升2.06%、1.92%；妨害社会管理秩序案件收结分别上升12.54%、13.35%；侵犯公民人身权利、民主权利案件收案上升0.17%，结案下降0.51%；贪污贿赂案收结分别下降19.40%、20.74%；渎职案件收结分别下降8.70%、13.04%。

严重危害社会治安犯罪案件上升，一审收运输贩卖毒品、抢劫、强奸、故意杀人、重大盗窃等案件987件1679人，同比上升12.93%、23.91%。毒品案件上升，新收毒品案件253件339人，审结244件317人。收案同比增加61件69人，分别上升31.77%、25.56%；结案同比增加58件58人，分别上升31.18%、22.39%。新收经济犯罪案件215件322人，同比下降7.33%、3.88%，审结213件318人，同比下降8.97%、5.64%。经济犯罪收案中涉及贪污贿赂案件108件124人，侵犯财产案件60件130人，破坏社会主义市场经济秩序案件47件68人。未成年人犯罪261人，占本期生效判决人数的10.24%，其中已满14周岁不满16周岁未成年人数下降13.73%，已满16周岁不满18周岁未成年人数下降3.98%。

【民商事案件增加】 2010年，民商事案件在2000年基础上继续攀升，一审新收7634件（中级法院57件），同比上升5.68%，审结7590件（中级法院46件），同比上升5.43%，结案率97.02%。收案中婚姻家庭、继承纠纷案件3181件，占民商事一审新收案总数的41.67%，其中离婚2351件，占73.91%，"三养"案件457件，占14.37%，有关解除非法同居关系纠纷案件179件，占5.63%；合同纠纷案件1928件，占民商事一审新收案总数的25.25%，其中借款合同654件，占33.92%，买卖合同273件，占14.16%，劳动争议200件，占10.37%，房地产开展经营合同、租赁合同、承揽合同、保险合同、建设工程合同纠纷案件均呈上升的趋势，分别为150件、116件、61件、58件、55件；权属、侵权纠纷收案2525件，占民商事一审新收案总数的33.07%，其中人身权纠纷1318件，占52.20%，所有权纠纷920件，占36.44%，特殊侵权纠纷182件，占

7.21%。在审理民商事案件中，注重平等保护当事人的合法权益，注重追求公平和效率，注重巡回审判就地化解社会矛盾，注重加强调解促进和谐实现案结事了。审结的7590件民商事案件中，判决2488件，占32.78%；调解3752件，调解率49.43%，经调解后撤回起诉1206件，撤诉率15.89%，调撤率65.32%，同比增加2.67个百分点，结案诉讼标的达27181万元。有2553件民商事案件为巡回就地审理，占一审结案总数的33.63%。

【行政审判结案96件】 2010年，全市法院新收行政一审案件96件（中级法院10件），同比上升17.07%，其中有16件单独提起行政赔偿，1件附带提起行政赔偿。结案95件（中级法院9件），同比上升4.4%，结案率97.94%。收案涉及资源49件，公安14件，城建11件，乡政府6件，劳动和社会保障6件，计划生育3件，民政2件，其他5件。涉及到的行政行为有行政处罚19件，行政许可27件，行政裁决22件，强制措施1件，要求履行义务2件，行政补偿5件，履行法定职责1件，其他19件。在结案中判决维持行政决定43件，撤销9件，确认违法或无效1件，驳回诉讼请求9件，裁定驳回起诉7件，经人民法院对双方当事人协调原告主动撤诉22件，被告改变原具体行政行为后原告撤诉1件，协调撤诉率由上年的18.48%上升24.21%，移送2件，行政赔偿调解1件。与去年同期相比判决维持率、撤销率、原告撤诉率上升，驳回诉讼请求率下降。

市中级法院积极延伸行政审判职能，针对全市行政审判工作中反映出的行政诉讼案件的特点及存在的问题和原因进行总结分析，并向市委、政府提出改进执法工作、预防和化解行政争议的工作建议。当前昭通市的行政首长出庭应诉率极低，应诉率仅为1.03%，行政执法机关行政处罚调取证据不规范、不全面，适用法律错误、违反法定程序等问题的存在是导致其在行政诉讼中败诉的主要原因，主观上一些行政机关依法行政观念淡薄，从源头上化解行政争议的意识不强，解决实际问题力度不够。行政处罚案件进入诉讼程序后有的行政机关应诉不积极，不提供书面答辩，在法定期间内不提交作出具体行政行为的法律依据和事实证据，也不向人民法院提出书面的延期申请，个别行政机关即使败诉也不查找败诉原因，不真正纠正错误，消极应付，直接反映出部分行政机关和执法人员执法水平不高，能力不强，法律意识淡薄。行政机关缺乏对违法行政导致行政诉讼败诉的责任追究机制。

【执行案件2408件】 2010年，全市两级法院共受理执行案件2408件，同比下降22.55%，市中级法院66件，同比下降32.65%。执结2192件（中院61件），执结率91.03%，兑现标的14696.62万元。认真落实最高人民法院关于执行清积文件精神，不断规范执行工作，积极开展无执行积案法院争创活动，全市共有8个基层法院参加争创申报。加强执行应急能力建设，建立健全了工作机构及预案；注重立、审、执协调配合，重视执行信访工作，强化执行工作宣传；建立健全执行工作联系会议制度及执行联动机制，积极调动和利用社会力量促进执行工作；强化执行工作考评机制建设，建立健全《执行工作绩效考核制度》《执行案件监督制度》等；优化执行职权配置，根据要求积极争取市委统一执行机制设置。切实发挥执行救助资金的积极作用，全市法院共争取执行救助资金200余万元，市中级法院对32件执行案件的37名申请人进行救助，发放救助金17.3万元。

【二审和审判监督案件】 2010年，市中级法院共受理二审案件1114件（不含旧存97）件，占各类诉讼案件裁定判决总数的25.46%，同比减少5.13个百分点。刑事216件，同比下降21.45%；民商事案件850件，同比下降8.21%；行政案件48件，同比下降15.79%。审结各类二审案件1143件，结案率94.38%。结案中刑事案件217件，下降20.51%；民商事案件878件，上升4.03%；行政案件48件，下降17.24%。维持原判835件，占73.05%；改判198件，占17.32%；发回重审32件，占2.8%；调解29件，占2.54%（占民商事结案的3.3%）；撤诉13件，占1.14%；驳回32件，占2.8%。三大诉讼案件二审改判率分别为刑事21.66%，民商事16.86%，行政6.25%；发回重审率为刑事3.69%，民商事2.73%，行政案件无发回重审。三大诉讼案件中行政案件上诉率最高，县区法院行政一审结案86件，上诉48件，上诉率55.81%，但与上年同期相比刑、民、行三类案件上诉率都呈下降趋势，刑事减少5.52个百分点，民商事减少3.44个百分点，行政减少8.23个百分点。

通过审判监督程序进入再审案50件（不含旧存1件），同比下降61.83%，其中刑事9件，民商事33件，行政8件。收案中，抗诉24件，占48%，其中刑事3件，民商事16件，行政5件。结案50件，维持7件，改判12件，发回重审13件，调解4件，撤诉2件，其他方式处理12件。进入审判监督程序的案件维持率低，改判率、发回重审率高，调解了部分案件，有效地纠正了确有错误的案件，切实维护当事人的合法权益。

【调解工作机制创新】 2010年，全市两级法院立足庭审，积极探索整合和利用人民调解、行政调解力量来促进诉讼调解工作，发挥中心法庭在推进社会矛盾化解中的独特作用，追求最好的社会效果，促进社会和谐发展。在审理轻微刑事案件和民商事案件中，始终将调解贯穿于庭前、庭中、庭后的各个环节之中。鲁甸县法院于2009年成立诉讼调处中心，进入法院的民商事案件凡有调解可能的均先行进入调解程序，100%到案发地开庭，调解结案的案件100%免收诉讼费，截至2010年末，诉讼调处中心调解或经调解后撤诉民商事案件238件，调解兑现率96%，免除当事人诉讼费12.2万元，该院民商事案件调撤率达73.39%。各县区法院均设立了调解室或安排专人在立案庭负责调解，鲁甸、大关等县人民政府还划拨了诉讼调解专项经费。全年，全市法院审结一审民商事案件7590件，调解结案3752件，经调解后撤诉1206件，调撤率65.32%。

【审判公开接受监督】 2010年，两级法院邀请人大代表、政协委员254人(次)通过旁听庭审及视察法院等形式监督法院审判工作。邀请同级检察院检察长列席审判委员会33次，讨论案件50件。继续完善人民陪审制度，充分发挥人民陪审员制度的功能，有236名人民陪审员参与审理各类案件2112件，同比上升22.36%。在一审普通程序结案4730件中，人民陪审员参审率为44.65%。鲁甸县法院还制定了人民陪审员管理办法，开展业务培训，并争取县政府将每年10万元人民陪审员工作经费列入财政预算予以保障。全市法院审结的所有案件，除法律另有规定不公开审理的案件外，所有诉讼程序和审理结果都对社会公开，接受社会各界监督。

3月20日，昭通市中级法院、共青团市委与市人大代表、政协委员"面对面"活动在市中级人民法院举行。市中院、团市委与20余位市人大代表、政协委员围绕"预防青少年违法犯罪"主题进行深入交流，希望通过活动，调动社会有关方面的力量，共同关注青少年的违法犯罪问题，集思广益研究应对措施，帮助青少年健康成长，同时希望代表、委员把有关预防青少年违法犯罪的问题通过提案的方式带到"两会"上去。参会的各位代表、委员，围绕会议主题积极建言献策，对法院审判工作中预防青少年违法犯罪方面的努力表示肯定，对全社会共同关心和预防青少年违法犯罪，从不同角度提出意见和建议。

【两庭建设工作】 2010年，市中级法院和各县区法院新建和改扩建工程共争取到上级专项资金2856万元(中央预算内资金1300万元省级配套1556万元)，市中级法院在昭阳北部新区落实建设用地3.33公顷，水富县法院新审判综合楼已建设完成，永善、彝良等县法院审判综合楼迁建项目立项等前期工作顺利推进。全市列入建设项目的35个中心法庭，已有16个建成投入使用，12个正在建设中，7个正在积极筹建，县区党委政府在建设用地及资金配套方面给予了有力支持。信息化建设开通视频内部联网，已实现省、市、县三级法院专网正常运行。

【调研宣传成效显著】 2010年，市县两级法院继续巩固调研工作成果，按期完成2009年全国法院重点调研课题《关于无财产可供执行案件相关情况的调研》，并已通过最高法院验收。承担的2009年全省法院3个重点调研课题顺利通过验收，中级法院余德厚撰写的《关于建立执行案件终结机制调研》报告获云南省高级人民法院重点调研课题一等奖。2010年市中级法院、水富县法院分别完成省法院重点调研课题《关于轻微刑事案件民事化和解制度的调研》、《关于涉法涉诉信访案件及执行信访案件处理机制的调研》。永善县法院周蒲丰撰写的《论审判权独立行使》获全国法院第22届学术讨论会征文三等奖，积极推荐一批调研活动征文参与最高法院及省、市有关部门组织的征文活动，均取得较好社会效果。1篇论文获最高法院优秀司法统计专项分析活动征文三等奖，3篇论文分获省政协征文三等奖、优秀奖，2篇论文分获昭通市委宣传部、市社科联关于富民强市新跨越理论学术年会征文活动三等奖、优秀奖。1篇论文入选最高法院优化司法权配置研讨会活动征文论文集，3篇论文入选最高法院女法官协会、全国妇联"北京+15"论坛活动论文集，4篇入选云南法官协会和律师协会组织的首届法治论坛论文集，4篇入选云南省女法官协会"北京+15"论坛活动论文集；2009年获奖论文集编辑成册供全市法官交流学习。同时，市中级法院组织全市法院第三届论文研讨会和首届优秀司法统计专项分析评比活动，均取得预期的效果。

2010年，市中级法院组织全市法院法官参加"人民法官为人民"的主题演讲比赛，成立昭通市法院法官作协，筹建昭通市法官艺术团。积极开展信息报送和外宣工作，倡导和弘扬社会主义司法核心价值观，全年共通过网络、平面媒体及广播、电视等媒介登载、传播新闻稿件10188篇(中院545篇)，有效宣传两级法院工作。

【多渠道加强队伍建设】 2010年，市中级法院以"创先争优"活动为龙头，扎实推进"人民法官为人民"主题实践活动和"公正、廉洁、为民"专题教育活动，不断增强法官干警的政治意识、大局意识和服务意识。强化学习型法院建设，优化法官干警的学历结构，支持法官干警参加在职研究生学习；着力培养初任法官，鼓励干警参加司法考试，全市法院司法考试过线26人，取得良好成绩；积极组织法官干警参加上级及有关单位的业务培训。加大年轻干部培养力度，市中级法院通过竞争上岗选拔18名科级干部，优化了中层干部的结构；加大干部交流力度，推荐3名干部到县区法院挂职锻炼；选任11名副主任科员和8名主任科员。强化廉政建设，推行廉政风险保证金等制度，组织开展廉政专题教育活动，增强法官干警防范和抵御风险能力。年末，全市法院共有政法专项编制1042人，地方编制6人，实有987人，其中市中院政法编制148人，实有142人。基层法院定向纳入西部招录培养计划5人，民族班培养4人。全市审判业务部门有法官518人。

【司法巡查】 10月，市中级法院制定《关于对部分县区人民法院开展巡查工作的实施方案》，对大关县法院、彝良县法院、镇雄县法院的工作情况进行司法巡查。巡查内容包括落实党和国家政策、贯彻落实上级法院重大决策和工作部署、领导班子及成员贯彻执行民主集中制、领导班子及成员的作风建设、队伍建设和党组班子选拔任用干部、领导班子及成员落实党风廉政建设责任制和“一岗双责”、法院院长主持审判委员会会议和案件的审判、执行情况。巡查结果显示:3家法院自觉遵守国家法律、法规,切实履行法院审判职责,各项工作呈现出健康发展的良好局面,得到当地党委政府、人大及社会各界的好评。

7月26日至10月28日,市中级法院接受省法院司法巡查组的工作巡查,巡查组对市中级法院以审判为中心的各项工作给予肯定。

(市中级人民法院 王兴勇 徐孝荣)

司 法 行 政

【法制宣传教育工作】 2010年,市司法局法制宣传教育工作取得新成果。各级司法行政机关按照“五五”普法和“三五”依法治市规划确定的总体要求,坚持“学用结合、普治并举”的方针,紧扣构建“平安昭通”主题,突出针对性和实效性,深入推进“法律六进”活动,全面实施市委“依法治市”战略,积极探索法制宣传教育和依法治理工作的新途径、新方法,深入开展广泛、扎实有效的普法和依法治市工作,营造自觉学法守法用法的良好氛围。5月,市委普法依法治市领导小组办公室组织全市11县区、143个乡镇(办事处)、78个市直单位27000余名干部、职工参加“五五”普法法律知识考试,合格率达100%,并对考试合格人员颁发《“五五”普法合格证书》。7月中旬,通过省级“五五”普法依法治理检查组的检查验收。8月,市委办下发《关于组织开展“五五”普法依法治理检查验收工作的通知》,组成5个检查组分别由5个厅级领导带队,采取听取情况汇报、实地走访、查阅资料台账等形式,对全市11县区的“五五”普法和“三五”依法治市工作进行检查验收。通过检查认为,“四五”普法和“二五”依法治市工作结束后,各级司法行政部门在深入调研,广泛征求意见的基础上,及时对“五五”普法和“三五”依法治市(县、区)工作进行部署。制定下发《“五五”普法和“三五”依法治市(县、区)规划》;并严格按照两个规划的要求,结合基层和部门实际,分解细化目标,认真组织实施;建立健全领导小组和办事机构;将普法依法治理经费列入财政预算,专款专用;严格按规划的要求开展工作,资料台账规范完整。已经形成党委领导、人大政协监督、政府组织实施、各部门齐抓共管、全社会共同参加的普法依法治理运行机制。做到领导重视、措施有力、形式多样、效果明显。促进全市的经济发展和社会稳定。

【司法行政宣传工作】 2010年,市司法局结合当前司法行政工作的目标和任务,加大对司法行政工作的宣传力度。充分利用《昭通日报》、《昭通社会科学》、《昭通经济》、昭通电视台和昭通电台等新闻媒体平台,相互合作、共建共宣,积极开展法制宣传工作。与昭通电台共同主办《大家说法》栏目,共举办102期,市直相关单位200余名同志走进电台,对老百姓关心、关注的相关问题从政策、法律的角度进行解答,深受干部群众的好评。在云南广播电视报《昭通周刊》开辟《昭通司法》专栏,对全市普法依法治理的热点、亮点进行宣传,积极营造良好的宣传氛围。充分利用《云南政法网》、《昭通党建网》、《昭通政法网》等网络开展司法行政宣传工作,共刊载300余篇(条)昭通司法行政的做法或经验;全年编发《昭通司法行政简报》35期、120余条,《普法依法治理简报》20期。同时做好司法行政的调查研究工作,主编《领导参阅》15期,部分调研文稿被市委政法委转发全市政法单位参阅,提高了司法行政部门的社会知名度和群众满意度。

【基层民主法治建设成果显著】 2010年,市司法局制定出台《加强基层民主法制建设的意见、实施方案》。以推进基层民主法治建设为目标,大力开展“民主法治村(社区)”创建活动,把普法教育、民主建设、依法治理和社会治安综合治理等工作融入到民主法治村(社区)创建中,进一步规范村级事务管理。基层民主选举、民主决策、民主管理、民主监督机制进一步完善;基层组织和干部依法办事能力得到进一步提高;群众参与公共管理自觉性进一步增强,基层依法治理得到了进一步巩固和发展;基层依法治理进一步具体化、制度化、规范化。121个村被命名为市级民主法治村、16社区被命名为民主法治社区,全市民主法治村、民主法治社区创建率分别达86%和40%。

【司法考试工作再创佳绩】 2010年,市司法局以培养、输送合格法律人才为目标,按照“组织严密、程序严谨、标准严格、纪律严明”的标准和要求,扎实做好法律职业资格证的审查、备案、发放和

2010 年度国家司法考试宣传工作，2010 年全市 433 人参加司法考试，同比增长 27.35%，通过考试的 63 人，占 19.32%。

【人民调解工作领域进一步拓展】 2010 年，市司法局以基层司法所规范化建设为依托，进一步开拓专业、行业调委会建设工作，深化乡、村两级调解组织建设，结合村级组织换届和 2009 年工作情况，调整和充实村级调解员队伍，市、县、乡、村四级网络得到进一步巩固和发展。全市建立 143 个乡镇（街道）人民调解委员会、1275 个村居人民调解委员会、83 个企事业单位人民调解委员会、12 个区域性、行业性人民调解委员会和其他人民调解委员会 7 个；在基层法院和公安派出所设立了 89 个人民调解工作室，为多途径化解社会矛盾纠纷拓宽的渠道，有力地维护社会秩序，促进了和谐社会的建设。

【大调解机制进一步完善】 2010 年，市司法局进一步加大对矛盾纠纷排查调处工作的指导力度，人民调解工作在解决矛盾纠纷机制中的作用不断提升，"大排查、大调解"工作格局逐步形成，矛盾纠纷排查调处机制进一步健全。一是建立完善大调解机制。加强与公安、法院、信访、综治等部门的联系协作，构建人民调解、行政调解、司法调解"三位一体"的大调解格局。二是完善矛盾纠纷预警排查机制。在全市 143 个乡镇、1178 个村和 97 社区组建了矛盾纠纷信息员队伍，及时发现、掌握、上报矛盾纠纷苗头，使基层大量的矛盾纠纷能够早发现、早介入、早控制。同时，与接边地区建立社会矛盾纠纷调处机制。三是完善矛盾纠纷调处化解机制。在化解矛盾纠纷活动中，认真落实完善工作章程、实行责任考核、归口调处、健全档案管理等"四项工作"，对一般的纠纷及时调解，较大的纠纷在 15 天内调解，比较复杂一时难以解决的，先做疏导、缓解工作，认真研究解决办法，抓紧调解；对于社会热点、难点、重大疑难矛盾纠纷，及时请示报告，制定联合调处方案。四是人民调解"以奖定补"、"以案定补"机制进一步完善。结合昭通经济社会的发展实际，市委、市政府出台《关于加强新时期人民调解工作的意见》，11 县区司法行政机关把解决好人民调解网络覆盖、作用发挥放在首位，深入开展"人民调解工作拓展年"活动，广泛启动人民调解"以奖定补"、"以案定补"，极大地调动各级调解组织和调解员的积极性和主观能动性。全市各级调解组织共调解各类矛盾纠纷 61516 件，调解成功 60420 件，调解成功率 98.52%。调解协议履行 58317 件，履行率 96.52%，比 2009 年增长 2%。

【社会矛盾排查工作】 2010 年，市司法局认真贯彻落实市、县、乡司法行政机关社会矛盾纠纷排查机制，明确职责，充分发挥司法助理员扎根基层，直接面向群众服务的优势，全面开展社会矛盾纠纷排查。着力抓好定期和不定期排查矛盾纠纷、突出矛盾纠纷排查工作重点、做好矛盾纠纷集中梳理工作、加强对矛盾纠纷的研判分析等"四个环节"，村居人民调解委员会每周排查 1 次，基层司法所每半月排查 1 次，县区司法局每月排查 1 次，市司法局每月召开 1 次矛盾纠纷排查信息分析会，对辖区内排查出的重大矛盾纠纷进行督查和指导。对带有全局性、倾向性的问题，及时召开研判分析会议，进行专题重点排查。对排查出来的矛盾纠纷，按照诱因、时间、地点、单位、涉及人数、重点教育对象、事态发展预测等要素，逐件登记在案，建档造册。特别是对纠纷苗头和重点对象、有群体性矛盾倾向的纠纷进行有目的排查，按纠纷性质、轻重缓急进行分级分类后，及时采取预防措施，防止纠纷扩大。对可能出现的群体性纠纷、疑难的矛盾纠纷及时预警、预案，明确相关的责任人进行包案，保证纠纷得到有效掌控和化解。有力地维护了社会稳定，促进了经济社会和谐发展。

【基层司法所建设进一步规范化】 2010 年，市司法局以实现科学发展为目标，以提高基层司法所管理水平和基层司法行政干部履职能力为重点，认真开展规范化司法所建设年活动。在全面完成司法所收编直管任务的基础上，积极争取地方行政事业编制充实到司法所，解决落实司法所长副科级待遇，进一步完善司法所立户立编工作。通过采取公开招考公务员、举办司法所长培训班等方式，强化基层队伍建设，通过交流、培训，全市基层司法干部队伍素质、执法水平和实际工作能力得到较大提高。按照《云南省司法所管理办法（试行）》的要求，进一步规范司法所指导管理人民调解、开展矛盾纠纷排查调处、做好安置帮教和社区矫正等业务工作，不断提高司法所履职能力。实行司法所工作职能、工作流程、工作规则公开，健全政治业务学习、岗位目标责任、廉政勤政、考评奖惩、档案管理等内部管理制度，建立民间纠纷调处、重大案件讨论、法制宣传教育等各类业务台账登记册。面对昭通经济社会发展相对滞后的现实，协调各方，整合资源，先后争取市级配套建设资金 466.5 万元加强基础设施标准化建设。省司法厅下达全市 142 个基层司法所建设任务，已完成 130 个，占 91%，其中独建 88 个，占任务数的 64.2%；有 5 个司法所因向家坝电站建设、乡镇整体搬迁等特殊原因还未启动建设工程，其余 7 个司法所正在建设中。

【社区矫正 1480 人】 2010 年，结合昭通安置帮教和社区矫正工作实际，建立健全了报到登记制、司法所长首谈制、档案管理制、回访谈心制、了解考察制、工作目标责任制、例会分析制度、信息情况报告制、年终考核评比等 9 项制度，使司法行政机关、公安机关及其派出所能够在安置帮教工作和社区矫正工作中各司其职，各负其责，协调配合。建立和完善上下贯通、横向联合、资源共享的刑释解教人员信息管理系统，对服刑在教人员回归社会危险性进行综合评估，确定重点帮教对象和一般帮教对象，建立必接、必管、必控制度，刑释解教人员就业情况通报制度，为成员单位履行职责提供强有力的帮助。全市共接受社区矫正对象1480人，累计解除矫正261人，重新犯罪4人，现在册1219人。

【安置帮教工作衔接规范】 2010年，全市司法系统以调查摸清刑释解教人员底数为基础，以管控有违法犯罪倾向人员为重点，切实加强衔接、管控、帮教、安置工作，上海世博会期间，全市开展刑释解教人员摸底排查工作，做到家底清、人员去向清、人人有花名册、有帮教工作计划、有帮教工作责任人、有帮教活动记录、有帮教对象思想情况分析等档案，对于在外打工的刑释解教人员，开展“一个电话、一张贺卡、一声问候”的温暖行动，利用春节、中秋节等外出人员集中回家过节的时间，与刑释解教人员联系、见面，掌握他们在外的工作、生活情况及思想动态。全市10929人刑释解教人员中刑满释放9107人，解除劳教1822人。帮教10655人，帮教率达97%；安置9099人，安置率达84%；重新犯罪率为0.45%。有效防止刑释解教人员重新违法犯罪的发生。加强对社区矫正对象的教育、管理，对社区矫正对象实行“分人包干、定期走访、流向报告”的管控措施，“自主择业、就业指导、重点帮扶”的安置措施，“司法所工作人员、管片民警、村组干部、亲朋好友、家属”五位一体的帮教措施。

【劳动教养和强制隔离戒毒工作】 年初，市劳教所（强制隔离戒毒所）正式更名。市劳教所（强制隔离戒毒所）收戒吸毒人员工作自4月初正式开展收戒吸毒人员120余人，劳教人员10余人。按照“统一政策、归口管理、核实资源、分步移交、逐步推进、稳步实施、限期完成”的原则，拟定接收方案，收戒吸毒人员场所、生产生活设施购置等基础设施建设协调工作有序进行。

【律师管理工作进一步加强】 2010年，在全市24个律师事务所、168名执业律师中开展中国特色社会主义法律工作者主题教育活动、创先争优活动、警示教育活动和星级管理创建活动等，切实增强执业律师的思想政治意识和职业道德意识，回报社会、服务社会、关注民生的理念得到进一步升华。东方神律师事务所韩枫律师荣获全省“十佳律师”荣誉称号。律师工作覆盖面不断扩大。市、县两级司法行政部门通过引导律师事务所与乡村“结对子”、“送法进乡村”，广泛开展法律服务、法律咨询、法律宣传，进一步扩大律师工作的覆盖面，促进律师服务向基层倾斜，让更多的基层群众获得及时有效的法律服务。全市律师工作业务涉及到担任法律顾问、刑事诉讼辩护、民事诉讼和行政诉讼代理、非诉讼法律事务、法律咨询和法律文书代写、参与调解、仲裁等，在服务昭通重点工程建设、重大项目招商引资等工作中发挥积极作用。全市各律师事务所共办理各类诉讼案件、非诉讼法律事务2000余件，担任政府企业法律顾问100余家。全市律师参与涉法信访接待306件。

【公证工作进一步拓展】 2010年，全市12个公证机构26名公证员，充分发挥公证工作的证明、监督、服务三项职能，以服务经济建设，满足人民群众需求为根本，积极开展重点工程建设、重大活动、文化、医疗、教育、合同、继承、析产和旧城改造等领域的公证，办理国内公证5000余件，办理涉外公证200余件，办理涉台、港、澳公证50余件。为经济建设大发展创造了良好的环境，最大限度避免和减少了社会矛盾纠纷的发生，有效维护了社会的和谐稳定。

【法律援助工作进一步深入】 2010年，面对溪洛渡、向家坝水电站的开工建设和市8条高等级公路及一批煤矿等重点工程建设，采取先调后诉，先调后仲裁的办法，全力推进土地流转、劳动用工、工伤损害赔偿、征地补偿、劳动保险法律援助工作。全市共办理法律援助案件2061件，民事法律援助案件498件、刑事法律援助案件398件、非诉讼案件1165件、提供法律咨询6800人次。市法律援助工作管理局，共办理案148件，其中民事49件、刑事30件、非诉讼69件、提供法律咨询440余人次。律师队伍为农民工、低收入家庭、下岗失业人员等弱势群体主动承办减免服务收费法律援助案件278件。不断扩大法律援助工作覆盖面，主动与山西、贵州、浙江、广西、四川等省市的法律援助部门进行异地联系协调，为昭通市外出务工的农民工提供必要的法律帮助，使其得到当地法律援助机构所提供的法律援助。坚持以便民为主题，进一步完善法律援助网络建设，深化“法律服务质量提升年”活动。在昭阳区的珠泉社区、龙泉社区等人口密集、条件成熟的社区和昭通监狱、昭通市劳教所建立法律援助工作站，设立法律援助公开栏、便民指示牌。为农民工、农民、城市低收入家庭、残疾人、老年人、青少年、退伍军人、军属和服刑劳教人员进行法律、法规宣传和法律援助。共印制各种宣传资料32000余份，出动法律援助宣传车10台（次），悬挂标语60幅，法律咨询2100余人（次），录制《云南省法律援助条例》CD下发11县区。

【司法鉴定管理获全省先进】 2010年，在全市司法鉴定机构中深入开展星级管理创建活动和法律服务质量年活动，进一步规范司法鉴定机构的鉴定行为，切实抓好司法鉴定队伍政治理论和业务培训，提高司法鉴定能力和服务水平。全市3个司法鉴定机构，38名司法鉴定人员共办理各类鉴定事项874件，采信率98%。其中法医临床819件，建筑工程、资产评估等经济类55件，2010年昭通司法鉴定管理科被省司法厅评为云南司法鉴定管理先进单位。

【法律服务为基层挽回经济损失360余万元】 2010年，各级司法行政机关以“基层法律服务质量提升年”活动为契机，对全市法律服务市场进行清理整顿，进一步净化了基层法律服务环境，有效地推进了基层法律服务所和广大基层法律服务工作者为农村建设提供良好的基层法律服务。全市77个基层法律服务所和308名基层法律服务工作者共办理诉讼和非诉讼法律服务1000余件，担任企业、机关和个人法律顾问116人，避免和挽回经济损失360余万元。

【培训基层法律工作者3万余人】 2010年，市司法局按照“抓班子、带队伍、强素质、促发展”的工作思路，把政风行风评议工作与全面推进领导班子和干部队伍建设结合起来。举办法律援助工作业务培训班、基层司法所长业务培训班各1期，共培训县区法律援助工作人员40名，县区司法局基层股长、乡镇司法所长165人。全市司法系统共培训基层调解委员会主任1520人，人民调解员32743人，全市基层调解委员会主任、人民调解员已轮训一遍。选送2名局领导班子成员5名中层干部到国家行政学院、中国人民大学、云南省干部培训中心等培训机构学习培训；选派4名业务骨干参与社会主义新农村建设和扶贫工作，有力地提高了司法行政干部队伍的整体素质。

（市司法局　周　强）

（本栏目审稿：刘宗伯　校对：刘萍）

军　　事

责任编辑：聂顺荣

中国人民解放军昭通军分区

【概况】 2010年，昭通军分区党委按照“扎实打基础，统筹搞建设，科学谋发展，合力保稳定，全面抓落实”的工作思路，坚持大事大抓，突出工作重点，注重末端落实，圆满完成了各项任务，部队和国防后备力量建设迈上了一个新台阶。年内，1人获全军优秀士官人才奖三等奖，1人获成都军区“抗旱救灾先进个人”称号，1人获成都军区“民兵预备役政治工作先进个人”称号，1人获成都军区“抢险救灾先进个人”称号，1人获全省“人防工作先进个人“称号。

【思想政治建设】 2010年，军分区党委始终坚持把思想政治建设作为部队各项建设的根本任务和首要职责认真抓好。1. 持续抓好党的创新理论武装。认真贯彻全党、全军和两级军区深入学习实践科学发展观活动总结大会精神，采取分专题学习，集中辅导、领导串讲、观看录像、个人自学、讨论交流等形式，持续推动中国特色社会主义理论体系的学习贯彻。2. 扎实开展主题教育活动。坚持把主题教育融入渗透到官兵和职工日常工作、学习、训练和生活之中，通过分区党委常委轮流进行专题辅导，营造氛围宣传、岗位实践培育、自觉日常养成、传唱革命歌曲等，引导官兵、职工和民兵把当代革命军人核心价值观固化为立身做人、履行使命的根本价值追求和自觉行动。特别是组织官兵和民兵预备役人员在参与抗旱、抗洪、抗震救灾等急难险重任务中，深化对当代革命军人核心价值观的情感认同，为圆满完成任务提供了强大精神动力。3. 深入开展学习龚曲此里活动。组织官兵、职工反复学习上级关于学习龚曲此里活动的通知和《解放军报》、《战旗报》等新闻媒体上刊登的龚曲此里先进事迹；集中收听收看中央电视台焦点访谈节目对龚曲此里的报道；通过视频会议系统，认真组织参加省军区举办的龚曲此里先进事迹报告会。采取橱窗、板报、横幅等营造学习氛围。通过学习使广大官兵做到了严守群众纪律，坚决维护民族团结。4. 积极开展“创先争优”活动。坚持把在基层党组织和党员中深入开展“创先争优”活动作为一项长期的政治任务，精心筹划，科学实施。认真组织官兵、职工学习全军“创先争优”活动领导小组第二次会议和军委、总部首长批示精神、中央军委主席胡锦涛关于把“创先争优”活动作为当前党的重要任务和重要抓手的指示等文件精神，引导广大党员深入领会开展“创先争优”活动的重大意义、深刻内涵和基本要求。坚持在实践中落实“五个好”、“五个带头”要求，坚持以完成重大任务为载体，做到任务拓展到哪里，“创先争优”活动就延伸到哪里，引导党员在完成急难险重任务中当先锋、打头阵。在抗旱、抗洪和抗震等重大任务中，分区200多名共产党员模范带头，身先士卒，起到了“标杆”和“旗帜”作用。5. 扎实开展专题教育整顿活动。坚持把开展“增强党性、严守纪律”专题教育整顿及“回头看”上升到讲政治的高度来认识，上升到依法治军的地位来落实，上升到安全发展的位置来坚持，科学筹划，精心组织。通过集中学习、补课、“回头看”，有效解决了党员干部在党性观念、作风纪律、履职尽责方面存在的突出问题。

【多样化军事任务能力进一步提高】 2010年，从以下几方面抓多样化军事任务能力进一步提高。1. 狠抓战备工作落实。每逢重大节日和重要时期，都由分区党委常委组织开展形势战备教育，引导官兵、职工认清形势，牢记使命职责，做到在任何时候、任何情况下都不忘战备，随时准备“出征”；9月18日，军分区协同市政府在全市范围内组织防空警报试鸣演练，进一步增强了全体军民的危机意识和战备观念；利用上级对分区司令部建设进行考评契机，挤出经费40余万元，对战备器材库室进行了规范和完善,充实了各种战备器材和物资;及时修订完善战备方案,落实战备制度,坚持每天对基层单位战备值班和制度落实情况进行检查督察,确保了各项战备制度的落实。2. 扎实抓好军事训练。着眼完成分区部队担负的使命任务,严格依据《军事训练大纲》,狠抓训练工作落实。坚持按纲施训、依法治训、从严治训,做到了年有部署,月有计划,周有安排。分区机关坚持落实了早操和每天一小时的体能训练制度。4 月份,组织了一期参谋业务集训和民兵教练员集训,提高了参谋队伍能参善谋的能力和教练员组训能力。11 月份,分区集中两天时间,组织了以应对中印边境冲突引发的连锁反应为背景的"乌蒙 2010 军分区机关在区人武部指挥所演习",共标绘各类作战要图 5 幅,拟制各种作战想定和作战文书 150 余份,提高了首长机关的组织指挥和谋略水平。3. 加强拳头力量建设。按照抓在手中、建在平时、用在关键的要求,紧紧围绕"三个紧贴",积极协调各方加强应急民兵分队建设,使应急分队成为昭通一支应急、抢险、维稳的拳头力量。在年内参加驻地旱灾、洪灾和震灾战斗中,共组织动员官兵和民兵预备役人员 3 万多人参加抢险救灾,提高了完成多样化军事任务的水平。

【基层建设】 年内,坚持把《纲要》、《要则》作为军分区、各县区人武部全面建设的根本遵循,不断加强基层质量建设。1. 在搞好培训上下功夫。组织 19 名师团干部参加了省军区学习贯彻《纲要》培训;按照两级军区"连队化管理、院校式教学、带着问题训、唱好基层戏"的思路和"三个不能变、一个可以变通"以及"标准更高、要求更严、效果更好"的要求,分区分两批组织全区干部和战士进行了《纲要》集训,强化了按纲抓建意识,理清了按纲抓建思路,提高了按纲抓建本领。2. 在打牢基础上作文章。坚持把基层 8 项经常性工作的内容、目标、责任分解量化,把检查、督促、帮带职责细化,建立健全工作责任制,把官兵职工每日必办、每周必办、每月必办的事情条理化,做到项项有指标、人人有责任、事事有人抓,确保了两个经常性工作的落实。3. 在抓好转化上求实效。坚持把《纲要》集训的"无字"专题成果向经常性教育管理延伸和拓展,以学习贯彻新条令为契机,坚持从领导干部严起,从日常养成抓起,及时纠治军人形象不好、点滴养成差、作风散慢等不良习气。4. 是在开展"三互"活动上下狠劲。全区干部、战士和职工结成"三互"活动小组,全面开展"困难面前相互帮一帮,战友掉队相互拉一拉,发现问题相互管一管"等活动,把活动落实到战备、训练、工作和生活的方方面面,使"三互"活动充满生机与活力,形成相互学习、共同进步的良好氛围。

【安全稳定基础更加扎实】 2010 年,军分区和各县区人武部党委坚决贯彻上级安全指示,牢固树立安全发展理念和"第一责任、硬任务"的思想,坚持把安全稳定工作作为基础性战略性全局性的工作紧抓不放,确保了安全稳定。1. 严格制度抓安全。坚持利用重大节日和重大活动组织安全教育,不断强化官兵、职工的安全发展理念;坚持定期召开安全形势分析会议,研究抓好安全稳定的措施办法;坚持定期组织安全检查,及时发现和纠正存在问题;坚持每季度召开安全稳定工作电视会议,讲评工作、部署任务、提出要求;坚持利用视频会议系统、GPS 卫星定位系统、红外线监控系统等技术手段,加强对人、车、枪弹和营院的管控,确保人人、事事、时时都在组织管理中。2. 突出重点抓安全。利用《纲要》培训时机,认真组织防范重大安全问题集训,明确了分区需要防范的 6 类重大安全问题,完善了防范重大安全预案。突出对民兵武器仓库、信息、重要目标和抢险救灾中安全问题的防范,形成了主要领导亲自抓、分管领导具体抓、机关部门合力抓和群防群治、严防严治、常防常治的工作格局。加强安全知识、安全操作、防护技能、紧急避险、自救互救等内容的学习、训练和演练,提高了防范重大安全问题的能力。3. 落实"六项制度"促安全。成都军区《关于认真落实"六项制度",大力加强部队安全稳定工作的意见》下发后,分区认真组织传达学习,深入分析形势,制定落实措施。坚持与开展专题教育和纠治倾向性问题相结合,着力解决存在问题;坚持建立落实"六项制度"检查督导常态化机制,对任务进行细化、量化、具体化,防止工作出现"空档"或"断层";坚持从规范"四个秩序"入手,进一步完善战备训练、思想教育、日常管理等制度规定,强化制度管控,严格行为规范;坚持与评先评优、晋级使用挂起钩来,保证了"六项制度"在全方位贯彻落实。

【后勤装备综合保障能力提高】 2010 年,军分区和县区人武部围绕提高完成多样化军事任务的综合服务保障能力,狠抓以工作:1. 抓干部骨干培训。注重在实践中摔打磨炼,组织了一期后勤业务培训,提高了后勤队伍素质;狠抓制度落实。2. 坚持党委集体理财,对年度经费预算、大项经费开支、大项工程建设等进行集体研究决策,把有限的经费用出了最大的效益。利用省军区财务专项检查和财务审计机会,健全财务管理硬性规定,严格落实经费开支审批制度,确保了各项经费开支符合财经纪律规定。3. 抓基础设施建设。对分区机关办公设施进行了更新,建设了战备库室,补充了战备资料和器材,完成了机关食堂和招待所建设。4. 抓检查督导。指导巧家县人武部营门、水富县人武部办公大楼等在建工程建设,确保了工程建设质量,改善了官兵职工的工作和生活条件。5. 抓正规化管理。加强军车牌(证)、军服、空余房地产和营产营具管理,提高了后勤科学化管理水平。6. 加强医疗卫生服务工作。协调市第一人民医院免费对机关干部、战士和职工进行健康体检,狠抓传染性、流行性疾病防控工作，确保了官兵职工身心健康。7. 抓“两成两力”。认真落实成都军区武器装备“两成两力”电视会议精神，精心实施装备综合数据采集和年度装备技术普查。8. 抓重点目标建设。加强武器装备“三化”管理，开展装备“四无”、“四会”达标活动，加强民兵武器仓库安全设施建设，加强技术和力量管控，确保了武器装备的安全，提高了武器装备管理的效能。

【“双拥”工作更具时代内涵】 2010年，军分区和县区人武部围绕地方经济发展和部队战斗力提高，充分发挥桥梁和纽带作用，全力协调驻昭部队、武警开展“双拥”工作，形成了军地相互关心、相互支持、共同发展的良好局面。1. 积极带头扶贫攻坚。分区协调市扶贫开发领导小组，联合转发了省政府扶贫开发领导小组、云南省军区政治部印发的《关于贯彻落实国务院扶贫开发领导小组和总政治部进一步加强全军和武警部队参与扶贫开发工作的实施意见》，形成了军警民共同扶贫的合力，驻昭部队共建立扶贫联系挂钩点14个，组建帮扶对子3000多对，为扶贫点协调经费200多万元，为贫困群众捐款30多万元，衣物2000多件。积极开展文化扶贫、科技扶贫和支持参加国家和省市重点工程，组织民兵参与植树造林133.33公顷，修建乡村公路65千米，修建人畜饮水渠48千米。2. 坚决维护社会稳定。全市共组织民兵1.2万人次，参与重点目标守护、重大活动安保、城乡治安巡逻、打击“两抢一盗”专项行动等，配合有关部门化解各种矛盾和群众纠纷75起，制止群体性械斗2起，抓获犯罪嫌疑人12名，收缴各类管制刀具932件，改善了昭通社会治安环境。3. 全力参与抢险救灾。2010年，昭通遭受了百年不遇的特大旱灾、“7·13”特大洪涝泥石流灾害、“8·29”破坏性地震等重大灾害。分区积极组织和协调武警、消防官兵参与抢险救灾，组织发动官兵和民兵预备役人员3万余人，扑灭森林火灾30多起，为6000多名群众和8000多头牲畜解决饮水问题，帮助群众浇灌农田333.33公顷，补种和移栽农作物66.67公顷；搜救失踪人员35人，转移疏散群众2000余人，抢运伤员21名，抢救物资1000余件，搬运物资25吨，搭建帐篷80顶，为夺取抢险救灾全面胜利作出了积极贡献。昭阳区人武部被省表彰为“拥政爱民先进单位”、威信县被省表彰为“双拥先进县”。昭阳区人武部政委刘爱民被成都军区表彰为“抗旱救灾先进个人”。4. 党管武装得到加强。市委、市政府坚持“两委会”和第一书记述职会议制度，围绕解决国防后备力量建设重（难）点问题专题研究，为驻昭部队解决建设经费500万元；县区也相继召开议军会研究解决武装工作难题，党管武装制度、原则进一步落实。市委书记夜礼斌、市长王敏正，分别被评为“西南国防动员建设十佳年度人物”和“云南省国防动员工作先进个人”。5. 国防教育和“双拥”工作得到加强。市委、市政府和军分区联合下发了《进一步贯彻落实云南省委、省政府、省军区〈关于加强县（市、区）人武部全面建设的意见〉的通知》和《关于进一步加强新形势下“双拥”工作的意见》，从制度机制上赋予“双拥”工作新的时代内涵，进一步把全市的双拥工作推向一个更高的层次和水平。

【安全教育整顿】 2010年，军分区开展“安全隐患大排查，安全教育大整顿”活动，在整顿活动中，军分区党委班子认真参与，不走过场，不搞形式，率检查组对机关和各县区人武部对人员管理、车辆安全、保密工作、维稳处突、季节性事故等方面进行排查和整改。通过“翻箱倒柜”式的排查，发现20余处问题和隐患。军分区党委专门召开整改工作会议，研究解决办法，与相关责任人签订责任书，立“军令状”，限时整改，防止反弹；对问题较多、整改不够彻底的单位，采取机关蹲点帮抓、首长现场办公等办法逐项解决。

【人武部达标建设】 2010年，军分区采取措施推进第三批人武部达标建设。1. 由军分区主要领导牵头，对所属11个县区人武部达标建设进行检查调研，找准第三批8个人武部达标建设存在的问题。2. 协调市委、市政府召开专题会议，联发《关于进一步加强县区人武部全面建设的通知》，对人武部基础设施建设、国防经费保障和职工队伍建设等方面做出硬性规定。3. 建立市委、市政府主要领导挂帅，县区各相关部门和军事机关分工负责、各司其职、齐抓共管的工作机制，明确各项工作完成时限，将完成任务情况纳入年终考评内容。4. 成立人武部达标工作督导小组，实行不定期检查督促，适时通报达标工作开展情况，对未按要求完成任务、解决问题的人武部，实行一票否决，一律不列入达标人武部。

【坚持“三个转化”巩固《纲要》培训成果】 2010年，军分区坚持“三个转化”巩固《纲要》培训成果。1. 坚持转化为履职尽责的能力素质。修订完善《干部教育管理规定》、《加强党委班子建设措施》等规定，坚持选送年轻干部到军地院校培训，鼓励官兵职工参加成人、自学考试，不断提升自身素质。2. 坚持转化为提高部队全面建设的内在动力。加大对人武部建设的指导帮建力度，按照“建好建强一批、巩固发展一批、重点帮带一批”的思路，协调地方投入资金对各县区武器仓库、民兵训练基地等进行全面整治完善。3. 坚持转化为推动驻地经济社会发展的实际行动。先后组织官兵、职工和民兵1万余人次参加防汛抢险、移民安置、处置群体性事件等行动，帮助1000余个困难家庭渡过难关，使200余个因灾受困家庭恢复正常生产生活。

【民兵教练员集训】 4月7～14日，军分区组织常驻民兵应急分队教练员集训，各县区人武部现役干部、专武干部和应急分队民兵骨干33人参加。集训采取集中授课、观摩演示、研讨交流、参观见学等方式，演练了森林防火、抗震救灾、反恐维稳等课目，规范了常驻民兵应急分队教育、战备、训练、管理和后勤保障秩序，统一了应急分队名称、旗帜、服装、佩带标志，进一步提升教练员骨干队伍抓教育、抓训练、抓管理和带队伍的能力，夯实应急分队正规化建设基础。

【军分区党委常委深入一线检查指导工作】 6月20~25日，军分区党委常委分别率4个工作组对11个县区人武部民兵整组及开展训练、人武部全面建设达标活动、专题教育整顿"回头看"、《纲要》培训成果转化、贯彻防范重大安全问题集训精神、落实"六项制度"和开展"三互"活动、主题教育、学习龚典此里先进事迹和涉军维权机构建设等11个方面的工作情况进行检查验收，对创新落实工作较好的单位和个人进行通报表扬，对后进的人武部予以批评帮带，促进和提高了人武部完成任务的标准和质量。

【防范重大安全问题集训】 5月29~30日，军分区利用第一期《纲要》培训之机组织防范重大安全问题集训。集训采取学习文件、专题辅导、课题研究、案例剖析、讨论交流等方式，传达学习了中央军委主席胡锦涛关于防范重大安全问题重要论述和全军、军区"坚持依法治军从严治军防范重大安全问题集训"精神，深刻分析了军分区防范重大安全问题面临的形势和可能发生的重大安全问题，明确了防范工作重点，研究了防范工作措施。通过集训，进一步强化了防范意识，理清了工作思路，提高了组织指挥防范工作水平。

【"增强事业心、加强纪律性"教育整顿】 9月17~20日，军分区在干部队伍中开展"增强事业心，加强纪律性"教育整顿，克服和纠正责任意识不强、纪律意识淡薄、大局意识不够等思想观念。在教育引导的基础上，坚持教育在先、执纪从严，对2名体能考核成绩不合格的机关干部进行通报并作出调离机关、不得参与评功评奖的处罚。在整改阶段，针对存在问题研究制订《干部诫勉规定》，将落实上级指示不坚决、精神状态不好、工作不尽责等10种情况纳入诫勉范围。

【指挥所网上演习】 11月9~11日，军分区组织"乌蒙2010"指挥所网上演习。演习以过境防卫作战参战支前动员为课题，采取上导下演、临机导调等方式，依托军分区自建办公网和电视会议等系统，组织军分区、县区人武部全体人员以现职身份参演，重点研练维护社会稳定、要地防空、动员支前、保交护路、重要目标警卫等内容，推演论证作战方案，标绘各类要图11幅，拟制各类文书150余份。通过演习，检验了军事训练成效，提升了各级指挥员和机关的指挥能力和谋略水平。

【党委专题研究司令部建设达标考评工作】 11月17日，军分区党委召开常委会专题研究司令部建设达标考评工作，进一步传达学习军区司令部建设考评试点观摩活动精神，讨论审定《昭通军分区司令部建设达标考评实施细则》（试行），研究决定投资38.6万元对机关"三室两库"和办公设施进行规范和完善，同时还总结回顾了军分区司令部近年来全面建设的情况，查找了存在的问题和薄弱环节，制订了整改措施，提出了加强司令部全面建设的要求。

【驾驶员专题教育整顿】 11月24~27日，军分区开展驾驶员及车辆管理专题教育整顿。围绕驾驶员法规意识不强、遵章守纪不严、车辆管理不规范、措施制度落实不严等问题，集中机关车管干部和驾驶员学习车辆交通安全法规、军车安全管理规定和省军区车辆管理实施细则，从思想作风、组织纪律、遵章守纪和安全防范意识等方面进行对照检查，完善了车辆动用审批派遣、出入检查登记、干部带车、维修油料等制度，有效保证用车安全。

【组织官兵抢险救灾和献爱心捐助】 2010年初，全市降雨较少，出现60年一遇的严重旱灾，分区积极组织官兵参与抢险救灾和献爱心捐助。1. 领导重视，靠前指挥。军分区成立由主官任指挥长的抗旱救灾指挥部，按照"分组划片"的方式，深入抗旱一线现场指挥协调抗旱救灾工作。7月13，巧家县小河镇遭受特大洪涝泥石流灾害。军分区迅速启动应急预案，协调组织部队官兵和民兵预备役人员千余人紧急投入抢险救灾，帮助转移群众400余人，抢运伤员21人，搜救遇难人员遗体17具，排除险情30余处，清除淤泥300余立方，搭建帐篷80顶，搬运各种物资25吨，抢救物资400余件。2. 多措并举，搞好保障。筹措专项资金20余万元，添置抽水机、水车、水桶等1100余件（个），引水管8.3千余米。3. 整合力量，作用明显。按照就地就近发动、区域整体联动的思路，以现役官兵为骨干、以民兵应急分队为主体，充分发挥基干民兵力量，发动组织12500余人次投入抗旱救灾工作，建立了24支抗旱救灾突击队，并将力量编为水源发掘分队、生活给水分队、农业灌溉分队、护林防火分队。累计扑灭森林火灾30起，帮助5000多名群众和8000多头牲畜解决饮水问题，浇灌农作物266.67公顷，补种或移栽农作物53.33公顷。军分区还积极组织广大官兵和民兵预备役人员开展向旱灾灾区献爱心捐助活动，向灾区群众捐款5.4万元。

【政治机关和政治干部比武竞赛获好成绩】 8月8~12日，军分区组队参加省军区在玉溪组织的政治机关和政治干部比武竞赛，取得了B组团体第五名、1个单项第一、1个单项三等奖的好成绩。

（**昭通军分区** 沈古才）

中国人民武装警察部队昭通市支队

【概述】 2010年,武警昭通支队党委在总队党委和市委、市政府正确领导下,坚持以科学发展观为统领,认真贯彻总部、总队总体工作思路,狠抓经常性基础性工作落实,圆满完成以执勤处突为中心各项任务,部队全面建设进步明显。支队党委被总队表彰为“先进党委”;支队被武警总部评为“连续7年预防事故案件工作先进单位”,被总队评为“思想政治教育先进单位”。支队政治处、后勤处被总队评为“先进处”;直属大队被总队评为“安全工作先进单位”;直属二中队、昭阳区中队、威信县中队、绥江县中队、永善县中队被总队评为“基层建设先进中队”;直属四中队被总队评为“安全工作先进单位”;支队团委被总队表彰为“先进团委”。1名个人被总部表彰为“武警部队优秀教练员”,2个党支部、1名党务工作者、1名共产党员和1个团支部、1名团干部、1名团员受到总队表彰;4个团支部,5名团干部,92名团员受到支队表彰;1名个人荣立二等功,7个班、25名个人荣立三等功,162名士兵被评为“优秀士兵”,203名官兵受嘉奖。

【支队党委班子建设进一步加强】 全年,支队党委按照学习型党组织要求,求真务实、凝聚力量,全面提高党委建设科学化水平。1. 以学习型党组织为牵引,强化理论武装。坚持把学习实践科学发展观与培育当代革命军人核心价值观有机结合起来。狠抓学习考勤、讨论交流、述学评学等具体环节落实。组织党委机关参加总部、总队“建设学习型党委机关、争做学习型领导干部”学习教育活动。持续深化“建设学习型党委机关、争当学习型领导干部”学习教育活动成果,进一步浓厚重视学习、崇尚学习、善于学习、坚持学习良好氛围。2. 以贯彻民主集中制为根本,严守组织规矩。坚持把民主集中制作为一条铁律,不折不扣落到实处。结合党委中心组学习和经常性党课教育,扎实抓党委班子经常性民主集中制学习教育,党委成员参与集体领导、维护集体权威的观念逐步增强。坚持把团结作为班子建设的生命线。支队党委领导带头讲团结,真正以班子理性团结推进支队建设创新发展。支队党委成员分专题,采取“请进来,走出去”等方式,利用驻地红色资源,组织官兵参观扎西会议会址、罗炳辉将军纪念馆和烈士陵园,观看红色影片和学习党的四代领导人经典论著,大力培育当代革命军人核心价值观,打牢永远做党和人民忠诚卫士思想根基。3. 以狠抓风气建设为重点,实现风清气正。坚持以风气教育整顿为抓手,着眼“五靠”(靠党性原则带风气;靠艰苦奋斗带风气;党委成员带头安心本职,带头淡泊名利,把精力全部用在了抓部队建设上;靠求真务实带风气;靠开拓创新带风气)纠治各种不正之风和倾向性问题。针对驻地经济滞后,经费难协调和执勤隐患整治难度大的实际,借学习贯彻《人民武装警察法》强劲东风,强势推进“四项设施”建设。靠廉洁自律带风气。持续深入开展“读书思廉”活动,引导大家始终保持勤政敬业、清正廉洁的良好形象。

【思想政治建设重点突出】 全年,支队党委按照“三个紧贴”要求,狠抓经常性基础性政治工作落实,引领官兵高举旗帜、听党指挥、忠诚使命。1. 主题教育抓深化。坚持大事大抓、首要首抓,圆满完成两个批次学习实践活动,实践成果明显,尤其在解决久拖未决的“老”“难”“热”问题上取得新突破。坚持把培育当代革命军人核心价值观,作为思想政治建设重要基础工程,广泛利用驻地红色资源开展“弘扬英雄精神、争做红军传人”教育实践配合活动,使当代革命军人核心价值观逐渐成为广大官兵的自觉追求和行为准则。2. 思想工作抓细化。深入开展“深知兵、真爱兵”和“法律服务到基层活动月”活动,严格落实逐级谈心、思想汇报等制度,充分运用“三互”、“双四一”等有效载体,准确掌握官兵真实思想,依靠多级互动有效化解思想问题。3. 警营文化抓强化。坚持把传统文化、战斗文化、廉政文化、网络文化捆在一起抓,做到“四位一体”,提高部队软实力。建立完善支队政工网、中队主页系统,大力加强基层图书室建设。新建开通“乌蒙警营大讲台”,注重依托大众传媒、驻地教学、邀请地方领导授课等社会资源,积极开展“少抽一包烟、多读一本书”活动。4. 人文关怀抓实化。坚持以人为本,着力解决官兵实际困难。加快推进干部公寓住房进度,优先保障干部探亲休假,长期鼓励官兵参加函授学习。

【支队遂行任务能力进一步提升】 全年,支队认真贯彻总部《武警法》暨中心工作网上集训精神,坚持狠抓军事训练、紧盯执勤工作、做好处突准备,确保任务圆满完成。1. 抓训练,提高执勤能力。认真落实“六化”要求,着眼任务需要,坚持季度军事会操制度,全面掀起军事训练热潮。狠抓基础训练、勤训轮换、反恐集训。严格按照执勤分队警官“三清”“五会”、哨兵“三能”“五熟”基本要求,强化哨兵防袭击、防逃制逃等专项训练和方案演练力度,提高单兵单哨处置、干部应急指挥和分队快速反应能力。2. 抓整治,紧盯经常执勤。按照“以人为本、信息主导、正规执勤、确保安全”思路和"四防一体化"建设要求，以勤务检查鉴定为契机，扎实抓好部队信息化建设，新建开通哨位语音对讲系统，启动支队勤务值班室和作战室建设，实现了网络监控信息资源共享，达到一点触警、同步感知、联动处置。3. 抓战备，增强处突效益。认真加强形势研判，及时修订完善处突反恐和抢险救灾方（预）案。立足最困难、最复杂情况，以处置群体性事件和恐怖袭击事件为重点，组织部队演练。集中精力狠抓重大临时勤务，圆满完成抗旱救灾、扑救森林山火、武装押解和"魅力鲁甸·腾飞昊龙"安全保卫等临时勤务 57 起。在巧家"7·13"特大洪涝泥石流灾害战斗中，部队行动迅速，执行任务坚决，为驻地社会稳定，保护人民生命财产安全作出积极贡献。

【狠抓支队安全工作】 全年，支队坚持以学习贯彻新条令为牵引，严密组织开展"戒骄防满，保持清醒头脑"教育活动、"'五个过一遍'，坚决实现'六个确保'目标"活动、"治酗酒、严纪律、保安全"教育整顿活动，确保安全隐患和事故苗头禁于未萌、止于未发。1. 强化意识谋安全。坚持把安全工作纳入部队全面建设，全面理解、准确定位，用系统的观点审视安全领域各个方面、各个层次，谋求安全稳定综合效益。认真转化总队依法从严治警集训精神，借学习贯彻新条令之机，组织全市部队观摩学习，进一步促进部队正规化管理。2. 寻根究底查安全。对重点部位、重点目标、重点人员进行了严肃认真的分析和排查。针对存在问题，逐一抓好整改。3. 从严治警保安全。重点突出干部、士官管理。彻底清除营区内互联网线和无线网卡。认真落实安全保障措施，干部坚持跟班作业。狠抓车辆运行秩序，维护武警良好形象专项整治活动，严格车辆审批权限。充分发挥远程控制门禁系统优势，落实"四人联管"责任制。严格按照营区反恐防御阵地建设"五控"要求，扎实做好营区安全防范工作。4. 落实责任要安全。注重从健全组织，强化责任，提高能力上抓好安全建设。重大节日或重要时期，坚持组织机关干部蹲点基层。党委成员经常带机关人员，实施不定时间、不定路线、不打招呼检查督导，及时消除安全隐患。严格落实问责制，与基层中队主官签订责任状。

【狠抓支队基层建设】 全年，支队坚持工作重心下移，狠抓经常性基础性工作落实，不断夯实发展基础。1. 科学调配用干部。分层次对干部各方面情况进行全方位分析，摸底排队；对拟晋（任）职干部进行公开考核，确立靠素质立身、凭实绩进步、按制度选人的正确导向。2. 区分任职强素质。扎实开展大练基本功活动，组织部分基层主官和机关干部到兄弟单位参观正规化执勤管理、警营政治环境建设和"四项设施"建设整治试点及科目演示；利用月军事、政工、后勤例会强化"一个班子、三支队伍"和"三个一线"按纲抓建基本功。3. 形成合力抓帮带。建立挂钩帮扶机制，制定工作目标责任书，坚持季度讲评制度，实施不间断帮扶。狠抓建设试点引路。本着"跳出昭通看昭通、立足昭通建昭通"的原则，高标准抓好一中队正规化建设试点科目演示和二中队"四项设施"建设试点，进一步统一标准，树立样板，使机关和基层建设同步推进、协调发展。4. 丰富载体激活力。紧紧围绕 8 项经常性工作和"五好、五带头"，积极开展基层"双争"和党（团）"创先争优"活动。基层坚持和落实挂红星、红旗和党徽制度，有效激发了官兵参与争创活动的积极性，促进了基层竞相发展、整体跃升。10 月 11～17 日，支队扎实开展了为期 7 天风气建设教育整顿，专题召开民主生活会议，进一步加强部队风气建设。

【狠抓支队后勤保障建设】 全年，支队坚持以保中心、保生活为重点，以保基层为重心，狠抓后勤保障工作落实。1. 设施建设。在总队和地方党委、政府支持下，投资新建支队作战指挥室、备勤室、电脑学习室、办公楼前场、教导队球场、干部公寓住房，改善了营区环境。2. 开源节流。着力解决支队长远发展和后劲不足问题。将支队和所属县区中队建设性经费纳入财政预算。注重提高后勤专业队伍整体素质，举办司务长、炊事员、军械员兼文书培训和驾驶员复训，为后勤管理工作提供人才支撑。注重建章立制抓规范。制订出台关于机关和基层建设的 3 个规定，使后勤工作步入规范化、制度化。深化资产与预算管理改革，对各类设施实行计价挂账，纳入责任制管理。3. 服务质量。立足重大任务实践，充实战备给养物资，强化应急保障训练，提高后勤应急保障能力。重视官兵身体心理健康，加大卫勤保障力度，定期组织医务人员到驻昭单位进行巡诊，不定期对营区进行免疫消毒，确保官兵身体健康。

【武装押解勤务圆满完成】 1 月 8 日，武警昭通支队直属大队二中队出动兵力，完成对昭通监狱 40 名犯人转移武装押解勤务。1 月 18 日，武装押解彝良县看守所 76 名犯罪嫌疑人转至鲁甸县看守所。6 月 17 日，协助市公安机关和目标单位，安全完成新建市看守所搬迁的 79 名在押嫌疑犯转移武装押解勤务。

【扑灭山林火灾】 1 月 20 日，昭阳区南郊凤凰山发生山林火灾，支队迅速出动官兵赶赴火灾现场，经过 6 小时奋战将大火扑灭。2 月 7 日，鲁甸县中队成功扑灭茨院乡田合村山林大火。3 月 1 日，支队出动官兵参与扑灭昭阳区旧圃镇九龙山山林火灾。

【支队党委扩大会议召开】 1 月 27～30 日，支队党委扩大会议召开，基层党委（支部）正、副书记和机关股以上干部参加会议。会议传达学习总队党委二届九次全会精神，回顾总结 2009 年度工作，部署 2010 年度工作任务。市委常委、市委政法委书记张朝德出席并作讲话。

【"双拥"活动广泛开展】 2 月 3 日，武警昭通支队政治处副主任李向东率相关人员，到挂钩帮扶的永善县伍寨乡长海村，为53户村民发放慰问金10600元、衣物200余套。2月7日，市委、市人大常委会、市政府、市政协相关领导及市“双拥”工作领导小组成员50余人看望慰问支队官兵。2月9日，昭通“黑颈鹤保护志愿者走进绿色警营”活动到支队进行保护黑颈鹤知识宣讲联谊活动。2月25日，支队组织向灾区捐款30623.9元。2月28日至3月1日，支队官兵到昭阳区小龙洞乡小米村大蒿地社抗旱救灾。经过两天抗旱救灾行动，为当地2000多群众送出480余桶水，近2.4万千克。4月7～8日，支队出动官兵到鲁甸县梭山乡为100多户500余人送水20吨；4月7～14日，支队再次出动官兵，到梭山乡展开“抗大旱、保民生、促春耕”救灾行动。4月19日，支队组织机关和驻营区部队官兵向青海玉树地震灾区捐款20996.5元，并于4月21日10时，沉痛哀悼在大地震中罹难的同胞。5月25日，直属大队一中队团支部和昭通烟厂团委开展“警地共建团日”联谊活动，中队官兵为烟厂团委表演单个军人队列动作、擒敌术、应急棍、武术，烟厂团委向中队赠送价值4000元的图书。6月1日，支队政治处主任姚宏宝率3名官兵为长海村长海小学赠送价值2000元文化、学习用品。7月8日，支队教导队与昭阳区大山包乡政府携手共建精神文明单位，举行签订共建协议书和授牌仪式。12月21日下午，支队积极响应共青团昭通市委“温暖昭通——爱心包裹”行动，组织全体官兵向贫困山区孩子捐款2.4万元。

【全市“两会”安保勤务圆满完成】　3月23日至4月10日，市及各县区召开人大和政协“两会”，直属大队一中队和各县区中队出动官兵担负“两会”安保勤务，圆满完成市和各县区“两会”安保勤务工作。5月8～10日，支队协助公安干警完成全省扶贫开发现场会安全保卫任务。7月28日20时，支队参谋长王承全带领官兵协助公安民警担负云南省昊龙集团成立10周年举行的“魅力鲁甸·腾飞昊龙”大型文艺晚会安全保卫任务。10月3日，镇雄县中队担负县一中建校百年庆典现场安保任务。12月15～16日，支队出动官兵配合公安干警担负第三届中国扶贫地区可持续发展战略论坛（昭通）现场会警卫和与会代表住地警卫勤务。

【支队团委活动形式多样】　4月29日，支队团委组织驻昭部队新发展团员，到凤凰山烈士陵园举行“缅怀革命先烈、争做优秀团员”活动。5月4日，支队组织团员青年参加团市委组织的“抗旱促春耕、共建新农村”主题团日活动，纪念五四运动91周年。5月30日晚，组织全支队官兵开展“弘扬英雄精神、争当乌蒙卫士”演讲比赛，激发官兵立足本职岗位、爱岗敬业工作热情，自觉践行当代革命军人核心价值。6月5日，响应团市委号召，支队组织官兵参加“保护我们的母亲河——百河千流环保行动”，清理污染河道300多米、垃圾4吨。7月30日晚，支队与市委政法委、市公安局干警共同举行庆“八·一”联欢晚会。8月22日晚，支队出动70名官兵参加市公安局警官艺术团文艺晚会活动。

【参加总队大比武取得好成绩】　支队自4月起，从全市部队选拔比武集训分队，按照整体推进，重点突破，训考结合思路，强化比武队员心理素质、反应能力、协同作战和体能训练。在参加总队大比武中，政工类获团体第二名，个人获政治机关业务第二名、卫生员个人止血搬运第二名和炊事员个人烹饪第二名。

【支队法律服务月活动】　5月11～12日，支队按照武警总部和总队第6个法律服务活动月要求，开展法律服务和“六个一”为主要内容心理服务活动，有效增强基层官兵依法处理问题和心理防护意识。

【直属三中队乔迁新营房】　6月17日，支队直属三中队乔迁新营房，并圆满完成79名犯罪嫌疑人转移新看守所勤务。

【野营综合演练】　7月13～20日，支队组织机动部队和勤训轮换人员到大山包开展以走、打、吃、住、藏、管为基本内容，以研、演、训为主要形式的针对性反恐处突实战训练，全面提升部队反恐应急处突能力。

【第八次官兵代表大会和第六次团员代表大会召开】　7月11～13日，支队召开第八次官兵代表大会和第六次团员代表大会，基层中队和机关、直属队军人大会代表和团员代表出席会议。大会审议通过支队工作报告和团委工作报告，选举产生第六届团委委员和新一届团委正副书记。会议期间，与会代表提出62条意见和建议。

【参与巧家县“7·13”抢险救灾】　7月13日，巧家县小河镇发生特大洪涝泥石流灾害，造成20人死亡、24人失踪、43人受伤。灾害发生后，支队长黄国祥带领官兵赶赴现场开展搜救失踪人员、清理淤泥、物资搬运、应急帐篷搭建、遇难者尸体搬运、防疫消毒等任务。先后安全疏散和转移群众1200余人，寻找到6具尸体、搬运20具尸体，运送救灾物资10吨，清理、焚烧和填埋各类垃圾0.8吨，实施药物消毒5000平方米。部队抢险救灾先进事迹被中央电视台、云南电视台、《人民武警报》等20多家媒体专题报道，在社会上引起强烈反响。

【“八·一”反恐军事汇报表演】　7月30日，市委书记夜礼斌率参加全市议军会议的135名领导干部，在支队长黄国祥、政委严修全陪同下，看望慰问支队官兵，并观看反恐军事汇报表演。

【欢送退伍老战士】　11月25日，支队举行欢送老兵退伍仪式，市委政法委、总队后勤部军需处、总队选培办的领导为退伍老兵送行，并勉励退伍老战士退伍不褪色，在新工作岗位上再立新功。退伍老兵纷纷表示，感谢部队几年教育培养,在回乡途中,一定保持和发扬部队优良传统,遵规守纪、文明返乡。

【新建公寓房竣工】 12月7日,支队新建公寓房工程领导小组、市建筑工程公司、市建筑工程质量监督站、云南木盛和岩土工程有限公司、市建筑设计院及云南成城建设监理有限公司等相关责任单位组织对支队新建公寓房工程进行竣工验收。验收人员实地查看工程实体质量和工程技术档案资料后,由施工、勘查、设计、监理、质监责任主体单位分别作质量评估报告,并签署竣工验收报告。

(**武警昭通市支队** 粟赞飞)

中国人民武装警察部队昭通市消防支队

【综述】 2010年,市公安消防支队以确保火灾形势持续平稳和部队安全稳定为目标,纵深推进部队建设与发展3年规划,全面实施筑牢"防火墙"工程和奋力打造"乌蒙消防铁军",着力抓好"三项重点工作"和"三项建设"任务,抢抓机遇,求实创新,积极进取,攻坚克难,在营房建设、消防车辆装备和消防经费争取等重点难点工作上取得重大进展,部队建设实现新突破,队伍形象有了新提升,消防工作迈上新台阶,火灾形势保持平稳。全年市消防支队接警出动116次,出动人员865人次,出动各种消防车辆182台次,抢救93人;市消防支队管辖区域发生火灾34起,死4人,受灾42户,烧毁建筑2557.3平方米,直接财产损失122.86万元,与2009年同期相比,火灾起数下降35.85%,死亡人数下降50%,直接财产损失上升24.19%。为全市经济发展和社会和谐稳定创造了良好的消防安全环境。

【消防队伍建设】 全年,市消防支队围绕"五个抓手"强化班子队伍建设:1. 抓党组织建设。不断提高市、县区消防系统党组织规范化建设水平。积极开展党委成员下基层帮扶督导活动,不断提升市、县区消防系统党组织领率部队科学发展的能力和水平。2. 抓思想政治教育规范化建设。认真学习《公安消防部队思想政治教育大纲》,进一步规范了思想政治教育。在彝良大队召开了全市消防部队思想政治教育规范化暨警营文化建设现场会。深化"三句话"(忠诚可靠,服务人民,竭诚奉献)总要求学习教育活动,进一步筑牢全市消防官兵扎根艰苦环境、勇于献身消防事业的思想基础,形成了"创先争优"的浓厚氛围,涌现出了一批先进典型。全年,支队所属2个单位记集体三等功,3人立二等功,20人立三等功;2人被省委、省政府表彰为抗旱救灾先进个人,1人被市委、市政府表彰为民族团结进步先进个人;5人被总队表彰为优秀共产党员,1人被表彰为优秀党务工作者。3. 抓警营文化建设。加大对警营文化建设投入力度,改善硬件条件,新建一批文体娱乐设施。组织创作和编排富有民族和区域特色、反映消防主题的优秀节目参加总队文艺汇演,其中支队选送的《快门下的橙色记忆》和《回家》分获特等奖和三等奖。4. 抓队伍素质建设。着力深化"大教育、大培训"活动,对所有基层大、中队干部培训不少于15天,努力确保各类人员胜任本职工作。5. 抓党风廉政建设。大力推进落实党风廉政建设责任制和"一岗双责"制,开展经常性廉政教育和实地警示教育活动,有效防止违法违纪现象。

【打造"乌蒙消防铁军",提升灭火救援能力】 全年,市消防支队围绕"五个强化"打造"乌蒙消防铁军",全面提升灭火救援能力。1. 强化攻坚力量建设。依托特勤中队和全市所有普通中队,普遍建立了灭火救援攻坚组,初步形成灭火救援攻坚力量体系。2. 强化战训业务基础。认真落实部队执勤战斗条令和业务训练大纲,修订完善灭火救援预案,加强高层、地下建筑、石油化工等特殊火灾和危化品泄漏、道路交通事故、地震等灾害事故处置的专业训练,组织开展了多部门联动的人员密集场所灭火救援实战演练,提高了科学施救水平。3. 强化综合性应急救援队伍建设。市政府下发《关于组建综合应急救援队伍的通知》和《昭通市人民政府关于进一步加强应急队伍建设的意见》,把消防应急救援工作纳入了政府应急管理体系建设,市和11县区依托消防部队组建综合性应急救援队伍。成立市综合应急救援支队,下设6个分队和2个搜救组。4. 强化应急联动和物资保障。组织召开了应急救援联动工作协调会,与部分社会单位建立了应急救援基本生活物资保障协调机制。9月份参与并协助总队圆满完成了规模最大、强度最高、科目最多、时间最长、距离最远的跨区域地震救援拉动演练,提高全市消防部队的实战能力和战勤保障水平。5. 强化比武练兵。大力开展全员练兵和比武竞赛活动,官兵技战术水平不断提升。在曲靖市举行的全省比武竞赛活动中,昭通特勤攻坚组获第三名。举办打造"乌蒙消防铁军"大比武活动,有效提高消防灭火救援实战能力,圆满完成了一系列急、难、险、重任务。特别是在巧家县小河"7·13"特大山洪泥石流灾害事故救援行动中,消防部队第一时间赶赴现场、展开救援、帮助灾区恢复重建,“乌蒙消防铁军”的事迹和表现受省、市党政领导的肯定和群众的赞誉。

【全市消防部队安全稳定工作能力全面提升】 全年,全市消防部队坚持“五个到位”,消防部队安全稳定工作能力全面提升。1. 人员到位。补充调整市消防支队安全工作领导小组,推选24名工作积极性高、责任心强的官兵担任安全监督员。2. 落实到位。全市消防部队开展“安全日”和“安全月”系列活动,定期召开安全形势分析会,提出整改措施和要求,及时消除事故隐患,提升部队安全管理能力。3. 责任到位。与所有基层单位和官兵签订了执行“禁令警规责任状”及“保证书”。适时下发加强执勤战备和做好安全防事故工作的专门文件,加强薄弱环节安全工作。4. 督察到位。完善消防官兵探亲休假跟踪管理制度,加强对公差勤务、探亲休假等外出人员的跟踪管理,及时掌握动态情况。5. 典型示范到位。紧扣“3322”(落实“三个统一”,建立“三个规范”,实现“两个提高”,建设“两个品牌”)工作机制,把昭阳、鲁甸消防大队建设为示范单位。召开全市消防部队精细化管理工作现场会,以精细化推动部队正规化,以典型示范带动整体推进,全市消防部队安全稳定工作能力全面提升。

【构筑“防火墙”工程,提升火灾防控能力】 全年,全市消防部队着眼“四个强势推进”,提升火灾防控能力。1. 强势推进“防火墙”工程。市政府印发《昭通市构筑“防火墙”工程实施方案和创建标准》。2. 强势推进消防工作社会化。市政府组织召开全市消防工作会议,市政府与11县区政府及市直相关职能部门签订了目标责任状。3. 强势推进消防监督管理服务工作。实施联合执法行动,持续开展了“乌蒙春雷”行动、建筑消防设施等一系列专项整治,保持了隐患整治高压态势,挂牌督办整改重大火灾隐患单位7家,办理消防行政案件95起,罚款108.5万元,实施“三停”26起,临时查封19起,强制执行3起,警告77人,行政拘留8人。4. 强势推进消防宣传教育。拓展消防宣传“五进”活动,新建了1个消防科普教育基地和一批“五进”示范单位,市政府举办“119消防日”启动仪式暨“119名村官进红门”活动。

【消防基层基础建设力度加快】 2010年,全市消防部队预算经费1266万元,同比上年增加16%;争取专项经费2900万元。投资2443万元新建成大关、巧家、镇雄、水富4个县大队营房,昭阳区大队危旧营房改造和支队机关公寓楼建成,全市消防部队新建营房面积14402平方米。市政府一次性划拨抗消防旱救灾资金450万元,投入676万元一次性购置16辆消防车,投入574万元购置了1辆32米曲臂登高平台车、1辆防化洗消车、6辆抢险救援车、1辆移动通信指挥车,全年新购各类消防车辆25台,消防车数量大幅增长,结构明显改善。投入600余万元新购置了各类消防器材装备1833件(套)。投入188万元完成基础通信网络改造、通信指挥中心、移动通信指挥中心和支队信息中心等,筑牢了部队信息化建设基础。

（市公安消防支队　熊　斌）

人　民　防　空

【人防建设力度加大】 年内,市人防指挥所土建、装修、装饰工程、室外附属工程建设完工,并报经市审计局进行工程建设项目竣工决算审计结束。10月,由省人防办组织相关人员对工程进行竣工验收。工程竣工面积7388平方米,总投资1721.3万元。为平战结合盘活国有资产,发挥人防工程的经济效益,已发布招商引资公告,采取整栋大楼整体出租,解决综合大楼的开发利用和训练房的施工建设,年底完成市人防物资应急储备库和专业队伍训练房主体工程建设。积极拓展利用城市地下空间工作,至年底结合城市新建民用建筑,在建和近期办理人防工程手续的项目13个,已竣工项目4个,应建防空地下室面积22104.44平方米,竣工面积5976.68平方米,征缴防空地下室易地建设费19.72万元。

【人防指挥所信息系统建设启动】 年初,市人防指挥所信息系统建设第一阶段工作启动,按省人防办、市政府要求成立邀请招标领导组,由于该项目的特殊性,属于保密工程,经有关部门对施工单位的考察后,确定了3家企业参加内部邀请招标,并发出邀请函和招投标文件。市人防办和中标方完善合同等相关手续,施工队于10月进场,2011年底完成第一阶段建设。

【人防指挥通信】 2010年9月,市委办公室分别印发《昭通市2010年城市防空警报试鸣实施方案》和《昭通市开展新中国人民防空创立60周年宣传活动方案》。成立了昭通市城市防空警报试鸣指挥部和昭通市开展新中国人民防空创立60周年宣传活动领导组,全面负责这次活动的组织指挥。市长王敏正发表电视讲话,在警报试鸣仪式上,军分区司令员张志华作讲话。9月18日,警报试鸣圆满成功,鸣响率100%,确保战时能够拉得响、用得上，平时能够应急救援，满足信息化条件下局部战争城市防空作战的需要。

【人防宣传和教育】 年内，市人防办紧紧围绕新形势下人防宣传教育的特点，更新观念，创新方法，除对中学生开展人防宣传教育外，还对社区开展了人防宣传教育，拓宽人防宣传教育面，利用专项资金制作人防法规、人防工程建设、人防知识展板 45 块，印制人防宣传手册 5000 份，用于开展宣传教育进社区活动；在各县区中学生中开展人防知识宣传教育工作，发放相关教材 600 本，制作宣传光碟样碟 11 套，11 县区 136 所学校 192799 名学生参加国防和人民防空知识教育学习。编写 6 期“人防简讯”，开展人防工程建设单位咨询工作。利用检查工程建设的机会，向建设单位发放人防法规宣传教育资料，提高民众应对空袭和自然灾害的认识及自救能力。

（**市人民防空办公室**　范红鸿）

（本栏目审稿：邵聪彪　校对：聂顺荣）

经　　济

责任编辑:邵聪彪　刘宗伯

农　　业

【概述】 2010年,全市完成农业总产值115.62亿元,比上年增长5.4%。其中种植业产值53.21亿元,增长2.7%,林业产值3.57亿元,下降10.5%;畜牧业产值55.87亿元,增长9.2%,渔业产值0.41亿元,增长17.6%;农业服务业产值2.56亿元,下降0.9%;粮食总产量175.94万吨,增长7.1%;肉类总产量39.37万吨,增长10.6%;禽蛋产量1.91万吨,增长13.8%;水产品产量13502吨,增长20.1%;农民人均纯收入2768元;全市粮经种植结构比例调整为62:38,以果蔬、魔芋、蚕桑为主的增收产业项目获得较快发展,水果、蔬菜、魔芋、蚕茧产量分别为46.25万吨、165.1万吨、15.6万吨、0.46万吨;种植业、畜牧业与其他产业(林业、渔业、服务业)占农林牧渔服务业总产值的比例调整为46:48.3:5.7;涉农企业发展到181家,全市拥有市级以上农业产业化经营与农产品加工重点龙头企业68家(其中省级16家)。其中销售收入超过亿元的企业发展到2家。涉农企业年加工农产品36万吨、产值25.6亿元、销售收入21亿元。全市登记注册的农民专业合作组织465个,成员4.3万人。

【科技推广不断突破】 2010年,科技推广不断突破。一是农业科技措施不断普及。全市推广地膜玉米14.72万公顷,其中推广玉米单株定向密植移栽17.74万公顷,推广测土配方施肥技术28.49万公顷,各级举办粮食科技示范样板2.08万公顷,粮食主要科技措施综合覆盖率达87%。二是畜牧科技水平不断提高。2010年牛改良配种10万头;猪杂交改良39.7万窝,其中人工授精30万窝;人工种草3333.3公顷以上,青贮氨化饲料120万吨以上,推广应用配合饲料10万吨以上;全市357个适度规模生猪养殖场基本实现标准化养殖。三是农业标准化进程不断加快。已制订并通过省级认定苹果、马铃薯、玉米等5项地方标准,建设各类农产标准化生产示范区示范面积11.35万公顷。扎实抓好无公害农产品产地认定和"三品"认证,农产品品牌建设不断加强。实施了昭阳区、巧家县、鲁甸县、永善县无公害农产品产地认定整体推进项目,全市"三品"认证产品累计达55个,其中42个产品获无公害农产品认证、6个产品获绿色食品认证、7个产品获有机食品认证。全市无公害生产基地认定19.33万公顷。

【基础设施逐渐改善】 2010年基础设施逐渐改善。一是农田基本建设成效明显。有效灌溉面积11.76万公顷、增加2.22万公顷,改造中低产田地面积累计23.58万公顷、增加4693.33公顷,二是农机装备水平不断提高。在国家农机购置补贴政策的拉动下,全市农业新机具、新机械推广步伐不断加快,农业机耕、机耙面积逐年扩大,农机总动力131万千瓦特、机耕机耙8.53万公顷、农机耕作率22.65%。四是农村沼气池建设加快推进。2010年新建农村沼气池4.9万口,极大地改善了群众的生产生活条件。

【农业改革稳步推进】 2010年,农业改革稳步推进。一是农村各项改革深入开展。进一步稳定和完善农村土地承包制度,土地流转有序开展,促进了农业规模化经营、专业化发展。农村税费改革政策得到巩固落实,各级较好地执行了粮食直补、良种补贴、农资综合补贴、农机购置补贴等一系列促进粮食生产和农民增收政策,切实加强农民负担监督管理,农民得到了较多的实惠,权益得到了更大保护,生产积极性空前高涨。至2010年,共有4759个自然村建成"一事一议"财政奖补项目5394个、总投资5.06亿元。全面推行村级会计委托代理服务,全市143个乡镇、办事处均建立委托代理中心。二是农业改革与建设全面推进。全面完成了种子管理体制改革,基本理顺农技推广管理体制,整合了农技推广资源，增强了农技推广服务能力。市、县区农业部门顺应农业发展的需要，争取成立了农产品质量检测、动物兽医监理、渔业管理、能源建设、农业产业化、农业执法等管理工作机构。合并市农科所和市农技推广中心站，有效整合了科研、推广技术力量。启动了一批基层农技推广、植保预警体系、动物疫情监测管理、农产品质量检测体系等项目建设。农业综合执法全面启动，2010 年已有 9 个县区 11 家农业（畜牧）部门成立综合执法大队。

【邬永飞调研绥江劳务输出和畜牧业工作】 1 月 24 日，副市长邬永飞率市直相关部门领导深入绥江县就劳务输出和畜牧业工作进行实地调研。在农村劳动力转移培训基地，邬永飞一行详细观看了竹编培训班、缝纫班和汽车维修班，听取了相关情况汇报后，充分肯定了绥江人力资源开发工作。

在永丰农业开发有限公司祖代猪场与养殖场管理人员交谈时，邬永飞希望，投资方认真履约，充分发挥养殖场的示范辐射作用，带动周边群众增收致富。建议投资方扩大经营项目，建成一家集畜水养殖、饲料加工和肉食品加工于一体的综合型农牧企业。邬永飞要求，要进一步优化投资环境，在政策、办证、税收等方面给予优惠优先的同时，要经常深入企业，了解诉求，解决难题，为入驻企业提供详尽周到服务。

【省委省政府抗大旱保民生促春耕督办组到昭通检查指导】 2 月 26 ~ 28 日，以省人大法制委员会副主任周云为组长的省委省政府抗大旱保民生促春耕专项督办组一行 3 人到昭通，对抗旱救灾工作进行检查指导。督办组一行深入到昭阳区守望乡、鲁甸县江底镇、大关吉利乡实地检查旱情灾情。28 日下午，市委、市政府召开汇报会，副市长张绍雄就全市相关工作情况向督办组一行作了汇报。听取汇报后，周云一行对全市抗旱救灾工作采取的措施及取得的成绩给予了充分的肯定。

【省农业专家到昭通指导抗旱】 3 月 1 日，由云南农业大学党委书记、校长朱有勇率领的专家组在昭通市委副书记张登亮，市委常委、市委秘书长田勇，市政协副主席赵洪乖等陪同下实地考察昭鲁两县区旱情和农业科技示范样板后，对昭通市抗旱救灾夺丰收提出针对性较强的措施。张登亮强调，专家组的建议符合全市旱情实际，各级各部门务必认真落实好各项抗旱保民生措施，夺取全市农业增收目标。

3 月 2 日上午，朱有勇等先后来到昭阳区靖安乡、乐居乡和鲁甸县龙树乡、文屏镇的田间地角，挥锄取土查看旱情，针对实际提出抗旱备耕夺丰收措施建议。在听取全市旱情及抗旱救灾情况汇报后，朱有勇充分肯定了昭通市各级党委、政府带领乡村干部群众“办法多、点子多、积极性高”的抗旱救灾举措，同时建议各级各部门密切关注旱情，树立抗旱夺丰收的信心和决心；切实贯彻落实好省委、省政府抗灾保春耕指示精神，加大地膜覆盖、高产创建等保水抗旱措施，积极备耕实现小春损失大春补目标；科学规划，突出水田改旱地、错峰种植、生物多样性种植等农业科技示范样板，指导好全市的大春生产，确保大灾之年实现农业丰收目标。朱有勇表示，将如实向省委、省政府汇报昭通旱情和各级干部群众抗旱救灾的精神风貌。

【市直农业系统举行抗旱救灾献爱心捐资仪式】 3 月 2 日上午，市农业局举行市直农业系统抗旱救灾献爱心捐资仪式，市农业局全体局领导，局机关各科室、直属各单位负责人参加捐资仪式并进行现场捐赠。共捐款 20503 元。

【马铃薯机械播种试验示范现场演示会在鲁甸县新街乡召开】 3 月 14 日，马铃薯机械播种试验示范演示会在鲁甸县新街乡新街村 18 社召开。参加现场会的有市农业局农机科、信息科、市农机技术推广站、鲁甸县农业局农机股、新街乡党委、政府相关领导及人员上百人。现场会试验示范的机械是昭通市农机技术推广站引进的青岛洪珠机械有限公司生产的 2MB－1/2 型单垄双行马铃薯播种机。该播种机能一次完成开沟、起垄，播种、施肥、覆土、震压工序。其优点为节省人力，出苗齐，保水分，提温度，薯形大，产量高，上市早，一般亩产超过传统种植的 20% 以上，行距 0.28 米，株距 0.25 ~ 0.35 米，播种深度 0.1 ~ 0.15 米，能较好地达到当地农艺要求，而且施肥量、播种深度、株距可以根据当地农艺要求进行调整。通过该机的成功试验示范演示，填补了昭通市马铃薯播种无机械化作业的空白，也为下一步昭通马铃薯拓宽了机械化发展的空间。

【市委市政府督查抗大旱保民生促春耕工作】 3 月 16 日下午，市委、市政府召开抗大旱保民生促春耕工作督查调研汇报会，分析旱情发展形势，对下一步抗旱救灾工作进行再部署、再动员，要求全市再接再厉，全力以赴打赢抗旱救灾攻坚战，确保大灾之年夺丰收。

市委副书记张登亮主持会议。市人大常委会主任陈林章，市政协主席熊启怀，市委常委、常务副市长张纪华，市委常委、市委秘书长田勇，副市长邬永飞出席会议。省委、省政府抗大旱保民生促春耕第二督办组组长周云应邀出席会议。张登亮要求要着力抓好 5 个方面的工作；周云要求全市各级各相关部门要客观准确认识当前抗旱救灾形势，进一步增强抗大旱、保民生、促春耕工作的责任感和使命感，树立持久抗旱、抗大旱的思想。要强化措施，将灾害造成的损失降到最低限度。坚持区别对待、分类指导、优先保证人畜饮水安全的原则，扎实开展好抗旱救灾工作。将责任层层落实到县、乡、村各级，把责任落实到每个干部职工头上；要严明纪律，对因工作失职、贻误战机，造成损失的，要严肃追究责任。邬永飞就当前进一步做好抗旱救灾工作提出了具体要求。

【市委、市政府抗大旱保民生促春耕工作电视电话会议召开】 3月17日，市委、市政府召开电视电话会议，对全市抗大旱保民生促春耕工作进行再动员、再部署、再安排。市委副书记、市长王敏正，市委常委、常务副市长张纪华，市人大常委会副主任张华贵，副市长邬永飞，市政协副主席赵洪乖等在主会场出席会议。张纪华主持会议。

【吴伯志到昭指导玉米综合试验】 3月14日，云南农业大学副校长、云南省现代农业玉米产业技术体系栽培与土肥功能研究室主任吴伯志带领云南农业大学13名师生到昭通指导玉米综合试验工作，并带领完成了相关试验的马铃薯种植工作。

根据"云南省现代农业产业技术体系第一批建设方案"的总体要求，昭通综合试验站2010年完成云南省现代玉米体系首席科学家、各功能研究室主任及对接专家下达的各项工作任务。经请示玉米体系首席科学家番兴明，同意昭通综合试验站玉米高产核心示范样板采用玉米间作马铃薯模式。通过前期调研及规划，玉米综合站决定将2010年主要试验、示范工作安排在昭阳区永丰镇青坪村进行实施，示范样板规划面积53.33公顷，其中核心区面积20公顷、比体系下达的6.67公顷样板任务超13.33公顷，并制定了《云南省现代农业玉米产业技术体系昭通综合试验站玉米高产核心示范样板技术方案》，以统一采用玉米间作马铃薯规格化种植、统一选用优良品种、统一种植节令、统一地膜覆盖、统一实行营养盘育苗单株定向移栽、统一施用玉米专用肥、统一实行田间管理和病虫害综合防治等"七个统一"作为技术支撑，确保示范样板实现高产、高效。同时，安排了玉米新品种筛选试验、玉米新品种展示、玉米测土配方施肥试验、玉米间种马铃薯规格密度试验、玉米间种马铃薯病害发生规律研究、玉米间种马铃薯病害药剂等试验，开展玉米主要病虫害系统监测及玉米杂交育种工作。

3月上旬，昭通市玉米综合试验站组织昭通市农推所粮作站及土肥站、昭通市植保站、昭阳区永丰镇农业综合服务站开始对样板进行拉绳划线，并对示范区165名主要劳动力进行了马铃薯高产栽培技术培训。

【夜礼斌一行到旧圃镇调研】 3月24日，市委书记夜礼斌一行深入到旧圃镇调研，启动了计划投资1800多万元的旧圃镇集镇整体推进建设工作。夜礼斌一行先后深入杨家湾、小寨子新农村，实地察看了整村推进建设情况，认真听取了介绍，到群众家中详细了解了他们的生产生活情况。办公会上，市建设局局长禄松介绍了旧圃镇街道整治规划方案。夜礼斌征求了大家的意见后，安排部署了旧圃镇计划投资1800多万元的集镇整体推进建设工作。集镇建设工作涉及旧圃镇旧集镇房屋改造、新建道路、绿化广场、市场建设等多个方面。此外，他还明确了旧圃镇中学配套建设、旧圃镇卫生院建设方面的事宜。要求相关部门进一步细化规划，制定出工作计划，力争在12月31前，完成所有建设工作。市委常委、昭阳区委书记马吉林要求，旧圃镇要紧紧抓住机遇，在集镇建设上要力求突出特色，重视文化品位；要预留出土地拍卖，融资建设集镇、扩大集镇规模；对公路沿线的村庄要通过一事一议、整村推进等项目，帮助群众改善生产生活环境。

【2010年春耕生产现场会在鲁甸召开】 4月2日，市委、市政府在鲁甸召开全市春耕生产现场会，强调要采取有力措施，千方百计夺取抗大旱促春耕全面胜利，确保农业生产不滑坡。市长王敏正，市委副书记、市人大常委会主任张登亮，市人大常委会副主任张华贵，副市长邬永飞等领导出席会议，各级各有关部门相关负责人参加会议。张登亮主持会议。

上午，王敏正等市领导带领与会者到龙树乡片区旱粮高产示范样板区参观。该样板区共0.75万公顷，涉及龙树、水磨、新街、梭山乡，样板区严格按统一标准和规格种植。为召开好现场会，王敏正主持召开相关会议进行研究，深入鲁甸指导抗旱和样板区规划工作。鲁甸早计划、早安排、早落实，抓好样板的前期工作。王敏正等领导带领与会者一一参观移植各环节，听取相关介绍。下午，王敏正、张登亮在现场会上作讲话。邬永飞传达了全省春耕生产现场会议精神。中国农业科学院游有林博士作了"抗旱与农业"的专题讲座，介绍了使用保水技术。还组织与会者观看了有关抗旱经验的光碟。

【省农科院与大关县开展农业科技合作】 4月16日，云南省农业科学院副院长戴陆园与大关县长王宏在大关县城签署科技帮扶和院县合作协议。云南省农科院专家、学者，市政府及相关部门领导、农业科技专家，大关县四套班子领导出席合作协议签署仪式。

按照协议的相关条款，云南省农科院与大关县开展较为全面的科技合作：一是开展科技决策和咨询活动。省农科院成立专家组，围绕大关县农业区域发展战略、资源开发利用等科技问题，开展战略研究和咨询活动；参与大关县农业发展规划和农业科技发展规划研究；加强对大关县植物育种与保护、重大疫病防治、农业资源与环境保护等领域的指导；对大关县农业重大工程、农业产业化等项目的申报和实施提供咨询建议；为大关县开展农业科技提供信息服务，积极开展学术研讨和技术指导活动。二是开展农业科技协作攻关研究示范。针对大关县粮食核心区建设、农业产业化、农村生态环境安全等方面的重大技术难题，双方组织专家共同研究，开展协作攻关。由大关县提供场地，重点在玉米、魔芋新品种选育等方面进行攻关，探索建立玉米、魔芋良种繁育基地。三是实施

"八百双倍增"工程。院县双方共同争取各级政府的项目和资金支持，在大关县试验示范5个以上新品种，研究配套技术，使核心示范区单产增幅高于全省平均增幅一倍以上。大关县提供优惠政策，创造条件引入云南省农业科学院到大关县创办、领办高新技术企业或进行合作开发，使大关县成为院县合作研究的平台和成果转化的试验基地，共同创建云南省院县合作典范。四是开展农业产业培育。结合发展玉米育种基地、生姜、魔芋、冬早蔬菜等重点产业，共同研究大关县产业发展与新农村建设相结合、促进大关县新农村建设的有效途径。五是开展农业科技人才培训。每年组织一批大关县处级、科级干部和农技人员到省农业科学院或外地考察、培训，学习先进经验。省农业科学院每年有计划组织专家到大关县开展讲座，开放科研平台，开展学术交流，对乡镇、部门干部和专业技术人员、农村致富带头人进行培训，提高综合素质。帮助大关县培养农业科技人才，指导大关县农业科技工作，共同推进合作项目，搭建更好的合作平台。

【昭、宜两市11县区动物疫病小区联防协作会议在珙县召开】 4月15～17日，第六届昭通、宜宾两市11县动物疫病小区联防协作会议在四川省珙县召开。宜宾市畜牧食品局局长潘贵湘和昭通市农业局副局长浦勇出席会议并讲话，宜宾、昭通两市动物卫生监督所所长、四川省屏山、宜宾、高县、珙县、筠连、兴文等10县区及云南省绥江、水富、彝良、威信、盐津等5县畜牧局（农业局）分管领导、动物卫生监督所所长等共50余人参加了会议。宜宾市畜牧食品局局长潘贵湘在会上介绍了宜宾市的社会经济、畜牧业发展、动物疫病管理等情况。昭通市农业局副局长浦勇也介绍了昭通市畜牧业发展、疫病防治等方面的情况，并对昭、宜2市11县动物疫病小区联防组织成立1年来的工作给予了充分的肯定，同时对动物疫病小区联防组织今后的工作提出了建议和希望。宜宾市的珙县、宜宾、长宁和昭通市的绥江、威信等县在会上进行了经验交流。

【市直部门中低产田地改造主任联席会议召开】 4月20日上午，市政府组织召开了市直部门主任中低产田地市联席会议。参会人员有市委政策研究室、市政府办、市中低改办、市发改委、市农业局、市财政局、市国土局、市农开办、市烟办、市烟草公司、市水利局、市扶贫办、市林业局、市统计局、市科技局的主要领导及相关工作人员。市中低改办专职副主任吕大印传达了《云南省中低产田地改造项目管理培训会议主要精神》，并对昭通市中低产田地改造项目实施进展情况、取得的效益、主要做法、存在问题作了通报，提出了下步工作打算和建议。市政府副秘书长粟勋在讲话中进一步明确了市中低改办与市级责任部门的工作职责，要求市级各责任部门加强沟通、互通信息，按职责要求共同做好全市中低产田地改造工作。同时，为确保工作落到实处，市委、市政府决定派出7个督查组，于4月21～30日对中低产田地改造、春耕生产工作进行专项督促检查。市农业局局长卢登富建议要提前做好下步项目整合资金计划，综合实施、齐推并进抓好中低产田地改造项目的建设。各市级责任部门领导在会上作了表态发言。

【省农大校长一行到靖安乡指导抗旱保粮工作】 4月25日，省农大校长朱有勇一行13人，到靖安乡指导抗旱促春耕工作。朱有勇一行到靖安乡洪家营粮食高产创建样板现场，检查玉米和马铃薯的受旱情况。在查看了粮食高产创建保苗和玉米营养盘长势后，朱有勇一行又察看规范化玉米地膜覆盖情况，并听取市、区、乡领导和农技人员的情况介绍。在市农业工作座谈会上，朱有勇对昭阳区委、区政府在靖安乡洪家营粮食高产创建样板所采取的管理措施，以及中低产田改造、新农村建设、农民增收等所做的工作给予了充分肯定，并提出了意见和建议。

【省委省政府督导组到永善督查抗旱工作】 5月14～15日，以省人大法制委副主任周云为组长的督导组深入永善县，就抗旱抓春耕工作进行督查。督查组一行在县委副书记曹松平、县人大副主任汤华明、县政府副县长李沅勇的陪同下深入桧溪镇强胜村、溪洛渡镇桐堡村查看春耕生产和"大春损失蔬菜补"示范点建设。督查组在详细了解永善县在抗旱抓春耕工作的情况后，对永善县所取得的成绩给予了充分的肯定。

【植保站技术人员到彝良县开展马铃薯晚疫病防治技术指导】 5月25日，市、县、乡3级植保、农技部门在彝良县龙街乡龙洞村开展了马铃薯晚疫病统防统治现场培训会。会议由龙街乡政府组织，市、县植保植检技术人员就马铃薯晚疫病发生为害特点、症状识别、防治方法和喷雾器使用方法等方面做了宣传培训。共培训人员100多人次，发放宣传资料100份，共用8台机动喷雾器喷雾着力，县农业局、植保站为示范区农户提供了66.67公顷防治药剂开展统防统治。

【扶持壮大农业龙头企业加快农业产业化进程】 6月3日，市长王敏正到昭通华曦生态牧业有限公司、三艾有机魔芋发展有限责任公司、云南永孜堂制药有限公司、云南国投中鲁果汁有限责任公司4户涉农龙头企业调研。王敏正先后深入车间参观了企业的设施设备、产品加工生产线等，听取了企业生产经营情况及发展计划汇报，了解政府相关政策措施的落实情况，详细询问企业在发展中遇到的困难和问题，并和企业负责人一道研究做强做大企业的良策。在与4户涉农龙头企业座谈时，王敏正对他们长期以来在促进农民增收，带动地方经济发展、推进农业产业化进程所作出的贡献给予充分肯定。对四4户涉农龙头企业提出的小额到户扶贫政策不配套、林地占用收费手续繁琐和招工、用电、农村人力资源培训等问题，王敏正现场办公，帮助企业协调解决。要求落实办理部门和时限，对推诿扯皮或拖延不办的进行行政问责。市委常委、昭阳区委书记马吉林，副市长邬永飞，市政协副主席、市工商联主席李志平，市政府秘书长肖本敏及市农业局、经委、扶贫办、供电局等市直有关部门负责人随同调研。

【组织考察组赴曲靖楚雄学习考察农业综合执法工作】 6月4～10日，市农业局组织局属各执法站所长和昭阳、鲁甸、巧家3县区农业局长、法规科股长等一行23人组成考察学习组，到开展农业行政综合执法工作较好的曲靖市、楚雄州两地考察学习农业综合执法工作。考察组先后深入曲靖市麒麟区、楚雄市南华县考察学习农业综合执法工作，重点对县级农业综合执法机构设置、人员配置、工作职能、处罚文书规范化处理、运行机制及农资市场管理等情况进行了考察学习。考察组一行还分别与曲靖市农业局、楚雄州农业局举行了座谈，听取两地农业局对综合执法工作开展情况、工作经验和存在问题介绍，并交流考察学习心得体会。通过考察学习，将对我市农业综合执法工作起到积极的推进作用。

【马铃薯晚疫病统防统治示范现场会召开】 6月17～18日，市农业局组织召开了马铃薯晚疫病防控技术培训会，以带动大面防治技术的开展。18日上午，在昭阳区苏家院乡迤那村11社召开了市马铃薯晚疫病统防统治示范现场会。会议由市农科所、市植保站联合承办。参加现场会的有市、县区农技、植保技术人员及该乡农民共100余人，市植保站共出动9台机动喷雾器，农民自发手动喷雾器20余台，组织农民进行了马铃薯晚疫病统防统治示范面积6.67公顷。

会议邀请了云南农业大学马铃薯病害防治专家杨艳丽教授在农科所会议室就马铃薯主要病害进行了专题培训。

【云南农大调研昭通农作物生物多样性种植】 6月25～26日，云南农大校长朱有勇、副校长李正跃率领考察组一行到昭阳区、鲁甸县的部分乡镇调研农作物生物多样性种植情况。考察组先后在部级玉米生物多样性高产创建示范点昭阳区北闸镇邓子村考察玉米套马铃薯“二套二”规格化种植；到靖安乡考察了各种节令种植的试验效果，为探索大旱之年改变种植措施和推迟种植节令所采取的试验情况进行调研；考察了鲁甸县砚池山、马鹿沟的玉米科技样板长势情况。对昭通的农作物生物多样性种植给予了充分肯定。考察组一行认为，昭通市的农作物生物多样性种植开展得很好，特别是在大旱之年能充分结合作物节令，采取切实可行的措施，实现满栽满插，力争实现粮食增产、农民增收目标。

【云南省现代农业蚕桑产业技术体系巧家现场观摩会召开】 6月22日，全省现代农业蚕桑产业技术体系现场观摩会在巧家召开，体系内各功能研究室、综合试验站及区域推广站站长（主任）及专家聚集巧家，观摩学习巧家蚕桑产业发展及区域推广站建设的成功经验，围绕云南省现代农业蚕桑产业技术体系建设汇报交流各自开展的工作，共谋发展云南蚕桑产业。昭通蚕桑综合试验站站长凌英，经作站副站长周应彪参加了会议。云南省现代农业蚕桑产业技术体系首席科学家、省农科院蚕桑蜜蜂研究所所长黄平主持会议。云南农业大学、云南省农科院的蚕桑产业技术体系各功能室专家分别就遗传育种、桑、蚕病虫害综合防治等科研项目作会议交流。楚雄州、大理州、昭通市3个综合试验站，祥云、沾益、巧家、大姚、保山5个区域推广站分别汇报了各站开展的工作。云南省现代农业蚕桑产业技术体系昭通综合试验站长凌英向大会作交流发言。巧家县热区开发办副主任、云南省现代农业蚕桑产业技术体系巧家区域推广站站长何勇，向参会代表现场介绍巧家区域推广站千亩综合示范区、百亩核心示范区及优良蚕桑品种比较园建设情况。昭通长江丝绸有限公司董事长、总经理言文杰陪同云南省现代农业蚕桑产业技术体系首席科学家黄平及各位专家，参观并介绍巧家蚕桑工业园区建设情况。

【省农业厅粮食生产科技措施落实交叉检查组到昭通检查指导】 6月22～24日，以省农技推广总站书记刘友林为组长的科技措施落实交叉检查组一行到昭通市检查大春生产完成情况，10项科技措施应用情况，高产创建、间套种技术推广的方案、示范片的地块、组织领导、标牌、资金等落实情况。检查组一行在市农业局副局长赵高慧的陪同下，到昭阳区靖安乡，鲁甸龙树乡，永善县茂林镇、莲峰镇实地查看了玉米、马铃薯、水稻等粮食作物高产创建、玉米间套种示范样板实施情况。刘友林在听取了各级领导的汇报后，对昭通市抗旱保春耕生产及高产创建、规格化间套种等重点工作实施给予了充分肯定，并重点对粮食高产创建和规格化间套种工作提出建议。

【市委书记夜礼斌看望小河受灾群众】

7月19日，市委书记夜礼斌率市委常委、市委秘书长田勇，副市长成联远和市委办、市政府等有关人员奔赴遭受特大洪涝泥石流灾害的巧家县小河灾区，察看灾情，看望和慰问受灾群众，并指导防汛抗洪救灾工作。夜礼斌一行仔细察看了洪涝泥石流造成的灾害情况。在详细询问了灾民的受灾情况后，又赶往安置灾民的临时帐篷点，看望和慰问了被安全转移安置的受灾群众，与巧家县四套班子主要负责人进行了座谈，认真听取了巧家县小河防汛抗洪救灾工作情况的汇报。座谈会上，夜礼斌传达了省委领导的重要讲话精神。

【全市农业农村经济运行分析会召开】

7月20日下午，市政府召开全市农业农村经济运行分析会，分析总结2010年上半年全市农业农村经济运行和各项发展目标任务完成情况，部署下半年农业农村工作，副市长邬永飞出席会议。会议要求各级各部门要结合各自工作实际,按照粮食行政首长负责制,落实好各项工作措施,通力协作,强化措施,狠抓落实,妥善应对当前农业农村工作中面临的困难和问题,千方百计确保在大灾之年实现农业增效、农民增收、农村发展的目标。

【举行首届农业推广硕士开题报告会】

7月26日,云南农大人文社会科学学院与昭通农业科学技术推广研究所联办的农业推广硕士开题报告会在昭通市召开。报告会上,研究生学员分别对论文的选题、构思、资料准备、基本观点、研究方法和撰写计划等作出说明,然后由导师提问,学生回答,导师们对各位学生开题报告中的选题依据、研究内容、研究方案和技术路线提出了具体、深入、细致的指导意见。最后,根据开题报告会的情况,导师组作出开题是否通过的结论。该班自2008年6月开班以来,48名学员已经学习结业了5门课程。

【全市稻瘟病专业化统防现场会召开】

8月10日,市农业局在昭阳区旧圃镇三棵村召开稻瘟病专业化统防现场会。昭鲁两县区农业局分管副局长、植保站长、农技中心主任,水稻主产乡镇分管领导和农技站长,市农业局种植业科、农科所等有关科室、站所负责人共93人和180余名农户参加会议。市植保站共组织了20台机动喷雾器和120台手动喷雾器开展统防。会议由市植保站站长石安宪主持,市农业局副局长赵高慧就稻瘟病防治工作提出了5点意见。培训会共发放宣传资料200份,开展统防示范面积20公顷。

【省农科院蚕桑研究所专家到市威信县指导工作】 11月28日上午,省农科院蚕桑研究所4位专家到威信旧城镇旧城村实地检查云南省现代农业蚕桑体系昭通综合试验站的核心示范桑园,专家们对示范园的建设给予了充分肯定,并对下一步的建设提出了意见和建议。下午,威信县农业局、县绿色特色产业办公室组织召开了有蚕桑技术骨干及辅导员参加的蚕桑发展座谈会。会上专家认真解答疑难问题,并表示,今后将带新品种、新技术来支援革命老区的发展。

【荷兰百合育种专家到昭通市进行百合种球繁殖技术交流】 11月6日,昭通市农业科学技术推广研究所和浙江省农科院联合邀请荷兰马克百合育种有限公司的两位专家到苏家院乡百合种球种植基地察看百合种球田间生产情况,对昭通种球繁殖和田间技术管理进行了详细的探讨和交流。在交流中,专家讲解了病虫害的防治、测土配方施肥和田间灌溉等相关技术,对荷兰百合抗病种球品种能否在昭通地区种植进行了深入探讨。

(市农业局 邓卫鹏)

林 业

【概述】 2010年全市完成营造林任务8.8万公顷,占计划任务的100%;森林管护75.45万公顷,占计划任务的100.1%;义务植树1017.7万株,占计划任务的101.77%。完成产业项目基地造林3.5万公顷,占计划的100%,其中核桃3.22万公顷,竹子6666.67公顷,红豆杉66.67公顷,天麻菌材林266.67公顷。农村能源建设完成沼气池建设5615户,占计划任务的102%;节柴灶7156户,占计划任务的105.2%。全市共发生森林火灾10次,其中,一般森林火灾2起,较大森林火灾8起,占省下达控制指标的17.2%,受害森林面积43公顷,占省下达控制指标的9.2%,受害率0.07‰,森林火灾查处率90%,全省考评为优秀。林业有害生物发生面积2.22万公顷,其中轻度1.52万公顷,中度0.56公顷,重度0.07公顷,发生率4.54%。防治面积2.09万公顷,防治率94.27%;种苗产地检疫率100%;调运检疫率100%。共查处森林3类案件1232起,其中刑事案件66起、治安案件73起、林业行政案件1093起。共打击处理违法犯罪人员1599人,其中逮捕58人,直接移送起诉的30人,治安拘留29人,治安罚款37人,治安警告7人,林政罚款1007人,补种树木130人,赔偿损失13人,其他处罚288人。共收缴林木、木材870.7立方米,价值45.29万元,罚款240.9万元,赔偿损失0.85万元,没收违法所得16.27万元,为国家挽回经济损失共计303.31万元。

【国有林场危旧房改造建设437户】

2010年,省发展和改革委员会、省林业厅、省住房和城乡建设厅以《关于下达林业棚户区(危旧房)改造工程2010年第一批中央预算内和省级投资计划的通知》文件下达,全市国有林场危旧房改造建设437户,其中新建404户,改造33户;总投资2505万元,其中中央投资437万元,省级配套437万元,市县级配套1631万元,2010年开工建设,2011年建成。为确保建设任务完成,改善国有林场职工生产生活条件,市、县级都分别成立了国有林场危旧房改造工作领导小组,全面负责组织、协调、监督国有林场危旧房改造工作,并切实贯彻落实《昭通市人民政府转发省政府关于推进城镇和国有工矿棚户区改造工作文件的通知》文件精神,及时完成实施方案的编制和上报审批，尽早开工建设，确保建设任务如期完成。

【11县区中低产林改造总体规划编制完成】 2010年，全市11县区编制完成各辖区内的中低产林改造总体规划。7月30日、31日，市政府召开全市中低产林改造总体规划评审会议，组织了市林业局、发改委、财政局等部门近20位专家，对11县区的中低产林改造总体规划依次进行了评审，随后，市政府对各县区中低产林改造总体规划进行批复。根据县区规划情况，全市现有中低产林面积47.09万公顷，至2020年全市规划改造中低产林面积39.49万公顷，2010～2015年规划完成中低产林改造面积24.05万公顷，2016～2020年规划完成中低产林改造面积15.44万公顷。

【全市改造中低产林6667公顷】 2010年，全市改造6667公顷的中低产林，完成省林业厅下达的改造任务，其中完成森林抚育2667公顷，树种更替4000公顷。全市的中低产林改造主要以森林抚育和树种更替为改造方式，其中国有林场是森林抚育改造的主体，而树种更替以林农自行改造为主。

【严厉打击涉林违法犯罪活动】 2010年，全市森林公安机关充分发挥职能作用，认真按省林业厅、省森林公安局、市公安局“冬季行动”、“春季行动”、“2010年严打整治行动”和“严厉打击破坏野生动物违法犯罪专项行动”等行动的统一部署，适时开展重点区域、问题林区、复杂林区专项治理工作，严厉打击破坏森林资源违法犯罪活动。全年全市森林公安机关共查处森林3类案件1232起，其中刑事案件66起、治安案件73起、林业行政案件1093起。共打击处理违法犯罪人员1599人，其中逮捕58人、直接移送起诉的30人、治安拘留29人、治安罚款37人、治安警告7人、林政罚款1007人、补种树木130人、赔偿损失13人、其他处罚288人。共收缴林木、木材870.7立方米，价值45.29万元，罚款240.9万元，赔偿损失0.85万元，没收违法所得16.27万元，挽回经济损失303.31万元。

【切实加强火灾预防和火案查处】 2010年，受60年一遇严重旱灾的影响，全市自进入防火期后，一直维持高火险天气，森林防火面临前所未有的严峻形势。森林公安机关迅速全面进入预警状态，把抓预防、查火案、保安全作为中心工作来抓。一方面积极配合森林防火部门，严格落实各项野外火源管控措施，加大宣传教育力度，严防森林火灾的发生；另一方面加大火灾案件的查处力度，受理森林火灾案件104起，查处101起，综合查处率达97.1%。其中：立森林火灾刑事案件29起，破29起；受理行政案件75起，查处72起。

【开展林区治安基础调研统计】 2010年，结合省局《关于开展全省林区社会治安重点地区排查整治工作的通知》精神，全市森林公安机关从4月开始，历时半年时间，在全市范围内以乡镇为单位开展以“三情”（山情、林情、社情）为主要内容的调研排查和统计工作，在了解掌握基本情况的基础上，有针对性地落实以“四网”（群防群治网、边界联防网、案件协查网、情报信息网）、“两管理”（林区重点人口、重点行业的管理）为主的防范、打击和管理措施，全面提升林区治安管控能力，加强对林区的动态管理。在调研活动中，共收集表册200份，文字5万余字，做到图、表、文字相互补充、相互完善。登记野生动物经营场所10个；野生动物养殖场42家；木材经营、加工场所690家等资料。

【抓好林区禁毒工作】 2010年，结合护林防火、天保工程、林权制度改革等工作，深入林区贴近群众、贴近实际，从身边的人和事讲起，晓之以理，动之以情深入细致开展好宣传教育工作，“远离毒品、珍爱生命”已深入到林区群众心中，全年共开展禁毒宣传3次，书写标语26条，发放禁毒宣传单4810份，召开群众会议6次。为有效遏制毒品违法犯罪活动的蔓延，组织人员对林区的制毒、贩毒、吸毒人员进行了深入细致的排查，对可疑情况及时进行了上报。在每年毒品原植物播种、生长的季节，认真做好禁种铲除工作，坚决将毒品犯罪消灭在萌芽阶段。全年出动人员4500人次，踏查可疑地块1271处，清理林区出租房屋6间。

【规范全市森林公安机构设置】 2010年，各县区坚持林业、公安部门双重领导，进一步理顺了森林公安管理关系，森林公安机关内设机构、派出机构的领导干部基本做到了由本级森林公安机关提出意见，按照干部管理权限审批。各县区局严格按照《关于规范全市森林公安机关机构设置和加强队伍建设的意见》文件要求，认真做好机构规范设置工作，全市11县区局已经全部完成了规范机构设置工作，完成率100%，县局机构级别全部落实为正科级；派出所机构级别全部为副科级。市、县两级森林公安机关均列入行政公安机关序列，加挂了支队、大队的牌子。市森林公安局设立6个正科级内设机构；11个县级森林公安机关分别设立了3～5个内设机构。

【森林公安宣传工作效果明显】 2010年，全市森林公安机关围绕生态安全、集体林权制度改革、“三基”工程建设、队伍建设等中心工作，始终坚持弘扬正气、震慑违法犯罪、树立队伍良好形象的宣传工作路线，广泛深入宣传保护环境资源的重要意义和森林公安的地位作用，通过与各级新闻媒体的沟通协调，积极提供信息素材，加强新闻宣传报道工作。全年国家级报刊采用刊登3篇、省级报刊采用刊登了24篇，超额完成了省局下达的国家级2篇、省级15篇的任务，并收到了较好的社会效果。

【加强警务培训】 2010年，严格落实“三个必训”制度，充分依托现有资源，加大教育培训力度，组织开展网络信息、执法办案、技术鉴定和派出所等各类培训。全年，市森林公安局共举办各类培训班6期，培训民警205人次。全市民警参加上级组织的各类培训40人次，其中岗前培训13人，警衔晋升培训19人；各县区局组织各类培训班12期，培训民警169人次，民警的政治、业务、体能素质有了一定提高。

【开展警用车辆和涉案车辆违规问题专项治理】 2010年，按照省林业厅的部署，2～11月开展警用车辆和涉案车辆违规问题专项治理工作，全市森林公安机关高度重视，认真按照“两车”治理工作会议和文件精神，狠抓落实，做好宣传发动、统一认识，自查自纠，落实责任，建章立制，落实制度，检查验收，督察到位4个方面的工作，坚决整治存在问题，“两车”管理规章制度的落实，严格规范管理、遵纪守法驾车已经成为民警的自觉行为。通过自查自纠和全市组织检查确认，全市森林公安机关共有警务用车44辆，其中：云O专段号牌2辆，云C号牌警车42辆，经过对涉案车辆进行治理摸排，全市森林公安机关没有涉案车辆。

【稳步推进公安信息化建设】 2010年，全市加强计算机等网络信息硬件设备配置，推进网络应用系统建设。森林公安系统新增计算机60台，其中：市局8台、县局47台，派出所5台。市森林公安局机关上公安网电脑27台，配备率达100%，县区森林公安局上公安网电脑配备73台，配备率40.5%；市森林公安局和6个县森林公安局公安网络带宽提升到10M，2个县森林公安局提升到6M。硬件设置的改善，为软件应用提供了保障，年内全市正式启用了森林刑事案件管理系统，全市通过市森林公安局网络信息平台发送简报、文件503个，上报、发布工作信息420条，全市上报省森林公安局工作信息177条，省森林公安局网站采用86条，国家森林公安局网站采用4条。

【加强执法规范化建设】 2010年，加强法律法规及执法办案程序的学习，深入学习《公安机关执法细则》，进一步深化执法思想；全市法制部门认真开展案件审核把关工作，强化执法监督；组织开展业务培训，针对执法活动中存在的问题，有针对性的组织培训，进一步规范执法行为；创建执法示范单位，申报水富县森林公安局作为国家森林公安局执法规范化示范单位，通过创建执法示范单位，带动全市森林公安机关执法能力和执法水平的提高。

【积极构建和谐警民关系】 2010年，深入开展公安民警大走访活动，积极投入抗旱救灾行动，切实维护人民群众利益。针对持续特大干旱的实际，全市森林公安机关把抗旱救灾作为大走访活动的切入点，采取了形式多样的抗旱救灾工作。全市森林公安民警积极向干旱灾区捐款，共向灾区捐款53680元。积极开展“警营开放日”和庆祝森林公安成立30周年活动，努力拓宽森林公安的社会知晓面。

【重庆星星套装门落户水富县】 2010年，水富县委、县政府有关领导多次登门邀请，并为企业发展提供一系列优惠政策，成功引进国内生产规模最大的室内套装门生产企业，重庆星星套装门有限责任公司到水富安家落户。项目总投资1.5亿元，项目选址向家坝镇坝尾槽，土建工程已动工，预计2011年3月一期工程竣工投产。主要以竹粉为原材料，生产竹木装饰板材制品（整体橱柜、柜门及板式家具）、竹木装饰套装门、竹木板材等，年可生产40万套套装门，年产值3亿元，需竹子3万吨、木材1.5万立方米，带动水富县竹产业的发展。

【开展《种子法》法律法规知识竞赛】 2010年，市林木种苗站接到《云南省林业厅<种子法>实施十周年宣传活动林木种苗法律法规知识竞赛试题》后，市林业局党组高度重视，立即安排市、县区种苗站牵好头，认真组织好这次林木种苗知识竞赛活动。全市共有603人参与竞赛。

【市委林业工作会议召开】 1月15日，市委林业工作会议在昭通会堂召开，市委各部、委、室、局，市级国家机关各委、办、局，市直各人民团体和企事业单位，中央、省属驻昭单位主要领导，各县区党政主要领导、分管副县区长、林业局长、各乡（镇、办事处）党政负责人等近500人参加了会议。会议包括3项议程：一是对3年来全市深化集体林权制度主体改革成果进行通报；二是对主体改革工作中涌现出来的73个先进集体和500名先进个人进行表彰奖励；三是传达贯彻中央和省委林业工作会议精神，分析面临的形势，安排部署下步林业工作，启动了3项配套改革试点（即在水富县启动了全市集体林权制度配套改革试点；在威信县启动了森林采伐管理改革试点；在大关县启动了低产林改造试点）。市委书记夜礼斌到会讲话。此次会议，是建国以来昭通林业史上规模最大、规格最高、由市委主持召开的首次林业工作会议。

【开展2010年退耕还林阶段验收工作】 1～2月，全市11县区在省、市技术人员的指导下完成2010年省级退耕还林阶段验收工作。全市退耕还林累计到期验收面积10164.95公顷，保存合格面积10164.95公顷，其中生态林9969.07公顷，经济林195.88公顷，保存率均100%。7～8月，通过了国家级阶段性验收工作。

【市校合作天麻产业开发研究协议签订】 3月8日，市林业局与云南锦昌生物科技有限责任公司、云南大学生命科学学院联合开发昭通天麻产业协议项目举行签字仪式。在反复与省内几家科研院所接触后，选定了云南大学生命科学学院作为产业开发的科技合作伙伴，负责为昭通天麻产业化、规模化发展提供技术支撑，实现天麻种植及加工环节中关键技术的创新研究。同时引进在昭通已进行产业投资的企业云南锦昌生物科技有限责任公司参与研究开发，在彝良县小草坝地区建立天麻林下种植基地，建立优质天麻加工厂，参与小草坝天麻种植、加工、销售等小草坝天麻产业化发展、市场运作的资金投入及研究成果的推广应用，提升昭通天麻的品质品牌效益，实现昭通天麻的规模化和产业化发展。

【大山包黑颈鹤国家级自然保护区一期工程通过省级验收】 3月8日，大山包黑颈鹤国家级自然保护区基础设施建设一期工程通过市级初验。经整改完善后，3月12日通过省林业厅组织省级验收。

【滇东北黑颈鹤越冬种群保护研讨会在昭召开】 4月1日，由湿地国际—中国办事处、昭通市林业局主办，大山包黑颈鹤国家级自然保护区管理局承办，日本地球环境基金资助的滇东北黑颈鹤越冬种群保护研讨会在昭通召开。研讨会邀请了昭阳区林业局，鲁甸县林业局，永善县林业局，巧家县林业局、药山保护区管理局以及昭通黑颈鹤保护志愿者协会的人员参加。

【全市开展天保工程森工企业职工职业技能培训】 4月20～23日，市林业局在永善县举办天保工程森工企业职工职业技能培训。全市天保工程森工企业职工、有关县区天保办工程管理技术人员、花椒加工企业人员及种植大户等100余人参加了培训。培训以花椒丰产栽培技术为主，省林科院专家研究员段兆尧授课。

【林权制度主体改革通过省级抽查】 4月20～27日，按照省委林业工作会议的相关部署，省林改检查组对昭通市深化集体林权制度主体改革阶段的整改完善工作进行省级抽查。通过抽查，面积确权率、均山到户率、纠纷调处率、发证率等指标均达到或超过了上级规定要求。

【刘一丹到昭通调研】 5月7～13日，省林业厅党组成员、副厅长刘一丹率省林木种苗站、省林业技术推广总站、省林科院、省厅科技教育处一行6人，深入镇雄、威信、水富、盐津、大关、昭阳和鲁甸等7个县区的乡镇、村组、企业调研昭通市林业产业发展及林业科技工作情况。14日上午，调研组就本次调研的情况与昭通市政府座谈，市政府副市长邬永飞、市人大副主任张华贵、市政协副主席赵洪乖以及市直相关部门领导、昭阳区和鲁甸县政府分管林业工作的领导、市林业局中层以上干部、昭阳区和鲁甸县林业局领导参加了座谈会。

【云南电网公司到大山包自然保护区实地查看保护区电网】 5月24日，云南电网公司配网主管莫海峰、南方电网昭通供电局生产技术部专责梁开旺在大山包保护区管理局工作人员的陪同下，到大山包保护区现场实地查看并研究改造威胁黑颈鹤安全的电杆线路。

【昭通林改工作获一等奖】 7月27日，在省委省政府召开的全省深化集体林权制度主体改革总结表彰暨林产业发展大会上，昭通获全省集体林权制度主体改革目标考核奖励一等奖，有22个单位、30名个人获省委省政府表彰。

【加强保护区项目建设投入】 7月，昭通市争取到财政补助资金项目2个，共计投资650万元，其中：大山包湿地保护补助资金项目投资550万元，云南药山国家级自然保护区2010年国家能力建设补助资金项目投资100万元。重点是用于提升各自然保护区管理能力、科研水平等软实力建设。8月26日，国家林业局林批准《云南大山包黑颈鹤国家级自然保护区基础设施二期工程项目可行性研究报告》，同意大山包自然保护区基础设施二期工程建设项目开展初步设计，项目总投资935万元，其中：中央投资安排748万元，省地方配套解决187万元。

【市人大审议林改工作】 8月3～14日，市人大常委会组织调研组对全市林改工作进行调研。在调研的基础上，9月13日，市二届人大常委会第二十九次会议听取和审议并通过了《昭通市人民政府关于深化集体林权制度改革工作的情况报告》。

【万兆奇到巧家自然保护区调研】 8月10日，国家林业局驻云南森林资源监督专员办事处专员万兆奇、专员办办公室副主任黄海魁一行4人到巧家县调研。调研组深入巧家药山自然保护区及相关乡镇，听取了巧家县关于森林资源管理、征占用林地管理情况和药山自然保护区建设、人员机构、管理体制情况的汇报。

【晏友琼到大山包自然保护区开展执法检查】 8月10～12日，省人大常委会组织省人大代表和省水利厅、农业厅、国土资源厅、林业厅、环保厅、扶贫办、旅游局等省直有关厅局部门负责人，在省人大常委会常务副主任晏友琼和省人大常委会副主任李春林带领下，组成联合检查组对市政府执行《云南省昭通大山包黑颈鹤国家级自然保护区条例》贯彻实施情况到大山包保护区进行执法检查。

【组建配套改革机构】 8月26日，为顺应产权明晰后林业服务职能的社会需求，市林业局组建了林业产权服务中心、森林资源资产评估中心。

【努力化解林权纠纷】 9月14～19日，由市司法局牵头，市林业局、市森林公安、市信访局组成维稳工作组，对盐津县庙坝乡红碧村与小草坝林场林权纠纷进行调处，成功化解了采笋期间可能引发的不稳定因素。9月25日，市委、市政府召开办公会议，专题研究国有小草坝林场与盐津县庙坝乡红碧村林权纠纷，形成了会议纪要，作出了关于化解小草坝林场与盐津红碧村林权纠纷的处置决定。

【大山包自然保护区获国家级表彰】 9月25日，国家林业局湿地保护管理中心在湖北武汉召开2010年长江湿地保护网络年会，对近10年来在长江流域湿地保护管理工作中做出突出贡献的先进单位和个人进行的表彰。云南大山包黑颈鹤国家级自然保护区管理局获“长江湿地保护与管理先进集体”奖。

【贯彻落实全省森林公安机关正规化建设推进会议精神】 10月18日，在彝良县召开了全市森林公安机关正规化建设推进会议，市森林公安局领导、市局机关各部门负责人、全市县区森林公安局局长、森林派出所所长等40人参加了会议。会议传达学习了全国森林公安和森林防火工作会议、全省州市公安局长会议、全省森林公安机关正规化建设推进会议精神，对全市森林公安正规化建设进行了总结，深入分析面临的形势和存在的问题，并对全市森林公安正规化建设进行再动员、再部署。

【4个陆生野生动物疫源疫病监测中心站项目获批准】 10月，省林业厅批准了《昭通市陆生野生动物疫源疫病监测中心站建设项目实施方案》，共批准市级中心站，永善、水富、巧家省级监测站共4个建设项目。第一批建设资金18.01万元已到位，4个监测站点建设开始实施。

【森林防火受省政府表彰】 11月，省政府表彰奖励了“十一五”期间森林防火先进单位70个。市林业局、鲁甸县政府、永善县森林防火指挥部3个单位受表彰。

【完成天保工程2009年中央预算内投资计划3410万元】 11月底，完成中央2009年预算内投资计划3410万元。2009年，中央为扩大内需促进经济增长，下达昭通天保工程公益林建设任务1.96万公顷(2010年实施)，其中：封山育林1.27万公顷，人工造林0.69万公顷，总投资3410万元，其中中央预算内投资2728万元。项目涉及昭通市11个县区和2个市直林场。项目计划任务下达后，市林业局专门成立了市扩大内需天保工程公益林建设领导小组，采取措施，确保建设任务完成。

（市林业局 赵银刚）

水 利

【概述】 2010年全市水利工作积极践行可持续发展治水思路，抓住国家继续深入实施西部大开发战略和云南实施“两强一堡”战略的重大机遇，立足昭通市情水情，全面加快水利建设，加强水资源管理。2010年，全市共完成水利投资15亿元，实现新增灌溉面积9000公顷，解决509378人饮水安全问题，治理水土流失面积480平方千米，防汛抗旱减灾挽回经济损失5.5亿元。

【水资源管理】 2010年，严格水资源管理：对彝良县发达水库、威信县桂香沟水库和绥江县关村3座小(一)型水库的水资源论证报告书进行评审；审批云南盐津中大发电有限公司一、二级电站取水许可资料2份、发放取水许可证2个。水资源保护：编制完成《昭通市突发性水污染事件预案》；完成主要水功能区纳污能力核定工作，对入河排污口档案进行规范的管理；各县区建立了县级以上城市集中供水水源安全责任制，各县区完成了辖区内县级以上饮用水水源地确界立碑，县级以上集中式供水水源安全无事故。水法律法规宣传：在世界水日和中国水周期间，采取各种宣传措施，向市民宣传水法、防洪法等水法律法规，动员和号召全体民众保护和节约水资源。水政执法：重点加强取水许可、河道防洪安全等水资源管理执法工作，加强三费征收力度，加强对水源地的保护，加大对涉水案件的查处力度。截止12月15日，征收水资源费1128.8万元，超额完成年初省水利厅下达的水资源费征收700万元的目标任务。

【冬春农田水利基本建设】 2010年，全市投入工日915.12万个，累计完成土石方1297.68万立方米。修复水毁工程658处，加高加固堤防10.9千米，新增防渗渠道100.93千米(含田间渠道)，新建小型水源工程2801处，新增蓄水能力20.38万立方米。治理水土流失面积109.68平方千米。新增灌溉面积2266.7公顷、改善灌溉面积6320公顷、新增除涝面积266.7公顷，新增旱涝保收面积973.3公顷，改造中低产田1566.7公顷，新增节水灌溉面积1805.3公顷，新增供水受益人口10.72万人。

【防汛抗旱】 2010年上半年，昭通市遭遇百年不遇的干旱灾害，按照市委、市政府“不让一个群众因灾流离失所，不让一块土地因灾撂荒，不让旱灾引发大的次生灾害”的目标，争取投入抗旱资金约2.67亿元，新增水源点1356个，建“五小水利”工程2163个，解决6万人饮水安全问题。采取库塘、浅井、溪流、机电提水等临时工程措施6126个，临时解决9316个自然村134.23万人的干旱缺水问题；通过组织发动群众生产自救，用3.06万辆车拉水、发动人力背水、服务队送水、牲畜拉水等，解决了约17.56万人的临时用水困难。减少全市经济干旱损失约10个百分点，确保了水工程覆盖范围春耕生产用水，确保全市人民群众生活用水基本安全。

全市实现防洪减灾效益5.5亿元，比2009年增加16%。筹集防汛资金

1300万元(不含向家坝度汛资金),应对灾害性强降水天气11次,指导成功避免人员伤亡4次,成功转移人员1269人,解救洪水围困群众2415人,减少受灾人口85860人。盐津山洪灾害系统首次启用,成功调度横江洪水,历史上无洪灾不成年的盐津县县城,第一次没有遭受洪水灾害。巧家县小河镇山洪泥石流灾害中,向水利厅争取到资金300万元用于小河镇恢复重建。

2010年全市库塘蓄水5.1亿立方米,超额完成省级下达4.6亿的蓄水任务,为历史最高水平。

【水源工程建设】 2010年,在建水源工程:水富县铜锣坝、绥江县罗汉坪、彝良县双河3件中型水库工程和大关县翠屏山、彝良县仙马2件小一型水库工程,累计到位资金52225.62万元,2010年年度完成17615.04万元。水富县铜锣坝水库:概算总投资15575.23万元,累计完成投资14240万元,2010年完成投资4600万元,2010年大坝填筑到高程1476.3米,实现封顶目标。绥江县罗汉坪水库:2010年完成总投资3240万元。完成平洞衬砌、隧洞回填灌浆。完成坝基及趾板基础开挖40万方、围堰填筑7万方、弃渣场挡墙的修建工程。12月4日实现截流目标。双河水库:2010年完成投资7772.62万元。导流洞工程1月13日全程贯通。2010年10月通过截流验收。大关县翠屏山水库6月截流。彝良县仙马水库已建完。镇雄县大水沟水库已通过验收。

重点水源工程前期工作:全市在2010年至"十二五"末拟建37件骨干水源工程,2010年胡家山、桂香沟、水子冲水库已如期开工;天星坝、湾河水库由移民部门建设外,其余32件骨干水源工程已纳入水利部《西南五省区骨干水源工程规划(昭通市部分)》;10件中型水库中4件达到可研深度。其中,巧家县小海子水库已通过审查,昭阳区黑石罗水库和鲁甸县月亮湾水库项目建议书已通过省级审查,彝良县松林水库已完成项目建议书。22件小(一)型重点水源工程,已全部达到可研深度。

【农村饮水安全工程建设】 2010年全市农村饮水安全项目年度计划投资23300.1万元,解决50万农村群众和学校师生饮水不安全问题。2010年完成农村饮水安全项目投资23317.94万元,建成集中供水1511处和分散式供水4598处,有效解决农村442378人饮水困难。抗旱资金3800万元,解决6.7万人饮水困难。共解决农村509378人饮水安全问题,超额完成年初既定目标任务。

【病险水库除险加固工程建设】 2010年,抓住中央加大病险水库除险加固投资力度的历史机遇,按照"先急后缓、先重后轻"的原则,多渠道筹集建设资金,病险水库除险加固工作取得重大突破。截止11月底,完成永丰、跳墩河2座中型水库除险加固的竣工验收。完成长海中型水库除险加固工作。完成省耕塘等19座小(一)型病险水库主体工程的除险加固工作,全部完成投入使用验收或竣工验收,其中竣工验收15件,拟使用验收4件,全市抗旱减灾能力明显加强。

【五小水利工程】 2010年,为发挥"五小水利"工程雨季集水功能,按照"小水池、小水窖等民生水利工程建设一个、发挥一个作用"的要求,抓好"五小水利"工程建设。截至12月底,完成投资56047.18万元,新建改造"五小水利"工程44542件,有效缓解了山区半山区缺水问题,夯实了农业增效、农民增收的基础。

【灌区续建配套及节水改造工程】 2010年,全面完成昭鲁大型灌区鲁甸灌片一期工程建设,并通过水利部稽察。投入资金2500万元,10月开工建设昭阳灌片二期工程。云荞灌区启动建设,基本完成巧家引荞中型灌区建设任务。完成中央小型农田水利重点县昭阳区、彝良县第二期建设任务,昭阳区、彝良县、威信县中央小型农田水利重点县二期工程和绥江县、鲁甸县专项工程全面启动。完成市委二届十次全体会议部署的目标任务,新增有效灌溉面积9000公顷,对提高粮食产量和促进农村稳定发挥了重要作用。

【水生态环境保护】 2010年全市水土保持工作按照"预防为主,全面规划,综合防治,因地制宜,加强管理,注重效益"的方针,长江流域水土流失防治、天然林保护、退耕还林等重点工程建设稳步实施,完成水土流失治理面积480平方千米,建成了拦、截、蓄、引、排等一批防治水土流失设施。按照《云南省渔洞水库保护条例》做好重点饮用水源保护工作,积极向上级争取渔洞水库径流区环境保护项目。

【农村小型水利工程产权制度改革全面启动】 2010年,按照"谁投资,谁所有,谁受益"的原则,积极深化农村小型水利工程产权制度改革,全年完成改革工程件数80964件,通过改革回收资金79.75万元。已纳入改革计划的巧家、盐津、大关、永善、绥江、水富6县,已全部完成农村小型水利工程产权制度改革。未纳入改革计划的彝良县,积极进行农村小型水利工程管理体制改革,基本完成改革工作。

【扶贫挂钩工作】 2010年市水利局积极开展对镇雄县坡头镇簸笠村的结对帮扶工作,向簸笠村捐款3万元,全局职工向簸笠村贫困群众捐款8000元。协调资金3万元用于簸笠村的抗旱救灾工作。推广应用"旱地龙"增强农作物抗旱能力,送给簸笠村"旱地龙"12箱,减轻灾害损失。

【市防汛抗旱指挥部办公室被表彰为云南省抗旱救灾先进集体】 2010年,市防汛抗旱指挥部办公室被云南省委表彰为2010年度云南省抗旱救灾先进集体。

【全市水利水务局长会议召开】 2月8日,全市水利水务局长会议召开。市政府副市长邬永飞出席会议并讲话,各县区水利(水务)局长参加会议。市水利局领导就水利基础设施建设、防汛抗旱减灾、水土保持治理、水利管理体制改革、水政水资源管理等重点工作做了安排部署。会议考核兑现了2009年水利水电建设管理目标任务责任制,签订了2010年水利水电建设管理目标任务责任书。

【晏友琼视察牛栏江—滇池补水工程】 5月12日,云南省人大常委会常务副主任晏友琼率领省人大常委会委员、部分全国人大代表和省人大代表组成的视察组,视察牛栏江—滇池补水工程建设。并在德泽水库大坝枢纽施工营地主持召开现场会议。会议强调:牛栏江—滇池补水工程是一项生态效益、社会效益突出的水资源综合利用基础设施工程,省委、省政府作出实施牛栏江—滇池补水工程的决策是全省实施"两强一堡"战略的重大举措。实施牛栏江—滇池补水工程,滇池流域水环境和水资源条件将得到有效改善,为现代新昆明建设和滇中地区经济社会发展提供有力保障。会议强调要求:省人大常委会要积极从资金预算安排、牛栏江流域保护立法、争取国家立项和督查督办4个方面积极支持工程建设的推进,特别是牛栏江上游水源区要尽早立法,尽早保护,保证水源水质。

【全市第一次全国水利普查工作启动】 6月11日,市政府办公室下发《关于成立昭通市第一次全国水利普查工作领导小组的通知》,全市第一次全国水利普查工作正式启动。全市水利普查时间从2010年6月开始到2012年12月结束。普查内容包括河湖基本情况普查、水利工程基本情况普查、经济社会用水情况调查、河湖开发治理保护情况普查、水土保持情况普查、水利行业能力建设情况普查,以及灌区和地下水取水井2个专项普查。普查分4个阶段:前期准备阶段、清查登记阶段、填表上报阶段、汇总发布成果阶段。

【全市水利工作推进会议召开】 6月18日,昭通历史上规模最大的一次全市水利工作推进会议召开。市长王敏正做动员部署并与各县区政府领导签订《昭通市2010~2015年水利建设目标责任书》。会议出台了《昭通市人民政府关于加快水利建设的实施意见》。会议决定:2010~2015年,昭通市计划力争完成100亿元水利建设投资,新增蓄水库容4亿立方米以上,新增有效灌溉面积3.33万公顷以上,新增水土流失治理面积2800平方千米以上,完成现有的病险水库除险加固,完成16.4万件五小水利工程。

【威信县桂香沟水库奠基开工】 7月16日,威信县扎西镇田坝村桂香沟水库举行奠基仪式,桂香沟水库工程开工建设。桂香沟水库是一座以城市供水为主,兼顾下游农业灌溉和城市防洪的小(一)型水利工程,被列入云南省"十二五"期间计划建设的100件重点水源工程之一。工程概算总投资5861.2万元,坝高52.3米,总库容224.6万立方米,计划2012年建成投入使用。建成后可解决县城及周边1.42万人的饮水问题,兼顾解决下游333.3公顷耕地灌溉用水,并保障下游5500人的防洪安全,和扎西水库、后山引水工程一起成为威信县城供水的骨干水源,有显著的经济效益、生态效益和社会效益。

【王仕宗视察翠屏山水库建设】 7月23日,省水利厅副厅长王仕宗,到大关县翠屏山水库建设工地视察。王仕宗要求:要克服各种困难,抓紧抓好施工,确保工程建设如期完成;要认真抓好防汛应急预案落实,确保汛期施工安全和工程安全渡汛;要严格施工质量和施工安全管理,既要确保工程施工优质高效推进,又要确保生产安全;要加大建设缺口资金筹措力度,确保工程建设有序稳步推进。

【李崇兴稽查昭鲁大型灌区续建配套与节水改造项目】 8月7日,国家水利部稽查办特派员李崇兴一行7人到昭鲁大型灌区续建配套与节水改造项目工程现场对项目建设情况进行稽查。稽查组对工程建设质量、施工管理等方面表示满意,并对工程建设提出要求:项目法人要加强建设管理,规范工程验收;要加强财务管理,规范工程价款结算,严格按照会计制度规定设置总账、明细分类账和会计科目,及时编制会计报表;要规范合同管理,加强工程质量的控制,进一步完善监理制度,确保工程质量与安全。

【水利部稽查昭阳区、永善县饮水安全】 10月18~29日,水利部稽查组林永强特派员一行7人,通过听取汇报、查看工程现场和入户调查、查阅有关文件资料和座谈等方式,分别对昭阳区、永善县2009年农村饮水安全工程建设情况进行稽查。

【陈坚检查指导农村小型水利工程体制改革工作】 11月23日,省水利厅副厅长陈坚率检查组到市属检查农村小型水利工程管理体制改革工作时强调,要深化农村小型水利工程管理体制改革,健全运行机制,2010年底前全面完成昭通市6个县农村小型水利工程管理体制改革工作任务。副市长胡月星代表市政府出席会议并讲话。陈坚指出:昭通水利是昭通经济发展的最大制约,农村小型水利工程管理体制改革工作相对滞后,是抓好水利工作的当务之急。陈坚要求,要采取有力措施,确保2010年12月30日前永善、盐津、大关、绥江、水富、巧家6县完成改革工作任务,2011年12月30日前全面完成全市农村小型水利工程管理体制改革。

【鲁甸县猫鼻子水库东干渠二期防渗工程开工建设】 11月28日,鲁甸县猫鼻子水库东干渠二期防渗工程开工,工程概算总投资210万元,属省级水利专项贷款资金,总工期120天。工程实施后可改善灌溉面积166.67公顷,新增灌溉面积600公顷。

【双河水库大坝截流、基础通过验收】

11 月 29 日，彝良双河水库大坝截流。双河水库截流是全省 2009 年启动的 6 大重点水利工程项目中第一个实现截流的工程。双河水库位于彝良县荞山乡双河村的角奎小河的右岸支流咪哘河上，总投资 35892.36 万元，总库容 2180 万平方米，具有防洪、灌溉和人畜饮水功能，对于改善彝良县水环境和生态环境，提高防洪能力，保证农田浇灌，促进旅游事业发展，实现经济社会发展具有十分重要的意义。

【全市农田水利建设和中低产田地改造工作现场会议召开】 12 月 1 日，全市农田水利建设和中低产田地改造工作现场会议召开，全面安排部署 2010 年冬 2011 年春农田水利建设工作。市委副书记、市人大常委会主任张登亮到会强调。会议指出：2010 年冬 2011 年春，全市农田水利建设的总体目标是：兴建各类水利工程 20618 件，完成投资 90790.76 万元，修复水毁工程 1954 处，加高加固堤防 38.06 千米，新增防渗渠道 635.64 千米，新建小型水源工程 10353 处，新建村镇供水工程 627 处，新增蓄水能力 173.56 万立方米。治理水土流失面积 141.38 平方千米。新增灌溉面积 6973.3 公顷，改善灌溉面积 19086.7 公顷，新增除涝面积 1546.7 公顷，新增旱涝保收面积 3120 公顷，改造中低产田 3740 公顷，新增节水灌溉面积 7140 公顷，解决和改善 50.58 万人的饮水不安全问题。确保完全 2010 年解决 50 万人农村和农村学校师生饮水安全问题，治理水土保持面积 480 平方千米，完成建设五小水利工程 4.4 千万件，完成 15 亿元投资任务的工作目标。会上，昭阳、鲁甸、彝良、大关、永善、水富 6 县区作了交流发言。与会人员实地参观了昭阳区段家石桥北干渠、昭鲁大型灌区施工现场、昭阳区乐居乡中河村中央财政小农水项目施工现场、鲁甸现代烟草农业示范项目点和鲁甸县龙头山镇光明村中低产田地改造示范点。

【罗汉坪水库工程导(截)流通过省级验收】 12 月 4 日，绥江县罗汉坪水库导(截)流通过省级验收。绥江县罗汉坪水库工程位于金沙江一级支流大汶溪上游板栗乡罗坪村。该项目属云南省润滇工程之一，是 2008 年全省计划开工的重点工程项目之一，工程于 2008 年 10 月开工。设计总库容 1331 万立方米，概算总投资 33409.87 万元，批准工期 3 年。水库功能以农业灌溉为主，每年可提供农业灌溉用水 1461.6 万立方米，生态供水 68.9 万立方米，可灌溉面积 2333.3 公顷、改善 21000 人饮水困难。

（市水利局 谢 钰 赵庆益）

【水资源保护取得新成效】 2010 年，渔动水库管理局切实把水资源保护作为重中之重的工作，《条例》宣传执法力度加大，迎接了省人大常务副主任晏友琼一行的执法检查，保护工作协调开展能力明显提升，项目资金倾斜力度进一步加大，保护项目建设管理工作顺利推进，水质监测研究长效机制初步形成，库区环境大整治活动成效明显。通过多管齐下，标本兼治，2010 年水库水质总磷、总氮比 2008、2009 年下降近 20%，主体库区水质总体保持在二至三类。

【水库运行管理水平实现新提高】 2010 年，渔动水库管理局统筹兼顾，加强设施设备维护保养，确保设施设备处于良好工作状态；加强水库防洪度汛工作，确保了水库安全度汛；加强安全生产管理，确保了全年无重大安全事故发生；加强大坝环境美化亮化工作，确保窗口形象明显提升；坚持防汛与蓄水并重，确保了城市供水和灌区用水需要。2010 年最低蓄水位 1965.2 米、水量 14230 万立方米，最高蓄水位 1985.23 米、水量 35620 万立方米；年入库量 32790 万立方米。其中主要入库集中在汛期，6 ~ 10 月入库 2.8 亿立方米，占年入库量的 85%，1 ~ 5 月入库 1215 万立方米，仅占年入库量的 4%，11 ~ 12 月入库 3647 万立方米，占年入库量的 11%；2011 年初水库蓄水 3.3 亿立方米，比上年同期多近 1 亿立方米。

【灌区建设管理取得新进展】 2010 年，渔动水库管理局强化灌区分级管理，督促开展干支渠清淤除障工作，确保了灌区正常供水和安全度汛。抢抓国家扩大内需的机遇，积极争取项目资金投入，启动昭鲁大型灌区建设。2009 年实施项目完成通过市级验收，建成渠道 12.51 千米，新增灌溉面积 526.7 公顷，资金管理及财务竣工决算通过审计认可；8 月 6 ~ 10 日，水利部稽察办李崇兴特派员率前期专家、建管专家、计划专家、财务专家、质量专家到昭通稽察昭鲁大型灌区续建配套与节水改造项目，工程质量得到稽察组的一致肯定。2500 万元项目加紧实施，工程预计 2011 年 4 月可全面完成。

【经营管理改革实现新突破】 2010 年，渔动水库管理局加强资产管理，实现了国有资产保值增值；深化改革，与市财政局、国资局、市开投公司联合形成管理体制改革方案上报市政府批复，9 月全面完成资产移交和委托管理，经费管理体制改革全面完成，管理局由自收自支事业单位转为财政全额拨款事业单位；积极处理遗留问题，054 专线、水厂水费、职工欠款等问题成功解决；强化增收节支和财务管理，经营收入目标顺利实现。2010 年共计供水 23550 万立方米，比上年减少 3246.81 万立方米。其中农灌供水 4792.77 万立方米，比上年增加 210.32 万立方米；城市供水 1691.82 万立方米，比上年增加 97.39 万立方米，发电供水仅 17066 万立方米，比上年减少 3553.93 万立方米。

【抗旱减灾工作取得新成绩】 2009 年冬至 2010 年春，昭通遭遇了百年一遇的特大旱灾。渔洞水库管理局切实把抗大旱、保民生、促春耕作为压倒一切的中心任务，加强灌区巡查，及时检修工程设施，灌区工程得到了运行以来较彻底的维护;按先人畜饮水后作物灌溉、先保苗后栽插、先农业后工业原则,在2009年上游来水仅1.71亿立方米、为多年平均产水量48%的情况下,及时调整供水计划,较往年提前2个月向南北干渠放水。至6月中旬抗旱警报解除时,共计向灌区供水4248.94万立方米,比上年同期增加1259.77万立方米,确保了大灾之年灌区农业农村的稳定发展。

(**市渔洞水库管理局** 邱仕贵)

交 通

航 空

【概况】 2011年,昭通机场完成航班架次244班488架次,旅客吞吐量37294人次,货邮吞吐量42.8吨,旅客发运量17589人次,货邮发运量22.3吨,出发平均客座率57.7%,平均客座率64.6%,航班平均客座率61.1%。

【强化昭通机场安全管理】 2010年,1月4日,根据昭通机场内部治安保卫、空防安全、消防安全、道路交通安全管理及机场安全生产运行工作的需要,昭通机场与昭阳区公安武警消防大队签订了《消防应急救援互助协议》、《消防训练场地借用协议》。8日,昭通机场召开全体员工参加的"保安审计、安全审计"动员大会。22~24日,中国民航局校验中心调机对昭通机场导航设备(ILS/DME、DVOR/DME、NDB/MB)进行定期校验。仅用了9小时24分钟就完成了机场DVOR/DME、ILS/DME、NDB/MB的飞行校验任务。各种参数基本一次调整到位,昭通机场完成导航校飞工作。

2月2日,昭通机场召开全体员工参加的2010年工作会议暨安全工作会议。会上,总经理任显明传达了全国民航2010年工作会议精神,总结2009年的工作情况,部署2010年工作。

4月27日,集团公司安全管理部相关领导到昭通机场对保安、安全工作给予指导、培训、梳理,并检查前期准备阶段工作。昭通机场全体人员参加了培训。28日上午,昭通机场开展了世博安保应急处置演练。

5月13日,昭通机场对机场全体义务消防人员及各部门兼职消防安全员进行消防安全知识、业务技能培训,对灭火瓶的使用,墙体消防栓使用等技能进行了实际操作。

5月31日、6月1日,在机场5楼会议室,大理机场7位员工和昭通机场相关人员参加了机场组织的危险品运输培训,并进行考核。

8月,机场举行了危险品运输培训。通过民航安全审计、保安审计。

【完成赴巧家抗灾救灾】 7月13日凌晨巧家县发生山洪暴发地质灾害后。中午11时接到通知,云南省委省政府将组织一支由30多人组成的抗灾救灾救援队,搭乘东航MU5883/5884包机急赴灾区开展救援工作。接到任务后,昭通机场立即组织全体人员全力开展前期保障准备工作。机场值班领导和各部室值班人员到一线协同指挥,时间紧、任务重,但机场员工齐心协力、全力保障,为抗灾救灾队伍赴灾区开展救护工作提供了可靠的保障。

【党建质量管理体系通过年度监督审核】 7月21~23日,由北京新世纪认证有限公司组织的专家对昭通机场党建质量管理体系开展年度监督审核。通过审核,审核组认为,昭通机场党建质量管理体系运行一年来,体系的运行持续符合标准要求和产品覆盖范围,同意保持认证注册资格,并出具了管理体系认证监督审核报告。

【通过航空安全审计和航空保安审计初审】 8月25~28日。昭通机场通过了航空安全审计和航空保安审计初审。审计由民航西南地区管理局组织进行,同时开展了航空安全审计和航空保安审计。经过对1861个安全审计项目和125个航空保安审计项目的审计,安全审计符合率97.06%;航空保安审计符合项80项,基本符合30项,不适用11项,未确认4项,通过航空保安初始审计。

(**昭通机场**)

公路建设

【交通基础设施建设取得重大突破】 2010年,全市交通基础设施建设取得重大突破。在市委、市政府的领导下,全市交通运输系统紧紧围绕二级公路、农村公路、汽车客运站点等交通基础设施建设,强化施工组织公路,切实加快交通基础设施建设步伐,确保了各项交通建设目标任务的顺利实现,交通基础设施建设取得了丰硕成果。全年,全市共完成交通固定资产投资558679万元,其中,路网改造完成488592万元,通乡油路34473万元,通达工程完成21953万元,水富港及客运站完成2341万元,其他项目完成11320万元。占年初提出交通固定资产投资43亿目标任务的130%,比上年同期增加403007万元,同比增长259%(主要是8条二级公路建设全面铺开)。年末,全市公路总里程15554千米,其中,高速公路136千米,二级公路419千米,三级公路189千米,四级公路9470千米,等外公路5340千米。

一是二级公路建设全面推进。2010年,全市紧紧围绕二级公路建设目标,加快推进昭彝、彝岔、柿凤、镇凤、凤威、镇威、水绥、昭巧等8条二级公路建设,8条二级公路全长552千米,概算总投资92.5亿元。在全市上下共同努力下,8条二级公路建设稳步推进,取得了阶段性成效。年末,全市8条二级公路完成工程建设总投资66.8亿元,占概算总投资的72.2%。其中,凤威公路、镇威公路已建成通车。路基土石方完成4039.42万立方米,占设计量的101%。涵洞通道完成911座,占设计量的87.2%;防护工程完成288.78万立方米,占设计量的94%;路基成型283.1千米,占设计量的76.1%,路基转序109.21千米,占设计量的27.9%;大桥桩基完成2027根,占设计量的95.9%;大桥墩柱完成1132根,占设计量的82.4%;盖梁完成586片,占设计量的66.7%;梁板预制完成2504片,占设计量的54%;梁板架设1212片,占设计量的26.1%;隧道掘进16910米,占设计量的78.4%;二衬支砌完成11260米,占设计量的52.1%;基层备料完成142.01万立方米,占设计量的59.7%;面层备料完成10.48万立方米,占设计量的10%;沥青备料完成23723吨,占设计量的68.2%。其余6条将于2011年6月30日建成并锁定债务,8条二级公路建设后,全市将实现昭阳中心城市到各县4小时交通圈的目标。

二是农村公路建设稳步实施。"十一五"期年间共争取到通乡油路项目62个1771.2千米(扩大内需项目6个185.6千米),上级补助资金7.08亿元,其中,2010年20个473千米,这些项目实施后,除巧家、镇雄、永善外,其余8个县区境内乡镇全部实现通乡油路目标,全市乡镇通畅数将达到124个,乡镇通油路率达86.71%。争取到通达工程项目662个7219.5千米,计划总投资13.15亿元,上级补助资金8.6亿元。其中,2010年100个1040千米。这些项目实施后,全市建制村通达数将达到1225个,建制村通达率达96.4%。全年,全市在农村公路建设中,重点是抓好在建项目的同时,启动2010年省里下达计划的通乡油路和通达工程项目,经过努力,上述农村公路建设计划项目,现大部分已建成。全市农村公路共完成固定资产投资56426万元,其中,通乡油路34473万元,通达工程完成21953万元,农村公路的实施,使农村交通运输条件得到加大改善。与此同时,全市还积极抓好汽车客运站点建设,重点是抓好威信县城汽车客运站和庙坝等7个乡镇汽车客运站点建设,汽车客运站点建设共完成固定资产投资644万元。

三是水富港扩建工程完成。水富港改扩建工程批准概算总投资14991万元,1000吨级泊位3个,年货物吞吐量63万吨,工程2007年1月启动,2010年主要抓好机械设备安装和港区公路建设工作,工程2010年6月25日建成并投入试运行,2010年水富港扩建工程共完成投资1717万元。

【交通工程建设管理】 2010年,在交通工程建设管理工作中,主要加强对工程建设的施工图设计审查、工程招投标、设计变更、计量支付、质量监督、资金使用等重点环节的监管,严格执行项目法人制、招标投标制、工程监理制、合同管理制、廉政合同制。针对工程建设管理中存在的问题,市交通运输局结合全市交通工作实际,研究制定并下发《昭通市交通建设项目立项前期工作管理办法》、《昭通市交通建设项目监督管理办法》、《昭通市公路工程质量监督管理办法》、《昭通市公路建设工程设计变更管理办法》、《昭通市交通建设工程计量支付管理办法》、《昭通市农村公路建设管理实施办法》、《昭通市通达工程质量监督管理办法》、《昭通市交通建设单位财务管理办法》,从计划编制、工程建设招投标、质量监督、计量支付、设计变更、资金拨付等方面规范了交通建设管理行为,避免了工程建设管理中的随意性。同时,在工程建设中,严格按照严格规定开展工程交(竣)工和结算审计工作。通过以上工作的开展,交通建设工程管理工作进一步规范。

公路、水路运输管理

【道路运输管理】 2010年末,全市共有12家客运企业,89家货运企业,17家机动车驾驶培训学校,706户机动车维修企业(其中一类2户、二类63户、三类563户、摩托车维修业户78户,3个机动车综合性能检测站(其中A级站2个、B级站1个),实现道路运输生产产值203670万元,比上年同期上升12%;全市从业人员25307人(其中客货运输从业人员21958人、维修从业人员2534人、驾培校站从业人员589人、其他从业人员226人。年末,全市道路运输客运企业已有12家,客运车辆增加到3516辆,客运班线增加到391条,完成客运量2059万人次,客运周转量189747万人千米。货运企业达89家,货运车辆增加到16722辆。完成货运量2369万吨,货运周转量238940万吨千米。水路运输完成货运量242万吨,货运周转量63113万吨千米(由于向家坝电站建设断航影响,水路客运停航)。

【交通运输安全管理】 2010年,市交通运输局始终把道路安全、客运安全、工程建设安全作为重点,进一步加强领导,成立了交通安全领导小组和交通安全委员会;层层落实安全生产责任制,严格管理考核;建立和完善公路(水路)客运安全、工程建设安全管理制度,进一步规范安全管理;开展了以"大排查、大整治"为主要内容的交通安全专项整治活动;

狠抓各项管理措施的落实，运政管理部门依照《道路运输条例》，认真履行“三关一监督”职责，严格市场准入，加强驾驶员从业资格管理，车辆技术状况管理，搞好汽车客运站的监督，发现问题，及时整改。积极推广丘北农村客运和巧家县白鹤滩客运公司小型客运安全管理经验。海事管理部门严格按照“政府统一领导、交通综合管理、海事部门监管、有关部门配合、企业安全自律，群众参与监督、社会广泛支持”的水运安全管理要求，加大对重点水域、重点时段、重点船舶、重点渡口和码头的监管力度，坚持船检制度和实施客、渡船签单发航管理，不断落实乡镇船舶安全4级承包责任制，开展了安全生产“隐患治理年”活动和船舶防撞防泄漏专项整治行动“回头看”活动，集中消除了一批水上交通安全隐患，特别是短途客运和渡运安全隐患；查处了一批水上交通违法违规行为，针对金沙江水域危及通航安全的重大隐患进行了集中整治，收到了良好效果。全年，全市海事部门共出动安全检查人员380人次，出动海事巡逻艇26次，出动检查车辆28次，检查船舶310艘次，检查渡口90道，查出并整改安全隐患7起，处罚船舶4艘，利用广播宣传水运交通安全管理19场次，受教育2.8万人次。工程建设管理部门切实把施工安全落实到工程建设的重点环节，强化安全生产意识，落实安全生产责任，搞好安全生产管理，多次开展了二级公路建设安全生产和质量大检查，同时，开展了交通建设领域“平安工地”创建活动。通过以上工作，使各项交通安全管理工作进一步得到落实，最大限度地预防和减少了重特大交通安全责任事故的发生。全市交通运输系统安全生产形势稳定，没有发生重特大交通安全责任事故。

一、切实抓好春运及黄金周期间的旅客运输工作，提高道路运输保障能力。1月30日至3月10日的春运中，全市交通运政系统本着“和谐有序、安全为先、科学组织、优质便捷”的指导原则，强化领导、健全机制，文明服务、严格执法，切实抓好春运的组织工作，完成了春运工作的各项目标任务，确保了旅客安全便捷出行。春运期间，全市共发69677班，其中加班1743班，包车88辆，完成客运量841054人次，“中秋”和“十一”两节期间，全市共投入客车总数15844辆次，其中加班7班，包车6辆，完成客运量18.5万人次，客运量与上年同期相比上升0.4%，完成客运周转量1237.83万人千米。道路运输安全局面良好，未发生一起道路交通安全事故，服务质量明显提高，旅客投诉下降。

二、认真开展年度质量信誉考核及营运车辆审验工作。全市交通运政系统认真开展2010年度道路运输业质量信誉考核及营运车辆审验工作，至11月底，全市共考核道路运输经营业户7651户，考核率95%，其中旅客运输考核1201户，考核率96%；货物运输考核6031户，考核率94%；维修业户考核671户，考核率95%；驾驶员培训学校考核17所，考核率100%。全市客货运输车辆审验16658辆，审验率95%，其中客运车辆审验2747辆，审验率97%，货运车辆审验12702辆，审验率94%；危货运输车辆审验111辆，审验率99%。

三、深入推进行政许可听证制度。按照着力打造阳光政府，建立“四项制度”的要求，交通运政部门建立并实施客运班线报废更新和新增线路许可听证制度，凡县际班线的报废更新和新增、教练车新增和报废更新、新增机动车驾驶培训学校、新增汽车修理二级维护企业的行政许可都实行听证，对听证程序、范围、内容和参加人员及听证后合议程序作了详细规定，进一步健全了听证制度。至11月底，市运政处共召开了9次听证会，组织了20条班线报废更新、18条新增班线、一家二级维修企业的听证，经营者代表、企业、各级运政人员约96人参加，形成了社会各界共同参与道路运输管理的全新格局。其中5条班线因运力投入不合理、社会矛盾大而未得到许可。因听证制度程序公开、许可公开、办事透明，道路运输行政许可工作得到了各道路经营者及社会的充分肯定，极大地推进了阳光政府建设，树立了交通部门良好形象。

四、加强行业监督管理，督促道路运输企业落实安全生产责任主体，规范站场管理，提高安全生产服务水平。督促企业制定内部服务质量考核制度，做好内部服务质量的检查、考核工作，服务质量考核应直接与从业资质挂钩；督促全市汽车客运站成立驻站管理巡查机构，规范站场管理，提高站场服务质量；督促企业畅通投诉渠道，设立投诉电话和信箱，做好投诉登记，落实投诉事项，凡发生恶劣服务质量事件，特别是粗暴待客、态度恶劣、侵犯服务相对人合法权益的及时严肃查处；督促企业建立健全集中实名制学习制度。

五、规范客运市场，切实维护经营者和人民群众的合法正当权利。2010年，根据《昭通市人民政府办公室关于开展打击“黑车”等违法运输专项治理工作的通知》，在全市范围内继续开展“打黑”专项行动，在专项行动中共出动20105人次，检查车辆57060辆次，查处未经许可非法运输车辆753辆，扣车630辆，警告2993人次。

六、推进客运企业“公车公营”和车型实行高、中、低档及大改小结构调整。2010年，交通运政部门进一步加快推进客运企业车型结构调整步伐，要求县到市、市到省的客运班车必须实行公车公营，县乡村班线只能运营9座以下的车辆，县际班线只能运营18座以下车辆，市际、省际班线原则上只能运营35座以下的车辆，高速公路（超长线客运）可放宽到45座以下，教练车必须实行公车公营，严禁挂靠经营和私自转让驾校。

七、加强道路运输业服务质量监督力度。首先，加强机动车驾驶学校的培训质量、经营行为的管理，严格督促按新《云南省机动车驾驶培训教学大纲》教学，严把审核测试监督关，切实提高培训质量，从源头减少和预防道路交通事故的发生，并于11月11～30日开展新《教学大纲》执行情况的检查和督查工作；其次，要求客运站按照“三优”、“三化”及服务质量信誉考核措施对站务服务的要求，成立驻站管理巡查机构，扎实做好站容站貌及车容车貌卫生整洁、司乘人员热情周到服务、车辆技术状况良好等各项工作；再次，要求维修企业规范二级维护作业项目，建立健全维修档案并严格执行维修质量保证期制度，逐步实行配件质量追溯制度；第四，保障鲜活农产品的流通。认真履行《鲜活农产品准运证》核发工作职责，全年共核发《准运证》12200份，极大的促进了鲜活农产品的流通，为保民生起到了极大作用。

【水路运输管理】 至2010年底，全市水运企业发展到5家，个体船户35户，水运从业人员2000余人，拥有省际、跨县运输船舶81艘/35833总吨/51396载重吨/16593千瓦。年内，全市航务系统切实加强水路运输管理工作。

首先，严把船舶准入和退出关。加强宏观调控，实行运力额度管理，鼓励发展标准化船舶，严格控制非标准化船型和老旧船舶在昭通落户，推进全市标准化船舶的实施，提升全市船舶的高科技含量。在运力审批过程中，坚持实施标准化、制度化运作，严格依法行政，严格执行上级有关运力审批程序权限的文件精神，坚决杜绝在行政审批过程中先斩后奏。通过全市各级航务管理部门的共同努力，水路运力结构有了明显的改善，广大船舶经营者充分认可了航务部门处提出的推广优质船型的发展思路，一批船型先进、技术性能优秀的船舶相继投入营运，载货4000吨的船舶首次出现在昭通水路运输市场。年末，全市新增船舶2艘/4309总吨/6780载重吨/960千瓦，为全市非标准化船舶退出水路运输市场工作的全面开展奠定了基础。

其次，认真做好经营资格年度核查工作。在年度核查中，市航务处严格审查船舶经营人及从业人员的资质条件、经营行为、内部管理制度、管理水平及安全生产情况，对一些有严重违章行为的船舶经营人，视情节采取了整改措施，对达不到经营资质条件的，要求经营人限期进行整改；整改后仍不达到经营资质条件要求的，按规定取消其经营资格。对全市5家水路运输企业、1家水路运输服务业和43户省际跨县水路运输经营者的75艘船舶/29989总吨/41064.5载重吨14839.75千瓦进行了年度核查；核查率96%，合格率98%。

第三，做好常态化水路运输量专项调查。2010年，航务部门把常态化的水路运输量专项调查与水路运输统计工作有机结合在一起，制定《昭通市水路运输量统计试行方案》，成立相应的工作机构，开展常态化水路运输量专项调查工作。在专项调查中，切实加强各项基础数据的采集、分析，做到采集数据的真实、准确，确保了运输量专项调查质量。

第四，加强港口经营管理，发挥中心港口功能。认真贯彻落实《港口经营管理规定》，进一步规范了在港经营企业的经营行为，提高港口经营管理水平，提升经营品牌效应。对经营人按照《港口法》和《港口经营管理规定》的要求进行严格资格审查，对符合法定的经营条件的单位和个人予以办理港口经营许可手续，对不具备经营条件的，坚决予以取缔。

第五，加强节能减排，积极推行绿色航运。2010年以来，航务部门高度重视节能减排工作，为使节能减排工作落到实处，市航务处把节能减排工作纳入水路运输经营资质年度核查的考核内容，与各航运企业签订了“昭通市水路运输船舶节能减排目标责任制状”；建立了“水路企业燃油节能减排报表制度”，要求每个企业每个季度填报运输船舶燃油消耗明细表。同时制定了一系列的措施，比如积极推广先进船型，鼓励船东改造更新现有船舶的；在检验船舶和执法检查时，严格执行国家防污染排放标准，要求每艘船舶必须对废油进行达标处理；加强对船舶经营者、港口服务企业、船员等的节能减排意识宣传教育，提高港航企业和船东的节能减排环保意识。确保了全市水运行业节能工作的有力推进。

【农村公路养护管理】 2010年，全市坚持农村公路“建、管、养”并重，着力推进农村公路养护管理工作。按照国家和省的统一安排部署，积极推进农村公路管理养护改革，探索管理模式、完善管理措施、加大养护资金投入，逐步建立了适合全市实际的农村公路养护管理运行机制。一是建立完善了县区、乡镇、行政村农村公路管理养护体系。11县区均成立了农村公路管理段，所有乡镇成立了农村公路管理养护所，村级配备了农村公路管理养护协管员，同时，市、县区地方公路管理处机构工作人员全部纳入财政供养；二是落实了省补为主、市县区配套的农村公路管理养护资金来源渠道，全年，全市共争取到国家和省农村公路养护管理资金5000多万元；三是建立了管养分离的农村公路管理养护新机制。通过以上措施，有力地提高了农村公路管理养护水平，确保了农村公路安全畅通，农村公路好路率比2009年有所上升。

【市政府召开全市二级公路建设预防职务犯罪工作会】 1月26日下午，市政府召开全市二级公路建设预防职务犯罪工作会，市二级公路建设领导组成员单位领导，各县区分管领导，市、县检察院分管预防职务犯罪领导，各二级公路建设管理处处长、副处长，指挥部指挥长，8条二级公路施工、设计、监理等单位代表参加会议。市二级公路建设领导组副组长、市政府副市长邬永飞主持会议并作讲话。

【市政府召开全市二级公路倒计时365天建设誓师大会】 7月1日，市政府召开全市二级公路工程倒计时365天建设誓师大会。市长王敏，市政协主席熊启怀，市委常委、秘书长田勇，市人大常委会副主任陈绍余，市政协副主席郎学秾，赵洪乖，市政府秘书长肖本敏出席会议。市政府、市二级公路建设领导组成员单位主要领导和综合协调办、维稳保通办、征地拆迁办主任及副主任，市二级公路建设督导组副组长、成员，市二级公路建设管理机构和项目施工、监理、设计单位有关负责人，有二级公路建设任务的县区政府主要领导、分管领导，交通局局长，综合协调办、维稳保通办、征地拆迁办主任和副主任参加了会议。会议由市政府副市长、市二级公路建设领导组副组长邬永飞主持。

【邬永飞到镇凤公路、昭鲁城市走廊昭阳工程段检查】 8月26日，市政府副市长邬永飞到镇凤二级公路检查了4个路基合同段和路面标料场工程进展情况。

9月3日，邬永飞到昭鲁城市走廊昭阳段视察公路建设，市交通局局长张永前、昭巧公路建设管理处处长王定广、昭阳区领导等陪同视察。

【市政府召开第三次二级公路建设管理工作会议】 9月16～17日，市政府在水富县召开了第三次二级公路建设管理工作会议，市人大常委会副主任、市二级公路建设第一督导组组长陈绍余，市政府副市长、市二级公路建设领导组副组长邬永飞，市政协副主席、市二级公路建设第二督导组组长郎学秾、市政协副主席、市二级公路建设第三督导组组长赵洪乖出席会议。市二级公路建设领导组成员单位领导和“三办”主任及副主任，市二级公路建设督导组成员，各县区政府分管领导及“三办”主任，各二级公路建设管理、施工单位领导参加了会议。

【省发改委稽察特派办到昭通稽察二级公路建设】 10月11～20日，省发改委重点工程项目稽察办特派员李世新等到昭通对8条在建二级公路建设情况进行稽察指导。稽察组沿各二级公路检查了工程建设的进度、质量等情况，详细检查了各管理处（公司、指挥部）、设计、施工、监理单位的项目建设程序批件、会议纪要、招投标及合同文件、财务管理、内控制度等内业资料。重点对施工单位现场主要管理人员资质、施工日志、试检及计量、回复监理、合同签订等资料；监理单位的监理人员资质、监理日志和月报、监理指令和通知、试检资料、监理合同等进行审查和询问，逐一指出了存在的问题，提出了整改的意见和建议。稽察组还到7条在建二级公路的34个分部、工区、标段施工现场，认真查看和询问了路基、桥梁、隧道、制梁、备料等建设情况。在审查有关资料、查看施工现场和阅读汇报材料的基础上，稽察组对昭通二级公路建设取得的成绩给予了充分肯定，对存在的困难和问题与市委、市政府和交通主管部门领导交换了意见。

【王敏正到昭巧二级公路进行专题调研】 11月14～15日，市长王敏正在副市长邬永飞、市政协副主席郎学秾的陪同下，到昭巧二级公路进行专题调研。昭巧公路、彝岔公路管理处，重庆建工集团昭通公路建设指挥部、昭巧二级公路建设指挥部领导陪同视察。

（**市交通局** 雷光亮）

路政管理

【概况】 2010年度，昭通公路路政管理支队依法在市辖区内履行“保障公路完好畅通、维护公路路产路权”的公路路政管理职责，管理辖市辖区内20条国道、省道、县道，共计1657.1千米，其中二级公路74.5千米、三级公路361.3千米，其余为低等级与不列等公路。

年末辖昭阳、鲁甸、巧家、盐津、大关、永善、绥江、镇雄、彝良、威信、水富等11个公路路政管理大队；支队机关设办公室和政工、路产管理、执法监督、通行费监督检查、资产财务、科技管理科6科1室。有职工编制127名，在职职工115名。

7项目标管理责任制年终经省总队考核，获5个100分、两个99.5分的成绩。

2010年度，被省公路路政管理总队表彰为“党风廉政建设工作目标责任书优秀单位”、“安全生产工作目标责任书优秀单位”、“综治维稳管理目标责任书先进单位”、“老干部工作目标管理责任书一等奖单位”、“路政工作目标责任书优秀单位”、“依法行政工作目标责任书优秀单位”、“节能减排工作目标责任书优秀单位”。

【保障了管辖公路安全畅通】 2010年共整治恶意超限车辆11086辆次，其中责令卸载4945辆、卸载货物17205吨；规范路政许可办理，加强公路两侧建筑控制区管理，年内签订《列管协议》2976份；积极投入在建8条二级公路的保通工作；保障了管辖的国道和省管、县道安全、畅通。

【路政执法成效明显】 2010年，支队共出动路政人员19323人次、出动车辆7965辆次，上路巡查9874天次；共立案查处路政案件397件、结案397件；收取路政赔（补）偿费31.54万元、罚款63.22万元，索赔率100%；路政案件的查处率、结案率均为100%；收回被侵占路产2226.01平方米，共清除路障25650平方米、清除“非标”384块，清理“以路为市”186处，依法审批临时（特殊）占用、增设平交道口、设置广告标牌等路政许可84件，收取赔（补）偿费92.65万元，路政工作整体态势良好。

【威信路政大队1个月收回路产5000平方米】 1月，威信公路路政管理大队与县交通局、县建设局联手，组织装载机2台、人员20人次对所辖公路影响行车安全的路面堆积物进行清除。共清除建筑垃圾240立方米，发放宣传资料60份，收回路产5000平方米,有效地保障了春运期间的道路交通运输安全 。

【昭通路政支队爱心献给昭阳社会福利院】 2月10日下午,昭通公路路政管理支队干部职工一行12人在支队政委徐立民带领下,为昭阳区社会福利院赡养的孤寡老人和抚养的孤残儿童送去优质食用油50千克、优质大米250千克。

【昭通路政支队开展新路政业务管理系统培训】 2月24～25日,昭通支队集中各基层路政大队的23名计算机操作人员、路政业务管理人员,在支队机关大会议室进行了为期两天的"公路新路政业务管理系统"业务操作培训。

【鲁甸公路路政管理大队获省级文明单位称号】 3月29日,根据中共云南省委办公厅《通知》,鲁甸县精神文明建设办公室为鲁甸公路路政管理大队举行了由中共云南省委、云南省人民政府授予的省级"文明单位"证书和"文明单位"颁发奖牌仪式。

【6部门联合执法,整改行动立见成效】 4月6日上午10时,在北闸镇人民政府组织下,昭阳路政大队携手北闸交警中队、镇城管办、镇公安派出所和昭通公路管理段5部门共21人,出动车辆3台,对昭彝线k8+000～k9+100米路段农户私自设置的加水点、机动车维修点、违法搭接公路的平交道口与阻塞公路边沟等违法行为开展了一次集中宣传教育整治行动。当天,下达了36份《违法行为通知书》,同时送发了《中华人民共和国公路法》《云南省公路路政管理条例》手册50余本。此次整治行动,先书面告知当事人违反《公路法》的事实和处理依据,并明确告知当事人限期于4月20日前自行整改;对限期内不整改的,将依法在时限到后实施强制整改措施。

4月20日上午,由北闸镇人民政府组织5部门出动执法车辆7辆、挖机2台、共40余人组成强制整治行动组,对昭彝线k9+000千米桩路段违法搭接公路的平交道口采取强制取缔措施,还清除了公路两侧居民私自搭接的水泥盖板400余米,收回公路路产800余平方米。整治中,由于前期昭阳路政大队做了大量的宣传教育工作,收到《违法行为通知书》的36户居民没有一户无理取闹。

【彝良、镇雄路政大队宣传交通法规】 5月8日,彝良县小草坝乡召开"村民自治推进会议"。针对该乡部分群众非法占用公路路产进行生产经营活动,公路建筑控制区管理难度大的实际,周礼东向村民们讲述了《中华人民共和国公路法》、《云南省公路路政管理条例》明确禁止的在公路路面与建筑控制区内"擅自设置交叉道口、棚屋、摊点、维修站、洗车台、加水站;在公路上倾倒废土、堆放垃圾杂物;以公路引水灌溉、排放污水、取土制坯;在公路上挖土、取石、放养牲畜;在公路上进行集市交易和打场晒粮"等八种违法行为。

7月9日,镇雄公路路政管理大队在赤水源广场(县城广场)开展了为期一天的公路路政管理法律法规宣传活动。活动以"依法实施路政管理,确保公路完好畅通"为主题;以宣传"公路两侧建筑控制区管理及依法治理超限运输车辆行驶公路"为主要内容。

【巧家路政大队即时清除路障】 7月19日10点35分,巧家大队接到电话报警:"下行线大巧线K101+600M处有树倒在了路上,影响交通安全。"11点15分,外勤组感到现场。经勘查发现,该树侧靠在边坡,大部分枝干悬空在下行线大巧线k101+600M处,影响了道路的正常通行能力。勘查完毕,路巡人员向值班领导汇报后,立即采取措施。13点20分,公路恢复通行。

【昭通支队开展5大业务培训】 8月18日,昭通支队开展了"路政管理"、"安全生产"、"执法监督"、"综治维稳"和"政工业务"5大业务培训。"安全生产"从"落实一岗双责、开展宣传教育、加强业务车辆管理、加强基建工程管理、落实消防安全举措、做好假日值班备勤、路巡与办案中做好自身保护"7个方面作了讲解。"路政管理"从"公路巡查与案件查处"、"路产管理"、"建筑控制区管理"、"路政许可办理"、"迎国检"、"示范路创建"、"路产卡片建立"、"十档和五个台账建立"、"案件资料录入"与"五图上墙"等10项业务工作,逐项作了规范。执法监督就如何规范"执法监督"、"政工业务"和"超限运输管理"作了讲述。并对上半年工作检查中,各大队上述业务工作的成绩和不足之处分别作了通报,对存在问题提出了改进意见。45名大队、中队领导干部参与培训。

【开展警示教育】 9月3日,昭通公路路政管理支队反腐倡廉"警示教育会议"在机关大会议室举行。上午,市检察院预防处领导到会以《公路建设征地拆迁环节职务犯罪情况分析》为题,就近两年来市公路建设中,被查处的11件14人违法犯罪案件的查处情况作了通报;并就11件案例的5个犯罪特点、7个犯罪原因作了剖析。

多媒体播放了《珍惜岗位 远离犯罪》5集警示教育片。下午,市监察局领导到会作《正确认识当前反腐倡廉形势,切实加强路政系统廉政勤政建设》报告。

【康晏总队长在巧家路政大队视察】 9月14日,省交通运输厅康副厅长、省总队晏总队长一行5人在巧家公路路政管理大队,听取大队领导关于党建工作、路政工作和"创先争优"开展情况的汇报;并与路政一线职工面对面地沟通交流,了解他们的思想状况和单位安全、稳定情况,听取他们对路政工作的意见和建议,并就当前如何做好超限超载运输治理工作作了指示。

【7项责任制考核与领导班子测评双双优秀】 12月22日下午至23日上午,省公路路政管理总队2010年"七项责任制考核、支队领导班子民主测评"考核组一行5人,在副政委李正刚率领下,到昭通支队进行了实地考核考评。考核考

评组先后对大关大队、昭阳大队和支队机关科室作了实地查看及痕迹资料抽查;对支队"七项责任制"的执行情况逐项进行了考核;对领导班子进行了民主测评。省总队考核组认定:昭通公路路政管理支队2010年"七项责任制"执行情况为;5个100分,2个99.5分;支队领导班子民主测评结果优秀。

(昭通公路路政管理支队 李 章)

公路养护

【概况】 2010年,昭通总段有在职职工1146人。下辖昭阳、大关、盐津、水富、绥江、永善、巧家、鲁甸、镇雄、彝良、威信11个管理段,19个管理所、32个养护点,8个机化站,管养昭通境内公路20条线路计1750.5千米。其中:国道289.2千米、省道1017.44千米、县道443.86千米,代养昭麻二级专用公路93.5千米,另有昭通、凌子口、靖安3个收费站负责昭麻路59.28千米的代收费工作。

【生产养护目标任务完成3996万元】 2010年,累计项目支出3996.47万元,完成计划100%,其中:小修保养完成1968.61万元,公路抢修109.24万元,水毁修复69.24万元,养护站所建设250万元,养护机械设备购置234.62万元,电子政务148.5万元,绿化8万元,交通量调查5万元,小修保养采备砂石料46260.85立方米,累计耗用砂石料45915.69立方米。按新指标路况:好路率37.75%,比指标超1.08%,其中:国道好路率25.2%,比指标超0.78%,省道好路率44.55%,比指标超3.42%。水毁路基19003.6立方米/0.23千米,损失153.22万元;水毁沥青路面2363.2平方米/0.42千米,损失33.76万元;水毁砂石路面28120平方米/6.14千米,损失45.56万元;水毁挡墙2612.35立方米/6处,损失55万元;水毁涵洞7道,损失1.48万元;塌坍方159783.22立方米,损失261.93万元,其它水毁损失314.51万元,累计水毁损失865.46万元。累计完成水毁修复362.57万元,危桥加固101万元,安保工程276万元,灾害防治工程340万元,昭麻二专线完成大中修工程1040万元,实施里程7千米。

【养护综合考核分值跃居全局第六名】 一、锁定目标任务,严格检查考核。2010年初,总段下达油路病害修复计划,锁定目标任务,3月20日以前全面启动路面病害修复工作,5月30日以前完成70%工作量;实行养护工程费制,计量支付,严格考核,成立养护作业修复计量考核小组,对各段完成上报工程数量和修复质量进行逐一考核,对工程质量合格的给予支付工程款,对修复工程质量不合格的进行处罚,昭阳段、彝良段分别有部分路面修复质量不合格,总段不予计量,并对两段的段长、党支部书记和相关责任人给予经济处罚;同时要求对病害路段进行修复达到质量要求。通过严格实行工程费制,使管理干部及养护职工的责任心增强,路况稳中有升,通过能力明显增强。平均好路率综合值和干线平均好路率完成局指标。2010年经局公路科研所车检路况达到指标要求。

二、沥青路面预防性养护竞赛获得片区并列第一。2010年昭通总段为省公路局沥青路面预防性养护劳动竞赛第二片区(即昭通、文山、曲靖、开远总段为局第二片区)组长单位,2月23日召集片区单位在昭通召开联席会,共商2010年预防性养护竞赛事宜,修订2010年片区预防性养护实施细则。昭通总段参加片区竞赛里程:大关兰磨线213K1574~1598(24千米)、彝绥线205K22~27(5千米);彝良段301K2~78(76千米);盐津段彝绥线205K46~51(5千米);威信段昭谢线301K245~285(40千米)4个段按照片区竞赛的要求和总段的要求,组织开展预防性养护工作。与此同时,昭通总段内部组织11个公路管理分片区之间开展竞赛活动。竞赛活动中,总段技术部门负责人到段、站指导,组织专题竞赛活动等,编制《六好六加强》学习手册和《预防性养护技术操作指南》,订购《公路养护技术规范》、《公路技术状况评定标准》下发各管理段、所组织学习,强化养护职工的应知应会。自筹资金700余万元购置了7台CX55B小型挖掘机(每个段达到有一台)、自卸车以及一部ZL50G徐工装载机,在预防性养护生产中加大对新设备、新技术、新材料和新工艺的推广应用,加大资金投入,8月份挤出一部分养护资金专项用于预防性养护生产中;总段制定了奖励制度和奖励办法,对竞赛成绩优异的单位实行重奖重罚,营造"比、学、赶、帮、超"的良好氛围。全年,全总段在预防性养护生产中共完成刮油137565平方米、稀浆封层32080平方米、灌缝34589米、补坑槽94124.83平方米、修补其他病害77872.29平方米。经2010年11月中旬片区组织检查考核,昭通总段沥青路面预防性养护竞赛在省公路局局第二片区取得与曲靖总段并列第一名的成绩。

三、完成危桥加固工程40个。2010年,昭通总段完成省公路局下达的2007~2009年危桥加固改造工程40个(座):永善段5座、彝良段4个(座)、盐津段18个(座)、昭阳段7座、大关段2个(座)、镇雄段4个(座)。

四、省公路局年终综合考核昭通第六。11月25日至12月6日,昆明总段派出由副总段长俞加川任组长的8人检查组到昭通总段进行年终工作检查。检查组采取走、听、看、查、座谈交流的方式,巡查了昭通总段管养的全部国道、省道和部分县道1250千米,总行程2360多千米。随机抽查和步行检查国道兰磨线K1730~1732、K1740~1742、K1750~1753、K1584~1587,省道麻水线K23~25、K48~50,猫谢线K170~172、K58~

60，彝油线K45～47共20千米公路。对总段管养的全部特大桥、大桥13座进行重点检查，并重点抽查中、小桥梁3座，检查步行20千米中的涵洞31道。检查总段11个段以及13个站所，查看段、站所面貌和生产管理工作情况。重点在2个段（永善段、威信段）、2个站所（巧家段白鹤滩所、大关段黄金坝所）、1个超限检测点（水富段庙口检测站）召开检查座谈会5次，听取汇报、收集建议，交流和反馈意见。在其他段和站所交谈和走访，与职工交流谈心，了解职工思想动态、生产管理等工作情况。还重点检查了站所预防性养护、雨季三查、职工上路率、养护沥青耗用量等工作台账。在镇雄期间，到总段镇威二级公路建设指挥部听取和了解工程施工进展情况。同时，按照局年终检查方案附表的内容要求，责任分工，对养护生产实施、计划执行、超限运输、安全生产、财务管理、设备管理、节能减排、科技管理、行业文化、精神文明、工会工作等11个项目进行了检查、考评和评分，并对节能减排、综治维稳、安全生产、党风廉政建设、工会工作等5个单项目标责任书进行了对照检查和考核。在机关组织开展了对总段领导班子及班子成员的民主测评工作。考核组对昭通总段综合检查得分99.62分。在全局排名第六名。

【安全生产实现无重大安全责任事故】

2010年，总段坚持“安全发展”的指导原则和“安全第一、预防为主、综合治理”的方针，在全总段范围内全面推行安全生产“一岗双责”，把安全生产责任制落实到每个岗位、每个职工，坚决杜绝重特大安全事故，切实减少一般安全事故，确保安全生产形势持续平稳发展。利用会议、宣传栏、标语等形式进行安全生产法律法规、方针政策和安全应知应会知识的宣传教育，对机驾人员、职工群众组织开展学习《道路交通安全法》、《安全生产法》以及相关安全文件、读本等共115次2312人次。加大对险路、缺口、沉陷、坍塌、急弯、陡坡、事故多发地段的隐患整治，对公路建设、养护施工工棚、工地的安全，危桥等重点部位监管和隐患整改力度，全年，共排查各类安全生产一般隐患167项，整改167项，整改率100%。累计投入资金400万余元，制作设置安全警示花桩、各类道路安全警示标牌，购买夜间照明设施，施工隔离墩、防撞桶（墙），警告灯；修建（复）钢筋砼护栏，砼防护墩；修复危险路段路基缺口等排除安全隐患。购置安全标志服1003套，安全标志帽1988顶，安全头盔130个等配发给职工穿戴，确保职工上路作业安全。

【整合现有站所】 2010年，根据“调结构，转方式、促发展”的要求，在总段制定3年发展规划中重点对站所布局及配套的养护机械作了详细规划，2010年对所属管理段下设原95个管理站进行调整和整合，调整为19个管理所，33个养护点，8个机化站，对站所的机械设备逐年配备。

【抓好超限治理】 2010年，认真贯彻落实省政府及省公路局、市治超办关于加强非法超限超载车辆治理工作的实施意见以及相关文件精神，全面安排部署了总段的治超工作。年初在总段公路工作会议上安排了治超工作目标任务，与治超站点单位签订了责任书。按照省公路局的统一部署，对站点建设，检测设备配置，添建卸货场做了规划上报工作；做好治超站点制度、公示、内业台帐、着装规范、内务管理，做到文明执法和规范执法；投入宣传经费1.2万元，制作宣传标语12幅；印发宣传资料3万份，加大对限制非法超载超限车辆行驶公路的宣传力度；抓好队伍业务素质教育，3月上旬，总段93名治超执法人员参加了交通运输厅和省公路局举办的交通行政执法人员换证培训班，对相关业务进行培训。全年合计检测247265辆次，超限数85751辆次，总超限吨位139885吨，卸载车辆13880辆次，卸载吨位14669吨，收取公路赔（补）偿费9293614元。

【昭通、靖安、凌子口收费站超额完成征收任务】 2010年，严格执行“应征不漏、应免不征”的原则，重视和加强节假日期间的收费通道畅通工作，开展争创文明收费站活动，创造良好的收费环境。克服干旱、冰雪等自然灾害给收费工作带来的压力。总段所属的昭通、靖安、凌子口3个收费站累计完成车辆通行费征收3304.62万元，为考核指标的101.68%。

【镇威二级公路建设实现第一阶段工期目标】 镇雄至威信二级公路，全长77.45千米，计划概算投资9.49亿元。由省公路局组建指挥部（指挥部人员以昭通总段为主）进行建设管理，由中国公路咨询集团有限公司设计，云南公路建设监理公司负责监理，云南省交通运输厅质量监督局负责质量监督；云南高路造价咨询有限公司全过程跟踪审计。由云南公大公路工程技术有限公司、昆明公路管理总段机械工程公司、云南楚雄公路桥梁工程总公司、昭通先行道路桥梁工程有限公司中标承建。2009年2月开工建设，2010年10月30日，镇威二级公路洗白至大落脚段49.33千米油路面铺筑全线贯通；镇赫段控制性工程4x30米翟底河大桥梁板吊装全部结束，大桥主体工程完工；镇威公路建设实现第一阶段工期目标。

【总段在建工程顺利推进】 2010年，总段先行公司承建的思茅至江城第八合同段全长12千米，合同总价7600万元；2010年末累计完成工作量3600万元；路基工程全部结束，转序进入路面铺筑施工。在建项目4个，2010年完成公路、桥梁施工产值20777万元：其中珠海大道续建工程1200万元；镇威公路9477万元；思江公路3600万元；大理跃进至云龙公路6500万元。

【单位和个人获多项表彰】 2010年，总段安管科、大关段、巧家段获被省公路局表彰为安全生产先进集体，大关段、永善段获省公路局文明先进集体:巧家段机化站、大关段岔河机化站、威信段超限运输检测中队获省公路局文明先进站(所)。刘家顺、杨仕兴、程云清、陈涛、刘仪萍、马剑、韦跃军、高吉友等8人获省公路局先进个人称号,巧家段白鹤滩管理所获2009~2010年度全国交通建设系统"工人先锋号"称号、同时和永善桐堡机化获省公路局"职工小家"称号。12月9日,省公路局组织职工职业技能竞赛,镇雄段韦跃军、大关段周贵分别取得全局个人第四名和第十名,总段团体第四名的成绩。年内总段推广应用"四新"技术获"十一五"云南省公路局科技工作先进集体称号。

【水富、鲁甸公路管理段成立】 2010年,根据《云南省交通运输厅关于同意调整云南省公路局下属机构的批复》批准的《云南省公路局调整规范县级公路管理机构方案》对县级管理机构按照"一县(市区)一段"的原则进行调整、充实。昭通公路管理总段撤销昭通高等级公路管理段,新建水富公路管理段;在鲁甸县新增设鲁甸公路管理段。昭通总段于2010年2月成立总段调整充实省管公路县级管理机构领导小组,6月21日鲁甸段正式挂牌成立,6月22日水富公路管理段正式挂牌成立。

【公开招聘工勤人员21人】 2010年,经省人事厅批准,省公路局统一组织公开招聘工勤人员,昭通总段经省公路局计划下达招聘21人。有75人报考昭通总段工勤岗位,9月18日在昆明参加了全省工勤人员笔试,10月10~11日,参加了总段组织的实作考试,实作考试分机械和工程类,31人参加机械类考试,44人参加工程类考试,依据两项成绩总分从高分取起,按照1:3的比例选中考生62人,最后参加11月9~10日省公路局在玉溪组织的面试,经过笔试、实作、面试3项综合得分以高分依次择优录取。依据云南省人力资源和社会保障厅《事业单位聘用人员通知》、云南省交通运输厅《事业单位聘用人员通知文件,聘用吕志峰、宋世锦、杨佩鑫、胡俊、赵光琪、何后姁、将宇、刘廷松、邱仕伟、宋昭群、陈萍、刘俊、陈坤、杨远坤、李江、彭天云、冯浪、李丹、唐永生、阮波、申芸等21人到昭通总段工勤岗位工作。

【威信段获"十一五"云南省公路局科技二等奖】 2010年初,威信段领导多次到成都、重庆等公路养护部门考察多功能沥青路面养护设备,借鉴相邻省市先进的公路养护技术,结合威信段原沥青再生的特点,多次邀请沥青路面养护设备厂家参与研究,筹资30万元同厂家共同开发研制就地热再生多功能拌合设备。4月研制出一台沥青路面现场热再生养护设备,投入到养护生产上效果较好。10月获"十一五"云南省公路局科技二等奖。

【省公路局2009年度财务决算会审会议在水富召开】 1月18~20日,省公路局2009年财务决算会审会议在水富召开,由昭通总段承办。局属各单位、二级公路建设指挥部的财务负责人、会计共计80余人参加会议。财务处处长田景松对2009年全局的工作及财务工作进行总结,对2010年的财务工作作安排布置。表彰2008、2009年度会计工作先进单位。昭通总段被评为省公路局2009年会计工作先进单位。

【第五届四次职代会暨2010年公路工作会召开】 3月10~11日,昭通总段第五届四次职代会暨2010年公路工作会在昭通召开,市政府副市长邬永飞,省公路局党委副书记欧青在会议上分别讲话,会议总结2009年总段工作,表彰2009年先进单位、集体、个人,兑现2009年各项责任书,签订2010年各项工作目标责任书,总段8位任职的领导做述廉报告,并进行民主测评。总段长刘家顺在会上作《认清形势、抓住机遇、乘势而上开创总段发展新局面》的工作报告。

【向旱灾灾区开展捐助活动】 3月26日,昭通总段发出《关于在广大共产党员中开展抗旱救灾捐款活动的通知》,3月29日,总段机关举行"共产党员抗旱先锋行动"特别捐款活动,共计捐款40940元。

【张诚安到昭通总段开展抗大旱保民生保建设保畅通重点工作检查】 4月8~19日,省交通运输厅"抗大旱、保民生、保建设、保畅通"专项重点工作检查组到昭通检查。专项检查组由省交通运输厅纪检组长张诚安带队,厅监察室审计处、基建处(二建办)、资产财务处,航务处、公投司经营规划处、造价局信息处,省公路局监审处等厅局处室领导组成。市政府和市交通局领导以及相关县政府领导和县直交通部门负责人陪同检查。4月9日,厅检查组一行检查总段管养的昭麻二级公路迎部检养护情况。4月15日,检查镇威二级公路项目建设情况。检查组一行在镇威指挥部听取指挥长刘家顺的工作汇报,又实地到全线4个标段视察了解施工情况,看望慰问全体参建施工人员,听取各标段汇报在施工中存在的困难和问题,检查中对项目实施提出指导意见和工作要求,同时对取得的成绩给予肯定。

【黄玉峰到总段调研】 6月2~5日,省公路局党委书记黄玉峰到昭通总段以及巧家、永善、盐津、大关、彝良、昭阳段段部及管理所等实地调研。

【开展应急预案演练】 6月25日和7月28日,大关段、昭通、凌子口和靖安3个收费站先后组织职工进行消防知识培训和消防应急预案实战演练。6月盐津段进行公路灾害抢险保通应急演练活动,通过演练,加深职工对消防安全知识的理解和对消防器材正确使用的实战技能,强化职工在火灾中应急逃生的方法,提高各部门应对突发事件的指挥处置能力。全年总段职工千人死亡率为零,职工千人重伤率为零,百车事故死亡率为零。

【维特根就地冷再生设备大型机械施工现场会召开】 8月中旬,昭通总段在昭麻二专线大关段召开维特根就地冷再生设备大型机械施工现场会。采用德国生产的维特根公路基层就地冷再生设备，厂家进行现场操作示范基层就地冷再生施工。昭通总段领导、机关技术干部及所属9个管理段的段长、技术人员等40余人现场进行观摩学习。8月25日，组织驻昭的离休老干部和副处级以上的老领导前往大关段考察参观维特根大型机械化施工操作。

【开展干部职工培训工作】 9月、10月，总段长和党委书记2人由省公路局组织到清华大学培训、学习；9月各段段长、党支部书记、副段长、会计加了省公路局组织的干部培训班学习，学习党的建设、干部选拔任用工作4项监督制度、党员领导干部廉洁从政若干准则、财务管理、计划统计、政策法规、安全生产新体系、社会治安综治维稳、监察审计、劳动工资、公路养护机械化促进行业发展等知识；开展继续教育培训，在180名管理人员和专业技术人员中组织学习《低碳经济知识读本》，参加了省组织的《低碳经济知识》考试。继续开展适应性培训和岗位培训，选送优秀中青年干部、专业技术干部74人（次）外出学习、培训和考察，学习新知识、新技术、新工艺。

【吕云峰到镇威路调研】 9月7日，云南省公路局局长吕云峰、副书记欧青、副局长李继辉带领有关职能处室，到镇威二级公路建设项目实地现场调研。局建设办、办公室、财务处、安全处、法规处、计统处、组织部等领导参加调研。9月8日，在镇雄县召开昭通市镇威二级公路建设调研座谈会，座谈会由昭通市副市长成联远主持。省公路局调研组成员以及市委、市政府、市交通，镇雄县委、县政府领导计70余人参加座谈会。市、县两级政府及局调研组对镇威二级公路项目实施取得的阶段性工作表示充分肯定和满意。

（昭通公路管理总段　陈平秀）

工　　业

烟　　草

【概况】 2010年末，烟厂占地面积100万平方米，设备年综合卷烟生产能力400亿支（80万箱），拥有1.2万千克/小时打叶复烤生产线1条，8000千克/小时制丝线1条，3000千克/小时制丝线1条，1140千克/小时干冰膨胀线1条，卷接机组25台套，其中：1万支/分的PASSIM1万卷接机组3台套，8000支/分的PASSIM8000卷接机组8台套、ZJ19卷接机组14台套；包装机组28台套，其中：500包/分的BO包装机组3台套，400包支/分的GDX2包装机组8台套，400包/分的B1包装机组10台套，400包/分的FOCKE350S包装机组4台套，200包/分的HLP－DB异型包装机组1台套，100包/分的ZB42异型包装机组2台套；滤棒成型机组20台套（在用14台套、封存6台套），其中：400米/分的KDF2成型机组12台套、ZL22D成型机组2台套，600米/分的ZL26B成型机组6台套。共有在岗职工2008人。

内设党群工作科、纪检监察室、工会办公室、办公室、经济运行科、人事劳资科、财务科、物资供应仓储科、技术改造办公室、设备技术科、信息管理科、生产科、工艺质量科、质量监督检测站、烟叶生产质检科、烟叶仓储科、成品物流科、安保消防科、离退休管理科19个科室和动力、复烤、制丝、卷包4个生产车间以及物业管理科、后勤服务科、运输科、职工活动中心、安通公司、龙泉公司、金鹰酒店7个多元化服务部门。

年内，烟厂组织完成了1000万千克基地烟叶和500万千克抗旱增补烟叶的品种结构导向、生产区域布局规划工作，基地区域布局包含昭阳、巧家、镇雄、彝良、永善5个基地县区14个乡镇，全年共完成红塔基地烤烟移栽6301.06公顷，并全面实现了由"云系列"品种向"K326"和"KRK26"品种的转换，成功实施了集团在昭通开展的6.67公顷"特色有机烟叶"示范和《品牌导向原料体系研究》试验，组织完成了124个特色烟叶和试验品种烟叶样品的采送工作。加大原料的仓储醇化、调剂调拨、生产投料和代加工工作，在满足生产的同时，进一步提高了红塔品牌对原料需求的合理性。全年实际采购烟叶1467.5万千克。其中，"K326"1221万千克，占83.19%，"KRK26"124万千克，占8.47%，"云烟87"122.5万千克，占8.34%。上等烟占58.86%，中等烟占41.14%。集团工业分级抽检合格率94.7%，对"K326"、"云87"烟叶实施常规分选949.5万千克。

年内，烟厂被省工业公司授予"设备管理优秀单位"称号；获省工业公司"节能减排"工作进步奖；被省体育局评为"全省群众体育先进单位"；被省绿化委员会评为"全省绿化先进单位"；被市委、市政府评为2009年度"社会治安综合治理维护稳定"先进单位、"昭通市新农村建设和指导员工作先进派出单位"；被昭阳区评为"2009年度政法综治维稳工作先进集体"、获"2009年度内部单位安全防范"先进集体一等奖。

【有机烟叶生产】 2010年,工厂与市烟办、烟草公司合作,在巧家县蒙姑乡拖坑村组织生产6.67公顷有机烟叶探索有机烟叶生产管理模式,积累有机烟叶经验,为集团高端品牌发展提供原料保障。

【烟叶生产抗旱保收取得胜利】 2010年针对昭通市遭遇60年一遇的特大干旱灾害,烟厂全面开展了"防严寒、抗大旱、促移栽、保增收"工作,在做好全市各县区的旱情调查的基础上及时沟通和协调市烟办、市烟草公司等相关单位和部门,研究基地烤烟的抗旱保收对策,制定集团抗旱保收资金的分配方案,及时、快速、有效使用集团捐赠的300万抗旱救灾资金。同时,派出车辆和人员为昭阳区北闸镇红路育苗点运送育苗储备用水,共运送育苗用水26车200多方,确保了烟农烤烟生产的正常开展。通过努力,烟厂完成了1000万千克基地烟叶和500万千克抗旱增补烟叶的生产和收购任务,抗旱保收工作取得胜利。

【复烤加工】 2010年,复烤加工原烟投料量22213.398吨,比上年减少30.42%。复烤加工耗标煤147.246千克/吨,比上年下降0.1%;耗电296.838千瓦时/吨。比上年增加13.18%。

【卷烟生产】 2010年生产卷烟530660箱,占全年集团境内卷烟生产总量的9.96%(集团境内生产总量532.7万箱),比上年增长3.44%,其中,一类烟0.12万箱,二类烟240箱,比上年下降98.1%;三类烟350890箱,增长23.26%;四类烟17.623万箱,下降16.35%。生产"红塔山"337630箱,"红梅"139730箱,"红河"系列卷烟5万箱,下降75%。

全年制丝平均合格率99.68%(含红河品牌),卷包平均合格率100.00%,包装与卷制质量水平A档比例99.29%,国家烟草质检中心、省烟草质检站及集团技术中心抽查合格率100%。完成工业总产值(现价)48.97亿元,比上年增长14.47%;完成主营业务收入43.63亿元,增长11.05%。实现税利29.95亿元,增长18.13%。在实现的税利中,税费(税金)26.15亿元,增长8.37%;利润3.8亿元,下降2.08%。

【物资仓储】 2010年。烟厂按照物资采购"五分离"的原则,完善采购制度,优化采购流程,确保了各项物资采购的规范进行。年内,在全省范围内率先实行烟用辅料"两承诺一挂钩"的质量责任和合同履约追究制,全面提高物资保障能力。在机配物资采购方面:严格计划审核,加大进口配件国产化力度,积极推行部分零配件"寄售制",有效降低采购成本,合理控制库存占用资金。全年零配件、香糖、辅料库存资金占用与上年同期相比下降446.61万元,商标、条盒等主要物资采购成本与上年同期相比降低766万元。烟用材料采购入库抽检合格率达99.92%,高于集团99.68%的平均合格率指标。

【实行烟用辅料"两承诺一挂钩"的质量责任和合同履约追究制】 2010年,烟厂在全省范围内率先实行了烟用辅料"两承诺一挂钩"的质量责任和合同履约追究制,与辅料供应商签订《产品质量安全承诺书》和《烟用材料质量保证金协议》,与计划采购员签订《采购质量承诺书》,并将物耗指标逐层分解到每个岗位,责任到人进行挂钩考核。全年共收缴质量保证金199万元,扣减出现质量问题的两家供应商保证金共计7.3万元,削减计划1000大箱。

【加强质量管理】 2010年,烟厂围绕"优质、高效、低耗"的生产目标,一是通过强化生产、工艺、质检人员培训,开展操作维护、设备维修技能竞赛,深入推动49个QC课题开展,进一步提升全员质量意识和质控技能,为提升工艺质量、实施节能降耗、提升工厂管理水平和经济效益发挥积极作用;二是对集团质量保障体系在工厂的运行情况进行了全方位的梳理,按照"线路通畅"、"节点明晰"、"专项突出"的要求,修改完善过程质量抽检考核办法,强化自检、专检、巡检、不合格品控制等专项管理,有效加强在线工艺质量控制;三是针对市场反馈的问题,从质量控制、员工思想、检验检测方法等环节认真查找问题、开展专题分析并切实加以改进,从源头上提高质量控制水平、增强顾客满意度提升能力;四是配合集团做好品质管理员的外派,做好集团在省外联营品牌的工艺质量监管工作。工厂全年生产计划满足率达99.28%,卷烟成品抽检合格率继续保持100%,工艺要求、过程质量控制、监控和测量设备、质量分析与改进4个项目全年考核无不合格项,平均合格率分别为96.6%、95.63%、98.6%和100%。

【做好品质管理员外派工作】 2010年,烟厂一共派出品质管理员20人次,分别派往省外长春卷烟厂、郑州卷烟厂、哈尔滨卷烟厂、滕州卷烟厂和遵义卷烟厂参与集团品牌合作生产质量管理工作。在外工作全部人员总天数1366天,完成了集团品质管理员的外派工作。

【加强生产管理】 2010年,烟厂围绕"优质、高效、低耗"的生产目标,精心组织,合理安排,保证了生产组织平稳持续进行,圆满完成了集团下达的生产任务;完成制丝、卷包工艺论证,确保了"红梅(春)"顺利投产,完成2100箱"先锋"烟的生产加工任务;工厂全年生产计划满足率达99.28%,达到并超过了工厂和集团下达的控制目标。

【完善设备管理】 2010年,烟厂进一步完善设备分级分类归口管理体制,新增制定了58项技术标准,进一步健全了设备管理体系;逐步推广TnPM(全面规范化生产维护)项目,强化设备现场管理;完善设备维修预算及设备台账管理,深化设备运行数据统计分析,加大计量、维修、零配件管理工作力度,进一步夯实设备基础管理;加强操作、维修、管理"三支队伍"建设,强化设备检修维护,为生产的"优质、高效、低耗"进行提供了可靠的硬件保障。此外,全部完成了新购

6组滤棒成型机组置换、KDF2嘴棒成型机主驱动及制动系统改造等115个技改、设备维修、基建维修项目,装备技术满足工艺质量提升需求的能力得到进一步增强。制丝生产工艺调整配套改造项目已获批复,正在启动。年内,工厂再度被省工业公司授予“设备管理优秀单位”称号。

【纪念建厂40周年】 2010年,烟厂值建厂40周年之际开展了以“风雨四十年”为主题的演讲比赛、征文、围棋竞赛等系列厂庆活动,并于7月3日举行了“希望之火”点火及传递仪式和建厂40周年纪念大会。市委书记夜礼斌,市委副书记、市长王敏正,市委副书记、市人大常委会主任张登亮,云南中烟工业公司党组书记、红塔集团董事长柳万东,集团总裁李穗明,党委书记谢昆或,党委副书记施永超,工会主席曹航以及市四套班子领导、市直有关部门领导,香港贵联集团,集团省内玉溪、大理、楚雄卷烟厂领导班子成员,昭烟历届厂领导等300多名嘉宾和昭烟2000多名职工参加了纪念活动并参观了昭烟风雨40年图片回顾展、历史陈列室,观看了烟厂自行摄制的“风雨四十年”专题片和“工厂兴亡,我的责任”演讲比赛优胜选手的精彩演讲。

【7S现场管理】 2010年,烟厂成立了7S推行组织机构,并按照系统化、规范化和全员化的要求,制定7S现场管理实施计划,明确责任区域和部门,全面推行“7S”现场管理,初步打造了一个规范、整洁的生产、办公现场。12月24日,烟厂对7S现场管理推行优秀部门进行了表彰。

【创优、对标、节能减排、清洁生产工作取得明显成效】 2010年,烟厂完善责任传导机制和激励约束机制,通过科学组织生产、严格工艺质量控制,加大节能技改、能耗指标监控力度,强化检查考核、推进“创优、对标、节能减排、清洁生产”工作的开展,工厂的综合能耗、物质物耗、成本费用等有了不同程度的下降,其余指标的管控水平有了进一步的提升。通过全年的努力,“创优”10项指标达标项由上年的4项上升为6项,61项“对标”指标完成较好的有8项。

【信息化建设】 2010年,烟厂加强了以行业生产经营决策管理系统、ERP信息系统为主的信息化专项管理,实现了HR(人力资源模块)、PM(设备管理模块)、PS(项目管理模块)3个深化项目模块、专卖管理信息系统、1号工程物流数据统计信息系统、桌面管理信息系统(LANDESK)、质量追溯系统、LED视频系统的成功上线运行,完成了1号工程物流数据服务器、打码机、出库系统接口的升级和信息安全、网络建设的基本规划,促进了工厂管理水平的提升。

【完善和外延“QEHS”体系标准】 2010年,烟厂遵循“简化、统一、协调、优化”的原则,自我诊断、寻找差距、持续改进,将211个管理标准整合精简到124个,并把金鹰大酒店纳入了“三标一体”体系建设,进一步优化了各项业务流程,拓宽健全了体系覆盖范围。同时,通过强化以流程为主线的专项审核、创新内部审核及管理评审方式,实现“QEHS”体系标准的完善和外延,提升标准运行质量和效力。

【经济业务管理】 2010年,烟厂完善财务制度、严格财经纪律、加大增收节支力度,认真做好年度预算申报并严格执行。全年无预算超支、预算外实施项目,各项费用均控制在预算范围之内;按照“日常化、制度化、规范化”的同级审计要求,进一步完善内控制度,对存在问题认真开展同级审计复查,达到了自我纠正、自我规范、自我提高的目的。全年共完成机配物资采购等各类经济业务审核651项,共审减金额452.8万元;加强效能监察,坚持对重要经济工作开展过程进行监督分析,加强内部专卖管理监督,积极推进民主管理、办事公开,开展工程技改、设备(基建)维修改造及固定资产投资项目事后检查评议管理,严格工程投资、物资采购、宣传促销监督,继续巩固“三项检查”和“小金库”专项治理等整顿规范工作成果,保证了各项经济业务的规范、经济、合法、有效。

【人力资源管理】 2010年,烟厂在做好2010年大学生招聘工作,加强各岗位人员配备动态监控的基础上,完成了工资套改、深化薪酬分配及岗位调研工作;拟定了岗位管理、任职考核、绩效管理办法,进一步健全和完善了绩效考评体系,加强了对各部门绩效考核的指导;进一步优化流程,稳步推进“五险两金”等社保工作;完成了86名投资项目专家、33名采购服务评标专家的推荐及52名内训师的测评选拔工作,开展了1万余人次的员工培训、81人次的技能鉴定考试、10人次的职称评聘推荐工作;组织开展了管理人员述职述廉测评。

【协同营销有新的突破】 2010年,烟厂卷烟发货准确率和及时率、客户投诉处理率和及时率均达100%,昭通市场销售红塔品牌48068.5万箱,与上年同期相比增加16155.3箱,增幅50.62%,市场份额由上年的26%上升到29%。红塔品牌在昭通市场“市场占有率偏低、销售结构偏低”的状况得到了初步改观。

【党风廉政建设成果显著】 2010年,烟厂以完善教育、制度、监督并重的惩治和预防腐败体系为重点,通过层层落实党风廉政责任制、认真开展警示教育、廉政法规知识竞赛,严格廉洁自律考核奖惩,加强对“三重一大”事项和物资采购、工程项目、商务谈判等重要经济工作全过程监督,以党风廉政、纪检监察、重要经济工作监督3项工作为重点的纪检监察工作得到有效实施,促进了工厂生产经营管理各项工作的健康规范进行。全年共开展廉政监督182次,其中:项目招标35个,验收17个;物资招标采购33批次,采购方式审核4次;服务(保险)商务谈判14次;其他事项3次;对11个拟列入合格供(买)方单位通过全国检察查询系统进行行贿犯罪查询审查;监督随机抽取评标专家57批(334人次);监督抽取合格供方18次(29个单位)。

【青工创新创效效果显著】 2010年,烟厂青工创新创效活动取得52项成果,其中技术类的设备小技改类40项、方法经验总结类10项、理论应用分析类1项、管理类1项。这些成果在推动工厂加快技术进步、提高管理水平、增加经济效益的同时,为青工搭建了一个成长和成才的重要平台。

【积极开展社会公益事业捐助】 2010年,烟厂认真落实社会主义新农村援建各项工作,积极开展抗旱救灾捐款、希望小学援建、"爱心1+1"捐资助学等社会公益活动,共计捐款1566059.10元。7月3日,烟厂在建厂四十周年纪念大会上向昭通市教育局捐赠120万元的希望小学建设基金,在昭阳区、镇雄县和彝良县援建3所希望小学。10月13日,烟厂到工厂"十一五"挂钩扶贫点盐津县柿子乡中坪小学举行了"爱心1+1"捐资助学捐赠仪式,向中坪小学捐款60650元用于中坪小学144名学生一年的生活费补贴。

【云南中烟工业公司创优考评组到烟厂进行检查评价】 1月6日,云南中烟工业公司生产管理部部长李海昆带领省工业公司创优考评组到昭通卷烟厂进行创建"优秀卷烟制造工厂"工作检查评价。考评组听取了昭通卷烟厂创优工作汇报并察看了生产现场。

【许经振到烟厂考察】 1月13日,侨通公司董事长许经振一行到昭通卷烟厂参观考察。许经振参观了制丝、卷包生产现场,了解了昭通卷烟厂的环境改造和加入红塔集团后的生产管理情况。

【彝良烤烟生产代表团到烟厂交流座谈】 1月13日,彝良烤烟生产代表团到烟厂就红塔集团品牌导向型基地单元建设进行参观和交流座谈。代表团参观了制丝、卷包生产现场。座谈会上,副厂长张学忠介绍了红塔集团及红塔品牌的发展历程、红塔品牌对原料的需求特点,并强调了加快红塔品牌基地建设、提供满足红塔品牌需要原料的重要性;厂长助理朱远华介绍了红塔集团的组织架构和管理模式,并指出原料生产必须紧紧围绕卷烟工业需求和卷烟品牌特点来抓;市烟办副主任欧文智介绍了全市红塔基地烤烟生产现状和存在的问题,并要求代表团成员回到岗位上要认真做好红塔基地烤烟品种的推广和宣传,切实抓好红塔基地烟叶生产,为红塔提供优质的烟叶原料。

【原料基地建设答谢交流会】 1月14日,红塔集团昭通卷烟厂红塔原料基地建设镇雄答谢会在镇雄县和谐饭店举行。会上,副厂长张学忠代表工厂向积极参与、支持红塔原料基地建设的各级党委政府、单位和个人表示感谢,简要总结了2009年原料工作取得的成绩、经验和不足,并就集团和工厂2010年原料工作的初步规划与参会嘉宾进行了交流。

【顾波到烟厂调研】 1月21日,云南中烟工业公司副总经理顾波一行到烟厂调研指导工作并召开了云南中烟物资(集团)红塔集团昭通卷烟厂物资工作座谈会。座谈会上,顾波听取了烟厂的工作情况汇报后,对烟厂近几年来所取得的成绩给予了充分肯定,并对烟厂下步工作提出了希望和要求。

【曹航慰问烟厂离退休老职工】 1月21日,红塔集团监事会主席、集团工会主席曹航到烟厂慰问离退休高龄老职工并与老职工们召开了座谈会。曹航在会上介绍了集团2009年的生产经营情况和2010年的工作计划,向老职工们提出了多关心、支持和理解集团改革与发展的希望,并为老职工送上慰问品和慰问金。

【卷烟零售户新春座谈会】 1月25日上午,烟厂在工厂会议厅召开了全市卷烟零售户新春座谈会。红塔集团营销中心昭通经理部负责人,昭通市烟办,昭通市、区烟草分公司,鲁甸、大关2县烟草分公司负责人以及来自昭阳区和鲁甸、大关2县的卷烟销售人员和全市零售户代表百余人参加了座谈会。

【昭通市委市政府与红塔集团召开春节座谈会】 春节前夕,昭通市委政府、红塔集团召开了春节座谈会,市委书记夜礼斌、市长王敏正等市委市政府领导,红塔集团总裁李穗明、党委书记谢昆或等集团领导出席了座谈会。座谈会上,昭通市委市政府领导与集团领导就昭通市原料生产、市场培养等方面进行了沟通和交流。

【首届QC小组成果发布会】 3月4~5日,烟厂在会议厅举办加入红塔集团后的首届QC成果发布会。共有25个QC成果进行了发布,其中攻关型18个,管理型2个,创新型4个,现场型1个。

【省内4厂离退工作交流会在昭召开】 3月5日下午,红塔集团省内4厂离退管理工作交流座谈会在昭通卷烟厂职工活动中心三楼会议室召开。来自玉溪、大理、楚雄、昭通的离退休管理部门负责人就离退管理服务工作进行了交流座谈。

【云南省中烟公司设备检查组到昭烟检查】 3月18~19日,云南中烟工业公司设备检查组一行在云南中烟物资集团公司副总经理张俊带领下到昭烟检查2009年度设备管理工作。检查组进行了资料检查和现场检查,并对检查情况进行了反馈。张俊从基础管理、新技术运用和节能减排3个方面对昭烟的设备管理工作提出了希望和要求。

【开展春暖人间主题志愿者活动】 3月20日,烟厂团委响应市直工委和市青年志愿者协会志愿灾区的倡议,组织工厂青年志愿者在市体育馆开展了一次以"春暖人间——和你在一起·抗旱齐行动"为主题的宣传和募捐活动。整个活动向市民发放《抗旱救灾倡议书》、节约用水小技巧宣传单500余份,募集捐款1144.5元。活动结束后,团委将募集到的款项如数上交到了市青年志愿者协会。

【开展“找不足、查问题、抓整改、促发展”主题活动】 4月1日，烟厂开展“找不足、查问题、抓整改、促发展”主题活动正式启动。此次主题活动旨在认真审视工厂在生产、管理各方面的工作，进一步深入查找部门和个人在思想观念、责任意识、工作作风、能力素质、工作质量、服务质量以及管理费用成本费用控制等各方面存在的不足和问题，全面提升工厂管理水平，不断充实工厂软内涵，为昭烟打造全国优秀卷烟工厂夯实基础、提供条件并发挥促进作用。此次主题活动分为“找不足、查问题”、“诊断分析”、“发展研讨”、“抓整改、促发展”4个阶段推进，并设立了活动领导组、领导组办公室等组织机构，全面确保主题活动的顺利开展。截止12月31日，工厂各部门通过主题活动共计查找出了存在的问题和不足500多项，制定并落实相应整改措施700余项。

【云南中烟工业公司节能减排检查组到昭烟检查】 4月14日，云南中烟工业公司节能减排检查组到昭烟检查节能减排工作情况。检查组听取了昭通卷烟厂节能减排工作汇报，对各车间进行了实地检查，查阅了相关资料，并反馈了检查情况，对昭烟的节能减排工作提出了建议。

【开展家庭厨艺大赛】 4月23日，烟厂在职工食堂一楼举办了红塔集团昭通卷烟厂工会喜迎建厂四十周年家庭厨艺大赛。大赛分为“刀功”、“规定菜肴制作”、“秀我私房菜”3个环节进行，有28个职工家庭参加了比赛。

【玉溪(硬扁铂金)正式生产】 5月7日，红塔集团出口产品“玉溪(硬扁铂金)”在昭通卷烟厂正式开始生产。全年共计生产560箱，产品质量完全满足出口产品的各项技术指标要求。

【出口烟梗工作圆满结束】 至5月10日，烟厂出口烟梗4703吨(共8批次)工作结束，接收国未提出一起质量投诉，树立和维护了责任红塔、质量红塔的国际形象。

【何泽华视察昭通卷烟厂】 5月12日，国家烟草专卖局副局长何泽华在中国烟叶公司副总经理吴洪田，云南省烟草专卖局局长余云东，云南中烟工业公司副总经理、红塔集团总裁李穗明，昭通市人大常委会主任张登亮，副市长郐永飞等领导的陪同下到昭通卷烟厂视察工作。何泽华视察完昭通卷烟厂生产车间和厂区环境后，听取了昭通市“两烟”工作情况汇报并观看了昭通卷烟厂电视专题片。在会上肯定了昭通卷烟厂“态势好”、“基础好”、“职工队伍精神状态好”、“抓住机遇不断发展”4个特点，并要求昭通卷烟厂针对在“卷烟上水平”活动中如何保持旺盛、持久的活力和如何解决传统生产向现代制造转变这两个课题进行认真研究。

【云南中烟工业公司原料检查组到昭检查指导】 5月21日，云南中烟工业公司原料检查组一行在组长张光熙带领下到昭烟检查指导工作。检查组听取了昭通卷烟厂原料烟叶仓储使用、管理情况汇报，到昭烟烟叶仓储区对仓储情况进行了检查。检查组通过检查认为昭烟在烟叶仓储管理工作中一是做到了帐、卡、物记录准确，二是堆码正气，无杂乱无序现象，三是记录表格科学、合理、实用，并就昭烟烟叶仓储管理工作提出了建议和意见。

【红塔集团烟叶工业分级、打叶复烤、原料仓库规划总结会召开】 5月27～28日，红塔集团烟叶工业分级、打叶复烤、原料仓库规划工作总结研讨会在昭通卷烟厂召开。会议就总结分析了2009年度烟叶工业分级、打叶复烤加工质量控制情况及烟叶工业分级外观质量控制情况，听取了玉溪、楚雄、大理、昭通、江川烟叶工业分级生产情况汇报。红塔集团副总裁张建华在总结讲话中肯定了各厂在烟叶工业分级、打叶复烤加工工作上取得的成绩，同时也指出了不足，对目前工作中存在的问题进行了详细分析，并就如何控制和提高烟叶工业分级质量，提升打叶复烤生产水平，科学做好仓储规划等方面提出了工作要求。

【制丝生产工艺调整配套改造项目通过专家论证】 6月2～3日，中国烟草总公司合肥设计院受国家烟草专卖局发展计划司的委托在烟厂组织召开了红塔集团昭通卷烟厂制丝生产工艺调整配套改造项目专家论证会。专家组围绕技术改造的必要性、可行性以及项目主要建设内容和投资估算等事项通过现场踏勘、听取项目情况介绍、审阅相关文件资料、质询相关问题等方式进行了评审论证。经过专家组的认真评审后，烟厂制丝生产工艺调整配套改造项目通过论证。

【举行建厂四十周年桥牌邀请赛】 6月5日，烟厂庆祝建厂四十周年桥牌邀请赛在三楼会议厅举行，昭通市16支代表队共64名桥牌爱好者参加了比赛，昭通市桥牌协会副主席周朝金到现场进行了指导。

【组织“爱心送考”活动】 6月7～8日，烟厂团委组织志愿者开展了“爱心送考”社会公益活动。共有20名志愿者参加了此次活动，累计接送考生70余人次。

【举行围棋棋王邀请赛】 6月18～20日，烟厂在三楼会议厅举办“红塔杯”昭通围棋棋王邀请赛。经过3天的鏖战，赵声奎、赵声国夺得冠亚军，昭烟选手丁毅、颜涛并列第三。

【举行第二届“工厂兴亡，我的责任”演讲比赛】 6月25日，烟厂在会堂举行了庆祝建厂四十周年暨第二届“工厂兴亡，我的责任”演讲比赛。来自14个党支部的22名选手参加了比赛，卷包车间党支部选手的选手李炎获得第一名。

【红塔昭烟CM协会庆祝建厂四十周年座谈会召开】 6月，烟厂CM协会在职工活动中心三楼会议室举办座谈会庆祝建厂四十周年。会上，参会人员观看

"庆祝昭通卷烟厂建厂四十周年"演示文稿，共同回顾了昭烟1970～2010年的发展历史。红塔集团副总裁、昭通卷烟厂厂长王勇在会上作了发言，希望昭烟CM协会的会员们拿出激情将工厂的各项工作做好。

【《红塔文化—昭烟子系统》出版】 7月3日，《红塔文化力—昭烟子系统》出版。《红塔文化力—昭烟子系统》分为"思"、"志"、"力"、"悟"、"为"5个部分，烟厂秉承红塔集团"山高人为峰"的精神和"人本至上，务实为先，创新求远"的价值观，并结合昭烟发展的实际凝炼而成的子文化系统。11月17日，烟厂启动了《红塔文化—昭烟子系统》的宣贯工作，并于18日组织20名内训师开展了《红塔文化—昭烟子系统》内训师培训。此后，以支部为单位的《红塔文化—昭烟子系统》宣贯工作全面展开。

【举行红塔集团第三届职工篮球联谊赛】 7月20～22日，红塔集团第三届职工篮球联谊赛在昭通卷烟厂举行。来自玉溪、楚雄、大理、昭通4厂的8支代表队参加了比赛。楚雄卷烟厂代表队夺得男子组第一名，玉溪卷烟厂代表队摘得女子组桂冠，昭通卷烟厂获得了本次比赛的"优秀组织奖"。

【开展"青工技能竞赛月"活动】 7～8月，烟厂团委围绕工厂生产中心工作，开展了以"学知识、练技能、增才干"为主题的"青工技能竞赛月"活动。此次竞赛采取厂团委主办、基层团支部承办的形式，以生产为主，按照"小型、可操作、促生产"的原则开展了制丝加香加料控制、卷包B1机操作和动力水处理操作3个工种的技能竞赛，竞赛分为理论考试和实操考试进行，共有54名青工参与了角逐。

【条码检测及件烟质量追溯系统成功上线】 8月10日，烟厂自主开发的条码检测及件烟质量追溯系统在卷包车间成功上线。该系统共分为跳码检测、打码机打印状态及重码检测、立库错码追踪及重码检测、问题件烟精确定位及冻结操作4个模块。

【红塔集团第三届消防运动会召开】 8月10～11日，红塔集团第三届消防运动会在昭通卷烟厂举办。来自集团省内4厂和江川复烤厂的5支代表队参加了8各项目的比赛。楚雄卷烟厂、玉溪卷烟厂和江川复烤二车间3支代表队分获团体一、二、三等奖。

【宜宾市烟草发展领导组到昭通考察】 8月17日，宜宾市烟草发展领导组到昭通考察，并在参观昭通卷烟厂生产现场和厂区环境后召开了交流座谈会。宜宾市副市长周宇在座谈会上对昭通市"两烟"的发展给予了高度评价，并希望宜宾、昭通两市不断加大沟通与交流，为两市的烟草发展再做贡献。

【青年志愿者开展公益环保宣传活动】 8月26日，烟厂团委和工厂节能减排办公室联合开展了以"低碳生活，绿色环保"为主题的节能环保公益宣传活动，向市民倡议"参与昭阳同创，共建绿色城市"。26名志愿者们通过自行车环城、在市体育馆定点宣传的方式，开展了图片资料展板展示、环保宣传资料和环保袋发放等活动。

【开展青年读书月活动】 8～9月，烟厂团委结合"青工技能月"活动的开展，组织开展了以"学知识、强素质、促成长"为主题的"青年读书月"活动。活动期间，厂团委为每位青年团员提供了购书卡，进行了"对我影响最大的一本书"、和"我推荐阅读的五本书"问卷调查，开展了读书心得和感悟征文等形式多样的活动。

【国家烟草专卖局烟叶仓储保管调研组到昭调研】 9月13日，国家烟草专卖局烟叶仓储保管调研组一行4人到昭通卷烟厂调研。调研组到大院村实地检查和了解了烟叶仓储情况。调研组结合实地检查和听取的汇报情况，认为昭通卷烟厂烟叶仓储保管工作能结合当地自然环境实际，摸索出了具有昭烟特点的好的工作方法，值得参考和借鉴。

【启动2010年初、中、高级打叶复烤修理、操作技能鉴定】 10月11日，烟厂在职工活动中心教室召开了2010年初、中、高级打叶复烤修理、操作技能鉴定启动大会。10月13日，16名修理工在昭通市忠诚机械制造有限责任公司进行了钳工考试。14日，50名修理工和操作工在打叶复烤车间进行了实操考试。

【红塔集团2010年党风廉政建设调研论文评审会在昭召开】 10月15日，红塔集团2010年党风廉政建设调研论文评审会在昭通卷烟厂召开。会上，评审组对从全集团203篇论文中遴选推荐出的具有代表性的37篇论文进行了点评，并认为37篇对的论文对促进集团加强党风廉政建设工作有一定的指导和借鉴作用。通过与会评委的评定，共评出一等奖6名，二等奖9名，三等奖15名。

【国家局安全检查组到昭烟检查指导工作】 10月18日，由湖北中烟安保处处长张新民为组长的国家局安全检查工作组第九检查组到昭通卷烟厂检查指导工作。检查组听取昭通卷烟厂安全工作汇报后对生产现场、安全管理文件体系和相关记录进行了检查。检查后，检查组对昭通卷烟厂的安全工作给予了肯定，同时还就检查出的不足提出了要求和建议。

【开展公务车车辆管理员岗位技能大练兵活动】 10～11月，烟厂组织开展了以"提高驾驶技能、促进行车安全、提供优质服务"为主题的公务车辆管理员岗位技能大练兵活动。此次大练兵活动按动员部署、大练兵、检验测试3个阶段进行，包含了汽车驾驶、汽车维护、常用交通规则测试、模拟交通事故自救演练等项目。

【红塔集团2010年下半年卷烟评吸暨质量分析会召开】 11月9～10日，红塔集团2010年下半年卷烟评吸暨质量分析会在昭通卷烟厂召开。通过对所有样品的评吸，会议认为，全集团2010年生产产品质量稳定，全部合格。会议还从质量简讯、卷烟产品、主流烟气、烟用材料、工艺纪律检查等7个方面通报了2010年下半年产品质量情况，从品牌许可生产简介、过程质量控制情况、市场反馈和今后工作意见及建议4个方面通报了品牌许可质量管理情况，并就品牌许可生产质量管理实践经验及改进进行了座谈交流。

【滤棒成型职业技能鉴定培训】 11月18日，烟厂2010年滤棒成型职业技能鉴定培训班正式开班。申请参加此次滤棒成型职业技能鉴定培训的员工共31人，其中参与中、高级修理鉴定的6人，参与中、高级操作工技能鉴定的25人。

【开展职工操作技能竞赛暨设备维修技能竞赛】 12月，烟厂举办了2010年度职工操作技能竞赛暨设备维修技能竞赛。共设制丝车间、卷包车间2个赛点。制丝车间赛点竞赛的内容是KTC80切丝机操作、维修；AUTOCAD电气原理绘图+S7编程。卷包车间赛点竞赛内容是PASSIM8k、GDX2、B1操作；PASSIM8k、GDX2维修；ZJ19机组故障排除+PLC编程。通过角逐，产生技术能手9名。

（昭通烟厂 田荣林）

【概述】 2010年，昭通市烟草专卖局（公司）实现"两烟"销售收入388763万元，同比增长10.89%。实现税利100095万元，增长12.01%，其中，实现税金52432万元，增长13.42%；实现利润47663万元，增长10.68%。市局（公司）继续保持省级文明单位光荣称号，先后获市委市政府2009年度社会治安综合治理先进奖、2008～2009年度信访工作获表彰、昭通市第三批新农村建设工作队及指导员工作先进派出单位、见义勇为优秀企业、全市档案工作先进集体，在省政府烟叶生产暨抗旱救灾表彰大会上，获烟叶生产抗大灾保增收工作"突出贡献单位"奖；在省局（公司）烟叶生产抗旱表彰大会上，获"先进集体"奖；在全省2010年卷烟销售网建工作中，获"卷烟营销创新先进单位"奖。"3·19"非法经营烟叶网络案获国家烟草专卖局通报表彰。

年末市局（公司）设置：党政办公室、人力资源部、监察部、安全保卫部、财务管理部、审计部、企业管理部、专卖监督管理部、政策法规与体制改革部、信息中心、烟叶生产管理部、烟叶经营部、现代烟草农业基础设施建设办公室、烟叶生产技术中心、卷烟营销中心、卷烟物流中心、卷烟督察考评中心17个部门和画苑宾馆1个多元化企业。下设昭阳、鲁甸、巧家、镇雄、彝良、威信、盐津、大关、永善、绥江、水富11个县级烟草专卖局（分公司）。在册在岗职工1862人。

【烤烟抗旱救灾】 2010年，面对百年不遇的严重干旱，市局（公司）把烤烟抗旱摆在首要位置，按照"因地制宜，分类指导"的原则和"三保两防"（保育苗、保移栽、保烟苗成活和防涝、防病虫害）和"宁可做过，不可错过"的工作思路，统一思想认识，提振工作信心，迅速成立烤烟抗旱工作领导小组，建立烤烟抗大旱保移栽促春耕应急管理体制和"领导挂钩联系、部门靠前管理、突出属地原则、职工分片负责、责任落实到人"的工作机制，市、县两级领导班子成员带头深入抗旱工作第一线，强化工作督导，烤烟抗旱育苗、保苗、移栽三大攻坚战取得决定性胜利。抗旱期间，国家局副局长何泽华，省局局长余云东、纪检组长温宁军等领导到昭通督促指导烤烟抗旱工作；市委书记夜礼斌，市政府市长王敏正、副市长郐永飞多次召开专题会议安排部署烤烟抗旱工作。省局（公司）和红塔集团先后向昭通市捐赠400万元资金，专项用于烤烟生产抗旱救灾；市公司划拨抗旱救灾专项资金229万元。全市累计投入烤烟抗旱资金3000余万元，烟草公司系统干部职工2次捐款24万元，出动烤烟抗旱救灾人员59758人次。

【烟叶生产基础设施建设】 3月，调整充实市、县两级现代烟草农业基础设施建设领导组及其工作机构，明确工作职责，集中时间和精力，对2007～2009年烟叶生产基础设施建设项目及烟叶生产投入补贴资金管理进行自查复查和整改落实的同时，把基本烟田建设规划修编、烟叶生产基础设施建设总体规划和2011年度建设项目实施方案作为最重要的基础性工作，进一步理顺关系，理清思路，规范管理。建设项目设计论证评审、监督管理、组织验收、资金控制、档案资料完善、数量质量把关等方面取得明显成效。8月20日，2009年度烟叶生产基础设施建设项目全面完工，9月9日，通过省局复查验收。全年，全市完成烟叶生产基础设施建设项目1820件，总投资10114.6万元，其中，烟草行业补贴资金7733.81万元。

【搞好现代烟草农业试点】 2010年，昭阳区被列为全省现代烟草农业示范县建设试点之一。重点建设永丰、布嘎基地单元，涉及永丰、苏家院、布嘎3个乡镇，16个村民委员会，基本烟田面积5856.2公顷，年度种烟面积2563.7公顷，收购烟叶627.8万千克，户均种烟面积1.44公顷。按照"以基地建设为载体、以完善烟叶生产基础设施为重点、以提高专业化服务水平为关键、以创新生产组织形式为突破"的建设思路，2个基地单元共建成烟水配套工程11205件，受益基本烟田58708公顷，实现100%覆盖；建设机耕路64条131.378千米。建成卧式密集烤房35群744座，承烤面积992公顷；气流上升式密集烤房改造1053座，承烤面积702公顷。发展烟叶种植专业户1497户2186.6公顷，家庭农场3户48.53公顷，合作社9个，重点服务200公顷核心示范区。组建育苗专业合作社2个，实现了100%工场化育苗、商品化供苗；机耕专业合作社2个，95%以上种烟地块实现机械深翻、耙地和起垄；

植保专业合作社3个,100%实现病虫害统防统治;烘烤服务社2个。完善烟叶生产技术体系,提高实用技术集成和落实到位率,充分发挥现代烟草农业示点对烟叶生产的技术引导和辐射带动作用。

【烤烟生产平稳发展】 2010年,严格执行计划,全市签订烤烟合同种植面积2.43万公顷;严肃合同管理,严控生产规模,全市特需品种种植0.8万公顷,占合同种植面积的32.86%;严把收购纯度。首次取消二次验级"清选"环节,实施原收直调模式,建立完善烟叶质量考核制和质量可追溯制,实现了均价和等级结构理性回归。加快推进烟叶基地单元建设,工商合作共建品牌导向型基地9个,对口红塔集团、湖南中烟、广西中烟、山东中烟4家工业企业的7个卷烟品牌。全市收购烤烟5.42万吨(108.43万担),烟叶收购总值79573万元,同比增加6646万元,增长9.11%。经省局抽查,全市收购烟叶等级合格率73.24%,比上年提高5.1个百分点;质检入库烟叶工商交接等级合格率69.75%,比上年提高3.64个百分点。全年实现烤烟销售收入142233万元,同比下降2.62%;实现烤烟税利43330万元,同比增长8.54%。其中,实现税金27549万元,同比下降2.3%。

【实现卷烟税利56765元】 2010年,市局(公司)坚持把卷烟营销摆在更加突出的位置,围绕"提结构、增效益、上水平"主线,突出品牌培育、协同营销、网络建设工作重点,明确"抓市场、提结构、促服务、强网建"工作思路,把规范经营贯穿于卷烟营销全过程,健全规章制度,定期督查考评,强化专销结合,自主配送的8个县级分公司成立卷烟物流分中心,营销服务和配送服务彻底分离。制定市场品牌发展规划,完善品牌引入退出机制和品牌培育措施、考核办法,着力营造公平市场环境。建立婚庆信息资源数据库,积极开展婚庆促销活动,引导市场消费,提升品牌结构。坚零售终端"六统一"路经,以"创优店"为示范窗口,深入开展"七彩服务、情系你我"专题活动,着力打造优质服务品牌,实现了销量平稳增加、结构持续提升、市场状态良好、效益转型增长。全市销售卷烟81.6亿支(16.32万箱),同比增长2.01%,实现卷烟税利56765元,同比增长14.98%。其中,实现卷烟利润31882元,同比增加1.73%;实现税金24883元,同比增长38.02%。

【强化专卖管理】 2010年,始终坚持政府领导下全社会参与打假机制不动摇,继续保持打击涉烟违法犯罪高压态势,完善工作机制,层层落实责任,整合执法资源,组织开展了春节期间"两烟"市场清理整顿和治理内昆铁路沿线违规经营运输卷烟2次专项行动,打击非法经营烟叶案件取得重大突破,非法制售假冒伪劣卷烟的违法犯罪得到有效遏制。年内全市查处涉烟行政案件1725起(其中:贩假案25起,售假案778起,非渠道进货案751起,无证运输案件108起,其它案件63起),罚没款122万元,没收假烟1904万支,办理烟叶案件26起,没收烟叶25.26万千克。与公安联合办理涉烟刑事案件28起,刑拘42人,判刑27人。3月20日凌晨,市公安局禁毒支队和市局稽查支队联合行动,在昭阳区守望乡水井湾村,城区寿福巷、民欣花园小区现场查获一批销售假冒卷烟及非法经营烟叶案件,抓获涉案人员16人,刑事拘留犯罪嫌疑人5人。全市共有持证卷烟零售户16338户,占全市总人口的2.87‰,全年新办卷烟零售许可证2080户,办理"两烟"准运证4915份。全年未发生一起涉烟行政复议案件,烟草专卖执法形象得到提升。

【科技创新取得新进展】 2010年,全市开展科技项目研究推广20个专项。选择河南农大、西南大学、云南省气象局、云南烟草工业研究院等科研院校共同协作,启动昭通特色烟叶研究开发项目。《昭通市烤烟生产信息数字化与烤烟气候资源分析研究》、《烤烟新品种云烟97的引试推广与配套技术研究》2个项目申报为2010年度云南省科学技术进步奖。

【强化企业管理】 2010年,按照"六统一"原则和"六化"目标要求,以"十大管理体系"建设为契机,强化规范意识和管理意识,创新管理模式,规范制度流程,选准有效接口,搭建有力平台,狠抓基础管理,积极推进制度建设全面覆盖、全员执行、全程控制。以全面实施ISO9001质量管理体系为载体,理顺内部管理体制,坚持从制度层面到管理标准、工作标准的有机整合,突出市场经营主体地位,着力打造诚信经营优质服务品牌,ISO9001质量管理体系建设顺利通过行业审核和取得第三方认证。以对标工作和加强成本管理为抓手,大力实施控本增效、控员增效、节支增效、挖潜增效为核心的集约式发展战略举措。积极推进办事公开民主管理,强化内部审核和流程监管,充分发挥财务审计监督部门作用,加强过程审计监督,全年完成审计项目35项。充分发挥信息化监管优势,整合利用惩防体系信息平台、专卖内管信息平台、资金监管信息平台和物资采购监管信息平台等资源,注重源头治理,狠抓规范建设。以推进职业健康安全管理体系有效运行为保障,全面落实安全生产主体责任和安全生产责任制,高度重视内部治安综合治理和信访维稳工作,畅通职工反映意见渠道。劳动用工、收入分配、信访保密、档案管理、综合服务、后勤保障等各项工作成效明显。

【重视宣传思想工作】 2010年,采取专题教育、专题宣讲、客户经理论坛、下发政研课题、征集"金点子"、学习培训交流等方式,激发全系统干部职工干事创业的工作热情,进行宣传思想教育。围绕市局中心工作,充分利用简报、橱窗、杂志、图片等多种形式,突出企业改革和市场竞争能力重点,及时报道企业改革发展的重大举措、生产经营可喜成果，树立典型，表彰先进，弘扬正气，充分发挥典型引路和教育示范作用。编辑出版《简报》46 期、《昭通烟草商业系统》季刊共 4 期、《信息内参》12 辑，向省局（公司）新闻中心网站报送信息 940 则。2010 年，市、县公司共举办培训班 141 个，培训人数 3162 人次，同比增加 222 人次。

【大力开展社会公益事业】 2010 年，公司对外捐赠 102 万元，其中用于教育、科学、文化、卫生、体育 4 万元，扶贫 67 万元，其他 31 万元。8 月 30 日，向市"见义勇为"基金会捐款 10 万元。派驻新农村建设指导员 2 名，积极参与社会主义新农村建设。12 月 17 日，划拨大关县玉碗镇挂钩扶贫点新农村建设经费 14 万元；划拨鲁甸县乐红乡挂钩扶贫点新农村建设经费 17 万元。12 月 24 日，划拨巧家县药山镇新农村建设经费 10 万元。

【上级领导到昭通调研指导烟草工作】 2 月 22 日，省烟草专卖局（公司）党组成员、纪检组组长温宁军到昭通市调研指导烤烟抗旱育苗防冻保苗工作。2 月 25 日，省"两烟"打假打私领导小组办公室主任、省烟草专卖局副局长赵全率省"两烟"打假打私检查考核组一行 4 人，到昭通市检查考核 2009 年"两烟"打假打私工作。4 月 28～30 日，省局（公司）对昭通市公司 2009 年创建的 4 个优秀烟叶工作站进行评价验收。检查组认为，昭通市公司创建优秀烟叶工作站工作领导重视，工作扎实，投入到位，措施有力，同意通过达标验收。5 月 12 日，国家烟草专卖局副局长何泽华一行，在省局局长余云东、副总经理童荣崑及相关部门负责人陪同下，到昭通检查指导"两烟"生产经营工作。5 月 27～28 日，省局（公司）综合计划处处长带队到昭通对建设进行行业评审。评审组经过严格审核，一致同意，昭通市局（公司）"两标一体"建设通过 ISO9000 质量管理体系行业评审。5 月 31 日至 6 月 1 日，省局（公司）副总经理杨经建一行 5 人到昭通公司调研"卷烟上水平"工作开展情况。经实地走访调研，杨经建认为昭通公司"卷烟上水平"各项工作规范了、发展了、提升了。6 月 9～11 日，国家局纪检组信访案审室主任王超英、省局监察处处长陈玟到昭通市局（公司）调研烟叶生产基础设施建设监管工作，提出 6 条建议、意见。6 月 23～27 日，云南省纪检监察学会烟草系统分会滇东南北八州市课题组第二次会议在昭通召开。8 月 4 日，省长秦光荣，省委常委、副省长李江，省人大常委会常务副主任晏友琼，副省长孔垂柱、刘平、顾朝曦，省政协副主席曾华等领导，到鲁甸县小寨乡视察现代烟草农业暨昭鲁大型灌区项目白草坪点。秦光荣省长视察工程项目现场后，称鲁大型灌区项目为乌蒙山区"红旗渠"。8 月 16～17 日，四川省宜宾市副市长周宇率团考察昭通现代烟草农业和烟叶原料保障上水平工作，并召开宜宾、昭通两市烟草发展座谈会，加强交流合作，促进烟草产业发展。9 月 27 日，红云红河集团党委书记许力为带队参加昭通盐津召开的工商协同营销座谈会。10 月 18 日，省局（公司）专家组对昭通市布嘎和永丰两个烟叶基地单元进行评价验收，对昭通基地单元建设取得的成效给予了充分的肯定。11 月 1～2 日，省局（公司）副总经理高体仁一行 4 人到昭通公司调研企业管理及昭通卷烟物流中心建设项目选址情况。

【"大成"文化宣贯大会召开】 12 月 10 日，昭通市烟草专卖局（公司）召开"大成"文化宣贯大会。11 个县区局（分公司）班子成员，股（室）、站（所、中心）负责人，市局（公司）机关副科级以上中层干部及其部分职工参加会议。

（**烟草专卖局公司** 尚 文 史普俊 李 洁 蔡 韬）

【烤烟生产收购完成 5.42 万千克】 2010 年，全市烤烟生产规划充分打破乡、村行政界限，坚持在最适宜区和适宜区内连片规划布局。全市共种植烤烟 2.43 万公顷，涉及 74 个乡镇，374 个村委会，3.6 万户烟农，户均种植面积 0.67 公顷，全市累计收购烤烟 5.42 万千克。全年，按照国家烟草专卖局关于"烟叶防过热、卷烟上水平、税利保增长"的总体部署和市委、市政府年度工作目标要求，一是认真落实好择优布局规划成果。全市于 2009 年 10 月底就编制完成了 2010 年烤烟生产择优布局规划，规划充分打破乡、村行政界限，坚持在最适宜区和适宜区内连片规划布局。2010 年初各县区严格按照择优布局成果落实面积和签订合同。二是烤烟育苗有新的进步。面对严重旱灾，全市育苗工作按照烟种发放实行专人管理，育苗技术实行蹲点指导负责制，新增专项计划育苗一律采取"低处育苗高处用"、"水源就近育苗"的方式进行。全市 726 个育苗业主共在 719 个育苗点完成漂浮育苗播种 49.56 万平方米，其中一段式育苗 38.85 万平方米，二段式育苗 10.71 万平方米，完成常规苗播种 3.39 公顷，烤烟育苗播种工作按时完成。三是加大投入力度，切实减轻烟农种烟成本。为降低烟农种烟成本，有效调动烟农种烟积极性，全市继续加大对烤烟生产的投入力度，除市政府继续投入 870 万元扶持烤烟生产外，8 县区种烟政府严格按照市政府文件要求，按规定标准投入及配套了烤烟生产资金，共计投入 1.02 亿元专项用于烟农烤烟用煤和 k 系列等特殊品种补贴，烤烟生产自然灾害风险基金的建立、生产组织方式创新配套等，切实减轻了烟农的种烟成本。四是烤烟抗旱移栽用水准备充足。为了确保烤烟大田移栽用水，各县区对近年来实施烟水配套工程建成的水窖、水池、坝塘等蓄水情况等进行了认真详细的排查核实，并在充分掌握实际情况的前提下，因地制宜，分门别类，采取有效措施对移栽用水进行了充足的蓄备，全市共为水池、水窖等烟水工程设施补水近 40 万立方米，有效保证了烤烟抗旱移栽用水。五是预整地规范程度较高,移栽时间集中。为在最佳节令内集中时间完成烤烟移栽,4 月 25 日,全市已基本完成烤烟预整地,且质量、规范化程度较往年有大幅度提升,普遍达到了横竖一条线,垄高、垄直、垄饱满的要求。由于预整地工作完成得较好,全市烤烟大田移栽面积按照“高茎壮苗深栽”的要求,在 5 月 20 日前全部移栽结束,比原计划提前了 10 天,且大部分在 5 月 10 ~ 15 日完成移栽。六是烟草机械化作业力度加大。为适应现代烟草农业减工降本,提质增效的要求。在前几年大力推广的基础上,各县区积极发展农机专业服务组织,进一步加大烟草机械化作业力度,机耕、整地、理墒质量较高,做到了深耕、垡细、沟直、墒饱满。据统计,全市应用在烤烟育苗、耕地、整地、起垄上的农业机械达 2080 台(套),比上年增加 1188 台(套),其中专用机械 957 台(套),通用机械 1123 台(套)。机耕、机耙、起垄面积突破 50%,切实减轻了烟农的劳动时间和劳动强度,提高了烤烟生产效率和质量。七是加强田间规范化管理。烤烟移栽后,有效开展了以中耕除草、揭膜培土、追施肥料、病虫害防治和适时封顶打杈为主要内容的田间管理工作,确保了烟株长势整齐,为提高烟叶产量和质量奠定了坚实的基础。八是全力配合红塔集团抓好原料基地建设。红塔集团确定在全市发展原料基地,计划烟叶采购量 1500 万千克。根据市委、市政府的战略方向,烟办全力协调、支持、配合抓好各项具体工作的落实,切实加强与烟厂、烟草公司的沟通协调,共同商讨红塔集团基地建设的思路和对策。3 家多次组成联合检查组,对各原料基地县区烟叶生产、收购进行检查督促,及时解决原料基地建设中存在的问题,切实做好基地的生产管理,完善和落实好各项科技措施,努力提高基地建设的整体水平,圆满完成了红塔集团在我市 1500 万千克烟叶采购任务。九是多方统筹协调,全力做好烤烟收购工作。全年,由于全市烤烟生产期间自然灾害频发,总量偏紧,加之毗邻地区收购态势吃紧,全市收购形势异常严峻。为此,全市认真贯彻全省烟叶收购会议精神,严格按照“适度把握上等烟、下限收购中等烟、适当放宽下等烟、特需品种下限定级”的收购眼光和要求,对重点县区根据烟叶生产工作的实际情况分类指导,及时解决烤烟收购中存在的突出问题,圆满完成烟叶收购任务。

(市烟草产业办公室 王 鑫)

电 力

【概况】 2010 年,昭通供电局积极应对特大干旱、洪涝、泥石流等自然灾害,强素质,抓管理,安全生产、电力供应和电网建设等各项工作取得成绩。有职工 1232 人,其中在职 882 人,离退休 350 人。年末有 35 千伏及以上变电站 33 座,其中 500 千伏变电站 1 座,220 千伏变电站 5 座,110 千伏变电站 17 座,总变电容量 2787 兆伏安;发电厂 1 座,装机 2.5 万千瓦;所辖 10 ~ 500 千伏输电线路总长 3326.02 千米。主要担负着昭通市 10 县 1 区工农业生产、生活用电,以及内昆电铁和溪洛渡、向家坝等重点工程的施工供电任务。昭通 10 个县级供电公司中,有 9 个属云南电网公司全资子公司,一个属云南电网公司控股公司,由云南电网公司委托昭通供电局进行管理。1 月 15 日,500 千伏永丰输变电工程投运,昭通电网步入超高压时代。4 月 11 日,昭通电网网供电量首次突破 1000 万大关,达 1025.98 万千瓦时,创历史新高。年内昭通供电局获 2009 ~ 2010 年度云南省文明单位称号。修试所联合 QC 小组获 2010 年全国电力行业优秀 QC 小组称号。220 千伏昭通集控站获云南省工人先锋号称号。

2010 年电力工业经济技术指标统计表

指标名称	单 位	本年完成	上年完成	同期相比(%)
售电量	亿千瓦时	30.09	22.11	36.09
最高日供电量	万千瓦时	1252.4	932.11	34.36
最高负荷	万千瓦	63.4	49.06	29.23
综合电压合格率	%	99.03	99.01	0.02
城市供电可靠率	%	99.88	99.01	0.87
负荷率	%	79.31	81.74	-2.43

【加强安全生产】 2010 年,着力推进安全生产风险管理体系建设。制定下发了安全生产方针,修编、完善了 89 个管理标准,优化了 53 项表单,进一步完善作业风险数据库,将风险控制措施应用到安全生产日常管理中。建立了 173 份作业指导书,加强对作业管理流程各个执行环节的监督,构建了一套流程清晰、目标明确的规范文本。深入结合“责任落实年”活动,扎实开展作业危害辨识与风险评估工作,共梳理出 418 项工作任务,辨识出基准风险 8176 项,对 26 项高

风险值的危害制定了控制措施，对风险实行分层分级管理、实现了作业风险的有效管控。通过各方面艰苦、细致的工作，获得了两钻的风险管理体系审核绩效评价，比上年上了一个台阶。

着力提高电网、设备的安全、稳定、经济运行水平。开展了4次反事故演习，总结归纳8条昭通电网运行安全风险，提出并实施了防范措施，在新设备投产同比增长19%的情况下，非计划检修率同比下降了0.8个百分点。全年共处理各类设备缺陷1809项，其中紧急重大缺陷消缺率100%，设备缺陷及隐患处理工作步入常态化。依托信息化工作的推进，全面运用12个生产管理应用子系统，实现了设备台帐的动态管理，生产工作记录的数字化管理和流程化管理水平不断提高。结合线损4分管理工作，充分利用配网普查成果，重点开展了配网GIS系统建设，最终实现线损指标同比下降0.83个百分点，通过南方电网公司线损“四分”管理网级达标现场评审。

着力抓实安全生产基础管理。继续抓好“两票三制”的管理和执行，认真落实各项反事故措施，现场安全监督共检查现场332个，发现问题190个，发出各类信息传递单、整改通知单35份，并对查出的问题进行了跟踪整改。扎实开展“安全生产月”活动，通过开展火灾扑救、生命自救互救、逃生演练、防地震演练和安全生产竞赛等活动，全面提高员工的安全技能和责任意识。继续抓实安全教育培训，全面提高生产一线人员的安全意识和安全技能。对395人进行“三种人”培训和资格认定考试。举办县公司“两种人”培训班3期，培训112人次。丰富安全教育方式，建设完成170多平米的多功能安全教育室，投入以来共接待450余人，成为安全生产教育的载体。

着力提高应急管理水平。应急预案体系逐步完善，滚动修编和完善1个局综合总体应急预案、17个专项应急预案和62个现场支撑处置方案。以地震等自然灾害为重点开展了3次应急演练，进一步提高了各级人员的应急响应水平。有效应对并妥善处置了年初冰冻灾害和巧家泥石流灾害，第一时间启动了事故应急预案，迅速开展电网恢复工作，以最快速度及时恢复了灾区的正常供电，最大限度减少了灾害造成的影响，受到各级地方政府和广大人民群众的高度肯定。进一步规范应急物资管理，建设完成了总面积310平米的人身防护应急物资管理仓库。

【开展优质服务】　2010年，完成亚运、亚残会保供电工作。认真落实“平安电网，平安亚运”的保供电要求，成立了保供电领导小组，精心组织，周密部署，全面落实保供电方案，把广播电视、新闻传媒、交通、电信、宾馆酒店、有较多群众合法聚集场所等重要用户及公共场所作为保供电工作重点，全力保障亚运会、亚残会期间电网安全稳定和电力可靠供应，确保了人民群众正常收听、收看亚运实况转播。亚运会、亚残会开闭幕式当天，安排人员到重要保供电地点的客户配电室，协助用户进行保供电值守，确保了重要场所和居民安全可靠用电。认真落实供电设施安全保卫要求，严格车辆、人员、物资出入管理规定，确保了重要电力设施运行安全。

面对特大干旱，供电局成立了抗旱保电领导小组，迅速启动自然灾害应急Ⅱ级响应，投入抗旱资金160余万元，建立了抗旱保电联动机制，开通了抗旱增容“绿色通道”，建设完成2口“南网井”。积极开展爱心捐助活动，组织了93个共产党员先锋队、青年突击队和抗旱保电服务队，开展爱心送水，送米送油等活动，解决了40多个自然村，1.1万多人的饮水困难。组织全局干部职工3次为灾区捐款共计40余万元，树立了负责任的良好企业形象。

大力开展用户受电工程“三指定”专项治理，全面放开用户受电工程市场，确保了用户受电工程办理合规合法。加大电费回收力度，月度平均回收率同比提高1个百分点，确保了电费回收颗粒归仓。深入开展绿色行动，帮助客户进行节电诊断，受到了客户的好评。继续开展营销信息系统应用工作，完成了负荷管理系统701台终端的上线工作，对18个台区完成了集抄试点工作，完成了95598系统的升级融合工作，大大提高了营销信息化管理水平。

加强与各级政府以及社会各界的沟通交流，先后3次召开大客户、媒体座谈会，并通过现代媒体对安全用电进行大力宣传，取得了政府、社会各界和广大人民群众对供电服务和电力事业的理解与支持。积极提高现场服务的质量和效率，共出动应急电源车61次，完成快速故障抢修4325次，平均到达现场时间0.26小时，同比下降了6.9%。深入开展纠风工作，共受理供电服务投诉举报4件，及时办结率100%，回访率100%。抓好优质服务暗访工作，对1个市级营业厅，9个县级营业厅，15个乡镇供电所的供电服务进行了检查，发出整改通知书11份，大大提高了各级窗口人员的优质服务意识。

【开展节能降耗】　2010年，积极开展节能宣传活动，进一步提高全社会的节能意识。6月17日，与昭通市节能办、昭阳区节能办、市统计局相关负责人到化肥生产企业——昭通市天合有限责任公司进行用户节能改造情况回访。全年节约电费28.32万元。在供电局的建议下，通过节能改造后天合公司2010年共减少电费支出近40万元。

【全力推进电网建设】　2010年，全年完成大中型基本建设、城市配网建设、农村电网投资约9.1亿元，共建成投产11个35千伏和4个110千伏及以上输变电工程，新开工8个110千伏及以上输变电工程。在项目多、任务重、难度大的情况下，举全局之力，加快工程建设进度，确保了各项工程任务的圆满完成。

(一)加大项目前期工作力度。结合地方产业经济的发展规划及昭通电网实际,组织完成了昭通电网"十二五"专项规划,高质高效完成了全市农村电网升级改造和无电地区电力规划,牵头完成了各县公司小型基建规划。超前做好项目选址、可研及项目核准工作,建立充足的项目储备。年内完成32个输变电工程、5个大用户工程、4个电源接入项目的可研任务及12个项目的初设工作。继续做好与政府有关部门的协调沟通工作,完成2个项目的核准工作,按期推进了10个项目的报件工作,有效缩短了前期工作时间。(二)提高工程建设管理水平。落实"工程投资管理年"活动要求,强化了投资计划控制意识,规范了投资计划管理程序,220千伏及以上工程投产后第一年综合可用系数为100%,全面完成了目标。进一步强化督查督办和工程审计整改工作,健全了对设计、监理、施工单位的考核机制。进一步完善领导挂钩联系机制,加大了项目过程管控力度,工程项目进度控制率和"零缺陷"投产率均达100%,全过程管理水平得到有效提高。

【规范农电安全】 2010年,着力规范农电安全生产工作。充分发挥农电管理督导大队的作用,加大对县级公司安全生产的督促指导力度。强化农电安全过程考核,严格执行"两票三制",严防人身伤亡和恶性误操作事故的发生。持续推进农电线损"四分"管理,进一步降低农电线损率,县公司综合线损率7.94%,比计划值低0.06个百分点,实现了所有县级公司线损率都控制在12%以内的目标。全面推进农电"一体化"管理。稳步推进县公司农电体制改革工作,10家县公司已全面完成资产划转工作。全面启动县公司基础管理达标创优工作,加大对县公司各项工作的监督和指导力度。以深入贯彻依法经营二号令为主线,进一步加大县级公司"三重一大"集体决策制度执行情况的监督检查力度,严防违法违纪案件发生,保证县级公司健康持续发展。

【加强队伍建设】 2010年,全面加强队伍建设。(一)有序推进绩效考核工作。修订和完善了组织绩效考核管理办法,形成了组织绩效完成情况月报机制和预警机制,首次在全局各部门开展了绩效考核工作,使得全局的管理能力和空间有了较大的改进。按考核周期认真分析和编写了3份组织绩效考核报告,梳理了管理上存在的问题,进一步建立完善组织绩效考核体系,充分发挥了组织绩效考核对各项工作的导向和促进作用。(二)努力抓好"教育培训年"活动。结合实际编制了活动实施方案,制定了涵盖5大职系,11个类型的培训计划。大力开展各类专业技术技能大型讲座和培训59次,全年培训5801人次,全员培训覆盖率99.56%,培训效果明显提升。认定初级职称34人,通过申报和确认中级职称11人,高级职称1人,是历年来通过数量最高的一年。高技能人才比例较前一年增长18.63个百分点,持证上岗工作得到有效推进。同时,进一步加强对县公司领导班子能力素质提升的培训。(三)大力推进员工素质工程。编制了员工素质工程项目推进计划,对2010年的员工素质工程项目进行了层层分解落实。开展了结构性缺员分析,在新员工考核过程中引入岗位素质胜任力模型,提高关键人才的培养速度。同时,采取"一对一"帮扶的方式,促进青年员工快速成长,1人被授予南网公司"技术能手"称号。(四)进一步夯实班组基础工作。着力抓好生产班组建设,做好班组建设与生产规范化建设的结合工作,220千伏昭通变获省公司"和谐温馨变电站"称号。积极组织开展班组QC活动,修试所联合QC小组获2010年全国电力行业优秀QC小组称号。

【加强经营管理】 2010年,着力加强财务监管和会计信息工作。(一)进一步深化全面预算管理,加大了指标考核力度,发挥了预算的引导力和控制力,货币资金存量等绩效指标均大幅度下降。继续推进财会信息化建设,"四大模块"在局本部和县级公司得到进一步的推广应用,对县级公司的资金管控手段得到扩展,有效降低了管理风险。(二)着力规范招投标和合同管理工作。全年完成设计、施工、监理及设备材料等方面的招标项目39个批次共95个标包,公开招标率99%,达到了工程建设成本和依法经营风险"两个降低"的效果。深入推广应用合同管理系统,严格执行省公司合同范本,完成合同会签审批1365份,使合同管理做到了规范运作、有序运转。

【党建工作不断加强】 2010年,党建工作不断加强。(一)全面启动创先争优活动。深入开展第一阶段的"艰苦奋斗作风教育月"活动,坚持把学习教育贯穿活动的始终,召集全局382人次参加了网公司的4次主题讲座。组织两级领导班子成员,通过深入开展学习讨论、体验式学习以及自我价值评估等活动,提高了两级领导班子成员的使命感和责任感。(二)持续强化党建基础管理。抓好学习实践科学发展观活动的整改落实工作,完成整改项目11项,措施33条。开展学习型党组织建设,推进党建管理信息化建设。启动党建工作示范点创建工作,完成党支部书记公推直选试点。抓好双向培养工作,共转正预备党员43名,新发展党员51名,进一步提升了发展党员的质量。抓好特色党支部和党员先锋岗建设,共有4个基层党组织、9名优秀党务工作者和21名优秀共产党员受到局里表彰。(三)党风廉政建设不断加强。认真落实党风廉政建设责任制,层层签订党风廉政建设责任书270份。以开展"严守廉政准则、珍惜职业生涯"主题教育活动为载体,组织100名党员干部到昭通监狱开展警示教育,收到干部学习心得体会、自律铭142篇,每月摘编读书思廉学习资料,取得了较好的宣教效果。

【加强精神文明和群团建设】 2010年，积极抓好文明建设和工会、共青团群团工作。所有县级公司实现了市文明单位目标，其中4家实现了省级文明单位目标，8家公司申报了省公司文明单位。积极对外宣传，共在各类外部媒体上稿280篇，取得了良好的宣传效果。认真落实维稳责任制，在单位内部营造了内顺外和的工作、生活环境。完善民主管理，抓好工会工作，成功组织了全省"素质杯"配网带电作业竞赛，通过抓实职业健康管理工作，开展技术技能竞赛、安全文化进家庭等活动，丰富完善了服务安全生产的手段和载体。多种形式抓好共青团工作，激发了广大青工爱岗敬业的工作热情。积极开展了有益老干部身心健康的各类活动，承办了云南电网公司"昭电杯"第十四届老年人门球赛。

（市供电局　*伍绍煜*）

煤　炭

【全市煤炭工业及安全生产情况】 2010年，全市煤炭行实现了煤炭工业的较快发展和煤矿安全生产的平稳运行。一是固定资产投资稳步增长。全年全行业累计完成固定资产投资13.15亿元，比上年增长17.83%。二是原煤产量、产值大幅度增长。全市共生产原煤1738.11万吨，比上年增长20.69%；实现煤炭工业总产值58.13亿元，比上年增长46.2%，占全市工业总产值的22.07%；实现工业增加值30.83亿元，占全市工业增加值23.25%，比上年增长51.28%。三是洗选加工较快发展，产品结构明显改善。年末全市共有洗选加工企业28户，洗选加工能力达736万吨/年；全年全市累计洗精煤75.84万吨、比上年增长80.79%，总产值达4.91亿元、比上年增长91.8%。原煤通过洗选加工后，产值翻倍，产品增值明显。四是煤矿安全生产平稳运行，安全形势进一步好转。全年全市共发生煤矿事故17起、死亡34人，比上年分别下降44.44%、20.51%；百万吨死亡率1.96，比上年下降32.88%。

【全面安排部署安全生产】 2010年，市委、市政府主要领导多次对抓好煤矿安全生产工作提出明确要求，市政府分管领导亲自谋划、靠前指挥煤炭工业和煤矿安全生产工作。市委二届十次、十一次全会、第44次常委会、市政府第八次全会、第41次常务会、全市安全生产工作会等会议对煤炭工业和煤矿安全生产工作作出专题部署，市政府年初下发《关于做好2010年煤矿安全生产工作的意见》，全面部署2010年煤矿安全生产工作，并将煤矿安全生产工作单列考核，与各产煤县区政府签订《2010年煤矿安全生产责任状》，建立了重奖重惩机制。市煤炭工业局认真贯彻市委、市政府的工作部署，及早研究安排全年煤炭工业和煤矿安全生产工作，于1月9日下发《2010年全市煤炭工业工作意见》，明确了"全年生产原煤1700万吨，百万吨死亡率控制在2以内"的工作目标，并与各县区煤炭主管部门签订《2010年煤炭工业和煤矿安全生产工作目标责任状》。制定《2010年煤炭工业和煤矿安全生产重点工作计划》，实行全年工作计划管理，按计划推进各项工作。各县区相应制定了全年工作计划，分解细化工作任务，有力促进了工作责任落实。

【强力推进煤炭资源整合和矿井关闭】

2010年，认真贯彻"煤炭资源整合年"要求，组织开展专项督查，调查处理煤炭资源整合纠纷，及时向上级汇报反映煤炭资源整合工作中矿权变更、项目核准等方面的困难和问题，积极开展矿井生产地质报告、初步设计、项目核准的审查上报工作，强力推进煤炭资源整合工作。年末所有整合矿井全部签订了整合协议；需进行采矿权变更登记的152对矿井中97对矿井上报了矿权变更登记材料，其中26对完成了变更登记；需编制生产地质报告的243对矿井中179对启动了编制工作，其中上报生产地质报告矿井70对（市煤炭局上报29对，市发改委上报41对），审查备案矿井40对（省工信委备案矿井9对，省发改委备案矿井31对）；上报项目核准材料矿井47对（市煤炭局上报36对，市发改委上报11对），其中核准备案矿井14对（省工信委核准备案8对，省发改委核准备案6对）；启动初步设计编制工作矿井94对，9对矿井上报了初步设计（市煤炭局上报6对，市发改委上报3对），4对矿井初设获得批复；启动安全设施设计编制工作矿井79对，17对矿井完成编制工作，3对矿井上报了安全设施设计，2对矿井获得批复。同时，切实加大力度推进煤矿整顿关闭工作，根据经省政府批准的各县区煤炭资源整合方案和省、市下达的年度关井指标，组织各县区及时上报了38对应关闭矿井名单（镇雄12对、威信7对、彝良3对、盐津4对、昭阳8对、绥江4对）。省里公告应关闭矿井名单后，及时开展督查检查，组织各县区在主要媒体公告，制定关闭工作方案，分期分批组织开展关闭工作，全市2010年应关闭的38对矿井已于12月31日前全部关闭到位，圆满完成了矿井关闭工作任务。

【加强煤矿基础管理】 2010年，针对全市煤矿基础薄弱的实际，坚持把强化煤矿基础管理作为重要工作来抓。一是强制推进煤矿采区设计工作。在2008年全面启动煤矿采区设计和图纸交换工作的基础上，进一步强制推进煤矿采区设计，年末共有220对矿井开展了采区设计工作、通过审查批准组织实施矿井137对，多数县区开展了图纸交换工作，少数煤矿采掘混乱、多面多头作业的现象得到有效纠正和遏制。二是狠抓煤矿技术改造。制定《关于规范煤矿技术改造项目建设管理的通知》，对煤矿技术改造项目的范围、设计、审批、开工备案、施工建设、竣工验收等作了全面规范，成立煤矿技术改造项目设计审批专家组，深入开展煤矿技术改造工作。2010年受理煤矿技术改造项目5个，其中已核准2个。三是制定《昭通市煤矿安全基础管理大纲》，同时组织各县区狠抓《大纲》的贯彻实施，巩固和推进采煤方法改革、支护改革、通风和机电质量标准化建设“三个三年计划”。年末全市生产矿井基本实现了壁式或正规循环开采；179对矿井采用了锚喷、钢架、石材等支护巷道（其中：锚喷支护矿井52对，钢架支护矿井26对，砌喧支护矿井101对），114对矿井的采煤工作面淘汰了木支护（其中：采用单体液压支柱矿井91对，采用金属摩擦支柱矿井16对，采用柔性掩护支架矿井5对，采用悬移支架矿井2对）；63对矿井通过了安全质量标准化达标验收（其中：镇雄13对、盐津4对、彝良25对、绥江8对、昭阳10对、大关1对、永善1对、巧家1对）；143对矿井通过了通风和机电质量标准化达标验收（其中：镇雄71对、盐津26对、彝良25对、绥江8对、昭阳10对、大关1对、永善1对、巧家1对）。四是加大力度推进矿井装备建设。制定下发《关于进一步加强煤矿装备建设工作的通知》，明确了全市煤矿装备建设工作目标。并召开专题会议动员部署，组织各县区赴重庆永荣和广西百色考察机械化采煤，积极引导、鼓励煤矿企业采用先进技术装备。及时以昭煤发文件转发国家4部委《关于推进小型煤矿机械化的指导意见》至各县区，启动了全市推进煤矿机械化规划编制工作。年末全市246个煤矿中有109个煤矿装备了刮板运输机，占44.31%；50个煤矿装备了皮带运输机，占20.33%；59个煤矿使用了电瓶机车运输，占23.98%；27个煤矿使用了柴油机车运输，占10.98%；9个煤矿装备了采煤机采煤，占3.66%。

【煤矿瓦斯治理】 2010年，认真贯彻全国、全省瓦斯防治工作会议精神，强力推进瓦斯治理工作。一是认真组织实施全市煤矿瓦斯治理“双百示范工程”建设3年规划，开展了2对全国示范矿井和14对市级示范矿井建设工作。二是加大力度推进煤矿瓦斯远程监控联网工作，年末威信、镇雄、绥江、昭阳的县级监控中心已建成投入使用，威信、镇雄、绥江3县共有110个煤矿实现了县矿联网，99个煤矿实现了矿、县、市、省4级联网。三是深入开展高瓦斯、煤与瓦斯突出矿井诊断治理工作，督促高、突矿井开展瓦斯治理专项设计，制定并认真组织实施“一井一策”的瓦斯治理方案。年末共有43对高瓦斯、煤与瓦斯突出矿井完成了专用回风井建设，15对矿井完成了专用回风巷建设，27对矿井组建了瓦斯抽采专业队伍，18对矿井安装了瓦斯抽放系统，41对高、突矿井完成了瓦斯参数测定，25对突出矿井完成了突出危险性鉴定，13对突出矿井完成了区域和工作面防突措施制定并开展了突出危险性预测、效果检验和区域验证工作。四是组织开展瓦斯等级鉴定工作。2010年全市应参加瓦斯等级鉴定矿井242对，其中16对矿井因不具备鉴定条件而未开展鉴定工作，已开展鉴定工作的226对矿井中：高瓦斯矿井21对，煤与瓦斯突出矿井24对，低瓦斯矿井181对。

【贯彻执行各项监管制度】 2010年，认真贯彻全国、全省、全市安全生产工作会议和《国务院关于进一步加强企业安全生产工作的通知》、《昭通市人民政府关于做好2010年煤矿安全生产工作的意见》、《昭通市人民政府关于认真贯彻国务院23号文件加强全市煤矿安全生产工作的实施意见》、《昭通市人民政府办公室关于进一步贯彻落实国务院446号令的实施意见》精神，不断创新监管手段，全力推进煤矿安全生产。一是全面实施和巩固“三项行动”。制定了《集中开展严厉打击煤矿企业非法违法生产经营建设行为专项行动实施方案》，8～10月在全市集中开展“打非治违”专项行动；制定下发《关于进一步推进和完善煤矿安全生产承诺制的通知》，在2009年的基础上进一步充实完善煤矿企业承诺内容，督促所有煤矿企业在2月1日前向所在县区政府递交了《安全生产承诺书》，提高违约金交纳标准，切实加大了对煤矿企业安全生产违约责任的追究力度；为巩固“煤矿安全市长霹雳行动”工作成果，7月1日至12月31日在全市开展了“煤矿安全县区长霹雳行动”，有力推进了安全生产。二是强化制度监管和联合执法，推进煤矿安全隐患排查治理。2010年，继续推行煤矿“一通三防”督查检查、通风系统审查、煤矿安全隐患监管、矿领导带班下井等监管工作制度，制定并实施《昭通市2010年煤矿安全监管工作计划》，全年共开展6次督查检查、3次巡回执法，与煤监分局等相关部门开展了3次联合执法，督促各县区定期审查、检查煤矿采掘系统和“一通三防”情况，推进煤矿隐患排查治理。各县区认真贯彻执行各项监管制度，切实加大监管执法密度和力度，共查出煤矿安全隐患14068条，督促煤矿企业全面落实隐患治理责任、资金和措施，限期进行了整改。三是突出重点时段，开展集中整治。在扎实开展煤矿节后复工复产安全工作的同时，深入开展重点时段专项整治和安全检查。以“我的岗位无违章、我的行为无差错”为主题，开展了“六月安全月”宣传教育和安全整治行动；深刻吸取巧家小河“7·13”洪涝灾害教训，开展了雨季和汛期安全隐患排查治理专项行动；8～10月开展了煤矿安全隐患大排查、大整治活动，严查安全隐患，严处违法行为；对元旦、春节、“五一”、国庆等节假日煤矿安全工作提前部署，及时组织开展节前安全大检查，督促落实安全防范措施，确保了节日期间煤矿安全。

【开展煤矿安全培训】 2010年，共组织开展煤矿安全培训191期、25158人次，极大地提高了煤矿从业人员安全素质和安全操作技能；组织市、县、乡监管干部和产煤县区、乡镇政府分管领导共211人分3期赴中国矿业大学进行20天的监管业务培训；组织开展《国务院关于进一步加强企业安全生产工作的通知》专题培训，共培训1023人（其中煤矿安全监管部门领导、科股长和煤管所长249人，煤矿矿长、副矿长774人），使参训人员进一步增强了贯彻落实煤矿安全生产法律法规和政策规定的主动性和自觉性，推进了安全措施落实；组织对208名煤矿矿长进行了《煤矿事故报告和调查处理条例》专题培训，增强了煤矿矿长按规定时限规定要求报告煤矿事故的意识。

【整顿规范煤炭生产经营秩序】 2010年，一是加强证照管理。把加强煤矿证照管理作为规范办矿秩序、源头治安的重要保障措施来抓，认真组织开展了230对煤矿的《矿长资格证》换证及变更审查、243对煤矿的《煤炭生产许可证》年检审查、186对煤矿的《安全生产许可证》持证条件专项监察初审、53户煤炭经营企业的《煤炭经营资格证》年检初审和11户新证申办审查等工作。二是开展了煤炭经营秩序清理整顿。组织各县区对煤炭经营秩序进行集中清理整顿，严厉打击取缔非法无证经营，进一步规范了煤炭经营秩序。三是从严规范煤矿转让承包行为。制定《昭通市煤炭工业局关于开展煤矿转让承包清理整顿工作的通知》，组织各县区全面清理煤矿转让承包行为，并对7个重点县区开展了专项督查。通过清理，全市246对煤矿中有119对存在转让行为（其中入股75对、收购15对、联合5对、重组24对），已办理相关证照变更手续的煤矿102对，未办理相关证照变更手续的矿井17对；存在承包行为的煤矿共5对。对未按照规定完善转让承包手续，存在非法转让承包行为的煤矿，一律责令停止一切作业，限期办理完善转让承包相关手续。

【积极申报煤矿隐患治理配套资金项目】 2010年，根据省财政厅、工信委《关于做好2010年煤矿安全隐患治理配套资金申报工作的通知》要求，煤炭局及时组织各县区4月份完成了2010年度煤矿安全隐患治理配套资金项目申报工作。同时切实加强与省有关部门的沟通和联系，积极争取项目资金支持。全年共上报煤矿隐患治理配套资金项目30个（其中安全监管类项目10个，煤矿安全技改类项目20个），项目总投资4907.14万元，申请配套补助资金1660.14万元。9月份省财政厅、省工信委下达昭通市煤矿隐患治理配套资金项目20个，配套补助资金544万元，比市政府下达500万元的资金争取任务超44万元。

（市煤炭局　付　余）

安全生产监督管理

【安全生产运行平稳】 2010年，全市共发生各类生产安全伤亡事故1375起，死亡113人，受伤480人，直接经济损失2410.14万元；与上年同期相比，事故起数下降19.50%、死亡人数下降38.25%、受伤人数下降32.01%、经济损失下降7.1%。死亡人数比省政府下达的控制指标进度少18人，没有发生重大以上安全事故。各行业安全生产运行情况：道路交通发生事故1318起，死亡58人，受伤468人，经济损失357.41万元。与上年同期相比，事故起数下降18.73%、死亡人数下降44.76%、受伤人数下降31.87%、经济损失下降28.36%。死亡人数比省政府下达的行业控制指标进度少19人。煤矿发生事故18起，死亡35人，受伤8人，经济损失1524.8万元。与上年同期相比，事故起数下降47.06%、死亡人数下降31.37%、受伤人数下降33.33%、经济损失上升0.91%。死亡人数比省政府下达的行业控制指标进度少2人。消防发生火灾事故31起，死亡4人，经济损失77.84万元。与上年同期相比，事故起数下降39.22%、死亡人数下降50%，受伤人数持平，经济损失下降21.32%。工矿商贸发生事故8起，死亡16人，受伤4人，经济损失441.4万元。与上年同期相比，事故起数下降11.11%、死亡人数下降15.79%、受伤人数下降42.86%、经济损失下降8.6%。死亡人数比省政府下达的行业控制指标进度少1人。其他行业未发生事故。

【突出重点，强化对直管行业的监管力度】 2010年，强化对直管行业的监管力度，一、非煤矿山。夯实非煤矿山安全生产管理基础，积极推动安全标准化建设工作。结合昭通市实际，及时印发了《昭通市安全生产监督管理局转发省安监局关于金属非金属矿山安全标准化工作的实施意见的通知》，要求各县区安监局确定目标，落实责任，确保规模以上矿山企业总数的20%实现四级或五级安全标准化达标。为推动工作的有序开展，强化对各县区安全标准化建设工作的专项检查和督促。二是深入开展非煤矿山安全专项整治。全市共清理登记非煤露天矿山474座，已完成整治255座，完成整治项目3562项，关闭取缔不具备安全生产条件或证照不齐的露天矿山52座。累计开展安全生产执法行动979起，排查各类安全隐患3455条，整改3284条，整改率95%。三是把好关口，严格非煤矿山安全生产行政许可工作，印发《昭通市安全生产监督管理局关于贯彻落实非煤矿山企业安全生产许可证实施办法文件的通知》，对严格标准和条件、严把许可入口关等方面，作了进一步强调和要求。在实际工作中，注重把安全生产行政许可工作与安全整治工作相结合，以矿山企业安全生产行政许可延期换证为契机，督促矿山企业进一步加大安全投入，规范安全管理，增强抵御事故灾害的能力，确保安全生产。二、危险化学品。一是进一步深化标准化建设达标考核工作，扎实推进企业安全标准化建设。通过督促指导，全市已有2家危化品企业通过考核，成为标准化建设二级企业；已有12家企业与标准化达标考核机构签订协议，申报标准化建设三级以上达标。二是组织开展危险化学品安全生产专项整治。结合昭通实际，印发《昭通市2010年深化危险化学品安全生产专项整治工作实施方案》，明确了各监管职能部门职责，突出重点，分阶段、分步骤地开展专项整治工作。专项行动开展以来，市、县、乡3级安监部门共检查危险化学品从业单位169家，查出隐患513项，已完成隐患治理447项，限期整改66项(其中5项市安委办下发了重点隐患督办通知)。截至2010年底，全市危险化学品生产经营企业连续7年未发生安全生产死亡事故。三、烟花爆竹。一是注重隐患排查，规范经营行为。年初，对全市17户烟花爆竹经营批发企业储存仓库是否存在超量储存、安全设施是否符合有关标准等情况进行清查。对安全隐患突出的镇雄县日杂公司进行重点督办。在强化日常监管的基础上，开展对重点县区烟花爆竹3级批发企业安全条件现场评估，进一步规范烟花爆竹经营秩序。二是强化监管，严格“打非”。针对“元宵”、“清明”等特殊时节，烟花爆竹销售、燃放量大的特点，及时印发《关于切实加强烟花爆竹安全生产工作的紧急通知》，并在清明节前，开展了一次全市范围内烟花爆竹“打非”行动。查处不具备安全条件的烟花爆竹经营单位83家，处理烟花爆竹安全事故2起；对非法生产烟花爆竹的45个重点村，指定专人，明确排查责任，采取包村、包户、包人的方式进行监控，进一步强化了节假日期间烟花爆竹的燃放、运输、储存、经营等环节的监管。四、非药品类易制毒化学品。按照《云南省安全生产监督管理局关于转发国家安监总局非药品类易制毒化学品综合管理系统第一期工程实施方案的通知》要求，落实了专人负责对全市非药品类易制毒化学品生产、经营单位基本情况信息和台帐管理的录入，并每月按时上报生产、销售、物品流向等基础数据。全市现有4家非药品类易制毒化学品生产企业、1家经营企业，已基本实现网上动态监管。五、工商安全。一是职业安全健康监管工作全面展开。认真组织开展作业场所职业危害调查摸底工作和作业场所职业危害申报工作。全市涉及职业危害企业450户，职工12909人，接触职业危害人数7911人。有34户企业进行了作业场所职业危害申报，其中有10户企业已完成备案。认真组织开展作业场所职业危害申报和粉尘与高毒物品危害治理工作。由相关部门领导带队，组织检查组，于9月16～23日对各县区开展粉尘与高毒物品危害治理专项行动情况进行检查。排查隐患869条，整改705条，整改率81%。列入企业整改计划138条，落实整改资金94万元。二是切实抓好中小水电站安全设施“三同时”审查工作。先后下发了《关于加强小水电站安全监管工作的通知》、《昭通市安全生产监督管理局关于进一步加强中小水电站安全生产监管工作的通知》等文件，进一步明确各级各部门的安全管理职责，督促指导各县区、企业进一步做好水电站安全监管工作。切实开展中小水电站安全设施“三同时”审查、备案工作，共完成39个水电站现场审查验收，审查发放中小水电站安全“三同时”备案证明28份。六、应急救援。一是强化应急预案演练。6月22日，市矿山救护队在华新水泥厂举行了全市近年来规模最大的非煤露天矿山事故演练。同时积极指导各县、区专业救援队伍，中石化北闸油库警消队、水富云天化救援队等队伍进行训练和演习，提高其综合备战能力。二是完成应急预案统计和备案工作。对全市的省属企业、市属企业及普通企业制订预案的情况进行统计，督促企业制订安全生产应急预案，对未制订预案的企业不予安全生产行政许可，并按照有关法规进行处罚。全市预案制订总数达89763个(包括综合应急预案、专项应急预案及现场处置方案)，企业预案制订率达98%。按照云南省安全生产监督管理局关于做好生产经营单位应急预案备案管理工作的通知》，市局从4月1日起正式起动，市属重点企业及11县区规模以上及高危行业预案审查已登记完毕，此项工作走在全省前列。三是出色完成抢险救援任务。市矿山救护队严格按照市委、市政府的安排部署，积极参与事故抢险救援，特别是7月13日，巧家县小河镇发生特大洪水泥石流灾害，接到命令后，局领导立即带领市矿山救护队火速赶到现场，按照现场指挥部命令，组织开展施救工作，成功搜寻到6名遇难者遗体。七、安全监管执法。一是严肃追究违法违规责任，用严格执法来推动企业安全生产主体责任的落实。根据《生产安全事故报告和调查处理条例》规定，严格按照市委、市政府的指示，积极参与事故调查处理。全年参与事故调查处理6起，行政复议案件1起，追缴2009年非煤矿山事故罚款51.75万元，下发整改指令书45份。二是加强与相关部门的沟通联系，积极开展联合执法，切实增强监管的效能和权威。2010年，全市各行业(领域)累计查处安全生产非法违法行为7242起，其中煤矿346起，金属非金属矿970起、尾矿库23起、建筑施工137起、化工行业30起、烟花爆竹326起、民爆物品25起、电力等工商贸企业26起、人员密集场所103起、道路交通4402起、水上交通75起、渔业船舶158起，农业机械472起、其他行业151起。八、八条二级公路建设安全监管：为确保全市8条二级公路建设安全平稳运行，市局认真贯彻落实省政府《关于加强入滇施工企业安全生产监督管理的通知》和市政府的有关部署要求，对参建单位履行《安全生产法》的情况进行监督检查。一是为安排部署二级公路建设安全生产监管工作，组织召开了4次工作会议，同时积极开展安全隐患大排查、大整改，共排查出安全隐患347条，均得到有效整改。二是强化对二级公路建设施工安全的监督检查，要求涉及到8条二级公路建设的县区安监局，必须每月对辖区内公路建设工地进行一次全面检查，对检查中发现的安全隐患必须下达书面整改通知，并督促施工企业按期保质保量整改完毕，保证8条二级公路建设的顺利开展。九、宣传教育：一是强化安全教育培训，提高安全监管执法力度。举办了昭通市安全监管人员执法资格培训班，全市共171人参加了培训；11月，分别在彝良县、巧家县举办了2期企业安全管理人员及特种作业人员培训班，共培训安全管理人员189人，特种作业人员61人；11月25～26日，举办了昭通市第三期乡镇分管领导安全生产专题培训班，全市共有45名基层乡镇领导参加此次培训。二是组织开展咨询活动，营造人人关注安全的良好氛围。分别于3月17日、6月13日，联合市、区煤炭工业局、煤监分局、交警、消防、建设、卫生等部门举办了昭通市2010年“综治维稳宣传月安全生产主题周”启动仪式及咨询活动、昭通市2010年“安全生产月”咨询日活动。2次咨询活动，共展出宣传展板75余块，宣传空飘6个，宣传标语20条，发放宣传单3.6万余份，光碟300余张，宣传画500余份，宣传小册子300余份，法律法规宣传手册1000余本，接受群众咨询达600余人次，4万余名群众不同程度地受到了影响和教育。

（市安监局　关　敏）

邮政　电信

邮　　政

【经济运行保持较快增长】　2010年，全市邮政实现业务收入7793.63万元，比上年增长14.91%，增加1011.27万元。其中，邮务类业务实现收入1677.87万元；速递物流业务实现收入1498.91万元；代理金融业务实现收入4588.02万元。

【专业化经营改革稳妥推进】　2010年，根据国务院领导关于深化改革，做大做强邮政速递物流的指示精神，按照集团公司和省公司统一部署，昭通邮政完成了速递物流改革向市场经营主体的转变。完成改制范围内的房屋、车辆过户、土地房屋评估、工商登记、机构代码登记等工作。

【支撑能力稳步增强】　2010年，大力推进作业流程优化，网路运行效益得到提高。对昭巧线、昭永线邮路进行了调整。完成了全市10个网点的路由器更新改造和两网设备更新改造工程。新增了22个电子化网点和29个网点联网信息发布系统安装上线。全市27个营业网点和12个投递生产场地改造工程全部结束并投入使用。

【基础管理能力大幅提升】　2010年，加强财务管理，规范财务行为。组织了从2007～2009年增值税、企业所税的自查活动，对自查中发现的问题及时进行了整改。开展了固定资产实物管理项目推进工作，使固定资产实物管理规范化。完成了印制费、邮政业务代办费使用和管理专项审计工作，规范了费用的使用和管理。进一步推进人事用工制度改革，不断提升人力资源效能。调整用工结构比例，加强用工总量控制，抓好各环节减员增效。按照《昭通市邮政局机构编制调整实施方案》调整了内设机构和人员，减少管理层级，精简管理人员，全市的管理人员由原来的74人减少为65人。制定了员工考勤管理、员工业绩评价考核体系、中层管理人员岗位履职及绩效考核、企业分类定级管理等办法。不断强化企业安全责任机制，坚持以防为主，以查促防，加强检查整改。集中了22人组成4个检查组，对全市11个县区局代理金融网点、金库防守、安保管理、资金管理、服务质量等进行了全面检查，对检查发现的问题进行了督促整改。认真贯彻落实“七项”机要通信管理办法，机要通信工作确保了万无一失。全市未发生资金案件、通信事故和安全生产事故。

【全市邮政工作会议召开】　1月7日，全市邮政工作会议召开。局长戚成作《坚定信心，砥砺奋进，谱写昭通邮政快速健康发展的新篇章》的工作报告。提出了“进一步深化改革，创新发展，努力提升经济发展质量和效益，为长远发展打下坚实基础，全力推进昭通邮政又好又快发展”的总体思路，部署了2011年经营、管理、改革、服务、降本增效、党建和精神文明建设等7项工作。

【“爱心包裹”项目受关注】　5月20日，全市爱心包裹项目启动。仪式上，与会单位积极响应市政府号召，现场捐赠爱心款4.6万元用于认购爱心包裹。全年，昭通邮政共受理爱心包裹学生型634件，学校型16件，总额7.94万元，居全省第三位。12月25日，以爱心捐赠为题材的公益影片《包裹》在昭通开机拍摄，“爱心包裹”再受瞩目。

【积极应对巧家小河泥石流灾害】　7月

13日，巧家小河镇特大洪涝泥石流灾害发生后，电力、交通、通讯等基础设施严重受损。邮政部门积极响应地方党委、政府号召，积极主动投入到抢险救灾第一线。采取措施确保人员财产安全，坚持开门营业服务，疏通邮路，抢运邮件，保证了邮政通信畅通。

【史永芳到昭通调研】 10月24～25日，省公司副总经理史永芳率市场部、代理业务部领导一行到昭通调研。视察了昭阳区、盐津、水富等局，深入营业、投递、分拣封发等生产一线，了解生产经营情况及员工的生活状况。听取昭通局生产经营、改革发展的情况汇报，对昭通局的工作给予了充分肯定，并提出3点要求。

【开展空白乡镇邮政局所补建工作】 11月8日，昭通市政府召开全市空白乡镇邮政局所补建工作会议，传达了全省空白乡镇邮政局所补建工作会议精神，并对全市补建工作作出安排部署，明确了补建邮政局所的选点、建设及功能标准；明确了各相关县区政府是邮政局所补建的责任主体，邮政局是机具设备的责任主体；明确补建资金在国家和省级配套资金的基础上，市政府给每个补建局所增加10万元配套资金，不足部分由各相关县区政府解决。各相关县区认真落实，积极推进。

【文明行业创建再掀热潮】 12月7日，市局召开昭通邮政创建市级文明行业动员大会，市文明办领导到会作指导。局长戚成作了动员讲话。参会人员为昭通邮政新一轮文明行业创建签名寄语，郑重写下各自的参与宣言，掀起了“人人参与文明建设，个个争当文明员工”的创建热潮。

（市邮政局　袁　燊）

电　　信

【加大网络建设及优化】 2010年，新签约的师专信息化、昭通市公安局卡口视频抓拍、绥江平安城市、威信平安城市、彝良平安城市、巧家供电局视频监控系统、永善平安城市二期、盐津平安城市机房扩容项目、昭阳区地税视频监控、鲁甸公安办案场所监控、彝良教育视频监控、昭阳区职中校园网建设、绥江供电局视频监控共13个项目，新建272个前端摄像机和42个卡口，签约金额1682万元。

全年昭通C网建设投资4395.6万元。上半年新建站45个，替换7个站，投资2395.6万元，下半年投资2000万元建站44个。进一步深化政企客户支撑团队嵌入工作机制，做到重点政企客户有专属客户工作师服务，一点响应；统筹后端资源，对支撑项目实施过程和重点客户网络故障进行管控。不断完善面向产品的服务支撑体系，提高产品向商品转化过程中的支撑作用。从网络准备、IT系统统筹、产品性能测试等环节全面支撑，强化以产品为单位的维护机制；对所有平台实施动态跟踪监控，继续推进平台融合，增强系统稳定性，提升业务质量和集中服务能力；加强产品支撑团队建设，完善产品支撑经理制，建立市县两级产品支撑队伍，建立产品虚拟支撑团队，以嵌入式工作模式，强化平台型行业产品的支撑。

以宽带提质提速、资源夯实、接入能力整治、鹰眼行动等“四项专项行动”及网络改造、网络优化为中心，利用成本激励考核方式，切实加强维护与建设工作，在确保网络安全、提升网络质量的同时，全面响应和支撑市场的发展。

【渠道覆盖率大幅提升】 2010年合作营业厅70家，代理店88家，代理点151户，社会渠道发展移动用户占比18.75%（计划值55%），提升了用户充值、缴费、购卡的便利性；加快终端社会化进程，推进采购、分销和零售3个层面的社会化，重点扶持一批终端卖场，实现销售量提升，形成示范效应，带动社会渠道终端销售量的提高。全年新建3G旗舰店3家，天翼手机专卖场3家，实现45%的县区TOP3商家的签约，终端销售社会化率逐步提升。

【募集抗旱救灾资金58670元】 2010年，云南省大部分州、市都遭遇了百年不遇的特大旱灾。中国电信昭通分公司党组立即号召和动员各级党组织充分发挥共产党员的先锋模范作用，积极开展抗旱救灾。并组织全体共产党员和电信员工捐款。昭通分公司共向灾区捐款58670元。

【6县创建家园式支局所完成】 2010年，昭通分公司始终严格按照集团和省公司对“家园式”县分公司的创建工作，积极组织实施。4月16日，完成了第一批“家园式”县分公司的创建工作；9月30日，完成了第二批“家园式”县分公司的创建工作。已创建“家园式”县分公司的单位是彝良、永善、巧家、大关、水富和威信6家分公司。

【2010年度工作会召开】 1月14～15日，昭通分公司召开了2010年度工作会议。分公司党组书记、总经理徐素作《坚持科学发展以只争朝夕的精神快步追赶跨越实现全业务有效益的规模发展》的工作报告；部署2010年的重点工作，分解2010年管理目标。总经理徐素、副总经理康利民分别与各县、区分公司，市分公司各部门签订《廉洁自律承诺书》、《安全生产责任书》、《保密责任书》、《党风廉政建设责任书》和《宣传思想暨精神文明建设责任书》。

【分公司领导述职测评】 1月19日，省公司副总经理李洪一行，到昭通分公司听取分公司四岗以上管理人员述职，并现场对述职人员进行了测评。昭通分公司总经理徐素从绩效过百分、2009年工作得与失和2010年工作思考3个方面进行了述职；副总经理康利民、陈勇、陈雷，工会主席、纪检组长胡智云分别对2009年各自分管的工作、重点工作开展的情况等内容进行了总结和分析，并对2010年的工作思路、具体计划作了阐述。与会代表根据每位领导述职报告的阐述，分别对分公司领导进行了打分。

【干部任命】 1月21日，党组研究决定，聘任卢明海为人力资源部主任，李黎明为政企客户部副经理（主持工作），马耿为昭阳区分公司副经理，彭毅为大关分公司经理。2月9日，经民主测评和公示，分公司党组研究决定，将曹明仲、宗德松纳入（副职）后备干部队伍进行管理。3月3日，分公司聘任曹明仲为中国电信股份有限公司镇雄分公司副经理；聘任李凌云为分公司市场部公众客户中心主任；何智兰为分公司市场部客户服务中心主任。4月20日，分公司聘任马安坤为分公司网络部网络操作维护中心主任；曹晓宇为分公司网络部接入维护中心主任；刘安全为分公司网络部客户服务支撑中心主任；姜静清为分公司网络部无线维护中心主任（六岗）。5月14日，接省公司《关于饶俊蓉、陈启明职务任免的通知》，委派饶俊蓉任云南电信公众信息产业有限公司财务部主任，免去其中国电信昭通分公司财务部主任职务。7月29日，分公司党组研究决定：胡世友为党群工作部主任；林兆隆为党群工作部副主任；袁俊为分公司主任级纪检监察员。9月26日，分公司决定，聘任胡卓群为政企客户部副经理（六岗）。11月22日，经民主推荐及测评，党组研究决定，高康、戴明洪、曹婉迎3人纳入正职后备干部管理；贺茂强、杨浪、陈家林、李明龙、沈涛、陈昌慧、高亚芳、吴雪芹8人纳入副职后备干部管理。12月10日，分公司聘任杨宛锋为威信分公司经理；周祥然为盐津分公司经理。调整市分公司网络部经理刘承东为五岗。12月15日，分公司聘任何智银为鲁甸分公司副经理。

【领导调研慰问】 1月25～29日，昭通分公司根据集团、省公司和当地党委、政府要求在春节期间开展走访慰问生活困难党员、老党员。昭通分公司积极筹备组织，“送温暖”活动分成5个组走访慰问了大关、盐津和巧家分公司。5月25～26日，省公司副总经理蒋勇到巧家分公司调研指导工作。10月14～16日，省公司总经理赵俊到昭通分公司调研。11月1～12日，昭通分公司总经理，副总经理以及纪检组长、工会主席等分别带队，到各县区分公司就经营发展、网络建设、基础管理以及企业文化建设等进行检查指导。

【开展市场营销】 年初，分公司开展致富通刮刮活动，截至3月9日，昭通分公司发放6221张，完成率全省排名第一。1～3月，开展主题为“换手机、选电信，漫游全国接听免费，话费更OK；看电视、选电信，节目可以倒回看，海量电影随你点；2010年新春有好礼相约‘我的e家’；存话费送‘生活家电·高清MP4’”大型促销活动。1月，开展“爱音乐翼起来”岁末迎新营销活动。3月16～20日，开展天翼腾飞实战营销（培训）活动，共发展业务单数2727单。其中，天翼453单（团购业务150单）、固定电话496单（包天包月100单、校园电话212单）、宽带335单（酒店包天包月150单）、来显彩铃811单、全业务e家套餐107单、商务领航TA/XA/+C套餐208单、XTB1088套餐14单、电路租用12单、网络摄像机/企业总机/全球眼/IPTV/IP租用291单。4月1日至6月30日，策划并组织实施“天翼创业杯”社会营销能手挑战赛。活动明确，个人累计发展160户，即可兑现奖金1万元；每季度推广活动前20名优胜者可获得代办当地电信业务的机会和5000元的电信“天翼”手机销售店的开店扶持资金。5月17日，组织全市各县区分公司开展了客户俱乐部活动和营销活动。5月，组织前端部门和相关县区分公司，到彝良和盐津县联合开展“激情3G翼起来”促销实战活动。通过市县区乡的联合促销，在彝良和盐津共发展441个单。后续，昭通分公司总结经验，组织前后端部门以及部分县分公司，在全市10县1区。8月26日，开展了校园联合营销活动。活动主要以昭通师专教职工、二年级老生和秋季入学新生3类目标客户为营销对象，分教职工开学集中、老生报到、新生报到3个阶段进行集中营销。9月18～19日，组织政企客户部、市场部，镇雄分公司、永善分公司在威信举行中秋联合促销活动。

【优化调整组织架构】 2月24日，昭通分公司前端设置市场部和政企客户部。在市场部下设公众客户中心和客户服务中心。撤销家庭客户中心和个人客户中心。由公众客户中心承接原个人客户中心和家庭客户中心除电子渠道、客户俱乐部服务管理以外的职责。4月9日，对后端组织架构进行了优化调整。在网络部下设网络操作维护中心、客户支撑中心、接入维护中心和无线维护中心4个实体机构。同时在网络部下设置网络资源中心、设备维护中心、客户服务调度中心、客户端装维中心4个合设机构。网络资源中心、客户服务调度中心与网络操作维护中心合署办公，设备维护、客户端装维中心与接入维护中心合署办公。撤销线路中心。12月29日，对农村营业部架构进行调整。对年收入30万元以上的营业部实行营维分开；对年收入30万元以下的营业部，可以实行营维分开，也可实行营维合一；所有统包点实行营维分开。

【获得多项荣誉】 3月4日，昭通分公司昭通市委、市政府“2009年度社会治安综合治理维护稳定先进奖”。中国电信彝良分公司获云南省“2009年度劳动关系和谐企业”称号。7月5日，“昭通分公司信息平台的开发应用”项目获省公司表彰。11月，昭通市档案局授予昭通分公司“2010年档案工作年度检查优秀单位”称号。

【加强基础管理】 3月11日，昭通分公司印发《中国电信昭通分公司内部对帐制度》。4月1日、16日印发《政企客户带宽型业务售后服务质量集中管控实施办法（试行）》和《城区业务外包管理考核办法》。4月22日，成立安全生产委员会，进一步加强分公司的安全生产管理，保持安全生产工作的连续性，理顺安全生产工作渠道，并明确相关工作责任。4月23日，组织全市广大干部员工开展相关法律法规普及学习及考试。7月7日，进一步规范迁改款收支管理，解决因收到的迁改款长期挂帐而处理不及时，导致迁改款结余较大的问题。7月9日，印发《昭通分公司关于派遣制员工转劳动合同制员工条件与程序相关事项的通知》，确保优秀派遣制员工能如期转为合同制员工。8月3日，成立闲置土地盘活专项工作领导小组，下设工作组开展全市闲置土地盘活专项工作。8月4日，修订并印发《中国电信昭通分公司后备干部队伍建设管理办法》。9月6日，印发《关于末端接入维护基本服务规范(试行)》。9月27日，进一步强调督办工作的相关事宜，并明确要求各督办部门要严格按照要求，对被督办单位进行监督。12月10日，进一步加强应收账款的管理，成立应收账款管控工作组，要求各县区分公司加强打单欠费的管控，继续执行打单欠费收缴按周上报制度。

【募集见义勇为基金24160元】 3月23日，昭通分公司社会治安综合治理领导组根据“昭通市社会治安综合治理维护稳定委员会”向全社会发出的倡议，号召全市电信员工踊跃捐款，共募集见义勇为基金24160元。

【加大项目签约】 3月26日，昭通分公司与昭通市公安局签订“昭通市视频抓拍机动车信息采集系统协议”，在全市10县1区42个重要出入城路口建设“视频抓拍机动车辆信息采集系统”。4月12日，与绥江县政府签订“平安绥江”视频监控系统合作协议；5月10日，与威信县政府签订了“平安威信”视频监控系统合作协议。

【省教育厅调研昭通市教育信息化项目】 5月7日，由省教育厅办公室、财务基建处领导，省电化教育馆、教育科学研究院、中小学信息技术教育专业委员领导，以及中国电信云南公司政企客户部领导一行12人组成的调研组，对昭通市教育信息化项目的推进情况进行调研。在鲁甸县，详细了解教育信息化项目实施以来，对各个基层学校各方面工作带来的影响及现阶段存在的问题。调研组对昭通教育信息化项目的实施情况及所取得的成绩给予充分的肯定，并对市教育局及昭通分公司采用的商务模式给予高度评价。

【昭通师专数字化校园翼机通开通】 7月12日，昭通师专数字化校园“翼机通”正式开通。校园信息化建设一期工程主要完成了校园整体网络集成，实现办公区域和教学楼以及学生宿舍的固话语音接入、互联网接入、教育网接入、无线网络接入、IPTV、校园翼机通等，总投资610万元。

【抗灾保通信】 7月13日7点30接到巧家小河镇突发泥石流消息后，立即组织相关人员赶赴灾区进行抢险及通信保障工作，及时对受损杆路进行了修复，保障灾区的通信畅通。晚10点，省公司通知开通巧家小河镇全球眼业务，昭通分公司进入灾前通讯紧急战备阶段并启动通信应急预案，同时要求巧家分公司及时做好通信保障相关工作。14日早8点40分，全球眼业务开通，受灾现场图像通过中国电信网络及时传送到省政府应急办公室。同时在电信所门前开通了两部固话及两台宽带接入，免费提供电话及数据传输，为灾民免费提供报平安电话200余人次，向各新闻媒体提供数据传输保证灾区受灾情况及时向外发布。7月28日9时左右，威信境内遭受暴雨天气，局部出现大暴雨。暴雨时间持续较长，造成威信至高田方向鱼井段光电缆杆线受灾，50余户用户通信中断。

7月28日至8月3日，大关境内连续5天遭受特大暴风雨天气，

由于暴风雨持续时间长，致使大关境内多处地方发生小规模泥石流，许多民房受损、树木被暴风吹断，车辆受损，电力、通信杆路受损严重。造成大关公司通信杆线受损，其中断杆24棵，偏倒41棵，影响用户近400户，经济损失约4万元。8月20日下午18时20分左右，昭通大关分公司通信设施再次遭受暴雨和雷电侵袭，击坏11台LAN交换机，悦乐青林和吉利小河通信杆路多处受损，悦乐青林至安家坝子电缆杆路被洪水冲倒8棵，杆路里程410米。

【2010年经理座谈会暨三届一次职代会召开】 7月14～16日，昭通分公司召开2010年经理座谈会。会议传达了省公司2010总经理座谈会精神，总结分公司上半年的工作，对下半年及今后一段时期应重点关注的工作进行了部署。徐素作《聚焦重点快步追赶跨越实现全业务有效益的规模发展》工作报告。胡智云作《紧紧围绕企业中心充分发挥工会职能为实现昭通电信有效益规模发展而努力奋斗》工作报告。分公司市场部、政企客户部、网络部、计划财务部分别作了专题经营分析和发言。会上，行政与工会签订《集体劳动合同》；总经理徐素与各县、区分公司，市分公司各部签订了绩效合同。选举产生了新一届工会委员会委员、经审委员会委员、女工委员会委员以及工会副主席。

(市电信分公司　戴明洪)

信息管理

【电子政务建设应用范围扩大】 2010年，积极做好电子政务网络的建设和运行维护。完成信息系统安全等级保护备案、ICP备案及联网单位备案、互联网不良信息清查和配合省网管中心VPDN平台迁移工作；完成全市电子政务建设固定资产清理；完成全市电子政务平台应用情况调查、统计、分析，为平台应用提供准确依据。做好市委组织部市、县区党建网站虚拟主机服务器的维护工作，

及时解决网站访问故障，确保党建网站正常运行。做好AM即时通讯、全员绩效考核、OA等内部信息系统的安装、运行及维护工作。拟定全市行政审批、电子监察系统建设要求。抓好政务专网网络设备日常检查及配置备份和政务专网DNS等服务器日常维护，坚持每天安排专人检查设备和网络。大关县民政系统全部接入办公信息平台，社会救助信息平台延伸至乡镇；市建设、卫生、林业、科技等部门接入政务专网网上信访系统，市商务局接入电子政务专网，专网覆盖范围进一步扩大。

【电子政务办公信息平台应用成效明显】 2010年，积极与电信公司、上海理想集团加强协调沟通，抓好平台的维护、升级，及时解答各单位在使用中遇到的各种问题，确保办文及时、高效。针对部分县区在推广应用中的存在问题，主要领导带领相关技术人员深入实地进行调研，详细了解平台网络建设、使用情况和存在问题，并在技术上给予指导和帮助，推进平台的扩大应用。抓好电子印章制作，规范公文交换，制作市直部门和11个县区的电子印章共273枚。全市累计接入公文交换平台单位共2196个，其中市级部门199个；用户总量16072个，其中市级用户2569个。全市发文57694份，收文1051872份，发布、接收通知7474份，收发专送传阅件25663件；其中市级平台发文15083份，收文159645份，发布、接收通知1113份，收发专送传阅件11750份。

【政府门户网站运行良好】 2010年，在抓好市政府门户网站信息发布、维护更新的基础上，结合全市重要事项工作要求，适时建立各类专题专栏，设置了“深入开展创建先进基层党组织，争做优秀共产党员”、工程建设领域信息公开、防灾减灾宣传、“我有问题问市长”在线访谈、政府信息公开宣传、第六次人口普查宣传、昭通市第二届少数民族传统体育运动会等专栏，对全市重要事项、活动进行宣传。市政府门户网站共发布各类信息1699条，市长信箱收到信件1588份，回复1520份，回复率95.7%，其他部门信箱共收到信件899份。市政府门户网站在1月揭晓的第八届(2009)中国政府网站绩效评估中，排名全国315个地市级政府网站的159位，在云南排列第三位。

【视频会议系统应用得到保障】 2010年，认真做好视频会议系统的日常维护和管理；做好市级视频会议室升级改造工作。4～8月，通过认真调研，向市政府请示改造经费，抽派技术骨干人员到昆明考察视频会议系统升级所需相关设备性能，联系专业公司到市政府视频会议室实地测试投影设备，与市财政局协商设备采购，积极配合公司做好设备安置及调试等各项工作，完成了视频会议室升级改造，视频会议系统更加稳定，显示效果得到提升。市级视频会议室共召开会议112次，其中本地普通会议51次，远程视频会议61次。视频会议系统的应用，提高了政府办事效率，节约了大量行政成本。

【信息安全保障工作加强】 2010年，认真贯彻落实云工信信安文件精神，及时组织召开政府信息系统安全协调领导小组会议，研究部署2010年政府信息系统安全检查工作。印发《信息产业办公室关于开展2010年度昭通市政府信息系统安全检查工作的通知》，明确11个县区政府和市直90多个政府部门、企事业单位为信息安全检查范围，市农业、劳保、教育、电信等单位和水富、巧家2县为重点抽查对象。成立了市公安局、国家保密局、密码管理局、信息产业办等单位组成的信息系统检查小组，切实开展检查工作。6月中旬和11月中旬，分别2次开展了全市政府信息系统安全检查，检查小组分别到重点抽查市直部门和县区进行现场检查，根据存在问题提出整改意见，明确整改时限。也对各级各部门的检查情况进行统计汇总，形成自查报告上报省工信委。积极做好国防信息动员办公室相关工作，做好“十一五”期间国防信息动员及数据统计工作，在3月上旬省组织的检查中，昭通国防信息动员工作得到好评。

【无线电台站管理进一步规范】 2010年，一是清理、完善频率台站数据。做好全市无线电台站清理工作，重点清理移动、电信、联通公司台站数据和广播电视台站，并换发、核发无线电台执照；积极指导、督促县区做好台站数据申报和昭通697台搬迁建设；协助省无线电监测中心完成昭通雷达站的选址；做好频率占用费收取工作。二是强化无线电台站设置，规范行政审批。按照《云南省无线电频率和台站行政许可实施办法》，制定相关文件规范无线电管理行政审批程序。一、电信、移动、联通3家公司严格按许可程序要求，积极报送相关台站设置材料，5月底组织了昭通电信、移动、联通分公司《2010年无线电台站(网)建设方案可行性研究报告》评审，共评审公众移动通信基站416个(其中2G基站264个，3G基站152个)，并按程序许可2010年电信111个CDMA基站、移动80个GSM基站、联通225个GSM基站和WCDMA基站，基站建设主要覆盖城区(基站优化)、高速公路、二级公路、水电站，在基站建设过程中，加强监管和指导督促工作。二、根据电信分公司的申请，组织开展了电信公司2010年CDMA基站建设验收工作，对验收合格的，发放《中华人民共和国无线电台执照》，对不合格的限期整改。三、按程序对昭通供电局洛泽河电厂设置使用的超短波无线电通信网电磁环境进行了检测，对台站建设、频率使用进行了验收和许可。通过规范行政许可行为，提高了设台单位依法设置使用无线电台站的意识，保证了设台单位申报台站资料的质量，对台站数据库的建设和完善起到了关键性作用。

【查处无线电违法行为水平提高】

2010年，一是在高考、各种资格考试无线电安全保障期间，成功抓获非法利用无线电发射设备作弊团伙5起，依法进行了处罚，收缴非法使用无线电发射设备及相关作弊工具6套，有力地打击了利用无线电高科技作弊的势头；在镇雄县还查获高考无线电安全保障期间的无线电干扰信号，及时处置了有线电视干线放大器的信号泄漏对无线电的干扰。二是根据电信CDMA网络出现手机用户连续性掉话现象的投诉，及时组成联合工作组，分别于1月14～16日、19～20日、11月2日，深入巧家、水富、昭阳等县区开展无线电干扰查找查处工作，查获了干扰信号和查到干扰源，主要是农村无线数字电视发射设备存在质量问题，技术参数不符合相关标准，导致电信CDMA上行频段无法进行正常通讯，造成有害干扰，出现手机用户掉话严重现象。通过查找分析、测试，找到了问题和解决办法，提出了整改意见。三是在全市广播电视无线台站专项行政执法检查和电信运营系统无线台站行政执法检查过程中，对无证照台站限期整改，补办相关手续，取得合法资格。四是9月27日，收到市公安局警用无线电频率受到不明信号干扰投诉1起，通过现场检测、查找，查到受无线电干扰源信号，及时协调处理了干扰事故，消除干扰，保障了警用无线电频率的安全。

【无线电执法检查工作力度加大】

2010年一是制定了《昭通市无线电行政处罚自由裁量权细化规范标准》报备，并进行了公示，依法开展执法。二是制定行政执法工作计划，下发了无线电管理行政执法工作方案，同时，积极清理无线电台执照，做好行政执法前期工作。三是开展广播电视无线电台站行政执法专项检查工作：2月3日，与市广电局有关领导进行座谈，交流广电系统无线电管理、规范农村无线数字电视发射管理，避免影响通信正常；3月16日，与广电局研究全市广播电视无线电管理，议定联合发文对全市广播电视无线电管理再作强调和提出要求，印发了台站资料报送通知，开展全市广播电视台站数据报送工作；3月24日，市无委办与市广电局联合下发《关于进一步加强全市广播电视无线电管理工作的通知》，加强全市广播电视无线台站的无线电管理；5月14日，印发《关于做好2010年广播电视行政执法自查工作的通知》，开展全市广播电视无线台站自查工作；5月25日，市无委办、市广电局联合印发《关于开展全市广播电视无线台站行政执法专项检查的通知》，正式启动广播电视无线台站行政执法检查工作；6月25日，印发《关于实施全市广播电视无线台站行政执法专项检查工作的通知》，切实开展专项执法检查：成立了检查组，深入各台站地址"人机见面"，详细登记各项数据，查看相关资料，反馈检查情况，促进规范管理，到8月份执法检查工作结束，共检查广播电视无线电台站123个，其中没有电台执照的台站59个，没有频率许可的台站63个；共发出《责令整改通知书》9份，对55个台站要求整改，相关设台单位已书面报告整改情况，逐步规范无线广播电视台站设置使用。四是9月上旬开展了全市禁止生产销售"网络共享"卫星电视广播地面接收设备专项检查行动，规范生产、销售行为。五是9月10日下发《关于做好2010年电信运营系统无线台站行政执法自查工作的通知》，启动公众移动通信无线电台站执法检查工作，10月中旬完成自查，11月底完成执法检查工作任务。

【无线电安全保障工作成绩显著】

2010年，一是制定方案、预案，精心组织安排，切实做好春节、"两会"期间无线电安全保障工作，没有发生无线电安全事故。二是配合做好各类考试无线电安全保障，完成高考、自考、公务员招考、卫生系统资格考试、会计资格考试、事业单位招聘等相关考试无线电安全保障工作。查找、抓获、收缴非法使用无线电发射设备6套，对5个非法信号实施了技术阻断和压制，并对初犯者进行了严厉的批评教育，有效地制止了作弊行为，充分发挥无线电管理在打击非法利用高科技手段进行作弊中的作用，保障了考试的无线电安全，维护了考试的公平、正义环境和秩序。三是积极开展技术演练，参与政府安排的应急保障工作，先后参加了威信6·30重大煤矿事故、巧家小河镇7·13泥石流自然灾害突出事故的通信应急保障和"魅力鲁甸·昊龙十周年文艺演出"大型文艺晚会无线电通信安全保障等工作。四是积极开展森林防火通信保障工作。2月上旬深入森林防火挂钩点巧家县药山自然保护区检查指导冬春防火工作，了解森林防火预防工作情况和应对机制，对森林防火工作提出指导意见，帮助协调解决2万元防火经费。购买了1115元的春节慰问品，慰问森林防火一线的干部职工。同时，指导对群众森林防火的宣传教育，用好配备的望远镜每天适时进行观测，一旦发现情况立即启动应急机制，全力防控火源。2月12日下发《关于加强森林防火无线电通信安全保障有关工作的通知》、3月2日下发《关于认真做好抗旱通信保障工作的通知》，对森林防火和抗旱期间通信保障工作进行安排部署，要求各县区信息化主管部门和昭通电信、移动、联通分公司等通信部门，高度重视森林防火和抗旱期间通信保障，保证通信畅通。单位明确了领导带班、专人值班和值班电话，实行轮流值守，保持24小时电话畅通。3月3日召开了电信、移动、联通3家运营商保障通信工作会议，安排森林防火和抗旱保障通信工作；3月4日，深入盐津、彝良、大关等县就通信保障工作进行检查督促。

【无线电监测检测任务顺利完成】

2010年，认真搞好无线电常规监测、专项监测、特殊监测和设备检测、维护等工作。一是按照国家和省下达的监测任务和具体要求开展监测工作，认真做好常规无线电监测检测，并对监测数据进行认真分析，按时上报监测月报，监测站1人获省监测中心的表彰。二是完成了各县区移动、联通、电信3家运营商的公众移动通信基站抽检检测和电磁环境测试工作任务，共检测基站82个，调频广播设备2套，对讲机11个，开展电磁环境测试3个，对4个县区的电磁环境状况进行了测试；对大关广电调频广播发射设备进行了检测；对水富县广电局新设置调频广播台站电磁环境进行了测试。三是在运维工作上，对移动监测车、5个小型监测站进行维护和保养，更换有关站无线猫，及时排除和处理小型监测站故障，配合运维单位开展巡检，培训县区专管员维护常识，定期进行维护，确保设备正常工作，有效地保证了技术监管工作的顺利开展；配合省监测中心对视频会议系统进行了调试。四是做好台站设置审批技术论证和技术验收，根据《云南省无线电频率和台站行政许可实施办法》，在移动、联通、电信等设台单位的台站设置许可评审论证中认真履行技术审查职责，对洛泽河电站设置应急通信系统进行了电磁环境测试和台站验收设备检测，对电信公司基站设置进行验收测试和设备检测。在行政许可程序中确保了无线电台站设置符合相关技术标准，充分发挥技术监管在台站审批和管理方面的作用。

【3G通信产业发展积极推进】　2010年，一是按照国家和省的要求，积极配合做好支持3G产业发展工作，通过请进来、走出去和实地走访查看的方式，做好调研工作，针对3G网络建设出现的问题给予指导和帮助，加强业务指导。二是邀请移动、电信、联通3家电信运营公司座谈，听取推动3G通信建设情况和发展建议，了解3G基站共建共享、电磁辐射、基站落地难等问题，并就工作中遇到的困难进行商讨。三是组织调研组，制定调研方案，深入3家通信公司，就3G基站建设、网络发展、规划实施、存在问题等内容进行专题调研，并就落实省政府3G发展目标责任情况进行了解、指导和督促。四是完成电信、联通公司2010年3G基站建设方案可行性论证，评审3G移动通信基站152个。五是代市政府草拟推进第三代移动通信网络建设发展意见并以市政府办文件下发，落实相关推进措施，指导全市3G通信事业发展。

【政府信息公开工作稳步推进】　2010年，一是按时完成全市及本单位2009年政府信息公开工作自查报告和年度报告，并报送上级主管部门；积极检查各级各部门的年度报告和自查报告编制情况，对未按时报送备案和发布的单位进行督促，同时收集2个报告备案。二是积极指导、协调、推进全市政府信息公开工作，加强信息公开网站网上监测，督促整改。三是积极筹备、召开市政府信息公开工作领导小组会议，切实解决有关问题，启动“督办通知书”制度；12月下旬召开了全市政府信息公开工作会议，总结全市政府信息公开工作，分析存在不足，提出工作安排意见，对2009年来开展好的单位给予表彰奖励。四是认真做好工程建设领域突出问题专项治理各项工作，在网站上建立“专栏”公开相关信息。五是及时更新和维护政府信息公开网站信息。全市政府信息公开网站共发布各类信息26035条，其中市政府信息公开网站发布683条，市直部门发布5280条，11县区发布20072条。4月份，在全省信息化工作会议上，昭通市2009年政府信息公开工作排列全省州市第二位。

【政务信息查询工作扎实推进】　2010年，一是抓好网络查询限时在线解答。针对各级各部门政务信息查询来件办理不及时的情况，采取安排专人每天进入后台扫描进行监督和检查，对有待办件的单位及时进行电话催办。共收到各类来件1373件，限时办结1324件，限时办结率96.5%。二是抓好96128专线电话建设应用。（一）适时组织召开市政府办、监察局、信息产业办、电信公司等单位参加的联席会议，对96128运行情况进行通报，对问题比较突出的单位报市政府办通知其限期整改。（二）每月对96128专线电话情况进行认真统计分析，并提出处理建议，形成统计报表分别报送省工信委、市政府办和市监察局，同时将统计数据在市政府信息公开门户网站上公布。（三）严格执行96128电话联络员工作职责，坚持督查督办，要求联络员认真回答来电人咨询的有关问题。全市接入96128专线电话单位共1477个，安装专用电话1542部，落实专线电话联络员1596人，共接到96128专线来电18578个，满意率98.2%。在全省信息化工作会上，昭通市2009年政务信息查询工作排列全省州市第六位。

【信息化、无线电事业“十二五”发展规划编制完成】　2010年，根据省、市对“十二五”规划工作的安排部署，分别成立了信息化、无线电事业发展规划编制工作领导组，抽调技术骨干人员搭建编制写作班子，制定编制计划，明确撰写人员和编制分工任务，充分发挥单位专业技术人才作用，通过前期准备、考察学习、深入调研、查找资料、分工撰写、组稿统稿、征求意见、修改完善、提请审查、专家评审等工作，4月份完成《昭通市信息化“十二五”发展规划》和《昭通市无线电事业“十二五”发展规划》初稿；为确保2个规划的全面性、指导性和可操作性，5月8～12日在昆明邀请省工信委、省发改委、省无线电监测中心、省规划设计院、云南大学、昆明理工大学等单位信息化、电子政务、无线电管理、无线电技术专家，召开专家评审会，对2个规划进行了专家评审论证并通过评审；根据专家评审组的意见建议对2个规划修改完善后，于5月下旬将2个规划报送市政府领导批准同意，并转报有关部门，指导全市信息化、无线电事业发展工作，规划工作走在全省前列。同时，组织有关人员，开展调研和前期准备工作，启动《昭通市无线电台站址规划》和《昭通市电磁环境保护规划》的编制。

【宣传工作形式多样】 2010年，一是积极宣传无线电法规和科普知识，努力扩大宣传面，营造良好的舆论环境。（一）组织全市开展"加强无线电执法，保障无线电安全"主题宣传活动。制定下发全市开展宣传活动的通知，统一印制了无线电管理宣传折页3万份（包括无线电知识、无线电管理工作职责、法律法规、工作业务等），分发到各县区宣传。6月1日，在昭阳区体育馆广场举办"加强无线电执法保障无线电安全"的大型广场宣传活动，制作了宣传主题画、"规范无线电台站管理、查处无线电干扰打击违法行为、整顿规范无线电管理秩序、保障重大无线电安全"4个宣传展板、3条空飘标语，利用大屏幕播放无线电管理专题片，向市民发放宣传折页5000余份，现场解答群众提问53个；邀请市电视台、市电台、昭通报社记者进行了现场采访报道。通过宣传，提高了无线电管理的知名度，进一步普及了广大民众的无线电法制知识，取得了较好效果。（二）积极宣传无线电管理机构职能职责、相关法律法规和科普知识，以竞赛试题形式进行宣传。一是在10月1日，开展了"无线电科普进万家"的主题宣传，利用报纸宣传的优势，在《昭通日报·鹤都晚刊》刊登无线电科普知识和举办知识竞赛，共印发报纸8000份，对广大民众特别是学生群体宣传无线电科普知识，让无线电知识普及千家万户，组织公众参与知识竞赛，收回答卷774份，对有效答卷进行评卷，并公开抽奖。2月份市无委办被市科学技术协会评为2009年度"科普工作先进集体"；监测站1人被授予"昭通市科普先进个人"称号；"普及科学知识，维护电波秩序"作品被授予"昭通市优秀科普作品"称号。二是在96128专线电话开通一周年之际，为进一步扩大96128专线电话的知晓范围，制作了宣传册3万份分发各县区，6月1日在昭阳区体育馆广场举办了96128专线电话的宣传活动，制作了宣传主题画、空飘标语，向群众发放了宣传册1万余份，邀请了电视台进行采访报道；还协调电信、移动、联通公司通过短信方式发送96128宣传短信6条，进行广泛宣传。三是编辑印发工作简报19期，加强工作宣传。

【业务培训大规模进行】 2010年一是加强电子政务信息化人才培训。（一）配合市信访局对全市10多名信访信息系统骨干人员进行了为期6天的培训，完成了全国信访信息系统初始化培训工作，为进一步提高基层信访干部操作技能，规范、正确使用全国信访信息系统奠定了基础。（二）安排技术人员通过视频会议系统参加全省组织的VPDN新平台培训，提升自身业务水平。（三）开展了全市电子政务业务培训，主要培训了网络系统、公文交换及电子印章系统、视频会议系统、电子政务主站点、阳光政府四项制度系统、电子政务技术与设计等核心业务。采取集中培训、视频会议远程培训等多种方式，分3个批次，完成了县区系统管理员骨干培训、市直部门和县区部门核心业务培训工作，共培训各级各类人员1000余人次，提高了队伍技术水平。二是加大无线电业务培训。（一）4月下旬组织召开了全市无线电管理工作培训会，各县区无线电管理机构负责人、专管员、市直设台单位分管领导、管理员等参加了会议，总结部署工作，分析存在问题，结合工作实际，对市、县无线电管理专兼职管理人员进行了"频率台站行政许可流程"和无线电管理相关业务培训，邀请市政府法制办领导对《中华人民共和国行政许可法》、行政执法、行政许可、行政处罚等开展专题知识讲座；市无委办对《云南省无线电频率和台站行政许可实施办法》和无线电监测技术业务进行了培训；为提高全市无线电管理队伍无线电技术业务，增强服务能力，会议期间，组织了市、县专兼职人员到昭阳区靖安乡乐德古参加野外无线电安全应急保障监测技术演练和学习。（二）11月上旬在全市2010年无线电管理工作培训会上，市无委办对无线电台站技术资料填报进行了培训，邀请市法制办的同志对《中华人民共和国无线电管制规定》、《中华人民共和国行政许可法》等内容进行培训。（三）市级无线电管理、监测人员积极参加省级组织的无线电管理、监测检测等各类业务培训，开展与岗位练兵相结合的业务培训和理论学习，多次开展无线电技术演练活动。通过学习、培训、演练，不断提高无线电管理及监测检测人员的管理水平和业务技术水平，锻炼队伍，增长技能，取得了较好效果，确保工作正常开展。三是积极组织政务信息查询业务培训。制定了《昭通市2010年政府信息公开及政务信息查询工作培训方案》，组织开展培训工作，在全市电子政务业务培训时，培训政务信息查询系统管理员、96128联络员等800多人次。

【效能政府四项制度建设积极实施】 2010年，根据省、市政府关于推行效能政府四项制度的决定、方案、通知以及打造"今日昭通效率"的要求，切实抓好效能政府四项制度建设：一是制定、印发、上报了单位行政绩效管理、行政成本控制、行政行为监督、行政能力提升4个工作方案，积极落实各项工作。二是召开单位全体干部职工大会，传达学习了省、市效能政府四项制度动员会议精神和省政府决定、实施办法等文件精神，对四项制度的主要内容进行详细培训学习，并提出贯彻要求。三是牵头组织效能政府四项制度建设有关工作座谈会，对配合承担的全市电子政务建设、行政审批事项网上办理系统、电子监察系统建设等工作，听取各方意见，了解有关建设应用情况。积极组织有关人员到省工信委了解系统建设情况；通过努力，昭通市电子政务网络与省电子政务外网实现互联，并积极推进内部办公自动化。配合指导市级和昭阳区行政审批系统运用、电子监察系统相关工作，推进网上审批办理。通过调研、考察，适时召开市监察局、政务服务中心、信息产业办、电信公司等专题座谈会，研究电子政务、行政审批系统和电子监察系统建设，参与制定系统建设应用方案。同时，对未建成行政审批系统的县开展调研，推动行政审批系统及电子监察系统建设，尽力配合督促完成市政府重点工作任务。四是明确综合科、无线电管理科作为重点岗位和无线电频率台站、无线电台执照年检、财务管理、经费核销等作为重点环节，规范工作，主动接受监督。五是积极按时按要求落实和报送相关材料，认真报送四项制度的实施情况、月报、总结、自查、整改和一线工作计划及工作情况、年度专题培训、目标倒逼管理、重点工作实施、行政审批项目公开、无线电管理行政处罚自由裁量权细化规范标准及实施等各种材料。通过效能政府四项制度的实施，规范了行政事务管理，提高了工作效率。

【新农村帮扶竭力推进】　2010年一是调整充实了挂钩扶贫工作领导组及工作机构，明确1位领导分管，由综合科负责日常事务工作；明确1名扶贫工作联络员联系挂钩帮扶村，加强帮扶联络；同时，还派出1名新农村指导员长期蹲点指导工作，积极参与村上各类发展项目的实施。二是单位主要领导和分管领导先后3次到扶贫点威信县高田乡坡上村进行实地调研，了解群众所需所盼，安排部署帮扶工作，落实帮扶措施，对照年度帮扶目标，督促检查扶贫工作计划执行情况。三是进一步帮助坡上村修订经济社会发展思路，并力所能及地解决一些实际问题：单位年初从工作经费中安排5000元资金，建立单列扶贫基金。单位结对帮扶18户，干部职工捐资2300元，送温暖献爱心捐款1100元，建立帮扶基金3400元。春节期间，单位主要领导带队到扶贫点现场办公，开展送温暖、献爱心活动，向挂钩帮扶困难农户赠送了价值2805元的大米和油。在抗旱保民生促春耕生产期间，单位分管领导带领相关人员深入扶贫点现场办公，指导抗旱保春耕生产工作，针对结对帮扶群众的种子、化肥款不足问题，解决困难群众5000元补助款；赠送了价值2580元的一体机（打印、传真、复印等功能）1台，280元的U盘1个，解决村上现代化办公设备。支持坡上村教育发展，资助坡上村完小2000元资金开展"六一"活动。"七一"期间单位领导带队深入扶贫点看望慰问老、贫、致富带头人党员代表，并召开座谈会，为5位党员代表每位赠送价值150元的毛毯1床。

【市级部门及公务员绩效考核系统运行正常】　1月1日，市政府部门绩效管理考核系统正式运行，3月1日市直部门公务员管理考核系统正式运行，两套系统成为全省率先建设应用的政府公共绩效考核系统。按照《昭通市政府公共绩效管理工作实施方案》要求，认真抓好两套绩效考核计算机系统平台建设及4台服务器的维护工作，同时与上海元方公司沟通协调，协助对两个系统进行升级改造，及时解决系统运行存在问题，确保系统稳定、正常使用。多次抽派技术人员到市政府办协助进行部门绩效考核数据录入。积极参加人事局组织的机关公务人员绩效考核培训。完成了信息产业办公务人员考核系统初始化工作，与上海元方公司联系完成了内部绩效考核系统的建设和应用。部门及公务人员绩效考核两套系统的应用，使政府公共绩效管理得到进一步强化。

【机构改革组建市工信委】　按照市委、市政府机构改革会议精神，9月20日召开了昭通市工业和信息化委员会成立大会，在大会上，市委组织部、市人事局的领导分别宣读了市委、市政府对市工信委领导的任命通知；市委常委、副市长何刚作讲话，并颁发了市工信委领导的任命书；市工信委党委书记、主任余伟，市工信委党委副书记、副主任、无线电管理办公室主任沙琴柯分别作了表态发言。《中共昭通市委昭通市人民政府关于印发〈昭通市人民政府机构改革实施意见〉的通知》明确，组建市工业和信息化委员会，为市政府工作部门，加挂市无线电管理办公室、市中小企业局牌子。将市经济委员会除乡镇企业行业管理外的职责、市政府信息产业办公室的职责，整合划入市工业和信息化委员会；乡镇企业行业管理职责划入市农业局。不再保留市经济委员会、市政府信息产业办公室，不再保留省无线电管理委员会办公室昭通管理处牌子。

（市工信委　许臣刚）

建设·环保

城乡建设

【继续抓好城镇保障性安居工程建设】

2010年，继续抓好城镇保障性住房建设。一是加快2009年廉租住房建设进度。已建成廉租住房8986套、45.87万平方米，占计划建设套数的82.77%、占计划建设面积的84.74%；完成投资59667万元，占计划投资的99.86%。二是继续抓好2010年廉租住房项目建设。2010年省政府下达廉租住房建设任务是:新建廉租住房7250套、36.25万平方米,计划总投资41794万元。已全部开工建设,完成投资2.57亿元、占计划投资的61.6%,占全年目标任务2.51亿元的102.6%。三是廉租住房租赁补贴发放情况。2010年上级下达全市廉租住房租赁补贴资金8264万元,已发放租赁补贴资金3357万元、发放保障户19892户;结余资金将全部用于购买、改建住房,作为廉租住房房源,用于解决城市低收入家庭住房困难问题。四是城市棚户区改造和公共租赁房项目建设情况。2010年上级下达全市城镇棚户区改造、公共租赁住房等中央补助2762.35万元,资金全部下达到县区。

【全力实施农村保障性安居工程建设】

2010年,一是切实做好农村危房改造工程建设。2009年农村危房改造任务12390户已全面完成,待市级验收。2010年第一批任务4450户涉及昭阳、鲁甸、镇雄、威信4县区,现已全部开工(其中:进行主体建设1593户,占总户数的35.8%;竣工1149户,占总户数的25.82%);第二批任务7150户已全部开工建设。二是抓好农村民居地震安全工程建设。完成2009年工程建设验收工作。2010年工程建设任务2万户,其中省政府补助1.5万户(重建1500户,加固1.35万户),县区配套完成加固5000户。现进行备料与基础开挖的6868户,占总户数的34.34%;进行主体建设的5373户,占总户数的26.87%。

【市直机关事业单位在职职工住房货币化补贴发放工作进展顺利】 2010年,一是完成部分单位60%产权房的补购工作和集资房遗留问题的处理工作;二是完成部分省管单位退休职工住房补贴方案的审核和备案工作;三是完成51个市直机关事业单位工龄15年以上在职职工1246人的住房补贴审批工作,年末发放资金2000万元。

【房地产业持续稳定增长】 2010年,全市房地产业共完成投资13.02亿元,占计划任务13亿元的100.15%(其中:中心城市完成投资3.39亿元,10个县完成投资9.63亿元)。

【积极配合扶贫部门做好消除茅草房工作】 2010年,按照市委、市政府关于住建局配合扶贫办消除4万户茅草房的工作要求,凡在农村民居地震安全工程建设实施范围内(地震重点监视区、沿路、沿边、沿江和旅游、民族、文化特色集镇)的茅草房全部纳入工程建设,全面提高农村民居抗震防灾能力。工程建设于9月启动,将于2011年1月全面完成。

【城乡规划编制和管理工作有序推进】

2010年,一是市规委会审议通过中心城市性质、"城市文化特色和城市名片",广泛征求意见后报市委常委会审定;总规初步成果已完成,进入报批阶段。二是县城总体规划编制工作除盐津和大关外已基本结束,县城控制性详细规划和专业规划编制有序进行。三是积极筹措资金进行集镇规划编制,启动村庄规划编制工作。四是办理中心城市规划审批项目34项。五是积极做好规划监督检查工作。对中心城市巡查384场次,发现违法违章建筑249起,针对发现问题及时责成相关部门做出严肃处理;"12319"热线电话共受理群众举报63起,督办63起,经电话回访和现场核实,群众反映的问题均得到较好解决。

【城乡建设步伐加快,成效明显】 2010年,继续按照"做大做强中心城市、做优做好县城、做特乡镇、做美农村,促进城乡统筹发展"的工作思路,狠抓落实,多方筹措建设资金,继续加大城镇基础设施建设投入力度,实施了一批城镇基础设施建设项目。全市市政基础设施建设完成投资23.41亿元(其中:中心城市完成投资10.41亿元,各县共完成投资13亿元)。

中心城市建设进展顺利。中心城市围绕"一山、两河、三片区"总体思路,全力推进中心城市建设。一是北部新区开发建设强势推进。昭通大道箐门段、登云路、箐门二纵、太平二横、太平三横等新区路网建设快速推进;师专新校区、昭通批发大市场、紫光大酒店、粮油批发市场、国际商贸城、沃尔玛等各建设项目相继动工或投入使用;省耕塘公园及片区开发于10月15日与昆明星耀集团签订了开发协议,现正在做项目前期工作,计划2011年初启动建设。二是古城恢复建设初见成效。积极推进古城北正街、怀远街等10条街道改造及临街房屋的"穿衣戴帽"工程,加快镇门广场、箭道广场、抚镇门广场建设。三是旧城提升改造有序推进。顺城街、蒙泉大道等市政道路改造建设不断加快,城市"穿衣戴帽"、道路、通讯、管网建设等快速推进。四是南片区开发建设进展迅速。五是"葡萄井彝族六祖分支"祭祖圣地旅游开发项目的六祖广场、车行大门至广场道路、灯光布置、笃慕铜像、六祖铜像、停车场等工程已完工。六是南温泉片区正在进行项目前期工作,计划2011年启动建设。

县城建设稳步推进。各县采取有力措施,以提高设施水平和完善功能为目标,拓宽投融资渠道,开工建设一批市政基础设施项目,县城功能日趋完善,区域中心功能和作用显著增强,有力促进和带动了县域经济快速发展。鲁甸县县城二期湖滨小区道路、文屏山森林公园等建设项目有序推进,完成投资2.01亿元。巧家县"两馆一中"、北鹤大街、魁阁塔恢复重建等工程建设快速推进,完成投资0.54亿元。镇雄县县城供水工程、二水厂供水工程、新区市政道路等一批工程相继实施,完成南部新区道路网络打造方案,完成投资2.48亿元。彝良县继续实施城市道路改造和亮化工程,完成投资1.24亿元。威信县推进名城建设、新区建设和红色景区景点建设,完成投资0.94亿元。盐津县继续抓好康源路商业步行街、黄葛槽新区建设和市政设施建设工作,完成投资0.86亿元。

大关县继续实施北门商业街、农贸市场、综合批发市场等建设项目，完成投资0.99亿元。永善县继续完善管道燃气、广场道路改造等市政项目，完成投资0.83亿元。绥江县加快县城迁建步伐，强力推进新县城道路路网、桥梁、场地平整、供水工程等基础设施建设，完成投资1.51亿元。水富县继续加大物流中心、市政广场、苏州路、青岛路等市政设施改造建设力度，完成投资1.19亿元。

“治污”设施建设稳步推进。已经建成投入使用的垃圾处理设施7项（巧家、大关、绥江、镇雄、威信、水富、永善），建成投入试运行的污水项目3项（鲁甸、水富、威信），正在建设的5项（盐津、鲁甸、彝良垃圾处理场，昭阳污水配套管网和永善污水项目），已经完成前期工作尚未开工的污水工程3项（绥江、彝良、大关县污水处理项目），正在开展前期工作的4项（昭阳区污水二期，巧家、盐津、镇雄污水处理项目）。威信、水富、盐津、鲁甸、彝良、镇雄等6个县污水处理厂厂区建设已同省水务公司签订BOT建设合作协议，巧家、大关2个县污水处理厂厂区建设与省水务公司达成了初步的BOT建设合作协议，昭阳区正与省水务公司进行合资经营谈判，绥江县正与省水务公司进行TOT合作谈判，永善与云南华天环保公司签订BT建设合作协议。

小城镇建设各具特色，亮点频现。一是各县区围绕“六个一”建设目标，努力打造“沿江、沿路、沿边”11特色乡镇和40个重点集镇。年底11个特色乡镇和40个重点集镇可新增建成区面积10.6平方千米以上，可完成开发建设投资15亿元以上。二是各县区扬长避短、发挥优势，努力改善景观面貌和人居环境，小城镇建设亮点频现。如：昭阳区旧圃镇杨家湾、小寨子自然村，以规划为龙头，整合新农村建设资金、农村危房改造项目资金、民居地震安全工程资金共1256万元，进行村庄基础设施建设，使杨家湾、小寨子村成为“规模适度、相对集中、道路硬化、人畜分离、饮水卫生、服务配套、村容整洁、风貌鲜明”的新农村市级示范点；另有鲁甸县龙树乡和桃源乡、镇雄县林口乡和塘房镇、威信县罗布乡、盐津县中和镇、永善县细沙乡等小城镇建设各有特色，成效明显，以点带面，为全市小城镇建设起到了较好的示范带动作用。

【强化管理，提高城镇综合管理水平】 2010年，各县区坚持“人民城市人民建，人民城市人民管”的城市工作方针，遵循建管并重的原则，以建设促发展、以管理树形象，以推行数字化管理为手段，不断改善城市人居环境，提升城市品位，提高区域性中心城市的综合竞争力；坚持日常管理与综合整治相结合、依法行政与教育引导相结合、建立健全以分类执法和综合执法相结合的城市管理体制，形成宣传、教育、建设、公安、安监、交通、环保、工商、文化、水利、民政、卫生、旅游及社区等各司其责，密切配合的城市管理机制。充分发挥办事处、居委会的城管作用，切实深化社区管理体制改革，增强基层社区对辖区公共事务和公益事业的管理职能。加强城建监察队伍建设，加大执法和综合治理力度，建立职责明确、管理到位、保障有力、高效有序的城市管理长效机制。

【狠抓建筑安全生产及质量管理】 2010年，一是印发《昭通市2010年建筑安全生产工作要点》，切实抓好全市建筑施工安全生产工作。二是针对中小学校舍安全工程全面实施的现状，与市教育局联发《关于加强中小学校舍安全工程建设建筑施工安全生产工作的通知》。三是为切实推进全市建筑施工安全质量标准化工作，从省厅请了4位专家到昭通对3家施工企业的安全生产工作进行安全评价和指导建筑施工安全生产标准化工作，还对全市建筑施工企业340余人进行培训。四是组织开展打击建筑施工非法违法行为专项行动、建筑安全生产专项整治检查工作，并通过省级检查。五是组织开展建筑施工安全专项整治工作，聘请省厅专家进行分项工程安全培训，参培人员292人。六是认真组织开展“元旦、春节、两会、五一、国庆”安全生产大检查，消除了事故隐患。严厉查处不重视安全生产的行为，按“四不放过”的原则，依法查处了因忽视安全生产、违法违规而导致发生重大安全事故的责任主体和责任人。七是加大宣传教育培训工作。为加强建筑施工起重机械设备的管理，提高特种作业人员的业务水平，举办了一期特种作业人员的培训，参培人员302人；组织开展六月“安全生产月”活动；为维护农民工合法权益，增强农民工安全意识，组织开展了农民工义务教育培训，培训人员近4000人。

【认真抓好行业管理工作】 2010年，一是切实抓好设计行业管理工作。完成27家勘察设计单位的资质年检工作，并上报省住建厅审批；组织注册建筑师、注册结构师的报考、注册及再教育工作。二是认真抓好工程设计审批工作。完成14项房屋建筑工程和市政项目组织审查工作，总投资87523万元；完成施工图政策性审查10项，通过技术性审查并备案8项。三是积极推进标准定额管理工作。继续做好《昭通市建设工程材料价格信息》期刊发行工作，及时反映基期市场动态。共出版6期、印发850本，为全市建筑工程预决算和施工招投标提供了造价依据；强化工程造价监管工作，开展拦标价、合同价和结算价的“三价”备案制度。四是加强造价员资格管理工作，对申报、变更的造价人员进行初审及上报。五是市建筑设计院共完成100余项勘察及设计任务，完成产值448.9万元，上缴税金40余万元。

【认真抓好建筑节能工作】 2010年，一是对全市既有公共建筑项目库进行管理，适时添加或减少项目数据，为今后争取国家和省在公共建筑节能改造方面的项目和资金支持，打下坚实基础。二是上报市政府办印发《昭通市加强建筑节能和节能材料应用管理实施意见》，规范全市建筑节能工作。三是按时上报全省民用建筑能耗和节能信息统计数据。四是在城市规划编制、建筑工程规划审批、初步设计审批和施工图审批中，严格实施节能50%的设计标准，并初步建立新开工项目管理部门联动机制。

【政务公开工作有序推进】 2010年，市住建局牢牢把握扩大内需、行政效能、群众关注等政务公开重点，积极运用科学管理理念，采用电子信息手段，加大政务信息工作力度，政务公开工作成效明显。一是加强工作领导，明确责任分工。各科室明确专人负责政务信息定时、定量收集、报送工作，并确定专人维护和管理网站后台，对日常信息进行管理和监督。二是突出重点，通过信息公开网站、门户网站加大信息公开力度。加大专项治理、四项制度等专栏的学习宣传力度，对行政审批和服务事项办理程序及工作人员等内容在政府信息公开网站和门户网站进行及时更新上网公开。三是政务公开内容丰富，形式多样。围绕事关工作的“重点、难点、热点、焦点”问题，继续把群众特别关心关注的事纳入政务公开的范畴，根据工作重点变化，不断拓展和深化政务公开的内容，充分利用政府政务信息平台、市住建局门户网站、听证公示通报网平台、政务公示栏以及会议、简报等多种形式适时公开办事信息。在政务公开等网站共发布公开信息188条，发布简报89期。四是狠抓监督检查和落实工作，把强化监督、建立健全监督制约机制贯穿于政务公开的每个环节。设立举报电话接受干部职工的监督；定期或不定期地组织检查，通过自查发现问题和不足，及时整改，不断完善和深化政务公开工作，以求取得实效，尽最大努力使人民群众感到满意。五是认真开展规范性文件清理工作，进一步规范住建部门行政行为，加强行政管理，促进住建系统依法行政和建设“法制住建部门”进程。

【实施阳光政府、效能政府四项制度成效显著】 2010年，一是以市政府重要事项公示重点工作通报政务信息查询网站、市住建局政府信息公开网站和门户网站、局服务承诺电话为公开平台，对市委、市政府重大决策落实情况、公开服务承诺事项、行政许可服务备案事项及项目资金分配情况按月向社会公开公示和通报，完成重点工作通报22次，接受网络政务信息查询18次，“96128”电话查询64次。二是制定《市建设局行政行为监督制度实施方案》和《市建设局行政能力提升制度实施方案》，印发《市建设局关于印发效能政府四项制度实施方案的通知》。三是按时完成关键岗位和重点环节行政行为监督登记表、行政机关工作人员行政行为监督承诺表、昭通市行政机关行政行为监督承诺表的统计上报。四是完成《市建设局2010年培训专题计划》及市住建局建设学习型机关培训专题登记表编制上报；完成市住建局目标倒逼管理重点工作选报表和重点工作倒逼管理统计表上报；印发了《市建设局2010年一线工作计划》，对确定的关键岗位和重点环节进行了网上公示。四是按照效能政府四项制度的要求，认真落实行政能力提升制度，不断提高依法行政能力，编制了《行政审批项目登记表》和《行政审批项目目录》，进行了公开。还梳理确定了市住建局行政处罚事项、处罚依据、行政处罚自由裁量标准等，编制《市建设局行政执法依据目录》、《市建设局行政处罚事项目录》和《市建设局行政处罚自由裁量权实施办法》，现已报市法制办备案审查，待审查通过及时向社会公开。

【认真办理人大代表建议和政协委员提案】 2010年，市住建局共承办人大代表建议3件、政协委员提案4件，已全部进行了答复办理，全部为A类，均已得到落实或被采纳，提出建议和提案的人大代表和政协委员满意率100%。市住建局对市二届人大一次会议以来的22件人大代表建议进行梳理和续复续办工作，通过滚动办理和续复续办，办理结果为A类18件、占总数的81.8%，C类的4件、占总数的18.2%。

【市建筑公司改制平稳推进】 2010年，市建筑公司改制工作已基本完成，但还有部分遗留问题难以解决（一是特殊工种，向省社保厅汇报不能解决；二是待业青年要求解决养老保险问题；三是工伤人员要求解决工伤补助问题；四是部分终止劳动合同关系人员要求再就业问题），部分人员随时上访，影响了社会稳定。针对这些问题，主要做了以下工作：一是积极做好职工的思想稳定工作，全年共接待上访人员50人次。二是针对待业青年反映要求解决养老保险问题，积极向有关部门反映，市住建局已和社保局研究了多次，目前社保部门已基本同意按养老保险政策解决反映的问题。工伤人员反映的工伤补助问题，市住建局已向市社保局反映，目前社保局正在统计市直改制企业老工伤人员情况，待相关政策出台后按政策办理。员工再就业方案市政府已经批准，目前正准备组织实施。

【继续抓好挂钩扶贫工作】 2010年，市住建局始终坚持“真扶贫、扶真贫”，切实把社会主义新农村建设、机关党员进农家、百千万帮扶工程有机结合起来，对挂钩扶贫点进行了全面帮扶。一是拟订《市建设局2010年挂钩扶贫点送温暖活动方案》，局领导带领相关人员到挂钩扶贫点威信县双河乡茨竹坝村开展送温暖活动，给群众发放慰问金3300元，大米356袋，共计36490元。二是组织机关干部职工开展“出一份力，献一份爱心”送温暖捐款活动，收到挂钩扶贫捐款9900元（处级挂钩2户，普通职工1户，每户300元）。三是及时召开局职工会议安排部署相关抗旱救灾促春耕工作，局党组动员全体干部职工为受灾群众捐款捐物，奉献一份爱心，共向旱灾灾区捐款8000元，并移交到市民政局。同时，考虑到茨竹坝村的实际情况，干部职工又捐助了8000元，用于帮助茨竹坝村开展抗旱救灾和春耕生产。四是开展调研，共谋发展之路。市住建局始终坚持“扶真贫、真扶贫”，切实把扶贫点的各项基础设施建设列入扶贫工作范围，积极创造条件，抓好挂钩扶贫工作，变“输血”为“造血”。局领导班子成员多次带领相关人员深入茨竹坝村进行了实地考察、调研、指导、参与村支部建设、基础设施建设、扶贫开发、综治维稳、村务公开等工作，与村“两委”一起共商茨竹坝村发展大计。五是协调林业部门解决漆树苗15万株，帮助扶持发展漆树产业。六是市住建局将每年投入5万元，共计25万元，用于帮助茨竹坝村发展母牛养殖产业，增加农民收入。全年筹集的5万元资金已落实到位，用于扶持发展冻改牛产业，努力增加农民收入。七是捐款2000元，帮助茨竹坝村改善党员活动室条件。八是对茨竹坝村小学校舍进行了考察调研，计划对茨竹坝村小学操场进行改造，切实改善校园环境。

【城建档案管理工作有序推进】 2010年，一是加大城建档案收集、接收力度，全年共收集接收工程竣工档案50项。二是认真做好城建档案业务指导工作。共接洽业务咨询服务以及深入施工现场业务指导89次，多次参加工程竣工验收68次；签定工程档案责任书39份，发放工程档案合格证11本。三是严格按照城建档案整理规范，做好整理、立卷、归档工作，共整理各类档案1003卷。四是积极开发城建档案信息资源，为社会提供优质服务。共对外提供利用200次，接待利用人员300人，提供各类档案106卷，为利用人员提供档案复制件7000张，为各单位产权办理、资产评估、房屋改造、建筑拆违等提供了可靠的原始依据，受到查阅单位的一致好评。

【认真做好综治维稳工作】 2010年，一是制定《市建设局治安重点和矛盾纠纷排查整治行动工作方案》，扎实开展治安重点和矛盾纠纷排查整治行动；二是结合自身职能工作，拟订《市建设局影响社会稳定的隐患和突出问题研判报告》上报市委政法委；三是印发《市建设局全国两会期间信访维稳工作方案》和《市建设局综治维稳宣传月工作方案》，积极参加市、区综治维稳成员单位集中宣传活动；编制上报市住建局社会管理创新信息；四是印发《市建设局2010年综治维稳工作方案》、《市建设局社会治安重点地区排查整治工作实施方案的通知》和《关于进一步加强学校及周边安全工作的紧急通知》，按时收集汇总上报相关材料；五是按时完成政法综治调研文章和贯彻执行社会风险评估制度情况上报工作；六是编撰《市住建局社会管理创新工作措施》；七是印发《市住建局新一轮治安重点问题挂牌整治和警示工作实施方案》，认真贯彻落实综治维稳有关工作任务，深入推进社会治安重点地区排查整治工作顺利开展。

【争取项目资金65849万元】 2010年通过努力，共争取到位上级补助资金65849万元，其中：廉租住房建设补助资金21750万元，廉租住房租赁补贴资金8264万元，棚户区改造补助资金2702万元，公共租赁房补助资金60万元，农村危房改造补助资金11600万元，农村民居地震安全工程建设补助资金4200万元，“两污”建设补助资金13128万元，旅游小镇建设补助资金25万元，城乡建设规划补助资金70万元，县城及乡镇供水及基础设施建设补助资金1850万元；特色重点集镇建设资金2200万元。

（**市建设局** 徐 斌）

环境保护

【污染减排工作全面完成】 2010年，全市列入省市级污染重点减排项目14个，其中，要求建成污水处理厂4个，新开工污水处理厂3个，二氧化硫不计增量削减20吨，化学需氧量不计增量削减380吨。二氧化硫、化学需氧量完成目标任务。

【“七彩云南昭通保护行动”顺利推进】 2010年，紧紧围绕《七彩云南工作目标责任书》内容，各级各部门配合紧密，各项工作稳步推进，成效明显。全社会环保意识进一步提高，环境管理和环境执法规范有序，重点饮用水源监测报告制度执行有力，公众的环境权益得到有效维护，在经济社会全面发展的同时，生态环境也得到进一步改善。

【加强集中式饮用水源地监管，保障饮用水安全】 2010年，一是按照环保部加强饮用水安全保障工作的要求，各县区加大辖区内饮用水安全隐患排查力度，依法查处饮用水源保护区内的环境违法行为，依法加强饮用水环境监管。严格控制审批饮用水源保护区建设项目，明确一级保护区内严禁新建与供水和保护水源无关的项目，二级保护区和准保护区内不得新建有污染的项目，坚决取缔二级保护区内所有违法建设项目，禁止在集中式水源一级保护区内从事网箱养殖、旅游等活动。二是在城镇饮用水源地调查工作的基础上，完成了典型乡镇饮用水源地基础环境调查评估工作。三是强化中心城区重点饮用水源地保护。市环保局按照《昭通渔洞水库环境监管工作方案》，每月监察1次、监测3次，监测点位由原来的取水口、库心调整增加库尾至3个点位，监测项目增加到35项。监察监测结果每月定期报告市政府。四是完成《昭通市集中式饮用水水源地水环境保护规划》、《昭通市地表水功能区划分方案》。

【建设项目环境影响评价管理进一步规范】 2010年，一是强化服务意识，进一步规范环评审批程序。实行一次性告知制度，内容包括选址初步要求、审批权限、办事程序、办理时限等，审批中对符合政策和技术要求的，在一周内完成行政许可，属省环保厅审批权限的项目，5日内出具审查意见，能在1日内完成的则是在当天办理。二是实行集体决策、科学决策。市环保局成立了建设项目环境影响评价技术评估中心、环评审批委员会，分别从技术和政策两方面把关，做到科学决策、正确决策。三是逐步开展规划环境影响评价工作。按照环保部相关要求，针对全市工业园区规划环评工作的现状，与市经委联发《加快工业园区规划环评工作的通知》，进一步强调园区规划环评工作的重要性和紧迫性，推动全市工业园区规划环评工作；启动了流域水电规划、旅游规划、城镇规划等规划环评，为规划内项目实施提供了优先条件。四是集中开展建设项目环保“三同时”检查。按照全省建设项目环保监督管理年工作要求，进行建设项目环保“三同时”监督检查，清查市级以上审批的项目370家，按照已经建成、正在建设和尚未建设等情况正在进一步落实试生产、竣工验收等相关手续，进一步强化了“三同时”管理。全年，市环保局受理审批建设项目环境影响评价文件103件。

【加强建设项目环境风险管理】 2010年，一是对涉及易燃易爆危险品生产、装卸、储存、输送等环节的建设项目进行了认真的排查。涉及易燃易爆危险品建设项目38个，对一些未完善环境风险措施的加油站项目和液化气充装站项目，及时提出了整改措施，完善了突发环境事件应急预案。二是排查整治沿江沿河化工石化企业环境污染隐患。检查化工石化企业13家，集中式饮用水源地保护区无化工石化企业，督促企业建立健全了突发环境应急预案。

【污染防治工作全面展开】 2010年，一是对重点排污单位实施排污许可证管理。向35家市级以上重点企业核发排污许可证，其中，省环保发证2家。对持证企业每年至少监察、监测1次，年度审核、验证。二是启动重金属污染综合防治规划工作。配合省环科院完成了全省重金属污染综合防治规划编制，调查了全市重金属污染综合防治情况，开展了重点流域工业污水综合治理及生态恢复研究。4个重点规划单元的4个污染源综合整治类规划项目、11个产业淘汰退出项目、2个历史遗留类规划项目、10个监管能力建设类规划项目作为防治重点开展相关的防治工作。三是开展重点行业企业环境风险及化学品检查。5～10月，开展了重点行业企业环境风险及化学品检查工作，核查了14家化工企业的突发环境事件应急预案、环境风险防范设施、措施情况，对预案不完善、设施不到位、措施不具体的企业限期整改，为环境风险防范奠定了基础。

【完成全国第一次污染源普查动态数据更新调查】 2010年，完成重点调查单位污染源普查数据动态更新。更新结果为：重点工业源641家，工业化学需氧量排放量3365吨，工业二氧化硫排放量10370吨；生活化学需氧量排放量24269吨，生活二氧化硫排放量3720吨；农业源中调查养殖场38家，养殖小区26家，规模化水产养殖4家，化学需氧量排放量4107吨；污水处理厂3家，垃圾处理场12家。

【开展整治违法排污企业保障群众健康环保专项行动取得实效】 2010年，市政府成立了以分管副市长为组长，市政府副秘书长、市环保局长为副组长，发改、经贸、建设、司法、工商、安监、供电、监察等相关部门分管领导为成员的领导组，领导组下设办公室在市环保局，由分管副局长任办公室主任。同时，各县区结合各自实际，成立了相应的领导机构。紧紧围绕保民生、保稳定、促发展的总体要求，从整治重金属排放企业环境违法问题、加大污染减排重点行业及集中式饮用水源监管力度等几方面制定了全市环保专项行动实施方案，通过“6·5”世界环境日进一步加大了环保专项行动工作宣传力度，畅通了环保热线“12369”，在开展具体工作中，各级各部门密切配合，各司其职，各负其责，认真开展联合执法。全市共出动执法人员3000余人次，检查企业908家，检查集中式饮用水源地20个，接到信访投诉282件，已处理280件，处理率99%。通过执法检查，市环保局对4家应由市级审批的未批先建项目和1家群众反映强烈的企业下发了限期改正通知，对全市32家（包括12家重金属污染企业）违反环保“三同时”和违法排污超标排污企业进行了督办，要求各县区环保局督促企业进行限期整改；镇雄、彝良、威信、永善4县还分别对7家违法排污超标排污企业进行了经济处罚，共处罚金21万元，盐津县环保局对辖区内26家煤矿开采企业未办理环评审批手续和4家未执行环保“三同时”企业下发了限期改正通知。

【生态乡镇及农村环境综合整治示范建设有良好开端】 2010年，水富县太平乡、盐津县牛寨乡、彝良县小草坝乡、绥江县板栗乡、昭阳区乐居乡5个乡镇被省政府命名为第五批云南省生态乡镇。昭阳区乐居乡新河村、昭阳区洒渔乡居乐村、彝良县角奎镇花生地社区、威信县扎西镇小蒿坝村、鲁甸县水磨镇水磨村、镇雄县牛场镇大寨村等6个村庄环境综合整治示范项目通过了省厅专家组的评审，环保部批准实施镇雄县大寨村示范整治项目，配套整治资金70万元；环保厅批准昭阳区大山包乡大山包村列入2010年省级整治范围，配套整治资金80万元。

【加强环境监察，保障群众的环境合法权益】 2010年，一是加大污染减排项目实施情况、重大建设项目“三同时”执行情况、重点企业排污情况的现场监察力度；二是每年坚持开展中高考期间噪声监管；三是加大以收促治力度，排污费征收有较大提高。排污费征收达1100万元；四是整合了12369环保热线、96128政务信息查询系统，完成了昭通市重点污染源监控中心建设，为实现境监管的现代化、科学化、信息化奠定了坚实基础；五是开通了市环保局和11县区环保部门的12369环保举报热线、专人接听、节假日及重要活动期间24小时值班，妥善处理环境信访，及时化解环境污染纠纷；六是加强环境信访工作，保障群众的环境合法权益。环保局把环境信访作为环保系统的重点工作，明确分管局领导和环境信访办事部门及信访专职人员、制定了环境信访工作制度，开通了市环保局和各县区环保局的12369环保举报电话，畅通群众投诉渠道，环境信访处理率达100%。2010年1～11月，共接到来电、来信、来访及省环保厅、省环境监察总队、市和县区政府转处等各类环境信访案件343件，已处理343件、处理率100%。

【放射源和辐射环境管理逐步规范】 2010年，吸取2007年全市连续发生两起辐射安全事故的教训，各级政府和相关部门高度重视，进一步加强了放射源管理工作。市环保局针对多年来多部门管理工作中存在的薄弱环节，建立了辐射管理的3项制度，逐步规范管理。及时向省环保厅转报《关于溪洛渡右岸500千伏交流送出工程环境影响报告书的技术评估意见》，召开昭通市已建移动通信基站补办环评手续有关问题的座谈会，完成“十二五”辐射环境监管能力建设规划编制，完成淘汰落后产能企业放射源管理、云天化购买29枚放射源的市级审核、云天化和镇雄火电厂检修所需各2枚Ⅱ类放射源转运进场工作的市级审核等工作。

【做好环境监测，不断提高环境质量综合评价能力】 2010年，完成省控空气质量监测点2个，降尘监测点3个、降水监测点2个、硫酸盐化速率监测点6个，40个水质监测断面等环境监测任务。共获空气质量监测数据3139个、水质监测数据6216个、交通噪声监测数据576个、区域环境噪声普查1次，监测数据636个、功能区噪声监测数据1248个。按“城考”要求，增测100个点位的功能区达标区昼夜噪声进行了复测、148个声源进行了复测，获得监测数据348个。

【争取项目资金见成效】 2010年，环保局多次到环保部、省环保厅汇报工作和落实省政府昭通专题办公会涉及环保项目。争取到中央监测、监察业务用房3站建设补助资金700万元，农村环保专项资金70万元，环境执法能力建设经费9万元；省级七彩云南环保专项资金3339660元，省级排污费专项资金280万元，共计13929660元。

【医疗废物处置工程按计划完成】 2010年，一是要求昭通市医疗废物处置工程建设单位云南金盛环保有限公司每旬上报工程建设进度，市环保局根据公司上报的进度和检查的结果，督促加快项目建设进度，工程已经建设完成；二是积极配合云南金盛环保有限公司开展收费听证会前期准备工作和办理有关手续等，完成了《昭通市医疗废物处置收费方案》（讨论稿）和《昭通市医疗废物处置中心医疗废物处置成本估算》，转报市发改委完成价格批复；三是按照《云南省环保厅关于加强在建和计划建设医疗废物危险处置项目建设管理的通知》要求，向省环保厅和省发改委上报了昭通市医疗废物处理工程每月进度；四是协助业主草拟了点火仪式方案；五是联系市人民医院，帮助业主收集医疗废物；六是协助业主完成了项目试运行申请和经营许可申请等工作。

【积极开展帮挂钩扶】 2010年，为实现镇雄花山村经济社会又好又快发展，环保局领导先后2次深入挂钩村、重点人群开展相关调研；和村民结对子、攀穷亲，进一步完善村规民约、成立综治维稳领导机构，通过为群众办实事、办好事，结合社会主义新农村建设，全面开展花山村民小组“整村推进”工程项目。全年，直接投入7万元资金购买马铃薯种、投入5万元建设畜牧市场、投资10万元对花山村委会办公楼进行了维修，争取到省体育局为花山村安装标准篮球架1副、室外乒乓桌2张，丰富了当地群众的精神文化生活。

【全市环境保护工作会议召开】 2月26日，市政府召开全市环境保护工作会议，深入贯彻全国、全省环境保护工作会和市委二届十次全会精神，认真总结上年环境保护工作，分析形势，安排部署2010年全市环境保护工作任务。市长王敏正作《夯实环境保护基础，建设昭通生态文明，推进人与自然和谐发展》的讲话；副市长何刚部署2010年七彩云南昭通保护行动工作；市环保局局长黄杰报告2009年全市环保工作情况并提出了2010年度全市环境保护重点工作。会议表彰了七彩云南昭通保护行动2009年度目标责任考核先进单位和8家环境保护先进企业。副市长何刚与各县区人民政府签订2010年七彩云南昭通保护行动工作目标责任书和主要污染物总量减排目标责任书。

【全市农村环境综合整治工作会议召开】 3月25日，市环保局召开了全市农村环境综合整治工作会议。贯彻落实省农村环境综合整治现场会议精神，研究、部署全市农村环境综合整治工作，推进农村环境保护和生态创建工作。局长黄杰传达学习了3月4～5日在大理洱源召开的全省农村环境综合整治现场会议精神和昭通市环保局结合争先创优、全市农村环境整治工作面临的形势和下步工作任务，就如何开展好农村环境综合整治工作做讲话。

【认真办理人大建议和政协提案】 4月30日，由市环保局承办的5件提案（无建议），细化分解到相关科室及直属事业单位，明确了责任人、责任领导、办理要求等。经清理，市环保局没有限于当时条件无法解决或办理结果不满意的市人大、市政协二届一次会议以来办理的建议提案。2010年环保局承办的5件提案已于7月20日前办结。

【环境保护宣传教育工作深入开展】 6月5日，结合第39个世界环境日“低碳减排·绿色生活”主题和国际生物多样性日系列宣传活动，由市委、市政府主办，昭通市环保局承办，联合市委宣传部、共青团和昭阳区环保局，利用新闻媒体、公益广告、影视图片、宣传资料、环保法律法规咨询台等宣传手段和形式，广泛开展庆祝国际生物多样性年宣传活动，宣传活动形式多样、内容丰富。

（市环保局　范孝林）

旅　　游

【理清发展思路，促进产业经济快速发展】 2010年，旅游局始终把贯彻落实好云南旅游“二次创业”精神，高起点、高标准的制定规划，树立昭通旅游品牌，尽快把昭通打造成为云南6大旅游片区中心，实现昭通旅游经济腾飞。着力发现和解决制约全市旅游产业发展的思路、工作方法与措施、瓶颈等问题。一、清思路。2010年旅游局工作思路为：以打造“中国西部千里大峡谷”为核心，依靠“3大优势（区位、人文、资源），借助3大力量（媒体、社团、名人），打造3大板块（发现昭通、走进昭通、旅游昭通），树立3张品牌（通道、红色、人文），突出1轴两翼（即中轴中国西部大峡谷百里文化长廊、东翼红色旅游线、西翼高峡平湖线）”建设。二、强规划。在市委、市政府的高度重视下，旅游局争取国家旅游局的大力支持，并委托北京达沃斯巅峰规划设计院9名专家组成的专家组开展旅游规划修编工作。《大山包国家公园总体规划》编制已接近尾声；大山包1:10000地形图已绘制完成，正等待评审；《昭通市十二五旅游发展规划》正在编制中。三、旅游经济发展成效明显。2010年全市共接待海外游客792人，同比增长29.62%，接待国内游客591.21万人次，实现旅游业总收入20.06亿元，同比分别增长24.38%和33.86%。超额完成省市下达旅游经济发展目标任务。

【加快推进景区建设】 2010年，加快推进景区建设。一、大山包国家公园生态旅游景区。大山包生态旅游景区距昭阳城区83千米，总面积192平方千米，是国家级自然保护区、国际重要湿地和世界濒危珍稀物种黑颈鹤的越冬栖息地。全市拟将其建设成为国家5A级风景区。2009年大山包生态景区被国家发改委批准为国家公园进行规划开发。2010年，大山包国家公园总体规划已基本编制完成，并召开了专家咨询会，进行修改完善。大海子湿地观鹤隧道、鸡公山游道一期工程已竣工，并投入使用。年末，鸡公山游道、保护区入口标志门和游客接待中心等项目建设和开发建设的前期工作。景前期征地丈量工作结束，大羊窝浏览车换乘中心征地4月初开始，景前期征地丈量工作结束，大山包大羊窝完成征地7.97公顷，新街景前区完成征地44.7公顷，景前区供水工程、景区旅游道路完成勘测，景前区和景区换乘中心修建性详细规划完成，进入初步设计和装饰设计阶段。景区内3条旅游道路大山包至大海子段、跳墩河环湖段、大荞地至跳墩河段旅游道路进入工程招标阶段；景区仙人田巡护道和鸡公山旅游亚区游道建设工程完成招投标工作。累计完成投资5100万元。

【昭阳区龙潭湖休闲旅游度假区开建】 2010年由区政府筹资287.8万元的簸箕湾村399户民居改造工程已完成，全部完成碉楼主体及装饰、城墙走道施工、护城河小桥工程、正门楼广场的路面砖工程及水稳层施工、完成60米范围内的所有绿化和城墙内外墙砖的施工。云南伊力寅吾投资有限公司投资新建的龙湖大酒店位于龙氏家祠旅游度假区的核心位置，占地约14.5万平方米，项目总投资约5亿元，征地和建筑设计方案基本完成，正在开展场地内“三通一平”、试桩等前期工作。

【黄连河旅游开发改造提升】 年初对规划设计进行修改完善（大关黄连河景区二次创业项目设计总用地面积486910平方米，其中建筑面积174800平方米，建筑占地面积55537平方米，分4个平台主要建设购物中心、商业风情水街、度假中心、景区道路、标识牌、安全防护及其他相关配套服务设施等，计划总投资3.5亿元，力争达到国家4A级旅游区硬件标准），纸厂至马鞍山旅游公路毛路已贯通，一平台旅游商贸城（原纸厂片区及消防大队营房区域）由昭投大关黄连河旅游开发有限公司实施，完成人工挖孔桩235棵，基础中孔、开挖土石方、护壁砼等全部按要求完成。正负零以上土石方挖运完成182742立方米。二平台商业风情水街和三平台会务休闲中心的场地平整工程于6月20日动工建设。黄连河马鞍山至双龙旅游公路由县交通局实施，毛路已贯通。

【西部大峡谷温泉二期建设推进】 西部大峡谷温泉2期项目2010年完成投资5000万元，建设内容为：娱乐中心、宾馆别墅、会议中心、餐厅、停车场和员工宿舍等基础设施的建设；启动游乐和康疗娱乐项目；景区内环境改造、场地平整和道路景观带绿化完成；宾馆别墅的装修完成并投入使用,以大型游乐项目为主的娱乐中心正在进行征地等相关工作。

【巧家金沙江漂流工程建设顺利开展】 2010年累计完成投资1000万元。主要完成项目的勘查设计和总规划图,各景点平面布置图和局部景点的效果图,以及各景点的经营思路和分析方案等;征地20.9公顷;景区三通一平工程;毛春林温泉度假村游泳池已投入使用;小江口下江点和中途上岸点毛椿林温泉度假村服务接待中心各300平方米的经典欧式木屋建设;小江口和毛椿林处约100平方米的两座公厕和化粪池建设;防洪沟挖掘;景区道路前期基础工程;景区绿化工程。

【旅游特色村建设】 2010年,旅游特色村建设主要完成:一是首批特色村鲁甸小寨乡梨园村和威信扎西镇石坎村通过旅游特色村建设补助资金验收。二是第二批特色村建设情况:昭阳旧圃镇杨家湾村共计投入865万元,主要用于建设村内道路和特色民居墙体彩绘等装饰工程、产业扶持、沼气池建设、村容村貌整治、水窖建设、民居抗震保安、广场道路建设、农网改造、安居房改扩建等。巧家县老店镇老店村共计投入48万元全部用于老店集镇至杨梅山旅游通道公路修建完毕,正在平整集镇至大白路花海景区公路。盐津县中和镇上村共整合资金98.4万元,主要用于川南民居特色改造,硬化环社公路、绿化美化以及扶持发展农家乐等。鲁甸县龙头山镇龙泉村共计投入25万元,主要用于客运站停车场的土地平整及管理用房建设、农贸市场用地的平整工作以及服务配套设施等。三是为进一步推动全市乡村旅游快速发展,除继续建设好第二批特色村外,全市还推荐大山包乡合兴村、角奎镇河湾村、豆沙镇万古村和溪洛渡镇玉笋村共4个村为全省第三批旅游特色村。

【旅游促销强势推进】 2010年,以打造"中国西部千里大峡谷"为主题进一步加大宣传促销力度。在抓好大山包国家公园、大关黄连河等旅游景区开发,推进扎西会议会址、巧家大药山和彝良小草坝等景区景点建设的同时,与文学艺术界携手共同编纂出版"中国西部千里大峡谷"文学与摄影艺术系列丛书,请中央电视台拍摄了片长20分钟的"中国西部千里大峡谷"电视专题片在央视播出与上传中国旅游网。组织参加了2010重庆"中国国内旅游交易会"、"2010中国昆明国际文化旅游节"、"上海国际旅游交易会"、"台北第五届旅展"、"东南亚促销"等海内外宣传促销活动。在各类旅游节庆活动中将"中国西部千里大峡谷"电视专题片制成光碟推出,塑造"中国西部千里大峡谷"文化旅游品牌,力争用3~5年时间,把昭通建设成为全省新兴旅游区和滇川黔结合部热点旅游目的地。

1月29日至2月2日,旅游局领导参加中国大理第三届国际兰花茶花博览会暨大理旅游推荐会。4月18~28日,中央电视台第四套风采中国栏目组到昭通拍摄"中国西部千里大峡谷"昭通专题片,在中央四台播出并在央视国际网挂一年。4月23~25日,旅游局领导带领全市旅游行政管理部门和旅行社等旅游企业到重庆参加中国国内旅游交易会。5月1~3日,市旅游局参加中国昆明国际文化旅游节,花车巡游获优秀奖表彰。5月21~24日,市政府组织参加第二届中国云南国际文化旅游产业休闲博览会,充分展示昭通以"中国西部千里大峡谷"为主题品牌的神奇美丽的自然风光、源远流长的历史文化、多元的宗教文化、绚丽多姿的民族风情旅游资源。5月30日,省旅游局、市政府主办"中国西部千里大峡谷"旅游发展论坛,市政府市长王敏正、省旅游局局长喻顶成在论坛上作专题演讲。6月17~19日,副市长韩梅带领市旅游局领导到丽江参加全省酒店业发展大会。7月29~31日,参加四川攀枝花长江中上游10地州市旅游合作峰会。8月13~16日,在市长王敏正的带领下,市旅游局及各县区旅游行政管理部门和部分旅游企业到台湾参加第五届台北旅展。8月21~24日,日本朝日电视台《神秘中国之旅》栏目组到昭通盐津、大关、永善等地拍摄傩戏、毕摩表演、苗族鼓舞、豆沙古镇僰人悬棺、重走五尺道等。12月18~28日,市旅游局领导带领昭通市局4名行政管理人员和盐津、巧家、绥江等县政府领导和县旅游局领导到新加坡、马来西亚和泰国进行旅游促销。

【上级领导到昭通】 3月29日至4月3日,省旅游局党组书记朱飞云到昭通进行专题调研。8月3~4日,省旅游局局长喻顶成到昭阳大山包、鲁甸等地调研。8月10~12日,省人大副主任晏友琼在省旅游局副局长文淑琼的陪同下到大山包国家公园进行调研。

(市旅游局 辛永燊)

商业贸易

供 销

【年度工作综述】 2010年,市供销社结合全省供销社改革发展曲靖现场推进会议的要求,扎实推进"乡村流通工程"建设。以构建农村社会化服务体系为目的,积极参与社会主义新农村建设和农业产业化经营;以农村购销网络建设为核心,大力发展"两社一会"。不断优化发展环境,增强供销社服务“三农”的能力，全市供销系统各项经济指标运行良好，各项工作取得显著成效。2010年度，获全省供销系统综合业绩考核二等奖、市直部门绩效管理合格单位、全市老干管理工作二等奖、全市扶贫挂钩工作合格单位、全市老年人体育工作先进集体奖。

【企业改革不断推进】 2010年，全市供销系统企业改革通过职工转身份，企业转机制，完成企业改制162户，占企业总数184户的88%，企业职工人数由6000人减少到1750人，分流人员4250人。年末，未改制企业还有22户，特别是昭阳区13户无改制成本，改制困难。由于改制历史遗留因素，供销企业养老保险问题一直困挠着整个系统的改革与发展，主要涉及永善、彝良、巧家3县供销企业未参加养老保险达1396人，单位欠缴养老保险共计1034.66万元，昭阳、鲁甸、大关、威信、镇雄5区县参保单位欠费2051人，共计1967万元。在市政府的高度重视下，市供销社联合社保、财政等相关部门共同努力，一是由市财政先安排100万元资金，分拨巧家、永善、彝良3县，暂时安排退休职工生活，职工情绪有所稳定；二是1月省财政下拨专项资金2932万元，专门解决昭通市供销系统企业职工基本养老保险问题；三是市政府7月29日召集各县区政府主要领导及相关部门负责人召开全市供销系统企业职工养老保险专题会议，安排部署工作。至年末，供销系统企业职工基本养老问题得到了妥善解决。

【“乡村流通工程”建设】 2010年，全市供销系统认真贯彻落实《昭通市政府办公室关于加快农村现代流通网络建设开拓农村市场的通知》精神，在充分发挥供销社现有网络的基础上，积极整合社会资源，促进便利店、农村超市进乡进村，以方便快捷、优质高效的服务满足农村对日用消费品、农业生产资料等生产生活物资的需要。围绕市委、市政府办公室转发的《市委农村工作领导小组办公室市供销社关于实施“四进村”实现“五个有”推进乡村流通体系建设的意见的通知》文件精神，全市供销系统全力打造6大网络体系（农资、农副产品购销、日用消费品、再生资源、农村流通信息、农产品市场网络）和一支队伍建设，使全市广大农村基本实现“四进村，五个有”（便民超市进村、信息服务进村、农产品经纪人培训进村、农产品行业协会管理服务进村及实现一个乡镇和较大建制村有一个专业合作社、有一个综合服务社、有一个专业协会、有一个集贸市场和一批农产品经纪人），并按照《昭通市农村现代流通网络建设发展规划》文件发展目标及要求，全力构建农村现代流通服务网络体系。2009年省级乡村流通工程项目组对昭通市2010年11月省乡村流通工程试点的巧家、永善2县进行了检查并通过省审核。

【“两社一会”发展喜人】 2010年，市政府把“两社一会”发展工作纳入全市重点工作进行督查。8月29日，市政府在盐津召开全市供销社专业合作社发展调研座谈会，总结“十一五”期间全市农民专业合作社的发展经验和成功做法，进一步推动全市县级供销合作社的改革发展。9月12～20日，全省首届“千社千品”暨农特产品展示展销会在昆明召开，市供销社积极组织了6个农产品龙头企业，1个专业合作社和1个专业协会10个大类和32个系列农产品参会，现场销售金额5.6万元，通过展会与外商签订苹果订单192万元，花椒省内订单12万元，绿壳鸡蛋省内订单8.5万元。年内争取到省社补助资金87万元，在全市11个县区建立了87个标准化综合服务社示范建设，以示范典型、标准化建设促进全市农村合作经济组织的规范发展。

【农资保障工作】 2010年，全市供销系统农资经营企业采取切实有效措施，强化服务，确保农资供应。一是做好淡储旺供。主动做到4个早，即“早接洽、早计划、早安排、早储备”，确保淡季有库存，旺季不脱销；二是采取灵活多样的销售方式确保供应。延长营业时间，坚守工作岗位，送货下乡进村等销售活动，解决了农民“买肥难”的问题；三是各供销农资企业严把进货质量关，严格从正规渠道统一直接调运，充分保证质优价廉的农资商品足量供应到位。同时积极配合农业、工商、质检等部门做好农资市场清理整顿工作，加大对经营企业的检查力度和监控力度，防止销售假冒伪劣农资商品，杜绝坑农害农事件发生；四是高度重视价格变动情况，严格执行国家价格政策，坚决杜绝擅自提高销售价格的行为，确保农民买得起、用得上优质农资，做到不哄抬价格、不囤积居奇，确保价格合理平稳。通过各种有效措施开展，全市供销农资企业年年保持80%以上的市场份额，确保农业生产的需要。

【开展多种形式的教育培训】 2010年，全市供销系统采取多种形式开展以农村能人、大户、村主任、基层党员等为主的农村经纪人培训，市供销社联合市委组织部、人事局举办了2期农村党员、农产品经纪人培训班，市、县区累计共培训上万人次。

【全市供销社主任工作会议召开】 4月23日，全市供销社主任工作会议召开。会议进一步传达了曲靖现场推进会精神，总结了2009年度及2010年第一季度工作成绩，交流了经验，全面分析了问题，进一步明确工作目标，细化工作任务，并签订了2010年目标责任书。

【完善内设机构】 7月28日，市机构编制委员会批复：同意市供销合作社增设农村流通科，增加事业编制5名，其中，科级领导职数2名（正科、副科各1名）。

（市供销社　刘光玺）

对外贸易

【招商引资取得较大发展】 2010年，一是实际到位市外资金有了很大提高。全市实际到位市外资金125.5亿元,同比增长46.8%,超额完成市政府下达100亿元的全年目标任务;其中省外到位资金82.9亿元。二是引进国外资金工作取得进步。全市实际到位国外资金300万美元,完成了省政府下达的目标任务。11月,在深圳举行的对外经济合作项目推介会上,昭通又新签约台湾、香港的项目6个,协议引资51.5亿元,为全市外向型经济的发展做出了贡献。

【对外贸易发展势头良好】 2010年,全市实现进出口总额1405万美元,比上年增加31.7%,完成省政府下达全年目标任务的104%,其中,出口450万美元,进口955万美元;召开了全市外商投资企业参加的联合年检工作会议。通过参检企业积极努力,实际参检企业5户,全部年检合格,全面完成全市2010年外商投资企业的联合年检工作;新增外贸经营者备案登记企业10户,至此全市已备案登记企业总数81户;进出口种类不断优化,改变了出口单纯依靠猪鬃的局面,实现了桐油、魔芋精粉等农副产品出口的新突破。

【抓内贸监管,实现以拉动内需保增长】

2010年,按照"扩内需、保民生、保增长、促稳定"和"搞活流通、扩大消费"的要求,加快流通体系建设,完善市场调节,规范市场秩序,促进全市商贸流通业快速发展。一、加大实施"万村千乡市场工程"。2010年,全面建设完成了省商务厅下达昭通市"万村千乡市场工程"农家店300个,配送中心建设6个。"十一五"期间全市已建设农家店917个,配送中心13个,其中村级农家店738个,乡级农家店179个,共争取到补助资金1281.15万元。二、全面开展"家电下乡"工作。至2010年底,已登记备案家电下乡产品销售网点942家,销售家电下乡产品17.84万台(件),累计销售额2.96亿元。三、完成乡镇农贸(集贸)市场项目检查验收工作。2010年,省财政厅、商务厅联合行文下达全市乡镇农贸(集贸)市场和特色专业批发市场建设改造项目9个,资金270万元,涉及全市7个县区,绝大部分项目已经基本建设完成。四、成品油市场监控。根据《成品油市场管理办法》和省商务厅要求,组织了全市2009年度成品油经营资格年度检查工作。经审核,全市2009年度年检合格的加油站共210座,其基本情况是:中石化昭通石油公司54座、中石油昭通销售分公司4座、社会加油站152座。五、生猪定点屠宰监管不断加强。按照《生猪屠宰管理条例》和《生猪定点屠宰厂(场)病害猪无害化处理管理办法》的规定,开展了对全市生猪定点屠宰行业及生猪定点屠宰厂(场)病害猪无害化处理的督促、检查126人/次,按时上报了相关报表,同时按照国家商务部要求,开展了对全市11县区共32家生猪定点屠宰场(厂)、点屠宰证书的换发工作。六、加强二手车、拍卖、典当、酒类流通、茧丝绸等行业的管理。一是加强对拍卖企业的日常监管。认真组织了昭通市4家拍卖企业到省商务厅进行了2009年度年检,并已顺利通过。2010年,4家拍卖企业共举行了29场拍卖会,成交金额17829.37元。其中:昭通冠鸿拍卖有限责任公司进行拍卖13场次,成交总额13433.02万元,业绩居全市拍卖行业第一;二是加强对典当行业的日常监管。2010年,全市典当企业已增加到3家,共进行了56笔典当,典当总额1002.04万元(其中:昭通融丰典当有限公司办理了25笔典当业务,典当金额735万元,业绩居全市典当行业第一)。三是加强对二手车市场的日常监管。2010年,全市新增了二手车交易市场1个,截至2010年底,3家二手车交易市场交易数量5197辆,交易金额14750.32万元;四是加强对酒类流通的日常监管。2010年根据省厅文件要求,在酒类流通管理信息系统中登记备案的酒类流通企业中认真推荐了3家酒类流通企业作为全市酒类流通检测样本企业。组织了全市酒类流通企业积极参加云南省商务厅举办的2010年西部(昆明)就业博览会和全市酒类流通及相关企业人员到台湾参加"2010年两岸茗茶、咖啡暨美酒展"。七、认真组织了全市家政服务培训工作。2010年,省商务厅根据昭通市上报的家政服务培训项目,批准了大关县、盐津县、威县信、水富县所上报的家政服务培训机构,4个县共850人的培训按每人补助800元的标准,补助资金已下拨至各县、区。

【加强经济合作交流,推进对外开放发展】 一、积极引导外来投资者组建异地商会。2010年已批复成立了昭通浙江商会、昭通福建商会、昭通贵州商会。二、认真组织,参加各种展洽会。2010年,完成了第十五届重协区市长联席会的前期联络工作,参与了2010年昆明进出口商品交易会昭通团的相关工作以及2010年泛珠洽谈会的参会工作,主办2010年昭通商品交易会,并组织、动员本地企业参加国内外一系列会展。同时,积极向省商务厅争取,收集各类经济合作信息,充分利用国内、外的各种展会提供的宣传平台,组织、动员本地企业参加厦洽会、2010年泰国世界食品博览会、2010韩国首尔国际食品展、第七届马来西亚国际清真展等会展和"中国上海采购大会"等各种会展,开展了多项对外宣传昭通的经济合作活动。

【继续开展商业节能工作】 2010年,进一步做好商业节能减排的各项工作。按市政府节能办的要求,围绕"节能减排、全民行动"的主题,认真开展了节能减排宣传周活动,将宣传画册等资料发放到市区内几家大型超市、宾馆、商场进行张贴,在局机关张贴了宣传标语、画册,切实做好宣传工作。

【商务执法工作顺利推进】 2010年初,组织、指导各县区联合相关部门开展了生猪定点屠宰、成品油市场整顿的专项执法检查,出动执法车辆279辆/次,出动执法人员1931人/次。与省商务厅汇报，指导镇雄、盐津、鲁甸、威信4县开展12312商务举报投诉服务工作联系点和商务执法试点工作，向省商务厅上报申请县级城市执法试点工作的相关资料。12312商务举报投诉服务中心举报投诉服务电话启用后，共受理家电下乡、万村千乡、生猪定点屠宰等业务咨询80人/次；受理家电下乡产品销售投诉3件，按照规定调换错发商品、补办手续，并给予口头批评，结案率100%。

【商业系统国企改革完成】 2010年，原市外贸公司驻宜宾经营站13名退休职工办理改制后参加医疗保险转移手续，解决了多年的遗留问题，每月按时为改制企业退休职工67人按时拨发退休养老金。商业系统国企改革完成。

【积极开展帮扶工作】 2010年，市商务局处级领导干部深入挂钩村5人次，科级及以下干部职工深入帮扶家庭50人次，深入挂钩扶贫村开展调研，并专门对抗旱救灾解决人畜饮水困难问题给予2万元资金支持。为协调整村推进资金15万元（坪子社），为解决仙马村实际困难，局党组高度重视职工结队帮扶32户，发给新棉被30床，衣物15包。每户发给补助金100元，共3200元；帮助协调解决窄沟自然村2个社困难群众的安居工程建设投资18.6万元；帮助协调解决马明洞自然村3个社的村民，人、畜、饮水项目资金14.33万元，并支出10多万元为每户购买3只羊发展畜牧业。

【加大力度抓好老干工作】 2010年，加大力度抓好老干工作。一是成立专门机构，保障工作经费。5月，局党组专题研究并成立了企改老干服务办公室，从工作经费中抽拨出1.5万元作为老干工作经费，有效保证了老干工作的正常开展。二是做好各项服务工作。按规定及时为老同志办理了住房货币化补贴、工会互助医疗、大病保险、办理报销医药费等工作。三是组织开展各种活动。在节假日期间，安排离退休老同志开展了各种节日庆祝活动，并对老同志进行了节日慰问；组织30余名老同志参加了老年大学学习声乐、书画和老年体协的各项体育活动，丰富了老同志的业余生活。

【昭通被浙商评为（省外）最佳投资城市】 2010年，通过出台政策措施，狠抓落实，改善投资环境，昭通被浙商评为"2010年浙商（省外）最佳投资城市"。

【做好水富国家一类口岸的申报工作】 3月，邀请省政府口岸办海关检疫局领导到水富，对水富申报国家一类口岸的情况进行调研，调研后代市政府拟定了申报文件并报省政府口岸办，现水富口岸已列入云南省口岸建设"十二五"规划。10月，市商务局又专题到省厅汇报，省厅原则同意2011年海关、检疫局进入口岸开展工作。

【昆交会参会参展工作取得佳绩】 6月6～10日第十八届昆交会在昆明召开，昭通市组织了11个县区共31家企业和部门参加。本届昆交会全市共签订招商引资项目24项，协议引资268.23亿元（其中，省级签约项目1个，协议引资3亿元，市级签约项目23项，协议引资265.23亿元。）行业涉及资源、物流、轻工、基础设施、建材、旅游、电力等。全市商品共成交9981.45万元，其中订单成交9928.48万元，现场销售52.97万元，创全市参加昆交会历史最高记录。通过认真组织布展，昆交会组委会授予昭通市最佳组织奖。

（市商务局　马春梅）

粮食流通

【储备粮油管理】 2010年，严格贯彻执行各级储备粮管理办法和粮食出入库质量检验制度，加强储备粮油质量监管，建立粮食质量档案，确保粮食质量良好、储存安全。编印出版了业务指导书《粮油仓储管理文件汇编》，拟定了市级储备粮技术规范。牵头组织市发改委、财政局、农发行对2009年下达轮换的省级常规储备980万千克，市级常规储备330万千克，市级动态成品粮（大米）储备543万千克进行了审核验收。严格按照省级动态储备粮实施方案，实施了省级动态储备1000万千克的购进和销售任务。完成了2010年省局安排昭通市200万千克省级成品粮（大米）临时储备任务并验收合格。完成了地方食用植物油80万千克的储备任务并顺利通过验收。报经省粮食局同意，下达了2010年省级常规储备粮轮换计划1115万千克。下达市级常规储备粮轮换计划510万千克，指导各粮食储存企业做好储备粮轮换工作。

【开展2010年库存检查工作】 2011年结合实际，制定了《2010年昭通市粮食库存检查工作实施方案》。自查阶段，指导和督促国有粮食企业严格执行工作程序和工作要求，对全市每一个实际储粮库点都做到逐仓核查、精细测量、仔细记录。复查阶段，对各县区组织开展粮食库存检查工作的落实情况进行了检查，对昭通国家粮食储备库和昭阳区粮油储备购销公司大院村库点储存的地方储备粮进行了重点抽查。经过县区粮食局督导企业自查和市级重点抽查，均认定全市所储存粮食质量良好，储存安全，库贷吻合。政策性补贴资金基本到位，使用合理，无挤占、挪用现象。

【加强调控，确保市场粮油有效供应和价格基本稳定】 2011年，组织昭阳、鲁甸、镇雄等县区粮食局及国有粮食企业参加2010年黑龙江金秋粮食交易合作洽谈会。指导国有粮食企业主动加强与粮食主产区的交流、合作，与主产区粮食企业发展和巩固长期稳定的粮食购销协作关系，进一步增强企业间的战略互信关系，按需开展粮食定购，为保证全市粮食供需正常、价格平稳和粮食安全进一步打牢基础。组织、支持、鼓励市内粮食经营企业集中到东北、四川等地采购新产大米。指导企业做好夏、秋粮收购工作，鼓励多元化市场主体积极外购粮食充实市场。坚持每周对全市11县区的县城和重点乡镇市场销售的大米、面粉、玉米、菜油等主要品种进行数量和价格的动态监测，做到及时分析市场粮油价格变化形势，实时掌握粮油动态行情。准确把握国际、国内、市内粮食流通形势，落实粮食收购和市场调控措施，做好粮食调运工作。年末，国有粮食企业实现粮食收购18.3万吨、销售18.3万吨，有力地保证了市场有效供应、价格基本稳定和粮食质量安全，确保了灾区粮食供应不断档，灾民口粮有保障。

【开展粮食流通行政执法层级监督检查】 2010年，以粮食收购资格行政许可层级监督检查、粮食流通统计制度执行情况的层级监督检查和日常执法工作情况的层级监督检查为主要内容，在全市开展粮食流通行政执法层级监督检查工作。全市组成3个检查组对各县区粮食行政管理部门的执法工作情况进行全面检查，在各县区自查的基础上，检查组随机抽查了中心城市和11个乡镇的120户粮食经营者。检查结果表明：全市粮食流通行政执法监督检查工作总体良好，办理粮食收购资格行政许可的程序、时限等符合有关规定，行政执法程序和执法行为较为规范。

【做好灾害期间粮食供应工作，确保缺粮群众口粮供应】 2010年，成功应对了全市遭受的有气象记录以来最严重的旱灾和"7·13"巧家县小河镇特大洪涝泥石流灾害期间的粮油供应。动用地方储备粮302.64万千克用于抗旱救灾，及时对小春无收、无经济收入来源、无基本口粮等"三无人员"家庭进行公开口粮救助，对重灾户、低保户、五保户、特困户、优抚对象、因病因残困难对象等弱势群体开展送粮到户工作，保障了因灾缺粮群众的口粮供应。为帮助灾区群众战胜灾害，渡过难关，3月3日、3月21日和3月23日共3次组织市直粮食系统广大党员和干部职工为抗大旱保民生促春耕工作进行捐款，3次共计收到市直粮食系统广大党员和干部职工捐款43290元交市民政局，由市委、市政府统筹安排用于抗大旱保民生促春耕工作。巧家县小河镇特大洪涝泥石流灾害发生后，市粮食局对粮油保障工作作出了及时部署，要求巧家县粮食局主动加强与民政部门的沟通和联系，全力配合做好灾区群众的口粮供应工作，指导动用县级储备粮2.3万千克大米用于保障灾民口粮供应，并及时组织县级储备植物油1000千克和食用植物油200桶紧急运往灾区。切实做好在当地参与抢险救灾部队、医护、新闻媒体、后勤保障等人员的粮食供应工作。设立专点门市敞开进行粮油供应，并将粮油品种、价格等信息在供应点进行挂牌公示。

【保障军粮供应】 2010年，严格执行国家军粮供应政策，狠抓质量、数量和服务管理，加强执法监督检查，督促企业将各项军粮供应政策执行到位，圆满完成军粮供应工作任务，受到了市委、市政府的充分肯定和部队官兵的一致好评。为确保供粮质量，实施了军粮质量站长负责制、军供企业主要领导负责制，层层分解落实责任，坚持从源头把好质量关。为了达到供应部队质量标准和满足部队消费口感需要，企业所供大米全部从省外购入。始终把保障部队官兵吃上优质粮、放心粮、安全粮、营养粮作为一项光荣的政治任务来抓。坚持购入质量好的粮食，坚持质检报告随货同行，坚持报告同实物比对一致。做到只要部队需要，不论数量大小，都能及时保证供应。6月，市粮食局专门邀请昭通军分区、武警支队、消防支队、空军昭通办事处的有关领导一起座谈，征求部队对军粮供应的意见建议。在"八一"建军节、老兵退伍之际，市粮食局都到部队进行慰问活动。

【编制昭通市粮食流通"十二五"发展规划】 2010年，按照科学、合理、全面的原则，在深入调研、多方征求意见的基础上，编制了《昭通市粮食流通"十二五"发展规划》。规划对"十一五"期间全市粮食流通工作情况进行了全面总结，分析了"十二五"期间国际、国内及市内的粮食流通形势，明确了粮食流通发展的指导思想、基本原则、发展目标、主要任务和保障措施。

【综治维稳工作】 2010年，市粮食局新增补为市综治维稳成员单位，局党组紧紧围绕综治维稳成员单位的职能职责，结合新形势下昭通粮食工作实际，注重加强和完善组织领导机构和系统内综治维稳体制建设，分级成立了市局及直属各单位主要领导为组长的综治维稳领导组及安全内保工作领导组，加强对粮食系统开展综治维稳工作的督促检查和责任追究。制定了《昭通市粮食局综治维稳领导组工作制度》、《昭通市粮食局社会矛盾纠纷和信访排查调处工作制度》、《昭通市粮食局综治维稳工作责任追究制度》等3项制度，层层签订《2010年度综治维稳工作责任制》、《2010年度直属单位安全生产责任制》，把本部门、本单位综治维稳的各项工作要求和目标任务落实到分管领导、分解到科室（直属单位）、细化到个人，努力实现粮食系统综治维稳"抓工作落实不含糊、抓督促检查不松懈、抓责任追究不姑息"的长效机制。

【挂钩帮扶】 2010年，局领导多次到梨园村调研工作，积极为扶贫点出主意、想办法解决实际问题。先后为梨园村办实事17件，为梨园村送去了价值5.17万元的衣被、大米、办公用品等物资和1.44万元帮扶资金。从相关部门协调资金17万元用于梨园村基础设施建设，争取到2010年整村推进项目3个。

（市粮食局　耿代刚）

财政·金融·保险

财　　政

【2010年全市财政综合情况】 2010年,全市财政总收入712565万元,比上年决算数554775万元增加157790万元,增长28.4%。地方一般预算收入256182万元,比上年决算数207906万元增加48276万元,增长23.2%。地方一般预算支出1465980万元,比上年决算数1114971万元增加351009万元,增长31.5%。基金收入117362万元,比上年决算数36385万元增加80977万元,增长222.6%。基金支出140830万元,比上年决算数55235万元增加85595万元,增长155%。

市本级财政总收入372439万元,比上年决算数295806万元增加76633万元,增长25.9%。市本级地方一般预算收入71418万元,完成预算68069万元的104.9%,比上年决算数63027万元增加8391万元,增长13.3%;地方一般预算支出149833万元,比上年决算数108999万元增加40834万元,增长37.5%。基金预算收入62308万元,比上年决算数17979万元增加44329万元,增长246.6%。基金支出64768万元,比上年决算数21194万元增加43574万元,增长205.6%。

【财政职能实现向"民生财政"过渡】 2010年,省财政对昭通市各项转移支付比上年增长22.8%。市级财政承担对县区农业、教育、扶贫、社会保障、计生、卫生、文化等配套资金,同时调整支出结构,调节财力用于解决全市发展的大事、要事和进一步均衡县区间财力差异,确保公共卫生与基层医疗卫生事业单位绩效工资改革、扩大内需和交通、教育等一批事关全市经济社会发展大局的重大公益性基础设施项目顺利实施,全市财政建设能力显著增强,财政职能已实现从"吃饭财政"向"民生财政"、"建设财政"的过渡。

【社保就业与公共安全投入11.8亿元】 2010年,全市加大社会保障和就业投入,继续完善城乡低保制度,下达城市、农村居民最低生活保障补助资金1.4亿元、2.5亿元。全市4.4万农村五保对象实现了应保尽保。按政策调整了抚恤、定补、企业退休人员待遇标准。农村养老保险试点扩大到巧家、威信、水富三个县,下达补助资金6335万元。筹集资金6483万元,将全市未参加城镇职工基本医疗保险的地方政策性关闭破产国有、集体企业退休人员1.5万人纳入基本医疗保险。下达保健补助和长寿补助347.5万元。统筹支持城乡就业和再就业,发放帮扶资金1304万元;推进小额担保贷款和鼓励创业"贷免扶补"工作,全市贷款金额1.4亿元;下达就业补助资金3100万元。启动了工龄在15年以上的在职职工住房货币化补贴工作。大力支持保障性安居工程建设,及时拨付廉租住房建设资金2.2亿元,农村危房改造工程资金8100万元,农村民居地震安全工程资金4200万元,棚户区改造资金1089万元,切实改善民居环境。按照"急事急办、特事特办"的原则,积极筹措、及时下达灾后恢复重建、党员特别捐赠、"7·13"洪灾等救灾补助资金0.6亿元。拨付石油价格改革补贴资金1338.2万元,有效保障了油价上涨公益事业的正常运转。下达移民后期扶持专项资金3972.5万元,移民后期扶持得到保障。

维护社会安全稳定,全市公共安全支出7.9亿元,比上年增长18.9%,确保了政法经费保障体制改革,强化综治维稳工作,着力化解社会矛盾,切实维护社会和谐稳定。

【文教卫生投入加大】 2010年,落实教育经费投入政策,保障了"两基"顺利通过国检。完善义务教育经费保障机制,免除农村和城市义务教育阶段104.6万名学生的学杂费,对贫困家庭寄宿生35万人给予生活补助,补助经费3.1亿元;免除农村和城市义务费教育阶段学生学费、教科书费1.1亿元;提高公用经费专项资金3.6亿元,受助学生101.8万人。及时安排市级配套经费2000万元,专项工作经费80万元,保障全市中小学校舍安全工程58.9万平方米建设任务的顺利实施。继续安排市实验中学贷款及贴息资金500万元,安排市民族中学搬迁建设资金2000万元,积极支持昭通一中升级达标和特殊教育学校建设。继续安排师专建设及贷款贴息资金1500万元,拨付4198万元用于市职业教育中心建设。加快推进农村义务教育债务化解,全市2005年12月31日以前形成的、经锁定的农村义务教育债务3.5亿元已全部化解。

支持公益性文化事业发展。推进建设创新型昭通行动计划,努力增加科技、科普投入。继续安排配套建设资金250万元,着力改善乡镇文化站设施建设。安排体育竞赛经费380万元,保证市体育代表团顺利参加省第十三届运动会和第九届省民运会。安排配套经费57万元，确保“村村通”工程和本地节目覆盖。进一步加大对人口与计划生育专项经费投入，安排资金1000万元，比上年增加250万元，按照保重点、保急需的原则，确保农业人口独生子女奖、优、免、补的足额配套和计划生育宣传员工资的发放。

稳步推进以公共卫生、农村卫生和城市社区卫生为基础，建设覆盖城乡居民的基本医疗卫生服务体系，努力解决人民群众“看病难、看病贵”的问题。新型农村合作医疗“参合”筹资标准提高到每人每年140元，全年累计筹资6.8亿元，“参合”率96%。全面开展城镇居民基本医疗保险制度，参保居民21.3万人、城镇职工18.5万人。完善社区卫生服务保障机制，按全市人口每人每年15元标准，安排补助资金4910.2万元，对完成的公共卫生服务予以补助。加强公共卫生服务体系建设，改善公共卫生和基本医疗服务条件。

【全市经济建设支出30亿元】 2010年，全市经济建设支出30.2亿元，增长44.5%，支持能源、交通、水利、旅游、生态环保和城镇基础设施等一大批重点建设项目，以大项目带动投资增长取得明显成效。拨付公路建设前期费用536万元，水利项目市级配套资金2200万元。成功申报国际金融组织和外国政府贷款项目，争取到美国进出口银行主权担保融资428万美元，用于昭阳区卫生系统购置医疗设备；争取到世行贷款6000万美元，用于中心城市环境保护建设。进一步贯彻落实扩内需、促消费政策。全市争取到中央和省补助扩大内需资金15.4亿元，项目涉及农林水、科教、卫生、交通、民生保障、市政建设等8大类。继续实施“家电下乡”和“汽车摩托车下乡”政策，全市分别兑现补贴资金2716.7万元、8296.4万元，有效拉动了全市消费总额的大幅增长。

【财政支农力度加强】 2010年，筹集拨付抗大旱、保民生、促春耕的救灾和补助资金2.9亿元，帮助灾区群众解决生产生活困难。认真落实粮食作物良种补贴和农资综合直补等惠农补贴5.7亿元。加快现代农业建设，全市争取到6个项目、2400万元，比上年增长33.3%。筹集安排扶贫资金3.1亿元，比上年增长29.2%。多渠道筹集农业综合开发资金1亿元，以土地治理为重点，在全市9个县实施了27个农业综合开发项目。拨付资金9018.4万元，对昭阳、鲁甸等5个县区11个土地开发整理项目实施建设。筹集“万村千乡”市场工程资金520万元，支持完善农村现代流通服务体系建设。认真总结支农资金整合经验，积极引导金融机构加大支农力度，获县域金融机构涉农贷款增量奖励资金2056万元，市级财政配套了奖励资金154万元。全市143个乡镇都成立了村级会计委托代理服务机构，覆盖面100%；代理集体资金1.7亿元，占资金总额的83.5%。

【财政改革成效明显】 2010年，继续推进政府收支分类改革，进一步规范预算编制，全市823个部门1808个单位全部实施部门预算。国库管理制度改革取得新进展，全面启动公务卡制度改革，至年底，全市实施公务卡结算制度的单位1092个，改革面61%，其中市级部门全部使用公务卡结算。强化乡镇财政改革，重视基层财政建设，完成乡镇财政总决算编报，完善对乡镇财政所的培训机制，全面推进加强乡镇财政资金监管工作。政府采购效益提高，全市完成采购规模2.4亿元，节约资金1344万元，节约率5.6%。农村综合改革深入推进，下达农村税费改革转移支付资金2.1亿元；开展村级公益事业一事一议财政奖补试点工作，全年批复一事一议奖补项目2349个，筹集财政奖补资金1.5亿元，促进广大农村生产生活条件的改善。着力加强行政事业性收费、罚没收入、煤炭价格调节基金、大中型水库基金的征收管理。

【财政监督管理进一步加强】 2010年，加强财政监督。对中小学危房改造、农村低保等10个项目进行了重点绩效督查，综合绩效考评了11县区2009年度均衡性转移支付资金使用情况。对全市1053个单位2009年度财政票据进行年检，重点检查面37.4%。全市完成投资评审项目349个，报审额5.7亿元，审减率9.5%。深入开展强农惠农资金专项清理和检查工作，确保“回头看”违规违纪违法案件全部整改落实。对18个单位进行会计信息质量重点检查，查处违规资金73.3万元，进一步规范了单位的财务管理。全市严格按照全省统一部署、统一口径，同步推进加强地方政府融资平台管理工作。按照法定条件和有关规定设立19家政府融资平台公司，其中市本级3家、县区级16家；截至2010年6月30日，共有债务39.3亿元，其中公益性项目债务37.3亿元、非公益性项目债务2亿元；有一类融资平台公司1家，其余18家为四类融资平台公司，已按照《公司法》、贷款新规等有关规定规范运行。

2010年，全市土地使用权出让收入缴入国库11.4亿元，比上年增加8亿元，增长230.7%；支出11亿元，比上年增加7.6亿元，增长222.6%。开展“小金库”专项治理工作。全市国有及国有控股企业自查总数47户，自查发现“小金库”1户、金额13440元，已将“小金库”资金收回原渠道，同时对相关责任人作了降职、警告处理；全市社会团体自查总数513户。抽调人员组成检查组对19户企业、70户社会团体进行重点检查，尚未发现“小金库”。

昭通市2010年地方财政一般预算收支总表

单位:万元

收入				支出			
项目	2009年决算数	2010年		功能分类	2009年决算数	2010年	
		快报数	比上年决算增(%)			快报数	比上年决算增(%)
一、税收收入	170 893	211 994	24.1	一、一般公共服务	113 305	145 749	28.63
增值税	39 855	54 715	37.3	二、外交			
营业税	53 032	70 850	33.6	三、国防	2 603	2 477	-4.84
企业所得税	6 939	8 019	15.6	四、公共安全	66 446	78 998	18.89
企业所得税退税				五、教育	287 476	330 277	14.89
个人所得税	3 241	4 892	50.9	六、科学技术	4 845	8 731	80.21
资源税	6 326	7 213	14.0	七、文化体育与传媒	12 059	16 239	34.66
固定资产投资方向调节税				八、社会保障和就业	162 144	193 875	19.57
城市维护建设税	28 345	28 700	1.3	九、医疗卫生	109 183	167 005	52.96
房产税	3 023	3 964	31.1	十、环境保护	24 964	42 134	68.78
印花税	1 771	1 940	9.5	十一、城乡社区事务	31 406	34 946	11.27
城镇土地使用税	2 967	3 460	16.6	十二、农林水事务	129 326	231 262	78.82
土地增值税	599	1 578	163.4	十三、交通运输	73 968	65 739	-11.13
车船税	1 371	2 079	51.6	十四、资源勘探电力信息等事务	11 161	9 206	-17.52
耕地占用税	5 443	8 993	65.2	十五、商业服务业等事务	12 444	19 046	53.05
契税	3 239	5 420	67.3	十六、金融监管等事务支出	25	2 429	9 616.00
烟叶税	14 742	10 171	-31.0	十七、地震灾后恢复重建支出	3 194	397	-87.57
其他税收收入				十八、国土资源气象等事务	14 642	14 396	-1.68
二、非税收入	37 013	44 188	19.4	十九、住房保障支出	48 037	94 864	97.48
专项收入	8 339	11 812	41.6	二十、粮油物资储备管理事务	3 152	2 955	-6.25
行政事业性收费收入	5 429	9 040	66.5	二十一、预备费			
罚没收入	14 369	14 961	4.1	二十二、国债还本付息支出	400		-100.00
国有资本经营收入	1 043	232	-77.8	二十三、其他支出	4 191	5 255	25.39
国有资源(资产)有偿使用收入	4 241	3 575	-15.7				
其他收入	3 592	4 568	27.2				
收入合计	207 906	256 182	23.2	支出合计	1 114 971	1 465 980	31.5

(昭通市财政局　潘安宁)

银行监管

【把握信贷节奏,贷款增速全省第一】 2010年末,全市银行业金融机构各项存款余额482.39亿元,比年初增加109.26亿元,增长29.28%。各项贷款余额286.34亿元,比年初增加73亿元,增长34.22%。全年贷款快速增长,增速比全省平均水平高13.3个百分点,列全省第一。

从贷款结构看,全市银行机构涉农贷款余额180.4亿元,占各项贷款的63%,比年初增加51.7亿元,增长40.2%;小企业贷款余额31.59亿元,增加9.3亿元,增长41.7%;个人消费贷款余额73.76亿元,比年初增加22.18亿元,增长43%。

【重视地方政府融资平台贷款风险防控】 年内,通过银行自查、分解数据、四方对账、分析定性、汇总报表、统一会谈、现场检查等一系列工作,市内各银行机构政府融资平台贷款清理规范取得效果。年内各银行机构累计收回平台贷款5.6亿元,有效化解了存量风险。整改保全措施逐步落实。督促各银行机构与平台、政府商定落实了仍按平台贷款处理的贷款偿债责任，明确了按照贷款协议约定足额偿还债务本息，并通过增加担保主体、追加土地、厂房等合法抵质押品，缓释平台贷款风险。严控平台贷款增量，督促银行机构规范平台贷款发放程序，严格控制新发放的平台贷款。至年末，全市平台公司贷款余额25.42亿元，占贷款总额的8.88%，较年初减少1.28亿元，下降4.8%。

【严控房贷风险，执行“房贷新政”】 严格执行二套及以上房贷政策，严格面谈、面签制度。至年末，全市银行机构房地产开发贷款加住房按揭贷款余额28.81亿元，比年初增加5.14亿元，增长21.7%。

【重视案件防范和安保工作】 年内，与市公安局协作，联合建立《昭通市银行业机构安全保卫联席会议制度》。定期通报全国银行业机构案防和安保形势，交流汇报各自在安全保卫工作中好的做法和经验，互相学习，取长补短。以枪弹管理、安防设施建设、案件排查等内容为重点开展7次检查，检查发现问题和风险点35个，提出监管意见35条。全年市内银行机构无案件发生，实现保持三年“零”案件的良好记录。

【不良贷款比率下降1.76个百分点】 2010年，继续抓好不良贷款“双控”、“双降”工作，至年末，全市银行业机构不良贷款余额8.58亿元，比年初减少1.58亿元；不良贷款比率3%，比年初下降1.76个百分点。

【促进农村中小金融机构发挥好支农主力军作用】 年内，召开了全市农村中小金融机构监管工作会议，要求农村信用社进一步推进产权制度改革，改善监管指标和经营管理水平，在提高自身经营管理水平的基础上发挥好支农主力军作用。至年末全市农村信用合作金融机构存款159.37亿元，比年初增加35.55亿元，增长28.7%；各项贷款90.79亿元，增加15.13亿元，增长20%。资本充足率9.96%，比年初上升5.16个百分点；实现净利润14843万元，同比增加10619万元。

主动支持富滇银行到昭通设立分支机构，8月6日，富滇银行昭通分行正式挂牌营业，成为本市引入的第一家地方性商业银行。至2010年末各项存款10.18亿元，各项贷款4亿元。

【督促银行业作好抗大旱保民生促春耕的金融服务工作】 年内，下发《关于全力作好抗大旱保民生促春耕金融服务工作的紧急通知》，要求市内各银行机构加强和改进抗旱救灾金融服务，切实解决灾民的实际困难。抗旱期间各涉农银行机构累计向受灾农户发放抗旱救灾贷款2.3亿元，缓收利息440万元，办理贷款展期7782万元。

【受理行政许可事项98件】 年内，市银监分局共受理行政许可事项98件，高管人员约见谈话20人，发出监管提示及监管意见44份。

制定监管计划书，实施一行一策监管。在分析工行昭通分行季度报表中，发现将政府奖励基金804万元计入中间业务收入核算，违反了会计核算客观性原则和《金融企业会计制度》的相关规定，及时下发非现场监管提示单，要求其及时进行整改。

【现场检查实现经济处罚“零”突破】 全年完成“三办法一指引”执行情况检查、地方政府融资平台贷款清理整改情况检查等13个现场检查项目。派出检查组31组次，检查银行机构64个，检查涉及金额127亿元，发现问题金额56.87亿元，提出整改意见144条。在对市内大型银行“三办法一指引”执行情况进行检查中，发现中国银行违规对个人贷款收取利息之外的费用。根据相关监管法规，对中国银行昭通支行给予4.1万元的行政处罚，自2003年分局成立以来实现了行政处罚“零”突破。

（昭通银监分局 何 伟）

人行工作

【存贷业务增长34%以上】 2010年末，昭通市金融机构本外币各项存款余额突破500亿元，达到520.54亿元，比年初增加134.29亿元，增长34.77%，同比多增46.86亿元，增幅提高5.51个百分点，其中企业存款余额110.36亿元，比年初增加20.47亿元，增长22.78%，同比少增4.50亿元，增幅下降14.82个百分点；居民储蓄存款余额234.77亿元，比年初增加47.67亿元，增长25.48%，同比多增10.60亿元。

年末本外币各项贷款余额286.34亿元，比年初增加72.99亿元，增长34.22%，同比多增23.07亿元，增幅提高3.67个百分点。其中中长期贷款余额198.69亿元，比年初增加60.43亿元，增长43.71%，同比多增19.58亿元，中长期贷款净增额占全部贷款净增额的82.79%，同比提高0.95个百分点。票据融资余额0.67亿元，比年初增加0.04亿元，增长6.71%，同比多增1.55亿元。

年末，昭通市金融机构累计现金收入777.94亿元，同比增加113.08亿元，增长17.01%；累计现金支出803.80亿元，同比增加118.17亿元，增长17.24%；累计投放现金25.86亿元，同比多投放5.09亿元，增长24.54%。

至年末，全市结售汇3183万美元，同比增加1148万美元，增36%，其中结汇收入1253万美元，同比增加404万美元，增长47%；售汇收入1930万美元，同比增744万美元，增长62%。涉外企业产品出口收汇核销292万美元，同比减少86万美元，减少23%。涉外企业进口付汇核销1122万美元，同比增加667万美元，增长147%。外债4300.62万美元，同比减少752.14万美元，减少14.89%。进口核销454.8万美元，出口核销378.10万美元。

【以适度宽松的货币政策支持地方经济建设】 2010年，人民银行昭通中支认真落实适度宽松的货币政策，进一步加强信贷“窗口”指导，加强政策宣传解释，引导金融机构以及社会各界对适度宽松货币政策的正确理解，营造良好的政策传导和实施环境。同时，立足昭通市经济金融实情，围绕市委、市政府提出的经济发展目标和发展规划，拟定《昭通市2010年信贷指导意见》，明确了信贷工作支持的重点及实现全年信贷增长指导计划的具体措施，超额完成市委、市政府提出的2010年各项贷款确保新增55亿元、力争达到60亿元的增长目标任务。

综合运用货币政策工具，提高金融对地方经济发展的支持能力。认真贯彻人总行出台的支农再贷款管理新规定，扩宽使用对象、用途和条件，将使用对象从信用社扩宽到存款类地方性法人金融机构。加强利率监测，引导地方性金融机构认真执行利率政策。加强对地方金融机构存款准备金日常缴存情况的实时监测，跟踪反馈存款准备金率调整对各类金融机构的影响。

突出重点，增强金融支持抗旱救灾工作力度。指导农村信用社对灾民到期、逾期贷款积极给予办理展期或借新还旧，采取“不催收、不罚息”的做法，并对尚未归还贷款但又申请借款的农户仍然给予信贷支持。6月末，市农村信用社累计发放抗旱救灾专项贷款38856万元，余额36529万元。为灾区群众办理展期贷9065户9597万元；办理借新还旧5028户4367万元；办理延期不罚息又提供新贷款的有5318户5174万元。

【拨付财政补贴资金1200多万元】 2010年，在云南省首家办理“农村五保户”、“老乡干部”、“60年精简人员补贴”等财政补贴资金直接拨付工作，累计拨付财政补贴资金1225.27万元，受补群众达38198人次，财政补贴资金发放遍及16个乡镇和4个社区。

【银行卡入网特约商户1805户】 年内，积极开展银行卡知识宣传，营造安全用卡、放心支付的和谐金融市场环境。与昭通市公安局联合在全市开展以“银行卡安全用卡”为主题的宣传活动，通过手机、电视台、报刊，现场宣传等多种方式，拓展宣传载体，丰富宣传形式。全市入网特约商户1805户，入网POS机2296台、入网ATM终端机150台；实现银行卡跨行成功交易157.94万笔，清算资金26.08亿元，同比增长分别为41.76%、52.81%。

【努力做好支付清算工作】 年内，开展会计支付清算业务知识竞赛、现代支付系统宣传、支付清算业务知识有奖问答和有奖征文、支票影像交换业务的调查等活动，取得取好的社会效应，同时强化支付清算系统管理，提高支付清算系统运行水平，加强会计内控风险控制，确保资金安全。完善农村支付结算环境建设，积极开展试点工作。被列为云南省试点的镇雄县按照循序渐进，因地制宜的原则制定了《镇雄县农村支付服务环境建设工作目标和推进方案》、《镇雄县农村支付服务环境建设宣传方案》稳步推进实施，并利用支付结算金融联席会议、政府交流互动等途径寻求多方共识，针对县域经济特点提出相适应的发展要求。

【深入开展反假货币工作】 4月，与市公安局共同研究“09打假币犯罪深入行动”，召开全市视频会议，对打击假币犯罪进行进一步的安排。积极推进城市社区及农村反假货币义务工作站建设，建立城市社区反假币义务宣传站88个，聘请义务宣传员294名，其中城市社区47名，乡镇聘请150名，行政村聘请97名。并对10个县的金融机构、市级全部金融机构2000多名一线工作人员进行人民币识假、质量整点专项培训，同时还对部分学校、医院、加油站等现金收付量大的单位进行培训。

【社会信用体系建设有成效】 年内，举办昭通市银行机构征信知识电视大奖赛、开展征信知识宣传周和全国征信知识宣传日活动。为中小企业建档131户，全市纳入企业基础信用数据库中的中小企业档案有1295户，其中239户获得银行融资，融资金额累计6.65亿元。引导农村地区金融机构建立健全农户电子信用档案，并将农户信用档案与信用评价引入贷款审核过程。引导农村金融机构对信用良好的农户和农村企业给予信贷优惠，形成“公司+农户+征信+信贷”的业务模式。昭通市作为第二批农户电子信用档案建设的试点，总计有农户110多万户，为80多万户农户建立了信用档案，向50多万户农户颁发了信用证（贷款证），评定信用农户近32万户，建立了454个信用组和60个信用村镇。

【加强监管，防范洗钱】 年内，首次将监管领域拓展至证券领域，采取电话询问等措施，对部分机构的部分报表信息进行核实和确认，切实提高金融机构非现场监管报表信息质量。开展反洗钱知识宣传，努力提高社会公众反洗钱意识。2010年昭通中支对新近成立的邮储银行和村镇银行两家机构5个网点实施非现场检查，共检查账户数258户，发现违规账户56户，对违规的5个网点机构给予行政处罚，对净化本地区支付结算环境起到积极作用。

【加强队伍建设，提高履职能力】 2010年，中支选派了县支行行级领导干部和中支科级干部参加总行、分行、昆明中支举办的各种政治理论和业务知识培训43人次、参加地方有关部门举办的各种培训20人次，进一步提高县支行班子成员和中支中层干部队伍的履职能力。把学习实践科学发展观与解决工作中的实际问题、重点难点问题结合起来，推动各项工作；开展“读好一本书，写好一篇心得”，以《做最好的自己》为主要读物，在广大干部职工中开展读书征文活动，收到较好的效果。加强干部职工培训工作，中支及各县支行举办各种培训班40期、参训人数623人次，举办各种知识讲座14期、参训人数406人次。

【以主题活动促和谐央行建设】 2010年,开展主题活动。充分发挥工青妇等群团组织作用,举办拔河、登山,慢单车等丰富多彩的文体活动。组织金融系统参加市妇联的文艺活动获优秀奖,组织团员青年到小龙洞乡小米村开展"抗旱救灾爱心送水"活动;举办"庆五四青春献央行"座谈会,开展全市人民银行中华经典诵读比赛,并代表云南片区参加成都分行举办的中华经典诵读比赛。共组织开展职工文体育活动50余次,职工参与面95%。开展征信、会计支付清算业务、计算机安全管理、保密、爱水节水等竞赛活动,形式多样的业务竞赛活动,获人民银行总行"创支"活动先进集体。科技部门在全省人民银行系统科技业务竞赛中获得集体二等奖,大关支行在云南省信息安全基础知识竞赛中获集体三等奖。

(人行昭通市中心支行 张泽汇)

工行工作

【各项主要任务指标超额完成】 2010年,各项存款余额(含同业存放)590622万元,比年初增加107188万元,增幅22.17%,完成省分行下达年度计划任务的117.89%。其中对公存款余额404252万元,较年初增加82475万元,增长25.63%,完成省分行下达年度计划任务的140.31%;储蓄存款余额186138万元,较年初增加24504万元,增长15.8%,完成省分行下达年度计划的65.34%。

各项贷款余额497568万元,较年初增加177658万元,增长55.53%,完成省分行下达年度计划任务的179.45%。其中公司贷款426298万元,比年初增加161855万元,增长61.21%,完成省分行下达年度计划任务的116.8%。资产质量:按贷款五级分类,不良贷款余额136万元,比年初下降36万元,不良贷款占比0.03%,比年初下降0.01个百分点,不良贷款余额控制在省分行下达200万元任务范围之内;现金清收处置不良贷款469万元,完成省行下达100万元任务的469%。

实现各类中间业务收入3369万元,同比增加1706.31万元,增长96.92%,完成省行下达任务的102.1%。

经营效益:贷款收息率99.98%,实现拨备前利润11026万元,拨备后利润12534万元,净利润9398万元,分别较上年增加2675万元、2617万元和1965万元;完成省行下达年度计划的114.29%、114.09%和114.05%。

【明确信贷投放重点,加快信贷结构调整】 年内,按照"区别对待、有保有压,调整结构、有进有退"的原则,以结构优化为重点,不断扩大信贷市场,继续把信贷业务作为拉动各项业务发展的着力点,在加快发展中,实现信贷业务的发展转型。通过积极营销,向云天化股份公司发放国内贸易融资贷款3.5亿元。年末,国内贸易融资贷款余额50400万元,较年初增加45700万元,国内贸易融资贷款余额占流动资金贷款余额比例46.37%。主动出击,积极介入,实现了二级公路贷款早放贷、早受益。公路行业以省行已审批的3条政府还贷二级公路项目贷款为重点,密切同银团贷款主办行、建设单位、施工单位、资金监管单位等的协调和沟通,在承贷份额内,根据工程进度和资本金到位比例,在保证有效监管的同时,积极争取规模,早放早受益。年末共对3条二级公路发放项目贷款8.23亿元,信托贷款6.35万元,占全行应发贷款的66.9%。调整优化信贷结构,结合昭通市的区位特点和资源状况,在做好项目贷款营销的同时,主动改进信贷经营,强力实施"信贷扩户工程",拉动中小企业贷款发展。充分发挥小企业专营机构的主营销阵地作用,小企业"网贷通"业务实现300万元发放的新突破。

【资产质量连续4年保持昭通金融业首位】 年内,进一步强化信贷管理,加强信贷作业监督和信贷业务监测预警工作,健全贷时与贷后管理机制。按照"实贷实付"的要求,逐步完成放款核准和提款审核环节的整合,加强放款的监督管理,提高信贷风险防控能力。进一步加强贷款大户分类管理,根据客户经营情况、区位特点和各支行信贷管理能力的不同,重点抓好风险较大或潜在风险较大的贷款大户风险管理,提高信贷质量管理的主动性、预见性,在关注不良贷款率目标的同时,加强对贷款质量结构变化的监测分析,防止信贷质量恶化和风险集中暴露。年末,工行昭通中支的资产质量连续4年保持昭通金融同业首位、全省同业前茅。

【推进经营转型,优化业务布局】 2010年,进一步健全中间业务发展机制,努力巩固传统中间业务的优势竞争地位,积极开拓跨市场业务新领域,进一步加强中间业务收费管理,努力提高综合收益水平。理财产品通过基金定投、工银财富、灵通快线、利添利等特色产品,提升股票型、债券型基金等产品的市场认知度,不断扩大代理基金产品的销售份额;投资银行按照"整合资源、调整结构、互动发展、提升品牌"的思路,狠抓重组与并购顾问、银团安排与承销、资产管理咨询顾问等品牌类业务,挖掘收入高、贡献大的重点项目,逐步成为中间业务收入的主渠道;电子银行坚持一手抓客户规模,一手抓深度效益,加强与各类对公和个人业务的交叉渗透、与各渠道和产品之间的捆绑营销,全面推进产品应用和产品创新,通过规模扩展与产品发展,带动交易额和业务笔数占比的提高,在巩固同业竞争优势的基础上,提高系统排名;结算与现金管理业务深入开发公司无贷户市场,抓好对公结算账户的拓展工作,提升同业占比,以现金管理、法人理财、代理清算和贵金属业务为重点,实现全产品的交叉组合营销,提高综合收益，扩大中间业务收入来源；国际业务进一步挖掘客户资源，以侨通公司为重点，积极拓展客户和业务，实现收入新突破。代理收付业务加大工作力度，抓住国税网上缴税的契机，全力营销，提高代理收付业务市场占有率，同时，抓好养老金业务、资产托管业务、代客理财、银证第三方存管、集中式银期转账、卷烟配送等业务，抢占更多的市场份额，不断拓宽业务领域和收入来源。年末，中间业务收入超额完成省行下达收入计划，中间业务收入实现新飞跃，并创历史最好水平。密切关注公共财政、社保、军队等领域的改革进程以及企业并购重组等重大信息，紧盯公司集团客户和系统性机构客户的资金动向和摆布，延伸拓展大客户的上下游供应链企业，综合利用先进的网络系统、高效结算产品、公务卡、网上银行、个性化金融解决方案等增值服务，最大限度挖掘目标公司和机构客户的存款。针对绥水、昭巧、彝岔3条二级公路建设，积极关注和捕捉各种重大存款信息，对公存款余额较年初净增8.28亿元。

【推动“大个金”向“强个金”战略转型】 2010年，抓住昭通市社会经济快速发展的大好机遇，按照“定位中端、竞争高端、培育潜力”的客户发展战略，推进客户结构调整，在不断扩大客户总量的基础上，着力优化客户结构，实行有退有进的策略，以代发工资、银行卡、资金结算、灵通快线等产品为切入点，努力扩大中高端客户群。提高各类产品在客户群中的使用率和覆盖率，以服务和创新作为业务发展的主动力，实施重点突破战略，着力提高工行零售业务在昭阳城区重点产品、重点客户上的竞争力，通过重点突破带动全面发展。继续扩大信用卡发卡规模，提高动卡率及中高端客户渗透率，积极拓展优质收单商户市场，大力推进信用卡分期付款业务与个人信贷业务的有机结合，促进信用卡消费交易额及中间业务收入的增长。加大营业网点基础营销工作，充分发挥信用卡目标客户快速营销系统的作用，对个人存款5万元以上客户、住房按揭户、个人消费贷款户、理财金户，采取主动邀请发卡的方式，提高信用卡的网点覆盖率。加强部门联动，挖掘行内优质集团客户资源，做好集团发卡工作。在做好工行开户单位公务用卡发卡工作的同时，成功挖转属于他行份额的财政预算单位，公务用卡营销推广工作取得明显成效，年末，实现银行卡存量27944张，较年初增加5456张，增长24.26%，实现中间业务收入285万元，较同期增加153万元，增长115.91%。

【开展现场优化管理工作】 2010年，深入推进运行风险监控中心建设，以会计凭证档案影像管理改革为契机，加快业务处理中心的建设步伐，组织投产会计凭证档案影像管理系统，为监督业务上收提供基础性支持，按照成熟一样、集中一样的原则，成功上收了实时清算发报业务，有效提高了业务集约化进程。开展运程授权现场管理优化工作，对“先审签后处理”、“先授权后审核”、“双人复核控制”、“直接提交授权”、“免填授权申请”等业务的适用范围、前台处理事项，撤销原监督中心机构，在运行管理部增设运行督导、档案管理、风险评估、对账管理等岗位，将原监测、质检岗位的7名人员转岗到一线网点，缓解了一线人员紧张问题。稳步推进对公业务自动化改造，着力做好远程授权改革后续优化管理，积极探索和完善远程授权业务组织模式，创建适合远程授权的事中控制机制，全面落实网点业务真实性审核及现场管理的要求，实现全面、及时、连续的远程授权。

【职工思想动态问卷调查参与率97.94%】 年内，按照总行、省行党委的安排，在全行组织开展第二届“感动工行”员工评选活动，按照推选标准，自下而上、层层推荐，彰显了工行先进文化特质和优秀道德品质的员工，树立“感动工行”员工可敬、可信、可鉴、可学的良好形象。完成员工思想动态问卷调查活动，本行参与率97.94%。

【防范风险，全年实现安全经营】 年内，进一步完善以各风险管理部门为主体、各相关业务部门共同参与的相对集中垂直的风险管理组织架构，建立信用风险、市场风险、操作风险监测预警机制，提高全面风险管理水平。充分发挥各级风险管理委员会的核心作用，不断扩大全面风险管理的覆盖范围，使风险管理制度覆盖到每个机构、每项产品和每类风险。全年开展专项审计、非现场审计、离任审计、责任审计、离岗审计、内控评价、其它检查及调查核实项目共16个，发现问题174条，针对问题提出整改意见174条，并积极进行整改，依法合规经营发挥了重要作用。不断改进和完善管理制度和技术，加强计算机系统流程控制、人员风险管理和法律风险防控，特别是在业务创新和流程改造中始终保持有效的内部控制，继续完善案件防范长效工作机制，加强“三防一保”工作的精细化管理，全年实现安全经营。

（工行昭通分行 刘平荣）

农行工作

【存贷业务位居农行全省第二】 2010年，农行昭通分行科学处理落实宏观调控与贯彻产能政策关系，以“强化基础管理，提高员工素质，提高服务质量，推进业务经营转型，推进县域‘三农’金融服务，提升经营业绩”为工作任务，充分发挥城乡联动优势，坚定服务经济社会发展。全年发放法人贷款151户（笔）50.73亿元，个人贷款9140户（笔）7.53亿元，新增信贷投放占全市生产总值的15.35%；为各界客户办理现金收付业务554.63亿元，保障现金供给276.33亿元，同时回笼现金278.3亿元。全年日均贷款余额66亿元，日均投放同比多增11.5亿元，增长23.7%；年末，农行各项存款、公对存款与储蓄存款增量市场份额分别为四行一社的30.07%、26.42%和34.68%，分别较2009年末上升5.64、8.91和2.74个百分点；各项存款存量市场份额31.25%；各项贷款增量与存量市场份额分别为19.62%和26.61%。

通过按月考核业务进度、按季总结督导的严谨管理，全市农行旬均存贷款增量32.68亿元，占全省农行的11.01%，位居全省第二。开创了"规模壮大与结构提质并进，发展增速与经营提效同步，管理细化与有效防控同落实"的良好局面，摘桂全省农行一季度"春天行动"综合考评第一名、上半年"三农"业务考核第一名、年度综合绩效考核第一名，创1979年以来最佳年度经营成效。

全年审议审批企业法人贷款146项、金额79.69亿元，向上级行申报企业法人授信72户、金额34.5亿元。年末，农行对客户授信总额159.67亿元，10县区个人贷款净增2.93亿元。为支持中小(微小)企业成长壮大、带动就业增长，农行积极支持培育县域特色产业集群。发放中小(微小)企业贷款59户、7.34亿元，37户小企业年末贷款余额7.99亿元。

【防范风险，贷款质量状况为历年最好】

2010年，农行昭通分行为扩大产能规模提供强力绿色信贷支持，带动资产业务提质增效，全年实现贷款利息收入3.69亿元，较上年增收6901万元，占同期净利润增量6197万元的111.36%。全年清收不良贷款本息1.57亿元。各项贷款年末余额66.32亿元，比年初净增10.98亿元，按五级分类：正常贷款62.63亿元、增加12.48亿元；关注贷款2.32亿元、减少8134万元；次级贷款6624万元、减少8842万元；可疑贷款6466万元、增加1641万元；损失贷款565万元、增加378万元。不良贷款余额1.37亿元，比年初减少6824万元，不良贷款占比2.06%，较上年末下降1.64个百分点，资产质量状况为历年最好水平。

【年末各项存款余额净增27.73亿元】

2010年，农行昭通分行完善激励机制与推进网点转型并举，夯实营销服务基础，推动业务高效发展，各项存款年末余额135.12亿元，净增27.73亿元，完成省分行计划的191.26%；其中储蓄存款余额71.4亿元，净增14.12亿元，完成计划的156.52%；对公存款63.72亿元，净增13.61亿元，完成计划的252.02%。

【中间业务增幅列全省农行第一名】

2010年，实现中间业务收入5059万元，较2009年增加1784万元，增长54.74%，完成省分行计划的126.47%，增幅列全省农行第一名，份额占全市同业的45.57%，中间业务收入占总收入的5.69%，较2009年上升1.08个百分点。通过开展"刷卡有礼"活动和123次公务卡上门宣传推广，农行巩固了"第一发卡大行"地位并为各界客户提供完善理财服务，全年实现银行卡业务收入2597万元、代收代付业务收入333万元、投资银行业务收入758万元、代理保险业务收入280万元、人民币结算业务收入265万元、电子银行业务收入561万元，中间业务整体营销服务能力领先同业。

【服务"三农"，情牵500万农村人口民生福祉】 2010年，广泛开展"联县、通乡、进村、下社、到企、入户"全方位服务，为"三农"发展奉献积极助推力。通过探索"转账贷物""土地承包经营权反抵押""村民互保""公司+农户"等"三农"信贷运作模式，加大整村推进力度，年末，"三农"口径法人存款与个人存款余额分别为41.3亿元和50.6亿元，法人贷款与个人贷款余额分别为35.23亿元和5.45亿元，"三农"法人贷款月均余额增量5.56亿元，完成计划的222.56%。2010年新发放金穗惠农卡9.84万张，完成省分行计划的151%，年末惠农卡发卡20.77万张；新发行惠农信用卡300张；新增授信农户4501户，年末农户生产经营贷款余额5890万元，完成计划的134%。

通过搭建起行政支持、农行主导、联动乡镇、利益相关的"三农"金融服务机制，昭通分行为农民群众提供了实惠的金融服务。在试点整村推进工作的昭阳区洒渔乡大桥村，2010年发放金穗惠农卡2573张、对有信贷需求的702户农户授信1060万元，使用贷款852万元，318户489万元到期贷款收回率100%。年末，昭通分行农户不良贷款余额仅32万元，不良占比为0.54%，余额与不良占比均为全省最低。

服务新型农村社会养老保险业务试点工作，昭通分行强化高层沟通与全程主动宣传服务，成功代理巧家县白鹤滩镇七里、可福、库着、北门、黎明5个村"新农保"业务，为推进农行"三农"社会事业金融服务首开全省农行先例。

（农行昭通分行　田　勇）

农发行工作

【贷款跨越式发展，品种结构进一步优化】 2010年，农发行贷款跨越式发展，经营性贷款大幅增加，品种结构进一步优化。全年发放各项贷款143179万元，收回各项贷款20602万元，各项贷款余额300934万元，比年初增加122577万元，增幅68.7%，高于全省平均增幅37.7个百分点。人均贷款2761万元(比全省水平高202万元)，增幅70%。全年发放商业性贷款59200万元(占全省商业性贷款增量的9.5%)，占新发放贷款的41.34%。其中短期贷款45700万元，占新发放贷款的31.92%。

【存款余额增长12.13%】 2010年，全行存款稳步增长，资金实力进一步增强。各项存款余额124619万元，比年初增加13480万元，增长12.13%。日均存款1121万元，比年初增加321万元，增幅

40%。高于全省平均增幅25个百分点。

【中间业务跃居全省前列】 年内，实现中间业务收入106.48万元，同比增加65.65万元，增幅160.8%，高于全省平均增幅155.8个百分点。人均中间业务收入9769元，高于全省人均4600元，同比增加6047元，增幅163%。中间业务收入品种除了代理保险业务、会计结算手续费收入、外币汇兑收益、网银业务外，非信贷资产业务实现零的突破，成功办理银行承兑汇票业务200万元。

【经营利润翻番，绩效显著】 2010年，实现各项账面财务收入17079万元，各项财务支出9311万元，盈利7768万元，同比增盈4037万元，增幅108.2%，高于全省平均增幅92.2个百分点。资产利润率3.05%，同比提高0.21%；成本收入比19.74%，同比下降3.11%；人均利润71.27万元，高于全省人均26.2万元，增幅110.12%。

（农发行昭通市分行　曾　炜）

建行工作

【2010年各项经营指标超额完成】 2010年，全行一般性存款余额68.44亿元，比年初新增16.15亿元，增长率30.89%；各项贷款余额36.93亿元，比年初增10.35亿元，增幅38.94%；实现中间业务收入2528.74万元，比去年同期增加765.72万元，增长率43.43%；不良贷款余额975万元，比年初下降907万元；实现拨备前利润11731.01万元，同比新增3344.56万元，增长率39.88%。

【三个网点晋升为一级会计核算单位】 2010年，建行针对基础管理薄弱的现状，采取一系列措施强化基础管理工作。通过加大考核，规范管理，有3个网点通过省分行验收，晋升为一级会计核算单位。相继出台《贷后管理考核办法（试行）》、《房金条线客户经理管理办法（试行）》等，加强信贷基础管理。

【加快中间业务发展】 2010年，紧紧围绕今年市分行下达的对公中间业务计划指标，针对省分行确定的今年对公中间业务“十一大重点产品”，通过认真研究，逐户梳理存量资产客户，在提高产品覆盖率上狠下工夫。至年末，完成对公中间业务收入802.76万元。

以开展“业务全体验，建者节节高”联动营销活动为契机，在全行范围内组织开展“小投入，大收益”基金定投和“月月红，季季红”人民币理财产品销售以及VIP客户营销等一系列持续营销劳动竞赛活动，并专门召开个银业务持续营销推进会，促进中间业务的发展。全年完成省分行计划的113.83%。

房金条线适应国家政策及市场的变化，在一手房市场嵌入“房易安”业务，完成省分行计划的263.89%。

【电子银行账务性交易比例高于全省2.72个百分点】 2010年，紧紧围绕省、市分行确定的电子银行业务发展目标，加大电子银行营销宣传力度，认真开展电子产品全体验活动、“电子银行PK竞赛”活动。通过一系列营销，网银代工业务取得突破，电子银行账务性交易占比30.12%，与全省平均27.4%比较，高2.72个百分点，较年初上升16.72个百分点。

【向灾区捐款18万余元表爱心】 2010年，全省遭受百年一遇的特大旱灾，损失巨大。建行积极响应有关部门号召，先后两次组织员工捐款，共募集员工善款8万余元、单位捐款10万元，共计18万余元，向灾区群众表达“建行人”的一片爱心。此外，建行继续开展贫困高中生“成长计划”和“成才计划”捐助活动以及扶贫挂钩工作，向贫困高中生捐助7.2万元，向扶贫挂钩点捐助旧电脑20台，积极履行建设银行的社会责任。

【创建文明单位13个】 2010年，建行出台考核措施，在全行上下营造提升服务，争创文明单位、青年文明号的良好氛围，各个基层机构积极申报各级文明单位和各级青年文明号。经过相关单位的检查验收，市分行继续被授予省级文明单位称号、镇雄支行营业室继续被授予总行级“青年文明号”称号，昭阳区通龙分理处、海楼路分理处、昭阳分理处、环南分理处、南顺城分理处、大关支行、溪洛渡支行被授予县区级文明单位称号；大关支行、镇雄支行、珠泉分理处被授予市级青年文明号称号，溪洛渡支行被授予县级青年文明号称号。精神文明创建工作取得明显成效。

（建行昭通分行　王　春）

富滇银行工作

【富滇村镇银行落户昭通】 2008年，由富滇银行牵头，昭通市开发投资有限公司（代表市政府）、昭阳区国有资产经营管理有限公司（代表区政府）、云南侨通包装彩印有限公司4家企业法人和3名自然人出资5000万元共同发起设立昭阳富滇村镇银行，12月6日正式挂牌营业。7个股东构成：富滇银行出资2550万元，控股51%；昭通市开发投资有限公司出资500万元，控股10%；昭阳区国有资产经营管理有限公司出资500万元，控股10%；云南侨通包装彩印有限公司出资500万元，控股10%；程必荣出资500万元，控股10%；张登恒出资350万元，控股7%；张燕萍出资100万元，控股2%。

银行设立“三会一层”（股东会、董事会、监事会、经营管理层），至2010年末，有海楼路总行营业部、青年路龙泉支行、珠泉路珠泉支行、青岗岭支行4个对外服务网点。全行有员工39人，平均年龄27.3岁；男职工16人，女职工23人；党员8人；大学本科学历9人，专科27人，中专3人；有金融从业经历11人。领导3人，中层正职5人，中层副职6人。在昭通市人行、银监、财税等部门的大力支持和有效监管下，开通了账户管理系统、参加同城票据交换网络，完成委托建设银行代理异地资金汇划和委托农信社进行现金的提存，以及守押社会化等基础性工作，享受支农贷款定向补贴、营业税减征等优惠政策，对村镇银行各项业务的发展起到决定性的作用。

【村镇银行存贷业务状况】 2010年末，各项存款余额35945万元，各项贷款余额19995万元，存贷比55.63%；实现税前利润641万元。

两年来，村镇银行累计向昭阳区中小企业及"三农"经济贷款70546万元，支持宏联制鬃、明飞食品、永鑫复混肥、庆丰果业、利群蔬菜、万宝生猪养殖、出租车升级换代等30多家企业或项目，许多企业或项目的贷款实行优惠利率。2010年筹措6000万元，配合区政府把影响昭阳区城市形象的500多辆旧出租车全部更换，实行平价利率（6.102%），期限3年，按平均利率（9.763%）计算，每年减少利息收入219.67万元，为支持昭阳区"三农"经济积极努力。

（昭阳富滇村镇银行　王　娟）

【富滇银行昭通分行开业】 8月6日，富滇银行昭通分行举行开业庆典暨银政银企合作协议签字仪式。省政府金融办主任刘建华，省政府副秘书长蒋兆岗，昭通市市委书记夜礼斌、市委副书记、市长王敏正以及市人大、市政协等有关部门领导出席仪式，本行党委书记、董事长夏蜀，党委副书记、行长卢云，常务副行长罗树才、副行长曹艳丽、张大宝、孔彩梅参加庆典；与市政府签订银政合作协议，与昭通市泓鑫能源开发公司、彝良县格閘河水电开发有限公司签订了银企合作协议。

【分行与三部门签署合作协议】 9月6日，分行与昭通市劳动和社会保障局签订了合作协议；9月21日，分行与昭通市住房公积金管理中心举行合作协议签字仪式；11月9日，市政府与富滇银行在昆明签订18.7亿元贷款意向合作协议，用于昭鲁城市走廊和农村公路建设。市委书记夜礼斌，市委常委、副市长何刚，副市长成联远，市政协副主席、财政局局长普安银，富滇银行董事长夏蜀、行长卢云及市政府和富滇银行相关部门负责人出席签订仪式。

【富滇银行昭通分行存款突破10亿】 至12月31日，富滇银行昭通分行各项存款余额合计101843万元（其中公司存款余额94236万元，个人储蓄存款余额7607万元）。贷款达到4亿。

（富滇银行昭通分行　安　燕）

农村信用联社工作

【各项财务指标超额完成】 2010年，各项存款快速增长，资金实力增强。全市农村信用社各项存款余额159.37亿元，比年初增加35.54亿元，增长28.7%，月均净增2.96亿元，完成省联社下达净增计划17.5亿万元的203%。其中机关事业及企业单位存款60.2亿元，占37.8%，比初年增加6.36亿元，增长11.8%；城乡居民储蓄存款94.33亿元，比年初增加19.23亿元，增长25.6%。各项存款的增速与市场份额均居全市银行业金融机构第一。

各项贷款稳步增加，支农力度加大。2010年末，各项贷款余额90.79亿元，比年初增加15.13亿元，增长20%，月均净增1.26亿元，贷款市场份额居全市银行业金融机构之首，完成省联社年初下达计划15亿元的101%。年末存贷比57%。其中农业贷款余额69.11亿元，占贷款总量76%，比年初增加18.08亿元，增长35.4%，农业贷款增量占各项贷款增量的119.6%，完成省联社下达全年净增计划9.3亿元的194.43%。全年发放各项贷款63.92亿元，同比多放2.38亿元，其中累计发放农业贷款46.08亿元，同比增加4.93亿元，农户贷款面73.42%，涉农贷款投放增速、增量和占比均高于上年。

不良贷款实现双降，资产质量不断提高。按贷款五级分类，不良贷款余额4.97亿元，比年初下降8171万元，完成省联社年初下达下降计划3500万元的233.46%，不良贷款占比5.47%，较年初减少2.23个百分点，比省联社下达不良贷款控制计划5.99%多下降0.52个百分点。

财务收入及经营效益创历史最好水平。全市农村信用社实现财务收入8.44亿元，完成省联社下达计划8.15亿元的103.5%。其中中间业务收入1229万元，占营业收入的1.46%。实现利润总额2.03亿元，完成省联社下达计划8500万元的238.3%。费用率39.11%，控制在省联社规定的费用比例内。资产利润率2.57%，比省联社下达计划2.4%多完成0.17个百分点。

资本实力和抗风险能力显著增强。年末，股金总额2.92亿元，比年初增加9762万元，增长33.41%；资本充足率9.98%，较年初增加5.2个百分点，完成省联社年初下达计划7%的142.57%；拨备总额6.27亿元，比年初增加1.41亿元，拨备覆盖率123%，比年初增加40个百分点，完成省联社年初下达计划105%的117.14%。其中贷款损失准备4.58亿元，比年初增加8720万元，贷款损失准备充足率177.2%，比年初增加79.9个百分点。一般准备金1.52亿元，比年初增加4384万元。

呆账核销稳妥进行。全市农村信用社核销呆账贷款1956万元，完成省联社年初下达计划2000万元的97.8%。

【其他任务指标完成良好】 2010年，全市发行金碧卡158024张，完成省联社下达全年计划77000张的205.2%；金碧卡刷卡消费金额11.34亿元，完成省联社下达全年计划10亿元的113.4%。其中发行惠农卡28042张，完成省联社下达全年计划43400张的64.6%，发行金碧贷记卡2225张，交易金额980万元。全年全市农村信用社拓展特约商户45户，完成省联社下达全年计划14户的

321%；布放 ATM 机 8 台，完成省联社下达计划 17 台的 47%；安装补登折机 1 台。12 个农村信用社恢复重建网点全部实现挂牌开业，超额完成省联社下达今年挂牌 10 个网点的计划任务。

【完成县联社领导班子考评和推荐工作】 年内，根据省联社党委《关于对各县级联社 2009 年度领导班子及成员集中开展考核评议工作的通知》要求，为促使全市县联社（农合行）领导班子及成员勤勉尽职、廉洁自律，确保全市农村信用社稳健发展，切实加强对管理干部的考核评议工作，办事处研究制定详细的考核评议工作方案，成立以办事处主任为组长的考核评议工作组，严格按照组织程序，本着实事求是，公平、公正、公开的原则，通过召开会议听取班子及班子成员述职述廉，采取民主测评、个别谈话、走访客户、了解当地党委政府、人民银行、银监等部门，先后完成对基层 9 个县级联社领导班子及成员的考核评议工作（昭阳农合行和镇雄县联社由省联社考核）。按照《云南省农村信用社领导干部选拔任用工作暂行办法》要求，本着任人唯贤的原则，将德才兼备，懂经营、会管理的年轻干部推荐到领导岗位，先后向省联社党委推荐 2 个县联社理事长、4 个县联社主任、3 个县联社副主任人选，同时，加强对县联社（农合行）后备干部人才库的建立与考核工作，并向省联社报备，夯实了班子的组织建设。

【顺利完成换届选举工作】 年内，全市 9 个县联社（农合行）第一届领导班子的任期已届满。在昭通办事处的统筹安排和组织下，全市 9 家县联社（巧家已于 2009 完成，镇雄择期召开）先后完成领导班子换届选举工作，依法选举了县级联社新的一届领导班子，聘任了新的经营管理层人员，为农村信用社的改革和发展奠定了基础。

【招聘录用 58 名新员工】 年内，昭通办事处根据《省联社关于全省农村信用社 2010 年招聘合同制员工的通知》及省联社下发的面试名单，以对农村信用社发展和面试人员高度负责的态度，成立以办事处主任为组长、副主任为副组长，昭通银监分局及相关县联社（农合行）主要负责人为成员的面试考核领导小组，精心组织，制定面试方案，本着客观公正、公平、公开、关系人回避的原则，对全市农村信用社 123 名笔试入围人员进行了审核和面试，经审核、面试、体检等程序，按照择优原则，录用 58 名新员工，为农村信用社注入了新鲜血液。

【切实做好信贷咨询工作】 年内，昭通办事处信贷咨询委员会成员始终坚持与时俱进、不断学习，认真履责，竭力提高对基层联社信贷咨询请示的办结率和时效性。对县联社上报的每一份信贷咨询请示进行认真的审议，及时与咨询社沟通和反馈信息，积极完善相关材料，撰写初审报告。在咨询审议过程中，严格按照信贷政策，做到风险可控，确保效益，按管理权限进行及时上报或回复。全年召开信贷咨询分析会议 7 次，对 11 笔授信业务和 23 笔评级业务进行审议，涉及信贷金额 7.57 亿元，其中转报省联社进一步咨询请示的授信业务 2 笔，授信金额 5.4 亿元，客户评级 2 户；本级回复县级联社授信业务 9 笔，金额 2.17 亿元，客户评级 21 户。全年评定信用贷款等级 AA 级 2 户，A + 级 7 户，AA - 级 14 户。

【认真做好清收不良贷款奖励审核工作】 年内，昭通办事处加强对全市农村信用社 2009 年度清收不良贷款奖励的审核工作。为确保不良贷款清收真实，奖励符合政策规定，有效建立起对不良贷款管理与考核的长效机制，办事处组织各联社业务骨干，用 268 个工作日，对 9 个县联社的不良贷款清收记录进行审核，共审计清收不良贷款 39026 笔，金额 12757 万元，累计奖励资金 1044 万元。及时批复有关联社执行，进一步提高了广大员工清收不良贷款的积极性。

【申请财政贴息资金 247.82 万元】 年内，昭通办事处积极与市财政局沟通协调，收集汇总符合要求的下岗失业担保贷款财政贴息申请，及时组织人员进行审核把关。完成全市农村信用社 1360 笔下岗失业小额担保贷款贴息资料的报送审核，报送审批贷款金额 3793 万元，申请财政贴息资金 247.82 万元。

【加强金融服务缺失乡镇网点建设】 2010 年，昭通办事处严格按照《中国银监会办公厅关于认真做好金融机构空白乡镇服务工作的指导意见》、《中共云南省委办公厅、云南省人民政府办公厅关于切实解决农村金融服务缺失问题的实施意见》及《省联社关于认真做好 104 个金融空白乡镇基础金融服务工作的意见》精神及要求，积极认真地布置了农村金融服务缺失的重建工作。恢复重建农村金融服务空白网点涉及镇雄县黑树、林口、木卓、尖山、杉树、花山、以古，永善县水竹、伍寨、马楠，鲁甸县新街，昭阳区田坝 4 县区 12 个乡镇，办事处与地方党委、政府、银监等部门进行沟通协调，得到有关部门的支持与配合，相关县联社所在政府部门分别做出了给予信用社土地划拨或 3 ~ 5 万元不等的经济支持优惠承诺。办事处深入现场检查、指导，帮助基层联社解决工程建设中存在的问题和困难，与相关县联社（农合行）制订详细建设规划，及时报送省联社和其他有权部门审核审批。为确保建设进度，办事处对金融服务空白网点建设工作进行了按月跟踪监控。采取先开业后建设和边开业边建设的方式，于 12 月末完成 12 个营业网点的挂牌开业工作，超额完成省政府要求 2010 年实现挂牌开业 10 个网点的计划任务。

【募集投资股金 9762 万元】 年内，为使全市农村信用社资本充足率达到 8% 的监管指标，增强抗风险能力，促进业务发展，按照《省联社关于进一步加大全省农村信用社增资扩股工作力度的通知》要求，及时组织、指导、督促各县联社（农合行）认真测算资本充足率指标的各项要素及资本需求，向省联社上报10个单位（盐津2009年已募集）的募集股金计划12135万元。同时，指导各县联社（农合行）拟定宣传方案，组织力量向社会各界宣传农村信用社在地方经济建设中的重要地位和作用，宣传农村信用社的金融产品、服务质量以及美好发展前景，使广大人民群众更加关心、关注农村信用社，增强对农村信用社的发展信心，竭力开展好增资扩股活动。经过多方努力，向社会广大公众新募集投资股金9762万元，完成批复募集计划的80.44%，增强了农村信用社的资本实力。

【努力提高业务人员素质，确保会计信息质量】　年内，昭通办事处组织全市11家县联社（农合行）统计人员集中学习，共培训业务人员22人。通过对统计报表系统讲解、流程演示、统计制度及相关规定的讲解和对统计工作的经验交流等，提高全市农村信用社统计人员的业务素质。为加强对日常报表业务工作的管理，办事处制定了相应的管理制度，严格报送时限，做到有错必纠，出错必惩，提高全市农村信用社员工的业务工作水平，保证会计、统计信息的质量。为提高稽核人员的素质，确保稽核工作质量，办事处组织两次全市稽核人员培训会，共培训稽核人员70人。

【加大稽核审计的力度，防范各类风险发生】　4月，在全市农村信用社开展信贷、财务、内控制度落实执行情况为主的检查工作，派出11个检查组，47人参加，投入867个工作日，检查面覆盖全市188个营业网点，查阅各种资料、档案11723份，查出各种问题1125个，涉及金额6367万元。提出整改意见236条，帮助现场整改问题117个，整改金额2783万元，督促对45人给予了经济处罚，经济处罚金额65324元。对巧家、大关、永善和绥江县联社开展了计算机网络安全管理专项稽核审计；完成对除巧家县联社外的10个县联社（农合行）领导班子换届离任审计。上述检查共组织稽查工作组14个，参加稽查工作人数50人，累计投入875个工作日。共调阅各种资料7679份，通过检查发现存在问题1267个，违规业务笔数1238笔，违规金额7536万元，现场整改问题625个，提出整改意见263条。

【完成贷款真实性和账户管理合规性专项检查】　3～5月，省联社对昭阳农合行开展"规范管理、整县推进"工作；7月起，组织对全省农村信用社以"摸清存量贷款及账户管理家底，排查风险、消除隐患，及时整改、妥善处置、规范经营行为。强化管理，提升制度执行力，确保各项业务又好又快发展"为目的贷款真实性及账户管理合规性专项检查工作（以下简称专项检查），全市农村信用社抽调48名业务骨干参与到省联社组织的专项检查。9～11月初，在省联社对昭通市10家县联社进行专项检查期间，昭通办事处先后成立专项检查协调领导小组和巡视工作组，积极配合省联社专项检查。针对专项检查中查出的存在问题和不足，办事处根据省联社稽核大队提出的整改意见，及时督促各相关县联社进行责任追究和整改，除镇雄联社外，其余县联社均对责任人进行责任追究，先后给予306人的经济处罚和纪律处分，其中经济处罚251人次，处罚金额21.7万元，撤职1人次，行政警告至记大过52人次，通报批评85人次；被处罚处分的人员中有县联社副主任以上领导9人，中层管理干部114人次，一般员工266人次。整改收回违规贷款10776笔，金额11321.62万元，整改账户信息13947户，金额54426万元。

【发放"贷免补扶"创业小额贷款1.65亿元】　年内，为巩固和推广"贷免扶补"创业小额贷款、家电下乡、金碧惠农卡等特色信贷业务，昭通办事处认真总结分析新业务运行情况，查找不足，积极指导各县联社（农合行）采取措施加大推广力度，新发放"贷免扶补"创业小额贷款3312笔，金额16528万元。为服务业、农村种植业、养殖业、加工制造业等行业发展提供了强有力的资金支持。

【做好宣传，提升农信社知名度】　年初，全省农村信用社第一次开展针对金碧卡自助有奖的大型宣传活动。昭通办事处积极配合银行卡中心做好"自助有好礼，乐取在农信"ATM取款有奖大型宣传活动，按周分析中心提取数据，适时统计辖内ATM机上的取款中奖信息，编制相关报表报送省联社银行卡中心，同时督促各联社积极配合，加大宣传力度，做好中奖客户的兑奖工作。本次活动全市农村信用社30台ATM自助设备上产生中奖卡号270个（次），其中特等奖1个、一等奖8个、二等奖11个、三等奖250个。

（农村信用联社昭通办事处　辛　玲）

人寿保险

【保费收入超全省平均增率68.23%】　2010年，昭通分公司共实现股份公司保费收入1.63亿元，比上年同期1.05亿元增长55%，超过全省平均增长率22.74%的68.23%，提前108天超额完成银保、团险任务。其中寿险新单保费11194万元，较上年同期的6116万元，增长83%。续期保费5152万元，较上年同期同比增长15%。万元增长24%。赔款支出584万元，综合赔付率20.28%，较上年同期的991万元，下降了41.06%，实现利润242万元，上交地方各类税收233.85万元。业务指标综合排名由全省系统2009年末的倒数第一上升到正数第九。

【个险比上年净增447万元】　2010年，个人保险渠道与上年同期相比，净增447万元，增长52.9%，其中10年期759万元，净增153万元，增长25.25%，系统持证人770人，净增160人，有效人力350人，净增130人。全年增员200人，针对全年各阶段经营重点，按省公司要求以及昭通实际，推出"虎啸迎春"、"四月流火"、"燃烧五月"、"经典美满，誓做赢家”、“金秋十月,满堂红”、“虎跃龙翔”等系列的业务、增员企划案。

【团体险超额完成任务数 20.14%】 2010 年,团险渠道完成短险总保费 1682 万元,完成省公司下达短期险任务数 1400 万元的 120.14%,其中健康险完成 335 万元,意外险完成 1355 万元,意外险占比 80.2%,小额信贷 35 万元。

【银保净增保费 4299 万元】 2010 年,银保渠道实现银保趸交保费收入 7277 万元,完成省公司下达全年 3800 万元的 191%,比去年同期 2499 万元增长 291%,比去年全年完成数 2978 万元净增保费 4299 万元,增长率 244%。银保期交保费收入 638 万元,完成省公司下达全年保费 460 万元的 138%,比去年同期 224 万元增长 284%,比 2009 年全年保费 236 万元净增保费 402 万元,增长率 270%。从全市险种结构看,鸿盈占比较高,鸿丰转鸿盈比较成功。狠抓队伍建设,打造精英团队。2010 年有客户经理 113 人,比上年增长 491%。进行 3 次客户经理培训,参训人员 161 人。

【培训员工 1100 余人次】 2010 年,分公司总经理室加大培训力度,开展 5 期 355 人的新人培训,2 期 90 人的主管技能提升培训,2 期 30 人组训技能提升培训。团险部开展 1 期全市各县计生局领导参加的共计 50 人的计划生育家庭意外伤害保险的培训。银邮部开展 2 期共计 105 人银邮客户经理培训,1 期银邮网点客户经理新人培训、500 余人次的银行网点人员培训。计财部开展 2 期 32 人全市系统财务工作人员财务知识培训。公司在开展全市系统各渠道、各岗位的专业知识培训的同时,还加强全市系统员工的各种法律法规和公司的各种规章制度的培训学习。

对全市 32 名柜面人员进行轮训,提升员工技能,有效地降低赔付率,挤干理赔案件水份,对个别公司今年以来赔付率居高不下的,分公司实行临时上收核赔权,在赔案较集中的时候,机关全员参与赔案调查,平时常态化地组织 3 个常年调查组,对全市集中的县区支公司进行重点调查,通过现场验伤、拍照、对当事人询问调查、到医院、学校取证等手段,有效降低了赔案,控制了赔付率。

【召开二届一次职代会暨年度工作会议】 3 月 4 ~6 日,中国人寿昭通分公司在昭通市委党校召开二届一次职代会暨 2010 年度全市工作会议。来自全市系统 42 名职工代表和会议代表参加。

【全面清理系统资产】 3 月开始,分公司办公室对全市系统资产进行全面清理,做到“账账、账实、账表”相符。各县区支公司指定专人负责,在全市系统开展资产清理。昭通分公司账面资产共有 450 项,大部分的清理工作已经完成,下一步将对所有清理数据进行汇总梳理,分析总结全市资产管理情况,为领导决策提供依据。督促县公司收取房屋租金、职工宿舍及出租房屋的水电费等,2010 年全公司其他业务收入近 55 万。

【加大宣传力度,提高昭通国寿知名度】

年内,分公司办公室上报省公司信息 90 条,自编《昭通国寿信息》12 期,载 37 篇,个险部自编《营销快递》238 期,起到了展示昭通风貌、报道当前工作热点、宣导公司政令、鼓舞员工士气的作用。

【捐款 13 万余元抗灾救灾】 4 月 14 日,青海省玉树发生 7.1 级强烈地震、7 月 13 日,昭通市巧家县小河镇发生滑坡泥石流灾害、10 月 18 日盐津县发生 4.1 地震等,全系统员工伸出援助之手,捐款 131120.5 元,同时立即启动中国人寿保险股份有限公司昭通分公司突发灾害事件应急预案,成立灾害事件应急领导组,在第一时间赶到现场,参与灾害救护及时兑现赔款。积极参加社会主义新农村建设,抗旱、扶贫等工作。先后出资金在昭阳区青岗岭、大山包、绥江的椒子、威信的桂花兴建 4 所中国人寿希望小学,解决山区儿童读书难的问题。向上级争取中国人寿“甘霖扶贫行动”资金 36 万元,为昭阳区、鲁甸县 2000 户农户每户解决 180 元的抗旱资金,解除燃眉之急。

(中国人寿昭通分公司)

经 济 管 理

经济综合管理

【工业有力拉动全市经济平稳较快增长】 2010 年,全市地区生产总值 379.6 亿元,同比增长 14.2%,其中工业增加值 132.6 亿元,增长 19.5%,占地区生产总值比重为 34.9%,比去年提高 3.15 个百分点。工业对 GDP 增长的贡献率 45.8%,拉动 GDP 增长 6.5 个百分点,工业已成为有力拉动全市经济平稳较快增长的火车头。

全市工业产值增幅一直保持在 20%左右,全年实现工业总产值 263.4 亿元,同比增长 19.7%。规模以上工业产值 205 亿元,增长 16.8%,其中轻工业在烟草及配套的带动下,实现产值 61.4 亿元,增长 14%;重工业在煤炭及电力的拉动下,实现产值 143.6 亿元,增长 18%。规模以下工业发展势头强劲,实现产值 58.4 亿元,增长 34.9%。

【规模以上工业增加值完成较好】 2010年，规模以上工业实现增加值107.8亿元，增长16.8%，完成省考核目标85亿元的126.8%；主营业务收入192.2亿元，增长24.2%，完成185亿元目标任务的104%；利税57.6亿元，增长11%，完成61亿元目标任务的94.5%；利润14.4亿元，下降13.5%，完成19.5亿元目标的73.6%。

【"非烟工业三年倍增"目标基本完成】 2010年，全市实现非烟工业产值215.3亿元，完成倍增目标222亿元的97%；实现非烟工业增加值96.3亿元，完成倍增目标94亿元的102.4%。基本完成市委、市政府制定的"非烟工业三年倍增"跨越式发展目标。

【主要行业发展态势良好】 年内，烟草加工业不断调整优化卷烟结构，生产卷烟53.06万箱，同比增长3.4%，实现产值48.1亿元，增长14.5%，增加值36.3亿元，增长14.5%，单箱产值同比提高875元；煤炭量价齐涨，成为全市工业经济的主要支柱，累计生产原煤1738万吨，同比增长20.7%，实现产值51.3亿元，增长25.3%；化工业实现产值26.5亿元，下降5.1%，生产化肥26.7万吨，下降27%，全市生产电石44.7万吨，增长16.3%；电力行业实现产值33.2亿元，增长31.4%，累计发电52亿千瓦时，增长29.1%；生产水泥298万吨，增长0.9%；铅锌有色金属价格大幅波动，铅锌采选业实现产值15.8亿元，增长2.2%，分别生产铅锌金属含量3.1万吨和11.8万吨，下降7%和16.4%，分别生产金属铅和金属锌0.5万吨和8.1万吨，分别增长105.7%和58.9%。

【加大工业固定资产投资力度，增强工业发展后劲】 2010年，昊龙巧家日产2000吨水泥熟料、镇雄三和日产2000吨水泥、永孜堂天麻醒脑胶囊扩建项目、大关明磊2亿只环保快餐盒、长岭年产60万吨煤矿、昊龙集团10万吨硫化锌焙烧项目等一批重点项目相继建成投产，镇雄华电、褐煤深加工、电解锌、白酒等重点工业项目前期工作有序推进。工业固定资产投资力度不断加大，工业发展后劲持续增强。全市工业固定资产投资完成182.6亿元，同比增长48.5%，其中不含电力的工业固定资产投资完成44.6亿元，增长29.6%，完成全年40.2亿元目标的110.9%。

【争取资金，促进非公经济和乡镇企业加快发展】 2010年，共争取到省级资金扶持1105万元，其中3个项目获企业技改专项资金310万元，申报非公企业贷款贴息项目到位资金295万元，争取到国家发改委、工信部拉动内需项目3个、资金500万元。全年非公经济实现增加值149亿元，同比增长22.2%，完成考核目标的128.4%；上缴税金14.8亿元，增长28.7%，完成考核目标的103.5%；从业人员21.9万人，增长14.7%，完成考核目标的102.8%。全市乡镇企业完成增加值67.5亿元，同比增长24.6%，完成61亿元目标的110.7%；农产品加工产值13.1亿元，增长20.8%，完成12亿元目标的109%。

【节能降耗，持续发展】 年内，围绕年度单位GDP能耗下降目标，签订节能目标责任书和淘汰落后产能目标责任书；初步建立节能统计指标体系，强化节能目标管理；着力推进重点行业和重点企业对标管理和节能改造工程，开发利用清洁能源，提高能源开发利用效率。华新水泥4000t/d新型干法水泥熟料生产线7.5MW纯低温余热发电站的全套工程12月10日并网发电，每年可少购电量4264×104kWh，相当于每年节约14923吨标准煤。强化能耗指标的动态监测，印发《昭通市节能降耗应急调控预案》。大力开展节能宣传活动，积极推广节能灯6万只，节能降耗工作取得积极成效。对列入淘汰落后产能计划的企业坚决淘汰，鲁甸县江底水泥厂和盐津县福新电石厂被列入国家公布的淘汰落后产能企业，两户企业已于9月29日前全部拆除。

【工业园区实现总产值72.3亿元】 年内，矿冶加工基地驰宏10万吨/年锌项目，褐煤化工基地省工投炭质还原剂项目，曲靖众一精细化工项目的水、电、路基础设施建设已进入初步选址阶段。云天化煤代气技改工程项目进展顺利。各工业园区标准厂房建设进度加快，已建成标准厂房面积9.8万平方米；工业固定资产投资30.5亿元；103户入园企业实现工业总产值72.3亿元，增长60%；工业增加值27.3亿元，增长74%；税收6.4亿元，增长160%。

【"十二五"工业发展规划编制完成】 年内，昭通市"十二五"新型工业化发展规划已经撰写完成，举行听证会，并据听证会代表的意见建议，作了进一步完善修改，已提交市政府审阅。开展的节能、轻工业、工业园区、化工4个专项规划以及《中小企业服务平台建设》、《转变经济发展方式，调整产业结构》、《招商引资，承接东中部产业转移》、《环境因素评价》4个课题的初稿已完成，将在进一步讨论修改后印发。完成了建材工业"十二五"规划和昭通"十二五"信息化发展规划，已上报市政府。

【信息化建设进一步推进】 年内，全市916个政府信息公开网站共发布信息11.7万条，以各种方式公开政府信息11万余条。政务信息查询系统稳定运行，畅通了政府与人民群众的联系渠道，政务服务96128专线共接到来电4万多个，转接到部门2.5万个；在线解答收到各类来件共1986件，限时办结1713件。做好政务专网网络设备日常检查及配置备份和DNS等服务器日常维护工作，有效保证全市电子政务外网、专网的正常运行。全市建有公众移动通信基站2325座，移动电话用户155.9万户，无线接入基站1148个，无线接入电话用户12.3万户。全市通信产业实现年收入10亿元以上。完成电信、联通公司2010年3G基站建设方案可行性论证，评审

3G 移动通信基站 152 个,落实相关推进措施,指导全市 3G 通信事业发展。

(市工信委办公室)

计划管理

【投资目标全面完成】 2010 年,全市完成全社会固定资产投资 356.13 亿元,同比增 41.39%,超额完成市委、市政府确定的全年投资目标。其中城镇投资完成 304.19 亿元,同比增长 52.07%;农村投资完成 34.51 亿元,同比增长 18.05%;房地产投资完成 17.43 亿元,同比增长 18.50%。

各县区地方投资全面增长,剔除溪洛渡、向家坝电站完成投资 64 亿元,全市 11 县区完成全社会固定资产投资 292 亿元,同比增长 32.75%。其中鲁甸、镇雄、彝良 3 县完成投资同比增长 40%以上,巧家、大关、绥江、昭阳、永善 5 县区完成投资同比增长 30%以上,盐津、威信、水富 3 县完成投资同比分别增长 25.76%、20.03%和 16.05%。

【项目资金争取工作取得突破】 2010 年,围绕国家和省投资的重点和领域,认真组织项目申报,加强与省对口处室的汇报衔接,积极争取上级项目资金支持,项目资金争取工作取得了历史性突破。全年争取到省发改委下达项目资金计划 188287.79 万元,其中中央补助资金 148602.35 万元、省补助资金 39685.44 万元。

【通过省、市级审批项目 81 个】 2010 年,围绕全年投资目标和重点项目建设,全市各级各部门不断强化项目前期工作,加强重大项目储备库建设,加强配合和衔接,主动提前介入相应事项的准备工作,积极引导、督促业主加快项目前期工作,及时完善项目用地审核、环评审核、林地使用等手续,积极推进项目审批、核准和备案工作。全年通过市级审批、核准重大投资项目 51 个,项目总投资 27.9 亿元;获得省级审批、核准重大投资项目 30 个,项目总投资 71.86 亿元,其中总投资 5000 万元以上重大投资项目 16 个 67.66 亿元。

【滇东北火电基地和高压电网建设取得突破】 10 月 28 日,国家发改委以《关于云南威信扎西煤电一体化项目 2 × 600 兆瓦新建工程核准的批复》核准威信扎西煤电一体化项目一期工程。至此,滇东北火电基地中的两大火电工程全部得到国家核准。

500 千伏永丰输变电工程建成投入运行,500 千伏镇雄电厂和威信电厂送出工程正在加快建设,其中 500 千伏镇雄电厂送出工程即将完工,结束了昭通市长期以来没有 500 千伏电压等级的历史。

【超额完成能源产业固定资产投资任务】 2010 年,能源建设项目完成投资 86.5 亿元,占全年计划投资 58.5 亿元的 148%,比上年增 42%。其中中小水电建设项目完成投资 22.8 亿元,占年度计划 20 亿元的 114%;电网建设完成投资 19.5 亿元,占年度投资计划 8.5 亿元的 229%,已超额完成投资任务;镇雄煤电联营完成投资 14 亿元、威信煤电一体化建设完成投资 17 亿元,两项目合计完成年度计划投资 22 亿元的 141%;煤炭建设项目完成投资 13.2 亿元,完成年度计划投资 8 亿元的 165%。均超额完成投资任务。

同时完成中小水电新增装机 26 万千瓦的责任目标,中小水电新增装机 31 万千瓦,全市水电装机 131 万千瓦,完成市政府确定的工作任务。

【以工代赈项目进展顺利】 2010 年,省下达昭通市预算内以工代赈项目 22 个,项目总投资 4480 万元。各项工程已相继全部开工建设,工程进展顺利,预计 2011 年 8 月底以前工程全部完工。

省下达昭通易地扶贫搬迁项目 13 个,总投资 2130 万元。各县区的工程项目已全部开工建设,工程进展顺利,预计 2011 年 12 月底以前工程全部完工。

以工代赈示范项目 2 个,总投资 860 万元,分别是威信县扎西镇大山大河片区农村小型基础设施建设项目和大关县翠华镇金坪片区农村小型基础设施建设项目。威信县扎西镇大山大河片区农村小型基础设施建设项目已完成工程任务,建成河堤 4.4 千米,排涝沟 5 千米,安装管道 29.5 千米,新建蓄水池 4 个 120 立方米,改扩建公路 6.5 千米,新建人行便桥 3 座,农耕路硬化 9800 平方米。大关县翠华镇金坪片区农村小型基础设施建设项目完成投资 165 万元,完成 100 立方米水池 7 个,安装管道 1560 米,公路建设完成 7.8 千米。

【教育事业优先发展,办学条件进一步改善】 2010 年,全市小学学龄儿童入学率、初中毛入学率、高中毛入学率分别为 99.5%、98.8%、35%,人均受教育年限 7 年,比 2000 年提高 1.76 年,成人文盲率降低到 1%以下。开展短期培训、农村剩余劳动力转移培训、乡镇成人技术培训、青壮年脱盲和巩固提高等 110 万人次。中小学校舍安全工程全面实施,2008 年鉴定的 867400 平方米 D 级危房全部建成投入使用,危房拆除率 119.9%;完成威信长安中学、昭阳守望中学、绥江县板栗中学、南岸中学、巧家县中学等扩大内需建设项目建设任务;昭阳区凤凰街道办事处中学、旧圃中学等 11 所校舍安全工程,市特殊教育学校、镇雄县特殊教育学校和威信县 5 所农村学前教育推进试点工程正在建设中;鲁甸、巧家、彝良、盐津、威信县等 5 所特殊教育学校建设项目即将开工建设;昭通师专迁建一期工程已投入使用;民族中学迁建、市职教中心完成可研等前期工作。教育现代化信息技术环境已初步形成,建成昭通教育信息化平台,全市近 400 所中小学校接入电信宽带网,全市中小学生生机比上升为 100:1。

【医疗卫生事业稳步发展】 2010 年,全市有 483.31 万人参加新型农村合作医疗,“参合”率 96.03%,比 2009 年增长

4.96个百分点；共实施城乡市医疗救助总82.42万人次。公共卫生服务能力提高。12.91万城镇居民和79.64万农村居民建立健康档案，城镇和农村居民艾滋病防治知识知晓率分别为90.2%和81.4%；重大传染病和地方病防治工作进一步加强，98%的乡镇具备艾滋病抗体检测能力；儿童保健、孕产妇系统管理率提高，开展慢性病健康指导管理服务。基层医疗机构基础设施建设顺利推进。完成昭阳区苏家院、鲁甸龙树、巧家小河、盐津牛寨等19个扩大内需项目建设任务；鲁甸县人民医院住院综合楼投入使用，昭阳区、绥江县人民医院业务用房建设项目主体完工；彝良、大关、巧家、盐津、永善、威信、水富7个县级人民医院业务用房和巧家蒙姑、大寨等9个乡镇卫生院正在建设中；市人民医院住院楼投入使用，市中医院搬迁建设项目进入内装修阶段。基层医疗卫生队伍建设加强，招聘紧缺卫生专业技术人员263人、执业医师到乡镇卫生院3人，定向培养医学生15人。选派66名社区卫生人员、38名护理人员、10名中医分别参加全科医生、社区护士培训、社区中医培训，37名B超专业人员、26名县级骨干医师分别参加昆医附一院、"走进西部万名县级医师"培训；继续实施县级医疗机构支援乡镇卫生院工作，566人乡镇卫生人员进行了在岗培训，1523名乡村医生到县级医院进行临床实践，村卫生室1133人参加了公共卫生知识培训。昭阳区启动实施国家基本药物制度试点工作。3个社区服务中心及18个乡镇卫生院12月1日零时正式启动实施了基本药物零差率销售。

【文化旅游产业发展态势良好】 2010年，完成电影体制改革工作；组建昭阳区鹤舞高原艺术团、彝良县文化发展有限公司等10个文艺专业表演团队。昭通市花灯爱好者协会、昭通市山歌协会等多家群众性协会（团体）成功挂牌并开展活动。市广电中心和2009年40个扩大内需乡镇文化站、34个农民体育健身工程、422家农家书屋建成投入使用，完成了市级和5个县级支中心、45个乡镇基层站点、82个村级终端站点文化信息资源共享工程建设项目，威信扎西会议陈列馆完成陈列设计，市博物馆建设项目完成主体，进入外装修阶段；2010年62个乡镇综合文化站建设项目顺利推进。

旅游交通设施大为改观。昆水高等级公路全线贯通，威叙公路、巧蒙公路、盐电公路、镇毕公路全部竣工通车，昭威（宁）公路路况条件改善，与省会城市和川、黔、渝的距离缩短。连接景区景点的公路建设步伐加快，昭阳区到大山包的旅游专用线公路全面建成通车，彝良至岔河、彝良经小草坝至牛街的油路已经全线贯通；完成罗炳辉将军纪念馆改扩建和故居修缮，豆沙古镇连接线路完成拓宽改造任务，水富县城至大峡谷新区坝尾槽的高坝移民公路、鲁甸县城至伊斯兰风情园公路投入使用。旅游宣传促销进一步推进，5月举办"中国西部千里大峡谷旅游发展论坛"。巧家金沙江漂流项目进展顺利。全年接待国内游客600.08万人，同比增长40.1%；旅游业总收入16.5亿元，同比增长43.72%。

【就业再就业形势良好】 全年城镇累计新增就业20052人，4710名下岗失业人员和3227人特殊困难群体实现了再就业，共开发公益性岗位1409个，通过发放"贷免扶补"、"小额担保"贷款带动11516人就业；开展职业培训38355人次，有21507人顺利通过考核取得职业资格证书。企业稳岗工作进展顺利，对65户困难企业发放社会保险和职工技能培训补贴，稳定6090个就业岗位。城镇登记失业率4.3%；累计转移农村富余劳动力22.1万人。完成劳动保障信息化系统建设基础工作，昭阳区就业和社会保障服务设施建设项目进展顺利。

【社会保障能力进一步增强】 全市各种社会保险参保人数116.67万人，比上年增61%。基本医疗保险制度进一步完善，39.8万人参加医疗保险；城镇职工医保、城镇居民医保封顶线分别提高20%、25%。城镇企业职工基本养老保险参保人数8.21万人，企业退休人员基本养老金平均涨幅10%；纳入全国第二批新农保试点的威信、水富两县新农保工作启动，新型农村养老保险参保人数33.31万人。失业、工伤、生育保险参保人数分别为10.1万人、10.5万人、14.75万人。最低生活保障和医疗救助扩展，全市10.6万人纳入城市低保，48.07万人纳入农村低保；开展城市医疗救助15万人次，农村医疗救助52万人次；农村五保供养对象39945户44019人。建成昭阳、绥江、鲁甸、巧家、彝良县中心敬老院和威信旧城中心敬老院，市儿童福利院主体工程已完工，盐津县中和镇中心敬老院、大关中心敬老院二期工程、市流浪未成年人救助保护中心进展顺利，启动镇雄县流浪未成年人救助中心、儿童福利院和水富、威信、彝良、盐津、镇雄5县殡仪馆建设。

【金沙江援建工作稳步推进】 2010年，是溪洛渡工程开工的第五年，主体工程开挖全部结束，进入混凝土浇注高峰年，全年完成投资53.55亿元（云南部分26.78亿元），占年初计划的116%，超额完成全年投资计划。向家坝工程全年完成投资67.44亿元（云南部分33.72亿元），占年初计划的161%，超额完成年初投资计划。

【扎实抓好物价工作】 2010年，继续加强价格监管调控，确保全市价格总水平基本稳定。全市居民消费价格总指数为103，与上年相比，价格总水平上涨3个百分点，分别比全国、全省价格总水平低0.3个和0.7个百分点。

全年查处价格违法案件84件，查处非法所得460.33万元，没收非法所得252.52万元，退还用户207.81万元，罚款10.61万元，上缴财政263.12万元，经济制裁总金额470.93万元。其中市价格监督检查局查处价格违法案件37件，查处非法所得257.29万元，没收非法所得171.98万元，退还用户85.32万元，上缴财政171.97万元，经济制裁总金额257.29万元；县、区查处价格违法案件47件，查处非法所得203.04万元，没收非法所得80.54万元，退还用户122.49万元，罚款10.61万元，上缴财政91.15万元，经济制裁总金额213.64万元。

（市发改委　耿　敏）

投资服务

【服务窗口业务办结率99%】 2010年，市政府投资服务中心（以下简称"中心"）各服务窗口办理业务量超过1万件，办结率99%，接待咨询7000余人次，没有1起投诉件。

【对50余家企业开展调研】 3～5月，组成工作组到11个县区50余家投资企业开展调研，详细了解企业的生产经营情况，对企业存在的困难和问题，想方设法给予帮助和支持。通过深入调研、认真思考，撰写了《关于对昭通市招商引资工作的初浅认识与建议》一文提供给市委、市政府领导工作决策时参考，市委督查室将此文刊登在《调研与研究》上，同时被《昭通经济与社会》采用，读者反响较好。

【牵头打造"中国西部千里大峡谷"文化旅游品牌】 年内，由"中心"牵头，组织市内外一些摄影者、策划者和文学爱好者多次赴各县区挖掘历史文化内涵，拍摄多姿多彩的峡谷风光，通过论证、筛选、策划和制作，先后两次出版发行《中国西部千里大峡谷》文化旅游画册，引起对昭通丰富文化旅游资源的关注，为昭通"十二五"期间文化旅游产业大发展奠定基础。

【配合做好招商工作】 年内，围绕市政府的工作部署，"中心"积极参与并配合相关部门做好招商引资项目的推介、考察等工作。参与研究起草《昭通市鼓励外来投资若干规定》文件，主持编印《昭通招商指南》一书，提供给一年一度的昆交会及各种招商推介会使用；参与赴沿海地区考察，宣传推介昭通的一系列活动；全程参与昭通市党政代表团赴广东省深圳市考察活动；全程参与并接待沿海地区一些商家和考察团赴昭通考察投资的活动。

（市政府投资服务中心　周诚宣）

审　计

【审计项目327项】 2010年，全市审计系统完成审计项目327项，审计查出违规金额1330万元，管理不规范金额51340万元，应上交财政832万元，已上交726万元，核减固定资产投资额4914.6万元；提出审计建议465条，被采纳247条；提交审计综合报告6篇，发布审计公告9期，信息简报31篇；上报审计要情4篇，市政府主要领导批示1篇；移交有关部门处理违纪人员2人。

【开展创先争优活动】 7月，以创先争优为主题，组织市审计局和大关、盐津、水富3县审计局全体党员开展党建工作座谈会，全体党员重温入党誓词，开展警示教育、经验交流、党的知识竞赛和党员慰问帮扶等活动。

【开展党建创新年活动】 2010年，市审计局制定出台《昭通市审计机关"党建创新年"活动方案》和《昭通市审计局推进学习型党组织建设工作实施方案》，全面推进"三型"党组织建设。认真组织开展"爱读书读好书善读书"活动，全体党员撰写学习心得64篇，支部组织评选优秀学习心得21篇。

【"效能政府"建设深入实施】 11月15日，市审计局上线市政府"政风行风热线"栏目，就群众关心、关注的新农合资金管理使用等审计情况与听众进行了在线互动交流，及时解答群众提出的相关问题，取得了较好的社会效果，进一步提高了审计工作的影响力。

【"云审工程"扎实推进】 2010年，组织市、县领导班子4人参加国家审计署组织的新任局长培训班学习、4人参加省审计厅组织的新任局长培训班学习；组织开展《浅析财政预算执行审计》等10个专题的审计知识培训，参训人员450余人次；组织市、县区审计人员70余人次参加国家审计署和省审计厅组织的业务知识培训和审计师资格考试培训；组织开展AO系统应用软件全员培训2期，参训人员120余人次。全市通过AO认证考试的人数占一线审计人员的97%以上，通过中级职称考试的人数占全市审计人员的31%。

（市审计局　胡官蓉）

统　计

【统计分析研究取得成果】 2010年，市统计局依托丰富的统计资料，加强专题分析和调查研究，努力提升统计决策咨询水平。其中《正视困难、应对挑战，确保经济平衡增长》、《逆风而上、顺势而行——2009年昭通经济运行形势分析及2010年展望》、《经济在逆境中平衡回升、信心在艰难中恢复》、《生产出现积极变化、增长基础仍需夯实》、《"三驾马车"对昭通经济增长的影响》等文章分别刊登在《昭通经济与社会》、《昭通统计》和《昭通日报》上。在全省优秀统计论文评选中，《昭通市投资拉动经济增长的初步研究》一文被评为一等奖；《改革大发展，历史大跨越》一文被统计学会评为优秀统计论文二等奖。

每月编辑《昭通市国民经济主要指标》，编辑出版《昭通市领导干部经济工作手册——2010》。编辑出版大型资料书籍《昭通崛起六十年》，内容包含1952～2008年的主要统计指标数据，展示昭通60年来取得的主要成就。

【各县区乡镇统计站全部建立】 2010年底，各县区乡镇统计站已全部成立，全市143个乡镇到位人员207人；8个县地方调查队组建完毕，到位人员47人。为改善县乡办公条件，省市统计局共投入经费近百万元改造网络环境和添置计算机设备。部署了安达通的VPN安全网关系统，实现500个VPN用户在线能力，从根本上解决了昭通143个乡镇接入内网的方式。

【强化统计系统队伍建设】 年内，各级统计部门积极开展学习型党组织建设，扎实开展争先创优活动，着力推进精神文明建设。加大干部教育培训力度，组织全市统计系统能力建设培训班，选派1名县级统计局长参加国家统计局培训班学习。组织公务员参加统计专业技术职称考试，全市有168人参加统计专业高、中、初级技术职称考试。

【昭通市第六次人口普查初步完成】 年内，在各级普查机构和2.5万普查员、普查指导员的共同努力下，已顺利完成普查准备、普查入户登记、普查数据扫描录入等阶段的工作，目前正在进行后期数据处理工作。为高效做好人口普查工作，不断完善工作措施和控制体系，制订并下发《昭通市第六次全国人口普查实施方案》、《昭通市第六次全国人口普查问责办法》、《昭通市第六次全国人口普查领导小组成员单位职责分工和工作方式》、《昭通市第六次全国人口普查督查工作制度》、《昭通市第六次全国人口普查重大事项报告制度》、《昭通市第六次全国人口普查应急预案》等。这次人口普查，除市、县区各级政府高度重视外，市人普办多次组织成员单位到县区督查，及时解决普查中出现的新情况、新问题，保证普查入户登记质量，普查工作取得阶段性成果。

（市统计局　龚尚东）

工商行政管理

【法治机构核审案件650件】 2010年，制定并下发《昭通市工商局"五五"普法暨"三五"依法治理工作总结验收实施方案》。法制机构共计核审案件650件，工商所法制员核审案件271件，办理行政复议案件3件。对符合条件的871名具有执法资格的公务员换发了新版工商行政管理执法证。

【全市登记注册企业7034户】 2010年，切实履行企业登记管理职能，努力完善市场主体准入制度。至年底，全市登记在册企业7034户，注册资金167.94亿元；其中内资企业2163户，注册资金48.23亿元，比上年同期户数增加0.93%，注册资金增加12.85%；包括国有企业780户，集体企业674户，股份合作制企业107户，国有集体性质的公司（含分公司）577户，联营企业25户；全年新设立内资企业63户，注销43户。私营企业4871户，注册资本119.71亿元，与去年同期相比，户数增加14.72%，注册资本增加35.81%。包括个人独资企业867户，合伙企业194户，私营有限公司（含分公司）3811户，私营股份公司（含分公司）28户，私营企业从业人员92234人；全年新设立私营企业867户，注销248户。全市有农民专业合作社358户，成员2344人，出资总额2.82亿元；与去年同期相比，户数增加57.71%，成员增加70.39%，出资总额增加10.38%；全年年新登记131户，成员1093人，出资总额8241.19万元。个体工商户71759户，从业人员132928人，注册资本22.51亿元，与去年同期相比，户数增加14.85%，注册资本36.86%；全年新开业14748户，从业人员24494人，注册资本72714.77万元，注销5470户。

【企业监督管理】 2010年，执行各级政府决定撤销或关闭"两高一剩"企业10户，网上年检通过企业3684户，办理股权出质68起，出质有限公司股权3.7亿元，帮助企业解决融资金额7.9亿元。查处无照经营案件548件，案值560万元，共处罚没金额111万元。

【加强市场规范管理】 2010年，全市查处农资违法违规案件51件。积极推进"禁塑"工作，查处违法经营户153户，收缴塑料购物袋46823个，罚款6500元。

【消费者权益保护有成效】 2010年，"12315"指挥中心受理消费者咨询5863件，与上年5102件相比，上升13.0%；申诉466件，与上年452件相比，上升3.0%，为消费者挽回经济损失23.04万元；举报268件，与上年212件相比，上升20.9%。受理96128政务信息查询专线转接的来电26件，已按相关工作制度及时解答和处理。

【进一步加强食品流通监督管理】 2010年，按照"五个统一"、"四个规范"的规范示范店建设创建要求，全市工商系统命名表彰"星级示范店"或"农村食品安全示范店"1791户。开展食品质量快速监测，组织开展监测418次，抽检食品样品1981组，通过监测，不合格63组，抽检样品合格率为96.8%。强化入市食品质量监管，组织开展了春节、端午、中高考期间及校园周边食品市场专项整治行动。开展违法添加非食用物质和滥用食品添加剂整治。依法开展《食品流通许可证》核发工作，已核发食品流通许可证2021户。

【反不正当竞争执法取得成果】 2010年，创建26个无传销社区（学校）。捣毁传销窝点7个，移送公安机关案件2件2人，行政处罚案件9件，教育遣散131人。校园周边秩序整治工作顺利开展。取缔"黑网吧"42户、电子游戏室4户、无照经营教材2户；没收电脑111台（套），暂扣电脑275台；收缴有害卡通画册232册、各类"现代迷信"读物116本、盗版光碟463盘、淫秽光盘5盘，人民币缩印件8504张，有效维护了全市文化市场秩序。

【注册商标86件】 2010年，推进"一所一标"、"一所多标"和商标品牌战略工作，新申请商标注册86件，新申报著名商标7件，获得认定著名商标5件，到期续展认定著名商标4件。推进商标兴农工作，新申报“昭通苹果”、“昭通土豆”、“永善花椒”、“永善核桃”、“永善黄华柑橘”、“盐津乌骨鸡”6件地理标志证明商标。切实保护商标专用权，以开展打击侵犯知识产权和制售假冒伪劣商品专项行动、保护世博标志专有权和亚运会标志为重点，及时查处了一批有影响的典型案件，共立案查处商标侵权假冒案件27件，案值6.27万元，罚没款8.56万元，没收、销毁侵权商品782件。

【工商系统完成行政性收费19余万元】

2010年，坚持大额资金集体讨论，严格执行“收支两条线”规定和“一支笔”审核财务报销制度，严格公务用车配备使用管理，严格控制公务接待费用支出，严格控制党政机关办公楼等楼堂馆所建设。委托会计师事务所完成镇雄、威信、绥江、水富、大关、盐津6县区局的审计，进一步规范会计行为。经过全系统干部职工的艰苦努力，完成行政性收费收入193.99万元，罚没款516.03万元。

【经济检查办理案件1277件】 2010年，全市工商系统办理一般程序案件1277件，简易程序案件1662件，案值2538万元，收缴罚没款507.87万元。

【全面启用红盾移动执法监管平台】 2010年，在全市工商系统全面启用红盾移动执法监管平台，配发移动执法终端953部，实现全市干部职工人手一部移动执法终端，实现了利用移动执法终端的效用进行远程办公。完成市局机关内网运用的改造工作，启用了内部信息交流平台和红盾论坛平台，并将全市腾讯通账号升级为一人一号，扩展了腾讯通的运用范围。自主开发完成昭通市网上绩效督查平台，实现了对省工商局六项指标、五项重点工作、市工商局局长目标责任制完成情况的网上督查，定期掌握工作动态。

（市工商局　马　旭）

国家税务

【全市国税机构、人员情况】 2010年，市国税局机关共设有19个科室。其中14个内设科室：办公室、机关党委办公室、财务管理科、人事科、教育科、监察室、政策法规科、货物与劳务税科、收入核算科、纳税服务科、所得税科、征收管理科、大企业与国际税务管理科、离退休干部科；3个直属机构：稽查局、直属税务分局、车辆购置税征收管理分局；2个事业单位：信息中心，机关服务中心。全市国税系统设有11个县、区局，11个基层分局，12个稽查局。

全系统有干部职工1150人，其中在职干部、职工841人。在职人员中，少数民族89人，占10.58%，妇女272人，占32.34%，中共党员526人，占62.54%，大专以上学历698人，占82.3%，其中研究生13人，本科学历251人，专科学历434人，中专及以下学历143人；离退休干部职工309人，其中离休14人、退休295人。

【超额完成年度组织收入任务】 2010年，全市国税收入创历史新高，超额完成目标任务。累计入库各项税收收入487486万元，与上年同比增收114365万元，增长30.65%，完成全年计划的117.66%。其中增值税累计入库218842万元，与上年同比增收59408万元，增长37.26%，完成全年计划的123.64%；消费税累计入库216100万元，与上年同比增收47511万元，增长28.18%，完成全年计划的112.84%；企业所得税累计入库36531万元，与上年同比增收4269万元，增长13.23%，完成全年计划的114.16%；个人储蓄存款利息所得税累计入库293万元，与上年同比减收471万元，下降61.65%，完成全年计划的73.25%；车辆购置税累计入库15718万元，与上年同比增收3646万元，增长30.20%，完成全年计划的117.3%。

【审查重大税务案件19件】 2010年，组织开展税收执法检查工作。检查内容涉及三个年度八项执法行为，对检查出的问题进行督促整改。至12月20日，全市审理重大税务案件19件，占去年稽查案件数的13.97%，其中市国税局受理两件，退查1件、改变处罚决定1件。

【增值税管理工作得到强化】 2010年，全市有一般纳税人1192户，比上年的1050户增加142户，增长13.52%。固定资产进项税额抵扣2.95亿元，占总进项税23.92亿元的12.33%。全年煤炭开采和洗选业入库增值税32289.59万元，与2009年相比，增收7602.06万元，增长30.79%。完成评估108户，评估入库增值税及进项税转出184.56万元，加收滞纳金5.46万元，移交稽查14户。完成2010年出口货物退（免）税认定、申报、审核、退库和调库工作，截至12月15日，全市审批办理退税180万元。全年收到核实函2份，实地调查核实了2户企业的生产、销售及纳税等情况；发出核实函1份，涉及供货企业1户，按期收到对方复函。

【车辆购置税管理稳步推进】 全年受理减征小排量乘用车11127辆，减征车辆购置税1295万元。征税车辆数75032辆，较去年同期69499辆相比增长8%，车辆购置税累计入库15718万元，与上年同比增收3646万元，增长30.20%，完成全年计划的117.30%。

【企业税收管理进一步加强】 全年企业所得税入库36531万元，与上年同比增收4269万元，增长13.23%，完成全年计划的114.16%。大企业入库国际税收178.52万元，同比增长19.9%。

【普通发票简并换版工作完成】 普通发票简并换版工作是2010年国税系统的一件大事，市国税局成立组织机构，加大宣传力度，抓好培训指导，建立上下联系机制，加强与省国税局和县区国税局的沟通联系，做到全面掌握全市情况，完成发票换版工作。

【对123户纳税户进行税务检查】 年

内，对123户纳税户进行纳税检查，查处有问题户116户，查实率94.3%；查补收入5681.38万元，其中稽查查补收入208.04万元（查补税款99.01万元，处以罚款78.75万元，处罚率79.53%，加收滞纳金30.03万元，没收非法所得0.25万元），企业自查补税5473.34万元，查补收入已全部入库，入库率100%。

【纳税信用等级评定954户】 2010年，开展纳税信用等级评定，促使纳税人建账建制进一步规范。全市评定A级纳税人36户、B级692户、C级222户、D级4户，合计954户。

【干部教育培训300余人】 6月、9月，100名干部参加在扬州税务学院举行的税收管理员培训班、税收业务骨干培训班培训。至此，市国税局连续4年共派出400名干部到扬州学习。开展“送教上门”培训活动，分别到盐津、镇雄开办所得税业务培训班，160名干部参加培训。坚持做好函授学历教育工作，与中南财经政法大学联合开办的100人本科学历教育函授班已完成全部学习及论文答辩工作。鼓励干部通过自学参加与税收工作相关的注册税务师、注册会计师、律师等资格考试，今年又有1名干部取得了注册税务师资格证书。专门聘请扬州税务学院周敏教授和马岩教授到市国税局开办专题讲座，并积极组织全系统职工听取省国税局特邀的戴鹏教授的专题讲座。投入130157元购买图书供大家阅读。全市国税系统共撰写各类调研报告51篇，其中市国税局作为税收科研成果编发28篇。完成《昭通国税经济调研》2009年汇编。

【精神文明建设再谱新篇章】 2月，在全省国税工作会议上，昭通市有4个县税务局被命名为“文明单位”；3个县局计征股被授予“巾帼文明岗”称号。5月，向省国税局申报文明单位1个、巾帼文明岗2个，已通过省国税局检查组的检查；在2010年全市国税工作会议上，表彰文明单位2个，精神文明建设先进工作者27人；在6月28日召开的全省国税系统党建工作会上有1个县国税局机关党总支、7个先进基层党支部和15名优秀共产党员获得表彰；1名干部被云南省总工会表彰为省级劳模，1名干部家庭被省总工会表彰为省级“和谐家庭”。

【挂钩扶贫再创佳绩】 春节期间，市国税局为挂钩扶贫点彝良县小草坝乡小雄村送去3.75万元的技术图书和5000元的桌椅，帮助建立了图书室。并从经费中挤出6000元，走访慰问全村12个社的16户特困户、13户五保户、5户特困党员户、2户残疾人困难户。以应急措施帮助村民度过灾情，支付5000元用于支援村委抗旱经费；出资6000元购买2台抽水机，解决220户800多村民的用水；指导在沿小河的6个社开挖6个沙水井；帮助小雄村联系1000千克抗旱性能较强且稳产的“扎单202号”玉米良种；市国税国税局拟筹措10万元，帮助小雄村修建鱼池养河鱼增加收入。

（市国税局 唐耀久）

地方税务

【地方税费收入增收5.65亿元】 2010年，全市地税系统组织地方税费收入30.97亿元，比上年同期的25.32亿元增收5.65亿元，增长22.31%。其中地方税收累计入库21.51亿元，完成省地税局年初下达计划18.9亿元的113.81%，超计划13.81个百分点，比上年同期增收4.53亿元，增长26.68%；规费收入完成9.46亿元，同比增收1.12万元，增长13.43%。规费收入中，社会保险费征缴入库8.17亿元，同比增收7836万元，增长10.61%；地方教育附加收入5172万元，工会经费和建会筹备金完成7224万元，散装水泥专项资金完成461万元，文化事业建设费完成84万元。

地方税收入分预算级次完成情况：中央及省级收入累计完成5.42亿元，超年度省地税局调整计划0.11个百分点，同比增收1.73亿元，增长46.81%。市级收入累计完成3.67亿元，完成年度省地税局调整计划，同比减收533万元，下降1.43%；县区级收入完成12.43亿元，超年度省地税局调整计划0.04个百分点，同比增收2.85亿元，增长29.81%。

【税费执法进一步规范】 2010年，全市各级地税部门以开展全国第19个“税收宣传月”活动为契机，通过发送宣传短信、开展咨询服务、举办知识竞赛、演讲比赛、制作税收宣传短片和动漫作品等办法，开展一系列形式活泼、内容丰富的宣传活动，使税收法治环境得到进一步优化。加强税收规范性文件管理，按照相关规定，清理废止1件规范性文件，对县级局制定的2件规范性文件进行了备案审查，向省地税局报送备案2件规范性文件。深入推行税收执法责任制，加强对执法行为的全程监控。配合审计部门开展对全市地税系统2009年税收征管情况的联网审计，针对存在问题，加强延压税款和代征代扣税款的入库管理，进一步降低执法风险。坚持依法办理、实事求是的原则，按时办理政协昭通市二届五次会议第50号提案，认真处理和回复市长热线办交办的3件群众反映问题，得到政协委员和群众的肯定。全市地税稽查部门坚持日常检查、专案稽查、专项检查和专项整治相结合的稽查工作机制，在做好日常检查的基础上，加大对涉税举报案件的查处力度，并开展以房地产及建筑安装行业、药品经销行业、交通运输业等为重点的专项检查工作，联合公安经侦部门开展打击发票违法犯罪专项治理行动。共检查纳税户221户，查补地税收入2542.89万元。

【税收征管加大力度】 2010年，坚持属地管理和分类管理相结合的原则，建立健全税收管理员工作档案资料，加大巡查力度，进一步完善省、市、县三级重点税源监管体制，至年底，纳入全市重点税源监控的企业扩大到49户。深入开展“征管数据清理月”活动，全市清理24386户纳税人征管数据，清理检查出有问题户数3114户，占总数的12.77%，完成全市6户外商投资企业联合年检工作。完成2009年度企业所得税汇算清缴工作，对房地产行业企业所得税预缴管理工作进行检查。超额完成2009年度个人年所得12万元以上自行纳税申报工作任务，积极稳步推进个人所得税全员全额扣缴明细申报管理和个人所得税信息系统管理工作，认真开展股权转让所得征收个人所得税专项检查工作，完成2009年个人工资薪金所得与企业的工资费用支出比对工作。

【推广纳税服务评价系统】 年内，在全市地税系统11个城区办税服务厅推广应用纳税服务评价系统，在部分纳税人比较集中的办税服务厅推广应用排队叫号系统，进一步强化服务监督和考评，缓解了征期办税拥挤的问题。

【市地税局机关党委成立】 6月，市直工委正式批准成立中共昭通市地方税务局机关党委，也标志着市地税局党建工作迈上了一个新的台阶。

【干部队伍建设取得实效】 年内，坚持“德才兼备、以德为先”的标准，结合工作需要，对巧家、永富、永善、鲁甸4个县级局的领导班子进行调整和充实。认真落实机关政治业务学习制度，每周定期开展一次干部政治业务学习，采取以会代训等形式，先后举办了税政、法规、规费、征管、稽查等业务培训。认真拟定了全市地税系统干部教育培训方案，明确了2010～2013年教育培训的重点内容、培训方式和考核办法，为全系统干部教育培训工作的有序、深入开展奠定了基础。

【党风廉政建设狠抓落实】 年内，党风廉政建设狠抓制度落实，认真落实大额资金使用、税额核定、减免税审批、纳税服务等管理制度，确保各项法规、制度的执行到位。强化“两权”监督。继续加强对领导干部及重点部门、重点岗位、重点环节的监督，加强对贯彻执行“八个坚持、八个反对”、“四大纪律八项要求”等廉政制度和工作纪律情况的督促检查，防范了违规违纪行为。落实“三谈两述”制度，全市地税纪检监察部门开展各类形式的廉政谈话163人次。继续开展经济责任审计，全年完成4名领导干部经济责任审计工作，对审计中发现的倾向性问题和带普遍性的问题，严格按照有关规定作整改处理或进行通报，有效地促进了领导干部和财务部门严格遵守各项财经纪律，严格执行各项财经法规。

（市地税局　王兴武）

质量技术监督

【抓源头，保障食品质量安全】 2010年，市质监局下发1号文件，安排2010年食品监管工作的重点。推行食品加工企业（者）是第一责任人制度，进一步落实片区监管责任制，按照三员四定，两书一报告等模式贯彻落实食品安全区域监管责任制，全市95家生产企业都签订了安全责任书，1148家生产小作坊签订了质量安全承诺书。建立生产企业质量档案，对产品进行质量抽检和风险预警抽检。开展专项整治工作，全市出动专项整治监督检查、巡查车辆500余台次，出动检查人员1500余人次，检查食品企业、食品加工小作坊2000余家次，办理各类食品违法案件130余件，移交公安机关3件。争取各级政府食品监管经费46万元。完成省政府对集中整顿违法添加非实用物质和滥用食品添加剂的验收工作。全市食品加工企业（含小作坊）1243家，其中获证95家。

【规范管理，确保特种设备安全】 2010年，共立案查处各类特种设备违法案件25起；加强安全基础工作，共注册各类特种设备561台，受理特种操作人员申证980人，核发929证；受理特种设备操作人员复审换证585人，核发585证；对各类特种设备进行清理，全市报废设备113台，注销设备103台。完善更新了特种设备数据库。全市有工业压力管道70千米，气瓶6万多只，其他特种设备2368台。建立健全特种设备规章制度。制定《2010年昭通市特种设备安全监察工作要点》、《2010年特种设备监督检查计划》《特种设备现场安全监察工作规范》、《特种设备安全形势分析制度》、《局领导特种设备安全“一岗双责”制度》，制定《特种设备安全检测“三确认”规定》、《特种设备使用单位主体责任告知书》。深化专项整治工作，把安全生产年活动、特种设备安全“三项行动”及各类专项整治工作有机结合起来，进一步加强全市特种设备安全监察力度。持续开展特种设备安全生产大检查、危险化学品安全专项整治、打击非法违法生产经营建设行为、电梯维护保养单位专项整治、气瓶充装站和检验站治理工作。全市组织79个检查小组、出动446车次计1380人次，检查特种设备生产、使用单位450家涉及各类特种设备1220台，发现不合格设备118台，查出各类隐患322条，下发安全监察指令书100份，已整改280条，整改率87%。组织召开了2010年全市特种设备安全监察工作会和两次培训会，进一步提高全系统特种设备安全监察与检验工作水平。

【计量工作讲求实效】 2010年，开展“推进诚信计量、建设和谐城乡”工作，组织全市商业、服务业经营单位签订《诚信计量承诺书》47份，实现诚信计量自我承诺并公示社会。积极组织市综合技术检测中心参与2010年度全省法定计量检定机构电子汽车衡器和定量包装商品净含量计量检验能力比对实验。在11个县区组织开展2010年医用计量器具检定工作，并对辖区内881台医用计量器具进行了建档，提高在用医用计量器具受检率。组织相关人员，撰写4篇计量论文，其中《关于昭通市计量检定工作的一些思考》和《水富县计量器具检定工作浅议》2篇论文入选《中国测试》2010年7月第36卷。

【标准化工作取得实绩】 4月，市政府召开首次标准化工作联席会议，《昭通市人民政府关于推进标准化工作的意见》和《关于推进标准化工作意见的起草说明》经市政府常务会议讨论后发布。完成第六批全国农业标准化示范项目国家级彝良县小草坝天麻种植农业标准化示范区(Ⅰ类)的建设。完成667公顷天麻示范种植基地和81公顷中心示范样板建设。促进小草坝天麻种植增产增收。“昭阳区苹果种植标准化示范区”建设取得良好成效，省质监局检查组给予充分肯定。进一步加强烤烟标准化服务工作，全年仿制和审定了国标42级实物标样120套3608把。烟叶基准标样和仿制品分别通过国家质检总局和省质监局的评审。认真开展烟叶国家标准执行情况的监督检查工作，开展2次收购检查、1次工商交接检查，第一次收购检查抽查合格率73.57%，第二次收购检查抽查合格率73.47%。工商交接检查抽查合格率71.33%。检定77个烤烟收购站点计量器具199台(件)，受检率100%。受市政府委托，组织市植保植检站等5家单位的专家组成地方农业规范审查委员会，对《昭通优质烤烟综合标准》进行技术评审并通过审查。配合省质监局组成确认组，按《标准化良好行为企业试点确认工作细则(试行)》，对云天化股份有限公司复审换证进行现场确认。对红塔烟草(集团)有限责任公司昭通卷烟厂AAAA标准化良好行为企业试点进行现场确认。完成9家企业13个产品执行标准年度审查。组织相关单位、部门专家对昭阳区、水富县城市监控报警系统技术方案论证完毕。积极准备昭阳区苹果种植标准化示范项目的相关材料，在第十七届中国杨凌农业高新科技成果博览会上充分展示昭通苹果种植标准化所取得的成效。完成市龙凤科技养殖有限公司等7家企业商品条码系统成员注册登记工作，完成四季面厂等32家企业商品条码续展工作。

【加强认证认可工作】 年内，配合省质监局完成对鲁甸、镇雄县CDC实验室、彝良县华通汽车综合性能检测有限公司实验室资质认定现场评审，并督促其在时限内完成整改；完成永善、绥江县环境监测站、昭通市润源建设工程质量检测咨询有限公司及11县区建设工程质量检测中心实验室资质认定复评审及扩项评审。配合省质监局检测工作整顿活动考核检查组完成对昭通市粮油质检站、昭通市综合技术检测中心的考核检查。

由市质监局和市公安局交警支队成立了昭通市机动车安检机构专项整治工作领导小组，并召开全市机动车安检机构整顿工作会议。针对目前全市安检机构存在的问题提出整顿要求，制定具体措施和方案。通过全市机动车安全技术检验工作专项整治，各安检机构已签订质量承诺书，强化全市机动车安检机构的主体责任意识，落实责任制。省质监局已对全市13个检验机构全部进行了行政许可受理，待现场审核。

【实施质量兴市战略】 上半年，配合省质监局完成“质量兴省”战略“十二五”规划的基础调研工作，确定各县区开展“质量兴企”活动的企业30家及各县区拟振兴的重点产业的特色产业。确定水富等4县为质量兴县示范县。全省质量兴省工作会议后，及时成立以市质监局长任组长的质量兴市工作领导组，抽调骨干组建昭通市质监系统质量兴市领导组办公室。加强与市直部门的沟通联系，广泛收集质量工作基础数据，认真征询社会各阶层的意见完成《昭通市人民政府关于实施质量兴市战略的意见(送审稿)》和《昭通市质量兴市宏观经济统计指标》等七大背景材料起草工作。市政府法制办通过审核，于12月下发《昭通市人民政府关于实施质量兴市战略的意见》。

【工业产品生产许可管理审查49家】 年内，共受理12家12个产品，现场审查9家，通过9家，到期应年审48家，通过年审40家，3家停产待生产，3家建筑外窗获证企业因被取消纳入生产许可目录管理，待进行注销手续，2家到期未申请换证，对全市65家获证企业进行了巡查工作。组织指导各县区质监局对54家规模以上指定制造企业填报2009年度企业产品质量指标，并审核汇总上报省质监局。

【强化执法与产品质量监督工作】 年内，全系统出动执法人员3000余人次，出动执法车辆650余台次，立案335件，结案238件，结案率71%，移送司法机关4件；检查生产、销售企业、小作坊3000余家次。

开展农资、建材、危化品(液化石油气、乙炔、烟花爆竹等)、无3C认证、无工业产品生产许可证、人畜饮水民生工程用管材、食品、特种设备等执法打假工作；扎实开展了汽车衡、农资计量、重点工程等专项整治工作。

强化产品质量监督检验工作，制定《昭通市2010年度产品质量监督检验工作计划》和《昭通市2010年定期检验工作计划》，将食品、建材、农资3类共23种产品列入市级监督检验和定期检验计划，理顺了产品质量监督检验、定检工作。对218家食品生产企业进行监督检查，抽取食品类样品共262个批次，139个批次合格，合格率53%，对不合格的产品生产、销售企业，都已严肃查处或要求在规定时限内整改。

【质监人员技术服务能力得到提升】 2010年，市质监局党组狠抓市综合技术检测中心干部职工职业道德和行风、纪律教育。通过工作整肃中心顺利通过省质监局检验机构整顿检查组验收。检测中心顺利通过了市发改委关于涉企收费的检查。加强人员培养，检测中心人员取得各级各类资质证书16个。努力拓展服务范围和服务项目,全方位地开展为企业服务。全年检验质量样品1196个(组),特种设备2414台(件、条),计量检定6117台(件、支)。

把创先争优的学习内容与理论学习、业务知识学习和技能培训有机地结合起来,全市质监系统各级党组织分别召开动员会15场次,组织集中学习16次,参加学习党员干部270人次,心得体会270篇,宣传学习专栏13个。

【宣传工作进一步加强】 年内,利用"3·15""质量月"、"5·20世界计量日""世界标准日"等特定节日,开展系列咨询宣传活动。加大《产品质量法》等法律法规的宣传,采取真假产品辨别、免费计量检测、现场接受群众咨询、投诉等多种形式,加大宣传工作力度。悬挂、粘贴各类标语200余条,发放宣传资料2.5万份,举办培训讲座16次,参与企业300余家次。省市级媒体多次刊登、报道播出了质监工作情况。

(市质监局　王　敏)

国土资源管理

【新增建设用地指标490公顷】 2010年,省国土资源厅下达昭通市新增建设用地指标490公顷,其中新增建设占用农用地指标370公顷(占用耕地指标263公顷)。市内组织建设用地报件27件,其中15个城市批次用地,12个单独选址建设用地。共需用地总面积689.24公顷,其中农用地596.37公顷,耕地466.34公顷。

【全市国有建设用地供应234.99公顷】 2010年,市内国有建设用地供应总面积234.99公顷,其中划拨方式供地41.88公顷,出让供应面积193.11公顷。盘活市区存量土地,办理市区内原划拨用地补办出让手续共74宗,补办出让面积1.36公顷,收取出让金465万元;办理外贸公司、昭阳区宾馆等企业改制土地资产处置共9宗,处置面积3.32公顷,收取土地出让金73万元。

【《基本农田调整和布局图》等通过评审】 8月25日,省国土资源厅土地利用总体规划修编办预审通过市、县、乡的土地利用总体规划各类用地布局成果(3张图)。12月17日,常务副市长张纪华主持召开昭通市土地利用总体规划修编阶段性成果市级评审。12月30日,省国土资源厅在昆明召开昭通市土地利用总体规划修编(2006～2020年)前期工作专题研究、市县两级土地利用总体规划大纲及市县乡三级各类用地空间布局成果审查会。全市的《各类用地空间布局图》、《基本农田调整和布局图》和《建设用地布局图》3张图已全面完成并通过评审。

【召开土地利用总体规划市级成果论证会】 9月13日,市政府组织召开论证会。市政府分管领导主持会议,市土地利用总体规划编制工作领导小组成员单位、市土地利用总体规划编制工作领导小组办公室相关工作人员、编制单位等人员参加。会议对编制单位编制的土地利用总体规划成果进行论证、审查。

【划定基本农田保护面积28634公顷】 2010年,制定并严格执行基本农田保护的各项规章制度,将耕地保护纳入市、县区政府主要工作内容,建立健全基本农田监管体系,全面落实耕地保有量和基本农田保护面积目标考核责任。全市已划定基本农田30255块,划定基本农田保护面积28634公顷。建立基本农田保护标志281块,签订基本农田保护责任书到村907份、到组12831份。

【八条二级公路建设征地拆迁】 年内,8条二级公路建设征地拆迁,分别是:昭通至彝良、柿子至凤翥、镇雄至凤翥、凤翥至威信、水富至绥江、镇雄至威信、昭通至巧家、彝良至岔河。共征用各类土地1238.46公顷,拆迁各类房屋269300.1平方米,拆迁各类专项设施及地上附着物、青苗等共计8819.89万元,测算征地拆迁资金(含不可预见费、工作经费)52453.41万元。其中正线征用土地839.47公顷,拆迁各类房屋33374.01平方米,拆迁各类专项设施及地上附着物、青苗等共计7751.44万元,测算征地拆迁资金(含不可预见费、工作经费)共计43172.98万元;弃土场、施工便道等临时用地共征用土地398.98公顷,拆迁各类房屋2630.33平方米,拆迁各类专项设施及地上附着物、青苗等共计1068.46万元,测算征地拆迁资金(含不可预见费、工作经费)共计9280.42万元。

【建立工业用地储备制度】 8月18日,昭通市制定《鼓励外来投资若干规定》,实施建立工业用地储备制度。市、县区政府应安排一定资金,由市、县区土地储备交易中心根据地方工业发展的实际需要,建立工业用地储备,市不低于33公顷,县不低于6.67公顷,专项用于发展工业。优先安排工业用地指标,积极上报审批工业项目建设用地。

【土地出让金一次确定,分期偿付】 年内,规定投资3000万元以上的鼓励类加工工业及制造业项目(含改扩建),经县区以上政府批准,对土地出让金可以执行"一次确定,分期偿付"。一次性以土地出让合同确定土地出让金的应缴数额,在付清对被征地集体和农民的各项补偿、补助费,土地有偿使用费和有关上缴的税费后,地方土地收益金部分可在企业投产后3年内缴清。

【"兴地睦边"农田整治】 年内,积极推进实施"兴地睦边"农田整治工程。对昭阳区守望乡葫芦坪村等23个2009年度第一批土地开发(占补平衡)项目进行了规划设计及实施方案的批复。项目总建设规模2885.8公顷,新增耕地面积1916.40公顷,总投资9971.96万元。认真组织2010年全市土地开发(占补平衡)项目的报备工作。目前已报省国土资源厅的有昭阳区6个项目,共计建设规模1359.08公顷,新增耕地904.07公顷。认真落实省国土资源厅下达的2010年中低产田地改造及兴地睦边项目管理工作。总建设规模4251.03公顷,总投资10879.75万元,新增耕地171.9公顷。组织上报了2011年中低产田改造项目,总建设规模6216.04公顷,总投资19140.49万元,预计新增占用耕地223.38公顷。

【省国土厅土地开发整理检查验收组到昭通实地检查】 10月23~27日,省国土厅耕保处副处长俞鸿鹰、纪检监察室主任萧治平、国土规划整理中心主任杨明全及相关工程师一行13人,到昭通对7县区土地开发整理项目进行验收。工作组分别到项目所在地实地检查外业,集中检查财务、工程建设、工程监理等各内业工作。27日,召开检查情况反馈暨验收会议,参加会议的有项目所在地政府分管领导、国土局项目负责领导、项目建设工程监理单位负责人等。省工作组一行通报了工作组对各项目工程量的复核情况、项目财务检查情况,提出了整改意见。

【完成第二次全国土地调查】 年内,完成全市农村部分土地调查的各项工作任务,查清全市农村各类土地利用现状、权属状况,掌握区域内各类土地基础数据。完成二次调查基本农田上图工作;配合省国土厅完成昭阳区、鲁甸、镇雄县二次调查耕地增加部分的审查审核工作,为下一步土地开发整理打下基础。

【城镇地籍调查转入业内建库】 年内,城区所在地开展调查区10个,实际调查面积75.78平方千米,已全面完成外业调查工作并转入内业建库。调查区共涉及1/500地籍图1802个幅面70个街区672个街坊52076宗地。一般建制镇开展调查区41个(绥江县因向家坝电站建设,城区和3个一般建制镇辖区属库区淹没范围,未开展调查),面积约22平方千米。

【完成82个土地卫片执法检查】 年内,市政府成立由副市长何刚为组长的领导组,下设办公室在市国土资源局,负责具体日常事务。全市有疑似图斑82宗,面积174.81公顷,其中耕地68.77公顷,基本农田18.08公顷。经线性工程合并后,全市有图斑58宗,其中实际占用的新增建设用地18宗,实地伪变化40宗。按照全省土地卫片执法检查总体方案的要求,完成82个卫片监测图斑的判图定位、图斑范围界定、图斑内用地业主情况调查、现场拍照、绘制现场勘测图等土地卫片执法检查的外业核查工作,并对所有核查图斑内建设项目的用地手续和有关资料进行了收集整理。在卫片执法检查中,查出违法用地1宗,违法用地宗数占新增建设用地总宗数的比例5.56%,违法用地面积占新增建设用地总面积的比例0.44%,违法占用耕地面积占新增建设用地总面积的比例0.44%。

【查处违法案件14宗】 年内,全市查出未报即用违法用地14宗:昭阳区3宗、镇雄县7宗、巧家县4宗。截至6月30日,未报即用违法用地结案9宗:昭阳区3宗、镇雄县3宗、巧家县3宗;未结案件5宗:镇雄县4宗、巧家县1宗。全市查矿产资源违法案件186件,没收矿产品289吨,收取罚没款67.42万元,调处矿业权纠纷16件。

【工程建设领域重点清理104个项目】 年内,通过对2008年以来各县区建设项目用地审批、土地使用权出让、矿业权审批和出让、土地利用总体规划修编、矿产资源规划管理、地质灾害治理和土地开发复垦整理方面的项目进行排查清理,共排查项目164个,其中重点抽查清理项目104个(500万元以下项目76个,涉及资金5276.4万元;500~3000万元项目20个,涉及资金24263.4万元;3000万元以上项目8个,涉及资金68858.2万元)。清理、排查全市扩大内需项目有78个需要办理新增建设用地手续,占用面积2946公顷。逐一排查清理,未发现违规违纪情况。

【《昭通市矿产资源规划(2008-2015)》通过省级审查】 5月22日,省国土资源厅组织专家对昭通市送审的规划成果预审稿进行审查。审查认为《规划》资料丰富,思路清晰,确定的规划目标、任务具体可行,确立的优势重要矿产资源及勘查与开发利用现状,符合昭通市实际。提出的保障措施,能结合昭通市矿产资源管理工作的实际,具有较强的可操作性。同意通过审查。

【完成10个产煤县矿产资源整合】 年内,全面完成10个产煤县区煤炭资源整合工作。通过煤炭资源整合,全市保留煤矿291对。非煤矿产资源分为7大整合矿区,完成参与整合的18个矿权签订整合协议。全面完成76个上表矿区矿产资源利用现状调查工作,并通过省级验收。

【第一批地质找矿整装勘查项目启动】 年内,按照云南省3年地质找矿行动计划,省国土资源厅下达昭通市7995.83万元地质勘查资金。其中镇雄—威信煤田整装勘查3997.92万元,镇雄县洛旺煤矿区罗坎段普查1850.51万元,镇雄县则底、母享、鱼洞向斜煤矿普查2147.4万元。项目承担单位均为云南省煤田地质局,勘查单位为云南省煤田地质勘查院。

【全面清理和集中整治金沙江流域非法采金采砂】 年内,组织对昭阳区、鲁甸、巧家、永善、绥江、水富、盐津和大关县等金沙江流域矿产资源开发秩序和环境保护进行清理和集中整治,坚决扼制和严厉打击非法采金采砂活动。国土、水利、交通等部门暂停对河道采砂采金的新立登记颁发相关证照,对已经设立并颁发了相关证照的,对其采掘活动进行规范管理,严禁超越批准的范围开采,严禁借采砂而进行非法淘金。

【召开进一步推进矿产资源整合工作督办会】 12月1日,市政府召开全市整合工作督办会。整合工作涉及的鲁甸、巧家、永善、彝良、大关县政府分管领导和国土资源局局长、市直相关部门领导，与整合工作相关的矿山企业负责人参加了会议。

【排查地质灾害隐患点1833个】 年内，全面排查地质灾害隐患点，发现隐患点1833个。其中滑坡1340个、泥石流105个、山体开裂6个、崩塌324个、地面沉降13个、地裂缝44个、山体沉陷1个。所有隐患点共威胁150061人，威胁财产4306315.06万元。其中2010年新增滑坡43个、崩塌19个、泥石流17个、地裂缝1个，共计80个地质灾害隐患点，威胁人员4923人，财产5484.7万元。

在地质灾害点排查的基础上，云南地质工程勘察设计研究院昭通分院组织成立4个地质灾害防治核查专家组到各县地质灾害核查开展工作。共完成地灾隐患核查点101个，其中滑坡52个，崩塌30个、泥石流18条、地面塌陷1个、不稳定边坡4个。

【完成水富、大关地质灾害群测群防监测技术研发与示范项目】 中国地质调查局水文地质环境地质调查中心2009年起在昭通市实施地质灾害群测群防监测技术研发与示范项目。年内已完成水富、大关两县的示范项目，其余县区的部分重点监测隐患点也安装了仪器。全市安装使用预警伸缩仪69个，裂缝警报器421个。项目实施为防范地质灾害起到积极作用。年内，有效报警71次，成功预报4起，撤离26户114人。

【开展乡镇国土所地质灾害防治“五到位”培训】 4月20日，组织开展乡镇国土所地质灾害防治“五到位”培训活动。培训范围为全市所有存在地质灾害隐患的乡镇国土所和乡村。培训对象为国土所所长、从事地质环境和地质灾害防治管理的人员、农村党员干部、群防群测员。培训活动主题为“评估、巡查、预案、宣传和人员五到位”。7月14日在大关县召开全市培训会议，邀请国家地质调查局水文地质环境地质调查中心和省国土资源厅滇东北片区地质灾害应急专家组到会授课。

【内昆铁路水富火车站滑坡地质灾害治理】 年内，省国土资源厅下达300万元治理经费，对水富县高滩新区内昆铁路水富火车站滑坡地质灾害进行治理。滑坡点滑坡量95万立方米，汶川地震加剧了此滑坡隐患的发展。治理措施为抗滑柱84根，柱挡土墙10758立方米，锚喷支护5800平方米。

【抗旱救灾地下找水】 2009年入秋以来，昭通市遭遇了百年不遇的秋、冬、春三季连续干旱。按照省国土资源厅抗旱救灾地下找水行动的要求，全市国土资源系统充分发挥部门职能作用，全力投入到抗旱救灾找水行动中。全市施工井数129口，累计出水井数91口，累计涌水量7713吨，缓解了人畜饮水困难。3月16～26日，省国土厅派出以副厅长杜筑华为组长的工作组到昭通市进行抗旱救灾地下找水工作检查。

【大关、威信县完成地质灾害防治“十有县”建设】 国土资源部2009年在全国开展地质灾害群测群防“十有县”建设。市内大关、威信县结合实际，采取多种措施，按照“十有县”标准积极推进，完成全国首批“十有县”建设，受到国土资源部表彰。威信县水田国土资源所吴道银受到国土资源部授予的“优秀群测群防员”的通报表扬。

【鲁甸、大关获表彰为全省地质灾害防治先进】 5月20日，云南省国土资源厅通报表彰和奖励2009年地质灾害防治先进。鲁甸县因地质灾害防治成绩突出，受到省国土资源厅“2009年地质灾害防治先进集体”表彰，大关县国土资源局伍涛、巧家县国土资源局杨宗芬被授予“2009年地质灾害防治先进个人”称号。

（**市国土资源局** 宁立华）

食品药品监督管理

【多项并举促挂钩扶贫点和谐发展】 1月27日，局党组成员、副局长、总支书记赵永成带领相关科室负责人，到扶贫点巧家县药山镇小村村开展访贫问苦送温暖活动，带去新棉被20床和捐赠款3900元，慰问活动共走访了贫困老党员、贫困群众和残疾群众共20户，与小村村两委干部进行座谈，留下2000元的党建工作经费。

协调交通、扶贫等相关部门，累计获得资金支持200余万元，开展完成通达工程、整村推进工程，农网改造工程和河滩改造工程。这些工程从根本上解决了药山镇小村村、半箐村、大村村3个村人背马驮的问题，彻底解决不通电或“低电压、高电价”的问题。

深入推广中药材种植。市食品药品监督管理局继中药材试种、带领药山镇党委政府主要领导外出考察学习后，选取适合当地自然条件、容易栽种、质量稳定的中长期种植品种，以“公司＋基地＋农户”的模式推广中药材种植100公顷。

【韩梅实地调研、检查食品、药品安全工作】 2月7日，昭通市政府副市长韩梅率市食品安全委员会办公室、市工商、农业、质监、卫生等相关部门负责人及工作人员对节前的食品安全情况进行现场检查，就食品购入质量安全、配送情况进行深入了解。

7月21日，韩梅到昭通市骅成制药有限公司和昭通市金通药业有限公司了解企业生产经营情况，详细询问企业当前面临的形势和困难。市政府副秘书长吕大康、市卫生局局长陈华、市食品药品监督管理局副局长赵永成陪同调研。

9月25日，韩梅率领市卫生局局长陈华、市食品药品监督管理局副局长牛长林、陈桂到市食品药品检验所调研。实地查看市食品药品检验所基础设施建设，深入各业务科室详细了解食品药品检验业务开展、检验仪器配备使用等情况。

【开展食品药品安全知识宣传活动】 3月15日，昭通市食品药品监督管理局参加市、区消费者协会统一组织的主题为"消费与服务"的大型宣传活动。共发放宣传资料5000余份，现场解答群众关心的药品打假、食品安全监管等方面的咨询600余人次。

7月7日，市食品药品监督管理局组织市食品药品检验所、昭阳区食品药品监督管理局在昭阳区体育馆开展纪念《中华人民共和国食品安全法》颁布实施一周年宣传活动，拉开了全市《食品安全法》宣传周活动的序幕。共发放《〈食品安全法〉、〈食品安全法实施条例〉知识问答》5000份、常见有毒野生菌宣传图片1000份、农村家庭自办宴席监督管理宣传资料1000份，接受咨询200余人次，进一步增强了群众的食品安全意识。

【昭通市食品安全委员会召开2010年第一次联席会议】 4月8日，市政府副秘书长吕大康受副市长韩梅委托，主持召开食品安全委员会2010年第一次联席会议，各成员单位的领导参加会议。会上，市食品安全委员会办公室副主任、市食品药品监督管理局副局长牛长林通报2009年工作，指出存在问题，提出2010年重点工作建议；各职能部门汇报2009年工作情况及2010年工作打算。

【开展2010年食品安全工作中期督查】 7月19日，市政府召开市食品安全委员会成员单位会议，部署中期督查工作。抽调市农业局、市质监局、市工商局、市卫生局、市食品药品监督管理局的领导和相关工作人员组成5个督查组，于7月下旬至8月上旬分别对11个县区开展食品安全工作中期督查，主要对目标责任制管理、食品安全整顿、学校食品安全、节假日食品安全保障、应急处置等工作进行督促检查。

【召开"创先争优"活动动员大会】 7月9日，市食品药品监督管理局在金鼎大酒店召开"创先争优"活动动员大会，市直工副书记付兴德到会指导，市食品药品监督管理局党组成员、副局长、党总支书记赵永成作动员讲话，党组成员、副局长牛长林，党组成员、纪检组长陈桂出席会议，市食品药品监督管理局党总支各支部全体党员及活动联系点永孜堂制药有限公司党支部全体党员共80余人参加会议，会上表彰了2009年优秀党务工作者和优秀共产党员。

【启动药品从业人员千人培训计划】 8月25～26日，根据全年药械安全及药品从业人员培训计划，市食品药品监督管理局举办药品流通行业从业人员业务知识培训，对药品批发企业、药品零售连锁企业的280名从业人员进行培训。这标志着昭通市药品流通行业从业人员千人培训计划全面启动。

【完成县区食品药品监督管理机构改革交接】 10月29日，市政府召开县区食品药品监督管理机构移交工作会议。会议由市政府副秘书长傅再胜主持，副市长冯德出席会议并讲话。

市食品药品监督管理局、市人事局及各县、区政府领导在交接文件上签字，机构和人员交接工作顺利完成。

【扎实推进电子监管】 年内，结合基本药物制度的实施，强化监督检查，提升对流通企业的监管手段，做好疫苗、血液制品、中药注射剂、二类精神药品的电子监管工作。全市20家药品批发企业、15家已建立电子监管网络，5家正在建立中，电子监管工作正在有序开展。

【查处药械违法案件207起】 年内，强化药品市场日常监管，加强对特殊药品经营企业进货、销售、流向的实时监控。共出动执法人员6740余人次、车辆1600辆次，涉及药械经营使用单位2763家。查处药械违法案件207起，罚没款44.1万元。认真对待群众来信来访及投诉举报，全年收到药品、医疗器械投诉举报12件，做到登记率100%、回复率100%，不属于部门职能范围的，耐心解释，说明情况。

【监测上报违法违规广告14条】 年内，确定专职广告监测人员，组织相关人员参加省食品药品监督管理局举办的广告专项培训，利用现有的药械广告监测设备，对辖区内刊播广告媒介进行摸底调查，加大对违法违规药品、器械、保健食品广告的监测力度。共监测上报14条，省药监局通报9条，其中电视广告8条、广播广告1条。

【多措并举，稳步推进药品安全专项整治工作】 年内，把专项整治与GSP再认证、跟踪检查相结合。全市大部分药品经营企业面临换证和再认证，把药械安全专项整治现场检查作为GSP再认证工作的重点检查环节和重点检查内容之一，按照《昭通市药械安全专项整治现场检查指南》逐家进行现场检查，发现问题及时移交当地药监部门依法处理。

把药械安全专项整治贯穿于快检检测和日常监督抽验工作中，通过药品快检车走进社区、农村，初步筛查后，对质量可疑的品种进行抽样，使有限的抽样资源得到最大化的合理利用，提高抽样工作覆盖面和靶向性。按照《昭通市药械安全专项整治现场检查指南》，对涉药单位的药品购进、储存、分类管理等进行现场检查。两项工作的有机结合，避免了在抽样工作中"只抽不查"、"以抽代查"，有力地保证了药品质量。

通过将药品安全专项整治与GSP再认证及跟踪检查相结合，对全市县、乡、村1450余家涉药单位进行检查；与药品抽样工作相结合，对265个批次的药品进行现场快速检测，其中21个批次初筛呈阳性；全市立案98件，有力地打击违法违规行为，净化市场，进一步深化药品安全专项整治工作。

【严把准入口，规范行政许可】 年内，共组织开展499户零售药店的GSP再认证工作，核发新GSP认证证书499

个；派出28人次参加省药监局组织的GMP、GSP认证检查。全年新办药品经营许可证69个，医疗器械经营许可证60个，药品与医疗器械经营许可证变更事项62项，换发药品经营许可证334个；向省药监局转报3家生产企业、15家批发企业、3个制剂室的换证材料和21项各类许可证变更材料。

【药械检验监测成绩突出】 年内，共完成药品监督抽样880批次（任务800批次），已全出具抽样报告。市药品与医疗器械不良反应监测中心共收到药品不良反应监测报告742份，医疗器械不良事件监测报表76份，药物滥用监测报告902份。快速检测车完成筛查521批（任务500批），覆盖10个县区125家单位。

（市食品药品监督管理局 冯 皎）

住房公积金管理

【归集住房公积金9.2亿元】 2010年，住房公积金新增缴存单位62个，新增缴存职工3978人。全市归集住房公积金92026.67万元，完成年初归集计划7.3亿元的126.85%，月平均归集7716.89万元，累计归集40.09亿元，住房公积金归集余额突破31亿元。

【公积金使用提取2.21亿元】 2010年，全市提取住房公积金7248笔2.21亿元，占本年度归集资金的24.04%。住房公积金贷款累计发放24256笔24.21亿元，贷款余额15.73亿元，资产不良率从年初的0.05%降至0.01%。公积金的提取和信贷帮助部分中低收入职工改善了住房条件。

【文化建设取得成果】 2010年，住房公积金管理中心开展“塑造管理灵魂，创新管理技术，创建住房公积金文明行业（简称管魂管技）”活动，主要开展精读《管理学》、开设专题讲座、举办论坛等，全面提升职工思想认识，提高管理技术。管理中心编印《昭通住房公积金管理地图选集》一书，印发19期《工作通讯》，较为集中地展现了2010年文化建设成果。

【档案工作获全市先进集体奖】 2010年，管理中心加强档案工作的软硬件建设，充分发挥档案工作的服务职能，被市政府评为“全市档案工作先进集体”，被市档案局评为档案管理“优秀单位”。

（市住房公积金管理中心）

本栏目编辑：邵聪彪（经济社会发展综述—商业贸易）、刘宗伯（财政·金融·保险—经济管理） 审稿：王文福 校对：邵聪彪、刘宗伯（各自编辑内容）

科教文卫

责任编辑：刘　萍

科　学　技　术

自然科学

【镇雄县加工型马铃薯基地示范项目通过验收】 1月13日，市科技局受省科技厅委托，组织农业、植保、土肥、财务等方面的专家对镇雄县华业有限责任公司承担的13333.33公顷加工型马铃薯基地建设及深加工产业化示范项目进行验收。专家组听取项目承担单位项目执行情况的汇报后，查阅相关材料，进行现场质疑、评审答辩。专家组认为该项目的实施全面完成了项目任务书规定的研究开发内容和技术经济指标，筛选确定3个适合镇雄种植的加工型马铃薯品种，建成13333.33公顷加工型马铃薯基地，制定马铃薯规范化栽培技术规程，广泛开展实用技术培训。通过研究，马铃薯淀粉提取率提高了5个百分点，达95%，生产的"云惠牌"精制马铃薯淀粉获得绿色食品认证，实现农业产值16000万元，项目区农民实现增收，项目实施促进了镇雄县加工型马铃薯基地建设，提高了马铃薯规范化种植技术水平和农民科技素质，产生了显著的经济、社会、生态效益，专家组一致同意通过验收。

【市学术技术带头人工作领导组暨专家评审委员会议】 1月15日，市学术技术带头人工作领导组暨专家评审委员会在市科技局召开会议。参加会议的有市学术技术带头人工作领导组成员和专家评审委员会成员，市委常委、市委宣传部部长陆琴雯到会并讲话，对市学术技术带头人工作的开展提出意见和建议。专家评审委员会通过查看学术技术带头人在聘期内的履职情况，通过无记名投票方式，评出7名优秀和5名合格人员，并兑现了岗位津贴。

【全市科技工作会议】 1月22日，市科技局举行2009年全市科技统计暨R&D资源清查工作会议和科普工作统计培训会。会议通过科技统计全面了解全市科技发展现状，认识和分析科技发展中的困难和问题。对全市科技发展中的人才、科技经费配置、投入、科技活动等进行有价值的分析报告，以满足科技发展的需要，提高科技工作的影响力和显示度。

3月17日，全市科技工作会议召开。市委、市政府领导，市直各相关部门、部分企事业单位、科研院所、重点科技企业的领导以及学术技术带头人代表和县区政府分管科技工作的副县区长，县区科技局长参加会议。市科技局局长吴学志作题为《狠抓落实　合力攻坚　为推进建设创新型昭通打下坚实基础》的工作报告。市委常委、常务副市长张纪华作题为《加快推进创新型昭通建设　引领全市经济社会持续较快发展》的讲话，对2009年全市科技工作取得的成绩给予充分肯定，提出2010年全市科技工作的目标任务，对今年和今后一段时间着力抓好的重点工作作全面安排部署。会议兑现2009年度市政府与11个县区政府签订的科技目标责任奖励，宣读2009年度全市科技系统管理工作目标责任考核结果。市委常委、常务副市长张纪华与各县区签订《2010年科技目标责任书》。

【挂钩扶贫】 1月26～28日，市科技局局长吴学志、副局长黄剑镖、毕世贵带领科技局干部职工一行19人，到挂钩扶贫点永善县码口乡新营村开展访贫问苦送温暖活动。向33户结对帮扶农户每户发放科技局职工捐助的200元帮扶资金和尿素、大米、油、棉被等物品；向57户贫困户、老党员和科技示范户发放每户100元慰问金和尿素、大米、油、棉被等物品。同时把从民政、红十字会等部门协调来的20包约2000件衣物，发放给其他群众。总价值达4.84万元，其中市科技局直接投入现金1.66万元、物资1.8万元，协调其他项目资金1.38万元。并召开乡村干部、贫困户、老党员、结对帮扶户、科技示范户参加的民情恳谈会。总结扶贫工作取得的成绩，查找存在的问题，谋划2010年的工作。

5月31日至6月3日，局长吴学志、副局长黄剑镖和有关科室人员一行10人深入码口乡举行码口乡新营村科技活动室挂牌仪式，开展科技宣传培训，共发放《云南科技报·科技活动周特刊》、《科技抗旱技术应用手册》、《防震避震常识》、《云南农村科普》、《核桃种植技术》等各类科普读物10余类2万余份；为新营村在校学生赠送550本《新华字典》，为新营村购买配备办公桌、沙发、茶几、文件柜等办公设施，为科技活动室配备培训桌椅、电视、DVD、养猪、养牛、养羊、养鸡、核桃种植、作物栽培等农村实用技术书籍近1000余本，总价值达3万余元。

【省知识产权局慰问挂钩扶贫点困难群众】 2月8日，省科技厅党组成员、省知识产权局党组书记方涛在市科技局副局长黄剑镖、威信县政府副县长刘坤等陪同下，前往挂钩扶贫点威信县罗布乡新田村看望慰问基层干部群众，为新田希望小学、新庄村带去价值1万余元的2台办公电脑和2台打印机，走访看望了新田村沟头村民小组五保老人和贫困户，为新田村和新庄村困难群众送去4000元慰问金和价值1000多元的食用油及大米，并与乡村干部、村民小组长、贫困户代表进行座谈，代表省科技厅、省知识产权局向全村干部群众表示新春祝贺。

【科技培训和科普宣传力度不断加大】 5月17日，市2010年科技活动周系列活动启动仪式在体育馆广场举行，共展出科普知识宣传展板60余幅，发放《云南科技报·科技活动周特刊》、《专利申请与保护指南》、《科技抗旱技术实用手册》、《防震避震常识》、《地震知识100问》、《昭通科普》、《云南农村科普》、《气象科技防灾减灾》等科普报刊杂志20余类5万余册(份)。组织科技人员深入到盐津县豆沙镇、大关县寿山乡、永善县码口乡等地进行农村实用技术、科普知识宣传咨询、科技抗旱知识讲座、培训等。加大科技培训和科普宣传力度，形成面向全体公众的科学技术宣传、咨询、教育体系，通过各种媒体和多种形式，广泛宣传党和国家的各项科技政策、法规，普及宣传现代科学技术知识。利用科技活动周、科普宣传周、“三下乡”，科普进社区、科技进农家等科普活动，加大科技培训、宣传力度，开展农村实用技术培训。

【举办科技管理干部培训班】 11月21日，市科技局举办市第四期科技管理干部培训班。11县区科技局局(副局)长及其各乡镇副书记(副乡镇长)参加培训会。培训会由市委党校教授李朝清、市科技局领导授课，就《十七届五中全会精神》、《基层科技管理与创新》作专题讲座，并组织实地考察昭阳工业园、市天麻研究所、华新水泥厂、市新农村建设点杨家湾、华曦生态养殖场等科技场所。

【评审全市2008～2009年度科学技术进步奖】 11月26日，市科学技术进步奖评审委员会召开评审出2008～2009年度全市科学技术进步奖获奖项目32项。其中一等奖3项，二等奖5项，三等奖24项。获奖项目涵盖工业、农业、医疗卫生、公安等行业。由昭通卷烟厂完成的《多工艺柔性电气控制在流水线上的应用研究》，由昭通市烟草公司烟叶生产技术部和云南省气候中心共同完成的《昭通市烤烟生产信息数字化与烤烟气候资源分析研究》，昭通市农业科学技术推广研究所完成的《昭通苹果套袋及配套技术应用研究与推广》获2008～2009年度昭通市科学技术进步奖一等奖。《云南半细毛羊与杜泊羊杂交效果的研究》等5项获二等奖。《三辊式分层分行给煤装置的应用》等24项获三等奖。其中《昭通市烤烟生产信息数字化与烤烟气候资源分析研究》获2010年度云南省科技进步奖三等奖。

【科技服务平台建设迈上新台阶】 2010年，市科技局科技服务建设迈上新台阶。一是乡镇“八个一”(一个健全的科委班子、一位专职科技干部、一个示范市、一项优势主导产业、一个科技培训学校、一批专业技术协会、一项专项经费、一个科技服务中心)和村办“六个有”(有科技培训站、有科技辅导员、有优势产业、有一批科技示范户、农民有1～2门实用技术、户均有一本实用技术手册)试点工作取得实效。市科技局在水富县开展试点工作，健全了乡镇科委3个、村级科技培训站21个、科技试验示范点12个、科技示范户622户、科技协会20个。重点培植种植业、养殖业、水电能源、生态旅游等优势特色产业，基本实现乡镇“八个一”和村办“六个有”的目标。二是绥江科技110服务平台建设取得实效。在绥江县开展试点工作中，绥江县成立了科技服务平台建设领导组及办公室，设立了科技110服务电话，配备了专业工作用车，24小时专人接受群众科技咨询并及时上门服务，实现科技快速反应和零距离服务，达到科技“小问题不出村、大问题不出乡、重大问题不出县”的目标。三是全市科技服务平台建设取得明显成效。5月，依托于CNKI数据库建成昭通市科技创新服务平台，该服务平台是一个庞大的数据出版物超市，是整合、补充、完善各类资源形成一个有机整体，能为地区重大科研项目、重点科研部门、重点企业、重要机构提供全方位的、动态的技术信息、市场信息、人才信息；建立全国科技信息服务网云南节点昭通市科技信息服务站、昭通市科技局网站、昭通市科技情报信息网站等。这些服务信息平台的建成为宣传昭通科技，推广农村实用技术夯实了服务基础，为政府领导科学决策、企业、科研机构、科研工作者提供科技信息服务，为宣传昭通特色产业搭建了较好信息平台。

【开展抗旱救灾工作】 2010年，市科技局积极开展抗旱救灾工作。一是积极收集旱情，形成书面报告及时上报省科技厅，并专门到省科技厅汇报工作，争取科技厅的支持，并争取到1辆送水货运车。3月23～24日，市科技局副局长在单位派出的新农村指导员和乡有关领导的陪同下，到挂钩联系点永善县码口系新营村，对该村入冬以来干旱情况进行调研。并对乡、村两级干部提出要求。二是宣传科技抗旱知识，发放省科技厅编制的《农业抗旱科技成果及措施简介》到各县区、市直相关部门和农民手中。动员全局干部职工为干旱灾区捐款，共组织3次抗旱救灾献爱心保春耕捐款行动，共收到捐款11240元。其中局党组书记、局长吴学志个人捐款1800元，其余15名党员捐款7440元，人均577.5元。三是积极争取水利部门的支持，已争取“旱地龙”等浇灌设施。

【科技项目申报管理取得新成效】 2010年，科技项目申报管理取得新成效。年内加大对科技项目的调研、组织、论证工作力度，结合国家、省科技计划项目申报要求，积极指导、组织县区科技部门和企业编制科技项目争取支持，向科技部和省科技厅申报项目36项，获得支持21项，到位科技计划项目资金1155万元，完成市政府下达任务110%。盐津县被认定为“云药之乡”。云南永孜堂制药有限公司和巧家奥鑫资源再生利用有限公司被认定为云南省2010年高新技术企业，云南云天化股份有限公司被确定为云南省创新型试点企业。

【知识产权工作有新进展】 2010年，市知识产权工作有新进展。市知识产权局结合全市实际，制定出台《昭通市人民政府关于贯彻省政府知识产权战略的实施意见》，邀请云南省知识产权局副局长徐永忠、协调处处长周黎、专利代办处处长张素萍到昭通开展知识产权培训班。4月23日，由市知识产权局牵头，组织市文体局，市工商局，区科技局，区文体局，图书馆，文化馆等多家单位在市体育馆开展以“创新·保护·发展”为主题的知识产权宣传活动。向群众开展咨询活动100余人次，发放《专利申请与保护指南》小册子2000份、《知识产权ABC》200本、《科技抗旱技术应用手册》200本、知识产权宣传画报1000份、保护知识产权促进创新发展1000份以及《加强未成年人保护工作宣传资料》和《共享快乐阅读　兴建书香昭阳》等2000余份。全年共办理申请专利60项，授权38项，市知识产权工作被省知识产权局评为二等奖。

【获多项表彰奖励】 2010年，市科技局获全市市直机关绩效考核优秀单位、2010年宣传思想暨精神文明建设工作目标责任制合格奖、“十一五”百千万帮扶工程先进单位称号。获2010年度云南省科技系统信息工作先进集体，受省科技厅表彰。获2010年市科普先进集体，梁明安、李怀志、吴会仙获市2010年科普工作先进个人。市委宣传部、市科技局、市科协、水富县科技局被表彰为云南省“十一五”科普先进集体。刘静宇、梁明安、张莲香、周亚萍、徐明荣、张明先被表彰为云南省“十一五”科普先进工作者。市知识产权局被省知识产权局评为2010年知识产权二等奖。

（**市科技局**　吴会仙）

【召开学会工作座谈会】 1月6日，市科协召开2010年第一次学会工作座谈会，市直26个学（协会、研究）会的领导，市科协机关各部室负责人共33人参加会议。市科协党组书记、主席周洪主持会议并讲话，市科协分管学会的副主席梁恩洪出席会议。

【科普大篷车走进警营和乡村】 1月14日，市科协的科普大篷车开进昭通市武警支队的驻地。这是市科协联合市防震减灾局及地震学会、市农技协、候鸟研究会到警营给部队的官兵送科普知识。驻营区的部队在支队礼堂聆听地震学会工程师贺莉晶作地震科普知识讲座，各基层中队的官兵通过电视会议系统收看讲座。听完科普讲座后，官兵们到操场观看“节约能源、保护环境、科学避险、保护生命安全”等内容的科普展板。他们在“锥体上滚、看得见的声波、无形的力”等科普仪器面前操作、探究、讨论其原理。市科协向部队赠送70多种科普书籍。下午，科普大篷车到昭阳区北坡社区的白泥闸村开展科普知识宣传活动。市科协工作人员与市农科所、区园艺所的技术人员向村民共发放500多份科普挂图、书籍，对村民进行苹果科学栽培管理的理论辅导和冬季修剪的实地操作培训。

【举行老年科技工作者新春茶话会】 1月20日，市科协举行老年科技工作者新春茶话会。市委常委、宣传部部长陆琴雯到会看望老科技工作者。会后，市科协领导拜访、慰问部分老年科技工作者。

【到扶贫点送温暖】 春节前夕，市科协组织干部职工捐款到扶贫点镇雄县坡头镇营上村开展扶贫送温暖活动。市科协党组书记、主席周洪，副主席梁恩洪带头捐款，每个职工都为对口扶贫户捐款。由市科协领导带队组成慰问小组带着全体职工的心愿，深入到对口扶贫户的村社开展送温暖活动。

【召开二届四次全委会暨2010年全市科协工作会】 2月5日，市科协召开二届四次全委会暨2010年全市科协工作会。市委常委、市委宣传部部长陆琴雯出席会议并讲话。各县区科协主席、市直各学（协）会理事长、市科协机关各部室负责人等80余人参加会议。市科协党组书记、主席周洪在会上首传达省科协七届三次全委会精神并作题为《认真落实科学发展观　努力开创科协事业新局面》的工作报告。总结2009年的科协工作，对2010年的科协工作作部署。会上表彰先进集体和个人，与各县区科协签订《2010年工作目标管理责任书》。会议对各县区科协参会人员进行科普项目申报、项目经费绩效管理及其他业务的培训和进行安排。会议通过参会委员的表决，同意增补梁恩洪为市科协第二届委员会委员、常委、副主席；陈庆玲、胡祖鋆、陈晓洪、张荣斌为市科协第二届委员会委员。同意周明辞去市科协第二届委员会副主席、常委、委员的职务以及朱昌华、余挺、徐明荣、黄国礼4人辞去市科协第二届委员会委员职务。

【科普大篷车走进农村科技大拜年】 2月8日，按照市委宣传部"科技、文化、卫生"三下乡活动要求，市科协联合市护理学会、科普志愿者到昭阳区北闸镇开展科普大篷车走进农村科技大拜年活动。市委常委、市委宣传部部长陆琴雯到科协展台现场指导。市科协共发放科普资料5000余份，展出科普展板36块，科普仪器12件。

【开展科技抗旱专家行活动】 2月25日，市科协组织水利、农技、气象方面的专家，召开科技抗旱专家参谋会，面对昭通遭遇60年不遇的特大干旱，8名资深专家从科技抗旱的方式、方法与措施，通过梳理，共采集到20余条中长期抗旱的宏观措施与眼下救急的具体抗旱措施。会后，市科协依据专家们的意见，开展近期气象走向、科技抗旱措施与知识、科技抗旱生物产品使用知识的收集与整理，印刷成《昭通市科学技术协会科技抗旱知识手册》。3月9日开始，组成科技抗旱专家小分队深入广大干旱农村的集镇、田间地头开展科技抗旱专家行活动，面对面、手把手传授村民科技抗旱知识与技能。在鲁甸县小寨乡集市上向农民发放1000余本手册，到村子里向农户赠送科技抗旱生物产品"旱地龙"，并向村民讲解喷洒技巧。

【开展捐款献爱心活动】 3月1日，市科协召开全体职工会议，传达市政府向旱灾区献爱心捐助活动的文件精神，要求全体干部职工积极参与向灾区献爱心捐款活动。会后共收到市科协职工捐款1250元。

【成立食用仙人掌种植与开发研究会】 3月3日，昭通市食用仙人掌（米邦塔）种植与开发研究会成立大会在市科协会议室举行，60余人参会。市民政局社团管理领导宣读民政局准予成立的批复，市科协党组书记、主席周洪到会致词祝贺。

【赖永良等到昭通调研企事业科协工作】 3月16～19日，省科协副主席赖永良一行到昭通市科协、盐津县科协及其所属企业科协、学会调研指导企事业科协工作。昭通市科协党组书记、主席周洪作汇报，市科协副主席梁恩洪陪同到昭通市明飞旅游食品厂科协及其种植苦荞、燕麦的基地昭阳区大山包乡，昭通市荞麦发展研究会、昭通市民营企业家协会、昭通市黑颈鹤保护志愿者协会、云南侨通包装印刷有限公司等科普创效示范企业进行调研工作。

4月20～22日，省科协奥秘画报社社长卢俊、副总编李鹏飞一行分别到昭通市盐津县、昭阳区两个2010年云南省公民素质抽样调查县区科协调研。

【市人民医院成立科学技术协会】 3月18日下午，市第一人民医院科学技术协会成立暨首届会员代表大会在市人民医院凤娇楼四楼会场召开。市科协党组书记、主席周洪，市卫生局副局长邵光奎到会分别致辞祝贺并讲话。

【召开科普志愿者座谈会】 4月28日，市科协学会部在科协四楼会议室召集由学会部、科普部、青少部、办公室推荐的科普志愿者就其有关事项进行座谈。

【万张科普挂图进社区】 5～8月，在区科协和社区的积极配合支持下，市科协在昭阳城区范围内人口较集中的5个社区深入开展"万张科普挂图进小区"活动。"科普进社区，每年张贴科普挂图一万张"，这是市科协以社区为科普主战场，提升城市科普品位，在科普手段探索方面的一大举措。市科协坚持按照"进社区、进小区、进街道"的原则，在城区昭苑小区、民欣花园、牡丹花园等多个小区的社区宣传栏、道路两侧、广场、围墙和其他固定建筑物上张贴科普挂图，每个月更新1次内容，每月张贴和更新挂图850余张；内容涉及节能减排、防震减灾、养生保健、科学常识、绿色环保、心理健康等社会关注、居民关心的科普热点知识。

【科技活动周活动丰富多彩】 5月17日上午，昭通市2010年科技活动周启动仪式在昭阳区体育馆广场举行。市委常委、常务副市长张纪华，市委常委、宣传部长陆琴雯，市政协副主席张毅敏，市科协主席周洪，市科技局局长吴学智等领导出席活动，陆琴雯讲话。本次科技活动周由市科技局、市科协、市文体局联办，市科协、科技局、文体局、气象局、地震局、气象学会、地震学会等相关部门的科普志愿者在现场开展互动式便民服务活动，现场发放宣传材料2000余份，开展各类咨询200余人次。活动周上，市科协的科普大篷车、车载科普设备与仪器、各类科普展板吸引众多的中小学与群众观摩，不少观摩者还亲手操作实践，并希望多开展此类活动，以提高本市的全民科学素质。

6月5日第39个世界环境日，联合国环境规划署确定的主题为"多样的物种　唯一的星球　共同的未来"；中国政府确定的主题是"低碳减排绿色生活"。市委宣传部、市环保局、共青团昭通市委和昭阳区环保局共同举办"6·5"世界环境日暨庆祝国际生物多样性年宣传活动，在市体育馆广场举行。昭通市候鸟研究会、市资源环境保护协会围绕绿色环保、节能减排和生物多样性，积极参与。近千名环保自愿者参加此次活动。市委常委、市委宣传部部长陆琴雯出席并发表讲话。市候鸟研究会组织会员向群众发放《昭通候鸟》科普宣传折页500份；市资源环境保护协会协助主办方发放环保宣传资料图册1000余份。

10月1日，市候鸟研究会、市黑颈鹤保护志愿者协会，市资源环境保护学会、省环境科学学会昭通片区、昭通师专野草文学社、昭通师专环保协会等学会领导及会员,社会各界人士纷纷到省耕塘大坝及其周边捡拾游客扔下的垃圾,以实际行动庆祝国庆。这次科普志愿者行动,是市候鸟研究会,市黑颈鹤保护志愿者协会倡导的“人境和谐,志愿昭通——环保就是爱国”主题行动的积极响应。

【云南省青少年科技创新大赛昭通创佳绩】 7月,以“体验、创新、成长”为主题的第25届云南省青少年科技创新大赛在经过项目资格审查、专家初评、复评和终评的三级独立评审、优秀项目展示及交流、封闭问辩、分组答辩、大赛监委的全程监督和审查。昭通市代表队再次获优异的成绩。获学生创新研究项目一等奖1名、二等奖1名、三等奖2名;少儿科幻绘画二等奖7名、三等奖21名;少儿科幻作文三等奖3名;教师方案设计二等奖1名、三等奖1名;教师论文二等奖3名、三等奖3名。其中,获省级科技教师方案二等奖的作品—永善县实验中学教师蔡绘的《激活思维空间,拓展创新实践能力——少儿科幻画实践活动方案设计》经全国创新大赛初评,入围终评科技辅导员创新项目。

【开展科普宣传能手强化培训】 7月27~28日,市科协系统的30余位宣传专员齐聚市科协会议室,接受宣传专家的强化培训。市科协副主席、主任记者梁恩洪对受训的宣传专员进行宣传方式、途径、技能全方位的强化培训。本土资深摄影专家宋大明应邀对学员进行摄影基础知识的培训。

【举办环保知识科普讲座】 9月18日,市资源环境保护学会、市候鸟研究会在市科协四楼会议室联合举办环保知识科普讲座。省环境科学学会昭通片区、市黑颈鹤保护志愿者协会、师专环保学会的负责人及所属学会会员参会,市资源环境保护学会副会长、市黑颈鹤保护志愿者协会副会长、市环境监测站副站长、党支部书记钟龙主讲。

【科普日开展系列活动】 9月18日,市2010年全国科普日科普大篷车联合行动在昭阳区正式启动。市科协结合“坚持科学发展,走近低碳生活”主题,开展面向青少年的低碳生活体验活动,面向农民的“科普惠农”咨询活动,面向城镇居民的科技咨询活动,面向社区的科普讲座活动。全市各相关单位、学会、各县区科协300多名科普工作者和科普志愿者参加了活动,活动共展出科普展板330块,发放《昭通科普》、《水问》等科普资料11.2万份。各县区紧扣“节约能源资源、保护生态环境、保障安全健康”的工作主题,集中开展1周左右的科普宣传活动,在全社会营造科学发展、低碳生活的良好氛围。

【市“讲、比”活动评选结束】 2010年,市“讲理想、比贡献”活动评选工作,经昭通市科协认真组织、评选,最终评选出市明飞旅游食品厂、市中医医院、云南中大盐津发电有限公司;昭通市中医院宋万永、刘彬,昭通市盐津县中和镇卫生院陈大愚、彝良驰宏矿业公司贺昌友上报云南省“讲、比”活动领导小组。

【举办第三次褐煤科技讲座】 10月27日,市科协邀请云南省煤田地质局副局长、总工程师、地质正高级工程师罗俊作第三次褐煤科技专题科普讲座,主题是昭通褐煤成因及其探究。讲座由市科协、市工信委、市科技局、市国土资源局、市煤炭工业局主办,市褐煤科学技术研究会承办。市、区直23家相关单位的领导,市直学会负责人,企业代表,褐煤科普志愿者,社会人士等75人参会。

11月9日,市科协和昭通师专化学系相关人员,在昭通师专新校区举办褐煤科普讲座,教师、学生200余人参会。市褐煤研究会常务副会长、昭通师专教授钟鹰作主题是《褐煤的开发和利用》的主讲。

【举行环保知识专题科普讲座】 11月3日,市资源环境保护学会、昭通师专社团联合会在昭通师专举办环保知识专题科普讲座。市环保局、市科协的领导和专家,市资源环境保护学会的部分会员和团体会员单位负责人,昭通师专社团联合会会员等共200余人参会。市环保局副局长陈泽平讲解环境保护的基本知识,介绍昭通市环境保护工作的总体情况。市资源环境保护学会会长吴文主持讲座,市环保局主任科员、工程师范孝林主讲。

【省科协到昭检查“科普惠农兴村计划”实施】 11月1~3日,省科普惠农兴村计划项目检查组,由省科协科普部副部长赵刚带队,对昭通市“科普惠农兴村计划”项目实施情况进行检查。通过查阅痕迹资料、实地访问并听取市科协主席周洪对全市“十一五”期间科普惠农兴村计划项目实施情况的汇报等环节,认为昭通市科普惠农兴村计划的实施工作搞得扎实有力,成效明显。

【市农函大获国家级表彰】 2010年,在中国农函大开展全国范围的优秀校长和优秀教师评选活动中,昭通市农函大校长梁恩洪、永善县农函大校长吕锦被评中国科协农村致富技术函授大学评为中国农函大优秀校长,刘海燕、胡金成2人获中国农函大优秀教师称号。11月底,昭通市农函大又被省科协、省农函大评为先进集体,梁恩洪、周亚萍被评为先进工作者,常忠应被评为优秀教师。

【中国西部千里大峡谷科考活动】 12月3日,由市科协牵头,社会各界专家、学者共10人组成的中国西部千里大峡谷科考队开始在巧家县开展“行走大峡谷中国西部千里大峡谷科考”活动,预期时间1年,将对昭通市委、市政府提出的“中国西部千里大峡谷”概念范围内的文化旅游资源,进行全面详尽的科学考察,以摸清大峡谷范围内的文化旅游资源存量,初步摸清大峡谷范围内生物多样性状态下珍稀生物的种类与存量。为市委、市政府打造中国西部千里大峡谷这一文化旅游品牌,提供依据和建议。本次科考结束后,将产生系列科考视频影像集《行走大峡谷》和系列图文丛书《消亡与永生》等科考成果。

（市科协技术协会　杨春华）

【召开一届五次、六次全会】 1月14日，常务副会长兼秘书长高世清主持召开一届五次全会，并作5个方面通报：一是迎新春茶话会的安排；二是为老科协第二届代表大会召开，每一位会员应作的一件有意义之事；三是传达完成省老科协布置的任务；四是介绍现有会员的活动状况；五是介绍老科协换届筹备工作中遇到的有关情况。

3月3日，市老科协召开一届六次全会。与会人员围绕完成省老科协要求完成的三大任务、万名专家讲科普、开展新农村建设与农业现代化建设等工作积极进行建言献策及其“学术交流论证会”展开讨论。

【组织会员参观学习】 3月23日世界气象日，老体协组织会员们到市气象局参观学习。气象专家带领会员们参观了陈列室、气象台、农试站、人工防雹增雨指挥中心、昭通兴农信息网站、昭通国家基本气象站、昭阳区气象局，观看了《世界气象组织》、《气象事业蓬勃发展》、《应对气候变化、中国在行动》、《雷击村之谜》等气象科普宣传片。其中重点介绍了昭通气象科技事业发展，气象灾害及预警信号识别、2010年短期气候趋势预测及其防灾、减灾建议，秋冬春连旱现状及对策建议等。

【召开成立6周年纪念活动】 5月10日，老科协成立6周年，市“两办”确定的19个联席会议制度单位领导与市老科协工作有密切联系的单位领导及社会知名人士和老科协全体会员共同参加庆祝活动。会议由副会长吴启勋主持，副会长刘世镍致欢迎词，常务副会长兼秘书长高世清作6周年工作总结报告，市人大副主任、老科协名誉会长张华贵，市文联主席、全国劳模夏天敏，市科协秘书长周亚萍讲话。

【积极为“三农”服务】 5月26日，应昭阳区大山包乡农业综合办与市农业环监站邀请，市老体协组织率领老科技工作者一行18人，对当地普遍反映的一种名为“飞机草”、“松毛草”已经漫延和危害着全乡2533.33公顷粮食作物的害草进行调研、考察。老科协会员、高级药物师、市药检所原老领导杨廉玺以实物对照《中国植物志》书籍图片逐科、逐属、逐条查出它是石竹科，实名“大爪草”，可作牲畜饲草用。经宣传媒体报导，引起中国农业科学院领导和专家的高度重视，派来外来入侵植物的植物保护首席专家付卫东前来考察。并认定市老科协鉴定为“大爪草”结论正确，表示回去以后向部领导汇报，将此草作为一项科研项目列项、攻关。

【市老科协获表彰奖励】 6月24~26日，在省老科协第四届会员代表大会上，市老科常务副会长兼秘书长高世清被选为理事。在表彰奖励的33个先进集体、66名老科技优秀工作者中，昭通市老科协被表彰为先进集体，高世清、尹嘉兴被表彰为优秀工作者。

【市老科协建言献策得到采纳】 2010年，为提升昭阳城市形象和品位，市老科协向市政府及相关部门提出定植市树、市花和关于充分利用水资源净化昭阳中心城市生态环境列入城市建设规划和将渔洞水库水用于发电的水流径昭阳城后再回到下游梯级电站循环使用等建议，均被纳入议事日程和督办内容。

【参加省老科协“十二·五”规划建言献策研讨会】 12月2~4日，云南省老科协在德宏州芒市召开全省老科协系统为“十二·五”规划建言献策研讨会。到会代表共188人。昭通市老科协常务副会长兼秘书长高世清、副秘书长吴正培、顾问王声荣、水富县老科协会长陈嘉荣、秘书长王永平参加会议。会上，121篇文章列入《论文选编》。其中高世清的《加强昭通市水利建设的建议》、《渔洞水库用于发电的那部分水可绕城一周，改善昭阳城生态环境的水源建议》；吴正培的《发展农村专业合作组织，促进新农村建设》、《积极开展人口研究，促进老龄事业发展》，王声荣的《竭力把苹果培植成“十二·五”昭阳区富民强市的支柱产业》收入《论文选编》。

（市老科技工作者协会　高世清）

气　象

【召开全市气象局长工作会议】 1月26日，全市气象局长工作会议召开。会议总结2009年工作情况、存在困难并安排2010年工作，局长龙水华传达全省气象局长会议精神，重点分析2010年将面临的新挑战、新任务。

7月27~28日，2010年半年全市气象局长会议召开，局长龙水华作工作报告，总结全市上半年的工作情况，表彰2009年度综合目标、人影、重大气象服务等先进工作者。

【强化业务规范化管理】 2010年，市气象局进一步强化业务规范化管理。制定和完善《业务服务管理材料上报规定》、《电子显示屏信息发布与管理暂行规定》、《加强全市天气预报统一发布制度》、《昭通市天气预报会商发布流程》等规定和制度，业务管理能力有较大提高。全市测报质量0.04‰，农气质量0.00‰，8个“农业气象百班无错”通过省气象局验收。完成市局网络升级改造，实现新旧网络的成功切换并运行稳定，提升网络管理的能力。完成昭通土壤水分自动观测站建设各项工作。加大科研转成果转化能力，对省局立项的2个课题和市局立项的8项课题成果进行验收，并将研究成果投入实际工作应用。

【气象服务事业】 2010年，市气象局进一步加强气象服务工作。一、“抗大旱、保民生”重大气象服务。2009年11月到2010年5月，昭通市遭遇有气象记录以来最重的秋冬春3季连旱危害。面对严峻的干旱形势，昭通市气象局加强领导，全面部署，24小时严密监视天气变化，1月27日，启动Ⅱ级（干旱）应急响应，2月26日升级为Ⅰ级（干旱）应急响应。先后组织全市气象科技人员深入田间开展旱情、墒情调查320余人次，采取定期（日报、周报、旬报、月报）和不定期的方式滚动向党政部门报送决策气象服务材料、为公众提供气象服务材料共计358份，被各级党政部门及相关外部门引用1393次、被市县领导批示次数41次，发布预警信号43次，免费发布气象预警手机短信3797人次。组建人工增雨雪作业应急小分队21个，在120多天的干旱Ⅰ级应急响应中，全市气象部门共计增雨作业232点次930余发弹药，对于缓和旱情和降低森林火险等级起到积极作用，2月17日（正月初四）开展的人工增雨雪作业，全市普降明显雨雪，南部昭阳、鲁甸出现大到暴雪，雪深8厘米，最大雨雪量10.8毫米，被中央电视台《新闻联播》滚动报道，省市新闻媒体也做及时的宣传报道。三次派出由局领导带队的扶贫工作小组深入扶贫乡村了解调查旱情，展出抗旱减灾气象科普展板，发放防灾减灾宣传单，向旱灾区捐款资金累计达29122元。3月25日深夜，市委副书记、市长王敏正，副市长邬永飞连夜赶赴昭阳区迎水作业点视察人工增雨（雪）作业情况，慰问作业一线工作人员。市长王敏正、市委副书记张登亮、分管副市长邬永飞先后在全市水利建设推进会、市委抗旱调研督查会和春耕生产督查工作情况汇报会上分别对市气象局的抗旱服务工作给予充分肯定。

二、低温冷害服务。6月，昭通出现少见低温阴雨寡照天气；8月22日至9月2日，海拔1000米以上地区出现不同程度低温冷害天气。针对两次夏季低温冷害天气，全市气象部门积极加强跟踪滚动服务，在定期编报常规《农业气象旬月报》服务基础上，先后编报《昭通初夏低温阴雨寡照历史少见》、《近期气象条件有利作物病虫发生发展》、《我市粮烟作物关键期昭阳区和镇雄遭遇八月低温危害》、《近期气象条件仍有利稻瘟病发生蔓延》等不定期农业气象专题服务材料，并提出具体的防灾减灾生产建议，对指导农业生产抵御低温冷还起到积极的作用。

三、为“7·13”巧家县小河镇特大山洪泥石流灾害提供预报服务。7月13日凌晨4时，巧家县小河镇遭受暴风雨袭击，发生滑坡泥石流，给人民群众造成巨大生命财产损失。灾情发生后，省气象局和市局高度重视，立即启动《重大气象灾害和相关突发公共事件Ⅳ级应急预案》，并成立省市气象应急保障工作组，到小河镇现场指导和参与抢险救灾工作。此次过程早在12日夜间，市局通过雷达回波分析，多次向防汛部门通报昭阳、鲁甸、巧家等区域乡镇雨量；13日凌晨3时发布暴雨蓝色预警，通过手机预警平台向防汛等相关部门发布；3:20时与省台会商，通报降雨情况；13日早上8时发布全市雨情通报，9时发布救灾抢险专题天气预报。7月13日15时市局应急预案升级为Ⅲ级，14日再次升级为Ⅰ级，巧家县气象局也相应启动应急响应。省、市、县三级气象部门利用卫星、新一代天气雷达、自动气象站24小时严密监视天气和雨情变化，加强天气会商，及时发布预报预警信息，全面搜集上报灾情，对小河发生山洪、泥石流灾害的主要气象因素进行分析，专门向市委、市政府报告。抗洪排涝服务宣传材料《异常气候诱发巧家小河山洪泥石流灾害，气象部门提醒：应进一步加强防洪排涝工作》被昭通党建网、昭通村村通广播电台及时报道。

四、为“7·17”绥江暴雨气象预报服务。7月17日绥江县普降暴雨。绥江县气象局于7月16日17时及时发布重要天气消息：“今天午后到明天我县受地面冷空气和高空低槽的共同影响，有雷雨，雨量大雨，局部暴雨，雷雨时伴有短时6级左右阵性大风，请各地注意预防强降水、雷电、大风等天气带来的危害以及泥石流、滑坡等灾害的发生”，并通过因特网、手机短信、电视等及时向县委、县政府和县直有关单位领导报告。17日早晨8时强降雨开始，9时值班人员及时发布蓝色预警信号，10时升级为黄色预警信号，其间多次向县委、政府、县防洪办和市气象台汇报天气实况，多次向县委、县政府领导发送天气信息和通报雨情，直至下午17时左右暴雨天气过程结束。此次暴雨天气过程，准确及时的预报和优质的服务，受到绥江县委、县政府表扬。

【人工防雹工作】 2010年，全市人工防雹工作是在干旱尚未解除的情况下开展的。3～4月，全市均出现冰雹灾害，各县及时启动人工防雹工作，全年共作业3万余发防雹弹，完成2010年的人工防雹工作，确保高炮防区内基本没有冰雹灾害。及时启动2009年自主开发的雷达资料服务系统，将昭通市多普勒雷资料及时传输到各县，指导各县开展人工增雨作业；同时借用贵州毕节雷达探测资料加强市东部县的人影指挥作业效力。

【全面履行气象管理职能】 2010年，市气象局全面履行气象管理职能。借助《气象灾害防御条例》的实施，组织职工开展行政执法知识考试，多次走上街头进行广泛宣传，扩大公众对气象法律法规的了解。重点加强对辖区内房地产公司存在的防雷装置设计图纸未经设计审核交付施工、未经竣工验收投入使用等违法现象进行检查，并要求其依法限期整改。邀请昭阳区法院指导行政执法工作，并提出意见。全年办理防雷图纸审核、竣工验收、施放气球等行政许可项目391件，对2家单位进行行政处罚。

【多种渠道拓展气象信息服务】 2010年，市气象局各类气象决策服务材料，均通过电子邮箱、传真、专人报送等服务方式，及时向市委、市政府及相关部门领导提供科学的决策服务材料。同时通过昭通兴农信息网、气象信息电子显示屏、气象信息手机短信平台、市广播电台、市电视天气节目、昭通党建网、昭通机关党建网、昭通新闻网、《昭通日报》、《昭通科普报》等新闻媒体服务社会大众。全年有680期(次)干旱决策气象服务材料被各级政府、有关部门及地方主流媒体采用、报道,昭通兴农信息网站访问量近7万人次。手机气象短信服务有明显突破,全市手机气象短信用户发展到17万多用户,同期增长248%,免费开通5.9万户电信用户。中国移动昭通分公司和市气象局联合下发《关于加强手机气象短信服务工作的通知》,将开通50万手机气象服务免费体验用户。

【丁凤育到昭通调研】　11月17～24日,省气象局局长丁凤育到昭通基层台站调研、检查指导工作,看望慰问基层气象职工。丁凤育一行先后到鲁甸、彝良、镇雄、威信、永善、绥江县局,针对基层台站搬迁、建设和气象服务工作提出两点要求。通过协调,绥江县局的台站建设正式入场,各项工作进展顺利;威信县局的土地问题基本落实,项目即将实施。

【精神文明创建成绩显著】　2010年,市气象局精神文明创建成绩显著。昭通市局、盐津县局、威信县局被省委、省政府授予省级文明单位,2010年,被市文明办自动纳入市级文明单位管理,市局2009年党建工作被市直工委评为二等奖;市气象学会被市科协表彰为2009年度科普先进集体和2009年度先进学会,《气象日历》被评为2009年度优秀科普作品;盐津县局被盐津县政府授予2009年度森林防火工作先进单位称号;绥江县局被绥江县委评为2009年度农业农村工作目标责任任制三等奖;市局团支部被省气象局机关团委评为青年工作先进集体。

【气象宣传】　2010年,市气象局充分利用世界气象日、全国防灾减灾日和科技宣传周,开展开放气象科普基地和街头展板宣传。派出气象科技人员参加市科协组织的抗旱救灾专家行,深入村寨开展保春耕抗旱救灾科普知识宣传活动。全年被《中国气象报》采用稿件10篇,地方媒体及网站采用50余篇次。

【2010年全市气候情况】　2010年,全市气温稍高到偏高,降水量大部稍少,日照时数正常,年内光、温、水时空匹配条件较差,秋冬春特大连旱、低温雨雪、倒春寒、5月高温、6月冷涝、暴雨洪涝、大风冰雹、秋季连阴雨等灾害性天气,对工农业生产极其不利,属偏差年景。

一、基本气候概况。

1. 气温。2010年全市年平均气温12.2℃～21.5℃,气温距平0.1℃～1.1℃,稍高到偏高,南部3县、威信、镇雄及永善偏高程度居历史前1～8位。冬季(2010年12月到2011年2月)气温4.8℃～15.8℃,偏高幅度1.0℃～2.5℃,为偏高到异常偏高,居历史同期第1～9位。春季(3～5月)气温11.9℃～24.6℃,南部偏高0.6℃～1.1℃,其余正常稍低。夏季(6～8月):气温为19.0℃～26.1℃,属正常。最热时段出现在8月中旬,旬平均气温22.4℃～29.7℃。秋季(9～11月):气温12.2℃～19.6℃,属正常稍高到偏高,镇雄、威信、盐津、永善偏高居历史同期第4～9位。12月气温3.8℃～12.9℃,大部正常稍高,区域平均7.6℃,比历年稍高0.5℃。

2. 降水。2010年全市年降水量673～1129毫米,巧家、鲁甸、彝良、盐津稍多到偏多(距平百分率1%～21%),其中巧家偏多居第5位,其余稍少(距平百分率－5%～－19%)。年最少降水量出现在永善,年最多降水量出现在威信的三桃。冬季降水量昭、鲁、巧9～20毫米,镇雄、威信、盐津、绥江、大关20～68毫米,其余不足5毫米,除威信正常稍少外,其余均偏少到特少,大部偏少程度居历史同期第2～10位。其中2月下旬全市无降水,创近50年全市无降水旬记录。春季降水量67～237毫米,南部偏少30%～44%,其余正常稍偏少,其中昭阳、鲁甸、镇雄偏少居历史同期第5～8位。夏季降水量302～675毫米,大关、威信、绥江、永善(偏少居历史同期第10位)正常稍少,其余正常稍多,其中彝良、巧家偏多分居历史同期第9、3位。秋季降水量143～322毫米,大部正常稍多到偏多,巧家偏多居历史同期第6位。12月降水量威信23毫米、盐津12毫米,其余不足10毫米,大部偏少到特少,其中彝良无降水,盐津、镇雄偏少分居历史同期第2位、9位。

3. 日照时数。2010年全市年日照时数为757～1935小时,除彝良、大关、绥江稍多(距平百分率4%～10%)外,其余略少到偏少(距平百分率－17.5%～－1.2%),其中盐津偏少居历史第5位。日照时数最多的是巧家站,最少的是盐津站。冬季日照时数126～678小时,大部偏多,距平百分率8%～56%,除威信、盐津、绥江、永善外其余居历史同期前4～8位。春季日照时数167～623小时,大部正常稍少到偏少,其中:北部、东部及巧家偏少居历史同期第4到10位。夏季日照时数262～452小时,大部偏少7%～35%,居历史同期前2～10位。秋季日照时数161～276小时,除绥江偏多49%外,其余大部正常稍少到偏少,昭阳、鲁甸、巧家及镇雄偏少居历史同期第3～9位。2010年12月日照时数66～177小时,南部稍少,其余偏多到特多,居历史同期第1～8位。

二、主要气候事件及影响。

2010年全市异常暖冬,秋冬春连旱严重,低温雨雪、倒春寒、5月高温、6月冷涝、暴雨洪涝、大风冰雹、秋季连阴雨等灾害并存。本年度各类灾害造成483万余人次受灾,29人死亡,27人失踪,农作物受灾248289公顷,累计直接经济损失276517.74万元,其中农业经济损失35824.73万元。

1. 干旱及高温。自2009年11月以来,全市秋末、冬、春三季降水量严重偏少,出现有气象记录以来的最严重的秋冬春连旱,北部、东部干旱延续到4月下旬,南部延续到5月末,大部地区干旱持续长半年以上。5月巧家、彝良、盐津等县出现高温天气,其中巧家日平均气温32.2℃,比历史同期高5.9℃,日极端最高气温≥35℃17天。

2. 低温雨雪及倒春寒。2月11～18日,全市出现强降温天气,过程最大降温幅度10.5℃～24.1℃,大部县区气温降至5℃以下。3月6～10日及3月23～26日,受冷空气影响,大关、彝良等二半山区出现轻度倒春寒。

3. 暴雨洪涝及其次生灾害。整个夏季昭通市出现暴雨17站次,比历史同期偏多4.7站次,大暴雨1站次。7月,巧家大部、鲁甸西部、昭阳西北部、永善南部、大关西部和镇雄西部、8月下旬后期,中东部地区等区域洪涝泥石流灾害严重,特别是巧家小河13日夜间爆发的洪涝泥石流灾害造成巨大损失。

4. 大风冰雹。7月12日、16日、20日、26～27日,8月1日、19日出现大风、冰雹天气,致各县区出现不同程度风雹灾害。

5. 六月冷涝。6月,各县区雨日24～29天,气温偏低,日照时数特偏少,田间积水不易排出,造成冷涝灾害。

6. 八月低温及秋季连阴雨。8月23～26日,昭阳、镇雄等高二半山区出现低温冷害天气。9月下旬、10月上旬末、中旬中及下旬末,全市分别出现1周左右的连阴雨天气。

7. 雨季开始和结束期。2010年全市雨季开始期北部特早,出现在4月22日,其余特晚,出现在5月下旬至6月上旬。雨季结束期除镇雄、绥江、永善出现在9月中旬偏早外,其余偏晚出现在10月下旬。

三、2010年气候对各行业的影响评价。

2010年小春生长季内,光温水气候资源量匹配较差,全市出现罕见持续性秋冬春三季连旱天气,致使全市小春粮豆大幅减产,农业气候对小春作物的影响是弊大于利,小春气候年景属偏差年景;大春作物生长季内,春播期的3～4月,全市无明显倒春寒天气,光热气象条件有利大春粮经作物播种育苗,但受秋冬春连旱影响,大春春耕种植受阻,大春作物因旱出现迟种、重种、补种现象,大春大田主要生长期的6～8月,无初夏干旱和大范围伏旱天气出现,9月上旬至中旬,光热充足,无秋季连阴雨天气出现,气象条件对大春作物的中后期生长较有利。总体看大春气候年景属中等略差年景。2010年气象灾害对农业影响总体属中等偏重年份,综合评价2010年昭通农业气候年景属中等偏差年景。

2010年秋冬春连旱利于牲畜传染性病毒传播,对畜牧生产影响极其严重,给林区病虫害防治及森林防火工作带来极大困难。除2月中旬出现凝冻天气外,其余时段未出现明显的凝冻天气,有利于通讯、电力等设施的维护和正常运行,但持续干旱使部分河流断流、库塘水量严重不足甚至干涸,对工业生产影响极重。汛期降水基本正常,库塘蓄水得以恢复正常,但局部洪涝、风雹等灾害性天气对基础设施有不同程度的损害。6月,出现冷涝不利果木生长,8月,二半山区的低温及9月下旬、10月出现的连阴雨天气对果木的成熟收获较为不利。

（**市气象局**　李林燕　曾斤余）

防震减灾

【2010年昭通市内2.0级以上地震发生46次】　1～12月,全市内共发生2.0级以上地震46次,其中2.0～2.9级33次,3.0～3.9级9次,4.0～4.9级4次。最大地震为8月29日08时53分26秒巧家县大寨镇(微观震中为北纬27.1度,东经102.9度)M4.8级地震。

2010年度昭通市2.0级以上地震目录

日　期	时　间	纬　度	经　度	震　级	震中地点
01月01日	14时37分19秒	27.63	103.97	2.2	彝良县
01月09日	11时09分46秒	27.03	102.98	2.0	巧家县
01月11日	00时20分47秒	27.67	104.17	2.1	彝良县
01月17日	03时35分59秒	27.12	103.03	2.3	巧家县
02月04日	14时09分54秒	27.18	103.62	2.2	鲁甸县
02月21日	02时13分18秒	27.02	102.97	2.1	巧家县
03月15日	11时05分21秒	27.70	103.88	3.5	大关县
03月15日	11时24分59秒	27.68	103.90	3.3	大关县
03月18日	05时20分18秒	26.92	103.37	2.1	巧家县
04月06日	19时20分08秒	27.73	103.50	2.6	永善县
04月07日	10时59分59秒	28.02	103.73	2.1	大关县
04月12日	06时27分17秒	27.67	103.92	2.7	大关县
04月25日	10时31分18秒	27.90	103.82	3.6	大关县

续表

日　期	时　间	纬　度	经　度	震　级	震中地点
05 月 03 日	13 时 53 分 33 秒	27.97	103.80	2.1	大关县
05 月 20 日	04 时 42 分 59 秒	27.15	103.60	3.1	鲁甸县
05 月 29 日	14 时 23 分 59 秒	26.97	103.22	3.1	巧家县
05 月 30 日	03 时 35 分 29 秒	26.98	103.22	2.3	巧家县
06 月 01 日	10 时 25 分 07 秒	28.18	103.97	2.2	大关县
06 月 18 日	18 时 50 分 13 秒	28.50	104.08	2.0	绥江县
07 月 21 日	21 时 39 分 40 秒	27.98	103.62	2.3	永善县
07 月 24 日	11 时 02 分 36 秒	27.37	103.73	3.1	昭阳区
07 月 24 日	11 时 03 分 52 秒	27.38	103.68	2.0	昭阳区
07 月 24 日	11 时 18 分 42 秒	27.35	103.73	2.1	昭阳区
08 月 24 日	15 时 06 分 14 秒	27.48	104.03	2.1	彝良县
08 月 29 日	08 时 53 分 26 秒	27.13	102.95	4.8	巧家县
08 月 29 日	09 时 19 分 11 秒	27.13	102.98	2.9	巧家县
08 月 30 日	01 时 43 分 13 秒	27.08	103.00	2.4	巧家县
09 月 01 日	06 时 19 分 14 秒	27.68	103.92	2.1	大关县
09 月 07 日	21 时 44 分 03 秒	28.05	104.98	2.4	威信县
09 月 19 日	01 时 47 分 49 秒	27.13	103.02	2.7	巧家县
09 月 22 日	19 时 19 分 28 秒	27.13	102.98	4.2	巧家县
09 月 22 日	19 时 24 分 40 秒	27.10	102.98	2.0	巧家县
10 月 16 日	04 时 23 分 47 秒	27.08	103.03	2.5	巧家县
10 月 18 日	05 时 49 分 37 秒	28.07	104.12	4.6	盐津县
10 月 31 日	14 时 36 分 09 秒	28.20	104.07	3.5	盐津县
11 月 08 日	13 时 25 分 16 秒	28.03	104.13	2.3	盐津县
11 月 10 日	19 时 55 分 52 秒	27.13	103.05	2.6	巧家县
11 月 12 日	15 时 19 分 46 秒	27.10	102.98	3.2	巧家县
11 月 15 日	09 时 56 分 29 秒	27.13	102.98	2.4	巧家县
11 月 15 日	10 时 07 分 02 秒	27.12	103.00	2.5	巧家县
11 月 22 日	14 时 23 分 03 秒	27.17	103.62	2.3	鲁甸县
11 月 30 日	06 时 09 分 25 秒	28.17	104.20	2.0	盐津县
12 月 03 日	22 时 30 分 53 秒	27.12	103.00	4.3	巧家县
12 月 03 日	22 时 32 分 20 秒	27.10	103.02	3.1	巧家县
12 月 04 日	10 时 39 分 16 秒	27.12	103.02	2.0	巧家县
12 月 21 日	05 时 51 分 54 秒	27.52	103.97	2.7	彝良县

【成立市地震灾害紧急救援队】 1 月 7 日，市地震灾害紧急救援队成立。经过近 1 年的筹备，市政府按照“一队多用，专兼结合、军民结合、平战结合”的原则，整合消防、安监、卫生、交通、交警、电力、建设、电信和防震减灾等部门力量，组建成一支反应迅速、机动性高、突击性强、训练有素、装备精良，包括 6 个分队、2 个组（搜索组、技术保障组）共计 200 人的地震灾害紧急救援队。

【菏泽市地震局郑耀光一行到市防震减灾局参观交流】 3 月 8～10 日，山东省菏泽市地震局局长郑耀光等一行 3 人到市防震减灾局参观交流。郑耀光等人在局长徐家金的带领下参观市地震防震减灾局及下属的渔洞地震监测站，了解昭通市自行研发的昭通市地震信息系统和昭通市地震应急与辅助决策系统。郑耀光介绍了山东市县两级防震减灾事业的发展情况，表示希望双方加强合作，推动防震减灾工作发展。

【万登堡到昭通调研】 4 月 14～16 日，省地震局研究员万登堡到昭通开展地震观测井、泉基础资料调查。万登堡对昭通境内 9 口地震观测用井和 10 个地震观测泉点的具体位置、所在地地质构造情况、泉点属性和周边环境影响因素等情况进行调查和梳理。

【皇甫岗到巧家视察防震减灾工作】 4 月 21～22 日，省地震局局长皇甫岗、办公室主任黄雍、监测预报处副处长李道贵、监测预报中心主任张俊伟、昆明基准台台长沈道康等领导和专家到昭通市巧家县检查指导防震减灾工作。皇甫岗一行视察地震观测山洞及二水厂观测点建设和仪器工作情况。之后巧家县委、县政府在县防震减灾局应急指挥中心召开防震减灾工作汇报会。县四套班子参加会议,巧家县副县长余佑奇就巧家防震减灾工作取得的成绩和存在的问题作汇报,皇甫岗对巧家防震减灾工作做了充分肯定。

【渔洞地震监测站又添前兆观测手段】

4月22~28日,山东省地震局长青地震台孔向阳等人到昭通成功安装四分量钻孔应变仪,这是昭通市投入观测的第2台钻孔应变仪。钻孔应变观测属于小尺度形变观测项目,传感器装于地面以下数十米乃至更深,并用膨胀水泥与基岩紧密耦合,可明显降低气象和人为等地面干扰;观测具有良好的高频特性与高灵敏度,可记录到小区域内地壳应变场的细微变化;同一观测位置能开展多种应变信息量的综合分析,便于管理维护,有利于合理的台网布设。钻孔应变观测得到国内外专家学者的高度关注。

【召开全市防震减灾工作会议】 4月29日,市政府召开全市防震减灾工作会议。市防震减灾局局长徐家金传达全省防震减灾工作会议精神,副局长申玻对近期震情形势作通报,市委常委、市政府副市长何刚和省地震局副局长王彬在会上讲话。何刚要求各县区在保持原有不低于每年10万元业务经费的同时,还要保障项目配套经费的及时到位。各县区政府务必高度重视地震业务用房的建设,要设法划拨不少于0.13公顷的建设用地,不低于1:1的配套资金,确保工程如期完。

【地震应急卫星通讯车安装调试完毕】

5月6日,市地震应急卫星通讯车安装调试完毕。整车系统集通讯、信息图像采集、显示屏、信息切换和广播输出于一体,可直接实现地震现场和后方的时实通信,区域应急联动、远程视频会议、信息交流等通讯保障任务。一旦发生破坏性地震,在通信及电力设备瘫痪的情况下,该设备可以为地震灾情速报、现场应急指挥、地震应急监测等提供单双向传输数据、语音、图像、视频等多媒体信息传输。

【省地震应急工作检查组到昭检查地震应急工作】 6月23~25日,由省地震局、省发改委、省民政厅、省安全生产监督管理局组成的省地震应急工作检查组到昭检查地震应急工作。检查组一行查看了市地震应急机构建设、应急预案的编制、修订和备案情况、地震应急指挥系统建设、地震应急避难场所建设、地震应急救援队伍建设、救援物资储备、地震应急模拟演练等。视察了市地震应急指挥中心和抗震救灾指挥部和渔洞地震监测站,观摩了地震应急指挥中心的地震应急辅助与决策系统。

【巧家县年内发生3次地震】 8月29日08时53分25秒,昭通市巧家县大寨镇一带发生M4.8级地震,微观震中为北纬27度01分,东经102度09分。巧家县城震感强烈,鲁甸、昭阳区、大关等县区有震感。截止8月30日15时,巧家县"8·29"地震共造成全县16个乡镇120个村1063个村民小组9401户3.47万人受灾,受伤人数增至14人,因伤住院2人,急需转移安置112人,损坏房屋9017户20623间,其中:倒塌187户298间,严重损坏1791户3811间;学校受损75所,面积28216平方米;大寨、药山卫生院房屋受损面积1790平方米;受损水窖962个,管网3750米,沟渠2250米,管网调节水池4个,蓄水池13口,塘坝4座;沼气1447口,太阳能21个,节柴灶3眼;死亡大牲畜4头;公路塌方17600余立方米。灾害造成直接经济损失达8561.13万元。

9月22日19时19分28秒,巧家县药山镇一带发生M3.7级地震,微观震中为北纬27度08分,东经102度59分,巧家县有强感。

12月3日22时30分53秒,在巧家白鹤滩一带发生M4.3级地震,微观震中为:北纬27度07分,东经103度00分。市内巧家县、鲁甸县、昭阳区等地均有震感。此次地震没有造成人员伤亡,无倒塌房屋。据震后统计,严重受损民房12户36间,一般受损111户299间,受灾总人口450余人,直接经济损失130万元。

【省地震局组织离退休专家到昭考察】

9月6日,省地震局老咨委组织省局离退休老专家16人到昭通市考察防震减灾工作。老专家们到昭后先后考察了渔洞地震监测站和市防震减灾局,并观看市地震局局自行研发的昭通市地震应急辅助决策系统。局长徐家金介绍近年来防震减灾工作取得的成绩。

【滇东地震预报协作区暨滇东地震应急联动区工作会议在昭召开】 9月27~29日,滇东地震预报协作区暨滇东地震应急联动区年度工作会议在昭通召开。省地震局及监测预报处、应急救援处、监测中心、分析预报中心的有关领导和专家;昆明、玉溪、楚雄、曲靖、红河、文山、昭通7个州、市地震局(防震减灾局)的领导和分析预报人员、应急工作人员共48人参加会议。昭通市政府副市长成联远出席会议并致欢迎辞,省地震局副局长陈勤在会上讲话。2010年滇东地震预报协作区牵头单位昭通市防震减灾局局长徐家金作年度工作总结。省地震局监测预报处副处长李道贵对滇东地震预报协作区和地震应急联动区的年度工作进行小结,对2011年度工作进行安排。推选出2011年度滇东地震预报协作区牵头单位,进行工作交接。

【盐津县发生4.6级地震】 10月18日05时49分37秒,昭通市盐津县豆沙镇一带发生M4.6级地震,微观震中为北纬28度00分,东经104度01分。地震共造成3人受伤,盐津县豆沙镇、盐井镇与大关县吉利镇、木杆镇的少数民房、学校和卫生院所房屋遭受破坏。国道213线大关——盐津段发生小型滑坡并有滚石。

【渔洞地震监测站业务用房完成建设】 11月23日，渔洞地震监测站业务用房建设完工。室内安装了数字测震、石英水平摆、浅孔伸缩仪、电磁波仪、水位仪和气象三要素等地震观测仪器设备。昭通渔洞地震观测站的建成在昭通防震减灾史上具有里程碑意义，全面提升全市防震减灾工作水平，增强综合防御和减轻地震灾害的能力。

【市地震灾害紧急救援队培训工作结束】 12月8～28日，昭通市地震灾害紧急救援队办公室完成2010年昭通市地震灾害紧急救援队培训工作。培训聘请市防震减灾局、市卫生局、市消防支队和市安监局4部门专家组成宣讲团，分别对昭阳区、鲁甸县、巧家县、盐津县、大关县、永善县和市级7只地震灾害紧急救援队共1045名救援队员进行巡回培训。

【获多项上级表彰】 2010年，市防震减灾局获多项表彰。在3月17日召开的全市宣传思想文化工作会议上，昭通市委、市政府代云南省委、省政府对省级文明单位、文明村（社区）、文明小城镇进行表彰。市防震减灾局继2006年获第12批省级文明单位称号后，再次获此殊荣。在2010年度全省地震监测预报工作评比中，获先进单位（州市组）第二名。在滇东地震预报协作区工作中获先进单位。获全市党委系统信息三类单位一等奖。

（市防震减灾局 陈 庆）

水 文

【降水量概况】 2010年，全市年平均降水量921.4毫米，折合年降水总量206.7亿立方米，属偏枯年份。在各行政分区中，巧家县的年降水量最大1213.8毫米，永善县最小682毫米。年降水总量巧家县的最大38.79亿立方米；水富县最小3.99亿立方米。按流域分区分析计算，以礼河流域的年降水量最大1152.4毫米，乌江流域的年降水量最小仅715毫米。年降水总量以金沙江干流流域的最大37.54亿立方米；乌江流域最小4.99亿立方米。

【地表水资源量】 2010年全市地表水资源量108.1亿立方米，折合径流深481.9毫米。按行政分区分析计算，镇雄县的地表水资源量最大19.43亿立方米；水富县最小3.153亿立方米。按流域分区分析计算，地表水资源量白水江流域最大24.19亿立方米；乌江流域最小2.98亿立方米。

【地下水资源量】 2010年全市地下水资源量42.86亿立方米。全市平均地下水资源模数19.11万立方米/平方千米。按行政分区分析计算，镇雄县的地下水资源量最大7.88亿立方米，巧家县次之6.82亿立方米，水富县最小仅0.92亿立方米。全市地下水资源模数在13.62～26.94万立方米/平方千米之间，其中绥江县最大26.94万立方米/平方千米，昭阳区最小，只有13.62万立方米/平方千米。按流域分区分析计算，金沙江干流流域的地下水资源量最大9.41亿立方米，乌江流域最小0.74亿立方米。各流域地下水资源模数在10.64～26.65万立方米/平方千米之间，白水江流域最大26.65万立方米/平方千米，乌江流域最小10.64万立方米/平方千米。

2010年，全市主要江河、大型水库、集中供水水源地水环境监测站点共16个，全年监测108站次，代表水资源分区河长1070千米，除洛甸河外，全部隶属长江流域金沙江下段水系，代表水功能分区河长886.6千米，其中一级水功能区10个，代表河长773.9千米；二级水功能区6个，代表河长112.7千米。

【水环境质量情况】 根据《地表水环境质量标准》（GB3838－2002）评价结果为：以站点看，符合Ⅰ～Ⅲ类水质标准的断面有12个，占所监测站点的75%，Ⅳ类以上河段4个，占监测站点的25%，单从百分比看，Ⅰ～Ⅲ类水有所增加；以代表河段长看，符合Ⅰ～Ⅲ类水质标准的河段长907千米，占全部河长的84.8%，比2009年上升了34.8个百分点，Ⅳ类水河段长90千米，占全长的8.4%，其余为劣Ⅴ类，占6.8%。

江河水质：2010年全市主要江河相比上年监测站点增加2个，分属洛泽河的省界断面麻窝电站、金沙江的州市界断面蒙姑。水质类别与上年相比以监测站点个数看有所上升，以代表河长看亦呈上升趋势。在全市监测的1070千米评价河长中，Ⅰ类河长仅有40千米，Ⅱ类河长有414千米，Ⅲ类河长有453千米，Ⅳ类河长90千米，劣Ⅴ类河长73千米。其中，非汛期Ⅰ～Ⅲ类水质标准的河段长805千米，占全部评价河长的75.2%，比汛期高出5.3个百分点，Ⅳ类河长192千米，占全部评价河长的17.9%，劣Ⅴ类河长73千米，占6.8%，高出汛期2.7个百分点，总体水质略高于汛期。

全年水质主要变化仍然是洛泽河马路村段，由上年的劣Ⅴ类水变为Ⅲ类水，并且非汛期和年均值变化趋势和类别一致；但是洒渔河的箐口塘段由09年的Ⅱ类水下降为Ⅳ类，汛期更是降为Ⅴ类，而且超标项目均为与新泉段一样是氨氮，主要原因应该是由于上游渔洞水库汛期蓄水，造成下游渔洞（五）站断流，从而对昭通城区废污水的稀释作用降低所致。

水功能区水质达标情况：2010年监测全市水功能Ⅰ级区10个，Ⅱ级水功能区6个。按省政府早已批准实施的《云南省水功能区划》水功能区水质管理目标（2020年）评价，参加评价的水功能区总体达标个数37.5%：其中全年均值保护区50%，缓冲区100%，开发利用区33.3%；非汛期保护区50%，保留区25%，缓冲区100%，开发利用区33.3%；汛期保护区75%，保留区25%，缓冲区50%，开发利用区16.7%。以评价代表河长看：全部评价代表河长886.4千米，Ⅰ、Ⅱ级区达标河长396.1千米，达标率44.7%。其中Ⅰ级水功能区评价河长773.9千米，达标358.2千米，达标率46.3%。开发利用区年均值、汛期、非汛期达标率33.6%、19.5%、33.6%。

在6个监测水功能Ⅱ级区中，只有渔洞水库饮用、农业用水区和洒渔河昭通农业用水区水质达标，总体达标率仅为33.3%；按代表河长则分别是评价全长112.7千米，达标37.9千米，达标率只有33.6%，汛期则更是只有19.5%。其中特别是砚池山水库饮用、农业用水区、昭鲁大河鲁甸—昭通农业、工业用水区和利济河昭通饮用、农业用水区、昭通景观、农业用水区，规划目标水质为Ⅱ、Ⅲ类，监测现状水质年均值、汛期、非汛期均为劣Ⅴ类，超标项目少的1个，多的5~6个。

水库水质：2010年渔洞水库水质状况与上年保持一致。依据《地表水环境质量标准》(GB3838－2002)对监测项目作单项逐一评价，渔洞水库水质类别保持在Ⅲ类标准，当总氮不参与评价时，汛期、非汛期和全年均值水质类别均为Ⅱ类水标准，适用于生活饮用水和工、农、渔业用水。

根据水利部《地表水资源质量评价技术规程》(SL395－2007)要求：用总磷、总氮、高锰酸盐指数、叶绿素和透明度5个指标对水库水体进行富营养化程度评价，全年营养化程度均为中营养，年均综合评分值39.6，4~9月综合评分值40.1。

砚池山水库水质与渔洞水库相对较差，年均值、汛期和非汛期均为劣Ⅴ类，当总氮不参与评价时，非汛期Ⅱ类水，汛期和全年均值水质类别均为Ⅰ类水标准。

营养化程度均值为中营养，年均综合评分值49.8，而4~9月为轻度富营养，综合评分值50.4。

集中供水水源地水质：2010年监测的2个集中供水水源点—渔洞水库和供水1，水质状况相对稳定，用综合水质指数法评价全年水质均为1级。但在进入汛期之后，由于雨水冲刷、地表下渗、面源污染进入河道等原因，2个供水水源点水质指数均有不同程度变化。全年基本项目水质类别为供水1：Ⅰ类4次，Ⅱ类6次，Ⅲ类1次，Ⅳ类1次(超标项目总磷)；渔洞水库：Ⅰ类没有，Ⅱ类1次，Ⅲ类8次，Ⅳ类1次(超标项目石油类)，劣Ⅴ类2次(超标项目pH)。

【月亮湾专用水文站建设启动】 月亮湾水文站是为月亮湾中型水库建设收集、提供水文资料而设立的专用水文站。即将兴建的月亮湾水库位于云南省鲁甸县的小寨河上，小寨河为牛栏江一级支流，该河在此之前没有水文观测站点，属于无水文资料地区。为科学合理地开发利用水资源，确保水库一切工作进展顺利，须建立专用水文站为水库的兴建提供必要的水文资料。2010年，市水文分局积极介入，与鲁甸水利局达成承担建设专用水文站，开展水文监测、收集、提供相关水文资料的工作协议。

【彝良水文站遥测设备正常投入使用】

2010年，彝良水文站遥测设备正常投入使用。彝良水文站的水位和雨量遥测设备于2009年汛末安装试运行。通过1年的试运行和大量的比测校准工作，年内，设备已能正常投入使用。

【昭通分局跳石、月亮湾站建成GSL雨量一体化遥测系统】 2010年，昭通分局选用由哈尔滨万达华科技发展有限公司开发组装的GSL雨量一体化遥测设备，实现数据采集上传基本功能为主，兼远程参数设置和数据服务为一体的遥测设备进行采集传输，建成跳石、月亮湾系统。

【《昭通市横江干流及主要支流水电站防洪综合调度系统建设方案》通过评审】 1月5日，受市水利局委托，昭通水文分局编制完成的《昭通市横江干流及主要支流水电站防洪综合调度系统建设方案》审查会议在昭通宾馆召开。市发改委、市水利局、市能源局、市防汛抗旱指挥部及彝良县发改局等县的相关部门和宜宾伊力集团、中大集团、滇能集团等单位的40余位领导、专家出席会议。横江水电站防洪运行管理系统建成后，可实现横江流域实时雨水情信息和各水电站雨水情监测信息能够及时准确进行收集，为洪水预测预报和科学调度运行管理提供可靠的决策依据。横江流域水电站防汛调度运行管理系统的整体功能为：水情监测系统、数据处理系统、洪水预测预报系统、防洪调度运行管理系统和防汛指挥决策系统构成。经过与会领导及专家的审查，方案顺利通过评审。

【召开2010年水文工作会议】 4月22日，2010年全市水文工作会议在昭通永宏大酒店召开，市政府副市长郐永飞出席会议并讲话，充分肯定了2009年昭通水文工作在防汛抗旱、水环境监测、水资源管理、水文建设、水文技术服务等方面取得很大成绩。各项工作成效显著，为昭通经济社会发展作出重要贡献。同时强调昭通水文工作要围绕昭通经济社会建设中心、服务大局，全面提升水文综合服务能力。在保障经济社会发展中开展更多的工作，承担更大的职责，发挥更大的作用。省水文水资源局党委书记、局长李苦峰出席会议并讲话，从7个方面作了指示。希望昭通水文科、水文信息化、水文人才建设走在前面。

【《林口水库防汛抢险应急预案》通过评审】 4月30日，由市水文局水质科负责编写的《林口水库防汛抢险应急预案》在昭通宾馆二楼会议室通过专家组评审。林口水库位于泼机河的左岸支流林口河上，是云南华电镇雄坑口火电厂专用的配套中型水库，水库蓄水供火电厂循环、冷却及生活用水。

【渔洞水库径流区水质监测启动】 4月29日，市水文局局长成之然一行到渔洞水库管理局商议决定，从6月起，启动渔洞水库径流区主要支流及湿地共21个点的水质监测。昭通水质分中心负责承担这一任务。5月25日在分局领导的带领下，水环境监科与渔洞水库管理局的相关人员一起完成了渔洞水库径流区内共16个水质监测站点的查勘工作。

【向家坝水电站2个应急预案通过评审】 5月30日，市水文分局组织编制完成的《2010年向家坝水电站围堰影响区水富县防洪抢险应急预案》和《2010年向家坝水电站围堰回水淹没影响区绥江县防洪抢险应急预案》在昆明通过专家评审。

【大沙店水文站竣工通过验收】 6月29日，大沙店水文站完成站房和基本水文监测设施建设。由副局长申时斌、刘林、总工程师任继周带队，组成工程验收组进行竣工初验。通过验收组认真细致地检查验收，工程达到工程建设标准要求，同意通过竣工初验。

【玉碗水文站通过竣工初验】 6月29日，昭通水文分局组成工程初验组到玉碗水电站进行实地验收。通过验收组各代表方细致检查，确认该工程符合工程建设设计质量诸方面要求，同意通过竣工初验。玉碗水文站位于昭通市大关县玉碗乡玉碗小河中游，为巧家马树小海子水文站的迁移站。控制河长18千米，积水面积101平方千米，属于高山小流域代表站。电站建设于2008年11月动工。

【举办《云南省水文条例》培训会】 7月4日，市水利局和昭通水文水资源分局举办水政执法学习培训班，把《云南省水文条例》作为培训重要内容，昭通市法制办领导和讲授法律知识的老师对其进行讲授。昭通市水利局水政执法支队和各相关科室，昭通水文水资源分局副局长刘林贵等领导和相关科室人员，各县区水利局相关领导及水政执法人员150人参加培训会。

【欧阳春梅一行到昭通水文分局调研】 11月8日，省水利厅水资源处副调研员欧阳春梅在省水文水资源局副局长李红东、站网处副处长袁树堂的陪同下，到昭通水文分局对基层水文进行调研。在召开水文基础设施建设工作会议上，李红东对昭通分局的水文基础设施建设提出尽快使昭通水文实现由站房建设向科技信息化建设转变、由驻测向遥测转变、由以站为家向以分局为家转变、由以资料收集为主向以提交成果服务为主转变的4个基本转变，尽快实现遥测遥传，达到由以点对点的观测走向以面对面的服务领域。9日早上，省厅、省局领导一行在分局领导的陪同下到国家大河重要站、中央报汛站和州市界河水质水量监测站的大沙店水文站进行基层调研。

【参加省第三届“水文杯”运动会获好成绩】 11月16～20日，云南省第三届“水文杯”运动会在红河州弥勒县举行，昭通分局参加了男子篮球、男子羽毛球双打、男子乒乓球单打、女子羽毛球双打、女子乒乓球单打5个项目的比赛，获男子篮球比赛第二名，王丛获女子乒乓球单打第五名。

【参加三峡梯调通信中心2010年报汛总结会】 11月18～20日，三峡梯调通信中心在浙江宁波召开2010年度报汛工作总结会。中国国家气象局、长江委水文局、湖北省水文局、四川省水文局、贵州省水文局、重庆市水文局等40多个单位115位代表参加会议，昭通水文分局派人参加会议。在会上获悉昭通分局2010年4～10月，共向三峡梯调通信中心发送水情报文7721份，通过考核昭通市水文分局无错报、漏报，迟报率仅为0.2%（停电和网络故障造成）；在委托水情遥测系统管理方面，11个水情遥测站平均畅通率99.03%、可用度99.15%，经过三峡梯调通信中心从“一般性故障的排除时间、数据精度和误差、月系统可用度、月平均畅通率、文挡质量及提交、备品备件管理、设备安全”7项指标考核，2010年昭通维护分中心的综合考核得分97分，考评结果为优良。

【陈坚到昭通市豆沙关水文站检查指导工作】 11月23日，省水利厅副厅长陈坚带领水利厅水土保持处处长和俊、水利厅工管局副局长寸学智到昭通市水文分局豆沙关水文站检查指导工作，慰问水文一线工作岗位上的职工。陈坚听取汇报后对豆沙关水文站的工作给予充分的肯定。

【三峡2010年水情遥测系统培训会在昭通召开】 11月30日至12月1日，由三峡通信中心举办的三峡2010年水情遥测系统培训会在昭通市召开。三峡通信中心副主任肖轲、计划合同部主任叶子亮和自动化部主任梅祥岸等领导和专家主持培训。湖北省宜昌水文局、恩施水文局、长江委水文局上游局、三峡局，重庆市水文局、重庆市气象局、万州水文局，四川省水文局、成都水文局等10多个单位的30多位代表和云南省水文局昭通分局11人参加培训会。昭通市防汛抗旱指挥部专职指挥长吴锋云和云南省水文局昭通分局局长成之然到会并讲话。整体培训结束后，应昭通分局请求，三峡通信中心自动化部的主任工程师万韶辉对昭通水情遥测系统管理人员和报汛站站长及主要技术人员进行2天的培训。

【市水文局第一批卫星通信小站建设完成】 12月1～5日，在云南省水文水资源局、北京蓝卫通科技有限公司、昭通水文分局有关工程技术人员的共同努力下，市水文分局所属大沙店、新华2个水文站的卫星通信小站建设工作完成。本次卫星通信小站建设为水利部捐赠援建项目，用于解决地处偏远，水文测报通信设施薄弱，生产生活条件艰苦的水文测站通信条件。项目包括卫星通信设备、卫星电视接收及电视机等，改善了偏远测站的水文信息传输、数据联网条件，丰富了测站员工的文化生活。卫星小站的建成投入使用，标志着昭通水文分局水文测报能力和信息化技术跃上新台阶。

12月6日10时30分，昭通分局第一个卫星小站建成投入使用。中国水利部副部长胡四一从水利部赠送的大沙店刚安装的卫星小站电话通道慰问驻守在牛栏江畔大沙店水文站全体职工，并同昭通水文分局局长成之然进行谈话。胡四一代表水利部通过卫星电话向坚守在水文基层测站的水文职工表示慰问，向水文测站信息化能力的提高表示祝贺。

（市水文分局　李兴焱）

社会科学

【开展县级社科联建设调研】 2010年，社科联按照中共昭通市委的要求，把加强社科联组织建设纳入社会科学工作的重要日程，深入到11县区开展县级社科联组织建设调研活动，促进各县区组建县级社科联的积极性，镇雄、鲁甸、巧家等县正积极筹备县级社科联的组建工作。

【积极征集昭通市2010～2011年市级课题】 2010年，市社科联在检查2009年课题、抓国家级、省级课题申报的同时，积极抓好市级课题的申报、立项工作。11月，下发《关于申报2010～2011年度昭通市社会科学课题的通知》，各级各部门积极组织申报工作，12月底，共收到来自社会各界的申报课题32个。

【省市级课题研究取得新成果】 2010年，省市级课题研究取得新成果。其中昭通市委党校教师曹先林领衔的云南省哲学社会科学规划课题《金沙江下游三大电站建设对昭通市农村生计模式影响及贫困》通过省级课题验收；2009～2010年市级立项的6个市级课题已经取得阶段性的研究成果；圆满完成省市级申报课题。昭通师专刘岚的《民族杂居大学生学习社会化研究》、陈永华的《云南地州高校毕业生变业质量评估与就业稳定性研究》、徐家玉的《高职高专英语教育专业主辅修制农村小学教师培养模式研究》等5个课题被定为2010年云南省教育厅科学研究基金项目课题。

【努力办好《昭通社会科学》】 2010年，市社科联坚持学术性刊物的办刊理念，严格用稿质量，努力扩大稿源，改善刊物装帧的办刊原则，按学术性刊物的要求严格审稿，坚持学术讨论无禁区，宣传有纪律，对图片、文字严格审查，确保理论服务昭通经济社会建设。2010年《昭通社会科学》围绕昭通政治、经济、文化建设中热点难点问题进行组稿，全年出版4期，刊登各类理论文章80余篇，40余万字。

【加强学术团体管理】 2010年，市社科联坚持一手抓规范管理、一手抓优质服务，进一步加强和改进对全市社科团体的管理和服务。按照《昭通市社会科学界联合会章程》的规定，加强对全市现有的30个学会、协会、研究会的工作指导，认真做好新成立社科团体的申报审核工作，进一步完善全市社科管理档案，规范社科团体的换届选举工作，并会同市民政局积极做好社科团体的年检工作。积极做好社科团体的协调服务工作，努力提高社科团体管理和建设的工作能力，积极支持社科团体开展学术活动，充分发挥各社科团体在昭通市经济、政治、文化、社会发展领域中的重要作用。彝学会参与了昭通葡萄井彝族六祖分支祭祖圣地文化旅游景区塑像方案评审会的筹备工作，与昭阳区政协配合，撰写出版《彝族六祖分支历史文化》专辑和历史小说《乌蒙彩霞》。市计生协会针对制约全市人口计生工作科学发展方面存在的突出问题和主要矛盾，撰写《基层干部作用发挥好、人口计生工作水平高》等调研报告18篇。税务学会为经济社会全面协调和可持续发展，在加强税收征管等方面做了深入的研究，成果显著，特别是《水电税收分配制度研究》、《对昭通国税科学发展的思考》、《以人为本凝聚人心着力打造适应改革发展新形势的基层国税干部队伍》、《对豆沙古镇旅游经济发展的思考》、《关于"十二五"规划期间昭通市国税税收收入增长翻番的预见性分析》等调研文章对昭通的税收及政策宣传取得了很好的效果，在加强税收与管理理论成果的转化方面做出了积极贡献。警协紧紧围绕"三项重点工作"和"三项建设"，着手从队伍建设机制、基层警务运作的巡防、巡查、巡逻勤务模式、处警机制、群体性事件处置工作机制、警务保障机制和考核评估机制以及近距离防控违法犯罪、零距离服务人民群众等公安基层基础建设中存在的体制性、机制性和保障性问题方面着力进行研究和探讨，共收到理论文章245篇。劳动保障学会组织相关人员充分调研撰写《昭通市就业培训的现状分析与对策研究》、《建立全民医保体系的体制及政策思考》、《城镇居民基本医疗保险和新型农村合作医疗保险对比产生的思考》、《城镇企业职工基本养老保险关系转移接续制度的政策解读》和《建立昭通市失地农民社会保障体系的思考和对策》、《昭通市贯彻实施劳动合同法的调研报告》、《关于我市和谐劳动关系的调研报告》等调研报告。

【《昭阳区滇东北次方言苗族传统文化》出版】 10月，由市社科联副主席王银开参与主编的《昭阳区滇东北次方言苗族传统文化》一书由云南出版集团公司云南人民出版社出版发行。全书9章共30万字，内容包括苗族社会习俗、饮食、生产生活、房屋建筑、商贸、交通、体育、医药、服饰加工、民间文学、音乐舞蹈、语言文字等，是一部系统记载滇东北次方言苗族传统文化的普及性读物。

【堂琅文化研究成果参加省社科学术年会】 11月，巧家堂琅文化研究课题组孙世美撰写的堂琅文化研究论文《将"堂琅矿冶文化旅游圈"建设成为云南面向西南开放的重要旅游目的地的思考》参与由省委宣传部、省社会科学界联合会联合主办的主题为"中国面向西南开放桥头堡：机遇与发展"的云南省第四届（2010年度）社科学术年会，被评为优秀论文，编入《中国面向西南开放桥头堡：机遇与发展》论文集。

【召开昭通市首届社科学术年会】 12月25日，由市委宣传部、市社科联主办的"昭通市首届社科学术年会·富民强市跨越发展战略论坛"在昭通宾馆召开。来自全市11县区的县区委宣传部长、各领域专家和有关部门的主要负责人、论文作者等共130多人参加会议。市委常委、宣传部部长陆琴雯，市政府副市长胡月星，市委宣传部副部长、市文明办主任李岐，市委宣传部副部长、市文产办主任朱大庆等领导出席会议。陆琴雯在会上就如何做好全市哲学社会科学工作作讲话，会议对征集到的152篇征文中的33篇优秀论文的42名作者进行表彰。获奖代表饶奎、蒋显翠、李晓燕、傅奠基、余剑等围绕市委、市政府提出的"富民强市跨越发展战略"的主题，站在全市发展布局及所从事专业研究的角度作演讲。原市政协副主席、民盟主委、本届社科学术年会评委会主任周天忠对参会论文作点评。

【33篇文章获富民强市跨越发展战略论坛优秀论文奖】 12月25日，市社科联召开昭通市首届社科学术年会·富民强市跨越发展战略论坛会，共评出优秀论文33篇。其中，饶奎的《昭通实现富民强市新跨越面临的战略机遇与挑战》、肖世翔的《以加快发展特色农产品加工业为枢纽，建设生态文明和现代农业，推进昭通特色新型工业化道路》、蒋显翠的《新时期昭通农村基础教育发展中存在的问题及对策》3篇论文获一等奖；肖世翔的《化危机为机遇找准科学的发展定位把昭通建成云南承接东部省区产业转移的重要基地》、宋恩骑的《有关昭阳城区社会治安的一些个人观点和建议》、李晓燕、黄韦华、倪霞、王玉琴、吴英的《有效利用昭通烤烟生态气候资源促进"两烟"产业的可持续发展》、龚志勇的《关于"十二五"规划期间昭通市国税税收收入增长翻番的预见性分析》、袁野的《发挥昭通区位优势打造西南旅游枢纽地位》、傅奠基的《略论昭通地缘、人缘与区域文脉对旅游发展的影响》6篇论文获二等奖。狄绍轩的《把水富打造成为昭通北部片区中心城市的思考》、王婧、李莹、时文君、王碧环的《昭通市工业园区建设问题探究》、余德厚的《司法公信力问题研究》、陈昌、余德厚的《浅析现代司法理念与乡土社会传统的契合》、陈剑宁的《对昭通市生态文明建设的思考》、赵旭良的《古代昭通移民史探》、杨明东的《关于建设社会主义核心价值体系的思考》、余剑的《部门垂直管理对乡镇政府管理的影响与对策探析》、崔华勇的《昭通城市形象构建研究》9篇论文获三等奖。石邦云的《在更高层次上推动彝良县域经济科学发展》、赵廷臣的《人民的需求就是我们工作的立足点—建设农家文化大院的思考》、刘天成的《新闻舆论引导要努力为构建和谐社会做出贡献》等15篇论文获优秀奖。

（**市社会科学界联合会** *李克武*）

【党史正本编写进展顺利】 2010年，市委党史研究室编辑人员承担《中国共产党昭通市历史（第一卷）》收集、补充资料、初稿撰写工作，年底已经完成正本稿的三分之二。同时，指导各县区正本的撰写出版工作。继2009年《中共威信县历史（第一卷）》出版后，2010年《中共昭阳区历史（第一卷）》又出版发行，其余9县的正本正集中力量撰写，可于"十二五"前期出版发行。

【完成各项专题任务】 2010年，党史研究室由专人负责《省委执政纪要》的组稿工作，和市委办联合完成《2009年中共云南省委执政纪要》（昭通篇）的撰稿和上报，共计1万字；参与原43师离休老干部出版的《情系乌蒙》一书的编审、校对等工作；昭通的"四清"运动、昭通的"两年徘徊"、昭通的知青运动等7个专题，在2008年写出初稿，2010年组织力量进行补充修改，进行最后的整理修订，为出版发行作好准备。

【为"扎西会议"纪念馆新馆布展献计献策】 年内，"扎西会议"纪念馆新馆经过几年建设，即将以新的展室向公众开放，为做好布展工作，党史研究室积极为布展方案献计献策，参与方案补充、修订和进一步完善，现已报中央党史研究室最后审定。

【接受新华社记者采访】 2010年，为加快昭通威信、镇雄、彝良3个革命老区县的开发建设，按照市委的统一部署，党史研究室领导先后两次接受新华社记者的采访。介绍昭通老区的基本情况，历史贡献和需要帮助解决的问题。并接受云南台记者关于昭通革命史的采访，并向两个新闻媒体部门提供资料。

【《昭通党史党建》刊物出版2期】 2010年，由市委党史研究室主办的刊物《昭通党史党建》共出刊2期，30余万字。刊物重点宣传革命遗址普查工作，及昭通解放60周年等方面，使广大读者对昭通的革命历史有了更进一步的了解。

【新农村建设工作】 2月党史研究室选派1名处级干部翟昭明到巧家县蒙姑乡担任新农村建设指导员，兼蒙姑乡党委副书记。一年来向上级部门争取项目资金35.8万元，建设村级文化体育活动广场、整村推进项目各1个；协调安装老街路灯，解决了学校师生出行安全问题；争取到贫困救济金、计生补助款、烤烟培训费，切实帮助解决群众的生产、生活困难。乡新农队办和村公所经费困难，党史研究室用部门工作经费2万元给以解决。年终翟昭明被巧家县新农办考核为优秀，被评为全省优秀指导员，受到云南省委、省政府的表彰。

【威信、镇雄、彝良3县申报国家级革命老区工作进展顺利】 2010年，按照2009年市委第29次党委会议的统一安排部署，党史研究室继续向省委党史研究室和中央党史研究室汇报沟通申报老区工作，积极准备支撑材料，于9月完成

《川滇黔边区游击纵队斗争史》的翻印再版工作，为申报工作积极做准备。

【昭通市革命遗址普查工作全面开展成果喜人】 3月15日，市委办转发《市委党史研究室关于开展全市革命遗址普查工作的实施意见》，全市的革命遗址普查工作全面启动。市委书记夜礼斌高度重视此项工作，要求召集各县区委办及党史办的负责人，召开一次专题会议进行部署安排，力求做到无一遗漏，一次查清，为进一步发挥其爱国主义教育作用及提高开发利用价值创造条件。为认真贯彻落实好全国、全省革命遗址普查会议精神和夜书记的重要批示，昭通市及时成立昭通市革命遗址普查工作领导小组，负责对全市革命遗址普查工作的组织领导工作。领导小组下设办公室，在市委党史研究室编辑部。3月20日，市委召开全市革命遗址普查工作会议，安排布置全市的革命遗址普查工作。按照市委和省委党史研究室的统一部署，年内已按各阶段要求圆满完成普查任务，普查经验在全国交流。昭通市革命遗址普查成果通过省革命遗址普查领导小组的验收。年底，昭通市共普查出革命遗址遗迹762个，占全省革命遗址的三分之一；其中民主革命时期的革命遗址508个，其他遗址44个，剿匪遗址210个。重要党史事件和重要机构旧址161个；重要党史事件及人物活动纪念地426个；革命领导人或党史人物故居65个；烈士墓75个；纪念设施35个。国家级文物保护单位1个；省级文物保护单位8个；市级文物保护单位2个；县级文物保护单位21个。国家级爱国主义教育基地3个；省级爱国主义教育基地2个；市级爱国主义教育基地2个；县级爱国主义教育基地3个。毁坏的遗址387个。昭通的革命遗址不仅数量多，而且大部分都在全省全国有重要的地位和重大影响，是全市、全省、全国进行革命传统教育和爱国主义教育的重要基地和精神家园，由于年代久远亟待修复和维护，进行开发利用。

【支部换届选举】 4月16日，市委党史研究室支部召开党员大会，进行支部换届选举。选举出夏玲、彭涛、贺鸿3人为新的一届支部委员会委员。新当选的支部委员会委员，召开了第一次委员会，选举夏玲为支部书记，并分工贺鸿担任组织委员，彭涛担任宣传委员。

【省委党史研究室调研组到昭通调研】 5月24～28日，省委党史研究室第四调研组在副主任杨泽宇的率领下到昭通调研指导党史工作，陪同调研的还有二处处长杨林兴、办公室赵敏等同志。市委常委、市委秘书长田勇，市委常委、市委宣传部部长陆琴雯就昭通党史工作向杨副主任介绍了昭通党史工作情况。同时，调研组还听取了市委党史研究室关于昭通党史系统机构编制、人员结构、工作概况、存在问题和意见建议的情况汇报，使调研组对昭通党史工作有一个整体的了解。25～28日，在市委党史研究室蒋兴洲的陪同下，杨副主任一行深入到永善、巧家调研、检查指导党史工作，两县县委在家的书记、副书记、分管党史工作的领导向杨副主任一行汇报了两县的党史工作情况，并陪同视察了两县党史研究室的办公设施等，并与两县党史研究室的同志进行座谈，了解生活、学习和工作情况。

【组织全室人员进行业务培训】 8～9月，市委党史研究室组织3批共9人次参加中共党史学会主办的业务培训。分别到西宁、杭州、沈阳、深圳等地进行党史正本、工人运动、农民运动史等写作进行业务培训。

【昭通党史工作受省委表彰】 10月12日，中共云南省委召开全省党史工作会议，表彰了全省党史系统先进集体、先进个人和重视党史工作好领导。昭通市委党史研究室、盐津县委党史研究室、永善县委党史研究室获得省委表彰的全省党史工作先进集体称号；昭通市党史研究室蒋兴洲、张仁侠，昭阳区党史研究室李启龙，巧家县委党史研究室青继荣获省委表彰的先进个人称号；绥江县委常委、办公室主任黄安顺获省委表彰的重视党史工作好领导称号。

【第50次常委会议纪要专题研究党史工作】 12月26日，市委书记夜礼斌主持召开二届市委第50次常委会议，第四项议程专题研究室党史工作。会议听取了市委常委、市委秘书长田勇传达全省党史工作会议精神，研究讨论了昭通市贯彻意见。会议要求：要进一步加强党史工作，充分发挥党史存史、鉴今、资政、育人的作用。要切实争取镇雄、彝良、威信3个革命老区县更加特殊倾斜的政策支持，力争把3个革命老区县列入中央苏区政策扶持，加快革命老区县发展步伐。会议决定：一、在积极争取支持的同时，市级财政每年安排100万元作为革命遗址保护开发利用经费，各县区要结合实际确定革命遗址保护开发利用经费。二、《市委执政纪要》编撰经费和《昭通党史党建》、“昭通党史网”办刊办网经费由市党史办编制预算报告，报市财政局审查后纳入年度预算予以保证。三、同意在市委党史研究室增设《市委执政纪要》编撰科；增加《昭通党史党建》和“昭通党史网”编辑人员（事业编制），由市委党史研究室按程序报市编委研究。四、市委党史研究室工作用车购置经费按标准纳入预算解决。五、同意召开全市党史工作会议。

（市委党史研究室　张仁侠）

【修志成果丰硕，获多项表彰】 2010年，市志办修志成果丰硕。2月，历时5年编纂的《昭通市志》（1978～2005）由云南人民出版社出版，全志分为上下册，195万字。为全省第二家出版的州市级志书。3～6月，精心做好《云南年鉴》、《云南小康年鉴》的供稿工作。市志办共提供稿件3.2万字，组织各县区提供稿10余万字。7月、10月，《绥江县志》（1978～2005）、《永善县志》（1978～2005）分别提交评议，其余县区进展顺利，正在抓紧纂写。10月下旬，《昭通年鉴》（2010），经德宏民族出版社出版发行。年内，积极为各部门提供业务指导。《昭通军事志》出版，《昭通检察志》、《昭通电力志》、《昭通审计志》、《昭通市人大常委会志》、《昭通科技志》等专业志的编修正在进行中。

年初，由云南省新闻出版局组织评选的云南省第八届年鉴优秀成果，《昭通年鉴》（2008）、《鲁甸年鉴》（2008）、《绥江县年鉴》（2007）获综合一等奖；《昭通年鉴》（2007）获综合二等奖；《鲁甸年鉴》（2007）获框架设计奖，《绥江县年鉴》（2008）获条目编撰、校对质量奖。4月，市地方志编委会在全省第二轮地方志编修工作中成绩突出，成效显著，获云南省地方志编纂委员会办公室表彰奖励。7月《昭通市志》（1978～2005）获云南省地方志编纂委员会“十佳成果奖”，市地方志办公室获十佳先进集体奖。11月，市地方志办公室被中国地方志指导小组表彰为先进集体，王文福被表彰为先进个人。年末扶贫工作获市委、市政府表彰。部门绩效考核和党建工作分别获优秀。

【《昭通市志》（1978～2005）出版发行】 2月，历时5年的《昭通市志》（1978～2005）由云南人民出版社出版，全志分为上下册，195万字。为全省第二家出版的州市级志书。《昭通市志》正文36篇，前有概述、大事记，后有人物、附录。另有88页彩版，刊载了反映28年重大事件、重要发展变化的275幅图片。

3月18日，由市委、市政府主办，市志办具体承办的志书发行会议在市政府视频会议室召开，祝贺《昭通市志》出版发行。市委常委、市委秘书长田勇，市地方志编纂委员会副主任、市人大副主任赵卫，市地方志编纂委员会副主任、市政府副市长韩梅，市地方志编纂委员会副主任、市政协副住主席张毅敏，市直各单位领导参加会议。会上，韩梅作《众手协力成佳志，存史资治化新人》的讲话，市地方志办公室主任范孝懿向会议作编修情况汇报。省地方志编纂委员会副主任吴光范，省地方志编纂委员会专职副主任、省地方志办公室主任李一是，昆明、曲靖、玉溪、红河、楚雄、大理、普洱、临沧等8州市地方志办公室主任和云南人民出版社原社长王晓燕、昆明富新春彩印有限公司总经理金颖捷等专程前往昭通表示祝贺。7月《昭通市志》获云南省地方志编纂委员会“十佳成果奖”。

【《绥江县志》（1978～2005年）评议工作会召开】 7月26日，《绥江县志》评议工作会在靖江宾馆4楼会议室举行，市志办副主任聂顺荣、调研员王文福、绥江县副县长王静波以及各县志办主任业务骨干等30余人参会。市志办副主任聂顺荣对《绥江县志》（1978～2005年）的编纂工作作整体评价，对永善县志编纂的进度和质量作充分的肯定。市志办调研员王文福、市编辑室主任刘宗伯等对《绥江县志评议稿》提出中肯的具有指导性和可操作性的修改意见。

【《永善县志》（1978～2005）评议会召开】 10月20～21日，《永善县志》（1978～2005）评议会在永善县兰花宾馆召开。省地方志编纂委员会专职副主任、省地方志办主任李一是，省地方志办副主任袁丽萍、省地方志办州市县指导处处长赵芳，市地方志办主任范孝懿、市地方志办副主任聂顺荣、市地方志办调研员王文福等，昭通各县区地方志办主任和永善相邻的四川雷波县地方志办主任对《永善县志》进行评议，提出指导性修改意见和建议。

【《昭通年鉴》（2010）编辑出版】 10月下旬，《昭通年鉴》（2010）卷经德宏民族出版社出版发行。《昭通年鉴》（2010）共110万字，收录2195个条目与统计资料。设特载、专文、概况、年内要事、政治、法制、军事、经济、科教文卫、社会、人物、区县概览12个栏目，下设60个类目92个分目。卷首有反映市县区年内重要时事与经济文化社会活动的要闻彩页18码95幅照片。资料翔实，信息全面，图文并茂，能为各级政府提供决策参考。

【省方志系统学习贯彻《云南省地方志工作规定》暨二轮修志工作经验交流会在水富召开】 9月15～17日，省地方志系统学习贯彻《云南省地方志工作规定》暨二轮修志工作经验交流会在水富县召开。会议由省地方志办公室主办，昭通市志办承办，水富县志办协办。会议的主题是以科学发展观为指导，深入学习贯彻落实《云南省地方志工作规定》，并总结和交流全省在第二轮修志中的工作经验，以促进全省地方志事业又好又快发展。省志办主任李一是、副主任袁丽萍，省志办学会工作处处长姜定忠、州市县志指导处处长赵芳；省法制办行政立法处处长王键，昭通市副市长韩梅等领导出席会议。昆明、玉溪、普洱、大理、昭通等13州市的志办主任和工作人员共100余人参加会议。会上深入学习《云南省地方志工作规定》，副市长韩梅汇报了昭通市修志工作的经验。9月17日，参会人员参观了龙家祠堂和望海公园。

【脚踏实地做好扶贫工作】 2010年，市志办挂钩扶贫点是梭山乡密所村。市志办成立了扶贫工作领导小组，具体指导日常扶贫工作的筹划和落实，派出驻村指导员1人具体帮助扶贫。主任范孝懿、副主任聂顺荣曾3次带领单位相关干部职工实地考察，专门召开会议确定扶贫项目，制定扶贫方案。2月，单位到密所村进行慰问活动，同时调查部分低收入农户生产、生活状况。3月旱情严重之际，市志办全体职工组织捐款捐物活动，共为扶贫点对口贫困户捐赠现金5000元、衣物数十件。7月，市志办从紧张的办公经费中挤出2000元给密所村村公所作办公经费。12月，再次拨给村公所办公经费5000元。年末扶贫工作获市委、市政府表彰。

【尽力做好老干部工作】 2010年，市志办领导对老干部工作高度重视，采取老干部喜闻乐见的方式开展工作，2010年继续为离退休老干部每人报销100元报刊费。共征订刊物20余种。赠送志书和年鉴等50余册，让老干部老有所学，思想上进一步提高，精神上更加充实。利用春节、国庆节、敬老节等节日，组织老干部座谈，全年召开座谈会5次。老干部们在会上畅所欲言，提出很多建议，为方志事业稳步发展献计献策。3月组织全体人员春游活动，利用这个机会，组织老干部开展一些简单的文体活动。在新春佳节和敬老节期间慰问老干部，把节日礼金送到老干部手上。工会对生病住院的老干部及时探望。年底，组织老干部进行体检。

（市方志办　邵聪彪）

教　育

教育管理

【全市教育基本情况】 2010年，昭通市各级各类学校2318所，其中普通高校1所、普通中等专业学校7所、成人中等专业学校11所、普通中学215所（普通高中5所、完全中学33所、普通初中170所、九年一贯制学校7所）、职业中学14所、小学1980所、特殊教育学校2所、幼儿园88所，另有小学教学点1174个（1师1校460个）。各级各类学校在校生1194971人，其中师专7187人（普通专科生5943人、函授生1244人）、普通中等专业9522人、普通中学371149人（高中67660人、初中303489人）、职业中学18648人（高中17703人、初中945人）、小学719477人、特殊教育309人、幼儿园68679人。初中毛入学率为99.06%，小学学龄儿童入学率99.48%；普通初中辍学率1.75%，小学辍学率0.5%。

各级各类学校教职工54707人（专任教师52072人），其中师专573人（专任教师351人）、普通中等专业学校553人（专任教师384人）、成人中等专业学校133人（专任教师80人）、普通中学19776人（专任教师18762人，其中高中3376人、初中15386人）、职业中学736人（专任教师635人，其中高中572人、初中63人）、小学31368人（专任教师30783人）、特殊教育学校66人（专任教师53人）、幼儿园1502人（专任教师1024人）。普通高中专任教师学历合格率93.63%，普通初中专任教师学历合格率98.57%，小学专任教师学历合格率98.73%。

各级各类学校校舍5231937平方米，其中师专162300平方米、普通中等专业学校99174平方米、成人中等专业学校24397平方米、普通中学2227930平方米、职业中学85332平方米、小学2509558平方米、特殊教育11813平方米、幼儿园111433平方米。全市现存危房面积2167367平方米（其中普通中学639783平方米、职业初中6171平方米、普通小学1337788平方米?），危房率41.43%。普通中小学、职业初中危房1983742平方米，其中B级危房331681平方米、C级326374平方米、D级1325687平方米。

【中小学校舍安全工程】 2010年，全市已拆除D级危房1871幢72.2万平方米，占应拆除面积的136.23%。已开工学校526所，开工建筑单体693个，开工面积69.35万平方米，占应开工面积的130.85%。累计竣工465校621个单体58.69万平方米，占总任务的110.74%，累计完成投资52118.22万元。超额完成与省政府签订的53万平方米中小学校舍安全工程目标任务。

【教师招聘工作】 2010年，市教育局面向全国重点师范院校和综合性重点大学招聘紧缺教师590名。科学设岗，严格条件，完成“特岗”教师招聘计划1425名，补员招聘950人。

【全市2010年高考上线率增幅创历史新高】 2010年，全市高考上线率增幅创历史新高。全市高考共有24365名考生报名（不含三校生），上线人数22715人，上线率93.23%，增加16.32个百分点。市一中高考取得优异成绩，其中理科有3人名列云南省高考理科前十名，最高分吴雪韵702分，分列全省理科第2名；刘正691分，分列全省理科第6名；颜婷685分，分列全省理科第十名。市一中有9人达到清华、北大的预录取分数线。市长王敏正一行到市一中，与前三名学生、学生家长以及教师代表进行座谈，并分别为前三名学生送去3万、2万和1万元的奖励。

【市级领导调研教育工作】 1月9～11日，市长王敏正到巧家县调研工作。10日上午，市长王敏正在市教育局局长平锦，巧家县委书记田荣屏，巧家县县长方宗辉等领导的陪同下到巧家县第四中学视察。

4月12日，市长王敏正、市委常委、常务副市长张纪华在市教育局局长平锦、永善县委书记肖本敏、县长田渊，以及市政府办、市发改委等部门领导的陪同下深入永善县调研校安工程建设工作。

6月28日，市长王敏正率市人大常

委会副主任赵卫、市政协副主席张毅敏、市政府秘书长肖本敏、市教育局局长平锦到市一中看望、慰问昭通市2010年高考优秀学生。

8月18日上午,副市长冯德在市政府副秘书长傅再胜、市人事局副局长李晓波的陪同下到市教育调研公共绩效管理工作。冯德一行通过登陆公务员绩效考核系统和市直部门绩效考核系统,查看市教育局各月工作计划和纪实,抽阅了市教育局机关科室人员的纪实,召开座谈会听取了市教育局公共绩效管理工作汇报以及机关干部职工的意见和建议。冯德对市教育局实施公共绩效管理给予高度评价,认为工作班子认识高,组织有序,推进有力,成效明显,达到了增强工作人员责任心,提高工作效率的效果。

10月11日,市委书记夜礼斌在巧家县委书记方宗辉,副书记、代理县长丁开路的陪同下到巧家县老店镇红土村苗圃希望小学视察。夜书记到红土小学,查看了学生食堂、宿舍,详细了解学生的学习和生活情况。夜书记要求学校加强食品卫生的监督及管理,确保学生饭菜的数量、质量,并安排相关部门立即解决学生行李单薄的问题,为所有寄宿制学生增添行李。夜书记对学校的教育管理、教学等工作进行了查看和详细了解,肯定了学校各方面的工作。

【市政府目标检查组对市教育局2009年目标责任制完成情况进行检查】 1月15日,市政府目标检查组第五组组长、市政府副秘书长傅再胜带领市政府办公室综合科科长许宗铨,市经委轻工业科科长许勤对市教育局2009年度目表责任制完成情况进行检查。检查组认真查阅了相关资料,听取局长平锦作的《昭通市教育局2009年目标责任制检查自查报告》。市教育局机关副科以上干部参加汇报会。检查组认为,2009年以来,市教育局领导班子团结,对全市教育工作指导有力,工作措施扎实,重点工作成效显著。一是"两基"攻坚取得历史性成绩;二是办学条件明显改善;三是高中阶段教育"瓶颈"取得实质性突破;四是教师队伍建设成绩显著;五是教育管理进一步加强;六是教育质量进一步提高。

【2009年度教育目标管理工作获省教育厅表彰】 1月18日,省教育厅表彰2009年度州市教育目标管理工作和单项工作先进单位,市教育工作目标管理获得二等奖,中小学校舍安全工程工作获单项成果奖。市一中两名学生被评为2009～2010学年度省级优秀学生:1月26日,市一中高三学生刘正、吴雪韵被评定为2009～2010学年度省级优秀学生。

【"两基"迎国检工作】 1月18日,市政府成立以市长王敏正为组长,常务副市长和分管副市长为副组长,市直相关部门负责人为成员的昭通市"两基"迎国检工作领导组,并制订"两基"迎国检工作方案。在市"两基"迎检办内成立学校硬件建设指导、文秘资料、宣传报道、检查督办、后勤保障5个工作组,切实做好迎国检各项准备工作。

4月1日,市政府先于省政府召开由各县区长参加的"两基"迎国检工作会议,部署"两基"迎国检工作,与各县区政府签订《昭通市"两基"迎国检工作责任书》,下发《昭通市人民政府办公室关于做好"两基"迎接国家教育督导团检查验收工作的通知》,明确"两基"迎国检工作职责及任务。

8月23日,市人大组织省市人大代表视察"两基"迎国检工作。根据省人大常委会《关于委托各州市对昭通省"两基"迎国检工作进行视察的通知》的要求,市人大组织部分常委会组成人员、省市人大代表对昭通市"两基"迎国检工作进行视察。市人大教科文卫委主任乔建民主持视察汇报会。视察组认真听取市教育局局长平锦所作的昭通市"两基"迎国检工作的情况汇报。市人大副主任赵卫、皮永宏、市政府副市长韩梅参加视察并讲话。

9月1日,市"两基"迎接国检工作领导小组办公室召开"两基"迎国检业务培训会,安排布置"两基"迎国检自查材料、汇报材料和登记表的填写等相关工作。全市11个县区具体负责填报登记表及自查材料的工作人员30余人参加会议。会议由市教育督导室办公室主任张学荣主持,并传达省召开的"两基"国检业务布置会,对全市"两基"迎国检工作提出明确要求,同时对各县区提出的业务上的问题进行解答。市教育督导室办公室工作人员林华对全市前期"两基"迎国检工作开展情况及6月"两基"国检登记表预填报情况进行了通报,对"两基"国检有关表册的填报进行解释。印发《昭通市人民政府教育督导室关于做好"两基"迎国检宣传工作的通知》和《昭通市人民政府教育督导室关于印发昭通市"两基"迎国检倒计时工作安排的通知》。

9月25～29日,省"两基"迎接国检工作交叉督导检查组一行11人,对昭通市的"两基"迎国检工作进行检查。督查组主要督查贯彻落实全省"两基"迎国检工作推进电视电话会精神情况、"两基"国检工作的35个指标的完成情况、"两基"目标责任的完成情况以及迎接国检各项工作的准备情况。督查组严格按照迎国检的有关程序和要求,本着实事求是、总结经验、查找不足、促进整改、推进工作的原则,按照"听、看、查、访、议、反馈"的程序认真开展工作。26日上午,督查组听取市政府关于"两基"巩固提高暨迎国检工作情况汇报,对"两基"工作进行现场质询,对拖欠教育经费等问题提出意见建议。当天,督查组分3组到昭阳、盐津、鲁甸3县区督查,先后深入凤凰、北闸、乐居、苏家院、豆沙、水平、盐津、普洱、茨院、江底、乐红、龙头山、小寨等14个乡镇、办事处的30所中小学,对学校的校园校风校貌、办学条件、办学设备、常规管理、学生的入学巩固、师资队伍建设、校园安全、教学管理、师生精神风貌等进行了深入调查了解,通过汇报会、座谈会、走访干部师生、查阅档案资料等形式,对三县区的“两基”巩固提高工作,特别是“两基”迎国检的工作作全面的了解,并与3县区政府及相关部门作认真的反馈。9月28日下午,督查组对昭通市的“两基”迎国检工作情况进行认真的汇总、分析,29日,向市政府进行反馈。

9月6~11日,市政府组织对全市“两基”迎国检工作进行全面检查,在各县区进行“两基”迎国检工作自查的基础上,市政府组织六个检查组分赴11个县区,对全市“两基”迎国检工作进行全面检查。检查组抽查了各县区三分之一以上的乡镇和学校。检查“两基”国检普及程度、教师队伍、办学条件、教育经费、教育质量、学校安全、扫盲工作等7个方面35项指标的达标情况。其中,教育经费未达到三个增长、教育费附加未全部用于教育,有D级危房,普及程度不达标,教师学历达标率不达标或数量严重不足,2001年后拖欠教师工资,国检当年有重大安全责任事故,有弄虚作假行为等7个一票否决指标是这次全面检查的重点。同时检查组还对各县区“两基”迎国检宣传工作落实情况;学校常规管理的落实情况(即校园环境建设情况、图书实验仪器配备和管理使用情况、学校经费管理使用情况、师生精神面貌情况、校园文化建设情况等);“两基”迎国检“七个一”工作开展情况(即坚持每月办好一期“两基”迎国检工作简报,搞好一次县级“两基”迎国检自查,建立一套规范、翔实的“两基”档案资料,办好一个“两基”迎国检展室,制作一部“两基”迎国检专题片,编制一本“两基”迎国检文件资料汇编,撰写好一份“两基”迎国检汇报材料)等开展检查。

昭通市确保教育经费“三个增长”:财政对教育预算内拨款逐年增长、年生均教育事业费逐年增长、财政拨发的年生均公用经费逐年增长的“三个增长”以及城市教育费附加依法足额征收,专款专用是“两基”迎国检的一票否决指标之一。为确保这一指标过关,全市共拨工作经费440万元,其中市本级50万元;补拨教育投入、教育费附加、教育事业费、生均公用经费6182.9万元(其中市级补拨所欠的教育附加820万元);全市共筹措5760万元资金,用于购置图书、添置实验仪器设备、计算机等。3项合计1.24亿元。

10月18~21日,省“两基”迎国检工作领导小组办公室组织检查组对昭通市“两基”迎国检工作进行预检。预检组由省教育厅副厅长王建颖担任组长,省财政厅总会计师孙国棋、团省委副书记杨军、省政府教育督导团办公室主任何开喜、省教育厅财基处陈跃琼副处长、省纪委纠风室副主任赵启荣、省政府教育督导团办公室调研员李晓南为成员。国家教育督导团办公室副主任周坚、调研员陈卫军应邀参加预检。预检组重点抽查镇雄县“两基”迎国检工作。预检期间,预检组领导和专听取昭通市和镇雄县的“两基”工作情况汇报,观看了市、县“两基”专题片,并深入镇雄县中屯、五德、场坝、林口、塘房、赤水源等6个乡镇及县城的7所中学,8所小学检查“两基”迎国检工作。

10月20日下午,预检组组长、省教育厅副厅长王建颖作反馈,国家教育督导团办公室副主任周坚作了讲话。王副厅长在反馈中充分肯定了镇雄县政府加大投入,不断改善办学条件,加大教师队伍建设力度,狠抓入学巩固的三大亮点以及迎国检工作加强领导,强化责任;档案规范,管理较好;宣传引导氛围浓厚的三大成效。王副厅长认真分析了镇雄“两基”迎国检工作指标的差距,对镇雄“两基”工作提出6点要求。市政府副市长韩梅,镇雄县县长张进,市教育局局长平锦及市“两基”成员单位有关领导陪同检查。市政府副市长韩梅,镇雄县委冯学兰书记作表态发言。

【2010年度全市教育工作会议】 2月5日下午,市政府召开全市教育工作会议。市人大常委会副主任赵卫、市政府副市长韩梅、市政协副主席张毅敏出席会议。市直各有关部门负责人,各县区分管教育副县区长,教育局局长、分管教育教学工作的副局长,市直学校校长、书记参加会议。会议由市教育局局长平锦主持并作工作报告,副市长韩梅讲话。

【全市中小学校舍安全工程现场推进会在水富召开】 3月15~16日,全市中小学校舍安全工程现场推进会在水富县召开,市人大常委会副主任赵卫、副市长韩梅、市政协副主席张毅敏,市校安工程成员单位负责人,各县区主管教育的副县长、教育局局长及校安工作相关负责人等70余人参加会议。与会人员先后参观了盐津县柿子乡水平小学、豆沙镇中心小学,水富县五中、两碗乡中心校、太平乡明德小学、博爱小学、水富县一中在建工程,云天化中学。实地查看各学校校园、教学楼、学生宿舍、学生食堂及各功能室等,听取学校负责人的详细介绍,询问了学生的学习、生活情况,对学校的标准化建设和管理模式给予高度评价。16日,全市中小学校舍安全工程汇报会在云水宾馆大会议室举行。各县区政府、市“校安办”成员单位先后汇报校安工程工作情况,副市长韩梅讲话。市教育局副局长吴敏对各县区校安工程进度情况作简要通报,对下步工作提出要求。

【省教育厅领导到昭通调研】 3月30~31日,省教育厅副厅长邹平在市教育局局长平锦、副局长吴敏等领导的陪同下到巧家县调研校安工程及高中新课程改革实施情况。巧家县委常委、县政府副县长余佑奇和县教育局领导陪同调研。邹平视察了巧家县城区8所中小学及两个乡镇学校,对各学校的校安工程、学校规划、教育管理等进行全面细致的了解，实地查看校安工程进度。对巧家县的校安工程实施情况给予充分肯定，在巧家一中、巧家二中，邹平深入课堂与学生进行交流，召开教师座谈会与教师们进行新课程改革探讨，并巧家县幼儿园及民办幼儿园贝贝启蒙园进行视察。

6月21～24日，为认真落实省委书记白恩培对中小学校点布局工作的批示精神，省教育厅巡视员郭玉鉴带领省政府教育督导团办公室副主任吕志雄、省教育厅发展规划处处长助理袁加全到昭通市调研中小学布局调整工作。市教育局局长平锦陪同调研。省调研工作组先后深入大关县玉碗镇中心小学，盐津县豆沙镇石缸小学、柿子乡水平小学、盐津县二中，永善县细沙乡黄金小学、桧溪镇强胜小学、溪落渡镇云荞小学、雪白小学，水富太平乡明德小学等4县12所学校进行调研。每到一校郭巡视员一行都深入学校学生食堂、宿舍、图书室、实验室、教师办公室、教师宿舍与师生亲切交谈，详细了解学校情况。并分别在盐津县、永善县召开由乡镇干部、县直有关部门负责人、人大代表、政协委员、村社干部、教师代表参加的座谈会，广泛听取各界对中小学校点布局调整工作的意见，全面了解中小学布局调整工作存在的困难和问题。郭巡视员对昭通市开展中小学校点布局调整工作给予充分肯定。吕志雄要求要把中小学布局调整和“两基”迎国检工作结合起来，确保“两基”顺利通过国检。

8月5日，省教育厅副厅长和福生，在市教育局副局长刘乐华、水富县副县长高文辉等的陪同下，深入水富县第一中学校区、水富县博爱小学调研。实地察看了水富县博爱小学和县一中新校区在建工程，了解询问学校软硬件建设情况。和福生对水富县教育基础设施建设所取得的成绩给予充分肯定。

【2所学校被省教育厅命名为勤工俭学示范基地】 4月25日，昭通市昭阳区小龙洞乡中营小学、乐居中心校被省教育厅命名为云南省中小学勤工俭学生产实践示范实践基地。

【昭通民办教育受省厅表彰】 5月24日，省教育厅表彰奖励云南省民办教育先进集体优秀校长、优秀教师和先进个人，昭通市华宇特色学校表彰为先进集体，昭阳区爱心幼儿园园长梁龙琼表彰为优秀校长，镇雄县长风中学龚声忠表彰为优秀教师。

【平锦到昭阳区爱心幼儿园调研】 6月8日，局长平锦在昭阳区教育局党委副书记李大祥、副局长范开舰的陪同下，到昭阳区爱心幼儿园调研。平局长察看了爱心幼儿园的校园环境，深入课堂、食堂、学生宿舍等了解情况，并观看了爱心幼儿园专题片。平锦充分肯定了爱心幼儿园15年来取得的成绩。

【昭通市高级完全中学校长高级研修班开班】 6月20日，昭通市高级完全中学校长高级研修班在省教育厅教育培训中心举行开班仪式。全市41所高完中校长参加研修班开班仪式。省教育厅副厅长王建颖出席开班仪式并讲话。云南师范大学副校长刘宗立，省教育厅基教处处长杨必俊、师范处处长杨丽，云南师范大学成人继续教育学院书记、云南教育干部培训中心主任沈旸，昭通市教育局局长平锦、副局长刘乐华等领导出席开班仪式。开班仪式由云南师范大学成人继续教育学院院长张云主持。王副厅长充分肯定了昭通市教育局举办高完中校长研修班的重要举措，并与参加培训的校长进行互动。市教育局局长平锦作动员讲话，全面分析了昭通市教育面临的形势和任务，对参加培训的校长提出四点要求。

【小河镇特大洪涝泥石流灾害造成学校受损严重】 7月13日，巧家县小河镇突发特大洪涝泥石流灾害。小河镇中小学校不同程度受灾，小河中心学校教师宿舍门面冲进淤泥，学校操场、教学楼后面泥沙高达2米多，教学楼基脚严重受损。小河中学1名学生遇难，小河中心学校2名教师、13名学生失踪。接到灾情报告后，市教育局立即启动应急预案，局长平锦立即带领相关人员赶赴灾区。在实地察看了小河镇中学和中心完小的灾情并听取了中小学校救灾情况汇报后，平锦局长对小河镇中小学校在灾情发生后所做的工作给予高度肯定，并对学校抗灾救灾工作提出6点要求。

【水富县被教育部授予全国阳光体育先进县称号】 7月15日，国家教育部印发《教育部关于表彰全国阳光体育先进县的决定》，决定授予北京市密云县等100个县(市、区)“全国阳光体育先进县”称号。昭通市水富县名列其中，是云南省获此称号的3个县之一。

【开展云南现代教育示范建设工程项目学校暑期培训】 7月16日至8月1日，由上海方略教育机构派专家和卫星远程网络在昭通市实验中学连续开展5期云南现代教育示范建设工程项目学校暑期培训。培训对象分别是现代教育示范建设工程项目学校小学校长、教学副校长、教导主任；小学教研组长、教研员；中小学德育主任；中学校长、教学副校长、教导主任；中学教研组长、教研员。全市现代教育示范学校中学31所，小学33所相关人员近1000人次参加培训。

7月27日，云南现代教育示范建设工程项目学校暑期培训全省主会场设在昭通，山东杜郎口中学校长崔其升、山东兖州市一中校长杜金山现场作经验报告，中国教师报驻山东记者站李炳亭站长作了解读，上海方略教育机构委派专家进行点评、研讨和互动。本次云南现代教育示范学校建设工程培训，采取主题讲座、报告、经验介绍和解读等形式，培训期数多，内容丰富，质量要求高，每期参训人员学习气氛浓，通过专家的点评，共同研讨和互动，达到预期的效果。

【全面实施教育改革和发展规划纲要】 7月30日，市教育局召开市直学校领导班子和机关干部职工大会，全面启动学习贯彻全国教育工作会议精神全面实施教育改革和发展规划纲要工作。局长平锦主持会议并作主题报告,同时要求各县区教育局要在传达学习贯彻全国教育工作会议精神的基础上,深入调查研究,深化对教育实情的认识,找准定位,抢抓机遇,特别要针对国家纲要提出的10个重大项目和10个方面的改革试点的要求,结合各自实际,认真编制好教育“十二五”规划,对未来教育改革与发展进行全面的谋划和精心的部署,提出具体任务和对策措施。

【全市2010年中小学生游泳运动会】 7月24~28日,由昭通市教育局、昭通市文体局联合举办的2010年昭通市中小学生游泳运动会在昭阳区温泉游泳馆举行。共有昭阳区、巧家县、盐津县、永善县、水富县、绥江县、彝良县和市实验中学、云天化中学等9支体育代表队参加,领队、教练员、运动员150多人参加比赛。水富县代表队、彝良县代表队获得体育道德风尚集体奖;和世熠、龙雪洋等18名运动员获体育道德风尚个人奖;李玉梅、曾祥钦等10人获裁判员、工作人员体育道德风尚个人奖。获儿童组团体总分前六名的代表队分别是:昭阳区、水富县、巧家县、彝良县、绥江县和云天化代表队;获少年组团体总分前六名的代表队分别是:昭阳区、云天化、水富县、巧家县、永善县和市实验中学代表队。昭阳区代表队运动员兰秋弦,在女子少年乙组50米自由泳比赛中,以31秒11的优异成绩打破市纪录。

【市教育局开展干部选拔任用工作法规学习宣传月活动】 7月30日,市教育局召开市直各学校领导班子和机关全体干部职工大会,开展“干部选拔任用工作法规学习宣传月”活动。市教育局领导班子成员全体出席会议。局长平锦主持会议并讲话。纪委书记吴开江带领学习了《党政领导干部选拔任用工作条例》、《党政领导干部选拔任用工作责任追究办法(试行)》等四项监督制度。

【市2010年中小学生田径运动会】 8月1~6日,由市教育局、市文体局召开的全市中小学生田径运动会在昭通市元宝山运动场举行。全市11县区和市实验中学、市民族中学、市实验小学、云天化中学、华宇特色学校等16支体育代表队参加,运动员共计330人。威信县表队、云天化代表队获体育道德风尚集体奖;康峥、王阡等31名运动员获体育道德风尚个人奖;秦绍雨、任大鹏等15人获裁判员、工作人员体育道德风尚个人奖。获小学组团体总分前八名的代表队分别是:镇雄县、彝良县、巧家县、云天化、威信县、水富县、昭阳区和盐津县代表队;获中学组团体总分前八名的代表队分别是:昭阳区、威信县、巧家县、鲁甸县、绥江县、永善县、云天化和彝良代表队。巧家县代表队运动员丁明辉,在中学男子甲组400米比赛中,以51秒46的成绩打破市纪录、威信县代表队运动员毕承跃中学男子甲组跳高比赛中,以1.80米的成绩打破市纪录;昭阳区代表队运动员罗洪鹏,在中学男子乙组400米比赛中,以51秒94的成绩打破市少年纪录;镇雄县代表队运动员范鑫,在小学男子组100米、200米比赛中,分别以11秒8和24秒7的成绩打破市儿童组纪录、镇雄县代表队运动员魏正、吴建,在小学男子组400米比赛中分别以56秒4和56秒5的成绩打破市儿童组纪录、巧家县代表队运动员袁金珍和昭阳区代表队运动员李克瑶,在小学女子组800米比赛中,分别以2分38秒1和2分43秒3的成绩打破市儿童组纪录。通过连续几年定期召开田径运动会,竞赛成绩明显提高,打破运动会纪录人次也明显增加。

【市政府政风行风评议组对市教育局政风行风建设进行民主评议】 9月14日,市政府政风行风评议组对市教育局政风行风进行民主评议。评议组由鲁甸县人大副主任任王天鹏任组长,成员由昭阳区统战部副部长陈玉兰、市中医院总务科长邓声熔、昭通鸿皓地产公司副总经理组成。评议组认真听取了市教育局平锦局长的工作汇报,对有关问题进行询问,全面评议了市教育局机关在“信息公开、依法行政、服务质量、制度建设、廉洁自律”5个方面的工作情况。市教育局机关副科以上干部参加评议汇报会。评议组认为,市教育局政风行风建设工作:一是领导重视,机构落实,认识到位,措施有力,工作积极,任务目标明确。二是政风行风建设重点突出,工作有针对性,切实解决群众关心的教育热点、难点问题,规范教育收费、推行阳光招生。三是信息公开到位,认真执行阳光政府四项制度,在教育法规的学习、宣传上成效明显。四是机关管理规范,队伍建设成效显著,积极为群众排忧解难,推进了教育公平。

【市人大检查市教育局人大代表建议办理结果】 11月23日,市人大副主任皮永红带领市人大常委会有关领导,检查市教育局办理二届人大一次会议以来代表建议工作情况。检查组听取局长平锦的工作情况汇报,查看了办理资料。对市教育局二届人大一次会议以来承办的40件代表建议办理结果,逐件进行检查。通过当年办理和实施滚动办理,市教育局承办的40件代表建议,评定为A类的有33件,占总数的82.5%。市人大检查组对市教育局办理工作充分肯定,认为市教育局办理人大代表建议工作领导重视,认识到位,态度端正,作风过硬,措施扎实,程序规范,办理认真,制度创新,成效显著,代表满意。

(市教育局 邓成勇)

基础教育

【省化学优质课赛】 在2010年全省高中化学教学改革优秀教师评选活动和全省高中化学优质录像课评比活动中,昭通师专附中马向红被评为2010年全国高中化学课改优秀教师和2010年云南省高中化学课改优秀教师,市实验中学李钰被评为2010年云南省高中化学课改优秀教师。昭阳区一中曾勇在2010年云南省高中化学教学优质录像课赛中获二等奖。

【落实教育惠民政策】 2010年，市教育局切实落实教育惠民政策。一是"两免一补"和中职学生补助。全年下达城市公办义务教育阶段学校免杂费补助407.46万元、农村义务教育阶段学校提高公用经费保障水平补助46494.63万元。省下达昭通市寄宿生生活补助指标349718人，资金31031.51万元。义务教育阶段公办学校全部学生均享受免费教科书，下达计划10505万元。中职生补助2010年春季下达18215人、1208.73万元，秋季下达22948人、1766.08万元。二是开展高校学生生源地助学贷款工作全年，全市共发放生源地助学贷款42032465元，受助学生7778人。其中，省内高校就读学生6314人，贷款金额34065760元。三是奖励50名优秀贫困大学生。2009年6月，香港贵联集团决定从2009年至2010年每年捐资50万元人民币，对昭通市当年高考考分前300名学生，达到国家一本录取线以上，并被一本院校正式录取的贫困大学本科生进行资助奖励。授奖学生经学校推荐、公示后上报市教育局，2009年确定表彰50人，每人奖金1万元。2010年2月5日，昭通市政府举行香港贵联集团捐资助学仪式，向到会的37名优秀贫困大学生颁发奖学金各1万元。市人大常委会副主任赵卫、市政府副市长韩梅、市政协副主席张毅敏出席会议。香港贵联集团、昭通烟厂等单位的领导应邀出席仪式。市直各有关部门负责人，各县区分管教育副县区长，教育局局长及受表彰的37名优秀贫困大学生参加捐助仪式。

【举办第二届苗族双语教师培训班】 1月25日至2月1日，全市第二届苗族滇东北次方言双语教师培训开班。本次培训选集了昭阳、鲁甸、盐津、大关、永善、镇雄、彝良7县区滇东北苗族聚居地区学校74名苗族教师参加培训，并邀请贵州省毕节学院的教师王旭东前来讲课。

【举办昭通市中学生足球运动会】 2月2～8日，市文体局与市教育局共同举办2010昭通市中学生足球运动会，来自昭阳区、鲁甸县、巧家县、永善县、彝良县、威信县、水富县、市一中、云天化中学、实验中学10个单位174名运动员参加比赛。获得前六名的队是：第一名云天化中学；第二名昭阳区代表队；第三名威信县代表队；第四名彝良县代表队；第五名市一中学代表队；第六名巧家县代表队。荣获体育道德风尚奖的是水富县代表队、云天化中学代表队。

【大关通过省实验教学普及县评估认定】 2月11日，省教育厅公布2009年度实验教学普及县名单，昭通市大关县被认定为云南省实验教学普及县。

【云天化中学和市实验中学办学水平综合评价通过市级复核评估】 4月21～23日、5月28～30日，根据《云天化中学关于申报省一级二等完中的自评报告》和《水富县教育局关于对云天化中学申报一级二等完中进行复核评估的请示》、《昭通市实验中学申报云南省一级三等高中学校的自评报告》和复核评估的请示，市教育局组成以副局长陈必贵为组长的昭通市普通高中办学水平综合评价复核评价组一行7人，分别对云天化中学申报晋升省一级二等、市实验中学申报省一级三等完全中学进行市级综合复核评估。评价组严格按照《云南省普通高完中办学水平综合评价方案》各项指标体系和程序要求，通过听、看、查、访、议等方式，进行全面的采集信息、评估，本着定性与定量相结合，过程评价和终结评价相结合的评价。复评认为：云天化中学达到云南省一级二等完全中学办学水平标准，昭通市实验中学达到云南省一级三等完全中学办学水平标准，同意并上报省教育厅给予评估认定。

【昭阳区爱心幼儿园办园水平达标晋级通过市评估认定】 6月9～11日，根据昭阳区爱心幼儿园办园水平综合评价自评报告和昭阳区教育局关于对爱心幼儿园等级认定复评的请示，市教育局组成以陈必贵为组长的昭通市幼儿园办园水平达标晋级复核评价组一行7人对昭阳区爱心幼儿园办园水平综合评价申报省一级二等示范幼儿园进行综合复核评估。评价组严格按照《云南省示范幼儿园办园水平综合评价方案》各项指标体系和程序要求，通过听、看、查、访、议等方式，进行全面的采集信息、评估，本着定性与定量相结合，过程评价和终结评价相结合的评价。复评认定昭阳区爱心幼儿园办园水平综合评价达到云南省一级二等示范幼儿园标准。

【开展初中生物实验教师培训】 7月21～28日，市教育局举办两期全市初中生物实验教师培训班。来自全市11县区210所中学的210名教师参加培训。培训班以初中生物新课标的内容，结合即将于2011年开展的初中生物实验操作考查，围绕实验室的管理，初中生物实验操作的基本知识、基本方法、基本技能，重点突出初中生物的学生实验、探究实验的培训。参加培训学习的教师均通过实验操作考试，取得初中生物实验教师培训合格上岗证书。

【全省2010年中小学教师校园体育舞蹈昭通(曲靖)片区培训会在昭通举行】 8月，省教育厅举办2010年中小学教师体育舞蹈培训班，昭通(曲靖)片区于8月8～11日在昭通进行，来自曲靖的学员105人、昭通各县区和市直学校的学员100人参加培训。培训教师由省教育厅聘请专家担任，培训内容为校园维也纳华尔兹、校园牛仔舞、校园萨尔萨和校园恰恰恰等4套舞蹈。在培训开班仪式会议上，市政府教育督导室主任、市教育局副局长陈必贵致欢迎辞，省教育厅体卫艺处董处长一凡对培训提出具体要求。通过培训，学员对校园体育舞蹈有了直观的了解，考试合格者颁发合格证书。

【3名教师教育多媒体作品获省大赛一

等奖】 10月15日，云南省2010年优秀多媒体教育软件评审结果揭晓，昭通市巧家一中教师刘巧红的《高中语文第二单元——中国古典小说概况与欣赏（PPT）》、巧家县新华小学语文教师张俊敏的《海底世界》、巧家县大寨镇中心学校语文教师祝青松的《荷花》3个作品获2010年云南省多媒体教育软件大赛基础教育、幼儿教育组一等奖。

（**市教育局**　邓成勇）

2010年幼儿园基本情况统计表

单位：所、个、人、平方米

	园数所	班数		入园人数		在园幼儿数		离园幼儿数		教职工数					代课教师	校舍建筑面积
		计	其中：学前班	计	其中：学前班	计	其中：学前班	计	其中：学前班	计	其中 园长	教师	保健	其他		
昭通市	88	1809	1215	60649	45215	68679	31011	30917	14032	1502	103	1024	136	239	126	111433
昭阳区	19	445	263	17096	11553	19600	8933	12998	5845	545	27	352	46	120	23	39117
鲁甸县	2	115	101	5641	5237	6029	2823	1746	864	46	4	40	2	0	3	4845
巧家县	5	252	213	8391	7347	8730	3526	2607	1223	114	7	61	15	31	0	8811
盐津县	6	100	74	3491	2408	3491	1662	1540	736	62	4	51	5	2	11	7799
大关县	7	81	58	2943	2294	2999	1374	1635	732	58	8	41	6	3	0	3361
永善县	3	127	76	3536	2165	4600	2088	1924	827	58	3	51	0	4	48	5874
绥江县	6	63	29	1904	1022	2166	997	575	265	90	8	63	5	14	2	4914
镇雄县	4	203	166	6486	5732	6854	3124	4232	2015	47	2	34	3	8	23	2762
彝良县	9	180	126	5312	4084	5884	2726	1741	663	121	9	85	9	18	2	7645
威信县	8	146	81	3980	2493	5174	2323	698	330	205	12	144	30	19	3	13700
水富县	19	97	28	1869	880	3152	1435	1221	532	156	19	102	15	20	11	12605

2010年小学基本情况统计表

单位：所、个、%、平方米

县区名称	学校数	教学点	班数	毕业生数	招生数	在校生数		毕业班学生数	教职工数		专任教师学历达标率	校舍建筑面积
						计	其中：女		计	其中：专任教师		
昭通市	1980	1174	17306	119440	95140	719477	339123	122110	31368	30783	98.73	2509558
昭阳区	183	119	1900	15519	14129	98119	45699	15522	4614	4444	98.65	344121
鲁甸县	124	34	1065	9052	7912	58304	27159	9345	2751	2658	99.66	207607
巧家县	191	141	1598	10075	9110	57736	25653	8570	2576	2558	98.63	196316
盐津县	145	59	1374	7938	5257	45313	21993	8468	2012	2002	98.70	160751
大关县	115	146	1105	5738	4682	36254	16693	4941	1609	1594	98.93	175470
永善县	201	143	1685	7835	4969	52731	24535	8143	2599	2588	98.53	214266
绥江县	56	18	451	2902	2082	14782	7098	2592	917	878	97.15	75406
镇雄县	463	347	4489	35586	27844	210586	101485	38788	7979	7941	98.73	588030
彝良县	314	69	1953	12403	12009	75110	35399	12727	3242	3147	98.82	244032
威信县	155	98	1418	10786	5582	60690	28627	11330	2499	2405	98.34	243875
水富县	33	0	268	1606	1564	9852	4782	1684	570	568	99.47	59684

2010年普通中学基本情况统计表

单位:所、个、人、%、平方米

县区名称	学校数			班数		毕业生数		招生数		在校生数					毕业班学生数		教职工数				专任教师学历达标率		校舍建筑面积
											初中		高中					专任教师					
	计	高中	初中	初中	高中	初中	高中	初中	高中	计	计	女	计	女	初中	高中	计	计	初中	高中	初中	高中	
昭通市	215	38	177	4689	1038	94693	17318	101848	28832	371149	303489	142281	67660	30408	97992	17307	19776	18762	15386	3376	98.57	93.63	2227930
昭阳区	30	8	22	640	255	12804	3986	14020	6723	57149	41202	19270	15947	7426	13408	3478	2945	2691	1858	833	98.12	98.32	447779
鲁甸县	14	3	11	282	61	6969	964	6971	2443	28099	23034	10815	5065	2435	7322	1272	1321	1199	1012	187	99.21	81.28	139549
巧家县	22	2	20	392	83	7043	1479	7432	1897	25690	20992	9461	4698	1931	6683	1233	1599	1523	1212	311	99.09	95.18	174967
盐津县	14	3	11	399	68	6953	932	6549	1830	25036	20563	10027	4473	2130	7301	1243	1416	1391	1144	247	97.73	91.50	133364
大关县	13	1	12	195	40	3689	676	4292	1216	15045	12296	5596	2749	1296	3988	627	813	761	657	104	98.63	97.12	104934
永善县	19	2	17	332	77	5279	1458	5745	1885	23756	19083	8750	4673	1936	4904	1347	1470	1423	1144	279	98.34	91.40	191336
绥江县	9	1	8	123	29	2502	341	2787	675	9814	8147	3974	1667	799	2731	476	584	514	412	102	99.51	86.27	55931
镇雄县	52	12	40	1472	199	29938	3363	34507	6006	113181	99804	46550	13377	5472	32939	3600	5679	5543	5022	521	98.33	91.17	454609
彝良县	21	2	19	464	74	8663	1014	9727	2181	34568	29803	14128	4765	2199	9487	1083	1945	1855	1578	277	99.18	93.86	200948
威信县	15	2	13	304	90	9429	1976	8212	2578	30342	23901	11399	6441	2849	7695	1769	1457	1358	1049	309	98.95	91.91	176199
水富县	6	2	4	86	62	1424	1129	1606	1398	8469	4664	2311	3805	1935	1534	1179	547	504	298	206	99.33	99.51	148314

2010年基础教育普及情况统计表

单位:人、%

县区名称	小学阶段						初中阶段				
	校内外学龄人口	在校学生数	小学毛入学率	学龄儿童在小学学生数	小学入学率	少数民族儿童入学率	初中阶段校内外学龄人口	初中阶段在校学生数	毛入学率	学龄人口在校学生数	入学率
昭通市	647809	719477	111.06	644472	99.48	98.27	307314	304434	99.06	260146	84.65
昭阳区	91936	98119	106.73	91503	99.53	98.04	42607	41787	98.08	38831	91.14
鲁甸县	52583	58304	110.88	52141	99.16	98.18	23664	23034	97.34	19992	84.48
巧家县	50449	57736	114.44	50158	99.42	98.57	21644	20992	96.99	17099	79.00
盐津县	39486	45313	114.76	39263	99.44	98.73	20303	20563	101.28	15804	77.84
大关县	32102	36254	112.93	31978	99.61	97.32	12481	12296	98.52	9748	78.10
永善县	45279	52731	116.46	45101	99.61	97.03	19470	19083	98.01	13329	68.46
绥江县	13928	14782	106.13	13908	99.86	94.55	8179	8147	99.61	7337	89.71
镇雄县	191662	210586	109.87	190722	99.51	98.25	101775	99804	98.06	87060	85.54
彝良县	65889	75110	113.99	65356	99.19	98.99	30455	30163	99.04	24925	81.84
威信县	55311	60690	109.73	55201	99.80	98.99	22319	23901	107.09	21682	97.15
水富县	9184	9852	107.27	9141	99.53	99.26	4417	4664	105.59	4339	98.23

2010年职业中学基本情况统计表

单位：所、个、人、%、平方米

县区名称	学校数			毕业生数		招生数		在校生数					毕业班学生数		教职工数				专任教师学历达标率		校舍建筑面积
	计	高完中	初中	初中	高中	初中	高中	计	初中		高中		初中	高中	计	专任教师			初中	高中	
									计	女	计	女				计	初中	高中			
昭通市	14	13	1	273	3115	195	9565	18648	945	427	17703	8628	418	3438	736	635	63	572	100	73.6	85332
昭阳区	4	3	1	152	377	195	1709	3795	585	263	3210	1642	187	454	161	142	36	106	100	66.04	25899
鲁甸县	1	1			388		755	1654			1654	819		406	69	57		57		92.98	3373
巧家县	1	1			839		1124	2008			2008	949		884	69	53		53		86.79	15335
盐津县	1	1					576	914			914	399		114	24	17		17		41.18	3250
大关县	1	1			236		1138	2088			2088	1257		328	52	41		41		80.49	767
永善县	1	1			114		296	439			439	118		37	76	68		68		52.94	8790
绥江县	1	1			249		709	1375			1375	687		330	71	64		64		81.25	4317
镇雄县	1	1			172		630	1285			1285	545		250	44	32		32		68.75	10332
彝良县	1	1		121	542		1356	3067	360	164	2707	1210	231	504	119	110	27	83	100	90.36	8176
威信县	1	1			178		910	1281			1281	582		109	43	43		43		51.16	3652
水富县	1	1			20		362	742			742	420		22	8	8		8		62.5	1441

（市教育局 杨 毅）

职业教育

【全市职业教育获140个特聘教师名额】 从2010年起，全省扩大中等职业学校特聘教师招聘数量，每年设2000个特聘教师岗位，所需经费由省级财政负担。2010年全市获得140个特聘教师名额。

【巧家县职中通过省级重点职业高中评估验收】 11月9～10日，省教育厅组织专家对巧家县职中申报云南省重点职业高中进行省级评估验收。经综合考评，评估组认为巧家县职业高级中学达到省级重点中等职业学校标准。

【绥江县职业中学晋级为省级示范性中等职业学校】 12月13日，《云南省教育厅关于认定富宁县民族职业中学等3所学校为省级示范性中等职业学校的通知》，认定昭通市绥江县职业中学晋级为省级示范性中等职业学校。

（市教育局 邓成勇）

中等教育

【卫校概况】 2010年，市卫校占地面积3.34公顷，建筑面积21798平方米，固定资产总值1174.9万元。全校有在职教职工140人，其中专任教师94人。专任教师中普通学科教师30人，基础学科教师19人，临床学科教师45人，高级讲师32人。开设有五年制临床医学专科及中专护理2个专业。有在校生3820人（其中护理专业3120人，大理学院专科生365人，乡村医生班335人），成人教育1500人，全年短期培训人员2000人，毕业生就业率90%以上。

【卫校实施校务公开】 2010年，市卫校继续大力推行校务公开，积极实行科学民主决策推进学校民主政治建设。学校成立了校务会工作领导小组，由党总支成员、各科室主要负责人组成。学校把教职工关心的发展规划的制定、学科建设、财务、人事分配、人才引进、住房建设、管理制度出台等重点、焦点、热点、难点、疑点等问题作为校务会讨论和决策的重点内容，通过校园网、校务公开公示栏、报告会、各科室教研组长会、班主任会等各种渠道或方式，向教职工通报、传达，维护了教职工的民主知情权，增进了与职工间的交流和沟通，促进了团结、互信、稳定、发展的良好校园氛围的形成。

【卫校明确办学理念】 2010年，市卫校始终秉承着“四个一”的办学方向，即教师是学校第一资源，管理是学校第一要务，质量是学校第一生命，发展是学校唯一出路。并以“四个育人”即“教书育人、管理育人、服务育人、环境育人”的指导思想来开展学校的日常管理工作。同时坚持以发展为中心的理念不动摇，做好各方面的工作：一是扩大办学规模，卫校上年超额完成招生任务的50%；二是深化和完善学校内部管理，在管理水平与办学质量上均取得长足的进步；三是积极推进、参与卫校在职教中心新校区的规划、建设工作。四是以法制教育为准绳，推进依法治校进程；五是以思想教育为核心，认真落实德育工作；六是以课堂教学为重点，努力提高教学质量积极推进教育改革；七是提高教师队伍素质，完善工作运行机制，依靠集体的智慧，推进民主管理。

【卫校狠抓教育教学管理】 2010 年，卫校狠抓教育教学管理。学校在教育教学管理中，坚持“以人为本、质量为主”的宗旨，突出“六个以为”思想，即“以学生为主体、以教学质量为核心、以学科建设为龙头、以队伍建设为重点、以就业教育为先导、以技能教育为方向”。认真执行教育部要求的“三段式”办学模式即：一年学基础，一年学技能，一年顶岗实习，突出技能培训。学校在 2010 年度春季学期组织安排 2008 级 588 人中专护理专业临床科目 5 个学科的毕业理论统考及首届实践技能大赛，在全校师生员工中引起很大反响。通过广泛实践，初步形成了适合社会发展需要的办学体系，在实际工作中，学校制定了一系列教学管理要求和考核措施，促进了教学管理水平的全面提升。严格教学纪律检查和教学质量的监察。定期组织召开科主任、教研组长会议，对教学情况、教师纪律、实验开展及实验室管理等听取学科教师的意见和建议，并不断进行总结后反馈，2010 年秋季学期组织与职中相关教研组的研讨活动，打破教研活动单一上传下达的被动局面，使学科教研活动内容、形式得到改进，具有创新、务实、协作的学科教研活动氛围正逐步形成。根据教学计划，安排了护理、临床医学 2 个专业共 706 名学生的临床实习工作，学校的实习基地覆盖整个昭阳区和各县市。由于年内的超额招生，为了扩展实习空间，在昆明发展了 1 个新的实习基地，学生实习率达到 100%。组织 600 多名学生参加普通话过级考试，40 多名学生参加计算机过级考试，425 名学生英语过级考试。办理和颁发 2010 届 1174 名毕业生的毕业证，应届毕业生率达到 92% 以上。组织和完成 2010 级秋季学期自主招生学生考试和 2010 级 1500 多名学生学籍注册工作。进一步规范 2010 级护理专业生理、解剖统测试题要求，组织完成全校 34 个班级广播操比赛。积极鼓励教师外出进修、学习，提高自身业务素质，培育了一大批优秀青年“双师型”教师骨干队伍。“双师型”教师的培训超过 30%。利用假期安排学科教师参加校外教研活动和全国教师培训。全年共培训进修 40 多名骨干教师，数名教师获得执业医师资格证书。春季学期，成教处组织云南中医学院、大理学院、云南电大 3 批次理论面授辅导教学教师、班主任工作会议及补考和期末考工作。并派教师参加了大理学院学期的工作总结会。组织人员到各县进行秋季招生宣传。2010 年卫校被大理学院评为先进集体。

【卫校有序推进教育教学工作】 2010 年，卫校有序推进教育教学工作，由教务处每学期针对教学计划，对教学日志进行抽查。通过抽查教师教学进度与教学计划，适时提醒部分教师按计划进行授课。进一步强化教务服务意识，提高服务水平。依照学期计划圆满完成本年度教学任务安排，进一步加强学科教研活动组织管理。组织完成 524 名乡村医生中专学业教育为期 1 月的短期教学安排。进一步规范 2010 级护理专业生理、解剖统测试题要求，并按时进行。完成第三期滇沪合作项目 550 人培训考试以及工作总结等工作。

【卫校成教工作取得新进展】 2010 年，卫校成教工作取得新进展。春季学期，成教处组织开展了云南中医学院、大理学院、云南电大 3 批次理论面授辅导教学教师、班主任工作会议及补考和期末考工作。并派员参加在丽江召开的大理学院学期的工作总结会。完成了各学院管理费的核算及各学院面授工作量的统计、每学期学生成绩的统计上报工作、大理学院 7 月份本科毕业学生材料收集上报工作、云南中医学院 2008 级实习生的实习安排等工作。学校成教处被大理学院评为年度先进集体。吴学伦、曾兴莲、秦华 3 名教师经学校推荐上报，被大理学院继续教育学院评为先进教师。

【卫校加强精神文明建设】 2010 年，卫校加强精神文明建设，积极探索学生管理新途径。全面加强学生养成教育，引导学生树立正确的世界观、人生观和价值观。学校把“加强学生德育工作，坚持全面育人”的理念作为学校管理的重要内容。成立德育工作领导小组，修订和完善相关制度。注重学生的习惯养成和切实加强生命情感教育，充分利用学校的各种宣传场地和设施，采取多种形式，如宣传窗、黑板报、图片展览、校园网、主题报告、主题班会等，开展丰富多彩的宣传教育活动，引导学生认识生命、欣赏生命、尊重生命、爱惜生命。

通过每两周一次的班主任工作会议，各班主题班会、及时传达上级部门的各相关文件精神及学校领导对学生思想工作的指示，2010 年在 2 个校区发展新团员 500 余名，推优入党 4 名。

加强毕业生的思想教育，确保毕业生文明安全离校教育和引导毕业生树立正确的择业观、价值观。并积极开展毕业生文明离校和爱岗敬业观念的教育。通过全面系统的教育，学生能按照《中等职业学校学生行为规范》严格要求自己，正确对待就业，正确处理人际关系。加强德育教育，大力营造校园文化氛围、深化管理，学风建设取得良好成果。加强德育队伍建设，进一步强化班级、学生会、团支部的作用，积极组织开展形式多样、喜闻乐见的活动；继续抓住学校、家庭、社会教育 3 个重要环节，充分利用校内、校外的德育资源，因地制宜的开展各种德育活动，为学生成长、成才创造良好的校园文化氛围；加强班主任管理，优化班集体建设，重视班级常规工作，坚持以学生为主体，以活动为载体，增强德育的实效，创设整洁、勤学、文明的班级学习环境；开展“流动红旗”争创活动；健全值周领导、值周教师、值周学生会制度，形成三位一体的监督机制，全面提升管理水平。

加强安全教育，要求班主任切实贯彻各级部门对校园安全的要求。针对学生的特点，通过主题班会，不断加强学生的安全意识；通过各种形式加强学生的安全教育。每次节、假日，要求班主任召开以学生安全为重点的班会。对学生离校、返校都要有文字记录。这个学期在校内仅发生几起小的学生摩擦纠纷，通过班主任、学管处、保卫科得到及时处理。学管处对学习困难学生及时做好思想、心理疏导。安排值日教师检查教学楼、校园、学生宿舍，排查学生安全隐患，及时发现问题及时处理。

【做好学生落实资助工作】 2010 年，卫校依据学生资助政策，认真布置落实助学政策，对上报的数据进行严格审核，按要求及时给学生办理银行卡，按时保质地完成数据上报审批的任务，建立完善的档案体系，规范助学金审核程序，层层认真把关，完善配套档案。对 2010 级昭通籍的贫困民族学生 237 人，已经核实完善学生的申报材料，正在向市民族宗教局争取每人一次性 1000 元的补足。年内已经发放春季学期国家助学金 117.825 万元，发放学生 1571 人；免学费 320 人，减免学费 28.8 万元；有 5 人分别获得省政府奖学金 4000 元。

【健全学生宿舍的管理】 2010 年，卫校健全学生宿舍的管理，推行准军事化宿舍管理。在宿舍管理中开展以“窗明几净，被褥整齐，卫生不留死角，物品摆放有序”为内容的准军事化管理。通过实行学生宿舍的准军事化管理，来改善学生宿舍的内务，以增强学生的团队及主人翁意识，从精神面貌上提升学生的自我形象。紧紧围绕学校的中心工作，坚持教育、管理、指导和服务相结合的原则，以育人为核心，以服务为宗旨，以制度建设和科学管理为手段，积极致力于营造良好的育人环境。

【卫校招生就业工作】 2010 年，学校高度重视招生宣传工作，学校在暑假期间共接待考生及家长 5000 多人，通过各种渠道发放招生简章 5000 多份。年内教育局下达的招生指标是中专部护理专业招生 1000 人，五年制大专招生 50 人。由于宣传到位，工作扎实，圆满完成 2010 年招生任务，卫校中专实际招生 1552 人，比原计划超出 55.2%；五年制大专实际招生 74 人，比原计划超出 52%。最终学校共录取 1500 人，使学校在校生达到 3820 人。由于学校校舍有限，学校采取横向联系的办学模式，与昭阳区职业中学达成租赁协议，通过租赁该校办学场所，学校年内多招 500 多人在昭阳区职业中学学习。2010 年学校毕业生 882 人。学生主要是以昭通 11 县区的生源为主，有少数个别来自东川、威宁、会泽的学生。年内，学校组织了部分毕业大专学生参加昭通市计生局招聘，有 38 人五年制大专班学生应聘到部分县区计生局工作。为了让学校毕业生能及时了解相关就业政策、就业形式，学校相关人员针对毕业学生作《转变就业观念，多渠道实现就业》的报告。学校积极了解市场最新用人信息，与各县区用人单位取得联系，并及时将用人信息反馈给毕业生，指导学生做好分流。年内学校毕业学生的就业率达 92%。

【超额完成短期培训任务】 2010 年，卫校完成 1354 人的短期培训工作，超额完成培训任务 35.4%。完成 2010 年度市卫生局下达的 280 人的乡镇卫生院人员培训和 900 多人执业助理医师实际技能考试。组织完成 524 名乡村医生中专学业教育为期一月的短期教学安排。完成第三期滇沪合作项目 550 人培训工作。

【卫校强化安全教育】 2010 年，卫校进一步强化安全教育工作，确保学校正常的教育教学秩序。成立以校长为组长，副校长为副组长，各科室正职为成员的校园安全工作领导小组，实行校长负责制，分管领导具体抓，职能部门直接管，全校教职工共同参与，层层落实责任制。学校多次召开安全管理专题工作会，通过听取职能部门意见，综合学校的实际情况，部署、协调解决安全工作中的困难和存在问题。做到社会治安综合治理和安全工作有计划、有安排、有督促、有检查、有总结的进行。建立健全安全管理制度和安全预案。实行中层干部带（值）班制度，强化门卫管理，对实验室、宿舍、食堂、锅炉房和化学药品等特殊环节的管理人员或操作人员，进行必要的安全和素质培训，使之具备相应的资格，持证上岗。在日常教育教学中，通过专题会议、安全知识讲座、参加典型案例庭审现场、与学生（家长）签订安全责任制和安全月（黑板报）等形式，不断加强安全宣传力度，增强师生的安全防范意识和学生的自我保护意识。定期组织防地震、消防、安全疏散等实战演练，切实保护师生生命安全。全年，学校无刑事案件和治安案件发生，无火灾、爆炸等治安事故发生，没有发生涉外案件和泄密案件，单位干部职工无违法犯罪现象，学生非正常死亡率为零。

【卫校完成学校岗位设置工作】 2010 年，卫校完成学校岗位设置工作，人员全员聘用。根据市人事局和教育主管部门对岗位设置管理的要求，学校制定了岗位设置实施办法，并完成专业技术人员及管理人员的岗位竞聘进行量化考核评分，保证了岗位竞聘的公开、公平、公正有序平稳开展，最终完成学校的岗位竞聘工作。

（昭通卫校　肖发玉）

高等教育

【新老校区建设工作】 2010 年，师专完成新校区 7.18 万平方米的一期建设工作，逐步完善相关设施。政史、数学、物理、化学、艺术5个系2500多名学生于3月7日入住。按照市政府要求，配合各有关部门办理老校区土地所有权证变更的各项手续，将老校区资产土地划给市开发投资公司处置，为新校区11.89万平方米的二期建设准备条件。

【师专在“三生教育”书画大赛中取得优异成绩】 2010年，在云南省教育厅主办的第二届“三生教育”书画作品大赛中，师专许云、刘兴德、陈国金3名教师获教师组书法类一等奖；化学系秦志斌和政史系雍兴旺获学生组书法类一等奖。教育系李学军、代尚毅和政史系代余松获学生组书法类二等奖；教育系李文渤和计科系周钰获学生组书法类三等奖。

【计科系15名学生获网络工程师资格认证】 2010年，师专郭燕等15名学生获教育部考试中心网络工程师资格认证，刷新了师专在读大学生中无网络工程师资格的历史。

【师专参加首届国际英语大赛文化交流大使比赛取得佳绩】 1月15日，在昆明举行的首届国际英语大赛文化交流大使决赛中，由昭通师专外语系选送的6名选手取得好成绩。其中丁长华、谢玲2人获首届国际英语大赛文化交流大使云南赛区大学成人组三等奖；张仁丽、钟兴晨、陈再莉、曾安奎4人获首届国际英语大赛文化交流大使云南赛区大学成人组全省100强奖。

【师专被授予云南省家庭经济困难学生资助工作先进集体】 3月2日，省教育厅下发《云南省教育厅关于表彰普通高等学校家庭经济困难学生资助工作先进集体先进个人和优秀成果的决定》，昭通师专被授予云南省家庭经济困难学生资助工作先进集体；学校学生处副处长李剑飞被评为云南省家庭经济困难学生资助工作先进个人。学生处提交的研究报告《关于高校贫困生不良心态的原因分析与对策研究》获云南省家庭经济困难学生资助工作优秀成果二等奖。

【师专在第五届全国ITAT教育工程就业技能大赛中再创佳绩】 4月，“正保教育杯”第五届全国ITAT教育工程就业技能大赛圆满结束，昭通师专有28个学生参加复赛，其中8个学生获得国家优秀奖。计科系教师秦萌和全晓松分别获先进个人奖，黄吉亚、孔浩、顾庆传分别获优秀指导教师奖，学校获先进组织奖。

【师专2010年招生计划编报工作完成】 5月5日，师专2010年招生计划编报工作完成。年内，师专计划省外招生195人、省内招生2155人，共计2350人（其中，三校生133人，少数民族专科预科120人，五年制体育专科80人），涉及招生专业29个，新增生物技术及应用、应用化工2个专业。与2009年相比，招生计划增加100人，增幅10%。

【师专“企业家进校园”系列活动启动】 5月14日，由昭通市工商联、昭通青年创业商会、昭通师专联合主办的“企业家进校园”系列活动在昭通师专新校区启动。云南威鑫集团董事长、工商管理硕士、高级工程师、昆明市昭通商会常务副会长兼秘书长段政廷为师专青年学生作“有志·有为·有明天”的专题报告会。段政廷向在场的学生谈了“有志”、“有为”、“有明天”的深刻内涵，鼓励学生珍惜青年时期来之不易的学习机会。

【许察金到师专作学术交流】 5月25日，屏山县委党校常务副校长、宜宾学院客座教授许察金到师专，就宜宾、昭通区域经济研究合作交流问题与在昭通经济发展方面有研究及贡献的专家学者进行座谈研讨。

【师专心理学专家为高考毕业生举办考前心理辅导公益讲座】 5月27日至6月2日，师专招生办组织心理学副教授刘岚、教师黎明分赴彝良一中、巧家一中、巧家二中对近3000名高考生开展考前心理辅导公益讲座，进行心理疏导。

【师专启动学分制改革工作】 6月25日，师专2010年春季学期教学工作会议在北校区综合办公楼一会议室召开，会议专题讨论和研究部署学分制改革有关工作。9月，2010级新生正式实施学分制，并与学生专业奖学金评定工作相结合。

【曲靖师范学院与昭通师专签订合作办学协议书】 7月9日晚，曲靖师范学院与师专合作办学签字仪式在师专北校区综合办公楼三会议室举行。曲靖师范学院校长周本贞、昭通师专党委书记万鸣和校长陈季林出席签字仪式。根据协议书要求，两校将在普通全日制本科教育上开展密切合作，实现优势互补，以便提高学校办学层次和水平，为滇东北地区培养更多优秀的应用型人才。

【成立（组建）新的部门机构】 7月9日，根据上级文件规定和相关通知要求，结合师专实际，学校研究决定成立昭通师专思政部（将社科部从政史系·社科部中独立出来，成立“思想政治理论课教学研究部”，简称“思政部”）、网络信息中心2个部门。经7月23日学校会议研究决定，成立昭通师专招生就业处（副处级。将“招生就业处”从原“学生工作处”中独立出来，分别成立“学生工作处”、“招生就业处”）、资产管理处（副处级）、新闻文化中心（副处级，与党委宣传部合署）3个部门。

【师专着力打造数字化校园】 7月12日下午，师专数字化校园“翼机通”开通仪式在新校区举行。由昭通电信和昭通师专通力合作的昭通师专校园信息化一期工程竣工。项目总投资610万元，主要完成校园整体网络集成，实现了办公区域和教学楼以及学生宿舍的固话语音接入、互联网接入、教育网接入、无线网络接入、IPTV、校园翼机通等。

【师专在2010年省级“质量工程”项目评审中获5个项目立项】 9月，在2010年度云南省高等学校教学质量与教学改革工程（简称“质量工程”）项目申报中，昭通师专5个项目获省级立项，其中“顶岗实习支教：教师教育实习模式的实践探索”（主持人：陈季林）获云南省高等学校教学改革研究项目立项；《教育学》教材（主编：陶仁副）被评为云南省高等学校优秀教材；“高等代数”课程（负责人：郭龙先）获云南省高等学校精品课程立项；“现代教育技术”专业（负责人：付再琦）获云南省高等学校特色专业建设点立项；赵升奎获云南省高等学校教学名师称号。

【党风廉政建设责任制整改工作验收汇报会召开】 9月20日上午，师专2009年度党风廉政建设责任制整改工作验收汇报会在北校区一会议室召开。省高校纪工委书记杨共和一行出席会议，学校党政领导、中层干部、人大代表、政协委员、民主党派人士及教师代表等参加会议。会议总结学校2010年5～9月开展党风廉政建设责任制整改工作以来的主要做法和取得的成效。

【师专思想政治理论课建设通过优秀评估】 11月5日，师专思想政治理论课建设优秀评估会在北校区综合办公楼一会议室召开。省委高校工委宣传统战部副部长徐华，全国马克思主义教育思想研究首席专家、省思政课教学指导委员会副主任委员王展飞等领导专家一行就学校思想政治理论课建设进行优秀评估。专家组根据思想政治理论课建设优秀评估指标体系，采用多种方法途径，对学校的思想政治理论课进行了较为系统全面且有重点、分层次的考察与评估。经过全面考察、评估，专家组对师专思想政治理论课建设评议为优秀。

【师专召开第五届教职工代表大会】 11月26～27日，昭通师专第五届教职工代表大会在北校区阶梯教室召开。校长陈季林作学校工作报告，并就《昭通师范高等专科学校十二五改革发展及2020远景目标规划纲要》、《昭通师专2010～2012年人事分配改革方案》的修订作了说明。副校长曹阜孝就学校财务工作报告及对职工住宅小区建设作了说明，大会听取并审议通过《工会工作报告》、《工会财务报告》和《工会经费审查报告》。大会选举产生第五届工会委员会委员、经费审查委员会委员、工会主席和副主席。协商产生第五届女工委员会委员和提案工作委员会委员。

【省教育厅专家组检查师专省级“质量工程”及教学常规工作】 12月1日下午，以昆明学院副院长罗明东为组长的省教育厅专家组对师专省级“质量工程”及教学常规工作进行检查、指导。校长陈季林从昭通师专基本情况，省级“质量工程”项目进展情况、教学常规工作情况、人才培养方案编制及执行情况、学分制改革的推进情况、存在的问题和今后努力的方向五个方面向检查组汇报了学校省级“质量工程”及教学常规工作情况。汇报结束后，省教育厅专家组查阅了相关资料，并前往新校区查看了教学情况。通过听、看、查，专家组了解了师专省级“质量工程”建设和教学工作情况。专家组认为，学校领导高度重视省级“质量工程”和教学工作，注重教学质量。多个部门齐抓共管，制度健全，管理到位，保障有力。“质量工程”建设不仅重申报也重建设，以点带面，取得了初步成果。办学定位明确，有清晰的人才培养目标。各位专家还从各自着重检查的不同方面对学校的特色专业建设、精品课程建设、专业建设等提出意见。

【杨昭获第二届“高黎贡文学奖”】 12月18日晚，第二届高黎贡文学奖在昆明揭晓。师专中文系教师杨昭获云南省民间文学奖——第二届高黎贡文学奖，这是杨昭继2008年获得2007年度《滇池》文学奖后的又一次获奖。

【师专承办省高校思想政治理论课教学研究会2010年年会】 12月18～19日，云南省高校思想政治理论课教学研究会2010年年会暨经验交流会在师专召开。会议旨在总结云南省高校实施思想政治理论课“05”方案以来取得的成效和经验，加强学习交流，促进各高校思想政治理论课建设，增强思想政治理论课教学的吸引力和感染力。全省35所高校的理事参加会议，到会理事共76人。省社科联学会部部长吴绍斌和省思政课教学指导委员会副主任委员王展飞到会指导。

（昭通师专　陈学敏）

党校教育

【市委党校校刊《乌蒙论丛》获“优胜奖”】 2010年，云南省新闻出版局表彰决定，市委党校校刊《乌蒙论丛》获云南省第三届连续性内部出版物“优胜奖”。

【市委党校陈剑宁主持课题获奖】 2010年，由市委党校教师陈剑宁主持的课题《加强党政领导干部个人品德建设研究》获第五届反腐倡廉南通论坛征文优秀奖。

【市委党校派年轻干部到基层锻炼】 2010年，市委党校校党委派出年轻干部刘兴莲和段兴龙到基层锻炼。根据市委组织部的安排，刘兴莲到盐津县中和镇挂职副镇长，段兴龙到巧家县东坪乡工作锻炼。校党委于10月14日和17日分别派党委副书记李良学、副校长陶永强送2名挂职（工作）干部到派驻单位。

【夜礼斌到市委党校看望全体教职工】 1月13日下午，市委书记夜礼斌，在市委副书记、市委党校校长张登亮，市委常委、市委秘书长田勇，市政府副市长胡月星的陪同下，到市委党校看望全体教职工。听取了党校工作情况汇报后，对党校发展提出希望和要求，并祝党校全体教职工春节快乐，工作顺利。

【市委党校传达学习市委二届十次全会精神】 1月15日下午，市委党校召开会议传达学习市委二届十次全委会议精神。全体教职工参加会议。市委党校党委书记、常务副校长李云山向全校教职工介绍了市委二届十次全委会议情况，传达了市委书记夜礼斌代表市委常委作的《万众一心奋勇向前　不断夺取富民强市跨越发展的新胜利》的工作报告和市委副书记、市长王敏正作《坚定信心　真抓实干　全面完成"十一五"规划目标任务》的讲话；并对深入学习贯彻市委二届十次全委会议精神作出安排。

【市委、市政府在市委党校召开党校迁建专题办公会】 2月24日，市委、市政府在市委党校召开市委党校迁建专题办公会。市委书记夜礼斌，市委副书记、市长王敏正，市委副书记、市委党校校长张登亮，市委常委、市委组织部长李勇，市委常委、市委秘书长田勇，市委常委、昭阳区委书记马吉林，市委常委、市委宣传部长陆琴雯，市政协副主席、财政局局长普安银出席会议，参加此次会议的还有市委办、市政府办及相关部门和昭阳区政府领导。专题办公会议由张登亮主持。市委党校党委书记、常务副校长李云山汇报涉及市委党校迁建的有关情况后，参加会议的人员围绕迁建工作展开讨论，并提出意见和建议。市委书记夜礼斌作4点指示：一是充分发挥党校、行政学院在建设学习型政党中的重要作用。目前昭通市委党校的办学条件已经完全不适应建设学习型政党、大规模培训干部的要求，必须迁址建设新校园。二是要整合干部培训资源，集中人力、物力、财力办好新的市委党校。党校新校区建成后，实行1个班子、1套人马、1个校区、4块牌子（党校、行政学院、民干校、社会主义学院）。三是新校区要选址在昭阳城区城市配套基本完善、道路通畅、环境较好的地方。建筑规模控制在3.8万平方米以内、征用土地10公顷。要建设成为集教学、食宿、办公、健体、康心为一体的功能完善、设施齐全、环境优美的省内一流州市委党校。四是迁建工作由市委副书记张登亮总负责，市委常委、组织部部长李勇和市委常委、区委书记马吉林协助。

2月25日，为认真贯彻落实市委、市政府召开的市委党校迁建专题办公会精神，市委党校党委及时召开会议，专题研究安排部署学校迁建工作。校党委书记、常务副校长李云山主持会议，就切实贯彻好迁建专题办公会上市委书记夜礼斌的指示，要求学校各部门全力做好学校迁建工作，并对当前需要做好的3项工作作具体安排。

【市委党校调整领导分工】 2月25日，校党委为认真落实市委、市政府召开的市委党校迁建专题办公会决定的各项工作任务，对学校领导分工作了调整：党委书记、常务副校长李云山主持学校全面工作。分管办公室、政治处、财务科。副校长李良学负责学校迁建工作。副校长刘勇负责学校行政后勤、民族干部培训和挂钩扶贫等工作，分管民干科、图书馆、后勤服务中心和群团组织工作。调研员王胤怀负责调研督查工作。调研员李朝清负责干部培训、公务员培训和科研工作，分管科研办、培训科、公务员培训科、市情研究中心和《乌蒙论丛》编辑部工作。校党委委员黄合昌协助分管学校迁建工作。校党委委员陶永强抽调参加市社会主义新农村建设工作队。校党委委员甘永昌主持教务处工作，分管函授分院和教研处。

【市委召开市委党校新校区规划方案审查会】 3月25日，市委召开市委党校新校区规划方案审查会。市委书记夜礼斌，市委副书记、市委党校校长张登亮，市委常委、市委组织部长李勇，市委常委、市委秘书长田勇，市委常委、昭阳区委书记马吉林，市政协副主席、财政局长普安银出席会议，参加会议的还有市直相关部门和昭阳区政府领导。会议由市委副书记张登亮主持。上海同济大学建筑设计研究院（集团）有限公司建筑师涂慧君博士汇报了党校新校区的规划理念、建筑意向、设计方案，分析了功能布局、环境形态、道路系统等方面的情况，详实地介绍了设计方案。参加会议的同志围绕规划设计方案展开热烈讨论，提出了建设性意见和修改建议。在听取与会人员的发言后，市委书记夜礼斌指出：建设市委党校新校区是昭通市贯彻落实党的十七届四中全会精神的重大举措，是市委重视干部教育培训工作的具体体现，要把市委党校建成全省一流的州市委党校，在推进全市经济社会跨越发展中充分发挥市委党校的积极作用。市委党校新校区建设规划设计方案要把握"一个原则"，即设计理念应坚持庄重、肃穆、大气，突出标志性建筑的原则。做好"两个调整"，一要调整建筑物功能布局；二要调整绿化和水体的结构比例，科学合理布局新校园。落实"三个要求"，一要讲求风格，应与相邻的建筑风格相协调，做到现代与传统相结合；二要整合功能，要充分利用学校资源兼顾会务；三要控制投资，投资概算不要突破专题办公会议确定的数额。

【市委党校举行科级干部竞聘上岗】 3月，根据《中共昭通市委党校科级干部参公管理空缺岗位竞争上岗实施方案》的要求，严格按照竞争上岗的程序，对科级干部5个实职岗位、5个非实职岗位实行笔试、面试、民主测评、组织考察4个步骤进行竞聘。3月31日，市委党校举行了第一轮科级干部竞聘上岗笔试。试卷由市委组织部命题；由市委党校党委书记、常务副校长李云山、副校长李良学监考；试卷由市委组织部统一收回，并实行密封阅卷。4月6日，市委党校举行第二轮科级干部竞聘演讲、第三轮民主测评，邀请第六纪工委派员进行监督。

【党校组织教职工为挂钩扶贫点捐款捐物】 4月，党校组织教职工积极为挂钩扶贫点捐款捐物，全校教职工为贫困户捐款6300元，衣物31包。副书记李良学出面联系昭通市红十字会，为威宁村受灾群众解决抗旱救灾大米2010千克。10日，副校长刘勇带领校扶贫办人员一行4人到挂钩扶贫点巧家县东坪乡威宁村，就当地旱情进行调研，努力帮助解决群众实际困难。

【市委党校举办各类培训班】 4月12

日上午，由市人事局和市行政学校举办的公务员初任培训班开班。培训对象为全市2009年新录用的市、县、乡镇公务员（含质监、药监、工商系统2009年新录用公务员），共342人；培训时间4月11～23日，共2期；培训采取集中培训的方式，聘请市内专家、学者和政府部门的领导进行讲授和辅导，培训的内容包括尽快进入角色认真履行职责、昭通区域经济发展探讨、坚持依法行政提高执法水平、加强执政党能力建设、十七届四中全会解读、实用公文写作、电子政务、公务员法和公务员处分条例等内容。

6月，按照《昭通市2010年度干部教育培训计划》的安排，经市委组织部同意，市妇联和市委党校共同举办全市第二期科级妇女干部培训班。来自市直单位和县区的40岁以下实职科级妇女干部共41人参加此次培训，从6月17～21日在市委党校进行理论学习，22～27日在东北三省进行学习考察。

6月17～18日，全市乡科级领导干部进修一班60人在市委党校举办。开班典礼由市委常委、市委组织部部长李勇主持，市长王敏正作题为《谈谈昭通经济的发展问题》的专题讲座。出席开班典礼的领导有市委常委、市委宣传部部长陆琴雯和市直各部门主要领导。

7月11日，市民委、市人事局和市民干校共同举办的全市第一期少数民族公务员培训班在市委党校开班。市委党校党委书记、常务副校长、市民干校校长李云山主持开班典礼，市委民族宗教工作领导小组副组长、市民委党组书记、市民委主任、市宗教局局长、市民族干部学校副校长童成清作动员讲话。市民委党组成员、市宗教局副局长甄选洲，市民委党组成员、市民委副主任王国光，市委党校党委委员、副校长李良学，市委党校党委委员、刘勇出席开班典礼。培训班培训对象为2008年、2009年度新招录的乡镇少数民族公务员。来自昭阳、鲁甸、大关等8个县区的81名少数民族公务员参加为期5天的培训。培训班开设民族理论、宗教政策、公文写作等相关政策理论知识。

8月31日，由鲁甸县委组织部、县委统战部与市委党校联合举办的鲁甸县2010年少数民族干部培训班在市委党校开班。参加培训的对象主要是鲁甸县12个乡镇、县直各部门分管统一战线或民族宗教工作的领导、统战委员、统战专（兼）职工部、民族宗教助理员，还有部分科级少数民族干部，9月2日结束，共71名学员参加培训。

10月11日上午，市委组织部和市委党校共同举办的第八期中青年干部培训班在市委党校举行开学典礼。培训的对象是50名40岁以下具有大专以上文化程度、任实职的优秀正科级领导干部。培训时间为1个月。培训期间，市委宣传部部长陆琴雯、市政法委书记张朝德、副市长邬永飞、胡月星到培训班授课。

12月10日，由市纪委主办、市委组织部协办和市委党校承办的新提拔正科级以上领导干部反腐倡廉建设和履职能力专题培训班在市委党校报告厅举行。市委常委、市纪委书记周业勇在开班典礼上作动员讲话。开班典礼由市委组织部副部长铁云峰主持，市委党校常务副校长李云山、市纪委副书记杨彩强、田荣屏参加开班典礼。为期4天的培训以十七届五中全会精神和中纪委五次全会精神、《廉政准则若干规定》解读和加强廉洁自律预防职务犯罪等几个专题为重点，并于10日下午，到昭通拒腐防变教育基地进行一场深刻的警示教育。参加培训的学员共计148人为市直各部门和各县区新提拔的正科级以上领导干部

【市委党校第一支部开展创建学习型党支部学习活动】 5月20日，市委党校第一支部开展以“创建学习型党支部”为主题的学习活动，围绕贯彻落实十七届四中全会《决定》精神和《中共云南省委办公厅关于推进学习型党组织建设的实施意见》进行集体学习。第一支部所联系的政治处、财务科、科研办、图书馆4个科室的党员和非党员共16人参加学习。会议由支部书记陈军主持，党委书记、常务副校长李云山作为联系支部的党委成员参加学习活动。6月，制定了《建设学习型党委班子的实施方案》。《实施方案》从总体目标、学习内容、学习途径和措施、正确处理好几个关系和具体要求5个方面，全面系统地对党校如何创建学习型领导班子作详细部署。

【廖礼华一行到党校调研】 5月20日，宜宾市委党校副校长廖礼华一行四人到市委党校调研，以金沙江中下游生态人文旅游资源产品设计为科研课题，分别到市发改委、市旅游局、市商务局、市文化产业办等单位走访调研。

【市委党校课题通过省哲学社会科学规划办专家组验收】 5月，由党校副教授曹先林负责，韩焰、张云辉、李莹、虎利涛等教师参与的云南省哲学社会科学十一五规划项目《金沙江下游三大电站建设对昭通市农村生计模式影响及贫困缓解研究》通过云南省哲学社会科学规划办公室专家组验收。

【市委党校党委理论中心组召开集中学习大会】 6月24日，市委党校党委理论中心组召开集中学习大会，大会由校党委书记、常务副校长李云山主持，科级以上干部共23人参加学习，李云山围绕《中国共产党党员领导干部廉洁从政若干准则》作中心发言。大会还就党校建立健全工勤人员考核评价制度、建立健全参公人员考核评价制度、建立健全专技人员考核评价制度3个专题作专题汇报，与会人员对学校贯彻落实《廉政准则》、3个考核制度作积极的讨论发言。

9月27日，举行第三季度集中学习。党委副书记李良学作题为《关于建设一流州市委党校的思考》发言，并通报党校新校区建设的前期工作情况。与会人员围绕中心发言，积极建言献策，从不同角度讨论了建设一流州市委党校所需要的硬件和软件建设要求。李云山对

学习进行总结。

【市委党校召开后勤服务工作半年总结会】 7月9日,市委党校召开后勤服务工作总结会。会议由分管后勤的副校长刘勇主持。会议就半年来学校安全保卫、校园绿化与环境卫生、教学服务、校园水电管理和公有房管理等工作进行总结,对后勤服务中心半年来的工作成绩给予肯定的同时指出工作中存在的不足;同时对下一步后勤服务工作作安排部署,对《校园管理责任》履行情况进行检查评估。

7月15日下午,市委党校副校长刘勇主持召开专题会议,研究后勤服务中心思想政治建设、后勤服务保障、函授办学、车辆管理等工作。办公室和财务科有关负责人员、后勤服务中心全体人员参加会议。

【市委党校开展义务献血活动】 7月7日下午,市委党校开展义务献血活动。共有4名预备党员、3名新提拔的副科级干部积极参加献血活动。

【市委党校曹先林、夏月先的课题获得立项】 9月,省委党校科研处组织有关专家对申报的98项课题进行评审,昭通市委党校副教授曹先林的《文化视野下的云南贫困地区人口问题研究——以云南昭通农民专业合作组织为例》、教师夏月先的《云南农民专业合作组织发展问题研究——以云南昭通市为例》获得立项。9月27日,校党委会研究决定,参照省委党校云校文件精神,学校对曹先林、夏月先2人的获准立项课题,分别给予1万元资助。

【市委组织部到市委党校开展民主推荐干部工作】 9月8日,按照市委组织部的安排,由市纪委派出第二纪工委书记申时江任组长的考察组一行4人,到党校开展副处级领导干部考核推荐工作。党校在职教职工和离退休教职工代表共79人参加会议。根据《党政领导干部选拔任用工作条例》的相关规定,经过书面推荐、口头推荐、个别谈话、实地考察等程序,校党委委员、政治处主任陶永强被推荐为副处级干部人选。

9月17日,市委组织部干部教育科科长董华代表市委组织部到市委党校宣布市委关于李良学、陶永强2人的任免通知,李良学任市委党校党委副书记,免其市委党校副校长职务;陶永强任市委党校副校长。

【市委党校公开招考硕士研究生】 10月11~13日和12月9日,市委党校在纪委、组织、人事部门的监督指导下,对报考党校的8名硕士研究生进行考察和面试。根据考核结果,择优招聘李素贞、白岩松、黄佐、李明、马忠新5人为党校教师。

【市委党校举行2010年敬老节座谈会】 10月16日,市委党校在学校餐厅举行敬老节座谈会,邀请党校在昭通的离退休老干部共33人参会,学校党委成员全部参加活动。会议由学校党委书记、常务副校长李云山主持,党委副书记李良学介绍了学校一年来的工作开展情况,特别谈到了党校迁建工作,并将新校区设计的平面图、鸟瞰图、单体建筑设计图等向老干部们做详细的介绍。

【市档案馆档案年度检查小组到市委党校检查工作】 11月11日下午,市档案局档案年度检查小组在市档案馆副馆长陈光德带领下,对党校2009年度档案工作完成情况进行检查。检查小组听取了办公室主任黄合昌对市委党校2009年度档案工作完成情况汇报,认真翻阅和核对有关档案资料,询问了解有关情况,对市委党校2009年度档案工作完成情况进行肯定,并提出有关建议。

【市委党校"乌蒙讲坛"正式启动】 11月11日,第1期"乌蒙讲坛"在市委党校报告厅举行,市委党校调研员副教授李朝清讲授"十七届五中全会"内容,全校教职工和在校学员130余人聆听讲座。乌蒙讲坛将采取自愿报名和组织安排相结合和专题报告与讨论相结合等方式,组织全校教职工围绕党校各类主体班次所设置课程的内容开展自主选题。原则上每周(星期四)开展1次活动。

【市委党校参加省委党校干部培训调研座谈会】 11月22日,省委党校科社教研部副主任溥德书一行在市委组织部会议室召开座谈会就党校干部培训需求开展调研。市委党校调研员李朝清、部分教师代表和相关科室负责人参加调研座谈会。

【沈群一行到昭通就市县党校图书馆建设进行调研】 12月11~14日,省委党校图书馆副馆长、研究馆员沈群一行4人到昭通就市县党校图书馆(室)建设问题进行调研。先后到大关、水富县委党校实地参观了两校图书室。14日上午参观了市委党校图书馆,并和学校领导,办公室、科研办、教研处负责人,部分教师及图书馆全体人员进行座谈。党委副书记李良学主持座谈会。市委党校图书馆负责人夏月先汇报了图书馆的基本情况以及存在的主要问题。李良学向调研组介绍了党校新校区建设以及加大学校图书馆建设的设想,并就新校区电子图书馆建设等内容征求专家意见。沈群一行对党校图书馆工作给予充分肯定。

(市委党校 张云辉 黄合昌)

文　化

文化管理

【坚强文化市场管理】 2010年,市文体局进一步加强文化市场管理。强化文化市场法律法规的宣传培训。对全市网吧经营管理人员进行分期分片培训,分别在昭阳区、巧家县、永善县、镇雄县举办培训班5期,培训网吧经营管理人员600余人。年内对10余家印刷业经营户进行培训。强化管理措施,创建平安文化市场。强化网络文化市场计算机监管平台的管理使用,将监管平台使用列入日常检查内容,对擅自停止使用的进行立案查处,确保全部网络经营在线运行。加强市场调研工作,分析市场存在问题及解决办法,开展网吧在规定营业时间外营业的专项检查,重点对昭阳区城市周边乡镇网吧的经营情况以及无证经营行为进行调研,及时发现乡镇文化市场存在的问题并给予严厉查处。继续开展联合执法,针对部分县区文化市场管理较为混乱,特别是网吧接纳未成年人的现象较为突出的问题,市文化市场稽查队从相关县区抽调人员,开展跨县区联合执法,有力地推动了县区执法工作的开展。认真做好"12318"举报电话的查办工作。全年通过"12318"举报电话共接举报案件126件,办理126件。加强日常监管、加大执法力度。全市共出动检查人员48289人次,检查文化经营户13014户次,查处违规经营户320户次。其中:警告155户次,停业整顿16户次,罚款444950元,没收非法音像制品18590碟,非法图书4976册,赌机5台,电路板11块。其中,仅市文化市场稽查队(只有4人),一年共出动执法1311人次,检查文化经营户2697家次,查处违规55起,办结案件55起,罚款20余万元,执法工作起到积极的推动和示范作用。

【文化信息资源共享工程加快建设】 2010年,全市完成1个市级支中心、11个县级支中心、45个乡镇基层站点、82个村级终端站点文化信息资源共享工程建设项目,并通过省级验收,实现全市市县级图书馆"馆馆建成共享工程"的目标。同时,新申报98个乡镇基层站点、700个村级终端站点的建设项目,实现市县乡全覆盖并已幅射到村级,积极组织各级文化信息资源共享工程管理人员、技术人员参加省级业务培训,配合相关部门做好"绿色电脑进西部活动"。

【完成乡镇综合文化站评估定级工作】

2010年,经过各县区自评和专家复评,全市新增2个一级站、8个二级站、46个三级站申报项目。

【加强行政审批管理】 2~3月,市文体局完成对52家印刷企业和131家打字复印店的年检工作。严格按照《印刷业管理条例》,检查了所有印刷厂印制的印刷品是否含有反动、淫秽、迷信等和国家明令禁止的内容,严格要求印刷经营单位依法经营、合法经营。受理9家新办和更换法定代表人印刷企业的申请,指导提供相关材料,对经营单位进行实地查验。对9家新办和更换法定代表人的企业进行法律法规培训。6月16日,市文体局要求各县区做好行政审批事项的公示工作,并明确相关责任科室进行监督,及时收集、认真审核各县区公示的材料,发现问题及时纠正并在网上向社会公布,进一步规范行政审批工作。对全市音像制品经营单位作彻底清理,进一步规范音像制品的证照管理。

【市委、市政府专题研究全市宣传文化队伍建设工作】 2月25日,市委、市政府召开全市宣传文化队伍建设专题会议。会议听取市文体局关于全市文化艺术人才队伍建设情况和市委宣传部关于全市农家文化大院建设的情况汇报,并对当前和今后一段时期的农村文化工作进行研究和部署。市委书记夜礼斌、市长王敏正出席会议并讲话。市委副书记张登亮主持会议,市委常委、市委秘书长田勇、市委常委、市委宣传部部长陆琴雯、市政府副市长韩梅、市政协副主席、市财政局局长普安银参加会议。市委办、市政府办、市委宣传部、市发改委、市人事局、市建设局、市国土局、市文体局、市广电局、市开发投资有限公司主要负责人列席会议。会议要求,全市各级各有关部门要积极行动起来,进一步加强县、乡文艺表演队伍建设和村级农家文化大院建设工作,扎实推进市级"百场演出进百乡"、县区"千场演出进千村"、乡镇"万场演出进自然村"、村级"千户文化大院进农家"工程,为全市的经济社会发展作出积极的贡献。

【集中整治出版物市场】 4月13~20日,市文体局对全市出版物市场进行集中清理整治,重点对出版物市场经营场所、学校周边及流动摊点、音像制品门店经营的政治性非法出版物,淫秽、色情、低俗封建等书刊及音像制品,以及口袋本,淫秽卡通读物进行整治。市、县区文化市场稽查队对辖区内的所有出版物市场分不同时段、不同区域进行全面检查。全市共出动执法人员1014人次,执法车辆48车次,检查出版物经营场所175家次,音像制品店167家次,收缴非法图书2928册,非法音像制品6747碟,有力地打击了出版物市场的非法经营行为。

(市文体新闻出版局　曹阜金　胡　娟)

群众文艺活动

【文化百千万工程】 2010年,全市深入推进文化体制改革,组织实施"文化百千万工程"。即:市文化艺术剧院继续开展"百场演出进百乡"活动,县级开展"千场演出进千村"活动,乡级开展"万场演出进自然村"活动,并配合做好建设"千户农家文化大院"工作。市文化艺术剧院全面完成送戏到143个乡镇143场的"百场演出进百乡"活动,观众达70多万人。并继续深化内部机制改革,与招聘演员续签第二期劳动合同。各县区组建了10个文艺专业表演团队,即:昭阳区鹤舞高原艺术团、鲁甸县文化艺术团、彝良县文化发展有限公司、威信县红色扎西艺术团、盐津五尺道艺术团、大关县黄连河艺术团、永善县溪洛渡艺术团、绥江县金江艺术团、水富县向家坝艺术团、巧家县艺术团。县区千场演出进千村活动已经送戏到村880场,观众达81万人;各乡镇组织的业余文艺队伍达200支,并因地制宜开展了进自然村演出活动,到自然村演出8476场,观众达124万人。

(市文体新闻出版局 曹阜金 胡 娟)

文艺创作

【文艺创作演出取得重大突破】 5月24日,昭通市创作编排的彝族舞蹈《甩铃》经过初赛、复赛,进入全国第十五届"群星奖"舞蹈类作品决赛,并获该赛事最高荣誉"群星奖",创造昭通市艺术创作在全国舞台上的最佳成绩。8月8日,创编的苗族健身操参加"沃特杯"云南省全民健身日暨云南省少数民族健身操展演比赛获金奖,傣族民族健身操获银奖,昭通市获优秀组织奖。7月23～29日,潘文燃在云南省首届职工"独唱、独奏、独舞"大赛决赛中获舞蹈类古典舞组银奖。8月8日,昭通市文化艺术剧院创编的具有昭通市苗族元素的苗族健身操在昆明举行的"沃特杯"云南省全民健身日暨云南省少数民族健身操展演比赛自选套路中获得金奖,在规定套路比赛中昭通市参赛的傣族民族健身操获银奖,同时昭通市代表队还获优秀组织奖。比赛总成绩在全省18支代表队中名列第二。

(市文体新闻出版局 曹阜金 胡 娟)

文博工作

【文物保护工作成效显著】 2010年,全市文物保护工作取得优异成绩。与省文物考古研究所合作,对昭通水塘坝古生物化石群再次进行发掘,新发现了一批古生物化石,中央电视台新闻频道和"走进科学"栏目先后3次对发掘工作进行宣传报道,有力推进了昭通古生物化石研究工作。"三普"工作有序进行。全市已完成全国第三次文物普查第二阶段田野调查验收工作,普查登记文物1450项,通过省的验收,并转入文物普查第三阶段数据档案整理工作。博物馆、纪念馆建设稳步推进。市博物馆主体工程基本完成,进入装修陈列设计阶段。完成《昭通市博物馆陈列设计与布展工作大纲》编制工作。完成对威信扎西纪念馆、彝良罗炳辉纪念馆免费开放工作的调研报告。馆藏文物科学保护工作进一步加强。完成全市11县区290件馆藏珍贵文物的调查和数据录入。配合省公安消防总队、省文物局联合检查组完成对昭通文物消防安全检查,强化了文物消防安全工作。配合省考古所对柿子坝——凤翥公路盐津段进行了崖墓发掘。配合四川文物考古研究院、中央电视台完成五尺道探险考察。完成国家级和省级(含拟申报)文物保护项目"十二五"规划的经费需求的编制工作。年内巧家县公布了第三批县级文物保护单位28处。

【五尺道考古探险考察团考察昭通境内五尺道文化遗迹】 4月17～20日,由国家博物馆、四川省文物考古研究院、中央电视台联合组成的五尺道——石门道——盐道考古探险考察团对昭通市境内的五尺道及五尺道沿线的相关文物、遗迹进行考察。考察团由国家博物馆、北京大学考古中心、内蒙古博物馆、陕西省文物考古研究院、南京师范大学、首都博物馆、四川文物考古研究院、中央电视台、四川大学等单位的20多名专家学者组成。考察的目的是加强区域合作,弄清五尺道的线路及五尺道沿线的文化内容,通过中央电视台制作专题片、泰山出版集团出版专辑、适时召开五尺道文化研讨会等形式进行宣传。市委、市政府十分重视,市长王敏正、市委宣传部部长陆琴雯、市人大副主任赵卫、市政协副主席张毅敏看望考察团成员,并派市文体局及昭通文物专家陪同考察。考察团一行30余人先后实地考察了盐津古坟五尺道、盐津豆沙关五尺道和石门道、大关墒五尺道遗迹,并对五尺道沿线的盐津县牛寨乡河口村云南行、牛寨乡何赞臣墓、中寨花坟湾王廷柱墓、兴隆乡底坪悬棺、盐井镇古坟村高桥、唐袁滋摩崖题记、豆沙古镇、豆沙关出水堰、盐井镇马铃崖栈道、盐井镇龙孔坡渡口遗迹、大关县寿山乡下青坪黄家营盘、寿山马店、悦乐乡黄葛铁索桥、昭阳区汉碑、晋墓、诸葛营遗址、洒渔梁堆、崖墓、太平乡水塘坝古象化石群、鲁甸野石山遗址进行考察,还深入永善县黄华乡考察黄华古镇、古驿道、悬棺遗迹、龙奎垣公馆等,参观了市文物管理所和鲁甸县文管所的文物。考察团一行认为,考察中发现了五尺道早、中、晚期的痕迹,初步了解五尺道沿线的文化文物保留状况,为研究、保护五尺道打下坚实基础。

(市文体新闻出版局 曹阜金 胡 娟)

新 闻 出 版

【昭通报社工作概况】 2010年是昭通日报社的改革和发展之年。报社突出发展主题,解放思想,锐意进取,全力办好三报一网,即《昭通日报》、《鹤都晚刊》、《昭通手机报》和《昭通新闻网》四大宣传平台优势,唱响主旋律,打好主动仗,在全市上下营造了一个攻艰克难、抢抓机遇、奋发有为的良好舆论环境,新闻宣传卓有成效。

【理顺体制创新机制】 2010年,昭通市报社理顺体制,创新机制,推动报社又好又快发展。进一步理顺体制,报社由差额拨款事业单位转变为全额拨款事业单位。报社自1994年由全额拨款变为差额拨款事业单位以来,就此问题一直在向有关部门反映和争取,10月,得到市委、市政府的关心支持,在市委第48次常委会上,市委同意报社转为全额拨款事业单位,这不仅稳定干部职工的思想,更使报社在事业发展上有了更大的保障。

【积极探索,创新办报机制】 2010年,《昭通新闻网》得到市委、市政府的认可,被确定为第四媒体,并增加机构编制和建设经费,为报社构筑全媒体方阵,应对新媒体异军突起奠定了坚实的基础。首次增设发行部,打破传统模式,迈出拓展报纸经营的第一步,为今后成立物流发行公司奠定了基础。与三峡工程报社结成战略性伙伴,承接《三峡工程报》在昭通境内的印刷和发行业务,并正在商议建记者站。此举为报社联合发展、跨区域发展探索了经验、奠定了基础。

【成功推出《投资与地产导刊》】 1月16日,昭通日报社成功推出《投资与地产导刊》一刊物,旨在为读者提供本土化投资、地产、金融等方面最权威的信息,引导投资,服务市民。《投资与地产导刊》对旧城改造、北部新区规划与建设等热门话题进行关注与解读,得到广大读者的好评。

【及时有效地报道全市抗旱救灾的情况】 2月1日,昭通日报社针对全市旱情,敏锐地捕捉到线索,并在3家媒体中率先进行报道。随着旱情的加重,在一、二版专门开辟"全民齐动手,抗旱保春耕"的专栏,先后组织两批记者深入基层,直接到田间地头对百年不遇的旱情进行采访,大量稿件来自一线。同时,由报社领导和业务骨干撰写高质量的评论员文章,在社会各界产生强烈反响。抗旱期间,刊发稿件450余篇(幅),出版抗旱专版10余个。

【与时俱进,创新机制】 4月,昭通日报社完成第二轮中层干部竞争上岗补选工作,配齐各科室领导职务。首次使用首席记者、首席编辑制度;首次任命4名招聘人员为中层干部,打破用人上的框框套套,盘活人才资源。经人事部门批准,引进1名硕士研究生。人员有进有出,2名人员调省直部门、1名人员调市委宣传部、1名人员考起水富县外宣办副主任岗位。

【成功推出救人女英雄铁飞燕】 5月,铁飞燕的救人事迹在四川绵阳网上出现后,报社领导以独有的新闻视角,立即组织2个采访报道组进行深入采访,并在全省、全市范围内率先报道铁飞燕的事迹。随着《昭通日报》对铁飞燕壮举大篇幅的集中报道,其他媒体纷纷进行转载。市长王敏正指导有关部门策划,成立以市委副书记、市人大常委会主任张登亮为组长的宣传组开展宣传工作。铁飞燕的事迹在市内外产生极大影响,市精神文明办、团市委发出向铁飞燕学习的通知,省委书记白恩培作了向铁飞燕学习的重要批示。

【有效实施《鹤都晚刊》改版】 6月1日,报社按照市场化运作的要求,对《鹤都晚刊》进行全新的改版,将原来的红色报头改为蓝色报头,将原来繁杂的版面重新整合,更加关注昭通发展和贴近百姓生活,读者反映良好。与此同时,报社还专门组建发行部,负责正报、晚刊的发行工作,探索市场化运作的新路子。首次在《昭通新闻网》上开展"我有问题问市长"的网络对话在线访谈活动。在电信公司、电视台的支持下,报社克服技术和设备障碍,在20天内搭建网络对话平台。4月25日,市长王敏正座客昭通新闻网,与网民进行直接对话,当天吸引16万多网友在线关注,取得良好的社会效果和政治效果,提升了昭通日报社的公信力和亲和力,为报社实现新闻"三贴近"探索了一条新的路子。

【妥善进行"11·02"突发事件报道】 昭阳区"11·02"群众性事件及之前发生的群众性阻工事件,报社按照市委、市政府的要求,站在党报的角度,把握正确的舆论导向,积极有效地组织好宣传工作。10月28日,报社按上级通知,派员参加昭阳区委、区政府29日召开的《昭鲁快捷通道和南通道施工受阻情况新闻通报会》,并在11月2日的正报1版和晚刊2版、3版上大篇幅刊发《昭阳区排除万难确保昭鲁快捷通道和南通道顺利施工》等稿件,告知读者事实真相和昭阳区的应对措施。与此同时,报社组成4人采访小组,随时待命进行采访。"11·02"群众性事件发生的当时和发生后,报社先后派出4名记者到现场采访、参加新闻发布会、采访人大代表、政协委员、陪领导到医院慰问伤员。到11月10日下午，报社记者共采写《昭阳区召开"11·02"施工现场群众性冲突事件新闻发布会》、《社会各界人士看"11·02"事件》、《市委召开市直领导干部大会》、《市（区）全力做好"11·02"事件妥善处置工作》等20多条与"11·02"事件相关的稿件，并及时上传到昭通新闻网和手机报，起到了党的主流媒体为党委、政府分忧，以正视听的作用。

（昭通日报社　李云飞）

广　播　电　视

【广播电视工作概述】　2010年，市广电局以"创新广电、责任广电、和谐广电、满意广电"为出发点和落脚点。抢抓机遇、大胆突破、顽强拼搏、务实奋斗，各项工作成效显著，成绩突出。宣传工作实现新跨越。内宣得到新提升，全市广播电视媒体进一步强化新闻立台理念，把新闻节目的建设、新闻品质的提升、新闻品牌的打造作为重要抓手，新闻宣传立体化的格局逐步形成。全年，全市共制作播出广播新闻16614条，同比增加5%；共制作播出电视新闻21750条，同比增加13%。外宣实现新突破，以提升昭通形象、扩大昭通影响为目标，不断加强对外宣传。全年全市各级电台在中央人民广播电台播出新闻42条，同比增加了一倍；在云南省人民广播电台各频率播出新闻794条，同比增加16.4%；全市各级电视台在中央电视台播出99条，同比增加26.9%；在云南台播出684条，同比增加25%。节目创优取得新进展，全年全市共有54件作品获云南省广播电视奖各种奖励（其中一等奖21件），2个栏目获"十佳"栏目，获奖节目总量和一等奖数量均居全省州市第一名。同时市电台获得云南人民广播电台通联工作先进集体一等奖和云南省广播群先进集体。媒体合作迈出新步伐，成功承办由省广电局、市委、市政府主办的云南省暨云贵川3省毗邻地州市广播影视合作与发展协作会。云南省各州市广电局、电台、电视台及云贵川毗邻11个地州市签订了广播影视合作协议，并通过广播影视合作宣言。地方广播电视宣传横向合作迈出新步伐。主流媒体影响得到新彰显，成功组织2010年春节联欢晚会，"两会"文艺演出，全市首届青年创业奖表彰、爱心送考等大型活动。有效彰显广电媒体社会影响。覆盖手段和方式实现新突破，积极探索广播电视与新新媒体的融合，实现本地广播电视节目在互联网在线直播。地方节目的覆盖途径进一步拓展，覆盖率得到了有效提升。队伍得到新充实，全市广电系统新招聘播音主持人员17人，市广电局新成立后勤服务中心，电影放映管理站整体划入市广电局，2010年市直广电系统新增编制13人，机构增幅达33%，人员增幅为11%。

事业建设迈上新台阶。事业建设投入不断增加，中央、省、市财政共投入资金17289万元，同比增加10.8%。全力推进民心工程。全年全市全面完成中央、省下达给昭通市20户以上已通电10205个村（寨）村村通直播卫星覆盖工程建设任务。全市广电系统加强领导，真抓实干，克服时间紧、任务重、人员缺等困难，提前全面完成国家和省下达的建设任务。年内共完成广播电视村村通直播卫星覆盖工程设备安装调试391652套，完成投资14375万元。解决近200万农村群众看电视、听广播难的问题。广播电视基础设施全面改善，总投资上亿元，集广播电视管理、节目制作、广播电视信息传输、直播和承办大型活动为一体的多功能设施——昭通广电中心已全面投入使用，昭通广电基础设施得到重大改善。地方节目无线覆盖工程，广播电视整乡推进、昭阳主城区CMMB移动多媒体手机电视覆盖工程，凤凰山转播站，市电台电视台采编播设备更新改造等工程全面完成，地方广播节目覆盖率68%，电视节目覆盖率62%，地方广播电视节目覆盖率分别提高了10个百分点。广播电视事业发展基础进一步夯实。

广电产业取得新发展。产业收入稳步提高，全市广电产业实现总收入3788.4万元，同比增加22%。其中网络公司实现经营收入3178万元，增加22.9%；全市广播电视广告及其它收入588.4万元，增加13.4%；农村地面无线数字电视实现收入22万元，同比增加7.4%。有线电视数字化整体转换工作全面推进。完成有线数字电视整体转换34159户，全市有线数字电视总用户达13万户。

行业管理全面加强。突出重点，狠抓整治，全面强化宣传内容和导向管理，有效净化了声频荧屏。加大行政执法力度，取缔非法销售点303个，没收非法接收设施2780套，拆除非法安装使用的卫星地面接收设施2000余套。坚守广播电视安全播出生命线，全市广电系统加强领导，完善预案，强化演练，全面落实省市广播电视安全播出一系列措施和规定，投入100万元建成安播监测中心。圆满完成全国、省、市两会以及广州亚运会等重保期的安全播出工作。

和谐文化建设全面推进。高度重视广播电视行业和谐文化建设。切实增强全市广播电视行业从业人员使命感、责任感;增强行业的凝聚力、感召力。组织《我是光荣的广电人》文艺晚会,开展记者节系列活动,举办广播电视60年发展成就和全市广电系统干部职工书法、绘画及摄影作品展。强化全市广电系统内各单位和市、县广电部门团结与合作,提高广播电视整体发展实力,推动全市广播电视工作快速和谐发展。

【市广电局获奖情况】 2010年,市广电局获"十一五"广播电视村村通工作先进集体,省广电局2010年度目标责任考核第一名,获市政府2010年度目标责任考核优秀,获市政府广播电视村村通工程建设先进单位,宣传思想精神文明目标责任考核优秀单位,"百千万帮扶工程"先进集体、档案工作先进单位,市广播电视村村通技术服务中心获全省广播电视技术维护先进集体。

【市广电中心演播厅启用】 2月6日,市委、市政府领导到市广电中心演播厅检查指导春节联欢晚会各项准备工作情况。明确2010年昭通市春节联欢晚会于2月7日在市广电中心演播厅正式演出,标志着市广电中心演播厅正式启用。8月6日,市广电中心主楼终验合格,移交市广电局进行内部专业装修。

【2010年春节联欢晚会在市广电中心演播大厅举行】 2月7日晚,由市委、市政府主办,市委宣传部、市广电局、市文体局、昭通电视台等多家单位承办的2010年春节联欢晚会在新落成的市广电中心1200平方米演播厅举行。

【省广电局领导到昭通调研】 2月7～8日,省广电局局长张德文、副局长曹继敏一行6人到昭通调研慰问广电系统干部职工。2月7日下午,召开广播电视工作汇报会,市广电局相关领导汇报了全市2009年广播电视工作情况及2010年工作计划。2009年工作目标责任制考核情况,市广电局在全省16个州考核中名列第一。

【中国移动多媒体广播电视在昭鲁坝区开通】 2月23日,中广传播云南有限责任公司昭通运营部挂牌成立,标志着中国移动多媒体广播电视业务在昭鲁坝区正式运营。

【市直广电系统干部职工为抗旱救灾捐款】 3月5日下午,市广电局在电视台演播大厅举行抗旱救灾捐款仪式,全局干部职工纷纷解囊,现场收到捐款17200元。

【市广电局全力做好抗大旱、保民生宣传工作】 3月,市广电局高度关注旱情发展,积极开展宣传,不断增强人民群众战胜灾害的信心。通过新闻、栏目、公益广告、对民咨询等节目积极做好抗大旱、保民生宣传工作。昭通人民广播电台和昭通电视台播出新闻1300余条,播出公益广告500多条,专题60余期。

【全市广电工作暨村村通现场会议在永善县召开】 4月19日,2010年全市广播电视工作暨村村通工程建设现场会在永善县召开,会上,相关领导对2010年工作提出要求。一是进一步强化广播电视宣传工作。二是要进一步加强广播影视公共文化建设。三是进一步推进广播影视基层服务体系建设。四是进一步加快改革步伐,推进广电产业发展。要进一步加强党的建设和广电队伍建设。

【央视记者到昭通报道抗旱救灾】 5月上旬,中央电视台连续派出2个抗旱救灾报道组深入昭通市鲁甸县采访旱区灾情,报道抗旱先进典型,采写的《兄弟倾囊打井只为抗旱报家乡》、《云南昭通:峭壁架起生命线两乡同饮一源水》、《面包车送水队解决村民吃水难》等新闻,分别在中央电视台综合频道、新闻频道、国际频道的《新闻联播》、《中国新闻》、《新闻直播间》、《共同关注》等多档节目播出。

【昭通电视台播音部获表彰奖励】 5月,昭通电视台播音部在由云南省总工会和省妇联联合开展的云南省"五一"巾帼标兵岗的评选活动中,获云南省"五一"巾帼标兵岗荣誉称号。

【市直广电系统举行学习廉政准则专题讲座】 5月14日,市广电局组织市直广电系统全体党员、副科及以上领导干部共100余人参加廉政准则学习活动,全体参学人员观看了廉政警示教育片《郑筱萸受贿警示录》,市纪委第六纪工委领导作专题讲座。

【切实做好抢险救灾工作】 7月13日,巧家县小河镇突山洪爆发,灾情发生后,市广电局积极响应,快速行动,从市电台、电视台抽调18名记者组成采访队伍,两台记者在搜救失踪人员、救治伤员、抢修生命线工程、保障信息畅通、群众生活安置等工作进行跟踪采访,多角度、全方位对抢险救灾工作进行了报道。

【提前完成第二批村村通直播卫星覆盖工程建设任务】 8月15日,市广电局完成中央、省投资部分第二批村村通直播卫星覆盖工程设备的发放和安装调试工作。使35万多户近200万农村群众能收听收看到伴音清楚图像清晰的电视广播节目,工作受到党委政府的充分肯定和农村群众的热烈欢迎。

【市直广电系统整体迁入广电中心】 10月23日,市广电局、市电台、电视台、转播台、村村通技术服务中心、昭阳分局、昭阳区记者站等单位全面迁入昭通广电中心,标志着市广电中心全面投入使用。

【云南省暨云贵川三省毗邻地州市广播影视媒体合作与发展协作会在昭通召开】 10月30日至11月2日,云贵川三省毗邻地州市广电局长、电台台长和电视台台长聚首昭通,共商合作、共谋发展。省广电局党组书记、局长张德文及市委书记夜礼斌在会上讲话,省广电局及云贵川三省各地州市广电局、电台、电视台代表在大会上作交流发言。云贵川三省毗邻地州市广电局签订《广播影视合作与发展战略框架协议》,电台和电视台分别签订《广播和电视合作协议》。

【杨燕等晋升副高以上职称】 12月，经云南省新闻系列高级评审委员会评审通过，市电视台杨燕获主任记者任职资格。市电台李耘获主任编辑任职资格；罗旭获省人事厅破格晋升高级记者任职资格。

（市广电局 宋维泉）

档 案

【2010年全市档案工作概述】 2010年，全市档案部门围绕“三个体系”建设，着力推进国家二级综合档案馆创建、档案资源建设、档案信息化建设、档案业务建设、综合档案馆建设、干部队伍建设等工作，取得明显成效。一是完成市档案事业发展“十二五”规划编制工作。二是扎实推进档案信息化建设。完成馆藏图书资料目录著录工作。三是市档案馆创建的综合档案馆，通过测评验收，成为国家二级综合档案馆。四是加强档案资源建设。市档案馆接收档案资料、政府公开信息11529卷（册）、43003件。五是加强档案安全体系建设，市档案局继续积极汇报，努力争取立项建设市档案馆，按照市政府要要求，积极做好相关工作，推进市档案馆建设项目前期工作；指导完成鲁甸、彝良、威信、绥江、盐津、永善6县第二批县级综合档案馆建设项目材料上报工作。全年全市共抢救整理重点档案3399卷（件）。六是档案馆功能建设进一步加强。市档案馆共计接待查阅利用者622余人次，利用档案、政府公开信息、现行公开文件2677卷（件）次，复制、摘抄6392页；接待参观300多人次。七是加强档案业务建设。市档案局被市委、市政府表彰为全市深化集体林权制度主体改革工作先进集体，被省委、省政府表彰为全省深化集体林权制度主体改革工作先进集体。八是档案法制建设进一步推进。广泛开展《档案法》、《云南省档案条例》的宣传学习活动；组织开展市直单位档案工作年度检查活动，对48个单位的档案工作上门进行实地检查。九是机关作风进一步强化。2010年，市档案局获2009年度全市推进惩防体系建设检查和落实党风廉政建设责任制考核优秀奖，获2009年市直单位党建工作责任制考核二等奖，获市直部门2009年工作目标管理考核优秀部门，获新农村建设工作队先进派出单位，市委督查工作先进单位三等奖。十是干部队伍建设进一步加强。全年编制12期《昭通档案》，采用稿件近300篇；通过各级各类刊物、报纸、网络媒体采用报道昭通档案工作174篇；大型画册《昭通档案》获全省档案优秀科研成果三等奖。《云南档案》发行二等奖。

【省信息化建设检查组到市档案局检查】 1月4日，以省工业和信息化委员会信息化推进处处长吴道华为组长的省政府信息化建设工作考核检查组到市档案局馆，对政务信息查询点建设、政府信息公开等工作进行检查。通过察阅、听取汇报，考核检查组充分肯定市档案局馆政务信息查询点设施设备建设、档案（政府公开信息）目录和全文数据库建设、利用服务等工作取得的成绩。

【挂钩帮扶工作】 1月5日，市档案局局长易正春一行9人，带着70袋衣物和40床新棉被等物资，到挂钩扶贫点鲁甸县新街乡闪桥村开展春节送温暖和结对帮扶活动，看望慰问贫困群众和结对帮扶户。在新街乡党委、政府和学校、村委会领导的陪同下，为新街中学30名品学兼优的困难学生发放4500元助学金；为闪桥村小学31名贫困学生发放3100元助学金，向学校困难学生发放10袋衣物。与单位23名职工结对帮扶的24户贫困户见面，向每户结对帮扶户捐赠200元慰问金及衣物、新棉被；为村委会、村卫生室和每户结对贫困户送上1本照片档案册、5个档案盒与目录、书写笔等。

3月24日下午，市档案局召开党员大会，动员党员向扶贫点捐献抗旱救灾资金。市档案局党支部捐献5000元，党员捐款6900元。

【徐洪刚参观市档案局】 1月25日，徐洪刚到市档案局（馆）参观档案查阅接待室、政府信息查阅室、全文数字化处理室和爱国主义教育展室，了解档案管理、档案信息化建设等工作内容。在参观爱国主义教育展后，徐洪刚欣然挥笔题写留言：“保护历史，重塑文明；开发档案，服务社会。”他表示将积极支持档案馆资源建设，适时向市档案馆捐赠个人档案资料和作品。2月23日，徐洪刚将《徐洪刚散文集》、《生命礼赞（诗集）》和《徐洪刚赵小竹诗画集》3部个人作品捐赠市档案馆珍藏。

【市档案馆珍藏李文献个人作品】 3月12日，昭阳区人，国家一级美术师（书法）、世界华人书法家协会终身荣誉主席、中华人民共和国国史委诗书画院理事、中国书画家职称及润格审定委员会常务理事、中国书画家协会理事、全国首批书法行业研究员、中国艺术学会终身会员、国际艺术界书法家、北京瀚海千艺国际文化交流有限公司签约书法家、甘肃临泽艺术交流中心书画院特聘艺术顾问、昭通市书法家协会会员的李文献，将国家邮政局为其出版的邮票1套、个人书法作品2幅及亲笔签名的收藏证书捐赠市档案馆永久珍藏。

【培训档案业务和信息化建设知识】 3月19日上午，市档案局组织举办档案业务和信息化建设知识讲座，对市直、驻昭和企事业单位的156名专兼职档案员进行业务培训。市档案局馆业务科科长朱兰和办公室主任、信息科科长杨应焦分别作档案业务、档案信息化建设两个专题知识讲座。

【田勇等到市档案局馆检查指导】 3月19日下午，市委联系档案工作的市委常委、市委秘书长田勇和市政府分管档案工作的代秘书长薛桂强到市档案局馆，看望档案干部职工，检查指导档案信息化建设、政府信息公开、档案工作暨表彰先进会议筹备、国家二级馆创建等工作。通过察看，与市档案局馆干部职工进行座谈，召开现场办公会，听取市档案局局长易正春工作汇报后，充分肯定了市档案局馆取得的工作成绩，对档案工作提出希望。

【部署社保档案管理工作】 3月30日，市劳保局、市档案局联合转发了人力资源和社会保障部、国家档案局发布的《社会保险业务档案管理规定(试行)》，部署全市社会保险业务档案管理工作。

【开放第八批档案】 4月9日，市档案馆发布《昭通市档案馆关于开放第八批档案的公告》，向社会开放第八批馆藏档案，涉及馆藏1975—1979年的55个全宗、65个目录，共984卷档案。

【孔令秀捐赠《孔子世家谱》】 4月15日，昭阳区海王星办公设备中心总经理孔令秀将自己专程到山东曲阜购回的《孔子世家谱》吕官户之一至四册捐赠市档案馆永久收藏。

【《兰台群英谱》成书】 4月中旬，汇集昭通市档案战线近十年部分先进集体和先进个人事迹，市委常委、市委秘书长田勇和市人大副主任赵卫、市政府副主席张毅敏、市政府代秘书长薛桂强任顾问，由市档案局馆组织编写的汇编资料《兰台群英谱》印装成书。《兰台群英谱》收录档案工作先进集体、先进个人事迹典型材料120篇，约30万字，是昭通档案工作和档案工作者的缩影。

【考核2009年度县区档案工作】 4月27日，市档案局按照市政府关于县区档案工作年度考核的规定和要求，在各县区档案局自查、市档案局复查的基础上，组织各县、区档案局进行评议，综合评定出2009年度县区档案工作考核结果，并进行通报：彝良、盐津、水富、永善、绥江县和昭阳区档案局(馆)获一等奖，鲁甸、威信、巧家、镇雄、大关县档案局(馆)获二等奖。

【全市档案工作暨表彰先进会议召开】 4月28日，市委、市政府在市委小礼堂召开全市档案工作暨表彰先进会议。省档案学会副理事长兼秘书长赵炳荣，市委常委、市委秘书长田勇，市人大副主任赵卫、市政协副主席张毅敏，各县、区政府档案工作分管领导和县档案局馆全体人员，市直各单位档案工作分管领导和档案员，市档案局馆全体干部职工等近400人参加了会议。会上，宣读市长王敏正《致全市档案工作暨表彰先进会议的信》、《昭通市人民政府关于表彰全市档案工作先进集体和先进个人的决定》，并为受市政府表彰的先进集体和先进个人代表颁了奖。市委常委、市委秘书长田勇、省档案学会副理事长、秘书长赵炳荣在会上讲话。市档案局局长易正春回顾总结2009年全市档案工作，对2010年工作进行安排部署。

【检查公证档案】 5月28日，市档案馆副馆长陈光德、市司法局副局长马荣带领有关工作人员到昭通市恒信公证处和昭通市众诚公证处，对公证档案工作进行检查。通过听取介绍，实地查看等方式，了解掌握了公证档案工作的基本情况，对2个公证处加强档案设施设备建设、配备专职档案人员以及档案按一证一卷、一卷一号立卷归档等方面的工作给予充分肯定。同时，指出在档案管理制度建设、业务规范等方面存在的问题，要求进一步整改完善。

【市档案馆通过国家二级馆测评验收】 6月10日，受国家档案局委托，省档案局测评组对市档案馆国家二级综合档案馆创建工作进行测评验收。市档案馆以86.8分通过测评验收，成为国家二级综合档案馆。省档案局局长黄凤平，市委常委、市委秘书长田勇，省档案局测评组，省、市档案局馆有关人员近40人参加测评验收会议。测评组认为，昭通市档案馆经过辛勤努力，国家二级馆创建工作取得突出成绩，档案基础条件保障、档案业务建设、档案开发利用、档案信息化建设等方面工作实现了全面突破，档案馆工作取得新的跨越，达国家二级综合档案馆标准。

【制发档案行政处罚自由裁量权基准制度】 7月9日，市档案局制定印发《昭通市档案行政处罚自由裁量权基准制度》和《昭通市档案行政处罚自由裁量权执行标准》。对档案行政管理部门实施档案行政处罚时，在法律、法规和规章规定的范围内，确定与违法行为的事实、性质、情节和社会危害程度相适应的处罚基准与执行标准进行了明确。

【肖本敏到市档案局检查工作】 7月21日，市政府分管档案工作的秘书长肖本敏到市档案局馆，看望档案干部职工，检查指导档案信息化建设、政府信息公开、档案资源建设、爱国主义教育基地建设等工作。通过察看，与市档案局馆干部职工进行座谈，听取市档案局局长易正春的工作汇报。肖本敏充分肯定市档案局馆在各方面取得的突出成绩。

【审定45个单位文件材料归档范围和文书档案保管期限表】 8月4日，市档案局发文，同意市国税局等45个单位执行《文件材料归档范围和文书档案保管期限表》。

【馆藏档案全文数字化突破100万页】 9月20日，市档案馆馆藏档案全文扫描数量突破100万页。自2009年12月正式启动馆藏档案全文扫描工作,市委、市政府非常重视,市政府王敏正市长专门听取汇报;市政府先后3次为市档案局(馆)安排信息化工作专项经费,用于购置全文数字化设施设备;市委常委、市委秘书长田勇,市政府秘书长肖本敏等领导先后到市档案局(馆),调研指导全文数字化工作,帮助解决全文数字化工作中的困难和问题,提出工作要求。市档案局(馆)制定《岗位责任制》和《昭通市档案局馆档案数字化工作方案》,明确档案数字化工作内容、目标任务、人员组成与分工、设备与办公场地、数字化范围、工作流程等相关内容和工作要求,提出了年度馆藏档案全文数字化工作目标和"十二五"规划;将数字化工作作为月度、季度、年度考核的重要指标,加强监督、检查与指导。局(馆)把档案全文数字化作为工作的重中之重,按照单位岗位责任制和数字化工作方案,单位信息科、业务科、保管利用科、办公室分工负责,调整人力,组成数字化工作组,做到抓业务建设、库房管理、机关内务等常规工作与档案全文数字化工作两不误,密切配合协作,着力抓好档案出入库、拆卷、扫描处理、翻拍、装订、挂接等各环节的工作;发挥市档案馆作为昭通师专教学实践基地的优势,接收昭通师专学生到单位实习,外请人员6人,充实人力,参与档案信息化全文扫描工作。同时,安排专人,认真做好馆藏照片档案、历史档案的扫描处理工作。

【开展学术研讨活动】 10月12~13日,云南省档案学会第七届会员代表大会暨2010年档案学术研讨会在文山州召开,昭通市档案学会组织30人、29篇论文参加会议。市档案局局长易正春当选云南省档案学会第七届理事会副理事长;昭通市档案学会获优秀组织奖。

【市档案局对全市运管系统办公人员进行档案业务培训】 10月20日下午,市档案局业务人员对全市运管系统41名办公人员进行档案业务和档案信息化建设知识培训。

【水富获国家中西部地区县级综合档案馆第一批建设项目支持】 10月,中央和省级投资计划下达,水富县档案馆作为全省11个县级档案馆之一,被列为国家中西部地区县级综合档案馆第一批建设项目。项目建筑面积3035平方米,共投资810万元,其中中央预算内投资381万元、省级地方政府债券配套333万元,2010年开工建设,2011年建成投入使用。

【选拔任用科级干部】 10月,市档案局在人事部门的支持下,通过公布、公示实施方案,组织开展动员、报名、资格审查、演讲、答辩、个别谈话、民主测评、考察、公示、上报审批等工作,在完善相关程序的基础上,任命张仁芬为市档案馆信息科科长,郭世兵为市档案局办公室副主任,白昌运为副主任科员。

【市直单位档案工作年度检查结束】 11月8~12日,市档案局组织局(馆)人员和部分市直单位档案人员组成4个检查组,对市气象局、市财政局、市总工会等48个单位的档案工作上门进行实地检查,对其余单位进行抽查。经过综合评定,市烟草公司、市地税局等38个单位被评定为优秀,77个单位为合格。

【《昭通兰台》大型画册面世】 11月中旬,市档案局、市档案馆编辑的大型画册《昭通兰台》面世。《昭通兰台》是经市委、市政府领导同意,依托丰富的馆藏照片档案资源优势编辑的大型画册。画册编辑由市委常委、秘书长田勇,市人大副主任赵卫、市政协副主席张毅敏、市政府秘书长肖本敏任顾问,市委书记夜礼斌、市长王敏正、省档案局局长黄凤平题词,市委常委、秘书长田勇为画册作序。由"概况、领导关爱、兰台瑰宝、兰台奉献、兰台靓影、兰台硕果、后记"7部分组成,约1.6万字,800多张照片,158页。

【召开市档案馆建馆50周年座谈会】 11月29日,市委、市政府召开昭通市档案馆建馆50周年座谈会。市委常委、市委秘书长田勇,市人大常委会副主任张华贵,市政协副主席张毅敏,省档案局副局长张文芝,市直有关部门领导,热心档案事业的社会人士、嘉宾和市直单位档案员代表,市档案局(馆)全体工作人员及退休职工代表等共60多人参加座谈会。肖本敏宣读了市委书记夜礼斌,市委副书记、市长王敏正,省档案局局长黄凤平为市档案馆建馆50周年的题词和省档案局发来的贺信。昭通文学院院长曾令云向市档案馆捐赠个人作品《小草坝》手稿。市档案局局长易正春向与会领导及嘉宾介绍了市档案馆的工作情况。

【指导水富港和水富县档案工作】 11月30日,省档案局副局长张文芝和市档案局局长易正春一行到水富县,检查指导万里长江第一港——水富港建设工程档案工作。张文芝一行先后深入到工程指挥部和港口,实地察看了业主、建设、施工、监理档案资料的收集、整理情况,并与指挥部、参建单位负责人座谈,了解工程建设和档案管理进度,询问相关情况,提出资料收集、整理的指导意见。

12月1日,张文芝一行对水富县综合档案馆建设工作进行督查。深入县档案馆建设工地进行实地察看,听取县政府关于水富县档案馆建设和档案工作的情况报告。省、市档案局领导充分肯定了水富县档案馆建设工作,并对县档案馆建设工作提出要求。

【档案信息化建设实现新突破】 2010年,市档案局制定方案,分解任务,加大资金、人员投入力度,切实组织开展档案全文扫描、目录著录、照片数字化、全文挂接等工作,档案信息化建设实现新突破。一是市档案局对2009年单位形成电子档案进行收集和整理,并加强对各单位的指导。二是市档案局举办档案业务和信息化专题知识讲座,对各县、区档案局馆人员和市直单位档案人员250多人进行了档案信息化建设、电子文件归档管理业务培训。三是市档案局(馆)制定馆藏档案全文数字化实施方案,加快推进馆藏档案全文数字化扫描工作进程。新购置增加了磁盘阵列、A3高速扫描仪、计算机和数码相机;充实全文数字化工作人手,12人全力投入馆藏档案数字化工作。馆藏档案全文数字化扫描达120多万页;安排专人认真做好馆藏照片档案扫描处理工作;完成馆藏图书资料目录著录工作;馆藏档案目录著录100%,总数达110多万条。四是发挥市档案馆的社会功能和作为昭通师专教学实践基地优势,接收昭通师专10名学生到单位实习,参与档案信息化全文扫描、目录著录等工作,推进档案数字化工作。

【档案接收取得明显成效】 2010年,全年共接收了市委办、组织部、审计局、建设局、质监局、扶贫办、烟办、人行、实验中学、防疫站、林科所、文体局、种子站等单位档案资料、政府公开信息11529卷(册)、43003件。

【开展"昭通永亨"档案史料有奖征集活动】 2010年,市档案局、市档案馆、市档案学会与四川省永亨实业有限责任公司昭通分部联合举办"昭通永亨"档案史料有奖征集活动。为组织开展好有奖征集活动,成立活动领导组和办公室,安排专人负责。时代英雄徐洪刚捐赠了个人书法作品和散文作品集,中国作家协会会员、昭通文学艺术家创作中心主任、昭通文学研究院院长曾令云捐赠个人作品手稿,国家一级美术师(书法)李文献捐赠个人书法作品和国家邮政局为其发行的邮票,白恒久、李寿春、李文能等捐赠个人作品、家(族)谱、票证或个人珍藏的史料,彝良、镇雄县档案馆等单位捐赠珍贵档案史料复制件。经过组委会和专家评审,李文献的书法作品、曾令云的《小草坝》手稿、《孔子世家谱》获一等奖,"彭勤赠其表弟杨裕宗手迹"、《昭通黄氏族谱》、《镇雄州志》等10件档案资料获二等奖,《"文革"亲历记》、《乌蒙雪》、《昭通地名文化》等18件档案资料获三等奖。活动领导组向捐赠者颁发"昭通永亨"档案史料有奖征集活动捐赠证书,捐赠者名单载入《昭通市档案馆捐赠名册》。

【档案馆功能建设进一步加强】 2010年,市档案馆共计接待查阅利用者622余人次,利用档案、政府公开信息、现行公开文件2677卷(件)次,复制、摘抄6392页。坚持做好爱国主义教育基地建设工作,加强爱国主义教育展室管理,充实和更新内容,接待参观300多人次。充分发挥档案馆教学实践基地的作用,支持昭通师专学生开展社会实践活动,接收昭通师专10名学生到单位实习。

(**市档案局** 易正春 郭世兵 杨应焦)

体 育

体育管理

【体育管理工作获表彰】 2010年,市文化体育新闻出版局获国家体育总局2010年全国全民健身活动优秀组织奖;盐津县文体局被国家体育总局评为2010年全国全民健身活动先进单位;昭阳区文体局、鲁甸县文体局、大关县文体局、镇雄县文体局、威信县文体局、巧家县文体局被省体育局评为云南省群众体育先进单位;镇雄县文体局、巧家县文体局、昭阳区文体局获省体育局2010年全民健身活动优秀组织奖;鲁甸、大关、彝良3县文体局被省体育局评为2010年全民健身活动先进单位。

【裁判员批授】 2010年,市文化体育新闻出版局批授乒乓球二级裁判21人、门球二级裁判47人、门球三级裁判10人、篮球二级裁判14人、篮球三级裁判13人、足球二级裁判2人、田径二级裁判20人、田径三级裁判2人、排球三级裁判6人。批授二级运动员5人、三级运动员4人。批授二级社会体育指导员35人。

(**市文体新闻出版局** 曾祥钦)

群众体育

【组织开展春节群众体育活动】 春节期间,市文体局组织了千人健步走、拔河比赛等多项体育系列活动,极大地丰富了广大人民群众的文化生活,增添了节日气氛。各县、区也组织了丰富多彩的群众体育活动。

【举办2010年元宵节健身体育项目展示活动】 2月28日,市文体局举办2010年元宵节健身体育项目展示活动,活动健身项目分别有老年健身气功、中年秧歌、青年健美、少儿拉丁舞、街舞、民族健身操、武术、大众健身操等。演出展示为元宵节添加了节日的气氛,获得群众好评。

【举办全市春季男子篮球运动会】 3月5~11日,市文体局举办2010年昭通市春季男子篮球运动会,来自党群口、昭通监狱、交警一大队、昭通师专、鹤飞、兄弟联、米特拉空气能热水器、金利源共8支队伍参赛,本次比赛放宽运动员资格限制,掀起广大群众的健身热潮。

【全市迎新春全民健身环城骑游】 3月

7日,市自行车运动协会正式成立。成立仪式结束后,由市文体局主办,市自行车运动协会承办的2010年昭通市迎新春全民健身环城骑游凤凰山业余自行车爬坡赛顺利举办,比赛设精英、男子、女子3个组,共100多人参加比赛。

【举办“亚历山大杯”全市首届跆拳道锦标赛】 6月3～6日,由市文体局主办,市跆拳道协会、市场馆中心承办的2010年“亚历山大杯”昭通市首届跆拳道锦标赛在市体育馆举行。来自全市23支代表队,近300名教练员和运动员参加比赛。经过4天的角逐,产生团体比赛前三名:第一名市跆拳道协会代表队;第二名鲁甸县代表队;第三名威信县代表队。获得体育道德风尚奖的是市跆拳道协会、鲁甸县、永善县、盐津县、威信县、昭通师专6支代表队。获得优秀组织奖的是:昭阳区、昭通亚历山大学校、昭阳职中、昭通跆拳道培训学校、彝良县、黑带精英6支代表队。

【参加川滇友邻市州第六届男子篮球联赛】 10月16日,经过6天紧张激烈的角逐,川滇友邻市州第六届男子篮球联赛在楚雄圆满落下帷幕。参加比赛的有川滇两省的楚雄州、大理州、迪庆州、昭通市、宜宾市、攀枝花市、乐山州、凉山州8支代表队。昭通市代表队获第四名。

【举办昭通市第二届少数民族传统体育运动会】 10月22～26日,全市第二届少数民族传统体育运动会在昭阳区召开,运动会共设竞赛项目7个大项78个小项,表演项目4个类别22个节目。其中,表演和竞赛同步进行,综合类技巧表演于23日、24日在昭通市体育馆进行,分台前60秒钟、民族健身操、综合类、竞技类和技巧类5类表演项目。竞技项目分秋千、武术、摔跤、蹴球、射弩、吹枪和高脚竞速7个项目,于23～26日,分别在民族中学、昭通师专南校区、元宝山体育场和市运动学校举行,全市共有729名运动员参加比赛,加上裁判、教练等近1500人,涉及汉、回、彝、苗、藏、布衣、水、白、瑶9个民族。运动会共决出竞赛项目金牌、银牌、铜牌各78枚;表演项目一等奖10个、二等奖12个、三等奖10个;11个代表团获组织奖。昭阳区代表团以42枚金牌、24枚银牌、16枚铜牌、团体总分731.5分位居榜首,大关代表队以团体总分285分获第二名,镇雄县代表队以团体总分272.5分获第三名,鲁甸县代表队以团体总分260分获第四名、巧家县代表队以团体总分199分获第五名,彝良县代表队以团体总分191分获第六名,威信县代表队以团体总分180.5分获得第七名,永善县代表队以团体总分138.5分获第八名,水富县代表队以团体总分117分获第九名,绥江县代表队以团体总分100分获第十名,盐津县代表队以团体总分39分获第十一名。.

【参加云南省第九届少数民族传统体育运动会】 11月16～23日,云南省第九届少数民族传统体育运动会在普洱市举行。昭通代表团以7枚金牌、6枚银牌和11枚铜牌的成绩,居金牌榜第六和总分第五,完成赛前预定目标。本届运动会,昭通代表团共参加秋千、武术、摔跤、龙舟、吹枪、高脚竞速、射弩、蹴球、板鞋竞速9个比赛项目。其中摔跤项目吕大红、周世武、马举妮分别获得北嘎90千克级、格90千克以上级、格62千克级的冠军,秋千项目潘明祝、穆祥春获得55千克以上级双人触铃的冠军、武术项目刘元钰获女子器械B组的冠军、吹枪项目秦绍美获女子吹枪10米双轮立姿的冠军、高脚竞速项目刘娟获女子200米竞速的冠军。在表演项目的比赛中,昭通代表团有5个节目参赛,其中回族健身操、黑虎舞获得金奖,高台狮舞获银奖,搬苹果、鼓乐获铜奖。

(市文体新闻出版局　曾祥钦)

竞技体育

【昭通运动员在2010年国际、全国比赛中获金牌2枚、银牌4枚】 3月,在墨西哥举办的全国竞走大奖赛(世界杯选拔赛)上,昭通运动员李磊获成年男子50千米竞走第一名,成绩3:47′;牛文斌获青年组20千米第二名,成绩1:24′23″。5月,李磊获墨西哥竞走世界杯成年男子第八名,成绩3:58′,团体第一名;牛文斌获墨西哥竞走世界杯青年男子10千米竞走第六名,成绩:44′5″,团体第二名;9月,在全国锦标赛青年组30千米中获第四名,成绩2:14′。11月12～27日,在广州召开的亚运会上,昭通运动员史庆兰获女子山地自行车第二名,成绩1:53′07″99。李磊获男子50千米竞走第二名,成绩3:47′30″。

【昭通运动员在全省年度赛中获金牌59枚、银牌34枚、铜牌37枚】 2～8月,昭通竞技体育在全省调赛、年度赛及省十三运会预赛、十三运会决赛中,参加田径、射击、自行车、游泳、柔道、举重、拳击、摔跤、射箭、网球、乒乓球、皮划艇、武术13个项目比赛,获金牌59枚(其中含昭通籍运动员参加全国比赛带入金牌27枚)、银牌34枚、铜牌37枚、奖牌总数130枚。

一、田径。1. 年度比赛。1月30日至2月3日,在玉溪举行年度比赛,领队陈国仙,教练鲁明聪、周兆文。获金牌6枚,银牌3枚,铜牌2枚。杨铭获男子800米第一名,成绩1′59″,1500米第三名,成绩4′17″4。罗兴彩获女子8000米竞走第一名,成绩39′39″8,女子5000米竞走第一名,成绩23′49″2。马发瑶获男子5000米竞走第一名,成绩24′8″,男子8000米竞走第一名,成绩39′39″5。徐明泽获男子1500米第一名,成绩4′16″3,男子3000米第三名,成绩9′40″5。卯升艳获女子800米第二名,成绩59″8,女子800米第九名,成绩:2′28″8。牛文飞获男子5000米竞走第二名,成绩22′3″2,男子8000米竞走第二名,成绩35′32″3。夏代美获女子400米第四名,成绩1′1″2,女子800米第五名，成绩2′22″6。

2. 省十三运会。8月19～25日，在文山举行省十三运会。领队鲁明聪（兼），教练李昌麒、鲁明聪、周兆文，运动员19人参赛。获金牌7枚、银牌2枚。其中：杨铭获男子五项全能第一名，成绩3421分，男子400米第一名，成绩49″36。崔永超获男子5000米第一名，成绩15′15″28，男子10000米第二名，成绩32′05″63。赵庆林获男子400米栏第四名，成绩57″17，男子组110米栏第八名，成绩16″79。牛文飞获男子10000米竞走第二名，成绩44′35″20。赵庆林、徐明泽、崔永超、杨铭4人获男子4×400米接力第五名，成绩3′34″10。罗兴彩获女子5000米竞走第一名，成绩24′22″45，女子8000米竞走第一名，成绩39′36″13。张有美获女子组跳高第一名，成绩1.62米，女子组五项全能第一名，3281分，女子跳远第四名，成绩5.15米，女子组400米第五名，成绩1′00″35。黄孝梅获女子5000米第四名，成绩18′49″05。夏代美、张有美、黄孝梅、卯升艳4人获女子4×400米接力第五名，成绩4′07″62。

二、柔道。2月25～28日，在曲靖举行省十三运会预赛。领队肖华（兼）、教练肖华、夏举荣，运动员16人参赛，获金牌1枚、银牌1枚。李锦英获女子63千克级第二名；刘绿丽获女子44千克级第一名；孔令秋获男子55千克级第六名；蔡明绩获男子55千克级第四名；周婷获女子－70千克级第四名；王宇获男子81千克级第五名；谢凤获女子57千克级第六名；祖彪获男子55千克级第五名；马举妮获男子60千克级第八名；罗伟获男子81千克级第八名。

8月19～22日，在文山、砚山举行省十三运会。领队郭玉和，教练肖华、夏举荣，运动员14人参赛，获银牌2枚、铜牌2枚。蒋小龙获男子66千克级第三名；马举妮获男子60千克级第四名；何少东获男子90千克级第五名；孔令秋获男子55千克级第三名；蔡明绩获男子66千克级第八名。吴明旭获男子73千克级第八名。祖彪获男子55千克级第八名。刘绿丽获女子44千克级第二名。李锦英获女子63千克级第二名。谢凤获女子57千克级第四名。周婷获女子70千克级第四名。

三、摔跤。2月1～5日，在文山举行省十三运会预赛，领队赵声龙（兼），教练吕大宏、赵声龙，运动员9人参赛，获金牌1枚、银牌1枚、铜牌4枚。吕飞获男子古典式54千克级第三名；绍明奎获男子古典式58千克级第三名；洪伟获男子古典式63千克级第三名；陈绍行获男子古典式54千克级第一名；付磊润获男子古典式87千克以上级第五名；赵庆松获男子自由式76千克级第三名；李昌荣获女子自由式59千克级第八名；何家麒获女子自由式63千克以上级第二名。

8月14～17日，在文山举行省十三运会，领队李世友，教练吕大宏、赵声龙，运动员6人参赛，获铜牌2枚。赵庆松获男子自由式76千克级第三名。洪伟获男子古典式63千克级第五名。虎良猛获男子古典式54千克级第五名。邵明奎获男子古典式58千克级第七名。何家麒获女子自由式＋63千克级第三名。李昌荣获女子自由式59千克级第五名。熊斌玲获女子自由式48千克级第八名。

四、举重。2月1～4日，在文山举行省十三运会预赛。领队黄祖好（兼），教练黄祖好、李正彩，运动员5人参赛。获银牌1枚、铜牌1枚。李小平获女子58千克级第五名；太迎松获男子52千克级第三名；王文兴获男子94千克级第五名；余明磊获女子63千克级第二名；李登高获男子105以上千克级第五名。

8月14～17日，在文山举行省十三运会，领队曹文，教练黄祖好、李正彩，运动员3人参赛。获银牌2枚。李登高获男子＋105千克级第二名。太迎松获男子52千克级第二名。王文兴获男子94千克级第四名。

五、自行车。8月13～17日，在文山举行省十三运会，领队赵斌，教练赵曦、周宗斌，运动员9人参赛。获金牌8枚，银牌7枚，铜牌7枚。赵红艳获女子公路60千米个人计时赛第一名，成绩1:46′57″34，女子山地自行车计时赛第一名，成绩26′28″33，女子山地自行车越野赛第二名，成绩1:19′21″62，女子公路1000米个人计时赛第四名，成绩1′20″80，女子公路5000米个人计时赛第五名，成绩9′28″67，女子自行车BMX个人计分赛第八名，成绩24。韦世琼获女子山地自行车越野赛第一名，成绩1:17′59″56，女子山地自行车计时赛第一名，成绩1:17′59″56，女子山地自行车计时赛第二名，成绩27′00″44，女子公路20千米个人计时赛第三名，成绩33′16″12，女子公路60千米个人计时赛第四名，成绩1:47′29″28，女子公路10千米个人计时赛第四名，成绩14′01″43。杨玲获女子山地自行车计时赛第三名，成绩27′54″55，女子山地自行车越野赛第三名，成绩1:26′18″69，女子公路20千米个人计时赛第五名，成绩35′16″62，女子公路60千米个人计时赛第六名，成绩1:47′68″83；女子公路10千米个人计时赛第六名，成绩15′17″39。刘德香获女子山地自行车计时赛第四名，成绩28′07″42，女子山地自行车越野赛第四名，成绩1:28′56″40，女子公路5千米个人计时赛第四名，成绩9′28″23，女子公路1000米个人计时赛第五名，成绩1′20″85，女子公路60千米个人计时赛第五名，成绩1:47′38″20，女子自行车BMX个人计时赛第八名，成绩54″77。赵红艳、韦世琼、杨玲、刘德香4人获女子公路60千米团体计时赛第一名，成绩7:09′42″65；获女子山地自行车越野赛团体第一名，成绩4:03′39″87；获女子公路30千米团体计时赛第二名，成绩48′37″57；获女子自行车BMX团体计分赛第三名，成绩29分。

马耀获男子山地自行车越野赛第一名，成绩1:48′47″66，男子山地自行车计时赛第一名，成绩21′34″52，男子公路5千米个人计时赛第三名，成绩8′04″58，男子公路1000米个人计时赛第三名，成绩1′11″23。丁刚奎获男子山地自行车计时赛第二名，成绩22′15″73，男子山地自行车越野赛第三名，成绩1:54′58″42，男子自行车BMX个人计分赛第八名，成绩24分，男子自行车BMX个人计时赛第八名，成绩45″96。罗荣瑞获男子山地自行车计时赛第三名，成绩23′10″90，男子山地自行车越野赛第二名，成绩1:51′51″34，男子公路80千米个人计时赛第五名，成绩2:09′48″35。曹波获男子公路30千米个人计时赛第三名，成绩43′12″88，男子公路10千米个人计时赛第四名，男子公路1000米个人计时赛第七名，成绩1′13″33。钟旭获男子山地自行车越野赛第四名，成绩2:07′09″19，男子山地自行车计时赛第五名，男子公路5千米个人计时赛第七名，成绩8′31″12，男子公路30千米个人计时赛第八名，成绩45′05″94，男子公路80千米个人计时赛第七名，成绩2:11′34″21，男子公路30千米个人计时赛第七名，成绩44′15″61，男子公路5千米个人计时赛第八名，成绩8′36″66。马耀、丁刚奎、钟旭、罗荣瑞4人获男子山地自行车越野赛团体第一名，成绩5:35′37″42。罗荣瑞、禄青2人获男子公路80千米团体计时赛第二名，成绩8:47′20″74。马耀、钟旭、禄青、曹波4人获第二名，成绩1:10′59″25。丁刚奎、罗荣瑞、马耀3人获男子自行车BMX团体计分赛第四名，成绩33分。

六、射击。7月27～31日，在昆明举行全省第十三届运动会。昭通市领队杨诚，教练赵康、蒋士华、马玉恒，运动员17人参赛。获金牌5枚，银牌7枚，铜牌4枚。马特获男子50米步枪卧射第一名，686.9环，男子50米步枪三种姿势第二名，男子10米气步枪第四名683.9环。马旭获男子50米步枪三种姿势第四名，653.6环，男子50米步枪卧射第五名，676.2环，男子10米气步枪第五名，678.9环。赵鑫获男子10米移动靶混合速第二名，378环，男子10米移动靶标准速第二名，575环。张其伟获男子10米移动靶标准速第三名，563环，男子10米移动靶混合速第四名，368环。李才达获男子10米移动靶混合速第三名，370环，男子10米移动靶标准速第五名，551环。马文杰获男子10米气步枪第七名，675.6环。蒋彬获男子10米气手枪第四名，654.1环。刘丽杰获男子10米气手枪第五名，652.5环。李才达、张其伟、赵鑫3人获男子10米移动靶团体第一名，1689环。马旭、马特、马文杰3人获男子10米气步枪团体第二名，1744环。蒋彬、刘丽杰、蒋德鹏3人获男子10米气手枪团体第三名，1673环。李天燕获女子10米气手枪第一名，471.7环，女子25米手枪第五名730.3环；陈选娇:女子25米手枪第四名，731.6环，女子10米气手枪第五名，463.3环。王超获女子25米手枪第三名，735.5环，女子10米气手枪第六名，463.2环。潘湘获女子10米移动靶第二名，373环，女子10米移动靶混合速第二名，365环。喻国叠获女子10米移动靶第四名，364环，女子10米移动靶混合速第六名，358环。向书姨获女子10米气步枪第六名，490.6环，女子50米步枪卧射第二名，590环，女子50米步枪三种姿势第七名，656.9环。张明美获女子10米移动靶第七名，351环。李天燕、王超、陈选娇3人获女子10米气手枪团体第一名，1118环。张明美、喻国叠、潘湘3人获女子10米移动靶团体第一名，1088环。

七、射箭。8月22～25日，在文山举行省十三运会。领队阚家林，教练彭晓明、朱爱连，运动员7人参赛。获金牌1枚，银牌3枚。谢本窕获女子个人双轮50米第一名，620环，女子个人单轮全能第二名，964环，女子个人50米淘汰赛第二名，620环。谢本窕、蒋仕雪、李仁春获女子团体淘汰赛第二名，2505环。王志飞获男子个人50米淘汰赛第七名，568环，男子个人双轮50米第七名，568环。张本进获男子个人单轮全能第八名，897环。王志飞、张本进、陈瑾3人获男子团体淘汰赛第五名，2638环。

八、游泳。8月19～25日，在文山举行省十三运会。领队陈国仙，教练李章凯、程萍，运动员10人参赛。金牌2枚，铜牌3枚。刘芯宇获98年后男子组仰泳全能第一名，274.1分。李元睿获98年后男子蝶泳全能第三名，286.1分。龚晓毅获98年后男子仰泳全能第三名，259.2分。徐富熠获96～97男子组蛙泳全能第三名，286.9分。刘博钦获96～97男子蝶泳全能第五名，288.1分。张远民获94～95男子蝶泳全能第八名，281.7分。毛丹获98年后女子蛙泳全能第一名，289.9分。文兴月获94～95女子组蛙泳全能第四名，289.5分。刘娜获94～95女子组仰泳全能第四名，272.3分。

九、拳击。2月1～4日，在文山举行省十三运会预赛。领队李勇，教练邓全旭、谭书贵，运动员13人参赛。获金牌1枚，银牌1，铜牌7枚。谭书军获男子46千克级第一名；马雕获男子48千克级第三名；马武林获男子46千克级第三名；孙仕词获男子50千克级第三名；苟文东获男子54千克级第二名；饶永洪获男子48千克级第五名；李俊峰获男子60千克级第五名；杨兴新获男子63千克级第三名；罗明勇获男子50千克级第五名；谭书奖获男子52千克级第三名；谭加宽获男子57千克级第三名；刘近获男子57千克级第五名；陈学强获男子66千克级第三名。

8月19～22日，在文山举行省十三运会。领队李连华，教练邓全旭、桂荣，运动员12人参赛。获银牌3枚，铜牌5

枚。谭书军获男子46千克级第二名。荀文东获男子54千克级第二名。杨兴新获男子63千克级第二名。饶永洪获男子48千克级第三名。马雕获男子48千克级第三名。罗明勇获男子50千克级第三名。谭书奖获男子52千克级第三名。刘近获男子57千克级第三名。马武林获男子46千克级第五名。陈学强获男子66千克级第五名。谭加宽获男子57千克级第五名。

十、网球。8月16～21日，在文山举行省十三运会。领队谢刚，教练王华琴，运动员7人参赛。获银牌1枚。赵辉、陈力2人获男子双打第二名。赵辉、陈力、邓承烨3人获男子团体第七名。钟源、吉星2人获女子双打第七名。钟源、吉星、张琳玥3人获女子团体第五名。

十一、乒乓球。8月11～17日，在文山举行省十三运会。领队陈大丽，教练龙卫平、邓孝华，运动员10人参赛。获铜牌1枚。范琅煜、陈萧竹2人获混合双打第六名。范琅煜、杜翔逸、杨旭3人获男子团体第五名。陈萧竹获女子单打第六名。陈萧竹、刘浩仁2人获女子双打第四名。凌子、杨禹婷2人获女子双打第六名。陈萧竹、刘浩仁、凌子3人获女子团体第三名。

十二、武术。8月11～15日，在文山举行省十三运会。领队杨礼文，教练李文仲，运动员3人参赛。刘元钰获女子刀术、棍术全能第七名，女子长拳第八名。李劲武获男子太极拳第七名。

（市体育运动学校　杨丽萍）

老年体育

【开展春节老年文体活动】　2月15～23日，市老年体协举办2010年春节市直单位老年文体系列活动。竞赛和展演项目有门球、塑质地掷球、乒乓球、网球、羽毛球、老年排球、象棋、桥牌、拳、剑、操、舞等项目。共1200多人（次）参与。

【市直单位老年体育协作赛】　3月、5月、7月、9月、11月，由市老体协牵头组织，分别由市医院、邮政局、水利局、教育局、国税局主办市直单位第五届第十二轮至第十六轮老年体育作赛，共有3000多人（次）参加。

【举办全市裁判员培训班】　3～4月，市老体协分别在大关县和市老年体协文体活动中心举办全市及市直单位的门球、地掷球、老年排球裁判员培训班，参加学员共有120多人。通过理论考试和实践考核并申报了一批等级裁判员。

【第九届老年体育运动会】　3月17～20日，由大关县委、县政府主办，大关县文体局、老干局、老龄委、老体协承办的全市11县区老年人运动会在大关县城举行。来自全市11县区的裁判员、运动员及工作人员近500人参加运动会。比赛设地掷球、门球、中国象棋、男子乒乓球和女子乒乓球等项目。副市长胡月星、市老体协主席蒋鼎文、大关县委书记赵海仙、县长王宏、副书记巫运康、副县长虎尊鹏等领导出席开闭幕式。获前6名的代表队分别是：地掷球：第一名大关1队、第二名永善县、第三名鲁甸县、第四名绥江县、第五名大关县2队、第六名巧家县；门球：第一名巧家县、第二名水富县、第三名绥江县、第四名昭阳区、第五名彝良县、第六名大关县1队；中国象棋：第一名昭阳区、第二名盐津县、第三名水富县、第四名绥江县、第五名大关县1队、第六名彝良县；乒乓球（男组）：第一名昭阳区、第二名镇雄县、第三名大关县1队、第四名盐津县、第五名威信县、第六名永善县；乒乓球（女组）：第一名昭阳区、第二名巧家县、第三名大关县1队、第四名永善县、第五名威信县、第六名水富县。

【组织等级联赛】　4月，市老年体协组织开展市直单位老年体协门球、地掷球第十赛季的甲级联赛，乒乓球、气排球、网球等第九赛季的甲级联赛；7月，组织开展门球、地掷球第十赛季的乙级联赛，乒乓球、气排球、网球第九赛季乙级联赛；8月，组织开展了门球、地掷球第十赛季丙级联赛。

【组队参加省内外各项赛事】　4月17～21日，由省老年体协和省门球协会主办的全省门球锦标赛在西双版纳举行，昭通市组织巧家县、市直单位和绥江县3个队参赛，巧家队获第4名，绥江队获体育道德风尚奖。8月30日至9月2日，由省老体协举办的2010年省老年人钓鱼比赛在红河州泸西县举行，昭通市教育局钓鱼队一行4人参加比赛，获团体第七名。9月7～9日，由六盘水市政府主办，六盘水市文化体育局和老年体协承办的2010年滇、桂、黔3省区9市州地老年人体育协作赛在六盘水市举行，比赛设门球和象棋2个项目，昭通市11县区第九届老年运动会门球第一名的巧家队和象棋第一名的昭阳区队参加比赛。巧家队荣获门球比赛第二名。9月14～17日，由省老体协举办的2010年云南省老年人地掷球比赛在昆明举行，昭通塑质地掷球男、女队、小金属球队一行13人参加比赛。男队获塑质地掷球男子团体第二名，耿怀亮获小金属球准确抛击个人赛第十名。10月9～12日，由省老体协和省门球协会主办、普洱市政府承办的2010年中国门球冠军赛第六届云南分赛区“普洱茶杯”决赛在普洱市举行，市老体系派出全市11县区第九届老年运动会门球冠军队巧家队和亚军队水富队参加比赛，巧家队获决赛第二名，12月16～21日，巧家队又代表云南一队参加在广东省珠海市举办的中国门球冠军赛总决赛获体育道德风尚奖。10月21～24日，由省老年体协举办的2010年云南省老年人羽毛球比赛在德宏州芒市举行，昭通市出男女各2个队（两个年龄段）一行10人参加比赛，女子甲组获双打第四名。

【市老年体协第六次代表大会暨老年体育工作会议】　6月10日，市老年体协第六次代表大会在市委党校会议厅召开。市委常委、市委秘书长田勇、市政府副市长韩梅、市文体局局长李华章、市委老干部局局长孙信勇、市妇联主席陶天蓉、市总工会常务副主席晏祥莉、市财政局副局长王琼、市第五届老体协主席蒋鼎文、副主席兼秘书长王显逸、副主席杨绍礼等领导出席会议。市老体协第五届委员会委员及11县区老体协主席、市直各单位老体协主席及各级老体协的代表和工作人员共164人参加会议。市委常委、秘书长田勇、市政府副市长韩梅分别在会上就如何促进老年体育工作作了讲话。会议审议并通过第五届工作报告和老体协《章程》,并选举第六届委员会委员。召开六届一次全委会,选举产生第六届委员会主席、副主席、秘书长。主席张友炎;副主席洪月翘、李华章、何升灿、陶天蓉、晏祥莉、孙信勇、王琼、龚为灿、王显逸、杨绍礼;秘书长洪月翘(兼)。顾问张登亮、韩梅、成联远。名誉主席蒋鼎文。召开老年体育工作会议,会议传达全省老年体育工作会议精神,并安排布置2010年下半年工作。

【全市第二届气排球邀请赛】 11月15~18日,由市文体局主办、市老体协和市气排球协会承办的全市第二届气排球邀请赛在昭阳区举行。全市共40个队450多人参加邀请赛。经过3天的激烈角逐,老年男队:公安一队获第一名,鲁甸县获第二名,鲁甸烟草获第三名;老年女队:市交运司获第一名,水富县获第二名,市供销社获第三名;中年男队:市交运司二队获第一名,鲁甸烟草获第二名,市交运司一队获第三名;中年女队:鲁甸县获第一名,昭通烟厂获第二名,市交运司获第三名。

【第十届老年体育运动会】 11月22~26日,由鲁甸县委、县政府主办,鲁甸县老龄委、文体局、老体协承办的昭通市11县区第十届老年人运动会在鲁甸县城举行,全市11县区的裁判员、运动员及工作人员近千人参加运动会。11月23日上午九时,在鲁甸县城文化广场举行开幕式,副市长韩梅、市老体协名誉主席蒋鼎文、市老体协主席张友炎、市文体局局长李华章、市老干局局长孙信勇、市老龄办专职副主任朱前林、鲁甸县委书记江先奎、副书记陈树清及有关部门的领导出席开、闭幕式。开幕式前参会的11县区的老年运动员和鲁甸县各老年文艺团队以及小学生文艺队伍在县城主要街道进行游行表演。之后组织文艺演出。经过5天角逐,决出各项目的全部名次。其中获前6名的县区是:地掷球第一名鲁甸县1队、第二名大关县、第三名昭阳区、第四名永善县、第五名威信县、第六名盐津县;门球:第一名鲁甸县、第二名昭阳区、第三名巧家县、第四名威信县、第五名永善县、第六名鲁甸1队;中国象棋:第一名昭阳区、第二名永善县、第三名水富县、第四名鲁甸1队、第五名镇雄县、第六名大关县;乒乓球(男组):第一名昭阳区、第二名大关县、第三名彝良县、第四名鲁甸1队、第五名盐津县、第六名绥江县;乒乓球(女组):第一名昭阳区、第二名永善县、第三名巧家县、第四名大关县、第五名威信县、第六名绥江县。

(**市老年体协** 龚为灿)

卫 生

卫生管理

【全市卫生基本情况】 2010年末,全市有卫生机构4451个,床位10969张,卫生人员9448人(卫生技术人员7959人)。其中,政府举办医疗卫生机构225个,床位9515张,卫生人员7517人(卫生技术人员6334人)。政府举办机构中县以上(含县)综合医院12个,中医医院11个,疾控中心12个,卫生监督所12个,专科医院(精神病医院)1个,妇幼保健院12个,中心血站1个。全市有乡镇卫生院140个,乡镇卫生分院25个,卫生人员2044人;有社区卫生服务中心14个,卫生人员工74人。有村卫生室1244个,村级卫生人员3825人。

【基层医疗卫生服务体系逐步建立】 2010年,基层医疗卫生服务体系逐步建立。新型农村合作医疗制度进一步完善,参合率稳中有升。全市11个县区483.32万人参加新农合,筹资6.77亿元,参合率96.03%,完成市政府下达的参合率95%的目标任务。参合群众受益增大。全市11个县区共减免补偿1231.85万人次,受益率223.17%,减免补偿资金5.86亿元,资金使用率86.67%。建立即时结报制度。全市11个县区合管办与4家市级和全市县、乡两级新农合定点医疗机构签订即时结报服务协议,实现市、县、乡三级即时结报,简化报账程序,更加方便参合群众。强化新农合基金监管。市卫生局在抓好对新农合基金的日常监管的基础上,年内分2次对全市11个县区合管办、11个县级定点医疗机构、61个乡镇卫生院、100个村卫生室和14个民办定点医疗机构采取不打招呼的形式进行抽查、督查,及时纠正工作中存在的问题。培训力度加强,基层卫生服务水平提高。2010年组织乡镇卫生院390人到昭通卫校进行集中培训,共安排村级卫生人员4805人次进行在职继续教育学习和公共卫生知识培训,组织乡村医生1523人到县级医院进行临床实践,增强了临床常见病和多发病的诊疗能力,提高了临床技术服务能力和诊疗水平。社区卫生服务建设进展顺利，服务水平逐步提高。年内争取到中央和省级补助社区卫生服务中心建设项目2个，建设规模3640平方米，投入资金760万元，社区卫生服务机构增加，社区卫生服务网络逐步健立。同时加大专业技术培训力度，2010年，全市共选派140名社区卫生人员参加全科医生、社区护士、社区中医和社区卫生管理人员培训，提高社区卫生综合服务水平。

【医药卫生体制改革工作顺利推进】 2010年，市卫生局按照市医改领导组办公室的统一安排，加强同相关部门的协调配合，研究制定全市新医改相关文件。下发《昭通市医药卫生体制改革3年实施方案（2009～2011）》和《昭通市2010年医药卫生体制改革主要任务和工作目标》，拟定《全市实施基本药物制度实施方案》、《全市市基层医疗卫生事业单位和公共卫生事业单位绩效工资实施管理办法》、《全市区域卫生规划》、《昭通市以全科医生为重点的基层医疗卫生队伍建设规划》、《全市基层医疗卫生机构人才使用管理办法和政策》及《全市基层医药卫生体制综合改革试点实施方案》等配套文件。推进基本药物制度。根据国家实施基本药物制度和省的医改目标任务要求，在昭阳区实施基本药物制度试点工作，执行药品零差率销售，区政府对乡镇卫生院和社区卫生服务机构人员按基本药物零差率销售处方值进行全额补助，年内，昭阳区基层医疗卫生机构全部使用基本药物，其他县和市直医疗机构使用基本药物已达42%，其中：市级18.98%、县级45.43%、乡村88.2%，全面完成省下达的指标任务。积极做好促进基本公共卫生服务均等化工作。一是九项基本公共卫生服务工作逐步推进。建立城镇居民健康档案15.99万人，建立农村居民健康档案101.08万人；健康教育工作有效开展，群众健康意识不断提高；儿童保健、孕产妇保健、老年人保健服务成效显著，3岁以下儿童系统管理率86.15%、孕产妇系统管理率92.13%，65岁以上常住居民健康档案管理率39.7%，0～6岁儿童预防接种率95%；艾滋病病毒感染者随访率达76.9%；结核病防治完成全年任务1429例的101.47%；均超过省上下达的目标任务；登记管理高血压患者86714人，糖尿病患者13125万人，重性精神疾病患者1949人，管理率均达90%以上。二是六项重大公共卫生服务工作按期完成。15岁以下人群补种乙肝疫苗，完成目标任务39.82万人的104.34%，全程接种率达94.5%；农村妇女宫颈癌检查昭阳区完成19000人；农村孕产妇住院分娩补助41108人，1852.9万元；完成2009年度2550座改厕任务；完成17.5万套地氟病改炉任务；完成白内障复明手术4000例。

【强化项目监管】 2010年，市卫生局继续实施市中医院迁建项目和2009年上级安排的23个县乡卫生建设项目，在项目实施过程中，严格按照标准规范进行施工，加强对工程质量的监督管理，更好地保障了工程建设质量，已完成项目22个（一个未完成是自然灾害的原因）。全市新争取到扩大内需等各类项目99个，建设规245235平方米，总投资3.43亿元，现已开工98个。

【重点疾病防治取得实效】 2010年，市卫生局重视疾病防控，重点疾病防治取得实效。传染病得到有效控制。2010年无甲类传染病报告，共报告乙类传染病17种9031例，死亡49人，发病率181.23/10万，比上年下降4.85%。一是加强传染病报告管理，传染病疫情网络直报质量得到有效提高。二是免疫规划工作有序开展，常规预防接种工作按月运转，组织实施脊灰疫苗、麻疹疫苗强化免疫，甲肝和乙脑疫苗群体接种，乙肝种疫苗补种工作。三是做好麻疹、新生儿破伤风、乙肝、急性弛缓性麻痹病例监测工作。四是做好鼠疫、霍乱、狂犬病、疟疾、乙型脑炎、甲型H1N1流感监测和防控工作，有效落实各项防控措施，未发生鼠疫、霍乱疫情，狂犬病、乙型脑炎、疟疾发病得到有效控制。五是2010年全市共发现和管理结核病初治涂阳1532例，完成全年计划1428的107.28%，管理其他结核病人2513例，组织完成流行性调查和规划评估。地方病防治扎实有效。碘缺乏病防治，完成全市11县区3192份碘盐监测，合格碘盐食用率为93.86%；2010年全市合格碘盐食用率小于90%的县由2009年的4个下降到1个。地氟病防治，燃煤型地方性氟中毒项目在镇雄、鲁甸、昭阳、彝良、大关、盐津等6个县区实施，完成国家下达的17.5万套改炉改灶实施项目任务，并争取省级资金支持新安排昭通市威信县实施改炉改灶3925户。积极应对，有效处置突发公共卫生事件。一是继续做好甲型H1N1流感防控工作。根据卫生部甲型H1N1流感防控的要求，认真做好甲流疫情监测、疫苗接种工作。二是进一步提高处置突发公共卫生事件的能力。全市共报告突发公共卫生事件11起，发病812例，死亡3例。突发公共卫生事件发生后，市、县区卫生部门及时启动突发公共卫生事件应急预案，保证事件得到及时、有效的处置。艾滋病防治工作有序开展。继续加大艾滋病疫情监测。全年完成监测检测13.55万人，检出感染者203人，全市累计报告感染者1597人，完成对县、乡医疗机构艾滋病检测点的培训、验收工作。强化高危行为干预。昭阳区、鲁甸县、镇雄县3个美沙酮维持治疗门诊共入组吸毒人员1534人，维持服药757人，3个针具交换点覆盖吸毒人员293人，吸毒人群艾滋病感染控制在较低水平。以外出务工人员为重点，加强全社会预防艾滋病健康教育宣传工作。认真做好对艾滋病感染者的随访管理。及时对感染者进行随访和采血进行CD4检测，对符合治疗的感染者进行抗病毒治疗，全市抗病毒定点医疗机构共累计治疗艾滋病病人246例,目前在治198例。艾滋病中医药抗病毒治疗共治疗感染者67人。免费开展孕产妇HIV抗体检测工作,对22名阳性产妇和婴儿给予阻断服务和相关救助。

【卫生监督执法力度进一步加大】 2010年,卫生监督执法力度进一步加大。依法开展行政许可工作。全市进行执业医师注册225人,护士注册512人,护士变更注册11人,受理、审核、报批和制发各类卫生许可证5298件。开展餐饮服务环节食品安全整顿工作。以学校食品安全、乳制品专项清查、打击违法添加非食用物质和滥用食品添加剂行为为重点,开展专项检查,全市共出动卫生监督执法人员8450人次,检查餐饮单位9421户次(其中学校食堂458户),查处各种违法违规行为1726起。完成昭通市第二届少数民族体育运动会等25次卫生监督保障任务。进一步加大医疗服务市场整治力度。全市出动卫生执法人员1821人次,监督检查医疗卫生机构1210家次,检查采供血机构9家次,查处无证行医等违法行为为141家次,依法取缔无证行医66家。积极开展传染病防治和放射诊疗监督检查。对市级19所学校和625家医疗卫生机构进行传染病防治指导和监督检查;对273家消毒产品经营单位375种消毒产品进行卫生检查;对123家医疗机构开展放射诊疗监督检查。加强公共场所卫生和饮用水卫生监督,进一步加强对公共场所卫生监督管理。全市已完成公共场所量化评定1224户;组织抽检公共游泳场所11户,指标全部合格的有8户,抽检生活饮用水、出厂水152份,合格141份,末梢水332份,合格288份。职业卫生监督有序开展。对7个建设项目进行职业卫生审查,对12966名职工进行职业健康检查,组建成立昭通市职业病诊断鉴定委员会。

【血液管理工作】 2010年,血液管理工作不断加强。不断加大宣传力度,无偿献血量明显增加。通过媒体宣传,印制无偿献血宣传资料在大型企业、学校、部队送发,将无偿献血知识讲座刻录成VCD在有关单位播放,召开座谈会等方式,扩大无偿献血知识的宣传覆盖面,提高群众知晓率。全年,全市14697人参加无偿献血,比上年同期增加5168人,增长率54.23%;采集血液397.54万毫升,比上年同期增加156.75万毫升,增长率65.1%。进一步加强质量管理,确保血液安全。制定下发《2010年储血点工作要求》,并组织对全市8个储血点23家医疗机构进行血液安全专项检查,规范临床用血行为;统一运血箱,解决运输安全问题;落实"一办法、两规范",加强质量控制,确保血液安全。

【妇幼卫生工作】 2010年,妇幼卫生工作取得新进展。市妇幼保健院以提高住院分娩率、降低孕产妇死亡率和婴儿死亡率为工作目标,认真实施基本公共卫生服务均等化妇幼卫生项目工作。举办县级医院和保健院66人参加的"降消"项目产科常见并发症处理、危急抢救、新生儿窒息复苏业务培训班,进一步提高各级医疗保健机构的危急孕产妇抢救技术水平和服务能力。2010年,全市孕产妇住院分娩率提高到84.41%,孕产妇死亡率和婴儿死亡率分别降低到22.17/10万和14.95‰。

【中医药服务能力稳步提升】 2010年,中医药服务能力稳步提升。通过中医药文化展示、文体表演、专家义诊、健康咨询等方式,对中医药文化进行集中展示,使广大群众对中医药保健治病知识有了更深更新的认识。积极推广农村中医药适宜技术,开展"以病人为中心,发挥中医药特色优势"为主题的中医医院管理年活动,提高服务水平。加强中医特色专科专病建设,提升服务能力。2009年确定的镇雄县中医院中药房建设等7个项目进展顺利,2010年共有9个项目列为农村中医特色专科建设项目。

【医教科研工作】 2010年,医教科研工作进一步推进。按照《云南省病原微生物实验室及实验活动备案管理办法(试行)》要求,对全市23家机构28个实验室完成备案登记工作。加强评审鉴定工作。审核批准市级继续医学教育18项,完成2009年度学分验证及补验工作共848人(次),组织对卫生系统25项科学技术成果进行鉴定。组织医疗卫生技术人员6106人通过华医网参加全省深化医药卫生体制改革全员培训;224人次参加住院医师规范化、B超等专业化的培训。"创卫"工作在全省第九次城市(县城)卫生大检查中,昭通市继续保持省甲级卫生城市称号;水富县、威信县、鲁甸县、巧家县获省甲级卫生县城称号;绥江县、永善县、盐津县、彝良县被评为省乙级卫生县城。

【党风廉政建设工作成效明显】 2010年,市卫生局党风廉政建设工作成效明显。按照市委的统一部署,在市纪委第六纪工委的指导下,市卫生局党组将党风廉政建设与各项业务工作共同安排、共同督查、共同考核、共同奖惩,切实加强机关和市直卫生单位党风廉政建设。进一步完善制度,严格执行《云南省非营利性医疗服务价格(试行)》、加大药品集中招标采购力度。继续实施好住院费用一日清单制,制定下发《昭通市卫生系统2010年度党风廉政建设工作意见》,并积极协助纪委和检察机关查处医疗购销中违纪违法案件。强化监管,严厉打击非法行医、非法采供血,整治虚假违法广告,严肃查处扰乱正常医疗市场秩序,损害群众切身利益的典型案件。进一步加强行风建设,树立良好形象。在市政府纠风办、市监察局组织的政风行风评议中,经过2个月的评议,经市政府考评组考评,市卫生局成绩优秀,获得91分。

【维护全市医疗卫生系统社会稳定】 2010年,市卫生局努力维护全市医疗卫生系统社会稳定。结合爱国卫生月、职业病防治法、传染病防治法宣传周和世界艾滋病日、献血日等，积极开展《食品安全法》、《突发事件应对法》、《传染病防治法》等主题宣传活动。及时妥善处理市长热线、网上信访、转信等信访件26件，均按《信访条例》和有关法律法规要求进行处理和答复。深入开展“平安医院”创建，制定下发《创建平安医院活动实施方案》、《处置扰乱医疗机构医疗秩序的群众性治安事件工作方案》。加大非法行医打击力度，严厉查处“医闹”、“医托”，建立完善医患沟通制度，畅通患者投诉渠道，改善服务态度，加强监督检查，缓解医患矛盾。市直医疗单位共受理并成功调解医疗纠纷29起。

（市卫生局 刘思云）

卫生监督

【严格行政审批规范执法行为】 2010年，市卫生监管所为确保卫生行政许可的规范运作，按照《卫生行政许可管理办法》的有关规定，明确了卫生行政许可受理窗口职责和工作任务，实行主办监督员制，细化了在受理阶段对行政相对人申请事项的审核规则，主要包括材料接收、申请项目及资料审核、许可证发放等程序；进一步加强受理窗口的管理，推行一站式服务。2010年，全市餐饮、公共场所、饮用水、医疗卫生、放射卫生、消毒产品等卫生行政许可新发证2473件，审验换证2272，变更221件，注销57件。

【加大卫生法律法规宣传力度】 2010年，市卫生监督所进一步加大卫生法律、法规的宣传力度。组织开展《食品安全法》宣传周活动。宣传活动采取摆放展板、发放宣传单、接受群众咨询等宣传方式进行。昭通电视台《壳子》栏目和昭通日报社进行专题报道。同期，还组织食品安全知识进学校、进工地、进社区、进农村、进机关“五进”宣传活动。宣传周期间共接受群众咨询5000余人次，发放宣传单8000余份，受教育人数达3万余人。举办食品安全知识讲座2期，对来自餐饮行业的食品安全监管人员157人进行《食品安全法》等相关法律法规的知识培训。拟定2010年《职业病防治法》宣传周活动方案。宣传周期间采取多方位、多形式的宣传方式，就职业病防治法律法规、什么是职业病、职业病的防治知识、患职业病后怎样维权等内容进行宣传答疑共发放宣传资料1.2万份，接受群众咨询30多人次。

【卫生综合执法】 2010年，市卫生监督所进一步加大综合执法力度。在食品卫生监督工作方面，开展了“问题奶粉”和“地沟油”专项行动、“不合格一次性筷子”、建筑工地、学校食堂专项整治，有力地打击了不法行为，保障了群众饮食安全。加强灾区、节假日期间的食品安全工作。全市共出动卫生监督员1930人次，执法车辆305车次。检查餐饮单位5504户次，抽查从业人员3047人，均持有效证件。在检查整治期间，下达《卫生监督意见书》336份。加强学校及周边食品安全整治。全市卫生监督机构共检查学校食堂656户，持有有效《卫生许可证》572户，持证率87.19%，其中无《卫生许可证》的84户学校食堂为不具备办证条件，均分布在农村地区。学校食堂有从业人员1661人，持有有效《健康体检、卫生知识培训合格证》1474人，持证率88.74%。学校周边有各类食品经营摊点3368户，持有有效《卫生许可证》735户，持证率21.82%，其中餐饮摊点（含小吃）有907户，持有有效《卫生许可证》324户，持证率35.72%。学校周边有各类食品从业人员3836人，持有有效《健康体检、卫生知识培训合格证》1187人，持证率30.94%。对无证照行为给予相应行政处罚，有力地保障了广大师生的食品安全。及时处置突发公共卫生事件。全市共发生食物中毒事件7起，中毒人数240人，死亡1人。对发生的7起中毒事件，各级卫生监督机构接到报告后，均在第一时间内赶到现场，对事件进行控制和处理。

进一步加强医疗服务市场监管，维护医疗卫生安全。一是继续严厉打击医疗服务市场违法行为，规范医疗服务市场秩序。2010年开展打击无证行医和采供血安全及临床用血安全监督检查工作，全市共检查医疗卫生机构1210户次，采供血机构9户次，共查处无证行医等违法行为141户次，罚款111户次，没收违法所得10户，取缔无证行医66户。二是开展进口医疗器械监督检查，全市共检查医疗机构146户，经检查有39户被检医疗机构购进和使用进口医疗器械。执法人员对无法提供《入境货物检验检疫证明》的医疗机构下达卫生监督意见书，要求医疗机构完善进口医疗器械《入境货物检验检疫证明》的索取。三是加强消毒产品监督检查。全市检查医疗机构128户、疾病预防控制机构12户、学校和托幼机构18户、消毒产品经营单位187户；检查消毒产品345个（次），抽检医疗卫生机构及学校托幼机构用于传染病防治的消毒剂5个、消毒产品经营单位经营的抗（抑）菌制剂10个。执法人员要求经营及使用单位建立和完善消毒产品进货验收索证制度，同时对经营不合格消毒产品的经营单位依法给予了行政处罚。

加强职业卫生监管。2010年，全市组织职业健康体检12696人，职业健康监护率达93%，职业健康监护率在全省处于领先地位。积极开展职业卫生服务试点工作。提高基本职业卫生服务覆盖率和职业病防治工作水平，根据《云南省卫生厅关于转发卫生部办公厅关于扩大基本职业卫生服务试点工作的通知》文件要求，草拟了昭通市实施方案。

开展公共场所卫生监督。一是开展公共场所卫生监督量化分级管理工作。全市共有各类公共场所1853户，其中：住宿场所878户，游泳场所20户，淋浴场所60户，美容美发场所594户，其它场所301户。均持有有效《卫生许可证》,100%纳入量化分级管理。2010年度全市通过初评、复审,共产生公共场所信誉度A级单位46户,B级单位53户,C级单位1124户(其余为纳入管理,暂不评级单位)。二是开展公共场所摆放安全套专项整治工作。全市共检查公共娱乐场所1734户。有从业人员5047人,其中3998人持有有效健康证,持证率79.22%;对特殊人群HIV检测988例;参加艾滋病防治知识培训3658人;安全套摆放情况:总台放置1097户,客房放置973户;张贴标语、发放艾滋病宣传资料1434户;对公共用品用具检测55户,合格55户;建立管理组织机构1502户;有公用物品消毒设施及消毒记录1472户。涉及艾滋病防治卫生行政处罚98户;警告102户;罚款20户。三是开展游泳场所专项监督检查工作。全市共抽检游泳场所11户,分别对其游泳池水和浸脚池水采集水样,送疾病控制中心检验。抽检的11户游泳场所,指标全部合格的有8户,部分指标合格的有4户。开展生活饮用水卫生监督。全市共检查生活饮用水出厂水152份,合格141份,合格率92.8%。6、拓展外部稽查。2010年度,市、县区卫生监督所不定期对管理相对人开展稽查工作,重点稽查管理相对人是否存在无证经营(执业)或超范围经营执业行为;是否存在人员无证上岗,违规操作的行为;是否存在重大卫生安全隐患未及时查处,违法行为未受到追究等情况。

【卫生行政处罚】 2010年,全市卫生行政部门及其执法机构,在开展各项卫生秩序专项整治活动中,加大对卫生违法案件的查处力度,出动卫生监督员12896人次,执法车辆3787车次,全市共办理了各类卫生违法案件548件。按执法类别为:食品卫生违法案件100起。其中:收缴非法物品价值4000元;罚款52400元;取缔无证经营42户。医疗卫生违法案件283起。其中:收缴非法物品价值60100元;罚款233829元;没收违法所得12294.3元;取缔无证经营55户;吊销卫生许可证1户。公共卫生违法案件47起,罚款11600元。其他卫生违法案件118件(传染病防治、消毒产品、化妆品),收缴非法物品价值15000元;罚款94450元。市、县区卫生行政部门在实施卫生行政处罚过程中,对各类卫生违法案件依法进行查处,严格执行卫生行政处罚程序。基本做到案件事实清楚、证据充分确凿、定性准确、文书制作规范,未发生行政复议、行政诉讼案件。

(市卫生监督所 段玲莉)

疾病预防控制

【科研获奖】 2010年,市疾病预防控制中心发表科研论文26篇,其中国家级20篇,省级6篇。全年申报科研项目成果3项:金碧荣等《昭通市狂犬病流行现状及控制策略》,张永瑞等《昭通市出血性结膜炎暴发流行调查研究》,刘泰华等《昭通市青少年健康相关/危险行为调查》分别获昭通市政府科技进步三等奖。年底,市疾控中心获省卫生厅结核病防治先进集体称号,云南省“十一五”期间卫生应急工作先进集体称号。

【培训工作】 2010年,市疾控中心参加本科以上学历教育10人,外出参加国家和省级业务学习204人次1106天次,对县级业务培训7期,385人次参加培训。市中心与昆明医学院联合设立1个教学点,开办临床医学、影像学、护理学、检验学、口腔等专科班及本科班,全年召收专科班129人,本科班86人。

【传染病疫情及突发公共卫生事件】 疫情:全年无甲类传染病报告,共报告乙类传染病18种9031例,死亡49例,发病率181.23/10万,死亡率0.98/10万,病死率0.54%。发病率较去年同期(190.46/10万)下降4.85%;死亡率较上年同期(1.23/10万)下降20.37%;病死率较上年同期(0.65%)下降16.32%。乙类传染病报告发病数上升病种:猩红热、钩体病、艾滋病、梅毒、淋病、肺结核、痢疾、百日咳、皮肤炭疽发病上升;下降病种:甲型H1N1流感、麻疹、肝炎、乙脑、伤寒、流脑、疟疾、狂犬病、新儿破;减少病种:出血热。发病数前五位的病种:肺结核(4632例)、肝炎(2972例)、痢疾(533例)、梅毒(432例)、淋病(92例),占发病总数的95.90%;死亡数前五位的病种为:艾滋病(23例)、狂犬病(11例)、肺结核(11例)、肝炎(2例)、新儿破(1例),占死亡总数的97.96%,

2010年全市共报告突发公共卫生事件11起,共发病812人,死亡3人。较上年44起下降75%;较上年发病数3699人下降78.05%;较上年死亡数9人下降66.67%。全年无重大(Ⅱ级)事件和特别重大(Ⅰ级)事件报告,报告较大(Ⅲ级)事件:2起,占18.18%;一般(Ⅳ级)事件:9起,占81.82%。传染病暴发疫情5起涉及病种4种。病种分别为:乙类传染病1种、丙类传染病3种。食物中毒事件6起,其中蜡样芽孢杆菌2起,细菌性1起,金黄色葡萄球菌1起,毒鼠强1起,不明原因1起。

传染病漏报调查。全市共有154乡镇卫生院和社区卫生服务中心,2010年对62家医疗机构进行漏报调查,查阅门诊日志和住院登记196339人次,查出传染病病例810例,报告724例,漏报86例,漏报率10.62%。

重大传染病防治工作。甲型H1N1流感防制。市疾控中心甲型H1N1流感疫苗接种工作,对市一中、昭通师专、侨通公司、昭通烟厂等16个单位3万余人进行疫苗接种。2010年完成哨点医院98份流感样病例标本的流感病毒核酸检测工作,检出阴性89份,阳性9份,其中:B型4份、A型H3亚型1份、A型未分型4份;检测流感暴发疫情标本15份,检测结果为:阴性13例,阳性2例(均为甲型H1N1流感)。

加强以霍乱为主的肠道传染病监测。全年全市遭遇百年不遇的干旱天气，为防止肠道传染病的暴发流行，全市肠道传染病监测提前到4月1日起全年共检测霍乱标本306份，其中：腹泻粪便标本168份，外环境标本138份。检测结果：均未检测霍乱弧菌。检测痢疾标本128份，检出痢疾菌株13株，其中：福氏Ⅱ型10株、福氏Ⅳ型2株、宋内氏2株。伤寒标本128份，检出伤寒菌1株。

手足口病、人感染高致病性禽流感防制。密切关注全市手足口病疫情，指导各县（区）开展手足口病防制工作；检验手足口病粪便标本8份，经病毒核酸检测，其中3份标本EV71阳性；还对全市Ⅱ类区60份职业暴露人群高致病性禽流感的血清采集、核酸检测和流行病学调查。

狂犬病防制。2010年全市共报告狂犬病病例12例，与去年同期相比下降42.1%。经调查除水富县病例是在内蒙包头暴露感染发病外，其余病例均在当地暴露后感染发病，病例所在县（区）已对疫点进行调查处置。

艾滋病防治。全年全市共完成HIV感染者/艾滋病病人监测135462人，检出HIV感染者203例，新报告HIV感染者/艾滋病病人274例，全市累计报告HIV感染者/艾滋病病人1594例。

2010年累计HIV感染者/艾滋病病人应随访1154例，随访888例，失访266例。随访率87.1%。累计报告HV感染者/艾滋病病人CD4细胞检测352例，检测率59.7%（352/590）。2010年新报告HIV/AIDS配偶检测103例，检测率72%（103/143），既往HIV/AIDS配偶检测80例，检测率41%（80/195），抗病毒治疗转介134例，转介率74.9%（134/179）。

各县区疾控中心开展艾滋病高危行为干预，完成暗娼干预144202人次，干预覆盖率80.4%；吸毒者干预13127人次，干预覆盖率20.7%；男男性行为者干预377人次，干预覆盖率37.8%；外来务工人员干预16479人次，干预覆盖率0.9%；性病就诊者干预369人次，覆盖率27.6%。

HIV抗体监测检测、CD4细胞检测和梅毒抗体监测：全年共完成各筛查实验室送确认血清261份，确证阳性187人份，哨点监测34份阳性。阳性数221份，不确定有9人份，阴性31人份。完成自愿咨询检测76人份；征兵体检HIV检测1456人份；昭通市劳教强戒所采血检测41份，其中阳性3份；哨点监测：哨点监测HIV检测1395人；梅毒抗体检测1395人；丙肝抗体检测1261人。

全年共采集438份感染者血液进行CD4细胞检测。有212例CD4细胞数值在350/ul以下，按照《云南省HIV感染者随访管理规程》，检测的212例感染者已督促各县区转介到抗病毒治疗医院。

免疫规划工作。全年共完成12轮常规免疫运转，共接种疫苗1420393针（剂）次。接种率均在95%以上。

异常反应检测。启动疑似异常反应网络监测系统，全市共报告疑似预防接种反应22例，其中：一般反应18例，偶合反应2例，异常反应1例，待定1例。

免疫针对疾病监测。2010年全市共报告AFP病例26例，检测出3例疫苗衍生病毒。全市共报告疑似麻疹病例34例。新生儿破伤风病例25例、死亡1例。乙肝病例2289例，死亡1例。

全市从9月11日开始，对全市8月至6岁组儿童进行麻疹疫苗的强化免疫，全市共接种447029人，接种率为98.17%。

乙肝查漏补种工作。全年累计完成306099人591809针次的补种工作，其中1996、1997、1998年出生儿童第一轮接种286226针次，接种率98.74%，1996、1997、1998年出生儿童第二轮接种263883针次，接种率94.74%。5月4～8日，在全市范围内开展一轮脊髓灰质炎疫苗强化免疫活动。完成应补种儿童280593人，实际接种儿童278360人，报告接种率99.20%。其中：常住儿童应种266834人，常住儿童实种264833人，常住儿童服苗率99.25%；“零”剂次儿童3050人；流动儿童应种13759人，流动儿童实种13527人，流动儿童服苗率98.31%；“零”剂次儿童620人。

结核病控制工作。病人发现：全年，全市共发现和管理结核病项目病人4107例。其中初治涂阳1548例，完成全年计划的108.33%；复治涂阳414例；初治涂阴病人2052例。其中：重症179例，其它结核93例。结核病转诊率：2010年全市网络实际报告肺结核患者3710例，转诊2648例，转诊率71.37%。涂阳病人密切接触者筛查率：2010年全市共发现涂阳肺结核病患者1962例，密切接触者3486例，筛查3297例，筛查率为94.58%。结核病患者系统管理率：2009年登记治疗结核病患者4022例，系统管理患者3971例，系统管理率为98.73%。结核病控制项目药品管理：下发结核病控制项目药品，HRZE8165盒，HR12500盒，HRE1990盒，链霉素7740套。

全国第五次结核病流行病学调查，镇雄木桌点调查，共调查村民1202人，查出活动性肺结核22人，检出率1830.28/十万，痰涂片阳性肺结核病人3人，检出率249.58/十万。

麻风病防治。2010年全市共发现麻风病人26例，多菌型19例，少菌型7例；男性17例，女性9例，无儿童病例。分布于鲁甸县6例、巧家县6例、大关县3例、永善县5例、镇雄县4例、彝良县1例、威信县1例。全市共检查麻风接触者463人，筛查麻风可疑者565人，判愈麻风病人94人，管理现症病人272人。

慢性病防治工作。全市报告死亡人数11124人，但开展县级以上居民死因登记报告的单位只有9县、区（威信、永善尚未报告），总报告死亡人数

10661人。

居民死因监测工作。昭阳区2487人、绥江县808人、镇雄县6752人、水富县460人。死亡前5位分别为慢性下呼吸道疾病，事故（意外伤害），心脏病，恶性肿瘤，脑血管疾病。

高血压管理工作。2010年，制定《昭通市高血压患者管理治疗工作规范》。截至12月31日止，全年累计完成高血压病例筛查及建档86714例，规范管理84294例，随访119716人次，医疗单位门诊首诊测血压457871人次。

全年完成糖尿病例筛查、建档13125例，规范管理12100例，随访15555人次，血糖监测39547人次。

重性精神疾病。全年筛查、登记、建档1949例，规范管理1900例，随访2329人次。根据《云南省卫生厅关于做好全省重性精神病人排查工作的通知》要求，结合公共卫生服务重性精神病项目工作，全市开展重性精神病人排查，截止2011年1月10日止，上报重性精神病排查进度表12期，共排查了4种精神疾病（精神分裂症、双相情感障碍、偏执性精神障碍、分裂情感精神障碍）2097人，癫痫所致精神障碍和严重精神发育迟滞排查0人，合计2097人。下发重性精神病人排查工作简报10期。

地方病防治。地氟病防治：全市镇雄、鲁甸、昭阳、彝良、大关和盐津6个县区实施了17.5万套的改炉改灶任务。全年燃煤污染型氟中毒改炉改灶工作完成情况如下：昭阳区任务数1万户，完成1万户；鲁甸县任务数2万户，完成2万户；镇雄县任务数13万户，完成13万户；彝良县任务数7315户，完成7315户，大关县任务数6000户，完成6000户；盐津县任务数为2000户，完成2000户。根据《云南省燃煤污染型氟中毒改良炉灶任务需求方案》的要求，对全市7个县区开展复核调查工作。经调查7个县区除鲁甸、昭阳、威信、镇雄外，大关、盐津、彝良县在2010年以后都无改炉需求。有改炉需求151131户，其中昭阳区33205户、鲁甸县40701户、威信县27877户、镇雄县49348户。

碘缺乏病防治。根据《云南省卫生厅关于印发云南省重点地方病防治规划（2004~2010年）终期考核评估实施方案的通知》文件要求，结合全市实际，制定《2009年中央转移支付资金碘缺乏病防治项目昭通市技术实施方案》；全市采用随机抽样方法监测盐样3192份。其中：合格碘盐2996份，合格碘盐食用率93.86%；非碘盐100份，非碘盐率3.13%，碘盐覆盖率96.87%；不合格碘盐96份，不合格碘盐率3.01%，碘盐合格率96.9%。各县区碘盐覆盖率均大于90%，合格碘盐食用率除盐津县外其他10个县区均大于90%。

鼠疫。加强鼠疫报告网络建设，及时掌握鼠疫疫情动态，严格疫情报告制度，认真执行鼠疫“三报”及“零报”制度。按照《云南省鼠疫监测方案》，昭阳区、鲁甸县完成鼠疫疫区监测工作，2010年无鼠间鼠疫疫情发生。

加强虫媒传染病防治。疟疾：开展发热病人实验监测，血检疟原虫16641例，疟原虫阳性78例，疟原虫阳性率0.44%；对当年诊断为间日疟的患者和当年需要进行休根治疗的间日疟病例进行红细胞葡萄糖－6－磷酸脱氢酶（G6PD）活性缺乏筛查，共检测1008人，阳性1例，弱阳性4例。

预防控制措施。对疟疾休止期病人进行治疗。盐津、威信、彝良3县共计3683例疟疾病人，治疗疟疾现症病人328例（包括疑似、临床诊断、实验室确诊）。使用2.5%优士（杀虫剂）浸泡蚊帐12378笼；开展发热病人血检疟原虫16641例，疟原虫阳性78例，疟原虫阳性率0.44%。

流行性乙型脑炎：全年全市共报告流行性乙型脑炎发病38例，与上年同期（141例）相比减少103例。流行季节5~10月开展检测，126人次，阳性标本37例，阳性率30%。

对各医疗卫生机构加强疫情监测，在集镇及学校采用多种宣传方式对群众进行乙脑防治知识的健康教育，增强群众防护意识，正确合理使用蚊帐和驱蚊剂，尽量避免蚊虫叮咬；加强家畜家禽的卫生防病管理，防止乙脑疫情蔓延和扩散；大力开展爱国卫生运动，疏通污水沟、清除垃圾，对疫点自然村进行灭蚊药物喷洒。

【卫生监测】 2010年，市疾控中心组织完成食品、公共场所、供水（管水）、药品等从业人员、外出务工人员预防性健康体检2072人，办理健康证明2068份；完成餐具监测采样20户120件餐具，合格110件，合格率91.67%；完成公共场所空气卫生监测18户，78个监测点，592项次，合格581项次，合格率98.1%。

全年完成10个厂矿企业6052人进行职业健康监护工作，建立健康监护档案；并对昭通卷烟厂生产车间1395个点次进行作业场所职业病有害因素监测。对水富县人民医院，盐津县中医院的医用诊断X线机防护性能和环境放射剂量监测与评价。对民族中学、昭通师专、明达中学3所学校共5170名学生健康体检。

理化、微生物检验样品。完成42个（864项次）水样检品5个（12项次）食品检品215个，消毒产品的日常检验；医院感染监测样品7个的检验；空气环境监测样品78个检验；职业健康监护尿铅标本310个（620项次）。

【计量认证】 2010年，11个县区疾控实验室全部通过资质认定评审，共有4县疾控中心通过实验室资质认定初次评审，昭阳区疾控中心通过第一次复评审。市中心实验室完成中德项目设备验收、安装、调试，组织专业人员对使用设备培训，及时熟练掌握使用方法及日常维护方法。

【健康教育】 2010年，继续认真实施《全国亿万农民健康促进行动云南省实施计划(2006～2010年)》,根据《全国亿万农民健康促进行动规划(2006～2010)评价市级评分表》中的要求,市级"行动"领导小组对昭阳区试点进行督导检查评估,检查其农村的健康教育指标完成情况。圆满完成旱灾期间饮水食品卫生安全与健康教育工作。为确保受灾群众的饮水安全,保障人民群众的身体健康,中心及时制定《干旱期间饮水食品卫生安全及肠道传染病防治基本知识》和橱窗展板图片,将相关防治基本知识放在疾控网站让灾区群众学习,帮助受灾群众进行生活饮用水消毒,确保了受灾群众的饮用水安全。

【开展形式多样的宣传活动】 2010年,为宣传普及防控甲型H1N1流感的基本知识与技能,增强广大群众的防控甲型H1N1流感的意识与能力,提高心理防护能力。疾控中心组织设计制作《甲型H1N1流感可防可治》宣传栏,下发《预防甲型H1N1流感须知》小折页1万份。通过教育系统下发《科学预防"甲流"》宣传画到全市各大、中、小学校。

3月24日是第15个"世界防治结核病日",其主题是"遏制结核健康和谐",共发出宣传单5千余份、练习本1000本、环保袋500个,群众咨询500余人次。4月26日开展"全国疟疾日"宣传咨询活动,活动共发放疟防宣传材料2000余份,制作展板8块,出动宣传车2辆,悬挂布标8幅,咨询人数100多人。5月15日,在全国第17个"防治碘缺乏病日",紧紧围绕"科学补碘,持续消除碘缺乏病"主题开展宣传活动。

6月26日,开展以"参与禁毒斗争,构建和谐社会"为主题的"国际禁毒日"活动。通过广场文艺演出、悬挂禁毒防艾宣传横幅、展示禁毒防艾图板等多种形式开展活动。共计发放宣传资料1万余份,展出图板30多块,接受咨询110人次,接受教育的群众达2万余人。

2010年第23个"世界艾滋病日",以"禁毒防艾进工地—劳动者健康行"为主题开展防艾活动。12月2～3日,禁毒防艾宣传活动深入建筑工地对农民工进行防艾知识培训。通过开展农民工艾滋病知识问答活动,发放小礼物、年画、折页、扑克等宣传资料,倡议他们学习和掌握防艾知识,培养良好的生活习惯,爱家庭、爱集体、爱自己,做好对身边的同伴及家人的宣传工作,保护好自己和家人的健康。通过"三下乡"平台开展农村健康教育。参加市委、市政府组织的"三下乡"卫生知识宣传活动,春季期间在北闸乡镇分发艾滋病、甲型H1N1流感、结核病、乙肝、狂犬病等宣传资料,共计发放宣传传单1万余份、折页6000余份、宣传画5000册,并提供艾滋病防治知识宣传光盘及书籍,提高了当地群众对传染病防治知识的知晓率。

【挂钩扶贫工作】 2010年春节前,中心组织职工捐款4750元,组织10人到扶贫点慰问贫困户,为每户送去现金200元,共6000元,同时还带去棉被10床,童装50件分发到贫困手中。慰问乡、村两级发放现金5000元,为派住指导员乡、村送去新电脑2台。

(**市疾病预防控制中心**　张永瑞)

医疗康复

【医院各项业务指标平稳较快增长】 2010年,市中医院有职工596人,其中在编职工346人,离退休职工92人,聘用制职工158人。有卫生专业技术人员458人,其中正高12人,副高41人,中职74人,获国务院津贴2人。全年共完成门诊量330572人次,共开放床位200余张,完成住院治疗7218人次,完成手术2442台,平均住院日为11天,实现业务收入7500万余元,中医药诊疗收入占业务总收入的21%。

【市中医院获多项殊荣】 2010年,市中医院获全国工人先锋号、全国中医医院总务后勤管理先进单位、云南省委优秀基层党组织、省级文明单位、昭通市委昭通市卫生系统创先争优活动先进单位、新农村建设先进派出单位、市政府2010年度科普先进集体、2010年度档案工作先进集体等称号。

【加强人才培养】 2010年,市中医院采取"院有专科、科有专病、病有专药、人有专长"的建设发展模式,突出中医特色,走中西医结合之路。通过"派出去、请进来、院内自学、岗前培训、院外联合"等方式不断加强人才培养,不断完善医务人员专业知识结构和提高专业技术水平。全年,医院共开展新技术31项,派出进修人员100余人次,培养学科带头人16人,发表医学论文50余篇。成功举办全国"小切口白内障技术推广及角膜病诊疗进展"国家级继续医学教育项目培训班、云南省"推拿学术年会"等大型学术研讨会议。并在全市开展5例角膜移植手术,手术的成功实施,填补了该项目在全市医学历史上的空白。

【"四院一体"发展规划稳步推进】 2010年,市中医院紧紧围绕"又好又快发展"和"为民服务"两大主题,在市委、市政府和上级部门的关心、支持和帮助下,提出"四院一体"发展思路,分别在昭阳区团结路西延伸段、南顺城、海楼路和团结路等4个区域建设1所"三级甲等"中医医院、1所"二级甲等"中医医院和2个社区医疗服务中心,其中,团结路和海楼路分院已投入使用。

【社会服务活动形式多样】 2010年,昭通市中医院开展形式多样的社会服务活动。一是医院党委积极号召全院党员每位捐资50元,成立党员助贫基金。对到医院诊治因生活困难、无力全额承担住院诊治费用的贫困患者进行200～500元医疗救助。全年共救助来院住院治疗的特困患者20位,共计8900元。二是医院全体党员及中层干部每人每年出资200元,成立党员扶贫基金,对医院挂钩扶贫点的困难群众实行一对一帮扶,全年对600余名困难群众进行帮扶。三是在抗旱救灾中,医院党委号召全院党员干部职工共捐赠39560元，为受灾人民群众奉献爱心。四是抽调各科业务熟练、临床经验丰富、责任心较强的党员骨干医师50余名，前往盐津县落雁乡、大关县寿山乡、鲁甸县小寨乡等地开展送医送药、健康咨询、科普宣传等活动。同时，举办医疗知识和医疗技能培训班，全年共办班16期培训乡村医生56名，印发中医药科普宣传资料共2500余份，免费发放价值2.3万元的药品，为农村贫困患者5000余名进行义诊。

（市中医院　李　坪）

（本栏目审稿：邵聪彪　校对：刘萍）

社　会

责任编辑：刘宗伯

扶　贫　开　发

【十一五扶贫开发成效显著】 2006年以来共争取落实投入各类扶贫资金21.78亿元，组织实施3258个自然村整村推进、600个行政村整村推进、2个整乡推进、2个片区开发、5个革命老区项目建设，有近10万户农村困难群众告别了破烂茅草房；转移安置丧失基本生存条件的贫困农户4446户19800人。5年累计减少贫困人口39.9万人，贫困人口从2005年底的119.6万人减少到2010底的80万人。

【整村推进项目力度加大】 2010年，全市安排实施743个自然村整村推进项目，总投资18518.52万元，其中省级补助11145万元、群众自筹7373.53万元。项目涉及基础设施、经济发展、能源建设、社会事业和科技培训5大类项目，建成安居工程3597户239554平方米，基本农田建设187公顷，沟渠13.23千米，池塘窖105个，管道199千米，村社道路686.1千米，220伏输电线路10.74千米，沼气池、节能灶1430口；经济作物221公顷，经济林果7121公顷，牲畜114774头（匹、只），建文化活动场所4407平方米。

【小寨乡整乡推进试点工作成效明显】

鲁甸县小寨乡2009年被列为全省整乡推进试点，在省市县补助1200万元的基础上，整合各类项目资金4900万元，实行集中连片规划、统一组织实施、项目直接到户，全面覆盖，不留死角。到2010底新发展经济林果1567公顷，经济林果和经济作物累计6300公顷；扶持发展生猪养殖2784户，建生猪标准化生态养殖场1个；新修村组公路61千米；改造中低产田地167公顷；新修人畜饮水管道30千米，灌渠2.15千米；实现农网改造和广播电视全覆盖；完成房屋改造2800户；新建沼气池1458口，改厕2000间，改厩1300间；建成一个精品旅游小集镇；新建1所中学、2所村完小，全乡适龄儿童入学率99%；新型农村合作医疗参合率95.6%；培养新型农民8000多人；开展科技培训40期2200人次，培训农村富余劳动力11000人次，有序输出7900人，实现务工工资性收入2532万元。

【产业扶贫有新突破】 2010年，围绕畜牧、马铃薯、蔬菜、蚕桑、魔芋、林果、竹子、天麻8大农业优势产业，全市投入专项产业扶贫资金1500万元，整村推进项目40%左右的资金投入产业建设。全年建设完成蚕房45间、引水管道7千米，完成经济作物256公顷、经济林果1026公顷、种草124.1公顷；完成养牛356头，养猪657头，养羊2415只，养家禽21600只，培训1670人次。通过产业扶贫，使项目区人均增加收入200～500元左右。

【片区开发试点成效明显】 2010年，盐津和镇雄县被列为全省“县为单位、整合资金、整村推进、连片开发”试点县。项目总投资28525.68万元。其中盐津县总投资14814.68万元（财政扶贫资金1000万元，整合部门资金9284.8万元，群众自筹2954.38万元），镇雄县总投资13711万元（2010年列入）。至年底，完成投资15517.66万元，其中财政扶贫资金797.4万元、整合资金9595.98万元、群众自筹5124.28万元。种植核桃13.3公顷、樱桃13.3公顷、梨20公顷、桃20公顷、黄瓜1000公顷、佛手瓜98公顷、丰产玉米栽培747公顷、辣椒320公顷、油菜333公顷、生姜33.3公顷。养猪1380头，养牛168头，养鸡17.88万只，养羊2500只。改造乡村公路6条81.8千米、村组公路18条38.7千米，户间道硬化13条44.5千米，人行平板桥7座181米，人畜饮水33件86.7千米，沟渠、塘、坝、池窖43件3500立方米，农村电网改造20个台区1060户，农田建设综合开发215.3公顷，民房改造2799户24.5万平方米、新建171户1.63万平方米，院坝埂化1885户6.6万平方米；建科技文化室2个770平方米、村委会办公房4个1800平方米、农村校舍10所7084平方米,电视接收器1000台,建沼气池1162口,改厨改厩改厕3920间,生态林140公顷;开展农技培训132期,培训农民1.3万人次,创建社区致富党支部2个,培养致富带头人40人。

【清除茅草房7279户】 2010年,全市通过整合专项安居工程、重点扶持村等项目资金7279万元(其中专项安居工程资金3630万元),消除茅草房7279户,同时配套建设卫生路,改厕改厩,硬化地面院坝等,使3万余贫困群众告别住茅草房的历史。

【易地扶贫开发项目实施顺利】 8月,全部完成2009年启动实施的1574户7007人易地搬迁项目,共完成安居工程1613户112814平方米,建成卫生路面30.51千米,建设乡村公路41条95.4千米;建10千伏高压输电线路7.25千米,0.4千伏输电线路80.6千米,安装变压器17台(套),建人畜饮水管244.4千米、池(塘、窖)136口2668立方米;改造基本农田480公顷,建沼气池372口、节能灶1241套,举办各种科技培训班189期17199人次。

2010年省扶贫办下达昭通市4000人2000万元易地搬迁任务,涉及11县区24个乡镇32个安置点,计划安置贫困群众867户4000人。项目自8月启动,到年底完成投资712.51万元,占下达计划的35.6%。共完成安居工程321户21820平方米,建乡村公路10条12.75千米,建卫生路面3.16千米,建人畜饮水管16.3千米,池(塘、窖)11口472立方米,改造基本农田92公顷,举办各种科技培训班21期1943人次。

【到户贷款超计划完成任务】 10月底,全市发放贷款32728.8万元,超计划指标728.8万元,投入种植业13435.7万元、养殖业15129.01万元、加工业20072.1万元、其他行业2092万元,发展粮食作物10767公顷、烤烟5853公顷、蔬菜3373公顷、甘蔗127公顷、蚕桑107公顷、茶叶1333公顷、林果4307公顷,养猪23.70万头、牛2.40万头、羊2.46万头、家禽59.65万只,水产3.58万千克。

【革命老区建设投入资金1.3亿余元】 2010年,省级投入革命老区专项资金600万元(包括上年跨年度实施项目),市级投入专项资金60万元。项目区共整合投入各类资金13058.79万元,有效推进镇彝威三县建设步伐。全年完成安居工程亮化改造1238户,消除茅草房510户,建节能灶36口,新建、改建卫生厕所51间,硬化连户路、农户院坝41580平方米,新建、维修公路41.4千米,架设10千伏输电线路12千米,安装变压器2台,新建、改造圈舍473间,建沼气池257口,完成人畜饮水管道48550米,实施烟水配套工程完成蓄水池4个244立方米,建成小水窖14个400立方米、修建农耕路4千米。完成养猪1590头、黄牛养殖80头,完成经济林果种植659.5公顷,完成稻田养鱼1.2公顷,建设高稳产农田建设273.3公顷。修缮建中学学生宿舍1600平方米,新建小学教学楼8600平方米,建文化站综合楼300平方米,农村书屋4个、农村文化活动室2个200平方米、农民体育建设室4个,建生活垃圾处理池51个,安装直播卫星电视接收设备两批共2715套,有线数字电视接收器设备400套。建妇女之家1个,妇女科技示范培训点1个,农村劳动力转移培训800人次,农业实用技术培训7220人次,改造村"两委"办公室100平方米。

【全市"百千万帮扶工程"成效显著】 2010年,全市有59859人次到扶贫点开展工作,部门直接投入资金4445万元,帮助协调落实资金27840万元,援助物资折资1349万元,上项目1262个,引进技术107项,引进人才208人。完成池、塘、窖3828个容积6万余立方米,管引1446.2千米,引水沟渠891千米,解决19.6万余人饮水安全。新修或维修乡、村公路652.5千米,架设输电线路770.8杆千米,建沼气池4869口,购买节能灶4.5万个;新修或维修校舍102所,捐赠课桌椅2500余套,资助贫困学生14309人,建村卫生室63个;发展养牛、养猪、羊17.9万头(只),禽类37万只,经济作物1.13万公顷,经济林果0.62万公顷;共举办各类培训班2198期,受训人员12.6万余人次,发放科普资料80余万份;帮助转移劳动力16万人;捐衣被物100万余件,捐书12万余本,大米15万余千克。

【部门挂钩扶贫成效明显】 2010年,市扶贫办到鲁甸县新街乡转山包村开展帮扶工作36人次,单位直接投入资金66.23万元。春节前送去大米235袋,保证每户有1袋大米过年。为结对包扶农户送去化肥31包;购买脱毒马铃薯种91000粒,化肥2.6吨运送到挂钩村并发放给群众;安排100万元小额信贷资金解决新街乡及转山包村群众生产困难问题;安排一个整村推进点在转山包村委会所在地实施,并安排6万元解决村完小和3、4村民小组饮水困难的问题;帮助转山包村解决办公经费2000元,解决单小代课教师补助600元。同时,购买1台价值2000余元的电视机给村两委。

【全省扶贫开发昭通现场会召开】 5月8~9日,省委、省政府在昭通召开全省扶贫开发工作现场会,省委副书记李纪恒、省人大常委会副主任杨建甲、省政府副省长孔垂柱、省政协副主席王学智及省级有关部门、各地州市相关领导共455人参会,李纪恒、孔垂柱讲话,市委副书记张登亮代表昭通作交流发言。会议参观了昭阳区三甲村劳务输出基地、华曦生态养殖基地和鲁甸县小寨乡整乡推进现场。

【中国第三届贫困地区发展论坛在昭通举行】 12月15~16日,第三届中国贫困地区可持续发展战略论坛在昭通举行，全国各地近400名领导、专家学者及新闻记者参加。全国政协常委、北京大学教授厉以宁，省人大常委会副主任晏友琼，省政府副省长孔垂柱等40多位行政领导及知名专家学者发表演讲，论坛通过了《昭通宣言》。与会代表还到鲁甸县桃源乡鸭子塘自然村、小寨乡整乡推进现场进行调研。

【爱心包裹启动仪式举行】 5月20日，在市电信公司启动“爱心包裹”项目（中国扶贫基金会、中国邮政总公司联合发起的一项旨在帮助灾区和贫困地区学生的关爱援助行动）。市政府副秘书长粟勋、市扶贫办主任高顺照、市文体局副局长钟捷、市工商联副主席戴波、市邮政局副局长黄培金等领导和市发改委、市经济委、市民宗局、市水利局、市农业局、市林业局、市委研究室、市财政局、市农村人力资源开发办公室、农行昭通市分行等15家扶贫开发领导小组成员单位的代表出席启动仪式，现场捐赠爱心包裹资金4.6万元。截至6月11日，全市募得爱心款额6.65万元。

【曹德旺、曹晖扶贫善款项目在镇雄实施】 2010年，曹德旺、曹晖先生捐款2亿元救助西南旱灾贫困群众，镇雄县作为云南省实施中国扶贫基金会镇雄曹德旺、曹晖善款项目的7个贫困县之一，共得到善款873万元，扶持贫困群众4365户。

2010年全市主要扶贫项目到县分布情况表

单位：个、户、万元

县区名称	总资金额	省级整村推进		消除茅草房		市级整村推进		小额信贷		易地开发		专项产业扶贫		整乡推进		整县推进		革命老区建设	
		个数	金额	户数	金额	个数	金额	计划	贴息	人数	金额	个数	金额	个数	金额	个数	金额	个数	金额
合计	21760	743	11145	3630	3630	50	500	32000	1600	4000	2000	24	1540	2	600	1	500	5	245
昭阳区	2170	93	1395	200	200	10	100	3500	175	400	200	1	100						
鲁甸县	2120	64	960	300	300	10	100	3200	160	400	200	2	100	1	300				
巧家县	2015	72	1080	300	300	5	50	2700	135	500	250	3	200						
镇雄县	5490	172	2580	1630	1630	7	70	3100	155	400	200	4	240			1	500	2	115
彝良县	2355	90	1350	300	300	5	50	2800	140	400	200	2	200					2	115
威信县	1655	38	570	200	200	3	30	2800	140	400	200	4	200	1	300			1	15
盐津县	1510	60	900	200	200	2	20	2800	140	300	150	2	100						
大关县	1205	39	585	200	200	2	20	3000	150	300	150	1	100						
永善县	2110	81	1215	300	300	4	40	3100	155	400	200	3	200						
绥江县	565	17	255			1	10	3000	150	200	100	1	50						
水富县	565	17	255			1	10	2000	100	300	150	1	50						

2010年项目资金汇总表

项目资金	合计	分县											
		市级	昭阳	鲁甸	巧家	盐津	大关	永善	绥江	镇雄	彝良	威信	水富
财政贴息	1795		211	239.5	189	155	140	140	140	150	155	150	125.5
其中:小额信贷	1600		175	160	135	155	140	140	140	150	155	150	100
项目贴息	195		36	79.5	54								25.5
整村推进	11145		1395	960	1080	900	585	1215	255	2580	1350	570	255
专项安居	3630		200	300	300	200	200	300		1630	300	200	
产业扶贫	2340		180	100	200	100	400	200	90	620	200	200	50
互助资金	200			100			100						
整乡推进	900			600								300	
整县推进	500									500			
易地开发	2000		200	200	250	150	150	200	100	200	200	200	150
老区建设	200									100	100		
救灾资金	100		30		40			30					
小额信贷奖补	192		19	18	17	18	17	16	18	18	18	18	15
两项制度工作经费	12						12						
项目管理费	321.2	7.5	30	26	30	24	19	35	15	76	32	19	7.7
住户调查经费	3.5		0.5			0.5	0.5	1		0.5	0.5		
监测设备费	0												
市级财政资金	700	85.49	111.14	120.784	61.164	20.79	20.76	50.82	10.41	86.59	65.81	45.85	20.39
劳务输出	2044		260	220	156	180	200	288	280	182	144	134	0
其中:技能培训	1332		180	96	96	180	180	188	180	104	64	64	
引导性培训	712		80	124	60		20	100	100	78	80	70	
合计	26082.7	92.99	2636.64	2884.28	2323.16	1748.29	1844.26	2475.82	908.41	6143.09	2565.31	1836.85	623.59

（市扶贫办　李章和）

人口与计划生育

【2010年人口与计划生育工作概况】 2010年底，全市户籍总人口5742360人。根据各县区人口与计划生育工作统计报表汇总，流出半年以上人口1057098人，已婚育龄妇女总数977133人，流出半年以上已婚育龄妇女235685人。全市人口出生率14.7‰，人口自增率8.16‰，计划生育率86%，综合节育率82.14%。全市各级纪检监察机关对党员、国家公职人员违法人口与计划生育政策法规共立案146件，处分违纪人员152人，其中党纪处分143人、政纪处分13人。受处

分人员中，一般干部2人，其他人员150人。各县区严格实行“黄牌警告”和“一票否决”制度，严格兑现“一票否决”规定，黄牌警告2个乡镇，一票否决1个镇，通报批评1个乡，责令书面检查1个乡。

【召开全市人口和计划生育工作会议】 1月15日，市委、市政府在昭通会堂召开历年来规格最高、规模最大的全市人口和计划生育工作会议。市委、市人大、市政府、市政协主要领导和市委常委、市政府分管领导、市人大、市政协联系人口计生工作的领导、市计生协会会长、市直各单位主要负责人、县区党政主要领导和分管领导、计生局长、计生协会会长、乡镇党委书记、乡镇长450余人参加会议。市委书记夜礼斌和市长王敏正分别讲话，市人口计生委通报了2009年人口计生工作的考评情况，市纪委监察部门通报了2009年查处党员和国家公职人员违反计划生育的查处情况，市政府与各县区签订2010年度人口计生工作目标管理责任制。

会议确定2010年人口和计划生育工作主要目标为：人口出生率控制在15‰以内，人口自然增长率控制在8.2‰以内，计划生育率达82%以上。

【市人口计生委开展访贫问苦送温暖活动】 1月21日，昭通市人口计生委组织干部职工10余人，到挂钩扶贫点巧家县药山镇洗羊塘村开展访贫问苦送温暖活动。为全村205户群众每户发放补助金100元，共计20500元；为2009年考取南开大学的残疾人贫困大学生发放补助金500元；为市人口计生委干部职工结对帮扶的41户贫困群众每户发放1床棉被；同时向五保户、残疾人户等共9户每户发放1床棉被。本次活动共计筹措发放现金21000元，其中干部职工捐款4100元；发放棉被50床，折合资金7000元。

【上级领导调研昭通人口与计生工作】 3月25～26日，省人口计生委副主任吴莉华到挂钩帮扶点鲁甸县水磨镇调研指导工作，对抗旱救灾、道路建设、新集镇建设进行调研查看。吴莉华要求鲁甸县水磨镇党委、政府要把省人口计生委拨付的5万元抗旱资金充分发挥最大效益，保证当前人畜饮水、保春耕、保生产。在通乡油路和村组公路建设上，吴莉华建议鲁甸县委、县政府要明确领导责任，镇党委、政府要明确组织协调责任，交通局要开一次联席会议，制定工作流程，细化工作方案，加快工程建设进度，让沿线群众早日受益。

4月19～22日，省人口计生委副主任李善荣一行3人到镇雄、彝良县调研人口和计划生育工作。调研组查阅了相关资料，与两县干部座谈，对两个县的计划生育服务站、乡镇计划生育服务所进行检查、指导。4月22日下午，李善荣一行听取市政府人口和计划生育工作情况汇报，并向市委、市政府作了调研情况反馈。

【昭通宜宾两市开展流动人口计划生育周边协作工作检查】 3月29日至4月2日，根据《昭通市宜宾市第四次流动人口计划生育工作协作会议纪要》的有关协定，昭通市、宜宾市人口计生委对两市各两个毗邻县流动人口计划生育服务管理、周边协作工作进行检查。采取听汇报、看资料的方式，先后检查了筠连县、盐津县、水富县和宜宾县从2009年8月以来开展周边协作的工作情况。

【昭通35人在南京人口学院参加流动人口服务管理与行政执法培训】 4月7～13日，昭通市人口计生委在南京人口学院参加流动人口计划生育服务管理与计划生育行政执法专业培训。受训者有市人口计生委有关科室负责人、各县区人口计生局分管副局长、流管办主任、法规股长和部分乡镇计生办主任共35人。

本次培训班共学习6个专题：《统筹解决人口问题的管理方略》、《流动人口计生工作服务管理及〈条例〉解读》、《中国人口转变与生殖健康/计划生育优质服务管理》、《人口统计指标分析及工作评价》、《计划生育依法行政及案例分析》和《人际交流与沟通技巧》。

【人口与计划生育村（居）民自治现场会在大关召开】 4月28日，昭通市人口与计划生育村（居）民自治现场会在大关县召开。市委常委、宣传部长陆琴雯出席会议并讲话，市人口计生委、市计生协会主要领导、各科室负责人、各县区计生局局长、计生协会专职副会长及全市“村（居）民自治”试点村党总支书记共130余人参加会议。

会议全面总结昭通市2009年度的人口与计划生育“村（居）民自治”工作成效，安排部署了下步工作。市人口计生委主任龙波、市计生协会会长吕维戬、市计生协会常务副会长曾题国等分别就计划生育“村（居）民自治”的相关工作作部署。全体参会人员还参观大关县吉利镇龙坪村计划生育村民自治工作开展情况，与吉利镇村组干部作了交流互动。

【盐津和高县召开流动人口计划生育区域协作会】 4月30日，由四川省高县举办的“四川省高县、云南省盐津县流动人口计划生育区域协作会”在高县罗场镇召开。两县人口和计划生育局局长作经验交流，两县相毗邻的4个乡镇参会人员也分别作交流发言，加强了各乡镇之间工作的了解，为下步工作的协调开展奠定基础。会上，两县还签订《流动人口双向协议》。

【全省全员流动人口信息统计工作部署会议在水富召开】 6月2日，全省流动人口计划生育区域“一盘棋”工作暨全员流动人口信息统计工作部署会议在水富县召开。会议学习贯彻全国流动人口服务管理“一盘棋”机制建设会议精神，总结2009年以来全省“一盘棋”工作取得的成绩，分析当前流动人口计生工作面临的形势，并对云南省区域“一盘棋”及全员流动人口信息统计工作，推进全省流动人口计生体制、机制创新作了研究部署。省人口计生委副主任李善荣及有关处室负责人，全省各州市人口计生委分管领导、流管办主任，昭通市各县区人口计生局局长参加会议。

市政府副市长成联远出席会议，省人口计生委副主任李善荣就全省2010年“一盘棋”工作作了安排，市人口计生委主任龙波对流动人口区域协作工作进行经验交流。会上还开展了流动人口计划生育网络化协作及全员流动人口统计和个案信息采集工作培训。

【举办全员人口计生统计信息培训班】 6月17～18日，市人口计生委举办全员人口计生统计信息工作集中培训。省人口计生委发展规划处副处长傅秀莲到会指导，11个县区人口计生局及部分乡镇统计人员、流动人口计划生育信息操作员共57人参加培训。

【全市计划生育家庭意外伤害保险启动】 6月18日，市人口和计划生育委员会、市计划生育协会、中国人寿昭通分公司召开计划生育家庭意外伤害保险工作会议，正式启动《昭通市计划生育家庭意外伤害保险实施方案》。各县区计生协会相关负责人及人寿保险公司经理等50余人参加会议。中国人寿昭通分公司就保险条款、办理流程、理赔服务等方面进行了详细讲解和现场答疑。

【成联远调研彝良县人口与计划生育工作】 7月1～2日，副市长成联远及相关部门领导5人到彝良县奎香乡坪地、寸田村，龙街乡坪子、元宝村，龙安乡木坪、龙安村，小草坝乡大桥、金竹村开展人口与计划生育工作专题调研。

在调研中，成联远重点了解今年人口计生工作任务的完成情况及台账管理、宣传教育、技术服务、流动人口管理、计划生育奖优免补、关爱女孩、婚育新风、基层计生办与计生服务站的基础设施、规范化阵地建设等工作开展情况及存在的困难和问题。对如何做好下一步人口与计划生育工作提出3点具体的要求。

【召开全市人口和计划生育工作推进会】 7月13日，全市人口和计划生育工作电视电话会议在市政府召开，会议总结2010年度前阶段的工作情况，分析当前人口计生工作所面临的形势。市委常委、常务副市长张纪华主持会议。市委副书记、市人大常委会主任张登亮出席会议并讲话，要求全力做好今年下半年全市人口和计划生育工作，努力开创全市人口计生工作新局面。

会上，受到黄牌警告的镇雄县盐源乡及彝良县角奎镇，分别就各自工作中存在的问题，作了表态发言。

【召开全市计生局长会议专题研究部署人口计生工作】 7月14日，昭通市人口计生委党组书记、主任龙波主持召开全市人口和计划生育工作专题会议，市人口计生委实职副科以上干部和11个县区人口计生局主要领导参加会议。会议通报了2010年上半年全市人口计生工作检查和抽样调查情况，并就抓好下步工作提出9条意见。

【昭阳区举行计划生育专用车授车仪式】 7月14日，昭阳区政府举行“昭阳区计划生育专用车授车仪式”。区委常委、区人大、区政协等相关部门领导参加仪式并授予20个乡镇、办事处计划生育专用车钥匙。

此次计划生育专用车是昭阳区政府批准，区财政局拨付76万元统一采购，部分经费由区人口计生局及20个乡镇、办事处出资。由昭阳区人口计生局统一编号、统一落户后发给各乡镇、办事处。

昭阳区人口和计划生育工作存在基数大、底子薄、困难多、任务重等困难，购置计划生育专用车主要实现“四项抓牢”工作，即抓牢计划生育工作与文明行政执法相结合、抓牢计划生育工作与医学监护相结合、抓牢计划生育经常性工作时效性、抓牢流动人口违法生育。

【召开优生促进工程暨服务站、所规范管理和建设培训会】 7月23～24日，市人口计生委召开优生促进工程暨服务站、所规范管理和建设培训会。11个县区计生局分管科技领导、科技股长和各乡镇服务所所长及业务骨干共170多人参加培训。

培训通过多媒体的形式，组织观看国家优质服务项目办岳国兵教授开展优质服务、服务站（所）规范化、标准化建设、技术服务等常规讲座。

【培训流动人口计划生育服务管理平台系统操作业务】 8月4～10日，市人口和计划生育委员会委派流管办负责人及业务能手到昭阳、大关、盐津、水富4县区就流动人口计划生育服务管理平台操作人员进行现场授课。此次培训采取多媒体教学的方式，对流动人口育龄妇女信息录入的注意事项、信息反馈的具体操作、网络化协作的具体操作及注意事项、新增流动人口计划生育统计报表的逻辑解释进行详细的培训。会上还对每个乡镇提出的业务问题进行现场解答。

【“幸福工程·救助贫困母亲项目”成效明显】 年内，国家幸福工程组委会通过计生协会于2009年8月在昭阳区大山包乡实施的“幸福工程·救助贫困母亲项目”取得实效。项目甄选18位计生贫困母亲进行救助，每位获得3000元的救助资金用以发展畜牧业。

18户受助对象共购买13匹马、4头牛、2头猪、14只羊，经过一年的发展，现共有18匹马、7头牛、7头猪、28只羊，实现畜牧增值2万余元，年人均纯收入增加340元。

【昭通宜宾召开第五次“流管”协作会】 11月9日，昭通市和四川省宜宾市第五次流动人口计划生育管理工作区域协作会在宜宾市长宁县召开。会议就近6年来两市在毗邻县区流动人口协作管理机制、信息交流机制等方面所取得的成绩和经验进行交流。两市按照2007年国家计生委下发《关于促进形成全国流动人口计划生育工作“一盘棋”格局的意见》和2010国家计生委印发的《2010年流动人口计划生育区域“一盘棋”工作方案的通知》等文件精神，就“流管”

区域协作方面的生育政策、奖励政策、技术处理政策等领域在协作会议纪要中作了明确规定，具有极强的可操作性；同时两市就县区、乡镇、村、组实行多层次对接协作机制，全面推进"流管"工作的顺利开展，取得明显实效。

昭通市7县区和宜宾市7县区的80余名计生干部参加会议。会上，四川省流动人口管理中心负责人到会指导，昭通、宜宾两市计生委主任就两市的"流管"区域协作工作情况进行总结，并通过第五次协作会议的《协作纪要》。

【救助计生贫困母亲76人】 2010年，第一批"救助贫困母亲项目"在巧家、昭阳两县区开展，投入各界爱心人士的善款10.8万元，对两县区36名计生贫困母亲的家庭进行救助，为她们购买羊、马、牛等牲畜发展养殖业。第二批在大关、永善两县开展，对40名计生贫困母亲家庭进行帮扶救助，主要以种养业为主，项目正在有序实施。

（市人口计生委 李荣幸）

民族·宗教

民 族

【2010年全市少数民族概况】 2010年，全市有19个民族乡，126个民族村，24种少数民族582449人，占总人口的10.1%。其中回族189649人，苗族188836人，彝族186655人，白族7242人，壮族4268人，布依族1840人，水族556人，蒙古族450人，哈尼族398人，傣族397人，满族253人，其他少数民族1905人。

【省民委领导在昭通调研】 1月6日，省民委副主任马春到鲁甸开展民族工作和民族团结稳定情况调研。2月22～24日，省民委主任王承才到昭阳区、巧家县开展民族工作调研。3月4～12日，省民委副主任岩秒到彝良、镇雄、威信、水富、永善、大关、昭阳等县区开展贯彻落实省民族工作"两会"精神、少数民族干部选拔使用情况、民族部门机构设置和人员编制等情况的调研。

【召开全市民族工作"两会"】 2月22日，昭通市民族工作会议暨第五次民族团结进步表彰大会在昭通召开。市领导夜礼斌、王敏正、张登亮、陈林章、熊启怀、张纪华、田勇、马吉林、陆琴雯、余扬举、连卫民、韩梅、冯学兰、陈麟出席会议，省民委主任王承才到会指导，市委书记夜礼斌、市长王敏正分别讲话，会议表彰了5年来在各条战线上为民族团结进步事业作出突出贡献的40个模范集体和120名模范个人，部署今后5年民族工作的主要任务。

【召开扶持民族乡经济社会发展建设规划业务培训会】 3月8日，市民委牵头召开扶持民族乡镇经济社会发展规划业务培训会议，贯彻落实全市民族工作"两会"精神和市委关于"整合资金、集中力量，用3年时间建设好民族乡"的要求。19个民族乡镇乡镇长、负责规划业务的工作人员、市民委全体干部职工共60人参加会议，全面部署扶持民族乡3年发展建设规划业务工作。

【市委出台民族工作政策文件】 4月1日，市委、市政府下发《关于进一步加强民族工作促进民族团结加快少数民族和民族地区科学发展的决定》，对今后5年少数民族和民族地区经济社会发展作全面部署。12月28日，市委办、政府办下发《关于印发〈昭发〔2010〕3号文件主要任务分解〉的通知》。

【开展民族团结进步宣传教育及创建活动】 6月10日，全市民族团结宣传教育活动周启动仪式在毛主席像广场举行。市民宗局先后到昭阳区、鲁甸县开展民族团结宣传活动4场次，接受宣传群众16000人次，发放禁毒防艾等综治维稳资料16540份。11县区开展政策法规宣传教育54场次，群众接受宣传20615人次。9月，市、区民宗局在昭阳区凤凰办事处文渊社区开展"民族团结进步示范社区创建"试点工作。全年组织实施民族团结示范村建设项目11个，总投资732.55万元，省民委下达资金360万元，自筹372.55万元，其中彝良县龙安乡木坪村寨子民族团结示范村建设为省级重点民族团结示范村，由局长童成清挂牌，督促工程实施进度，其余10个民族团结示范村均由县区民宗局局长挂牌实施。全年安排市级民族团结稳定经费65万元，应急工作经费250万元，11县区安排民族团结稳定经费94万元，临时批给稳定工作经费82万元。

【部署扶持民族乡经济社会发展建设任务】 11月10日，市委副书记、市委民族宗教工作领导小组组长张登亮主持召开市委民族宗教工作领导小组扩大会议，有民族乡镇的县区长、县区民宗局长和市直有规划建设任务的部门负责人参加会议。会议全面部署扶持民族乡经济社会发展建设任务，明确市直相关部门、相关县区的职能职责，明确部门负责人和县区党政一把手为第一责任人。《昭通市扶持民族乡经济社会发展规划》涉及13个大项，总投资约23亿元，平均每年投入7.7亿元。民族乡经济社会发展建设任务从2011年起实施，2011年实施7个，2012年实施7个，2013年实施5个，3年建成，每年度开展两次督查，工程竣工对照验收考核标准进行严格检查验收，工作结果纳入县区党政领导政绩考核重要内容。

【民族专用、机动资金投入1200多万元】 2010年，省民委安排少数民族专项资金829万元，项目93个，比上年增加187万元。市政府安排市级民族机动金400万元，比上年增加120万元。市政府批准继续安排少数民族学生救助资金20万元，要求县区按1:1配套。继续安排镇雄、彝良、威信3县民族中学贫困生生活补助经费各8万元。安排市级民族机动金118万元用于少数民族干部、人才培养培训（其中干部培训22万元，资助少数民族大中专学生96万元）。

【少数民族干部比例占8.98%】 年内，在少数民族人口较多的昭阳、鲁甸、镇雄、彝良、威信、永善6个县区100个乡镇中配备了少数民族乡镇党委书记和乡镇长42名，其中民族乡18个，有民族村的乡镇38个，有民族村的乡镇配备了党委书记和乡镇长14个。全市配备少数民族县区委书记2名，县长3名。全市党政、事业单位有少数民族在职人员7457人，占全市83025人的8.98%。

【资助少数民族学生942人】 年内，按照“扶持一个，就业一人，脱贫一家，带动一片”的思路，市民宗局继续与昭通财校、昭通农校、昭通卫校、重庆工商学校、云南民族中专、云南商务信息工程学校、昆明市旅游学校、昭通师专、西南民大等各大中专院校开展联合办学，共资助少数民族大中专学生942人（师专169人，“三官一员”学生19人，就读市外其他大学13人，西南民大26人，各中专学校715人）。

【少数民族文化体育建设】 年内，举办第二届苗族双语教师培训班1期80人。举办苗族滇东北次方言文字研讨会，对苗文的推广应用进行研讨。开办彝族语言文字培训班4期500人。完成彝族六祖分支广场塑像文案评审会议的筹备等工作，全省专家、学者，市委、市政府领导共60多人参加会议，完成《2011年中国昭通首届彝族六祖文化节暨2011年大型招商引资洽谈会总体方案》讨论稿的撰写等相关工作。指导大关县举办首届苗族民间文艺汇演。10月22～26日，承办昭通市第二届少数民族传统体育运动会。竞技项目产生金牌83枚、银牌75枚、铜牌81枚；表演项目产生一等奖10个、二等奖13个、三等奖10个；11个代表团获组织奖、体育道德风尚奖共68个。组团参加全省第九届少数民族传统体育运动会，竞赛项目夺得7金6银11铜，奖牌总数66枚，总成绩排名全省第五名，金牌数排名第七名；表演项目获得金奖2个、银奖1个、铜奖2个，金奖排名全省第八名；摔跤队和表演队分别获体育道德风尚奖；昭通代表团获优秀组织奖。完成《中国云南彝族》一书的审稿、编纂和规划出版工作，支付编辑出版经费96万元。划拨市苗学会、彝学会、回学会出刊经费补助各5万元。

【加强民族工作调研】 年内，完成《昭通市边远地区特困群体调查报告》、《昭通市2010年少数民族传统文化抢救保护项目申报材料》、《少数民族群众外出务工经商情况专题调研报告》、《少数民族和民族地区行政村基本情况调研报告》、《民族关系状况暨团结稳定形势分析报告》上报省民委。

【市民委等受省民委省体育局表彰】 10月28日，市民委、市文体局、市体育运动学校，童成清（民宗局长，评选时任民委主任、宗教局长）、保卫东（文体局副局长）、王裕吉（市体育运动学校副校长、高级教练）分别被省民委、省体育局授予“少数民族传统体育先进集体”和“少数民族传统体育先进个人”称号。

宗　　教

【2010年全市宗教概况】 2010年，全市有佛教、道教、伊斯兰教、基督教、天主教五大宗教。信教群众523804人，分布在143个乡镇1178个村（居）民委员会，其中佛教249049人、道教56610人、伊斯兰教180517人、基督教17877人、天主教19751人。已登记的宗教活动场所292个，其中伊斯兰教182个、基督教59个、天主教7个、佛教34个、道教10个。未登记但有一定规模的宗教活动场所471个，其中伊斯兰教27个、基督教59个、天主教18个、佛教351个、道教16个。有宗教教职人员2099人，其中佛教64人、道教132人、伊斯兰教1707人、基督教172人、天主教24人。有市佛教协会、市道教协会、市伊斯兰教协会、市基督教“两会”、天主教“两会”5个市级宗教团体，有县级宗教团体15个，其中伊斯兰教协会2个、佛教协会2个、天主教“两会”6个、基督教“两会”4个、道教协会1个。

【省宗教局领导在昭检查指导工作】 3月4～7日，省宗教局副局长杜吉一行4人对昭通市贯彻落实省委“6·15”专题会议精神和在宗教活动场所开展爱国主义和法制宣传教育以及和谐寺观教堂创建等工作的检查，到昭阳区大龙洞道观、鲁甸县文屏玄天观、盐津县观音阁、大关县普贤寺、水富县云崖寺等宗教场所实地调研指导。5月29日至6月6日，省宗教局局长熊胜祥一行4人先后到昭阳区、大关县、盐津县、水富县、永善县、巧家县对宗教活动场所进行实地调研，听取水富、巧家两县县委、县政府宗教工作情况汇报，解决了大关县、永善县场所修缮中存在的实际困难。6月12～13日，省宗教局副局长马开能一行3人到昭考察省伊斯兰教协会新一届班子人选，到昭阳区守望八仙清真寺、鲁甸县龙头山清真寺就伊斯兰教工作进行实地调研。

12 月 13～14 日，省宗教局副局长陆永耀带领政策法规处江斌等 4 人到昭检查全年宗教工作目标责任制落实情况。

【宗教政策法律法规培训】 2010 年，与市委组织部、市委党校举办培训班 2 期，参加培训的有全市近几年招考的少数民族公务员，民族乡镇党委书记或乡镇长，宗教工作任务重的乡镇党委书记或乡镇长，11 县区民宗局长、办公室主任、宗教科长共 112 人。市佛教协会举办全体理事、教职人员、部分信教群众等 80 余人的培训班；市伊斯兰教协会在昭阳区、鲁甸县举办朝觐行前培训班；市基督教两会举办长老及 2010 年神学院毕业的学生培训班。

【开展两个专项工作】 年内，市宗教局制定开展宗教教职人员认定备案和宗教活动场所财务监督管理工作实施方案，决定从 6 月起，用 3 年时间在全市组织开展两个专项工作，2010 年已指导市道教协会、市基督教两会完成道士、长老资格认定。宗教场所财务监督管理试行工作于 6～12 月先行组织试点，摸索经验，形成规范的管理制度，再在全市全面实施。

【依法管理宗教事务】 年内，依法逐级报批市天主教"两会"拟邀请新加坡嘉纳修会陈丽贞修女等 3 人到昭通，帮助市爱国会管理收养 17 名孤儿。推荐上报全国创建和谐寺观教堂先进宗教团体 3 个、先进宗教活动场所 7 个、先进宗教界人士 3 个。朝觐工作坚持"二十字方针"和"四个有利于"的原则，强化服务意识，努力为 100 名朝觐人员搞好服务，有效预防和杜绝零散朝觐，实现了连续 7 年无 1 起零散朝觐活动。接待香港房角石协会牙医义诊服务一行 35 人次，为昭通牙病患者 350 余人解除痛苦。

【矛盾纠纷排查化解成效明显】 年内，共接待来访 15 人次，处理来信 2 件，从接待和处理来信来访中，进一步全面了解和掌握全市宗教工作动态。加大矛盾纠纷排查调处力度，妥善化解热点、难点问题。先后开展 4 次大规模的不稳定因素排查：利用开展春节慰问对宗教领域开展矛盾纠纷排查，世博会举办前，开展对佛教、基督教、伊斯兰教工作进行调研排查，新疆"7·5"事件一周年敏感时期，开展大规模的排查，借古尔邦节慰问开展排查。共排查出宗教矛盾纠纷和热点、难点问题 12 起，排查出的矛盾纠纷得到及时调处，热点、难点问题得到有效化解除。

（市民委　王高云　刘荆志）

人事和社会保障

【人事和劳动保障机构改革】 10 月 11 日，原昭通市人事局和原昭通市劳动和社会保障局撤并为昭通市人力资源和社会保障局。原市劳动和社会保障局局长熊明海任党组书记、副局长，原市人事局局长任毅刚任局长、党组副书记。

【就业再就业工作扎实推进】 2010 年，市人力资源和社会保障局提出"一个确保、两个强化、三个重点"的工作思路，就业再就业工作取得较好成效。采取发展促进就业、政策稳定就业、创业带动就业、服务方便就业等一系列积极的就业再就业措施，坚持发展经济与促进就业并重，把扩大就业和扩大内需紧密结合起来，建立起全方位、多层次的就业体系，成功应对金融危机的冲击，保持就业再就业工作的稳定态势。全市就业规模持续扩大，就业结构明显改善，市场导向的就业机制已初步形成。年末，全市累计新增城镇就业岗位 10.64 万个，城镇登记失业率控制在 4.4% 以内，3.16 万名下岗失业人员实现再就业，特殊困难群体就业 11257 人，开展职业培训 24.44 万人次。

【社会保障体系逐步完善】 2010 年，在城镇职工基本养老保险、城镇职工基本医疗保险、工伤生育保险、失业保险的基础上，相继启动城镇居民基本医疗保险，巧家、威信、水富 3 个县新型农村养老保险试点工作，加上卫生部门管理的新型农村合作医疗和工会开展的医疗互助，全市已建成门类齐全，全民覆盖的社会保障体系。年末，全市基本养老、医疗、工伤、生育和失业保险参保人数分别为 8.21 万人、17.9 万人、10.5 万人、14.75 万人和 10.1 万人，城镇居民医疗保险参保 21.9 万人，新型农村养老保险参保 33.31 万人。社会保险参保人数从"十五"末的 27.9 万人增加到 116.67 万人，5 年增幅 318%。同时，社会保障水平已大幅提高。离退休人员养老金人均每月 1196 元，是"十五"末的 179%，职工医保封顶线从 5 万元提高到 6 万元，提高 20%，城镇居民医保封顶线从 2 万元提高到 2.5 万元，提高 25%。

【和谐劳动关系取得新成效】 2010 年，全市城镇规模以上企业劳动合同签订率 95.9%。建立了"快立、快调、快审、快结"的劳动人事争议仲裁工作机制，妥善化解劳动关系纠纷和矛盾。2006～2010 年，全市各级劳动保障监察部门追讨劳动者工资待遇 7246 万元，涉及劳动者人数 5.3 万人，其中清欠农民工工资 6995 万元，涉及农民工 4.8 万人；清退违规收取的风险抵押金 49.7 万元，涉及劳动者 1063 人；督促补签劳动合同 6.8 万份；追缴各项社会保险 9377 万元。为防止恶意拖欠农民工工资行为的发生，2009年在全省首家建立了建设领域农民工工资保障金制度，截至2010年末，全市收取农民工工资保证金5583万元，有效遏制农民工工资拖欠行为，维护了农民工的合法权益。

【争取上级资金支持2.1亿元】 2010年，昭通市争取上级资金支持2.1亿元，超额完成市政府下达的1.1亿元的任务。其中就业再就业资金4087万元，养老保险补助资金12726万元，医疗保险补助资金2883.6万元，昭阳区就业综合服务中心建设资金552万元。

【社会保险参保总人数突破110万】 年内，启动新农保和城镇居民医保，参保人数大幅攀升。年末，全市参保人数116.67万人，比上年增加69%。

【农民工工资保障金收取工作成效显著】 2010年，全市进一步加大建设领域农民工工资保障金收取力度，切实防范拖欠农民工工资行为。收取农民工工资保障金2960万元，对工程完工后经公示无拖欠行为的企业退还农民工工资保障金280.86万元。

【加大培训力度提高就业率】 2010年，为加大对城乡务工人员的培训力度，市人力资源和社会保障局举办了多期劳动力的免费技能培训班，全市培训农村劳动力约37.09万人；落实创业培训政策，鼓励已成年人自主创业，对所有参加创业培训的对象均提供免费培训服务。在2009年的基础上，今年在全市扶持3304人创业（其中就业经办机构1100名、工商联700名、工会180名、共青团1000名、妇联230名、个私协会65名、教育局29名），发放贷款2176人10450万元，带动就业7853人；做好高校毕业生就业见习工作，高校毕业生就业见习基地在上年基础上新增2家，总共36家，共提供215个见习岗位，已有176名毕业生到岗见习，完成全年见习任务的82%。举办大型招聘会15场，为用工单位成功招聘3491人次，接受咨询32456人次，转移输出11606人次，大批待业青年已走上工作岗位，为缓解全市就业压力作出努力。

【企业稳岗工作进展成绩凸显】 年内，人力资源和社会保障局抓住“五缓四减三补贴”等就业扶持政策延长一年的有利条件，充分发挥好政策对就业的促进作用，帮助更多的企业和职工享受到政府的优惠政策。将失业保险缴费费率下调为1.5%，全年少征缴1100万元事业保险费；补贴65户困难企业缴纳社会保险和开展职工技能培训1335.83万元，进一步降低企业负担，提高职工技能，促进社会和谐稳定，全年稳定就业岗位6090个。

【公务员管理工作不断加强】 2010年末，全市14107名公务员参加了登记，其中予以登记13027人、登记待明确处理709人、暂缓登记335人，不予登记36人；完成省公务员主管部门已批准的629个参公管理单位的性质明确和制度转换工作以及相应1800多名人员的身份登记。制定了加强和规范昭通市科级公务员调任和选任工作的意见，进一步规范科级公务员调任和选任工作，公务员管理工作基本实现制度化。健全从基层考录和选拔优秀公务员机制，2006～2010年，全市公开招录公务员2847名（其中定向招考回、彝、苗少数民族123人）、考录97名村社干部为公务员，配合市委组织部选聘1367名高校毕业生到村任职，完成2876名新录公务员的初任培训和1.3万多名公务员在职培训。2010年公开招录公务员476名，选聘到村任职大学生242人。

【“十一五”人才队伍建设成果显著】 2006～2010年，全市评审中级专业技术职务11568人，向省推荐高级专业技术职务1868人（其中2010年评审中职人员2530名、向省推荐高职人员560名）。全市获国务院特殊津贴2人、省政府特殊津贴8人，省有突出贡献优秀人才4人、省科技兴乡贡献奖7人、省拔尖农村乡土人才15人、国家优秀农村人才1人（其中2010年组织申报国贴专家1人，推荐省贴、省突专家8人）。5年共招募“三支一扶”大学生193人（其中2010年招募75名）；2007～2008年招募的服务期满并自愿留在当地的43人已全部聘用为事业单位正式工作人员。进一步改善事业单位人员结构，增强事业单位的活力和竞争力。5年共审批录用教育、卫生、计生、广电部门紧缺专业人才、非教育类事业单位工作人员、教师补员、三支一扶人员以及直接引进硕士研究生11392人（其中2010年录用教育、卫生等系统紧缺专业人员693人，录用全市非教育类事业单位公开招聘工作人员740人，录用事业单位定向招聘农村基层服务计划服务期满高校毕业生33人），服务期满转为正式在职在编事业单位工作人员的特岗教师1317人（2010年完成628名2007年招聘的特岗教师的转正录用工作），完成事业单位新进人员初聘培训12729人。共开展事业单位专业技术人员和管理人员继续教育培训10余万人次（2010年培训全市企事业专业技术人员和管理人员4万余人）。做好专业技术人员执业（职业）资格报名考试工作，2010年共4143人参加考试。

【机关企事业单位工资制度改革统筹推进】 年内，严肃工作纪律，统筹推进全市机关事业单位工资收入分配制度改革工作。贯彻执行公务员特殊岗位津贴制度，调整艰苦边远地区津贴四类区的标准。探索事业单位绩效工资管理模式，在实施义务教育学校教师绩效工资的基础上，有序开展公共卫生与基层医疗卫生事业单位绩效工资的实施工作。组织兑现了全市公共卫生与基层医疗卫生事业单位4366名在职人员绩效工资（月人均增资约300元）和854名退休人员退休生活补贴（月人均增资约30元）。组织完成2010年全市事业单位工作人员正常晋升薪级工资和公务员滚动升级及部分人员正常升档工作。完成新录、调出调入等各类人员的工资审批工作。调整企业最低工资标准和非全日制劳动者小时最低工资标准，发布企业工资指导线，对引导企业工资正常增长发挥了积极作用。

【事业单位人事制度不断规范】 2010年，审核办理市直事业单位职工聘用合同鉴证手续1349人4047份。指导市直事业单位中层领导干部竞争上岗，办理有关任免审批手续36人。认真做好事业单位岗位设置工作，批复11个县区和市直139个事业单位的岗位设置方案，市直聘用及认定工作基本结束，县区完成48%。

【人事宏观调控不断加强】 年内，完善增人计划管理制度。根据财政承受能力和经济社会发展需要合理下达增人计划，共审核下达2010年全市公务员招考、事业单位招聘计划3306名。完成2009年全市人事统计和昭通国家粮食储备库等单位共25人的划转工作。

【完成9名军转干部安置任务】 年内，按时完成9名军转干部的接收安置任务，其中计划安置2名，自主择业7名。

【举办人才招聘会和中介组织管理办法听证会】 11月23日，在昭通师专校园举办人才招聘会，共21家企业参加，提供岗位600多个，进场的未就业高校毕业生2500人，达成初步就业意向300余人。12月，组织《昭通市人才中介组织管理办法》听证会，进一步规范了全市人才中介组织管理工作。

【规范机构编制管理】 年内，继续推进机构编制管理的科学化、规范化、法制化建设，加强机构编制管理，严格执行核编制度，进一步加强市直机关人员编制卡管理制度。严把人员“进口”关，认真做好市直机关人员工资基金管理、市直机关人员调动编制的审核、全市机关单位招考公务员计划的编制审核工作。指导做好2009年全市机构编制年报统计、分析工作。完成市直168家事业单位2009年年度检验工作，指导县区开展事业单位年检工作。根据事业单位的申请，严格程序和条件，认真审核事业单位设立、变更和注销登记事项，共办理90家事业单位设立、变更和注销登记。

【深入开展创先争优活动】 年内，全面深入开展创先争优活动。以“五好五带头”为核心，以“十个一”工程为载体深入开展，确保学习教育活动和劳动保障工作两促进、两不误。“五好五带头”即：领导班子好、党员队伍好、工作机制好、工作业绩好、群众反映好；带头学习提高、带头争创佳绩、带头服务群众、带头遵纪守法、带头弘扬正气。“十个一”工程即：建好一个中心（劳动保障综合服务中心）、翻过一个坎（2012年全市社会保险参保人数突破200万）、出好一本书（劳保工作办事程序汇编）、拍好一部片（劳动保障远程教育专题片）、洗好一次脑（请专家进行讲课）、演好一场戏（组织一次文艺演出）、讲好一场赛（举行一次演讲比赛）、开好一次会（创先争优专题大会）、组织一次展（工作成果展览）、打好一次针（抓廉政教育）。

【接待信访900批次】 年内，人力资源和社会保障局共接访了近900批次，处理来信500余封，参与处理一批有关历史遗留的老大难问题，对来信来访都尽力做到耐心、细致、热情，及时化解各种矛盾，基本上保持了和谐稳定。

【全市2010年末专业技术人员情况】 至2010年底，全市专业技术人员59788人。其中在管理岗位工作163人，女性23235人，少数民族4934人，中共党员14854人，博士26人，硕士17人，本科15169人、专科29620人、中专13441人、高中及以下1491人；35岁及以下28185人、36～40岁11636人、41～45岁8328人、46～50岁6194人、51～54岁3505人、55岁及以上1940人；市直3464人，县区35168人，乡镇21156人；在管理岗位工作者682人，具有职业资格的37976人；高级岗位3108人（其中四级77人、五级378人、六级628人、七级2025人），中级岗位24869人（其中八级3514人、九级3881人、十级17474人），初级岗位30599人（其中十一级4477人、十二级19268人、十三级6854人），其他1212人。

专业技术人员按专业类别分：工程技术类2573人，农业技术类2622人，科学研究类27人，卫生技术类6784人，教学类45937人，经济类341人，会计类377人，统计类230人，图书档案、文博类389人，新闻、出版类241人，律师、公证类51人，播音类34人，工艺美术类3人，体育类21人，艺术类70人，政工类88人。

事业单位工作人员按行业分：农林牧渔业5145人，采矿业41人，电力、煤气及水的生产和供应业14人，建筑业356人，交通运输仓储和邮政业613人，信息传输、计算机服务和软件业31人，住宿和餐饮业22人，金融业211人，房地产业10人，租赁和商务服务业9人，科学研究、技术服务和地质勘查业333人，水利、环境和公共设施管理业1573人，居民服务和其他服务业579人，教育47741人，卫生、社会保障和社会福利业9125人，文化体育和娱乐业1336人，公共管理和社会组织3741人。

【全市2010年末事业单位补员及公务员情况】 2010年，全市事业单位补员3016人（含教育类及非教育类补员考试招录人数、紧缺专业技术人员招聘人数、特岗教师转正人数、“三支一扶”转正等人数）；拟招录公务员515人，实际招录476人。至年底，全市党委、政府机关公务员16125人（不含参公单位）。

（市人力资源和社会保障局　马　兰　陈　冬）

农村人力资源开发

【2010年农村人力资源开发工作概述】

2010年，全市转移输出农村劳动力123.46万人、占目标任务的100.37%、同比增9.38%，其中新增转移输出农村劳动力11.17万人、占市下达任务的111.7%及省下达任务的100.8%，实现务工工资收入121.21亿元、占目标任务的101.01%、同比增8.42%，务工纯收入71.46亿元、占目标任务的100.65%，同比增18.31%，农民人均务工纯收入1386元、占农民人均纯收入的50.1%；培训农村劳动力12.81万人，占年度目标任务的128.1%。完成务工人员夜校培训3.35万人，占年度目标任务的101.52%。

实施“农村劳动力转移就业特别行动”，全市组织115场次劳务现场招聘会，占省下达任务65场次的176.9%，通过劳务现场招聘会带动了农村劳动力转移就业，3~8月集中转移就业26.99万人，超额完成市政府下达的集中转移就业20万人、新增10万人的目标任务。

抓培训提高市场竞争力带动就业。年内新增建立3个劳务联络点和2个同乡会，为务工人员提供就业信息、法律咨询、维权救助等服务工作。进一步摸清昭通籍务工人员已成为企业家和能人的具体情况，出台鼓励优惠政策，回引务工人员回乡创业发展经济带动就业；着力引进发达地区劳动密集型企业到昭通落户，促进农村劳动力就地就近就业。年内已回引2861名务工人员，回乡投资5.04亿元创办种养业、加工业、运输业等，就地吸纳农村劳动力15671人就业；已引进广东到昭阳投资办昭通市百越服装有限公司、昆明到威信投资办云南威信锦冒生物科技有限公司、重庆管道天然气落户鲁甸、云南路红实业集团有限责任公司落户盐津等28户企业，共投资10.6亿元兴办企业，就地带动农村劳动力2034人就业。

【新增500万元培训资金】 4月23~25日，省委副书记李纪恒到昭通调研农村劳动力转移培训工作，在深入基层了解培训情况和听取全市农村劳动力转移培训工作汇报后，表态增加500万元贫困地区劳动力转移技能培训资金。

【举办万人劳务现场招聘会】 7月3日，云南省农业厅、昭通市政府和昭阳区政府在昭通市体育馆联合举办“万人劳务现场招聘会”，全国各地55户企业参会，提供就业岗位1.4万个，参加应聘人员超过1.3万人，现场招聘了1820人。

【昭通5单位获全省先进单位称号】 7月9日，昭通市政府、市农村人力资源开发办、鲁甸、巧家和水富县获云南省政府表彰的“云南省农村劳动力转移及劳务输出工作先进单位”称号。

【《昭通市农村劳动力转移培训项目管理实施细则》出台】 11月17日，市农村人力资源办与市财政局联合下发《昭通市农村劳动力转移培训项目管理实施细则》，细则要求采取招投标方式确定农村劳动力培训项目实施机构，确保培训项目公平、公正、廉洁的组织实施；培训项目、补助资金、培训对象全面公示，主动接受社会和群众的监督；培训机构按照农民和市场对接的需求，深入乡村组自主招生、自主培训、自主转移；主管部门在培训机构开展培训的过程中做到服务到位、全程监管、绩效考核、优胜劣汰。细则的出台，进一步规范了培训机构必备条件和认定程序，以及培训项目实施程序、管理程序、资金报账程序，创新了培训项目管理体制机制。

【争取上级培训资金3500多万元】 2010年，市农村人力资源开发办重视项目资金争取工作，多次到省扶贫办、农业厅、劳促会汇报请示，得到省级有关部门的认可和支持，共争取上级培训资金3564.13万元，与上年相比增加1544.13万元，增幅76.44%，为培训提高农村劳动力技能提供了有效保障。

（市农村人力资源开发办　郑　云）

民　　政

【救灾救济安排资金1.46亿元】 2010年，全市遭受有气象记录以来最严重的干旱以及局部风雹、洪涝、滑坡、泥石流、地震等自然灾害，其特点主要表现为“灾害种类多、受灾范围广、发生频率高、重大灾害多、灾害损失大、自救能力弱”。全市11个县区143个乡镇357.57万人受灾，因灾死亡33人，失踪27人；因灾损坏房屋17718户58472间，倒塌1578户3631间。电力、通讯、交通、水利、市政等基础设施不同程度损毁。因灾造成直接经济损失32.16亿元，其中农业直接经济损失22.16元。全年转移安置灾民6569人，安排救灾资金1.46亿元，救灾帐篷310顶、棉被4600床、棉衣1100件，捐赠衣物50余万件、大米125吨。口粮救助52.45万人，衣被救助25万人，灾民基本生活得到有效保障。水富县两碗乡集镇民房搬迁建设、巧家县小河镇“7·13”洪涝灾害民房恢复重建工作有序推进。

【社会救助成效明显】　年内，全市有城市低保对象6.6万户10.6万人，全年支出保障金19930万元，月人均补助162元；有农村低保对象48.07万人，比上年增加5.07万人。全年支出资金36426万元，人月平均补助70元；城市医疗累计救助15万人次，共支出城市医疗救助资金1400万元，农村医疗救助52万人次，共支出农村医疗救助资金8500万元。全市有农村五保供养对象39945户44019人，其中分散供养40619人、集中供养3400人，全年支出农村五保经费5054万元。农村敬老院建设进度加快，昭阳、鲁甸、巧家三县区中心敬老院已经竣工验收，绥江县中心敬老院、威信县旧城敬老院已经投入使用，盐津县中和镇中心敬老院二期工程、大关中心敬老院二期工程建设进度加快。

【双拥优抚安置稳步推进】　年内，全市有重点优抚对象3.24万人，2010年提高了部分优抚对象等人员抚恤和生活补助标准，共安排补助经费1.04亿元。首次向在乡抗日老战士发放一次性生活补助金9万元。稳步推进安置改革，共接收安置退役士兵、转业士官879人。完成21名军休干部住房改革资料上报工作，核准下拨住房保障经费196.5万元，军休干部管理服务工作有效落实。

【社会福利和社会事务有效拓展】　年内，编制完成昭通市养老福利事业发展规划，及时申报了昭通市养老福利中心建设项目，全力抓好“蓝天计划”，昭通市儿童福利院主体工程完工投入使用，昭通市流浪未成年人救助保护中心已经动工建设。殡葬改革深入推进，借助清明节殡改宣传月、新闻媒体等形式，广泛深入地宣传殡改工作；全市火化区划定及公益性公墓建设3年规划已完成，水富、威信、彝良、盐津、镇雄5县殡仪馆建设项目已全面启动。

【争取慈善资金6590余万元】　2010年，争取中华慈善总会资助总价值2000余万元的医疗器械，争取400万元慈善资金在威信、彝良、镇雄3县建设2所敬老院和1所福利院；争取2000万元慈善资金支援“5·12”地震复恢建设，争取省慈善总会资助水富县95.6万元捐赠资金，用于中心敬老院购买必要的设备设施。同时争取中华慈善总会资助配备价值2100万元的新农村综合视讯平台7套，价值2680元的彩色B超40台。共完成唇腭裂患者矫治手术75例。在省慈善会的资助下，组织50名贫困应届初中毕业生到湖北职业学校就学。

【社会组织建设深入推进】　3月，成立中共昭通市委新社会组织工作委员会，与民政局合署办公，新任新社会组织工委书记一名，通过搭建机构，切实加强社会组织党建工作的领导。对全市社会团体开展“小金库”专项治理工作，规范社会团体收费，从源头上预防和杜绝社会团体“小金库”问题的发生。11月30日，新社会组织党工委对浙江商会和跆拳道协会52名入党积极分子开展培训，强化协会党组织建设，夯实基层协会党建工作。

（市民政局　朱前林）

移民开发

【溪洛渡电站移民工程项目进展有序】

年内，市移民开发局采取有力措施，全力贯彻落实溪洛渡水电站施工区移民安置调整政策，施工区1091户移民中已有1029户提交改变安置申请和签订长效补偿协议，占总户数的94.3%。移民城镇安置点规划设计报告通过审查，移民城镇安置点木仰、农场两安置小区，规划安置移民326户1440人，安置拆迁户108户262人，总投资15281.55万元。

库区实物指标调查收尾工作正有序推进。巧家实物指标调查复核建档立卡工作已全面完成，各方已经签字认可，人口界定工作完成；永善、昭阳和鲁甸库区指标调查工作基本完成，各方已对复核调查成果初步签字认可，移民人口界定实施细则经市政府批复，现正在开展移民人口界定工作前期相关工作。

溪洛渡三、四组古滑坡治理，年底已完工；黄码公路由三峡公司代建，施工单位已经入场；永善县职业中学复建工作由永善县移民开发局委托永善县教育局代建，近期将完工；巧家移民安置点二台坪子至奥威大桥公路完成设计，近期将进入咨询审查程序;湾河、天星坝年底完成初步设计工作,待省移民局核准后即可招标开工建设。

【向家坝电站移民项目进展顺利】 2010年,完成向家坝电站库区和城集镇新址占地区所有实物指标复核调查分解建卡、移民安置综合管理信息系统数据导入及实物指标成果对接。配合中南设计院完成《金沙江向家坝水电站云南库区移民安置实施阶段实物指标复核调查专题报告》(咨询稿)的编制。至年底,全面完成搬迁人口的界定。绥江县、水富县正做好移民安置意愿征询、安置协议签订工作。

完成太平料场施工区移民安置实施规划修编工作,库区移民安置实施规划的编制正加紧进行。

绥江县城新址场平截洪沟工程、四方碑沟西支沟箱涵工程、B12地块抗滑桩及截洪沟出口处理抢险工程通过县级初步验收;会仪、南岸集镇新址场平通过实体验收;县城新址供水工程已具备通水条件,新址红线内通信设施临时迁建工程、县城新址A14-2地块左标段场平及统一安置房(廉租房)房建以及A15-2地块场平完工。A15-1地块、A8-2和A15-3地块、B12地块、A14-2地块右标段场平已具备建房条件;完成A15-1地块移民安置房2-7、11-13、16和19号共11栋楼基础工程和1号、14号楼、17、18号楼主体建设;6号楼条基验收;7号、19号、12号和13号楼完成孔桩砼浇筑;启动B12地块和A14-2地块右标段移民安置房房建基础工程;A16-3地块、B10地块二期围堰统一安置房场平及房建工程、B11、B13、B14、C12、C14地块场平工程及B区护堤工程建设正抓紧推进;水富县云崖寺一期工程寺庙主体、18罗汉金身塑造、大雄宝殿主菩萨塑像等工程及部分附属设施建设于10月30日全部竣工。消防大队营房建设工程于10月30日全部竣工。至10月底,邵女坪水厂净水装置安装、厂房主体工程、净水池开挖基本完工,整个工程完成70%左右;场平工程,投资计划完成700多万元,工程完成75%左右,由于绥水公路封闭施工,建筑材料运进困难,严重影响工期和进度。

【争取白鹤滩电站移民扶持资金3260万元】 年内,配合三峡公司、华东院开展白鹤滩电站库周公路复建规划和电站施工区移民安置规划设计工作,完成白鹤滩电站搬迁安置环境容量的调查工作;协调配合华东院、三峡公司考察白鹤滩电站建设及对外交通建设,开展白鹤滩电站影响区环境保护及规划设计工作,做好白鹤滩电站建设可行性研究选坝设计报告。配合完成《金沙江白鹤滩水电工程施工总布置规划专题报告》、《金沙江白鹤滩水电站可行性研究报告阶段移民实物指标调查登记细则》。

按时发放省级下达的2010年第一、第二季度移民后期扶持资金942.12万元,涉及发放对象31404人。做好2010年度新增大中型水库移民后期扶持人口上报工作。经统计核实,2010年全市新增大中型水库移民后期扶持人口2098人,涉及鲁甸、巧家和镇雄3个县,12月上旬完成上报。争取大中型水库移民后期扶持项目资金3260万元,其中大中型水库移民后期扶持结余资金1160万元和第一批库区基金1000万元已下达各县区组织实施;第二批大中型水库移民库区基金1100万元已下达到市级财政,待上报完善相关要件后下达到各县区组织实施。

(市移民开发局 *黄天桥*)

外 事 侨 务

【保障80人次因公(私)出国(境)团组成行】 至11月底,完成7个公务团组40人的护照、签证审核办理工作,有计划、有重点地完成厅级领导出访任务。

审核办理参加中央、省厅组团的因公出国(境)考察、培训29人次的相关工作。出访人员构成副厅级领导1人,处级领导20人,科级人员1人。

办理31人次因私特岗人员出国(境)相关手续,解答咨询70余次。审批审核工作及护照签证手续和特岗人员因私出访审核工作中认真执行相关规定,无任何违规现象出现。

【全力做好外事服务工作】 年内,市外事办充分发挥掌握国际交往沟通的基本知识,熟悉国际规则、国际惯例和国际礼仪的职能优势,对邀请到的境外团组、外国客人主动做工作,切实做好翻译、接待工作,挖掘合作机会,为昭通经济发展引资引智。先后完成市长王敏正会见世行贷款镰田卓也先生带队的考察团一行;对亚洲马铃薯生产技术培训班昭通考察交流会的筹备会议及外事接待工作作配合指导,并对市领导对外接见工作作全程翻译;参与王敏正与美国古生物考察专家会见的相关外事服务工作;对外国农业专家到昭进行考察交流活动作好积极配合接待工作等重大外事活动。

【建立困难归侨侨眷档案,提升侨务扶贫针对性】 全市有归侨29人,侨眷

1224人。其中没有应纳入当地最低生活保障的归侨、侨眷有10人已全部纳入低保。农村贫困(年均纯收入低于492元)归侨1人,侨眷183人。近年的侨务扶贫工作,着重抓了贫困归侨侨眷危房改造工程和扶持贫困归侨侨眷发展种植、养殖业。年内建立困难归侨侨眷档案,使侨务扶贫实现科学、规范、透明化管理,提升侨务扶贫的针对性和有效性。根据调查结果制订详实调研计划,仔细甄别,划分范围,分片包干,从就业、创业、子女上学、低保申领、老人赡养等方面着手,根据他们的具体条件、爱好特长制订有针对性、具可行性的关爱措施。

【组织19人次参加全省外事培训】 年内,组织全市市直各有关单位及11县区外事专办员19人次参加云南省政府外事办公室组织的全省外事专办员培训,参训人员全部通过考试,并取得外事专办员资格证,外事干部队伍政治、业务素质得到加强。

【投入5000元开展抗旱救灾】 年内,市外侨办从紧张的办公经费中安排资金5000元,作为挂钩村抗旱救灾专项补助金。要求单位派出的新农村建设指导员必须坚守岗位,投入抗旱救灾第一线,与镇、村干部群众团结一心,共同做好抗旱救灾工作。

(市外侨办 吴 涛)

老 龄 工 作

【昭通老龄工作目标考核通过】 3月9~11日,省老龄工作目标考核组组长、大理州老龄办副主任杨菊英一行4人,对昭通市2009年老龄工作进行目标考核。

考核组一行采取“查、看、听”的方式,到水富、大关、鲁甸3县,实地查看城市中心敬老院建设情况、城市老年活动中心老年人活动情况和农村老年协会开展活动情况。通过查检,检查组认为昭通市完成2009年度老龄工作目标总体情况较好,同时还指出存在的问题:市、县区工作人员较少,不能适应工作的需要;各级财政对老龄工作投入不足,制约了老龄事业的发展;落实老年优待政策没有完全到位,老年人免费乘坐公交车的规定未落实。针对存在问题提出了建议。通过考核,昭通市获2009年度老龄工作目标考核二等奖。

12月19~23日,省民政及老龄工作目标考核组一行4人在省民政及老龄工作目标考核组组长、省老龄办专职副主任王建新的带领下,对昭通民政及老龄工作2010年目标任务完成情况进行考核。考核组一行严格按照省市年初签订的2010年民政工作目标责任书和老龄工作目标责任书,实地抽查盐津、昭阳两县区的民政工作落实目标责任制情况,检查开展老龄工作党政重视、养老设施建设、资金投入、法规宣传、台账建立以及贯彻落实《云南省老龄事业发展十一五规划》情况,听取了市、县区两级的工作汇报。考核组在肯定成绩的同时,还查找出了存在问题:昭阳、大关、永善3县区老年保健补助津贴没有达到省政府下达的每人每月20元的标准;市县老龄办行政执法主体没有明确,不能有效开展工作;与成员单位的联系不够,必要的会议没有坚持召开。针对存在问题,考核组提出了整改建议:要按照“大老龄”和“大民政”格局来深化老龄和民政工作,加强养老服务业;要站在全市的高度,认真做好“老龄事业十二五规划”的编制工作;要加强养老服务设施建设。

【认真做好高龄老人保健补助发放工作】 2010年省级下达的补助资金347.45万元,比2009年的下达数减少了225.5万元。为切实做好2010年老年保健补助的发放工作,市老龄办提前做方案。搞好调查统计,准确掌握高龄老年人人数,对所需资金多次进行测算,根据统计数据,向市政府作汇报;加强协调指导,确保县区按计划落实配套资金,11县区财政配套资金577.81万元,最大限度地完成省老龄办规定的提标任务,到11月底,全市62424位80周岁以上高龄老人和99位100周岁以上老人全部领到老年保健补助金和长寿补助金。鲁甸、盐津等8个县80~99周岁以上老年人的老年保健补助发放标准每人每月20元,大关、永善两县发放标准每人每月15元,昭阳区的发放标准为80~89周岁的每人每月10元,90~99周岁的20元。全市99位100周岁以上的老年人每人每月领到200元。

【规划全市养老设施并纳入项目储备】 10月,市老龄办组织11县区老龄办对养老服务设施、老年文体活动设施项目进行规划布局,编制了昭通市养老设施和老年文体活动项目储备规划,提出今后五年的发展建设目标,项目储备敬老院126个、日间照料中心85个、乡镇老年活动中心143个、县级老年活动中心12个、老年公寓3个。农村和社区日间照料中心规划面积1000平方米,县级老年活动中心规划面积5000平方米,乡镇老年活动中心规划面积2000平方米,老年公寓规划面积8000平方米,每平方米投资按1500元概算。

【自查评估贯彻《云南省老龄事业发展十一五规划》情况】 2010年是落实《云南省老龄事业发展十一五规划》的最后一年，市老龄办根据省老龄办的通知，组织各县区就贯彻落实十一五规划情况进行自查评估。十一五期间，昭通老龄事业发展取得了6个方面的成绩：老龄机构逐步健全，工作职能进一步发挥；涉老年法规和政策得到较好落实；老年人生活得到切实保障；老年福利基础设施进一步改善；全社会敬老孝亲意识不断增强；老年维权工作成效明显。存在问题：在少数一些地方和部门，仍然存在对《纲要》领会不够深刻，对老龄工作认识不足、重视不够，贯彻中缺乏坚强有力的措施；各地对老龄事业的投入不能适应人口老龄化发展趋势，在很大程度上制约老龄事业持续健康发展，各类老年福利和服务设施总体上仍然显得不足和落后；养老保障水平有待进一步提高，现有养老保障制度还存在社会养老统筹面窄，贫困老年人享受低保的水平低，对农村“五保”老人和贫困老人的救济面大；各级老龄工作机构的人员编制偏少，越来越不适应日益繁重的工作任务；对农村老龄工作重视不足，农村老龄工作普遍显得薄弱，基层老龄工作组织不健全。各地针对存在问题，提出了整改措施。

【敬老节活动形式多样】 10月16日（重阳节），是云南省第二十三届“敬老节”，市老龄委转发省老龄办《关于开展“敬老月”活动的通知》，组织开展形式多样和内容丰富的“敬老节”活动，重点是为老年人做好事、办实事。10月14日，市政府副市长成联远、昭阳区政府副区长周彤带领市区民政和老龄部门人员，分别看望和慰问市区老年体协、昭阳区中心敬老院、永丰镇三甲村老年协会以及高龄老人杨家珍，向他们转达中国老年基金会和省老龄委领导问候之意，表达党委、政府及社会各界对广大老年人的关心。敬老节当天，大关县中心敬老院68岁的马启富和76岁的熊文珍二位老人喜结连理，市民政局局长何升灿和大关县委副书记、县长王宏到县中心敬老院为两位老人祝贺，并为二位老人颁发结婚证书。

10月18日，大关县个体私营经济协会会员10余人在县工商局副局长晁旭东和柯永昌的带领下，开展主题为“学雷锋，树新风，光彩服务日”活动，为大关县中心福利院的110多位五保老人送去150千克大米、8箱苹果、20箱牛奶、20箱饼干。水富县各医疗、卫生部门在敬老节期间免费为老年人开展医疗保健咨询和义诊服务活动，到县中心敬老院为五保老年人做免费体检、医疗咨询，举办康复和保健知识讲座。武警中队指导员段著民带领20多名战士到中心敬老院看望慰问老人，帮助清扫敬老院四周垮塌的土方40多立方米。县博爱医院等社会组织为县中心敬老院的老人送去保暖内衣等衣物。

【搞好城乡老年人口状况追踪调查】 10月25日至12月20日，全国老龄办组织实施中国城乡老年人口状况追踪调查，昭通市昭阳区凤凰办事处、龙泉办事处的11个社区被列为调查点。市老龄办安排一定工作经费、明确专人负责，同时对社区调查人员进行培训。调查内容包括：基本状况、劳动就业状况、经济保障、医疗保障、生活照料、家庭经济状况、家庭网络及服务需求、社区服务、精神文化生活、参与社会发展、心理健康、基层组织和管理等内容。

【召开全市老年体协第六次代表会暨老年人体育工作会议】 6月10日，召开昭通市老年人体育协会第六次代表大会暨老年人体育工作会议。市委常委、市委秘书长田勇，市政府副市长韩梅、市老干局长孙信勇、市妇联主席陶天蓉、市工会常务副主席晏祥莉、市文体局局长李华章等领导参加会议并讲话。会议顺利完成市老年体协的换届选举工作，新老班子顺利交替。

【开展“百村建设”与“扶五老、解两难”活动】 年内，在鲁甸、威信、水富实施“百村建设”项目8个；通过省老龄办的资金支持，采用1∶1的配套资金进行对基层老年协会的场地建设和活动用品给予支持。开展扶“五老”“解两难”活动。省下达资金20万元，为15户农村老党员和老乡干部解决住房难问题。

（市老龄委 陈本贵）

残疾人工作

【市委、市政府发文推进残疾人社会保障和服务体系建设】 年内，市委、市政府发出12号文件，核心内容是帮助残疾人改善基本生存条件，促进残疾人事业全面发展，实现残疾人共享经济社会发展成果。为贯彻落实好文件精神，市政府残工委组织相关单位召开专题会议，讨论确定市政府残工委成员单位贯彻落实市委、市政府12号文件任务分解方案（草案），明确每一项工作任务的牵头单位、配合单位和完成时限。并结合本地实际，及时研究制定具体的实施意见。

【残疾人社会保障工作落到实处】 年内，市政府第44次常务会议专题研究残疾人社会保障工作，市委12号文件提出明确要求，对残疾人要实行普惠加特惠，重点保障和特殊扶持相结合，逐步扩大范围，提高保障水平。全市各级各部门认真落实政策，按照“保民生、促和谐”的工作思路，采取有效措施，加大残疾人社会保障力度。坚持优先纳入，应保尽保，分类施保的原则，将14.8万名城乡贫困残疾人纳入低保，解决低保和救助资金9821.02万元；统筹扶助资金99.7万元，8283名残疾人得到救助。在实施新型农村养老保险试点工作中，通过协调落实专项经费，提高补贴标准等方式，将6823名重度残疾人纳入农村养老保险。

【解决残疾人切身利益取得新进展】 年内，全市各级各部门以改善残疾人基本生活为重点，着力解决残疾人在扶贫、康复、就业、入学、维权等方面的实际困难，千方百计为残疾人谋利益。深入抓好扶贫工作，解决2613名残疾人的温饱问题，422个单位结对帮扶2095名残疾人，1918名残疾人脱贫。投入资金1282万元，完成2132户农村贫困残疾人危房改造。为4000名贫困白内障患者施行复明手术、为100名截肢残疾人安装大小腿假肢、发放残疾人辅助器具2000余件，举办残疾人职业技能培训22期，培训残疾人2150人次，1125名残疾人实现就业。征收残疾人就业保障金376.99万元，集中和居家托养重度残疾人和精神残疾人600名。全市有432名干部走访慰问残疾人4013人次，发放慰问金及物资60.3万元。

【残疾人工作人员、联络员配齐】 年内，全市143个乡镇配备了专兼职残联理事长，落实了办公场所；1284个村、社区配齐残疾人联络员。10个县区残疾人综合服务中心已投入使用，服务功能不断完善的基层组织建设框架已基本形成。各种社会助残活动持续开展，志愿者队伍不断壮大，助残日活动更加注重实效。残疾人事业的社会影响力不断扩大，关心、尊重和帮助残疾人的理念逐步深入人心。

【潘世云等创文艺体育佳绩】 年内，潘世云、傅永青、雷智麟、程宗茂、赵身强5名运动员，在广州亚残运会、全国第五届特殊奥林匹克运动会、全国残疾人游泳锦标赛、全国残疾人田径锦标赛上共获得7枚金牌、4枚银牌、1枚铜牌。举办昭通市第一届残疾人职业技能竞赛，选拔18名优秀选手参加第四届云南省残疾人职业技能竞赛，刘兆玉、柴峻峰分别获美发和封面摄影第一名，王正传、熊焰、何国泽分别获美发、水彩绘画、服装裁剪第二名，昭通代表队获团体总分第五名，并获优秀组织奖的好成绩。

（市残联 周训明）

红十字会工作

【救灾救助救护成效显著】 2010年，全市募集和争取到各项救灾、救助、救护资金832.9万元，全部用于抗灾救灾和灾后重建等工作，惠及近40万人。年初旱灾，市红十字会共争取救灾资金803.1万元（其中募集276.4万元、争取抗旱救灾资金526.7万元），全部用于各县区的抗旱救灾，援建学校、卫生院、人畜饮水水利工程等8个项目，解决了部分群众生产生活问题，惠及30多万人。青海玉树地震发生后，市红十字会通过媒体向社会各界发出募捐倡议，筹集捐款29.8万元，全部通过省红十字会汇往玉树灾区。在全市范围内开展申报0～14岁白血病、先天性心脏病儿童工作，全市有8名白血病儿童获得救助，救助金额24万元，有5名先天性心脏病儿童获得救助，救助金额6万元。红十字会多次到挂钩扶贫点鲁甸县龙树乡塘房村为他们想办法、解困难、指路子，资助困难群众，有200户近700余人得到资助。同时，通过各部门的积极参与配合，“博爱送万家”活动发放物资价值89.7万元。

【备灾救灾网络逐步完善】 年内，绥江、镇雄救灾备灾仓库已建成投入使用，昭阳、鲁甸、绥江备灾救灾车辆投入使用。同时，争取到中国红十字会总会援助资金450万元，用于市红十字会备灾救灾仓储中心建设。工程建成后，能有效辐射云南、四川、贵州三省的部分市县，进一步提高各类物资的运送速度和时效。

【全市红十字会组织不断壮大】 年内，全市11个县区均独立设置红十字会机构，工作经费列入县财政预算。积极开展以红十字基本知识传播、防病知识宣传、帮老扶幼等为主要内容的社区红十字服务工作。发展红十字会员队伍，市红十字会已建立团体会员单位18个，有会员10697名。

【抓宣传提升红十字会影响力】 年内，组织召开昭通市红十字会新闻宣传志愿者工作座谈会，在昭通电视台、昭通日报社等媒体招聘组建了一支由12名记者组成的新闻宣传志愿者工作队，有力推动红十字会宣传工作。充分利用“5·8”国际红十字日、世界急救日等纪念日，通过媒体及时、准确、有效地向社会传播红十字会宗旨。继续办好《昭通市红十字会简报》。积极参加云南省广播电台“交通之声”栏目节目个人访谈活动,促进社会各界对昭通市及昭通市红十字会工作的了解。印制有红十字标志、义务献血宣传的纸杯、购物袋等物美价廉的宣传品,广泛用于各种宣传活动。在市区人群集中点安置18个募捐箱,形成涵盖全市的宣传募捐网络,营造"全民慈善"的社会氛围,提高红十字会的社会知晓率和公众认知度。

【培训群众应急救护能力】 2010年,全市有1003人参加应急救护员培训,救护防病知识普及44177人次。

【援建项目超过1亿元】 2008年以来,上级红十字会及社会各界发挥人道主义救助精神,对昭通市的红十字援建项目资金1亿元以上。市红十字会严格按《云南省红十字会援建项目管理操作指南》要求,加强对援建项目的资金、质量、资料收集的监督管理,确保援建项目按时、优质实施。2010年末已完成援建项目110个,完成投资5049万元,积极推进97个在建项目建设,各项目建设均符合红十字会援建项目管理要求。

【推动1.8万余人无偿献血】 年内,积极参与无偿献血的宣传和推动工作,共推动18292人次参加义务献血。在戒毒所收留的强制戒除药物依赖(毒品依赖)人员中积极开展艾滋病预防及同伴教育工作共开展了3期120人;为28349人次做了预防艾滋病知识宣传。鼓励志愿者捐献干细胞,云南省分库到昭通共采集干细胞血样80份。

(市红十字会　李学敏)

(本栏目审稿:马才国　校对:刘宗伯)

人物

责任编辑：邵聪彪

领导干部

中国共产党昭通市委员会

书　记　夜礼斌（彝族）
副书记　王敏正（12月止）
刘建华（12月起）
张登亮（12月止）
李　勇（彝族，12月起）
常　委　夜礼斌（彝族）
王敏正（12月止）
刘建华（12月起）
张登亮（12月止）
李　勇（彝族）
张纪华（12月止）
何　刚　周业勇
张朝德　田　勇
马吉林（回族）
陆琴雯（女，壮族）
余扬举　孟庆龄（10月止）
张　亮（10月起）
纳云德（傈僳族，12月起）
秘书长　田　勇
副秘书长　王　阳　袁鑫（2月止）
李　晓　翟玉龙
冯理银　李　平（2月起）

昭通市人民代表大会常务委员会

主　任　陈林章（3月止）
张登亮（3月起）
副主任　罗惠安（女，4月止）
连卫民　戚　斌（回族）
陈绍余　赵　卫
张华贵　皮永宏
王应斌　童世新
陈　刚　吕大康（4月起）
秘书长　赵　康

昭通市人民政府

市　长　王敏正（12月止）
代理市长　刘建华（12月起）
副市长　张纪华（12月止）
何　刚　邹永飞
韩　梅（苗族，12月止）
张绍雄　成联远（5月起）
王　宇（5月起）
胡月星（12月起）
秘书长　余扬举（5月止）
肖本敏（6月起）
副秘书长　薛桂强（10月止）
罗荣旭（10月起）
李其友　肖建昭
傅再胜　张景松

中国人民政治协商会议昭通市委员会

主　席　熊启怀（苗族）
副主席　陈　奇　郎学稌
陈　麟（女）　普安银（彝族）
李志平　赵洪乖
张毅敏（回族）
秘书长　范方华
副秘书长　刘昌华　韩　建

市委部门

市纪律检查委员会
书　记　周业勇
副书记　杨彩强　梅征万
王传斌（6月止）
田荣屏（6月起）
市监察局
局　长　梅征万
副局长　角　星　邹廷欧
市纪委办公室
主　任　宋　举
市纪委监察综合室

主　任　张占均(2～9月)
金　玺(9月起)

市纪委干部室

主　任　胡　灵(2月起)

市纪委执法监察室

主　任　吴正亮(2月起)

市纪委纪检监察一室

主　任　沈克庄(2月止)

市纪委纪检监察二室

主　任　申时燕(女)

市纪委宣传教育调研室

主　任　赖国春(10月止)
许　超(10月起)

市纪委党风廉政建设室

主　任　谢世礼(9月止)
范泽斌(9月起)

市纪委案件审理室

主　任　张占均(9月起)

市纪委政务公开办公室

主　任　李建武

市纪委信访室

主　任　杨仕翰(2月起)

市委第一巡视组

组　长　卯蔚菊(女)
副组长　范泽斌(9月止)

市委第二巡视组

组　长　杨　映(回族)
副组长　王家顺

市纪委监察局派出第一纪工委监察分局

书　记　季逆顺
副书记　王太义
监察分局局长　王太义

市纪委监察局派出第二纪工委监察分局

书　记　申时江
副书记　金　玺(9月止)
谢世礼(9月起)
监察分局局长　金　玺(9月止)
谢世礼(9月起)

市纪委监察局派出第三纪工委监察分局

书　记　夏　琼(女)
副书记　常和平
监察分局局长　常和平

市纪委监察局派出第四纪工委监察分局

书　记　刘平海
副书记　熊官俊(女)
监察分局局长　熊官俊(女)

市纪委监察局派出第五纪工委监察分局

书　记　黄智勇(彝族)
副书记　张元明(2月止)
何代英(女,2月起)
监察分局局长　何代英(女,2月起)

市纪委监察局派出第六纪工委监察分局

书　记　刘尉宏(彝族)
副书记　黄　云(2月起)
监察分局局长　黄　云(2月起)

市委办公室

主　任　王　阳
副主任　刘仁华　张洪坤

市委督查室

主　任　袁　鑫(2月止)
翟玉龙(2月起)
副主任　童建伟

市委机要局

局　长　王世敏

市国家保密局

局　长　杜泽民

市委组织部

部　长　李　勇(彝族,12月止)
纳云德(傈僳族,12月起)
常务副部长　季顺江
副部长　铁云峰(回族)
任毅刚(兼)

市委机构编制办公室

主　任　任毅刚(9月起)
副主任　许小安(9月起)

市委老干局

局　长　孙信勇
副局长　王永昌　秦科华

市委宣传部

部　长　陆琴雯(女,壮族)
常务副部长　王　斌
副部长　李　岐(女)
朱大庆　杜崇忠(兼)

市文化产业办公室

主　任　朱大庆
专职副主任　凌　炬

市精神文明建设指导委员会办公室

主　任　李　岐(女)

市委统一战线工作部

部　长　余扬举(2月起)
常务副部长　刘昌华
副部长　曹内彬

市委政策研究室

主　任　李　平
副主任　杨　林(彝族)
杨光辉(苗族)
姜　敏(女)

市委政法委员会

书　记　张朝德
常务副书记　周维彬
副书记　马卫东(回族)　李怀祥

市委、市政府防范处理邪教问题办公室

主　任　马卫东(回族)

市社会治安综合治理委员会办公室

主　任　肖　波

市委直属机关工作委员会

书　记　田　勇
常务副书记　宋福照
副书记　温树全　付兴德
纪工委书记　温树全

市人大常委会部门

办公室

主　任　张绍明(彝族)
副主任　汪义品　吕亚憑

财政经济委员会

主　任　唐正荣
副主任　邵明光(彝族)

农业工作委员会

主　任　黄　琦
副主任　胡性松

城乡建设环境资源保护工作委员会

主　任　姜英凯
副主任　成　仁

民族宗教华侨工作委员会

主　任　舒龙军
副主任　刘　煜(回族)

教科文卫工作委员会

主 任 乔建民(彝族)
副主任 马玉康(回族)
法制工作委员会
主 任 曾树银
副主任 邱 芳(女)
选举联络工作委员会
主 任 张孝荣
副主任 赵庆德

市政府部门

市政府办公室
主 任 薛桂强(10月止)
罗荣旭(10月起)
副主任 李银旭
市委、市政府信访局
局 长 肖建昭
副局长 潘苏云(女) 张天赋
市政府人民防空办公室
主 任 李文强(彝族)
市政府信息产业办公室
主 任 沙琴柯(回族,9月止)
副主任 陆世华(彝族,9月止)
何 萍(女,9月止)
市政府驻昆明办事处
主 任 李其友
市人民政府烟草办公室
主 任 陈守荣
副主任 欧文智 曹阜洪
市政府老龄工作委员会办公室
专职副主任 朱前林
市政府法制办公室
主 任 李 正
副主任 刘成敏(女) 苏世攀
市政府驻北京联络处
主 任 唐 峘(女)
市住房公积金管理中心
主 任 李辅强
市农村人力资源开发办公室
主 任 刘国权
副主任 熊启东(苗族)
市投资服务中心
主 任 张昌恒

市发展和改革委员会
主 任 马 鹏(回族,5月止)
禄 松(彝族,9月起)
副主任 吴太波 刘 挥 李 踊
党组书记 马晓红(9月止)
田 渊(9月起)
市能源管理局
局 长 杨 林(苗族)
市经济贸易委员会
党委书记 余 伟(回族,9月止)
主 任 余 伟(回族,9月止)
党委副书记 董西平(9月止)
纪委书记 董西平(9月止)
副主任 王元勋(9月止)
陈 平(9月止)
张 宁(9月止)
市工信委
党委书记 余 伟(回族,9月起)
主 任 余 伟(回族,9月起)
党委副书记 沙琴柯(9月起)
董西平(9月起)
纪委书记 董西平(9月起)
副主任 沙琴柯(回族,9月起)
王元勋(9月起)
陈 平(9月起)
张 宁(9月起)
陆世华(彝族,9月起)
何 萍(女,9月起)
市粮食局
党组书记 皮永雄
局 长 曹卫忠(2月止)
皮永雄(2月起)
副局长 郑成才 宋嘉碧(女)
市教育局
党委书记 王树跃
党委副书记 平 锦
局 长 平 锦
副局长 陈必贵 刘乐华
吴 敏(女)
马吉正(回族)
纪委书记 吴开江
市政府教育督导室
主 任 陈必贵

市科学技术局
局 长 吴学志
副局长 黄剑镖 毕世贵
市宗教局
局 长 童成清(彝族,9月止)
副局长 甄选洲(回族,9月止)
市民委
主 任 童成清(彝族,9月止)
副主任 王国光(苗族,9月止)
市民族宗教事务局
局 长 童成清(彝族,9月起)
副局长 甄选洲(回族,9月起)
王国光(苗族,9月起)
市公安局
局 长 王 宇(5月起)
副局长 刘 俊 李 平(女,9月止)
张尧贵 吴化友
荣 林 王 宇(5月止)
纪委书记 王 鸿(8月止)
市公安交警支队
支队长 夏文美(9月起)
政 委 夏文美(9月止)
副政委 李 义
副支队长 马绍统 邹兴学
虎良斌(回族)
纪委书记 陈文松
市民政局
局 长 何升灿
副局长 姜仕钦 陈大刚
刘 英(女)
王顺华(2月起)
市司法局
局 长 马绍明(彝族)
党委副书记、纪委书记 张建明
副局长 马 荣 刘崇银
王邦蓉(女)
市劳教所
所 长 林登榜
政 委 合 群(回族)
市财政局
局 长 普安银(彝族)
副局长 郝流勇 尹朝禹

吉 涛 常 文
王 琼(女)

市非税收入管理局
局 长 常 文

市农开办
主 任 谢序华

市国资局
局 长 郝流勇

市人事局
局 长 任毅刚(9月止)
副局长 李晓波(9月止)
赵 明(9月止)
牟丽佳(女,9月止)

市劳动和社会保障局
局 长 熊明海(9月止)
副局长 谭 建(9月止)
王永亮(9月止)

市编办
主 任 任毅刚(9月止)
专职副主任 许小安(9月止)

市人力资源和社会保障局
党组书记、副局长 熊明海(9月起)
党组副书记、局长 任毅刚(9月起)
副局长 李晓波(9月起)
赵 明(9月起)
谭 建(9月起)
牟丽佳(女,9月起)
王永亮(9月起)

社会保险事业管理局
局 长 杨 成

市公务员局
局 长 任毅刚(9月起)

市国土资源局
局 长 孙朝孝
副局长 李 平 马 骉
邓成军 李再昆

市建设局(规划局)
局 长 禄松(彝族,9月止)
副局长 李卫忠(10月止)
赵 峰(白族,10月止)
黄建新(10月止)

规划局
副局长 张友祥(10月止)

市住房和城乡规划建设局
局 长 马晓红(10月起)
副局长 吴 平(10月起)
李卫忠(10月起)
赵 峰(白族,10月起)
黄建新(10月起)
张友祥(10月起)

市交通局
局 长 张永前
副局长 张朝东 陈 波
王殿坤 龙必学

市运政处
处 长 邓富学

市地方公路管理处
处 长 余廷华

市水利局
局 长 尹贵友
副局长 周远全 陈 斌 朱良俊

市防汛抗旱指挥部
专职副指挥长 吴锋云

市农业局
局 长 卢登富(彝族)
副局长 浦 勇(彝族)
杨国礼(9月止)
李顺勇 赵高慧
刘银盘(10月起)

市林业局
局 长 马廷光(苗族)
副局长 熊登高(苗族)
黄光瑞 阳 勇

市护林防火指挥部
专职副指挥长 金 光

市森林公安局
局 长 陶著成
政 委 殷家俊

市对外贸易经济合作局(招商局)
局 长 程永和
副局长 熊洲林 叶建平(女)

市文化体育局
局 长 李华章
副局长 保卫东(彝族)
钟 捷 余 虹(女)

市卫生局
局 长 陈 华
副局长 邵光奎 潘玉华 付茂林

市人口和计划生育委员会
主 任 龙 波
副主任 吴学刚 尚公乾
张瑞平(女)

市人口和计生协会
专职副会长 曾题国

市审计局
局 长 陈明甫
副局长 赵 萍(女) 王兴宝
丁昌勇

市环境保护局
局 长 黄 杰(4月止)
张顺民(9月起)
副局长 田 敏 袁良富 陈泽平
张廷象

市统计局
局 长 王崇明
副局长 何 明 唐天全
吴萍(女)
李跃芳(女)

市调查队
队 长 李跃芳(女)
副队长 耿怀高
纪检组长 赵 鹏

市旅游局
局 长 饶祥碧(12月止)
副局长 王国兰(女) 袁崇彦
陈辉刚

市外事侨务办公室
主 任 戴永康
副主任 谢良璞(9月起)

市安全生产监督管理局
局 长 刘万泽
副局长 龚明湘 赵云华 李春香

市扶贫开发办公室
主 任 高顺照
副主任 王顺华(彝族,5月止)
锁 燕(女,回族)

市煤炭工业局
局 长 李绍军
党组书记 杨家能(回族)

副局长 林成恒 胡永联

市移民开发局

局 长 何从龙

副局长 王代宏 刘银盘(11 月止)

杨 永 剑华卫

国余铁(11 月起)

市政协部门

办公室

主 任 杨 勇

副主任 李建发

提案委员会

主 任 李文华

副主任 马明芬(女)

经济建设委员会

主 任 王明荣

副主任 廖德旗

科教文卫体委员会

副主任 郑 云(女)

文史资料委员会

主 任 甄朝彬(回族)

副主任 周富强

法制民族宗教委员会

主 任 李光普(彝族)

副主任 薛毅萍(女)

人口资源环境委员会

主 任 许正堂

副主任 李福昌(彝族)

港澳台侨联络委员会

副主任 施幸华(女)

司法部门

市人民检察院

检察长 施建邦(1 月止)

刘远清(1 月起)

副检察长 梁平齐 郝建勋

敖邦平(回族)

吴世文

反贪局长 申智勇

纪检组长 李喜勤

市中级人民法院

院 长 陈 昌

副院长 卯时俊(女) 周发银

王家升 周映枢

纪检组长 陈正勤

执行局局长 王德俊

民主党派

中国民主同盟昭通市委员会

主 委 周天忠(7 月止)

张毅敏(回族,7 月起)

副主委 张毅敏(回族,7 月止)

杨 勇 王 华 左佳翃

中国国民党革命委员会昭通市委员会

主 委 康戈权

副主委 王 徽 文 敏(女)

中国民主建国会昭通市委员会

主 委 赵 卫

副主委 韩 建 沙剑柯 童书玮

胡建普

中国民主促进会昭通市支部委员会

主 委 郎学秾(1 月止)

赵洪乖(1 月起)

副主委 刘永忠(1 月止)

申时永(1 月起)

群团组织

市总工会

主 席 连卫民

常务副主席 晏祥莉

副主席 蔡益祥 田廷琥

中国共产主义青年团昭通市委员会

书 记 王 刚(彝族)

副书记 陈 艳(女) 黄世美

市妇女联合会

主 席 陶天蓉(女)

副主席 吴绪淑(女,9 月止)

邓天娥(女)

市科学技术协会

主 席 周 洪

副主席 梁恩洪

市文联

党组书记 周 明(白族)

主 席 夏天敏

市社会科学学会联合会

主 席 张明先(女)

副主席 王银开(苗族)

市残疾人联合会

理事长 周训明

副理事长 陈 祥

市工商联合会

党组书记 晏登武

主 席 李志平

副主席 晏登武 戴 波

市红十字会

常务副会长 施华滟(女)

副会长 王 宏

事业单位

中共昭通市委党史征集研究室

主 任 蒋兴洲

副主任 夏 玲(女)

昭通日报社

总编辑 唐正鸿

副总编辑 秦 勇 赵锝海

钟永宏(2 月起)

市广播电视局

局 长 杜崇忠

副局长 郭晓东 李晓平

市电视台台长 郭晓东

市电台台长 孟 刚

市疾病控制中心

主 任 曾义虎

市档案局(档案馆)

局(馆)长 易正春

市地方志办公室

主 任 范孝懿(11 月止)

副主任 聂顺荣

市地震局

局 长 徐家金

副局长 高 阳 申 波

市农业科学研究所

党支部书记 石 荣

所 长 赵高慧

市供销社

党组书记 李 斌(2月起)

主 任 贺 飞(2月起)

副主任 李 斌 李友端

市第一人民医院

院 长 李 强

市中医院

院 长 宋万永

党总支书记 崔汝相

市渔洞水库管理局

局 长 胡志雄

党委副书记 张 雄

副局长 李天刚 李培丰

企业部门

市新源再生产业有限公司

党总支书记、总经理 和红英(女)

副总经理 周晓勇(7月止)

李国良

市交通运输集团公司

党委书记 王晓东

总经理 许兴祥

副总经理 陈纪明 刘国铧

工会主席 凌 军

市开发投资有限公司

董事长 马鹏(回族,5月止)

罗荣旭(6月起)

支部书记、总经理 陈祥彬(10月起)

副总经理 王天友

马本湘(回族)

陈 江(4月起)

工会主席 马本湘(回族)

市交通投资开发有限公司

董事长 郐永飞(兼)

副董事长兼总经理

於永和(兼,9月止)

李升翔(10月起)

副董事长 张永前

常务副总经理 王定广

学 校

昭通师范高等专科学校

党委书记 万 鸣

校 长 陈季林

党委副书记 任正银

纪委书记 孙德超

副校长 曹阜孝 张毅敏(回族)

陶 仁

中共昭通市委党校

校 长 张登亮(兼,11月止)

李 勇(彝族,12月起)

常务副校长 李云山

副校长 李良学(9月止)

陶永强(9月起) 刘 勇

昭通市社会主义学校

校 长 严 群

昭通卫校

校 长 李 崑

市财贸学校

党支部书记 刘 珊(女)

校 长 杨 峻(满族)

市农业学校

党支部书记 李昭会(女)

校 长 马 雁(回族)

市职业技术学校

校 长 程月飞(9月止)

市体育运动学校

党支部书记 陈金贵

校 长 钟 捷

市第一中学

校 长 何红斌

市实验中学

党支部书记 潘文明

校 长 李成贵

市民族中学

校 长 罗 毅

直管单位

市烟草专卖局(公司)

党委书记、局长、经理

吴仕江(1月止)

于 明(1月起)

副局长 徐保华

纪委书记 周 宏

工会主席 周 宏

副经理 付修廷 夏 堃

党委副书记 张 雄

红塔集团昭通卷烟厂

厂 长 王 勇

副厂长 张学忠 宋国华 陈永伟

胡发明

厂长助理 朱远华

党委书记 赵 明(8月止)

党委副书记 谢成明

纪委书记 杨 柱

工会主席 杨 柱

云南电网公司昭通供电局

局 长 刘正雷(10月止)

吴瑞华(10月起)

党委书记 吴瑞华

副局长 吴瑞华(10月止)

董福明 杨建华 杨万康

纪委书记 周 翔

工会主席 周 翔

市水文局

局 长 成之然

中国银监会昭通监管分局

局 长 李永兴

副局长 李元鹏 唐芳玲(女)

纪委书记 晋家贵

工会主席 唐芳玲(女)

人民银行昭通市中心支行

行 长 杨 武

副行长 杨丽英(女) 黄志强

曹立鹏

纪委书记 姜荣聪(女)

工委主任 苏映屏

农业银行昭通分行

行 长 陈大强

副行长 李太勇 温凤祥

马建华(女,3月止)

周 曦(3月起) 陈 肯

工会主席 温凤祥

纪委书记 李太勇

农业发展银行昭通分行

行　长　孙　梅(女)

副行长　李文明　王晓菁(女)　张发毅

工会主席　曹迎红

农村信用联社昭通办事处

主　任　胡宗翔

副主任　陈雄兴

建设银行昭通分行

副行长　张家林(主持工作)　谭万文(6月起)　罗云龙　锁　恒(回族)

纪委书记　谭万文

工会主席　陶　勇

行长助理　李国玖

工商银行昭通分行

行　长　黄　强

副行长　张　荣　陈　超　王　兴

纪委书记　王　兴

工委主任　梁绍福

行长助理　邓　洪(5月止)

中国银行昭通分行

行　长　陈　洪

副行长　褚人谨(女)　谢　辰

纪委书记　褚人谨(女)

富滇银行昭通分行

行　长　王　灿(8月起)

副行长　邓　洪(8月起)

人寿保险公司昭通分公司

副总经理　苏晓波(1月起)

总经理助理　罗　斌　赵纯学　陈维国

纪委书记　赵纯学

财产保险公司昭通分公司

总经理　谢茂坤

副总经理　赵远华　黄　明　彭庆涛

纪委书记　赵远华

工会主席　黄　明

市国家税务局

局　长　唐明山

副局长　陈　强(11月止)　陈正荣　申晓静(女)　马　力(女,回族,11月起)

纪检组长　马　力(女,回族,11月止)　周世贵(11起)

稽查局长　秦　燕(女)

市地方税务局

局　长　罗连杰(7月止)

副局长　张春碧　姜　林(7月起主持工作)

纪检组长　张嘉琦

市工商行政管理局

局　长　杨　军(6月任)

副局长　肖才志　张全胜　张学平(5月止)　刘　翔(9月止)　孙宁生(9月起)

纪检组长　訾成刚

市气象局

局　长　龙水华

副局长　王　强　胡　勇　罗　松

纪检组长　胡　勇

市邮政局

局　长　戚　成(回族)

副局长　黄培金　冯昌卫(4月止)　周　征

纪委书记　周　征

工会主席　黄培金

邮政储蓄银行昭通市分行

行　长　冯　毅

电信有限公司昭通市分公司

总经理　徐　素

副总经理　康利民　陈　勇　陈　雷

纪检组长　胡智云

工委主任　胡智云

移动通信公司昭通市分公司

总经理　李　宇

副总经理　撒　倩(女)　张　锐　陈首军(12月止)

联通昭通分公司

总经理　贺光宇

副总经理　孔祥连　代念涛

昭通机场

党委书记、总经理　任显明

副总经理　桂　岗(回族)　冯志广

市技术监督局

局　长　黄基昌

副局长　袁显扬　黄真德　邓传友

纪检组长　郎学虎

昭通公路管理总段

党委书记　陈宗友

总段长　刘家顺

纪委书记　段永成(9月止)　杨培华(9月起)

副总段长　吴　刚　陈礼游　李宏杰　支拥民

工会主席　柯德荣

昭通公路路政管理支队

政　委　徐立民

处　长　马贤斌

市药品监督管理局

局　长　梅安功(11止)

副局长　牛长林　赵永成　陈　桂(女,9月起)

驻　军

昭通军分区

司令员　张志华

政治委员　孟庆龄(8月止)　张　亮(8月起)

参谋长　龚晓敏

政治部主任　陈根献

后勤部部长　蒙富刚

武警昭通支队

支队长　黄国祥

第一政治委员　杨艾东(白族,8月止)　王　宇(8月起)

政治委员　严修全

副支队长　于　林

副政治委员　周远忠

参谋长　王承全

政治处主任　王　辉(4月止)
姚宏宝(4月起)
后勤处处长　刘爱民
市公安消防支队
支队长　尹老树
政　委　敖　凤
副支队长　陶兴明
参谋长　刘关能(7月止)
杨正武(7月起)
政治处主任　张云峰
后勤处处长　冷成书
防火处处长　张少华

区　县

昭阳区
区委书记　马吉林(回族)
副书记　曹阜忠(5月止)
张华昆(9月止)
薛桂强(9月起)
施静春(女,3月起)
张　雁(女,9月起)
常　委　马吉林(回族)
曹阜忠(5月止)
张华昆(9月止)
薛桂强(9月起)
施静春(女,3月起)
张　雁(女)
罗　勇　龙兴勇(彝族)
夏维勇(2月止)
王明昆
陈树清(10月止)
朱　云　周应斌(9月起)
王　翼(10月起)
刘爱民
人大常委会主任　党兴阳
副主任　曾家才　马玉龙(回族)
孙选春　李聪耀(苗族)
区　长　曹阜忠(7月止)
代区长　薛桂强(9月起)
副区长　夏维勇(3月止)
周应斌(9月起)
陈树清(11月止)
李启章(回族)
张尧贵(9月止)
王　翼(彝族)
彭　霓(女)
荣　林(11月起)
李文勇(11月起)
周　彤(9月起)
政协主席　龙　位
副主席　潘仁康　陈　瑛(女)
罗栋林(兼)
马仲省(回族,兼)
纪委书记　罗　勇
人武部部长　李阳东
政　委　刘爱民
副部长　易西海

鲁甸县
县委书记　江先奎
副书记　保　剑(回族)
吕　磊(10月止)
丁　明(女,3月起)
陈树清(10月起)
常　委　江先奎　保　剑(回族)
陈树清(10月起)
丁　明(女,3月起)
吕　磊(10月止)
王　粟　张登敏
铁朝曙(回族)
王富泰　刘雅芸(女)
庄清海　马武荣(回族)
路元文(10月止)
张洪富(10月起)
人大常委会主任　雷选忠
副主任　王天鹏　阮曙光(回族)
何顺德　马　梅(女,回族)
县　长　保　剑(回族)
副县长　张登敏　铁朝曙(回族)
王文生　白长早(回族)
窦家义　巫运松(彝族,1月起)
政协主席　保明康(回族)
副主席　高永华
卢　敏(女,彝族)
马永升(回族)　丁世章
纪委书记　王　粟
人武部部长　邵珠军
政　委　路元文(10月止)
张洪富(10月起)
副部长　王仕忠

巧家县
县委书记　田荣屏(5月止)
方宗辉(5月起)
副书记　方宗辉(5月止)
丁开路(9月起)
陈　松
胡利人(3月起)
常　委　田荣屏(5月止)　方宗辉
丁开路(9月起)
陈　松　胡利人(3月起)
李亚杰(12月止)
周应斌(9月止)
王朝德　王志全
余佑奇　谭　鑫(8月止)
陈怀品　陆卫华(女,9月起)
袁　伟(2月起)
人大常委会主任　陈顺德(彝族)
副主任　唐　平　吕吉平
李懋昆　何天荣
县　长　方宗辉(9月止)
代县长　丁开路(9月起)
副县长　周应斌(9月止)
谢全明(9月止)
王朝德(9月起)
余佑奇　陆卫华(女,9月止)
邓声恒　张　勇(挂职,2月止)
张嗣斌(布依族)
唐国彪(9月起)
文启聪(9月起)
政协主席　陈堂洲
副主席　鲁安红(女)
陶德海(苗族)
张嗣新(布依族)
周明普　李永翔(3月起)

纪委书记 陈怀品
人武部部长 刘金泉(4月止)
李阳东(4月起)
政 委 王志全
副部长 杨剑忠(彝族)

盐津县

县委书记 成联远(5月止)
李 疆(女,5月起)
副书记 丁开路(9月止)
李 晓(9月起)
陶 毅(9月起)
常 委 成联远(5月止)
李 疆(女)
丁开路(9月止)
陶 毅(9月起)
李 晓(9月起)
王 庆(2月起)
张正华(彝族)
卯昌伟 谢良璞(9月止)
陈国均 赵声安
吴家明(彝族)
陈 坤 夏洪帅
人大常委会主任 熊洪贵(苗族)
副主任 何永刚 张茂湘
马玉琼(女)
蒙义强(2月起)
县 长 李 疆(女,5月止)
代县长 李 晓(9月起)
副县长 卯昌伟 陈国均 吕德林
李忠海 范晓斌
丁勇旺(3月起)
政协主席 尚丽明
副主席 唐文自(女) 陈自鸣
李荣曦 黄永辉
纪委书记 张正华(彝族)
人武部部长 赵太彬
政 委 夏洪帅
副部长 李家贵

大关县

县委书记 赵海仙(女)
副书记 王 宏 巫运康(彝族)
郭 品(3月起)
常 委 赵海仙(女)
王 宏 郭 品(3月起)
巫运康(彝族)
宗德云 吕大康(1月止)
林 松(8月止) 杨德琳
田 文 陈文庄
赵廷臣 杨立新
孟文坤(1月起)
徐美松(8月起)
人大常委会主任 陈元章
副主任 傅瑞发(彝族) 杨德润
杨 澍 王爱民(女,苗族)
县 长 王 宏
副县长 杨德琳 田 文
李 艳(女)
罗 军
虎尊朋(回族,1月起)
詹国洪(2月起)
石会臣(2月起)
政协主席 钟友勤
副主席 刘荣奎(回族)
张朝华 侯龙全(兼)
安玉宝(彝族,兼)
纪委书记 宗德云
人武部部长 张应武
政 委 杨立新
副部长 刘加良

永善县

县委书记 肖本敏(5月止)
安志强(彝族,5月起)
副书记 田 渊(9月止)
张华昆(9月起)
曹松平
刘银盘(挂职,9月止)
李建林(2月起,挂职)
常 委 肖本敏(5月止)
安志强(彝族,5月任)
田 渊(9月止)
张华昆(9月任)
曹松平
刘银盘(9月止,挂职)
王 军 杨富学
刘冬梅(女)
龙 骥(彝族)
王 军(5月止)
路元文(5月起)
刘兴发 许 超(10月止)
谭德勇(10月起)
戈昌武 李建林(2月起)
人大常委会主任 刘向荣(苗族)
副主任 杨 荻(女,彝族)
朱润康 汤华明(彝族)
侯志怀(2月起)
县 长 田 渊(9月止)
代县长 张华昆(9月起)
副县长 张华昆(9月起)
刘兴发 杨富学
陈 瑛(女)
王开伟 杨家聪(8月起)
李沅勇
吕邦华(9月止,挂职)
政协主席 吴文富
副主席 龙忠泰(彝族)
付洪全 袁星梅(女)
纪委书记 王 军
人武部部长 熊 坤
政 委 王 军(5月止)
路元文(5月起)
副部长 李兴良(3月起)

绥江县

县委书记 卢云峰
副书记 张先华(9月止)
杨 淞(彝族)
王 云(11月起)
覃崇辉(2月起,挂职)
常 委 卢云峰 张先华(9月止)
杨 淞(彝族)
王 云(11月起)
覃崇辉(2月起)
黄 勇 康四洮 陈 祥
文南星(女) 尚明强
黄安顺 陆 颖
赖国春(11月起)
人大常委会主任 杨光成
副主任 陈平昭 刘 刚

姚汝华 李 平(女,2月起)

县 长 张先华(9月止)

代县长 杨 淞(彝族,9月起)

副县长 黄 勇 康四洮 邓亚飞

高发兴 杨 杰

王静波(女)

陈堂国(11月起)

孙志锋(11月起)

余 铁(9~10月)

政协主席 赵 明

副主席 陈亚平 喻 强

刘让军(女)

纪委书记 王 云(10月止)

赖国春(11月起)

人武部部长 张玉龙(3月止)

邓伯刚(4月起)

政 委 尚明强

副部长 柯昌成(4月止)

谭宁勇(4月起)

镇雄县

县委书记 冯学兰

副书记 张 进 张翼明(3月止)

王国华

常 委 冯学兰 张 进

张翼明(3月起)

王国华

戴 堃 沈克庄(3月起)

孙文东(4月止)

李 滨(4月任)

陶 毅(8月止)

王剑竹(女)

古开芹 陈祥金

吴长宇

人大常委会主任 李升翔(3月止)

张翼明(3月起)

副主任 韩义淑(女)

王祖德 曾维雄(彝族)

游定聪

县 长 张 进

副县长 陶 毅(8月止)

古开芹 雷贤会(女,彝族)

胡 波 成 刚

陈国辉(1月止)

张 强(4月止)

宋双林(2月起)

周剑锋(4月起)

政协主席 朱启田

副主席 申庆开

张启仙(女,彝族)

成 旭 向万军

纪委书记 王华国(3月止)

沈克庄(3月起)

人武部部长 张时美(4月止)

邱申林(4月起)

政 委 孙文东(4月止)

李 滨(4月起)

副部长 董心元

彝良县

县委书记 曹阜忠(5月起)

副书记 石邦云(苗族)

申 琼(女)

杨春驹(2月起)

常 委 曹阜忠(5月起)

石邦云(苗族)

申 琼(女)

杨春驹(2月起)

彭泽高 姚 勇(9月止)

杨廷光(10月起)

郑 萍(女)

付 松 杨家伟

马文成

人大常委会主任 李堂发(彝族)

副主任 陶成森(苗族)

孙安菊(女)

陶爱贤(苗族)

杨家斌

县 长 石邦云(苗族)

副县长 杨家伟 戴 荣

李忠秀(女)

官银富 肖顺兴

朱智英(女,5月止)

李加俊(10月起)

县长助理 周琳旎(3月起)

政协主席 铁盛友

副主席 杨明远(彝族)

文义娣(女)

文 勇 王秀娟(女,苗族)

纪委书记 付 松

人武部部长 罗云泽(2月止)

姚 力(4月起)

政 委 马文成

副部长 谢 勇

威信县

县委书记 龙 进

副书记 张顺民(9月止)

贺 飞(2月止)

吕 磊(9月起)

姚 勇(9月起)

陈 鳞(3月起)

常 委 龙 进 张顺民(9月止)

贺 飞(2月止)

吕 磊(9月起)

姚 勇(9月起)

陈 鳞(3月起)

王国斌 王维强

汤国乾 任有恒

保卫华(彝族)

蒋德华 郑维江

人大常委会主任 吴必田

副主任 项云华(苗族)

李 想(女,彝族)

杨应伦 李朝华

县 长 张顺民(9月止)

代县长 吕 磊(9月起)

副县长 王维强 左顺春 李朝伟

何国荣 赵祖辉 刘 坤

戴自坤(2月止,挂职)

陈 强(2月起,挂职)

政协主席 陶军秀(女,苗族)

副主席 姜荣学 李联洲

晋家荣 张安明

纪委书记 任有恒

人武部部长 佘世福

政 委 蒋德华

副部长 欧建明

水富县

县委书记 郎学超
副书记 安治强(彝族,5月止)
高绍周(白族,12月起)
胡江惠(女)
邵维庆(3月起,挂职)
常 委 郎学超 安治强(彝族)
胡江惠(女)
邵维庆(3月起)
刘小平(女)
陈祥彬 鄢 涛
王国庆 王 罡
陈 杰 汪强勇
高文辉(9月起)
尤再久(9月起)
鲁文金
姜绍强(9月起)
人大常委会主任 樊 勇
副主任 刘树金 张世奎
杨全明 李元庆
县 长 安治强(彝族,5月止)
代县长 高绍周(白族,12月起)
副县长 陈祥彬(10月止)
鄢 涛(10月起)
高文辉 曾学杰
洪世琳(女)
李 熠
王国庆(10月起)
政协主席 邝 维
副主席 罗清明
唐 波
曾 勇(2月起)
王文新(苗族,兼)
纪委书记 刘小平(女)
人武部部长 桑 林
政 委 鲁文金(3月止)
姜绍强(3月起)
副部长 郑佳辉

先进模范人物

国家级先进模范人物

马永升 回族,昊龙集团公司总经理,2010年1月,获中国民营企业家协会授予的“中国优秀民营企业家”称号;3月28日,获中国文化管理学会、中国散文学会、中国商人杂志社、九州英才杂志社、北京世界当代华商文化发展中心、感动中华全国风云人物征评活动组委会和全国大型征文活动组委会联合评选的“感动中华2009年度十大风云回商”称号;11月21日,获中国穆斯林企业高峰论坛组委会评选的“2010中国穆斯林企业家十大年度人物”称号。

杨 楣 女,绥江县统计局职工,2010年2月被国务院第二次全国经济普查领导小组办公室表彰为先进个人。

廖朝会 女,绥江县板栗乡职工,2010年2月被国务院第二次全国经济普查领导小组办公室表彰为先进个人。

田仁莲 女,永善县统计局职工,2010年2月被国务院第二次全国经济普查领导小组办公室表彰为先进个人。

黄厚敏 永善县统计局职工,2010年2月被国务院第二次全国经济普查领导小组办公室表彰为先进个人。

鲁朝永 永善县统计局职工,2010年2月被国务院第二次全国经济普查领导小组办公室表彰为先进个人。

李才雄 回族,鲁甸县统计局职工,2010年2月,被国务院第二次全国经济普查领导小组办公室表彰为先进个人。

李 疆 盐津县政府县长,2010年2月被国务院第二次全国经济普查领导小组办公室表彰为先进个人。

李剑锋 盐津县普洱镇镇长,2010年2月被国务院第二次全国经济普查领导小组办公室表彰为先进个人。

杨贵喜 威信县扎西镇农民,2010年5月被国务院表彰为全国劳动模范。

张仁杰 盐津津华竹产业专业合作社理事长,2010年6月获国务院全国“创业之星”称号。

省部级先进模范人物

欧国聪 盐津县安全生产监督管理局局长,2010年1月被国家安全生产监督管理总局和国家煤矿安全监察局表彰为安全生产监管监察先进个人。

周世雯 女,永善县发改局职工,2010年1月被国家发改委表彰为全国家农产品成本调查工作优秀个人。

马兴旺 回族,文屏镇派出所社区民警,

2010年1月获云南省第二届“百姓最喜爱的十大人民警察”称号，并记一等功一次。

曾　勇　昭通市森林防火指挥部办公室主任，2010年3月获国家森林防火指挥部、国家林业局授予的全国森林防火工作纪念奖章。

杨国华　昭通市森林防火指挥部办公室副主任科员，2010年3月获国家森林防火指挥部、国家林业局授予的全国森林防火工作纪念奖章。

巫运杰　永善县森林防火指挥部办公室科员，2010年3月获国家森林防火指挥部、国家林业局授予的全国森林防火工作纪念奖章。

丁星杰　永善县森林防火指挥部办公室科员，2010年3月获国家森林防火指挥部、国家林业局授予的全国森林防火工作纪念奖章。

张洪惠　女，昭阳区森林防火指挥部办公室主任，2010年3月，被国家森林防火指挥部、国家林业局表彰为2007～2009年森林防火工作先进个人。

郑成才　市粮食局副局长，文章《关于储备粮油动态运行的思考》2010年4月获国家粮食局优秀调研报告三等奖。

尹老树　市消防支队支队长，2010年7月27日，获省委、省政府授予的“云南省抗旱救灾先进个人”称号。

刘增虎　大关县消防大队战士，2010年7月27日，获省委、省政府授予的“云南省抗旱救灾先进个人”称号。

黄国祥　武警昭通支队队长，2010年9月被中国人民武警部队记二等功。

马　玲　市邮政局职工，2010年10月获中国邮政集团公司授予的“全国航空机票优秀营销员”称号。

周禄川　武警昭通支队直属三中队副中队长，2010年11月被中国人民武警部队表彰优秀教练员。

刘平荣　市工商银行职工，2010被中国工商银行表彰为“网讯优秀信息员”。

熊文琼　女，市工商银行职工，2010被中国工商银行表彰为“优秀客户经理”。

谢云普　市工商银行职工，2010被中国工商银行表彰为“优秀共青团干部”。

刘存琪　市工商银行职工，2010被中国工商银行表彰为“信贷工作先进个人”。

沈忠彦　市工商银行职工，2010获中国工商银行“监督体系暨会计档案影像管理改革先进个人”三等奖。

王世开　水富县水利局职工，2010年7月被省委、省政府表彰为云南省抗旱救灾先进个人。

保　江　小寨乡党委书记，2010年7月被省委、省政府表彰为抗旱救灾先进共产党员和林改工作先进个人。

钟兴耀　大山包保护区管理局局长，2010年9月25日，获国家林业局“长江湿地保护与管理先进个人”称号。

蒋兴洲　市委党史研究室主任，2010年10月被省委表彰为党史工作先进个人。

张仁侠　女，市委党史研究室职工，2010年10月被省委表彰为党史工作先进个人。

李启龙　昭阳区党史研究室职工，2010年10月被省委表彰为党史工作先进个人。

青继荣　巧家县委党史研究室职工，2010年10月被省委表彰为党史工作先进个人。

黄安顺　绥江县委常委、县委办公室主任，2010年被省委表彰为重视党史工作的好领导。

王定基　鲁甸县水利局副局长，2010年11月，被省委表彰为抗旱工作先进个人。

马廷光　昭通市林业局长，2010年11月，被省政府表彰为“十一五”期间森林防火先进工作者。

杨龙江　昭阳区林业局副局长、专职副指挥长，2010年11月，被省政府表彰为“十一五”期间森林防火先进工作者。

张熠鲁　鲁甸县林业局森林防火指挥部专职副指挥长，2010年11月，被省政府表彰为“十一五”期间森林防火先进工作者。

陈远明　巧家县林业局森林防火指挥部办公室高技工，2010年11月，被省政府表彰为“十一五”期间森林防火先进工作者。

吴天寒　云南药山国家级自然保护区管理局宣传科科长，2010年11月，被省政府表彰为“十一五”期间森林防火先进工作者。

郭　毅　盐津县林业局森林防火指挥部办公室主任，2010年11月，被省政府表彰为“十一五”期间森林防火先进工作者。

田　文　大关县副县长、森林防火指挥部指挥长，2010年11月，被省政府表彰为“十一五”期间森林防火先进工作者。

张云翔　大关县林业局森林防火指挥部办公室主任，2010年11月，被省政府表彰为“十一五”期间森林防火先进工作者。

徐兴明　永善县林业局副局长、县森林防火指挥部专职副指挥长，2010年11月，被省政府表彰为“十一五”期间森林防火先进工作者。

马其炜　永善县林业局森林防火指挥部办公室主任，2010 年 11 月，被省政府表彰为“十一五”期间森林防火先进工作者。

夏文学　永善县茂林镇新林村村主任，2010 年 11 月，被省政府表彰为“十一五”期间森林防火先进工作者。

邓亚飞　绥江县政府副县长、县森林防火指挥部指挥长，2010 年 11 月，被省政府表彰为“十一五”期间森林防火先进工作者。

申开明　镇雄县森林公安局局长，2010 年 11 月，被省政府表彰为“十一五”期间森林防火先进工作者。

周　雨　彝良县林业局森林防火指挥部办公室工程师，2010 年 11 月，被省政府表彰为“十一五”期间森林防火先进工作者。

杨仕江　威信县林业局副局长、县森林防火指挥部专职副指挥长，2010 年 11 月，被省政府表彰为“十一五”期间森林防火先进工作者。

辛　镇　水富县林业局副局长、县森林防火指挥部专职副指挥长，2010 年 11 月，被省政府表彰为“十一五”期间森林防火先进工作者。

李世荣　昭阳区大龙洞林场场长，2010 年 11 月，被省政府表彰为“十一五”期间森林防火先进工作者。

宋明学　小草坝林场副场长，2010 年 11 月，被省政府表彰为“十一五”期间森林防火先进工作者。

邓全辉　三江口林场森林派出所所长，2010 年 11 月，被省政府表彰为“十一五”期间森林防火先进工作者。11 月 16 日，获中国野生动物保护协会与斯巴鲁汽车（中国）有限公司共同设立的“斯巴鲁生态保护先进个人奖”。

王文福　市地方志办公室调研员，2010 年 11 月被中国地方志指导小组表彰为先进个人。

王必兴　镇雄县革命老区建设促进会会长，2010 年 11 月被中国革命老区促进会表彰为“全国革命老区建设先进个人”。

陶玉高　威信县革命老区建设促进会会长，2010 年 11 月被中国革命老区促进会表彰为“全国革命老区建设先进个人”。

夏蓝宁　绥江县新滩镇天宝山龙李合作社人，2010 年 12 月被共青团团中央表彰为全国农村青年致富带头人。

曾清贤　鲁甸县林业局高级工程师，2010 年 12 月被国家林业局表彰为林木种苗工作先进个人。

陈　静　鲁甸县森林病虫防治检疫站职工，2010 年 12 月被国家林业局森防总站表彰为村级森防员培训工作优秀森防员。

刘业品　镇雄县牛场镇田坝村总支书记，2010 年 12 月获团中央、农业部“全国农村青年致富带头人”称号。

张　松　昭阳区环卫所职工，获 2010 年度全国建设系统劳动模范称号。

翟昭明　市委党史研究室副调研员，2010 年末被省委、省政府表彰为新农村建设优秀指导员。

（本栏目审稿：聂顺荣　校对：邵聪彪）

区县概览

责任编辑：陈　芳

昭　阳　区

2010年，昭阳区总面积2167平方千米。年平均气温12.5℃，年降水量670.6毫米，年日照时数1781.1小时。全区辖龙泉办事处、太平办事处、凤凰办事处和永丰镇、北闸镇、旧圃镇及布嘎乡、守望乡、小龙洞乡、盘河乡、靖安乡、青岗岭乡、洒渔乡、乐居乡、苏家院乡、苏甲乡、大山包乡、大寨子乡、炎山乡、田坝乡共17个乡镇、3个办事处，178个村，2816个村(居)民小组。年末，全区总人口251208户832766人(公安户籍数据)。其中：男性432362人、女性400404人，城镇人口123925人、乡村人口708841人。年内出生26122人，死亡10467人。

2010年，昭阳区(含市直)地区生产总值(GDP)1232752万元。按产业划分，第一产业产值126877万元，比上年增长0.3%；第二产业产值636382万元，增长15%；第三产业产值469493万元，增长11.8%。三次产业结构由上年的12.42:47.93:39.65调整为10.29:51.62:38.09。全区人均GDP为15454元，增长13.2%。非公有制经济产值369829万元，占全区生产总值比重30%，比上年减少0.35个百分点。单位GDP能耗同比下降5.38%。区属地区生产总值(GDP)545431万元。其中：第一产业126877万元，增长0.3%；第二产业152503万元，增长25.4%；第三产业266051万元，增长13.1%。三次产业结构由上年的25.82:23.02:51.16调为23.26:27.96:48.78。

昭阳区全年财政总收入90370万元，比上年增长24.73%。其中地方财政一般预算收入50340万元，增长23.69%。地方一般预算支出192216万元，增长29.44%，其中教育、医疗卫生、环境保护和科技的支出分别增长26.7%、27.45%、17.94%和257.62%。居民消费价格累计比上年上涨2.8%，其中食品类价格上涨5.6%、居住类价格上涨5.8%。商品零售价格上涨3.8%，农业生产资料价格上涨0.4%。

全年粮食种植面积50656.33公顷，蔬菜种植面积9424.4公顷，烤烟播种面积6096.13公顷，糖料作物播种面积114.93公顷，油料作物播种面积151.8公顷。全年粮食产量278815吨，比上年增产6.91%。其中：夏收粮食2928吨、秋收粮食275887吨；谷物产量161980吨，增产6.06%。全年农业总产值197526万元，比上年增长0.33%。其中：种植业产值92126万元，增长1.57%；林业产值844万元，增长7.79%；畜牧业产值99388万元，下降0.2%；渔业产值616万元，增长2.36%；农业服务业产值4552万元，下降12.59%。年末，常用耕地面积58465公顷，比上年减少355公顷，其中水田7403公顷、旱地51062公顷。人均耕地0.07公顷，与上年持平。全区水库57座，水利设施(工程)供水量6254万立方米，有效灌溉面积3400公顷，比上年减少1.9%。农业机械总动力21920万瓦特，比上年增长17.1%。其中大、中型拖拉机1144万瓦特412台，小型拖拉机4851万瓦特4130台。

全年全区工业增加值567432万元，比上年增长13.1%。其中规模以上工业增加值517478万元，增长13%。在规模以上工业中，轻工业增加值342773万元，增长13.09%；重工业增加值174705万元，增长18.94%。全年规模以上企业实现销售产值785373万元，产品销售率97.56%，比上年下降1.34个百分点；实现利税总额386270万元，增长14.64%；实现利润总额64687万元，下降16.11%。全年全社会建筑业完成增加值65950万元，增长33.8%。全区具有资质等级的总承包和专业承包建筑业企业完成总产值218435万元，增长48.1%；实现利润总额6922万元，增长123.29%；上缴税金及附加11732万元，增长271.27%。建筑企业房屋施工面积127.28万平方米，增长0.75%；竣工面积231.78万平方米，增长118.93%。

2010年，全社会固定资产投资完成658947万元，比上年增长30.01%，其中国有单位投资550337万元，增长51.45%；个体私人投资106929万元，增长74.89%；其他经济投资1681万元，下降97.92%。房地产开发投资107444万元，比上年增长9.69%；跨县区项目143658万元。全年全社会竣工住宅面积89.68万平方米，比上年增长1.45%，其中城镇竣工住宅面积54.44万平方米，增长98.4%。商品房销售面积17.46万平方米（含团购），下降78.01%，销售额70576万元，下降58.95%。

全年社会消费品零售总额431178万元（含市直），比上年增长19.2%，其中非公有制经济230245万元，增长25.4%。按地域划分，城市消费品零售额383570万元，增长19.5%；区以下消费品零售额47608万元，增长16.87%。按行业划分，批发和零售业零售额411409万元，增长20%；住宿和餐饮业零售额19769万元，增长22%。区属社会消费品零售额198079万元，增长15.5%。

全年交通运输、仓储和邮政业增加值27466万元，比上年增长7.4%。全年公路货物运输量498万吨，增长4.84%，货物周转量19012万吨千米，减少5.46%；公路客运量638万人次，增长10%，客运周转量35970万人千米，增长46.11%。全年邮电业务总量24912万元，比上年增长4.09%。其中邮政业务总量2011万元，函件13.6万件，报刊期发数3.86万份；电信业务总量5413万元。年末有固定电话51389部，比上年下降13.54%。

2010年末，金融机构人民币各项存款余额2103395万元，比年初增加613672万元，增长41.19%。其中：城乡居民储蓄存款余额712172万元，比年初增加140086万元，增长24.49%；企业存款余额589660万元，比年初增加91906万元，增长18.46%。年末，全区金融机构人民币各项贷款余额1189226万元，比年初增加296791万元，增长33.26%。其中：短期贷款余额280005万元，比年初增加43635万元，增长18.46%；中长期贷款余额903192万元，比年初增加247700万元，增长37.79%。全年限额以上保险公司原保险保费收入62524.4万元，其中财产险业务收入42195.2万元、寿险业务收入20329.2万元。

“两免一补”政策全面落实，全区105.36万人次享受免费教科书，23.86万人次享受寄宿贫困生家庭生活费补助；1940名大学生享受国家助学贷款；投入各类资金2.34亿元，维修、援建、扩建、新建校舍。辖区内有普通高等学校1所，在校学生5943人，比上年增长6.98%。各类中等职业教育在校学生13317人，增长24.26%，其中：中等专业学校在校学生9522人，增长23.13%；职业中学在校学生3795人，增长27.18%。普通中学在校学生57149人，增长4.69%。其中：高中在校学生15947人，增长16.98%；初中在校学生41202人，增长0.59%。小学在校学生98119人，下降2.24%；在园幼儿19600人，下降3.63%。小学学龄儿童净入学率99.53%，毛入学率106.73%。初中学龄人口净入学率91.14%，毛入学率98.08%。“两基”通过国检验收。年内累计补充教师1338人。年末，辖区各类学校专任教师8012人。其中普通高等学校专任教师351人、中等专业学校专任教师384人、职业中学专任教师142人、普通中学专任教师2691人（其中初中专任教师1858人）、小学专任教师4444人。辖区内县及县以上独立自然科研单位1个，人员79人（其中科技人员63人），科研经费支出20万元。全年共申报科技项目86个，立项34个，申请项目资金1429万元。

辖区内有艺术表演团体2个，文化馆2个，公共图书馆2个，藏书27.5万册。全区广播、电视人口覆盖率分别为96.92%、97.25%，有线电视入户率17.12%。年末，全区有卫生机构109个，其中医院16个。卫生机构拥有床位2865张，其中医院床位2327张、卫生院床位538张。有专业卫生技术人员2403人，比上年增长11.61%，其中执业医师及执业助理医师1118人，比上年增长10.8%。报告传染病发病率190.31/10万；农村卫生厕所普及率39.6%；农村新型合作医疗参合66.88万人，比上年净增1.27万人，参合率96.25%。

城市人均公共绿地面积12.68平方米。城市生活垃圾定时清运定点处理，城市生活污水集中处理率78.67%。工业废水排放总量95.24万吨，工业废水排放达标率88.04%，比上年下降10.28%；工业固体废物综合利用率100%；全年二氧化硫排放总量2837.4万吨。全区森林面积7.06万公顷，森林覆盖率34.2%。

全年全区共发生各类安全生产事故267起，死亡27人，受伤45人，直接经济损失60.76万元，与上年同期相比，事故起数下降42%，死亡人数下降68%，受伤人数下降57%，直接经济损失下降83%。其中：道路交通事故251起，下降44%，死亡26人（其中20人为交通肇事逃逸，上升为刑事案件死亡人数）、伤41人，直接经济损失49.56万元；火灾事故16起，上升78%，死亡1人、受伤4人，直接经济损失11.2万元。亿元GDP生产安全事故死亡率为0.23人。

2010年，全区农村居民人均纯收入3226元，比上年增长10.21%；农村居民人均生活消费支出2819元，增长22.3%，其中食品支出1391元，增长27.5%。城镇居民人均可支配收入12615元，增长7.09%；城镇居民人均消费性支出9122元，增长6.23%，其中食品支出3748元，增长4.49%。辖区内单位职工年平均货币工资29909元，增长3.05%。城乡居民家庭恩格尔系数43.41%，其中城镇40.41%、农村47.69%。累计新增就业1.7万人，下岗失业人员再就业0.45万人，城镇登记失业率控制在4.3%以内。完成农村富余劳动力培训10900人次，累计输出16.5万人次。年末，全区就业人员47.63万人，比上年末增加1.82万人。其中：农村就业人员38.05万人，城镇就业人员9.58万人。城镇登记失业人数4319人，比上年增加316人，城镇登记失业率4.3%。全部单位职工人数58980人，其中国有单位职工4.35万人。全年全区参加养老保险职工35398人，比上年增长0.35%；参加医疗保险职工56055人，增长15.33%；参加失业保险职工30922人，增长17.45%。全区农村居民51358人享受农村低保，3556人享受农村五保供养；城镇居民26284人享受城市低保。发放粮食、良种、农资等各种惠农补贴1.28亿元。

乡镇概况一览表

乡镇名称		龙泉办事处	凤凰办事处	太平办事处	旧圃镇	永丰镇
总面积(平方千米)		22.78	32.11	63.38	80.87	92.43
行政村(个)		4	7	8	9	7
社区(个)		13	15	2		
村(居)民小组(个)		175	218	118	157	109
总户数(户)		26007	34848	18581	22131	12770
总人口(人)		73151	100532	67106	67705	42478
其中	非农业人口(人)	41219	59736	6722	2266	1109
	少数民族(人)					
	女　性(人)	35513	50513	33832	33040	20464
耕地总面积(公顷)		963	1542	2003	4498	3812
其中水田(公顷)		69	256	79	1611	1153
农作物总面积(公顷)		2417	1466	3068	5430	5442
其中	粮食种植(公顷)					
	总产量(吨)					
	烤烟种植(公顷)			543		635
	总产量(吨)			1227.5		1434.4
	水果产量(吨)	9729	999.5	2829.3	18461.4	11562
大牲畜出栏(头)						
大牲畜存栏(头)						
生猪出栏(头)		20691	26939	41293	79902	56725
生猪存栏(头)		12820	10240	16667	45791	37949
羊出栏(只)		780		1559	3417	256
羊存栏(只)		1571		996	1812	2519
农民人均纯收入(元)		2982	3330	3399	3084	2715
通公路村(个)		4	4	8	9	7
通自来水村(个)		2	4	3	9	6

乡镇概况一览表

乡镇名称		北闸镇	布嘎回族乡	守望回族乡	小龙洞乡	盘河乡
总面积(平方千米)		122.79	93.9	74.6	122.74	153.6
行政村(个)		10	5	7	6	9
社区(个)						
村(居)民小组(个)		138	78	96	113	148
总户数(户)		15093	7878	12187	9270	7614
总人口(人)		51382	31416	45013	34461	25189
其中	非农业人口(人)	1630	497	1170	878	588
	少数民族(人)					
	女　性(人)	24558	15211	22150	16656	11632
耕地总面积(公顷)		4135	2984	3450	3858	2825
其中水田(公顷)			309	309	7	
农作物总面积(公顷)		6279	5703	5131	4939	3411
其中	粮食种植(公顷)					
	总产量(吨)					
	烤烟种植(公顷)	162	2341	1440	700	
	总产量(吨)	362.4	4600.7	3055.9	1493.3	
	水果产量(吨)	20471.8	2539.5	2553.3	9856.8	
大牲畜出栏(头)						
大牲畜存栏(头)						
生猪出栏(头)		60319	10087	9976	7097	23506
生猪存栏(头)		31885	6442	8310	5544	16366
羊出栏(只)		4001	2991	3357	6605	3297
羊存栏(只)		4625	1582	4212	11772	5035
农民人均纯收入(元)		2829	2726	3607	2217	1344
通公路村(个)		10	5	7	6	9
通自来水村(个)		6	5	2	4	4

乡镇概况一览表

乡镇名称		靖安乡	青岗岭乡	洒渔乡	乐居乡	苏家院乡
总面积(平方千米)		176.08	111.2	206.25	84.57	109.39
行政村(个)		11	7	9	5	5
社区(个)						
村(居)民小组(个)		215	120	231	101	126
总户数(户)		10237	7654	17521	10081	12120
总人口(人)		40426	28441	59118	31502	39667
其中	非农业人口(人)	1086	692	1715	1242	1216
	少数民族(人)					
	女　性(人)	18749	13364	27915	15095	18577
耕地总面积(公顷)		4683	3449	4913	2093	3280
其中水田(公顷)		114		898	891	1293
农作物总面积(公顷)		6286	2650	6057	3108	4743
其中	粮食种植(公顷)					
	总产量(吨)					
	烤烟种植(公顷)		14			195
	总产量(吨)		21.8			493
	水果产量(吨)	315.9	793.7	74191.5	6131.6	5255.2
大牲畜出栏(头)						
大牲畜存栏(头)						
生猪出栏(头)		33450	14216	63100	46481	37153
生猪存栏(头)		15745	12902	47523	20410	26335
羊出栏(只)		3201	2302	3967	1445	1249
羊存栏(只)		4939	3624	9356	1760	3586
农民人均纯收入(元)		1680	2102	3318	2923	2954
通公路村(个)		11	7	8	5	5
通自来水村(个)		10	6	9	4	2

乡镇概况一览表

乡镇名称		苏甲乡	大山包乡	大寨子乡	炎山乡	田坝乡
总面积(平方千米)		212.98	192	78	76.39	56.7
行政村(个)		12	5	8	8	6
社区(个)						
村(居)民小组(个)		163	110	107	183	110
总户数(户)		7895	4626	4310	6462	3923
总人口(人)		26885	17408	14641	23119	13126
其中	非农业人口(人)	443	470	402	593	251
	少数民族(人)					
	女　性(人)	11941	7894	6695	10665	5940
耕地总面积(公顷)		3245	3191	1035	1327	1180
其中水田(公顷)		106		45	173	90
农作物总面积(公顷)		3459	2791	1933	2175	1296
其中	粮食种植(公顷)					
	总产量(吨)					
	烤烟种植(公顷)	42				
	总产量(吨)	93.8				
	水果产量(吨)	356.6		13.4	15.4	6.2
大牲畜出栏(头)						
大牲畜存栏(头)						
生猪出栏(头)		28330	14256	12561	10750	10772
生猪存栏(头)		18837	12721	15705	10827	7933
羊出栏(只)		7051	9725	1500	820	2681
羊存栏(只)		13539	15548	5240	1202	2405
农民人均纯收入(元)		1198	1310	1744	1386	1305
通公路村(个)		12	5	8	8	5
通自来水村(个)		3	5	8	8	

【上级领导、检查调研组到昭阳区检查指导工作】 1月8日，农业部农产品质量安全监测抽样组薛致勇一行到昭阳区到珠泉农贸水果批发市场、昭通新百大蔬菜市场等进行监测抽取蔬菜30个样、苹果7个样、食用菌5个样后与昭阳区农环技术人员一起再制作送检样品。检查后，监测组肯定了昭阳区的农环监测工作。

3月7日，省军区边防委员会办公室主任方兴国一行，受省委、省政府，省军区委托到昭阳区调研旱情及受灾情况，并和解放军、武警、消防以及昭阳区民兵应急大队官兵一同为青岗岭乡白沙村受灾群众送去了急需的生活用水，使180余户群众喝到干净水。

4月23日，省委副书记李纪恒一行在市委副书记、市长王敏正等领导陪同下，到昭阳区靖安乡洪家营村，详细了解当前村民的饮水情况和抗旱救灾工作情况。实地查看了洪家营村省部级生物多样性万公顷玉米示范高产样板的种植、收成情况，了解应对旱灾采取的各项措施。对昭阳区的抗旱救灾工作给予充分肯定，对灾区人心安定、社会稳定、生产生活秩序正常表示满意。

5月17~18日，国家开发银行省分行行长邓廷铎一行7人对昭阳区廉租房建设以及洒大公路建设情况进行调研。邓廷铎认为：洒渔大桥至大山包农村公路全长71.68千米，总投资12303万元（其中国家开发银行贷款7000万元），资金使用合理。

5月30日，省委常委、省委统战部部长黄毅，省宗教局局长熊胜祥等，到大山包乡大山包村小河边苗族村民张付钱和王忠亮家访贫问苦。

6月4日，中国农科院外来入侵有害生物首席专家付卫东到大山包乡马路村荞子地、马铃薯地、蔬菜地实地查看、取样，对有害生物“地松毛”进行调研。

7月21日，中国工程院院士方智远、云南省农业大学校长朱有勇一行到昭阳区靖安乡洪家营村、北闸镇邓子村省级旱粮高产示范样板核心区视察。

8月3日，省委常委、常务副省长罗正富一行到省级昭阳工业园区视察，并强调：企业要结合自身产品优势，立足昭通实际，打造出知名品牌，走出一条适合企业发展的路子。

11月16日，中国民政部民间组织管理局副局长杨岳率华民慈善基金会、天诺慈善基金会、中国人寿慈善基金会等10家基金会共20余人到昭阳区考察。到昭阳区中心敬老院、旧圃镇沙坝明德小学进行实地考察，对工作开展情况给予充分肯定。

【云南驰宏公司落户昭阳区】 1月13日，昭阳区委、区政府与云南驰宏锌锗股份有限公司签约。云南驰宏锌锗股份有限公司，总投资16亿元，年产10万吨锌冶炼项目落户昭阳区。市委常委、副市长何刚，市委常委、区委书记马吉林，区委副书记、区长曹阜忠，云南驰宏锌锗股份有限公司党委书记武配雄，公司总经理、董事长陈进等出席签约仪式。

【醉明月酒改扩建工程落户昭阳】 1月31日，昭阳区委副书记、区长曹阜忠与醉明月酒厂董事长蒋正泰就2000吨醉明月酒改扩建工程在合作协议上签字，市委副书记、市长王敏正等参加签约仪式。

【全省扶贫开发工作现场会在昭阳区召开】 5月9日，云南省扶贫开发工作现场会在昭阳区召开，出席会议的省委副书记李纪恒、省人大常委会副主任杨建甲、副省长孔垂柱、省政协副主席王学智等领导及来自全省扶贫系统和相关单位、部门以及各州、市、县区领导，中央驻滇单位、驻滇部队领导共200余人到昭阳区永丰镇三甲村、昭通华曦50万只蛋鸡标准化养殖园区就劳务输出、产业扶贫等工作进行调研。昭阳区委副书记、区长曹阜忠介绍：昭阳区永丰镇三甲村大力发展劳务输出产业，积极引导、鼓励有条件的外出务工人员返乡创业，实现了从“输出一人，致富一家”的“加法”向“一人创业，致富一方”的“乘法”的转变。李纪恒指出，人人都创业，个个都纳税，人力资源就是财富；人人都等救济，人口多就是负担；三甲村外出务工、返乡创业的模式，值得在全省推广；三甲村变化之大让人高兴；希望各地的县委书记、县长认真思考，学习借鉴成功经验。

【天辰国际集团考察昭阳区苹果管理技术】 6月17日，国际果树创新公司伊曼纽·德拉帕郎先生、加拿大天辰国际集团董事长皮埃尔·布克、天辰国际集团驻欧洲地区项目经理吉尔·科涅尔及曲靖市政府黄加乐等一行6人到昭阳区洒渔乡的大桥、白鹤、三台、联合，乐居乡的上街、中河、仁和，苏家院乡的迤那等苹果园，实地考察苹果标准化示范园、优质高产示范园、低产果园改造和苹果新品种引试情况。认为昭阳区苹果的种植技术的确代表了“中国南方优质苹果商品生产基地”的管理水平，部分果园的管果水平已经达到国际、国内先进水平。

【蒋志农一行到昭阳区开展水稻高产创建观摩及测产验收】 10月10日，省农科院教授蒋志农、市农科所研究员成忠龙等专家到乐居乡乐居村水稻示范样板田进行观摩并测产。通过测产验收，水稻“云梗31”丰产性能好，亩产达815.7千克，比去年种植的“凤稻17”增产200千克以上，增产幅度较大、值得大力推广。

【丹增一行到昭阳区采风】 10月30~31日，中国文联副主席、中国作协副主席丹增等中国作协领导和作家一行，到昭通中心城市的古城恢复建设和望海文化公园，龙家祠堂、葡萄井彝族六祖分支祭祖圣地、昭阳区大山包乡采风。

【向泽伟一行到昭阳区踏勘攀遵铁路】 11月9~10日，铁道部长期处副处长向泽伟率中铁大桥院、中铁隧道院、中铁二院、四川铁建办、成都铁路局等有关部门的领导、专家一行50余人到昭阳区，就攀遵铁路的路线选择、火车站的布局等进行现场踏勘、研究。区委副书记、代理区长薛桂强分析了经昭阳区预设3个站点的利弊，提出了区委、区政府的建议：为带动昭阳经济社会发展，建议该条铁路经昭阳区的苏家院、乐居、洒渔、北闸行走。铁道部领导和专家们表示，将认真考虑昭阳区委、政府的建议，让铁路更多地带动地方经济发展、造福于民。

【电影《包裹》新闻发布会暨开机仪式在昭通举行】 12月24日，电影《包裹》新闻发布会暨开机仪式在昭通举行。中国扶贫基金会高级顾问焦万曼，中国扶贫基金会项目推广官员崔建民，云南省陆军预备役步兵师政委、省军分区政治部副主任孟庆龄等领导出席新闻发布会。

【2011年钟声迎新之夜活动在辕门口广场举行】 12月31日晚，2011钟声迎新之夜活动在辕门口广场举行。市委书记夜礼斌，市委副书记、代理市长刘建华及各县县委书记、县长等到辕门口主会场参加活动。23时整，区委副书记、代区长薛桂强主持辕门口广场钟楼落成剪彩仪式，市委常委、区委书记马吉林致辞。23时20分，夜礼斌接过钟楼大门的钥匙开启大门。倒计时后，夜礼斌等领导与云岭楷模铁飞燕、亚运会山地自行车亚军史庆兰、著名作家夏天敏等知名人士及劳动模范共同敲响2011年的新年钟声。

（**昭阳区志办**　陈　林　王长海）

鲁　甸　县

鲁甸县位于云南省东北部，昭通市西南部，牛栏江北岸。东北与昭阳区相连，东南与贵州省威宁县毗邻，南部、西部和会泽、巧家县隔牛栏江相望，国土面积1487平方千米，属金沙江水系。距昆明市310千米、昭阳区27千米。全县有耕地32127公顷，其中水田2261公顷；森林4.6万公顷，森林覆盖率30.96%。2010年总降水量890.8毫米，年平均气温13.1℃。

2010年末，全县辖文屏、龙头山、水磨3镇，桃源、茨院、小寨、江底、火德红、龙树、新街、梭山、乐红9乡，84个村（社区），1637个村民小组。有114879户429791人，其中：男性225211人、女性204580人；非农业人口28134人，农村劳动力219986人；少数民族人口87157人，占总人口的20.28%，其中回族72553人、彝族10805人、苗族2655人、布依族513人、壮族384人、白族92人、其他民族155人。年内出生17389人，死亡4746人，人口密度每平方千米289人。

2010年，全年完成地区生产总值251070万元，其中第一产业58088万元，占23.14%；第二产业124558万元，占49.61%；第三产业68424万元，占27.25%。完成工农业总产值（现价）329978万元，比上年增23.1%（按可比口径算）。

2010年，鲁甸被农业部表彰为粮食生产先进县、省政府表彰为农田水利建设先进县、云南省绿化模范县。全年完成农业总产值（现价）86980万元，其中：种植业50735万元，占58.33%；林业1987万元，占2.28%；牧业31328元，占36.02%；渔业331万元，占0.38%；农林牧渔服务业2599万元，占2.99%。全年农作物总播种面积50052公顷，其中粮食作物播种35745公顷，总产144618吨；油料种植959公顷，总产1098吨；种植甘蔗16公顷，总产667吨；烤烟种植3861公顷，总产9444吨，收购烟叶9250吨，均价15.15元/千克，完成税收3083.66万元。种植蔬菜6303公顷，总产91235吨；种植魔芋324公顷，总产521吨。年末有果园1122公顷，其中苹果园386公顷、梨园357公顷、柑桔园74公顷、香蕉园17公顷、桃园91公顷、猕猴桃园5公顷、葡萄园2公顷，全年产水果9602吨；新植核桃5.4万公顷，花椒1.4万公顷，年产油桐籽602吨、核桃1211吨、板栗104吨、花椒787吨、生漆5吨、松籽3吨。伐木2036立方米、伐竹458万根。年内大牲畜出栏22875头，产肉2821吨，存栏92629头；生猪出栏211596头，产肉19873吨，存栏241780头；羊出栏32794只，产肉616吨，存栏63288只，产毛57吨；家禽出栏472647只，产肉758吨，存栏588045只，产禽蛋1289吨；肉类总产量24068吨；产蜂蜜3吨、蚕茧27吨。农村从事第二、第三产业的劳动力36361人，占农村劳动力的22.1%。争取中央农机购置补贴资金400万元，县级财政配套42万元，拉动农民自筹资金843万元，购置各类农机具1495台（套）。全县农机总动力102410千瓦，农机总收入10619万元。

2010年，全县有非公企业4402个，从业人员1.27万人，占农村劳动力的5.77%；营业收入246770万元，现价总产值258850万元，实现利润35340万元，上缴税金25000万元。2010年，上报项目41个，计划总投资141517.19万元。争取到项目42个，下达中央和省市级资金21018.59万元。全县固定资产投资25.8亿元，同比增长64.3%，其中能源项目4.62亿元、工业项目4亿元、交通项目5340万元、城镇基础设施项目5.9亿元、农林水项目2.17亿元、社会事业项目1.72亿元、扶贫项目4620万元、昭巧二级路鲁甸段及昭鲁城市走廊建设项目5.47亿元、龙树小集镇建设项目5805万元、文屏山森林公园建设项目710万元、江底集镇建设项目2632万元。全社会竣工住宅面积20.65万平方米，其中城镇竣工住宅面积7.98万平方米。

全县有工业企业64户，规模以上13户，完成工业总产值（现行价）242998万元，其中国有及年销售收入500万以上企业实现产值216948万元。全年生产铅选矿产品含铅量5090吨、锌选矿产品含锌量60001吨、十种有色金属含锌产量54784吨，发电39432万千瓦时，供电26325万千瓦时，供自来水102万吨，产水泥50万吨、磷肥（折纯）17532吨。全县53个村通自来水。年末，全县境内有公路1136千米，其中国道19千米、省道155千米、县道211千米、乡道427千米、村道324千米，实现村村通公路。全年邮电业务总量6040万元，其中邮政311万元、电信业务1029万元、移动4500万元、联通200万元。

全县有个体工商户4215户，注册资金5804.6万元，从业人员45855人；全县登记内资企业117户，注册资金11729.29万元；私营企业232户，注册资金81712.41万元；有农民专业合作社26户，注册资金15680万元，投资人195人。家电下乡工作备案登记销售网点67家，除汽车、摩托车外，全县农民在销售网点购买家电下乡产品7703台1289万元，领到补贴产品7483台161万元。新签约项目21个，协议引资15.18亿元，在建项目和新签约项目到位资金5.83万元。全年社会消费品零售总额4.5亿元，其中：县城26209万元、乡镇18979万元；个体私营经济零售总额43878万元；对外出口42万美元。

全县财政总收入3.61亿元，增长53.9%；全年上划中央两税12675万元，一般预算收入15666万元，增收4780万元，增长43.9%；地方财政支出117493万元，增支33.6%。年末，全县金融机构各项存款余额190156万元，比年初增长29.48%，其中城乡居民储蓄存款余额98521万元，比年初增长32.14%；各项贷款余额142267万元，比年初增长40.3%。全年现金净投放57963万元，比上年增22.8%。

2010年，全县有各级各类学校132所，其中完中3所、职业中学1所、教师进修学校1所、初级中学11所、完小114所、幼儿园2所。另有教学点34个。有各级各类在校生94093人，其中小学在校生58304人、初中在校生23034人、高中在校生5065人、职高生1661人、幼儿园在园儿童792人、学前班在校儿童5237人。全县适龄儿童入学率99.16%，小学年辍学率0.63%。初中毛入学率97.34%，初中年辍学率2.39%。全县有在编教师4106人，其中高中（含职高）教师149人、初中教师1254人、小学教师2666人、幼儿教师37人。全县高考上线率由上年的67.5%上升为91.83%，中考名列全市前列，600分以上考生429人。“两基”攻坚顺利通过国检验收。全部免除义务教育阶段学生的杂费和教科书费。发放初中、小学贫困家庭寄宿制学生生活补助金1718.89万元54213人次，分别占初中、小学生总数的72.08%、31.27%。受理901名大学生申请，发放助学金230余万元，帮助250名大学生办理生源地助学贷款。年内，申报国家级科技项目3项，立项3项；向省科技厅申报项目6项，立项解决资金4项，向省科协申报项目1项，高寒山区玉米高产栽培技术培训科普培训经费5万元。有农村专业技术协会37个，会员3039名，其中当年发展农村专业技术协会6个，发展会员370名，即县马铃薯协会、小寨乡红梨产业协会、小寨乡蔬菜协会、小寨乡畜牧养殖协会、火德红乡马铃薯协会及文屏镇花卉、蔬菜协会。开展樱桃修剪、蔬菜栽培、畜牧养殖、玉米高产示范等科技培训36期，培训5600人次。年末，全县有事业人员5367人，其中专业技术人员4855人，每万人有专业技术人员113人。

2010年4月中旬组织实施“百场演出进百村”活动，演出88场，观众16万余人；举办“魅力鲁甸腾飞昊龙”大型文艺晚会；举办全市11县区老年运动会；主办回族古尔邦节、彝族火把节、苗族花山节三大民族节日文化活动。举办“江山杯”书法、美术、摄影大赛，“魅力鲁甸腾飞昊龙”摄影大赛和“水——生命之源，污染与防治”摄影大赛。启动农家文化大院12个，组建农村文艺团队15个。开展群众文化辅导下乡村工作。完成全县第三次全国文物普查第二阶段工作，在全市第二家通过市级验收；图书馆总流通7039人次、113910册次，馆藏图书借阅14767人次、15797册次；完成县级支中心信息资源共享工程和龙树、小寨、新街3个乡文化站农民素质教育网络培训学校建设任务，总投资90万元，通过省级验收。在全市第二届少数民族传统体育运动会上，88名运动员参加，取得12金9银4铜、团体奖牌全市第二名的成绩。新闻《洋樱桃落户鲁甸》获中国广播电视协会县市广播电视奖铜奖，省广播电视学会、协会县市广播电视奖二等奖，昭通市新闻政府奖一等奖；专题节目《鲁甸玉米良种之父——张腾霄》获中国广播电视协会县市广播电视奖铜奖。广播、电视覆盖率分别达99.5%、86.68%。年末，全县有卫生行政机关1个，全民医疗卫生机构19个（其中县直医疗卫生单位5个、乡镇卫生院13个、社区卫生服务中心1个）。全县医疗卫生机构在岗职工595人。卫生专业技术人员509人，其中正高级1人、副高级22人、中级142人、初级（师）202人、初级（士）132人、未定级10人。每千人有卫生专业技术人员1.18人。全民医疗卫生机构设病床575张，每千人有病床1.37张；全县设村卫生所（社区卫生服务站）84个，乡村医生351人。完成门诊诊疗372405人次，住院治疗42054人次，总业务收入5184.58万元。全年全县新农合参合367970人，参合率95.55%。减免1023072人次，减免资金4264.06万元，资金使用率82.77%。

乡镇概况一览表

乡镇名称	文屏镇	桃源乡	茨院乡	火德红乡	小寨乡	江底乡
总面积(平方千米)	85.31	60.37	42.51	90.93	96.92	141.42
行政村、社区(个)	10	5	5	6	4	7
其中 社区(个)	4					
村(居)民小组(个)	139	109	70	107	107	111
其中 居民小组(个)	27					
总户数(户)	21741	9920	8273	5362	5971	7250
总人口(人)	63721	39274	28080	21676	21968	29895
其中 少数民族(人)	25590	37077	7835	427	613	3612
其中 女性(人)	31514	19462	13934	9952	10423	14249
耕地总面积(公顷)	2337	2214	1494	2070	1859	2372
其中 水田(公顷)	407	276	350	100	102	
农作物总面积(公顷)	6096	4273	2049	2568	3494	4384
其中 粮食种植(公顷)	3172	2211	1398	1897	2170	2953
其中 总产量(吨)	15866	10752	7836	7332	8990	11454
其中 烤烟种植(公顷)	764	1626	351	128	488	286
其中 总产量(吨)	1998.02	4145	834.67	298.87	1015.7	597.06
其中 水果产量(吨)	4464.92	749.23	669.89	94.47	1412.2	53.61
大牲畜出栏(头)	2109	11162	1538	422	731	2334
大牲畜存栏(头)	4019	20392	3885	4693	5168	8877
生猪出栏(头)	14507	2202	9140	8472	13422	14124
生猪存栏(头)	15822	2007	9970	13792	18717	20450
羊出栏(只)	677	2230	819	875	2416	3082
羊存栏(只)	1723	3110	1662	1737	5720	7307
农民人均纯收入(元)	2909	3092	3117	2331	3335	2519
通公路村(个)	10	5	5	6	4	7
通电村(个)	10	5	5	6	4	7
通自来水村(个)	10	3	5	3	4	3

乡镇概况一览表

乡镇名称		龙头山镇	乐红乡	龙树乡	水磨镇	梭山乡	新街乡
总面积(平方千米)		212.13	127.18	112.31	268.62	136.2	113.1
行政村、社区(个)		11	8	4	10	9	5
其中	社区(个)						
村(居)民小组(个)		246	190	114	169	181	94
其中	居民小组(个)						
总户数(户)		13847	8612	9812	10467	8578	5046
总人口(人)		53825	35537	39754	40395	34764	20902
其中	少数民族(人)	2505	1301	1810	2589	3225	573
	女性(人)	25181	16017	18886	18820	16503	9639
耕地总面积(公顷)		4023	2323	3130	6117	2224	1964
其中	水田(公顷)	147	26	591	152	10	100
农作物总面积(公顷)		5836	3042	4429	7528	3556	2797
其中	粮食种植(公顷)	4404	2764	3558	6342	2913	1963
	总产量(吨)	17406	10854	13747	20911	12478	6992
	烤烟种植(公顷)	217			1		
	总产量(吨)	550.95			3.45		
	水果产量(吨)	661.32	162.94	6.44	1139.42	183.44	3.66
大牲畜出栏(头)		1009	641	445	1232	340	912
大牲畜存栏(头)		9452	9612	4722	12851	3148	5810
生猪出栏(头)		26120	20980	28055	31687	16040	26847
生猪存栏(头)		33596	22013	25991	40700	16773	21949
羊出栏(只)		2999	5658	1397	6485	3447	2709
羊存栏(只)		6622	5250	4738	13526	7062	4831
农民人均纯收入(元)		2470	2277	2295	2311	2505	2382
通公路村(个)		11	8	4	10	9	5
通电村(个)		11	8	4	10	9	5
通自来水村(个)		4	4	4	4	9	4

2010 年，全县农村经济总收入 113873 万元，纯收入 76822 万元，可分配净收入 105182 万元，农民人均 2625 元，人均有粮 362 千克。城镇居民人均可支配收入 12375 元。城镇新增就业 2017 人，城镇登记失业率控制在 4.3% 以内。累计兑现农民各项补贴 1.06 亿元。累计转移劳动力 11.43 万人次，实现务工纯收入 6.49 亿元。全县累计实施整村推进项目 235 个，消除茅草房 3743 户，5.1 万贫困人口稳定解决温饱。完成新农村示范点建设 390 个。

【上级领导(专家)到鲁甸检查、调研、指导工作】 1 月 6 日，省民委副主任马春一行到鲁甸调研民族工作。12 月 21 日，副主任曹孟良一行到茨院回族乡马厂“民族团结示范点”调研项目建设和群众受益情况。

1 月 6 ~ 7 日，中国农业科学院果树研究所顾问、知名苹果专家汪景彦教授到鲁甸指导苹果生产工作。并为果树技术人员、苹果种植大户进行苹果科技栽培管理技术专题讲座。

1 月 19 日，市政协副主席赵洪乖一行到新街乡，就种植业、基础设施建设、社会事业等方面工作开展调研。3 月 18 日，赵洪乖一行到龙树乡调研省级生物多样性规范化间套种植样板建设。4 月 9 日，赵洪乖一行到江底乡调研，实地了解抗大旱、保民生、促春耕工作。4 月 23 日，赵洪乖代表市委、市政府慰问帮助鲁甸打井抗旱救灾的专业队。4 月 27 日，赵洪乖到渔洞水库径流区新街乡片区调研水资源保护和种养业。5 月 13 日，赵洪乖一行到鲁甸，查看单家河拦沙坝、酒房蔬菜基地、龙树高产示范样板基地，了解各地在产业结构调整和水源保护中所做的工作。6 月 10 日，赵洪乖到龙头山调研农业产业发展。

2 月 1 日，省公安厅党委委员、纪委书记杨建萍到鲁甸看望慰问因公牺牲民警李杰的家属。并视察县局新办公大楼施工工地。

2 月 9 日，省农业厅副巡视员文雅芹一行到鲁甸察看旱情。

2 月 19 日，市委书记夜礼斌率市委常委、常务副市长张纪华，市委常委、政法委书记张朝德，市委常委、秘书长田勇，市委常委、昭阳区委书记马吉林，副市长邬永飞，市政协副主席、市财政局长普安银，昭通军分区司令员张志华到鲁甸，对小寨乡“整乡推进”项目建设工作进行调研指导。8 月 5 日，夜礼斌在市委常委、副市长何刚，市政协副主席、市财政局局长普安银等陪同下到鲁甸，就小集镇建设和工业园区建设进行调研。8 月 16 日，夜礼斌，市委常委、副市长何刚，市委常委、秘书长田勇，市政协副主席、市财政局长普安银一行到龙树乡、水磨镇调研集镇建设。9 月 17 日，夜礼斌一行到桃源和小寨乡调研烤烟生产收购工作。10 月 9 日，夜礼斌带领市财政局、发改委、国土局、水利等部门负责人到龙头山镇、乐红乡调研现代烟草农业示范项目和小集镇建设。10 月 14 日，夜礼斌和市委副书记、市人大常委会主任张登亮，市委常委、副市长何刚等领导带领参加全市小集镇现场会的各县区主要领导和相关部门负责人，到龙树乡、江底乡和桃源乡鸭子塘和谐村庄建设参观、调研。11 月 25 日，夜礼斌及市委常委、常务副市长张纪华，市委常委、市委秘书长田勇，市委常委、昭阳区区委书记马吉林等领导带领市直相关部门负责人到鲁甸，调研昭鲁城市走廊建设工作。

2 月 21 日，副市长邬永飞一行到桃源乡对烤烟育苗培育情况进行调研。4 月 14 日，邬永飞带领市烟办、市烟草公司等部门负责人到鲁甸调研烟叶基础设施建设。9 月 11 日，邬永飞一行到昭鲁城市走廊鲁甸段调研工程建设情况。

2 月 22 日，省扶贫办副主任杨照辉一行在副市长邬永飞等陪同下到鲁甸县调研扶贫开发工作。3 月 8 日，副主任欧志明、杨照辉，市委副书记张登亮、副市长邬永飞一行到鲁甸，对扶贫开发工作和全省扶贫现场会筹备工作进行调研。5 月 7 日，副主任杨照辉、副市长邬永飞到小寨乡，对即将召开的全省扶贫攻坚现场会前期各项筹备工作检查指导。12 月 11 日，副主任余潮一行到鲁甸调研扶贫开发工作情况。

3 月 1 日，云南农业大学校长朱有勇一行，在市委副书记张登亮等陪同下到龙树乡和文屏镇，调研省级粮食生物多样性示范样板种植。4 月 25 日，朱有勇带领农业专家到龙树乡和文屏镇省级生物多样性规格化间套种样板，调研农业生产，查看农作物长势和旱灾对熵情的影响。6 月 26 日，朱有勇带领农业专家到龙树乡和文屏镇马鹿沟村、砚池山村，查看省级粮食生物多样性间套种植示范样板农作物长势。

3 月 4 日，市政协主席熊启怀，市委常委、宣传部长陆琴雯，市政协副主席赵洪乖一行到水磨镇调研群众饮水情况。4 月 13 日，熊启怀和市委常委、宣传部长陆琴雯，市政协副主席赵洪乖一行到旱情非常严重的江底乡察看旱情。12 月 20 日，熊启怀率市检查考核组到鲁甸，以听取汇报、现场考察、查看资料、民主测评、指标测评等形式，调研鲁甸县 2010 年度推进惩治和预防腐败体系建设、党风廉政建设责任制、党建目标责任制工作。

3 月 11 日，市委副书记、市人大常委会主任张登亮和政协副主席赵洪乖一行到鲁甸调研龙树乡集镇建设。11 月？9 日，张登亮一行到鲁甸调研基础设施建设、农业产业结构调整、统筹城乡发展和社会稳定等工作。

3 月 12 日，副市长胡月星一行到鲁甸，就农村基层党组织建设工作及农村流通市场体系建设进行调研。12 月 6 日，胡月星到鲁甸，为各级领导干部作“提升领导胜任力”专题讲座。县四套班子领导及乡镇主要领导、县直部门负责人 300 余人听取讲座。讲座后胡月星到龙树乡调研集镇改造、建设工作。

3 月 25 日，省委老干局长薛彪一行到鲁甸检查指导老干部工作。

3月27日，省计生委副主任吴莉华到挂钩帮扶的水磨镇查看灾情，先后查看水磨镇基础设施、新集镇建设情况，听取汇报。4月15日，副主任金桂兰一行到鲁甸调研抗旱、综治维稳、农村党员干部现代远程教育3项工作。8月4日，主任郝清山一行到鲁甸开展计生暨挂钩帮扶乡镇经济发展调研。在副市长成联远陪同下到挂钩帮扶的水磨镇辣椒示范种植基地、新棚村文化大院和困难帮扶对象家中了解相关情况，听取乡镇负责人关于促进经济发展规划情况汇报。

3月29日，省旅游局党组书记朱飞云一行到鲁甸调研旅游产业发展工作。到拖姑清真寺、伊斯兰风情园、太阳湖等景区等实地查看。

4月8日，市委副书记、市长王敏正到渔洞水库径流区的水磨、龙树、新街等地，专题调研渔洞水库水资源保护情况。市委副书记、市人大主任张登亮，市人大副主任张华贵，副市长邬永飞，市政协副主席赵洪乖等陪同调研。9月19日，王敏正一行到桃源乡万亩优质烤烟基地调研。11月14日，王敏正在副市长邬永飞、市政协副主席郎学稌、市政府秘书长肖本敏、市相关部门负责人和相关县区负责人陪同下到鲁甸调研昭鲁城市走廊和昭巧二级路建设工作。

4月26日，市委常委、副市长何刚到江底乡箐脚村张家院子村民小组了解深井出水情况，看望慰问钻井工程队员。6月17日，何刚带领市直相关部门人员到鲁甸，对工业经济运行情况调研。9月10日，何刚一行到鲁甸，就在建污水处理厂、垃圾处理厂，城市管网改建工程项目进行调研。

5月8日，省农业开发办主任杨焜一行到鲁甸，就农业开发工作进行调研。

5月9日，省委副书记李纪恒、副省长孔垂柱率领全省扶贫开发现场会参会人员到鲁甸，就小寨乡整乡推进项目参观点参观考察。

5月10日，省林业厅副厅长刘一丹到鲁甸，对全县林产业发展情况进行调研。

5月11日，市人大常委会副主任张华贵一行到鲁甸，与鲁甸籍市人大代表和县水利、环保等部门负责人，就鲁甸籍市人大代表在市第二届人民代表大会第六次全体会议期间，提出的《加大对渔洞水库径流区执法保护力度》的议案办理进行面商。8月13日，张华贵一行到鲁甸，就集体林权制度改革和林业产业发展工作进行专题调研。11月30日，张华贵及副市长邬永飞、市政协副主席赵洪乖率领参加全市中低产田地改造现场会的与会人员，到鲁甸调研农田水利建设和中低产田地改造工作。

5月12日，国家烟草专卖局副局长何泽华在省烟草专卖局长余云东，市委副书记、人大常委会主任张登亮，副市长邬永飞陪同下到鲁甸调研现代烟草农业烟水工程建设、使用情况。

5月14日，市人大常委会副主任皮永宏一行到鲁甸部分中小学、幼儿园检查校园安全工作。

5月16日，省工信委副巡视员段洪一行到鲁甸检查指导工业园区2010年标准化厂房建设工作。10月22日，副主任王祥带领由省工信委煤炭生产安全技改处、产业政策处、发展规划处组成的第六督查调研组代表省委、省政府到鲁甸，就工业经济发展运行进行专题督查。

5月21日，以国家发改委政策研究室主任李朴民为组长的中央党校第28期中青一班调研组到鲁甸调研小寨整乡推进工作。

5月29日，红塔集团副总裁张建华一行到桃源和小寨乡调研烟叶生产工作。

5月30日，省委常委、统战部长黄毅带领省民委、省宗教局等相关人员，在市委副书记、市长王敏正等陪同下，到鲁甸调研民族宗教、整乡推进和工业发展等工作。

6月8日，副市长韩梅一行到鲁甸调研乡镇文化站建设和校舍安全工程。

6月21日，省财政厅副巡视员方向前、省农开办副主任周海波一行到鲁甸，就农业综合开发项目实施情况开展调研。10月18日，党组副书记、副厅长陈建国一行到鲁甸，调研财政各项工作和基础设施建设、城市发展规划等工作。

6月22日，副市长成联远带领市计生、民政等部门负责人到江底、小寨，检查指导人口与计划生育工作和民政救灾救济工作。

7月14日，市政协副主席陈奇一行到鲁甸，对《中共中央关于加强人民政协工作的意见》贯彻落实情况进行检查。

7月14日，省人大常委、农工委主任阿扎一行到小寨乡和职业学校，对农村劳动力培训转移工作进行调研。

7月21日，中国工程院院士方智远、省农业大学校长朱有勇一行到鲁甸，在市委副书记张登亮、副市长邬永飞等陪同下，前往龙树乡、文屏镇查看生物多样性示范基地玉米、马铃薯长势情况，调研省级生物多样性规格化间套种样板和农业生产。

8月3日，省委副书记、省长秦光荣率省委常委、副省长李江，省人大常委会常务副主任晏友琼，副省长孔垂柱、刘平、顾朝曦，省政协副主席曾华，省政府秘书长丁绍祥及省直有关部门负责人到鲁甸，在市委书记夜礼斌，市委副书记、市长王敏正等陪同下，调研省级生物多样性高产示范样板建设、扶贫开发、公路建设等工作。

8月5日，西南民族大学副校长沙玛拉毅一行到鲁甸考察调研彝族历史文化，并前往普芝噜野石山、马厂新石器遗址、崇文阁等地察看遗址，了解彝族文化发掘、传承保护情况。

8月6日，省政府副秘书长、省文史研究馆馆长黄立新带领省文史馆副馆长苏建华一行到龙头山镇调研。

8月7日，水利部稽察办特派员李崇兴、海河水利委员会前期专家赵鸿奎等7人组成稽察组，到鲁甸稽察渔洞大型灌区项目建设情况。

8月20日，省社科院院长纳麒到鲁甸，在广场会务中心向领导干部作了“伊斯兰教与云南回族”为主题的民族团结教育专题讲座。

9月8～9日，市政协副主席陈麟带领检查验收组到鲁甸，代表市委、市政府检查验收实施“五五”普法和“三五”依法治县工作。

9月14日，省委高校工委副书记杜玉银一行到鲁甸，到学校检查“两基”迎国检各项工作。

9月27日，省高级人民法院副院长杨为栋一行到鲁甸法院检查涉诉信访工作。

10月13日，省民政厅副厅长刘智一行在副市长冯德陪同下到鲁甸检查农村党风廉政建设工作。12月14日，副厅长郝坚峰一行到鲁甸检查指导县城中心敬老院建设情况。

10月23日，省统计局副局长杨谊群率领全省2010年度和“十一五”节能减排专项督察组到鲁甸，就2010年度和“十一五”节能减排各项指标完成进行专项督查。

11月16日，民政部民间组织资金管理局局长孙伟林一行在副市长成联远陪同下到小寨乡调研新农村建设等工作。

12月14日，省政协副秘书长、省工商联副主席李可杰到鲁甸调研工商联工作。

【《银都飞歌》面世】 1月9日，鲁甸音乐、舞蹈、戏剧家协会举行本土歌曲集《银都飞歌》首发式和部分歌曲演唱会，《银都飞歌》收录60余首歌曲。

【在鲁甸召开的全市会议】 1月29～30日，昭通市工业经济联合会第一届常务理事会暨工业经济发展座谈会在鲁甸召开。省工业经济联合会副会长许钟林、市人大常委会主任陈林章，市委常委、副市长何刚，市政协副主席李志平，省、市工业经济联合会，市经委、发改委、财政局等市直单位、全市各县区政府领导及县区经贸局、工业园区、知名企业负责人出席会议。与会人员首先参观鲁甸工业园区茨院、桃源片区及理世、云香食品有限公司和县城新区。市工业经济联合会会长冯涛向大会报告2009年工作，提出2010年工作意见建议；市经委主任余伟总结全市2009年工业经济发展情况，对2010年工业经济发展提出意见建议。鲁甸、彝良县政府领导和昊龙实业有限公司、鲁甸理世实业有限公司、云南侨通有限公司等8家企业负责人作交流发言。

1月30日，全市经贸局长座谈会在鲁甸召开。市经委主任、副主任、相关科室负责人和全市11县区经贸局长出席会议。县区经贸局长介绍工业经济发展面临的困难，针对2010年确定的工业经济发展目标所采取的措施办法等作介绍。市经委围绕实现目标抓工业发展作具体安排部署。

2月3日，全市公安工作会议在鲁甸召开，会议总结2009年全市公安工作，部署2010年任务。市委常委、统战部长余扬举在大会上宣读市长王敏正的贺信，市委常委、市委政法委书记张朝德出席大会并讲话。参会人员到文屏派出所参观派出所规范化建设和保健社区警务室社区警务工作。

2月25日，全市抗大旱、保民生、保春耕现场办公会在鲁甸召开，市委副书记、市长王敏正，市人大常委会主任陈林章，市委常委、秘书长田勇，市人大常委会副主任张华贵、副市长胡月星，市政协副主席普安银、赵洪乖，军分区司令张志华等领导出席现场会。王敏正一行到文屏山察看森林防火工作，到小寨乡察看整乡推进工作，充分肯定鲁甸县所取得的成绩。

4月2日，全市春耕生产现场会在鲁甸召开，市委副书记、市人大常委会主任张登亮主持会议，市委副书记、市长王敏正讲话，中国农业科学院博士游有林应邀举行生态知识讲座，300余人参会。与会人员参观龙树乡旱粮高产示范样板基地。

7月19日，全市司法行政工作暨社区矫正推进会在鲁甸召开，总结上半年全市司法行政工作成绩和经验，安排下半年工作。参会人员到桃源、文屏司法所参观社区矫正工作内务规范、人员管理和教育矫治等情况。

9月26日，市工商联二届七次常委会议暨光彩事业促进会一届二次常务理事会议在鲁甸昊龙大厦召开。市委常委、统战部部长余扬举参加会议。会议学习传达市委二届十一次全体（扩大）会议，省工商联十届七次常委会和省光促会二届一次理事会精神，总结市工商联2010年1～9月工作，安排部署后3个月工作任务，选举余扬举为市光彩事业促进会会长，审议通过《昭通市光彩事业促进会工作规则》、《昭通市光彩事业促进会基金管理办法》、《昭通市光彩项目管理办法》、《昭通市光彩事业促进会会费管理办法》。

10月22日，全市2010年农村劳动力转移培训项目管理昭鲁巧片区会议在鲁甸召开。会议对农村劳动力转移培训各类项目要求、程序、内容等进行全面培训，昭阳、鲁甸、巧家3县区人力办就做好劳动力转移培训工作交流发言。

11月23～26日，昭通市第十届老年人体育运动会在鲁甸文化广场举行，副市长韩梅等领导出席开幕式。全市11县区300余位老年人运动员参加门球、地掷球、乒乓球和中国象棋4个项目比赛。鲁甸县代表队获得门球、地掷球第一名，昭阳区代表队获得男子、女子乒乓球第一名和中国象棋第一名。

11月30日，昭通市工商联鼓励创业“贷免扶补”工作会议在鲁甸召开，全市11县区工商联代表和成功创业代表参加会议并交流发言。参会代表和创业成功人士参观鲁甸“贷免扶补”示范点。

【鲁甸首批廉租房入住】 2月5日，鲁甸举行第一批廉租房入住仪式。首批108户城镇低收入家庭搬入“新居”。住房总建筑面积8395.26平方米，项目建设用地8913.24平方米，完全由政府无偿划拨，资金缺口也由县级财政足额配套。

【鲁甸抗旱救灾捐款】 2月28日，县委、县政府举行抗旱救灾捐款启动仪式，通报严峻的旱情形势，广泛动员社会各界向灾区群众捐款。昊龙实业集团捐款250万元，县四套班子领导、机关企事业单位干部职工、热心公众和社会各界人士现场捐款276.42万元。

【《鲁甸文学作品选》出版发行】 4月20日，县文联举行《鲁甸文学作品选》首发式，《作品选》由大众文艺出版社出版发行。全书选编53名鲁甸籍作者171件文学作品，其中小说12篇、散文70篇、诗歌89首。

【考古探险考察团到鲁甸】 4月20日，国家博物院、四川省文物考古研究院、中央电视台联合组成“五尺道——石门道——盐道”考古探险考察团一行30余位专家学者到鲁甸考察野石山遗址。

【鲁甸获“全省绿化模范县”称号】 5月19日，鲁甸县被省绿化委员会表彰为“全省绿化模范县”。

【14家中央及省市新闻媒体到鲁甸采访整乡推进工作】 5月20日，人民网、新华社、云南电视台、云南日报、党的生活等中央、省市14家新闻媒体组成扶贫工作新闻采访团到小寨乡采访整乡推进工作。

【中国天诺慈善基金会资助203名贫困白内障患者复明】 5月25日，由中国天诺慈善基金会资助，昆明市光明眼科医院吕玉建等9人到县中医院为203名贫困白内障患者免费施行复明手术。

【昊龙大酒店开业】 5月28日，昊龙大酒店举行开业庆典。大酒店按四星级标准设计，总投资8000万元，占地6500平方米，建筑面积18667平方米，集办公、住宿、餐饮、休闲为一体，可同时容纳1000余人就餐、住宿、休闲。解决200余人就业问题。

【云南省第八届伊斯兰“卧尔兹”演讲比赛在鲁甸举行】 7月4日，云南省第八届伊斯兰“卧尔兹”演讲比赛在鲁甸举行。省政协副主席、省伊斯兰教协会会长马开贤，市政协副主席陈麟等省市县领导和全省各地参赛选手及应邀观摩的伊斯兰群众1000余人参加。昆明、玉溪、文山、红河、昭通、大理等10余个州市47名选手参与演讲比赛。文屏镇清真寺马灵莉演讲的《伟大的母爱》获大赛一等奖。6日，马开贤带领演讲获奖选手，前往小寨乡整乡推进示范点、桃源拖姑、龙头山清真寺参观调研。

【20名“家”工作营志愿者大学生走进水磨镇苗寨村】 7月15日，20名“家”工作营志愿者大学生走进水磨镇苗寨村，以特有的献爱心方式进行宣传活动。“家”工作营成立于2004年8月，属于香港注册非盈利性慈善活动机构。工作营活动主要在麻风病康复村和山区学校开展。

【昊龙论坛在鲁甸举行】 7月27日，2010昊龙论坛在鲁甸举行。论坛由中央电视台著名主持人任鲁豫主持。市委副书记、市长、云南大学经济学博士王敏正，美国宾西法尼亚大学沃顿商学院博士、香港中文大学教授郎咸平，中医师经济学博士生导师、云南大学经济学院教授徐光远，北京清华大学人文学院哲学系教授、国学研究院副院长刘东等知名人士出席论坛并作演讲。

【昊龙集团举行成立10周年大型文艺晚会】 7月28日晚，“魅力鲁甸、腾飞昊龙”——云南昊龙集团成立10周年大型文艺晚会在鲁甸文化广场举行。蔡国庆、姜育恒、訾娟、郭峰、阿朵、顾峰、陈思思、韩磊、梁咏琪、阎维文等众多明星登台演出。庆典仪式上，云南昊龙集团为鲁甸文化发展基金捐款200万元。原省级老领导王天玺、梁公卿，市委书记夜礼斌，市委副书记、市长王敏正，市委、市人大、市政府、市政协四套班子领导，在昭通工作过的离退休正厅级老领导，省直有关部门、高校、医院和市直有关部门领导，市内外各友好县党政主要领导，省内外企业家、新闻媒体记者及鲁甸各族各界干部群众上万人参加庆典。

【全省玉米水稻高产创建现场会参会人员参观玉米高产创建示范样板】 7月30日，省农业厅组织全省2010年玉米水稻高产创建现场会16个州市参会代表200余人到鲁甸，参观文屏镇马鹿沟村玉米间套种大豆高产示范样板。

【现代烟草农业暨昭鲁大型灌区项目工程通过检查验收】 9月7日，省烟草公司检查验收组到鲁甸，就现代烟草农业暨昭鲁大型灌区项目工程进行检查验收。10月5日，现代烟草农业暨昭鲁大型灌区项目延伸段工程通过市级检查验收。12月15日，国家烟草专卖局项目专家组到鲁甸检查验收。专家组到百草坪至光明段烟叶基础设施建设项目区利用GPS定位器、测量尺等仪器和工具对机耕路、水渠、水池进行实地检查验收。2009年全县新增烟叶基础设施建设项目覆盖小寨、龙头山2个乡镇，辐射基本农田3400公顷，受益基本烟田3200公顷。项目总投资8447.13万元，其中烟草行业投入补贴资金5988.13万元。2009年12月12日建设，2010年8月20日竣工。共建成排洪调水渠2件45.06千米，支渠16件15.79千米，管网8件19.24千米，水池77件，机耕路8条。

【小额贷款有限公司开业】 9月18日，理世小额贷款有限公司举行开业典礼，为全县首家小额贷款公司。12月26日，昊龙小额贷款有限公司挂牌开业。副市长成联远，市政协副主席、市工商联主席李志平，县四套班子领导、市县相关部门负责人出席挂牌仪式。公司注册资金1亿元人民币，主要为县内各类中小企业贷款、管理财务提供服务，促进鲁甸工商业发展。

【17家中央、省级主流媒体采访团到鲁甸采访报道】 10月16日，省政府新闻办公室组织中新社、云南日报、云南人民广播电台等17家中央、省级主流媒体采访团到鲁甸，就经济社会发展过程中各项工作进行系统采访报道。采访团听取情况介绍后，到小寨乡大坪村、桃源乡鸭子塘村、江底乡潘寨新集镇参观整乡推

进项目工程、新农村建设、小集镇建设和工业经济发展情况，各媒体分别从产业结构调整、扶贫开发、整乡推进、新农村建设、招商引资、工业经济发展、效能政府建设、旅游文化开发、统筹城乡协调发展等方面进行采访。

【新街信用社开业】 10月18日，新街乡农村信用合作社开业。至此，全县9乡3镇金融服务实现全覆盖。

【鲁甸县城达到省级甲级卫生县城】 10月25日，全省第九次县城卫生检查团到鲁甸检查甲级卫生县城工作，县城市容市貌及环境卫生整洁、市民食品及饮用水卫生安全，符合“省级甲级卫生县城”标准。

【鲁甸3户企业进入省工信委第一批500户省级成长型中小企业名单】 11月2日，省工信委公布第一批500户省级成长型中小企业名单，理世实业有限责任公司、云香有限责任公司、昊龙实业集团兴煜冶炼有限公司3户企业榜上有名。

【电视剧《汇通天下》签约仪式暨鲁甸推介新闻发布会在昆举行】 11月17日，县委、县政府与云南天尊影视文化传播有限公司联合制作，中央电视台中国国际电视总公司、云南天尊影视文化传播有限责任公司出品，长篇小说《李家花园》改编的大型历史题材电视剧《汇通天下》签约仪式暨鲁甸推介新闻发布会在昆明举行。省委宣传部副部长伍皓、省直机关工委宣传部长黄新纪、县长保剑及《李家花园》作者、昭通著名作家曾令云等领导和专家学者参加新闻发布会。县长保剑接受新浪、网易、搜狐、雅虎(中国)、腾讯、中国新闻网、凤凰娱乐、中央电视台八频道等媒体记者采访。

【鲁甸县核桃产业商会成立】 12月6日，鲁甸县核桃产业商会成立，召开第一次理事会议，选举产生会长、副会长和秘书长，举行授牌、授印仪式，为聘请的名誉会长和顾问颁发聘书。鲁甸县核桃产业拥有500余个核桃品种4060公顷，年产桃仁4000余吨，产值超1.6亿元。

【黄角树水电站工程成功截流】 12月8日，黄角树水电站工程举行大江截流仪式，黄角树水电站是牛栏江上最后也是最大的一个梯级水电站，是昊龙集团投资最大的一个项目，地处鲁甸县和巧家县境内，正常蓄水位770米，总库容4046万立方米，调节库容1680万立方米，坝址多年平均流量149立方米/秒，装机容量24万千瓦，年均发电12.24亿千瓦时，总投资22亿元，2007年3月开工。市委常委、常务副市长张纪华，市直相关部门负责人和鲁甸、巧家两县主要负责人及昊龙集团负责人出席截流仪式。

【第三届中国贫困地区可持续发展战略论坛参会人员到鲁甸参观】 12月15日，参加第三届中国贫困地区可持续发展战略论坛的北京大学光华管理学院名誉院长、北京大学贫困地区发展研究院院长、全国政协常委、全国政协经济委员会副主任厉以宁，副省长孔垂柱等领导和参会代表到鲁甸县桃源乡鸭子塘自然村和小寨乡视察新农村建设和扶贫开发工作，厉以宁、孔垂柱等领导充分肯定鲁甸扶贫开发取得的成绩。

【昊龙集团在桃源鸭子塘村打造云南民族团结和谐发展第一村】 2010年，云南昊龙集团在桃源鸭子塘村打造云南民族团结和谐发展第一村，通过充分调研协商，采用土地、房屋和宅基地评估作价入股的方式，成立鸭子塘农业开发农民专业合作社，覆盖2个村5个村民小组650户5000余人。合作社设理事会和监事会，全体村民民主选举产生理事38人、监事5人。制定《土地丈量评估入股实施办法》、《新农村集镇建设房屋建设办法》、《资金筹集及工程项目管理办法》、《红利分配办法》、《养老保险制度》、《高中、大学生补助制度》等各种规章制度，昊龙集团选派人员到合作社指导并参与管理。按照“经济主体工业化、农业生产产业化、管理体制民主化、生活环境城市化、城乡实现一体化”的发展模式，投资5亿元，将鸭子塘集镇打造成“鸟语花香生态园，恬静雅致居民区，高效环保工业园”的现代化新农村。规划“一山一水三片区”，即圆山、落水洞湖泊、工业园片区、商贸片区、农业旅游生态观光片区，总面积6.04平方千米，集镇基础设施由云南昊龙集团捐资建设，和谐村庄由云南昊龙集团垫资建设，逐年从群众股金分红中扣除。集镇建成后，可居住合作社村民5000人，吸纳流动人口5000人，直接转移农村人口3000人，3～5年后集镇人口达2万人。合作社村民将承包土地、自留地、宅基地评估作价入股，全部土地由合作社统一规划、统一经营、统一管理，组建产业实体，兴办企业，壮大集体经济。已建成日产8万块免烧砖厂1个、日产1200立方米沙石料场1个、日产330立方米毛石场1个、年产15万吨新式石灰窑1口、280人建筑队1支，成立义方园林绿化有限公司，参股年产2亿条编织袋厂。即将围绕落水洞天然湖泊新建农业旅游生态观光园，包括10万只蛋鸡养殖场、100公顷绿化苗木基地、1000头肉牛养殖场、供400农户用气的大型沼气池、有机复合肥料厂、6.67公顷蔬菜大棚、33.3公顷县级样板核桃等项目。3月动工建设，第一期建成400套民居房，每套建筑面积286平方米，新居建设总占地15公顷，分散居住的宅基地占地73公顷，群众搬进新居后，净增耕地58公顷，通过土地评估入股合作社综合利用。第二期500套民居房完工群众全部入住后，可节约土地133.3公顷。

（鲁甸县志办　晏　权　田朝华　李峻峰）

巧　家　县

巧家县位于昭通市西南部，与滇、川2省4州市8县区毗邻。金沙江环绕于西北、牛栏江环绕于东部，地形山高谷深，自然条件复杂多变。最高海拔药山主峰金顶山4041.6米，最低海拔517米，县城海拔850米。国土面积3245平方千米。2010年末辖白鹤滩、大寨、药山、老店、小河、马树6镇与茂租、东坪、红山、新店、包谷垴、中寨、崇溪、炉房、蒙姑、金塘10乡，共179个村、4个社区，3558个村民小组。县城驻地白鹤滩镇距省会昆明市292千米，距昭阳区经鲁甸219千米，经巧家蒙姑、曲靖市会泽232千米。

2010年，全县总人口171326户573939人，其中：男性312076人、女性261863人；非农业人口27810人，占总人口的4.8%；少数民族人口26318人，占总人口的4.6%。出生人口26602人，死亡9613人，人口自然增长率5.67‰。人口密度177人/平方千米。

全县地区生产总值完成27.07亿元（现价，下同），同比增长15.6%。其中：第一产业增加值10.49亿元，增长8.5%；第二产业增加值7.42亿元，增长23.5%；第三产业增加值9.16亿元，增长17.7%。第一、二、三产业构成为38.73∶27.42∶33.85。地方财政收入1.31亿元，其中地方财政一般预算收入1.09亿元（含营业税2827万元、烟叶税1369万元、增值税1344万元、契税629万元、资源税530万元、城市维护建设税417万元、耕地占用税298万元、企业所得税340万元、个人所得税239万元、非税收入2888万元）。地方财政支出13.63亿元，同比增长44.2%，其中地方财政一般预算支出13.4亿元，增长43.4%。全县金融机构各项存款余额26.75亿元，增长37.18%，其中城乡居民储蓄存款余额14.76亿元，增长35.13%。各项贷款余额12.65亿元，增长38.25%。

全县公路通车里程2493千米，其中二级公路57.74千米、三级公路35.3千米、四级公路1714.56千米、等外公路685.4千米。有客车138辆，完成客运量42.7万人次，客运周转量4215万人千米。通公路的村178个。

2010年，实现农、林、牧、渔业总产值17.28亿元，同比增长8.9%。全县有耕地45078公顷，其中水田3313.6公顷；总播种面积67551公顷。粮食播种面积47813.87公顷，产量18.93万吨，增长7.37%。其中：稻谷21369吨、小麦4366吨、玉米80097吨、荞子3650吨、燕麦1287吨，大豆3286吨、蚕豆1079吨、豌豆1204吨、杂豆2712吨，马铃薯（折粮）52107吨、红薯（折粮）17897吨。油料作物1217吨，其中花生961吨、油菜籽143吨、向日葵籽113吨。新植桑园591.07公顷，产鲜茧1268吨，蚕农收入0.33亿元；烤烟种植1925.46公顷，产量4400吨，产值0.63亿元（不含补贴）；甘蔗种植275.67公顷，产量4.2万吨；蔬菜种植7466.67公顷、产量18.1万吨；药材种植28公顷，产量73吨；魔芋种植76.73公顷，产量584吨。香蕉产量430吨，芒果产量509吨。主要林产品产量：花椒987吨，板栗168吨，核桃1538吨，油桐籽1188吨，生漆23吨，松籽347吨。

年内，牧业产值9.48亿元。出栏生猪612176头、牛16834头、马驴骡5247头、羊82026只；年末，存栏生猪413078头、牛67222头、马驴骡19997头、羊141620只。全县肉类总产量5.97万吨，同比增长17.8%；禽蛋产量1317吨，增长21%。绵羊毛产量173吨。

年内，完成工业生产总值10.07亿元，同比增长18%，其中规模以上工业产值8.58亿元，增长12.1%。实现工业增加值5.46亿元，其中规模以上工业增加值3.99亿元，增长12.1%。主要工业品产量：硫酸12198吨，原煤59874吨，水泥10.66万吨，成品糖5791吨，酒精488吨，生丝561吨，发电量18267万千瓦时，锌粉8400吨，锌精矿11102吨，铅精矿1108吨，焙砂8300吨。招商引资项目协议引资21.62亿元。百万吨水泥生产线点火试车，小河铅锌选厂试运行，牛栏江水电开发有效推进，5万吨锌粉项目达成合作协议，白鹤（十里坪）工业园区建设启动。

年内，完成固定资产投资16.34亿元，同比增长38%。昭巧二级公路巧家段、通乡油路和通达工程进展顺利。长海水库蓄水试运行、大海水库和孔家营水库除险加固工程竣工，人畜饮水工程、“五小”水利工程、草地治理、石漠化综合治理、小流域治理工程等顺利推进。魁阁文化公园、堂琅财富中心房地产项目建设等有序推进。无电人口通电工程和农村电网改造扎实推进，教育、卫生、计生等社会事业基础设施逐步改善。通过财政支农项目扶持，全县实施自然村整村推进项目72个，新建沼气池7500口，完成节柴改灶1300眼，实施病险水库除险加固3件，解决6.16万农村居民饮水安全问题，开展54个新农村示范点建设。

年内，全县完成社会消费品零售总

额6.74亿元,同比增长19.72%。其中:县级消费4.06亿元,增长21.4%;县级以下消费2.68亿元,增长17%。行业分布上,批发贸易业零售额5.94亿元,增长18.9%;餐饮业零售额0.8亿元,增长24.7%。家电下乡完成11899件,汽车摩托车下乡完成9767辆,兑现补贴资金1207万元,其中家电产品类281万元、汽车摩托车926万元,受益农户1万余户。

2010年,全县1877人参加高考,上线1689人,上线率89.98%,同比提高20.19个百分点。全县3594人参加中考,及格2541人,及格率68.2%,中考成绩名列全市第三名。政府安排中小学公用经费3466万元,发放寄宿制贫困生生活补助费1791万元,28622人得到补助;投资1983万元改造D级危房51898平方米。10月22~26日,市第二届少数民族传统体育运动会在昭阳区举行,县代表队参与双拐、吹枪、射弩、武术4个项目角逐,获金牌3枚、银牌8枚、铜牌5枚。

年内,7216人享受政府培训补贴,落实就业6140人。5.6万贫困居民获最低生活保障,享受保障金5716万元;农村"五保"户2259人全部得到供养,获补助金271万元;1174名企业退休职工足额领到基本养老金,5.74万名60岁以上农村老人获得养老保险金每人每月55元。进一步扩大新农合报销范围,提高报销比例,新型农村合作医疗参合50.67万人,参合率97.5%。城镇登记失业率4.5%;城镇居民人均可支配收入12207元,同比增长8.27%。农民人均纯收入2745元,同比增长11.4%。转移农村劳动力12.36万人,务工收入12.1亿元。减少贫困人口11916人。"十一五"期间,全县累计整合资金1.42亿元于新农村建设,建成示范点142个,农网改造率78.43%,新建沼气池26925口,累计减少贫困人口6.77万人,消除杈杈房、茅草房、岩洞、窝棚住户9488户。

【上级领导到巧家县检查、指导工作、调研】　1月6~8日,以省司法厅督导室主任、调研员杨秀辉为组长的省委、省政府集中检查考核组到巧家考核县委、政府年度工作。检查考核以听取县委工作情况汇报、民主测评、个别谈话、实地调研等方式进行。

1月7日,省计生委副主任吴莉华到巧家调研。听取县政府计划生育与新型农村社会养老保险工作情况汇报后,吴莉华肯定了巧家计划生育与新型农村社会养老保险工作的成绩,并就加强计生优质服务等工作提出指导性意见、建议。

1月9~10日,市委副书记、市长王敏正率发改、教育、农业、水利、民政、扶贫等部门负责人到巧家调研。听取县委政府工作情况汇报后,王敏正一行到蒙姑、金塘、白鹤滩等乡镇,就新型工业化、农业产业化、基层政权等工作进行实地考察,提出加快昭通至巧家二级公路建设、推进金沙江白鹤滩水电站右岸沿江公路整治等指导性意见、建议。11月14~15日,王敏正率副市长邬永飞、市政协副主席郎学秾等到巧家调研。听取昭巧二级公路建设情况汇报后,王敏正一行到工程现场,协调解决物资供应等问题。

1月22~23日,副市长韩梅率市教育、卫生部门负责人到巧家调研。听取县政府2009年社会事业发展情况汇报后,韩梅一行到马树、炉房、茂租等地村社,检查指导教育、卫生、文化、体育等工作。

1月25日,市委常委、宣传部部长陆琴雯及市文体局、市考古研究所等部门人员到调研蒙姑原始石板墓葬群。

1月29日,省广电局副局长李凡一行到巧家调研。

1月30日,市政协主席熊启怀一行到老店镇红土村部分群众家中,就石漠化治理及挂钩扶贫工作进行调研。6月22日,熊启怀一行到大寨等乡镇,就小学教师队伍建设与管理等工作进行调研。

2月23日,省民委主任王承才、副市长韩梅一行到巧家调研。听取县委政府关于民族工作情况汇报后,王承才对巧家民族团结进步事业给予充分肯定,并就民族干部培养等工作进行调研。

2月23~24日,省扶贫办副主任杨照辉一行到老店镇尹武等地,就异地扶贫开发工作进行调研。听取巧家县扶贫工作情况汇报后,杨照辉一行就抓好人口素质工程等提出指导性建议、意见。

3月2~3日,副市长何刚一行到巧家调研工业经济发展情况及农业抗旱救灾工作。何刚一行到100万吨水泥厂等企业及白鹤滩镇旧营等乡村,对工业经济发展情况及农业抗旱救灾工作等进行调研和指导。

3月19~20日,农工党省委副主委张宽寿一行到巧家调研国家一级保护植物五针白皮松和巧家白鹤滩水电站。

3月30日,省教育厅副厅长邹平一行到巧家调研。邹平对学校安全、抗旱等工作进行实地检查,通过与教师座谈等形式对高一年级课程改革等工作进行调研。

3月31日至4月1日,省社会保险局副局长张修明一行到巧家调研农村社会养老保险工作。

4月8日,省交通运输厅驻厅纪检组组长张诚安一行到巧家检查指导"抗大旱、保民生、保建设、保畅通"工作。

4月9~10日,副市长冯德到巧家调研。听取巧家县委、县政府工作情况汇报后,冯德到金塘、白鹤滩等乡镇部分村组村民家中,就新农保试点等工作进行调研。

4月11日,省台办主任岩庄到巧家调研对台工作。

乡镇概况一览表

乡镇名称		白鹤滩镇	茂租乡	东坪乡	红山乡	大寨镇	小河镇	新店乡	药山镇
总面积(平方千米)		333	134.3	159.2	109.5	197.8	210.2	134.9	387.1
行政村(个)		31	7	10	8	11	14	13	17
其中	社区(个)	4							
村民小组(个)		422	122	230	156	213	292	254	345
总户数(户)		38791	5741	9562	6475	12192	13399	8258	14591
总人口(人)		102538	20465	34007	22894	36773	45019	31998	52501
其中	少数民族(人)	4702	1811	2870	1589	2489	4424	183	2506
	女性(人)	49492	9507	15536	10323	17113	20737	14505	23370
耕地总面积(公顷)		5419	1446	2438	1591	2716	2566	2413	4680
其中	水田(公顷)	1039	151	131	43	467	140	146	
农作物总面积(公顷)		10606	2204	4108	2662	3982	5141	3959	5875
其中	粮食种植(公顷)	6149	1735	3328	2307	3203	3992	3026	3823
	总产量(吨)	27637	7341	13408	7522	13379	13373	12752	18856
	烤烟种植(公顷)	280		101		127		123	
	总产量(吨)	575		200		321		263	
	水果产量(吨)	1243	70	83	165	112	365	159	27
牛出栏(头)		1821	354	927	458	1048	758	1109	1316
牛存栏(头)		7160	1647	3573	1656	4722	3743	4005	5835
大牲畜(除牛外)出栏(头)		269	392	184	158	302	374		796
大牲畜(除牛外)存栏(头)		1799	1633	421	789	806	1484	608	2497
生猪出栏(头)		73250	16358	33423	22100	57500	30014	30012	75115
生猪存栏(头)		48210	14022	21565	15081	38571	20015	20130	48068
羊出栏(只)		5690	4809	3768	1790	5450	4909	3522	19025
羊存栏(只)		10655	8643	6504	3361	9762	10072	5981	28028
农民人均纯收入(元)		4145	2391	2067	1891	3153	2078	2206	1930
通公路村(个)		22	6	10	8	11	14	13	17
通电村(个)		27	7	10	8	11	14	13	17
通自来水村(个)		20	7	10	8	10	14	13	14

乡镇概况一览表

乡镇名称		包谷垴乡	老店镇	中寨乡	崇溪乡	金塘乡	马树镇	炉房乡	蒙姑乡
总面积(平方千米)		127.7	434.3	84.6	249.5	126.7	296.3	133.6	126.3
行政村(个)		8	17	7	12	7	8	6	7
其中	社区(个)								
村民小组(个)		181	362	129	275	103	231	136	107
总户数(户)		7197	15992	4321	9569	5123	9418	5042	5655
总人口(人)		24909	58678	14421	37304	16942	34492	20976	20022
其中	少数民族(人)	263	1556	821	1132	105	476	448	943
	女性(人)	11042	26077	6515	16620	7791	14777	9113	9345
耕地总面积(公顷)		1599	5783	1181	3311	1136	5998	1601	1200
其中	水田(公顷)	80	147	137	273	269	2	117	172
农作物总面积(公顷)		2440	7086	2430	4674	2397	4681	2684	2621
其中	粮食种植(公顷)	1919	5574	1702	3090	1142	3330	1904	1589
	总产量(吨)	6184	17149	4826	14706	5820	13340	7394	5649
	烤烟种植(公顷)	65	152	107	243	373			354
	总产量(吨)	131	463	260	575	776			852
	水果产量(吨)	211	313	80	24	150		9	370
牛出栏(头)		960	2306	718	1315	501	1800	810	634
牛存栏(头)		4314	9442	3124	6411	2420	4795	2750	1625
大牲畜(除牛外)出栏(头)		192	1027	145	306	254	833		15
大牲畜(除牛外)存栏(头)		795	1409	669	1314	480	4384	800	109
生猪出栏(头)		24018	69150	12685	27153	18034	79342	25100	18922
生猪存栏(头)		16531	46200	8613	27034	12010	49357	16200	11471
羊出栏(只)		2125	9679	1963	8120	1857	5827	1915	1577
羊存栏(只)		3755	16539	3471	16638	3205	8549	3265	3192
农民人均纯收入(元)		2099	1910	1988	1961	3328	2140	2069	3519
通公路村(个)		8	17	7	12	7	8	6	7
通电村(个)		8	17	7	12	7	8	6	7
通自来水村(个)		8	17	1	12	3	8	5	

4月13日,省总工会副主席杨文学到巧家调研。听取巧家县工会工作汇报后,杨文学一行就工会工作进行调研,提出进一步推进职工维权、高度重视城市特困职工住房问题等指导性意见、建议。

4月21~22日,省地震局局长皇甫岗一行到巧家县检查指导防震减灾工作。6月24~25日,副局长陈勤带领省政府地震应急检查工作组到巧家督察地震应急工作开展情况。

5月10~11日,省统计局副局长徐力到巧家调研。听取巧家县经济社会发展情况汇报后,徐力一行到东坪等地对新农村建设等工作进行调研。7月24日,纪检组长熊晓东到巧家调研。熊晓东代表省统计局全体职工向小河镇"7·13"特大洪涝泥石流灾区捐款4.86万元,并就统计、第六次人口普查等工作进行调研。8月16~17日,局长姚堂文一行到白鹤滩等地调研新农村建设、统计、人口普查等工作。10月26日,以副局长杨谊群为组长的省节能减排督查组到巧家督查。听取巧家县十一五期间及2010年节能减排工作情况汇报后,督查组就实现十一五节能减排目标进行部署。

5月10~11日,省卫生厅厅长陈觉民到巧家调研。听取巧家县卫生工作汇报后,陈觉民一行到县妇幼保健院等单位,调研基础设施建设与新型农村合作医疗等工作。

5月19~21日,市人大常委会副主任皮永宏到蒙姑、大寨等地调研校舍安全工程建设情况。

5月27日,省委党史研究室副主任杨泽宇一行到巧家调研革命遗址普查等工作。

6月8日,市政协副主席陈麟一行到巧家,就殡葬改革工作进行调研。11月8日,陈麟带领市政协调研组到巧家调研。通过走访、查阅资料和听取汇报,调研组对巧家在提案工作开创的回访制、审批制、考核制等办法及提案工作的落实情况给予充分肯定。

7月8~9日,市委副书记、市人大主任张登亮,市委常委、组织部部长李勇到白鹤滩镇莲塘、大坪等村组调研经济社会发展与创先争优工作。

7月20日,市人大常委会副主任张华贵带领市水利、环保、林业等部门负责人到小河镇灾区指导灾后重建工作。10月10~11日,张华贵带领市林业、农业等部门负责人到白鹤滩等地调研农业农村基础设施建设和农业产业化发展情况。

7月23~24日,市人大常委会副主任戚斌率市人大代表视察昭巧二级公路巧家段建设情况。

8月10~11日,市人大常委会副主任陈绍余一行到巧家检查"五五"普法及依法治县工作。听取县委工作汇报后,陈绍余一行到工商局等机关检查,提出进一步提高思想认识,树立法律至上等指导性要求。

8月10日,国家林业局驻云南专员万兆奇率视察组到巧家调研。听取县政府关于森林资源管护工作及药山自然保护区建设情况汇报后,视察组到大寨等地视察。

8月26~27日,副市长成联远率市直相关部门负责人到小河镇调研部署灾后恢复重建工作。11月26~27日,成联远带领市民政、防震减灾等部门负责人到小河、大寨、白鹤滩、金塘等乡镇,对灾后重建、集镇建设、民居改造等工作进行调研。12月23~24日,成联远再次到小河镇,对灾后恢复重建等工作进行检查指导。

8月26~29日,团省委副书记杨军一行到大寨、老店、小河等地调研"青春彩云南·扬帆工程"鼓励创业贷免扶补工作。

9月9~10日,省台办副主任周友亮、云立集团董事长胡昭云一行到巧家考察招商引资投资项目。

10月10~11日,省人口普查办副主任饶金才等到白鹤滩镇调研人口普查工作。10月25~26日,副主任吴宏一行到白鹤滩等地检查指导人口普查入户摸底工作。

10月10~12日,市委书记夜礼斌、副市长何刚、市政协副主席普安银带领市发改、民政、国土等部门负责人到巧家调研。听取县委、县政府工作汇报后,夜礼斌一行到白鹤滩、药山、中寨、老店、金塘、大寨等乡镇,就巧家的基本情况、发展思路等进行实地考察,对县委政府工作方法等提出指导性建议。

10月11日,省民政厅副厅长刘智率省农村党风廉政建设检查组在副市长冯德等陪同下,到白鹤滩、金塘等地检查指导"三农"、组织制度建设与管理、干部作风等工作。

10月21~22日,国家农业部退牧还草工程监督检查组曹建华等到老店、东坪等地检查第三期岩溶草地治理试点工程实施情况。检查组采取走、看、查等方式,实地查看了大岩洞等村组人工种草和退耕还牧还草工程实施情况,对草地治理后续管理等工作提出指导性建议。

12月13日,副市长胡月星为全县副科级以上干部作"提升领导胜任力"专题讲座并到大寨等地调研。

12月15日,省工商联副主席刘可杰一行到巧家年产100万吨水泥厂等企业,就非公有制经济发展工作进行调研。

【张玮等到巧家考察】 1月4~5日,上海"携手助学网"发起人张玮等一行到巧家三中、职业中学,对中等教育、职业教育、互联网普及情况、贫困学生生活状况等进行考察,并对其资助的部分中学生进行回访。上海"携手助学网"已向巧家105名贫困学生提供12.3万元的经济赞助。

【白鹤滩电站建设前期工作】 1月7日,中国水电顾问集团华东勘测设计研究院(以下简称华东院)副院总龚和平、移民所副所长毛振军带领白鹤滩水电站建设工程筹备工作调研组到巧家调研。调研组计划在大寨镇海口等村开展“人口现况分析研究”及与县政府进行磋商，并就移民安置等工作进行调研。

1月11日，2009年12月21日启动的金沙江白鹤滩水电站建设巧家库区基本情况调研工作完成阶段性任务。

2月5～6日，市委副书记张登亮率县长方宗辉等前往杭州华东院通报县情，全力支援白鹤滩电站建设。

3月11日，华东院高级工程师叶志平等与县政府协商白鹤滩水电站建设事宜。

3月15日，四川省宁南县移民局局长彭友国等与县移民局协商白鹤滩水电站两岸公路建设及补偿标准统一等事宜。

5月21日，华东院移民所副所长毛振军等到大寨镇，对拟建中的白鹤滩水电站移民安置规划点进行实地调研。

5月26日，县政府与华东院就拟建中的白鹤滩水电站建设施工区、围堰区移民工作等进行专题研究。

6月26日，中科院研究员孙尚志与华东院工程师赵俊等5人赴巧家，就拟建中的白鹤滩水电站库区规划工作进行调研。

6月，由华东院总承包的白鹤滩水电站专项勘测试验项目正式开工，交通洞桥、箱变线路建设工作启动。

7月5日，县政府召开华东院白鹤滩电站地质勘探实验项目协调会议。

7月23～25日，金沙江白鹤滩水电站工程施工总布置规划专题报告复核会议在成都召开。

9月12日，华东院党委书记兼白鹤滩工程项目经理张为民、院长张春生带领白鹤滩水电站前期工作项目组到巧家调研，与县委、县政府就白鹤滩水电站建设移民搬迁中长期规划等进行商讨。

9月13日，中国长江三峡集团总公司(以下简称三峡公司)董事长曹广晶、总经理陈飞、副总经理毕亚雄等与市委书记夜礼斌等到拟建中的金沙江白鹤滩水电站坝址处等地视察，对即将开展的移民搬迁工作提出指导性要求。

10月13日，三峡公司总经理助理兼移民管理局党委书记梁福林、三峡公司白鹤滩工程建设筹备组组长王世平等一行7人到巧家，就白鹤滩水电站建设移民安置、实物指标调查等工作与县政府进行协商。

10月27日，国家发改委办公厅下发《国家发展改革委办公厅关于同意金沙江乌东德和白鹤滩水电站开展前期工作的复函》，白鹤滩水电站正式启动前期筹建工作。

11月22日，白鹤滩电站建设前期项目施工区实物指标调查工作启动。

12月20日，金沙江白鹤滩水电站右岸前期工作项目临时用地实物指标调查培训会在巧家举行，华东院工程技术人员就调查内容、要求、方法等进行解说。21日，实地调查工作展开。

12月31日下午，云南、四川两省正式下发《金沙江白鹤滩水电站工程占地和淹没区禁止新增建设项目和迁入人口的通告》，于次日正式生效。

【昭巧二级公路建设协议签订】 1月8日，市政府与重庆建工集团签订昭通至巧家等二级公路建设协议。

【何金龙等到巧家考察蒙姑石板墓葬群】 1月11～12日，省考古研究所教授何金龙、市文物管理所游有山等到蒙姑乡段家坪子考察原始石板墓葬群。通过对出土陶器、青铜器的考察及勘测评估，蒙姑原始石板墓葬群占地6000余平方米，石棺墓距地表1米左右。何金龙一行认为，该原始石板墓葬群属新石器时代晚期至青铜时代早期墓葬，距今约3000年。

【竣工及通过验收的工程和项目】 1月14日，老店镇田坝村旱谷地移民安置点竣工。该安置点开工于2009年3月，投资1410万元，拟安置牛栏江天花板电站库区移民32户132人。

2月5日，新店——小河山岭重丘区四级公路37.2千米油路通过竣工验收。投资2405万元。

5月11日，金塘——炉房公路通过竣工验收。该公路全长44.2千米，起于金塘乡硫磺洞，迄于炉房乡政府，设计为山岭重丘区四级路面，投资1043万元。

6月，2009年度农业综合开发全面竣工，项目包括：沼气池综合配套建设50口、标准蚕房示范建设300间、新型节能灶建设300眼、产业化经营财政补贴3500吨马铃薯加工扩建等。

6月，2009年度新农村建设通过验收，全县共实施县乡级示范点30个，省级重点村示范点20个。

7月30日，本年度广播电视村村通直播卫星覆盖工程完成安装任务，项目覆盖16个乡镇995个20户以上已通电自然村14505户。

7月下旬，巧家县退耕还林工程通过国家林业局检查验收组到验收，该工程自2002年启动，共计退耕还林13866.67公顷，涉及农户15541户、65272人。

8月4日，县图书馆电子阅览室“文化信息资源共享工程”开通。该工程投资100余万元，在县级配置计算机25台、投影机1台；在白鹤滩、蒙姑等8个乡镇配置计算机6台、投影机1台。

8月，白鹤滩镇库着村柏油路竣工，建成宽5.5米的油路4.6千米，投资300余万元。

8月，马树镇小米地村完小重建工程竣工，投资150余万元，其中省红十字会援助资金100万元。新校舍抗震标准为8级，建筑面积1100平方米。

9月9日，县中心敬老院竣工。工程位于金塘乡双河村青岗坝，设宿舍楼2幢、综合楼1幢。启动于2009年9月，占地10188平方米，建筑面积5948平方米，投资1154.39万元，可容纳“五保”老人288名。

9月27日，大寨镇为民服务中心竣

工。该工程启动于2009年4月，占地2800平方米，投资390万元。

12月18日，牛栏江天花板电站建设通过蓄水验收。

年内，药山自然保护区第一期基础设施建设项目竣工，完成投资982万元，其中中央财政预算内专项投资785万元、地方配套197万元。工程启动于2008年，包括管理局综合楼、药山管理所、东坪管理所、大寨管理站、红山管理站、杨家湾五针松观测站、鸡扒卡观测站及哨卡、界桩、界碑、生物防火隔离带等子项。

【外界捐助】 2月3日，云南昊龙实业集团向小河镇山堡村小学捐资10万元，帮助学校改善办学条件。

5月，在中国红十字会的帮助下，白鹤滩、金塘等5个乡镇获国家电网公司等捐赠35万元的抗旱救灾款物，其中"春雨行动"礼包大米25吨、矿泉水1500箱、抗旱救灾款20万元。

6月1日，蒙姑乡红云希望小学、崇溪乡柏木希望小学、崇溪乡苗圃希望小学、炉房乡苗圃希望小学、老店乡尹武苗圃希望小学获得埃克森美孚希望工程"快乐体育园"和"快乐图书室"项目。

7月8日，"爱心包裹"发放仪式在白鹤滩镇核桃湾小学举行。通过中国扶贫基金会等牵联，世华智业集团等联合捐资向白鹤滩、金塘、蒙姑、马树、炉房5个乡镇11所学校及其中3300名学生发放爱心包裹3330个，价值36万元。

9月23～26日，香港"苗圃行动"第28次赴巧家工作。

9月，世华智业集团、世华大爱基金、郑州韵泽吕氏美业有限公司等向巧家小河灾区等地捐赠价值百余万元的爱心物资。

11月24日，中央文明办、教育部、文化部等"西部送电脑"行动向巧家捐赠电脑45台。

【巧家县检察院受国家表彰】 2月25日，全国检察机关第七次"双先"表彰会议在北京召开。巧家县检察院被最高人民检察院授予"集体一等功"。

【政协巧家县七届三次会议】 3月2～4日，政协巧家县第七届委员会第三次全体会议在县城召开，应到会委员184人，实到会委员154人。会议听取并审议政协巧家县第七届委员会常务委员会题为《围绕中心抓重点 履行职能促发展 为推动巧家经济社会又好又快发展而努力》的工作报告、政协巧家县常务委员会关于七届二次会议以来提案工作情况报告，协商讨论县政府工作报告及其他工作报告，选举产生副主席1名，通过会议决议。

【魁阁塔恢复重建】 3月3日，魁阁塔恢复重建启动。工程占地3公顷，建筑面积550.63平方米，主塔高8层33.86米，投资340万元。年内完成投资300万元。魁阁清为武庙，位于县城东郊富春山（又名长岭岗，俗称魁阁梁子），距县城500米左右。后改称魁星阁（简称魁阁）。公元1849年，由当时任同知的犹自东倡建，后毁。民国年间，乡人捐资重建。20世纪60年代被毁。楼阁所在，地势挺拔，俯视县城，一览无余。且与城边的莲花池斜对，旭日初升，楼阁倒映池中，无限风光，曾为巧家八大风物胜景之一。

【县十四届三次人代会召开】 3月3～5日，巧家县第十四届人民代表大会第三次会议在县城召开。本届代表217名，实到会209名。会议审议通过巧家县政府工作报告、2009年国民经济和社会发展计划执行情况与2010年国民经济和社会发展计划（草案）报告、2009年地方财政决算和2010年地方财政预算（草案）报告、县人大常委会工作报告、县法院工作报告、县检察院工作报告。

【抗旱】 至3月8日，全县受旱灾人口30余万人，3.7万余人面临粮荒，10.65万人与7.84万头牲畜饮水困难，20466.67公顷农作物成灾，6400公顷绝收；林业受灾34253.33公顷。直接经济损失1.25亿元。县政府采取多种措施解决受灾群众饮水困难，紧急调用储备粮100吨大米赈济灾民。社会各界向灾民捐款270余万元。

3月5～7日，由省农科院蚕桑所所长杨荣贵带领的省抗旱救灾工作组到包谷垴、老店、白鹤滩等乡镇部分村组检查指导工作。

3月9～10日，省委省政府抗旱救灾工作督办组组长、省人大法制工委副主任委员周云一行到白鹤滩镇杨家湾村等地检查指导抗旱救灾工作。5月17日，周云率督办组再次到巧家检查。听取巧家县抗旱救灾工作汇报后，督办组到金塘乡仁和、煤炭等村组田野，察看农村抗旱情况，并提出做好抗旱救灾资金管理等指导性要求。

3月27～28日，省退耕还林办主任杜勇到白鹤滩镇核桃等地检查指导林业抗旱救灾工作。

4月8日，四川省对口支援云南抗旱救灾地质勘探及打井队在中寨乡拖租村小湾子打井探水成功。

4月9日，中国人民解放军总政治部群工办主任赵增奎一行到金塘乡拖岩村等地指导抗旱救灾工作。听取抗旱救灾工作情况汇报后，赵增奎一行慰问正在送水的党员先锋突击队，检查抗旱水窖的储水情况及保障措施，捐资为群众解决饮水困难。

4月19日，持续干旱导致全县高二半山区小春基本绝收，部分群众口粮短缺。县委、县政府启动政府储备粮暨饮水救助特别行动及发放仪式，首次调拨政府储备救助困难群众。本季共调拨储备粮109吨、饮用水60吨，救助困难群众4375名。

4月22～23日，省烟草专卖局纪检组长温宁军一行到巧家检查。听取巧家县烤烟抗旱生产工作汇报后，温宁军一行到崇溪河玉、金塘大洼等地，查看烤烟生产配套设施、烟苗长势、土地平整等情况，提出制定更细的抗旱措施和应急预案等指导性要求。

5月，省国土资源厅派员到巧家白鹤滩镇大坪、法土、水塘3个村开展抗旱救灾钻井探水工作。

【新项目的洽谈签约踏勘开建】 3月4日，县政府召开风电场项目投资开发洽谈会。县政府与北京天润新能投资有限公司负责人就马树镇小米地与药山镇洗羊塘风电场项目投资开发协议进行洽谈。小米地、洗羊塘风电场项目建设各装机49.5兆瓦。8月12日，县政府与国电云南电力有限公司、北京天润新能投资有限公司签订风能开发协议。拟建三股水、小米地、洗羊塘、将军树4个风电场，投资4.5亿元。

3月23日，省发改委专家组余兴成一行4人到马树镇踏勘小海子水库项目。

5月18日，云南驰宏锌锗股份有限公司与县政府签订年产5万吨电炉锌粉技改项目建设和铅锌矿产资源开发利用项目建设协议。

5月，中寨乡吉兆村黄坪、邹坪两村民小组10级提灌技术调试成功，单线扬程近2千米，共安装水泵60台，架设提水管线6条，总长近3万米。

6月30日，云南昊龙实业集团巧家日产2000吨水泥熟料生产线点火试车。原恒达建材有限公司水泥生产线被淘汰而停产关闭。

11月9日，铁道部发展计划司长期处副处长向泽伟及专家组一行到巧家，就四川省攀枝花市至贵州遵义铁路线预可行性研究报告进行现场踏勘，对线路走向与沿线车站布局等问题进行现场调研。代理县长丁开路等陪同考察，并就县城附近与蒙姑乡新塘村设置站点方案提出建议。11月12日，攀遵铁路预可行性研究报告审查会议在贵阳市召开。

12月1日，大寨镇集镇改扩建工程启动。计划投资3.5亿元，改扩建对象涉及21个机关、事业单位办公房与419户民房。

12月20日，大寨——东坪油路开工建设，拟建油路64.7千米，投资1.05亿元。

【在巧家县召开的全市会议】 3月7日，昭通市政府系统办公室主任会议在巧家召开。会议总结了2009年办公室工作的成绩和经验，对2010年工作进行部署。与会人员参观了白鹤滩镇黎明村新农村示范点等地。

3月14日，昭通市二级公路建设工作汇报会暨第二次建设管理工作会在巧家召开。省交通厅副厅长、督查组组长王彩春一行听取昭通市二级公路建设情况汇报，并就采取超常规措施、克期完成任务等提出指导性意见。

9月14～16日，全市农村能源工作会议在巧家召开。与会人员首先到金塘乡煤炭村参观新农村能源建设发展情况，并咨询巧家农村能源建设模式，巧家等县进行经验交流。会议对以沼气工程建设为主的农村可再生能源建设工作进行部署。

【各级媒体到巧家县采访报导摄制】 3月10～14日，新华社云南频道记者关桂峰就抗旱救灾及教育问题专访县长方宗辉及县教育局、农业局负责人，并到白鹤滩镇、金塘乡、蒙姑乡等地村社实地采访。

4月6～11日，国务院新闻办公室五洲传播中心主任梁越、国家新闻办运营总监乌兰图雅及中央电视台、云南电视台、《云南政协报》《西部时报》等媒体记者就巧家抗旱救灾情况进行采访报道。

4月8～9日，中央电视台等新闻媒体单位到“中国水窖之乡”“中国第一窖”——金塘乡大洼等地摄制抗旱救灾保民生促春耕新闻专题节目。

5月22～23日，市政府委托中央电视台摄制组策划的《中国西部千里大峡谷旅游开发》推介宣传片在巧家拍摄金沙江漂流、白鹤滩大峡谷等镜头。

5月30～31日，市委宣传部协调中央、省、市媒体到药山国家级自然保护区进行探险等活动。

9月1～2日，中央、省、市新闻媒体组成的采访团到小河镇采访7·13泥石流灾害中产生的抗洪救灾先进事迹。

9月16日，省、市纪委宣教处到小河镇录制电视专题片《忠诚卫士群英谱》之小河镇纪委书记黄通富“生死考验”篇。

12月12～14日，中新社云南分社副社长刘云一行到蒙姑、金塘、大寨等地，采访农家文化大院、新农村、小城镇建设等情况。

【中外专家到巧家考察研究】 4月中旬，北京大学社会系副教授周飞舟一行3人到白鹤滩镇旧营等地调研企业对农村经济帮扶情况及农村经济发展现状。

4月28日，昆明植物研究所任崇昕博士到药山保护区研究兰花植物。

5月20～22日，昆明植物研究所王立松研究员、新西兰园艺学家史密斯夫妇等一行4人到药山保护区参观考察杜鹃及低等植物。

7月5～8日，西南林业大学教授李乡旺、陈秀虹，云南绿色发展基金会主任苏藤伟等一行5人到药山保护区开展巧家五针松项目合作与探讨，传授五针松有害生物防治知识。

8月14～15日，省作协副主席夏天敏率领昭通市“中国西部千里大峡谷作家采风团”到巧家金沙江沿岸采风。

9月29日，民革云南省委参政委副主任蔡正发带领调研组到蒙姑、金塘等地调研辛亥革命遗址、遗迹，收集相关张开儒、李福星等人物史料。

10月16～17日，云南大学文化产业研究院书记李菊梅等组成的调研组到蒙姑、金塘、白鹤滩等地，考察金沙江漂流等文化项目。并就文化产业发展与县发改局等6部门进行交流。

【周生来巧家作学术报告】 5月9日，市民营医院管理培训现场会在巧家召开。北京安贞医院副院长、清华大学教授周生来应邀作《民营医院的经营与管理》专题学术报告。与会人员参观了巧家县仁安医院。

【世行检查巧家工作】 5月11～12日，“云贵鄂渝水土保持世界银行贷款暨欧盟赠款项目执行情况”世界银行检查团曹文道一行到巧家检查水土保持执行项目。听取巧家县工作汇报后，检查团一行到药山镇大元、天生等地，就农户参与程度、物资采购等进行实地检查，察看项目区坡改梯、水窖、节柴灶、养畜、农作物种植情况，提出加强项目管理人员培训等指导性意见、建议。

【千年铁树连年花】 5月，巧家县政府大院内栽植的攀枝花苏铁又盛开金黄色的花序。纺锤形的雄蕊花瓣如鳞片沿花柱井然排列，扁球形的雌蕊花瓣如卷心白菜层层包裹，内镶红豆。在深绿色的羽状叶片环抱之中，金色花冠更显靓丽吉祥。

【洪涝灾害多次蚕食小河集镇】 6月27日晚至28日上午，流经小河镇集的炉房沟、文家河上游地区连降暴雨，致河道堵塞，洪水漫堤，冲毁河堤30余米，损伤河堤300余米，公路损毁50余米。因疏导及时，未造成人员伤亡。7月13日，小河镇发生单点性暴雨，引发特大洪涝泥石流灾害，最大洪峰流量240立方米/秒，致19人死亡、26人失踪、43人受伤，直接经济损失约1.8亿元。

【国家审计署审计巧家移民资金】 7月2～8日，国家审计署工作组一行10人到巧家，对移民资金进行审计。

【草原家庭承包工作启动】 7月3日，草原家庭承包试点工作在药山镇木瓦村启动。根据“草原有主、主有其权、权有其责、责有其利”目标和“集体草原划分到户，依法明确草原所有权，落实草原经营权，保障承包者经营草地的合法收入”等内容，全县连片面积在13.33公顷及其以上的27603.33公顷集体草原全部承包到农户。10月19日，全县草原承包动员大会召开，草原承包工作全面铺开。

【巧家县齐昌屠宰公司北京销售处营业】 7月4日，巧家县齐昌畜禽屠宰有限责任公司北京销售处营业。副县长余佑奇参加启动仪式并代表县政府作表态发言。

【大寨镇4.8级地震】 8月29日8时53分25秒，大寨镇海口村大田坝发生4.8级地震。灾害致14人受伤，房屋倒塌298间，严重损坏3811间，大牲畜死亡126头，水窖受损962个，沼气池受损1447口，公路塌方1.76万余立方米，沟渠、管网、水池等受损数十件。直接经济损失8561万元。

【巧家的“昆明好人”付红树】 8月，白鹤滩镇杨家湾村樟木箐“巧家五针白皮松”护林员付红树被评选为2010年度“昆明好人”。11月5～6日，中央电视台综合频道《身边的感动》栏目组专程从北京到巧家采访付红树。

【黄角树电站截流】 12月8日，牛栏江黄角树电站截流。该电站开工于2007年10月，投资22亿元，正常蓄水位770米，装机容量22万千瓦。

【中央文明委表彰野鸭新农村】 年内，白鹤滩镇野鸭村被中央文明委评为“第四届全国创建文明村镇工作先进村镇”。

（巧家县志办 张孝和）

盐 津 县

盐津地处滇东北云川交界处，东北与四川省筠连、高县、宜宾2县1市接壤，南连彝良县，西与大关、永善、绥江2县1市毗邻，北与水富县接界，是云南与内地交往的咽喉、中原入滇要道，素有“滇川门户”之称。全县总面积2092平方千米。县城新区黄葛槽海拔420米，距市政府驻地138千米，距省会昆明市469.5千米。县境内海拔最低330米、最高2263米，平均海拔1160米。全县高山区占总面积的23.5%，二半山区占45.5%，矮山河谷区占31%。年内，矮山河谷地区年平均气温17.8℃，年总降水量1127.9毫米，年日照时数755.4小时，县城全年无霜。

2010年，全县辖盐井、普洱、豆沙、中和、兴隆、落雁、滩头、牛寨、庙坝、柿子4镇6乡，有村（社区）94个，其中社区16个；有2624个村（居）民小组，其中居民小组127个。年末，全县有人口108718户389736人。其中非农业人口16190户34375人（占人口总数的8.82%）；少数民族3079户13404人（占人口总数的3.44%）；女性183861人，占人口总数的47.18%。年内常住人口369881人，人口出生率14.69‰、死亡率5.94‰、人口自然增长率8.75‰。

2010年，实现地区生产总值212523万元，按可比价计算比上年增长14.5%。分产业看：第一产业产值50927万元、第二产业产值88949万元、第三产业产值72647万元，分别占GDP的比重为23.96%、41.85%、34.18%。

2010年，实现农林牧渔服务业总产值76934万元（现价）。其中：种植业产值29296万元、林业产值5950万元、畜牧业产值39865万元。年末，全县有耕地26191公顷，包括：常用耕地18750公顷，其中水田4918公顷、水浇地4480公顷;临时性耕地7441公顷,其中坡度25度以上耕地6987公顷。全县农作物播种面积60684公顷。主要农产品种植面积、产量:粮食作物38876公顷,产量126372吨(增长6.92%),其中稻谷4419公顷21584吨,小麦933公顷1148吨,玉米18524公顷74557吨,大豆1588公顷2214吨,蚕豆758公顷647吨;油料作物7004公顷,产量7502.9吨(降低12.67%),其中花生1191公顷1404吨、油菜籽5813公顷6098.9吨;蔬菜(含菜用瓜)9805公顷,产量83595.8吨(增长8.27%);烟叶188公顷,产量213.2吨(降低20.18%);糖料(甘蔗)85公顷,产量1612.6吨(增长40.37%)。果园1161公顷,水果产量2304.4吨,其中柑桔类1232.6吨(包括柑、桔、橙、柚)、梨614.8吨;实有茶园5424公顷,年内采摘面积4100公顷,产量1564.3吨。年末,存栏大牲畜25824头(其中牛23604头)、猪313953头(其中能繁母猪23812头)、羊11169只、家禽711399只。年内出栏大牲畜3800头(其中牛3671头)、猪359217头、羊6621只、家禽954855只。全年禽蛋产量1000吨,降低4.12%。肉类产量:猪肉28507吨、牛肉406吨、羊肉171吨、禽肉1848吨。

2010年,全县森林覆盖率50.78%。全县投入造林资金700余万元,完成人工造林3333.3公顷,完成县级自建项目兴隆乡大坪村用材林400公顷(杉木233.3公顷、檫木166.7公顷),补植补造苗木200余万株。继续对78400公顷天然林实施管护,完成天保工程人工造林666.7公顷、封山育林666.7公顷。完成2010年巩固退耕还林成果种植业1333.3公顷。兑现国家退耕还林地补助857.82万元,补助面积2199.6公顷。省级直接投资160万元,实施竹子基地产业建设1333.3公顷。全县育苗面积28.77公顷,育苗品种10个,出苗684.5万株。投资97.75万元(包括中央投资33.75万元、省级财政投资64万元),建设完成沼气池625口、节能灶400眼。人工商品林采伐蓄积14460.9立方米,出材10845.7立方米。主要林产品产量:生漆4.7吨、油桐籽19.6吨、乌桕籽6吨、五倍子77.8吨、棕片112.4吨、竹笋干599.6吨、核桃37.1吨、板栗69吨、花椒8吨、竹材839万根。

2010年,全县完成各类水利工程1626件,其中年内新增376件。解决农村4.14万人的安全饮水问题,治理水土流失面积29平方千米。年末,全县有各式水利工程7635件,年供水量7323万立方米,有效灌溉面积8600公顷(水田4120公顷、旱地4480公顷),旱涝保收面积5930公顷,解决了29.06万人和26.74万头牲畜的饮水困难。全年农村用电量3447万千瓦时,农用化肥施用量(折纯)6381吨。全县有自来水受益村59个、通电话村78个、通汽车村77个。

全年实现工业总产值203953万元,比上年增长43.53%;实现工业增加值59836万元,按可比价计算比上年增长26.7%。其中:规模以上工业产值123057万元,增长31.1%,实现增加值42368万元,增长20.2%(可比价)。规模以上工业企业实现主营业务收入100013万元,增长21.16%。全县共有建筑企业2个,实现总产值9785万元,完成房屋竣工面积44386平方米,实现利润239万元。年内主要工业产品产量:原煤150.2万吨,发电量69540万千瓦时,供电量108313万千瓦时,水泥7.34万吨,电石18.76万吨。

截至2010年末,盐津工业园区入驻企业14户,实现工业产值66884.76万元、销售收入66691.08万元、税收3537.01万元、利润5052.42万元,完成投资43643万元,有从业人员1867人。

年末,全县公路里程1427.15千米,其中水麻高速公路63千米、国道76.4千米、省道34千米、省管县乡道30千米、县道公路13条206.03千米、乡道公路65条720.88千米、村道59条294.3千米、专用公路2.54千米。有人马驿道桥梁39座,公路桥梁94座。全年完成货物运输量115万吨,同比下降34.65%;货物运输周转量12192万吨千米(未包括铁路运输,下同),下降16.62%。完成客运量180万人次,增长5.26%;客运周转量16332万人千米,增长22.52%。全县完成邮电业务总量9218万元,增长11.44%。其中:邮政业务751万元,增长7.29%;电信业务8467万元,增长11.81%。年末,全县互联网用户6300户;固定电话1万户、移动电话12.8万户。全县电话普及率36部/百人。

截至12月,全县共引进招商引资项目82个,协议总投资882325万元,累计完成到位资金327052万元。万年桥电站、燕子坡电站、关河梯级电站等26个外来投资在建项目,协议投资606600万元,已累计完成投资259728万元,年内完成任务投资65096万元。投资额500万元以上的华力发电公司、云宏化工公司、盐津万泰豆沙关旅游开发有限责任公司等19个建成投产项目,注册资金40580万元,截至12月完成营业收入29276万元,实现产值29881万元,完成税金1930万元,从业人员2821人(年内新增876人)。年内新签约项目9个,协议投资70350万元,全年完成投资12885万元。

全年完成固定资产投资179598万元,比上年增长25.76%。其中:城镇投资171216万元,增长31.85%;房地产开发投资1300万元,下降48.54%;农村投资7082万元,下降32.03%。全年用于农林牧渔的投资12268万元,比上年增长35.42%;交通运输邮电通信投资43421万元,增长5.25倍;工业投资80271万元,下降7.62%,占总投资的44.7%。

全年完成社会消费品零售总额44362万元,比上年增长24.71%。分行业看:批发零售贸易业37377万元,增长

40.86%;住宿餐饮业6985万元,增长35.18%。按经济成份分:公有经济1848万元,增长16.23%;非公有经济42514万元,增长25.11%。

2010年,实现财政总收入17161万元,比上年增长13.7%。其中:上划中央“两税”5806万元,增长17.9%。地方财政收入9199万元,增长6.13%,地方财政支出82899万元,增长17.92%。年末,全县金融机构各项存款余额228313万元,比年初增长22.98%。其中:企业存款14841万元,增长2.94%;城乡居民储蓄存款142961万元,增长22.56%。全县金融机构各项贷款余额82515万元,增长11.81%。其中:短期贷款23714万元,增长9.9%;中长期贷款58481万元,增长13.92%。全县全年金融机构现金累计收入358772万元,累计支出378740万元,累计投放现金19968万元。保险公司保费收入2960万元,同比增长61.66%,其中:财产险保费收入1484万元,增长42.69%,寿险保费收入1476万元,增长86.60%。支付各类赔款及给付1195万元,其中财产险给付955万元、寿险给付240万元。

年末,全县有普通中小学、幼儿园224所(含小学教学点59个),其中:中学14所(含完中1所)。全县小学招生5257人,比上年减少1181人;在校生45313人,减少2523人;小学毕业生7938人,减少137人。全县初中招生6549人,同比减少431人;在校学生20563人,减少825人;初中毕业生6953人,增加352人。全县普通高中招生1830人,同比增加212人;在校学生4473人,增加710人;毕业生932人,增加293人。全县小学学龄儿童入学率99.44%。

盐津现有国家级文物保护单位1处、市级文物保护单位5处、县级文物保护单位23处,另有馆藏各类文物50余件、文物资料100余万字、文物照片资料500余幅。全县建立农家书屋46家,配送各类书籍8.1万册、光碟9774盘、报刊20种12960册,总价值117.2万元,并申报2011年的10家农家书屋建立计划。年末馆藏图书100163册(含报刊杂志)。举办和参加文艺专题演出57场,观众72400人次。全县共有广场文化活动点18个。“扫黄打非”出动2815人次,检查513家;没收非法出版物4000余册、非法盗版读物2400余册。全年举办球类运动会12次128场次。“欧亚大酒店”被评定为二星级宾馆,全县星级宾馆增至2户;全县旅游定点接待单位增至10户;引进2家省外旅游公司在盐津设立分公司。全年接待游客76.6万人次,旅游综合收入1.79亿元,同比分别增长14.15%和16.99%。全县电视人口覆盖率98%、广播覆盖率97%。

2010年,全县有公共卫生服务机构2个,医疗卫生机构157个,其中公立医疗卫生机构133个(县级机构2个、乡镇卫生院10个、村卫生室78个、村卫生室医疗点43个)、营业性医疗卫生机构24个(医院4个、门诊部2个、诊所18个)。全县有病床768张,平均每千人拥有病床1.97张。有大型医疗设备91台(套)、救护车10辆(非营业性医疗卫生单位8辆、营业性医疗机构2辆)。县乡非营业性医疗机构有卫生事业人员456人,其中专业技术人员377人(副高职9人、中职121人、初职168人、未取得职称人员79人),平均每千人拥有专业技术人员0.97人。全县(包括营业性医疗机构)有执业医师186人、助理执业医师76人,平均每千人拥有医师0.67人。全年各医疗机构门诊109.98万人次,住院收治1.7万人次,业务收入6208万元。孕妇住院分娩2842人(住院分娩率80.61%),高危孕产妇筛查616人(筛查率17.63%),高危孕产妇住院分娩605人(住院分娩率98.21%);孕产妇保健覆盖3443人,保健覆盖率97.9%。全年无孕产妇死亡和新生儿破伤风发病,婴儿死亡44人(死亡率12.51‰);新生儿死亡21人(死亡率5.97‰)。全县18个单位报告乙类传染病发病12种811例。传染发病率209.75/10万。

2010年,全县转移输出农村劳动力8.97万人,实现务工工资收入8.75亿元;全面实施省级农村劳动力转移培训86期4665人、贫困地区培训19期1010人、劳动力阳光工程培训8期553人、滩头乡务工人员夜校培训51期3013人等培训项目,全年完成大面培训94期6103人,其中引导性培训76期5154人、技能培训18期949人。盐津津华竹产业专业合作社社长张仁杰获第九届全国“创业之星”称号,跨国劳务输出能人石廷贵获得昭通市第二届“昭通青年创业市长提名奖”。

据县城50户居民和农村100户农户记账调查监测资料显示:2010年县城居民人均可支配收入13559元,比上年增长10.2%,恩格尔系数(即居民家庭食品消费支出占家庭消费总支出的比重)为49.6%;农民人均纯收入2730元,增长14%。

年末,全县单位职工11117人,其中企业4768人、事业单位3848人、机关单位2501人。在岗职工年平均工资27460元,其中国有单位在岗职工28550元。

2010年,争取项目资金1525万元,其中整村推进扶贫资金920万元、易地扶贫项目资金150万元、茅草房建设项目资金200万元、产业扶贫项目资金100万元、小额信贷贴息资金155万元。扶贫整村推进项目在10个乡镇46个行政村62个自然村启动实施,项目覆盖2909户13265人,共投入财政扶贫资金920万元,整合部门资金63.8万元,群众以劳折资296万元。连片开发项目已完成投资15517.66万元,其中中央及省级财政扶贫专项资金716.06万元、整合资金9595.96万元、群众自筹5205.64万元。产业扶贫实施了滩头乡北甲村竹产业项目60万元和柿子乡三河村佛手瓜项目30万元,年内已全部实施完毕并等待验收。

2010年，开发公益岗位120个，安置"零就业家庭"和其他困难群体实现就业290个；扶持、稳定困难企业就业岗位304个，向困难企业支付社保及培训补贴50.88万元，培训困难企业职工199人。登记求职人数280人，组织招聘会2场，介绍成功就业202人。共办理创业贷款1000万元，其中办理小额担保贷款70人350万元、"贷免扶补"创业贷款130人650万元，200人成功通过创业实现就业，并带动约500人就业。全年给予120人公益性岗位补贴38万余元；对551名灵活就业困难人员进行申报，给予养老保险补贴177万余元；给予企业吸纳失业人员养老、失业、医疗3项社保补贴14万余元。年末，城镇登记失业人数1097人，失业率4.3%。

2010年，全县参加基本养老保险人数4975人，其中在职人员3895人、离退休人员1080人（全部纳入）；全年养老保险费征缴2227万元，发放养老金1469万元。全县有城镇职工基本医疗保险参保单位221个，参保人员11401人，其中在职7941人、退休3460人；参加大病医疗保险11359人。共收缴医保基金1981万元，支出2562万元。全县参加城镇居民基本医疗保险8869人，收缴城镇居民医疗保险和各级配套基金165.26万元，其中个人缴费20.31万元、各级补助128.8万元、民政补助困难居民16.15万元；住院报销费用148.35万元。全年征收失业保险费175户（企业单位59户、事业单位116户）、6282人（企业单位1585人、事业单位4697人）；失业保险基金征收118.21万元，对95人发放失业保险金38.32万元。全县共83家企业参加工伤保险，参保人数5828人（其中农民工4950人），缴纳基金429.79万元，申报工伤91人，认定59人，赔付111.39万元。全县有10家企业参加生育保险，参保人数261人，征收8.82万元，申报待遇4人，赔付3.93万元。年内为关闭政策性破产和困难企业的1457名退休、内退人员办理城镇职工基本医疗保险参保手续。全县有32.92万人参加新型农村合作医疗，参合率95.28%，年内筹集基金4609.17万元，支出3692.39万元，基金使用率80.11%。有6882名城镇居民、29500名农村居民得到最低生活保障救济，分别累计发放低保金1357.28万元、2307万元。

【上级领导（专家）到盐津检查、指导、调研】 1月5日，省纪委书记李汉柏，在市委书记夜礼斌陪同下，到豆沙镇视察，并看望慰问豆沙镇敬老院五保老人。

4月11～12日，省纪委办公厅主任张槐斌一行3人到盐津检查中纪委、中组部、监察部、财政部、中编办《关于加强地方县级纪检监察机关建设的若干意见》和《关于县级纪检监察机关办公办案装备配置标准和实施办法的通知》的贯彻落实情况及纪委监察机关参与抗旱救灾情况。

4月13日，省政协提案委主任郭文龙一行到盐津开展提案工作情况调研。

4月23～24日，省委副书记李纪恒率省委副秘书长林金宏，省委政研室、农办副主任王兴明，省发改委副主任李文冰，省扶贫办副主任杨照辉，省委办公厅综合调研二处处长赵壮天等到盐津县调研。

4月27日，省委组织部部务委员、巡视员罗志民一行到盐津县中和镇视察农民服务站运行情况。

5月10～11日，省农业厅副厅长孙海清一行到盐津县检查指导2009年阳光工程培训实施项目和2010年农村人力资源开发工作。

5月20日，省司法厅厅长何剑文一行，到盐津县调研指导基层司法所建设工作。何剑文一行实地查看了豆沙司法所办公设施建设情况，听取了县委政府对司法行政工作的意见和建议。何剑文肯定了盐津司法局各项工作开展情况，并对下步工作提出要求。

5月21日，中央组织部、中央党校、国家发改委、国家出版总署、株洲市委、上海国家税务局等部门领导，在市委书记夜礼斌陪同下，到盐津县中和镇、豆沙镇调研。

6月1～2日，省宗教局局长熊胜祥一行到豆沙镇观音阁、盐井镇大觉寺调研。

6月21日，省教育厅巡视员郭玉鉴一行到水平安通希望小学调研"整合资源、集中办学"工作。

7月8日，省国土厅汛期地质灾害隐患再排查巡视组组长晏光荣一行到普洱镇检查指导工作。

7月15日，省残联副理事长马琳一行，到云宏公司就如何搞好残疾人就业进行调研。

7月17日，省纪委常委王云山，省委组织部组织三处处长卢彬一行到盐津县云宏化工有限责任公司督促指导创先争优活动开展情况。

7月20日，省委督察组组长、团省委副书记陆平一行到中和镇督查指导工青妇、科协工作。

8月30～31日，省扶贫办外资中心副主任闾楠一行3人，到盐津检查2007～2009年中央、省、市财政扶贫项目和资金的安排、分配、拨付和实施情况。检查组一行在到牛寨乡河口、新华等村实地察看易地扶贫安置点和整村推进点的实施情况、查阅乡财政所财政专户的会计支付凭证，听取县扶贫办关于全县3年来扶贫项目和资金的安排、分配、拨付和实施情况的汇报后，肯定了盐津实施的扶贫项目，并提出要求。

9月7日，省民政厅副厅长刘智一行，在副市长成联远等陪同下，到盐津县敬老院调研。

乡镇概况一览表

乡镇名称		盐井镇	普洱镇	豆沙镇	中和镇	兴隆乡
总面积(平方千米)		234	373	156	240	155
行政村、社区(个)		14	15	7	9	7
其中	社区(个)	4	3	1	2	1
村(居)民小组(个)		387	496	166	283	201
其中	居民小组(个)	31	14	5	23	13
总户数(户)		19381	17439	6741	10114	9801
总人口(人)		59546	66014	24049	36658	38375
其中	少数民族(人)	1945	1033	581	108	1743
	女性(人)	28572	31250	11237	17043	18209
耕地总面积(公顷)		2603	4230	1395	2676	3239
其中	水田(公顷)	274	893	75	294	1017
农作物总面积(公顷)		6750	9454	4723	7091	4848
其中	粮食种植(公顷)	3864	6617	2643	4523	3774
	总产量(吨)	14768	19380	7384	10901	11533
	水果产量(吨)	186	141.2	90.1	34.1	216.3
大牲畜出栏(头)		184	93	351	615	318
大牲畜存栏(头)		2456	1212	3159	2775	2391
生猪出栏(头)		53711	56469	23960	37205	30770
生猪存栏(头)		38216	52832	21919	41303	23260
羊出栏(只)		902	348	442	3799	57
羊存栏(只)		998	1013	1082	5464	178
农业总产值(万元)		3452	3999	1579	2449	3714
畜牧业总产值(万元)		5798	5825	2550	4403	3502
农民人均纯收入(元)		2760	2598	2918	2815	2828
通汽车村(个)		10	12	6	7	6
通电话村(个)		10	12	6	7	6
自来水受益村(个)		10	10	6	7	2

乡镇概况一览表

乡镇名称		落雁乡	滩头乡	牛寨乡	庙坝乡	柿子乡
总面积(平方千米)		130	137	157	336	174
行政村、社区(个)		6	7	8	12	9
其中	社区(个)	1	1	1	1	1
村(居)民小组(个)		170	170	175	347	229
其中	居民小组(个)	6	9	7	5	14
总户数(户)		6954	8020	9965	12524	7779
总人口(人)		26546	29909	35874	48179	24586
其中	少数民族(人)	66	2170	321	3856	1581
	女　性(人)	12421	14501	17071	22234	11323
耕地总面积(公顷)		2342	1652	2778	3857	1419
其中	水田(公顷)	710	534	432	493	196
农作物总面积(公顷)		3395	4617	6242	8509	5055
其中	粮食种植(公顷)	2480	3249	3646	4753	3327
	总产量(吨)	8536	9121	15579	20170	9000
	水果产量(吨)	81	418.5	342.3	324.1	470.8
大牲畜出栏(头)		85	238	624	709	583
大牲畜存栏(头)		582	816	2730	6325	3378
生猪出栏(头)		15505	36000	33276	47057	25264
生猪存栏(头)		17428	26661	26732	41499	24103
羊出栏(只)		73	450	322	228	—
羊存栏(只)		110	1650	479	195	—
农业总产值(万元)		1712	2463	3359	4564	2005
畜牧业总产值(万元)		1772	4137	3869	5122	2887
农民人均纯收入(元)		2868	2602	3118	2506	2771
通汽车村(个)		5	6	7	10	8
通电话村(个)		5	6	7	11	8
自来水受益村(个)		4	2	6	7	5

9月12日，云南省生物产业专家组一行4人，到盐津调研五倍子产业资源培植及单宁酸生产加工项目情况。

10月31日，全国政协委员肖燕军率浙江省人口和计划生育委员会副主任胡玉璋、农工党云南省专职副主委张宽寿一行到盐津县调研计划生育工作。肖燕军一行视察了部分乡镇计生服务站，并在豆沙镇与基层计生宣传员、基层干部、部分群众座谈，探讨基层计生工作中存在的困难和问题。

11月9日，省委创先争优检查组一行，在市委常委、组织部部长李勇等陪同下，到盐津县检查指导创先争优活动。检查组一行先后到盐津云宏化工有限责任公司、豆沙镇摩崖社区、中和镇苦竹坝小集镇建设点、艾田村石坝子村民小组和艾田社区等地，通过走访、查阅资料、与基层干部群众交谈、听取工作情况汇报等形式，了解创先争优活动开展情况。检查组肯定了盐津创先争优活动，指出不足，并就下步工作提出3点要求。

11月15日，国家民政部民间组织管理局副局长杨岳、省民政厅副厅长刘智一行，在副市长成联远等陪同下，到中和镇调研敬老院建设和小集镇建设。

11月27日，副市长胡月星到盐津普洱、中和镇就新农村建设、扶贫开发、小集镇建设、五保老人集中供养等工作进行调研，并于28日上午在县委综合楼会议室举办“提升领导胜任力”专题讲座。县四套班子在家领导，县直副科级以上实职领导干部，各乡镇党委书记、乡镇长，各上划单位主要负责人等共300余人听取讲座。

12月26～27日，以省农业厅科教处副处长段洪文为组长的农技推广示范项目实施检查组到盐津检查2009、2010农技推广示范县项目建设情况。

【盐津新组建6个农村社区】 1月19日，县政府下发《关于组建白水江等6个社区的批复》，同意组建6个农村社区：柿子乡白水江社区、滩头乡玉屏社区、落雁乡及第社区、庙坝乡聚龙社区、牛寨乡安乐社区、兴隆乡仁富社区。截至年末，全县共有社区16个，其中城镇社区10个、农村社区6个。

【开展圆贫困学生学业梦“助学行动”活动】 3月16日，2010年春季学期“希望工程”苗圃助学金现场发放仪式在盐津三中举行。现场共为42名受助学生发放资助款9100元。春季学期，盐津县获香港“苗圃行动”助学金98425元，共资助全县中小学生496名。

8月20日，云南中大盐津发电公司助学活动助学金发放仪式在盐津县白水江三级电站举行。中大盐津发电公司每年资助大学生10名，每人每年发放3000元，直至大学毕业。截至年末，共资助大学生40名，发放助学金30万元。

8月27日，“荣江助学金”发放仪式在新区县委综合楼举行。全县40名学生获资助，其中大学生、中学生各20名。“荣江助学金”由团县委发起，盐津籍在外创业企业家大理荣江专业涂装有限公司总经理葛荣江每年出资3万元设立。

11月18日，“华能澜沧江水电公司职工爱心助学基金”结对发放仪式在豆沙镇举行。豆沙镇46名贫困中小学生获结对资助，其中中学生16名、小学生30名，共发放助学金1.08万元。“华能澜沧江水电爱心助学基金”由团县委发起，华能澜沧江水电公司职工捐资成立，助学金每年集中发放一次，将一直资助其完成最高学业。

【县人民法院发放涉弱势群体案件执行款】 2月3日，盐津县人民法院召开涉弱势群体案件执行款发放大会，共发放弱势群体案件执行款26.96万元、其他案件执行款5.54万元，共32.5万元；发放执行款中，最高6万元、最低1490元。

【发现东汉崖墓群】 3月6日，盐津县柿子乡三河村南岸公路上沿崖壁处发现一墓群。省考古研究所组织市、县文物管理部门对该墓群进行发掘清理，共出土相对完整器物7件，器物类型有：陶俑、陶鸡、陶罐、铁斧、残铁刀、残铜铣、五铢钱及各类不成形的残陶片。经省文物专家初步鉴定崖墓为距今1800余年的东汉墓葬。

【云南煤矿安全技术中心安全监测仪器盐津技术服务站成立】 3月19日，云南煤矿安全技术中心安全监测仪器盐津技术服务站挂牌成立。仪式上，副县长李忠海介绍了盐津煤炭资源的开发利用情况，肯定了技术服务站对盐津煤矿安全监测监控系统的建设和维护的意义。市煤监分局局长张子金分析了昭通市煤矿事故情况、服务站成立的背景、作用。

【盐津县被省科技厅、省食品药品监督管理局认定为“云药之乡”】 11月2日，省科技厅、省食品药品监督管理局下发《关于认定文山州砚山县等10个县（市、区）为云药之乡的通知》，盐津县被省科技厅、省食品药品监督管理局正式认定为“云药之乡”。

【滇、川两省毗邻乡镇召开边界治安联防联席会议】 4月23日，盐津县政法委、司法局、兴隆派出所与四川省高县政法部门边界治安联防联席会议在高县可久镇召开。双方就进一步加强治安联防协作，共同维护边际地区社会治安稳定进行研讨交流，达成共识，并签订联防协议书。

12月27日，滇川2省4县毗邻乡镇社会治安联防联治协作会议在庙坝乡召开。四川省筠连县，云南省镇雄县、彝良县、盐津县共15个乡镇主要领导及社会治安职能部门负责人共120余人参会。与会乡镇分别就社会治安工作做交流发言。

【全市“特殊党费”援建项目工作会议在盐津召开】 4月27日，全市“特殊党费”援建项目工作会议在盐津二中召开。省委组织部部务委员、巡视员罗志明，市委副书记、市人大常委会主任张登亮，市委常委、市委组织部部长李勇出席会议。市直相关部门负责人，大关、永善、绥江、水富4个“特殊党费”建设项目县县委书记，盐津县四套班子领导、县直相关部门负责人和二中全体师生参会。会上，罗志明就如何进一步建好、管好、用好“特殊党费”援建工程作指示。张登亮对全市前期“特殊党费”援建工作作全面总结，对下一阶段工作作安排部署，并针对工作中存在的问题和不足提出两点要求。会后，罗志明、张登亮等为盐津县第二中学“特殊党费”援建项目落成剪彩，并参观新建教学楼、食堂等。

【盐津县应急救援大队成立】　4月28日，盐津县应急救援队成立。应急救援大队按“一队多用、专兼结合、平战结合”的建队原则组建，主要承担防汛抢险、扑救森林火灾等自然灾害，抢救建筑施工事故、道路交通事故、非煤矿山事故等安全生产事故，应对恐怖袭击、群体性事件等社会安全事件的抢险救援等任务。

【全市第六次全国人口普查户口整顿暨试点培训工作会议在盐津召开】　5月7日，昭通市第六次全国人口普查户口整顿暨试点培训工作会议在盐津县普洱镇召开，昭通市第六次全国人口普查户口整顿工作全面启动。省公安厅治安总队基层基础处处长冒锡琨，市公安局党委副书记、副局长刘俊，市统计局副局长吴萍，县分管副县长吕德林等出席会议。盐津县政府办、统计局、宣传部、财政局、计生局、民政局、教育局，市公安局政治部、治安支队相关领导和各县区公安局分管治安的局领导、治安大队长、户政中队长、普洱镇等9个入户调查工作小组组长共100余人参加会议。会上，冒锡琨肯定了普洱户口整顿前期工作，对下步工作提出要求。

【盐津教师参加省级课堂教学竞赛活动获佳绩】　5月10日，全省中小学教师音乐课堂教学竞赛活动在楚雄举行。盐津派出3名教师参赛，其中盐井镇小学段丽获全省小学组二等奖，盐津一中付庭勇、盐津三中熊磊获中学组三等奖。5月17日，省级美术课堂比赛活动在个旧举行。盐津派出4名教师参赛，其中庙坝中学陈超、盐津一中邹巧玲分获中学组二、三等奖，盐井小学王红英、盐井镇小学李增玉分获小学组二、三等奖。

【央视《探索·发现》栏目编导到盐津调研】　5月26日，中央电视台《探索·发现》栏目编导李新和云南电视台副台长储嘉骅，在市委常委、宣传部部长陆琴雯等陪同下，到豆沙关调研“五尺道”遗迹、袁滋摩崖石刻和“僰人悬棺”葬。

【张仁杰获第九届全国“创业之星”荣誉称号】　6月12日，由中国农村劳动力资源开发研究会，中国扶贫基金会，国务院发展研究中心共同组织举办的第九届全国“创业之星”经验交流表彰大会在北京举行，盐津津华竹产业专业合作社社长张仁杰参加大会，并获第九届全国“创业之星”荣誉称号。

【李帮军、石廷贵分获昭通青年创业市长奖和提名奖】　6月23日晚，第二届“昭通青年创业市长奖”颁奖典礼在昭通电视台演播大厅举行。盐津县青年李帮军、石廷贵分获昭通青年创业市长奖和提名奖。

【中和镇工会被评为全省“六好”乡镇(街道)工会】　7月7～9日，在曲靖市陆良县召开的云南省乡镇(街道)工会工作会议上，盐津县中和镇工会被评为全省40个乡镇“六好”(街道)工会之一。

【盐津首次公开选拔两名副科级领导干部】　7月21日，县委制定下发《盐津县2010年公开选拔副科级领导干部实施方案》，决定面向全县公开选拔2名副科级领导干部。并在盐津党建网和盐津网发布公告。同时，以文件形式下发各单位。这是盐津县首次公开选拔副科级领导干部。12月7日，公开选拔出的2人被正式任命为副科级干部。

【查获无主毒品373克】　7月25日15时许，盐津县公安局禁毒大队、经侦大队、巡特警大队和盐津县烟草公司等部门在豆沙境内狮子湾公路段开展查缉时，在昭通开往威信的一辆客车(云C06859)的座位行李架上，查获一包用黑色塑料袋包装可疑物，经鉴定为毒品海洛因，共373克。该案系人货分离案件，未抓获犯罪嫌疑人。

【全市秋冬农业生产现场会在盐津召开】　8月8日，全市秋冬农业生产现场会在盐津召开。市直各相关部门主要负责人、各县区分管农业副县区长、农业局长、分管副局长、农技中心主任，财政局长参加会议。会上，市农业局局长卢登富就全市秋冬农业工作作总体部署；播放了各县区汇报交流光碟；鲁甸县火德红乡、绥江县中城镇作交流发言；盐津县副县长丁永旺就盐津秋冬农业生产工作作经验介绍。市政府副秘书长粟勋主持会议并作总结讲话。会议期间，与会人员参观了盐津牛寨烂田坝玉米高产创建、水稻生物多样性示范样板，玉米间套蔬菜、马铃薯、豆类等晚秋作物生产现场。

【科教片《盐津生态乌骨鸡饲养技术》开机拍摄】　8月10日，科教片《盐津生态乌骨鸡饲养技术》在牛寨乡敦厚村兴农乌骨鸡养殖场开机拍摄。该片共投资2.5万，主要介绍了盐津乌骨鸡的品种特征、饲养标准、人工繁育技术、科学饲养管理及盐津乌骨鸡疫病防治等养殖技术及29道以盐津乌骨鸡为原料的菜谱。制作完成后将作为乌骨鸡养殖培训影音教材用于干部远程教育和发放给农民。

【“中国西部千里大峡谷”采风团来到盐津】　8月13日，由省作协副主席、昭通市文联主席、作家夏天敏任团长的“中国西部千里大峡谷”采风团到盐津县中和、普洱等乡镇采风。

【“中国·豆沙关第三届美食节”在豆沙镇举行】　10月1～3日，以“弘扬优秀传统文化、彰显豆沙特色魅力”为主题的“中国·豆沙关第三届美食节”在豆沙镇举行。活动分为：“美食一条街”活动、书画作品展、民族民间文艺表演、马帮巡游古镇、篝火晚会等5大内容。

【盐津县被确定为全省商务综合行政执法试点单位】 10月15日,省商务厅下发《云南省商务厅关于做好市场监管公共服务体系项目建设工作的通知》,盐津县被确定为全省129个县市区中8个商务综合行政执法试点单位之一。

【18家中央、省级新闻媒体采访团到盐津采访】 10月16日,中新社、香港商报、生活新报、都市时报、云南日报、云南信息报等18家中央、省级新闻媒体采访团一行23人,到盐津县津华竹产业公司、中和镇"幸福家园"、豆沙镇等地采访。

【盐津发生里氏4.6级地震】 10月18日05时49分37秒,盐津发生里氏4.6级地震,微观震中位于豆沙镇,北纬28°04′,东经104°07′。全县共10个乡镇63村(社区)877个村民小组3128户11446人受灾,因灾受伤5人,共造成直接经济损失7902.75万元。

【盐津政法网开通】 10月18日,盐津县委政法委主办的盐津政法网正式开通。盐津政法网隶属于昭通政法网群,设有今日关注、工作要闻、政法综治动态、综治维稳、队伍建设、执法监督、理论实践、法律生活等栏目。

【全市深入开展创先争优推进会在盐津召开】 11月17~18日,全市深入开展创先争优推进会在盐津召开。市委副书记、市人大常委会主任张登亮,市委常委、组织部长李勇,市委常委、宣传部长陆琴雯,盐津县委书记李疆和各县区副书记、组织部长、创先争优活动办公主任,市创先争优活动领导小组成员等共100余人参会。18日上午,与会人员到中和镇,听取了中和镇创先争优的情况介绍,查看了创先争优档案资料,并到中和镇艾田村石坝子村民小组、艾田社区参观创先争优开展情况。下午,在豆沙镇大客栈会议室召开会议。会上,在各县区委和市直工委领导作经验交流发言后,张登亮肯定了各县区及盐津中和镇几个参观点的创先争优活动,指出了存在问题,并对继续深入开展创先争优活动提出5点要求。

【盐津县青年联合会成立】 11月25日,盐津县青年联合会第一届委员会第一次全体会议召开,盐津县青年联合会正式成立。会议听取并审议了团县委书记徐传波代表县青年联合会第一届委员会常委会作的工作报告;选举产生了县青年联合会第一届委员会常务委员25名,主席1名、副主席8名,秘书长1名、副秘书长3名;为获得"青年文明号"荣誉称号的6家单位颁发奖牌。

【全市综治维稳工作座谈会在盐津豆沙古镇召开】 12月1日,全市综治维稳工作座谈会在盐津豆沙古镇召开。市委常委、市政法委书记张朝德,副市长、市公安局局长王宇,盐津县委书记李疆及各县区政法委书记、分管副县长、公安局局长、信访局局长参加会议。会上,张朝德对新形势下全市政法工作提出要求。全市11县区政法委书记就社会治安、安保、信访、联防联动等综治维稳工作作交流发言。市司法局、信访局通报全市司法、信访工作情况,并对2011年工作作安排部署。

【省农广校普通中专班盐津分校新华办学点开班】 12月12日,云南省农业广播电视学校普通中专班盐津分校新华办学点正式开班。中专班学制3年,招生对象主要为具有初中(或相当于初中)文化程度的村组干部、农民合作经济组织骨干、农村经纪人、农业科技示范户、农村专业户、退伍军人、返乡农民工。学员学完全部课程,考试合格后,颁发云南省教育厅验印的普通中专毕业证书。年内,办学点共开设种植、养殖2个专业,每专业有学员50人,共100人。

【中和镇苦竹坝狮子村落成】 12月13日,由国际狮子协会援建的中和镇苦竹坝狮子村落成典礼举行。国家民政部民间组织管理部处长韩涛、国际狮子协会会长谭荣根及协会80余名狮友,盐津县委书记李疆,县委副书记、代县长李晓,县委副书记陶毅,县人大常委会主任熊洪贵,县政协主席尚丽明,常务副县长卯昌伟等四套班子在家领导及县直相关部门负责人、中和镇党委政府领导、狮子村受援群众代表约300人参加仪式。

年末,完成苦竹坝规划区内民房统建96户3万平方米,投资3500万元;医院1734平方米,投资360万元;新建幼儿园806平方米,投资150万元;街面及道路硬化工程,投资1200万元;道路工程中五线下地工程,投资1095万元。

【"墨润关河——盐津县书法作品展"在昭通书画院开展】 12月29日,由昭通市书画院主办,盐津县文联、文体局承办的"墨润关河——盐津县书法作品展"在昭通书画院开展。书法展共展出25名盐津本土书法家的48幅书法作品。作品含撰书、楷书、行书、草书等多种文体。

(盐津县志办 吴珊 谭纪芳)

大　关　县

大关县位于北纬27度36分至28度15分和东经103度43分至104度07分之间。总面积1692平方千米(习惯数据)。2010年,全县年平均气温14.7℃,年最高气温36.4℃(8月11日),年最低气温-1.5℃(12月16日)。年总降水量907.5毫米,年日照时数1065.8小时。全县辖翠华、天星、玉碗、吉利、木杆、悦乐6个镇和上高桥、寿山、高桥3个乡,76个村、2个社区,1704个村民小组、10个居民小组。县城驻地笔山、圆门社区,海拔1120米,南距省会昆明400千米左右、市府驻地昭阳区50余千米,北离四川省成都市、重庆直辖市400余千米。

年末,全县总户数81187户,总人口281942人。其中:非农业人口20462人;女性132538人,男女性别比为112.73:100;少数民族人口22807人,占总人口的8.09%,其中苗族11525人、回族5818人、彝族5124人、其他民族340人。年内出生10235人,出生率36.3‰;死亡4225人,死亡率14.99‰;人口自然增长率8.02‰。人口密度每平方千米166.63人。

2010年,全县完成地区生产总值12.59亿元(统计快报数,下同),按可比价(下同)比上年增长13.3%;人均生产总值4804元,增长19.12%。第一产业完成产值39917万元,第二产业完成36773万元,第三产业完成49223万元。产业结构比重为32:29:39。万元GDP能耗下降5.3%。

年内,实现农业总产值56552万元,较上年增长2.82%;实现农业增加值39900万元,增长6.2%。转移农村富余劳动力(劳务输出)67700人次,实现工资性收入66243万元,增长12.28%,纯收入39100万元,增长25%。累计整合投入资金18400万元打造市、县、乡新农村建设示范点和昆水线示范点217个,123个自然村新建、维修村组公路和户间连接路465.4千米,亮化房屋49.3万平方米,直接受益人口9391户4.2万人。建成蔬菜、生姜、魔芋、马铃薯基地15200公顷;实施蔬菜、玉米等冬季农业开发5473.33公顷;建设各类高产示范样板18400公顷。投入抗旱救灾资金1233万元,解决4万余人、10万余头大牲畜饮水困难。

年末,全县耕地面积19121公顷,其中水田1428公顷、旱地17693公顷。农作物总播种面积40210公顷,其中:粮食作物31246公顷,增长2.85%;经济作物2711.66公顷(烤烟种植1030公顷,产值2700万元),增长20.68%。主要粮食品种产量:水稻8576吨,玉米50026吨,小麦1415吨,薯类27540吨,豆类2295吨。粮食总产量90510吨,增长7.11%,全县人均有粮312千克。主要经济作物产品产量:烤烟2250吨,花生528吨,甘蔗781.4吨,油菜籽34吨,土烟28.5吨,魔芋20800吨。2010年,种植业产值22726万元,同比增长2.97%。

全年养殖业产值30500万元,占农业总产值的53.93%,其中畜牧业3亿元、渔业500万元。年内,出栏大牲畜5926头、生猪231849头、羊22849只、家禽300328只;年末存栏大牲畜36947头、生猪196486头、羊43416只、家禽272362只。肉类总产量25030吨,其中大牲畜肉868吨、猪肉22999吨、羊肉569吨、家禽肉589吨。绵羊毛产量26吨,禽蛋产量720吨,蜂蜜产量4吨。

林业产值2176万元,同比降9.71%。投入资金610万元,实施天保工程、退耕还林成果巩固项目,造林8666.66公顷,森林管护71133.33公顷,封山育林2333.33公顷,年末植被覆盖率17%左右。移栽4000公顷核桃。主要林产品产量:茶叶99.2吨,生漆30.9吨,油桐籽164.5吨,乌桕籽2.5吨,棕片9.7吨,竹笋片134.3吨,花椒15.5吨,五倍籽0.4吨,水果产量636.9吨,核桃175吨,板栗50吨,竹材71万根,药材3.1吨(其中天麻0.8吨)。

农林牧渔服务业产值1150万元,比2009年增4.55%。

年内投入资金9384.5万元,兴建各类农田水利基础设施工程520件,新增和改善灌溉面积233.33公顷,新增蓄水能力4600立方米,新增供水受益人口2700人,治理水土流失面积5.64平方千米。农村沼气池、节柴灶、标准化生猪养殖场、农村小型基础设施、农机推广应用等基础项目建设。县财政全年投入支农资金(含林业和水利资金)12792万元,兑现各项惠农补贴2551万元,其中粮食作物良种补贴358万元、农资综合直补资金1499万元、退耕还林补贴694万元;村级公益事业建设"一事一议"财政奖补资金911万元。

年末,全县自来水受益村72个,村村通公路、电话;全年农村用电量1816万千瓦时。施用化肥10816吨、农药55吨,塑料薄膜222吨(其中地膜203吨,覆盖面积3631公顷)。

2010年,全县工业企业333户,实现工业总产值80082万元。其中:重工业69169万元、轻工业10913万元,国有工业2446万元、非公企业工业77636万元(个体私营63464万元、股份制公司3495万元、有限责任公司10677万元)。工业增加值20159万元。规模以上工业企业13户,产值30433万元。主要工业产品产量:原煤36.53万吨,发电量42458.97万千瓦时,水泥15.27万吨,砖2100万匹,快餐盒13929万只,生铁1.31万吨,洗选煤8.2万吨,电石7.87万吨,白酒1320吨,糕点298吨,精制茶叶16吨,铁农具2.8万件;加工竹笋1520吨,家具2.1万件,供应自来水295万吨。

全县社会消费品零售总额34167.3万元,其中:批发零售业29659万元、住宿餐饮业3916.4万元、其他行业591.9万元;国有经济2062.9万元、非公有制经济32104.4万元。

年内,全县住宅投资总额7052万元,其中城镇6560万元、农村非农户98万元、房地产开发394万元。房屋建筑建设面积近17万平方米,其中商品房和经济适用住房约4万平方米、廉租房13万平方米;年内新开工13万余平方米,竣工35375平方米。完成固定资产投资120018万元,其中城镇102193万元、农村非农户10044万元、房地产开发607万元、电力7174万元。

年内,全县共签约招商引资项目4个,协议总投资10.4亿元。引进昆钢日产2500吨水泥和悦乐铅锌矿开发等项目,快餐盒年生产能力增至3亿只。招商引资项目履约率80%以上。

2010年,全县地方财政总收入9563万元,地方财政一般预算收入5380万元。上级各项补助收入75923万元。地方财政一般预算总支出86633万元,其中一般公共服务支出7794万元、农林水事务投入支出12792万元、工业商业金融等事务支出953万元、交通运输支出2582万元、文体广播与传媒支出490万元、教育投入支出20059万元、科学技术支出95万元、医疗卫生支出9874万元、抚恤救济和社会保障补助支出9380万元、城市维护和环境保护支出1658万元、城乡社区事务支出1121万元、公共安全支出3837万元、住房保障支出15280万元、国土资源与气象等事务支出267万元、粮油物资储备管理等事务支出127万元、其他支出324万元。全县地方基金预算收入1272万元,支出3727万元。年内,全县完成各种税费收入12821.7万元,其中国税收入4955.7万元、地方税费收入7866万元(税金4083万元、规费3783万元)。

年末,全县金融机构存款余额198018万元,其中城乡居民储蓄余额100845万元;各项贷款余额95904万元,其中涉农贷款33305万元。年内,全县净投放现金24676万元。全年人寿保险业务收入450万元,赔付支出50余万元。

年末,县内公路通车里程1529.59千米,其中等级公路348.61千米。内昆铁路里程52千米。拥有汽车4496辆,其中客车3321辆(个体3008辆)、货车1175辆(个体1170辆);个体私车4178辆。摩托车9333辆。年内,全县完成货运量95.04万吨,货物周转量9142.16万吨/千米;客运量130.08万人次,客运周转量11207.67万人/千米。

年末,全县程控电话用户8985户,互联网用户近4000户。移动电话(含"小灵通")用户102478户,其中移动通信用户63888户、电信及联通用户38590户。电话普及率39.53%。邮政部门全年发行报纸166.2万份、杂志刊物5.38万份,邮寄函件25.28万件、包裹1.22万件、汇票1.31万张、快件6.91万件,邮政储蓄年末余额17788万元。全县完成邮电通信业务总量5706万元,其中邮政568.28万元、电信979.87万元、移动4157.85万元。

年末,全县有各级各类学校283所,其中幼儿园7所、小学261所(完小115所)、中学13所(完中1所)、进修学校1所、职业学校1所。有在校生56887人,其中幼儿园及学前班3500人、小学36254人、初中12296人、高中2749人、职业学校2088人。中、小学适龄儿童(少年)入学率分别为98.5%、99.6%,高中毛入学率38%,高考上线率97.21%,青壮年文盲率降至0.13%。有教职工2546人,其中:幼儿园58人、小学(含代课教师160人)1609人、中学813人(高中104人)、进修学校14人、职业学校52人;行政工勤人员92人,专任教师2454人(幼儿园49人、小学1594人、中学761人、进修学校9人、职业学校41人)。教师学历合格率为幼儿园100%、小学98.9%、初中98.63%、高中98%、进修学校45.45%、职业学校77.78%。年内,投入"两免一补"资金3455万元,"两基"迎国检资金981万元;筹措校安工程专项资金2922万元,排除中小学校舍危房8.3万平方米;投资1.67亿元,实施农村寄宿制工程、校安工程等项目,建校舍16.5万平方米。

年末,全县文化专职机构29个(在编机构15个),在编职工41人。在编机构人员中,文体局机关1个10人,乡镇文化站9个8人,文化馆1个6人,图书馆1个5人,新华书店1个9人,文联1个3人,《大关文学》编辑部1个。馆藏文物142件,藏书6.6万册。年内,大关建成9个"文化信息资源共享工程和农民素质教育网络学校"、8个农家书屋、4个"农家文化大院";投资50万元组建黄连河艺术团,并带动3个乡镇组建业余文艺宣传队,业余演员268人。组队参加全市第二届民运会,派出运动员55名参加吹枪、射弩、高脚竞速、摔跤和民族舞蹈表演项目5个大项51个小项的竞技,获金牌6枚、银牌7枚、铜牌15枚和团体组织奖、体育道德风尚奖。举办云川6县区门球运动会。出版发行《大关县志》(1978~2005),共90余万字,出版时间在全省县区排名第19位、全市位列第一。指导出版《大关县军事志》20余万字。修改《中共大关县地方史》

第一卷初稿约16万字。完成县委、县政府交办的《战将罗占云》(22万字)一书编审、出版、发行工作。

全年投资医疗卫生事业9874万元，投入财政资金2890万元实行新农合扩面，参合率95.46%。投入资金1154.43万元，新建各乡镇医疗用房11389.72平方米；投资275.78万元，新建8个乡镇30个村卫生室3020平方米，实现村村有卫生室目标。年末，全县有卫生医疗机构94个，其中县级管理机构4个、县乡医院12个(含县城2个私立医院)、村卫生所78个。在编职工323人，其中：卫生技术人员280人(执业医师、助理医师128人)；村医(含村接生员)231人。每千人拥有医疗卫生专业人员(含村医等)1.81人。全县有病床235张，每千人拥有病床0.83张。

全年接待游客58.12万人次，实现各类旅游总收入19418.02万元。

2010年，解决和巩固贫困人口温饱5100人，实施整村推进项目41个，产业扶贫种植核桃666.67公顷，易地安置60户300人，发放小额信贷扶贫资金3406万元，消除茅草房200户，改善贫困人口住房3280户。

2010年，全县征收养老保险金1334万元，发放基本养老金1289万元。参加失业保险5104人，覆盖面92%；收缴失业保险费455769.8元。参加医疗保险单位160个8558人(机关事业6115人、企业2443人，在职6526人、退休2032人)，实际征费1821万元，支付医保费1358万元。城镇居民参保6436人。参加工伤保险单位49个，参保人数3488人，累计征收工伤保险基金130万元。参加生育保险单位11个，参保职工720人，累计征收生育保险基金20万元。全年享受社保补贴个人269人，发放社保补贴87.73万元(养老保险补贴76.36万元，医疗保险补贴11.37万元)；享受困难企业社保补贴4户，发放社保补贴27.41万元(养老保险补贴21.38万元，医疗保险补贴5.98万元，失业保险补贴471元)。2月，县政府组织开展城乡低保工作全面清理，取缔不符合保障条件的城市低保人口398人、农村低保人口975人，新纳入城乡低保对象1373人。全年发放城乡居民最低生活保障金2861.17万元，其中向2652户5017名城镇困难居民发放1030.08万元、向19421户22547名农村困难人口发放1831.09万元。全年农村五保对象2373户2416人，集中供养232户235人，分散供养2141户2181人，发放农村五保供养金318.12万元。全年支出城乡大病医疗救助资金380.38万元，其中：城市大病医疗救助156人次18.4万元，农村大病医疗救助2969人次242万元；资助城乡困难群体31405人参合参保资金119.98万元。

年内，建设2830户农村民居地震安居工程、450户农村危房改造工程。全年发放救灾救济资金455.18万元、救济粮420吨，累计救助12732户53479人。年内，新增城镇就业人数1890人，城镇登记失业率4.38%；下岗失业人员实现再就业381人，办理创业贷款100户；安排就业补助资金310万元、中央财政贴息资金166万元，全县失业人员、劳动密集型小企业获小额担保贷款1545万元。为农民工追讨拖欠工资138人52.5万元；县城敬老院集中供养五保老人325人；实施白内障患者免费复明手术232例，聋儿康复语训22人；发放廉租住房补贴321.28万元，13万平方米廉租房建设完成投资8000余万元。

年末，全县行政事业单位在编职工5821人，其中专业技术人员3146人(副高职78人、中职1203人、初职1787人、未评职称78人)。职工人均年工资30104元。农民人均年总收入3982元，人均年纯收入2600元，人均有粮312千克，人均可支配收入3700余元，人均住房25平方米。城镇居民人均年可支配收入10367元，人均年生活消费水平约6200元，人均住房30平方米。

【上级领导(专家)到大关县检查、调研、指导工作】　1月11日，省委第一巡回检查组组长杜胤翔一行到大关县检查指导科学发展观学习实践活动，充分肯定大关第二批和第三批学习实践活动成效显著，就继续开展好学习实践活动提出6点要求。

1月20～21日，市人大常委会副主任皮永宏到挂钩扶贫点木杆镇元亨村检查指导扶贫工作，走访慰问结对帮扶农户。9月30日，皮永宏再次到挂钩村检查指导扶贫项目实施工作。在皮永宏帮助下，元亨村2010年争取资金68万元，新修大水小学教学楼项目已完成工程总量70%，总投资153万元的153户民房改造工程已全面实施。

1月，省委组织部委员罗志明到寿山检查特殊党费援建项目——寿山乡中心完小。

3月9日，副市长韩梅到大关调研教育、卫生和文体等工作。8月26日，韩梅带领市教育、财政等部门负责人到大关县木杆、吉利等乡镇检查指导“两基”迎国检准备工作，实地查看中小学校安工程建设、“两基”档案管理及控辍保学工作开展情况。

3月9～10日，副市长冯德一行7人到玉碗、吉利、翠华等乡镇调研劳动保障系统基层能力建设、挂钩扶贫等工作。

3月23日，市人大常委会副主任、市总工会主席连卫民一行到大关县总工会、寿山乡中学检查指导抗旱救灾暨工会工作。

乡镇概况一览表

乡镇名称	翠华镇	玉碗镇	悦乐镇	天星镇	吉利镇	木杆镇	高桥乡	寿山乡	上高桥乡
总面积(平方千米)	189.98	99.78	154.1	406.47	124	238.95	240.5	171	104.13
行政村(个)	11	5	9	16	8	8	8	7	6
其中 社区(个)	2								
村(居)民小组(个)	185	106	220	423	121	182	174	150	153
其中 居民小组(个)	10								
总户数(户)	13819	5206	9426	18484	5400	8244	6828	8119	5661
总人口(人)	40981	15713	35810	65039	19008	28715	26972	28944	20760
其中 少数民族(人)	1510	914	1156	4934	1132	1903	2400	2280	6578
其中 女性(人)	19465	7266	16874	30428	8937	13599	12724	13601	9644
耕地总面积(公顷)	1391	963	2001	5120	1132	2591	2248	1991	1684
其中 水田(公顷)	400		250	648	122		2	6	
农作物总面积(公顷)	4340	2021	5810	8566	3238	5786	3704	3707	3038
其中 粮食种植(公顷)	3132	1569	4338	7253	2368	4306	2870	2947	2463
其中 总产量(吨)	9496	3649	13531	24225	6786	9868	8714	7601	6640
其中 烤烟种植(公顷)	256	127	200	143		115	58	131	
其中 总产量(吨)	550	275	425	325		250	125	300	
其中 水果产量(吨)	170.1	23.6	94.8	129.3	161.2	4	26.6	26	1.3
大牲畜出栏(头)	280	504	466	1485	287	289	393	465	1757
大牲畜存栏(头)	2574	1961	3334	9250	2176	2485	4633	3564	6970
生猪出栏(头)	30324	15771	29129	58580	15950	22670	21335	21260	16830
生猪存栏(头)	21490	12885	26188	45980	15374	27775	21121	15901	9772
羊出栏(只)	1310	2650	909	6550	332	688	3140	2170	5100
羊存栏(只)	1480	3969	3063	10052	539	4097	10194	4045	5977
农业总产值(万元)									
畜牧业总产值(万元)									
农民人均纯收入(元)									
通公路村(个)	11	5	9	16	8	8	8	7	6
通电村(个)	11	5	9	16	8	8	8	7	6
通自来水村(个)	11	5	9	12	8	8	8	7	6

3月24日，省委老干局局长薛彪一行到玉碗镇火地村检查抗旱救灾情况，对下步工作提出要求。

3月24～26日，西南林学院副院长杨宇明一行4人，代表学院全体师生员工，到木杆镇帮扶点调研抗旱救灾工作。

3月29日，省国土资源厅副厅长杜筑华到大关检查抗旱救灾找水打井工作。杜筑华听了汇报后，到缺水较为严重的天星镇检查抗旱救灾找水打井踏勘工作并提出要求。11月26日，副厅长林耘埜一行到大关县检查安全生产及国土资源管理工作。在听取工作汇报后，林耘埜一行对大关安全生产和国土资源管理工作给予充分肯定，对下步工作提出3点要求。

4月23日，省委副书记李纪恒在市长王敏正、市委副书记张登亮等领导陪同下，到天星镇祥云村视察抗旱保春耕工作。通过走、访、查、看后，李纪恒对当前的抗旱保春耕工作提出了几点要求。

5月10日，省委政研室、农办副主任王兴明一行到吉利镇龙坪村、天星镇祥云村调研。

5月16日，省委办公厅副巡视员、省保密委办公室副主任张云华一行到大关县调研保密工作。

5月20日，省司法厅厅长何剑文到玉碗镇调研基层司法行政工作。在听取玉碗镇党委工作汇报后，何剑文充分肯定玉碗镇司法行政工作取得的成绩，并对下步工作提出4点要求。

6月23日，省煤化工集团党委副书记、纪委书记张跃龙一行到悦乐镇调研。

6月29日，省林业厅公益林检查组到大关县检查指导公益林工作。检查组到玉碗镇查看并听取汇报后，对下步工作提出3点要求。

7月23日，省水利厅副厅长王仕宗到大关县翠屏山水库建设工地视察。在听取工程建设情况汇报后，王仕宗对工程建设进度表示满意，并对下步建设工作提出4点要求。

8月6日，昆钢集团总经理李幼灵一行到寿山乡考察昆钢水泥建材集团异地技改新建项目。

10月11～12日，省人大代表团视察组刘树金一行到上高桥、玉碗、天星视察扶贫开发、产业发展、少数民族地区经济社会发展等工作。视察组采取听汇报、查阅资料、实地走访等方法，对上高桥乡团结村、玉碗镇石灰村片区、天星镇祥云村片区进行视察后，提出意见和建议。

10月15日，市委常委、市政协主席熊启怀一行到悦乐镇调研低保工作。在走访低保户，查看里底村低保档案资料、听取党委政府工作汇报后，熊启怀对悦乐镇低保工作给予高度评价，并对下步工作提出4点要求。

11月12日，副市长胡月星到吉利镇龙坪村调研新农村建设，在实地查看并听取相关工作情况汇报后，对下步工作提出4点要求。

12月1日，副市长、市公安局局长王宇到吉利镇检查指导工作。王宇在实地检查并听取相关工作汇报后，对下步工作提出4点要求。

12月4～5日，受财政部委派，由浙江省财政项目预算审核中心组成的病险水库除险加固项目绩效评估专家组，对大关县罗汉坝水库除险加固项目进行绩效评估核查。该项目于2008年1月开工，2009年3月竣工。工程建设包括水库大坝加固防渗、新建输水隧洞和改建溢洪道3个单位工程，项目实施后，新增兴利库容48万立方米，增加灌溉面积100公顷，供水受益人口1.6万人，新增保护耕地480公顷、保护人口5600人。

12月16日，省易地项目交叉检查组一行5人，到县检查扶贫工作。检查组在听取汇报、查看相关档案基础上，到玉碗镇朱家坪易地安置点查看项目实施情况。

【第三批廉租房竣工投用】 1月20日，大关县第三批56套2800平方米廉租住房竣工投入使用，50户低收入困难家庭入住新居。

【银朝老龄服务中心免费服务15899位老人】 1月，云南省银朝老龄服务中心到县为老年人开展免费摄影活动。活动惠及县内5镇47个行政村2个社区1049村民小组15899位老人，为建立健全全县老年人档案资料奠定基础。

【市第九届老年人运动会在大关县举办】 3月17～20日，昭通市第九届老年人运动会在大关县城举办。巧家县代表队获门球比赛第一名，大关一队获地掷球比赛第一名，昭阳区代表队获乒乓球男队第一名和女队第一名及中国象棋第一名，大关县和盐津县获道德风尚奖，巧家县和大关县获组织奖。

【举办大关·黄连河先进文化论坛】 3月31日，《大关·黄连河先进文化论坛》讲学活动在黄连河大酒店报告厅举办，由云南省演讲学会与县文体局共同主办。400余名社会各界听众出席开讲仪式，中国演讲家协会第一副会长、中华教育艺术研究会理事长、中国情商教育培训中心主任蔡朝东演讲了《成功者的德商、智商、情商》上篇。论坛是一个面向公众免费开放的公益性文化讲座项目，以满足人们的精神文化需求，提高公众文化层次，营造良好的文化氛围。

【《科技帮扶与院县合作意向书》签约】

4月16日，省农科院与县政府签订《科技帮扶与院县合作意向书》。省农科院副院长戴陆园及部分专家、市政府副秘书长粟勋及市直相关部门负责人、县四套班子领导出席签约仪式。该协议的签订标志着大关县率先在全省县区级实践"1+1"致富奔小康的农村发展优化模式。

【共产党员抗旱先锋行动】 4月中旬，省、市下拨大关县"共产党员抗旱先锋行动"特别捐献资金45万元，其中22.6万元用于"共产党员爱心水窖"建设，计划新建水窖113口。县内整合行动资金26万元，计划新建水窖130口。标准为每口蓄水25立方米，补助2000元。将解决7个乡镇38个村受灾严重、水源特别缺乏的243户1000余群众饮水困难。

【洒太通达工程验收通行】 4月20日，悦乐镇洒渔河大桥至太坪村通达工程正式通行，总投资240万元，全长16千米。

【重要会议】 5月上旬，全市人口与计划生育"村(居)民自治"现场会在大关召开。市委常委、宣传部部长陆琴雯出席会议并讲话，市人口计生委、市计生协会主要领导，各县区计生局局长、计生协会专职副会长及全市"村(居)民自治"试点村党总支书记共130余人参加会议。

6月20日，全市人大法制工作会议在大关县城召开。市人大常委会副主任陈绍余出席会议，市、县区人大常委会联系法制工作的领导参会。

12月29日，县委、县政府举行纪念罗占云诞辰100周年座谈会暨《战将罗占云》首发式。市政协主席熊启怀，市委常委、市委秘书长田勇，市委常委、统战部部长余扬举，昭通军分区司令员张志华等出席会议，来自省市的相关领导、专家、学者，罗占云子女亲属、罗氏家族代表，县四套班子领导和县直各部门、各乡镇领导近200人参会。

【农业有害生物预警和控制区域建设项目评审】 5月22日，省农业厅组织相关部门及专家组对大关县5个农业有害生物预警和控制区域站建设项目进行评审。设计主体项目总投资313万元，其中中央投资285万元、地方配套资金28万元。

【省有关团体专家、教授、学者到大关县捐资助学】 5月30日，云南省党外知识分子联谊会、云南省留学人员联谊会的专家、教授、学者64人到大关开展捐资助学活动和参观考察黄连河。捐赠援建翠华镇中心完小教学楼资金50万元，设立奖学金资金9.6万元。

【中国红十字基金会、国家电网公司捐物救灾】 5月下旬，中国红十字基金会、国家电网公司向寿山乡捐赠矿泉水900件、大米15吨，缓解群众生产生活困难。

【实施光明行动】 6月20～21日，由天诺慈善基金会资助的医疗队到大关县实施光明行动。在县城对县内137名白内障患者实施复明手术，为患者节约医疗费用50余万元。

【大关2个选送节目获第五届中国青少年艺术节云南赛区金奖】 7月，由文化部民族民间文艺发展中心、中国艺术家协会、中国教育事业促进会主办，中国青少年艺术节云南组委会承办的"第五届中国青少年艺术节"云南赛区总决赛上，大关选派的少儿群舞《骑手风采》、独唱《小巴郎，童年的太阳》获云南赛区金奖。并于8月1日代表云南省参加在北京举办的全国总决赛。

【县医院成功施行第一例扁桃体摘除术】 8月8日，县医院为一位双侧慢性扁桃体炎，扁桃体Ⅱ°肿大的患者成功施行扁桃体摘除术，这是大关开展的第一例扁桃体摘除术。

【县举办首期彝语培训】 8月，由市民委，大关县民宗局、统战部主办，大关县彝学会承办，为期15天的大关县首期彝语培训。共培训彝族同胞1200人次，为了解彝族历史、学习彝族语言文字、弘扬彝族传统文化起到积极作用。

【大关发生4.6级地震】 10月18日5时49分38.3秒，大关发生里氏4.6级地震，宏观震中位于东经104度07分、北纬28度04分。地震造成县内民房受损1982户3055间，其中倒塌26户38间、严重受损420户685间，损毁电线1213米；水池水窖开裂130个，人畜饮水管道受损16处17800米，沟渠受损7540米；洒墨公路以及部分乡村公路坍塌154处59536立方米。

【组建县农村客运公司】 11月2日，大关县农村客运公司正式成立。首批将大关至玉碗线路的农村客运车辆纳入规范管理，同时将分步纳入其他线路农村客运车辆。

【玉米新品种"云瑞88"试种成功】 年内，大关县试种玉米新品种"云瑞88"喜获成功。县农技中心在县育种基地、悦乐村、甘顶村进行玉米新品种"云瑞88"试种。通过验收，除甘顶村遭冰雹、大风灾害外，"云瑞88"试种成功，田间植株长势整齐，株型呈半紧凑型，生育期与"大单1号"基本一致，株高2.6米，穗位高1米，穗长25.2厘米，穗粗5.5厘米，穗粒数473粒，抗病性较强，亩产622.2～693.55千克，适宜密植，可在海拔900～1500米地区进行推广种植。

（**大关县史志办** 刘仁健）

永 善 县

永善县位于乌蒙山脉西北面的金沙江南岸，是国家在建重点工程溪洛渡水电站驻地。县城海拔820米，距市政府驻地昭阳区180千米，距省会昆明市580千米。东与大关、盐津县接壤，南连昭阳区，北接绥江县，西北隔金沙江与四川省雷波、金阳县相望。东西横距46.6千米，南北纵距121.2千米。境内重峦叠嶂，峰高谷深，地势南高北低，海拔悬殊，伍寨乡大坪子最高海拔3199.5米，青胜乡民胜村倒犁子金沙江出境处最低海拔320米。境内矿藏有铅、锌、铜、铁、铝、磷、煤、沙金、石膏、石灰石、彩花大理石及银、汞、重晶石、冰洲石等。全县有三江口原始森林4666.67公顷，竹林13333.33公顷，森林覆盖率为22.62%，成材林主要有松、杉，有女贞、珙桐、黄杉、香樟、椿木、楠木、水青树、鹅掌楸等珍稀树种。现有豹、獐、猴、野猪、熊等数十种野兽，有野鸭、白鹭、鹦鹉、黑颈鹤等170余种鸟类。山间产当归、天麻、吴萸、杜仲、党参、蛤蚧等名贵药材。永善是全国半细毛羊改良基地，有草山4.8万公顷。境内土产丰富，干鲜水果四季不断，"金江花椒"、"金江柑橘"、"金江魔芋"和红糖、竹笋、桐梘、蜡虫等在省境内外享有盛誉。

2010年，永善县国土总面积2778平方千米，全年平均温度16.9℃，总降雨量571.1毫米，总日照时数1027.2小时。全县辖溪洛渡、黄华、莲峰、茂林、桧溪、大兴6镇和细沙、青胜、墨翰、码口、团结、务基、马楠、水竹、伍寨9乡，137个村(社区)2737个村(居)民小组。其中有马楠、伍寨2个民族乡，15个民族村，253个民族村民小组，居住着彝、苗、回等10个少数民族。有宗教活动场所85个(其中佛教78个、基督教4个、伊斯兰教3个)。全县自来水受益村129个，通汽车村136个，通电村136个。年末总人口453047人，其中少数民族人口3.62万人，占总人口7.99%；人口自然增长率控制在7.5‰以内。

2010年，全县地区生产总值268890万元，同比增长11.1%。其中第一产业产值64098万元，第二产业产值106239万元，第三产业产值98553万元。三次产业比重由上年的26.7:36.2:37.1调整为23.8:39.5:36.7。全社会固定资产投资完成41.24亿元，其中溪洛渡电站完成投资25.71亿元，地方固定资产投资完成15.53亿元。全年净上划中央"两税"3954万元，增长34%。地方一般预算收入13623万元，增长30.5%。全县财政一般预算支出109609万元，增长23%。年末全县金融机构各项存款余额330677万元，比年初增加44952万元，增长15.73%。其中城乡居民储蓄存款余额194205万元，增长16.34%。各项贷款余额127148万元，增长22.61%。城镇居民人均可支配收入12023万元，增长8.1%；农民人均纯收入2723元，增长15.3%。

全县完成工业现价总产值70084万元，增长44.3%。规模以上工业企业完成工业现价总产值30629万元，增长26.7%。规模以下工业企业完成工业现价总产值39455万元，增长61.7%。工业主产品产量：发电量14669万千瓦时，增长37.3%；煤炭150541吨，增长15.6%；铅精矿3988吨，锌精矿2871吨；水泥66026吨，下降7.3%；砖1989万块，下降5.9%；魔芋精粉231.9吨，下降30.4%。

2010年，大小春粮食播种面积51782公顷，总产量156881吨，同比增长7.4%。其中小春粮豆种植面积7614公顷，产量6069吨，下降50.6%；大春粮食作物种植面积44168公顷，产量150812吨，增长12.7%。实现农村经济总收入148313万元，同比增长15%，农民人均纯收入2723元。完成粮食科技样板28300公顷，实施高产创建示范区10个6913.33公顷。完成粮食作物间套种技术推广33000公顷。在大、小春作物上实施核心区0.27公顷、示范片7733.33公顷、带动推广27973.33公顷。实施果桑套经作726.67公顷；晚秋作物间套种技术推广完成5666.67公顷。优势产业完成加工型马铃薯基地4666.67公顷；实施优质无公害蔬菜基地2400公顷、魔芋基地1800公顷；实施大面稻田养鱼133.33公顷。农机推广微耕机458台、新型米机1500台、起垄机100台、智能喷雾器40台，完成中央购机补贴183万元。全县农机作业面积1万公顷(其中机械耕种面积9333公顷，机械收获面积666.67公顷)，占全县农作物总播种面积的18.75%。全年农机总动力71000千瓦。实现畜牧业产值3.42亿元。大牲畜存栏67897头(匹)，出栏14428头(匹)；家禽存栏444100只，出栏454023只。肉蛋奶总产量32681吨，其中：肉类总产量31907吨，蛋类总产量746吨，奶类总产量28吨。羊毛产量185吨。

2010年，全县完成水利水电投资2.08亿元，其中水利投资6979.03万元、水电投资13774万元。新增有效灌溉面积226.67公顷，解决农村饮水安全5.28万人(其中农村校点1.6万人)；改造中低产田120公顷；新增水电装机容量1.1万千瓦，年发电量4.3亿千瓦时。年末，全县有各类小型水利工程11672件，其中小塘坝43座、小水池2433件、小水窖7477件、各类引水沟渠561件、农灌管网38件、农村人饮管网1096件、乡集镇供水工程24件。各类农村小型水利工程固定资产原值24536万元。

实施天然林保护98800公顷，新增人工造林646.67公顷，义务植树110.7万株。森林覆盖率22.62%，绿化率43.07%。新建农村能源沼气池1400口，推广节柴灶1500户，安装太阳能50户。治理水土流失70平方千米。

全县非公经济增加值90214万元，从业人员21994人，上交税金13833万元。实现商引资项目5个，累计实现到位资金54838万元。全县现有私营企业263户，注册资本(金)41006万元；内资企业160户，注册资本17508万元；个体工商户7991户，从业人员17954人，资金数额32387万元。完成社会消费品零售总额58967万元。其中：城镇市场31954万元、农村市场27013万元；批发贸易业52226万元、住宿餐饮业6741万元。农村居民人均生活性支出2441元。

2010年，完成廉租房建设1万平方米；市政基础设施建设投入资金148.19

万元。县城绿化投入资金150万元，种植绿化树木2万余株，新增绿化面积5000平方米。燃气管道工程完成投资360万元。全县14个乡镇（溪洛渡镇除外）完成小城镇建设项目15个，投资1.5亿元。

2010年，全县有各级各类学校367所，其中高级中学1所、完全中学1所、初级中学14所、九年制一贯制学校3所、小学完小199所、小学教学点143个、民族小学1所、职业中学1所、幼儿园3所、民办小学1所。有小学教学班1685个，初中教学班332个。有普通中学在校学生23756人（其中初中19083人），职业中学在校学生439人，小学在校学生52731人，在园幼儿2435人，学龄儿童毛入学率116.46%，初中学龄人口毛入学率98.01%。有普通中学专任教师1423人（其中初中1144人），职业中学专任教师68人，小学专任教师2588人。全年教育经费支出23697万元，“两基”顺利通过国检。全年免除农村义务教育阶段学生教科书费724.51万元，给予贫困家庭寄宿生29915人2580.37万元生活补助费。

2010年，全县有卫生机构23个，卫生技术人员549人，其中执业医师及执业助理医师408人，卫生机构床位741张（其中医院床位378张、卫生院床位363张），医院病床保用率86.4%。新型农村合作医疗参合率96.74%，享受医疗减免补偿90.26万人次，补偿金额5066.46万元。投入禁毒和防治艾滋病工作经费83.2万元。

建设广播电视村村通工程58479户，建成农家书屋14个，建设乡镇文化站5个。组建溪洛渡艺术团。编制结束《永善县码口溶洞公园》、《明子山——吞都生态观光·宗教寻踪旅游》、《摆摆桥中国西南民族文化生态园》等项目可行性研究报告。广播、电视覆盖率分别为89%、93%。

全年发放扶贫贷款资金3000万元，贴息150万元，13955人获得直接就业或创业机会。拨付产业扶贫项目资金200万元，重点组织实施86个整村推进项目，对380户农户实施简易住房改造，解决和巩固了1.07万贫困人口的温饱问题。完成“一事一议”村级公益事业项目总投资3124.82万元（其中财政奖补资金1239.4万元），重点实施道路硬化、村容村貌整治，有1.22万户5.09万村民生产生活条件得到改善。

2010年，全县发放各类救灾资金1405.11万元。特别是年初遭受60年不遇旱灾造成全县15个乡镇137个村（社区）2540个村民小组32.26万人次不同程度受灾。农作物受灾74114.1公顷，成灾47850.9公顷，绝收29089.4公顷；造成11.24万人饮水困难，死亡大小牲畜3670头（只）。造成农业经济损失45304.15万元。接收社会各界和党员特别捐赠款238.13万元（其中社会各界爱心捐赠资金140.3万元、党员和党组织特别捐献资金97.83万元）；接收到福建达利集团成都达利食品有限公司捐赠矿泉水4400件（价值11.8万元），宁夏君功重型机械有限公司捐赠大米10吨（价值约4.26万元）。

全年发放4132户6050人城镇最低生活保障金1107.89万元，发放23014户45725人农村低保金3429.37万元。职工医疗保险覆盖209个单位11742人，失业保险参保6305人；城镇居民医疗保险参保13486人。住房公积金覆盖面扩展到县乡148个单位8780人，发放个人住房公积金贷款4989.6万元。

【上级领导到永善县检查指导调研慰问】 1月21日，省总工会副主席杨建军一行到永善县特困职工家中和溪洛渡电站工程建设部开展春节慰问活动。

1月22日，省委组织部巡视员罗志铭一行到永善县黄华镇中学特殊党费建设项目点，检查项目建设进展情况。通过实地查看黄华镇中学特殊党费建设项目点建设进展情况和听取工程建设介绍。罗志铭对黄华中学工程建设进展情况表示满意，对永善县在项目建设中所做的工作给予肯定。黄华中学特殊党费建设项目位于黄华镇朝阳坝黄华集镇新区，工程规划建筑总面积10400平方米，计划总投资1509.5万元。

2月3日，市委书记夜礼斌、副书记张登亮，市人大常委会主任陈林章，市政协主席熊启怀，市委常委、常务副市长张纪华，市委常委、市委秘书长田勇，副市长张绍雄一行到永善县开展春节慰问活动。看望慰问永善县民兵常驻应急分队民兵、溪洛渡水电站建设者。同时还视察了溪洛渡水电站移民安置点木仰小区建设情况。夜礼斌要求，永善县各级各部门要严格按照移民安置规定，推进移民小区建设，确保主体工程8月完工，让移民群众10月搬进新房。

2月4日，市委常委、常务副市长张纪华到永善县溪洛渡镇富庆村，看望慰问结对帮扶对象，给刘学义、杨仁清、李文友3户帮扶对象，每户送去一袋大米、一桶食用油和600元慰问金。要求永善县要继续关注高寒山区贫困群众的生产生活，筹措物资，开展送温暖活动，让人民群众过好春节；要因地制宜培植产业，为群众增收致富提供产业支撑。3月4～5日，张纪华到永善县检查防旱抗灾工作。检查和听取永善县委、政府的工作汇报后，张纪华针对下步抗旱救灾工作提出5点要求。4月7～9日，张纪华到永善县慰问抗旱救灾工作一线的干部群众、调研指导抗旱救灾及春耕生产。张纪华先后到桧溪镇强胜村、溪洛渡镇铜堡村，实地查看种植业改种、设施农业发展等方面工作情况，仔细了解群众生活及经济收入来源。听取永善县政府关于抗大旱、保民生、抓春耕、促发展的工作汇报后，张纪华肯定了永善县的工作并提出下步工作要求。

乡镇概况一览表

乡镇名称		溪洛渡镇	桧溪镇	黄华镇	茂林镇	大兴镇	莲峰镇	团结乡
总面积(平方千米)		332	90.6	199.6	265.7	140.8	288.9	198.1
行政村(个)		25	6	13	7	8	14	9
其中	社区(个)	4						
村民小组(个)		439	105	305	145	186	246	161
总户数(户)		30218	4716	18845	6908	10781	11952	5987
总人口(人)		89215	17253	58290	25769	39382	38813	21872
其中	少数民族(人)	4558	1045	2008	3924	1389	3504	2112
	女性(人)	43082	8331	27704	11762	18584	17834	10033
耕地总面积(公顷)		3931	1579	3931	2401	2030	3246	1742
其中	水田(公顷)	1388	233	628	3	91	154	66
农作物总面积(公顷)		11442	4357	10893	4658	3510	3135	4064
其中	粮食种植(公顷)	7670	2267	7385	3516	2564	4301	3019
	总产量(吨)	31745	5505	20570	11840	9342	16635	6826
	烤烟种植(公顷)			152		60	193	
	总产量(吨)			320		95	450	
	水果产量(吨)	7909	6709	85068	117	16160	2989	1011
大牲畜出栏(头)		1696	240	768	809	171	3745	565
大牲畜存栏(头)		8283	1770	4572	9107	1763	8562	2282
生猪出栏(头)		71050	15150	34505	21708	12561	34201	19145
生猪存栏(头)		61521	16400	33388	22603	16700	32542	19575
羊出栏(头)		5616	350	1747	9327	1486	6077	2519
羊存栏(头)		9606	349	2497	19924	3548	8616	4525
农业总产值(万元)								
畜牧业总产值(万元)								
农民人均纯收入(元)								
通公路村(个)		25	6	13	7	8	14	9
通电村(个)		24	6	13	7	8	14	9
通自来水村(个)		22	6	13	7	8	13	9

乡镇概况一览表

乡镇名称		细沙乡	青胜乡	马楠乡	水竹乡	墨翰乡	伍寨乡	码口乡	务基乡
总面积(平方千米)		158.9	92.1	211	179.1	163.5	171.4	146.6	139.7
行政村(个)		7	4	6	5	10	5	10	8
其中	社区(个)								
村民小组(个)		153	89	130	124	179	93	206	174
总户数(户)		5286	2983	5268	3108	7614	4142	8019	9443
总人口(人)		20365	11718	17347	9885	26327	14659	31288	30864
其中	少数民族(人)	824	329	6017	2244	290	3756	1235	2918
	女性(人)	9459	5352	8071	4536	11959	6524	14272	14771
耕地总面积(公顷)		1812	1064	2030	1197	2122	2112	2040	1724
其中	水田(公顷)	153	180	18	3	101		134	236
农作物总面积(公顷)		4064	2865	3137	2040	5508	3886	4016	4068
其中	粮食种植(公顷)	3019	1834	2373	1557	4056	2393	2991	3038
	总产量(吨)	8204	3370	3045	3480	9029	6421	10185	10324
	烤烟种植(公顷)					57		43	71
	总产量(吨)					100		100	150
	水果产量(吨)	23	793	3705	86	235	73	3954	2589
大牲畜出栏(头)		300	22	1436	871	610	1567	713	695
大牲畜存栏(头)		1570	1897	5670	4323	3057	6018	6410	2613
生猪出栏(头)		13930	7527	9792	9673	20557	12660	17396	19956
生猪存栏(头)		12106	9168	10909	8668	25328	11323	18173	22604
羊出栏(头)		680	185	11246	5839	924	11850	1768	1409
羊存栏(头)		1298	250	19187	10260	1930	16503	2746	5104
农业总产值(万元)									
畜牧业总产值(万元)									
农民人均纯收入(元)									
通公路村(个)		6	4	6	5	10	5	10	8
通电村(个)		6	4	5	5	10	5	10	8
通自来水村(个)		4	4	5	5	10	5	10	8

3月11～13日，市政协主席熊启怀到永善县伍寨、码口、大兴、黄华、务基、溪洛渡等乡镇检查指导抗旱救灾工作。通过走访查看，熊启怀肯定了永善县的抗旱救灾工作并提出下步工作要求。

3月11日，省民委副主任岩秒一行到永善县调研民族团结、少数民族干部的培养和使用，民族传统文化传承和发扬，以及民族工作部门机构设置、人员编制情况等工作。

3月7～8日，省委省政府抗旱救灾工作督办组组长、省人大法制委员会副主任委员周云一行到永善县团结、桧溪、细沙、黄华、大兴等乡镇检查指导抗旱救灾工作。

3月20日，副市长胡月星到永善调研基层组织建设和供销社改革与发展工作。

3月15日，副市长张绍雄率市移民局局长何从龙等到永善县召开移民工作现场办公会，检查并指导永善县移民工作。

4月10日，省交通厅党组成员、纪检组长张诚安一行12人，到永善县检查指导抗大旱、保民生、保建设、保畅通等工作。

5月26日，副市长成联远率市相关部门负责人到永善县调研"两站"移民工作。成联远先后调研务基乡长青和施工区木仰城镇安置小区的建设情况，并听取永善县政府工作汇报。成联远在充分肯定永善县移民工作所取得成绩的同时提出要求。7月21日，成联远率市政府办、市移民局相关人员一行，会同三峡公司移民局负责人就溪洛渡施工区移民木仰、农场两个城镇安置小区安置点工程推进情况和湾河、天星坝两水库的规划选址工作情况开展调研，并对做好相关工作提出要求。

5月18～20日，以省政协副主席顾伯平为组长的省政协调研组一行到永善，就教育、卫生、文化体育、科技、广播电视等社会事业的发展进行调研。顾伯平一行先后到永善县第一人民医院、永善县第一中学等单位调研后，听取县政府关于各项事业的发展情况汇报，对永善县下步工作提出意见。

6月10日，市政协副主席陈麟带领滇东北律师事务所和市民政局相关人员，到永善县调研殡葬改革工作。

7月6日，市委常委、副市长何刚率市建设部门相关领导到永善县调研城市基础设施建设、廉租房建设和农村危房改造等工作。何刚一行先后到溪洛渡镇农场村、干河村和务基乡白胜村，察看永善县城生活污水处理厂和垃圾处理场建设、廉租房建设以及农村危房改造项目的实施等情况。

7月6日，市委副书记、市人大常委会主任张登亮，市委常委、组织部部长李勇一行到永善就经济社会发展和党建等工作进行调研。10月7～10日，张登亮及副市长成联远一行到永善县就溪洛渡电站移民工作进行调研。

7月15日，省纪委常委王云山，省委组织部三处处长、省委创先争优活动城市指导小组组长卢彬一行，到永善县检查指导创先争优工作。

8月18日，省委组织部巡视员罗志明到黄华镇检查指导黄华二中"特殊党费"援建项目工作。

【20个重大项目建设】 1、县城过境公路建设，年内完成投资8700万元。2、务基界碑石至黄华油路建设，完成投资2100万元。3、农村通达工程，涉及17条农村公路186.5千米，完成投资1544.2万元。4、廉租房建设，完成投资1250万元。5、山涧竹韵小区，完成投资2600万元；锦绣兰花小区，完成1800万元。6、金沙铅锌矿开发，完成投资4336.4万元。7、佛滩顺河铅锌矿开发，完成投资1454万元。8、金沙外围铅锌矿开发，完成1368万元。9、中小学校舍安全工程涉及14个乡镇25所项目学校，完成投资3250万元。10、永善县民族小学迁建，完成投资1543万元。11、伍寨乡九年一贯制学校集中办学项目，完成投资1342万元。12、溪洛渡水电站库区淹没还建公路——黄码公路，全长103.06千米，需征地1926.67公顷，工程总投资6.54亿元。该工程由市移民开发局委托三峡公司代建，工程招投标已结束进入实施阶段。13、溪洛渡三、四组滑坡治理，完成投资2329.35万元，工程全部完工。14、中小水电开发项目涉及6个电站，完成投资9350万元，其中冒河山电站竣工投入试运行。15、农网建设改造完成投资2400万元，其中无电地区电力建设工程投资2100万元、农村电网改造升级工程投资300万元。16、农村人饮安全工程涉及12个乡镇，完成投资1640万元。17、县城生活污水处理厂建设，完成投资3000万元。18、云荞水库中型灌区渠道改造计划总投资1984.36万元，原计划2010年10月开工，2012年完成，项目正在开展前期工作。19、广播电视直播卫星村村通工程，实施15个乡镇127个村委会2145个自然村，安装直播卫星地面接收设备58479座，直接受益人口219489人，完成投资2492万元。20、青少年近视防治工程向上争取近视治疗仪12000台，分5年由县教育局、卫生局具体实施。先后在县城中小学对1.55万余名中小学生进行视力筛查、建立健康档案。给9名学生使用眼部磁疗治疗仪，给190名学生佩带眼镜。

【云荞电站投产运营】 1月13日，云荞电站投产运营。该电站位于溪洛渡镇云荞办事处中梁子社，2008年3月30日开工建设，利用云荞水库总干渠尾陡槽段约400米自然落差建站，设计装机容量4000千瓦，多年平均发电量为1485万千瓦时，年利用小时数3712.5小时，总投资2000万元。

【胡双跃一行到永善县考察】 5月14日，中国核工业集团公司总设计师胡双跃一行到永善县黄华、大兴两乡镇考察调研。中国核工业集团公司于5月7日与省政府签署“战略合作框架协议”，双方将在核电项目建设、铀资源开发等方面开展到合作。永善县是全省被纳入考察的3个县之一，公司专家组此行永善县的目的是就核电站建设选址工作进行考察调研。专家组先后到黄华镇朝阳坝和大兴镇老街进行调研，就气象条件、水域环境、地质条件以及人口、交通等方面做了深入的了解和查看。在全部完成对3个县的考察工作后，最终择优决定电站建设地址。

【樊启祥到永善县“两站”库区考察工作】 5月28～29日，中国三峡总公司副总经理樊启祥带领成勘院技术专家一行到永善县就“两站”库区移民安置点和黄码公路规划设计等工作进行考察。樊启祥一行到大兴、黄华、务基、桧溪、细沙等乡镇考察移民安置点建设和黄华至码口复建公路规划设计等工作。

【中国长江三峡集团与北京交大向马楠中心校捐赠电教设备】 6月11日，中国长江三峡集团公司、北京交通大学联合向马楠乡中心校捐赠价值8万余元的两台笔记本电脑和32台台式电脑，用于改善办学条件。

【退耕还林工程通过国家验收】 8月2～9日，国家林业局退耕还林阶段验收核查组刘久俊工程师等一行到永善县大兴镇骆丘村、伍寨乡长海村、中寨村、伍寨村、溪洛渡镇三坪村，对永善县2002年度实施的1200公顷退耕还生态林和2005年度实施的22.78公顷退耕还经济林到期面积进行阶段验收。经核查组实地核查，各项指标全部达标，顺利通过国家验收。

【永善组队参加中国魔芋协会研讨会】 8月23～24日，中国魔芋协会魔芋产业发展研讨会在重庆渝通宾馆召开。永善县作为魔芋生产基地县、中国魔芋协会会员单位组队参会。会上，永善县分管魔芋产业的政府领导代表永善县作题为《乌蒙明珠闪耀诚邀四海宾朋》专题报告。通过此次研讨会，全国魔芋界专家、学者、企业家进一步认识了永善县、认知了永善白魔芋，提高了永善白魔芋在业界内的知名度和影响力。

【《永善县志》(1978～2005)初稿评议会】 9月30日，永善县召开《永善县志》(1978～2005)初稿县级评审会议，委员们同意提交省、市、县专家评议；10月19～23日，召开省、市、县专家评议会议，得到省市领导和各位专家好评。该志稿150万字，彩页55页，用照片217幅，正文插图150幅。

【县城生活污水处理厂通水试运行】 12月24日，永善县城生活污水处理厂通水试运行。该项目总投资5332.34万元，占地面积2公顷，日处理能力近期1万吨、远期2万吨，是省、市政府专项督办的重点工程，也是永善县推进城镇化发展和实施节能减排的骨干工程。工程建成后，可集中收集县城5万余人的生活污水进行处理后达标排放，每年可削减主要污染物COD(化学需氧量)678吨。

(永善县志办　任晓宇)

绥　江　县

绥江县位于云南省东北角金沙江下游南岸，东连水富县，南靠盐津县，西与永善县接壤，北隔金沙江与四川省屏山县和雷波县相望。全县国土面积761平方千米。境内地势南高北低，海拔悬殊，罗汉坪大堡顶最高海拔2054米，和平三湾沟最低海拔280米。县城驻地中城镇海拔330米，距市政府驻地昭阳区254千米，距省会昆明市635千米。年平均气温18.2℃，年降水量732.6毫米，年日照时数919.1小时。2010年末，辖中城、南岸、新滩、会仪、板栗4镇1乡，32个村，3个社区，785个村民小组，112个居民小组(含集镇5个)。年末，全县总人口45593户166182人，其中农业户33511户，农业人口141623人，分别占总户数和总人口的73.5%和85.22%；少数民族人口970人，占总人口的0.58%；女性80483人，占48.43%。人口出生率12.99‰，人口死亡率6.6‰，人口自然增长率6.39‰。人口密度每平方千米218.37人。全县有农村劳动力74872人。

年末，全社会从业人员75651人。其中：第一产业47157人，第二产业10559人，第三产业17935人。全县累计新增城镇就业1634人，城镇下岗失业人员再就业412人，困难人员再就业287人，城镇登记失业率4.4%。全年，全县转移就业农村劳动力37110人，同比增长9.1%。务工人员主要集中在长三角、珠三角、京津塘一带和省内昆明、向家坝、溪洛渡电站，县内转移就业主要集中在工矿企业、移民工程、基础设施、农村二、三产业等行业。其中，省外转移输出18475人，省内县外8520人，县内转移就业10115人；有序转移输出27320余人。实现务工工资性收入35010万元，同比增长5.23%；务工净收入15025万元，增长5.03%；全县农民人均劳务纯收入1072元，增长4.59%。

2010年，全县实现生产总值(GDP)12.05亿元，按可比价格计算比上年增长15.8%。其中：第一产业增加值2.3亿元，增长4.9%；第二产业增加值4.75

亿元,增长26.1%;第三产业增加值5亿元,增长11.7%。按常住人口计算,人均GDP7518元,同比增长17.9%。全县一、二、三产业比例为19:39:42。非公有制经济增加值5.79亿元,增长15.1%。

全县完成现价工业总产值5.96亿元,按可比价格计算(下同),比上年增长10.5%。其中,规模以上工业总产值3.23亿元,增长22.9%。实现工业增加值2.65亿元,增长9.3%。主要工业产品产量:原煤114万吨,比上年增长7.55%;水泥25万吨,增长25%;砖8000万块,下降33.33%;机制纸及纸板1485吨,下降59%;发电量2568万千瓦时,下降18.06%;售电量10901万千瓦时,增长67.97%。全年建筑业完成增加值2.1亿元,增长61.54%。年末建筑企业18户,资质企业3户,全年实现建筑业总产值8.97亿,增长130%。

全年实现农林牧渔服务业总产值37725万元,按可比价计算,比上年增长5.1%。其中种植业产值13505万元、林业产值4008万元、畜牧业产值18280万元、渔业产值674万元、农业服务业产值1258万元。

全县耕地总面积11242.6公顷,其中水田2428.33公顷,占耕地面积的21.6%。全年农作物总播种面积21379.53公顷,其中粮食播种面积15752.87公顷,比上年减少204.93公顷。粮食总产量39422吨。主要粮食作物播种面积及产量:小麦3490.07公顷6247吨、玉米6774.67公顷17756吨、水稻2037.47公顷10884吨。经济作物种植面积及产量:油菜1630.07公顷1768吨、烟叶19.93公顷20.6吨、魔芋754.67公顷1990吨、花生85.4公顷73吨、甘蔗45.4公顷1570吨。产茶叶298吨,水果3153吨。种植蔬菜1853.93公顷,产量35744吨。产油桐子123吨,乌桕子21.7吨,棕片55吨,五倍子15.7吨。

全年出栏大牲畜3725头,生猪126418头,羊11351只,家禽510897只,兔19533只;年末存栏大牲畜10734头,生猪75739头,羊9761只,家禽224263只,兔9979只。全年肉类总产量13298吨,比上年增长4.02%。其中:猪肉产量11585吨,增长4.39%;禽肉产量872吨,增长0.23%。水产品产量674吨,增长16.6%。实现畜牧业产值18279.88万元。全年完成造竹3800公顷,其中新造2466.67公顷、补植补造1333.33公顷(春造760公顷,秋造573.33公顷)。采伐木材1844立方米,竹材3万吨。

全年实施中低产田地改造893.33公顷,新建农村沼气池2000口,创建粮食科技示范样板666.67公顷。治理水土流失面积34080公顷,新增农田有效灌溉面积600公顷,到2010年底解决饮水安全达标人数9.3万人。

实施新农村示范点建设65个,投入村容村貌整治资金285.89万元。19个整村推进项目有序实施,巩固和解决2082名贫困人口温饱问题。

至2010年,移民迁复建工程完工34个,在建48个,完成迁建房15.69万平方米,完成移民工程投资32亿元。向家坝水库淹没区、城集镇新址占地区移民实物指标复核调查全面完成。围堰10年一遇洪水淹没影响区、城集镇新址占地区2334户9579人平稳过渡。太平料场施工区53户245人安置完毕,转入后期扶持。完成移民身份界定工作。5月4日,正式启动移民身份界定工作,开展县、乡、村三级移民干部人口界定相关政策培训3期600余人次。截至9月上旬,全面完成搬迁人口的界定。全县涉及动迁房屋的移民搬迁人口14245户47681人。其中县城移民搬迁人口7870户23433人,集镇移民搬迁人口1243户3302人,农村移民搬迁人口5132户20946人。

全年完成固定资产投资17.01亿元,比上年增长36.08%。在各类投资中,城镇投资15.9亿元,增长56.1%;农村非农户投资1.08亿元,下降32.15%。全年累计完成基础设施投资5.5亿元,比上年下降49.2%,占全社会固定资产投资的32%。第一产业投资额0.1亿元,下降89%;第二产业投资额1.26亿元,下降61%;第三产业投资额15.65亿元,增长88.5%。房地产业、水利环境和公共设施管理业、教育业3大行业投资增长较快,分别增长18.8%、70.6%、66.5%。全年房地产开发投资完成1.77亿元,其中商品住宅投资0.78亿元、商业营业用房投资0.99亿元,商品房屋销售面积6.94万平方米,商品房屋销售额1.63亿元。

全年实现社会消费品零售总额3.38亿元,比上年增长29.1%。县以上城镇实现零售额2.21亿元,增长24.5%;县以下农村实现零售额1.17亿元,增长38.4%。批发和零售业实现零售额2.54亿元,增长28.1%;住宿和餐饮业实现零售额0.83亿元,增长31.8%。

年内,引进外来投资落地签约并实施的项目有:云龙酒业项目、绥江县混凝土搅拌站项目、绥江县琉璃瓦及地砖项目。全年招商引资合作项目3个,新签约及实施项目协议总投资3.41亿元,实际到位县外资金5.38亿元,比上年增长137.42%。

2010年,全县公路总里程496.92千米,其中县道179.2千米、乡道66.17千米、村道251.56千米,全部纳入国家列养。全年货运量114万吨,比上年增长3.64%;客运量146万人,增长14%;货运周转量11910万吨千米,增长2.76%;客运周转量2878万人千米,增长2.97%。绥水二级公路完成投资16.68亿元。

全年财政总收入8941万元,比上年增长39.1%。其中地方一般预算收入8896万元,增长71.8%。一般预算支出56056万元,增长34.6%。国税税收收入5886.56万元,增长47.5%;地税税收收入12069.7万元,增长135.6%。

年末,金融机构人民币各项存款余额25.12亿元,比上年增长38.85%。其中城乡居民储蓄存款余额13.72亿元,增长30.03%。金融机构人民币各项贷款余额7.81亿元,增长11.09%,其中短期贷款余额4.72亿元、中长期贷款余额3.08亿元。金融机构累计现金收入21.76亿元,增长16.09%;累计现金支出24.27亿元,增长12%,全年货币净投放2.51亿元。

全县有普通中学9所,在校学生9814人;职业中学1所,在校学生1375人;有完小56所、初级小学教学点18个,小学在校学生14782人;有公办幼儿园2所、学前班65个,集体、私立幼儿园4所,在园(班)幼儿2956人。有小学专任教师878人,初中专任教师412人,高中专任教师173人。小学、初中教师学历合格率分别为97.15%和99.51%。青壮年非文盲率97.79%。小学学龄儿童入学率99.86%,初中毛入学率99.61%。2010年,全县普通高校报考人数605人,上线人数584人,上线率97.63%,比上年提高9.38个百分点。本科上线人数合计373人,上线率62%,本科上线率是全市唯一超过全省平均水平的县。全县中考综合成绩居全市第二名。职业教育招生规模比上年增加27.58%。累计争取和投入各类教育专款3541.9万元,比上年下降34.71%,新建校舍3.77万平方米、排除中小学危房3.75万平方米,完成中小学校安全工程3.77万平方米。

年末,全县有公共图书馆1个、文化馆1个。电视综合人口覆盖率90%,广播综合人口覆盖率92%。划拨10万元资金专门用于农家文化大院建设工程。县文体局、计划生育局等成员单位购置农业、科技、文化、计生等各种书刊8000余册,光碟300余张。整合片区活动场所建设和基层组织(片区)示范点建设资金240万余元。全县建"文化大院"5个,"社区文化大院"1个;建设大院540平方米,文化墙149平方米,专栏5个26.4平方米,综合文化室5间藏书7000册;成立组织管理机构5个,15人以上文艺演出队伍5支,政策宣讲员5名。年底,已开展文艺演出4场次,生育健康知识、惠农政策讲座3场,参与群众3000余人次。

全县有防艾办、爱卫办和合管办3个独立法人的管理机构及66个医疗卫生机构。其中:非营利医疗卫生机构45个,营利性医疗机构21个。县乡非营利性医疗卫生机构有工作人员335人,其中卫生专业技术人员293人,村卫生所从业人员108人。

年末,全县职工人数7610人,职工工资总额20964万元,职工年平均工资27900元。城镇居民人均可支配收入12735元,增长10.9%;人均生活消费支出9106元,其中食品支出占47.18%。农民人均纯收入2911元,增长12.87%;农民人均生活消费支出1951.3元,其中食品支出占38.9%。

城镇职工基本养老、失业、工伤、生育保险参保人数分别为4052人、3127人、3820人和154人。城镇居民基本医疗保险实现市级统筹和易地联网,覆盖面扩大到1.2万人。新型农村合作医疗参合农民134965人,参合率95.9%。资助五保对象、农村低保对象及重点优抚对象17835人参加新农合,兑付各类社会保险资金535050元。全县有城市低保对象3206户5427人,全年发放城镇低保金1257.18万元,人均补助194.01元。有农村低保对象8007户15213人,发放农村低保金1035.39万元,人均补助70元。4~6月,全县组织开展城乡低保大清理,重点对农村低保进行清理,对不符合条件的230人予以取消,对符合条件的230人进行增补。进行农村低保扩面,比上年增加农村低保5300人。共发放最低生活保障资金2292.57万元、临时救助金18万元。

全年,返乡民工创办各类实体、个体私营和个体工商户489人,投资6000余万元,吸纳农村劳动力2300余人就业,实现务工收入5890余万。引进四川国倍公司(铜、铅锌矿开采冶炼)、云南新世纪房地产开发公司(开发绥江商贸城)、四川荣鑫房地产开发公司(开发金沙丽都)等10余户企业落户绥江,带动农村劳动力和库区移民790余人就业,月工资达到1200元以上。引进福建泉州雅芳机绣制衣有限公司与县职业高级中学共同投资50余万元联合创办制衣车间,生产服装4000万余套,产品由雅芳公司包销,为培训后的库区移民和农村劳动力提供固定岗位60余个,季节性岗位140余个,平均月收入800~1500元。

全年实现4048名贫困人口稳定脱贫,农民人均纯收入2911元,人均有粮稳定在280千克左右。

【绥江县工业园区列入市级重点园区】 1月,绥江县工业园区被列入昭通市重点工业园区。3月,华峰片区和槽湾片区详细规划完成。5月,业主向省工信委和财政厅申报云龙酒业3万平米标准厂房建设项目,争取省级财政补助专项经费。6月28日,云龙酒业项目部正式入驻中城大沙片区。

【省督导组督查信访工作】 1月7日,省信访督查专员、省"两办"信访局副局长施静春为组长的检查考核督查组来绥督查信访工作。督查组对绥江的信访工作给予高度评价,并提出要求。

乡镇概况一览表

乡镇名称		中城镇	南岸镇	新滩镇	会仪镇	板栗乡
总面积(平方千米)		245.97	84.18	87.1	100.89	242.65
行政村、社区(个)		14	4	5	4	8
其中	社区(个)	3				
村(居)民小组(个)		423	107	121	110	136
其中	居民小组(个)	107		3	1	1
总户数(户)		23764	4121	5482	6590	5636
总人口(人)		78820	16117	24106	25388	21751
其中	少数民族人口(人)	382	204	39	75	270
	女性(人)	38660	7734	11665	12319	10105
耕地总面积(公顷)		4484	1493	1456	1835	1974
其中	水田(公顷)	1082	180	272	499	396
农作物总面积(公顷)		8998	3421	2335	2880	3746
其中	粮食种植(公顷)	6748	2247	1837	2158	2763
	总产量(吨)	16458	4193	5536	6788	6447
	烤烟种植(公顷)	6.3	4.9		2	6.7
	总产量(吨)	7.05	2.24		1.68	9.65
	水果产量(吨)	689.8	272.55	1922.03	228.4	40.25
大牲畜出栏(头)		2052	363	365	335	610
大牲畜存栏(头)		4442	2149	1139	1343	1661
生猪出栏(头)		59108	15984	16360	16992	17974
生猪存栏(头)		37515	9600	8470	10523	9631
羊出栏(只)		4149	1053	3795	1364	990
羊存栏(只)		4955	1759	763	1059	1225
农业总产值(万元)		17210.55	4289.34	5455.82	5148.16	5028.65
畜牧业总产值(万元)		8806.3	2079.91	2534.65	2566.46	2292.56
农民人均纯收入(元)						
通公路村(个)		11	3	5	4	8
通电村(个)		11	4	5	4	8
通自来水村(个)		11	4	5	4	8

【绥江县红十字会备灾救灾中心竣工验收】 1月15日,绥江县红十字会备灾救灾中心竣工验收。该项目由省红十字会援建,框架结构一层,建筑面积702.52平方米,于2009年8月1日开工,12月29日完工。

【政协绥江县七届三次会议】 2月23～25日,政协绥江县第七届委员会第三次会议在绥江会堂召开,应出席委员146名,实际到会122名。会议听取和审议县政协主席赵明作的《政协绥江县第七届委员会常务委员会工作报告》和副主席喻强作的《政协绥江县第七届委员会常务委员会关于七届二次会议以来提案工作情况的报告》;协商讨论"一府两院"工作报告和其他相关报告。审议通过本次会议提案审查情况报告和会议决议,完成大会各项议程。

【竹产业抽样调查】 2月起,由县统计局、县林业局共同开展竹产业抽样调查。5月5日完成外业调查,5月20日完成成果统计与制作。经调查,全县有竹资源面积17827.29公顷,其中人工竹林12158.3公顷、天然竹林3380.05公顷、四旁散生竹折合面积2288.94公顷。全县每年可出材78630吨。全县需补植补造2256.2公顷,需扶育管护11738.48公顷,需品种更新720.47公顷。全县调查勾图宜竹地面积2988.73公顷。

【浙浦混凝土搅拌站建成投产】 3月17日,绥江县浙浦混凝土搅拌站建成投产,标志着绥江县第一个混凝土搅拌站正式投产运行。该项目于2009年12月启动建设,占地1.33公顷,总投资3000万元,规划设计3条搅拌生产线,已建成120立方米/小时生产线2条,预留180立方米/小时生产线1条,现生产能力达到240立方米/小时,日产2000立方米混凝土。

【水土保持项目通过省级验收】 3月30日至4月1日,绥江县水土保持2007、2008年度及扩大内需水保项目工程(2008年度)竣工,综合评定为优良,通过省级验收。

【视频监控系统建设】 4月12日,市电信分公司与县政府签订"平安绥江"视频监控系统合作协议,随即开工建设,至9月7日完成平安城市26个点、电子警察、3个卡口设备安装、光缆布放、电源接入等工作,并通过验收,投入使用。

【"创先争优"活动】 5月20日,全县启动创先争优活动,并成立领导小组及办公室,制定下发实施意见。各级党组织、广大党员紧扣圆满完成"十一五"规划任务和科学谋划"十二五"发展蓝图的目标要求,作出公开承诺事项7381项(其中党组织962项,党员6419项),兑现2795项(其中党组织458项,党员2337项),解决群众最关心的饮水难、出行难、上学难、看病难等突出问题。通过在各级党组织和党员中开展授旗评星和领导点评工作,对基层党组织和党员开展"创先争优"活动情况进行点评。截至12月底,县级党员领导干部点评295次、乡镇领导点评2037次、县级部门领导点评4775次,点评基层党组织480个,点评党员5751名,30个基层党组织被授予"流动红旗"。"七一"期间,25个先进基层党组织和110名优秀共产党员受到表彰,评出星级党员1993名。

【吴万坤接受云南卫视记者采访】 5月29日,绥江县肢体残疾人吴万坤接受云南卫视台记者采访。记者就吴万坤的生活、学习、花卉盆景、烙画作品、技能现场表演以及企业运行等制作短片。该短片作为吴万坤出展上海世博会作品和现场技能展示的背景介绍并在云南卫视台播出。吴万坤的竹工艺刻烙画《清明上河图》、《五牛图》、《大鹏展翅》等作品及技能是全市唯一被中国残联选送出展上海世博会的作品和技能现场表演。

【宜宾市考察组到绥考察移民工作】 8月19日,四川省宜宾市考察组到绥江县考察移民工作。市委副书记、市人大常委会主任张登亮,副市长成联远等陪同考察。宜宾市考察组先后在绥江县新县城场平A区、B区等进行实地调研,两市领导就双方共同关心的移民工作进行交流。副县长黄勇就新县城迁建整体规划、建设进度以及因政策滞后导致的补偿标准等存在问题向宜宾市考察组作介绍,并就双方关注的弱势群体、新城公共基础设施建设、移民后续发展等问题提出绥江的未来发展思路。

【县职业中学竹编工艺品在昆明泛亚国际农博会参展】 9月9日,"2010年第六届昆明泛亚国际农业博览会"在昆明开幕。绥江县职业中学的《群虎图》、《八骏图》、《隐形观音》、《四季竹》等50余件竹编工艺品在本次农博会上参展。当场售出8000余元展品,并与昆明富保利公司签订20万元的供销意向性协议。

【年产60万吨水泥迁建技改项目通过环保竣工验收】 10月10日,省环保厅、省环监总站、市环保局等相关部门领导、专家、技术员组成验收组对浙浦水泥厂年产60万吨水泥迁建技改项目进行现场环保竣工验收。通过对各项排放指标的监测,验收组认为该项目各项排放指标满足环保大纲要求,符合国家产业政策许可,同意该项目环保竣工验收。

【多家媒体报道绥江县移民迁建工作】 10月15日,《中国日报》、《中新社》、《云南日报》、《云南电视台》、《云南人民广播电台》、《香港大公报》等30余家主流媒体记者赴绥,就绥江县移民迁建工作、产业后续发展和基层组织建设现状进行多角度采访报道。

【金江奇石获奖】 10月26日至11月4日,"中国水富首届金沙江奇石文化旅游节"在水富县举行。绥江县民间商会副会长、绥江县奇石协会会长蒋富银带领奇石会员40余人,携带200枚藏石参展。绥江有81枚奇石获奖,其中金奖7枚、银奖25枚、铜奖49枚。

【遭受灾害】 年内,绥江县遭受罕见的持续旱灾,全县5个乡镇、35个村(社区)受灾,受灾人口14.1万人,农作物受灾11186公顷,绝收1327公顷,饮水困难人口3.85万人，饮水困难大牲畜2.5万头，造成直接经济损失1.36亿元。入汛后，绥江遭受“7·03”、“7·13”、“7·17”、“7·25”风洪灾，全县5个乡镇，32个村，562个村民小组56806人不同程度受灾，造成直接经济损失7034.6万元。

（绥江县志办　杨　坤　祝吉琼　范德彬）

镇　雄　县

镇雄县位于云、贵、川3省结合部，面积3696平方米。县城驻地乌峰镇距市政府驻地昭阳区265千米，距省城昆明市598千米，县城海拔1640米，全县年平均气温12.2℃，降水量818毫米，日照1199.9小时。2010年，全县辖乌峰、泼机、黑树、母享、坡头、大湾、以勒、塘房、赤水源、芒部、雨河、罗坎、牛场、五德、以古、场坝16个镇和中屯、鱼洞、花朗、林口、果珠、尖山、木卓、盐源、碗厂、杉树、花山、坪上12个乡，234个村，10个城市社区，5143个村民小组。全县户籍人口1526647人（注：此数及以下所有镇雄县人口数据均为第六次全国人口普查数据），常住人口1328375人。常住人口中，男性696344人，占总人口的52.42%，女性632031人，占总人口的47.58%，人口性别比为100∶110.18；少数民族人口109305人，占总人口的8.23%；城镇人口267268人，占总人口的20.12%，乡村人口1061107，占总人口的79.88%。

2010年，全县地区生产总值530469万元。第一二三产业分别实现产值147038万元、197491万元、185940万元。第一产业产值占全县经济总量的比重为27.7%，第二产业占37.2%，第三产业占35.1%。全县产业结构比为27.7∶37.2∶35.1。

全年全县农林牧渔业总产值237908万元。其中：农业产值102507万元，林业产值4142万元，畜牧业产值125676万元，渔业产值133万元，农林牧渔服务业产值5450万元。

全县粮食总产量385256吨，比上年增产28662吨，增长8%。其中：小春粮食产量19305吨，减产7883吨，下降29%；大春粮食产量365951吨，增产36545吨，增长11.1%。烤烟产量17352.8吨，减产330.7吨，下降1.9%；油菜籽产量4739.3吨，增产633.1吨，增长15.4%。

年末，存栏大牲畜149548头、猪641738头、羊35862只、家禽2244317只；出栏大牲畜81411头、肥猪772590头、羊29456只、家禽2211363只；肉类总产量91107吨，比上年增产16590吨，增长22.26%。

全县造林7466.67公顷，其中天保造林666.67公顷、产业建设3266.67公顷、封山育林1333.33公顷。年末，全县实有森林面积16.6万公顷，森林覆盖率22.31%，有林地覆盖率19.5%。

全县农用化肥用量86308吨，其中氮肥50893吨、磷肥15984吨、钾肥6421吨、复合肥12247吨。地膜使用量1130吨，地膜覆盖面积22114公顷；农药使用量131589千克。农村用电量8814万千瓦时，比上年增长7.2%。自来水受益村224个，占总数的95.73%；通汽车村229个，占97.86%；全部村委会通电话；通电村民小组5112个，通电农户315684户。

全县工业总产值332839万元，其中规模以上工业产值299179万元、规模以下工业产值33660万元。全县工业增加值163977万元，其中规模以上工业增加值154291万元、规模以下工业增加值9686万元。主要工业产品产量：原煤产量869万吨，比上年增长27.6%；发电量18186万千瓦时，增长0.49%；水泥262095吨，增长13.91%；电石22454吨，下降2.88%。全县建筑业增加值33514万元。

全县社会固定资产投资421714万元，比上年增长42.13%。其中：城镇投资304992万元，增长74.6%；农村投资92879万元，下降0.8%；房地产投资23843万元，下降16.1%。

全县货运量395.62万吨，货运周转量100832万吨千米；客运量212万人次，客运周转量25314万人千米。年末，全县公路通车里程2357千米；全县有各种车辆46229辆，比上年增加7439辆，增长19.18%。

全县邮电业务总量15982万元，比上年增长5.06%。报纸累计份数3556252份，杂志累计份数117720份，邮政储蓄期末余额42551万元。年末，全县共有固定电话24930部，每万人拥有电话172部；全县移动电话用户304758户，比上年增加38625户，每万人拥有移动电话2099部，比上年增加237部。

全县社会消费品零售总额168028万元，增长25.29%。其中公有经济7865万元、非公经济160163万元。

全县非公经济增加值210795万元，占全县GDP比重39.74%。

全县财政总收入50692万元，比上年增收16814万元，增长49.63%。地方财政一般预算收入26999万元，增收6909万元，增长34.39%。地方财政一般预算支出261936万元，增支61970万元，增长30.99%。

全县有各级各类学校869所，教学

班6383班，在校学生331556人，中小学教职工13762人，代课教师109人。全县有3～6周岁儿童49936人，儿童入园率13.1%。有小学在校学生210586人，专任教师7941人，小学教师学历合格率98.7%；小学生师比为26.52∶1，小学学龄人口入学率99.5%；小学毕业生升学率97%；小学校舍建设总面积588030平方米。初中在校学生99804人，专任教师5022人，初中教师学历合格率98.3%，初中生师比为19.87∶1；高中有专任教师521人，高中教师学历合格率91.2%。全县有义务教育阶段寄宿生120509人，全县中小学有危房572386平方米，年内共排除危房67575平方米。

全县有艺术表演团体1个，公共图书馆1个（总藏量32400册），文化馆1个，文化站28个。电视人口覆盖率90%，广播人口覆盖率89%。

全县有县直医疗卫生单位5个，乡镇卫生院29个，村卫生所244个，个体诊所18个。全县卫生机构床位1658张，其中医院、卫生院1628张，其他卫生机构30张；有卫生人员1776人，其中卫生系统981人、乡村医生766人、个体诊所29人。全县传染病发病率201.5/10万，农村卫生厕所普及率47%。

全县城镇居民人均可支配收入10747元，比上年增长11.18%；农民人均纯收入2482元，增长12.41%。全县职工工资总额70484万元，增长8.48%；职工年平均工资30000元，增长3.38%。年末，全县城镇居民储蓄存款余额318083万元，比上年增加73717万元，增长30.17%。

【上级领导和检查组等到镇雄县检查指导调研督查】 2月27日，省烤烟抗旱保苗工作指导组蒲天燕一行到镇雄县检查指导烤烟抗大旱保育苗促移栽工作。指导组一行到场坝镇视察了摩多村烤烟育苗工场。指导组通过实地考察和听取汇报所后对县的工作给予充分肯定。

3月2～3日，副市长胡月星到镇雄县专题调研农村市场流通等工作。胡月星到塘房、林口、尖山、赤水源、芒部等7个乡镇，对乡镇农村流通市场体系建设情况、供求状况、农民群众需求状况以及农业总体发展情况等进行调研。11月7日，胡月星率市委政府政策研究室、市扶贫办、市供销社等市直部门相关负责同志，到牛场、五德、尖山、赤水源4个乡镇，实地调研新农村建设、农村扶贫及农村市场流通工作。

3月4～5日，由省煤矿安全监察局副局长蒋建忠任组长的督查组到镇雄县，对节后复产及全国“两会”期间煤矿安全生产工作进行督查。督查组一行到塘房、泼机两个乡镇，实地检查长岭、塘房、振兴等煤矿节后复工复产及煤矿安全生产情况。听取汇报后，督查组一行充分肯定了镇雄县煤矿安全生产工作，明确指出了工作中存在的问题和不足。

3月6日，省民委副主任岩秒率领调研组调研镇雄县贯彻落实党和国家民族政策、开展民族工作的情况。5月11日，副巡视员张宝安率队到镇雄县，调研散杂居民族地区经济社会发展现状。调研组到林口乡林口村画眉沟村民小组实地查看、走访群众。通过实地查看和听取汇报后，调研组充分肯定镇雄县在社会稳定、经济发展、民族团结方面取得的成绩，就搬迁后的生产生活打算，着力打造民族特色、营造浓郁民族文化等方面提出意见建议。

3月11日，省交通运输厅副厅长王彩春一行在副市长邬永飞等陪同下，到镇雄县现场调研镇威、镇风、风大二级公路工程建设。王彩春一行先后实地查看三条二级公路施工现场，仔细了解施工进度、征地拆迁工作进度等相关情况，并就存在问题提出整改要求。4月15日，党组成员、驻厅纪检组长张诚安率队到镇雄县，对抗大旱保建设保畅通工作进行专项检查。在副市长邬永飞等陪同下，检查组先后检查了洗（白）花（山）通乡油路、芒部镇口袋沟乡村公路情况，到镇威二级公路建设现场检查指导；听取县政府、镇威二级公路建设指挥部工作情况汇报，全面了解抗大旱保建设保畅通工作情况，对镇雄县抗大旱保建设保畅通工作给予充分肯定。

3月14日，中国五矿集团公司纪检组长海燕一行到镇雄县乌峰、中屯两个乡镇，实地查看旱情。在查灾过程中，海燕一行针对镇雄县实际，就如何积极开展抗旱救灾工作提出具体意见和建议，并表示将尽公司所能帮助镇雄县搞好人饮安全工程建设和其他抗旱减灾工作。

4月9～10日，新华社云南分社常务副总编李自良在市委常委、市委宣传部部长陆琴雯陪同下，到镇雄县调研革命老区建设情况。李自良一行先后到木卓、五德和花山等乡镇，听取县乡领导对革命老区建设工作情况汇报，与农户座谈，与干部交流，了解革命老区发展和建设中存在的困难和问题。

4月20日，省计生委副主任李善荣一行到镇雄县，对县人口和计划生育工作及第六次人口普查工作进行检查指导。李善荣一行到县计生局、县计生指导站走访看望干部职工、审阅查看档案资料、了解掌握工作进展情况。检查组就人口和计生工作的长期性、坚决性、复杂性和年度指标下达、信息初始化建设等提出意见建议。

4月27～29日，省安监局副局长汤忠明率抗旱保煤、安全保煤督查组到镇雄县，对县煤矿建设项目和抗旱保煤、安全保煤及“五一”节前的煤矿安全生产工作进行督查。督查组一行到东源长岭煤矿、毡帽营煤矿，采取听取汇报、查阅资料、井下检查、交换意见等方式进行实地检查。听取汇报后，督查组充分肯定镇雄县安全生产工作，对查出的隐患和问题进行现场反馈，并依法下达执法文书，责令限期整改。

乡镇概况一览表

乡镇名称		乌峰镇	中屯乡	泼机镇	鱼洞乡	黑树镇	母享镇	坡头镇
总面积(平方千米)		130	74	128	55	87	130	151
行政村、社区(个)		18	7	14	4	5	10	12
其中	社区(个)	10	–	–	–	–	–	
村(居)民小组(个)		216	190	75	75	122	271	291
总户数(户)								
常住总人口(人)		132661	57726	114216	19725	26139	56270	62212
其中	少数民族(人)							
	女性(人)							
耕地总面积(公顷)		2513. 53	1916. 4	3584. 07	921. 6	1797. 87	3652. 87	3740. 87
其中	水田(公顷)		22		4. 53	133. 33	345	49. 53
农作物总面积(公顷)		5826. 87	4266. 27	9121. 6	3743. 07	4870. 67	8390. 73	7373. 47
其中	粮食种植(公顷)	4212. 07	3015. 2	6702. 73	2558. 33	3576. 67	6177. 67	5422. 6
	总产量(吨)	12535	6903	17979	6029	8905	13585	11914
	烤烟种植(公顷)	410. 87	210. 67	259. 33	260. 33	226. 67	824. 93	1178
	总产量(吨)	611. 8	365	560. 1	604. 3	505. 6	1181	2250
	水果产量(吨)	188	84	23. 4	13. 3	12. 3	19. 7	66. 8
大牲畜出栏(头)		1242	995	1660	926	1876	2925	1181
大牲畜存栏(头)		3168	1320	2385	2879	3182	5759	5205
生猪出栏(头)		37329	25385	44244	11132	17250	27400	28877
生猪存栏(头)		32070	21105	37616	8939	15250	21270	21280
羊出栏(只)		618	276	865	229	4500	460	205
羊存栏(只)		1480	241	733	288	5450	750	251
通公路村(个)		8	7	14	4	5	10	12
通电村(个)		8	7	14	4	5	10	12
通自来水村(个)		8	7	14	4	5	10	7
电视广播覆盖率(%)		94	86	87	81	82	83	79

乡镇概况一览表

乡镇名称		花朗乡	大湾镇	以勒镇	林口乡	塘房镇	果珠乡	尖山乡
总面积(平方千米)		60	119	175	118	95	91	65
行政村、社区(个)		5	8	10	8	8	5	5
其中	社区(个)	–	–	–	–	–	–	–
村(居)民小组(个)		99	186	263	172	221	142	89
总户数(户)								
常住总人口(人)		21565	49133	64207	39048	55135	35318	28446
其中	少数民族(人)							
	女性(人)							
耕地总面积(公顷)		1567.87	3312.5	4922.8	3425.7	1774	2106.13	1668.9
其中	水田(公顷)	13.33	30	110				
农作物总面积(公顷)		4311.73	5634.7	12503.3	5415.9	3830.9	5933.6	4354
其中	粮食种植(公顷)	2935.33	3861.3	8240.67	4686.2	3238.7	4226	3348.7
	总产量(吨)	10533	9991	20561	12650	10869	16322	11165
	烤烟种植(公顷)	279.33	833.33	1349.33	196.67		760	370.67
	总产量(吨)	425	1540	1956.5	280.2		1900.2	570.8
	水果产量(吨)	46	12	726.9	29.1	1	14.8	6
大牲畜出栏(头)		1989	3242	5742	2652	1481	1992	1844
大牲畜存栏(头)		3725	7069	9736	5306	2295	3777	2239
生猪出栏(头)		17291	27123	39520	14547	28278	25244	22920
生猪存栏(头)		10812	24702	33105	12545	21778	18470	19133
羊出栏(只)			147	641	583	1708	130	20
羊存栏(只)			359	571	647	2752	428	110
通公路村(个)		5	8	10	8	8	5	5
通电村(个)		5	8	10	8	8	5	5
通自来水村(个)		5	8	8	8	8	5	5
电视广播覆盖率(%)		80	81	81	80	82	80	81

乡镇概况一览表

乡镇名称		赤水源镇	芒部镇	雨河镇	木卓乡	罗坎镇	盐源乡	碗厂乡
总面积(平方千米)		174	153	137	87	216	153	152
行政村、社区(个)		10	9	10	7	17	10	5
其中	社区(个)		–	–	–	–	–	
村(居)民小组(个)		200	165	164	132	347	211	103
总户数(户)								
常住总人口(人)		58002	43102	40501	27775	70418	36628	21009
其中	少数民族(人)							
	女性(人)							
耕地总面积(公顷)		3548.47	3387.8	3312.27	1793	4332.93	3236	2247.53
其中	水田(公顷)		3.33	68.67	66.67	162		
农作物总面积(公顷)		7601.93	6086.73	5692.4	4365.33	9908.67	7070.13	4117.4
其中	粮食种植(公顷)	5621.93	5069.07	4321.93	3356	7012	5216.8	3435.47
	总产量(吨)	17528	18773	21596	9507	25078	16623	9166
	烤烟种植(公顷)	467.2	95.33	174.33	99.33		466.67	237.2
	总产量(吨)	1366.6	126.6	453.3	150		500	366.1
	水果产量(吨)	39.4	2.5	17.2	8.7	1822.3	87.9	10.2
大牲畜出栏(头)		2651	3888	2814	2962	7060	2043	2010
大牲畜存栏(头)		7170	5566	4766	7478	6036	4121	3723
生猪出栏(头)		46327	31935	35848	22851	30731	29628	20082
生猪存栏(头)		32583	28800	27525	19436	35715	26317	13412
羊出栏(只)		121	789	213	275		54	
羊存栏(只)		424	1004	842	579			
通公路村(个)		10	9	10	7	14	10	5
通电村(个)		10	9	10	7	17	10	5
通自来水村(个)		10	4	10	7	10	10	5
电视广播覆盖率(%)		81	82	82	82	81	79	76

乡镇概况一览表

乡镇名称		杉树乡	花山乡	牛场镇	五德镇	坪上乡	以古镇	场坝镇
总面积(平方千米)		159	189	167	190	98	168	175
行政村、社区(个)		6	6	9	13	6	8	9
其中	社区(个)	–	–	–	–	–	–	–
村(居)民小组(个)		126	100	166	285	145	126	215
总户数(户)								
常住总人口(人)		21629	26285	39112	60651	39280	30255	51927
其中	少数民族(人)							
	女性(人)							
耕地总面积(公顷)		1840. 33	2753. 8	2973. 13	4481	2458. 53	2680. 7	3591. 33
其中	水田(公顷)				38. 67	40		
农作物总面积(公顷)		4650. 67	5243. 7	5139. 13	9794. 2	4975. 73	6052. 3	6932. 33
其中	粮食种植(公顷)	3642. 53	4750. 3	4417. 07	7814. 2	3639. 33	5137. 3	5260. 33
	总产量(吨)	12756	15016	12941	20274	9500	13695	12862
	烤烟种植(公顷)	2. 33		20	253. 33		217. 93	666. 67
	总产量(吨)	4. 7		30	380		325	900
	水果产量(吨)	308. 2		77. 7	103. 4	32. 8	31. 1	179. 7
大牲畜出栏(头)		1659	5432	4766	6197	2042	3640	4500
大牲畜存栏(头)		3742	9972	7287	10828	4147	6625	10042
生猪出栏(头)		14064	16538	22649	55540	21860	22193	35804
生猪存栏(头)		12480	15883	21515	44216	17094	21038	27649
羊出栏(只)		1485	4444	3418		371	5186	2718
羊存栏(只)		1279	4627	3614	15	630	4803	3985
通公路村(个)		6	6	9	13	6	8	9
通电村(个)		6	6	9	13	6	8	9
通自来水村(个)		6	6	9	13	1	8	4
电视广播覆盖率(%)		73	74	82	83	81	78	85

5月7日，团省委书记饶南湖到镇雄县调研基层教育需求情况、青年创业“贷免扶补”工作及基层团组织建设情况。

5月6～8日，省林业厅副厅长刘一丹到镇雄县，调研林业及挂钩扶贫工作。8日，在认真听取县委副书记胡志林、副县长古开芹工作情况汇报后，刘一丹就如何正确把握林产业质与量的关系，如何强化科技措施等，提出意见、建议。

5月6～8日，以省教育厅副厅长邹平为组长的省“两基”调研组到镇雄县就“两基”迎国检工作进行调研。邹平一行先后到林口、泼机、中屯、场坝、乌峰等乡镇10所中学和5所小学进行调研，实地查看教育教学及“两基”迎国检准备工作情况。到学生食堂、学生宿舍、学生寄宿的农户家中，了解学生学习、生活情况，视察校安工程建设情况，实地查看校园周边环境。通过实地调研和听取县相关工作情况汇报后，邹平对县教育和“两基”工作给予充分肯定。

5月12～13日，省政府副秘书长、省信访局局长赵海鹰，省信访局副局长施静春到镇雄县中屯等乡镇调研信访工作。听取汇报后，赵海鹰一行对镇雄县信访工作给予充分肯定。

5月14日，副市长冯德、副秘书长傅再胜一行到赤水源镇全面了解和掌握该镇务工培训、劳务输出、信息化建设、农民工维权服务、城镇居民医疗保险、干部职工管理教育等方面采取的措施、取得的成绩和存在的问题。

5月17日，由中国CDC地病中心氟砷防治所副所长于光前、四川省地方病防治所副所长杨晓静等组成的国家卫生部督导组到镇雄县，对县燃煤污染型氟中毒改炉改灶降氟项目工作进行督导检查。督导组先后到以勒、场坝两乡镇，向群众了解防氟炉的购买价格和使用方法，玉米、辣椒等农作物的食用习惯等情况，认真查看防氟炉的构造、质量和安装情况，并现场给群众耐心讲解地氟病防治常识，分析指出使用防氟炉给身体健康带来的好处和优点。

5月27日，省政协常委、省政协民族和宗教事务委员会主任郭秀文一行到镇雄县，就“云南省民族地区十二五经济社会发展思路”课题进行调研。调研组到林口乡娃飞村走访慰问困难群众，实地察看了解少数民族地区群众生产生活、经济社会发展、农业结构调整等情况。

6月29日至7月1日，副市长成联远到镇雄县调研民政和人口与计生工作。成联远到雨河、芒部、泼机、塘房、乌峰、牛场等乡镇，向当地镇、村干部询问农村低保资金发放等情况。在县中心敬老院选址、公墓选址、殡仪馆选址、县救灾物资储备中心，实地查看了上述代建工程的地形地貌、规划设计效果图，了解县救灾物资的储备等相关情况。同时，查阅计生台账，查看计生服务所设施设备，询问计生指标任务完成情况，了解各地开展人口与计生工作的具体做法和存在的问题。

7月5日，副市长郐永飞到镇雄县，检查坡头片区烟叶生产基础设施建设规划工作。郐永飞一行到母享镇平桥村、坡头镇堰塘村等地，实地查看引水点流量、泵站拟建地点，仔细询问平桥河枯水期流量、泵站规划、工程运作机制拟建等情况，对镇雄县烟叶生产基础设施建设规划工作给予充分肯定。

7月6日，省民政厅殡葬改革中心主任陈永、社会事务处处长和向群到镇雄县，对县殡仪馆拆除重建项目工程和流浪未成年人救助保护中心建设情况进行检查指导。陈永、和向群一行到乌峰镇二道沟县殡仪馆拆除重建项目地、旧府村县流浪未成年人救助保护中心规划建设地，实地对项目规划设计及建设等情况进行检查，对下步工作提出指导性意见。

7月8日，副市长韩梅到镇雄县实验中学、一中、一小、长风中学等学校检查指导教育教学和“两基”攻坚工作。韩梅一行认真查看和了解学校设施、环境、活动及教师师德师风、学校教育教学，尤其是素质教育和学生巩固、升学等方面的情况。

7月9日，由国家督学、江西省教育学会会长、江西省教育厅原副厅长王占铭，国家督学、广西壮族自治区教育厅原副厅长车芳仁组成的国家教育督导团云南“两基”国检过程督导组到镇雄县督导检查县“两基”迎国检各项工作。在省招生考试院党委书记杨嘉华、省教育厅巡视员郭玉鉴、省教育督导团办公室副主任吕志雄、省教育厅财基处副处长陈跃琼，副市长韩梅等陪同下，王占铭、车芳仁一行先后到赤水源镇赤水源中学、在建的洗白中学，中屯乡中屯中学、青山学校，县第一中学、第一小学、拟建的南城新区完中选址及县“两基”展室，与学校领导、师生及家长广泛交流，认真查看学校“两基”档案资料、教师廉租住房及图书室和实验室，全面了解县“两基”攻坚采取的措施、取得的成效、存在的困难及群众的支持率和满意率，现场对各地各学校“两基”迎国检工作提出指导意见。10月18～20日，以省教育厅副厅长王建颖为组长的省“两基”迎国检预检工作组，邀请国家教育督导团办公室副主任周坚、调研员陈卫军到镇雄县进行“两基”迎国检工作预检。19日上午，副市长韩梅、县长张进分别向“两基”预检工作组汇报市、县“两基”工作情况。会后，“两基”预检工作组分3个小组对中屯、场坝、赤水源、五德、林口、塘房和县城7所中学、8所小学进行检查。检查组采用听取汇报、核查资料、实地检查等方式，全面了解所到学校校园管理及初中在校生入学、图书管理使用、食堂饮食卫生、“两免一补”落实、课时课程开设、教师工资和待遇等情况，对所到乡镇“两基”工作作出全面检查和中肯评价，对工作中存在的问题和困难提出指导性意见。

9月，国家环保部西南督察中心督察一处副处长马仁波一行到华电镇雄电厂对环保污染治理设施建设情况进行检查。在华电镇雄电厂施工点，检查组在查阅污染治理设施设计资料、听取工作汇报、现场查看冷却水塔和脱硫系统等环保工程建设情况后，对华电镇雄电厂环保污染治理设施的设计及施工建设工作给予充分肯定和高度评价。

9月7日，市委常委、副市长何刚到镇雄县，对县城垃圾处理场运转情况和污水处理厂拟建情况进行检查指导。何刚到乌峰镇黄鹰坳、中屯乡平坝村牌坊村民小组两地，实地检查县城垃圾处理场运转情况和污水处理厂拟建情况，就下步工作提出了指导性意见。

9月7～8日，省公路局局长吕云峰一行对镇威二级公路建设进展情况进行调研。吕云峰一行先后到镇威、镇赫路各标段，实地查看施工现场，询问工程建设情况，详细了解存在问题及困难，看望建设者。

9月10日，在县调研工作的市委书记夜礼斌在副市长成联远等的陪同下，到场坝中学看望慰问坚守岗位的老师们。

【香港“苗圃行动”工作组到镇雄县考察调研视察】 1月5～7日，香港“苗圃行动”工作组组长姜耀洪一行2人先后到尖山乡长安小学、鱼洞乡银厂小学、坪上乡屯上小学验收考察援建希望小学。于7日晚在县政协2楼会议室听取县教育需求情况介绍。

7月17～19日，香港“苗圃行动”工作组组长梁耀宗等一行到镇雄县就在建希望小学工程建设情况进行视察，并对部分建成投入使用的希望小学进行回访。工作组先后到坪上乡屯上村、花山乡小米地村、尖山乡长安村、五德镇五德村莲花希望小学等在建、已建苗圃希望小学工程进行视察和回访。在详细了解、查看有关情况后，工作组对镇雄县实施苗圃希望小学工程建设取得的成绩予以充分肯定，对建设中存在的问题提出整改要求和建议。

【比道角村委—陇家沟村民小组公路建成通车】 1月17日，从比道角村委会到陇家沟村民小组的通村公路全面建成通车，使这一带群众彻底告别人背马驮的历史。

【北京大学教授雷明一行到镇雄县调研扶贫开发工作】 1月23～24日，北京大学贫困地区发展研究院常务副院长雷明教授、战略发展研究中心主任吴虹、博士赵新娜一行3人到镇雄县调研扶贫开发工作。雷明一行到花山乡大火地村新村村民小组，通过实地察看、听取介绍、与当地苗族同胞交谈等形式，了解县经济社会发展、农村扶贫开发、基础设施建设、农村教育、农民生产生活等情况。

【提高村干部待遇】 镇雄县从1月起进一步提高村级办公经费及村（社区）干部待遇。村级办公经费按每年2万元标准执行；村党总支书记、村主任基本补贴每月1000元，副书记、副主任每月860元，村委会委员每月650元；社区党总支书记、主任每月1250元，副书记、副主任每月1090元，居委会委员每月810元；村、居民小组长分别为每月60元和70元。

【市二级公路建设镇雄威信片区协调会议在镇雄县召开】 1月30日，市二级公路建设镇雄威信片区协调会议在县和谐饭店5楼会议室召开。市委政法委副书记李怀祥主持会议并讲话。镇雄县及威信县相关领导等参加会议。会上，县政协副主席成旭就镇凤公路建设相关情况作了汇报；两县相关部门及涉及乡镇对二级公路建设征地拆迁、协调服务、保通等工作作了汇报。会议强调，要提高认识，强化措施，强势推进两县境内二级公路建设。

【召开县十四届人大常委会第十七次会议】 2月2日，县十四届人大常委会第十七次会议在县人大5楼会议室召开。县人大常委会常务副主任韩义淑，副主任王祖德、曾维雄、游定聪出席会议。县委副书记、县长张进，县委副书记张翼明，县委常委、常务副县长陶毅，副县长成刚，县法院院长邓自禄，县检察院检察长毛孝华等应邀列席会议。会议任命胡波任副县长及县公安局局长、宗双林任副县长，同意接受李升翔辞去县十四届人大代表、县十四届人大常委会主任职务的请求；对县政府组成部门和工作部门责任人落实县政府2009年重点工作任务分解情况进行现场测评；审议通过县十四届人民代表大会第三次会议相关事宜。

【明确大学生“村官”待遇】 2月，按照省、市委组织部关于认真做好选聘到村任职高校毕业生有关工作的要求，县明确了199名到村任职高校毕业生待遇。一是按每人每月1000元的标准发放工作、生活补贴；二是按每人2000元的标准发放一次性安置费；三是按每人每年3000元的标准统一购买基本养老保险；四是按每人每年250元的标准统一购买医疗和人身意外商业保险。

【市委对县领导班子进行调整】 3月4日，市纪委常务副书记杨彩强、市委组织部调研员朱云广在镇雄县召开会议，宣读市委对县领导班子进行调整的通知。县委书记冯学兰，县委副书记、县长张进等领导参加会议。会上，提名张翼明为镇雄县人大常委会主任候选人，免去其中共镇雄县委副书记职务；王华国任中共镇雄县委副书记，免去其镇雄县纪委书记职务；胡志林任镇雄县新农村工作队及指导员总队长，担任中共镇雄县委副书记（挂职两年）；沈克庄任中共镇雄县委委员、常委、县纪委书记。

【农民获得省级地膜玉米补贴资金400万元】 3月20日，县采取“一折通”方式，把省级地膜玉米补贴资金400万元兑付到种粮农民手中。该补贴资金补贴范围和对象为全县种植地膜玉米的农民，每公顷补助金额为150元。

【温州商会捐赠10万元善款助抗灾】

3月18日，温州镇雄县商会6位副会长、1位秘书长在名誉会长张德法率领下，向县委、县政府捐赠10万元抗旱救灾资金。

【云投集团投资400亿元实施煤电煤化工一体化项目】 4月，县政府与省投资控股集团有限公司在昆明签订项目合作协议。省投资控股集团有限公司将在镇雄县投资约400亿元发展煤电、煤化工一体化项目，其中煤电一体化项目预计总投资290亿元、煤化工及硫铁矿等项目开发预计总投资110亿元，项目建成后预计年产值160亿元。项目开发进度为：2012年底前，完成煤炭资源勘探工作，启动煤矿及火电厂一期2×1000兆瓦装机建设，基本完成煤化工一期煤制烯烃项目、探明硫铁矿项目建设前期工作；2015年底前，全面完成煤矿建设，完成火电厂一期2×1000兆瓦装机和煤化工一期煤制烯烃项目、硫铁矿一期项目建设，启动火电厂二期和煤化工二期相关工作，并根据镇雄县境内已探明硫铁矿等资源，确定其开发规模；2020年底前，煤电、煤化工项目全面建成。同时，双方共同投资建设县城至牛场镇全长约67.4千米的二级公路，县政府首先自筹资金4400万元，其余公路建设资金按县政府30%、省投资控股集团有限公司70%的比例出资建设，并先由云投集团垫付修建，力争在2011年6月30日前竣工。

【县首期“苗绣”培训在以古开班】 4月12日，县首期“苗绣”培训在以古镇政府会议室开班。来自昭通蓝翔培训站的老师对当地58名苗族女同胞进行“双语”“苗绣”培训。苗绣是指苗族民间传承的刺绣技艺，是苗族历史文化中特有的表现形式之一，是苗族妇女勤劳智慧的结晶。苗绣以五色彩线织成，最讲究对称美、充实美和艳丽美，具有独特的民族风格和技巧。针法很多，有平绣、辫绣、结绣、缠绣、绉绣、贴花、抽花、打子、堆花等10余种。图案有视为吉祥的麒麟、龙、凤和常见的虫、鱼、花卉、桃子、石榴等。她们制作的珍品有裙子、手帕、冰箱帕等等。

【隆重庆祝解放军接管镇雄60周年】 镇雄县开展7项活动，隆重庆祝中国人民解放军接管镇雄60周年。一是深入开展宣传教育活动；二是全面开展成就展示活动；三是开展“五老”忆苦思甜教育活动；四是开展“沧桑巨变话镇雄”征文活动；五是开展祭奠英烈活动；六是召开解放军接管镇雄60周年庆祝大会；七是开展军民“鱼水情”主题联欢活动。

【世行水土保持项目检查团到镇雄县检查】 5月17日，世行水土保持项目检查团到镇雄县，对尖山乡仁厚、果珠乡云岭等地水土保持世行贷款/欧盟赠款项目进行检查。该项目统属渔洞河项目区，包括大湾、尖山、果珠3个乡镇6条小流域，土地总面积157.73平方千米，水土流失面积91.02平方千米，总人口6.58万人。项目总投资4087.72万元，其中世行贷款1977.95万元、欧盟赠款380.77万元、国内配套956.9万元、群众投劳折资772.1万元，规划治理水土流失面积62.78平方千米，项目建设期6年。检查团分成两个组，到尖山乡仁厚、果珠乡云岭两个项目村，实地进行外业检查，走访项目区农户，查阅项目相关技术和财务档案资料。检查团对下步工作提出具体要求。

【县二中学生郭凌霜获“国际英语大赛三等奖”】 5月，县第二中学学生郭凌霜参加首届“国际英语大赛”，在决赛中获“国际英语大赛三等奖”。世界知识出版社社长高树茂、英语沙龙杂志社社长郭磊、大赛总裁判戴行戬、龚亚夫等分别给获奖者签名留念。

【大水沟水库工程竣工验收】 5月21日，以省发改委调研员龚立金为首的大水沟水库工程验收委员会委员到大水沟工程建设现场，实地查看泄洪冲沙隧洞、砼面板堆石坝、溢洪道、输水隧洞等枢纽工程，听取建设方、监理方、设计方、施工方情况介绍，全面掌握了大水沟水库工程有关情况。经查看工程建设现场，听取建设方、监理方、设计方、施工方情况汇报，查阅工程建设相关资料并充分讨论后，验收委员会一致认为，镇雄县大水沟水库工程初步设计审批项目全部完工，建设质量合格，同意验收。

【中英西南基础教育项目培训】 5月，中英西南基础教育项目产出（二）基地式培训在果珠乡举行，中英西南基础教育项目是中英两国政府间发展援助项目，教师培训是该项目的第二个产出目标。果珠乡120名小学教师参加为期6天的基地式培训。本期培训分语文和数学两个班，内容为课标解读、教材分析、教材梳理、任务分析、学习活动分类、活动描述、学习结构和模式、教学设计、教学设计实践9个单元。通过培训，教师从中体验到了课程的新理念和教材的新教法，教育观念进一步转变，教学水平进一步提高。

【全国第五次结核病流行病学抽样调查组到木卓抽样调查】 5月27日，全国第五次结核病流行病学抽样调查木卓乡木卓村调查点流调工作正式启动。木卓村1500名15周岁以上村民接受结核病流行病学抽样调查。此次全国性抽样调查，目的是掌握结核病流行状况和危害程度，为国家制定下一个结核病防治10年规划提供科学的决策依据。经过国家卫生部统一抽样选点，在全国176个调查点中，全省有6个县被列为抽样调查点，镇雄县木卓乡木卓村是全市的唯一调查点。

【昆交会签约163.9亿元】 6月8日，在第十八届中国昆明进出口商品交易会上，镇雄县先后共与6家企业签订7个投资项目，引资163.9亿元，踞全市榜首。包括与省投资控股集团有限公司签订的县城至牛场二级公路建设项目、镇雄煤电开发项目；与云南省财利投资开发有限公司签订的镇雄县年产44万吨石化气项目；与云南省鸿富强矿业有限公司签订的镇雄县建材开发项目；与浙江投资商云南华龙煤业有限公司签订的华龙新型墙体材料开发项目；与云南宏远燃气有限责任公司签订的天然气汽车加气站项目。

【镇雄县3位青年荣获第二届“昭通青年创业市长奖”】 6月，第二届“昭通青年创业市长奖”评选结果揭晓，镇雄县的王灿、刘业品、段正廷获奖。

【云贵川二十五县（市、区）政协区域经济发展论坛第二次会议在镇雄县召开】 6月29日，云贵川25县（市、区）政协区域经济发展论坛第二次会议在镇雄县召开。市政协主席熊启怀、宜宾市政协副主席郑耀银及云贵川25县（市、区）政协主席（副主席）等应邀出席本次论坛。本次论坛由县政协主办，以大力招商引资、加速区域经济发展为主题，运用组织、制度和资源，推动区域经济协调发展，凸显区域整体优势，实现加强学习研讨、增进相互了解、沟通彼此友谊、扩大交流合作、推进发展共赢目标。

【曹德旺曹晖873万元扶贫善款资助县4365户贫困户】 7月12日，镇雄县在县委3楼会议室召开全县实施曹德旺、曹晖扶贫善款资助项目领导组会议。此次扶贫善款由福建省福耀集团董事长曹德旺先生以曹德旺、曹晖父子个人名义向中国扶贫基金会捐款2亿元，用于资助云南等西南5省区旱灾严重地区的贫困农户。镇雄县获得873万元扶贫善款，具体落实到花山、牛场、以古、场坝、林口、黑树、坡头7个乡镇的17个村4365户贫困家庭，标准为每户2000元人民币。

【东源镇雄煤业有限公司举行长岭煤矿综采试运行暨120万吨/年选煤厂奠基仪式】 7月27日，云南东源集团镇雄煤业有限公司举行长岭煤矿综采试运行暨120万吨/年选煤厂奠基仪式。省工信委、省安监局、省煤化工集团、云南东源煤电有限公司、省投资控股集团公司、云维集团等有关领导和县领导出席仪式并为项目培土奠基。云南东源镇雄煤业有限公司长岭矿井完成掘进14484米，完成投资2.54亿元。2009年11月26日，首采工作面形成并具备设备安装条件，2010年4月18日开始安装成套综合机械化采煤设备，6月23日联合试运转成功，试生产准备就绪，满足了综采试运行条件。长岭矿井综采设备的投入使用将大大增强矿井安全保障水平和生产能力，为实现煤炭资源规模化开采目标创造条件。年入选能力120万吨的选煤厂开工建设，是东源镇雄公司提高商品煤质量，提高煤炭资源附加值，增强公司市场竞争力的重大举措。

【〈长征·云南不朽记忆〉在镇雄摄制】 8月26～27日，由省委常委、省委宣传部部长张田欣担任总顾问，省文联、省民委、省老干局、省旅游局等多家单位联合摄制的10集云南首部大型历史文献纪录片《长征·云南不朽记忆》剧组到镇雄县拍摄镇雄片段。在镇雄拍摄的场景有：红军进入镇雄；红军在镇雄留下标语；红军在行军途中，人饥马乏，不少红军战士在途中倒下；红军路过西瓜地吃西瓜；斗地主分田地；红军在镇雄郊外瀑布整修；县城全景，镇雄市容；红军装扮国民党混进县城等；红军在城门攻打、出入的场景；红军与彝族同胞联欢的场景；红军在赤水河边的场景以及人物专访等。

【全市社会主义新农村建设及指导员工作会议在镇雄县召开】 8月27日，全市社会主义新农村建设工作会议在镇雄县召开。市委副书记、市人大常委会主任张登亮，市委常委、市委秘书长田勇，市人大常委会副主任张华贵，副市长邬永飞，县委书记冯学兰，市政协副主席赵洪乖出席会议。邬永飞主持会议。会议主要任务是深入贯彻落实全省社会主义新农村省级重点建设村工作腾冲现场会议和市委二届十次、十一次全会精神，总结2009年全市社会主义新农村建设工作，研究部署2010年度工作任务。会上，镇雄、大关、鲁甸3个县作工作交流发言。市委副秘书长、市委政府政策研究室主任李平代表市新农村建设领导组与各县区签订《2010年度新农村建设工作目标责任书》。全市各县区专职副书记、分管副县长、新农村工作队队长、组织部门领导、政研室主任，市直相关部门负责人，县四家班子有关领导、县直相关部门负责人、各乡镇党委书记等共200余人参加会议。

【县2009年度农业综合开发项目通过省级验收】 8月29～30日，省农业综合开发项目验收组到镇雄县检查验收2009年度农业综合开发项目实施情况。验收组一行到林口乡木黑村和赤水源镇螳螂村项目点走访群众，了解建成后效益，检查项目库、档案管理、宣传工作、资金拨付与审计等内容，并听取项目实施情况汇报，观看项目实施专题片。通过检查，检查组认为镇雄县2009年度农开项目达到验收标准，同意验收。

【镇凤公路第三合同段发生山体滑坡造成3人死亡】 9月19日下午18:40左右，镇凤公路路基第三合同段K22+800处发生大面积山体滑坡，塌方量超过10万立方，正在现场施工作业的3名施工人员被泥石掩埋。

【镇雄县一中举办百年校庆大型文艺晚会】 10月3日晚，镇雄县一中以“百年书声”为主题的百年校庆大型文艺晚会在一中操场上演。开场鼓舞《鼓声的祝福》揭开晚会的序幕。整场晚会分为《生日颂歌》、《历史足音》、《桃李情怀》、《青春风采》、《吉祥明天》5个章节，庆祝县一中建校一百周年。

【镇雄县启动2010年省级蚕桑产业发展项目建设】 2010年，镇雄县省级蚕桑产业发展项目总投资801.5万元，其中省级财政资金200万元、县级资金25万元、群众自筹资金576.5万元。项目由县茧丝绸产业办公室负责牵头实施，规划在罗坎镇、尖山乡、坡头镇3个乡镇建设优质桑园333.33公顷；在罗坎镇、坡头镇、五德镇3个乡镇实施中低产桑园改造333.33公顷；在罗坎镇大庙村、坡头镇石里村、尖山乡仁厚村各建设一个建筑面积150平方米以上、砖混结构的催青室；在罗坎镇、五德镇、坡头镇、尖山乡4个乡镇建设小蚕共育室200间。10月15日，正式启动该项目建设。

【县环保局获全国第一次污染源普查先进集体奖励】 10月，县环保局获国家污普办评选的“第一次全国污染源普查工作全国先进集体”奖励，为全市两家获奖单位之一。

【吴长志获云南省首届“丹心为民”宣传奖】 11月3～8日，云南省召开首届“丹心为民”宣传奖表彰会及培训会，镇雄县以勒镇基层宣传干部吴长志获大会表彰。

【尖山乡长安屈臣苗圃希望小学竣工】

11月12日，尖山乡长安屈臣苗圃希望小学竣工。在竣工仪式上，广州屈臣氏个人用品商店有限公司、“苗圃行动”捐赠方，把价值2万余元的学习用品，现场捐赠给长安小学学生。此大楼2010年11月1日破土动工，建筑面积1164.82平方米，总投资100余万元，其中：香港苗圃捐资13.5万元、广州屈臣氏个人用品商店有限公司捐资41.5万元、县投资45万余元修建而成。

【镇雄县刘家坡煤矿发生瓦斯爆炸事故】 11月18日晚20:10分左右，镇雄县刘家坡煤矿发生一起瓦斯爆炸事故，造成5人死亡。

【镇雄县首家小额贷款公司正式开业】

12月29日，镇雄县惠民小额贷款股份有限责任公司开业。惠农小额贷款股份有限责任公司是县首家小额信贷公司。该公司注册资金2500万元，由投资人出资设立，不吸收公众存款，经营范围是为“三农”、中小企业、微小企业、个体工商户、城镇居民提供各种小额贷款，为县内小企业发展、管理、财务等提供咨询服务。

（镇雄县史志办　王　俊　杨　丽
镇雄县统计局　吴春龙）

彝良县

彝良县地处滇川黔3省结合部，国土面积2804平方千米，境内最高海拔2780米，最低海拔520米，相对高差2260米，2010年平均气温17.2℃，年降雨量840.9毫米，年日照时数1068.3小时。辖角奎、牛街、洛泽河3个镇和海子乡、荞山乡、龙安乡、两河乡、钟鸣乡、小草坝乡、龙海乡、柳溪苗族乡、洛旺苗族乡、龙街苗族彝族乡、奎香苗族彝族乡、树林彝族苗族乡12个乡，下设133个村、4个社区，2921个村民小组。年末，全县有150532户584406人，其中女性275520人；城镇居民31147人，农村居民553259人。境内生活着汉、苗、回、彝等17个民族，少数民族人口79198人，占总人口的13.55%。人口密度209人/平方千米。全年出生6261人，人口出生率13.74‰，死亡3291人，死亡率5.93‰，人口自然增长率7.81‰。

2010年，全县实现生产总值27.3亿元。第一、二、三产业分别为7.4亿元、11.9亿元、8亿元，三次产业结构由2005年的38:26:36调整为27:43:30。

2010年，全县农业总产值11.36亿元。其中农业产值6.2亿元、林业产值0.5亿元、牧业产值4.5亿元、渔业产值0.05亿元、农业服务业产值0.11亿元。

全县粮食总产量16.9万吨。其中，大春粮食16.3万吨，实现稻谷产量11099吨、玉米99454吨、大豆2140吨、白云豆641吨、薯类46148吨、杂粮3698吨；小春粮食0.6万吨，实现小麦4557吨、蚕豆521吨。油料产量3477.7吨，其中花生698.9吨、油菜籽2659.5吨、油葵11.2吨。烤烟产量5750吨，实现产值7660万元。魔芋产量4722.5吨，蔬菜产量92443.1吨，茶叶68.5吨。水果产量3038.5吨，其中柑桔1233.9吨、苹果200.1吨、梨子148.8吨。花椒产量122.8吨，天麻（干天麻）134.9吨，生漆103.6吨，桐籽116.3吨，核桃449.9吨，板栗170.4吨，竹笋干175.3吨。

年末，大牲畜存栏120361头，出栏18874头；生猪存栏317361头，肥猪出栏295503头；羊存栏84418只，出栏28166只；家禽存栏732761只，出栏613276只。猪牛羊肉产量31072吨，其中猪肉产量28498吨。

2010年，全县耕地总面积40352公顷，人均耕地面积0.07公顷。播种粮食41572公顷，其中大春33386公顷、小春8186公顷。全年造林24906.67公顷，其中核桃13993.33公顷、竹子7066.67公顷、天麻菌材1400公顷、木漆1000公顷、花椒1446.67公顷。

2010年，全县工业总产值（现价）235208.1万元，其中规模以上工业123900万元、规模以下工业111308.1万元。主要工业产品产量：原煤184.33万吨，增长34.54%；水泥10.04万吨，增长204.24%；砖9651万块，增长1.3%；锌金属含锌量44029吨，减少28.82%；铅选矿产品含铅量20539吨，减少3.6%；硫铁矿（折35%）13467吨，增长91.27%；电石52795吨，增长53.74%；发电量57542万千瓦时，增长69.94%；售电量42412万千瓦时，增长63.26%；服装16万件，增长9.81%；自来水供应量112.77万吨，减少6.55%。

2010年，全县固定资产投资总额280980万元，增长41.9%。其中：城镇投资233925万元，增40.41%；农村投资39864万元，增43.74%；房地产开发投资7191万元，增长594.11%。全社会新增施工项目182个，其中新开工项目141个、竣工132个。施工房屋面积577275平方米，其中住宅面积441668平方米；竣工房屋面积396372平方米，其中住宅面积310883平方米。

全县公路通车里程2893千米，二级公路和通乡油路里程分别为59.44千米和258.69千米，基本实现乡乡通油路、村村通公路目标。有营运车辆2260辆，货运量59.26万吨，货物周转量4236.54万吨千米；客运量194.89万人次，客运周转量13180万人千米。全县广播、电视覆盖率分别为92.13%、95.65%。

全县全社会销售零售总额79982.6万元，增长18.2%。其中，城镇43016万元，增长19%；乡村36966.5万元，增长17.21%。按经济成份分：公有经济1084.4万元，增长18.13%；非公有经济78898.2万元，增长18.2%。

年末，全县有乡镇企业2901个，其中私营77个、个体2824个。从业人员9532人，增长2.59%，其中私营企业4209人、个体企业5323人。乡镇企业总收入96866万元，增长38.96%，其中，私营企业收入66812万元，增长46.22%；个体企业30054万元，增长25.15%。利税总额20329万元，增长27.77%，其中，私营12146万元，增长28.20%；个体8183万元，增长27.14%。固定资产原值年末数25572万元，增长31.92%。固定资产净值年末数13412万元，增长7.4%。乡镇工业总产值65932万元，增长46.60%。

全县财政收入3.16亿元，增长47.73%，其中上划中央两税1.2亿元，增长75.25%；地方财政一般预算收入1.51亿元，增长30.93%。财政支出12.04亿元，增长15.38%，其中农业支出2.13亿元，增长69.50%；文教卫生支出4.19亿元，减少2.11%。税务收入35854万元，增长75.04%，其中，中央税收收入15498万元，增长65.93%；地方税务收入20356万元，增长82.68%。年末，金融机构各项存款余额338842万元，增长25.74%；贷款余额98623万元，增长21.09%。城乡居民储蓄存款余额181956万元，增长24.18%，人均储蓄存款余额3113.52元，增长21.74%。银行现金收入533119万元，增长22.56%；现金支出533694万元，增长22.93%。货币净回笼575万元。

全县年末职工总数11413人，其中国有单位10863人、集体单位166人、其他单位384人。年平均职工人数12061人，其中国有单位11535人、集体单位166人、其他单位360人。全年工资总额30928.1万元，其中国有单位28453.3万元、集体单位728万元、其他单位1746.8万元。年人均工资25643元，增长19.93%，其中国有单位24667元、集体单位43855元、其他单位48522元。

对城镇30户人口调查，人均可支配收入12308元，增长10.57%；人均家庭总收入13193元，增长11.59%；人均家庭总支出10262元，增长7.81%，人均消费支出7472元，增长5%。人均住房面积27.97平方米，减少1.72%。

对农村100户人口的贫困监测调查，人均总收入3314.47元，增长13.18%。一是基本收入3001.39元，增长10.07%：1. 劳动者报酬收入1233.6元，其中外出打工收入423.78元；2. 家庭经营收入1767.79元，其中种植收入778.2元、林业收入176.61元、畜牧业收入479.67元、二三产业收入333.32元。二是转移性收入244.2元，增长65.59%，其中在外人口寄回带回23.86元。三是财产性收入68.87元，增长27.44%。农民人均纯收入2650元，增长14.7%，其中实物收入561元、现金收入2089元。农民人均可支配收入2417.62元，增长14.62%。人均生活消费支出2365.31元，增长24.78%。人均居住面积27.3平方米。人均消费粮食55.75千克、食油2.65千克、肉类19.37千克、酒3.95千克、食糖0.53千克、香烟42.91包。百人拥有电视机21.14台、洗衣机14.32台、电冰箱6.14台、大型家具5.4件。

全县有小学171所，普通中学21所（含普通高中4所），教师进修学校1所，职业高中1所，幼儿园13所（其中民办9所）。全县有公办小学专任教师3147人，其中大专及以上学历1510人。中学专任教师1578人，其中本科学历638人。在校小学生75110人，适龄儿童入学率99.19%，小学年巩固率99.16%；初中生30163人；高中生4765人，参加高考1617人。高考上线1413人，其中本科410人（一本30人、二本206人、三本174人）、专科1003人。高考上线率87.38%，比上年提高12个百分点。

全县有医疗卫生机构157个，其中县级5个、乡镇卫生院18个、村卫生所134个。全县卫生系统人员923人（专业技术人员856人），其中卫生行政部门工作人员12人、卫生监督所工作人员9人、县直医疗机构工作人员307人（专业技术人员275人、行政后勤人员32人）、乡镇卫生院工作人员224人（专业技术人员210人、行政后勤人员14人）、村级卫生所专业技术人员371人。专业技术职称结构为：副高11人，中级160人，初级（含未聘专业技术职称）314人。全县有病床553张，每千人拥有病床0.99张。

全县有自然保护区2个（朝天马和海子坪），属省级三级规划区，总面积9075公顷，其中朝天马6293公顷、海子坪2782公顷。

乡镇概况一览表

乡镇名称		角奎镇	牛街镇	两河乡	钟鸣乡	树林乡	海子乡	洛泽河镇	龙安乡
总面积(平方千米)		343.11	173.91	164.09	105.95	120.56	191.76	296.47	128.62
行政村(个)		21	11	7	6	4	9	13	7
社区(个)		3	1						
村(居)民小组(个)		500	255	142	139	79	185	283	120
其中	居民小组(个)	27	5						
总户数(户)		30485	11170	6349	5508	6038	7814	16903	6971
总人口(人)		111064	42010	23257	19475	25307	32176	64761	24622
其中	少数民族(人)	8267	2602	632	1171	6882	2792	11549	4131
	女性(人)	53330	19892	10583	8943	12019	14739	30810	11666
耕地总面积(公顷)		5728	2303	1664	1597	2435	3129	3847	1903
其中	水田(公顷)	753.53	342.78	333.5	50		131.1	168	4.5
农作物总面积(公顷)		9758	4335	2744	2367	2627	4175	5652	3367
其中	粮食种植(公顷)	7532	3151	1491	1810	2347	2621	3853	2113
	总产量(吨)	27749	11173	8461	5859	7533	9514	12994	9373
	烤烟种植(公顷)				69.3		368	357	105
	总产量(吨)				162.5		800	700	225
	水果产量(吨)	1491.6	354.4	30.2	66.4	1.6	36.9	109.9	54.7
大牲畜出栏(头)		2834	856	338	674	1127	1479	1679	1270
大牲畜存栏(头)		12678	8769	3549	2888	6326	10661	13106	4704
生猪出栏(头)		53640	27401	22910	14048	6204	14442	23364	23060
生猪存栏(头)		45673	26791	28007	15073	8347	20150	27285	20451
羊出栏(只)		2748	374	81	560	4077	3135	3597	2461
羊存栏(只)		7216	839	192	1690	10450	14127	8991	7958
农业总产值(万元)									
畜牧业总产值(万元)									
农民人均纯收入(元)		2768	2941	2856	2571.4	2076	2474	2424	3040
通公路村(个)		21	11	7	6	4	9	13	7
通电村(个)		21	11	7	6	4	9	13	7
通自来水村(个)		21	11	7	6	1	9	13	7
电视广播覆盖率(%)		87	100	100	85	84	95.7	97.2	90

乡镇概况一览表

乡镇名称		龙海乡	小草坝乡	柳溪乡	洛旺乡	龙街乡	荞山乡	奎香乡
总面积(平方千米)		150. 8	218. 33	95. 69	169. 16	215	202. 2	228. 74
行政村(个)		7	6	5	8	12	9	8
其中	社区(个)							
村(居)民小组(个)		132	117	126	197	215	227	204
其中	居民小组(个)							
总户数(户)		5611	7500	4822	7270	10877	11263	11951
总人口(人)		22489	25288	22164	31220	46048	44495	50030
其中	少数民族(人)	1618	666	5564	7314	10715	5502	9793
	女性(人)	10390	11889	10587	14593	21792	20510	23777
耕地总面积(公顷)		1725	1852	1199	2168	4195	3644	2963
其中	水田(公顷)			21	306	2. 4	780	
农作物总面积(公顷)		2304	2250	1959	3680	6452	6244	3853
其中	粮食种植(公顷)	1434	1723	1428	2304	2811	4313	2641
	总产量(吨)	6528	7766	6428	8309	14548	16037	16824
	烤烟种植(公顷)	57				1381	161	321
	总产量(吨)	125				2700	355	682. 5
	水果产量(吨)	2	8. 3	203. 3	524. 9	97. 8	47. 2	11. 3
大牲畜出栏(头)		930	871	913	930	2362	971	1640
大牲畜存栏(头)		5039	4736	4260	6646	12648	13483	10868
生猪出栏(头)		13130	12982	11394	14659	19445	22620	16204
生猪存栏(头)		14277	12309	13485	18795	20547	25131	21040
羊出栏(只)		1283	959	382	106	2089	1884	4430
羊存栏(只)		2484	1539	656	212	6939	7025	14100
农业总产值(万元)								
畜牧业总产值(万元)								
农民人均纯收入(元)		2482	2905	2550	2305	2960	2168	2501
通公路村(个)		7	6	5	7	12	9	8
通电村(个)		7	6	5	8	7	9	7
通自来水村(个)		7	6	5	1	7	9	7
电视广播覆盖率(%)		85	80	35. 2	40	78	20	86

【上级领导到彝良县检查指导调研工作】 1月7～8日，省委、省政府集中考核组董江林、黄文洁、王云萍、刘亚林一行到彝良县检查工作。检查组到小草坝乡金竹村党总支、小草坝乡抗震民居房建设工地检查，并调研天麻产业发展情况。

1月8日，市委书记夜礼斌率市民政、国土等单位负责人，到彝良县海子乡大田村调研，与乡村干部探讨如何结合学习实践科学发展观推进农村经济发展、促进农民增收等问题。

1月27～29日，罗炳辉将军孙女、市人大常委会副主任罗惠安到彝良县角奎、洛泽河、两河等乡镇，看望慰问困难群众。

3月14～15日，副市长胡月星到彝良县就农村基层组织建设暨供销社改革与发展工作情况进行调研。14日，在金竹村，胡月星认真查看该村党组织建设展览、党组织建设痕迹资料后强调，要加强基层党组织建设，发挥基层党组织在农村基层各项工作中的引领作用，确保农村各项工作落到实处。15日，胡月星听取副县长戴荣就农村基层组织建设暨供销社改革与发展情况汇报。

3月23日，省检察院反渎局局长尚俊平到彝良县调研。尚俊平听取彝良县去年反渎工作和今年工作开展情况汇报后，对彝良县检察院2009年反渎工作所取得的成绩充分肯定。

4月10～11日，省纪委办公厅主任张槐斌一行到彝良县，检查县纪检监察机关建设工作。在听取汇报后，张槐斌对彝良县纪检监察机关建设工作给予充分肯定，并希望彝良县坚持不懈抗大旱、保民生、促春耕，把抗旱减灾工作落到实处。

4月12～13日，市委副书记、市人大常委会主任张登亮带领市委副秘书长冯理银及市发改局、农村发展银行、农业银行、人民银行等部门领导到彝良调研。张登亮一行先后到钟鸣、龙安、海子、荞山、角奎等乡镇，分别就水利建设、农业科技样板、烤烟育苗、核桃种植等农业农村工作进行实地查看，并听取彝良县当前抗旱工作及农业农村工作情况汇报。

5月19日，中国疾控中心地病中心氟砷防治所所长于光前、四川省疾控中心地方病防治所副所长杨晓静、省地方病防治所副所长黄文丽等6人组成的检查指导组，到彝良县检查指导地氟病防治工作并召开督导反馈会。

6月22～23日，市委常委、市委政法委书记张朝德在市检察院、市法院、市司法局等部门领导陪同下，到彝良县就社区和谐、社会治安以及校园周边安全等情况进行调研。张朝德一行到角奎社区、民兵应急分队、县行政新区和角奎中学调研。在听取情况汇报后，张朝德对彝良县综治维稳和社会治安工作给予充分肯定。

7月17～18日，市委副书记、市长王敏正到彝良县调研。17日，王敏正冒着大雨视察彝岔二级公路施工现场，调研了彝良县城市建设、创先争优活动，强调一定要把彝良建设成为西部千里大峡谷中的一个美丽县城，党员要切实做到"五好"和"五带头"。18日，就洛旺乡海子坪万亩竹海旅游资源进行调研。

8月5日，省政府金融办主任刘建华一行到彝良县调研小草坝天麻产业发展情况。刘建华先后到彝良小草坝天麻两菌培育基地、天麻野外生长环境、在建天麻交易市场"天麻一条街"进行视察，对小草坝天麻培植生长环境进行实地调研。

【县委十届五次全会】 2月2日，彝良县召开中共县委十届五次全体（扩大）会议。会议学习贯彻党的十七届三中、四中全会、中央经济工作会、省委八届八次全会和市委二届十次全会精神，总结2009年工作，安排部署2010年任务。会议应到县委委员、县委候补委员共35名，实到31名。

【彝良县遭受百年一遇干旱天气】 2009年10月至2010年5月，持续的高温少雨天气导致彝良县境内旱灾严重，造成全县15个乡镇不同程度受灾，其中洛泽河、角奎、龙安、钟鸣等乡镇尤为严重。全县24.55万人（其中孤寡老人、伤残人员、留守儿童、学校师生1.15万人）、8.21万头大牲畜饮水困难。农作物受灾30266.67公顷，其中粮食农作物受灾15333.33公顷，成灾11800公顷，绝收9666.67公顷；经济作物受灾14933.33公顷，成灾11666.67公顷，绝收9266.67公顷。林业受灾57000公顷，其中苗圃受灾10公顷，苗木受灾512.5万株（多数属新造林）。因灾造成经济损失1.3亿余元。

【政协彝良县七届三次会议】 3月8～10日，彝良县召开政协彝良县第七届委员会第三次会议，会议应到委员196名，实到185名。会议审议七届政协常委会工作报告和提案工作情况报告、协商讨论《政府工作报告》及其他报告、组织委员书写提案等。

【人大十四届三次会议】 3月9～11日，彝良县第十四届人民代表大会第三次会议召开。会议应出席代表215名，实到199名。会议审议通过县委副书记、县长石邦云向大会作的政府工作报告，并对县发展计划、财政、人大常委会、法院、检察院6个工作报告进行审查、表决。

【双河水库成功截流】 11月29日，位于彝良县荞山乡的双河水库举行截流仪式。双河水库是彝良县在建的第一座中型水库，是2009年云南省11座新建中型水库建设项目、云南省扩大内需的6大重点水利工程项目之一。

【罗炳辉将军与小草坝天麻被评为《昭通十大名片》之一】 2月7日，《昭通十大名片》评选中，彝良县的罗炳辉将军与小草坝天麻被评为《昭通十大名片》中的两张名片。

【彝良农广校被农业部评为A级学校】

3月15日，国家农业部公布全国县级

农广校办学水平评估结果，彝良县农广校被评为A级学校。彝良县农广校自1985年办学以来，已累计培训农民17万余人，中专毕业530人，本科、专科毕业942人，是彝良县农民教育培训的主要渠道和重要阵地。

【防震避震演习进校园】 5月11日，彝良县角奎中学16个教学班1800余名师生在该校举行一场精彩的防震避震实战演习。整个演练过程快速有序，从报警器拉响学生避震到完全撤离仅用2分零10秒。

【县民族中学和奎香中学升级为完全中学】 5月25日，彝良县关于县民族中学和奎香中学升级为高级完全中学的请示获市教育局批准，全县普通高中学校增加到4所。

【彝良县首家驻外团组织在昆明成立】 11月15日，市委常委、组织部部长李勇，团省委副书记陆平，市委、市政府驻昆办主任李其友，团市委副书记黄世美，为此次在昆明成立团工委的昭通团市委、彝良团县委、镇雄团县委、巧家团县委授牌。在昆昭通籍务工团员青年代表40余人参加会议。团县委驻昆明工委班子成员由昆明昭通商会、云南威鑫集团及昆明勃骏装饰设计工程有限责任公司各一名彝良籍优秀青年兼任。加强了对外出务工团员青年的服务和管理，推进外出务工青年群体团建工作，增大共青团组织覆盖面。

【市委、市政府召开彝良县牛街古镇专题办公会】 12月11日，市委、市政府召开彝良县牛街古镇建设专题办公会。市委书记夜礼斌出席会议并强调，把牛街古镇打造成"雄踞白水江边，辐射镇(雄)彝(良)盐(津)大(关)，具有浓郁古文化特色，集江面、水体、古道、廊桥、两岸古朴建筑景观、生态农特产业为一体，人口上万，别具一格的中心古镇。"

（**彝良县政府办** 游 玺）

威 信 县

2010年末，威信县辖扎西镇、旧城镇、水田乡、双河苗族彝族乡、高田乡、罗布乡、三桃乡、麟凤乡、长安乡、庙沟乡10个乡镇，83个村、4个城市社区，20个居民小组、1613个村民小组。总面积1397.64平方千米。年末，全县户籍总户数117115户，总人口422838人，其中：常住人口387000人，农业人口386069人，男性人口218976人、女性人口203862人，少数民族人口46704人。年内，出生人口16528人，出生率39.01‰；死亡人口4898人，死亡率11.58‰；人口自然增长率8.52‰。人口密度302.54人每平方千米。

2010年，全县地区生产总值203586万元，按可比价格计算(下同)较上年增长18%，其中第一产业39910万元、第二产业82227万元、第三产业81449万元。

全年实现农业现价产值33249万元。粮食产量15.58万吨，比上年增长7.2%；油菜籽产量4513吨，增长1.9%；烤烟收购3250吨，增长18.2%，产值4563万元，均价每千克14.04元。肥猪出栏23.21万头，增长21.1%；生猪存栏20.33万头，增长2%；大牲畜出栏2.01万头，增长33.1%；大牲畜存栏6.06万头，增长5.8%。家禽出栏59万只。肉类总产量2163吨，增长7.3%。实现畜牧业总产值32312万元，增长5.8%。完成栽桑133.34公顷，改造低产桑园266.67公顷，养蚕4420张，产茧132.6吨，增长5.4%，实现产值343.4万元，增长37.3%；红锦春公司泡菜产品进入沃尔玛超市，实现产值152万元；锦昌公司培育香桂苗80万株，种植香桂133.34公顷，生产黄樟油15.2吨，实现产值320万元；种植山嵛菜80公顷，产量500吨，实现产值210万元，绿色特色产值达到1025.4万元。造林1280公顷，森林覆盖率37.2%。全县农、林、牧、渔业和服务业总产值68510万元。全县拥有农业机械总动力82276千瓦。投资4.47亿元完成中低产田、水土流失治理等涉农建设项目10个。农田水利有效灌溉面积0.9万公顷。农用化肥施用量(折纯)12761吨、塑料薄膜使用量258吨。乡村从业人员18.9万人。

工业总产值166581万元，工业增加值60497万元，比上年分别增长49%、36.8%。其中规模以上工业产值70845万元，增长58%；规模以下工业产值95736万元，增长42.9%。投入能源建设资金18.9亿元。投入煤矿改扩建资金1.55亿元，原煤年产量222.6万吨，煤炭产业实现总产值8.92亿元，占全县工业总产值的53.5%，实现增加值4.9亿元，占全县的24.1%。电石产量6068吨，增长1.5倍。发电量1.7亿千瓦时，增长13.5%；供电量1.82亿千瓦时。农村用电量4385万千瓦时，农村电网建设投资3478万元，一户一表覆盖率52%。建成高田乡核桃河、罗布乡新田2座小水电站，新增装机容量6000千瓦。煤电项目一期工程完成投资17.01亿元，累计完成投资48.8亿元。全县招商引资项目2个,实际到位资金17.07亿元,比上年增长37%。环境污染治理投资320万元,工业固体废物排放量比上年少6202吨,下降3.31%。工业废气排放达标率100%、处理率100%,工业固体废物综合利用率86.39%。

全县社会固定资产投资30.63亿元,比上年增长20%,总量排列昭通市第三位。其中县级投资13.6亿元,增长42.6%。按经济类型分:国有经济47761万元,增长23.5%;集体经济33015万元,增长1.1%;个体私营经济36266万元,增长1.6倍;其他经济189276万元,增长1.4%。按管理渠道分:城镇233197万元,增长11.8%;农村73121万元,增长58.4%。按国民经济行业分:农林牧渔业及水利业59951万元,增长87.6%,其中:水利投资11097万元,下降43.4%;工业投资185899万元,增长9.3%;交通运输邮政通信业12768万元,下降30.5%;教育投资8221万元,增长1.5倍。全年投入城镇建设资金1.15亿元。其中:县城污水处理厂及配套管网投资6166万元,县城人行道青石板铺装、路面硬化、花园(4个)、新区人行道等建设投资3624万元,1.8万平方米廉租房建设投资1297万元。投资1.43亿元开展社会建设项目76个,其中县人民医院综合楼投资3234万元。

投入交通建设资金1.39亿元,新(改)建公路19条226.86千米。其中:二级公路2条24.95千米,通乡油路6条119.6千米,旅游公路1条6千米,通达工程10条76.31千米。新建村组公路183千米。年末,全县公路通车里程1431千米。货物运输周转量7060万吨千米,比上年增长5.2%。旅客运输周转量5645万人千米,增长3.2%。交通运输邮政业增加值8149万元,增长19.8%。邮电业务总量6158万元,增长18.2%。年末,移动电话用户98600户,有固定电话机11250部。

社会消费品零售总额50697万元,比上年增长20.1%,其中:城镇完成30380万元,增长19.54%;乡村完成20317万元,增长20.94%。零售、住宿、餐饮业分别为40859万元、1218万元、8620万元,分别增长10.6%、128.4%、81.6%。

地方财政一般预算收入12689万元,比上年增长25.8%。地方财政一般预算支出103222万元,增长31.3%。全县金融机构年末各项存款余额255812万元,增长25.38%。其中:企业存款余额32459万元,增长3.47%;城乡居民存款余额159481万元,增长25.75%。各项贷款余额118701万元,增长44.58%。其中:短期贷款35691万元,增长11.24%;中长期贷款83009万元,增长65.97%。存贷比为46.4%。

全年保险费收入2318万元,比上年增长21.6%。其中:财产保险收入1318万元,增长19.8%,支付赔款928万元,增长36.5%;人寿保险收入1000万元,增长23.9%,支付赔款180万元,增长27.7%。

城镇职工参加基本养老保险4114人,征缴基金1761万元,比上年增长33.7%;发放养老金1384.14万元。参加基本医疗保险11400人,支付基金1350万元。参加失业保险7900人,发放保险金1042万元。城镇居民参加医疗保险12882人,参保率40%。新型农村社会养老保险应参保163629人,实际参保155432人,参保率95%,

全县有学校293所,其中普通中学13所、完中2所、小学269所、幼儿园8所(含民办幼儿园6所)、教师进修和职业教育联合学校1所。在校生101682人,其中高中6441人、职业高级中学1734人、初中23901人、小学60690人、在园幼儿8916人。教职工4209人,其中专任教师3955人。年内录取大中专1635人,上线率91.28%。学龄儿童入学率99.8%,初中毛入学率107.09%,高中毛入学率38%。有91681名中小学生和23720名贫困寄宿学生享受“两免一补”资金4132.02万元。投入教育资金7194.55万元,其中县财政投入600万元,改扩建校舍5.06万平方米。

全县广播电视覆盖率95%。新建乡镇文化站3所,建成农村书屋9个。到威信旅游人数39.8万人次,比上年增加6.5万人次,实现旅游收入15500万元,增长31.4%。

有医疗卫生机构18个,病床845张,有职工585人,其中卫生专业技术人员561人(专职医师281人)。确定县内定点医疗机构103个、省市级10个。有个体诊所4所、民营医院3家。有乡村卫生室87个,村级卫生所覆盖率100%。有35.74万人参加新型农村合作医疗,参合率96%,筹资5003.05万元;有84.87万人次享受减免补偿3681.5万元。其中:门诊减免82.47万人次、支付基金852.93万元;住院补偿2.28万人次,支付基金2776.33万元;其他补偿支出52.24万元。

城镇居民人均可支配收入11998元,比上年增长10.2%。在岗职工年平均工资26996元,增长5.8%。农民人均纯收入2818元,增长15.2%。全县有4000名贫困群众解决了温饱。有4515户7109名城镇低保对象累计享受保障金1322万元,人均1860元。有35561名农村低保对象享受低保金3016万元,人均848元。有5411名农村五保对象享受供养金664.08万元。为农村五保户等困难户33361人缴纳新农合资金66.72万元。为城镇低保对象等困难群众10090人缴纳城镇医疗保险金70.63万元;发放城乡困难群众医疗救助资金1387人次137.78万元。为农村居民、城镇低保居民发放燃煤补贴745万元。筹集城乡临时救助资金111万元,救助因灾、困难大学生等对象5万余人次。

全年转移输出农村劳动力9.64万人,比上年增长8.9%,实现务工工资性收入9.4亿元,增长11.6%。其中务工纯收入5.56亿元,增加0.74亿元,增长15.4%。培训农村劳动力210期1.56万人,其中引导性培训162期1.2万人、基本技能培训48期0.36万人。城镇年末登记失业人数950人,失业率4.4%。新增城镇就业人员1911人。成功创业159人,下岗职工实现再就业410人,就业困难人员再就业265人(其中公益性岗位110个)。

全年在整村推进、易地搬迁、茅草房改造、老区建设、"百千万帮扶"等新农村扶贫开发项目中累计完成投资4734.3万元,解决和巩固1.8万名贫困群众的温饱。在7个乡镇25个村203个村民小组开展新农村生态文明家园建设,启动房屋改造4785户,全面完成1837户(其中1187户通过检查验收),县财政在信用部门贴息贷款3055户8759.5万元,户均2.87万元,县财政共投入资金5000万元。完成2009年度省、市下达的15个省级重点村建设项目,启动2010年度13个省级重点村和3个市级示范点建设。实施奖补试点村级公益事业283个,投资2540万元,其中财政奖补1408万元。

【上级领导到威信县视察调研指导工作】 1月25~26日,北京大学贫困地区发展研究院调研组一行到威信对农业产业化发展、扶贫开发情况进行考察调研。调研组到水田乡花房子、湾子苗寨,麟凤乡煤电一体化项目工地及扎西红军烈士陵园等旅游景点、退耕还林点、企业进行实地走访调研。

3月6~7日,省煤矿安全监察局副局长蒋建忠到威信开展"两会"期间煤矿安全督查工作。蒋建忠一行到威信云投粤电扎西能源有限公司、长塘湾煤矿实地检查,对发现的问题当场提出整改要求。

3月8日,省民委副主任岩秒一行到威信调研民族团结、少数民族干部的培养与使用及民族工作机构设置和人员编制情况,在听取县委副书记、县长张顺民的工作情况汇报后,到省级文明新村易朵寨、红色景区景点花房子、省级民族文化生态保护村湾子苗寨等地调研。

3月13日,中国五矿集团公司党组成员、纪检组组长、直属党委书记海燕一行到威信调研扶贫工作。五矿集团于2002年起先后派7位挂职干部到威信县开展扶贫工作。县委书记龙进介绍全县基本情况。海燕一行还到水田乡香树村河底等村民小组察看旱情、参观湾子苗寨,到花房子、扎西烈士陵园接受革命传统教育。

3月17日,省纪委常委、省监察厅副厅长和正兴一行到威信检查指导工作。在听取威信县各方面的工作汇报后,对工作表示满意。

4月8~9日,新华社云南分社党组成员、常务副总编李自良市委常委、宣传部部长陆琴雯的陪同下到威信调研革命老区建设工作。李自良一行到扎西红军烈士陵园、扎西会议会址、庄子上会议旧址及麟凤乡柏香村向群众详细了解当年红军经过威信的活动情况,慰问92岁高龄的老红军廖珍银。

4月18日,省总工会副主席杨文学一行3人对威信县城镇低收入职工家庭住房困难情况等开展到调研,对今后工作提出5点要求。

5月7日,团省委书记饶南湖先后到威信一中、青少年创业就业见习基地、"贷、免、扶、补"就业帮扶点、扎西镇海子社区等地就预防青少年犯罪及团建工作开展调研。

5月9日,省林业厅副厅长刘一丹到威信县罗布乡麻竹种植示范基地、锦昌生物科技有限公司和旧城木材加工厂等地就林产业发展进行考察和调研,对威信县林产业发展提出6点要求。

5月14~15日,省政府副秘书长、信访局局长赵海鹰等到威信县检查指导信访工作。

5月14~15日,副市长冯德先后到双河乡、扎西镇、县劳动就业局等地调研劳动和社会保障工作。冯德对威信县劳务输出所取得的成绩给予充分肯定,对劳动和社会保障等方面工作提出要求。

6月28~29日,副市长成联远到威信县就民政和计生工作开展调研。成联远一行先后到扎西、旧城、庙沟等乡镇民政所、计生服务所和村委会,就农村低保、城镇低保、临时救助、五保供养、乡村计生台账管理和计划生育村民自治工作创建和巩固等工作情况进行查看和了解,看望慰问部分农村独生子女贫困户家庭。对今后工作提出要求。

7月1日,市委常委、副市长何刚对威信县煤电一体化项目、县城污水处理厂等重点工程建设情况进行调研。

7月10~11日,副市长韩梅带领有关部门负责人先后到威信县庙沟、长安、麟凤以及县直各中、小学校督查"两基"(基本普及九年义务教育、基本扫除青壮年文盲)迎国检准备工作情况。韩梅一行观看威信县制作的专题片、听取副县长李朝伟的工作汇报后,对威信县的工作给予充分肯定,针对存在问题就如何抓好"两基"迎国检工作提出8个方面的要求。

8月10日,省环保厅副厅长杨志强到威信污水处理厂实地察看和了解建设、资金管理使用、厂区建设等情况以及工程建设中存在的困难和问题。

8月10日,省教育厅副厅长王建颖到威信县一中,长安乡中小学、瓦石小学,麟凤乡柴家井小学就教育事业发展、巩固提高"两基"成果和中小学校舍安全工作进行调研。听取威信县"两基"巩固提高及迎国检工作汇报后,对威信的教育教学及"两基"工作取得的成绩给予充分肯定,就下步工作提出要求。

乡镇概况一览表

乡镇名称		扎西镇	旧城镇	高田乡	罗布乡	长安乡	麟凤乡	三桃乡	庙沟乡	双河乡	水田乡
总面积(平方千米)		334.25	163.97	175.42	161.47	77.51	133	104.87	54.28	147	45.87
行政村(个)		19	7	8	11	5	9	7	5	8	4
其中	社区(个)	4									
村民小组(个)		385	145	163	212	111	143	127	70	167	90
居民小组(个)		20									
总户数(户)		40012	8076	7695	13162	8228	12494	7619	5405	8701	5723
总人口(人)		123820	30666	31347	54371	32822	45898	32656	21228	32679	17351
其中	少数民族(人)	11266	4922	5854	8250	492	1288	2918	423	8672	2619
	女性(人)	60746	14489	14455	26475	15811	22121	15483	10173	15742	8367
耕地总面积(公顷)		5258	3114	1949	3530	1111	2209	2482	558	2409	1035
其中	水田(公顷)	60	1482	331	545		13	320		82	12
农作物总面积(公顷)		11816	4866	4753	7528	4550	6936	5454	2991	4384	2278
其中	粮食种植(公顷)	9834	4037	4223	6213	3650	5371	3870	2290	3833	1785
	总产量(吨)	33652	15604	13742	20685	11958	19092	15619	7069	11764	6654
	烤烟种植(公顷)	170			161	167	514	275		123	173
	总产量(吨)	365			362	425	883	475		270	470
	水果产量(吨)	348	170.2	11.9	79.8	17.6	5.4	2.1	5	16.9	30.2
大牲畜出栏(头)		4500	1816	1881	1864	226	3156	2290	190	3633	583
大牲畜存栏(头)		15691	4344	7087	7552	2094	5541	4856	1269	9503	2653
生猪出栏(头)		56210	19464	18267	30410	19228	25511	19531	12706	19517	11218
生猪存栏(头)		36314	19200	16509	28115	22959	25928	17458	10550	16958	9276
羊出栏(只)		1031	66	645	73		169			1584	
羊存栏(只)		713	201	1216	160		89			3600	
农业总产值(万元)											
畜牧业总产值(万元)											
农民人均纯收入(元)		2716	2385	2658	2439	2336	2996	2364	2229	2540	2372
通公路村(个)		19	7	8	11	5	9	7	5	8	4
通电村(个)		19	7	8	11	5	9	7	5	8	4
通自来水村(个)		19	7	8	11	5	9	7	5	8	4
电视广播覆盖率(%)		95	95	95	100	85	95.5	90	97	89	90

8月26～27日，以省文明办综合处副处长（正处级）陈光俊为组长的考评组到威信县花房子、庄子上、扎西会议会址和湾子苗寨对省级文明风景旅游区进行检查，开展民意测评，对威信县近年来打造出的红色广场、烈士陵园、扎西会议纪念馆、“扎西会议”会址四点一线的红色旅游风景线和旅游精品取得的成效表示满意。就扎西作为全国100个红色旅游经典景区之一，如何科学做大做强这一红色旅游品牌提出要求。

9月18日，省革命老区建设促进会常务副会长黄仁跃一行到威信县水田乡龙洞村调研老区建设，就有关工作提出建议和要求。

11月4～5日，市委书记夜礼斌在副市长成联远、市政协副主席普安银，市直相关部门负责人陪同下，到威信进行工作调研。夜礼斌一行到旧城、罗布、庙沟、麟凤、双河、水田6个乡镇对林业产业发展、社会事业、集镇建设、易地搬迁工程、煤电一体化项目、文化体育广场建设、整乡推进项目工程等进行全面调研，对威信县所取得的成绩给予充分肯定，并对下步工作提出明确要求。

11月9～10日，副市长胡月星等到威信县对新农村建设和扶贫开发工作开展调研，并为领导干部共计300余人作《提升领导胜任力》专题讲座。

12月8日，市政协主席熊启怀到威信调研，先后到双河乡偏岩村河沙沟文化广场、扎西镇田坝火车站规划建设点和污水处理厂进行实地察看。

【革命遗址普查】 3月28日至8月31日，威信县委党史研究室、县文体局通过宣传、培训后在全县开展革命遗址、遗迹普查登记工作，登记革命遗址、遗迹216处，其中重要历史事件和重要机构旧址79个、重要历史事件及人物活动纪念地102个、革命领导人故居8个、烈士墓19个、纪念设施8个。拍照、拍摄革命遗址（遗迹）照片1783张、录像815个片段，撰写历史背景材料10余万字。

【祝焘等著名画家到威信采风】 4月1～3日，全国著名画家、国家一级美术师祝焘，嘉州画院专业画家刘辉，文化部中国画研究院创作室主任袁艺，著名画家、文化部中国画研究院研究员杨松葛，四川省美术协会会员费遇忠等著名画家应邀到威信县开展“红色经典——水墨扎西”采风创作活动。采风团到湾子苗寨、花房子会议会址、水田红军渡口、庄子上会议会址、两合岩、扎西镇院子等景点景区进行采风创作宣传活动。

【威信红色旅游宣传推介】 4月25日，中国国内旅游交易会在重庆国际会展中心闭幕，威信红色旅游宣传推介在会上获得圆满成功。威信县安排县内5家旅游企业在交易会场馆设展点，发放宣传资料1.28万份，接待客商2000余人次；以“红色圣地·绿色家园”为主题宣传推介威信红色旅游精品线路，做好具有威信特色的旅游商品介绍；开幕式当天威信文化旅游宣传队身着红军服及苗族等少数民族服饰在云南省展区全天表演。交易会期间，威信代表团还分别表演具有民族地方特色的苗族原生态歌舞《苗岭欢歌》及红军歌舞《二月红军到扎西》等歌舞近10场，充分展现威信底蕴深厚的红色旅游文化和民族民间文化及丰富的旅游资源。会上，有6家旅行社与威信进行相关旅游事项的洽谈，表示将开辟威信红色旅游线路。

【扎小师生赴北京参加展演活动荣获金奖】 5月3日，威信县扎西小学组织5名教师、24名学生赴北京参加第六届全国儿童艺术展演暨魅力校园“六一”晚会活动，选送的舞蹈《收麦场上》获金奖，学校被评为全国艺术教育特色单位。该舞蹈是云南省唯一入选节目，于“六一”期间在中央电视台少儿频道播放。

【沟头煤矿发生煤与瓦斯突出事故】 6月30日上午11时许，威信县扎西镇墨黑村沟头煤矿发生煤与瓦斯突出事故，造成9人死亡。事故发生后，省委副书记、省长秦光荣，省委常委、常务副省长罗正富，副省长和段琪，市委副书记、市长王敏正等相继作出重要指示。市委常委、副市长何刚带领市煤炭局、安监局、民政局、检察院等部门负责人及市矿山救护队于当日下午4时赶到事故发生地点，现场指挥应急救援和善后处置工作。7月1日上午9时，应急救援工作基本结束，每名遇难者家属获矿方赔偿29万元。9名遇难者遗体全部运回家中安葬。矿长周玉洪、防突副矿长李金美、安全整改排水系统工程负责人白志云等相关责任人被公安机关刑事拘留。

【省市主流媒体聚焦威信红色旅游】 7月上旬，多家省市主流媒体或在黄金时段，或在重要版位大力宣传报道威信县红色旅游文化。云南电视台的《旅游新时空》栏目全面展播威信县旅游景区景点，重点向观众展示威信扎西会议会址等；云南日报、中国文明网等刊登《威信红色旅游崛起西南大地》、《威信：演绎壮丽的红色画卷》；云网、昭通电视台等刊播《威信县组团代表云南力推红色旅游文化》；云南日报、春城晚报刊登《威信县联手旅行社唱响红色旅游交响曲》、《云南扎西友好旅游社开展红色旅游》、《开展红色旅游，威信引客入滇》等。近年来，威信县委、政府积极组团参加昆明旅交会、全国红色旅游经典景区联谊会等活动，以“扎西会议”为主的红色旅游品牌在全国范围内得到大力宣传。

【威信县、四川省珙县共建滇川平安边界】 9月，威信县与四川省珙县两县的政法委、民政部门领导以及毗邻的王家、洛亥、石碑、观斗、旧城、麟凤、三桃、罗布8个乡镇领导在四川省珙县召开珙县威信县平安边界建设工作联席会，共商边界维稳协作事宜，两县人民政府及毗邻乡镇共同签订《共建平安边界睦邻友好公约》。威信县与珙县同处滇川接合部，两县行政区域界线长75千米，涉及双方8个乡镇18个村和一个单位。睦邻友好公约的签订，将更加密切两县毗邻老百姓的关系，进一步加强边界标志物的管理和插花地、飞地的管理，妥善处理边界争议及纠纷，加强社会治安综合治理，打击违法犯罪活动，从源头预防、减少边界矛盾和边界群体性事件发生，实现边界地区的和谐稳定。

【成贵铁路专家组到威信踏勘】 9月24~25日，铁道部鉴定中心副主任吴克非、副总工程师秦永平、丁亮，成贵公司总经理张国力、中铁二院集团公司副总工林世金等一行53人组成的专家组到扎西镇田坝村、小坝村及扎西水库，罗布乡簸火村、青龙村，旧城镇天蓬村、松林村等村庄对成贵铁路威信段进行实地踏勘，对经过威信县的天蓬、应山岩、任家山等隧道及桥面车道、火车站点的总体设计方案进行核实，并详细了解相关技术参数、施工方案及线路走向。成贵铁路威信境内将穿越旧城镇、高田乡、罗布乡、扎西镇4乡镇14个村，火车站建在扎西镇田坝村附近。威信段除院子村范阁梁子为露天车道外，另有8座桥面车道，其余基本上为隧道。

【挟持民警案】 10月21日晚，威信县驾驶员曹某驾驶微型车从昭通返回威信途中，于10时左右在威信罗布乡新田村与一辆大货车会车时和驾驶员王某（四川人）发生口角，王某等人当场把微型车砸烂。罗布派出所接到报警后立即出警，将王某强制传唤到派出所了解情况。王某立即电话联系杨某、方某等20余人手持刀具、钢管等工具冲到派出所威胁民警放人，将3名民警和2名协警打伤，还将一位民警强行挟持到四川省珙县洛亥镇。案发后，县公安局迅速成立专案组，于次日凌晨4时成功解救被挟持民警，抓获杨某等犯罪嫌疑人12人（另有5人潜逃），其中11人被批捕。

【隆黄铁路调研组到威信调研】 10月23日，以成都铁二院工程师郭祚川为组长的隆（四川隆昌）黄（贵州黄桶）铁路调研组一行，到威信调研隆黄铁路威信段经济运量情况。隆黄铁路全长497.4千米，建设标准为铁路Ⅰ级、设计时速每小时160千米，途经云南省威信县、镇雄县，云南境内长60.8千米。郭祚川等专家认真听取威信县四套班子有关领导及相关部门负责人的工作汇报，并对威信县“十一五”期间国民经济发展情况，建材、化肥、石油、果蔬等生产生活必需品的年调入情况，煤炭、电石、木材及其他农副产品的年输出情况，现行交通格局对毗邻周边地区的辐射情况，“十二五”经济社会发展规划及今后一个时期的发展远景展望等进行到详细的调查了解。

【扎西煤电一体化项目获国家批复】 10月底，国家发展和改革委员会以《国家发改委关于云南威信扎西煤电一体化项目2×600兆瓦新建工程核准的批复》核准威信扎西煤电一体化工程项目。该项目是威信县2006年招商引资开发优势资源的重大项目。一期工程拟建设2×60万千瓦火电厂及配套年产240万吨煤矿，动态总投资47.58亿元。其中：项目资本金约9.52亿元，占动态总投资的20%，由云南省电力投资有限公司、广东电力发展股份有限公司和云南省煤田地质局按50%、40%和10%的比例出资；资本金以外所需资金38.06亿元，由中国银行、中国工商银行贷款解决。

【瑞丰大酒店开业】 12月26日，威信县瑞丰大酒店举行开业庆典仪式。酒店按四星级标准设计，总建筑面积1.6万平方米，主楼15层，安装2部电梯。集住宿、餐饮、娱乐、商务、会议、购物于一体。有符合国际标准的总统套房、行政套房、豪华标间、豪华单间等各类客房120间，酒店员工268人。

【威信县被列为全省学前教育试点县】 12月，省发改委和省教育厅确定威信县为全省学前教育试点县之一，开展“管办分离、委托办学”试点，形成公办与民办并举的办园体制。全县2.38万名学前幼儿将享受普惠性、公益性教育，部分家贫幼儿将获得补贴。

（**威信县志办**　周元珠）

水　富　县

水富县位于云南省东北部最北端，昭通市北部。辖区总面积439.97平方千米。县城坐落在金沙江与横江汇合处的向家坝镇，南距市政府驻地昭阳区246千米，距省会昆明市640千米，东北距四川省宜宾市32千米、成都市310千米，东距重庆市320千米。全县属亚热带季风气候，最高海拔1986.4米，位于太平乡轿顶山，最低海拔267米，位于向家坝镇中嘴。2010年，最高气温38.5℃（7月30日），最低气温2.5℃（12月16日），年平均气温18.5℃；年降雨量863.1毫米，年日照时数908.1小时。辖太平乡、两碗乡、向家坝镇2乡1镇，20个村，7个城镇社区，458个村民小组。年末，全县户籍人口35225户103858人，比上年末增加0.17万人，增长1.66%。年末常住人口9.7万人，增长0.52%，其中：农业人口7.09万人、非农业人口2.61万人；城镇人口3.44万人，城镇化率35.5%，乡村人口6.26万人，下降6.43%；少数民族0.35万人，占总人口的3.4%。全年人口出生率12.32‰，死亡率6.49‰，人口自然增长率5.83‰，人口密度每平方千米220人。

2010年，全县地区生产总值（GDP）256171万元，按可比价格计算（下同）比上年增长10.75%。其中：第一产业

12031 万元，增长 3.9%；第二产业169869 万元，增长 10.89%；第三产业74271 万元，增长 11.5%。按平均常住人口计算，人均地区生产总值 26464 元，较上年增长 14.39%。产业结构为 4.7∶66.3∶29。非公有制经济实现增加值55436 万元，增长 15.74%。

全年万元 GDP 能耗 5.34 吨标准煤，较上年下降 5.71%。能源消费总量为 1280444 吨标准煤，增长 4.47%。其中：第一产业 4133 吨标准煤，占总能源消费的 0.32%；第二产业 1232853 吨标准煤，占 96.28%；第三产业 29970 吨标准煤，占 2.34%；居民能源消费量 13488 吨标准煤，占 1.05%。

全年完成农林牧渔业总产值 18751 万元，其中农业产值 7893 万元、林业产值 933 万元、牧业产值 7770 万元、渔业产值 475 万元、农林牧渔服务业产值 1680 万元。

全县粮食总产量 23222 吨，比上年增长 9.51%。其中：秋收粮食 22464 吨，增产 18.86%；受干旱影响，夏收粮食产量仅 758 吨，下降 67.13%。人均粮食产量 239.4 千克，增长 9.09%。

全年肉类产量 6892 吨，增长 4.68%；人均 71 千克，增长 4.41%。其中：猪牛羊肉产量 6125 吨，增长 2.75%。

2010 年，全县完成现价工业总产值 259997 万元，增长 9.36%。其中：县属工业产值 127287 万元，增长 36.41%；云天化股份有限公司产值 132710 万元，下降 8.11%。规模以上工业总产值 230556 万元，增长 1.87%。轻工业产值 6215 万元，增长 36.29%；重工业产值 253782 万元，增长 8.84%。实现工业增加值 87717 万元，增长 12.51%。规模以上工业增加值 83122 万元，增长 9.62%。受云天化股份有限公司影响，规模以上工业实现利税总额 23885 万元，下降 51.04%。

全年建筑业总产值 91673 万元。实现增加值 82152 万元，比上年增长 21.71%。

全年完成固定资产投资 607778 万元，增长 35.25%。其中：县属 224388 万元，增长 16.05%；向家坝电站 383390 万元，增长 49.76%。城镇投资 597065 万元，增长 38.88%；农村投资 10713 万元，下降 44.89%。房地产开发投资 9720 万元，下降 10.99%。城镇商品房竣工面积 0.89 万平方米，下降 81.06%；商品房销售面积 7.51 万平方米，增长 18.24%，商品房销售额 13509 万元，下降 27.63%。

2010 年，交通运输、仓储和邮政业完成增加值 5543 万元。完成客运量 278 万人次，旅客周转量 17420 万人千米，分别增长 13.01% 和 18.50%；完成货运量 164 万吨，货运周转量 9756 万吨千米，分别增长 14.69% 和 9.01%。完成邮电业务收入 4217 万元，增长 7.41%。

全年实现社会消费品零售总额 42942 万元，比上年增长 8.59%。按行业分：批发零售贸易业零售额 32538 万元，增长 6.42%；住宿餐饮业零售额 10404 万元，增长 30.23%。非公有制经济实现 41722 万元，增长 8.16%，其中个体经济 39624 万元，增长 5.4%。

实现地方财政收入 25064 万元，增长 52.03%，其中：一般预算收入 15935 万元，增长 24.73%。全年财政总支出 67829 万元，增长 56.57%；其中一般预算支出 56741 万元，增长 48.56%。全年税务收入 32218 万元，同比增长 12.83%。其中：国税收入 12424 万元，增长 8.77%；地税收入 19794 万元，增长 15.54%。年末金融机构各项存款余额 332081 万元，增长 18.53%，其中居民储蓄存款余额 154621 万元，增长 20.87%。金融机构各项贷款余额 451992 万元，增长 43.94%。

年末，全县普通中学在校学生 8469 人，增长 4.49%；小学在校学生 9852 人，下降 1.05%。学前教育 3160 人，增长 4.57%；学龄儿童净入学率 99.53%，初中学龄人口净入学率 98.23%。普通中学专任教师 504 人，增长 3.07%；小学专任教师 568 人，增长 2.53%。年末，全县有卫生机构床位 301 张，增长 24.38%；有专业卫生技术人员 262 人，增长 4.38%。全县共报乙类传染病 9 种 206 例，发病率 201.64/10 万人。

年末，全县参加养老保险职工人数 5018 人，增长 26.14%；参加医疗保险职工人数 11473 人，下降 5.13%；城市居民参加医疗保险人数 9606 人，增长 12.79%；参加失业保险职工人数 6380 人，增长 3.24%。10 月，水富县新型农村社会养老保险试点工作全面推行，年末，全县参加农村养老保险人数 31198 人，收取农村养老保险金 244.59 万元，支付农村养老保险金 126.88 万元。全县参加新型农村合作医疗人数 70705 人，增长 1.78%，参合率 96.42%；城镇居民享受最低生活保障 5264 人，农村居民享受最低生活保障人数 7065 人，分别增长 10.87% 和 33.63%。

年末，全县全社会从业人员 5.36 万人，增长 1.13%；全部职工人数 1.26 万人，增长 3.28%；城镇登记失业人数 1140 人，城镇登记失业率 4.40%，较上年降低 0.2 个百分点。在岗职工年平均工资收入 28972 元，同比增长 4.57%。其中：国有单位 36856 元，增长 4.16%；集体单位 32690 元，增长 23.96%；私营企业 15783 元，增长 10.34%。

全年城镇居民人均可支配收入 14900 元，比上年增加 1385 元，增长 10.25%。农民人均纯收入 3318 元，比上年增加 315 元，增长 10.49%。农村居民恩格尔系数 49%，较上年下降 0.3 个百分点；城镇居民恩格尔系数 38.1%，下降 1.85 个百分点。城市居民和农村居民人均住宅建筑面积均为 31 平方米。

乡镇概况一览表

乡镇名称		向家坝镇	太平乡	两碗乡
总面积(平方千米)		119	199	122
行政村(个)		9	5	6
社区(个)		7		
村民小组(个)		189	126	143
总户数(户)		24562	5094	5569
总人口(人)		66613	17622	19623
耕地面积(公顷)		2854	2057	2040
其中	水田面积(公顷)	1702	342	498
农作物面积(公顷)		5217	2535	2641
其中	粮食种植面积(公顷)	3034	1562	2072
	粮食产量(吨)	11642	5048	6532
	水果产量(吨)	952.13	310.49	114.81
大牲畜出栏(头)		360	47	131
大牲畜存栏(头)		785	362	788
生猪出栏(头)		45547	11488	16621
生猪存栏(头)		22935	10376	12445
羊出栏(只)		680	100	2032
羊存栏(只)		1925	2154	4107
家禽出栏(只)		181471	62539	34616
家禽存栏(只)		121661	32399	32202
兔出栏(只)		107785		
兔存栏(只)		16555		
农业总产值(万元)		11416	3462	3873
畜牧业产值(万元)		4917	1266	1587
农民人均纯收入(元)		3695	2947	3028
居民生活	通电村(个)	9	5	6
	通自来水村(个)	9	5	6
	电视广播覆盖率(%)	100	100	100

【中共水富县第八次代表大会第四次会议】 1月9日,中共水富县第八次代表大会第四次会议在云水宾馆召开。大会听取审议并通过了县委书记郎学超代表县委全委会作的题为《振奋精神迎难而上揭开水富经济社会发展的新一页》和县委常委、县纪委书记刘小平代表县纪委作的题为《加强自身建设,狠抓工作落实,为水富经济社会发展再上新台阶提供有力保障》的工作报告。

【政协水富县七届三次会议】 2月26~29日,政协水富县第七届委员会第三次会议在云水宾馆召开。应出席会议委员117人,实到会110人。会议听取和审议政协主席邝维作的《政协水富县第七届委员会常务委员会工作报告》和副主席罗清明作的《政协水富县委员会七届二次会议以来提案工作情况的报告》;听取副县长鄢滔作的《关于政协水富县第七届委员会第二次会议以来提案办理情况的说明》;听取和协商《政府工作报告》、《2009年财政预算执行情况和2010年财政预算报告》、《2009年国民经济和社会发展计划执行情况及2010年国民经济和社会发展计划报告》;协商县法院、县检察院工作报告;听取县政协七届三次会议《提案审查报告》,县委副书记胡江惠在会上讲话。会议收到委员建议52件,立案48件;对七届二次会议以来的5件优秀提案、3个联络组先进集体和6个提案承办先进单位予以表彰。曾勇增补为政协水富县第七届委员会副主席。

【水富县八届人大三次会议】 1月27~30日,水富县八届人大三次会议在云水宾馆举行,143名代表出席会议。会议审查并批准县人大常委会、县政府、县法院、县检察院、县财政局、县发展计划局的报告;听取县政府关于水富县八届人大二次会议期间代表建议办理情况的报告;县八届人大三次会议期间代表提出建议、批评、意见111件。

【水富县220千伏北门输变电站试运行】 4月20日,水富县220千伏北门输变电站进入试运行阶段。变电站位于向家坝镇楼坝村梅子板,是云南电网北通道建设工程中的重要工程,是昭通供电局承担新建管理的第一个220千伏项目。主变规模为2×180万伏安,一次建成,设220千伏、110千伏和35千伏三级电压。工程于2008年12月17日进场,2009年7月24日主体工程开工,2010年1月6日移交电气安装,2010年4月16~18日通过运行单位进场验收,4月19日通过省质检中心站检查验收。工程总支出1.75亿元。

【全省优抚对象医疗保障工作现场会在水富召开】 6月18日,全省优抚对象医疗保障工作现场会在水富召开。省民政厅、财政厅相关领导,全省16地州市和昆明市主城区民政局分管副局长,全市各县区民政局领导参加会议。会议总结推广水富县实施优抚对象医疗保障工作的经验和做法,汇报交流各地开展工作的情况,安排部署全省优抚对象医疗保障工作。

【"万里长江第一港"水富港开港】 6月25日上午9时,"万里长江第一港"水富港开港。省航务局副局长王德忠,市政协主席熊启怀,市委政法委书记张朝德,市人大常委会副主任戚斌,副市长邬永飞,三峡集团公司向家坝工程建设部副主任姚元军,市政府秘书长肖本敏,县委书记郎学超、副书记胡江惠,县人大常委会主任樊勇,县政协主席邝维,副县长、水富港工程建设指挥部副指挥长曾学杰,副县长、县公安局局长李熠和市海事局、水富港工程建设指挥部、水富港口有限公司,县直有关单位的干部职工以及来自宜宾、重庆、武汉、江安等地的嘉宾和部分市民参加开港仪式。水富港年货运吞吐量63万吨,通过水道连接昭通乃至云南与长江流域沿岸9个省市的经贸往来。水富港一直保持着"云南最大内河航运港口"、"云南唯一通江达海的水运通道"等纪录,现在又获得"云南第一个集装箱港口"、"云南首个千吨级泊位港口"两项称号。

【水富县第一批退耕还林工程通过国家级阶段验收】 7月25~28日,国家林业局昆明勘察设计院对水富县2002年实施的生态林、2005年实施的经济林开展国家核查阶段验收。水富县2002年退耕地还生态林保存面积444.73公顷,已转变为经济林面积0.33公顷;2005年退耕地还经济林保存面积3.43公顷,共涉及2个乡镇10个村。检查结果表明,第一批补助到期的退耕还林保存率、合格率、建档率、林权证发放率、小班管护率均达到要求,得到验收组一行的充分肯定,通过验收。

【水富县2009年农业综合开发项目通过省级验收】 8月17~18日,省农开办委托松岛造价公司对水富县2009年农业综合开发项目进行检查验收。通过查阅资料、实地查看和听取汇报,检查组一致同意,项目通过省级验收。该项目于2009年12月底开始实施,2010年4月30日竣工,完成投资474.83万元,涉及太平乡太平村、古楼村和向家坝镇马脑村,受益群众8514人。

【水富县2007~2008年农村饮水安全工程通过市级验收】 8月26~28日,以市财政局总会计师母应斌为组长的市级农村饮水安全工程验收组,到水富县检查2007~2008年农村饮水安全工程。通过实地检查后,验收组一致同意通过市级验收。水富县共实施3批农村饮水安全工程,于2008年1月20日动工,至2009年11月30日全部竣工,解决了全县3个乡镇20个村454个村民小组,5388户27283人的饮水安全问题。

【全市畜牧业工作现场会在水富县召开】 9月4日,全市畜牧业工作现场会在水富县白云宾馆召开。全市11个县区的农业局、畜牧局以及下设各站所领导近百人参加会议。会议分析制约全市畜牧业加快发展的诸多因素,提出全市畜牧业产值"倍增"规划,到"十二五"末

(2015年)全市畜牧业产值达到120亿元的目标,这是在现有近60亿元的产值基础上翻一番。与会人员参观了水富县坤达牧业养鹅场、盛达牧业养猪场、乖乖兔种兔场后,认为3个养殖场都很有代表性,为全市畜牧业规模养殖和结构调整提供了典范。

【昭通市支持伊力集团发展载能产业座谈会在水富召开】 9月5日,昭通市支持伊力集团发展载能产业座谈会在水富召开。会议听取了伊力集团总经理章英启介绍伊力集团未来5年的发展规划,昭通项目在这个规划中的地位、作用及设想。与会人员对项目的审批、产业布局等进行探讨。市委书记夜礼斌要求,统一"三个认识",落实"四方责任",解决"五个问题",实现"一个目标",即争取用一年左右的时间做完项目所有的前期工作,力争2012年出产品。

【全省第二轮修志工作经验交流会在水富县召开】 9月15日,全省地方志系统学习贯彻《云南省地方志工作规定》暨第二轮修志工作经验交流会在水富县召开。副县长高文辉和来自全省各州、市、县、区地方志办主要负责人70余人参加会议。省地方志编纂委员会专职副主任、省地方志办公室主任李一是介绍全省首轮修志工作基本情况和在修志工作中好的做法,对《云南省地方志工作规定》进行集中学习辅导并提出要求。大理州、临沧市、红河州、昆明市、水富县地方志办作学习贯彻《云南省地方志工作规定》交流发言。昭通市、曲靖市、石林县、大关县、元谋县、石屏县、南涧县、维西县、云县地方志办等已出版二轮志书的市县作经验交流。

【雷智麟在全国第五届特奥会上创佳绩】 9月19~25日,县总工会职工智力残疾运动员雷智麟代表云南省参加在福建省福州市举行的全国第五届特殊奥林匹克运动会,获200米自由泳第一名、50米蛙泳第一名、4×50米自由泳接力赛第一名、4×50米混合接力赛第二名、50米蝶泳第三名的优异成绩,共为云南省夺得3枚金牌、1枚银牌、1枚铜牌。

【全省第十四届质检联谊会在水富县召开】 9月27日,全省第十四届质检工作联谊会在水富县云天化工会会议室召开。副县长高文辉和来自全省16地州市相关部门负责人160余人参加会议。县委副书记胡江惠致欢迎辞。市政府副秘书长傅再胜介绍了全市经济、社会和旅游事业的发展情况。省质监局巡视员崔守昌作讲话。会议期间,各质检机构代表进行经验交流,还就如何更好地发挥综合技术检测作用、加强食品质量安全监控体系等进行讨论。

【水富县城污水处理厂及配套管网工程单机运行通水】 9月28日,水富县城污水处理厂及配套管网工程单机运行通水。水富县城污水处理厂是国家"十一五"节能减排项目之一,按规定,水富县城污水处理厂必须在2010年9月30日投入运行。项目近期日处理污水1.5万吨,远期日处理污水3万吨,采用CASS生物处理工艺,配套污水管网31千米、雨水管网30千米,总投资7227.36万元。

【水富县农村集镇管道民用天然气建设项目签约】 9月30日,水富县农村集镇管道民用天然气建设项目签约仪式在县政府第一会议室举行。副县长洪世琳和四川省宜宾市江安县博友天然气有限公司总经理钟敏分别代表双方签订协议。江安县博友天然气有限公司单方投资2000万元实施水富输配气站经向家坝镇巴娄坝、文星、楼坝、太平、两碗境内的管线安装和楼坝村、太平乡、两碗集镇的配气站、办公用房等相关配套实施的建设,预计2011年12月底建成投入使用。

【"农家书屋"工程建设】 按照省、市文化主管部门的安排,2010年水富县建设"农家书屋"12个(其中"红领巾书屋"3个)。选址分设在向家坝镇永安村、大池村、安江社区、温泉社区和新寿小学、玛瑙村希望小学,太平乡古楼村、二溪村、复兴村,两碗乡成凤村、新滩村和三角村。多次派专人到基层开展业务培训辅导,9月底全面完成。

【水富人民广播电台开播】 10月1日,水富人民广播电台正式开播。广播电台设置新闻类、资讯类、音乐类、专栏类、经典故事、生活百事通等栏目,按数字化、自动化、网络无纸化的标准进行建设,调频广播播出频率为99.5兆赫,覆盖县城、各乡镇及毗邻地区。

【全市新农村工作队总队长联席会议在水富县召开】 10月13日,全市新农村工作队总队长联席会议在水富县召开,会议全面总结了上半年新农村建设工作队、指导员工作取得的成绩和经验,分析存在的困难和问题,安排部署第四季度工作。

【水富县首个"新农村文艺宣传队"成立】 10月12日,水富县首个新农村文艺宣传队正式成立。县人大常委会副主任张世奎,县政协副主席、统战部部长王文新,全县各新农村建设指导员,县相关单位负责人100余人参加成立仪式。县委宣传部部长王罡致辞,副县长高文辉为新农村文艺宣传队授牌。此次成立的"新农村文艺宣传队"又称"向家坝艺术团",是由西部大峡谷民族歌舞团整合而成,共有演职人员30余名,主要承担全县"千场演出进村居"活动和参加省、市举办的各类文艺汇演,开展对外文化横向交流等。

【中央、省级媒体记者到水富县采访】 10月13~14日,由省政府新闻办协调处副处长赖勇,市文产办专职副主任凌炬及中国日报、中新社、新浪网云南频道、香港文汇报、香港大公报、香港商报、云南日报、云南网、云南人民广播电台、云南电视台、云南政协报、云南经济日报、云南信息报、云南电视网、生活新报、都市时报、昆明信息港等中央、省级媒体近30名记者组成的采访团,到水富县开展采访活动。根据云南省委宣传部《关于支持昭通市加快经济社会发展步伐的宣传报道意见》要求，省委宣传部和省政府新闻办公室于10月11起开始组织中央、省级主流媒体近30名记者到昭通市开展为期10天左右的、"支持昭通市加快经济社会发展步伐"的专题宣传采访报道活动，水富是这次采访活动的第一站。记者们到太平乡坤达牧业有限公司、太平乡优质葡萄科技示范园和兴旺养殖场采访"一乡一品"农业产业发展，到云南云天化股份有限公司、温泉新区和向家坝水电站建设部采访工业经济发展。县委书记郎学超向记者们介绍水富县的基本情况和"十一五"期间经济社会发展情况，并逐一回答香港文汇报、云南网等媒体记者的提问。

【上级领导和检查调研组等到水富县检查调研】 10月19日，省体育局局长杨宁一行到水富县调研指导体育设施建设工作，帮助解决工作中存在的困难和问题。市委副书记、市人大常委会主任张登亮，市文体局局长李华章陪同调研。在实地查看剪刀湾体育场建设情况和听取县直相关部门负责人工作情况汇报后，杨宁肯定了水富县体育工作，并表示将大力支持水富县各项体育设施建设。

10月20～21日，省公安厅"两车"专项治理工作检查组组长陈明德一行3人，对水富县公安局开展警车和涉案车辆违规问题专项治理工作进行督导检查。20日，检查组一行到县城街道、路口对警车管理使用开展明查。21日上午，陈明德一行到云富派出所、交警大队、刑侦大队、治安大队、经侦大队、禁毒大队和县公安局"两车"治理办公室、警务保障室等部门督导检查工作。

【首届中国(水富)国际"石博会"】 10月23日至11月3日，由中国观赏石协会、中国收藏家协会、中共水富县委、县政府主办，水富城建房地产开发经营有限公司、水富县向家坝奇石协会承办，水富枫叶对外贸易有限公司、中国收藏家协会赏石收藏委员会、云南省观赏石协会协办的"石博会"在水富县高滩新区水富枫叶国际商贸城举办。共有450户商户和3000余名奇石爱好者入馆卖货和参展。展出以金沙江奇石为主的各类观赏石和珠宝玉器、民族民间工艺品、古玩字画、根艺、木雕与家具等共2万余件，参观人数8.5万余人次，总成交额突破1千万元。海内外129个社团、企业到场悬挂布标条幅祝"石博会"圆满成功，来自全国各地的25名"天下奇石网"网友还举行"天下奇石网第二届全国石友联谊会"，向家坝奇石协会筹资与《中华奇石》杂志社编辑出版的《中国水富金沙江奇石》大型画册也在"石博会"上宣传和发行。鉴评组对精品馆中的近千枚观赏石进行鉴评，共评选出金、银、铜奖341枚，并有3个赏石社团获优秀组织奖和特别贡献奖。

【全市现代教育示范项目学校研讨会在水富县召开】 11月5～6日，昭通市现代教育示范项目学校(中学段)研讨会在水富县召开。全市现代教育示范项目首席专家周增为，市、县教育局项目负责人和全市32所项目学校负责人60余人参加研讨会。5日，参会人员分别在云天化中学和县五中观摩高中新课程改革背景下的英语、数学课堂教学，学习山东省杜郎口中学教学模式的语文、政治课堂教学。参会人员对教师的课堂教学进行点评、互动交流。6日，在云天化中学召开研讨会上，云天化中学和县五中分别代表全市高、初中项目学校基地学校汇报"区域教研共同体建设"工作情况；市一中、威信县一中和大关县翠华中学作交流发言；周增为作专题报告。这次研讨活动是昭通市项目学校首席专家首次赴基地校进行指导服务。水富县云天化中学、县五中、县一小和太平乡明德中心校4所学校被列为项目学校。

【水富县村级财务管理工作培训会】 11月17日，全县村级财务管理工作培训会在县农业局会议室举行。全县各村委会书记、主任和报账员80余人参加培训。会议组织学习村级党风廉政建设知识，《报账员、记账员暂行管理办法》、《云南省集体经济组织财务管理暂行办法》、《云南省村级会计委托代理服务机构及人员管理暂行办法》，会计实务和报账员有关业务知识和电算化会计业务知识。

【全省审计信息系统管理员培训在水富县举办】 11月23～26日，全省审计机关审计信息系统管理员培训在水富县举办。省审计厅副厅长吴绍吉出席开班仪式并作培训班主题报告。省审计厅计算机中心主任、副主任、工程师，全省各州市县审计局计算机中心负责人、管理员和有关工作人员参加培训。

【水富县启动2010年度农业综合开发项目】 12月6日，水富县启动2010年度农业综合开发项目。项目涉及向家坝镇和太平乡共12个村民小组，总投资473.27万元。其中：向家坝镇水东村大桥、长田、赵坝、香泉、棕树、田坂、上村共7个村民小组投资405.27万元，太平乡古楼村5个村民小组投资68万元。

【全市第二期贫困聋儿抢救性康复培训班在水富县举办】 12月7日，昭通市第二期贫困聋儿抢救性康复培训班在水富县开班。培训为期10天，来自全市8县区的35名贫困聋儿及其家长以及22名康复服务人员参加。康复培训机构免费为他们提供优质康复培训，并免费为患者制作耳膜和配戴价值万余元的助听器。

（水富县志办　何承荣）

（本栏目审稿：马才国　校对：陈芳）

附　　录

责任编辑：马才国

中共昭通市委关于制定昭通市国民经济和社会发展第十二个五年规划的建议

——中国共产党昭通市第二届委员会第十二次全体会议通过

（2011年2月14日）

“十二五”时期（2011～2015年），是昭通实现富民强市跨越发展的关键时期。根据党的十七届五中全会和省委八届十次全会精神，科学制定国民经济和社会发展“十二五”规划，对全面落实科学发展观，实现经济社会跨越发展，推进全面建设小康社会进程，有极其重要的意义。根据《中共云南省委关于制定国民经济和社会发展第十二个五年规划的建议》精神，结合昭通实际，提出如下建议。

一、准确把握发展新形势，开创科学发展新局面

“十一五”时期，面对国际金融危机，“5·12”特大地震灾害，2008年百年不遇的冰凌雪灾和2010年特大旱灾等一系列严峻考验，在省委、省政府的正确领导下，昭通市委坚持以邓小平理论和“三个代表”重要思想为指导，深入贯彻落实科学发展观，紧密结合昭通市情，不断完善发展思路，强化发展举措，夯实发展基础，真抓实干，务实进取，全市经济社会呈现出速度快、效益好、活力强、后劲足的良好发展态势，圆满完成了“十一五”规划确定的各项目标任务。

1.“十一五”时期昭通经济社会发展取得巨大成就。2008年，在深化昭通“三个并存”基本市情认识的基础上，市委二届七次全会明确了“12346”的发展思路，明确了昭通实现富民强市跨越发展目标的各种举措。近年来，全市上下紧紧围绕“12346”的发展思路，进一步解放思想、锐意进取，抢抓机遇、真抓实干，坚定信心、克难攻坚，发展势头强劲，在经济建设、政治建设、文化建设、社会建设、生态文明建设和党的建设上取得明显成效。经济建设取得重大成效。2010年全市GDP实现379.6亿元，是2005年的2.3倍，年均增长12.4%，是2007年的1.68倍，2008年以来年均增长12.7%，比“十一五”年均增速高0.3个百分点。财政总收入实现71.3亿元，是2005年的2.8倍，比2007年增长90%；地方财政一般预算收入实现25.6亿元，是2005年的3倍，在2007年的基础上翻了一番。固定资产投资累计完成1077亿元，是“十五”时期的4.4倍，年均增长30.7%，其中2008～2010年累计完成投资798亿元，是“十五”时期的3.3倍，占“十一五”时期的74%。新型工业化迈出新步伐，六大支柱产业培育初见成效，特色产业集群规模不断扩大，产业链不断延伸，工业经济的主导作用明显提高。2010年工业增加值完成132.6亿元，是2005年的2.7倍，比2007年增长76%。三次产业结构比从2005年的28.2:37.7:34.1调整为2010年的19.5:46.1:34.4。基础设施建设全面加强，建成一批事关全局的重大项目，交通、水利、城镇、电力、通讯等基础设施全面改善。建成油路1770多千米，其中2008年以来建成1400多千米；8条二级路全面开工建设；城镇化率从17.4%提高到21%，城乡面貌有了较大改观；有效灌溉面积从6.53万公顷提高到12.6万公顷，农业抵御自然灾害的能力不断增强。行政管理、投融资、医疗卫生、集体林权制度及农村综合配套改革等各项改革取得新突破，对外开放水平明显提高，一批大企业、大集团入驻昭通，发展动力和活力不断增强。社会发展取得重大成效。教育事业全面发展，"十一五"期间投入教育资金42亿元，其中2008年以来投入35亿元，新增中小学校舍117.1万平方米，"普九"人口覆盖率由2007年的48.9%提高到100%，实现全覆盖。人口与计划生育工作进一步加强，人口自然增长率控制在8.16‰以内，计划生育率达到86%。医疗卫生事业长足进步，新型农村合作医疗参合率和城镇居民医保参保率均达96%。社会保障体系逐步完善，农村低保、城镇低保基本实现应保尽保，新型农村养老保险试点工作顺利推进，农村五保老人集中供养率由0.94%提高到23%。城乡居民就业不断扩大，城镇登记失业率控制在4.3%以内，2010年累计转移农村富裕劳动力123万人，实现务工收入55.32亿元。城乡居民收入持续增加，城镇居民人均可支配收入12295元，增加4726元，农民人均纯收入2768元，增加1398元，年均分别增长10.2%和16.3%。2008年以来，建成城镇廉租住房19911套99.71万平方米，改造农村茅草房71387户，实施农村危房改造25500户和农村民居地震安全工程73347户。生态文明建设取得重大成效。全面推进各项生态工程建设，森林覆盖率32.6%，5年提高6个百分点；严格实行节能减排，强化资源节约和环境保护，加强城市、农村环境整治，生态环境不断改善，可持续发展能力不断增强。

过去的5年，是进一步解放思想、求真务实的5年，是坚持改革开放、锐意进取的5年，是与时俱进、奋发图强的5年。5年取得的成绩来之不易，积累的经验弥足珍贵。

——始终坚持与时俱进，不断深化"三个并存"基本市情的认识，制定并坚定不移地贯彻实施"12346"的发展思路。

——始终坚持符合自身实际的发展方式，坚持扩大投资不松劲，坚持工业主导地位不偏向。

——始终坚持解放思想，转变观念，积极要求和争取各级各部门的支持和帮助，借助外力变内向型发展为外向型发展。

——始终坚持以人为本，把保障和改善民生作为一切工作的出发点和落脚点，不断提高人民群众的生活水平，增强人民群众的幸福感。

——始终坚持夯实发展基础不动摇。针对基础设施"瓶颈"制约非常突出的现状，全面掀起交通、城镇、水利等基础设施建设高潮，为跨越发展奠定了坚实基础。

——始终坚持同心同德，凝心聚力，充分发挥和调动广大干部群众的创造性、积极性，形成万众一心，齐心协力，全面建设小康社会的强大合力。

这些经验，是我们继往开来，再创辉煌的宝贵精神财富，要坚持不懈、始终不渝地坚持和发扬，并在实践中不断丰富和完善。

2."十二五"时期昭通面临的形势。"十二五"时期，国际经济复苏的困难仍然较多，全球经济增长模式面临深度调整，对中国经济的影响仍然较大，加快转变经济发展方式将是"十二五"乃至今后较长时期内经济工作的主线。对昭通市而言，"三个并存"的基本市情仍然存在，长期向好的趋势将在"十二五"时期继续得到展现，昭通仍然处于加快发展的黄金机遇期，同时也面临诸多的困难和挑战。

面临的主要机遇：

——国家将继续保持宏观经济政策的连续性和稳定性，把扩大内需作为拉动经济增长的着力点，在新一轮西部大开发战略中，国家把包括昭通在内的乌蒙山区作为扶贫开发的重点区域之一，昭通市基础设施建设、特色优势产业、生态环境建设、改善民生、社会事业发展迎来难得的重大机遇。

——东部发达地区产业结构调整升级、区域间的产业梯次转移步伐加快，为昭通市发挥独特的区位优势和人力资源优势，承接产业转移，打造优势特色产业集群，加快新型工业化提供广阔空间。

——中国—东盟自由贸易区的合作不断深化，随着党中央、国务院把云南打造成为"中国面向西南开放的桥头堡"战略的实施，建设昆明—昭通—成渝和长三角对内开放经济走廊的步伐不断加快，昭通作为广大内陆地区对外开放和云南对内开放的重要战略区位日益显现，为加快发展大通道经济创造良好的发展条件。

——昭通市工业化、城镇化的强力推进，将对未来一个时期扩大内需形成强大的动力。随着国家加大对西部地区的投入以及调整收入分配格局、社会公共服务均等化等政策的实施，为昭通市加快滇东北城市群建设、产业基地建设、统筹城乡发展、扩大消费需求提供良好的发展机遇，将极大的推进交通、工业、旅游、物流、扶贫和城市建设的大发展。

——昭通丰富的矿产、生物、人力资源以及即将建成投产的两大水电站、两座火电厂，日益改善的交通基础设施，为大力发展能源产业、新型载能产业、生物产业和承接东部产业转移创造良好条件。

——通过多年的努力和发展，昭通经济社会发展取得长足进步，发展环境不断改善，经济实力和综合竞争力得到进一步提升，为跨越发展奠定了坚实基础。

面临的主要挑战：

——经济总量仍然较小、人均水平低、基础设施仍然薄弱、发展仍然不足，社会保障程度低、公共服务体系不完善等问题依然突出。

——国家严格控制产能过剩、强化

节能减排等政策,对昭通市部分产业发展带来一定影响,发展受资源环境的约束加大。

——人口基数大,劳动力素质低,调整结构和转变发展方式压力较大,加快发展和转型升级、做大总量和提升质量之间矛盾突出。

对这些困难和挑战必须引起高度重视,并妥善加以解决。

3. 昭通"十二五"规划的指导思想。高举中国特色社会主义伟大旗帜,以邓小平理论和"三个代表"重要思想为指导,深入贯彻落实科学发展观,紧紧抓住重要战略机遇期,以科学发展为主题,以转变经济发展方式为主线,按照全省"两强一堡"的战略部署,以壮大经济总量和富民强市为目标,紧紧围绕全市"411"发展定位,着力推进新型工业化和城镇化,着力加快经济结构调整和产业培植,着力加强基础设施建设,着力加大生态建设和环境保护,着力加快社会发展和民生改善,着力统筹城乡发展,全面提升发展能力,为全面建设小康社会打下坚实基础,强力推进昭通富民强市新跨越。

——把握主题主线,必须不断优化经济结构。坚持"产业基地上规模,龙头企业上水平",推进农业产业化,加快农业现代化;坚持工业强市,突出二产带动,大幅度提高工业增加值在GDP中的比重,使工业发展实现质和量的历史性跨越;促进传统服务业提质扩容增效,加快发展现代服务业,大力培育金融、物流、仓储、信息和文化旅游等新兴产业。

——把握主题主线,必须坚持投资拉动。紧紧抓住国家扩大内需、西部大开发和乌蒙山区扶贫政策等机遇,强化交通、水利、城建等基础设施建设,推动固定资产投资超常规增长,夯实跨越式发展的基础。

——把握主题主线,必须着力保障和改善民生。不断提高城乡居民的收入水平,大力发展教育、科技、文化、医疗卫生等社会事业,强化社会保障工作,加快住房保障体系建设和民房改造的步伐,加大扶贫工作力度,加强防灾救灾体系建设,控制人口数量,提高人口质量,使广大人民群众充分共享发展成果。

——把握主题主线,必须坚持可持续发展。深入实施科教兴市战略,增强创新能力,把人口压力转化为人力资本,推进集约化发展,加强生态建设和环境保护,构建资源节约型、环境友好型社会。

——把握主题主线,必须扩大改革开放。加大简政放权力度,强化服务意识,提高办事效率,加大招商引资力度,大力发展外源型、外向型经济,不断增强发展的动力和活力。

4. 坚持"12346"发展思路。坚持科学和谐发展一个主题;抓住转变发展方式和转换体制机制两个关键;打牢交通通讯、水利设施、城镇建设三个基础;实施工业强市、科教兴市、依法治市和可持续发展四大战略;发展烟草、能源、煤化工、矿冶建材加工、农特产品加工、文化旅游六大产业。着力推进实体经济与虚拟经济、山区经济与水域经济、内源型经济与外源型经济、城镇经济与乡村经济联动发展,加快乌蒙山区、革命老区脱贫步伐,突出大交通、大工业、大物流、大旅游、大扶贫和城市大建设,主动融入成渝经济区、挺进长江经济带,全力推进昭通经济社会跨越发展。

5. 确立"411"发展定位。立足云南,大开北门,融入成渝经济区,挺进长江经济带,充分发挥连接多区域的重要通道、交流桥梁和合作平台作用,实现对内、对外的双向开放,以开放合作促进开发建设和生态保护。努力把昭通市建设成为中国西部重要的能源产业基地、新型载能产业基地、生物产业基地、产业转移承接基地、长江上游生态屏障和中国面向西南开放、云南面向内地开放和融入成渝经济区、挺进长江经济带的双向大走廊("四基地一屏障一走廊"),成为西部大开发的特色区域和开放度高、辐射力强、经济繁荣、社会和谐、生态良好的新兴增长极。

6. 构建"五个一"发展布局。遵循主体功能区规划的基本原则,围绕提升产业竞争力和可持续发展能力的目标,突出"区域经济、生态优先、城市核心、交通关联、协调发展",建立功能分区合理、发展导向明确、资源开发有序、人口分布和产业布局与生态环境相协调的开发体系,形成"一圈(以昭鲁一体化为重点的昭鲁彝大一小时经济圈)一轴(昭水发展轴)一带(沿金沙江经济带)一片区(镇雄威信片区)一门户(水富)"(五个一)的发展新格局。

7. 明确奋斗目标。到2015年,地区生产总值年均增长17%以上,GDP总量争取突破1000亿元;财政总收入年均增长20%以上,突破150亿元,地方财政一般预算收入年均增长20%,突破50亿元;固定资产投资年均增长30%以上,5年累计完成4000亿元,力争突破5000亿元;社会消费品零售总额年均增长20%以上;人口自然增长率控制在6.5‰以内;人均受教育年限提高到9年;城镇化率35%以上;城镇居民人均可支配收入年均增长10%以上,农村居民人均纯收入年均增长12%以上;稳定转移农村富余劳动力140万人;城镇登记失业率控制在4.5%以内;单位生产总值能耗完成省下达的目标;森林覆盖率35%以上。全市经济综合实力显著增强,产业结构进一步优化,城市功能和集聚辐射能力显著增强,资源利用效率显著提高,环境质量明显改善,社会更加和谐有序。

二、积极推进经济结构调整,着力转变发展方式

"十二五"期间,面对加快发展、转型升级、做大总量、提升质量等多重任务,必须坚持以发展方式转变为主线,以结构调整促转型。

8. 优化产业结构。按照"调优一

产，调强二产，调快三产”的产业结构调整方向，着力提升产业层次和技术水平，推进传统产业改造升级，积极发展战略性新兴产业，构建现代产业体系；调整所有制结构，加快非公有制经济发展；调整投资结构，加快投资主体多元化进程；调整需求结构，坚持走以投资拉动为主，辅之以消费、出口协调带动，以二产带动为主，辅之以一、三产业协同带动的发展道路。

9. 转变发展方式。调整城乡结构，统筹城乡发展；按照“411”发展定位和“五个一”空间布局，构筑主体功能清晰、区域特色鲜明、国土空间优化的区域协调发展新格局；加快发展方式转变，强化节约资源、保护环境，大力发展低碳与生态经济，走可持续发展之路。

三、大力发展现代农业，全面推进新农村建设

加强农业基础地位，优化区域布局，提高农业综合生产能力，加快传统农业向现代农业转变。抓住国家西部大开发把乌蒙山区列为重点扶贫区域的重大机遇，全力实施大扶贫，提高自我发展能力，全面推进社会主义新农村建设步伐。“十二五”期间，争取大农业和大扶贫完成投资300亿元以上。

10. 加强农村基础设施建设。加大通乡、通村公路、一批中小型水源工程和山区“五小”水利工程、饮水安全工程、中低产田地改造、农网改造、广播电视、通讯等基础设施建设力度，推进农村环境综合整治，加快“五改三治”清洁工程，建设适合乡村特点的垃圾和污水处理设施，切实改善农村生产生活条件。

11. 提高农业综合生产能力。稳定发展粮食生产，保护农民种粮积极性，确保粮食综合生产能力稳定在200万吨左右。实施最严格的耕地保护制度，增强农业防灾减灾能力，提高耕地质量和产出能力。加强农业科研和农业技术自主创新能力建设，积极推广农业先进实用技术，提升农业科技示范园水平，大力发展设施农业、绿色农业等现代农业，推进标准化生产，提高农业机械化水平。加快林业产业发展，建设木本油料、竹子、林药林下资源种植、林产化工原料、用材林等基地。

12. 推进农业产业化经营。充分发挥特色优势资源，优化区域布局和产品结构，建设一批现代农业产业园区、农产品加工集中区，加快构建现代农业产业体系。大力培育扶持农业产业化龙头企业和农民专业合作组织，积极引进具有市场竞争力、带动农户能力强的农产品加工企业，加快发展农产品精深加工业，延长产业链，提升附加值。加强农业服务体系建设，健全农业社会化服务、农业技术推广、农产品质量安全标准、动物防疫和植物保护、认证等公共服务体系。

13. 努力增加农民收入。积极挖掘增收潜力，努力拓宽增收空间，大力发展农村二、三产业，落实完善增收减负政策，建立财政支农资金稳定增长机制，实施好对农民的直补政策，严格涉农收费管理，实现农民收入的持续稳定增长。大力发展劳务经济，坚持就地转移、返乡创业和异地输出并举，技能培训、就业服务和政策扶持并重，促进人口大市向人力资源强市转变。

14. 全力实施大扶贫。紧紧抓住国家实施乌蒙山区扶贫开发的重大历史机遇，积极争取和全面落实国家和省各项扶贫支持政策，以贫困山区、革命老区、少数民族乡（村）和深度贫困群体脱贫发展为主战场，以改善生产生活条件、基础设施建设、发展特色产业、完善基本公共设施、整村推进等为重点，统筹城乡经济发展、区域经济协调发展，整合各类资源、聚合各方力量，形成全社会开展大扶贫的新格局。

四、加强基础设施建设，夯实经济社会发展基础

坚持统筹规划，适度超前，以交通、水利为重点，切实加强基础设施建设，进一步改善发展环境，突破“瓶颈”制约，增强对长远发展的支撑和保障力。

15. 构建现代交通运输体系。加快推进“五纵四横”路网规划建设，实现昆水公路全线高速化，积极争取开工建设四川金阳—昭通—贵州威宁、毕节—镇雄—威信—叙永等高速公路，开工建设镇雄—牛场、威信—柏坳林、昭通—永善、彝良—牛街等高等级公路，加快巧威高速、巧绥公路前期工作，继续推进乡乡通油和通达工程，积极推进农村畅通公路，2011年6月前实现乡乡通油，“十二五”中期实现乡与乡之间的环线连接。全力支持和配合推进成贵铁路、攀枝花—昭通—毕节—遵义铁路、隆黄铁路、渝昆铁路4条铁路昭通段建设步伐。做大做强水富港口岸平台，推进“大通关”建设。加快昭通机场迁建及镇雄、巧家、永善、彝良、威信等县通用航空项目前期工作。构建区域公路、铁路、水运、航空协调发展的综合交通运输体系。“十二五”期间，争取交通基础设施建设完成投资900亿元以上。

16. 全面提升水利保障程度。加快推进林口、黄水河、铜锣坝、罗汉坪、双河、胡家山6个续建中型水库建设进度，开工建设巧家小海子、彝良松林、昭阳区黑石罗等一批中型水库和一批小（一）型水库，加快以昭鲁大型灌区为重点的大中型灌区配套改造和节水灌溉增效示范项目建设，强化水库干渠、农田水利、山区“五小”水利建设和中低产田改造，继续实施病险水库除险加固工程，抓好昭鲁河、洛泽河、横江等中小流域综合治理和河道治理工程。“十二五”期间，争取水利基础设施建设完成投资110亿元以上。

五、强势推进工业强市，加快新型工业化进程

坚定不移地实施“工业强市”发展战略，把新型工业化作为提升昭通综合实力、实现富民强市新跨越宏伟目标的重要举措，一手抓重大项目建设，一手抓中小企业发展。以工业园区为平台，以增强竞争力为核心，积极承接产业转移，优化资源配置，提高产业集中度，狠抓节能降耗和污染减排，以低碳经济理念发展绿色制造业，走昭通特色的新型工业化道路。“十二五”期间，争取能源、化工、矿冶加工等重大工业项目完成投资1400亿元以上。

17. 合理布局工业。把工业园区作为全市工业经济建设的主战场，“十二五”期间，每个县建成1个工业园区。重点加快昭阳、鲁甸、镇雄、水富、彝良、盐津等工业园区基础设施建设，吸引企业和项目入园，提高园区的投入产出率，促进工业集聚发展。优化工业发展布局，根据区域资源禀赋发展特色产业，形成局部优势和比较优势，在全市逐步形成昭水工业长廊、金沙江绿色产业开发带和昭鲁彝大、镇威、盐绥“一廊一带三片区”的工业发展布局。

18. 发展壮大主导产业。巩固提高烟草及关联产业。充分发挥昭通烟草原料和技术装备优势，优化卷烟产销结构，扩大卷烟产销量，加快包装印刷等烟草配套产业发展。做强能源产业。全面完成地方中小水电开发建设，加快镇雄、威信煤电一体化建设进度，稳步推进煤化工、煤层气和洗精煤等项目建设，加大500千伏、220千伏及110千伏等高压骨干电网的建设力度，积极推进风电、核电、生物柴油、生物质能、太阳能等新能源开发。大力发展新型载能产业。充分发挥矿产资源优势，切实推进电矿结合，突出打造煤硫磷化工、矿冶、建材等产业。积极拓展生物资源加工。重点打造云南白酒产业基地，扶持培育水富“醉明月”、盐津“滇和液”等白酒品牌；大力发展生物制药产业，提高研制、开发、生产整体水平，力争建成以天麻为主的现代中药生产基地。

19. 加快发展中小企业。围绕水电、矿冶加工、建筑建材、农特产品四大重点，认真落实国家和省扶持中小企业发展的各项政策措施，加快中小工业企业发展步伐，力争在短期内形成新的产能及增量，创造更多的利税，为实现富民强市跨越发展提供重要的物质保障。

20. 积极打造产业转移承接基地。以工业园区和城镇建设为载体，加强规划引导，制定承接产业布局指导意见，出台承接产业产品目录，积极做好承接产业转移的工作。重点抓住溪洛渡、向家坝电站投产发电的大好时机，积极发展相关的载能产业；依托综合成本优势和人力资源优势，积极承接东部劳动密集型产业；依托资源优势，积极承接精深加工产业；依托区位优势，积极承接“两头在外”产业。

六、加快推进城镇化进程，促进城乡统筹发展

把城镇化作为扩大内需、解决民生、统筹城乡发展的重要抓手，加快城镇基础设施建设，完善城镇功能，发展壮大城镇经济，增强城镇集聚辐射带动作用。以加快中心城市和小城镇发展为重点，强化1个中心，改变两大片区面貌，发挥好3个窗口作用，建设好其他8个县城，打造好51个重点集镇。力争通过“十二五”前三年的努力，新增城市人口60万，将全市城镇化率提高到30%以上。“十二五”期间，争取城镇基础设施建设完成投资480亿元以上，力争城市化率提高到35%以上。

21. 做大做强中心城市。加大昭阳中心城市市政基础设施建设，加快北部新区建设，稳步推进旧城改造和古城恢复，完善城市功能和提升服务水平。切实改变昭鲁坝子片区面貌，加快推进昭鲁城市一体化建设进程，增强经济实力和发展后劲，把昭阳中心城市建设成为雄踞滇东北，影响川、滇、黔，具有浓郁本土风情特色，集工业、商贸、旅游为一体的现代化生态大城市。

22. 做优做特县城。把水富县城建设成为集化工能源基地、交通枢纽、物资集散地和旅游为一体的区域次中心城市，充分展现云南北大门的门户形象和窗口示范作用，对北部片区的辐射带动作用显著增强。把镇雄县城建设成为依山就势、独具特色，有浓厚的滇东北文化底蕴，集工业、商贸、旅游为一体的现代化中等生态县城。加快城市现代化步伐，把其他8个县城建设成为各具特色、辐射带动能力强的县域政治经济文化中心。

23. 择优扶持重点集镇。围绕沿边、沿江、沿路，整合各类资金，着力将11个特色集镇和40个重点集镇打造成为基础设施配套、功能完善、互为补充、各具特色、带动能力和典型示范作用强的农村经济文化中心。

24. 促进一般集镇和村庄有序发展。加快一般集镇开发建设，全面完成村庄规划编制，促使农村人口逐步向集镇和中心村集中，逐步改变农村人口分散居住、分散生产的传统生产生活方式。

25. 促进城乡协调发展。坚持城镇化与新农村建设良性互动，统筹城乡各项规划建设，发挥城镇集聚辐射功能，以城带乡、以工促农，加快户籍制度改革，切实保护农民工权益，引导农村人口向城镇转移和就业。

七、大力发展现代服务业，加快第三产业发展

把推动服务业发展作为产业结构优化升级的重要方式，加强财税、金融、投资、土地、价格、收费等相关政策扶持，营造有利于现代服务业发展的政策和体制环境，推进人流、物流、资金流、信息流“四流汇聚”，促进现代物流、文化旅游产业大发展，加快提升第三产业的发展速度和质量。

26. 全力推进“大物流”。以昭通中心城市和水富为两大物流核心，加快公路、铁路、港口和物流园区等物流基础设施建设，构建高效的综合物流运输体系，布局仓储设施，大力发展以现代物流、批发、零售、餐饮为重点的商贸流通产业，增强对毗邻地区的辐射力，打造区域性物流中心。

27. 积极打造“区域金融集聚区”。加大银政、银企合作力度,加强金融机构体系建设,积极争取各类金融机构在昭通设立区域性总部或分支机构、代理机构。扶持邮政储蓄银行、富滇银行、村镇银行发展壮大,扩大金融机构在农村的覆盖面。争取设立证券公司,培育上市企业。鼓励和规范发展民间金融组织,加强金融环境建设,提高区域金融竞争力,逐步在中心城市形成金融集聚区,推进虚拟经济发展。

28. 积极拓展服务业发展领域。改造提升餐饮、住宿等传统服务业,推广连锁经营、物流配送、电子商务等现代流通方式。围绕重点产业和全市经济社会发展目标,扶持培育科研开发一体化的科技服务企业,加快科技服务业发展。规范发展房地产业和物业管理业。加快发展咨询、评估、法律、会计、代理、广告服务以及经纪等各类中介服务业。加快发展养老服务业、残疾人服务业和社区服务业。加强信息网络基础设施建设,加快信息化发展步伐,提升信息化水平。

29. 加快发展文化旅游产业。围绕建设文化昭通,培育壮大文化创意、影视制作、出版发行、广播电视、文化会展、演艺娱乐、民族民间工艺品等文化产业。大力培育骨干文化企业和富有民族地域特色的文化品牌,打造2~3个骨干演艺公司和具有鲜明特色的大型演出节目。启动昭通大剧院、昭通日报报业大楼、档案馆、古象遗址公园等重点文化工程。充分发挥昭通作家群的优势,推出一批具有一定影响力的优秀文学作品。遵循节庆文化的客观规律,提升彝族“火把节”、苗族“花山节”和回族“古尔邦节”等民间传统节庆活动。启动文化产业园区前期工作,鼓励社会力量以独资、合作等多种形式投资开发特色文化产业项目。实施“旅游精品”战略,围绕红色、绿色、文化三大主题,立足自然、人文、区位三大优势,大力发展峡谷风光旅游、古镇旅游、红色旅游、人文景观旅游,重点打造“高峡平湖”、“革命老区红色旅游”精品旅游线和滇东北红土高原旅游区。加快大山包、黄连河、小草坝、大药山、扎西会议会址等重点景区景点建设,完善吃、住、行、娱、购等旅游服务体系,加快康体、休闲、度假等旅游产品开发,提升旅游业的整体吸引力和综合竞争力。

八、加强生态环境建设,大力推进绿色发展

坚持生态建设产业化、产业发展生态化,把生态建设和环境保护摆在更加突出的位置,加强节能、节水、节地、节材和资源综合利用,加快生态屏障建设,树立绿色、低碳发展理念,建设资源节约型、环境友好型社会,切实增强可持续发展能力。

30. 强化资源节约利用和管理。积极探索资源集约和持续利用的有效途径,建立完善的资源开发保护长效机制,推进土地、矿产、水资源的高效利用。统筹土地资源的开发利用和保护,完善土地利用总体规划,合理确定新增建设用地规模,加大土地整理复垦力度,严格实行耕地占补平衡,加强基本农田保护和建设。依法管理矿产资源,统筹规划开发规模与秩序,加强矿产资源地质勘查,增强后备资源保障能力。大力推进节水型社会建设,健全水资源配置体系,强化水资源管理和有偿使用,推广先进节水技术,提高水资源集约利用水平。

31. 切实加强生态建设。深入推进“七彩云南昭通保护行动”,全面实施“建设森林云南昭通行动”,突出重点生态区和重点生态工程建设。加强岩溶地区石漠化综合治理和金沙江下游干热河谷生态恢复,加强水源涵养林建设和饮用水源地保护。加快天然林保护、长江流域防护林体系建设、退耕还林、湿地保护、生物多样性保护、“长治”工程和水保世行贷款项目等生态项目建设,加大重点区域地质灾害治理力度,充分发挥长江中上游生态屏障的重要作用。

32. 扎实推进节能减排工作。以提高资源综合利用率和减少废物排放为目标,以技术创新和制度创新为动力,以工业、建筑、交通等领域为重点,加快淘汰落后产能,有效遏制高消耗和高排放。强化节能目标责任考核,完善节能减排考核指标体系,健全节能市场化机制,实施重点节能工程,推广先进节能技术和产品。健全和落实节能评估审查制度,积极鼓励、引进集约型、低碳、绿色项目建设,推进清洁生产。

33. 继续加大环境保护和污染治理力度。坚持预防为主,加强综合治理,着力解决流域水污染、矿区环境污染、大气污染等突出环境问题。抓好境内流域水污染综合防治,加强饮用水水源地保护。加大工业治污力度,加快工业污水处理与再生利用设施建设,强化矿区环境综合整治。加大城镇生活污水和垃圾收运处理设施建设,提高污水处理率和垃圾无害化处理率。推进农村环境综合整治,有效控制农村面源污染。加强主要河流、水库和城镇饮用水监测预警,完善生态环境监测预警和监督体系,严格污染物排放标准和环境影响评价,强化执法监督,健全重大环境事件和污染事故责任追究制度。

34. 大力发展循环经济和低碳经济。按照减量化、再利用、资源化原则,推进生产、流通、消费各环节循环经济发展,提高资源综合利用效率。积极开发利用新能源和可再生能源,推进传统资源型产业向精细化深加工方向发展。推进以昭鲁、水富等工业园区为重点的循环经济试点示范项目建设。大力推进低碳研究应用,倡导低碳生产生活方式,开展低碳试点,探索低碳发展模式。加快发展碳汇产业,改进森林管理,提高单位面积生物产量,提高森林覆盖率,走绿色发展道路。

九、切实保障和改善民生,推进经济社会协调发展

坚持民生优先,大力发展教育、医疗卫生、文化体育、就业服务、社会保障等基本公共服务，努力实现经济社会协调发展。

35. 大力推进基本公共服务均等化。健全基本公共服务体系，缩小城乡、区域基本公共服务差距。大力发展教育事业，合理配置公共教育资源，积极发展学前教育，巩固提高九年义务教育，加快发展高中阶段教育，加快推进高等教育，加快发展继续教育、民族教育，大力发展职业技术教育，大力支持民办教育，促进各级各类教育协调发展。加强公共卫生体系建设，建立健全疾病预防控制、妇幼保健、应急救治、健康教育、残疾人康复等城乡公共卫生服务网络，加快农村三级医疗卫生服务网络和城市社区卫生服务机构建设。积极发展体育事业，加强城乡、社区体育设施建设，增强全社会体育健身意识，广泛开展全民健身运动。

36. 全面做好人口与计划生育工作。坚持计划生育基本国策，稳定低生育水平，提高人口素质。加强县、乡、村计生服务网络基础设施建设，提高计划生育服务能力和水平。着力推进重点地区和薄弱环节的人口计划生育工作，实现整体水平均衡发展。改善出生人口结构，坚持男女平等，落实关爱女孩各项奖励和优惠政策。积极应对人口老龄化，探索建立老年社会化服务制度，大力发展社区老年活动场所和服务设施。提升流动人口计划生育服务管理水平，加强流动人口信息化建设，完善流动人口统计监测制度，促进流动人口计划生育服务管理法制化和规范化。

37. 着力保障和改善民生。健全公共就业服务体系，建立城乡一体化的人力资源和信息网络，大力开发就业岗位，拓宽渠道，提高吸纳就业的能力。强化农民技能培训，加快农村富余劳动力转移。营造创业环境，鼓励高校毕业生、回乡务工人员自主创业。完善社会保障体系，积极推进城乡居民养老保险、医疗保险等社会保障体系建设，加快完善优抚安置保障体系、社会救助体系。高度重视人口老龄化问题，加快社会化养老设施建设。高度重视残疾人事业发展，推进残疾人服务和保障体系建设。改革殡葬等事业单位的管理机制，推行市场化运作方式，加强行业管理。大力推进保障性住房建设，加快廉租住房建设，增加经济适用住房供应，发展公共租赁住房，实施农村危房改造工程。

十、深化重点领域改革，提升对内对外开放水平

坚持改革开放是昭通实现跨越发展的必由之路。必须进一步加快改革攻坚步伐，全方位、多角度、深层次地推进对外开放，为推动昭通科学发展提供活力和动力。

38. 进一步深化各项体制改革。突出重点领域和关键环节，以集体林权制度和水务体制等农村综合改革、行政管理体制改革、财政金融和投资体制改革、国有企业改革、资源性产品价格改革等为重点，认真贯彻落实国家和省的各项改革措施和意见，促进经济发展方式转变，完善全面协调和可持续发展的体制机制，为加快发展提供强大动力和制度保障。

39. 进一步提升开放水平。强化昭通连接成渝经济区、南贵昆经济区、攀西六盘水地区和长江中下游地区的枢纽作用，加强区域协作，拓展合作空间，全方位、跨区域、开放性配置资源，积极推进对内对外开放大通道建设，以大开放促大发展。坚持互利共赢，加大招商引资力度，积极参与和举办各种国际性、区域性招商引资活动，突出抓好产业招商，引进龙头企业和战略投资者，引进高新技术产业和产业链高端项目，带动传统产业升级。

十一、加强社会管理，构建平安和谐昭通

40. 着力推进社会建设与管理创新。健全党委领导、政府负责、社会协同、公众参与的社会管理格局，不断提高社会管理能力。整合社会建设资源，创新社会建设投入机制，从解决群众关心的热点、难点问题入手，全面推进和谐昭通建设。建立健全突发事件应急机制和社会动员机制，特别是加强防灾减灾能力建设，建立重大自然灾害社会动员机制，强化专业应急抢险队伍的预警和应急保障能力建设，切实提高保障公共安全和处置突发事件的能力。切实加强基层民主政治建设，健全完善基层社区和村民自治制度，提高社区和村民自治水平，维护基层群众的合法权益。

41. 努力构建平安和谐昭通。以创建“平安昭通”为重点，着力化解经济社会发展中的各种矛盾和问题，完善维护社会稳定的体制机制。落实安全生产责任制，健全安全生产监管体制，强化煤矿及非煤矿山的安全监管，杜绝重特大生产事故。推进公共卫生安全体系建设，加强农产品质量安全管理，强化对食品、药品安全的检测和管理。加强防灾减灾能力建设，建立重大自然灾害社会动员机制，提高专业应急抢险队伍的预警和应急保障能力。加强社会治安综合治理，依法防范和严厉打击各类违法犯罪活动。深入推进依法治市，在全社会形成自觉学法、守法、用法的良好氛围。加强执法队伍建设，严格执法和司法公正。加强普法教育，提高全民的法律素质和法制观念。加强精神文明建设，大力倡导和弘扬“诚信、务实、开放、创新”的现代理念。扎实推进民族团结，促进民族地区可持续发展。抓好国民经济动员和战备建设，加强国防后备力量建设，增强全市人民国防观念，做好拥军优属、拥政爱民工作，巩固和深化军政军民团结的大好局面。

十二、加强组织领导，为全面实现“十二五”目标任务努力奋斗

党的领导是圆满完成“十二五”规划各项目标任务的根本保证，必须充分发挥党的领导核心作用，调动一切积极因素，动员和组织好广大干部群众千方百计狠抓落实。全市各级、各部门要以深入开展创先争优活动为契机，切实按照科学发展观的要求，进一步解放思想，转变观念，大力营造积极向上、奋发有为的干事氛围，为全市经济跨越式发展、社会和谐稳定提供坚强的组织保障。

42. 始终坚持科学发展观统揽全局。“十二五”期间将是昭通市加快发展的关键阶段，也是经济社会结构发生深刻变化的重要阶段，只有牢固树立和认真落实科学发展观，才能为妥善应对经济社会发展中的诸多矛盾提供重要的指导思想和工作的基本原则。各级党委、政府必须坚持用科学发展观统一广大党员干部的思想，引领各级领导干部把握科学发展观的深刻内涵，深入贯彻落实科学发展观，按照“统筹城乡发展、统筹区域发展、统筹经济社会发展、统筹人与自然和谐发展、统筹对内对外开放”的要求推进各项事业的改革和发展，加快经济结构调整和发展方式转变，不走“粗放发展，低质增长”的“老路”，不走以浪费资源和牺牲环境为代价的“弯路”，努力开创经济社会又好又快发展新局面。

43. 不断提高领导科学发展的能力。进一步加强和改进党的领导，不断增强领导经济社会发展的能力。切实加强各级领导班子的思想政治建设，不断强化各级党委、政府执政能力和行政能力建设，加强干部教育培训，不断提高科学判断形势、驾驭市场经济、应对复杂局面、总揽全局和依法执政的能力。各级党组织要把好方向、谋好全局，集中精力抓大事，认真研究解决关系本地区全局性、战略性的重大问题，加强对经济社会重大事务的综合协调，确保中央、省委、市委的方针政策和各项重大部署贯彻落实好。进一步加强作风建设，倡导求真务实、苦干实干的作风，努力把作风建设的成效转化为推动科学发展、促进社会和谐的实际行动，转化为锐意开创工作新局面的实际行动。各级各部门要深化干部人事制度改革，创新干部选拔任用机制，健全领导班子和领导干部考核评价制度，加强党性党风党纪教育和廉洁从政教育，建立健全教育、制度、监督并重的惩治和预防腐败体系；严肃查处诽谤、诬告案件，保护好、培养好、使用好想干事、能干事的干部，造就一支勇于开拓、大胆创新、清正廉洁的干部队伍，形成全社会矢志不移建和谐、一心一意谋发展的良好氛围。

44. 切实增强推动跨越发展的凝聚力。充分发挥人大和政协的工作监督、法律监督、民主监督作用，全面贯彻党的统一战线方针政策，积极支持和更好发挥工会、共青团、妇联等人民团体的桥梁纽带作用，巩固和发展社会主义新型民族关系，统一思想、万众一心，努力形成推进昭通跨越发展的强大合力。深入实施法治政府、责任政府、阳光政府和效能政府四项制度；进一步转变政府职能，规范审批程序，推进政府服务提速增效，营造规范高效、诚实守信的发展环境；坚持发展第一要务不动摇，积极探索科学发展、和谐发展的新思路、新方法，认真研究制定和细化加快“十二五”发展的重点任务、重点领域、重点区域、重点项目，集中力量突破事关长远发展的根本性、战略性、全局性和关键性问题。全市各级党组织和领导干部必须牢记党的宗旨，坚持群众的主体地位，密切联系群众，充分发挥全市人民的主动性、积极性和创造性，群策群力，确保全面完成“十二五”的各项目标任务。

全市各级党组织和广大共产党员，一定要更加紧密地团结在以胡锦涛同志为总书记的党中央周围，高举邓小平理论和“三个代表”重要思想伟大旗帜，全面贯彻落实科学发展观，在省委、省政府的正确领导下，解放思想、求真务实，勇于创新、扎实工作，为实现全市国民经济和社会发展第十二个五年规划和富民强市跨越发展的宏伟目标而努力奋斗！

昭通市人民代表大会常务委员会工作报告

——在昭通市第二届人民代表大会第七次会议上

（2011 年 3 月 19 日）

昭通市人大常委会代理主任 连卫民

各位代表：

我受昭通市第二届人民代表大会常务委员会的委托，向大会报告工作，请予审议。

过去的一年，市人大常委会在中共昭通市委的正确领导下，坚持以邓小平理论和“三个代表”重要思想为指导，深入贯彻落实科学发展观，认真贯彻党的十七大，十七届四中、五中全会，省委八届十次全会和市委二届十次、十一次全会精神，切实把思想统一到中央和省、市委对形势的分析判断上来，把行动统一到中央和省、市委的决策部署上来，始终坚持党的领导、人民当家作主和依法治国的有机统一，立足全市工作大局，明确工作思路，抓住热点难点问题，切实履行宪法和法律赋予的职权，以监督和支持“一府两院”依法行政、公正司法为基本要求，以保增长、保民生、保稳定为工作目标，充分发挥各方作用，调动一切积极因素，运用各种监督方式，不断加大监督力度，努力增强监督实效，圆满完成了各项工作任务，为推进依法治市，促进全市经济社会跨越发展，建设和谐昭通作出了积极贡献。

一、围绕中心，服务大局，认真履行法定职权

一年来，市人大常委会按照市二届人大六次会议的要求，围绕中心，服务大局，依法履职，共听取和审议“一府两院”专项工作报告 15 个，依法作出决议、决定 6 个，向“一府两院”转交常委会组成人员审议意见 13 个，开展执法检查 4 项，组织市人大代表视察 2 次。

（一）依法履行监督权，促进经济社会又好又快发展。常委会坚持从实际出发，突出重点，讲求实效，紧紧抓住关系全市改革发展稳定大局、关系人民群众切身利益、社会普遍关注的重大问题开展监督。

认真听取和审议专项工作报告，坚持会前调研，会中审议，会后跟踪监督，努力增强监督实效。一年来，先后听取和审议市人民政府关于“五五”普法和“三五”依法治市规划落实情况、关于遵守和执行《云南省民族乡工作条例》情况、关于 2006 年以来经市人大常委会决定的市人民政府贷款管理使用及还款情况、关于中小学校舍安全工程建设情况、关于“十一五”期间节能减排工作情况、关于深化集体林权制度改革工作情况、关于全市“十一五”以来农业农村基础设施建设和农业产业化发展情况、关于昭通市融资平台和信用体系建设情况和市人民政府关于办理昭通市二届人大六次会议代表建议、批评和意见情况的报告等专项工作报告。加强对宏观经济运行的监督，听取和审议市人民政府关于昭通市 2010 年上半年国民经济和社会发展计划执行情况、关于昭通市 2010 年 1～6 月财政预算执行情况、关于昭通市 2009 年地方财政决算情况、关于昭通市 2010 年市本级财政预算调整方案的报告和关于 2009 年度昭通市本级预算执行和其他财政收支情况的审计工作报告。同时，将常委会组成人员的审议意见转交市人民政府研究处理，要求市人民政府在规定时限内向市人大常委会报告研究处理情况。通过听取和审议有关工作报告，强化了对依法治市、经济发展、改善民生和发展社会事业工作的监督，促进了存在问题的解决和有关工作的正常开展，有力地推动了和谐昭通的建设和发展。

积极开展执法检查，确保法律法规的正确有效实施。为保证法律法规的正确有效实施，开展了对《中华人民共和国禁毒法》的执法检查，与省人大常委会联合开展了对《云南省昭通渔洞水库保护条例》、《云南省昭通大山包黑颈鹤国家级自然保护区条例》的执法检查，受省人大常委会的委托，对《云南省外来投资促进条例》在昭通市的实施情况进行了检查。对在执法检查中发现的问题，及时向市人民政府转交执法检查报告及审议意见。通过执法检查，有力地支持和督促有关部门依法行使职权，保证了法律法规的正确有效实施。

（二）依法行使重大事项决定权，服务全市工作大局。常委会认真行使讨论决定重大事项权，继续坚持“抓重点、议大事、求实效”的思路，在认真调研、掌握实情，充分审议、广泛听取意见的基础上，围绕保障全市经济社会发展、加强民主法制建设，分别依法对市本级财政决算和预算调整、通乡油路项目建设资金等重大事项及时作出决议、决定。

（三）依法进行人事任免，为促进跨越发展提供坚实的组织保障。常委会坚持党管干部原则与人大依法任免有机结合，认真做好人事任免工作，切实为市级国家机关领导班子建设和全市经济社会发展提供坚实的组织保障。坚持人事任免暂行办法、任前表态、颁发任命书等制度，增强拟任人员的法制意识、公仆意识和责任意识。一年来，依法任免国家机关工作人员58人次，其中决定任命16人，决定代理2人，任命18人，决定免职5人，免职14人，接受辞职3人。

（四）切实做好人大信访工作，保障群众合法权益。市人大常委会始终把信访工作放在人大监督工作的重要位置，成立了常委会信访工作领导小组，加强对人大信访工作的领导，继续坚持重要信访事项交办等人大信访工作制度，认真办理群众来信，热情接待群众来访，积极疏导情绪，努力化解矛盾，切实做好交办、催办工作，促进了有关问题的逐步解决，维护了人民群众合法权益，为社会和谐稳定作出了积极的努力。一年来，共接待群众来访364人次，收到并转交办群众来信400件，其中常委会领导批示群众来信19件。

二、切实加强代表工作，充分发挥代表作用

常委会始终坚持代表工作各项制度，围绕增强代表履职意识、提高代表履职能力、充分发挥代表作用，不断加强代表工作。

（一）始终坚持代表工作制度。认真坚持常委会组成人员联系市人大代表、向代表通报重大事项、代表持证视察、代表建议督办和代表议案处理办法等有关制度，不断推动代表工作制度化、规范化。

（二）切实开展代表视察工作。紧紧围绕全市经济社会发展的突出问题和人民群众关心、关注的热点难点问题，组织代表对昭通中心城市规划建设管理工作情况和全市在建的二级公路建设情况进行视察，促进了城市建设管理和二级公路建设有关问题的解决。

（三）努力提高代表履职能力。积极组织代表外出学习考察，开阔视野，增长见识，提高素质。加强对代表在闭会期间活动的指导，召开了全市人大代表小组活动经验交流会，代表小组活动场所基本实现全覆盖。坚持邀请代表参加执法检查、调研、列席常委会会议等，扩大代表对常委会活动的参与，不断为代表依法行使职权创造条件，代表依法履职、依法监督的水平不断提高。

（四）整体推进代表服务工作。常委会始终坚持走访、座谈、信函等联系方式，向代表通报常委会工作情况，听取代表对常委会工作的意见，为代表订阅人大类报刊杂志，寄送资料，确保代表知情知政渠道畅通。代表活动经费逐步提高，代表履职经费得到有效保障。

（五）认真办理代表议案建议。按照突出重点、规范程序、落实责任、解决问题的要求，及时落实议案建议办理部门，提出办理要求。及时召开代表建议交办会，确定9件重点建议，实施重点督办，并组织部分代表对建议办理情况进行了检查。积极探索跨年度代表建议的续办续复工作，坚持"再面商"、"再答复"制度，努力提高代表建议办理实效。市二届人大六次会议主席团交付研究的1件议案，代表提出的74件建议、批评和意见，已全部办理并作了答复。

三、切实加强自身建设，积极构建和谐机关

加强常委会自身建设是做好地方人大工作的基础。市人大常委会按照"政治坚定、业务精通、求真务实、作风过硬、团结协作、清正廉洁"的要求，以提高依法履职水平为重点，努力加强自身建设。

（一）不断加强思想政治建设。继学习实践科学发展观活动后，为进一步巩固科学发展观活动成果，2010年5月在市人大常委会机关启动了"创先争优"活动，逐步掀起了建设"五好"基层党组织和争做"五带头"优秀共产党员的热潮，结合创先争优活动积极开展学习型党组织建设和机关精神文明建设。通过各种活动的有效开展，进一步提高了常委会组成人员和机关工作人员的思想政治素质，提高了坚持和完善人民代表大会制度的自觉性和坚定性，增强了党的观念、大局观念、群众观念和法治观念，增强了做好人大工作的责任感和使命感。

（二）不断提高履职能力。始终坚持常委会党组中心组理论学习和机关学习制度，组织人大机关干部参加各种形式的学习培训，鼓励和支持年轻干部参加成人函授教育，使人大机关干部理论及业务水平不断提高，常委会依法履职的能力进一步增强。

（三）切实转变工作作风。去年上半年，全市出现历史上罕见的特大旱灾，给全市经济社会发展特别是农业生产造成巨大损失，常委会坚决贯彻市委的决策部署，及时调整工作计划，把抗旱救灾作为人大促发展、保民生的重要工作，常委会领导多次带队深入基层指导工作，加强对抗旱救灾政策措施落实情况的督促检查，为全市夺取抗旱救灾全面胜利作出了努力。同时，充分发挥地方国家权力机关和人大代表在深入基层密切联系群众方面的优势，在听取和审议"一府两院"专项工作报告前，积极开展专题调查研究，了解掌握实情。常委会组成人员和机关干部队伍的宗旨观念、权力意识和服务意识更加牢固，机关党风廉政建设成效明显。

（四）不断强化人大宣传工作。通过昭通人大网、人大内部刊物等载体，利用报刊、电视、广播等新闻媒体，加强对人民代表大会、常委会会议和人民代表大会制度的宣传，为做好人大工作营造了良好的社会氛围。

各位代表：

过去的一年，在中共昭通市委的坚强领导下，在全体市人大代表、市人大各专门委员会和常委会各工作、办事机构共同努力下，市人大常委会的各项工作取得新的成绩、上了新的台阶。这些成绩的取得，离不开市人民政府、市中级人民法院、市人民检察院和驻昭部队的关心支持，离不开各级人大和各级人大代表的关心支持，离不开全市各族干部群众的关心支持，离不开市人大常委会老领导和老同志的关心支持。在此，我谨代表市人大常委会表示衷心的感谢！

回顾过去的一年，我们清醒地认识到，市人大常委会的工作与宪法和法律的要求、党和人民群众的期望、广大代表的愿望相比，仍然存在一定的差距和不足。主要表现在，围绕新形势新任务的要求，监督工作的针对性和实效性有待进一步增强，代表工作机制有待进一步完善，常委会自身建设有待进一步加强等。对此，常委会将高度重视，认真加以解决和改进。

各位代表：

2011 年，是我市实施"十二五"规划的开局之年，做好新一年的工作，对保持全市经济平稳较快发展，推进地方人大监督工作，具有十分重大的意义。在新的一年，市人大常委会将在中共昭通市委的领导下，继续以邓小平理论和"三个代表"重要思想为指导，深入贯彻落实科学发展观，认真贯彻党的十七大、十七届五中全会和中央经济工作会议精神，全面贯彻省委人大工作会议精神，按照省委八届十次、市委二届十二次全会的工作部署，紧紧围绕科学发展这一主题、加快经济发展方式转变这一主线，紧紧围绕全市"十二五"规划的实施，紧紧围绕改革发展稳定大局和人民群众关心的热点难点问题，积极履行宪法和法律赋予的职权，更加注重以人为本，更加注重保障和改善民生，更加注重增强监督实效，全力维护社会稳定，努力促进全市经济社会又好又快发展。

一、着力抓住事关国计民生的重大事项实施监督，进一步增强监督实效

认真贯彻落实监督法，继续按照"围绕中心、突出重点、依法监督、讲求实效"的原则强化监督，不断促进"一府两院"依法行政、公正司法。今年，市人大常委会将围绕科学发展这一主题，以促进"十二五"规划顺利开局、经济平稳较快发展、保障和改善民生为重点，继续加强对宏观经济运行情况、重要经济工作、社会事业发展的监督。听取和审议市人民政府关于计划和预算执行、决算和审计工作情况等工作报告。对重点工程项目建设、城市建设、产业结构调整、依法治市、社会保障事业等工作，采取听取和审议"一府两院"专项工作报告，组织代表视察及开展执法检查等监督方式，进一步加大监督力度，增强监督实效，促进全市经济跨越发展和社会全面进步。

二、进一步加强和改进代表工作，充分发挥代表作用

进一步密切与代表的联系，坚持常委会组成人员联系代表，代表联系人民群众的制度，坚持邀请代表列席常委会制度，坚持国家机关向代表通报重要情况制度，积极为代表知情知政创造条件。认真开展好代表在闭会期间的活动，加强对代表小组活动的指导，加强代表的学习培训工作，组织好代表视察，继续采取各种有效途径增强代表依法履职的能力和水平，为代表参政议政提供便利条件。拓展联系代表渠道，完善联系代表制度，提高对代表的服务质量，力争为代表提供服务保障的能力和水平有新的提升，充分发挥代表联系人民群众、反映社情民意、化解社会矛盾的重要作用。加大对代表议案、建议办理工作力度，强化跟踪督办，努力提高办理质量和效率。

三、进一步加强自身建设，不断增强依法履职能力

以学习型机关、学习型党组织建设为契机，不断加强学习，用理论武装头脑，指导实践，提高常委会组成人员和机关工作人员的思想政治素质。严格依法履职，继续坚持会前调研、会中审议、会后跟踪监督的方式，努力提高常委会的会议质量、议事能力和审议水平。充分发挥市人大及其常委会各委员会的积极性、主动性，加强与"一府两院"及其有关部门的沟通联系，突出重点、做好工作、增强成效。继续加强服务型、创新型、和谐型机关建设，大力转变常委会及其机关思想作风和工作作风，深入基层、深入群众、深入实际，用心用力，真抓实干，努力提高常委会依法履职的能力和水平，推动人大各项工作再上新台阶。

各位代表：

新的一年，是全市"十二五"规划实施的开局之年，全市各族人民对市人大及其常委会寄予殷切的期望，市人大及其常委会肩负的责任重大而光荣。市人大及其常委会将更加紧密地团结在以胡锦涛同志为总书记的党中央周围，高举中国特色社会主义伟大旗帜，坚持以邓小平理论和"三个代表"重要思想为指导，深入贯彻落实科学发展观，在中共昭通市委的领导下，解放思想，开拓创新，团结一心，扎实工作，不负重托，更好地发挥地方国家权力机关的作用，为实现昭通"十二五"规划良好开局作出不懈努力，为推进昭通富民、强市、跨越发展作出新的贡献！

中国人民政治协商会议
昭通市第二届委员会常务委员会工作报告

——在政协昭通市第二届委员会第六次会议上

（2011 年 3 月 16 日）

熊启怀

各位委员：

我代表政协昭通市第二届委员会常务委员会，向大会报告工作，请予审议。

一、2010 年工作回顾

过去的一年，是昭通市加快转变经济发展方式、着力改善民生、齐心协力抗旱救灾、经济社会发展取得显著成效的一年。中共昭通市委、市人民政府团结带领全市人民，坚持以邓小平理论和“三个代表”重要思想为指导，深入贯彻落实科学发展观，全力以赴促进经济持续增长，千方百计保障和改善民生，圆满完成“十一五”规划确定的目标和任务，为昭通在“十二五”时期实现更好更快发展奠定了坚实基础。一年来，在中共昭通市委的领导下，市政协牢牢把握团结和民主两大主题，认真学习贯彻胡锦涛同志在庆祝人民政协成立 60 周年大会上的重要讲话、省委政协工作会议和《中共昭通市委关于进一步加强人民政协工作的意见》精神，紧紧围绕增投资、扩消费，转方式、调结构，重民生、建和谐，快发展、上水平的目标，积极履行政治协商、民主监督、参政议政职能，始终同市委、市政府方向一致、目标一致、工作一致，政协工作呈现出团结和谐、活跃有序、蓬勃发展的良好局面。

（一）服务全市大局，围绕经济社会发展中的重大问题献计出力。推动科学发展是政协履行职能的第一要务。一年来，常委会坚持围绕中心、服务大局，广泛动员和组织参加政协的各党派团体和各界人士，为推动经济社会又好又快发展建有据之言、献务实之策、尽精诚之力。

1. 围绕全市经济社会发展建言献策。常委会紧紧抓住转变发展方式、调整经济结构这个推动昭通跨越发展的核心问题，以各种会议、调研、活动为平台，以各项重点工作为牵引，以专委会和界别为纽带，以提案、调研报告为载体和途径，积极建言全市“十二五”规划的编制。一年来，市政协参加单位、广大政协委员利用参加市政府“十二五”新型工业化发展规划纲要听证会、配合省政协开展“云南省民族地区‘十二五’经济社会发展思路”、“‘十二五’社会事业协调发展”专题调研等机会，不仅就“十二五”总体规划的编制提出意见建议，还积极围绕工业、文化、旅游、民生、节能减排、少数民族地区经济社会发展等专项规划建言献策，为规划编制提供了有益参考。二届五次会议期间，委员们紧紧围绕市委“12346”发展思路和 2010 年工作重点，就加快全市重大工程建设、基础设施建设和产业培育发展步伐，全力推进工业强市、科教兴市、依法治市和可持续发展四大战略展开协商讨论，提出意见建议 90 余条，57 名委员作了会议发言。市政府主要领导和相关部门负责人到会听取委员发言，并对委员们的建议给予了充分肯定。21 次常委会议在听取市政府对半年经济工作运行情况的通报后，紧扣省委提出的“两强一堡”建设，积极组织委员围绕“四基地一屏障一走廊”的“411”发展定位和一圈一轴一带一片区一门户“五个一”的战略布局协商讨论、建言献策，12 名委员作了大会发言，提出意见建议 47 条。

2. 积极参与市委、市政府重大项目建设。2010 年，市委、市政府加大资金筹措力度，全面推进连接镇雄、彝良、威信、巧家等县的 8 条二级公路建设。按照市委的工作安排，市政协 2 名副主席带队督察昭巧等 4 条公路的建设进度。一年来，督察组深入施工第一线，认真查看工程进度和质量，努力帮助地方政府和施工单位协调关系，及时向市委、市政府反映工程建设中存在的困难和问题，提出改进工作的意见和建议，对加快公路建设进度、确保工程质量起到了积极的作用。1 名副主席积极配合市政府做好移民安置、招商引资等工作，参与市委、市政府举办的昭通资源深圳推介会、中国西部千里大峡谷暨昭通苹果上海推介会、昆明昭通商会回乡创业商谈、深圳企业家昭通投资考察等招商引资活动，在组织筹备和活动中牵线搭桥，积极开展联系联谊活动，努力协助市政府做好“走出去”与“请进来”工作，进一步拓展了全市对外开放领域。

3. 发挥政协优势服务地方发展。注重发挥驻昭省政协委员的作用，将昭通市发展过程中的一些难点问题通过省政协全会和常委会议，向省委、省政府和有关部门反映。积极配合省政协及其专门委员会在昭通开展“‘十二五’社会事业协调发展需要注意的问题”等4次调研视察活动，如实反映昭通情况，提出加大对昭通发展支持力度的意见和建议，既促成了一些问题的有效解决，又提高了昭通市政协的影响力。2010年初，结合昭通轨道交通滞后的实际，组织委员认真进行调研，及时通过驻昭省政协委员向省政协报送了《关于将隆黄铁路昭通段建设工程纳入云南省重大交通建设项目并给予资金支持的建议》，得到省政协的高度重视，在省政协的协调下，省铁路投资有限公司专门深入昭通与省政协委员面对面座谈，对促进隆黄铁路择道镇雄、威信两县和资金落实发挥了积极作用。

（二）坚持履职为民，高度关注和促进民生改善。坚持以人为本、履职为民的理念，鼓励引导政协委员深入实际、深入基层、深入群众，办利民惠民之事、献富民安民之策。一年来，常委会自觉把履行职能的实践与最广大人民群众的根本利益紧密联系起来，协助党委政府协调好、解决好事关群众切身利益的一些重大问题。

1. 开展重点调研收集民情。2010年，选择党委政府重视、人民群众关注、政协有条件做好的民生课题，分别组织委员、联合有关部门，就全市殡葬改革、中小学教师队伍建设与管理情况、全市农村最低生活保障工作展开重点调研，并形成调研报告报送市委、市政府。在充分了解全市殡葬改革实施情况后，调研组结合毗邻的贵州省六盘水市和四川省西昌市的殡葬改革情况，针对存在的火化率低、乱埋乱葬、丧葬大操大办等情况，提出了建立健全殡葬改革相关法规、加强队伍建设、开展丧葬秩序专项集中整治、积极探索殡葬改革长效管理机制等8条意见和建议。通过听取汇报、实地调研、问卷调查、座谈会等方式，调研组认真收集和了解全市中小学教师队伍建设与管理工作的基本情况、取得的经验和有效做法，就中小学教师数量总体不足、分布不均衡、结构不太合理；投入不足、农村教师住房极少，城乡结合部“走教”现象突出；教师培训基地发展滞后，培训针对性、实效性不强等问题，提出了提高教师待遇，不断改善农村中小学教师工作和生活条件；加大培训力度，提高中小学教师整体素质和业务水平；完善教师管理制度，进一步深化中小学人事制度改革等4个方面的建议。市政府和市直相关部门高度重视，对涉及的工作和建议都提出了改进的办法和措施。市委第四十九次常委会议专题研究市政协《关于全市农村最低生活保障工作的调研报告》，充分肯定了调研取得的成果，要求相关部门认真采纳调研报告中提出的意见和建议，积极推进农村低保工作的开展。

2. 推进提案工作落实民愿。做好提案工作，是反映民意、落实民愿、汇聚民力的有效举措。二届五次会议以来，政协委员和各参加单位共提交提案192件，立案180件，其中大多数是群众关注的热点问题。我们狠抓征集环节，严格把关，慎重立案，从源头上保证提案质量；狠抓办理环节，视察监督，提高落实质量。通过主席督办重点提案、联合调研、提案“回头看”等形式，使提案中反映的《关于解决我市失地农民可持续生计问题的建议》、《关于按国家规范规划建设绥江县淹没搬迁相关社会事业基础设施的建议》和《关于加快推广利用昭通中心城市管道天然气的建议》等涉及人民群众切身利益的意见建议得到采纳和落实，切实发挥了提案工作在促进民生改善和社会事业发展中的重要作用。

3. 投身抗灾救灾解决民困。在全市经历50年一遇的旱灾后，常委会把参与抗旱救灾作为最紧迫的任务，全力参与抗大旱、保民生、保春耕工作，及时将抗旱救灾列为重点视察，组织委员、各党派团体和有关部门负责人，深入重灾区，全面了解受灾情况，认真督促救灾措施的落实，并通过有关会议呼吁加大对全市水利建设的支持力度。巧家相继发生“7·13”泥石流、“8·29”地震等自然灾害后，市政协领导及时深入灾区查看灾情，协助市委、市政府及有关部门领导研究制定救灾方案，组织机关干部职工和社会各界人士积极为灾区群众捐款捐物，并及时向省政协和省级有关部门反映灾区情况和困难，通过多种渠道筹集价值近100万元的救灾物资和资金，协助解决灾区群众生产生活中的困难。

4. 深入基层一线服务民生。市政协领导干部认真贯彻落实市委关于“三联系两深入”制度的安排部署，带头深入县区、企业和扶贫点，开展蹲点调研，组织咨询服务。通过调研、座谈、研讨等方式，结合实际向当地党委政府提出了推进工作的意见和建议，尽力帮助协调解决工作中存在的困难和问题，积极推进市级领导挂钩重点项目和其他重点工作的顺利进行。加强对政协机关挂钩联系点巧家县老店镇红土村工作的指导，多方协调资金项目，为红土村的持续发展创造条件。

（三）拓展团结联谊平台，不断增强履行职能的实效。团结和民主是人民政协的两大主题，是政协工作的基本目标和任务。常委会突出政协工作的广泛参与性，坚持把促进大团结、大联合作为人民政协的重要工作，积极拓展团结联谊平台，切实调动政协各参加单位的主动性和创造性，推动各项工作取得新的成效。

1. 拓展民主党派、工商联、人民团

体参政议政平台。努力营造和谐环境，提供优质服务，积极促进各民主党派、工商联、参加政协的人民团体和无党派人士的团结合作，邀请他们参加政协的重要协商、调研、视察和考察等活动，支持他们在政协的各种会议上发表意见建议，为他们有序参与我市经济、政治、文化、社会建设拓展平台。市政协党组加强与各民主党派负责人的沟通联系，增进了团结，加强了合作。一年来，在市政协的组织协调下，各民主党派、工商联、有关人民团体充分发挥各自优势，积极履行职能，共形成调研报告15份，提交大会发言材料51篇，提出提案98件，充分体现了基本政治制度赋予他们参政议政的话语权。

2. 拓展专委会、政协委员发挥作用的工作平台。着力提升专委会工作水平，支持专委会加强自身建设、探索开展界别活动的有效途径、与相关部门开展对口协商。各专委会充分发挥专家多、联系部门多、接触委员多的优势，围绕常委会和主席会议的工作部署，切实做好学习座谈、调研视察、提案、反映社情民意信息等工作，为政协工作带来了生机、增添了活力。进一步加强与委员的联系，切实做好委员的服务保障工作，通过组织委员学习、外出考察、开展培训、参加界别活动，请党委、政府及有关部门负责人通报全市经济社会发展情况，帮助委员学习政策、深化认识、知情明政，更好地着眼于全市改革发展稳定大局提出意见建议，激发了委员履职的积极性。

3. 拓展与各级政协合作交往平台。通过交流互访、召开茶话会、座谈会及情况通报会等形式，密切与各级政协之间的联系。坚持全市政协系统秘书长暨办公室主任联席会议制度，与各县区政协联合开展视察、调研、培训等活动，形成上下联动、协调运作、优势互补的良好局面。积极向省政协和市委、市政府反映基层政协工作中的实际困难和问题，帮助落实资金，继续改善县区政协工作条件。成功承办了云南省8市文史工作联系会议，得到省、市有关领导的肯定和参会人员的好评。认真组织参加川滇黔赣冀5省20地市州政协联系会、红军长征沿线11省区30地州市联谊会和云贵川25县（市、区）政协区域经济发展研讨会议，有效拓宽了政协工作的视野。

4. 拓展政协经常性工作的延伸平台。积极探索文史存史资政与服务和谐文化建设相结合的新途径，充分挖掘文史团结育人与服务现实相融合的新方式，突出精品意识，体现地方特色，使文史工作呈现出了蓬勃发展的良好态势。编辑出版文史资料第九辑，策划、编辑了《巾帼乌蒙——昭通历史上的杰出女性》。组织文史委员对昭通历史遗迹和文化建设进行调研，通过大会发言和提案等形式，积极对全市和谐文化建设建言献策，有效地拓宽了文史工作为现实服务的途径。召开了全市政协系统宣传工作会议，充分利用《昭通日报》、昭通广播电台、电视台、《云南政协报》等媒体，不断加大对中国共产党领导的多党合作和政治协商制度及政协工作的宣传力度，积极推进中共中央和省、市委关于加强人民政协工作有关会议文件精神的学习贯彻落实，有效地促进了我市政协工作的开展。

（四）加强自身建设，不断提高履行职能的实效。加强自身建设，提高履职水平，是人民政协强基固本、发挥作用的关键所在。一年来，常委会主动适应新形势新任务的要求，全面加强政协自身的各项建设，努力为政协履行职能提供有力保障。

1. 突出理论学习。按照建设学习型组织的要求，通过常委会议专题学习、中心组学习、邀请专家举办专题讲座、组织学习交流、撰写心得体会、开设网上互动平台等多种形式，有计划、分层次、多形式地组织学习。一年来，结合开展创先争优和省、市委“三个一”主题实践活动，重点组织学习了中共十七届五中全会精神、胡锦涛同志在庆祝人民政协成立60周年大会上的重要讲话和省委政协工作会议精神，深刻领会科学发展观的新内涵、转变经济发展方式新要求和人民群众新期待，将人民政协工作的所思、所谋、所做与新形势新任务紧密联系。不断深化对人民政协工作特点和规律重要性的认识，形成以科学发展观统领政协工作新共识，增强了做好政协工作的责任感和使命感。

2. 突出组织作用。常委会协商议事严格按照“集体领导、民主集中、会议决定”的原则，力求使决策更加科学规范，更加符合实际，在政协工作中发挥了重要的组织领导作用。认真组织各党派团体、工商联、无党派人士等政协参加单位，充分发挥骨干作用和专业优势，在政协工作平台上，围绕党委政府中心工作积极协商建言，献智出力。认真组织各专门委员会发挥基础性作用，积极开展视察调研、对口联系、建言献策等活动，当好委员的主要联系者、调研的主要承担者、活动的主要组织者。认真组织全体政协委员发挥主体作用和行业模范的带动作用，在学习研究、建言献策、服务群众、遵章守纪上争当表率，做到了本职工作和政协工作“两不误”。按照省委的要求和市委的部署，常委会在全市范围内集中开展了贯彻落实《中共中央关于加强人民政协工作的意见》和省委《实施意见》的检查活动，认真总结了两个重要文件和市委《关于进一步加强人民政协工作的意见》颁发以来全市政协工作的基本情况和经验。通过一系列扎实有效的贯彻落实活动，全市政协工作呈现出党委领导坚强有力、政府支持尽心尽力、政协工作充满活力的良好局面。

3. 突出机关建设。始终坚持以思想建设为核心，制度建设为保障，努力强化政协机关的学习意识、责任意识、创新意识和表率意识。按照市委统一部署，认真开展“创先争优”主题活动，组织机关党员干部采取不同形式进行了广泛深人的学习讨论和自我剖析，针对存在问题，制订措施，认真整改。不断转变工作作风，增强工作活力。根据工作需要调整科室的工作职能，健全政协信息网络系统，规范了机关工作制度和工作程序。按照《党政领导干部选拔任用工作条例》，积极与市委组织部、统战部配合，做好机关干部的培养、选拔、交流和任用工作，进一步调动了机关干部的积极性。不断强化大局意识和服务意识，创新工作方法，提高了为履行职能服务、为全体委员服务的质量和水平。

各位委员，过去一年取得的成绩，是市委坚强领导，市人大、市政府大力支持，市政协各参加单位、各专委会和全体委员团结奋斗，各部门、各县区和社会各界密切配合的结果。在此，我代表市政协常委会，向关心支持政协事业发展进步的各位领导、同志们、朋友们表示衷心的感谢！

在肯定成绩的同时，应清醒地看到工作中存在的不足和问题。比如：如何进一步健全和完善民主监督机制，如何进一步加强和改进调研视察工作，如何进一步重视和发挥政协委员的作用等。真诚希望各位委员对常委会工作提出意见建议，帮助常委会把工作做得更好。

二、2011 年工作部署

2011 年是"十二五"发展的开局之年，做好今年的各项工作，对于"十二五"起好步、以优异成绩迎接中国共产党成立 90 周年，具有十分重要的意义。市政协要在中共昭通市委的领导下，全面贯彻落实中共十七大和十七届五中全会精神，深入学习贯彻胡锦涛同志在庆祝人民政协成立 60 周年大会上的重要讲话和省委政协工作会议精神，按照中共昭通市委二届十二次全会的总体部署和工作要求，紧紧围绕加快转变经济发展方式这条主线，把推进富民强市跨越发展目标和全市 2011 年"强基础、快发展，调结构、上水平，惠民生、促和谐"的工作要求作为政协履行职能的着力点，更好地协调关系、汇聚力量、建言献策、服务大局，努力在"十二五"初始之年为推进昭通富民强市跨越发展创造新业绩。

（一）全面贯彻落实市委二届十二次全会精神，为推动富民强市跨越赶超发展献计出力。市委二届十二次全会深入贯彻落实科学发展观，回顾总结"十一五"全市经济社会发展取得的成就和经验，全面分析当前和今后一个时期面临的形势和任务，明确"十二五"全市经济社会发展的目标任务和重大举措，安排部署 2011 年的各项工作。全会审议通过的"十二五"规划《建议》，紧紧围绕党的十七大、十七届五中全会和省委八届十次全会精神，全面贯彻中央关于"十二五"时期发展的指导思想、战略部署和目标任务，继承和发展市委二届七次全会以来市委对全面推进跨越发展的指导思想、重大战略部署等一系列精神，确定了"十二五"期间"411"的发展定位，坚持实施"12346"的发展思路和构建"五个一"的战略布局，充分体现了科学发展这一主题和加快转变经济发展方式这一主线，体现了开放与开发的同步发展，体现了经济与社会的协调发展，体现了人与自然的和谐发展，顺应全市广大干部群众加快发展的愿望和过上更好生活的期待，适应国际国内形势的新变化和我市经济社会发展的新情况，是一个全面贯彻中央精神、充分代表群众意愿、完全符合昭通实际、鲜明体现时代特征的规划建议。

各位委员，"十二五"时期是全市加快转变经济发展方式的攻坚期，是推进富民强市跨越发展的黄金期，是全面建设小康社会的关键期。面对千载难逢的重大发展机遇，常委会必须进一步强化政治意识、大局意识和责任意识，切实肩负起自己神圣的职责和光荣的使命，准确把握"十二五"时期我市经济社会发展的指导思想、总体思路、主题主线、目标任务和重大举措，切实把思想和行动统一到市委对形势的分析判断和对工作的总体部署上来，把智慧和力量凝聚到市委提出的奋斗目标和主要任务上来，努力在领会精神中统一思想，在把握实质中明确方向，在深化认识中推动工作。要深入学习贯彻市委二届十二次全会精神，进一步明确市委对"十二五"期间经济社会发展的新部署和新要求，准确把握人民政协工作的科学定位，积极探索人民政协工作的特点和规律，充分发挥人民政协在推进"12346"发展思路中的优势和作用，更加坚定地维护核心、围绕中心、凝聚人心，切实把人民政协履行职能的着力点放在服务"十二五"规划的实施上，放在对全市经济社会发展趋势的把握上，放在对统筹兼顾、科学发展的思考上，放在对改革发展稳定深层次问题的分析上，努力使政协工作的思路更加清晰，目标和方向更加明确，作用和实效更加突出，使人民政协工作成为推动"十二五"时期全市跨越发展的重要力量。

（二）积极履行政协职能，为实现"十二五"发展良好开局建言献策。今年是全市实施"十二五"规划的开局之年，市委二届十二次全会指明了当前和今后一个时期全市经济社会发展目标和战略措施，全市经济社会发展又站在了一个继往开来的历史起点上。市政协要紧紧围绕市委提出的"强基础、快发展，调结构、上水平，惠民生、促和谐"的工作要求，牢固树立科学发展理念，把转变经济发展方式、保持经济平稳较快发展作为人民政协履行职能的首要任务，积极为加快转变发展方式、调整经济结构、提高发展质量和效益贡献力量。要紧紧围绕经济结构调整、发展方式转变中的综合性、全局性、前瞻性的重大问题，选择重点项目建设、农村经济发展、发展新型工业化、产业布局、投融资体制改革、非公经济发展、文化旅游产业发展等重要问题开展专题调研，积极建言献策。要精心组织政协委员，通过例会、研讨、座谈、视察等形式开展协商议政活动，就区域合作、招商引资、工业结构调整、农村劳动力转移、增加农民收入、城镇建设、移民安置等重要问题提出对策建议，服务党委政府科学、民主决策。按照市委的要求，市政协今年将开展51个重点集镇建设、职业技术教育、“两基”巩固、农业产业化、农村危房改造等调研工作。政协各参加单位、广大政协委员要立足实际，积极创新组织方式和调研形式，深入开展调查研究，积极建言献策，提高参政议政水平。要广泛团结动员各方力量，调动一切积极因素，切实把参加政协的各党派、团体的积极性、主动性、创造性引导到推动科学发展上来，努力为推进全市“十二五”发展良好开局作出新贡献。

（三）充分发挥政协优势，为建设和谐昭通凝聚力量。“十二五”时期是全市跨越发展极为重要的战略机遇期，希望与困难同在，机遇与挑战并存。必须牢牢把握以稳定促发展、以发展保稳定的要求，以时不我待的精神和只争朝夕的气魄，积极投身到昭通富民强市跨越发展的主旋律中。政协委员来自各个界别、联系各方群众，人民政协开展群众工作具有独特优势。要认真总结各级政协组织开展群众工作的好经验好做法，积极探索新时期做好群众工作的新途径新载体新方法，逐步完善政协组织、政协委员和界别联系群众的工作机制。要畅通信息收集、报送和反馈渠道，及时准确地了解和把握经济社会发展过程中全局性、苗头性、倾向性问题，特别要高度重视全市在重大工程项目、城镇化建设、重点地区资源开发与环境保护推进工作中出现的一些热点难点问题。全体政协委员既要努力成为密切联系人民群众、反映群众意见诉求的重要渠道，成为党委政府舆情汇集和分析机制的重要方面，更要成为协助党委政府解疑释惑的重要力量，交朋友、保稳定，保稳定、促发展。民生问题不仅是传统意义上的社会事业发展问题，更是转变经济发展方式的出发点和落脚点，是重大政治问题。必须顺应人民群众过上更加美好幸福生活的新期待，围绕群众普遍关心的就业、教育、医疗、住房、物价、食品安全、收入分配、社会保障等民生问题，开展调查研究，反映社情民意，积极建言献策，协助党委政府做好团结群众、联系群众、服务群众的工作，凝聚民心民力，推动科学发展。政协委员要切实发挥本职岗位中的带头作用、政协工作中的主体作用、界别群众中的代表作用，常谋富民之策，常为利民之举，自觉承担社会责任，努力为群众解难事、办实事、做好事。

（四）始终加强自身建设，为政协事业发展增添活力。要立足时代前沿，在创新中激发前进动力，大力推进政协工作的科学化，坚持以科学理论指导政协工作，以科学制度保障政协工作，以科学方法推进政协工作，更好地认识和把握工作的特点和规律，以理论和实践的创新推动政协工作的新发展。要切实推进政协履行职能的制度化、规范化、程序化建设，丰富政治协商内容，完善民主监督机制，提高参政议政实效。要不断改进和完善会议、提案、视察、反映社情民意信息等工作方式和相关程序，提高政协工作的质量和水平。深入开展“创先争优”活动，加强机关思想、作风、组织、制度和廉政建设，努力提高机关干部的学习能力、创新能力、执行能力、合作共事能力。紧紧围绕市委、市政府中心工作，着力于“服务发展、服务委员、服务党派、服务界别”，以建设“学习型、服务型、效能型、和谐型”机关为目标，扎实推动市政协机关精神文明建设向纵深发展，使政协机关服务大局、服务中心、服务委员的各项工作不断上新台阶。

各位委员，“十一五”时期全市经济社会发展成就巨大，“十二五”规划的宏伟蓝图催人奋进，5年是个里程碑，5年是个新征程。要紧密团结在以胡锦涛同志为总书记的中共中央周围，高举中国特色社会主义伟大旗帜，以邓小平理论和“三个代表”重要思想为指导，深入贯彻落实科学发展观，在中共昭通市委的领导下，继往开来，再接再厉，以优异成绩迎接中国共产党成立90周年，为推进富民强市跨越发展的宏伟事业作出新的贡献！

昭通市人民检察院工作报告

——在昭通市第二届人民代表大会第七次会议上

（2011年3月19日）

昭通市人民检察院检察长　刘远清

各位代表：

现在，我代表市人民检察院向大会报告工作，请予审议，并请各位政协委员和列席会议的同志提出意见。

一、围绕大局，强化职能，全力为经济社会发展提供有力的司法保障

2010年，全市检察机关在市委和省检察院的领导下，在市人大、市政府、市政协和社会各界的监督支持下，深入学习实践科学发展观，紧紧围绕三项重点工作，认真贯彻市委二届十次、十一次全会精神，全面落实市二届人大六次会议决议和人大代表、政协委员对检察工作的意见、建议，坚持强基固本、固强补弱的发展思路，以强化法律监督、强化自身监督和强化高素质检察队伍建设为抓手，各项工作整体推进、协调发展。

（一）狠抓“四个结合”，化解社会矛盾成效明显。坚持以深入推进社会矛盾化解为主线，在抓结合、谋创新、求突破上着力，化解社会矛盾的能力和效果明显提升。

1. 抓贯彻宽严相济刑事政策与深入推进社会矛盾化解的有机结合。围绕市委“全力维护社会稳定，努力构建平安昭通”的决策部署，继续保持打击严重刑事犯罪的高压态势，批捕各类刑事犯罪案件1665件2721人，起诉1827件2920人。深入开展“打黑除恶”专项斗争，依法从快办理涉黑案件3件40人。严厉打击严重暴力犯罪和“两抢一盗”等多发性侵财犯罪，批捕故意杀人、故意伤害、强奸等严重暴力犯罪嫌疑人585人，起诉575人；批捕抢劫、抢夺、盗窃犯罪嫌疑人992人，起诉1037人。深入开展禁毒人民战争，批捕毒品犯罪嫌疑人256人，起诉280人。积极参与整顿和规范市场经济秩序工作，批捕非法经营、强迫交易、生产销售假冒伪劣商品等破坏市场经济秩序的犯罪嫌疑人48人，起诉45人；强化对烟草支柱产业的保护，批捕“涉烟”犯罪嫌疑人12人，起诉26人。围绕服务和保障民生，批捕拐卖妇女儿童、敲诈勒索等侵犯弱势群体合法权益的犯罪嫌疑人80人，起诉68人；支持弱势群体提起民事行政诉讼56件。进一步完善对轻微刑事案件从宽处理的工作机制，依法不批捕无逮捕必要的犯罪嫌疑人106人，不起诉情节轻微的犯罪嫌疑人26人，提出从轻、减轻处罚的量刑意见197件。

2. 抓查办职务犯罪与从深层次上化解社会矛盾的有机结合。围绕市委“努力推动反腐倡廉建设向纵深发展”和省检察院“继续加大办案力度”的要求，立办贪污贿赂案件92件94人、渎职侵权案件26件28人，其中大案88件、科级国家工作人员25人、处级国家工作人员2人，通过办案为国家挽回经济损失1075.19万元。围绕经济平稳较快发展大局，查办商业贿赂犯罪案件52件；积极投入工程建设领域突出问题专项治理工作，查办工程建设领域职务犯罪案件27件；及时介入重大安全事故调查，查办矿山安全领域职务犯罪案件16件；围绕人民群众最关心、最直接、最现实的问题，查办征地拆迁过程中的职务犯罪案件14件、涉农职务犯罪案件9件、救灾及扶贫中的职务犯罪案件7件。

3. 抓案件质量提升与社会矛盾源头预防的有机结合。深入推行审查逮捕每案必讯和侦查、批捕、起诉一体化防范及检察环节执法办案风险评估预警机制，质量保障体系更加健全。要求提供法庭审判证据意见书562件，决定退回补充侦查955件。不批捕证据不足案件136件271人，不起诉15件15人；不批捕不构成犯罪案件23件48人，不起诉5件5人。撤诉率、无罪判决率、撤抗率、破坏市场经济秩序犯罪案件相对不起诉率继续保持为零，刑事提抗率为7.8‰，抗诉意见采纳率继续保持100%，职务犯罪案件不起诉率为2.59%，普通刑事案件相对不起诉率为0.91%，案件质量继续巩固，多项比率居全省先进行列，有效防止因执法过错或失误引发新的社会矛盾，诱发新的涉检信访。

4. 抓信访工作与社会矛盾化解的有机结合。坚持首办责任制、下访接访等工作制度，开展涉法涉诉开门大接访活动2次，市、县区检察长下访接访59次；及时分流处理来信来访1847件，办结涉检信访积案26件，维持原决定17

件,改变原决定9件;耐心做好98名申诉人的服判息诉工作,努力做到案结事了人和。积极协调有关部门救助生活确有困难的刑事被害人11人,发放救助金11.2万元。

(二)注重"三个强化",努力促进社会管理创新。1. 强化职务犯罪预防职能,把预防职务犯罪作为促进社会管理创新的有力举措,促进惩治和预防腐败体系建设。围绕溪洛渡、向家坝电站、8条二级公路等重大工程建设及征地拆迁、涉农资金管理使用、群众反映强烈的问题和查办的典型职务犯罪案件等立项开展预防94件,撰写预防调研报告91份,其中1份被高检院转发全国检察机关借鉴,89份引起市、县区党委、政府领导重视并批示落实;开展预防警示宣传教育321场次、预防咨询392次、行贿犯罪档案查询2127次、检察约谈22次。制定了昭通市检察机关《立项预防分级管理实施方案》、《重点工程预防三级预警机制实施方案》和《集中开展"预防工程建设领域职务犯罪推进社会管理创新"专项预防工作实施方案》等制度,预防工作规范化建设深入推进。

2. 强化综治维稳职能,促进社会管理创新。主动参与社会治安重点地区排查整治工作,认真落实检察环节的社会治安综合治理措施。积极投入抗旱救灾、维护校园及周边治安秩序、移民工作等综治维稳热点、难点问题的处置;加强对扶贫联系点的帮扶,市检察院挂钩帮扶的镇雄县罗坎镇花园大桥竣工;加强对禁毒联系点的工作指导;依法开展社区矫正法律监督工作,及时监督纠正脱管、漏管违法情形19件次;对全市12个看守所联合开展专项稽查,针对存在的问题提出了8个方面29条整改意见,促进了监管场所依法、文明、科学管理;积极配合相关部门和基层组织加强对社区服刑人员的帮教、管理,妥善安置刑释解教人员;加强对违法犯罪青少年的教育挽救,建立青少年维权点15个,对111名未成年犯进行回访帮教;建立健全涉检网络舆情分析研判、重大事件快速应对等机制,应对涉检网络舆情取得明显成效。

3. 进一步强化检察建议的运用,促进有关单位建章立制。结合执法办案深入分析研判社会治安形势,注重从办案中发现社会管理漏洞和制度缺陷,加强调查研究,有针对性地提出消除隐患、规范管理、完善制度的检察建议543份,促进相关单位、部门建立健全制度281项。

(三)加强"两个监督",大力促进公正廉洁执法。1. 加强诉讼监督取得新进展。深入贯彻省人大常委会《关于进一步加强全省各级人民检察院对诉讼活动法律监督的决议》,监督公安机关立案96件,撤案60件,追捕漏犯42人,追诉漏犯52人;提出刑事抗诉13件,法院审结并改判11件,发回重审1件;提出量刑建议336件,法院审结307件,采纳建议262件;提请抗诉民事行政案件36件,提出抗诉2件,法院审结12件,改判或发回重审9件;纠正侦查违法情形182件次、审判违法情形17件次、监管违法情形95次、不当提请减刑案件5件。

2. 加强自身监督取得新进步。两级检察院侦查监督、公诉部门介入反贪、反渎部门侦查案件17件次,纠正职务犯罪侦查中的不当情形10件次;批捕职务犯罪案件19件22人,不批捕4件4人,不起诉3件3人。主动邀请人大代表、政协委员视察检察工作,接受人大、政协及社会各界监督的意识进一步增强;全面加强人民监督员和特约检察员工作,人民监督员监督评议"三类"案件6件、"五种情形"案件31件。

(四)注重自身建设,提升队伍整体素质。一是进一步加强领导班子建设。坚持民主集中制原则,强化"治检先治长"理念,严格执行诫勉谈话、述职述廉、重大事项报告制度,两级检察院领导班子的凝聚力、执行力和战斗力不断增强。二是进一步加强队伍专业化建设。先后组织300余人次参加各类学习和培训,同比上升111%;开办了103人参加的两个法律本科学历教学班;精心组织62名干警参加司法考试,36人获通过,通过率58.1%。三是大力开展创先争优活动。全市检察机关共有20个集体、9名个人受到市级以上表彰,其中,彝良县检察院被高检院评为"全国先进基层检察院",3个县级检察院控申举报接待室被评为全国检察机关"文明接待室",威信县检察院反渎局被高检院表彰为先进集体,市检察院及7个县级检察院被命名为省级"文明单位",水富县检察院被评为省级"优秀青少年维权岗",重点调研课题《检察机关参与社区矫正中的法律监督问题》被省检察院评为二等奖。四是执法规范化建设深入推进。深入开展为期一个月的办案安全整改活动,在取得成效的基础上,狠抓办案安全的长效机制建设;大力推行检务督察、执法业绩档案和执法过错责任追究制度,严格执行职务犯罪案件审查逮捕报上一级检察院审查决定以及撤案、不起诉报上一级检察院批准等制度,执法规范化建设取得新成效。五是纪律作风建设全面加强。以"反特权思想、反霸道作风"专项教育活动为载体,坚持党风廉政建设、办案安全、纪律作风建设与检察业务建设同研究、同部署、同落实、同检查、同奖惩,严肃处理了"3·26"办案安全责任事故的责任人。六是检务保障建设稳步推进。两级检察院全部实现经费预算达标;运用中央和省级政法转移支付资金改善装备及交通工具,完成行政执法与刑事司法共享平台、网络信任体系、新版办公软件推广和执法业绩档案建设,固定资产实现规范化管理,债务化解取得实效。

一年来,全市检察工作有了新的进步,这是党委领导、人大监督和政府、政协及社会各界监督、支持的结果,各位人大代表、政协委员对检察工作提出了许多宝贵的意见和建议，给予很多支持和关心，帮助解决了许多困难和问题。在此，我谨代表全市检察机关和全体检察人员，向你们表示衷心的感谢和诚挚的谢意！

看到成绩的同时，也应清醒地认识到，工作中还存在一些不足和差距：一是深入推进三项重点工作的思路还不够开阔，抓结合、借鉴、总结、宣传还不够有力，成效还不够明显。二是科学的执法观、实事求是的政绩观、全面协调可持续的发展观还树得不够牢固。三是队伍建设方面人才难进、人才难留、人才短缺的矛盾仍然突出。四是县级检察院公用经费保障机制有待进一步完善，"两房"新建重建任务重。对此，全市检察机关将高度重视，采取有效措施，切实加以解决。

二、统筹兼顾，加大力度，全力推动全市检察工作科学发展

2011年，全市检察机关将围绕三项重点工作，认真贯彻市委二届十二次全会和本次会议精神，坚持把检察工作置于全市经济社会发展大局中来谋划和推进，继续加大强基固本、固强补弱的力度，在统筹推动各项检察工作中努力为"十二五"开好局、起好步提供更加有力的司法保障。

（一）继续强化打击、监督、教育、保护职能，深入推进社会矛盾化解。加大对黑恶势力、"两抢一盗"、毒品、拐卖妇女儿童、制售假冒伪劣商品尤其是食品药品等犯罪的惩治力度，全力促进社会和谐稳定；加大惩治破坏市场经济秩序、涉及"三农"、破坏环境资源、侵犯知识产权等犯罪的力度，保障和促进经济平稳较快发展。按照市委"继续保持查办案件的高压态势，强化纪检监察、公检法等相关职能部门的协调配合"的要求，严肃查办发生在重点领域和关键环节以及教育、就业、社会保障、医药卫生、食品安全、住房保障、征地拆迁、安全生产等民生领域的职务犯罪；深入贯彻中央《关于加大惩治和预防渎职侵权违法犯罪工作力度的若干意见》，全面加强渎职侵权检察工作，努力从深层次上化解社会矛盾。认真履行检察环节的社会治安综合治理职责，落实好调解优先原则，健全检调对接和刑事被害人救助工作机制，加强对涉检信访的释法说理、心理疏导，强化执法办案风险评估，预防和减少新的涉检信访。

（二）充分发挥预防、帮教、检察建议等职能作用，深入推进社会管理创新。坚持把预防职务犯罪工作作为促进社会管理创新，推进惩治和预防腐败体系建设的重要手段，立足检察职能，以开展专项预防、预防调查、预防咨询、典型案例剖析、行贿犯罪档案查询、警示宣传教育等工作为依托，着力提升预防质量和效果。更加注重在执法办案中发现社会管理的漏洞和制度缺陷，及时提出强化社会管理的对策建议。充分发挥检察机关参与社会治安重点地区排查、整治和平安创建等社会管理职能作用，强化社区矫正监督，加强对服刑人员特别是监外执行罪犯、刑满释放人员等特殊人群的帮教管理。继续加强对违法犯罪青少年的教育挽救和维权帮教工作。加强涉检舆情监测研判预警、舆论引导应对和新闻发布等机制，不断提升检察机关舆情应对能力。

（三）全面履行诉讼监督职责，大力促进公正廉洁执法。深入贯彻落实省人大常委会《决议》，进一步加强和改进诉讼监督工作。坚持依法监督与规范监督并重，加强与有关部门的协调配合、相互制约，强化立案监督、侦查活动监督、审判监督、民事行政诉讼监督、刑罚执行和监管活动监督，形成多种监督方式并举的多元化诉讼监督工作格局，确保促进公正廉洁执法取得新的进步。

（四）狠抓队伍建设，着力提升检察队伍的执法公信力。以"忠诚、公正、清廉、文明"为导向，深入开展"发扬传统、坚定信念、执法为民"主题教育实践活动和创先争优活动。以领导班子建设为龙头，着力提升凝聚力和战斗力。以队伍专业化建设为方向，深入实施人才强检战略，加强岗位练兵，强化业务尖子、办案能手的培养选拔，运用先进典型引领队伍建设健康发展。自觉接受党的领导，人大及政协的监督，认真对待人大代表、政协委员及人民群众的批评、意见和建议；充分发挥人民监督员、特约检察员的监督作用，全面推行人民监督员对"七类案件或事项"的监督；进一步强化自身监督，健全内部监督制约机制，认真落实《检察官职业行为基本规范（试行）》、《检察机关执法工作基本规范（2010年版）》，严格执行《廉政准则》和党风廉政建设责任制，坚决查处检察人员违法违纪案件，大力促进自身公正廉洁执法。

各位代表，在新的一年里，我们将在市委和省检察院的领导下，认真贯彻落实本次大会决议，进一步振奋精神，坚定信心，真抓实干，奋力拼搏，努力推动全市检察工作再上新台阶，为保持经济平稳较快发展，促进社会和谐稳定作出新的更大的贡献，以优异的成绩向中国共产党90华诞献礼！

昭通市中级人民法院工作报告

——在昭通市第二届人民代表大会第七次会议上

（2011 年 3 月 19 日）

昭通市中级人民法院院长　陈　昌

各位代表：

我代表昭通市中级人民法院向大会报告工作，请予审议，并请市政协委员和列席人员提出意见。

一、2010 年主要工作情况

2010 年，全市法院坚持以科学发展观为指导，践行社会主义法治理念，紧紧围绕市二届人大六次会议确定的目标任务，认真落实"三项重点工作"的相关要求，强化队伍建设，全力推进以审判为中心的各项工作，取得了积极成效。

（一）注重素质提升，队伍建设稳步开展。以"创先争优"活动为龙头，扎实开展"人民法官为人民"主题实践活动和"公正、廉洁、为民"司法核心价值观专题教育活动，不断增强法官干警的政治意识、大局意识和服务意识。重视机关党建工作，充分发挥党员法官干警的模范带头作用，深化"三个一"实践活动；推进学习型法院建设，积极开展"三读"活动，支持法官干警参加在职研究生学习；着力培养初任法官，鼓励干警参加司法考试，全市法院司法考试过线 26 人，取得良好成绩；加大培训力度，组织法官干警参加上级法院及有关单位各种培训近 800 人（次），参培人数为历年之最。坚持正确用人导向，通过竞争上岗选拔了部分科级干部，优化了中层干部结构；争取党委和组织人事部门的关心，解决了一批长期在审判一线工作的法官干警的职级待遇。强化廉政建设，继续实行廉政风险保证金及"一案一承诺"等制度，适时组织开展廉政专题教育活动，增强法官干警防范和抵御风险的意识和能力。通过学习、教育、培训、关心多措并举，队伍建设取得了积极成效，全市法院共有 16 个集体和 73 名法官、干警分别受到市委、市政府及上级有关方面的表彰奖励。市中院法官王正云被最高法院表彰为办案标兵，永善县法院黄华法庭被省高院表彰为优秀法庭。

（二）注重职能发挥，审判工作不断强化。突出工作重心，以维护社会稳定和促进和谐为目标，充分发挥刑事审判打击保护、民事审判调整化解及行政审判维护促进的职能作用；积极推进量刑规范化工作，注意听取采纳公诉机关的量刑建议；加强基础业务建设，突出院、庭长在案件质量把关中的作用；健全和完善涉诉信访终结、执行救助案件一次性终了、审判过错责任追究、重大事项报告处理回复及巡回审判等工作机制，强化年度工作考核评价、案件跟踪督办等措施，认真组织庭审观摩及案件质量评查，审判工作得到全面加强。全年共受理一审案件 9978 件，其中刑事一审案件 2058 件，同比上升 3.47%；民事一审案件 7823 件，同比上升 5.89%；行政一审案件 97 件，同比上升 5.43%。加大二审指导力度，注意总结办案经验，促进一审办案质量提高。共受理二审案件 1211 件（其中刑事二审案件 218 件，同比下降 20.73%；民事二审案件 945 件，同比上升 0.64%；行政二审案件 48 件，同比减少 17.24%）。县区法院刑事案件上诉率 12.01%，同比下降 1.14%；民事案件上诉率 12.53%，同比下降 0.61%；行政案件上诉率 55.81%，同比下降 9.36%。坚持依法纠错与维护既判力并重，共受理再审案件 51 件（其中刑事再审案件 9 件，同比持平；民事再审案件 34 件，同比下降 72.1%；行政再审案件 8 件）。全年共审结各类案件 10897 件，结案率 96.95%。积极支持配合监狱改造罪犯工作，依法办理减刑、假释案件 707 件。

（三）注重多措并举，清积成效得到巩固。认真做好集中清理执行积案活动的总结工作，巩固"清积"成效。切实发挥执行救助资金的"解困"作用，全市法院共筹集执行救助资金 200 余万元，对 148 名执行申请人进行了救助。积极开展无执行积案法院争创活动，鲁甸县法院注重从源头上预防执行积案的发生，"创无"成效突出，成为全省法院的先进典型之一。在"清积"活动中，共有 2 个集体及 5 名个人受到省委政法委和省高院的表彰。加强执行应急能力建设；推进立、审、执协调配合，重视执行和解工作，把教育疏导贯穿于案件执行全过程；积极发挥执行工作联席会议制度及执行联动机制的作用，充分调动和利用社会力量促进执行工作；强化绩效考核和行为监督，执行管理更加规范。全市法院共受理执行案件2408件，同比下降22.55%；执结2192件，执结率91.03%，同比上升1.48%；兑现标的14696.62万元。

（四）注重矛盾化解，积极回应社会期待。落实宽严相济刑事司法政策，加大刑事附带民事案件的调解力度，积极探索轻微刑事案件的民事化处理，推进刑事被害人救助工作，充分发挥刑罚手段平衡和化解社会矛盾的功能。全市法院坚持以群众工作统揽审判工作，积极探索整合和利用人民调解、行政调解力量来促进诉讼调解，放大中心法庭在推进调解工作中的社会效应，将调解贯穿于庭前、庭中、庭后各个环节；积极开展诉前调解工作，各县区法院设立了诉前调解室或安排专人在立案庭负责诉前调解，鲁甸、威信两县法院经批准成立了诉前矛盾纠纷调处机构，鲁甸、大关等县政府还划拨了诉讼调解专项经费。鲁甸县法院依托诉讼调处中心强化诉前调解和诉调对接工作，全院民事案件调撤率达73.39%，被作为典型经验在全省法院院长会上进行交流。全市法院共通过调解方式办结一审民事案件3752件、撤诉1206件，调撤率65.32%，同比上升2.68%。

（五）注重作风转变，不断改进服务方式。加强立案窗口建设，完善便民利民措施，两级法院均推行了立案窗口一站式服务；加大了诉讼费减、缓、免力度，共对1307件案件减、缓、免诉讼费95.98万元；畅通诉求表达渠道，受理申诉、申请再审案件129件，同比上升98.46%，已全部办结。审判综合楼及有条件的中心法庭设置了无障碍通道，新建的审判综合楼及中心法庭还统筹考虑了残疾人使用的卫生间等设施，体现了司法的人文关怀。通过深入乡村巡回审判、开展法制宣传、推行便民联系卡等方式，增进人民法院与乡镇党委、政府之间的了解和沟通，拉近法官与群众之间的距离。共采用巡回方式审理刑事、民事一审案件2883件，占同类已结案件的29.71%。全年共发出司法建议12件，内容主要涉及乡村公路建设爆炸物品管理、规范房屋产权办证、侦查监督、违法建设用地监管、规范劳动执法行为、校园安全、医药管理等方面，较好地促进了社会管理工作。办理群众来信2604件，同比下降21.99%；接待群众来访4988人（次），同比下降9.96%。落实省院司法巡查组的意见建议，对工作中存在的不足进行了及时整改；强化警用车辆管理，共对69辆警车作了“改牌去标”；实行机关纪律作风综合督查，适时开展对县区法院的巡查工作，对存在问题督促纠正。充分发挥人民陪审员的作用，陪审员参加审判的案件共2112件，占一审普通程序结案4730件的44.65%，同比上升0.25%。推行“阳光司法”，邀请人大代表、政协委员通过旁听案件庭审及视察法院等形式接受监督254人（次），同比上升57.76%。邀请同级检察院检察长列席审判委员会33次，讨论案件50件，同比上升11.11%。

（六）注重统筹兼顾，相关工作整体推进。立足审判实务需要，有针对性地开展调研工作。按时完成了2009年最高法院安排的1个重点调研课题及省高院发布的3个重点调研课题，其中1个课题获得全省法院调研成果一等奖；中标并完成省高院2010年确定的重点调研课题1个，全市法院调研成果集《乌蒙法思》已由人民法院出版社出版。举办以“能动司法”为主题的论文评比活动和“人民法官为人民”主题演讲比赛，积极完成全国法院学术讨论会及中国审判案例要览等组稿任务，加强宣传及信息工作，倡导和弘扬社会主义司法核心价值观，依靠党群组织开展健康有益的文化活动，丰富了文化建设载体。全年共通过平面媒体、网络及广播电视等媒体采用新闻稿件10188件，有效地宣传法制，促进了两级法院的工作。扎实推进中心法庭建设，全市列入建设项目的35个中心法庭已有16个建成投入使用，12个正在建设中，7个正在积极筹建，法庭驻地党委、政府在建设用地及资金配套方面给予了大力支持；加大信息化建设力度，已实现市中院到各县区法院的三级专网联通。抢抓机遇推进审判法庭建设，市中院及昭阳、大关、水富、绥江四县区法院新建审判综合楼工程及鲁甸、威信、盐津三县法院审判综合楼扩建工程共争取到上级专项资金2856万元（其中中央预算内资金1300万元、省级配套资金1556万元），项目实施前期工作进展顺利。水富县法院新审判综合楼即将投入使用。

各位代表，2010年全市法院工作的发展与进步，是党委坚强领导，人大、政协有力监督，政府大力支持和有关部门关心帮助的结果。在此，我代表全市法官干警表示感谢！同时，也清醒地看到工作中存在的问题和不足：一是法官干警服务意识有待强化，群众工作水平需要进一步提升；二是审判力量不足与审判任务不断增加的矛盾突出，特别是基层一线办案力量明显紧张；三是各县区法院之间的工作发展不够平衡，个别法院在一些工作中长期没有起色。这些不足和差距需要在今后的工作中逐步加以解决和克服。

二、2011年重点工作思路

2011年，全市法院将坚持以科学发展观为统领，以“三个至上”为指导，认真贯彻落实市委二届十二次全会、全市政法工作会和全省法院院长会议精神，积极争取党委领导和上级法院的指导，紧紧围绕全市经济社会发展大局，选准审判工作与“三项重点工作”的结合点和着力点，改进工作中的薄弱环节，务求各项工作在“十二五”开局之年取得新进展。

（一）扎实推进三项重点工作。1.不断加大社会矛盾化解力度。充分发挥刑罚手段化解社会矛盾的职能作用，从严打击严重危害社会稳定和群众安全感的犯罪，惩治贪污、贿赂和渎职侵权犯罪；强化刑事附带民事案件调解工作，探索刑事被告人财产清查、登记、保全机制及轻微刑事案件民事化处理；依法审理未成年人犯罪案件，正确适用非监禁刑，积极开展刑事被害人救助工作，保护人民群众生命财产安全，维护国家根本利益。大力开展诉讼调解，积极推进民事案件速裁，发挥好人民法院在"大调解"格局中的主力军作用，引导当事人就近、就地选择人民调解、行政调解、行业调解等方式化解纠纷，形成解决社会矛盾纠纷的整体合力。认真审理行政案件，化解行政争议，平衡政群关系。以争创无执行积案法院为抓手，采取新措施、探索新方法、开辟新途径，不断加大执行力度，切实维护债权人的合法权益，回应社会对司法权威的期待。进一步重视涉诉信访工作，认真落实领导包案责任制，组织力量对重信重访、到省进京上访、发回重审、改判、再审、执行复议等案件进行重点评查，总结经验教训，提高群众工作水平，努力消化涉诉信访积案。严格实行责任倒查，采取有力措施，从源头上预防因执法不严、作风不实、裁判不公而产生的涉诉信访问题。

2. 积极参与支持社会管理创新。切实抓好刑事、民事、行政等各项审判工作，以办理好每一件案件、做好每一项工作参与和支持社会管理创新；对有利于强化和改进社会管理，促进社会和谐稳定的政策、措施和方法，运用司法手段予以充分支持和保护，审理好相关案件。认真落实司法为民的各项措施，改进和创新内部管理，坚持能动司法，让人民群众更加方便地行使诉权，更加便捷地参与诉讼，更加有效地获得保护和救济。积极参与特殊人群帮教管理、社会治安综合治理、网络虚拟社会管理等工作，为妥善处理各类群体性事件和个人极端事件提供良好的司法服务；切实贯彻宽严相济刑事政策，扎实推进量刑规范化工作，完善监督机制，努力实现量刑的公开、透明、公正，最大限度地减少社会对抗。提高民事案件审判的质量和效率，弥合利益纷争，努力维护诚信、公平、和谐的社会秩序。合理运用司法审查手段规范行政行为，通过审理案件发现问题和不足，提出改进和完善行政管理的意见和建议。依托审判工作，积极围绕社会热、难点问题开展调研，主动向有关方面反映社会管理工作存在的薄弱环节，更好地配合和支持有关部门形成科学有效的利益协调机制、诉求表达机制、矛盾调处机制和权益保障机制，提升社会管理水平。

3. 认真落实公正廉洁执法要求。深化"公正、廉洁、为民"司法核心价值观教育，引导法官、干警自觉遵守和执行《法官职业道德规范》和《法官职业道德基本准则》，慎用手中的审判权和执行权。坚持以公开促公正，完善院、庭长及审判委员会对案件把关的制度，利用现代信息技术强化案件流程管理，增强案件审判和执行的透明度，提高案件质量，确保办案公正。不断增强政治意识及民主意识、民生意识，牢固树立群众观念，加强司法作风建设，自觉接受党委领导、人大和政协监督，切实发挥人民陪审员、廉政监督员及廉政监察员等监督力量在促进法院工作发展中的重要作用，强化市中院对县区法院的督促指导职能，及时发现和纠正工作中存在的问题。严格执行《人民法院工作人员处分条例》，对违纪违法人员及时查处，从严处理，决不姑息护短。

（二）努力抓好三项建设。1. 抓好队伍建设。认真开展"发扬传统、坚定信念、执法为民"主题教育实践活动，强化法官、干警的思想政治教育，进一步坚定队伍的理想信念。立足学习型机关建设，树立人才立院、人才兴院的理念，积极创造条件让法官、干警在学历教育、审判技能、专业素养，特别是政治理论方面得到强化和提升。健全完善选人用人机制，加强与市、县区有关方面的沟通和协调，逐步形成干部有进有出的良性互动局面。重视"执行力"建设，加强巡查督促工作，确保各项任务落到实处。积极开展创先争优活动，培育先进典型，树立工作模范，弘扬优良风气。

2. 抓好文化建设。把培养和造就一支政治坚定、业务过硬、一心为民、公正廉洁的队伍作为法院文化建设的核心，围绕庆祝建党90周年积极开展健康向上的文化活动，全面提升法官、干警的思想境界、职业操守、人文素养。深入研判各种新情况、新问题，及时总结报送动态信息，为推进法院工作全面发展服务。进一步拓展法制宣传的广度和深度，积极与各种媒体互动，创造良好的司法舆情；突出重点，盯住实践中的难点和热点问题开展调研，增强调研成果的实用性。举办好第二届"天平杯"篮球运动会及第四届法苑杯书画摄影比赛，组织好社会矛盾纠纷化解工作创新论坛及优秀法律文书评比等活动，进一步提升"文化育院"的质量和水平。

3. 抓好基础建设。坚持重心下移，进一步夯实基层审判一线工作，充分发挥人民法庭维护稳定、化解矛盾纠纷的前沿阵地作用。重视审判法庭硬件建设，积极争取上级有关方面的关心和支持，推动包括市中院在内上级已安排专款的5个新建法院审判综合楼及3个县法院审判综合楼扩建工程，全面完成中心法庭建设任务。认真落实上级法院关于信息化建设的要求，抓好数字化法庭、数字化审委会、信息网络管理中心三项建设，建立完善当事人信息查询系统、电子档案查询系统、网上信访系统、网络举报系统，逐步实现审判执行人员业绩、廉政档案、多发性案件法律文书及司法统计报表自动生成的目标，不断强化审判硬件基础。注重沟通协调，充分调动各方面的有利因素，逐步解决制约全市法院工作科学发展的突出问题，更好地促进以审判为中心的各项工作有效开展。

（三）不断强化三项管理。1. 强化审判事务管理。积极争取市、县区党委和编办的关心支持，健全审判管理机构，完善管理制度，理顺关系、明确职责、配强力量，切实发挥好审判管理办公室对审判委员会日常事务、审判流程监管、审判质量效率评估和审判运行态势分析、案件质量评查、业务指导、司法统计、审判绩效管理、案件督办等方面的作用。充分利用现代科技手段，推行网上办案及裁判文书网上公开，切实增强案件立、审、执各个环节的透明度，防止和杜绝久拖不立、久审不决、久执不结的问题，不断提高审判和执行工作效率。

2. 强化队伍绩效管理。进一步完善队伍管理制度，细化业绩考评规则，有针对性地设置考核内容及标准，提高法官、干警业绩管理的科学性、规范性和可操作性。健全法官、干警绩效档案，运用科技手段强化绩效管理，努力实现法官、干警个人业绩考核的公平、公正，并将个人业绩考核结果作为选拔干部、评先评优、进行奖惩的重要依据，有效调动法官、干警的工作积极性。改进干部竞争上岗选拔机制，培养干部的进取精神和敬业意识，营造良好的用人环境。

3. 强化后勤服务管理。加强对基础设施建设和装备项目资金的管理，健全完善财务管理制度，做到量入为出，充分发挥各项资金的最大效益。重视审判信息安全，筑牢“防火墙”，严防涉密信息外泄。增强安全意识，加大安保设施的投入，实行人防与技防相结合，确保办案场所和涉诉人员的人身安全。

各位代表，随着“十二五”规划目标的实施，昭通又将迎来新的一轮大开发、大建设、大发展。使命光荣，责任重大。全市法院将认真贯彻落实此次会议精神，紧紧围绕市委、市政府的中心工作抓好服务，扎实推进以审判为心的各项工作，为实现昭通富民强市新跨越的宏伟目标提供更加有力的司法保障。

关于昭通市2010年国民经济和社会发展计划执行情况与2011年国民经济和社会发展计划草案的报告

——在昭通市第二届人民代表大会第七次会议上

（2011年3月17日）

昭通市发展和改革委员会

各位代表：

受市人民政府的委托，现将昭通市2010年国民经济和社会发展计划执行情况与2011年国民经济和社会发展计划草案提请会议审查，并请市政协委员和其他列席人员提出意见。

一、2010年国民经济和社会发展计划执行情况

2010年，在市委的坚强领导下，全市上下坚持以科学发展观统领经济社会发展全局，认真贯彻落实国家和省的一系列方针政策，围绕富民强市新跨越目标和“12346”发展思路，解放思想、锐意进取，抢抓机遇、克难攻坚，采取各种有效措施，真抓实干，积极应对百年不遇的严重旱灾和特大泥石流、暴雨洪涝等自然灾害，经济社会呈现持续向好、加快发展的良好势头，圆满完成市二届人大六次会议确定的各项经济社会发展指标。

据统计，全市生产总值完成379.6亿元，同比增长14.2%，超计划目标3.2个百分点，增幅比全国、全省分别高3.9个和1.9个百分点。其中，第一、二、三产业增加值分别为74.1亿元、174.8亿元和130.7亿元，同比分别增长4.9%、19.9%和12.7%。地方财政一般预算收入完成25.6亿元，同比增长23.2%，超预算目标9.5个百分点。全社会固定资产投资完成356.1亿元，同比增长41.4%，超计划目标16.4个百分点。社会消费品零售总额完成105.7亿元，同比增长20.3%，超计划目标5.3个百分点。城镇居民人均可支配收入和农民人均纯收入分别达到12295元和2768元，分别增长10.2%和13.2%。居民消费价格指数为103。全面完成单位生产总值能耗下降指标任务，人口自然增长率8.16‰，城镇登记失业率控制在4.4%以内。

（一）农村经济持续发展，扶贫工作稳步推进。全市完成农林牧渔现价总产值115.6亿元，同比增长5.4%。粮食产量达176万吨，同比增长7.1%，创历史新高。烤烟收购111.2万担，圆满完成收购任务。畜牧业继续保持良好发展态势，实现现价产值55.87亿元，同比增长9.2%；肉类总产量达39.37万吨，同比增长10.6%。

农业结构调整进一步优化。畜牧、马铃薯、果蔬、魔芋、蚕桑、竹子、天麻等优势产业培育发展和农业产业化经营步伐加快，龙头企业不断发展壮大，省级龙头企业达到16户，市级龙头企业达到39户。

农业基础设施进一步加强。水富铜锣坝、镇雄林口水库枢纽工程完工，绥江罗汉坪、彝良双河等重点水利项目建设速度加快，昭阳永丰、跳墩河中型水库除险加固工程和镇雄大水沟水库工程通过省级竣工验收。大关罗汉坝、鲁甸砚池山等19件小（一）型水库除险加固工程通过市级验收。巧家炉房水库灌区工程、长海水库除险加固等工程顺利完工。巧家小海子、鲁甸月亮湾等中型水库前期工作稳步开展。农村饮水安全和农村学校饮水安全工程扎实推进，解决了50.1万农村人口饮水安全问题。

深入抓好扶贫开发工作，整乡推进试点项目进展顺利、整县推进项目启动实施，产业扶贫、易地开发扶贫、革命老区开发和到户贷款等项目有序推进，“百千万帮扶工程”深入开展，共解决11.5万贫困人口的温饱问题。劳动力资源开发取得新成效，累计转移输出农村劳动力123.5万人，实现务工纯收入71.5亿元。

（二）工业经济快速增长，企业效益稳步提高。全市工业增加值实现132.6

亿元,同比增长 19.5%,工业总产值实现263.4 亿元,同比增长 19.7%。其中,规模以上工业实现产值 205.1 亿元,同比增长 16.8%。规模以下工业继续保持快速增长势头,实现产值 58.4 亿元,同比增长 34.9%。

主要行业运行情况良好。烟草加工业继续增长,生产卷烟 53.1 万箱,同比增长 3.4%,实现产值 47.3 亿元,单箱产值同比提高 728 元。煤炭企业因市场价格逐步回升,产量和效益大幅增长,完成1738 万吨,同比增长 20.7%。电力企业随着干旱的逐步缓解,发电量达 52 亿度,同比增长 29.1%。铅锌等有色金属价格高位震荡,铅锌采选业实现产值 18 亿元,同比增长 100%;生产铅 5355 吨,同比增长 105.7%,生产锌 8.1 万吨,同比增长 58.9%。

规模以上工业企业效益增长。规模以上工业实现增加值 107.9 亿元,同比增长 16.8%;主营业务收入 192.2 亿元,同比增长 24.1%;利税总额 57.6 亿元,同比增长 11.2%。

(三)固定资产投资快速增长,重大项目进展顺利。全市完成固定资产投资356.1 亿元,同比增长 41.4%。重点项目建设步伐加快。市级 92 个重大项目(含省级“三个一百”重点项目)完成投资 227.8 亿元。其中:溪洛渡电站完成投资 25.7 亿元,同比增长 36.8%;向家坝电站完成投资 38.3 亿元,同比增长 49.8%;威信煤电一体化项目完成投资 17.1 亿元,镇雄煤电项目完成投资 14 亿元;八条二级公路完成投资 53 亿元;水富铜锣坝水库完成投资 4600 万元,绥江罗汉坪水库完成投资 4050 万元,彝良双河水库完成投资 1.1 亿元;昭通师专迁建一期工程竣工,完成投资 7512 万元,市一中基础设施建设项目完成投资 4896 万元,昭通市中医院搬迁项目完成投资 1847 万元,昭阳、鲁甸、绥江、彝良 4 县人民医院业务用房完成投资 5964 万元;廉租住房建设项目累计完成投资 2.57 亿元。中心城市北部新区开发和古城恢复、旧城改造有效推进,县城污水和垃圾处理工程建设有序推进,移民搬迁城镇基础设施和移民安置工程加快实施。大山包、黄连河、威信红色旅游等重点景区建设步伐加快。

项目资金争取工作取得历史性突破。2010 年,争取到上级资金 18.83 亿元,比上年增加 4.66 亿元,重点投入交通、农林水利、城建环保、政法基础设施、社会事业、以工代赈和易地扶贫建设等方面。其中,中央补助资金 14.86 亿元,省级补助资金 3.97 亿元。

项目前期工作扎实推进。2010 年,市发改委共受理审批和核准重大投资项目 105 个,其中:市级审批、核准重大投资项目 51 个;转报上级审批、核准重大投资项目 54 个,已获得上级审批、核准重大投资项目 30 个。

(四)财政收入快速增长,金融运行平稳。全市财政总收入完成 71.3 亿元,同比增长 28.4%。地方财政一般预算收入完成 25.6 亿元,同比增长 23.2%。财政一般预算支出完成 146.6 亿元,同比增长 31.5%。主要是医疗卫生、农林水事务、一般公共服务、公共安全等方面支出力度加大。

全市金融机构年末各项存款余额突破 500 亿元,达 520.4 亿元,比年初增长 34.7%。各项贷款余额 286.3 亿元,比年初增长 34.2%。对新农村建设、重点产业、重点基础设施、中小企业、民生工程等信贷支持力度加大。

(五)消费品市场持续繁荣,物价总水平总体稳定。全市社会消费品零售总额完成 105.7 亿元,同比增长 20.3%,消费需求持续旺盛。其中,城镇消费品零售总额完成 72.7 亿元,同比增长 18.7%,占全社会消费品零售总额的 68.8%,对消费市场起到强有力的拉动作用。旅游业加快发展。全市累计接待国内游客达 591.29 万人,同比增长 24.4%;旅游业综合收入 20.06 亿元,同比增长 33.9%。受食品、居住类等价格持续上涨的影响,全年居民消费价格总指数为 103,分别比全国、全省价格总水平低 0.3 个和 0.7 个百分点,物价总水平保持基本稳定。

(六)城乡居民收入稳步增加,改善民生成效显著。全市城镇居民人均可支配收入 12295 元,同比增长 10.2%。农民人均纯收入 2768 元,同比增长 13.2%。就业形势总体稳定,累计新增城镇就业 2.01 万人,城镇登记失业率控制在 4.4% 以内。社会保障能力提高,城镇职工基本养老、失业、工伤、生育保险参保人数稳步增加,全市各种社会保险参保人数突破 110 万人,达 116.7 万人,同比增长 61%。城乡社会救助体系逐步完善,全市资助五保对象、农村低保对象及重点优抚对象参加新农合 52.58 万人。昭阳、绥江、鲁甸、巧家和威信中心敬老院建成投入使用;盐津、大关中心敬老院二期工程建设进度加快;昭通市儿童福利院主体工程完工;昭通市流浪未成年人救助中心建设进展顺利;水富、威信、彝良、盐津、镇雄 5 县殡仪馆、镇雄县流浪未成年人救助中心和镇雄县儿童福利院开工建设;完成农村危房改造 1.16 万户,建成廉租住房 1418 套。

(七)社会事业发展加快,生态环境建设积极推进。义务教育取得历史性进步,“两免一补”政策进一步落实,“两基”顺利通过国检。小学学龄儿童入学率、初中毛入学率分别达 99.5% 和 98.8%。努力扩大高中办学规模,高中毛入学率 35%,比上年提高 5.95 个百分点;高考上线率增幅再创新高,达 93.2%,比上年提高 16.3 个百分点。教育基础设施逐步改善。中小学校舍安全工程全面推进,完成 58.9 万平方米。市特殊教育学校、镇雄特殊教育学校建设项目进展顺利。鲁甸、巧家、彝良、盐津、威信 5 所特殊教育学校和威信 5 所农村学前教育推进试点工程开工。昭通师专迁建一期工程竣工投入使用、二期工程项目稳步推进。市职教园区建设和民族中学迁建前期工作顺利开展。人口过快增长势头得到有效控制,人口自然增长率控制在 8.16‰以内。新型农村合作医疗全面推进,参合农民 483.3 万人,参合率 96%。公共卫生服务能力逐步提高,为 12.9 万城镇居民、79.6 万农村居民建立了健康档案,艾滋病防治知识城镇居民知晓率 90.2%、农村居民知晓率 81.4%。文体事业蓬勃发展。成功举办首届中国?水富国际金沙江赏石文化旅游博览会、云贵川 3 省毗邻地州市广播影视媒体合作与发展协作会和第三届中国贫困地区可持续发展论坛。彝族舞蹈《甩铃》荣获全国第十五届“群星奖”,《苗族健身操》获“沃特杯”云南省少数民族健身操展演比赛金奖。循环经济试点取得积极进展,全面完成节能目标和淘汰落后产能任务。天保工程、石漠化草山治理试点、石漠化综合治理试点等工程全面实施,“七彩云南?昭通保护行动”稳步推进,环境保护工作继续加强。

(八)深化改革稳步推进,对外开放取得进展。突出重点领域和关键环节,着力推进行政管理体制改革。全面推进法治政府、责任政府、阳光政府、效能政府建设,打造“今日昭通效率”取得积极成效。继续深化国有企业改革,新一轮列入省级考核的 138 户企业改制工作全部完成。继续推进财政体制改革,深化部门预算改革,加强项目支出绩效评价管理,完善政府举债管理制度,推进国库集中支付改革,全面实行公务卡结算制度。投融资体制改革稳步推进,简化审批环节,提高办事效率。出台了《昭通市人民政府关于深化行政审批制度改革的通知》、《昭通市重大投资项目推进工作制度(试行)》等制度。积极规范和推进市开发投资公司等融资平台建设,加快推行公益性项目代建制,制定《昭通市市级投资公益性建设项目代建办法(试行)》,市开发投资公司代建的 6 个非经营性项目进展顺利。深化价格体制改革,稳步推进全市水价、电价、污水垃圾处理、成品油、天然气、药品等价格改革。深化农村综合改革,积极开展“一事一议”财政奖补试点工作,全面推行涉农补贴“一卡通”制度。完成集体林权制度主体改革,加快农村水务体制改革。认真落实“两免一补”惠民政策,全面实施义务教育保障机制。医药卫生体制改革加快推进,城乡居民养老、基本医疗、工伤、生育等社会保障体系改革继续推进。

对外开放取得新进展。认真做好第十五届重协区市长联席会的前期联络工作,积极组团参加 2010 年昆交会、泛珠洽谈会、厦洽会、泰国世界食品博览会、韩国首尔国际食品展和第七届马来西亚国际清真展等大型会展,成功举办了 2010 年昭通资源深圳推介会、昭通苹果上海推介会等会展,多层次、宽领域、多形式的合作不断加强。招商引资工作再创新高。全市新签约项目 96 个,同比增长 47.7%;协议引资 446 亿元,同比增长 101.1%;实际到位资金 125.7 亿元,同比增长 47%,其中省外到位资金 82.9 亿元。

在取得上述成绩的同时,我市经济社会发展中也还存在诸多困难和问题。一是农业基础薄弱。农田水利基础设施脆弱,抗灾能力弱;农业生产、养殖成本进一步增大,农民增收存在困难。二是工业产业的规模和集群效应不足,行业龙头和“标兵”缺乏,大投资、大项目少,推动全市工业快速增长的骨干企业和支撑点不足。三是产业性投资项目的约束性逐步增强。国家对投资项目在用地、节能、环保、安全等准入标准进一步提高,项目“落地难”的问题进一步凸显;各级融资平台综合实力不强,融资能力弱,融资渠道单一制约因素依存。四是物价上行压力明显。受国内外多重因素,特别是受食品、资源性产品、房地产等价格上扬的推动,价格总水平上行压力增加,通胀预期加大,保持价格总水平基本稳定任务艰巨。五是人口、社会就业和再就业、安全生产、节能减排等压力较大。

二、2011 年经济社会发展面临环境分析

2011 年,世界经济有望继续恢复增长,但不稳定不确定因素仍然较多。国际金融危机影响深远,世界经济格局正在发生深刻复杂变化。经济全球化深入发展的大趋势仍没有改变,新兴市场和发展中国家在世界经济中的地位将进一步提升。中国在世界经济格局中成为最具潜力的市场之一。

(一)有利因素。一是国家将继续实施积极的财政政策和稳健的货币政策,尤其是深入实施新一轮西部大开发战略,国家把包括昭通在内的乌蒙山区作为国家西部大开发中扶贫开发的重点区域,为我市加快发展带来难得的机遇。二是“中国—东盟自由贸易区”的建立和“中国面向西南开放的桥头堡”建设,云南碳汇优势的进一步发挥,东部发达地区产业结构的亟需调整升级、区域间的产业梯次转移步伐加快,为我市充分发挥独特的区位优势和人力资源优势,承接产业转移,打造资源型和非资源型优势特色产业集群,加快新型工业化进程,推进昭通跨越式发展提供了广阔空间。三是随着调整收入分配格局、社会公共服务均等化等政策实施,对我市加快统筹城乡发展、扩大消费需求提供了良好的发展机遇。四是市委、市政,立足昭通实际,确立了富民强市新跨越的战略部署和发展思路,鼓舞人心,催人奋进。同时,通过多年来的努力,为全市经济社会跨越发展奠定了坚实基础。

(二)不利因素。在迎来重大发展机遇的同时,我市经济社会发展也存在困难和问题:一是发展不足。经济总量小,人均水平位于全省后列,与周边地区的发展差距客观存在。二是支柱产业单一,农业产业化和工业发展水平低,非公经济发展不足，融资困难，持续发展的基础不牢固。三是发展不协调。城乡二元结构突出，城镇化水平低，贫困面大、程度深，扶贫攻坚任务重，县域经济发展不平衡。四是发展的内生动力不足。主要依赖投资拉动增长，消费贡献弱，科技对经济增长的贡献未形成有效支撑，以交通、水利、城建为重点的基础设施滞后，物流成本高，辐射带动能力不强。五是民生保障任务艰巨。地方财政压力大，城乡居民增收乏力，就业形势严峻，人口素质和劳动者技能有待提高，关系群众切身利益的就业、收入、教育、卫生、社会保障等问题较突出，民生保障压力大。

三、2011 年经济社会发展的宏观调控目标和主要任务

2011 年是"十二五"时期开局之年，根据我市实际，国民经济和社会发展主要宏观预期目标建议为：

——昭通市生产总值增长 13.5% 以上；

——全社会固定资产投资增长 25% 以上；

——地方财政一般预算收入增长 15% 以上；

——居民消费价格总指数控制在 103.5 以内；

——社会消费品零售总额增长 20% 以上；

——城镇居民人均可支配收入增长 10% 以上；

——农民人均纯收入增长 12% 以上；

——城镇登记失业率控制在 4.4% 以内；

——人口自然增长率控制在 7.9‰ 以内；

——单位生产总值能耗全面完成省下达的指标。

为实现以上宏观调控目标，我们将着力抓好以下几方面工作。

（一）把握宏观政策，力促发展方式转变。认真贯彻落实国家、省、市一系列重要会议精神，紧紧抓住国家继续实施扩大内需的机遇，深入研究和认真把握好各项实施力度和重点。更加积极稳妥地处理好保持经济较快发展、调整结构、管理通胀的关系，加快推进经济结构调整和经济发展方式转变。把稳定价格总水平放在更加突出的位置，统筹城乡发展，促进区域协调，培育壮大支柱产业，增强经济增长的内生动力，切实增强经济发展的协调性、可持续性和内生动力，实现经济社会持续健康快速发展。

加强宏观经济运行监测分析。把握宏观经济走势，深入调查研究，增强针对性和灵活性，提高科学性和预见性，密切关注经济运行和发展中存在和出现的新问题，及时提出应对措施、建议，避免经济出现大的起落。加强规划动态管理，组织实施好"十二五"规划，完善和落实有关专项规划及规划实施的保障措施和机制。

全面加强价格调控监管工作。以保持价格总水平基本稳定为中心，创新价格管理思路和方法，加强对市场供求和价格变动的监测、监管，深化资源性产品价格改革，落实政府定价成本监审和价格决策听证制度，完善价格形成机制。完善医疗收费和药品价格政策，加强对涉企收费、药品和医疗服务、房地产、水电油气等价格的监督检查力度，整顿和规范价格收费秩序。

（二）强化农业基础地位，推进现代农业发展。强化农业基础地位。加快传统农业向现代农业转变，提高农业综合生产能力，确保农产品有效供给。稳定发展粮食生产，继续落实种粮补贴等扶持政策，保护农民生产粮食积极性，确保粮食产量达到 185 万吨。大力发展畜牧业，确保畜牧业产值增长 15% 以上。加快山区农业综合开发，加大冬季农业开发力度。加强农业服务体系建设，健全公益性农业技术推广体系，抓好农业科技措施的推广应用，推进农业科技创新。

加强农村基础设施建设。全面加强农田水利基础设施建设，继续加快水富铜锣坝、绥江罗汉坪、彝良双河、镇雄胡家山水库等 10 件骨干水源工程建设步伐，开工建设巧家小海子水库，力争开工鲁甸月亮湾水库，完成昭阳北闸、鲁甸大岩脚等 9 座病险水库除险加固工程建设；加快昭鲁大中型灌区工程建设，切实抓好农村五小水利设施建设。加强农村土地整理复垦，加快中低产田地和高稳产农田建设。继续推进农村电网改造，加快农村饮水安全、农村公路和沼气池工程建设。进一步完善新农村建设规划，切实改善农民生产生活条件，全面推进新农村建设，促进城乡经济社会一体化发展。

大力推进农业产业化经营。按照"原料基地上规模，龙头企业上水平"的要求，努力扩大马铃薯、苹果、蔬菜、蚕桑、魔芋等优势农产品基地建设规模，扶持一批种养大户，大力培育扶持农业产业化龙头企业和农民专业合作组织，促进农业生产经营专业化、标准化、规模化、集约化。加大烤烟生产投入，扎实推进现代烟草农业建设，打造昭通特色烟叶品牌，确保完成烤烟生产收购 5 万吨。加快昭鲁坝子农业结构调整，推进坝区现代农业发展。加快现代农业示范区建设，积极发展设施农业和农产品加工业、流通业，提高农产品营销水平和流通效率。加快发展现代种子产业，积极推进农产品质量和安全检测体系建设。

全力推进大扶贫。紧紧抓住国家实施新一轮西部大开发中把乌蒙山区列为全国集中连片扶贫开发特殊困难地区的重大历史机遇，制定完善规划，加快扶贫建设步伐。组织实施好"整村推进"、以工代赈、产业扶贫、易地开发和"百千万帮扶工程"等项目，力争解决和巩固 10 万以上农村贫困人口温饱问题。强化职业教育和技能培训，加快农村富余劳动力转移，做强做大劳务经济，转移农村富余劳动力 125 万人，实现务工纯收入 80 亿元。

（三）坚持工业强市，加快新型工业化进程。加快推进重大项目和园区建设。力促云天化年产26万吨甲醇项目投产，加快华新水泥（昭通）二期扩建、昭通得云水泥、彝良炭素化工等项目建设进度。加快项目前期工作，确保云冶昭阳电解锌、云南工投昭阳褐煤化工、昭通玩具基地等项目按期开工。加快工业园区建设步伐，切实抓好引企入园工作，把工业园区作为工业产业发展的主要载体，促进工业园区产业集群式发展。推进企业兼并重组，发展具有较强竞争力的大企业大集团，提高规模经济行业产业集中度，培育壮大一批产业联盟。

调整和优化工业结构。加强规划引导，以打造名牌产品，发展具有核心竞争力的产业为着力点，重点发展一批具有核心竞争力的骨干支柱企业及有比较优势的特色产业。鼓励企业加大新产品的研发力度，改造提升传统产品，不断提高产品加工深度和科技含量；鼓励有条件的重点企业以市场为导向，进行跨地区、跨行业的收购、兼并和重组，培育一批竞争力强、带动作用大、管理水平高的企业集团。杜绝低水平重复建设，坚决淘汰落后产能。

着力扶持中小企业发展。认真落实国家和省支持中小企业发展的政策措施，完善中小企业融资担保体系，为银行与企业的沟通搭建平台，争取更多信贷支持，解决好有市场、有技术、有发展前景的企业资金需求。加快中小企业服务中心建设，充分发挥工商联、商会、企业家协会等组织的桥梁和纽带作用，在信息咨询、技术支持、人员培训、发展规划、经营指导等方面为中小企业提供服务。

强化工业经济运行综合分析和预警预测机制。加强对重点企业和重点行业的运行监测，跟踪分析宏观经济政策和市场环境变化，做好煤、电、油、运等重要工业生产要素的供需协调保障工作。

（四）强化投资拉动，努力扩大消费需求。着力发挥投资的拉动作用。切实加强对投资工作的领导，继续实行固定资产投资目标责任制，全面推进重点项目建设，充分发挥投资对经济增长的拉动作用，确保全市固定资产投资持续快速增长，实现增长25%以上的目标。

一是加快推进重点项目建设。围绕能源、交通、水利等重大基础设施建设，明确目标，落实责任。继续做好金沙江水电开发援建工作，确保溪洛渡、向家坝电站和白鹤滩电站前期筹建工程按计划推进；全面推进中小水电开发，新增装机14万千瓦。力促镇雄和威信煤电一期项目尽快投产。加快电网建设，基本解决无电人口通电问题。千方百计加快建设进度，确保在建二级公路按期完工；积极落实建设条件，加快昭麻高速公路和镇雄至牛场、彝良至牛街等重点二级公路前期工作，争取尽早开工建设。切实加快昭通机场迁建前期工作。积极主动抓好成贵铁路昭通段征地拆迁和援建工作，协调加快攀昭毕遵铁路和隆黄铁路前期工作进度，争取启动渝昆铁路前期工作。加快推进省耕塘水体森林公园及周边开发工程、昭通北部新洲、金泰倾城时光等一批房地产开发项目。

二是强化项目前期工作。围绕“十二五”固定资产投资目标，建立完善重大项目库、重大前期项目库和储备项目库，加强动态跟踪管理，不断调整充实。积极引导、督促业主加快项目前期工作。充分发挥资源优势，策划一批产业关联度强、市场空间大、成长性好的项目重点推进。通过集约节约用地和压缩不符合政策要求用地，集中保证重点建设项目用地需求。加大前期费投入，提高项目前期工作质量。

三是狠抓项目资金争取和融资渠道拓展。根据国家资金安排的方向和重点领域，在做好项目前期工作的基础上，及时组织上报，主动加强与国家和省有关部门的汇报衔接，争取得到国家和省更多政策和资金的支持。认真落实国家和省关于鼓励和引导民间投资健康发展的意见，放宽市场准入，积极引导和扩大民间投资，支持民间资本进入基础产业、基础设施、市政公用事业、社会事业等领域。积极引进大企业、大集团，实施战略性合作，鼓励和引导社会资本以独资、合资、联营、特许经营、项目融资等形式参与经济建设，撬动社会资本，扩大投资规模。规范管理，增强政府性融资平台融资能力。加强银政、银企合作，积极争取金融机构加大对全市重点领域和薄弱环节的信贷支持。

进一步扩大消费需求。以增加供给、优化结构、拓宽领域、扩大就业为目标，以政府引导、市场运作、多元投入为手段，加快人流、物流、资金流、信息流“四流汇聚”，加快服务业发展。落实税收、价格、收费和收入分配等相关政策支持，改善消费环境，积极促进消费结构升级。继续落实好促进家电、汽车、农机、建材、节能产品等刺激消费的各项政策措施。加快城乡流通网络体系和服务设施建设，提高商业服务覆盖面，拓宽消费市场。积极引进大型连锁流通企业，引导地方流通企业合理布局，集中发展，逐步推进规模化、品牌化、网络化经营。积极发展信用消费，引导居民更新消费观念。大力发展生产性和生活性服务业，积极发展旅游、文化、健身等行业，稳步发展新型消费业态，拓展新兴服务消费，培育新的消费热点。加大公共投入，改善和增加公共服务，完善卫生、防疫、商品检测等安全质量保障体系，严厉打击假冒伪劣毒的制销者，保护消费者权益。

（五）加快城镇化发展进程，促进城乡统筹发展。把城镇化作为扩大内需、解决民生、统筹城乡发展的重要抓手，加快城镇基础设施建设，完善城镇功能，发展壮大城镇经济，增强城镇集聚辐射带动作用。以加快中心城市和小城镇发展为重点，强化1个中心，改变两大片区面貌，发挥好3个窗口作用，建设好其他8个县城，打造好51个重点集镇。

做大做强中心城市。围绕把昭通中

心城市建设成为雄踞滇东北，影响川、滇、黔，具有浓郁本土风情特色，集工业、商贸、旅游为一体的现代化生态大城市，加大市政基础设施建设，加快北部新区建设步伐，稳步推进旧城改造和古城恢复，完善城市功能和提升服务水平。切实改变昭鲁坝子片区面貌，加快推进昭鲁经济一体化建设进程，完成昭鲁城市走廊工程建设，增强经济实力和发展后劲。

做优做特县城。围绕把水富县城建设成为集化工能源基地、交通枢纽、物资集散地和旅游为一体的区域次中心城市，加快水富县城建设，充分展现云南北大门的门户形象和窗口示范作用。围绕把镇雄县城建设成为依山就势、独具特色，有浓厚的滇东北文化底蕴，集工业、商贸、旅游为一体的现代化中等生态县城，加快改变东部片区面貌，增强东部片区的窗口示范作用和辐射带动作用。围绕各县特色，加快其他 8 个县城建设。加快城市现代化步伐，强化市政道路、供排水、通信、能源、园林绿化、环卫设施、污水、垃圾处理等基础设施和公用设施建设，完善城镇功能，夯实城镇发展基础。

择优扶持重点集镇。围绕沿边、沿江、沿路，整合各类资金，加快 11 个特色集镇和 40 个重点集镇建设。完善村庄规划编制，促使农村人口逐步向集镇和中心村集中。

促进城乡协调发展。坚持城镇化与新农村建设良性互动，统筹城乡各项规划建设，发挥城镇集聚辐射功能，促进以城带乡、以工促农。加快户籍制度改革，切实保护农民工权益，引导农村人口向城镇转移和就业。

（六）深化改革开放，进一步增强发展动力。深化各项改革。认真贯彻落实国家和省的各项改革措施和意见，突出重点领域和关键环节，为加快发展提供强大动力和制度保障。加快新一轮政府机构改革步伐，理顺职能职责，深入实施“阳光政府”和“责任政府”四项制度，建设公共服务型政府，着力打造“今日昭通效率”。继续深化教育、社会、文化等社会事业体制改革，加快推进医药卫生体制改革，推进殡葬制度改革。着力深化投融资体制改革，加大资本运作力度。加快推进农村综合改革，深化集体林权制度改革。积极推进财税、金融和资源性产品价格等改革。

着力推进开放招商。加强区域协作，加快实施引进来，走出去战略，积极推进对内对外开放大通道建设，开创互利共赢新局面。有效发挥我市在资源、人口、综合成本等方面的比较优势，以能源、化工、新型载能、制造、生物资源开发以及物流、旅游等为重点，大力引进产业项目，突出抓好产业招商。鼓励投资基础设施、社会事业领域，扩大金融、教育、卫生、文化等领域的开放度。加快引进高新技术产业和产业链高端项目，带动传统产业升级。积极参与和举办各种招商引资活动，加强项目储备，整体包装优势产业项目，形成吸引投资的新载体。全力打造最佳投资环境，提高利用市内外民间资金的水平，促进民营经济加速发展。抓好引资签约项目的督促和跟踪服务，进一步提高项目履约率和资金到位率，力争到位市外资金 150 亿元。

（七）全面发展社会事业，提高可持续发展能力。着力发展教育事业。继续夯实巩固提高“两基”基础，不断提高义务教育质量。全面实施中小学标准化建设，切实抓好中小学校舍安全工程，加大农村中小学布局结构调整力度，促进教育均衡发展。加强幼儿教育和特殊教育，努力扩大高中教育，加快发展职业教育，扩大中等职业教育规模，完成市幼儿园迁建，抓好昭通市职教园区建设，推进民族中学迁建项目进度。实施好昭阳凤凰中学、旧圃中学等 11 所校舍安全工程，鲁甸、巧家、彝良、盐津、威信 5 所特殊教育学校和威信 5 所农村学前教育推进试点工程。稳健发展民办教育，提升高等教育办学水平和层次，加快推进昭通师专新校区建设和专升本步伐。

大力发展公共卫生事业。加强农村三级医疗卫生服务网络和城市社区卫生服务机构建设，积极推进县级人民医院业务用房建设。完成市中医院搬迁，完成巧家、盐津、大关、永善、镇雄、水富、威信等县级人民医院和巧家蒙姑、绥江板栗等乡镇卫生院建设业务用房等项目建设。加强公共卫生服务能力建设，全面做好新型农村合作医疗工作。建立健全疾病预防控制、妇幼保健、应急救治、健康教育等城乡公共卫生服务网络。加强突发公共卫生事件指挥体系、卫生执法监督体系等建设。做好突发公共事件应急医疗救治、重大传染病防控和食品药品监管工作。

加强人口工作。坚持计划生育基本国策，把人口与计划生育工作放在突出的位置，严格控制人口过快增长，确保人口自然增长率控制在 7.9‰以内。继续加强农村计生服务网络建设，提高管理和服务水平，努力改善基层计生基础设施，提高服务能力。

强力推动文体旅游事业蓬勃发展。加快乡镇综合文化站、村文化活动室、农家书屋和市县级图书馆、文化馆等文化基础设施建设，完成 62 个乡镇综合文化站建设。继续实施广播电视“村村通”工程，加快推进广播电视“户户通”。加快公共文化服务建设，组织实施好“文化三下乡”、“全国图书宣传周”、“纪念建党九十周年”、“百场演出进百乡”、“千场演出进村居”、“万场演出进万村”等系列活动。深入开展文化信息资源共享工程建设，办好农村农民网络教育素质培训学校。高度重视历史文化遗产保护工作，加强对历史文物的保护和修缮工作，完成市博物馆建设。大力推动文化艺术创作，丰富人民群众精神文化生活。广泛开展全民健身运动，加强城乡、社区体育设施建设，做好 2011 年全省冬季游泳运动会申办工作。加强旅游宣传促销，重点打造昆水公路文化旅游和镇彝威红色旅游精品线,加快水富温泉大峡谷、昭阳大山包、大关黄连河和威信扎西会议会址等重点景区景点基础设施建设。

切实抓好节能减排和生态环境建设,发展低碳经济和循环经济。进一步淘汰落后产能,抑制高耗能产业过快增长,切实抓好企业清洁生产、节能降耗和资源综合利用。强化节能目标责任考核,推广先进节能技术和产品,抓好工业、建筑、交通运输等重点领域节能,广泛开展"全民节能·昭通在行动"活动。着力提高森林覆盖率,增加蓄积量,增强固碳能力。加强矿产资源综合利用,推广循环经济典型模式。继续巩固天然林保护、退耕还林还草等成果,加快推进巧家石漠化试点综合治理,保护好大山包国家湿地。加快建立生态补偿机制,加强重点生态功能区保护和管理,增强涵养水源、保持水土、防风固沙能力。加快建立地质灾害易发监测预警、防治和应急体系。加大地质灾害治理力度,加强救援队伍建设,提高物资保障水平。加快城镇污水、垃圾处理设施建设。加大重点流域水污染防治力度,有效控制城市大气、噪声污染,加强重金属、危险废物、土壤污染等治理,强化执法监督,深入实施"七彩云南·昭通保护行动"。

(八)着力改善民生,促进社会和谐发展。积极促进就业。贯彻实施更加积极的就业政策,多渠道开发就业岗位。继续做好贷免扶补工作和小额贷款工作,鼓励自主创业,提供创业指导,带动充分就业。确保新增城镇就业2.2万人,城镇登记失业率控制在4.4%以内。健全统一规范灵活的人力资源市场等公共就业服务平台。加强职业技能培训和择业观念教育,提高劳动者就业能力,重点解决高校毕业生、农村转移劳动力、城镇就业困难人员就业问题,切实做好退役军人就业工作。

健全城乡居民社会保障体系。进一步健全养老、医疗、失业、工伤、生育等社会保险制度,着力扩大覆盖面。加快推进城镇职工和居民养老保险,认真开展好巧家县农村社会养老保险试点工作,稳步扩大我市新农保试点规模,启动省内医保异地结算和城镇居民大病补充医疗保险工作,全面推行工伤保险制度。加强城乡社会救助体系建设。高度关注困难群众和弱势群体的生产生活,将残疾人、零就业家庭、失业人员纳入最低生活保障和帮扶体系。加大城乡社会福利设施建设,大力发展慈善事业。积极推进农村敬老院建设,完成昭通市流浪未成年人救助中心、镇雄县儿童福利院、镇雄县流浪未成年人救助中心等项目建设。加快廉租住房建设,增加经济适用住房供应,着力解决低收入住房困难群众的住房问题,改善中低收入困难家庭的住房条件。发展公共租赁住房,重点解决城市化的农民工、各类新就业人员住房问题。新建廉租房6300套,公共租赁住房6200套。实施农村保障性安居工程1.5万户,改善农村困难群众生活条件。

完善社会管理,着力推进依法治市。加强安全生产和防灾减灾能力建设,健全对事故灾难、公共卫生、食品安全、社会安全等事件的预防预警和应急处置体系。加强民主政治建设,保障广大人民群众的权利。加强宗教事务管理,促进民族团结。认真抓好普法教育,增强法制观念。完善社会治安防控体系,严密防范、依法打击各种违法犯罪活动,全面加强社会治安综合治理,狠抓禁毒防艾工作,切实保障人民生命财产安全,维护稳定,促进社会和谐发展。

各位代表,今年是"十二五"规划实施的起始之年,做好今年的各项工作,任务艰巨,责任重大,意义深远。全市要在市委的坚强领导下,深入实践科学发展观,解放思想,振奋精神,抢抓机遇,开拓创新,积极进取,扎实工作,努力完成全年的各项宏观调控目标和工作任务,为实现昭通富民强市新跨越的伟大目标而努力奋斗!

关于昭通市2010年地方财政预算执行情况和2011年地方财政预算草案的报告

——在昭通市第二届人民代表大会第七次会议上

(2011年3月17日)

昭通市财政局

各位代表:

受市人民政府委托,现将昭通市2010年地方财政预算执行情况和2011年地方财政预算草案提请大会审查,并请市政协委员和其他列席人员提出意见。

一、2010年地方财政预算执行情况

2010年,是“十一五”规划的最后一年,也是宏观经济形势较为复杂的一年。在市委的领导下,在市人大及其常委会的依法监督下,全市各级各部门深入贯彻落实科学发展观,积极将重大经济决策和增收节支措施落到实处,保增长、调结构、促改革、惠民生取得了明显成效。在上级财政的关心、帮助下,全市克服了国际金融危机的后续影响和严重干旱、泥石流等自然灾害的影响,实现了财政收入的稳步增长和财政保障能力的进一步提高,确保了职工工资发放和机构正常运转,保障了救灾、低保、扶贫、教育、医疗卫生等民生支出和交通、环保、农业、扩大内需等重点支出,促进了全市经济社会科学、和谐、跨越发展,圆满完成了市二届人大六次会议确定的各项财政工作目标任务。

(一)财政收支再上新台阶。据快报数,全市财政总收入突破70亿元,达到712565万元,比上年决算数554775万元增加157790万元,增长28.4%。地方一般预算收入256182万元,完成年初预算233894万元的109.5%,比上年决算数207906万元增加48276万元,增长23.2%。地方一般预算支出1465980万元,比上年决算数1114971万元增加351009万元,增长31.5%。基金收入117362万元,比上年决算数36385万元增加80977万元,增长222.6%。基金支出140830万元,比上年决算数55235万元增加85595万元,增长155%。

市本级财政总收入完成372439万元,比上年决算数295806万元增加76633万元,增长25.9%。市本级地方一般预算收入71418万元,完成预算68069万元的104.9%,比上年决算数63027万元增加8391万元,增长13.3%;地方一般预算支出149833万元,比上年决算数108999万元增加40834万元,增长37.5%。基金预算收入62308万元,比上年决算数17979万元增加44329万元,增长246.6%。基金支出64768万元,比上年决算数21194万元增加43574万元,增长205.6%。

(二)财政平衡目标圆满实现。全市地方财政一般预算收支平衡情况是:地方一般预算收入256182万元,上级补助收入1192805万元,上年滚存结余88315万元,调入资金11409万元,债券转贷收入18178万元,收入总计1566889万元;一般预算支出1465980万元,上解支出13573万元,支出总计1479553万元;增设预算周转金680万元,年终滚存结余86656万元。

全市财政基金预算收支平衡情况是:基金预算收入117362万元,上年滚存结余10831万元,上级补助收入32347万元,收入总计160540万元;支出140830万元,调出资金1484万元,上解支出125万元,支出总计142439万元;结余18101万元。

市本级地方财政一般预算收支平衡情况是:一般预算收入71418万元,上级补助收入1192805万元,下级上解收入8644万元,上年滚存结余38742万元,调入资金8395万元,债券转贷收入18178万元,收入总计1338182万元;一般预算支出149833万元,补助下级支出1122952万元,债券转贷支出11178万元,上解支出13573万元,支出总计

1297536万元；年终滚存结余40646万元。结余的主要原因是：上级专款下达较晚，有关部门安排落实到项目需要一定的时间，当年难以实现支出，需结转到下年按规定用途继续安排使用。

市本级财政基金预算收支平衡情况是：基金预算收入62308万元，上年滚存结余5317万元，上级补助收入32347万元，收入总计99972万元；支出64768万元，补助下级支出27280万元，上解支出125万元，支出总计92173万元；基金结余7799万元。

上述数据为快报数，决算整理后一些数据还会有变化。待全市地方财政总决算汇总上报省财政厅审核批复后，再将最终结果专题向市人大常委会报告。

（三）财政改革与发展继续开创新局面。2010年，全市财政以增强公共服务能力为重点，积极采取一系列加强征管、深化改革、强化监管的有效措施，努力克服各种困难，统筹兼顾，推进了市县财政良性发展进程，进一步巩固了全市经济稳步向好发展的势头。

1.打牢增收基础，促进收入较快增长。全市紧紧抓住国家投资拉动、产业结构调整、进一步扩大内需和“桥头堡”建设的机遇，打基础，兴产业，经济发展向好，增收基础不断巩固。烟草产业重组效应进一步显现，煤炭、有色金属、建材、中小水电等一大批优势行业、特色产业成为财政增收亮点。固定资产投资、非公经济持续增长，交通、水利、城镇、电力等重点基础设施和重点工程建设加快推进，后续财源逐渐增多。密切关注经济态势，强化税收收入和非税收入征管，加大对重点企业、重点税源的监控力度，挖掘新的增长点，及时解决收入工作中存在的困难和问题，确保应收尽收。面对全市百年不遇的特大旱灾，在宏观经济持续回升基础不牢、结构性减税、支出需求快速增长等因素的影响下，全市财政总收入和地方一般预算收入仍然实现了20%以上的快速增长。

2.争取更大支持，提升公共服务能力。认真贯彻落实中央和省缓解县乡财政困难、扩大内需、逐步建立县级基本财力保障机制的各项政策措施，加强汇报协调，积极争取上级支持。2010年，省对我市各项转移支付比上年增长22.8%。市级财政承担了对县区农业、教育、扶贫、社会保障、计生、卫生、文化等配套资金，同时调整支出结构，调节财力用于解决全市发展的大事、要事和进一步均衡县区间财力差异。全市确保了公共卫生与基层医疗卫生事业单位绩效工资改革、扩大内需和交通、教育等一批事关全市经济社会发展大局的重大公益性基础设施项目顺利实施，全市财政建设能力显著增强，财政职能已成功实现了从“吃饭财政”向“民生财政”、“建设财政”的过渡。

3.加强民生保障，促进社会和谐进步。全市认真贯彻落实积极的财政政策，努力筹措资金，优先保障人员经费、抗旱防洪、社保支出、民生支出和重点项目配套，确保了市委、市政府各项决策部署的资金需求。

一是加大社会保障和就业投入。继续完善城乡低保制度，下达城市居民最低生活保障补助资金1.4亿元，下达农村居民最低生活保障补助资金2.5亿元，确保了补助资金及时足额发放。全市4.4万农村五保对象实现了应保尽保。按政策调整了抚恤、定补、企业退休人员待遇标准。农村养老保险试点扩大到巧家、威信、水富3个县，下达补助资金6335万元，全年参保农业户籍人口48.9万人，其中60岁以上的10.2万人。筹集资金6483万元，将全市未参加城镇职工基本医疗保险的地方政策性关闭破产国有、集体企业退休人员1.5万人纳入基本医疗保险。下达补助资金347.5万元，对我市80周岁以上老年人发放保健补助和长寿补助。统筹支持城乡就业和再就业，审核认定困难企业66户，发放帮扶资金1304万元，稳定了6053个就业岗位；推进小额担保贷款和鼓励创业“贷免扶补”工作，全市累计发放贷款2721笔，贷款金额1.4亿元；下达就业补助资金3100万元，重点支持城镇新增就业、开发公益性岗位、扶持创业、转移农村劳动力、城镇下岗失业人员再就业和高校毕业生就业见习等。继2008年、2009年兑现了离退休干部的住房货币化补贴后，2010年市本级又启动了工龄在15年以上的在职职工住房货币化补贴工作。大力支持保障性安居工程建设，及时拨付廉租住房建设资金2.2亿元，农村危房改造工程资金8100万元，农村民居地震安全工程资金4200万元，棚户区改造资金1089万元，切实改善民居环境。按照“急事急办、特事特办”的原则，积极筹措、及时下达灾后恢复重建、党员特别捐赠、“7·13”洪灾等救灾补助资金0.6亿元，保证了灾后恢复重建工作的及时开展、有序推进。拨付石油价格改革补贴资金1338.2万元，有效保障了油价上涨公益事业的正常运转。下达移民后期扶持专项资金3972.5万元，移民后期扶持得到保障。

二是加快教育事业发展。落实教育经费投入政策，安排资金7462万元，确保“三个增长”，保障了“两基”顺利通过国检。完善义务教育经费保障机制，免除农村和城市义务教育阶段104.6万名学生的学杂费，对贫困家庭寄宿生35万人给予生活补助，补助经费3.1亿元；免除农村和城市义务教育阶段学生学教科书费1.1亿元；提高公用经费专项资金3.6亿元，受助学生101.8万人。目前，全市小学和初中的预算内生均公用经费标准分别为300元、500元，已按标准足额拨付。及时安排市级配套经费2000万元，专项工作经费80万元，保障全市中小学校舍安全工程58.9万平方米建设任务的顺利实施。继续安排实验中学贷款及贴息资金500万元，确保新校区开展正常的教学活动；安排建设资金2000万元，确保民族中学搬迁顺利进行；积极支持昭通一中升级达标和特殊教育学校建设。继续安排师专建设及贷款贴息资金1500万元，促进师专新校区建设，推动“专升本”目标尽快实现。拨付4198万元用于职业教育中心建设，大力支持职业教育发展。加快推进农村义务教育债务化解，全市2005年12月31日以前形成的、经锁定的农村义务教育债务3.5亿元已全部化解，三年化债的政策目标圆满实现。

三是支持公益性文化事业发展。推进建设创新型昭通行动计划，努力增加科技、科普投入。继续安排配套建设资金250万元，着力改善乡镇文化站设施建设。安排体育竞赛经费380万元，保证了昭通市代表团顺利参加省第十三届运动会和第九届民运会。安排配套经费57万元，确保“村村通”工程和本地节目覆盖。进一步加大对人口与计划生育专项经费投入，安排资金1000万元，比上年增加250万元，按照保重点、保急需的原则，确保农业人口独生子奖、优、免、补的足额配套和计划生育宣传员工资的发放。

四是全面推进医药卫生体制改革。稳步推进以公共卫生、农村卫生和城市社区卫生为基础，建设覆盖城乡居民的基本医疗卫生服务体系，努力解决人民群众“看病难、看病贵”的问题。新型农村合作医疗参合筹资标准提高到每人每年140元，全年累计筹资6.8亿元，参合率96%。全面开展城镇居民基本医疗保险制度，参保居民21.3万人、城镇职工18.5万人，占非农业人口的82.5%。完善社区卫生服务保障机制，按全市人口每人每年15元标准，安排补助资金4910.2万元，对完成的公共卫生服务予以补助。加强公共卫生服务体系建设，以艾滋病防治为重点，加强对各类传染病的防控，提高突发公共卫生事件的应急处置能力；按“填平补齐”的原则，对县、乡、村卫生机构的设备购置给予补助，支持农村卫生人员培训和“万名医师支援农村卫生”项目，构建以乡镇卫生院和村卫生室为主的农村卫生服务网络，改善公共卫生和基本医疗服务条件。

五是维护社会安全稳定。全市公共安全支出7.9亿元，比上年增长18.9%，确保了政法经费保障体制改革，强化综治维稳工作，着力化解社会矛盾，切实维护社会和谐稳定。

4.改善基础设施，促进经济平稳发展。一是重大项目建设加快推进。2010年，全市经济建设支出完成30.2亿元，增长44.5%，支持了能源、交通、水利、旅游、生态环保和城镇基础设施等一大批重点建设项目，以大项目带动投资增长取得明显成效。拨付公路建设前期费用536万元，水利项目市级配套资金2200万元。采用财政贴息、注入资本等多种支持方式，深化政府融资平台与金融机构的合作，为建设项目提供了有力的资金支持。成功申报国际金融组织和外国政府贷款项目，争取到美国进出口银行主权担保融资428万美元，用于昭阳区卫生系统购置医疗设备；争取到世行贷款6000万美元，用于中心城市环境保护建设。

二是进一步贯彻落实扩内需、促消费政策。全市累计争取到中央和省补助扩大内需资金15.4亿元，项目涉及农林水、科教、卫生、交通、民生保障、市政建设等8大类。严格执行基本建设管理规定，加快预算执行进度，尽快形成实物工作量，促进经济增长。继续实施“家电下乡”和“汽车摩托车下乡”政策，全市家电下乡产品累计销售13.5万台，实现销售收入2.3亿元，兑现补贴资金2716.7万元；汽车摩托车销售6.6万辆，实现销售收入8.1亿元，兑现补贴资金8296.4万元，有效拉动了我市消费总额的大幅增长。

三是强农惠农取得新进展。千方百计筹集拨付抗大旱、保民生、促春耕的救灾和补助资金2.9亿元，帮助灾区群众解决生产生活困难。按照资金早下达、补贴早兑付、农民早受益、效益早发挥的要求，认真落实粮食作物良种补贴和农资综合直补等惠农补贴5.7亿元。加快现代农业建设，全市6个县区2009年实施项目通过省绩效考评；2010年争取到6个项目、2400万元，比上年增长33.3%；自2008年项目开始实施以来，全市共争取资金5050万元，带动各方总投资1.6亿元，实施了发展生猪产业项目6个、蔬菜产业项目6个、牛产业项目6个，项目覆盖10个县区。筹集安排扶贫资金3.1亿元，比上年增长29.2%，实施了整乡推进试点3个乡和整村推进743个贫困自然村，完成了易地扶贫搬迁4000人，解决和巩固了11.5万贫困人口的温饱。多渠道筹集农业综合开发资金1亿元，以土地治理为重点，在全市9个县实施了27个农业综合开发项目，农业综合开发范围和规模进一步扩大，质量和效益进一步提升。拨付资金9018.4万元，对昭阳、鲁甸等5个县区11个土地开发整理项目实施建设。筹集“万村千乡”市场工程资金520万元，支持完善农村现代流通服务体系建设。认真总结支农资金整合经验，全市2009年共整合各部门、各渠道财政支农资金6.7亿元，带动农户投工投劳投资4.4亿元，带动企业投入及社会投入2.1亿元。积极引导金融机构加大支农力度，获县域金融机构涉农贷款增量奖励资金2056万元，市级财政配套了奖励资金154万元。全市143个乡镇都成立了村级会计委托代理服务机构，涉及1243个村委会，覆盖面100%；已实现电算化管理乡镇81个，配备电脑167台，配备工作人员413名；代理集体资金1.7亿元，占资金总额的83.5%。

5.深化财政改革，提高财政管理效能。全面深化预算管理改革，继续推进政府收支分类改革，进一步规范预算编制，全市823个部门1808个单位全部实施部门预算。国库管理制度改革取得新进展，继国库集中支付制度改革实现全覆盖后,今年又全面启动了公务卡制度改革,截至年底,全市实施公务卡结算制度的单位1092个,改革面61%,其中市级部门全部使用公务卡结算。强化乡镇财政改革,重视基层财政建设,完成乡镇财政总决算编报,完善对乡镇财政所的培训机制,全面推进加强乡镇财政资金监管工作。政府采购规模不断扩大,政府采购效益不断提高,2010年全市完成采购规模2.4亿元,节约资金1344万元,节约率为5.6%。农村综合改革深入推进,及时下达农村税费改革转移支付资金2.1亿元;积极开展村级公益事业一事一议财政奖补试点工作,2010年共批复一事一议奖补项目2349个,筹集财政奖补资金1.5亿元,其中市级配套项目资金660万元,促进了广大农村生产生活条件的改善。继续深化"收支两条线"改革,进一步规范非税收入管理,着力加强行政事业性收费、罚没收入、煤炭价格调节基金、大中型水库基金的征收管理。加快金财工程建设,推进财政管理信息化进程。按上级安排切实做好省直管试点县相关工作。

6.强化财政监督,加强科学精细管理。一是坚持依法理财。严格执行《预算法》,强化预算约束,不随意突破支出预算。从严控制一般性支出,推进行政成本控制。贯彻落实《行政许可法》和财经法纪,完善行政执法责任制。

二是加强财政监督。组成3个检查组对中小学危房改造、农村低保等10个项目进行了重点绩效督查,综合绩效考评了11县区2009年度均衡性转移支付资金使用情况。对全市1053个单位2009年度财政票据进行年检,共检查手工票6万本,微机票88.5万套,重点检查面达37.4%。全市完成投资评审项目349个,报审额5.7亿元,审定投资额5.2亿元,审减额5451万元,审减率9.5%。深入开展强农惠农资金专项清理和检查工作,确保"回头看"违规违纪违法案件全部整改落实,2007～2009年,各县区涉农资金违规违纪违法案件共计32起,涉案金额2344.6万元。抽调业务骨干46人,组成18个检查组,对18个单位进行会计信息质量重点检查,查处违规资金73.3万元,进一步规范了单位的财务管理。

三是规范地方政府性债务管理。按照全省要求,逐笔、逐项记录经锁定的政府性债务变化情况和新增债务借、用、还全过程情况。截至2009年末,全市地方政府性债务余额58.7亿元,比2008年的34.2亿元增加24.5亿元,新增债务重点投向二级公路、医疗卫生、城市道路、供排水等基础设施建设。

四是加强政府融资平台管理。全市严格按照全省统一部署、统一口径,同步推进加强地方政府融资平台管理工作。据清理和规范,全市按照法定条件和有关规定共设立19家政府融资平台公司,其中:市本级3家,县区级16家;截至2010年6月30日,共有债务余额39.3亿元,其中公益性项目债务余额37.3亿元、非公益性项目债务余额2亿元;有一类融资平台公司1家,该县人民政府已做出妥善处理;其余18家为四类融资平台公司,已按照《公司法》、贷款新规等有关规定规范运行。

五是强化国有土地使用权出让金收支管理。根据国有土地使用权出让收入纳入基金预算管理的要求,严格执行"收支两条线"管理。2010年,全市土地使用权出让收入缴入国库11.4亿元,比上年增加8亿元,增长230.7%;支出11亿元,比上年增加7.6亿元,增长222.6%。

六是开展"小金库"专项治理工作。根据省纪委、省清库办关于开展社会团体、国有及国有控股企业"小金库"专项治理工作的安排部署,全市国有及国有控股企业自查总数47户,自查发现"小金库"1户、金额13440元,现已将"小金库"资金收回原渠道,同时对相关责任人作了降职、警告处理;全市社会团体自查总数513户。抽调人员组成检查组对19户企业、70户社会团体进行了重点检查,尚未发现"小金库"。

七是定期向人大报告工作,认真负责地办理了人大代表建议、意见和政协委员提案。

二、"十一五"全市财政改革与发展简要回顾

"十一五"期间,在市委的领导下,通过全市各级和各族人民的艰苦努力,财政工作取得辉煌成绩。过去的5年,是全市缓解县乡财政困难取得重大突破的5年,是市县财政发展状况发生根本性转变的5年,是全市财政改革与发展成效显著的5年。

(一)财政收支创历史最好水平。"十一五"时期,全市财政总收入累计完成243.6亿元,比"十五"的89.6亿元增加154亿元,增长1.7倍;年均增长22.9%。地方一般预算收入累计完成86.7亿元,比"十五"的31.6亿元增加55.1亿元,增长1.7倍;年均增长24.7%。地方一般预算支出累计完成458.1亿元,比"十五"的142亿元增加316.1亿元,增长2.2倍;年均增长31.6%。2010年,全市财政总收入、地方一般预算收入、地方一般预算支出分别比"十五"末2005年增加45.8亿元、17.1亿元、109.4亿元,增长1.8倍、2倍、2.9倍。

(二)缓解县乡财政困难取得重大突破。"十五"末和"十一五"期间,全市财政严格执行中央、省缓解县乡财政困难各项政策措施,在省财政的支持下,2005年,彻底结束了七年来不能保障工资发放的历史。结合《云南省缓解县乡财政困难奖励和补助办法》,市财政建立了考核措施。规范财政收入分配体系和转移支付制度。对县区实施财政工作目标责任制考核,将财政收入、转移支付资金使用、工资发放、机构运转、专款兑现、财政平衡、债务管理等指标纳入考核范围,促进市、县财政均衡、良性发展。

通过近年来的不懈努力,"十五"期间,省下达我市均衡性困难转移支付补助累计占地方财政累计收入的80.5%,缓解县乡财政困难取得重大突破,财政良性发展进程进一步巩固,这是昭通财政发展史上的重要里程碑。

(三)财政发展状况得到根本改观。2010年,全市地方可用财力比"十五"末增长1.8倍;人均可用财力比"十五"末增长1.6倍。市级财政继续调节资金加大对县区的补助,县区人均可用财力都在一定范围内均衡增长,体现了财政收入分配政策的科学性、合理性,实现了财力下沉、提高基层服务能力、促进全市经济社会协调、稳定、健康发展的政策目标。

(四)财政发展活力进一步增强。全市抢抓国家、省发展经济和培植财源的机遇,紧紧围绕市委重大发展战略的贯彻实施,全市经济社会进入加快发展阶段,县域经济发展和财源建设工作成效明显,财政增收亮点增多,收入规模不断壮大。"十一五"期间,全市地方财政一般预算收入年均递增24.7%,县区财政年均递增28.3%;2010年,全市地方财政一般预算收入亿元县达8个,比"十五"末的1个县(昭阳区)增加了7个;其中:昭阳区上5亿元,镇雄县近3亿元。

(五)经济社会统筹发展获得重要支撑。"十一五"期间,全市部门预算、国库集中支付、政府采购、非税收入管理、财政评审、绩效评价等改革全面深化,财政监管体系不断完善,科学化精细化管理进程日益推进;省财政下达我市各项转移支付资金比"十五"增加268.1亿元。在保障养人养机构,提高住房公积金标准,实施公务员津补贴、义务教育学校教师绩效工资、事业单位绩效工资,兑现市直部门住房货币化补贴之外,确保了义务教育、城乡低保、新型农村合作医疗、城镇职工基本医疗保险、抚恤、救灾、社会保障、"家电下乡"、"汽车摩托车下乡"、农村民居地震安全工程、农村危房改造工程、廉租住房建设、新农村建设等民生支出,支持了农业、水利、交通、能源、环保、文化、卫生、城镇等一大批重点基础设施建设。

各位代表,五年来取得的成绩来之不易,在看到成绩的同时,我们也清醒地认识到,全市财政改革与发展仍面临较多困难和问题:经济和财源结构仍然单一,收入增长受到制约;县域经济发展缓慢,县区发展不平衡;人口众多,贫困面大,贫困程度深,就业和再就业形势严峻,社会保障体系建设压力大,财政保民生的任务重;财政收入总量和人均占有量小,社会发展和建设资金严重不足;政府负债沉重,财政潜在风险大;市级收入增长有限,宏观调控能力弱,推进基本公共服务均等化艰巨。对此,我们将科学谋划"十二五"财政工作,深化改革、加快发展、强化管理逐步予以解决。

三、2011年财政预算安排草案

2011年是"十二五"规划的开局之年,也是深入贯彻落实科学发展观、推动经济结构调整、加快转变经济发展方式的关键之年。

综合分析影响经济社会发展和财政收支的各种因素,全市财政面临许多有利因素:国家实施新一轮西部大开发,乌蒙山区列入国家重点扶持区域之一,全市加快发展迎来重大机遇;云南省实施建设"桥头堡"战略,昭通独特的区位优势提供了广阔的开放和建设空间;通过"十一五"建设,全市各方面条件明显改善,为加快发展奠定了坚实的物质、经济、财税基础;烟草企业的稳步发展,进一步强化了收入基础;煤炭、铅锌市场价格逐步回升,将带动财政收入的增长;重点交通干线的建设、城市基础设施建设力度的加大,将极大地推动财政收入的增长;水电、建材等一批新企业的逐步投产,也将拉动财政收入增长;将预算外管理的收入(不含教育收费)全部纳入预算管理,将带动全市地方一般预算收入增长。

同时,也面临许多困难:宏观经济发展环境依然十分复杂,不确定因素较多,部分行业经济效益尚未根本好转,支撑收入较快增长的基础不牢;实施积极的财政政策和稳健的货币政策,保持经济平稳较快发展,财政资金需求量大;落实支持经济结构调整,统筹城乡区域协调发展与推进城镇化结合,改善民生、发展社会事业、完善社会保障体系、发展教育文化等一系列重大政策举措,将进一步增加财政支出;全市处于基础大建设期,昭麻高速、昌都高速、岔河至永善二级公路、新机场、重点水利设施等项目的筹建,北部新区建设的进一步推进,需要大量建设资金;实施事业单位绩效工资,兑现住房货币化补贴,市级住房公积金配缴比例提高,都将增加支出;各项建设还贷任务重,支出压力大,财政收支矛盾十分突出。

根据当前形势和"十二五"规划精神,全市2011年预算编制和财政工作的指导思想是:高举中国特色社会主义伟大旗帜,以邓小平理论和"三个代表"重要思想为指导,深入贯彻落实科学发展观,认真落实中央、省进一步扩大内需、促进经济平稳较快增长、推动结构调整、调整国民收入分配格局、区域协调和城乡统筹发展等一系列重要部署。优化支出结构,加大资金整合力度,切实保障和改善民生,支持重点工程建设。严格控制行政成本和一般性支出,切实提高资金效益。深化财税制度改革,进一步提高财政科学化、精细化管理水平。

根据上述指导思想,预算编制的基本原则是:

1. 确保人员工资正常发放和机构正常运转。

2. 保证社保、民生支出的落实。

3. 保障公共安全、社会稳定的基本需要。

4. 积极支持重点工程项目建设。

5. 优化支出结构,严控行政成本,

加强支出监管,提高资金效益。

2011年地方财政收支安排建议如下:

(一)全市地方财政收支预算草案。全市地方财政一般预算收入安排294609万元,比2010年快报数256182万元增长15%。全市地方一般预算支出安排829484万元,比2010年年初预算数702614万元增加126870万元,增长18.1%。

基金收入128751万元,比2010年快报数117362万元增加11389万元,增长9.7%。基金支出137298万元,比2010年年初预算数36338万元增加100960万元,增长277.8%。

全市一般预算收支平衡情况是:地方一般预算收入294609万元,上级补助收入543612万元(不含上级未明确的专款),上年滚存结余86656万元,减上年结转安排支出86214万元,调入资金3720万元,收入总计842383万元;上解支出12899万元,可用资金为829484万元。一般预算支出安排829484万元。收支平衡。

全市基金预算收支平衡情况是:基金收入128751万元,上年滚存结余18101万元,收入总计146852万元;本年支出137298万元;滚存结余9554万元。

(二)市本级财政收支预算草案。市本级地方一般预算收入78600万元,比2010年快报数71418万元增长10%。地方财政一般预算支出135686万元,比2010年年初预算数117108万元增加18578万元,增长15.9%。

一般预算平衡情况是:地方一般预算收入78600万元,上级补助收入543612万元(不含上级未明确的专款),下级上解收入8634万元,上年滚存结余40646万元,减上年结转安排支出40646万元,调入资金3000万元,收入总计633846万元;上解支出12899万元,补助下级支出485261万元,可用资金为135686万元。一般预算支出安排135686万元。收支平衡。

市本级基金预算收入80265万元,比2010年快报数62308万元增加17957万元,增长28.8%。基金支出80265万元,比2010年年初预算数10000万元增加70265万元,增长702.7%。

基金预算平衡情况是:基金收入80265万元,上年滚存结余7799万元,收入总计88064万元。本年支出80265万元。滚存结余7799万元。

四、加快发展,突出重点,实现“十二五”昭通财政的良好开局

2011年,将按照市委的决策部署和市人大本次会议确定的工作目标,紧紧围绕昭通“十二五”时期建设“四基地一屏障一走廊”的目标,立足当前,着眼长远,扎实抓好以下工作:

(一)加快发展步伐,壮大财政增收基础。贯彻落实积极的财政政策,积极支持二级公路等重大基础设施建设和公益性投资项目配套,发挥投资对地方经济和财政的拉动作用。抓住国家实施新一轮西部大开发和我省实施建设“桥头堡”战略的机遇,支持重大项目建设,以大项目带动经济大发展,促进全市基础大改善、产业大发展、社会大进步,促进重点企业、重点行业和特色产业增收。积极支持烟草、化工等重点企业或行业发展,推进煤矿、水电、铅锌、建材以及其他有色金属的深入开发,促进财政收入结构的进一步改善。针对经济社会发展中的薄弱环节,多方筹集资金,重点支持交通、市政、环保、能源、教育、科技、卫生、文体等基础设施建设,夯实经济发展基础和财政增收基础。

(二)狠抓增收节支,增强财政保障能力。加强税源形势分析和监控,继续完善重点税源监控机制,深入分析影响财税收入变化的因素,有针对性地采取措施,切实抓好重点行业、重点项目的税费征管。继续对国税、地税、财政、重点企业落实目标责任制,加强组织领导,及时协调解决好收入中存在的问题,组织收入及时入库,确保应收尽收。强化和规范非税收入管理,严格执行“收支两条线”,加强对矿产资源有偿使用费和煤炭类非税收入等重点收入的征管,提高非税收入对财政增收的贡献。

进一步加大汇报和反映力度,在争取转移支付支持的同时,争取上级对昭通市扶贫、水利、农业、教育、文化、交通、环保、能源等多方面的支持,促进经济、财政良性发展。

牢固树立长期过紧日子的思想,进一步落实党政机关厉行节约要求,坚决压缩一般性开支,加强公务接待经费、因公出国(境)经费、公务用车购置及运行费用等预算管理,这三项费用支出不得超过按规定比例压缩后的经费预算规模。继续从严控制楼堂馆所建设,从严控制和规范庆典、节会、论坛等方面的经费支出,继续推进党政机关节能减排,推进节约型政府建设。

(三)优化支出结构,推进城乡协调发展。全面贯彻工资性改革政策,认真落实好干部职工政策范围内的工资和福利,落实好事业单位绩效工资改革政策、市本级在职人员住房公积金财政配缴比例提高、机关事业单位的基本运转经费。切实将各项社会保障政策全面落到实处,将城乡低保、五保补助、抚恤定补、农村合作医疗、城镇居民基本医疗保险等社会保障政策继续贯彻好、落实到位。稳步推进小额担保贷款和鼓励创业“贷免扶补”工作,持续扩大就业规模。贯彻落实《国家中长期教育改革和发展规划纲要(2010～2020年)》,强化对农村义务教育经费的管理,保证“两免一补”政策的全面落实,巩固和提高“两基”成果。积极支持医药卫生体制改革,健全基本医疗卫生服务体系,减轻人民群众就医负担,有效缓解“看病难、看病贵”的问题。保障公共安全、计生、环保等重点领域和项目的支出需要。大力支持保障性安居工程建设,解决好低收入家庭和困难职工的基本住房问题。

着力支持“三农”。大力支持水利基础设施建设，认真做好重点县和山区“五小水利”建设，减轻自然灾害对生产的影响，提高农业综合生产能力。加大农业综合开发，支持现代农业发展，按照“集中资金、突出重点、扶优扶强”的原则，加快农业产业化发展。进一步落实粮食直补、良种补贴、种烟补贴等惠农政策，鼓励金融部门加大涉农投放力度，提高农民对农业生产的投入能力，促进农民增收。不断增加扶贫开发投入，积极开展对深度贫困人口的扶持，加大整村推进、整乡推进力度，促进富余劳动力转移，不断提高贫困地区和贫困人口的自我发展能力。加大农业、扶贫、科技、文化、广电等支农资金整合力度，按照集中财力办大事的原则，充分发挥县级在涉农资金整合中的主体作用，推动农业重点产业、重点区域、重点项目发展。

（四）推进制度改革，科学构建财政体制。根据中央、省新一轮财税体制改革要求，在认真总结“十一五”财政管理和改革经验的基础上，结合“十二五”财政面临的机遇以及发展趋势和目标，完善市对县区“十二五”财政管理体制。继续深化部门预算改革，改进预算编制方法，细化项目支出，努力推进预算和资金安排的公开、透明、公正和效益，提高预算管理水平。积极推进国库集中收付制度，强化预算执行，提高财政资金使用效益。继续完善政府采购制度，进一步扩大政府采购范围和规模。不断强化财政基础管理和基层建设，积极稳妥推进乡镇财政预算管理方式改革，加强乡镇财政资金监管，确保各项支农惠农资金使用安全、规范、高效。严格实行“收支两条线”管理，不断推进非税收入管理的制度化、规范化、法制化进程。加快金财工程建设步伐，提高财政管理的科学化、效益化和现代化水平。推进省直管县改革试点，促进县域经济较快发展。

（五）创新监管机制，细化管理提高效益。坚持依法行政、依法理财，健全完善财政监督管理机制。牢固树立绩效管理理念，集中财力办大事、办急需的事。严格杜绝“形象工程”和“政绩工程”。严格执行《预算法》，不乱开支出口子。加强对财政预算和执行的监管，加大审计和财政监督力度，加强财政专项资金追踪问效管理，加大对救灾救济、社会保障、国债、扶贫、支农、教育、卫生等专项资金的审计，保障财政资金的安全、完整。进一步做好加强地方政府债务管理、财政支出绩效评价机制、“小金库”治理、投资评审等工作。加大会计执法检查力度，规范会计核算行为，维护财经纪律。主动接受人大依法监督，自觉接受审计监督及社会公众的广泛监督，不断提高财政管理水平。

各位代表，实现2011年财政工作目标，任务光荣而艰巨。我们将在市委的坚强领导下，面对新形势，抢抓新机遇，奋发有为，求真务实，为“十二五”规划开好头、迈好步，为推进富民强市跨越发展作出新的更大的贡献！

（审稿：聂顺荣　校对：马才国）

索　　引

一、本索引采用主题分析法编排，按汉语拼音字母顺序排列（即以标引词的第一字的音序为准）；栏目、类目和分目作标引词的以黑体字排印，其余标引词均以书宋体排印；表格标引词尾有“表”字。

二、标引词后的阿拉伯数字表示其内容所在页码，数字后的字母（A、B 或 C）表示栏别，即版面从左至右的一栏二栏三栏；栏目、类目、及表题作标引词的，不再标注栏别 A、B 或 C。

三、本索引使用“附见”、“参见”系统，空字起排的标引词为上一主题的“附见”；同一主题的“参见”只标页码，标引后如出现两个或两个以上数字则表示该主题“参见”于不同地方。

四、本索引选择重要内容提取。

P

Q

R

S

T

W

X